REAL
REAL ORIGINAL

KB219131

3월 전국연합
4개년 기출 모의고사

예비 고1 전과목 [27회]

Contents

● 정답과 해설 [분권 제공]

[모바일 영어 듣기 MP3 이용 안내]
① 스마트폰으로 QR 코드 스캔하기
② 입시플라이 or www.ipsifly.com 입력
   모바일 홈페이지 [듣기 자료실] 이용

수능 모의고사 전문 출판
입시플라이

" 한 권으로 고등학교 첫 시험 고1「3월 모의고사」준비 끝 "

이 한 권의 교재로 **중학교 과정을 총정리**하고 고1 3월 **전국연합학력평가**를 완벽하게 대비할 수 있습니다.

01

실제 시험지와 똑같은 문제지

고1 3월 전국연합 모의고사는 총 27회분의 문제가 수록되어 있으며, 실전과 동일하게 학습할 수 있습니다.

❶ 리얼 오리지널 모의고사는 실제 시험지의 크기와 느낌을 그대로 살려 실전과 동일한 조건 속에서 문제를 풀 볼 수 있습니다.

❷ 문제를 풀기 전에 먼저 학습 체크 표에 학습 날짜와 시간을 기록 하고, 타이머를 작동해 실전처럼 문제를 풀어 보십시오.

02

고등학교 첫 시험, 3월 학력평가 대비

고등학교 입학 후 첫 시험을 대비해 최신 **4개년** 3월 전국연합 학력평가 전과목의 문제가 수록되어있습니다.

❶ 3월 전국연합 학력평가를 대비한 [전과목] 24회분 문제를 풀어 보면 첫 시험에서 자신의 실력을 마음껏 발휘 할 수 있습니다.

❷ 3월 전국연합 학력평가는 전국 고1 학생들을 대상으로 시행되는 시험이므로 자신의 실력을 파악하는데 기준이 될 수 있습니다.

03

고1 3월 대비 [실전 모의고사] 3회

고등학교 첫 시험! 고1 3월 전국연합 학력평가를 대비해 실전 모의고사 [국어·수학·영어] 3회분을 제공합니다.

❶ 고1 3월 전국연합 학력평가를 대비할 수 있도록 [실전 모의고사] [국어·수학·영어]를 특별 부록으로 제공해 드립니다.

❷ 실제 시험과 동일한 조건 속에서 풀어보면 3월 학력평가 실전에서 당황하지 않는 자신감까지 얻을 수 있습니다.

★ 모의고사를 실전과 똑같이 풀어보면
내 실력과 점수는 반드시 올라갈 수밖에 없습니다.

04

회분별 등급 컷 & 명쾌한 해설 제공

문제를 푼 후 자신의 등급을 바로 확인할 수 있는 등급 컷과
혼자서도 학습이 가능한 명쾌한 해설을 수록했습니다.

❶ 회차별로 등급 컷을 제공하므로 문제를 풀고 바로 자신의 실력을
확인할 수 있고, 등급 컷은 학습 Check 표에 수록되어 있습니다.

❷ 혼자서도 학습이 충분하도록 왜 정답인지? 왜 오답인지? 명쾌한
해설을 수록해 답답함이 없습니다.

05

정답률 & SPEED 정답 체크 표

빠르게 정답을 확인할 수 있는 SPEED 정답 체크 표를 제공
하며, 문항별 정답까지 제공합니다.

❶ 문제를 푼 후 빠르게 정답을 확인할 수 있는 SPEED 정답 체크
표를 제공하며, 오려서 책갈피로도 사용할 수 있습니다.

❷ 문항별로 정답률을 제공하므로 문제의 난이도를 파악할 수 있어
문제 풀이에 답답함이 없습니다.

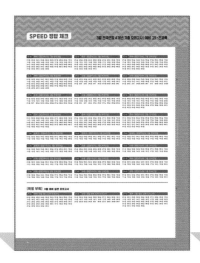

06

영어영역 듣기 [QR 코드] 수록

❶ 전 회차에 듣기 QR 코드 수록

고1 3월 학력평가 영어영역 듣기 4회분과 실전 모의고사에 듣기 파일
QR 코드를 수록하여 효과적인 학습이 가능합니다.

❷ 듣기 방송 MP3 파일 무료 다운

영어영역의 문제지 상단에 영어 듣기 QR 코드가 수록되어 있으며,
MP3 파일은 홈페이지에서도 무료 다운이 가능합니다.

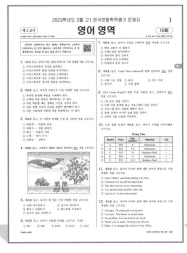

회분별 학습 체크 & 등급 컷

● 3월 전국연합 학력평가 | 과목별 배점

과목(만점)	국어(100점)	수학(100점)	영어(100점)	한국사(50점)	사회(50점)	과학(50점)
문항별 점수	2점, 3점	2점, 3점, 4점	2점, 3점	2점, 3점	2점, 3점	2점, 3점
문항별 점수 표기	• 3점 문항에 점수 표시 • 점수 표시 없는 문항 모두 2점	• 각 문항 끝에 점수 표시 • 2점, 3점, 4점	• 3점 문항에 점수 표시 • 점수 표시 없는 문항 모두 2점	• 3점 문항에 점수 표시 • 점수 표시 없는 문항 모두 2점	• 3점 문항에 점수 표시 • 점수 표시 없는 문항 모두 2점	• 3점 문항에 점수 표시 • 점수 표시 없는 문항 모두 2점

● 3월 전국연합 학력평가

※ 과목별 학습 시간 : 국어 80분 / 수학 100분 / 영어 70분 / 한국사 • 사회 • 과학 과목당 30분

회분	학습 날짜	학습 시간	틀린 문제	채점 결과 점수	채점 결과 등급	1등급	2등급	3등급	4등급	5등급	6등급	7등급	8등급
01회 국어 2024학년도 3월	월 일	시 분~ 시 분				91	85	77	67	55	44	34	24
02회 국어 2023학년도 3월	월 일	시 분~ 시 분				95	89	81	70	58	47	36	25
03회 국어 2022학년도 3월	월 일	시 분~ 시 분				76	68	60	52	44	37	30	23
04회 국어 2021학년도 3월	월 일	시 분~ 시 분				80	72	63	55	46	38	30	22
05회 수학 2024학년도 3월	월 일	시 분~ 시 분				88	77	63	50	37	29	19	13
06회 수학 2023학년도 3월	월 일	시 분~ 시 분				88	79	69	57	44	32	19	13
07회 수학 2022학년도 3월	월 일	시 분~ 시 분				88	77	66	54	43	31	21	14
08회 수학 2021학년도 3월	월 일	시 분~ 시 분				85	74	63	51	39	28	18	12
09회 영어 2024학년도 3월	월 일	시 분~ 시 분				90	80	70	60	50	40	30	20
10회 영어 2023학년도 3월	월 일	시 분~ 시 분				90	80	70	60	50	40	30	20
11회 영어 2022학년도 3월	월 일	시 분~ 시 분				90	80	70	60	50	40	30	20
12회 영어 2021학년도 3월	월 일	시 분~ 시 분				90	80	70	60	50	40	30	20
13회 한국사 2024학년도 3월	월 일	시 분~ 시 분				40	35	30	25	20	15	10	5
14회 한국사 2023학년도 3월	월 일	시 분~ 시 분				40	35	30	25	20	15	10	5
15회 한국사 2022학년도 3월	월 일	시 분~ 시 분				40	35	30	25	20	15	10	5
16회 한국사 2021학년도 3월	월 일	시 분~ 시 분				40	35	30	25	20	15	10	5
17회 사회 2024학년도 3월	월 일	시 분~ 시 분				40	35	30	25	20	15	10	5
18회 사회 2023학년도 3월	월 일	시 분~ 시 분				40	35	30	25	20	15	10	5
19회 사회 2022학년도 3월	월 일	시 분~ 시 분				40	35	30	25	20	15	10	5
20회 사회 2021학년도 3월	월 일	시 분~ 시 분				40	35	30	25	20	15	10	5
21회 과학 2024학년도 3월	월 일	시 분~ 시 분				40	35	30	25	20	15	10	5
22회 과학 2023학년도 3월	월 일	시 분~ 시 분				40	35	30	25	20	15	10	5
23회 과학 2022학년도 3월	월 일	시 분~ 시 분				40	35	30	25	20	15	10	5
24회 과학 2021학년도 3월	월 일	시 분~ 시 분				40	35	30	25	20	15	10	5

※ 영어영역, 한국사, 사회, 과학은 절대 평가에 의한 등급 구분 점수입니다.

※ 등급 컷 원점수는 추정치입니다. 실제와 다를 수 있으니 학습 참고용으로 활용하십시오.

● [특별 부록] 3월 실전 모의고사

※ 과목별 학습 시간 : 국어 80분 / 수학 100분 / 영어 70분

회분	학습 날짜	학습 시간	채점 결과	틀린 문제	시간 부족 문제
25회 국어 3월 실전 모의고사	월 일	시 분~ 시 분			
26회 수학 3월 실전 모의고사	월 일	시 분~ 시 분			
27회 영어 3월 실전 모의고사	월 일	시 분~ 시 분			

2024학년도 3월 고1 전국연합학력평가 문제지

국어 영역

제 1 교시

01회

● 문항수 45개 | 배점 100점 | 제한 시간 80분

● 점수 표시가 없는 문항은 모두 2점

1

[1 ~ 3] 다음은 학생의 발표이다. 물음에 답하시오.

안녕하세요. 여러분, 체험 활동 때 방문했던 트릭 아트 체험관 기억나시나요? (고개를 끄덕이며) 네, 많이 기억하시는군요. 저는 특히 외나무다리 트릭 아트가 인상 깊었습니다. 바닥에 그려진 그림 위에 섰을 때 실제로 절벽 아래로 떨어질 것처럼 아슬아슬한 느낌이 들었던 기억이 아직도 생생합니다. 그래서 트릭 아트에 대해 관심이 생겨 오늘 발표를 하게 되었습니다.

트릭 아트란 주로 착시 현상을 활용하여 관람자에게 재미나 색다른 시각적 경험을 제공하는 예술 장르입니다. (㉠자료를 제시하며) 여기를 보시겠습니다. 여러분, 이 그림은 무엇을 그린 것일까요? (대답을 듣고) 네, 토끼라는 대답도, 오리라는 대답도 있네요. 이 그림에는 두 동물의 이미지가 중첩되어 있기 때문에 토끼로도, 오리로도 보입니다. (그림의 오른쪽 부분을 가리키며) 이쪽 둥근 부분에 시선을 두면 토끼로 보이고, (왼쪽 부분을 가리키며) 이쪽 길쭉한 부분에 시선을 두면 오리로 보입니다. 이 그림은 보는 사람의 시선에 따라 이미지가 다르게 보이는 착시 현상을 활용하여 관람자에게 일상에서 접해 보지 못했던 색다른 시각적 경험을 제공하고 있습니다.

아, 질문이 있군요. (ⓐ질문을 듣고) 네, 눈은 외부의 시각 정보를 뇌에 전달하고, 뇌는 개인의 경험이나 지식에 비추어 이를 해석하고 판단합니다. 그런데 이 과정에서 시각 정보가 불분명하거나 해석에 혼선이 생길 때 착시 현상이 일어나게 됩니다. 방금 보셨던 그림은 이미지를 중첩시켜 불분명한 시각 정보를 제공함으로써 착시 현상이 발생한 것이라고 할 수 있습니다.

자, 이해되었나요? (대답을 듣고) 네, 그러면 이번에는 착시 현상을 활용하여 바닥에 그린 그림이 입체적으로 보이는 트릭 아트를 보여 드리겠습니다. (㉡자료를 가리키며) 이 횡단보도는 표지선 아래에 음영을 넣어 입체적으로 보입니다. 바닥에 그려진 것이지만 공중에 떠 있는 듯한 착시 현상을 일으키고 있는 것입니다. 그래서 운전자의 시각에서 볼 때 실제로 장애물이 있는 것 같은 느낌이 들도록 함으로써 자연스럽게 감속을 유도하여 교통사고를 예방하는 데 유용합니다.

이외에도 트릭 아트는 건물 외벽, 광고판, 관광지의 포토존 등에서 다양하게 활용되고 있습니다. 제가 말씀드린 내용 이외에 트릭 아트에 대해 더 알고 싶으신 분은 도서관에 있는 관련 책들을 찾아보거나 제가 보여 드리는 트릭 아트 누리집에 들어가 보시기 바랍니다. 이상, 발표를 마치겠습니다.

1. 위 발표에 대한 설명으로 적절하지 <u>않은</u> 것은?

① 청중과 공유하고 있는 경험을 언급하여 주의를 환기하고 있다.
② 화제와 관련된 역사적 일화를 소개하여 청중의 호기심을 자극하고 있다.
③ 청중의 반응을 확인하면서 발표 내용에 대한 이해 여부를 점검하고 있다.
④ 비언어적 표현을 사용하여 청중이 설명 대상에 집중하도록 유도하고 있다.
⑤ 청중에게 정보를 추가로 탐색할 수 있는 방법을 안내하며 발표를 마무리하고 있다.

2. 다음은 발표자가 제시한 자료이다. 발표자의 자료 활용에 대한 이해로 가장 적절한 것은?

㉠　　　　　　　　　　　㉡

① ㉠을 통해 착시 현상의 방해 요인을, ㉡을 통해 착시 현상의 발생 과정을 설명하고 있다.
② ㉠을 통해 트릭 아트의 전시 환경을, ㉡을 통해 착시 현상의 이해 방법을 설명하고 있다.
③ ㉠을 통해 트릭 아트의 긍정적 효과를, ㉡을 통해 트릭 아트의 부정적 효과를 설명하고 있다.
④ ㉠을 통해 트릭 아트의 사회적 의의를, ㉡을 통해 트릭 아트의 예술적 의의를 설명하고 있다.
⑤ ㉠을 통해 착시 현상의 시각적 효과를, ㉡을 통해 트릭 아트의 실용적 기능을 설명하고 있다.

3. 위 발표의 흐름을 고려할 때, ⓐ의 내용으로 가장 적절한 것은?

① 트릭 아트의 종류에는 어떤 것이 있나요?
② 착시 현상이 발생하는 이유는 무엇인가요?
③ 트릭 아트의 대표 작품에는 어떤 것이 있나요?
④ 트릭 아트를 만들 때는 착시 현상만 활용하나요?
⑤ 착시에 영향을 주는 또 다른 요인은 무엇이 있나요?

[4~7] (가)는 '활동 1'에 따라 실시한 독서 토론이고, (나)는 '활동 2'에 따라 '하연'이 작성한 초고이다. 물음에 답하시오.

[활동지]

○ **활동 1**: 1970년대 소설인 「자전거 도둑」을 읽고, 아래의 주제로 독서 토론을 해 보자.

　　[주제] 자전거를 들고 간 수남의 행동은 정당한가?

○ **활동 2**: 토론 내용을 바탕으로 주장하는 글을 써 보자.

(가)

지현 : 먼저 소설의 상황에 대해 말해 볼게. 바람이 세게 부는 어느 날, 수남은 배달을 갔어. 배달을 끝내고 돌아가려는데 한 신사가 수남에게 너의 자전거가 바람에 넘어져 자신의 자동차에 흠집을 냈다고 말했지. 신사는 잘 보이지도 않는 흠집을 찾아 보상금을 요구해. 신사는 보상할 때까지 자전거를 묶어 두겠다고 하고 떠나버리는데 수남은 고민하다가 자전거를 들고 도망가 버렸어. 과연 수남의 행동은 정당할까?

민준 : 수남의 행동은 정당하다고 봐. 바람 때문에 자전거가 넘어져 흠집이 난 거잖아? 천재지변으로 인한 손해는 책임질 의무가 없으니까, 수남이 피해를 보상할 책임은 없어.

하연 : 하지만 바람이 세게 불었다면 수남이 자전거를 잘 묶었어야 해. 자전거가 쓰러질 거라고 예상할 수 있었으니 자전거를 관리하지 않은 수남에게 보상해야 할 책임이 있어.

지현 : 둘의 입장이 다르구나. 왜 그렇게 생각하는지 소설 내용을 근거로 이야기해 보는 게 어때?

민준 : '바람이 유난해서'라는 구절이 나오니 예상치 못한 천재지변에 해당한다고 생각했어. 그런데 자전거가 쓰러질 걸 예상할 수 있었다고? 소설에는 그걸 알 수 있는 단서가 없어.

하연 : 바람이 유난해서 수남이 배달할 물건을 꼼꼼하게 묶는 장면이 있어. 상황이 심상치 않다고 느낀 거지. 그런데도 자전거는 잘 안 묶어 두었잖아.

지현 : 정리하면, 민준은 예상치 못한 천재지변으로 생긴 손해니까 수남에게 보상할 책임이 없고, 하연은 수남이 피해를 예측할 수 있었음에도 대처가 없었기에 보상할 책임이 있다고 보는 거구나.

하연 : 그래, 맞아.

지현 : 그러면 수남의 책임 여부 말고 다른 쟁점은 없을까?

하연 : 보상에 대한 합의 여부로도 행동이 정당한지 판단해 볼 수 있어. 합의가 이뤄졌는데 수남이 보상금을 주지 않고 자전거를 들고 도망간 건 정당하지 않아.

민준 : 합의가 이뤄진 건 아니야. 신사는 보상금을 요구하고 수남이 동의하기 전에 가 버렸잖아. 일방적으로 제안하고 갔는데 합의라고 볼 수 없지. 그렇기 때문에 수남이 자전거를 가져간 건 문제가 없어.

하연 : 일방적 제안은 아닌 거 같아. 신사는 수남이 울어서 보상금을 반으로 줄여 주잖아. 그리고 수남이 잘못 했다는 대답도 해. 신사는 수남의 처지를 고려해 줬 **[A]**

고, 수남도 잘못을 인정했으니 합의가 이뤄진 거야.

민준 : 신사가 수남의 처지를 고려한 것이라고 보기는 어려워. 부유한 어른이 잘 보이지도 않는 흠집을 일부러 찾아서 배달원 소년에게 5천 원이라는 당시로서는 엄청 큰돈을 요구했어. 이것은 일반적인 상식에 비추어 볼 때 지나치게 매정한 행동이야.

지현 : 같은 소설을 읽고도 상황을 보는 시각이 이렇게 다를 수 있다는 것이 흥미롭다. 독서 토론의 주제로 '활동 2'를 진행해 보면 어떨까?

(나)

　수남의 행동은 정당하지 않다. 수남은 신사의 자동차에 난 흠집을 보상해야 할 책임이 있기 때문이다. 바람으로 인한 예상치 못한 천재지변이라서 책임이 없다는 주장도 있지만 이는 옳지 않다. 수남은 배달 물건은 꼼꼼하게 묶었지만, 자전거에는 아무런 조치를 취하지 않았다. 피해를 예상할 수 있었음에도 불구하고 적절하게 대처하지 않았기 때문에 책임이 있다. 실제로 태풍에 의해 주택 유리창이 떨어져 주차된 차가 파손되었을 때 예보를 듣고도 시설물 관리에 소홀한 주택 소유자가 그 파손에 대해 책임을 진 사례가 있다.

　다음으로 신사와 수남은 보상에 합의했다고 볼 수 있기 때문에 수남의 행동은 정당하지 않다. 신사가 일방적으로 제안하고 떠났다면 합의가 이뤄지지 않았겠지만, 신사는 수남의 상황을 고려하여 보상금을 줄여 주었다. 또한 수남이 자신의 잘못을 인정하는 말을 했기 때문에 합의는 이루어진 것으로 보아야 한다. 물론 1970년대 배달원 소년의 입장에서 5천 원이 큰돈으로 느껴질 수 있지만 신사와 합의가 이루어졌으므로 금액에 상관없이 수남은 신사에게 보상금을 지급해야 한다.

　수남은 도둑이 되어 버렸다. 자신의 잘못에 대한 책임을 지지 않고 합의된 것도 수행하지 않았다. 제목에서 말하는 '자전거 도둑'은 아이러니하게도 자신의 자전거를 자신이 훔친 수남인 것이다.

---

4. (가)의 독서 토론에서 '지현'의 역할에 대한 설명으로 적절하지 <u>않은</u> 것은?

① 소설 내용을 제시한 후 토론 주제를 언급하고 있다.
② 소설의 내용을 근거로 발언하도록 요청하고 있다.
③ 토론자들이 언급한 주장과 근거를 정리하고 있다.
④ 토론자들의 발언이 사실에 부합하는지 판단하고 있다.
⑤ 토론자들이 다른 쟁점에 대해 논의해 보도록 유도하고 있다.

5. [A]의 발화에 대한 설명으로 가장 적절한 것은?

① 민준은 하연의 주장에 일반적인 상식을 들어 반박하고 있다.
② 민준은 하연의 말에서 이해되지 않는 부분을 질문하고 있다.
③ 민준은 하연이 고려해야 하는 시대적 정보를 나열하고 있다.
④ 하연은 민준이 사용한 단어의 중의성에 대해 지적하고 있다.
⑤ 하연은 민준이 이해하지 못한 자신의 발언을 부연하고 있다.

6. (가)를 바탕으로 '하연'이 세운 '활동 2'의 글쓰기 계획 중 (나)에 반영되지 <u>않은</u> 것은? [3점]

① 토론 쟁점에 대한 나의 주장을 토론에서 다룬 순서대로 서술해야겠어.
② 토론 주제와 관련된 수남의 고민을 소설 속 구절에서 찾아 언급해야겠어.
③ 토론에서 언급된 상대방의 주장을 반박하면서 나의 주장을 강화해야겠어.
④ 토론에서 언급하지 않았던 새로운 사례를 찾아 나의 주장을 뒷받침해야겠어.
⑤ 토론에서 내세운 나의 주장을 바탕으로 제목에 담겨 있는 의미를 밝혀야겠어.

7. <보기>의 자료를 활용하여 (나)의 초고를 보완하고자 할 때 그 내용으로 가장 적절한 것은?

─────── < 보 기 > ───────

[법률 전문가의 뉴스 인터뷰]

"보상의 의무를 다하지 않았을 때, 상대방에게 물건이 담보로 잡히는 경우가 있습니다. 형법 제323조에 따르면, 타인에게 담보로 제공된 물건은 타인이 물건을 점유하게 되거나 타인이 물건에 대한 권리를 갖게 됩니다. 이때 해당 물건을 가져가거나 숨겨 타인이 보상받을 수 있는 권리 등을 행사할 수 없게 한다면 권리행사 방해로 처벌받을 수 있습니다."

① 수남이 자전거를 가져간 행위는 신사의 권리행사를 방해하는 것이므로 법적인 처벌을 받을 수 있다는 내용을 추가한다.
② 수남이 잘못을 인정한 행위는 신사의 권리행사를 방해하는 것이므로 법적인 처벌을 받을 수 있다는 내용을 추가한다.
③ 수남의 자전거가 담보로 잡힌 것은 신사의 권리행사를 방해하는 것이므로 법적인 처벌을 받을 수 있다는 내용을 추가한다.
④ 수남이 자신의 자전거를 묶어둔 행위는 신사의 권리행사를 방해하는 것이므로 법적인 처벌을 받을 수 있다는 내용을 추가한다.
⑤ 신사가 수남에게 보상금을 요구한 행위는 수남의 권리행사를 방해하는 것이므로 법적인 처벌을 받을 수 있다는 내용을 추가한다.

[8 ~ 10] 다음은 작문 상황에 따라 쓴 학생의 초고이다. 물음에 답하시오.

[작문 상황]
　자신의 경험을 바탕으로 정서를 표현하는 글을 쓴다.

[초고]
　우리 할머니 댁은 남쪽 바다의 작은 섬에 있다. 내가 어렸을 때 우리 가족은 연휴나 방학이 되면 매번 할머니 댁을 방문했다. 나는 할머니 댁이 있는 섬에 가면 바다에서 헤엄을 치거나 바위틈에서 고둥과 게를 잡기도 했고 산에서 신나게 쌀 포대로 눈썰매를 타기도 했다. 그렇지만 무엇보다 가장 기억에 남는 것은 할머니와 함께 보냈던 시간이다.
　할머니 댁은 섬 서쪽 바닷가의 큰 등대 근처에 있었다. 검정 바위로 만들어진 거북이 조각상이 새하얀 등대를 이고 있어서 동생과 나는 그 등대를 '거북이 등대'라고 불렀다. 아버지 차를 타고 가다가 거북이 등대가 환하게 웃으며 나를 반기면 할머니 댁에 가까워진 것이라서 할머니를 곧 뵙는다는 생각에 마음이 설레곤 했다. 할머니는 늘 우리를 마중 나오셨고, 나는 반가운 마음에 한달음에 뛰어가서 할머니 품에 안겼다.
　할머니는 마당 텃밭에서 옥수수를 기르셨다. 늦봄에 할머니 댁에 가면 할머니와 같이 옥수수 씨를 뿌렸고, 여름 방학에는 점점 자라는 옥수수에 물 주는 일을 도와드렸다. 그러다 참지 못하고 옥수수 껍질을 살짝 열어서 얼마나 익었는지 들여다보다가 할머니께 꾸중을 듣기도 했다. 꾸중을 듣고 시무룩해 있는 나에게 할머니는, "뭐든지 다 때가 있고 시간이 필요한 법이란다. 기다릴 줄 알아야 해."라며 토닥여 주셨다. 나는 익어가는 옥수수를 보며 기다림의 소중함을 깨달았다. 늦여름에는 연두색 옥수수수염이 점점 갈색빛으로 물들며 옥수수가 여물었다. 가을에는 기다림의 결실인 샛노란 옥수수를 수확하며 나는 한 뼘 더 성장했다.
　할머니께서 끓여 주신 갈칫국을 먹었던 기억도 있다. 서울에서 갈치로 만든 음식을 먹다 보면 갈칫국을 끓여 주시던 할머니 생각이 나서 할머니가 그리워진다. 갈칫국은 양념장을 넣어 칼칼하게 졸인 갈치조림과 달리 갈치, 늙은 호박, 배추를 넣어서 맵지 않도록 맑게 끓인 요리이다. 내가 갈칫국이 먹고 싶다고 하면 할머니는 이른 새벽부터 어시장에서 싱싱한 갈치를 사 오셔서 갈칫국을 해 주셨다. 할머니의 갈칫국에서는 시원하면서도 구수한 맛이 났다. 지금도 그 맛이 혀끝에 맴돈다. 갈칫국을 맛있게 먹는 나를 흐뭇하게 바라보시던 할머니를 떠올리면 마음이 포근하고 따뜻해진다.
　지금은 어렸을 때만큼 할머니를 자주 뵈러 가지 못해 할머니와의 추억이 더욱 소중하게 다가온다.

8. 초고에서 활용한 글쓰기 방식으로 적절하지 <u>않은</u> 것은?

① 의인법을 통해 대상과의 친밀감을 표현하고 있다.
② 계절의 흐름에 따른 대상의 변화를 나타내고 있다.
③ 의성어를 사용하여 대상을 생생하게 나타내고 있다.
④ 다른 대상과의 대비를 통해 차이점을 강조하고 있다.
⑤ 색채어를 활용하여 대상을 감각적으로 표현하고 있다.

9. 다음은 글을 쓰기 전 학생이 구상한 내용이다. 초고에 반영되지 <u>않은</u> 것은?

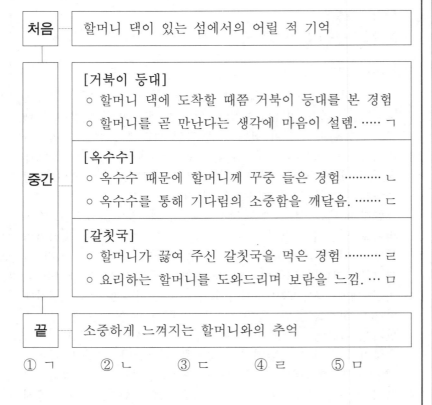

① ㄱ   ② ㄴ   ③ ㄷ   ④ ㄹ   ⑤ ㅁ

10. <보기>는 초고를 읽은 선생님의 조언이다. 이를 반영하여 초고에 추가할 내용으로 가장 적절한 것은? [3점]

< 보 기 >

선생님 : 글이 마무리되지 않은 느낌이 들어. 글의 마지막에 할머니와의 추억이 너에게 주는 의미를 직유법을 사용하여 표현한 문장을 추가하면 더 좋겠어.

① 할머니 댁이 있는 섬의 풍경은 그림같이 아름다웠다. 그 풍경을 언제쯤 다시 볼 수 있을까.

② 섬에서 자란 나는 푸른 바다를 늘 그리워한다. 윤슬이 넘실거리는 바다는 내 마음의 고향이다.

③ 할머니와 함께한 시간이 그리워진다. 이번 방학에는 아버지께 말씀드려 할머니를 뵈러 가야겠다.

④ 할머니 손길로 익어 가는 옥수수처럼 나는 할머니의 사랑으로 물들었다. 할머니의 따뜻한 보살핌은 나를 채운 온기였다.

⑤ 할머니의 넘치는 사랑 덕분에 나의 어린 시절이 찬란하게 빛난다. 소중한 시간을 내게 선물해 주신 할머니께 감사드린다.

[11 ~ 12] 다음 글을 읽고 물음에 답하시오.

단어를 구성하는 요소에는 어근과 접사가 있다. 어근은 단어를 구성하는 요소 중 실질적인 의미를 나타내는 부분이며, 접사는 어근과 결합하여 어근에 특정한 의미를 더하거나 어근의 의미를 제한하는 부분이다. 접사는 어근의 앞에 위치하는 접두사와 어근 뒤에 위치하는 접미사로 나뉘는데, 항상 다른 말과 결합하여 쓰이기에 홀로 쓰이지 못함을 나타내는 붙임표(−)를 붙인다. 예를 들어 '햇−, 덧−, 들−'과 같은 말은 접두사이고, '−지기, −음, −게'와 같은 말은 접미사이다.

단어는 그 짜임에 따라 단일어와 복합어로 구분된다. 단일어는 하나의 어근으로만 이루어진 단어를 이르는 말이다. 그리고 복합어는 어근과 어근의 결합으로 이루어진 합성어와, 어근과 접사의 결합으로 이루어진 파생어를 아울러 이르는 말이다. 가령 '밤'이나 '문'과 같이 하나의 어근으로만 이루어진 단어는 단일어이며, 어근 '밤', '문'이 각각 또 다른 어근과 결합한 '밤나무', '자동문'은 합성어이다. 또한 어근 '밤'과 접두사 '햇−'이 결합한 '햇밤', 어근 '문'과 접미사 '−지기'가 결합한 '문지기'는 파생어이다.

복합어는 어근과 어근으로 이루어진 합성어나 어근과 접사로 이루어진 파생어에 어근이나 접사가 다시 결합하여 형성되기도 한다. 이와 같은 복잡한 짜임의 단어를 이해할 때 활용되는 방법으로 직접 구성 성분 분석이 있다. 직접 구성 성분 분석은 단어를 둘로 나누는 방법으로, 나뉜 두 부분 중 하나가 접사일 경우 그 단어를 파생어로 보고, 두 부분 모두 접사가 아닐 경우 합성어로 본다.

[A] 가령 단어 '코웃음'은 직접 구성 성분을 '코'와 '웃음'으로 보기에 합성어로 분류한다. 이는 '코'가 어근이며, '웃음'이 어근 '웃−'과 접미사 '−음'으로 이루어진 파생어임을 고려한 것이다. 물론 '코웃음'의 직접 구성 성분을 '코웃−'과 '−음'으로 분석할 수도 있다. 그러나 '코웃−'은 존재하지 않고 '코'와 '웃음'만 존재하며, 의미상으로도 '코+웃음'의 분석이 자연스럽기에 직접 구성 성분을 '코'와 '웃음'으로 분석한다. 이처럼 직접 구성 성분 분석은 단어의 짜임을 체계적으로 이해하는 데에 도움이 된다.

11. 윗글에 대한 이해로 적절하지 <u>않은</u> 것은?

① 단일어는 하나의 어근으로만 이루어진다.

② 합성어나 파생어는 모두 복합어에 포함된다.

③ 접사는 홀로 쓰이지 못하기에 붙임표(−)를 붙인다.

④ 복합어는 접사가 어근과 결합하는 위치에 따라 둘로 나뉜다.

⑤ 접사는 어근과 결합하여 어근에 특정한 의미를 더하거나 어근의 의미를 제한한다.

12. [A]를 참고할 때, <보기>의 ㉠에 해당하는 짜임을 가진 단어로 가장 적절한 것은? [3점]

< 보 기 >

'가재의 집게발'에서 '집게발'은 아래와 같이 ㉠직접 구성 성분이 '[어근+접사]+어근'으로 분석되는 합성어이다.

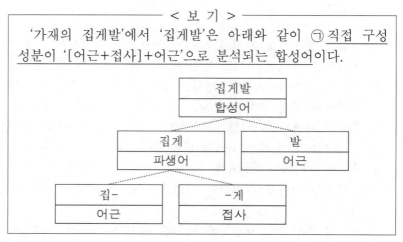

① 볶음밥   ② 덧버선   ③ 문단속

④ 들고양이   ⑤ 창고지기

13. <보기>는 수업의 일부이다. '학습 활동'의 결과로 가장 적절한 것은?

─── < 보 기 > ───

선생님 : 단어를 발음할 때, 어떤 음운이 앞이나 뒤의 음운의 영향으로 바뀌어 달라지는 경우가 있습니다. 그 결과, 조음 방법만 바뀌거나 조음 방법과 조음 위치가 모두 바뀝니다. 아래 자료를 참고해 '학습 활동'을 수행해 봅시다.

조음 방법 \ 조음 위치	입술소리	잇몸소리	센입천장소리	여린입천장소리
파열음	ㅂ	ㄷ		ㄱ
파찰음			ㅈ	
비음	ㅁ	ㄴ		ㅇ
유음		ㄹ		

영향의 방향	음운이 바뀌는 양상	
달↗님 (앞 음운의 영향)	달님[달림]	조음 방법의 변화
작↗문 (뒤 음운의 영향)	작문[장문]	조음 방법의 변화
해↗돋이 (뒤 음운의 영향)	해돋이[해도지]	조음 방법과 조음 위치의 변화

[학습 활동]

뒤 음운의 영향을 받아서 앞 음운이 조음 방법만 바뀌는 단어를 ㄱ～ㄹ에서 골라 보자.

ㄱ. 난로[날로]	ㄴ. 맏이[마지]
ㄷ. 실내[실래]	ㄹ. 톱날[톰날]

① ㄱ, ㄴ   ② ㄱ, ㄹ   ③ ㄴ, ㄷ
④ ㄴ, ㄹ   ⑤ ㄷ, ㄹ

14. <보기>의 '탐구 과제'를 수행한 결과로 적절하지 <u>않은</u> 것은?

─── < 보 기 > ───

[탐구 과제]

'작다 / 적다' 중 적절한 말이 무엇인지 온라인 사전에서 '작다'를 검색한 결과를 근거로 하여 말해 보자.

ㄱ. 민수는 진서에 비해 말수가 (작다 / 적다).
ㄴ. 키가 커서 작년에 구매한 옷이 (작다 / 적다).
ㄷ. 오늘 일은 지난번에 비해 규모가 (작다 / 적다).
ㄹ. 그는 큰일을 하기에는 그릇이 아직 (작다 / 적다).
ㅁ. 백일장 대회의 신청 인원이 여전히 (작다 / 적다).

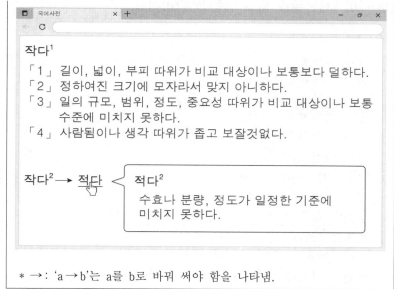

작다¹

「1」 길이, 넓이, 부피 따위가 비교 대상이나 보통보다 덜하다.
「2」 정하여진 크기에 모자라서 맞지 아니하다.
「3」 일의 규모, 범위, 정도, 중요성 따위가 비교 대상이나 보통 수준에 미치지 못하다.
「4」 사람됨이나 생각 따위가 좁고 보잘것없다.

작다² → 적다

적다²
수효나 분량, 정도가 일정한 기준에 미치지 못하다.

* →: 'a→b'는 a를 b로 바꿔 써야 함을 나타냄.

① ㄱ : '작다¹'의 「1」을 고려할 때 '작다'가 맞겠군.
② ㄴ : '작다¹'의 「2」를 고려할 때 '작다'가 맞겠군.
③ ㄷ : '작다¹'의 「3」을 고려할 때 '작다'가 맞겠군.
④ ㄹ : '작다¹'의 「4」를 고려할 때 '작다'가 맞겠군.
⑤ ㅁ : '작다¹', '작다²'와 '적다²'를 고려할 때 '적다'가 맞겠군.

15. <보기>의 '학습 자료'를 바탕으로 '학습 과제'를 수행한 결과로 적절하지 <u>않은</u> 것은?

─── < 보 기 > ───

[학습 자료]

○ 직접 인용 : 원래의 말이나 글을 그대로 큰따옴표(" ")에 넣어 인용하는 것. 조사 '라고'를 사용함.

○ 간접 인용 : 인용된 말이나 글을 자신의 관점에서 다시 서술하여 표현하는 것. 조사 '고'를 사용함.

[학습 과제]

밑줄 친 부분에 주목하여 직접 인용을 간접 인용으로 바꾸어 보자.

ㄱ. 지아가 "꽃이 벌써 <u>폈구나!</u>"라고 했다.
  → 지아가 꽃이 벌써 <u>폈다고</u> 했다.

ㄴ. 지아가 "버스가 벌써 <u>갔어요.</u>"라고 했다.
  → 지아가 버스가 벌써 <u>갔다고</u> 했다.

ㄷ. 나는 어제 지아에게 "<u>내일</u> 보자."라고 했다.
  → 나는 어제 지아에게 <u>오늘</u> 보자고 했다.

ㄹ. 전학을 간 지아는 "<u>이</u> 학교가 좋다."라고 했다.
  → 전학을 간 지아는 <u>그</u> 학교가 좋다고 했다.

ㅁ. 지아는 나에게 "민지가 <u>너를</u> 불렀다."라고 했다.
  → 지아는 나에게 민지가 <u>자기를</u> 불렀다고 했다.

① ㄱ   ② ㄴ   ③ ㄷ   ④ ㄹ   ⑤ ㅁ

[16 ~ 20] 다음 글을 읽고 물음에 답하시오.

(가)

잠깐 초록을 본 마음이 돌아가지 않는다.
초록에 붙잡힌 마음이
초록에 붙어 바람에 세차게 흔들리는 마음이
종일 떨어지지 않는다
여리고 연하지만 불길처럼 이글이글 휘어지는 초록
땅에 박힌 심지에서 끝없이 솟구치는 초록
나무들이 온몸의 진액을 다 쏟아내는 초록
㉠ 지금 저 초록 아래에서는
얼마나 많은 잔뿌리들이 발끝에 힘주고 있을까
초록은 수많은 수직선 사이에 있다
수직선들을 조금씩 지우며 번져가고 있다
직선과 사각에 **밀려 꺼졌다가는 다시 살아나고 있다**
흙이란 흙은 도로와 건물로 모조리 딱딱하게 덮인 줄 알았는데
이렇게 많은 초록이 **갑자기 일어날 줄은 몰랐다**
아무렇게나 버려지고 잘리고 갇힌 것들이
자투리땅에서 이렇게 크게 세상을 덮을 줄은 몰랐다
콘크리트 갈라진 틈에서도 솟아나고 있는
저 저돌적인 고요 ⌐
단단하고 건조한 것들에게 옮겨 붙고 있는 [A]
저 촉촉한 불길 ⌐

                 – 김기택, 「초록이 세상을 덮는다」 –

(나)

어져 내 일이야 무슨 일 하다 하고
굳은 이 다 빠지고 **검던 털이** 희었네
어우와 소장불노력하고 노대에 도상비로다*
                       <제1수>

셋 넷 다섯 어제인 듯 열 스물 얼핏 지나
서른 마흔 한 일 없이 쉰 예순 넘는단 말인가
장부의 허다 사업을 못 다 하고 늙었느냐
                       <제2수>

생원이 무엇인가 **급제도 헛일**이니
밭 갈고 논 매더면 설마한들 배고프리
이제야 아무리 애달픈들 몸이 늙어 못하올쇄
                       <제3수>

너희는 젊었느냐 나는 **이미 늙었구나**
젊다 하고 믿지 마라 나도 일찍 젊었더니
젊어서 흐느적흐느적하다가 늙어지면 거짓 것이*
                       <제4수>

㉡ 재산인들 부디 말며 과갑인들 마다 할까
재산이 유수하고 과갑은 재천하니*
하오면 못할 이 없기는 착한 일인가 하노라
                       <제5수>

내 몸이 못하고서 너희더러 하라기는
내 못하여 애달프니 너희나 하여라
청년의 아니하면 **늙은 후 또 내 되리**
                       <제6수>
                      – 김약련, 「두암육가」 –

* 소장불노력하고 노대에 도상비로다 : 젊어서 노력하지 않고, 늙어서
  상심과 슬픔뿐이로다.
* 거짓 것이 : 거짓말처럼 허망한 것이.

* 재산이 유수하고 과갑은 재천하니 : 재산은 운수가 있어야 하고 과거
  급제는 하늘에 달렸으니.

16. (가)와 (나)의 표현상 공통점으로 가장 적절한 것은?

① 대조적 표현을 활용하여 주제 의식을 부각하고 있다.
② 일부 시행을 명사로 마무리하여 여운을 남기고 있다.
③ 수미상관의 기법을 활용하여 리듬감을 조성하고 있다.
④ 명령적 어조를 사용하여 화자의 의지를 표출하고 있다.
⑤ 감탄사를 사용하여 대상에 대한 예찬을 드러내고 있다.

17. <보기>를 바탕으로 (가)와 (나)를 감상한 내용으로 적절하지 <u>않은</u> 것은? [3점]

< 보 기 >

  사물을 바라보거나 삶을 되돌아보며 사색하는 경험을 통해
깨달음을 얻을 수 있다. (가)의 화자는 도시 공간에서 마주한
'초록'에 사로잡혀 초록을 들여다보며 그것이 지닌 생명력을 깨
닫고, 이에 대한 감탄과 놀라움을 드러낸다. (나)의 화자는 자
신의 백발을 바라보며 현재의 처지를 한탄하는 데 그치지 않고
지난 삶을 돌아보며 깨달은 바를 젊은이에게 전달하고 있다.

① (가)의 '잠깐 초록을 본' 것과 (나)의 '검던 털'이 하얘진 모
습을 본 것은 사색을 시작하는 계기가 되는군.
② (가)의 '초록에 붙잡힌 마음'은 '초록'에 매료된 심리를, (나)
의 '밭 갈고 논 매더면 설마한들 배고프리'는 넉넉지 않은 현
실을 초래한 지난 삶에 대한 아쉬움을 나타내고 있군.
③ (가)의 '수직선들을 조금씩 지우며'를 통해 '초록'이 도시 공
간과 균형을 이루기를, (나)의 '늙은 후 또 내 되리'를 통해
젊은이가 과오를 저지르지 않기를 바라고 있군.
④ (가)의 '밀려 꺼졌다가는 다시 살아나고 있'는 것에서 '초록'
의 끈질긴 생명력을, (나)의 '급제도 헛일'에서 출세를 위한
삶이 전부가 아님을 깨닫고 있군.
⑤ (가)의 '갑자기 일어날 줄은 몰랐다'는 '초록'의 새로운 모습
을 발견한 놀라움을, (나)의 '이미 늙었구나'는 현재의 처지
에 대한 탄식을 드러내고 있군.

18. [A]에 대한 설명으로 가장 적절한 것은?

① 지시 표현을 사용하여 대상에 대한 화자의 심리적 거부감을
나타내고 있다.
② 유사한 문장 구조를 반복하여 대상이 갖는 역동적 이미지를
나타내고 있다.
③ 점층적인 표현을 사용하여 대상에 대한 화자의 태도 변화를
드러내고 있다.
④ 하나의 문장을 두 개의 시행으로 나누어 대상의 순환 과정을
제시하고 있다.
⑤ 모순된 표현을 활용하여 대상과 자신을 동일시하는 화자의
모습을 드러내고 있다.

19. (나)에 대한 이해로 적절하지 <u>않은</u> 것은?

① <제1수>의 '어쳐 내 일이야'에 담긴 한탄은, <제2수>의 '장부의 허다 사업'을 못 다 한 데서 비롯되는군.
② <제1수>의 '노대에 도상비로다'에 담긴 애상감은, <제4수>의 '늙어지면 거짓 것이'로 이어지는군.
③ <제2수>의 '서른 마흔 한 일 없이'에 담긴 반성은, <제4수>의 '젊어서 흐느적흐느적'하지 말라는 당부로 나타나는군.
④ <제3수>의 '이제야 아무리 애달픈들'과 <제6수>의 '내 못 하여 애달프니'에는 세월의 무상감에서 벗어나고자 하는 심리가 드러나는군.
⑤ <제5수>의 '하오면 못할 이 없기는 착한 일'은, <제6수>의 '너희더러 하라'에서 권유하는 내용이겠군.

20. 시상의 흐름을 고려하여 ㉠과 ㉡을 비교한 내용으로 가장 적절한 것은?

① ㉠에는 대상을 향한 화자의 애정이, ㉡에는 청자를 향한 화자의 원망이 나타나 있다.
② ㉠에는 대상과 화자 사이의 이질감이, ㉡에는 대상에 대한 화자의 거부감이 드러나 있다.
③ ㉠에는 감춰진 진실에 대한 화자의 회의가, ㉡에는 화자의 현재 상황에 대한 의문이 나타나 있다.
④ ㉠에는 힘의 근원에 대한 화자의 상상이, ㉡에는 뜻대로 되지 않는 삶에 대한 화자의 인식이 드러나 있다.
⑤ ㉠에는 문제의 원인에 대한 화자의 성찰이, ㉡에는 예상치 못한 결과를 수용하는 화자의 모습이 나타나 있다.

[21 ~ 24] 다음 글을 읽고 물음에 답하시오.

20세기 초 유럽에서 일어난 과학 문명의 발전은 현실을 이루는 법칙을 하나씩 부정하였다. 절대적이라고 믿어 왔던 시공간마저 상대적인 것으로 밝혀지면서, 사람들은 기존에 당연시되어 온 인식에 의문을 품었다. 이는 서양의 회화에도 영향을 미쳐 큐비즘이라는 새로운 미술 양식을 탄생시켰다.

큐비즘은 대상의 사실적 재현에 집중했던 전통 회화와 달리, 대상의 본질을 구현하기 위해 그 근원적 형태를 그려 내는 것을 목표로 삼았다. 이를 위해 대상의 본질과 관련 없는 세부적 묘사를 배제하고 구와 원기둥 등의 기하학적 형태로 대상을 단순화하여 질감과 부피감을 부각하였다. 색채 또한 본질 구현에 있어 부차적인 것으로 판단하여 몇 가지 색으로 제한하였다.

또한 큐비즘은 하나의 시점으로는 대상의 한쪽 형태밖에 표현할 수 없다고 생각하여, 하나의 시점에서 대상을 보고 표현하는 원근법을 거부하였다. 그리고 대상의 전체 형태를 표현하기 위해 다중 시점을 적용하였는데, 이는 여러 시점에서 관찰한 대상을 한 화면에 그려 내고자 한 기법이다. 예를 들어, 한 인물을 그릴 때 얼굴의 정면과 측면을 동시에 표현함으로써 대상의 전체 형태를 관람자들에게 보여 주는 것이다. 이렇게 큐비즘은 사실적 재현에서 벗어나 대상의 근원적 형태를 표현하려 하였으며, 관람자들에게 새로운 미적 인식을 환기하였다.

대상의 형태를 더 다양한 시점으로 보여 주려는 시도는 다중 시점의 극단화로 치달았는데, 이 시기의 큐비즘을 ⓐ분석적 큐비즘이라고 일컫는다. 분석적 큐비즘은 대상을 여러 시점으로 해체하여 작은 격자 형태로 쪼개어 표현했고, 색채 또한 대상의 고유색이 아닌 무채색으로 한정하였다. 해체 정도가 심해짐에 따라 대상은 부피감이 사라질 정도로 완전히 분해되었다. 이로 인해 관람자는 대상이 무엇인지조차 알아볼 수 없게 되었고, 제목이나 삽입된 문자를 통해서만 대상이 무엇인지 추측할 수 있게 되었다.

㉠대상이 극단적으로 해체되어 형태를 파악하지 못하게 된 문제를 해결하기 위해, 큐비즘은 화면 안으로 실제 대상 혹은 대상의 특성을 잘 드러내는 화면 밖의 재료들을 끌어들였다. 이것을 ⓑ종합적 큐비즘이라고 일컫는다. 종합적 큐비즘의 특징을 보여 주는 대표적 기법으로는 '파피에 콜레'가 있다. 이는 화면에 신문이나 벽지 등의 실제 종이를 오려 붙여 대상의 특성을 표현하는 기법이다. 예를 들어, 나무 탁자의 질감을 표현하기 위해 화면에 나뭇결무늬의 종이를 직접 붙였다. 화면에 붙인 종이의 색으로 인해 색채도 다시 살아났다.

큐비즘은 대상의 근원적 형태를 화면에 구현하기 위해 대상을 표현하는 새로운 방법을 모색하였다. 큐비즘이 대상의 형태를 실제에서 해방한 것은 회화 예술에 무한한 표현의 가능성을 가져다주었다. 이는 표현 대상을 보이는 세계에 한정하지 않는 현대 추상 회화의 탄생에 직접적인 영향을 미쳤다.

21. 윗글에서 알 수 있는 내용으로 적절하지 <u>않은</u> 것은?

① 큐비즘이 사용한 표현 기법
② 큐비즘이 등장한 시대적 배경
③ 큐비즘에 대한 다른 화가들의 논쟁
④ 큐비즘의 작품 경향이 변화된 양상
⑤ 큐비즘이 현대 추상 회화에 미친 영향

22. ㉠을 이해한 내용으로 가장 적절한 것은?

① 대상의 본질을 화면에 구현하기 위해 다중 시점에 집착한 결과이겠군.
② 인식의 절대적 기준을 제시하기 위해 대상의 변화를 무시한 결과이겠군.
③ 화면의 공간을 사실적으로 표현하기 위해 대상의 형태를 희생한 결과이겠군.
④ 기하학적 형태에서 탈피하기 위해 대상의 정면과 측면을 동시에 표현한 결과이겠군.
⑤ 관람자들에게 새로운 미적 인식을 환기하기 위해 대상을 있는 그대로 재현한 결과이겠군.

23. ⓐ와 ⓑ에 대한 설명으로 가장 적절한 것은?

① ⓐ는 ⓑ와 달리 고유색을 통해 대상을 그려 낸다.
② ⓐ는 ⓑ와 달리 삽입된 문자로만 대상을 드러낸다.
③ ⓑ는 ⓐ와 달리 작은 격자 형태로 대상을 해체한다.
④ ⓑ는 ⓐ와 달리 화면 밖의 재료를 활용해 대상을 표현한다.
⑤ ⓐ와 ⓑ는 모두 질감과 부피감을 살려서 대상을 형상화한다.

24. 윗글을 바탕으로 <보기>의 작품을 감상한 내용으로 적절하지 <u>않은</u> 것은? [3점]

─────< 보 기 >─────

브라크의 「에스타크의 집들」은 집과 나무를 그린 풍경화이다. 그런데 회화 속 풍경은 실제와 다르다. 집에 당연히 있어야 할 문이 생략되어 있으며, 집들은 부피감이 두드러지는 입방체 형태로 단순화되어 있다. 그림자의 방향은 일관성 없이 다양하게 표현되어 광원이 하나가 아님을 알 수 있다. 그리고 집과 나무는 모두 황토색과 초록색, 회색으로 칠해져 있다. 큐비즘의 시작을 알린 이 풍경화는 처음 공개되었을 때 평론가로부터 "작은 입방체(cube)를 그렸다."라는 비판을 받았는데, 이는 '큐비즘(Cubism)'이라는 명칭의 기원이 되었다.

① 집이 입방체 형태로 단순화된 것은 대상의 근원적 형태를 드러내기 위한 것이겠군.
② 풍경의 모습이 실제와 다른 것은 관찰한 대상이 무엇인지 추측할 수 없도록 하기 위한 것이겠군.
③ 그림자의 방향이 일관성 없이 다양하게 표현된 것은 하나의 시점을 강제하는 원근법을 거부한 것이겠군.
④ 집에 당연히 있어야 할 문이 없는 것은 세부적 묘사는 대상의 본질과 관련이 없다는 생각을 반영한 것이겠군.
⑤ 색이 황토색, 초록색, 회색으로 제한된 것은 색채는 본질을 구현하는 데 부차적인 요소라는 생각에 근거한 것이겠군.

[25 ~ 28] 다음 글을 읽고 물음에 답하시오.

[앞부분 줄거리] 설렁탕집 주인 '달평 씨'는 선행은 아무도 모르게 해야 한다는 신념을 가진 인물이다. 그러나 우연히 신문 기자들에 의해 선행이 과장되어 세상에 알려지면서 달평 씨는 대중들의 시선을 의식하게 되고, 본래 자신의 모습을 잃어버리는 첫 번째 죽음을 맞게 된다.

그러나 어쩐 일인지 세상 사람들의 관심은 달평 씨에게서 자꾸 멀어져가고 있었다. 그것을 눈치 못 챌 매스컴들이 아니었다. 달평 씨의 미담이 **세상 사람들에게 알려지는 기회가 부쩍 줄어들었다.**

그러나 달평 씨는 거기서 물러설 위인이 아니었다. 그가 **입을 더 크게 벌렸다.**

"나는 전과잡니다. 용서 못 받을 죄를 수없이 지고도 뻔뻔스럽게 살아온 흉악무도한 죄인입니다."

달평 씨는 듣기에 **끔찍한 지난날 자기의 악행**을 요목요목 들추어 만천하에 공개하기 시작했다. 치한, 사기, 모리배, 폭력…… 등등, 그는 초빙되어 간 그 강단에 서서 꾸벅꾸벅 조는 사람들의 머리를 들게 하고 그 처든 얼굴에 공포를 끼얹었다. 그다음에 그가 보여 주는 연기는 참회하는 자의 흐느낌과 손수건을 적시는 눈물이었다. 그리고 그는 결론짓곤 했다.

"여러분은 이제 내가 어째서 내 식구의 배를 굶겨 가면서 나보다 못사는 사람, 나보다 불우한 이웃을 위하는 일에 몸을 던졌는가를 아시게 되었을 겁니다."

청중들이 떠나갈 듯 박수를 치며 고개를 크게 주억거렸다.

"어머니, 그게 사실입니까? 아버지가 신문에 난 것처럼 그렇게 나쁜 죄를 많이 진 분입니까?"

달평 씨의 아들딸이 숨 가쁘게 달려와 어머니의 얼굴을 쳐다보았다. 그들은 그제야 어머니의 얼굴에 전에는 전혀 볼 수 없었던 그늘이 깔려 있음을 발견했다. 그네의 입에서 나온 대답 역시 전과는 달리 남편이 밖에서 한 말을 부정하는 것이었다.

"아니다, 느 아버진 결코 그렇게 나쁜 짓을 할 어른이 아니다."

"그럼, 뭡니까? 아버진 왜 당신의 입으로 그런 말을 하시는 겁니까?"

그러나 달평 씨의 부인은 더 대답하지 않고, 신문을 보고 부쩍 늘어난, 얼굴이 험악한 사람들의 식당 방문을 맞기 위해 일어서고 있었을 뿐이다. 어떻든 달평 씨의 그러한 ㉠**폭탄선언**으로 인해 세상 사람들은 **다시 달평 씨를 입에 올리기 시작했던** 것이다. 얼굴이 험악하게 생긴 사람들이 찾아와 손을 벌리기 시작했고 그들이 만든 무슨 **친선 단체의 회장직 감투**가 여지없이 **달평 씨에게 씌워**지기도 했다.

그러나 날 샌 원수 없고 밤 지난 은혜 없다고 세상 사람들은 모든 걸 너무나 쉽게 잊었다. 세상 사람들은 달평 씨를 다시 그들의 관심 밖으로 내동댕이쳤다. 보은식당의 종업원들은 식당 안에서 나폴레옹처럼 초조하게 서성거리는 달평 씨의 모습을 더욱 자주 보게 되었다.

"오늘 A 주간 신문 기자가 왔다 갔지?"

어느 날 밖에 나갔다 들어온 달평 씨가 그의 부인한테 물었다.

"예, 왔었어요."

"와서 뭘 물읍데까?"

"당신이 정말 옛날에 그런 나쁜 짓을 한 사실이 있느냐고 묻더군요."

"그래서?"

"모른다고 했지요, 제가 잘 모르는 일이기 때문에……."

후우 가슴이라도 쓸어내릴 듯 숨을 내쉬던 달평 씨가 손가락을 동그랗게 해 보이며 물었다.

"그래, 얼마나 쥐여 보냈소?"

"아무것도요, 마침 돈이 집에 하나도 없어서."

"뭐라구? 그래, 그 사람을 빈손으로 보냈단 말이야?"

"아무래도 식당 문을 닫아야 할까 봐요. 지난 기 세금도 아직……."

"뭐야? 도대체 여편네가 장살 어떻게 하길래 그따위 소릴

하는 거야?"

그러나 달평 씨의 부인은 사자처럼 포효하는 남편한테 맞서 대들지 않았다. 언제나처럼 조용한 얼굴로 식당에 찾아온 손님을 맞았을 뿐이다.

이때 식당에 와 있던 달평 씨의 **아들딸들**이 어머니 대신 우, 하고 일어섰던 것이다.

"아버지, 도대체 왜 이러시는 거예요?"

"아버지, 지금 우리 집 형편이 어떻게 돌아가고 있는지 아시고나 계신 겁니까?"

"아빠, 아빠보다 열 배, 아니 백 배, 천 배, 만 배도 더 잘사는 사람들도 못하는 일을 아빠가 어떻게 하신다고 그러시는 거예요? 아빠, **오른손이 하는 일을 왼손이 모르게 하라는 말 생각 안 나세요?**"

"아버지, 제발 정신 좀 차리세요!"

자식들이 내쏟는 그 공박에 속수무책으로 멍청히 듣고만 있던 달평 씨가 벌떡 일어나 종업원들도 다 있는 그 자리에서 ⓛ 폭탄선언을 한 것이 바로 그때였다.

그것은 정말 대형 폭탄이었다. 어쩌면 달평 씨가 가진 마지막 카드였을 것이다.

"내 이 말은 더 있다가 하려 했었지만…… 기왕 아무 때고 알아야 할 일…… 올 것은 빨리 오는 게 피차…….."

여느 때와 달리 말까지 더듬어 대는 달평 씨의 목소리는 사뭇 비장한 느낌까지 드는 것이었다. 종업원들까지 숨을 죽였다.

"너희 셋은 모두 내 핏줄이 아냐. 기철이 넌 호남선 기차간에서 주웠고, 기수 넌 서울역 광장에 버려진 걸 주워온 거고, 애숙이 넌 파주 양갈보촌이 네 고향이지. 물론 남들한테야 저기 있는 느덜 어머니 배 속으로 난 것처럼 연극을 해 왔다만…….."

얼굴이 하얗게 질린 달평 씨의 세 남매가 서로 얼굴을 마주 본 다음 황황히 눈길을 피하며, 구원이라도 청하듯 카운터에 앉은 그들 어머니 쪽으로 고개를 돌렸다.

그때 달평 씨의 부인이 이제까지 그 누구도 보지 못했던 분연한 얼굴 표정으로 일어섰던 것이다. 그네가 소리쳤다.

"여보, 이젠 당신 자식들까지 팔아먹을 작정이에요?"

가속으로 무너져 내려 더 어쩌할 길 없는 남편의 그 두 번째 죽음의 순간에 이처럼 거연히 부르짖고 일어선 **그네의 외침**은 우리의 **달평 씨를 다시 한번 살려 낼 오직 한 가닥의 빛**이었던 것이다.

– 전상국, 「달평 씨의 두 번째 죽음」 –

25. 윗글에 대한 설명으로 적절하지 <u>않은</u> 것은?

① 공간적 배경을 통해 인물의 심리를 암시하고 있다.
② 비유적 표현을 통해 인물의 행동을 묘사하고 있다.
③ 대화를 통해 인물들 간의 갈등 상황을 드러내고 있다.
④ 시간의 흐름에 따라 사건을 순차적으로 전개하고 있다.
⑤ 서술자가 작중 상황에 대해 자신의 생각을 드러내고 있다.

26. 윗글을 이해한 내용으로 가장 적절한 것은?

① 청중들은 달평 씨의 강연을 듣고 나서 심드렁해 했다.
② 달평 씨의 아들딸은 어머니의 발언으로 인해 아버지를 이해하게 되었다.
③ 종업원들은 달평 씨에게 경제적 어려움을 호소하며 도움을 요청했다.
④ 달평 씨는 A 주간 신문 기자를 만나 새로운 선행을 알릴 수 있었다.
⑤ 달평 씨의 부인은 어려워진 식당 운영에 대해 화를 내는 남편에게 맞서 대들지 않았다.

27. <보기>를 참고하여 윗글을 감상한 내용으로 적절하지 <u>않은</u> 것은? [3점]

< 보 기 >

이 작품은 주인공인 '달평 씨'가 대중의 시선을 지나치게 의식하게 되면서 몰락해 가는 과정을 그리고 있다. 순수한 의도로 선행을 베풀어 오던 달평 씨는 언론에 의해 유명세를 치르게 된 후 그것에 중독되어, 자극적인 정보에만 반응하는 대중과 언론의 관심을 끌기 위해 보여 주기식 선행을 베풀고 거짓을 지어낸다. 그러한 허위의식으로 인해 그는 점점 자신의 정체성을 잃어가고, 끝내 가족까지 파탄에 이르게 한다.

① '세상 사람들에게 알려지는 기회가 부쩍 줄어들'자 '입을 더 크게 벌'리는 달평 씨의 모습에서 대중의 관심을 얻고자 하는 인물의 욕심이 드러나는군.
② '끔찍한 지난날 자기의 악행'을 공개하자 '다시 달평 씨를 입에 올리기 시작'하는 사람들을 통해 자극적인 정보에만 반응하는 대중들의 모습을 보여 주는군.
③ '달평 씨에게 씌워'진 '친선 단체의 회장직 감투'를 거부하지 않은 것은 불우한 사람들까지도 철저하게 속이려는 달평 씨의 허위의식을 보여 주는군.
④ '오른손이 하는 일을 왼손이 모르게 하라는 말 생각 안 나'느냐고 묻는 '아들딸들'의 말을 통해 달평 씨가 보여 주기식 선행을 베풀고 있음이 드러나는군.
⑤ '달평 씨를 다시 한번 살려 낼 오직 한 가닥의 빛'인 '그네의 외침'은 달평 씨가 더 이상 파탄의 길로 가지 않도록 하는 아내의 저항이겠군.

28. ⓛ, ⓛ을 이해한 내용으로 가장 적절한 것은?

① ⓛ은 사건의 초점을 다른 인물로 전환시키려는 행위이다.
② ⓛ은 다른 인물들이 과거에 벌인 일들을 폭로하는 행위이다.
③ ⓛ은 상대의 입장을 이해하기 위한, ⓛ은 상대의 의심을 피하기 위한 행위이다.
④ ⓛ은 ⓛ으로 인해 발생한 사건의 전말을 드러내려는 행위이다.
⑤ ⓛ과 ⓛ은 모두 반향을 일으켜 자신이 처한 상황을 바꾸어 보려는 행위이다.

[29 ~ 32] 다음 글을 읽고 물음에 답하시오.

춘풍 아내 곁에 앉아 하는 말이

[A] "마오 마오 그리 마오. 청루미색* 좋아 마오. 자고로 이런 사람이 어찌 망하지 않을까? 내 말을 자세히 들어보소. 미나리골 박화진이라는 이는 청루미색 즐기다가 나중에는 굶어 죽고, 남산 밑에 이 패두는 소년 시절 부자였으나 주색에 빠져 다니다가 늙어서는 상거지 되고, 모시전골 김 부자는 술 잘 먹기 유명하여 누룩 장수가 도망을 다니기로 장안에 유명터니 수만금을 다 없애고 끝내 똥 장수가 되었다니, 이것으로 두고 볼지라도 청루잡기 잡힌 마음 부디부디 좋아 마소."

춘풍이 대답하되,

[B] "자네 내 말 들어보게. 그 말이 다 옳다 하되, 이 앞집 매갈쇠는 한잔 술도 못 먹어도 돈 한 푼 못 모으고, 비우고개 이도명은 오십이 다 되도록 주색을 몰랐으되 남의 집만 평생 살고, 탁골 사는 먹돌이는 투전 잡기 몰랐으되 수천 금 다 없애고 나중에는 굶어 죽었으니, 이런 일을 두고 볼지라도 주색잡기* 안 한다고 잘 사는 바 없느니라. 내 말 자네 들어보게. 술 잘 먹던 이태백은 호사스런 술잔으로 매일 장취 놀았으되 한림학사 다 지내고 투전에 으뜸인 원두표는 잡기를 방탕히 하여 소년부터 유명했으나 나중에 잘되어서 정승 벼슬 하였으니, 이로 두고 볼진대 주색잡기 좋아하기는 장부의 할 바라. 나도 이리 노닐다가 나중에 일품 정승 되어 후세에 전하리라."

아내의 말을 아니 듣고 수틀리면 때리기와 전곡 남용 일삼으니 이런 변이 또 있을까? 이리저리 놀고 나니 집안 형용 볼 것 없다.

㉠"다 내 몸에 정해진 일이요, 내 이제야 허물을 뉘우치고 책망하는 마음이 절로 난다."

아내에게 지성으로 비는 말이

"노여워 말고 슬퍼 마소. 내 마음에 자책하여 가끔 말하기를, '오늘의 옳음과 어제의 잘못을 깨달았노라'고 한다오. 지난 일은 고사하고 가난하여 못 살겠네. 어이 하여 살잔 말인고? 오늘부터 집안의 모든 일을 자네에게 맡기나니 마음대로 치산하여 의식이 염려 없게 하여 주오."

춘풍 아내 이른 말이,

㉡"부모 유산 수만금을 청루 중에 다 들이밀고 이 지경이 되었는데 이후에는 더욱 근심이 많을 것이니, 약간 돈냥이나 있다 한들 그 무엇이 남겠소?"

춘풍이 대답하되,

"자네 하는 말이 나를 별로 못 믿겠거든 이후로는 주색잡기 아니하기로 결단하는 각서를 써서 줌세."

[중략 부분 줄거리] 춘풍 아내가 열심히 품을 팔아 집안을 일으키자 춘풍은 다시 교만해지고, 아내의 만류에도 호조에서 이천 냥을 빌려 평양으로 장사를 떠나게 된다. 춘풍이 평양에서 기생 추월의 유혹에 넘어가 장사는 하지 않고 재물을 모두 탕진한 채 추월의 하인이 되었다는 소식을 듣고 춘풍의 아내가 통곡한다.

이리 한참 울다가 도로 풀고 생각하되,
'우리 가장 경성으로 데려다가 호조 돈 이천 냥을 한 푼 없이 다 갚은 후에 의식 염려 아니하고 부부 둘이 화락하여 백 년 동락하여 보자. 평생의 한이로다.'

마침 그때 김 승지 댁이 있으되 승지는 이미 죽고, 맏자제가 문장을 잘해 소년 급제하여 한림 옥당 다 지내고 도승지를 지낸 고로, 작년에 평양 감사 두 번째 물망에 있다가 올해 평양 감사 하려고 도모한단 말을 사환 편에 들었것다. 승지 댁이 가난하여 아침저녁으로 국록을 타서 많은 식구들이 사는 중에 그 댁에 노부인 있다는 말을 듣고, 바느질품을 얻으려고 그 댁에 들어가니, 후원 별당 깊은 곳에 도승지의 모부인이 누웠는데 형편이 가난키로 식사도 부족하고 의복도 초췌하다. 춘풍 아내 생각하되,

'이 댁에 붙어서 우리 가장 살려내고 추월에게 복수도 할까.'

하고 바느질, 길쌈 힘써 일해 얻은 돈냥 다 들여서 승지 댁 노부인에게 아침저녁으로 진지를 올리고, 노부인께 맛난 차담상을 특별히 간간이 차려드리거늘, 부인이 감지덕지 치사하며 하는 말이,

"이 은혜를 어찌할꼬?"

주야로 유념하니, 하루는 춘풍의 처더러 이르는 말이,

㉢"내 들으니 네가 집안이 기울어서 바느질품으로 산다 하던데, 날마다 차담상을 차려 때때로 들여오니 먹기는 좋으나 불안하도다."

춘풍 아내 여쭈되,

"소녀가 혼자 먹기 어렵기로 마누라님 전에 드렸는데 칭찬을 받사오니 오히려 감사하여이다."

대부인이 이 말을 듣고 춘풍의 처를 못내 기특히 생각하더라.

하루는 도승지가 대부인 전에 문안하고 여쭈되,

"요사이는 어머님 기후가 좋으신지 화기가 얼굴에 가득하옵니다."

대부인 하는 말씀이,

"기특한 일 보았도다. 앞집 춘풍의 지어미가 좋은 차담상을 매일 차려오니 내 기운이 절로 나고 정성에 감격하는구나."

승지가 이 말을 듣고 춘풍의 처를 귀하게 보아 매일 사랑하시더니, 천만 의외로 김 승지가 평양 감사가 되었구나. 춘풍 아내, 부인 전에 문안하고 여쭈되,

"승지 대감, 평양 감사 하였사오니 이런 경사 어디 있사오리까?"

부인이 이른 말이,

㉣"나도 평양으로 내려 갈 제, 너도 함께 따라가서 춘풍이나 찾아보아라."

하니 춘풍 아내 여쭈되,

"소녀는 고사하옵고 오라비가 있사오니 비장*으로 데려가 주시길 바라나이다."

대부인이 이른 말이,

㉤"네 청이야 아니 듣겠느냐? 그리하라."

허락하고 감사에게 그 말을 하니 감사도 허락하고,

"회계 비장 하라."

하니 좋을시고, 좋을시고. 춘풍의 아내 없던 오라비를 보낼쏜가? 제가 손수 가려고 여자 의복 벗어놓고 남자 의복 치장한다.

— 작자 미상, 「이춘풍전」 —

*청루미색 : 기생집의 아름다운 기녀.
*주색잡기 : 술과 여자와 노름을 아울러 이르는 말.
*비장 : 감사를 따라다니며 일을 돕는 무관 벼슬.

29. 윗글을 이해한 내용으로 적절하지 <u>않은</u> 것은?

① 춘풍은 호조 돈 이천 냥을 빌려 평양으로 떠났다.
② 춘풍 아내는 바느질품을 팔며 생계를 이었다.
③ 춘풍 아내는 춘풍의 잘못에도 가정의 화목을 바라고 있다.
④ 도승지는 평양 감사직을 연이어 두 번 맡게 되었다.
⑤ 대부인은 도승지에게 춘풍 아내의 정성을 칭찬하였다.

31. ㉠~㉤을 이해한 내용으로 적절하지 <u>않은</u> 것은?

① ㉠: 다른 사람의 잘못을 자신의 탓으로 여기고 있다.
② ㉡: 앞으로의 상황이 악화될 것을 염려하고 있다.
③ ㉢: 상대방의 호의를 부담스럽게 생각하고 있다.
④ ㉣: 상대의 처지를 고려해 동행을 권유하고 있다.
⑤ ㉤: 신의를 바탕으로 요청을 흔쾌히 수락하고 있다.

30. [A], [B]에 대한 설명으로 가장 적절한 것은?

① [A]는 권위를 내세워 행위의 당위성을 강조하고 있다.
② [B]는 상대의 주장을 수용하여 태도에 변화를 보이고 있다.
③ [A]는 [B]의 내용을 예측하여 반박의 여지를 차단하고 있다.
④ [B]는 [A]의 반례를 들어서 자신의 행동을 합리화하고 있다.
⑤ [A]와 [B]는 모두 영웅의 행적을 주장의 근거로 삼고 있다.

32. <보기>를 바탕으로 윗글을 감상한 내용으로 적절하지 <u>않은</u> 것은? [3점]

―――――――< 보 기 >―――――――
　이 작품은 남편이 저지른 일을 아내가 수습하는 서사가 중심이 된다. 춘풍은 가장이지만 경제관념 없이 현실적 쾌락만을 추구하며 자신이 초래한 문제를 해결하려 하지 않는다. 반면, 춘풍 아내는 적극적으로 현실의 문제를 해결하려는 의지를 갖고 주도면밀하게 목적을 달성한다. 이러한 두 인물의 대비되는 특징으로 인해 무능한 가장의 모습과 주체적인 아내의 역할 및 능력이 부각된다.

① 춘풍이 가난을 불평하며 아내에게 집안일에 대한 모든 권리를 넘기는 것에서 무책임한 가장의 모습을 엿볼 수 있군.
② 춘풍이 전곡을 남용하고 주색잡기에 빠져 있는 것에서 경제관념 없이 현실적 쾌락을 추구하는 모습을 엿볼 수 있군.
③ 춘풍 아내가 사환에게 정보를 얻고 김 승지 댁 대부인에게 의도적으로 접근한 것에서 주도면밀한 모습을 엿볼 수 있군.
④ 춘풍 아내가 춘풍을 구하기 위해 비장의 지위를 획득하고 남장을 하는 것에서 적극적인 문제 해결 의지를 엿볼 수 있군.
⑤ 춘풍이 각서를 쓰고, 춘풍 아내가 차담상을 차리는 것에서 신분 상승을 통해 목적을 달성하려는 의도를 엿볼 수 있군.

[33 ~ 38] 다음 글을 읽고 물음에 답하시오.

(가)

기원전 3세기경 중국의 전국시대 말기는 침략과 정벌의 전쟁이 빈번하게 벌어지는 혼란의 시대였다. 이와 동시에 국가의 혼란을 해결하기 위한 길을 ⓐ모색한 여러 사상들이 융성한 시대이기도 했다.

이 시대에 활동했던 순자는 사회의 혼란과 무질서를 악(惡)이라고 규정하고 악은 온전히 인간의 성(性)에게서 비롯된 것으로 파악한다. 성이란 인간이 태어나면서부터 지니고 있는 동물적인 경향성을 일컫는 말로 욕망과 감정의 형태로 드러난다. 이 중에서 이익을 좋아하고 그것을 얻으려고 하는 인간의 성이 악을 초래한다고 보았다. 사회적 자원과 재화는 한정적인데 사람들이 모두 이기적인 욕망을 그대로 좇게 되면 그들 사이에 다툼과 쟁탈이 일어나게 된다는 것이다.

하지만 그는 인간이 성뿐만이 아니라 심(心)도 타고났기에 인간다워질 수 있고, 성에서 비롯한 사회 문제의 해결도 가능하다고 보았다. 심은 인간의 인지 능력을 뜻하는데, 인간의 감각 기관이 가져온 정보를 종합해서 인식하고 판단한다. 즉, 심은 성이 합리적인지 판단하여 성을 통제한다. 이러한 심의 작용을 통해 인간은 배우며 실천할 수 있는데, 이와 같은 인간의 의식적이고 후천적인 노력 또는 그것의 산물을 위(僞)라고 한다.

순자는 성을 변화시키는 위의 역할을 강조했는데, 특히 위의 핵심으로서 예(禮)를 언급하고 그것을 실천할 것을 주문한다. 예란 위를 ⓑ축적하여 완전한 인격체가 된 성인(聖人)이 일찍이 사회의 혼란을 우려해 만든 일체의 사회적 규범을 말한다. 이는 개인의 도덕 규범이자 나라를 다스리는 규범으로, 개인의 모든 행위의 기준이자 사회의 위계 질서를 나누는 기준이 된다. 예의 가장 중요한 기능은 ㉠신분적 차이를 구분해서 직분을 정하는 것인데 이는 인간의 욕망 추구를 긍정하되 그 적절한 기준과 한계를 설정함을 의미한다. 사회 구성원이 자신의 위치에 맞게끔 욕망을 추구하게 함으로써 다툼과 쟁탈이 없는 안정된 사회를 만들 수 있다고 생각했기 때문이다.

이때 순자는 군주를 예의 근본으로 규정하고 그의 역할을 중시한다. 군주는 계승되어 온 예의 공통된 원칙을 지키고, 당대의 요구에 맞춰 예를 제정해야 한다. 구체적으로 군주는 백성들의 직분을 정해 주고 그들을 가르쳐 예의 길로 인도하는 역할을 수행한다. 이를 통해 백성들의 성은 교화되고 질서와 조화를 이룬 선(善)한 사회에 다다를 수 있다.

순자는 당대의 사상가들과 달리 사회 문제의 원인을 외적 상황에서 찾지 않고 인간의 타고난 성향에서 찾음으로써 인간 사회를 바라보는 새로운 관점을 제시하였다. 그러한 점에서 순자는 인간의 후천적 노력을 바탕으로 한 인간과 사회의 변화 가능성을 ⓒ신뢰한 사상가라 할 수 있다.

(나)

홉스가 살던 17세기는 종교 전쟁과 내전을 겪으며 혼란스러웠다. 이에 왕의 권력은 신으로부터 부여받은 것이라는 왕권신수설에 많은 사람들은 의문을 품게 되었다. 이러한 상황에서 홉스는 사회적 혼란을 해결하고자 신이 아닌 인간에 대한 탐구를 시작한다.

홉스는 국가 성립 과정을 설명하기 위해 국가가 성립하기 이전의 집단적 삶인 자연 상태를 가정한다. 그는 인간을 자기 보존을 추구하는 존재로 규정한다. 또한 인간은 자연 상태에서 누구나 절대적인 자유를 행사할 수 있는 권리를 지니는데, 이를 자연권이라고 말한다. 자연 상태에서 인간은 자기 보존을 위해 자신의 이익만을 추구하면서 끊임없이 싸우게 되는데 그는 전쟁과도 같은 이 상황을 '만인에 대한 만인의 투쟁'이라 ⓓ명명한다. 하지만 이 상황에서 인간이 느끼는 죽음에 대한 공포는 평화와 안전을 바라게 하는 감정을 유발하기도 한다.

이때 인간의 이성은 평화로운 상태로 나아가기 위한 최선의 법칙을 발견하는데 홉스는 이를 자연법이라 일컫는다. 자연법의 가장 근본적인 원칙은 평화를 추구하고 따르라는 것이다. 그리고 이를 위해 인간의 이성은 자연 상태에서 가졌던 권리의 상당 부분을 포기하고 그것을 양도하는 ㉡사회 계약이 필요함을 깨닫는다.

개인이 자기 보존을 위해 자발적으로 동의한 사회 계약은 두 단계에 걸쳐 이루어진다. 첫 번째 단계에서 개인과 개인은 상호 적대적인 행위를 중지하고자 자연권의 대부분을 포기하는 계약을 맺는다. 그런데 이 계약은 누군가가 이를 위반할 경우에 그것을 제재할 수단이 없다는 한계가 있어 쉽게 파기될 수 있다. 이 계약의 불안정성을 해소하고 실효성을 보장하기 위해서는 계약 위반을 제재할 강제력과 그것을 집행할 수 있는 힘의 소유자를 세우는 일이 필요하다. 이에 개인은 계약 위반을 제재할 공동의 힘을 지닌 통치자와 두 번째 단계의 계약을 맺고 자신들의 권리를 그에게 양도한다.

이러한 계약의 과정을 거치며 '리바이어던'이라 불리는 국가가 탄생한다. 리바이어던은 본래 성서에 등장하는 무적의 힘을 가진 바다 괴물의 이름으로, 홉스는 이를 통해 계약으로 탄생한 국가의 강력한 공적 권력을 강조한 것이다. 통치자는 국가 권력의 실질적인 행사 주체로서 국가에 대한 복종을 요구하는 대신에 개인을 위험으로부터 보호하는 책무를 갖는다. 그는 강력한 처벌에 대한 규정을 만들고 개인들이 이에 따르게 함으로써 그들의 안전을 보장한다. 통치자가 개인들로부터 위임받은 권리를 정당하게 행사하여 개인들 간의 투쟁을 해소함으로써 비로소 평화로운 사회가 ⓔ구현된다.

홉스의 사회 계약론은 인간의 본성에 대한 통찰을 바탕으로 국가가 성립하게 되는 과정을 제시하고 있다. 특히 국가가 지닌 힘의 원천을 신이 아닌 자유로운 개인들에게서 찾고 있다는 점에서 근대 주권 국가의 토대를 마련했다고 할 수 있다.

33. (가)와 (나)의 공통점으로 가장 적절한 것은?

① 인간 중심적인 시각에서 벗어나 사회 현상을 분석하고 있다.

② 현실을 개선하려는 사상가의 견해와 그 의의를 제시하고 있다.

③ 종교적인 믿음을 바탕으로 성립된 권력의 개념을 밝히고 있다.

④ 국가와 국가 간의 전쟁이 야기한 사상의 탄압 양상을 설명하고 있다.

⑤ 시대적 상황의 변화에 따라 달라진 지도자의 위상을 통시적으로 설명하고 있다.

34. (가)의 군주와 (나)의 통치자에 대한 이해로 적절하지 <u>않은</u> 것은?

① 군주는 사회 구성원의 내면의 변화를 전제로 질서와 조화를 이룬 선한 사회를 만든다.
② 통치자는 신으로부터 부여받은 권리를 정당하게 행사함으로써 평화로운 사회를 만든다.
③ 군주는 백성을 사회적 위치에 맞게 행동하도록 인도하고, 통치자는 개인들의 상호 적대적인 행위의 중지를 요구한다.
④ 군주는 예를 바탕으로 한 교화를 통해, 통치자는 강력한 공적 권력을 바탕으로 한 처벌을 통해 사회의 질서를 도모한다.
⑤ 군주와 통치자는 모두 나라를 다스리는 지도자로서 사회적 역할을 이행해야 할 책무를 갖는다.

35. ㉠에 대한 설명으로 가장 적절한 것은?

① 개인의 욕망보다 사회의 요구를 강조하여 심의 부작용을 막기 위한 것이다.
② 인간의 성과 심의 차이를 구분하여 새로운 도덕적 기준을 세우기 위한 것이다.
③ 사회 구성원이 심을 체득하게 하여 혼란한 사회적 상황을 해결하기 위한 것이다.
④ 개인의 도덕 규범과 나라의 통치 규범을 구분하여 사회 문제의 원인을 찾기 위한 것이다.
⑤ 한정적인 사회적 자원과 재화를 적절하게 분배하여 사회의 안정성을 추구하기 위한 것이다.

36. ㉡을 이해한 내용으로 적절하지 <u>않은</u> 것은?

① 만인에 대한 만인의 투쟁 상황에서 벗어나기 위해 맺은 것이다.
② 자유를 향유할 수 있는 권리의 포기는 자발적인 동의하에 이루어진다.
③ 개인은 첫 번째 단계의 계약을 맺음으로써 공동의 힘을 제재할 수 있다.
④ 첫 번째 단계의 계약은 두 번째 단계의 계약과 달리 위반할 경우 제재 수단이 없다.
⑤ 두 번째 단계의 계약은 첫 번째 단계의 계약과 달리 개인의 권리 양도가 이루어진다.

37. (가)의 '순자'와 (나)의 '홉스'의 입장에서 <보기>의 상황을 이해한 내용으로 적절하지 <u>않은</u> 것은? [3점]

―――――――― < 보 기 > ――――――――
　생물학자인 개릿 하딘은 공유지에서의 자유가 초래하는 혼란한 상황을 '공유지의 비극'이라 일컬었다. 그는 한 목초지에서 벌어지는 상황을 예로 들어 이를 설명하였다.

　모두가 사용할 수 있는 목초지가 있다. 한 목동은 자신의 이익을 극대화하는 방법으로 가능한 한 많은 소 떼들을 목초지에 풀어 놓는다. 다른 목동들도 같은 방법을 취하게 되고 결국 목초지는 황폐화된다.

① 순자는 목동들이 '위'를 행하였다면 목초지의 황폐화를 막을 수 있었을 것이라고 생각하겠군.
② 홉스는 목동들이 처한 상황을 자기 보존을 추구하는 욕망이 발현된 '자연 상태'라고 생각하겠군.
③ 순자는 완전한 인격체가 만든 규범이, 홉스는 강력한 국가의 개입이 필요한 상황이라고 생각하겠군.
④ 순자는 '성'을 그대로 좇는 모습으로, 홉스는 '자연권'을 행사하는 모습으로 목동들의 이기적 행동을 이해하겠군.
⑤ 순자와 홉스는 모두 목동들이 공포를 느끼게 되면 문제 상황에 대한 합리적 판단 능력을 갖게 될 것이라고 생각하겠군.

38. ⓐ ~ ⓔ의 사전적 의미로 적절하지 <u>않은</u> 것은?

① ⓐ : 일이나 사건 따위를 해결할 수 있는 방법이나 실마리를 더듬어 찾음.
② ⓑ : 지식, 경험, 자금 따위를 모아서 쌓음.
③ ⓒ : 자기의 주장을 굽혀 남의 의견을 좇음.
④ ⓓ : 사람, 사물, 사건 등의 대상에 이름을 지어 붙임.
⑤ ⓔ : 어떤 내용이 구체적인 사실로 나타나게 함.

[39 ~ 43] 다음 글을 읽고 물음에 답하시오.

사계절이 뚜렷한 곳에서 자라는 나무는 매해 하나씩 나이테를 만들기 때문에 나이테를 세면 나무의 나이를 알 수 있다. 그렇다면 나이테는 단순히 나무의 나이를 알기 위해서만 활용되는 것일까? 그렇지 않다. 나이테는 현재 남아 있는 다양한 목제 유물들이 언제 만들어졌는지 그 제작 연도를 ⓐ규명하는 데도 활용되고 있다.

나무의 나이테는 위치에 따라 크게 심재, 변재로 구분된다. 심재는 나무의 성장 초기에 형성된 안쪽 부분으로 생장이 거의 멈추면서 진액이 내부에 갇혀 색깔이 어둡게 변한 부분이다. 변재는 심재의 끝부터 껍질인 수피 전까지의 바깥 부분으로 물과 영양분을 공급하는 생장 세포가 활성화되어 있어 밝은 색상을 띠는 부분이다. 나무의 나이는 이 심재와 변재의 나이테 수를 합한 것이 된다.

그런데 나무의 나이테 너비를 살펴보면 매해 그 너비가 동일하지 않다. 그 이유는 '제한 요소의 법칙'에 의해서 나무의 생장량이 결정되기 때문이다. 나무가 생장하기 위해서는 물, 빛, 온도, 이산화 탄소 등의 다양한 환경 요소가 필요한데 환경 요소들은 해마다 다르기 때문에 나이테의 너비도 변하게 된다. 그렇다고 모든 환경 요소가 나이테의 너비 변화에 영향을 주는 것은 아니다. 여러 환경 요소 중에서 가장 부족한 요소가 나이테의 너비 변화에 가장 큰 영향을 주게 되는데 이것이 바로 제한 요소의 법칙이다.

나무가 가장 부족한 요소에 모든 생물학적 활동을 맞추는 것은 안전하게 생장하기 위한 전략이다. 만일 나무의 생장이 가장 풍족한 요소를 기준으로 이뤄진다면 생장에 필요한 생물학적 활동을 제한하는 요소가 많아져 ⓑ고사할 위험이 높아지게 될 것이기 때문이다. 제한 요소의 법칙은 모든 나무의 생장에 예외 없이 적용되며, 그 결과로 동일한 수종이 유사한 생장 환경에서 자라면 나이테의 너비 변화 패턴이 유사하다. 하지만 수종이 같더라도 지역이 다르면 생장 환경이 다르기 때문에 나이테의 너비 변화 패턴은 달라지게 된다.

나이테를 활용하여 목제 유물에 사용된 나무의 벌채* 연도나 환경 조건을 추정하는 것을 연륜 연대 측정이라 하는데 이를 위해서는 나이테의 너비 변화 패턴을 그래프로 나타낸 ㉠연륜 연대기가 있어야 한다. 수천 년 살 수 있는 나무는 많지 않으나 아래 <그림>과 같은 방법으로 수천 년에 달하는 연륜 연대기 작성은 가능하다.

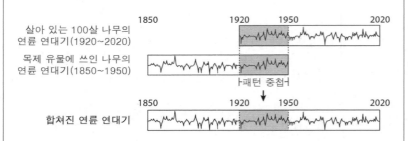

살아 있는 나무에서 나이테 너비를 ⓒ측정하면 정확한 연도가 부여된 연륜 연대기를 작성할 수 있다. 다음으로 오래지 않은 과거에 제작된 목제 유물의 나이테로 연륜 연대기를 작성하여 이미 작성된 연륜 연대기와 비교하면 패턴이 겹치는 기간을 확인할 수 있다. 그 기간은 지금 살아 있는 나무와 과거 유물에 사용된 나무가 함께 생장하던 기간이 된다. 이러한 방법으로 보다 과거의 목제 유물로 작성된 연륜 연대기와 패턴 비교를 반복하면 수백, 수천 년에 달하는 나무의 연륜 연대기

작성이 가능해진다. 이렇게 작성된 장기간의 연륜 연대기를 표준 연대기라 하는데 우리나라는 현재 소나무, 참나무, 느티나무의 표준 연대기를 ⓓ보유하고 있다. 연륜 연대 측정은 이 표준 연대기와 목제 유물의 나이테로 작성한 유물 연대기의 패턴을 비교함으로써 진행되고 그 방법은 다음과 같다.

[A]

먼저 목제 유물의 나이테에 변재가 있는지 확인해야 한다. 나무를 가공할 때는 벌레가 먹거나 쉽게 썩는 변재의 일부 또는 전체가 잘려 나가기도 하는데 만일 유물의 나이테에 변재가 없는 경우에는 벌채 연도를 추정할 수 없게 된다.

변재의 존재 여부를 확인한 후에는 목제 유물의 각 부분에서 나이테를 채취해 패턴이 중첩되는 부분을 비교하여 유물 연대기를 만든 다음, 비교 대상으로 사용할 표준 연대기를 정해야 한다. 이때 유물 연대기와 표준 연대기의 상관도를 나타내는 t값과 일치도를 나타내는 G값을 고려해야 하는데 100년 이상의 기간을 상호 비교할 때 t값은 3.5 이상, G값은 65% 이상의 값을 가져야 통계적으로 유의성이 있는 것으로 ⓔ간주된다.

표준 연대기를 정한 후에는 유물 연대기와 표준 연대기의 패턴을 비교하여 중첩되는 부분의 시작 나이테의 연도부터 마지막 나이테의 연도를 확정하여 절대 연도를 부여한다. 유물의 나이테가 변재를 완전하게 갖고 있을 경우에는 마지막 나이테의 절대 연도가 벌채 연도가 된다. 하지만 변재의 바깥쪽 나이테 일부가 잘려 나갔다면 마지막 나이테의 절대 연도에 잘려 나간 변재 나이테 수를 더한 값이 벌채 연도가 되는데 이때는 수령별 평균 변재 나이테 수를 참고한다. 비슷한 수령의 나무가 갖는 평균 변재 나이테 수에서 유물에 남아 있는 변재 나이테 수를 빼, 나무를 가공할 때 잘라 낸 변재 나이테 수를 구한다. 그리고 이를 마지막 나이테의 절대 연도에 더해 벌채 연도를 확정한다. 그 다음, 벌채한 후 가공할 때까지 나무를 건조하는 일반적인 기간인 1 ~ 2년을 더해 목제 유물의 제작 연도를 추정한다.

* 벌채 : 나무를 베어 냄.

39. 윗글에서 사용된 전개 방식으로 적절하지 않은 것은?

① 자문자답의 방식으로 화제를 제시하고 있다.
② 대상의 특성을 관련 개념을 통해 설명하고 있다.
③ 일정한 기준에 따라 대상을 나누어 설명하고 있다.
④ 어려운 개념을 친숙한 대상에 빗대어 설명하고 있다.
⑤ 반대 상황을 가정하여 현상에 대한 이해를 돕고 있다.

40. 윗글에서 알 수 있는 내용으로 가장 적절한 것은?

① 심재는 생장이 거의 멈춘 나이테로 수피에 인접하여 있다.
② 변재는 생장 세포에 있는 진액으로 인해 밝은 색상을 띤다.
③ 나무의 수령은 변재 나이테의 개수로 파악할 수 있다.
④ 나이테의 너비는 가장 풍족한 환경 요소로 결정된다.
⑤ 심재 나이테만 남아 있다면 연륜 연대 측정은 불가하다.

41. ㉠에 대한 설명으로 적절하지 <u>않은</u> 것은?

① 동일한 수종이라도 환경이 다르면 패턴이 달라진다.
② 패턴 비교를 반복하면 장기간의 연대기 작성이 가능하다.
③ 나이테의 너비가 일정하면 패턴 분석의 대상이 될 수 없다.
④ 제한 요소의 법칙에 따라 나무가 생장한 결과를 보여 준다.
⑤ 현재 국내에는 3종의 나무에 대한 표준 연대기가 존재한다.

42. [A]를 바탕으로 <보기>의 '연륜 연대 측정 자료'를 이해한 내용으로 적절하지 <u>않은</u> 것은? [3점]

― < 보 기 > ―

[소나무 서랍장에 대한 연륜 연대 측정]

Ⅰ. 측정 참고 자료
　ㅇ 두 곳의 서랍에서 같은 나무의 나이테를 채취하였고, 이 중 서랍2에서는 좁은 나이테 모양으로 보아 바깥쪽 나이테가 거의 수피에 근접한 것을 확인하였음.
　ㅇ 서랍1, 2 연대기의 패턴을 비교하여 유물 연대기를 작성한 후 표준 연대기와 비교하여 절대 연도를 부여함.

Ⅱ. 유의성 및 수령별 평균 변재 나이테 수 자료

표준 연대기	t값	G값	평균 변재 나이테 수	
			수령 100년	수령 150년
a산 소나무	3.7	69%	60개	77개
b산 소나무	3.2	60%	58개	65개

Ⅲ. 소나무 서랍장 유물 연대기 및 절대 연도 부여 자료

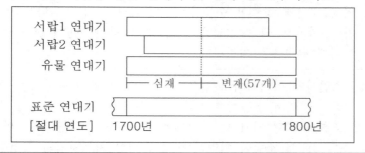

① t값과 G값을 고려할 때 표준 연대기는 a산 소나무의 연대기가 사용되었을 것이다.
② 유물 연대기와 표준 연대기의 패턴이 중첩되는 기간은 1700년부터 1800년까지일 것이다.
③ 마지막 나이테의 절대 연도를 고려할 때 서랍장에 사용된 나무의 벌채 연도는 1802년일 것이다.
④ 비슷한 수령의 소나무가 갖는 평균 변재 나이테 수를 참고하면 가공할 때 잘려 나간 변재 나이테 수는 3개일 것이다.
⑤ 벌채한 나무의 건조 기간을 고려하면 서랍장의 제작 연도는 1804년에서 1805년 사이일 것이다.

43. ⓐ ~ ⓔ를 바꿔 쓴 것으로 적절하지 <u>않은</u> 것은?

① ⓐ : 밝히는
② ⓑ : 말라 죽을
③ ⓒ : 헤아리면
④ ⓓ : 가지고
⑤ ⓔ : 여겨진다

[44 ~ 45] 다음 글을 읽고 물음에 답하시오.

[앞부분 줄거리] 동물원의 코끼리들이 도심으로 탈출했다. 근처 선거 유세장에서는 정치인이 부상을 당하였고, 일대는 쑥대밭이 되었다. 조련사는 유세를 방해하기 위해 일부러 코끼리를 풀어 준 혐의로 경찰서에 붙잡혀 와 조사를 받는다. 참고인 자격의 의사와 아들의 면회를 온 어머니도 함께 있다.

조련사 : 정말인데. 코끼리들은 공연하면서 많이 우는데. 답답하다고 우는데. 슬퍼서 우는데. 난 다 알고 있었는데. 코끼리들이 며칠 전서부터 도망갈 조짐을 보인 것도 알았는데. 도망가려고 의논하는 소릴 들었는데. 그리고 그날은 공원에 갈 때 다른 날과 다르게 빨리 걸었는데. 난 눈치를 챘는데. 오늘이구나. 다른 조련사들이 나한테 다 맡기고 매점에 갔을 때, 코끼리들이 주위를 살피기 시작했는데. 거위들이 꽥꽥댈 때 서로 눈을 마주쳤는데. 나도 코끼리랑 눈이 마주쳤지만 휘파람을 불었는데. 못 본 척 휘파람만 불었는데. 도망가라고. 가서 가족들 애인들 만나라고 일부러 못 본 척했는데.
어머니 : 겁을 많이 먹었어요. 두려우면 말이 많아져요.

　어머니가 손수건을 꺼내 조련사를 닦아 주려 하나 조련사가 피한다.

의사 : (조련사에게) 도망치지 마세요. 선생님은 지금 또 다른 거짓말을 만들고 그리로 도망가는 겁니다. 용기를 내서 직면하세요. 직면이 무슨 뜻인 줄 아시죠? 정정당당하게 직접 부딪치는 거예요. 지금이 가장 중요한 순간입니다.

　조련사가 외면한다.

형사 : (담배를 비벼 끄고) 야, 인마! 나 똑바로 쳐다봐. 너 아까 시인했지? 시켜서 했다고. 그들이 널 1년 전부터 코끼리 조련에 투입했잖아.

　조련사가 외면한다.

어머니 : 있는 그대로 말씀드려. 넌 그저 착한 마음에 코끼리들을 풀어주고 싶었잖아. 네가 그랬잖니? 동물들이 밧줄에 묶여 있는 것 보면 마음이 아프다고. 꼭 네가 묶인 것처럼 마음이 아프다고. 왜 말을 못 해? 왜 그렇게 말을 못 해?

　조련사는 자신의 말이 받아들여지지 않는 것에 대해 너무 답답하다. 그는 발을 구르고 팔을 휘두르고 고개를 흔들며 몸으로 그 답답함을 호소한다.

조련사 : 진짜 그랬는데. 왜 내 말을 안 믿는데.
형사 : (소리를 지른다) 가만히 앉아!
의사 : 직면하기 힘들어서 그런 겁니다.
어머니 : 애야, 정신 차려.

(중략)

조련사 : (꽤 지쳐 있다) 내가 했는데. 다 내가 했는데.

형사 : (조련사의 어깨를 두드리며) 그만, 그만. 진정해. 거기까지. 잘했어. 오후에 기자단이 오면 나한테 했던 말을 그대로 하면 돼. 그러면 모든 일이 마무리되는 거야. 어마어마한 음모가 드러나는 거지. 걱정 마. 넌 가벼운 문책을 받는데 그치도록 손써 줄게.

이때, 친절한 노크 소리. 느닷없이 코끼리가 들어온다. 코끼리는 오로지 조련사에게만 보인다. 따라서 조련사와 코끼리의 대화는 아무도 들을 수 없다.

조련사 : 삼코!

코끼리가 조련사에게 다가와 그를 일으켜 세운 후 가슴에 번호표를 달아준다.

코끼리 : 57621번째 코끼리가 된 걸 축하해.

코끼리가 조련사의 목에 화환을 걸어 준다. 코끼리가 조련사를 형사가 있는 쪽으로 보낸다. 이때부터 말하는 사람에게만 차례로 조명이 비춰진다. 조련사에게 조명이 비춰질 때마다 그는 조금씩 코끼리로 변해 있다.

형사 : (조련사에게) 넌 톱기사로 다뤄질 거야. 다른 얘긴 집어치우고 유세장 얘기만 해. 어떻게 유세장으로 코끼리를 유인했는지. 고생했다. 배고프지? 좀 이따 따뜻한 국밥이라도 먹자. 기자 회견 때는 김창건 의원 이름을 분명히 말해. 그래야 네 혐의가 쉽게 풀릴 테니까.

조련사가 편안한 미소를 지으며 오른손을 올려 이마에 경례를 붙인다. 조련사가 어둠으로 사라지면 어둠 속에 있던 코끼리가 그에게 조끼를 입힌다. 코끼리가 그를 의사에게 보낸다.

의사 : 고백한 내용, 모두 녹음했어요. 코끼리를 사랑할 순 있지만 그건 병이에요. 병을 고치는 건 문제점을 인정하는 데서 출발하죠. 선생님의 인정은 정말 용감한 일입니다. 고비를 넘기셨어요. 선생님께도 곧 진짜 애인이 생길 수 있습니다. 코끼리가 아닌 진짜 여자.

조련사가 행복한 미소를 지으며 감사의 인사를 정중하게 한다. 조련사가 어둠으로 사라지면 코끼리가 그에게 화려한 벨벳 모자를 씌운다. 코끼리가 그를 어머니에게 보낸다.

어머니 : 어쩌겠니. 순진하기만 한 걸. 그렇게 생겨 먹은 걸. 인생 뭐 있니? 생긴 대로 사는 거지. 그래도 넌 여전히 착하고 멋지다. 그럼, 누구 아들인데. 누가 너처럼 용감할 수 있니? 그래, 다 풀어 줘. 다 초원으로 데리고 가. 개구리도 코끼리도, 엄마도 아빠도 다, 다 데리고 가. 사람들이 나중엔 알 거야. 네가 얼마나 좋은 일을 했는지. 혹시 아니? 노벨 평화상이라도 줄지.

조련사가 어머니를 살짝 포옹했다 푼다. 조련사가 어둠으로 사라지면 코끼리가 그에게 커다란 코가 붙어 있는 머리를 씌워 준다. 어느새 조련사는 코끼리와 똑같은 형상을 갖췄다. 조

명이 서서히 무대 전체를 비춘다. 형사, 의사, 어머니는 자신의 의지가 관철된 듯, 결의에 찬 박수를 친다. 박수 소리가 점점 커져 우레 같은 박수 소리가 된다. 마치 서커스를 보려고 몰려든 관중의 박수 소리처럼. 조련사와 코끼리는 형사, 의사, 어머니 사이를 돌며 쇼를 시작한다.

– 이미경, 「그게 아닌데」 –

44. 윗글을 이해한 내용으로 적절하지 <u>않은</u> 것은?

① 조련사는 코끼리들이 동물원에서 탈출하려는 모습을 보고도 방관했다고 말했다.
② 형사는 조련사에게 배후 세력의 지시를 받았다는 것을 인정하라고 다그쳤다.
③ 어머니는 조련사가 한 행동의 원인을 조련사의 심리나 성품에서 찾았다.
④ 의사는 조련사의 말과 행동을 병과 연관 지어 해석했다.
⑤ 형사, 의사, 어머니는 서로 의견을 교환하며 조련사를 설득할 방법을 모색했다.

45. <보기>를 바탕으로 윗글을 감상한 내용으로 적절하지 <u>않은</u> 것은? [3점]

< 보 기 >

이 작품은 사람들 사이의 소통 단절의 문제를 조련사가 코끼리로 변해 가는 과정을 통해 상징적으로 나타낸다. 조련사는 상대가 자신만의 논리를 일방적으로 강요하는 것에 답답함과 무력감을 느낀다. 결국 조련사는 자기 생각을 버리고 타인의 의지에 맞추어 순응하는 수동적인 처지가 된다. 조련사가 코끼리가 되는 결말은 그가 회복 불가능한 단절 상황에 놓이게 되었음을 의미한다.

① 조련사가 어머니의 손길을 피하고, 의사와 형사의 말을 외면하는 것에서 소통이 단절된 상황을 엿볼 수 있군.
② 조련사가 꽤 지쳐 있는 상태에서 자신이 했다는 말을 반복하는 것에서 소통이 어려운 상황에 대한 자포자기의 심정을 엿볼 수 있군.
③ 조련사가 코끼리로 조금씩 변하면서 형사, 의사의 말에 미소를 짓는 것에서 소통이 단절된 상황에서 벗어났음을 엿볼 수 있군.
④ 조련사가 코끼리의 형상을 갖춘 뒤 형사, 의사, 어머니가 결의에 찬 박수를 치는 것에서 자신들의 의지가 관철된 만족감을 엿볼 수 있군.
⑤ 조련사가 코끼리가 되어 형사, 의사, 어머니 사이를 돌며 쇼를 하는 것에서 동물원의 코끼리와 다를 바 없는 수동적인 처지로 전락했음을 엿볼 수 있군.

★ **확인 사항**
○ 답안지의 해당란에 필요한 내용을 정확히 기입(표기) 했는지 확인하시오.

국어 영역

● 문항수 45개 | 배점 100점 | 제한 시간 80분

● 점수 표시가 없는 문항은 모두 2점

[1~3] 다음은 학생의 발표이다. 물음에 답하시오.

안녕하세요? 여러분, 병풍이 무엇인지 알고 계신가요? (청중의 반응을 살피며) 네, 고개를 끄덕이는 분들이 많으시네요. 최근 한 휴대폰 제조사에서 여러 번 접을 수 있는 병풍의 특징을 적용한 '병풍폰'을 개발한다는 기사를 보았습니다. 저는 이 기사를 보고 호기심이 생겨 전통 공예품 중 병풍에 대해 조사하여 발표하게 되었습니다.

'병풍'은 바람을 막는다는 의미를 지니는데, 바람을 막는 기능 외에 무엇을 가리는 용도로도 사용되는 소품입니다. (㉠ 자료를 제시하며) 병풍은 이렇게 펼치고 접을 수 있는 구조적 특징이 있어 공간을 효율적으로 사용할 수 있도록 하는 장점이 있습니다. 병풍을 펼쳐 공간을 분리하거나, 접어서 공간을 확장하여 사용할 수 있기 때문입니다. 이러한 구조적 특징으로 인해 야외나 다른 공간으로 병풍을 옮겨 사용하기 편리하고, 접었을 때 보관하기에도 용이합니다.

병풍은 공간을 꾸며 상황에 맞는 분위기를 조성하는 장식적 특징도 있습니다. 이러한 특징은 병풍에 그림을 넣는 데서 두드러지게 나타나는데, 병풍에는 상징적인 의미를 지닌 그림들을 사용하는 경우가 많습니다. 장수를 기원할 때는 십장생을, 선비의 지조를 강조하고자 할 때는 사군자를 그린 그림을 사용하기도 하였습니다. (㉡ 자료를 제시하며) 지금 보시는 이 병풍에는 꽃과 새가 그려져 있는데, 결혼식 때 신랑 신부의 행복과 부귀영화를 기원하는 상징적 의미를 담은 것입니다. 꽃과 새를 화려하게 그려 넣어 장식함으로써 결혼식의 경사스러운 분위기를 조성하는 데 사용합니다.

(㉢ 자료를 제시하며) 여러분, 이 병풍에는 어떤 특징이 있을까요? (청중의 대답을 듣고) 네, 맞습니다. 이 병풍은 글자와 그림이 어우러져 있는 '문자도 병풍'입니다. 문자도 병풍은 유교의 주요 덕목을 나타내는 글자를 그린 병풍입니다. 보시는 것처럼 '효'라는 한자와 다양한 소재들이 어우러져 있는데요, 각 소재들은 효자와 관련된 이야기에 등장하는 것들입니다. 이 중에서 가장 크게 보이는 잉어를 예로 들자면, 추운 겨울에 물고기를 드시고 싶어 하는 부모님을 위해 얼음을 깨고 물고기를 잡은 효자의 설화와 관련이 있습니다. 이러한 문자도 병풍은 집안을 장식하고 유교적 덕목을 되새기기 위한 용도로 사용되었습니다.

병풍은 우리 선조들의 생활 속에서 꾸준하게 사랑받아 온, 실용성과 예술성을 겸비한 생활용품입니다. 앞으로 여러분께서도 어디선가 병풍을 접했을 때 관심 있게 살펴봐 주시기 바랍니다. 그리고 발표 내용을 떠올리면서 병풍에 담긴 의미를 생각해 보고, 그 아름다움도 느껴 보시면 좋을 것 같습니다. 이상으로 발표를 마치겠습니다.

1. 위 발표에 대한 설명으로 적절하지 <u>않은</u> 것은?

① 발표 소재를 선정한 계기를 언급하며 발표를 시작하고 있다.
② 다른 대상과 대비하여 발표 소재의 장점을 강조하고 있다.
③ 구체적인 예를 들어 발표 내용에 대한 이해를 돕고 있다.
④ 질문을 던지는 방식을 활용하여 청중과 상호작용하고 있다.
⑤ 발표 소재에 대한 관심을 당부하며 발표를 마무리하고 있다.

2. 다음은 발표자가 제시한 자료이다. 발표자의 자료 활용에 대한 이해로 적절하지 <u>않은</u> 것은?

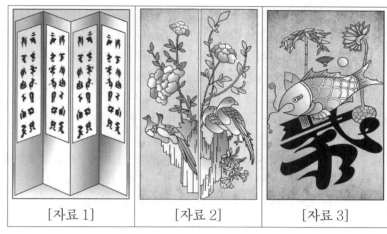

[자료 1]   [자료 2]   [자료 3]

① ㉠에서 [자료 1]을 활용하여, 펼치고 접을 수 있어 공간 활용의 효율성을 높이는 병풍의 구조적 특징을 설명하였다.
② ㉠에서 [자료 1]을 활용하여, 실내외 공간에 따라 그림이나 글자를 선택할 수 있는 병풍의 다양성을 설명하였다.
③ ㉡에서 [자료 2]를 활용하여, 기원하는 바를 그림에 담아 표현하는 병풍의 상징성을 설명하였다.
④ ㉡에서 [자료 2]를 활용하여, 공간을 꾸며 상황에 맞는 분위기를 조성하는 병풍의 장식적 특징을 설명하였다.
⑤ ㉢에서 [자료 3]을 활용하여, 글자와 그림을 통해 유교적 덕목을 되새길 수 있는 병풍의 용도를 설명하였다.

3. 다음은 발표를 듣고 학생이 보인 반응이다. 이를 이해한 내용으로 가장 적절한 것은?

얼마 전 카페에서 전체를 접고 펼 수 있는 구조로 된 창문을 보았어. 날씨가 나쁠 때는 펼쳐서 외부와 차단하고, 날씨가 좋을 때는 접어서 공간을 확장하여 사용하고 있었어. 발표 내용을 듣고 그 창문이 공간을 분리하고 확장하는 병풍의 구조적 특징과 유사하다고 생각하게 되었어. 박물관에서나 볼 수 있는 옛날 물건이라고만 생각했던 병풍이 가지는 현대적 가치를 생각해 보는 기회가 되었어.

① 자신의 경험과 관련지어 발표 소재에 대해 새롭게 인식하고 있다.
② 발표 내용이 발표 주제에 부합하는지 객관적으로 분석하고 있다.
③ 발표를 듣기 전에 지녔던 의문을 발표 내용을 통해 해소하고 있다.
④ 발표 내용 중 사실과 의견을 구분하여 선별적으로 수용하고 있다.
⑤ 배경지식을 활용하여 발표자의 견해를 비판적으로 평가하고 있다.

[4 ~ 7] (가)는 생태 환경 동아리의 회의이고, (나)는 이를 바탕으로 작성한 안내문의 초고이다. 물음에 답하시오.

(가)

동아리 회장: 지난 회의에서 우리 학교 학생들을 대상으로 반려 식물 키우기 캠페인을 하기로 결정했는데요, 오늘은 캠페인을 어떻게, 어떤 내용으로 진행할지에 대해 협의해 보겠습니다. 좋은 의견이 있으면 말씀해 주시기 바랍니다.

부원 1: 이번 캠페인을 통해 많은 학생들이 반려 식물을 키워 보는 경험을 하는 것이 가장 중요하다고 생각합니다. 그렇게 하려면 학생들에게 반려 식물 모종을 나누어 주고 직접 키워 보도록 해야 할 것 같습니다.

부원 2: 저도 같은 생각입니다. 다만 우리 학교 학생들에게 나누어 줄 모종을 충분히 준비할 수 있을까요?

부원 1: 예전에 동아리 담당 선생님께서 학교에 생태 교육 예산이 있다고 말씀하신 것을 들은 적이 있는데, 혹시 그 예산으로 반려 식물 모종을 준비할 수 있지 않을까요?

동아리 회장: 저도 그 이야기를 들어서 여쭈어보았더니 선생님께서 그 예산으로 300개 정도의 모종을 준비해 주실 수 있다고 말씀하셨고, 학생들이 키우기 좋은 반려 식물 세 가지도 추천해 주셨습니다.

부원 1: 반가운 소식이네요. 그런데 모종의 수가 우리 학교 학생 수의 절반밖에 되지 않아 걱정입니다.

부원 2: 그래도 300명이나 되는 학생들이 반려 식물을 키우는 경험을 할 수 있고 반려 식물 키우기를 원치 않는 학생들도 있을 테니, 모종 300개로도 캠페인을 진행하는 데 무리가 없을 것 같습니다. [A]

부원 1: 말씀을 들어 보니 모종 수는 문제가 되지 않겠네요.

동아리 회장: 그런데 캠페인이 모종 나누어 주기만으로 끝나면 안 될 것 같습니다. 나누어 줄 식물의 이름, 특징, 키우는 방법에 대한 정보도 함께 제공해야 하지 않을까요?

부원 1: 좋은 의견이네요.

부원 2: 저도 같은 생각입니다. 정보를 제공하면 반려 식물을 더 잘 키우는 데 도움이 될 수 있을 것입니다.

동아리 회장: 반려 식물 모종 나누기와 함께 반려 식물과 관련한 정보를 제공해 주자는 의견에 모두 공감하는 것 같은데요, 반려 식물에 대한 정보를 담은 안내문을 만들어 모종과 함께 나누어 주면 어떨까요?

부원 2: 좋은 생각입니다. 모종 나누기 행사 전에 안내문을 학교 게시판에 게시하면 캠페인의 홍보 효과도 얻을 수 있을 것 같아요.

동아리 회장: 그렇네요. 그럼 안내문에는 어떤 내용을 어떤 순서로 제시할지 한 분씩 의견을 말씀해 주시기 바랍니다.

부원 1: 먼저 반려 식물은 무엇인지, 반려 식물을 키우면 어떤 효과가 있는지 밝히면 좋겠어요. 그러면 학생들이 캠페인에 더 많은 관심을 가질 것 같습니다.

부원 2: 그다음에 모종 나누기 행사를 안내하고, 반려 식물의 이름, 특징, 키우는 방법 등을 제시했으면 합니다.

부원 1: 하지만 안내문의 제한된 공간에 반려 식물을 키우는 방법까지 제시하는 것은 어렵지 않을까요? 나누어 주려는 반려 식물이 세 가지나 되는데, 이 세 가지 식물을 키우는 방법을 모두 안내하는 것은 무리일 것 같습니다. [B]

동아리 회장: 음, 각각의 반려 식물을 키우는 방법을 안내하는 홈페이지를 QR 코드로 연결해 두면 어떨까요?

부원 1: 그러면 학생들이 스마트 기기를 이용해 반려 식물을 키우는 방법을 확인할 수 있어 매우 유용하겠네요.

부원 2: 그리고 반려 식물을 키우며 수시로 생기는 궁금증을 해결할 수 있게 우리 동아리 블로그를 안내해도 좋겠어요.

부원 1: 좋은 의견입니다. 고양이를 애지중지 키우는 사람을 뜻하는 '냥집사'처럼, 식물을 키우며 기쁨을 찾는 사람들이라는 의미로 '식집사'라는 용어를 쓰면 학생들이 더 흥미를 느낄 수 있지 않을까요?

동아리 회장: 재미있겠는데요. 그럼 지금까지의 회의 내용을 바탕으로 안내문을 작성해 보도록 합시다.

(나)

반려 식물을 키우는 '식집사'가 되어 보세요!

▶ **반려 식물이란?**
생활공간에서 정서적으로 교감하는 식물을 일컫는 말이에요.

▶ **반려 식물을 키우면?**
생명을 키우는 성취감, 정서 안정, 공기 정화의 효과가 있어요.

▶ **반려 식물 모종 나누기 행사를 한다고요?**
☞ 〈3월 23일 하교 시간, 본관 앞〉에서,
원하는 모종을 하나씩 나누어 드려요. (300개 한정)

〈유칼립투스〉	〈아이비〉	〈칼라데아〉
은은한 향기가 주는 마음의 평화	물만 주면 잘 자라는 공기 청정기	풍성한 잎이 전하는 싱그러운 생명감

▶ **반려 식물은 어떻게 키우나요?**
반려 식물을 키우는 방법을 QR 코드로 확인하세요.

〈유칼립투스〉	〈아이비〉	〈칼라데아〉

▶ **반려 식물을 키우면서 궁금증이 생기면?**
우리 동아리 블로그(blog.com/eco△△△)를 찾아 주세요.

생태 환경 동아리 '푸른누리'

---

4. (가)의 '동아리 회장'의 말하기 방식으로 적절하지 <u>않은</u> 것은?

① 지난 회의 내용을 환기하며 협의할 내용을 밝히고 있다.

② 의문의 형식을 활용하여 자신의 견해를 제안하고 있다.

③ 서로 공감한 내용을 바탕으로 새로운 의견을 제시하고 있다.

④ 논의된 내용을 구체화할 수 있는 발언을 유도하고 있다.

⑤ 회의 내용을 전체적으로 요약하며 회의를 마무리하고 있다.

5. [A], [B]에 대한 설명으로 가장 적절한 것은?

① [A]는 미래의 상황을 예측하는, [B]는 과거의 상황을 환기하는 발화이다.

② [A]는 상대의 의견을 보완하는, [B]는 상대의 의견을 뒷받침하는 발화이다.

③ [A]는 상대의 우려를 해소하는, [B]는 상대의 견해에 우려를 드러내는 발화이다.

④ [A]는 문제 해결의 방법을 요구하는, [B]는 문제 해결의 결과에 주목하는 발화이다.

⑤ [A]는 상대와 자신의 견해 차이를 확인하는, [B]는 상대와 자신의 공통된 견해를 확인하는 발화이다.

6. (가)의 내용이 (나)에 반영된 양상으로 적절하지 않은 것은?

① (가)에서 반려 식물 모종 나누기 행사를 안내하자는 의견에 따라, (나)에서 행사의 일시와 장소를 밝히고 있다.

② (가)에서 반려 식물과 관련한 정보를 제공하자는 의견에 따라, (나)에서 반려 식물의 이름, 특징 등을 제시하고 있다.

③ (가)에서 학생들이 캠페인에 적극적으로 동참하도록 촉구하자는 의견에 따라, (나)에서 캠페인의 취지를 설명하고 있다.

④ (가)에서 반려 식물을 키우며 생기는 궁금증을 해결하게 돕자는 의견에 따라, (나)에서 동아리 블로그를 소개하고 있다.

⑤ (가)에서 학생들이 흥미를 느낄 수 있도록 '식집사'라는 용어를 쓰자는 의견에 따라, (나)의 제목에서 해당 용어를 사용하고 있다.

7. (나)의 성격을 고려할 때, <보기>의 자료를 활용하여 (나)를 보완하는 방안으로 가장 적절한 것은? [3점]

─────── < 보 기 > ───────

[신문 자료]

최근 반려 동물과 식물에 대한 관심이 커지면서 이와 관련한 문제점이 나타나고 있다. 반려 동물의 경우 이미 동물 학대, 동물 유기 등이 사회적 문제로 부각되고 있으며, 최근에는 반려 식물과 관련한 문제도 증가하고 있다. 반려 식물은 반려 동물에 비해 존재감이 미약해 관리를 소홀히 하여 생명을 잃는 경우가 많고, 버려지는 사례도 점점 늘고 있다.

① 반려 식물을 키우기 쉬운 이유를 밝히며 지속적인 관심과 노력이 필요하다는 점을 강조해야겠어.

② 반려 식물에 대한 관심이 부족한 점을 지적하며 반려 식물을 구입할 수 있는 방법에 대한 내용을 추가해야겠어.

③ 반려 식물의 유기를 금지하는 규정이 마련되어 있지 않은 점을 강조하며 이를 제정해야 한다는 내용을 추가해야겠어.

④ 반려 동물과 구별되는 반려 식물의 장점을 언급하며 반려 식물을 키우는 사람이 많아지고 있다는 점을 강조해야겠어.

⑤ 반려 식물이 생명을 지닌 존재임을 언급하며 정성을 기울여 반려 식물을 키워 줄 것을 권유하는 문구를 추가해야겠어.

[8 ~ 10] 다음은 작문 상황에 따라 쓴 학생의 초고이다. 물음에 답하시오.

[작문 상황]

일상의 체험을 바탕으로 수필을 써 학급 문집에 싣고자 함.

[초고]

우리 집 마당 구석에 있는 창고에는 낡고 작은 배달용 오토바이가 한 대 서 있다. 아버지는 이 오토바이를 오랜 친구처럼 여기신다. 틈틈이 먼지를 털고, 경적을 빠방 울리기도 하고, 시동도 부르릉 걸어 보시고, 해진 안장을 툭툭 치며 환하게 웃으신다.

야트막한 언덕에 자리한 우리 학교는 인자한 미소를 띤 고목들이 오랜 전통을 말해 준다. 운동장을 발밑에 두고 중고등학교 건물이 다정히 서 있는데, 교실 유리창으로 내려다보이는 옛 시가지의 한적한 플라타너스 길은 운치가 있고 아름답다.

중학교에 갓 입학했을 때 늦잠을 자는 바람에 아버지의 등 뒤에 꼭 붙어서 오토바이로 급히 등교한 적이 있었다. 아버지는 교문에서 조금 떨어진 골목 모퉁이에서 나를 내려 주셨다. 식당 일로 분주한 아침이지만, 내가 교문에 들어설 때까지 플라타너스 가로수 옆에 서 계시다가 어서 들어가라는 손짓을 보내시고 "부릉부릉 부르릉" 소리를 내며 돌아서셨다. 그 소리가 여느 오토바이의 것과는 조금 달라서였을까, 옆을 지나치던 학생들은 재미있다는 표정으로 돌아보았다. 하지만 지금까지도 나는 아버지의 오토바이 소리를, 고요와 평안을 할퀴지 않는 따뜻하고 부드러운 소리로 기억하고 있다.

중학교 때 점심시간이 끝나 갈 무렵 운동장 옆 산책길을 걷다가 아버지의 오토바이 소리를 들은 적이 있었다. 우리 오토바이만의 음색이 내 마음속에 반가운 파문을 일으켰다. 저쪽 관공서 근처에 배달을 다녀오시나 보다. 매일 한두 번은 학교 교문 앞도 지나시나 보다. 아버지는 이 길을 지나실 때마다 과연 무슨 생각을 하실까 상상해 보았다. 그날 이후 아버지의 오토바이가 교문을 지나 플라타너스 가로수 길로 향하는 오르막을 오를 때 들려왔던 그 소리는 왠지 내 어깨를 다독다독하는 인사말처럼 느껴졌다. '오후도 즐겁게!', '아빠, 지나간다.', '오늘 화창하구나!'……

아버지의 모습에서, 아버지의 오토바이 소리에서 든든한 힘을 얻어서 그런지 내겐 누군가의 마음을 더 깊이 헤아려 보는 상상력이 생긴 것 같다. 친구들과 놀다가 늦게 귀가할 때 아버지께서 내게 보내시는 "으흠" 헛기침 소리에서 '너무 늦었구나. 씻고 일찍 자렴.' 하는 깊은 사랑의 마음을 헤아릴 수도 있게 되었다.

내가 고등학생이 된 새봄. 아버지께서는 이제 오토바이 배달을 그만두셨다. 조금은 아쉽기도 하다.

8. 윗글에서 활용한 글쓰기 방법으로 적절하지 않은 것은?

① 중심 소재를 대하는 인물의 행동을 나열하며 시작한다.

② 의성어를 사용하여 중심 소재에 대한 인상을 부각한다.

③ 색채어를 사용하여 다양한 공간을 사실적으로 묘사한다.

④ 의인법을 사용하여 자연물에서 느끼는 친밀감을 나타낸다.

⑤ 구체적 일화를 제시하여 중심 소재에 대한 정서를 드러낸다.

9. 다음은 글을 쓰기 전에 학생이 떠올린 생각을 메모한 것이다. ㄱ~ㅁ 중 초고에 반영되지 <u>않은</u> 것은? [3점]

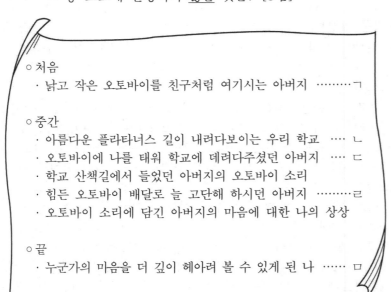

○ 처음
  · 낡고 작은 오토바이를 친구처럼 여기시는 아버지 ········ㄱ

○ 중간
  · 아름다운 플라타너스 길이 내려다보이는 우리 학교 ···· ㄴ
  · 오토바이에 나를 태워 학교에 데려다주셨던 아버지 ···· ㄷ
  · 학교 산책길에서 들었던 아버지의 오토바이 소리
  · 힘든 오토바이 배달로 늘 고단해 하시던 아버지 ········ㄹ
  · 오토바이 소리에 담긴 아버지의 마음에 대한 나의 상상

○ 끝
  · 누군가의 마음을 더 깊이 헤아려 볼 수 있게 된 나 ····· ㅁ

① ㄱ   ② ㄴ   ③ ㄷ   ④ ㄹ   ⑤ ㅁ

10. <보기>는 초고를 읽은 선생님의 조언이다. 이를 반영하여 초고에 추가할 내용으로 가장 적절한 것은?

― < 보 기 > ―
선생님 : 글의 마지막 문장 뒤에, 아버지께서 오토바이 배달을 그만두셨을 때 네가 아쉬움을 느낀 이유를 추가하고, 비유를 활용한 표현도 있으면 좋겠어.

① 다정한 인사처럼 들렸던 아버지의 오토바이 소리를 더 이상 들을 수 없게 되어서.
② 이제 고등학교 신입생이 되어 학교생활을 새롭게 시작해야 한다는 부담감이 생겨서.
③ 아버지의 오토바이를 타고 함께 등교하는 소소한 즐거움을 더 이상 느낄 수 없어서.
④ 교문 앞을 지나 플라타너스 가로수 길을 오가시던 아버지의 모습을 더 이상 볼 수 없어서.
⑤ 중학교를 졸업하여 친구들과 함께했던 추억의 서랍장을 이제는 열어 볼 수 없을 것 같아서.

[11 ~ 12] 다음 글을 읽고 물음에 답하시오.

용언은 문장에서 다양한 형태로 활용하면서 주로 서술어의 역할을 하는 단어로, 동사와 형용사가 있다. 용언이 활용할 때 형태가 변하지 않는 부분을 어간이라고 하고, 형태가 변하는 부분을 어미라고 한다.

어간이나 어미는 문장에서 홀로 쓰일 수 없고, 어간 뒤에 어미가 결합하여 용언을 이룬다. 가령 '먹다'는 어간 '먹-'의 뒤에 어미 '-고', '-어'가 각각 결합하여 '먹고', '먹어'와 같이 활용한다. 그런데 일부 용언에서는 활용할 때 어간의 일부가 탈락하기도 한다. '노는'은 어간 '놀-'과 어미 '-는'이 결합하면서 'ㄹ'이 탈락한 경우이고, '커'는 어간 '크-'와 어미 '-어'가 결합하면서 'ㅡ'가 탈락한 경우이다.

어미는 크게 어말 어미와 선어말 어미로 구분된다. 어말 어미는 단어의 끝에 오는 어미이며, 선어말 어미는 어말 어미 앞에 오는 어미이다. '가다'의 활용형인 '가신다', '가겠고', '가셨던'을 어간, 선어말 어미, 어말 어미로 분석하면 아래와 같다.

활용형	어간	어미	
		선어말 어미	어말 어미
가신다	가-	-시-	-ㄴ-	-다
가겠고			-겠-	-고
가셨던		-시-	-었-	-던

어말 어미는 기능에 따라 종결 어미, 연결 어미, 전성 어미로 구분된다. 종결 어미는 '가신다'의 '-다'와 같이 문장을 종결하는 어미이고, 연결 어미는 '가겠고'의 '-고'와 같이 앞뒤의 말을 연결하는 어미이다. 그리고 전성 어미는 '가셨던'의 '-던'과 같이 용언이 다른 품사처럼 쓰이게 하는 어미이다. '-던'이나 '-(으)ㄴ', '-는', '-(으)ㄹ' 등은 용언이 관형사처럼, '-게', '-도록' 등은 용언이 부사처럼, '-(으)ㅁ', '-기' 등은 용언이 명사처럼 쓰이게 한다.

선어말 어미는 높임이나 시제 등을 나타낼 때 쓰인다. 활용할 때 어말 어미처럼 반드시 나타나지는 않지만, 한 용언에서 서로 다른 선어말 어미가 동시에 쓰이기도 한다. 위에서 '가신다', '가셨던'의 '-시-'는 높임을 나타내는 선어말 어미로, 문장의 주체를 높이는 기능을 한다. 그리고 '가신다', '가겠고', '가셨던'의 '-ㄴ-', '-겠-', '-었-'은 시제를 나타내는 선어말 어미로, 각각 현재, 미래, 과거 시제를 나타내는 기능을 한다.

11. 윗글을 통해 알 수 있는 내용으로 적절한 것은?

① 용언은 어간의 앞뒤에 어미가 결합한 단어이다.
② 어간은 단독으로 쓰여 하나의 용언을 이룰 수 있다.
③ 어미는 용언이 활용할 때 형태가 유지되는 부분이다.
④ 어말 어미는 용언이 활용할 때 나타나지 않을 수 있다.
⑤ 선어말 어미는 한 용언에 두 개가 동시에 쓰일 수 있다.

12. 윗글을 바탕으로 <보기>의 ㄱ~ㅁ의 밑줄 친 부분을 탐구한 내용으로 적절하지 <u>않은</u> 것은?

> ── < 보 기 > ──
>
> ㄱ. 너도 그를 <u>아니</u>?
> ㄴ. 사과가 <u>맛있구나</u>!
> ㄷ. 산은 <u>높고</u> 강은 깊다.
> ㄹ. 아침에 <u>뜨는</u> 해를 봐.
> ㅁ. 그녀는 과자를 <u>먹었다</u>.

① ㄱ: 어간 '알–'에 어미 '–니'가 결합하면서 'ㄹ'이 탈락하였다.
② ㄴ: 어간 '맛있–'에 종결 어미 '–구나'가 결합하여 문장을 종결하고 있다.
③ ㄷ: 어간 '높–'에 연결 어미 '–고'가 결합하여 앞뒤의 말을 연결하고 있다.
④ ㄹ: 어간 '뜨–'에 전성 어미 '–는'이 결합하면서 용언이 부사처럼 쓰이고 있다.
⑤ ㅁ: 어간 '먹–'과 어말 어미 '–다' 사이에 선어말 어미 '–었–'이 결합하여 과거 시제를 나타내고 있다.

13. <보기>의 '학습 과제'를 바르게 수행하였다고 할 때, ㉠에 들어갈 단어로 적절한 것은? [3점]

> ── < 보 기 > ──
>
> **[학습 자료]**
> 음운은 단어의 뜻을 구별해 주는 소리의 가장 작은 단위이다. 특정 언어에서 어떤 소리가 음운인지 아닌지는 최소 대립쌍을 통해 확인할 수 있다. 최소 대립쌍이란, 다른 모든 소리는 같고 단 하나의 소리 차이로 의미가 구별되는 단어의 쌍을 말한다. 예를 들어, 최소 대립쌍 '감'과 '잠'은 [ㄱ]과 [ㅈ]의 차이로 인해 의미가 구별되므로 'ㄱ'과 'ㅈ'은 서로 다른 음운이다.
>
> **[학습 과제]**
> 앞사람이 말한 단어와 최소 대립쌍인 단어를 말해 보자.
>
>
> 쌀! → 달! → ㉠ → 굴!

① 꿀   ② 답   ③ 둘   ④ 말   ⑤ 풀

14. 다음 '탐구 학습지' 활동의 결과로 적절하지 <u>않은</u> 것은?

> **[탐구 학습지]**
>
> 1. 문장의 중의성
>   ○ 하나의 문장이 둘 이상의 의미로 해석되는 것
>
> 2. 중의성 해소 방법
>   ○ 어순 변경, 쉼표나 조사 추가, 상황 설명 추가 등
>
> 3. 중의성 해소하기
> – 과제 : 빈칸에 적절한 말 넣기
>   ㄱ. (조사 추가) ·························· a
>   ○ 중의적 문장 : 관객들이 다 도착하지 않았다.
>   ○ 전달 의도 : (관객 중 일부가 도착하지 않음.) ········· b
>   ○ 수정 문장 : 관객들이 다는 도착하지 않았다.
>
>   ㄴ. (어순 변경) ·························· c
>   ○ 중의적 문장 : 우리는 어제 전학 온 친구와 만났다.
>   ○ 전달 의도 : (전학 온 친구와 만난 때가 어제임.) ······ d
>   ○ 수정 문장 : 우리는 전학 온 친구와 어제 만났다.
>
>   ㄷ. 상황 설명 추가
>   ○ 중의적 문장 : 민우는 나와 윤서를 불렀다.
>   ○ 전달 의도 : '나와 윤서'를 부른 사람이 '민우'임.
>   ○ 수정 문장 : (민우는 나와 둘이서 윤서를 불렀다.) ····· e
>   ⋮

① a   ② b   ③ c   ④ d   ⑤ e

15. 밑줄 친 부분이 <보기>의 ㉠, ㉡에 해당하는 예로 적절하지 <u>않은</u> 것은?

> ── < 보 기 > ──
>
> '위 – 아래'나 '앞 – 뒤'는 방향상 대립하는 반의어이다. '위 – 아래'나 '앞 – 뒤'가 단독으로 쓰이거나 다른 단어와 결합해서 쓰일 때, 문맥에 따라서 ㉠<u>'위'나 '앞'이 '우월함'</u>의 의미를, ㉡<u>'아래'나 '뒤'가 '열등함'</u>의 의미를 갖거나 강화하기도 한다.

① ㉠: 그가 머리 쓰는 게 너보다 한 수 <u>위</u>다.
② ㉠: 이 회사의 기술 수준은 다른 곳에 <u>앞선다</u>.
③ ㉡: 이번 행사는 치밀한 계획 <u>아래</u> 진행되었다.
④ ㉡: 그녀는 남에게 <u>뒤떨어지지</u> 않고자 노력했다.
⑤ ㉡: 우리 팀의 승률이 조금씩 <u>뒷걸음질</u> 치고 있다.

[16 ~ 18] 다음 글을 읽고 물음에 답하시오.

(가)

㉠밭둑에서 나는 바람과 놀고
할머니는 메밀밭에서
메밀을 꺾고 계셨습니다.

늦여름의 하늘빛이 메밀꽃 위에 빛나고
메밀꽃 사이사이로 할머니는 가끔
나와 바람의 장난을 살피시었습니다.

해마다 밭둑에서 자라고
아주 커서도 덜 자란 나는
늘 그러했습니다만

할머니는 저승으로 가버리시고
나도 벌써 몇 년인가
그 일은 까맣게 잊어버린 후

오늘 저녁 멍석을 펴고
마당에 누우니

온 **하늘** 가득
별로 피어 있는 어릴 적 **메밀꽃**

할머니는 나를 두고 메밀밭만 저승까지 가져가시어
날마다 저녁이면 메밀밭을 매시며
메밀꽃 사이사이로 **나를 살피**고 계셨습니다.
             − 이성선, 「고향의 천정(天井) 1 」−

(나)

밥물 눈금을 찾지 못해 질거나 된 밥을 먹는 날들이 있더니
이제는 그도 좀 익숙해져서 손마디나 손등,
손가락 주름을 눈금으로 쓸 줄도 알게 되었다
촘촘한 손등 주름 따라 **밥맛을 조금씩 달리**해본다
손등 중앙까지 올라온 수위를 중지의 마디를 따라 오르내리
다보면
물꼬를 트기도 하고 막기도 하면서
논에 물을 보러 가던 할아버지 생각도 나고,
저녁때가 되면 한 끼라도 아껴보자
친구 집에 마실을 가던 소년의 저녁도 떠오른다
한 그릇으로 두 그릇 세 그릇이 되어라 밥국을 끓이던 ㉡문
현동
가난한 지붕들이 내 손가락 마디에는 있다
일찍 철이 들어서 슬픈 귓속으로
봉지쌀 탈탈 터는 소리라도 들려올 듯,
얼굴보다 먼저 **늙은 손**이긴 해도
전기밥솥에는 없는 눈금을 내 손은 가졌다
             − 손택수, 「밥물 눈금」−

16. (가)와 (나)에 대한 설명으로 가장 적절한 것은?

① (가)는 (나)와 달리 설의법을 통해 화자의 의지를 표현하고
  있다.
② (나)는 (가)와 달리 청각적 심상을 통해 화자의 정서를 부각
  하고 있다.
③ (가)는 격정적 어조를, (나)는 단정적 어조를 통해 화자의
  기대감을 드러내고 있다.
④ (가)는 상승의 이미지를, (나)는 하강의 이미지를 통해 대상의
  역동성을 강조하고 있다.
⑤ (가)와 (나)는 모두 계절감을 드러내는 시어를 통해 대상의
  변화 양상을 나타내고 있다.

17. ㉠과 ㉡을 비교한 내용으로 가장 적절한 것은?

① ㉠은 화자가 벗어나려는, ㉡은 화자가 지향하는 공간이다.
② ㉠은 화자가 이질감을, ㉡은 화자가 동질감을 느끼는 공간이다.
③ ㉠은 화자의 슬픔이, ㉡은 화자의 그리움이 해소되는 공간이다.
④ ㉠은 화자의 동심이 허용되는, ㉡은 화자의 성숙함이 요구되는
  공간이다.
⑤ ㉠은 화자가 경험한 적 없는 가상의, ㉡은 화자의 경험이 축적
  된 현실의 공간이다.

18. <보기>를 바탕으로 (가), (나)를 감상한 내용으로 적절하지
  않은 것은? [3점]

< 보 기 >

과거의 경험에 대한 기억은 어떤 계기를 통해 되살아나 현
재의 삶에 영향을 미칠 수 있다. (가)의 화자는 할머니와의
기억을 통해 과거와 현재를 연결하며 깨달음과 정서적 충만
감을 얻고 있다. 한편 (나)의 화자는 일상적 행위의 반복 속
에서 유년의 기억을 되살리고, 그 기억을 현재와 연결하며 자
신의 현재 모습을 긍정하게 된다.

① (가)의 화자는 별이 가득한 '하늘'을 보며, 자신이 여전히 '나를
  살피'시는 할머니의 사랑 속에 있음을 깨닫고 있군.
② (나)의 화자는 유년의 기억을 통해 '전기밥솥에는 없는 눈금'을
  지닌 '늙은 손'을 긍정하며 자기 위안을 얻고 있군.
③ (가)의 '커서도 덜 자'랐다는 것과 (나)의 '밥맛을 조금씩 달리'
  하는 것은 현재의 화자에게 정서적 충만감을 주는군.
④ (가)에서 '마당에 누'워 하늘을 보는 행위와 (나)에서 '손가락
  주름'으로 '밥물'을 맞추는 행위는 회상의 계기가 되는군.
⑤ (가)의 화자가 '별'에서 '메밀꽃'을 떠올리는 것과 (나)의 화
  자가 '가난한 지붕들이 내 손가락 마디에는 있다'고 생각하는
  것은 기억이 현재의 삶에 영향을 미치고 있음을 보여 주는군.

[19 ~ 22] 다음 글을 읽고 물음에 답하시오.

경기가 침체되어 가계의 소비가 줄어들면 시중의 제품이 팔리지 않아 기업은 생산 규모를 축소하게 된다. 그 결과 실업률이 증가하고 가계의 수입이 감소하면서 소비는 더욱 위축된다. 이와 같은 악순환으로 경기 침체가 심화되면 국가는 이에서 벗어나기 위해 유동성을 늘리는 통화 정책을 시행한다.

유동성이란 자산 또는 채권을 손실 없이 현금화할 수 있는 정도로, 현금과 같은 화폐는 유동성이 높은 자산인 반면 토지나 건물과 같은 부동산은 유동성이 낮은 자산이다. 이처럼 유동성은 자산의 성격을 나타내는 용어이지만, 흔히 시중에 유통되는 화폐의 양, 즉 통화량을 나타내는 말로도 사용된다. 가령 시중에 통화량이 지나치게 많을 때 '유동성이 넘쳐 난다'고 표현하고, 반대로 통화량이 줄어들 때 '유동성이 감소한다'고 표현한다. 유동성이 넘쳐 날 경우 시중에 화폐가 흔해지는 상황이므로 화폐의 가치는 떨어지게 된다.

유동성은 금리와 밀접한 관련이 있기 때문에 국가는 정책적으로 금리를 올리고 내림으로써 유동성을 조절할 수 있다. 이때 금리는 예금이나 빌려준 돈에 붙는 이자율로, 이는 기준 금리와 시중 금리 등으로 구분된다. 기준 금리는 국가가 정책적인 차원에서 결정하는 금리로, 한 나라의 금융 및 통화 정책의 주체인 중앙은행에 의해 결정된다. 반면 시중 금리는 기준 금리의 영향을 받아 중앙은행 이외의 시중 은행이 세우는 표준적인 금리로, 가계나 기업의 금융 거래에 영향을 미친다. 가령 시중 금리가 내려가면 예금을 통한 이자 수익과 대출에 따른 이자 부담이 줄어 가계나 기업에서는 예금을 인출하거나 대출을 받으려는 경향성이 늘어난다. 그 결과 시중의 유동성이 증가하게 된다. 반대로 시중 금리가 올라가면 이자 수익과 대출 이자 부담이 모두 늘어나기 때문에 유동성이 감소하게 된다.

이와 같은 금리와 유동성의 관계를 고려하여, 중앙은행은 기준 금리를 조절하는 통화 정책을 통해 경기를 안정시키려고 한다. 만일 경기가 침체되면 중앙은행은 기준 금리를 인하하는 정책을 도입하여 시중 금리를 낮추도록 유도한다. 그 결과 유동성이 증가하여 가계의 소비가 늘고 주식이나 부동산에 대한 투자가 확대된다. 또한 기업의 생산과 고용이 늘고 다양한 분야에 대한 투자가 확대되어 물가가 상승하고 경기가 전반적으로 활성화된다. 반대로 경기가 과열되어 자산 가격이나 물가가 지나치게 오르면 중앙은행은 기준 금리를 인상하는 정책을 통해 유동성을 감소시킨다. 그 결과 기준 금리를 인하할 때와 반대의 현상이 나타나 자산 가격이 하락하고 물가가 안정되어 과열된 경기가 진정된다.

그러나 중앙은행이 경기 활성화를 위해 통화 정책을 시행했음에도 불구하고 애초에 의도한 결과가 나타나지 않기도 한다. 즉, 기준 금리를 인하하여 시중에 유동성을 충분히 공급하더라도, 증가한 유동성이 기대만큼 소비나 투자로 이어지지 않으면 경기가 활성화되지 않는다. 특히 심각한 경기 침체로 인해 경기 회복에 대한 전망이 불투명할 경우, 경제 주체들은 쉽게 소비를 늘리지 못하거나 투자를 결정하지 못해 돈을 손에 쥐고만 있게 된다. 이 경우 충분한 유동성이 경기 회복으로 이어지지 못해 경기 침체가 지속되는데, 마치 유동성이 함정에 빠진것 같다고 하여 케인스는 이를 유동성 함정 이라 불렀다. 그는 이러한 유동성 함정을 통해 통화 정책의 한계를 설명하면서, 정부가 재정 지출을 확대하여 소비와 투자를 유도하는 정책을 시행하는 것이 중요하다고 역설하였다.

19. 윗글을 통해 알 수 있는 내용이 아닌 것은?

① 중앙은행이 하는 역할
② 유동성이 높은 자산의 예
③ 기준 금리와 시중 금리의 관계
④ 경기 침체로 인해 나타나는 현상
⑤ 유동성에 대한 케인스 주장의 한계

20. 윗글을 바탕으로 할 때, <보기>의 ㄱ ~ ㄷ에 들어갈 말로 적절한 것은?

─── < 보 기 > ───
국가의 통화 정책이 정상적으로 작동될 때, 중앙은행이 기준 금리를 (ㄱ) 시중의 유동성이 (ㄴ)하며, 화폐의 가치가 (ㄷ)한다.

	ㄱ	ㄴ	ㄷ
①	내리면	증가	하락
②	내리면	증가	상승
③	내리면	감소	상승
④	올리면	증가	상승
⑤	올리면	감소	하락

21. 유동성 함정 에 대해 이해한 내용으로 가장 적절한 것은?

① 시중에 유동성이 충분히 공급되더라도 경기 침체가 지속되는 상황을 의미한다.
② 시중 금리의 상승으로 유동성이 감소하여 물가가 하락하는 상황을 의미한다.
③ 기업의 생산과 가계의 소비가 줄어들어 유동성이 넘쳐 나는 상황을 의미한다.
④ 경기 과열로 인해 유동성이 높은 자산에 대한 선호가 늘어나는 상황을 의미한다.
⑤ 유동성이 감소하여 경기 회복에 대한 전망이 긍정적으로 바뀌는 상황을 의미한다.

22. 윗글을 바탕으로 경제 주체들이 <보기>의 신문 기사를 읽고 보일 수 있는 반응으로 적절하지 **않은** 것은? [3점]

― < 보 기 > ―

금융 당국 '빅스텝' 단행

금융 당국은 오늘 '빅스텝'을 단행하였다. 빅스텝이란 기준 금리를 한 번에 0.5%p 인상하는 것을 의미한다. 이처럼 금리를 큰 폭으로 인상한 것은 과도하게 증가한 유동성으로 인해 물가가 지나치게 상승하고 부동산, 주식 등의 자산 가격이 폭등했기 때문이다.

① 투자자 : 부동산의 가격이 하락할 수 있으니, 당분간 부동산 투자를 미루고 시장 상황을 지켜봐야겠군.

② 소비자 : 위축된 소비 심리가 회복되어 지금보다 물가가 오를 수 있으니, 자동차 구매 시기를 앞당겨야겠군.

③ 기업인 : 대출을 통해 자금을 확보하는 것이 부담스러워질 수 있으니, 공장을 확장하려던 계획을 보류해야겠군.

④ 공장장 : 당분간 우리 공장에서 생산한 부품에 대한 수요가 줄 수 있으니, 재고가 늘어날 것에 대비해야겠군.

⑤ 은행원 : 시중 은행에 저축하려는 사람들이 늘어날 수 있으니, 다양한 상품을 개발하여 고객을 유치해야겠군.

[23 ~ 27] 다음 글을 읽고 물음에 답하시오.

(가)

나는 이럴망정 외방의 늙은 종이
공물 바치고 돌아갈 때 하는 일 다 보았네
㉠ 우리 댁(宅) 살림이 예부터 이렇던가
전민(田民)*이 많단 말이 일국에 소문이 났는데
먹고 입으며 드나드는 종이 백여 명이 넘는데도
무슨 일 하느라 텃밭을 묵혔는가
농장이 없다던가 호미 연장 못 가졌나
날마다 무엇하려 밥 먹고 다니면서
열 나무 정자 아래 **낮잠만 자**는가
아이들 탓이던가
㉡ 우리 댁 종의 버릇 보노라면 이상하다
소 먹이는 아이들이 상마름을 능욕하고
오고 가는 어리석은 손님이 큰 양반을 기롱*한다
㉢ 그릇된 재산 모아 다른 꾀로 제 일하니
큰 집의 많은 일을 뉘라서 힘써 할까
곡식 창고 비었거든 창고지기인들 어찌하며
세간이 흩어지니 질그릇인들 어찌할까
내 잘못된 줄 내 몰라도 남 잘못된 줄 모르겠는가
㉣ 풀어헤치거니 맺히거니, 힐뜯거니 돕거니
하루 열두 때 어수선을 편 것인가
(중략)
크게 기운 집에 상전님 혼자 앉아
명령을 뉘 들으며 논의를 뉘와 할까

낮 시름 밤 근심 혼자 맡아 계시거니
옥 같은 얼굴이 편하실 적 몇 날인가
이 집 이리 되기 뉘 탓이라 할 것인가
㉤ 생각 없는 종의 일은 묻지도 아니하려니와
돌이켜 생각하니 상전님 탓이로다
내 상전 그르다 하기에는 종의 죄 많건마는
그렇다 세상 보며 민망하여 여쭙니다
새끼 꼬는 일 멈추시고 내 말씀 들으소서
┌ 집일을 고치려거든 종들을 휘어잡고
[A] 종들을 휘어잡으려거든 상벌을 밝히시고
└ 상벌을 밝히시려거든 어른 종을 믿으소서
진실로 이리 하시면 **가도(家道)*** 절로 일 겁니다
― 이원익, 「고공답주인가」 ―

* 전민: 농사짓는 일을 생업으로 삼는 사람.
* 기롱: 남을 속이거나 비웃으며 놀림.
* 가도: 집안에서 마땅히 지켜야 할 도덕적 규범.

(나)

"사람답게 살아라."라는 말은 소설가 김정한이 평생을 두고 자주 한 말이다. 나는 그의 문장 가운데 다음의 구절을 좋아한다. "어딜 가도 산이 있고 들이 있고 그리고 인간이 살았다. 인간이 사는 곳에는 으레 나뭇가리가 있고 그 곁에 코흘리개들이 놀곤 하였다. 조국이란 것이 점점 가슴에 느껴졌다." 이 명료한 문장을 읽고 있으면 사람이 떼를 이루어 사는 세상의 풍경이 한눈에 들어오는 것만 같다. 그것도 느리고 큰 자연과 더불어. 사람의 생활이라는 것도 눈에 들어오는 문장이다.

┌ 이래저래 만나게 되는 사람들과 이런저런 사연으로 이별을 경험하게 된 사람들, 그리고 그들의 눈물과 사랑을 하고 있는 저 뜨거운 가슴도 짐작을 하게 된다. 조각돌처럼 까다롭고 별난 사람도 있고, 몽돌처럼 둥글둥글한 사람도 [B] 있고, 조각을 한 듯 잘생긴 사람도 있고, 마음에 태풍이 지나가는 사람도 있고, 마음에 4월의 봄볕이 내리는 사람도 있다. 그들 모두 하나의 무리를 이루고 사는 것이 이 세상 └ 아닌가 싶은 생각이 드는 것이다.
(중략)

나는 가끔 생각하기를 마당이 있는 집이 내게 있다면 주변의 돌들을 모아서 돌탑을 쌓고 싶다고 소망한다. 그리고 나의 아이들과 아내에게도 돌탑을 하나씩 쌓을 것을 부탁하고 싶다. 산사에 올라가다 보면 길가나 바위 위에 누군가 쌓아 올린 돌탑들처럼 나의 작은 마당 한쪽 한쪽에 돌탑을 쌓아 놓고 싶은 것이다. 아래에는 큰 돌이 필요하고 위를 향해 쌓아 갈수록 보다 작은 돌들이 필요할 것이다. 그리고 각각의 장소에서 구해 온 돌들은 각각의 크기와 모양과 빛깔을 지니고 있을 것이다. 반듯한 것도 있고 움푹 팬 것도 있을 것이다. 마치 여러 종류의 꽃과 풀들이 자라나서 하나의 화단을 이루듯이 그 돌들은 **서로 업고 업혀서** 하나의 탑을 이룰 것이다.

그런데 돌탑을 쌓아 본 사람은 돌탑을 쌓는 데에는 **잔돌**이 필요하다는 것을 알 것이다. 불안하게 **기우뚱하는 돌탑**의 층을 바로잡아 주려면 이 잔돌을 괴는 일이 무엇보다 필요하다. 잔돌을 굄으로써 **탑**은 한 층 한 층 **수평**을 이루게 된다. 못생긴 나무도 숲을 이루는 한 나무요, 쓸모없는 나무는 없다는 말이 있듯이 보잘것없고 작은 잔돌이라도 탑을 올리는 데에는 꼭 필요하다. 돌탑을 쌓아 올리면서 배우는 것 가운데 하나는 이 잔돌의 소중함을 아는 일이다.

02회

사람 사는 세상도 다를 바 없다. 잔돌 같은 사람이 필요하다. 의견이 맞지 않아 다툴 때 그 대화의 매정한 분위기를 무너뜨려 주는 사람이 우리 주변에는 더러 있다. 잔돌처럼 작용해 의견이 다른 사람들의 의견과 의견의 대립을 풀어 주는 사람이 있다. 이런 부드러운 개입의 고마움을 우리는 간혹 잊고 사는 것이 아닐까 싶다.

봄 산이 봄 산인 이유는 새잎이 돋고 꽃이 거기에 있기 때문이다. 수많은 꽃은 자기의 존재감을 주장하지 않는다. 그냥 **스스로**의 생명력으로 피어나 봄 산의 아름다움을 이룬다. 이 세세하고 능동적인 존재의 움직임을 보살폈으면 한다. 돌탑에 다시 비유하자면 잔돌과 같은 그 무엇이기 때문이다.

– 문태준, 「돌탑과 잔돌」-

23. (가)와 (나)의 공통점으로 가장 적절한 것은?

① 부재하는 대상에 대한 그리움을 표현하고 있다.
② 순수한 자연 세계에 대한 동경을 나타내고 있다.
③ 부정적 현실에 대한 냉소적 태도를 드러내고 있다.
④ 현실이나 세상에 대해 통찰한 내용을 전달하고 있다.
⑤ 자신이 처한 상황에 순응하는 태도를 보여 주고 있다.

24. [A]와 [B]에 대한 설명으로 가장 적절한 것은?

① [A]는 [B]와 달리 대조적 의미를 지닌 구절을 활용하여 대상의 속성을 드러내고 있다.
② [B]는 [A]와 달리 자연물에 글쓴이의 감정을 이입하여 표현의 효과를 높이고 있다.
③ [A]는 반어법을 활용하여, [B]는 역설법을 활용하여 주제 의식을 강조하고 있다.
④ [A]와 [B]는 모두 유사한 문장 구조를 반복하여 전달 의도를 강조하고 있다.
⑤ [A]와 [B]는 모두 말을 건네는 어투를 사용하여 청자의 행동 변화를 호소하고 있다.

25. (나)의 글쓴이에 대한 이해로 적절한 것만을 고른 것은?

ㄱ. 자연과 대비되는 인간의 유한성을 자각한다.
ㄴ. 사람들이 서로 더불어 사는 세상을 긍정한다.
ㄷ. 주장을 굽히지 않는 삶을 살았던 자신을 반성한다.
ㄹ. 세상에는 갈등을 중재할 사람이 필요하다고 생각한다.

① ㄱ, ㄴ
② ㄱ, ㄷ
③ ㄴ, ㄷ
④ ㄴ, ㄹ
⑤ ㄷ, ㄹ

26. <보기>를 참고할 때 (가)의 ⊙~⑩에 대한 이해로 적절하지 않은 것은?

< 보 기 >
「고공답주인가」는 고공(종)이 상전에게 답을 하는 형식을 통해 국가 경영을 집안 다스리는 일에 빗대어 표현하고 있다. 이 작품에서 상전은 왕, 종은 신하를 가리키는데, 화자는 임진 왜란으로 인해 나라가 황폐해지고 위계질서가 무너진 상황에서 당파 싸움만 일삼으며 재물을 탐하는 신하들을 비판하고 있다. 그리고 국가를 경영하는 왕으로서의 책임을 강조하고 있다.

① ⊙: 나라가 황폐해진 상황이 예전부터 지금까지 이어지고 있다는 것을 드러내고 있다.
② ⊙: 상하의 위계질서가 무너져 신하들의 기강이 해이해진 상황을 나타내고 있다.
③ ⊙: 나라를 돌보는 일을 외면한 채 부정한 방법으로 재물을 탐하는 신하들의 모습을 드러내고 있다.
④ ⊙: 시도 때도 없는 당파 싸움으로 인해 혼란스러운 조정의 모습을 나타내고 있다.
⑤ ⑩: 나라가 어지러워진 책임이 신하뿐만 아니라 왕에게도 있다는 인식을 드러내고 있다.

27. <보기>를 바탕으로 (가), (나)를 감상한 내용으로 적절하지 않은 것은? [3점]

< 보 기 >
전체는 구성 요소들의 집합체이다. 그러므로 전체를 이루는 구성 요소들은 그 자체로는 두드러지지 않을지라도 전체를 위해 없어서는 안 되는 존재이다. 그리고 다양성을 지닌 구성 요소들은 각각의 역할을 능동적으로 수행할 때 존재의 의미를 획득하게 되고 전체는 조화로운 모습을 이루게 된다.

① (가)의 '가도'가 바로 선 집안은 구성 요소들이 어우러져 조화로운 모습을 갖춘 전체를 의미한다고 볼 수 있겠군.
② (나)의 '탑'이 '수평을 이루게' 하는 '잔돌'은 두드러지지 않지만 전체를 위해 없어서는 안 될 구성 요소로 볼 수 있겠군.
③ (가)의 '낮잠만 자'는 종과 달리 (나)의 '스스로' 핀 꽃은 능동적으로 존재의 의미를 획득한 구성 요소로 볼 수 있겠군.
④ (가)의 '먹고 입으며 드나드는'과 (나)의 '서로 업고 업혀서'는 다양성을 지닌 존재들의 필요성을 강조한 것으로 볼 수 있겠군.
⑤ (가)의 '크게 기운 집'은 구성 요소들이 역할을 제대로 수행하지 않은 결과로, (나)의 '기우뚱하는 돌탑'은 필요한 구성 요소들이 제대로 갖추어지지 않은 결과로 볼 수 있겠군.

[28 ~ 33] 다음 글을 읽고 물음에 답하시오.

(가)

19세기에 분트는 인간의 정신세계가 의식으로 이루어져 있다고 보고, 실험을 통해 인간의 정신 현상과 행동을 설명하는 실험심리학을 주창하였다. 이때 의식이란 깨어 있는 상태에서 자신이나 세계를 인식하는 모든 정신 작용을 의미한다. 그러나 프로이트는 정신 질환을 겪는 환자들을 치료하면서 인간에게 의식과는 다른 무의식 세계가 있다는 것을 발견하였다. 이에 그는 인간을 무의식의 지배를 받는 비합리적 존재로 간주하고, 정신분석이론을 통해 인간의 정신세계를 ⓐ규명하려 하였다.

프로이트에 의하면 인간의 정신세계 중 의식이 차지하는 영역은 빙산의 일각일 뿐, 무의식이 정신세계의 대부분을 차지한다. 그는 무의식의 심연에는 '원초아'가, 무의식에서 의식에 걸쳐 '자아'와 '초자아'가 존재한다고 보았다. 원초아는 성적 에너지를 바탕으로 본능적인 욕구를 충족하려는 선천적 정신 요소이다. 반면 자아는 외적 상황으로 인해 충족되지 못하고 지연되거나 좌절된 원초아의 욕구를 사회적으로 용인될 수 있는 방법으로 충족하려는 정신 요소이다. 마지막으로 초자아는 도덕률에 따라 원초아의 욕구를 억제하고 양심에 따라 행동하도록 하는 정신 요소로, 어린 시절 부모의 종교나 가치관 등을 내재화하는 과정에서 후천적으로 발달한다.

이러한 원초아, 자아, 초자아는 역동적으로 상호작용하면서 개인의 성격을 형성한다. 가령, 원초아가 강할 때는 본능적인 욕구에 집착하는 충동적인 성격이, 초자아가 강할 때는 엄격하게 도덕을 지키려는 원칙주의적 성격이 나타난다. 자아는 원초아와 초자아의 요구 사이에서 이를 조정하는 역할을 하기 때문에, 정신적 균형을 이루기 위해서는 자아의 발달이 중요하다. 만일 자아가 제 역할을 하지 못하면 정신 요소의 균형이 깨져 불안감이 생기는데, 자아는 이를 해소하기 위해 무의식적으로 방어기제를 사용하게 된다. 대표적인 방어기제로는 억압이나 승화 등이 있다. 억압은 자아가 수용하기 힘든 욕구를 무의식 속으로 억누르는 것을, 승화는 그러한 욕구를 예술과 같이 가치 있는 활동으로 ⓑ전환하는 것을 의미한다. 개인마다 습관적으로 사용하는 방어기제가 다르기 때문에 어떤 방어기제를 사용하느냐 또한 개인의 성격 형성에 영향을 미친다.

프로이트는 어린 시절에 해소되지 않은 원초아의 욕구나 정신 요소 간의 갈등은 성인이 된 후에도 지속적으로 영향을 주기 때문에, 이 시기에 부모와의 상호작용 경험이 성격 형성에 큰 영향을 준다고 설명하였다. 특히 그는 성인의 정신 질환을 어린 시절의 심리적 갈등이 재현된 것으로 보고, 이를 치유하기 위해서는 무의식에 내재되어 있는 과거의 상처를 의식의 세계로 끌어내는 과정이 필요하다고 주장하였다. 이러한 프로이트의 이론은 기존의 이론에서 ⓒ간과한 무의식에 대한 탐구를 통해 인간 이해에 대한 지평을 넓혔다는 평을 받고 있다.

(나)

융은 프로이트의 정신분석이론에 반기를 들고, 분석심리학을 주창하였다. 무의식을 단지 의식에서 수용할 수 없는 원초적 욕구나 해결되지 못한 갈등의 창고로만 본 프로이트와 달리, 융은 무의식을 인간이 잠재적 가능성을 실현할 때 필요한 창조적인 에너지의 샘으로 보았다는 점에서, 그의 분석심리학은 프로이트의 이론과 구별된다.

융은 정신세계의 가장 바깥 쪽에는 의식이, 그 안쪽에는 개인 무의식이, 그리고 맨 안쪽에는 집단 무의식이 순서대로 자리 잡고 있다고 보았다. 의식은 생각이나 감정, 기억과 같이 인간이 직접 인식할 수

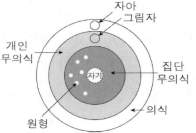

있는 영역으로, 여기에는 '자아'가 존재한다. 자아는 의식을 지배하는 동시에 무의식과 교류하며 이를 조정하는 역할을 한다. 개인 무의식은 의식에 의해 ⓓ배제된 생각이나 감정, 기억 등이 존재하는 영역이다. 이곳에 존재하는 '그림자'는 자아에 의해 억압된 '또 하나의 나'라고 할 수 있다. 마지막으로 집단 무의식은 태어날 때부터 누구나 가지고 있는 원초적이며 보편적인 무의식이다. 거기에는 진화를 통해 축적되어 온 인류의 경험이 '원형'의 형태로 존재한다. 가령 어두운 상황에서 누구나 공포심을 느끼는 것이 원형에 해당한다.

융에 따르면 집단 무의식의 가장 안쪽에는 '자기'가 존재한다. 이는 정신세계에 내재하는 개인의 근원적인 모습이라고 할 수 있다. 융은 자아가 성찰을 통해 무의식의 심연에 존재하는 자기를 발견하면, 인간은 비로소 타인과 구별되는 고유한 존재가 된다고 보고 이를 개별화라고 불렀다. 이는 의식에 존재하는 자아가 무의식과 끊임없이 상호작용하며 무의식의 영역을 의식으로 통합하는 과정, 즉 ㉠무의식을 의식화하는 과정을 통해 이루어진다. 이 과정에서 자아는 자신의 또 다른 모습인 그림자와 ⓔ대면하게 되고, 집단 무의식에 존재하는 여러 원형들을 발견하게 된다. 결국 자아가 무의식의 심연에 존재하는 자기를 찾아가는 과정은 정신세계를 구성하는 자아와 그림자, 그리고 여러 원형들이 대립에서 벗어나 하나의 정신으로 통합되면서 정신적 균형을 이루는 과정이라 할 수 있다. 이러한 과정에서 개인은 내면의 성숙을 이루며 자신의 정체성을 찾게 된다.

28. (가), (나)의 공통점으로 가장 적절한 것은?

① 인간의 무의식을 주장한 이론에 대한 상반된 평가를 제시하고 있다.

② 기존과 다른 관점에서 인간의 정신세계를 설명한 이론을 소개하고 있다.

③ 인간의 무의식을 설명한 이론이 등장하게 된 역사적 사건을 소개하고 있다.

④ 인간의 정신 질환을 분류하고 각각의 특징을 설명한 이론을 제시하고 있다.

⑤ 인간의 정신세계를 설명한 이론이 다른 학문 영역에 미친 영향을 분석하고 있다.

29. (가)의 내용과 일치하지 <u>않는</u> 것은?

① 분트는 인간의 정신세계가 의식으로만 구성되어 있다고 보았다.

② 프로이트는 인간을 무의식의 지배를 받는 비합리적 존재로 여겼다.

③ 프로이트는 원초아가 강할 때 본능적인 욕구에 집착하는 성격이 나타난다고 생각했다.

④ 프로이트는 세 가지 정신 요소들이 상호작용하면서 개인의 성격이 형성된다고 보았다.

⑤ 프로이트는 의식적으로 사용하는 방어기제와 무의식적으로 사용하는 방어기제를 구분하였다.

30. (가)의 '프로이트'와 (나)의 '융'의 관점에서 <보기>를 이해한 내용으로 적절하지 <u>않은</u> 것은? [3점]

— < 보 기 > —

[헤르만 헤세의 연보]

ㅇ1877 : 기독교인다운 엄격한 생활을 중시하는 경건주의 집안에서 태어남. ···································⑰

ㅇ1881 ~ 1886 : 자유분방한 기질로 인해 엄한 아버지의 교육 방식에 반항하며 불안감을 느낌. ···················⑭

ㅇ1904 ~ 1913 : 잠재된 문학적 재능을 발휘하여 왕성하게 작품 창작을 하며 불안에서 벗어남. ···············⑮

ㅇ1916 ~ 1919 : 아버지의 죽음을 접하고 심한 우울증을 경험함. ···⑯

ㅇ1945 ~ 1962 : 성찰적 글쓰기 활동 속에서 심리적 안정감을 느끼며 여생을 보냄. ···············⑰

ㅇ1962 : 몬타놀라에서 죽음.

① ⑰ : 프로이트는 엄격한 집안 분위기가 헤세의 초자아가 발달하는 데 영향을 주었다고 보겠군.

② ⑭ : 프로이트는 헤세의 불안감을 원초아와 초자아의 요구를 자아가 제대로 조정하지 못한 결과라고 보겠군.

③ ⑮ : 프로이트는 헤세의 왕성한 창작 활동을 승화로, 융은 이를 무의식의 창조적 에너지가 발현된 것으로 보겠군.

④ ⑯ : 프로이트는 헤세의 우울증을 유년기의 불안이 재현된 것으로, 융은 이를 자아와 그림자가 통합된 것으로 보겠군.

⑤ ⑰ : 융은 헤세가 성찰하는 글쓰기 활동을 통해 자기를 발견하는 과정에서 심리적 안정감을 느낀 것으로 보겠군.

31. (가)의 정신분석이론과 (나)의 분석심리학에서 모두 동의하는 진술로 가장 적절한 것은?

① 자아는 의식과 무의식의 세계에 걸쳐서 존재한다.

② 무의식은 성적 에너지로만 이루어진 정신 요소이다.

③ 무의식은 개인의 경험을 초월해 원형의 형태로 유전된다.

④ 무의식에는 자아에 의해 억압된 열등한 자아가 존재한다.

⑤ 정신적 균형을 이루기 위해서는 자아의 역할이 중요하다.

32. ㉠을 이해한 내용으로 가장 적절한 것은?

① 의식의 확장을 통해 타인과의 경계를 허무는 과정이다.

② 자신의 근원적인 모습을 찾아 나가는 개별화의 과정이다.

③ 의식에 의해 발견된 무의식의 욕구가 억눌리는 과정이다.

④ 무의식이 의식에서 분화되어 정체성이 실현되는 과정이다.

⑤ 과거의 경험들을 반복함으로써 성격이 형성되는 과정이다.

33. ⓐ ~ ⓔ의 사전적 의미로 적절하지 <u>않은</u> 것은?

① ⓐ : 어떤 사실을 자세히 따져서 바로 밝힘.

② ⓑ : 주기적으로 자꾸 되풀이하여 돎.

③ ⓒ : 큰 관심 없이 대강 보아 넘김.

④ ⓓ : 받아들이지 아니하고 물리쳐 제외함.

⑤ ⓔ : 서로 얼굴을 마주 보고 대함.

[34 ~ 37] 다음 글을 읽고 물음에 답하시오.

[앞부분 줄거리] 국민학교 2학년생인 '나'는 걸구대(궐기대회)가 열릴 때마다 멧돼지를 서너 마리씩 미국 대통령이나 유엔 사무총장과 같은 외국 귀인들에게 보낸다는 것을 알고 의아해 한다.

어린 소견에 도무지 알다가도 모를 노릇이었다. 그런 식으로 마구 보내 주다가는 오래지 않아 나라 안의 멧돼지는 깡그리 씨가 마를 판이었다. 그렇잖아도 가뜩이나 육고기가 부족한 가난뱅이 나라에서 서양 부자 나라의 지체 높은 양반들한테 뭣 때문에 툭하면 그 귀한 멧돼지들을 보낸단 말인가. 또 보낸다면 그 멀고 먼 나라까지 무슨 수로, 그리고 어떤 모양으로 그 짐승들을 보낸단 말인가.

멧돼지 보내기가 몇 번이나 되풀이된 다음, 마지막 순서로 혈서 쓰기가 시작되었다. 검정색 학생복 차림의 피 끓는 청년 학도들이 차례차례 연단에 올라 손가락을 깨물어 하얀 천 위

에다 붉게 혈서를 쓰고 있었다. 그쯤에서 진력이 날 대로 나버린 급우 녀석들이 나를 향해 자꾸만 눈짓을 보내왔다. 엎어지면 코 닿을 자리에 집이 있는 내가 몇몇 친한 녀석들을 데리고 몰래 광장을 빠져나와 걸구대가 끝날 때까지 우리 식당에서 즐거운 시간을 함께 보낸 적이 종종 있었던 까닭이었다. 녀석들과 함께 걸구대에서 막 도망쳐 나오려는 순간이었다. 바로 그때 새롭게 연단에 오른 청년의 모습이 내 발목을 꽉 붙잡았다. 그보다 앞서 혈서를 쓴 학생들과 달리 그는 학생복 차림이 아니었다. 검정물로 염색한 군복을 걸친 그 험수룩한 모습이 먼 빛으로 봐도 어쩐지 많이 눈에 익어 보였다. 잠시 후에 열 손가락을 모조리 깨물어 혈서를 쓴, 참으로 보기 드문 열혈 애국 청년이 등장했음을 걸구대 사회자가 확성기를 통해 널리 알렸다. 곧이어 '북진통일'이라고 대문짝만 하게 적힌 혈서가 청중에게 공개되었다. 치솟는 박수갈채로 역전 광장이 갑자기 떠나갈 듯 요란해졌다. 설마 그럴 리가 있겠느냐고, 혹시 내가 잘못 봤을지도 모른다고 생각하면서 나는 고개를 저었다. 나는 몇몇 급우들과 함께 슬며시 광장을 벗어나고 말았다.

내가 결코 잘못 본 게 아니라는 사실이 이윽고 밝혀졌다. 창권이 형은 열 손가락에 빨갛게 핏물이 밴 붕대를 친친 감은 채 식당에 돌아옴으로써 어머니와 나를 기절초풍케 만들었다. 너무도 어처구니가 없는 나머지 어머니는 형이 돌아오면 퍼부으려고 잔뜩 벼려서 장만했던 욕바가지를 꺼내들 엄두조차 못 낼 정도였다. 아프지 않더냐는 내 걱정에 형은 마치 남의 살점 얘기하듯 심상하게 대꾸했다.

"괭기찮어. 어째피 남어도는 피니깨."

그 혈서 사건 이후부터 창권이 형은 자기 몸 안에 들끓는 더운 피를 덜어내기 위해 이따금 주먹으로 자신의 코쭝배기를 후려쳐 일부러 코피를 쏟아 내야 하는 수고를 더 이상 할 필요가 없게 되었다. 그리고 어머니 말마따나 형은 정말 우리 식당에서 아무짝에도 쓸모없는 인간으로 완전히 바뀌어 버렸다. 역전 광장에서는 사흘이 멀다 하고 크고 작은 걸구대가 잇달아 벌어졌다. 덕분에 형의 상처 난 **손가락들은 좀체 아물 새가 없었다.** 걸구대 때마다 단골로 혈서를 쓰는 열혈 애국 청년 노릇에 워낙 바쁘다 보니 식당 안에 진드근히 붙어 있을 겨를도 없었다. 어머니는 결국 역마살이 뻗쳐 하고많은 날들을 밖으로 만나대는 형의 발을 묶어 식당 안에 주저앉히려는 노력을 포기할 지경에 이르렀다. 형은 어느덧 장국밥을 전문으로 하는 식당의 허드재비 심부름꾼에서 당당한 손님으로 격이 달라져 있었다.

중요한 일로 높은 사람들을 만나러 간다며 아침 일찍 집을 나선 창권이 형이 해 질 녘에 다따가* 고등학생으로 변해 돌아왔다. 그동안 형의 변모는 너무나 급격해서 그러잖아도 눈알이 팽팽 돌 지경이었는데, 방금 새로 사 입은 빳빳한 학생복에 어엿이 어느 학교의 교표까지 붙인 학생모 차림은 상상을 뛰어넘는 것이라서 어머니와 나는 다시 한번 할 말을 잃고 말았다.

"일트레면은 가짜배기 나이롱 고등과 학생인 심이지."

언제 학교에 들어갔느냐는 내 물음에 형은 천연덕스레 대꾸하고 나서 한바탕 히히거렸다. 가짜 대학생 이야기는 더러 들어봤어도 가짜 고등학생은 형이 처음이었다.

"핵교도 안 댕기는 반거충이 청년이 단골 혈서가란 속내가 알려지는 날이면 넘들 보기에도 모냥이 숭칙허다고, 날더러 당분간 **고등과 학생 숭내를 내고 댕기란다.**"

형은 모자에 붙은 교표에 호호 입김을 불어 소맷부리로 정성스레 광을 내기 시작했다. 안 그래도 새것임을 만천하에 광고하듯 ⊙ 너무 번뜩여서 오히려 탈인 그 금빛의 교표를 형은

내친김에 아예 순금제로 바꿔 놓을 작정인 듯 시간 가는 줄 모르고 일삼아 닦고 또 닦아 댔다. 나는 국민학교 졸업이 학력의 전부인 형을 한동안 물끄러미 바라보았다. 가정 형편이 어려워 어릴 때부터 남의집살이로 잔뼈를 굵혀 나온 형은 자신을 진짜배기 고등학생으로 착각하고 있는 기색이었다.

"요담번 궐기대회 때부텀 나가 맥아더 원수에게 보내는 멧세지 낭독까장 맡어서 허기로 결정이 나뿌렀다."

형은 교표 닦기를 끝마친 후 호주머니에서 피난민 시체로부터 선사 받은 금장의 회중시계를 꺼내어 더욱더 공력을 들여 삐까번쩍 광을 내기 시작했다. 정말 갈수록 태산이었다. 형은 걸구대에서 자신이 맡은 역할이 단골 혈서가 노릇 말고 다른 중요한 것이 더 있음을 자랑스레 밝히는 중이었다. 나는 멧돼지를 멧세지라 잘못 발음한 형의 실수를 부득이 지적하지 않을 수 없었다. 하지만 무식한 가짜 고등학생은, 멧돼지가 아니라고, 꼬부랑말로 **멧세지가** 맞다고 턱도 없는 우김질을 끝까지 계속했다.

(중략)

창권이 형의 마지막 활약상은 그리 오래 지속되지 못했다. 그날도 형은 군산으로 원정을 떠나 적성중립국 감시위원들의 추방을 요구하는 **시위대의 선두에 섰다.** 시위 분위기가 무르익자 형은 그만 흥분을 가누지 못하고 미군 부대 철조망을 타넘는 만용을 부렸다. 바로 그때 경비병들이 송아지만 한 셰퍼드들을 풀어놓았다. 형은 셰퍼드들의 집중 공격을 받아 엉덩이 살점이 뭉텅 뜯겨 나가고 왼쪽 발뒤꿈치의 인대가 끊어지는 **중상을 입었다.** 형이 병원에서 퇴원할 때는 이미 한쪽 다리를 저는 불구의 몸으로 변해 있었다.

퇴원한 뒤에도 창권이 형은 한동안 우리 집에 계속 머물렀다. 형의 그 가짜배기 애국 학도 행각을 애초부터 꼴같잖게 여기던 어머니는 쩔쑥쩔쑥 기우뚱거리는 걸음걸이로 하릴없이 식당 안팎을 서성이는 먼촌붙이 조카를 눈엣가시로 알고 노골적으로 박대했다. 우리 식당에 빌붙어 눈칫밥이나 축내며 지내던 어느 날, 형은 마침내 시골집으로 돌아갈 결심을 굳혔다.

떠나기 전날 밤, 창권이 형은 보통이를 다 꾸린 다음 크게 선심이라도 쓰는 척하면서 내게 금장 회중시계를 만져 볼 기회를 딱 한 차례 허락했다. 행여 닳기라도 할까 봐 오래 구경시키는 것마저도 꺼려 하던 그 귀물 단지를 형이 내 손에 통째로 맡긴 것은 그때가 처음이자 마지막이었다. 피난민 시체로부터 받은 선물이라고 주장하던 그 **회중시계가** 내 작은 손바닥 위에 제법 묵직한 중량감으로 올라앉아 있었다. 등잔불 그늘 안에서도 말갛고 은은한 광휘를 발산하는 금시계를 일삼아 들여다보고 있자니 마치 형의 금빛 찬란하던 한때를 그것이 째깍째깍 증언하는 듯한 느낌이 언뜻 들었다. 전쟁 기간을 통틀어 형의 수중에 남겨진 **유일한 전리품이었다.**

"형이 옳았어."

회중시계를 되돌려 주면서 형의 호의에 대한 답례 삼아 뭔가 형에게 위로가 될 적당한 말을 찾느라 나는 복잡한 머릿속을 한참이나 뒤장질하지 않으면 안 되었다.

"멧돼지가 아니었어. 멧세지가 맞는 말이여."

내 말에 아무런 대꾸 없이 형은 그저 보일락말락 미소만 시부저기 흘리고 있을 따름이었다.

- 윤흥길, 「아이젠하워에게 보내는 멧돼지」-

* 다따가 : 난데없이 갑자기.

34. 윗글에 대한 설명으로 가장 적절한 것은?

① 이야기 내부 인물이 중심인물의 행동과 그에 대한 자신의 생각을 서술하고 있다.

② 이야기 내부 인물이 인물과 인물 사이의 갈등을 해소하는 과정을 보여 주고 있다.

③ 이야기 내부 인물이 과거와 현재를 반복적으로 교차하며 자신의 경험을 전달하고 있다.

④ 이야기 외부 서술자가 특정 소재와 관련된 인물의 내면 심리를 묘사하고 있다.

⑤ 이야기 외부 서술자가 서로 다른 공간에서 동시에 일어나는 사건들을 나열하고 있다.

36. ㉠에 대한 이해로 가장 적절한 것은?

① 빛나는 교표로는 오히려 창권이 형의 능청스러운 성격을 은폐하기 어려움을 의미한다.

② 교표가 빛이 날수록 오히려 창권이 형이 자신의 행동을 부끄럽게 생각할 수 있음을 의미한다.

③ 번뜩이는 교표로 인해 궐기대회에서 창권이 형이 맡는 역할이 오히려 축소될 수 있음을 의미한다.

④ 교표를 정성스럽게 닦는 행위 때문에 오히려 창권이 형이 불안감을 더 크게 느끼게 됨을 의미한다.

⑤ 지나치게 새것으로 보이는 교표 때문에 오히려 창권이 형의 학력 위조가 쉽게 탄로 날 수 있음을 의미한다.

37. <보기>를 바탕으로 윗글을 감상한 내용으로 적절하지 <u>않은</u> 것은? [3점]

> ─────── < 보 기 > ───────
>
> 이 작품은 6·25 전쟁으로 인해 혼란해진 사회를 배경으로 한다. 창권이 형은 궐기대회에서 애국 학도로 활약하게 되는 과정에서 권력층에 편승하는 모습을 보인다. 정치적 목적을 위해 대중을 기만하는 권력층에 이용당하다 결국 몰락하게 되는 창권이 형을 통해 어리석은 인물이 가진 욕망의 허망함을 풍자하고 있다. 그리고 궐기대회에서 벌어지는 일을 제대로 이해하지 못하는 어린 '나'를 통해 궐기대회가 희화화된다.

35. 윗글을 읽고 알 수 있는 내용이 <u>아닌</u> 것은?

① '나'는 궐기대회가 끝나기 전 친구들과 도중에 나온 적이 있었다.

② '나'는 창권이 형이 궐기대회에서 혈서를 쓴 사실을 어머니를 통해 전해 들었다.

③ 창권이 형은 열혈 애국 청년 노릇으로 바빠지게 되자 식당 심부름꾼으로 일할 겨를이 없었다.

④ 창권이 형은 퇴원 후 어머니에게 노골적인 박대를 받던 끝에 고향으로 돌아갈 결심을 했다.

⑤ 어머니는 창권이 형이 궐기대회에서 박수갈채를 받으며 애국 학도로 행세하는 것을 못마땅하게 여겼다.

① '멧세지'를 보내는 것을 '멧돼지 보내기'로 오해한 '나'를 통해 궐기대회가 희화화되는군.

② '좀체 아물 새가 없'는 '손가락들'은 표면적으로는 애국심의 증거이지만 이면적으로는 창권이 형이 권력층에 이용당하는 인물임을 엿볼 수 있게 하는군.

③ '고등과 학생 숭내를 내고 댕기'라고 지시하는 것에서 자신들의 목적을 위해 대중을 속이는 권력층의 부정적 면모가 드러나는군.

④ '시위대의 선두에 섰'다가 '중상을 입'은 비극을 통해 권력층에 편승하려는 창권이 형의 부질없는 욕망이 풍자되고 있군.

⑤ '유일한 전리품'이었던 '회중시계'는 전쟁 시기에 애국 학도로서의 신념을 지키지 못한 창권이 형의 고뇌를 상징하는군.

[38 ~ 42] 다음 글을 읽고 물음에 답하시오.

맑고 화창한 날 밖에서 스마트폰 화면이 잘 보이지 않았던 경험이 한 번쯤은 있을 것이다. 이는 화면에 반사된 햇빛이 화면에서 나오는 빛과 많이 ⓐ혼재될수록 야외 시인성이 저하되기 때문이다. 야외 시인성이란, 빛이 밝은 야외에서 대상을 명확하게 인식할 수 있는 성질을 의미한다. 그렇다면 스마트폰에는 야외 시인성 개선을 위해 어떠한 기술이 적용되어 있을까?

㉠스마트폰 화면의 명암비가 높으면 우리는 화면에 표현된 이미지를 선명하다고 인식한다. 명암비는 가장 밝은 색과 가장 어두운 색을 화면이 얼마나 잘 표현하는지를 나타내는 수치로, 흰색을 표현할 때의 휘도를 검은색을 표현할 때의 휘도로 나눈 값이다. 여기서 휘도는 화면에서 나오는 빛이 사람의 눈에 얼마나 들어오는지를 나타내는 양이다. 가령, 흰색을 표현할 때의 휘도가 $2,000\,\mathrm{cd/m^2}$이고 검은색을 표현할 때의 휘도가 $2\,\mathrm{cd/m^2}$인 스마트폰의 명암비는 1,000이다.

명암비는 휘도를 측정하는 환경에 따라 암실 명암비와 명실 명암비로 구분된다. 암실 명암비는 햇빛과 같은 외부광 없이 오로지 화면에서 나오는 빛만을 인식할 수 있는 조건에서의 명암비를, 명실 명암비는 외부광이 ⓑ존재하는 조건에서의 명암비를 의미한다. 스마트폰의 야외 시인성을 높이기 위해서는 명실 명암비를 높여야 한다. 이를 위해 화면에서 흰색을 표현할 때의 휘도를 높이는 방법과 검은색을 표현할 때의 휘도를 낮추는 방법을 사용할 수 있다.

그런데 스마트폰에 흔히 사용되는 OLED는 흰색을 표현할 때의 휘도를 높이는 데 한계가 있다. OLED는 화면의 내부에 있는 기판*에서 빛을 내는 소자로, 빨간색, 초록색, 파란색 빛을 조합하여 다양한 색을 ⓒ구현한다. 이렇게 OLED가 색을 표현할 때, 출력되는 빛의 세기를 높이면 해당 색의 휘도가 높아진다. 그러나 강한 세기의 빛을 출력할수록 OLED의 수명이 ⓓ단축되는 문제가 있다. 이러한 이유로 OLED 스마트폰에는 편광판과 위상지연필름을 활용하여, 외부광의 반사로 높아진, 검은색을 표현할 때의 휘도를 낮추는 기술이 적용되고 있다.

<그림>은 OLED 스마트폰에 적용된 편광판의 원리를 나타낸 것이다. 일반적으로 빛은 진행하는 방향에 수직인 모든 방향으로 진동하며 나아간다. 빛이 편광판을 통과하면 그중 편광판의 투과축과 평행한 방향으로 진동하며 나아가는 선형 편광만 남고,

<그림>

투과축의 수직 방향으로 진동하는 빛은 차단된다. 이러한 과정에서 편광판을 통한 빛의 세기는 감소하게 된다.

[A] 이러한 원리를 이용해 OLED 스마트폰에서 야외 시인성을 높이는 기술을 설명하면 다음과 같다. 먼저 스마트폰 화면 안으로 들어오는 외부광은 편광판을 거치면서 일부가 차단되고 투과축과 평행한 방향으로 진동하는 선형 편광만 남게 된다. 그런 다음 이 선형 편광은 위상지연필름을 지나면서 회전하며 나아가는 빛인 원형 편광으로 편광의 형태가 바뀐다. 이 원형 편광은 스마트폰 화면의 내부 기판에 반사된 뒤, 다시 위상지연필름을 통과하며 선형 편광으로 바뀐다. 그런데 이 선형 편광의 진동 방향은 외부광이 처음 편광판을 통과했을 때 남은 선형 편광의 진동 방향과 수직을 이루게 되어 편광판에 가로막히게 된다. 그 결과 기판에 반사된 외부광은 화면 밖으로 빠져나가지 못하게 된다.

이와 같은 기술은 OLED 스마트폰의 야외 시인성을 높이는 데에는 매우 효과적이지만, 편광판을 사용할 수밖에 없기 때문에 스마트폰 화면이 일정 수준의 명암비를 유지하기 위해서는 ㉡OLED가 내는 빛의 세기를 높게 유지해야 한다는 단점이 존재한다. 그리고 외부광이 화면의 외부 표면에 반사되어 나타나는 야외 시인성의 저하도 ⓔ방지하지 못한다. 최근에는 이러한 문제점들을 개선하기 위한 연구가 다양한 분야에서 이루어지고 있다.

* 기판 : 전기 회로가 편성되어 있는 판.

38. 윗글에서 알 수 있는 내용으로 가장 적절한 것은?

① 햇빛은 진행하는 방향에 수직인 모든 방향으로 진동한다.
② OLED는 네 가지의 색을 조합하여 다양한 색을 구현한다.
③ 사람의 눈에 들어오는 빛의 양이 많으면 휘도는 낮아진다.
④ 야외 시인성은 사물 간의 크기 차이를 비교하는 기준이다.
⑤ OLED는 화면의 외부 표면에 반사되는 외부광을 차단한다.

39. ㉠에 대한 설명으로 적절하지 않은 것은?

① 명실 명암비를 높이면 야외 시인성이 높아지게 된다.
② 흰색을 표현할 때의 휘도가 낮아질수록 암실 명암비가 높아진다.
③ 휘도를 측정하는 환경에 따라 명실 명암비와 암실 명암비로 나뉜다.
④ 흰색을 표현할 때의 휘도를 검은색을 표현할 때의 휘도로 나눈 값이다.
⑤ 화면에 반사된 외부광이 눈에 많이 들어올수록 명실 명암비가 낮아진다.

40. ㉡의 이유를 추론한 것으로 가장 적절한 것은?

① OLED가 내는 빛의 휘도를 조절할 수 없기 때문이다.
② OLED가 내는 빛이 강할수록 수명이 길어지기 때문이다.
③ OLED가 내는 빛 중 일부가 편광판에서 차단되기 때문이다.
④ OLED가 내는 빛이 약하면 명암비 계산이 어렵기 때문이다.
⑤ OLED가 내는 빛의 세기를 높이는 데 한계가 있기 때문이다.

41. <보기>는 [A]의 과정을 나타낸 그림이다. 윗글을 바탕으로 <보기>를 이해한 내용으로 적절하지 <u>않은</u> 것은? [3점]

— < 보 기 > —

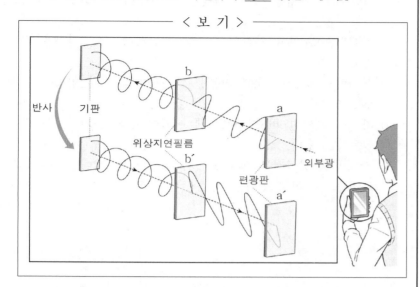

① 외부광은 a를 거치면서 투과축과 평행한 방향으로 진동하는 빛만 남게 된다.

② a를 거쳐 b로 나아가는 빛은 진행 방향에 수직인 방향으로 진동한다.

③ b를 거친 빛은 기판에 의해 a를 거쳐 b로 나아가는 빛과 같은 형태의 편광으로 바뀌게 된다.

④ b´를 거친 빛의 진동 방향은 a를 거쳐 b로 나아가는 빛의 진동 방향과 수직을 이룬다.

⑤ b´를 거친 빛은 진동 방향이 a´의 투과축과 수직을 이루므로 화면 밖으로 빠져나가지 못하게 된다.

42. 문맥상 ⓐ ~ ⓔ와 바꾸어 쓰기에 적절하지 <u>않은</u> 것은?

① ⓐ : 뒤섞일수록

② ⓑ : 있는

③ ⓒ : 고른다

④ ⓓ : 줄어드는

⑤ ⓔ : 막지

[43~45] 다음 글을 읽고 물음에 답하시오.

[앞부분 줄거리] 전생에 부부였던 남해 용왕의 딸과 동해 용왕의 아들은 각각 금방울과 해룡으로 환생한다. 해룡은 피란 도중에 부모와 헤어져 장삼과 변 씨의 집에서 자라게 된다.

어느 추운 겨울날, 눈보라가 내리치는 밤에 변 씨는 소룡과 함께 따뜻한 방에서 자고 해룡에게는 방아질을 시켰다. 해룡은 어쩔 수 없이 밤새도록 방아를 찧었는데, 얇은 홑옷만 입은 아이가 어찌 추위를 견딜 수 있겠는가? 추위를 이기지 못해 잠깐 쉬려고 제 방에 들어가니, 눈보라가 방 안에까지 들이치고 덮을 것이 하나도 없었다. 해룡이 몸을 잔뜩 웅크리고 엎드려 있는데, 갑자기 방 안이 대낮처럼 밝아지고 여름처럼 더워져 온몸에

땀이 났다. 놀라고 또 이상해 바로 일어나 밖을 자세히 살펴보니, 아직 날이 밝지 않았는데 하얀 눈이 뜰에 가득했다. 방앗간에 나가 보니 밤에 못다 찧은 것이 다 찧어져 그릇에 담겨 있었다. 해룡이 더욱 놀라고 괴이하게 여겨 방으로 돌아오니 방 안은 여전히 밝고 더웠다.

아무리 생각해도 이상해 방 안을 두루 살펴보니, 침상 위에 예전에 없었던 북만 한 방울 같은 것이 놓여 있었다. 해룡이 잡으려 했으나, 방울이 이리 미끈 달아나고 저리 미끈 달아나며 요리 구르고 저리 굴러 잡히지 않았다. 더욱 놀라고 신통해서 자세히 보니, 금빛이 방 안에 가득하고, 방울이 움직일 때마다 향취가 가득히 퍼져 코를 찔렀다. 이에 해룡은 생각했다.

'이것은 반드시 무슨 까닭이 있어서 일어난 일일 테니, 좀 더 두고 지켜봐야겠다.'

해룡은 마음속으로 기뻐하며 자리에 누웠다. 그동안 굶주림과 추위에 시달린 몸이 따뜻해지니, 마음이 절로 놓여 아침 늦도록 곤히 잠을 잤다. 이때 변 씨 모자는 추위 잠을 자지 못하고 떨며 앉아 있다가 날이 밝자마자 밖으로 나와보니, 눈이 쌓여 온 집 안을 뒤덮었고 찬바람이 얼굴을 깎듯이 세차게 불어 몸을 움직이는 것마저 어려웠다. 이에 변 씨는 생각했다.

'해룡이 틀림없이 얼어 죽었겠구나.'

해룡을 불러도 대답이 없자, 해룡이 얼어 죽었으리라 생각하고 눈을 헤치고 나와 문틈으로 방 안을 엿보았다. 그랬더니 해룡이 벌거벗은 채 깊이 잠들어 있는데 놀라서 깨우려다가 자세히 살펴보니 하얀 눈이 온 세상 가득 쌓여 있는데, 오직 해룡이 자고 있는 사랑채 위에는 눈이 한 점도 없고 더운 기운이 연기처럼 일어나고 있었다. 이것이 어찌 된 일인지 알 수가 없었다.

변 씨가 놀라 소룡에게 이런 상황을 이야기했다.

"매우 이상한 일이니, 해룡의 거동을 두고 보자꾸나."

문득 해룡이 놀라 잠에서 깨어 내당으로 들어가 변 씨에게 문안을 올린 뒤 비를 잡고 눈을 쓸려 하는데, 갑자기 한 줄기 광풍이 일어나며 반 시간도 채 안 되어 눈을 다 쓸어버리고는 그쳤다. 해룡은 이미 짐작하고 있었으나, 변 씨는 그 까닭을 전혀 알지 못해 더욱 신통히 여기며 마음속으로 생각했다.

'분명 해룡이 요술을 부려 사람을 속인 것이로다. 만약 해룡을 집에 오래 두었다가는 큰 화를 당하리라.'

변 씨는 어떻게든 해룡을 죽여 없앨 생각으로 이리저리 궁리하다가, 한 가지 계교를 생각해 내고는 해룡을 불러 말했다.

┌ "가군*이 돌아가신 뒤 우리 가산이 점점 줄어들게 된 것은
│ 너 또한 잘 알 것이다. 구호동에 우리 집 논밭이 있는데,
│ 근래에는 호환이 자주 일어나 사람을 다치게 해 농사를 짓지
[A] 못하고 묵혀둔 지 벌써 수십여 년이 되었구나. 이제 그 땅을
│ 다 일구어 너를 장가보내고 우리도 네 덕에 잘살게 된다면,
│ 어찌 기쁘지 않겠느냐? 다만 너를 그 위험한 곳에 보내면,
└ 혹시 후회할 일이 생길까 걱정이구나."

해룡이 기꺼이 허락하고 농기구를 챙겨 구호동으로 가려 하니, 변 씨가 짐짓 말리는 체했다. 이에 해룡이 웃으며 말했다.

"사람의 목숨은 하늘에 달려 있으니, 어찌 짐승에게 해를 당하겠나이까"

해룡이 가벼운 발걸음으로 집을 나서자, 변 씨가 문밖에까지 나와 당부하며 말했다.

"쉬이 잘 다녀오너라."

해룡이 공손하게 대답하고 구호동으로 들어가 보니, 사면이 절벽으로 둘러싸여 있고 그 사이에 작은 들판이 하나 있는데,

초목이 아주 무성했다. 해룡이 등나무 넝쿨을 붙들고 들어가니, 오직 호랑이와 표범, 승냥이와 이리의 자취뿐이요, 인적은 아예 없었다. 해룡은 조금도 두려워하지 않고 옷을 벗은 뒤 잠깐 쉬었다. 해가 서산으로 넘어가려 할 무렵 자리에서 일어나 밭을 두어 이랑 갈고 있는데, 갑자기 바람이 거세게 불고 모래가 날리면서 산꼭대기에서 이마가 흰 칡범이 주홍색 입을 벌리고 달려들었다. 해룡이 정신을 바짝 차리고 손으로 호랑이를 내리치려 할 때, 또 서쪽에서 큰 호랑이가 벽력같은 소리를 지르며 달려들어 해룡이 매우 위급한 상황에 처하게 되었다. 그 순간 갑자기 등 뒤에서 금방울이 달려와 두 호랑이를 한 번씩 들이받았다. 호랑이들이 소리를 지르며 달려들었으나, 금방울이 나는 듯이 뛰어서 연달아 호랑이를 들이받으니 두 호랑이가 동시에 거꾸러졌다.

해룡이 달려들어 호랑이 두 마리를 다 죽이고 돌아보니, 금방울이 번개같이 굴러다니며 한 시간도 채 안 되어 그 넓은 밭을 다 갈아 버렸다. 해룡은 기특하게 여기며 금방울에게 거듭거듭 사례했다. 해룡이 죽은 호랑이를 끌고 산을 내려오면서 돌아보니, 금방울은 어디로 갔는지 사라지고 없었다.

한편, 변 씨는 해룡을 구호동 사지에 보내고 생각했다.

'해룡은 반드시 호랑이에게 물려 죽었을 것이다.'

변 씨가 집 안팎을 들락날락하며 매우 기뻐하고 있는데, 문득 밖에서 사람들이 요란하게 떠드는 소리가 들려와 급히 나아가 보니, 해룡이 큰 호랑이 두 마리를 끌고 왔다. 변 씨는 크게 놀랐지만 무사히 잘 다녀온 것을 칭찬했다. 또한 큰 호랑이를 잡은 것을 기뻐하는 체하며 해룡에게 말했다.

"일찍 들어가 쉬어라."

해룡이 변 씨의 칭찬에 감사드리고 제 방으로 들어가 보니, 방울이 먼저 와 있었다.

– 작자 미상, 「금방울전」 –

* 가군 : 남에게 자기 남편을 이르는 말.

43. 윗글의 내용에 대한 이해로 적절하지 <u>않은</u> 것은?

① 변 씨는 소룡에게 잠자는 해룡을 깨우라고 지시했다.
② 변 씨는 해룡을 도운 것이 금방울이라는 것을 몰랐다.
③ 해룡은 밤에 방아질을 하다가 추워 방 안으로 들어갔다.
④ 해룡은 방 안에서 움직이는 금방울을 보고 신통해 했다.
⑤ 금방울은 구호동에서 사라진 후 해룡보다 먼저 방에 도착했다.

44. [A]에 대한 설명으로 가장 적절한 것은?

① 지난 일의 책임을 상대방에게 전가하며 태도 변화를 촉구하고 있다.
② 상대방으로 인한 자신의 손해를 언급하며 요청 사항을 전달하고 있다.
③ 상대방의 역할에 대해 의문을 제기하며 자신의 입장을 수정하고 있다.
④ 자신이 제안한 바가 서로에게 이익이 됨을 근거로 상대방을 설득하고 있다.
⑤ 상대방이 취하려는 행위를 만류하기 위해 상대방과 자신의 관계를 언급하고 있다.

45. <보기>는 윗글의 서사 구조를 도식화한 것이다. ㄱ~ㄹ에 대한 설명으로 적절하지 <u>않은</u> 것은? [3점]

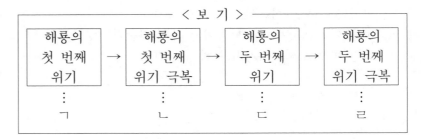

< 보 기 >

해룡의 첫 번째 위기	→	해룡의 첫 번째 위기 극복	→	해룡의 두 번째 위기	→	해룡의 두 번째 위기 극복
⋮		⋮		⋮		⋮
ㄱ		ㄴ		ㄷ		ㄹ

① ㄱ은 집에서 얼어 죽게 될, ㄷ은 구호동에서 짐승에게 해를 입게 될 상황이다.
② ㄱ과 ㄷ은 모두 해룡에게 수행하기 어려운 과제가 주어지는 상황이다.
③ ㄴ은 장차 해룡에게 화를 입을 것을 염려한 변 씨가 ㄷ을 계획하는 계기가 된다.
④ ㄴ과 ㄹ은 신이한 능력을 지닌 금방울에 의해 주도적으로 진행된다.
⑤ ㄱ~ㄹ의 과정에서 해룡은 겉과 속이 다르게 자신을 대하는 변 씨의 이중성을 눈치채고 반발하게 된다.

★ 확인 사항

○ 답안지의 해당란에 필요한 내용을 정확히 기입(표기)했는지 확인하시오.

국어 영역

● 문항수 45개 | 배점 100점 | 제한 시간 80분

● 점수 표시가 없는 문항은 모두 2점

[1 ~ 3] 다음은 학생의 발표이다. 물음에 답하시오.

　안녕하세요? 저는 환경 동아리 '지지자−지구를 지키는 자'의 부장입니다. 우리 동아리는 지구 온난화의 심각성을 알리는 캠페인을 진행하고 있습니다. 오늘은 이와 관련하여 영구 동토층이 녹으면서 생기는 문제에 대해 알려드리고자 합니다.

　영구 동토층에 대해 들어보신 적 있나요? (청중의 반응을 확인하고) 영구 동토층은 온도가 섭씨 0도 이하로 유지되어 여름에도 녹지 않는 토양층을 말합니다. 영구 동토층이 분포해 있는 지대는 지구 전체 면적의 약 14%에 해당하며, 시베리아, 캐나다 북부, 알래스카 등 북극권에 주로 분포해 있습니다. 대부분의 영구 동토층은 수천 년에서 수만 년 동안 얼어붙은 상태였지만 최근에 빠른 속도로 녹고 있습니다.

　이것이 왜 문제가 될까요? 영구 동토층이 녹으면 그곳에 묻혀 있던 대량의 이산화 탄소와 메테인이 대기 중으로 방출되기 때문입니다. 수업 시간에 배운 것처럼 이산화 탄소와 메테인은 지구 온난화를 일으키는 대표적인 온실가스입니다. 과학자들은 영구 동토층에 묻혀 있는 탄소의 양이 대기 중에 존재하는 탄소의 양의 2배에 이를 것으로 추정하고 있습니다. 메테인은 방출되는 양이 상대적으로 적지만 지구 온난화에 끼치는 영향은 이산화 탄소의 20배 이상이라고 합니다. (㉠ 자료를 제시하며) 보시는 자료에서 왼쪽 그래프는 영구 동토층이 녹지 않고 유지되는 지역의, 오른쪽 그래프는 영구 동토층이 급격히 녹고 있는 지역의 온실가스 농도를 나타냅니다. 왼쪽의 경우는 이산화 탄소나 메테인과 같은 온실가스 방출량이 미미하지만, 오른쪽에서는 이들 가스의 방출량이 급격히 증가한 것을 확인할 수 있습니다.

　이어서 보실 자료는 2007년부터 10년간 북극권의 연평균 기온을 지구 전체의 연평균 기온과 비교한 그래프입니다. (㉡ 자료를 제시하며) 붉은 선과 파란 선 모두 기온이 상승하고 있음을 보여 줍니다. 그런데 북극권의 연평균 기온을 나타내는 붉은 선이 더 가파르게 올라가는 것에 주목할 필요가 있습니다. 이런 추세로 북극권 기온이 상승하면 그곳에 분포한 영구 동토층이 빠르게 녹아 처음에 보신 오른쪽 그래프와 같은 상황이 가속화됩니다.

　영구 동토층에서 방출된 온실가스는 북극권의 기온을 상승시키고 이는 결국 지구 전체의 온난화를 악화시킵니다. 그런 점에서 영구 동토층이 녹지 않도록 전 지구적 노력이 필요합니다. 제가 말씀드린 내용을 주변에 많이 알려주시고, 우리 동아리의 캠페인에도 지속적인 관심을 부탁합니다. 감사합니다.

1. 위 발표에 대한 설명으로 적절하지 <u>않은</u> 것은?

① 용어의 뜻을 설명하며 청중의 이해를 돕고 있다.
② 질문을 하면서 청중이 발표에 집중하도록 하고 있다.
③ 학습 경험을 언급하며 관련된 내용을 설명하고 있다.
④ 예상되는 반론을 반박하며 발표의 설득력을 높이고 있다.
⑤ 캠페인에 대한 관심을 요청하며 발표를 마무리하고 있다.

2. 발표자가 ㉠과 ㉡을 활용한 방식에 대한 설명으로 가장 적절한 것은?

① ㉠을 활용해 영구 동토층이 녹는 원인을 제시하고, ㉡을 활용해 해당 원인의 소멸 과정을 보여 주었다.
② ㉠을 활용해 영구 동토층이 생성된 과정을 제시하고, ㉡을 활용해 해당 과정의 발생 원인을 보여 주었다.
③ ㉠을 활용해 영구 동토층이 녹는 속도의 차이를 보여 주고, ㉡을 활용해 그 차이를 줄이기 위한 방안을 제시하였다.
④ ㉠을 활용해 영구 동토층이 녹을 때 생기는 문제를 보여 주고, ㉡을 활용해 이 문제가 악화될 수 있음을 강조하였다.
⑤ ㉠을 활용해 영구 동토층이 유지된 지역의 문제 상황을 보여 주고, ㉡을 활용해 해당 문제가 가져올 결과를 제시하였다.

3. 다음은 발표를 들은 학생들의 반응이다. 발표의 내용을 고려하여 학생의 반응을 이해한 내용으로 적절하지 <u>않은</u> 것은? [3점]

　ㅇ **학생 1** : 영구 동토층은 녹지 않는 것으로 알고 있었는데, 발표를 듣고 그렇지 않다는 것을 알게 되었어. 영구 동토층이 녹아서 문제가 생긴 사례를 더 찾아봐야지.
　ㅇ **학생 2** : 영구 동토층이 주로 북극권에 분포해 있다고 했는데, 나머지는 어디에 분포해 있을지 궁금해. 발표에서 참조한 자료의 출처를 물어봐야겠어.
　ㅇ **학생 3** : 영구 동토층이 녹는 문제의 심각성을 알리자는 캠페인의 취지에 동의해. 인근 학교와 지역 사회에 이 문제를 어떻게 공유할지 생각해 봐야겠어.

① '학생 1'은 발표 내용을 듣고 알게 된 정보를 통해 기존의 지식을 수정하고 있다.
② '학생 2'는 발표자가 언급하지 않은 발표 내용에 대해 궁금증을 드러내고 있다.
③ '학생 3'은 발표 내용을 수용하면서 주변에 알릴 방법을 고민하고 있다.
④ '학생 1'과 '학생 3'은 발표 내용과 관련하여 추가적인 활동을 계획하고 있다.
⑤ '학생 2'와 '학생 3'은 발표에 활용된 정보에 출처가 언급되지 않았음을 지적하고 있다.

[4~7] (가)는 교지 편집부 학생들이 나눈 대화이고, (나)는 이를 바탕으로 학생이 작성한 초고이다. 물음에 답하시오.

(가)

학생 1: 지난번에 우리가 청소년의 SNS(사회 관계망 서비스) 이용 실태와 청소년의 심리적 특성을 관련지어 교지에 글을 쓰기로 했었지? 조사해 온 내용을 이야기해 보자.

학생 2: 내가 본 자료에는 청소년의 SNS 이용 시간이 타 연령대의 이용 시간보다 길다고 나와 있었어.

학생 3: 내가 본 논문에서는 SNS 이용 시간이 길어지는 경향을 심리적 측면과 연결지어 설명하고 있었어. 사람들이 SNS를 반복적으로 오래 이용하다 보면 그 안에 있는 정보를 놓칠 수 있다거나 사람들과 연결되지 못하고 고립될 수 있다는 불안을 느끼기 쉽다고 해. 이때 느끼는 불안을 포모 증후군이라고 부르는데.

학생 1: SNS를 이용하다 보면 고립될 수 있다는 불안을 느끼기 쉽다는 거지? 포모라는 말에 대해 더 설명해 줄래?

학생 3: 상품을 살 때 매진이 임박했다고 하면 나만 놓칠까 봐 불안해지잖아. 이런 소비자의 불안감을 이용하는 판매 전략을 포모라고 불렀어. 그런데 SNS가 널리 사용되면서 '정보 수집'이나 '인간관계 맺기'에서 뒤처질까 봐 불안해하는 사람들이 많아지게 되었고, 사람들의 이러한 불안 심리를 포모 증후군이라고 부르게 된 거지. **[A]**

학생 2: 그런데 포모 증후군이 청소년의 심리적 특성과 무슨 상관이 있어?

학생 3: 내 생각에도 포모 증후군을 설명하는 요인 중에서 '정보 수집'과 관련된 부분은 청소년들과는 거리가 멀어 보여. 하지만 '인간관계 맺기'와 관련된 부분은 청소년이 다른 세대에 비해 또래 관계를 중시하는 심리적 성향과 관련된다고 생각해. 또래 관계가 중요하기 때문에 SNS에 수시로 접속해서 교류에서 소외되지 않으려 노력하게 되고, 그만큼 많은 시간을 SNS를 이용하는 데 쓸 수밖에 없어. 그런데 또래 관계를 중시하는 걸 넘어 관계가 멀어질까 봐 심하게 불안하다면 포모 증후군을 의심해 봐야 하는 거지. **[B]**

학생 1: 그렇구나. 우리 글에서 청소년의 SNS 이용 시간이 긴 것을 포모 증후군의 '인간관계 맺기'와 관련지어 설명하는 것이 좋겠다. 이와 관련해 학생들에게 제안할 만한 내용이 있으면 이야기해 보자.

학생 3: SNS 과다 사용 문제를 다룬 논문에 따르면, 심리적 문제를 해결할 때는 자신이 어떤 상태인지 성찰하는 게 중요하다고 해. SNS를 이용하면서 불안한 기분을 느낀다면, 경각심을 갖고 자기 자신을 성찰해 보자고 제안하자.

학생 2: 청소년기의 포모 증후군이 또래 관계를 중시하는 성향과 관련된다는 점에서, 친구를 SNS에서가 아닌 일상생활 속에서 직접 만나자고 제안해 보자.

학생 3: 청소년기의 특성에 대한 전문가의 견해도 필요할 것 같아.

학생 1: 정말 좋은 의견이야. 글을 쓸 때 필요한 자료는 도서관에 가서 같이 찾아보자.

(나) 학생의 초고

청소년의 대부분은 SNS를 이용한다. 설문 결과에 따르면, 청소년의 SNS 이용 시간은 타 연령대보다 훨씬 긴 것으로 나타난다. 설문 응답자 전체의 SNS 하루 평균 이용 시간은 1시간 미만이지만, 청소년의 77%는 평균 3시간 이상, 19%는 평균 5시간 이상 SNS를 이용하는 것으로 나타났다.

청소년의 이러한 SNS 이용 실태는 청소년기의 특성에서 그 이유를 찾을 수 있다. 전문가에 따르면 청소년은 타인의 기준과 인정을 중요시하는 특성이 있다. 이러한 이유로 자신을 남에게 보여 줄 수 있는 SNS에 빠져들기 쉽다. 또한 청소년은 또래 관계에 과하게 의존한다는 특성이 있다. SNS는 쉽고 빠르게 수많은 인간관계를 맺을 수 있는 세계라는 점에서 청소년에게 특히 매력적이다.

청소년의 과다한 SNS 이용 실태는 '포모 증후군'을 우려하게 한다. '포모(FOMO ; Fear Of Missing Out)'는 원래 제품 공급량을 줄여 소비자를 조급하게 하는 마케팅 용어였지만, 최근에는 SNS 속 정보나 관계에서의 소외를 불안해하는 심리를 가리키는 말이 되었다. 청소년기에는 또래 관계를 중시하는 심리적 성향이 강하기 때문에, 대체로 SNS를 사용하지 못하는 상황에서 불안한 기분을 느끼는 경우가 많고, SNS에 수시로 접속해서 또래 사이의 교류에서 소외되지 않으려 노력하는 경향이 강하다.

포모 증후군이 걱정된다면 청소년들은 무엇을 할 수 있을까? 첫째, 개인의 측면에서는 경각심을 갖고 자신의 SNS 이용을 돌이켜 보자. SNS 속 모든 인간관계와 연결되는 것은 불가능함에도 불구하고 그렇게 되지 못하는 것을 불안해하는 것은 아닌지 돌아볼 필요가 있다. 둘째, 사회적 측면에서는 일상생활 속에서 직접 만나는 친구와의 관계를 더 돈독히 하자.

㉮

4. (가)의 '학생 1'에 대한 설명으로 적절하지 <u>않은</u> 것은?

① 일부 대화 참여자의 발언이 맥락에서 벗어났음을 지적하고 논의의 범위를 제한할 것을 요청하고 있다.

② 대화 참여자의 발언에 대해 평가하고 논의와 관련하여 대화 참여자들이 해야 할 일을 제시하고 있다.

③ 대화 참여자의 발언의 일부를 재진술하고 논의와 관련된 추가적인 설명을 요구하고 있다.

④ 대화 참여자의 발언 내용에 동의하고 더 논의할 내용을 제시하고 있다.

⑤ 지난번 대화 내용을 환기하고 이번에 논의할 내용을 밝히고 있다.

5. [A], [B]에 대한 이해로 가장 적절한 것은?

① [A]에서 전문가의 관점을 소개하고, [B]에서는 소개한 관점의 의의를 제시하고 있다.

② [A]에서 용어에 대해 설명하고, [B]에서는 설명한 내용의 일부를 활용하여 자신의 견해를 드러내고 있다.

③ [A]에서 상대방 발언의 핵심 내용을 정리하고, [B]에서는 정리한 내용에 대한 자신의 견해를 밝히고 있다.

④ [A]에서 구체적 사례를 나열하여 제시하고, [B]에서는 일정한 기준에 따라 제시한 사례를 분류하고 있다.

⑤ [A]에서 자신의 견해를 요약하여 제시하고, [B]에서는 다른 의견을 받아들여 자신의 견해를 수정하고 있다.

6. (가)의 대화 내용이 (나)에 반영된 양상으로 적절하지 <u>않은</u> 것은? [3점]

① (가)에서 포모 증후군에 대해 설명한 내용이, (나)의 3문단에서 청소년기의 심리적 특성과 함께 제시되었다.

② (가)에서 SNS 사용에 대해 청소년들에게 제안하려는 내용이, (나)의 4문단에서 개인의 측면과 사회적 측면으로 구분되어 제시되었다.

③ (가)에서 청소년의 SNS 이용 시간과 관련하여 언급한 내용이, (나)의 1문단에서 설문 결과에 나타난 수치와 함께 구체적으로 제시되었다.

④ (가)에서 청소년기의 특성에 대한 전문가의 견해가 필요하다는 의견이, (나)의 2문단에서 전문가가 제시한 청소년기의 두 가지 특징으로 구체화되어 반영되었다.

⑤ (가)에서 포모 증후군과 청소년의 SNS 이용 시간의 관련성에 대해 언급한 내용이, (나)의 2문단에서 청소년의 SNS 과다 사용과 포모 증후군의 악순환 관계로 제시되었다.

7. ㉿에 들어갈 문장을 <조건>에 따라 작성한 것으로 가장 적절한 것은?

―――― < 조 건 > ――――

○ 문단의 내용과 어긋나지 않도록 할 것.
○ 내용의 대비가 드러나도록 비교의 방식을 활용할 것.

① 포모 증후군은 아닌지 걱정만 하기보다는 사용 시간 점검으로 현명한 SNS 사용자가 되자.

② 이번 주말 현실 속 친구들과 시간을 보냈다면, 다음 주말은 SNS 친구들에게 더 집중하도록 하자.

③ 내 손을 잡아 줄 옆자리 친구만큼 내 마음을 잡아 줄 SNS 친구도 소중하다는 것을 잊지 말아야 한다.

④ SNS 속 친구 목록의 길이에 마음을 쓰기보다 곁에서 마음을 나누는 몇몇 친구와의 시간을 소중히 여길 필요가 있다.

⑤ 일상생활에서 직접 만나는 친구를 SNS 속에서 자주 만나며 연결되지 못하는 불안에서 벗어나 우정의 폭을 넓혀 보자.

[8~10] 다음은 '작문 상황'에 따라 학생이 쓴 글의 초고이다. 물음에 답하시오.

[작문 상황]

○ 작문 목적 : 도서부 선정 '3월의 책'인 『페스트』의 독서 감상문을 작성한다.
○ 예상 독자 : 우리 학교 학생들
○ 글을 쓸 때 고려할 사항 :
  - 작품의 특징을 다양한 측면에서 소개한다.
  - 학생들이 『페스트』를 읽도록 권유한다.

[학생의 초고]

도서부 선정 '3월의 책'은 알베르 카뮈의 소설 『페스트』이다. 이 책은 1947년에 발표된 작품으로 오랑이라는 도시가 페스트로 인해 봉쇄되면서 전염병에 맞서는 다양한 인간을 다룬 소설이다. 작가는 사람들이 매일같이 죽어 나가는 끔찍한 모습을 매우 담담한 어조로 서술하고 있다. 그는 오랑에서 머물던 중 전염병으로 수많은 사람이 죽는 것을 목격하였고 이때의 경험을 작품 속에 사실적으로 담아내었다.

[A]
『페스트』의 등장인물은 전염병의 창궐이라는 비극적 재난 상황에 대응하는 방식에 따라 두 가지 유형으로 나뉜다. 긍정적 인물 유형으로는 보건대 조직을 제안하는 타루를 비롯하여 의사 리외, 공무원 그랑, 성직자 파늘루, 기자 랑베르가 있다. 이들은 동지애를 발휘하여, 페스트에 걸려 고통받는 사람들을 돕는다. 반면 부정적 인물인 코타르는 비극적 재난을 틈타 밀수로 부를 축적하는 이기적인 모습을 보인다. 이런 대조를 통해 카뮈는 공동체의 어려움을 이겨 내기 위해서는 구성원들의 연대 의식이 필요함을 역설한다.

카뮈는 '탁월한 통찰과 진지함으로 우리 시대 인간의 정의를 밝힌 작가'라는 평을 받으며 1957년에 노벨 문학상을 수상하였다. 그는 수상 후의 연설에서, 예술은 인간의 보편적인 감정을 제시하여 많은 사람들을 감동시키는 수단이라고 하였다. 작가가 말한 것처럼 『페스트』는 모두가 공감할 수 있는 현실의 모습과 정서를 표현하고 있다. 따뜻한 봄이 왔지만 여전히 마음이 춥다면 『페스트』를 읽어보자. 어려움에 처한 사람이라면 이 책을 읽고 자신의 상황에 대처할 수 있는 실마리를 얻을 수 있을 것이다.

8. '학생의 초고'에 나타난 글쓰기 전략을 <보기>에서 모두 골라 바르게 짝지은 것은?

―――― < 보 기 > ――――

㉠ 『페스트』를 읽었을 때의 효용을 밝히며 읽기를 권유한다.
㉡ 『페스트』의 내용을 개괄하여 작품의 대강을 파악하도록 한다.
㉢ 작품의 주요 구절을 인용하며 『페스트』를 추천하는 이유를 설명한다.
㉣ 다른 책과의 비교를 통해 『페스트』가 갖는 독자적인 가치를 강조한다.

① ㉠, ㉡   ② ㉠, ㉣   ③ ㉡, ㉢
④ ㉡, ㉣   ⑤ ㉢, ㉣

9. <보기>는 윗글을 쓰기 위해 학생이 참고한 자료이다. 학생의 자료 활용에 대한 설명으로 적절하지 <u>않은</u> 것은?

< 보 기 >

ㄱ. 알베르 카뮈(1913 ~ 1960)는 프랑스의 소설가로 '탁월한 통찰과 진지함으로 우리 시대 인간의 정의를 밝힌 작가'라는 평을 받으며 1957년에 노벨 문학상을 수상하였다. 주요 작품으로는 『이방인』, 『페스트』 등이 있다.

　　　　　　　　　　　– 문학가 사전의 '알베르 카뮈' 항목 중 일부

ㄴ. 제가 보기에 예술이란 고독한 향락이 아닙니다. 그것은 인간의 공통적인 괴로움과 기쁨의 유별난 이미지를 제시함으로써 최대 다수의 사람들을 감동시키는 수단입니다.

　　　　　　　　　　　– 카뮈의 노벨 문학상 수상 후 연설 중 일부

ㄷ. 1941년부터 오랑에서 생활하던 카뮈는 그 지역에 장티푸스가 창궐하여 매일같이 사람들이 죽어가는 상황과 그로 인해 발생하는 혼란을 목격하였다. 이때의 경험은 『페스트』의 창작에 영감을 주었다.

　　　　　　　　　　　– 출판사의 책 소개 중 일부

① ㄱ을 활용하여 작가에 대한 평가를 제시하고 있다.
② ㄴ을 활용하여 예술의 필요성에 대한 작가의 인식이 작품 창작의 동기가 되었음을 설명하고 있다.
③ ㄴ을 활용하여 작품이 보편적인 공감을 획득하고 있음을 작가의 예술관과 연결하여 드러내고 있다.
④ ㄷ을 활용하여 특정 도시가 작품 속 공간으로 설정된 배경을 드러내고 있다.
⑤ ㄷ을 활용하여 전염병에 대한 작가의 경험이 작품의 사실성을 갖추는 데 기여하였음을 밝히고 있다.

10. <보기>는 선생님의 조언에 따라 [A]를 수정한 것이다. 선생님이 했을 조언으로 가장 적절한 것은?

< 보 기 >

작가는 재난이라는 상황을 부각하기보다 그 속에서 살아가는 인간의 다양한 모습에 주목한다. 최전선에서 환자를 치료하는 의사 리외, 민간 보건대 조직을 주도한 타루, 묵묵히 자신의 임무를 수행하는 말단 공무원 그랑, 신념과 다르게 돌아가는 현실 속에서 내적 갈등으로 고민하는 성직자 파늘루, 탈출을 시도하다 오랑에 남아 페스트와 싸운 기자 랑베르, 혼란 속에서 자신의 이익을 추구하는 밀수업자 코타르 등 비극적인 재난 속에서 작품의 인물들은 각자의 선택을 한다. 페스트라는 질병과의 전쟁 속에서 매일 패배하면서도 굴하지 않는 다양한 인간 군상을 통해, 카뮈는 '인간은 어떤 존재여야 하는가?'라는 질문을 던지고 그에 대한 답을 암시한다.

① 책의 장점만 제시하기보다 책의 단점에 대해서도 언급하고, 책에 대한 균형 잡힌 시각을 드러낼 수 있는 내용으로 문단을 마무리하는 게 좋겠어.
② 인물 유형을 단순화하기보다는 다양한 인물의 모습을 보여 주고, 뒤 문단에서 언급된 작가에 대한 평가와 자연스럽게 연결될 수 있는 내용으로 문단을 마무리하는 게 좋겠어.
③ 인물 간 갈등의 원인만 제시하기보다는 갈등의 해소 과정을 보여 주고, 갈등 상황에 대처할 때 독자가 가져야 할 태도와 마음가짐에 대한 내용으로 문단을 마무리하는 게 좋겠어.
④ 인물에 대한 정보를 간략하게 제시하기보다는 소설 속 인물의 행동을 자세하게 언급하고, 우리 사회에 필요한 바람직한 인간상을 제시하는 내용으로 문단을 마무리하는 게 좋겠어.
⑤ 책의 내용을 자세하게 소개하는 대신 책에서 받은 인상을 간략하게 제시하고, 뒤 문단에서 언급된 독서 행위의 의미를 이끌어 낼 수 있는 내용으로 문단을 마무리하는 게 좋겠어.

[11 ~ 12] 다음 글을 읽고 물음에 답하시오.

문법적으로 적절한 문장은 필수적인 문장 성분을 온전히 갖추어야 한다. 이때 필수적인 문장 성분은 서술어에 따라 달라진다. 예를 들어 '풀다'가 서술어로 쓰이면 이 서술어는 주어와 목적어를 요구한다. 따라서 다른 맥락이 주어지지 않는다면 "*나는 풀었다.'라는 문장은 서술어가 요구하는 문장 성분이 온전히 갖추어지지 않아서 문법적으로 부적절한 문장이 된다.

서술어가 요구하는 문장 성분에 대한 정보는 국어사전에서 확인할 수 있다. 다음은 국어사전의 일부이다.

> 풀다 통
> ① 【…을】
>   「1」 묶이거나 감기거나 얽히거나 합쳐진 것 따위를 그렇지 아니한 상태로 되게 하다.
>   ⋮
>   「5」 모르거나 복잡한 문제 따위를 알아내거나 해결하다.
> ② 【…에 …을 】
>   「1」 액체에 다른 액체나 가루 따위를 섞다.

[A]   '【 】' 기호 안에는 표제어 '풀다'가 서술어로 쓰일 때 요구하는 문장 성분에 대한 정보가 제시되어 있다. 이러한 정보를 '문형 정보'라고 한다. 원칙적으로 서술어는 주어를 항상 요구하므로 문형 정보에는 주어를 제외한 필수적 문장 성분에 대한 정보가 제시된다. 하나의 단어가 여러 의미를 가진 경우도 있다. 이러한 단어가 서술어로 쓰일 때 어떤 의미로 쓰이는지에 따라 서술어가 요구하는 문장 성분이 다를 수 있으며, 국어사전에서도 문형 정보가 다르게 제시된다.

필수적인 문장 성분이 갖추어져 있어도 문장 성분 간에 호응이 되지 않으면 문법적으로 부적절한 문장이 될 수 있다. 호응이란 어떤 말이 오면 거기에 응하는 말이 오는 것을 말한다.

> 길을 걷다가 흙탕물이 신발에 튀었다. 나는 신발에 얼룩을 남기고 싶지 않았다. *그래서 나는 물에 세제와 신발을 풀었다. 다행히 금세 자국이 없어졌다.

위 예에서 밑줄 친 문장이 문법적으로 부적절한 이유는 ⑤ 와 서술어가 호응하지 않기 때문이다. 여기에 쓰인 '풀다'의 ⑤ 로는 ⑥ 이 와야 호응이 이루어진다.

※ '*'는 문법적으로 부적절한 문장임을 나타냄.

11. [A]를 이해한 내용으로 적절하지 않은 것은? [3점]

① ②-「1」의 의미로 쓰이는 '풀다'는 부사어를 요구한다.
② 문형 정보에 주어가 표시되지 않았지만 '풀다'는 주어를 요구한다.
③ ①-「1」과 ②-「1」의 의미로 쓰이는 '풀다'는 모두 목적어를 요구한다.
④ '풀다'가 ①-「1」의 의미로 쓰일 때와 ①-「5」의 의미로 쓰일 때는 필수적 문장 성분의 개수가 같다.
⑤ '그는 십 분 만에 선물 상자의 매듭을 풀었다.'에 쓰인 '풀다'의 문형 정보는 사전에 '【…에 …을 】'로 표시된다.

12. ⑤, ⑥에 들어갈 말로 적절한 것은?

	⑤	⑥
①	목적어	액체나 가루 따위에 해당하는 말
②	목적어	복잡한 문제 따위에 해당하는 말
③	부사어	액체에 해당하는 말
④	주어	복잡한 문제 따위에 해당하는 말
⑤	주어	액체에 해당하는 말

13. <보기 1>의 '표준 발음법'에 따라 <보기 2>의 ㉠~㉤을 발음한다고 할 때, 적절하지 않은 것은?

───── < 보 기 1 > ─────

표준 발음법
제10항 겹받침 'ㄳ', 'ㄵ', 'ㄼ, ㄽ, ㄾ', 'ㅄ'은 어말 또는 자음 앞에서 각각 [ㄱ, ㄴ, ㄹ, ㅂ]으로 발음한다.
제11항 겹받침 'ㄺ, ㄻ, ㄿ'은 어말 또는 자음 앞에서 각각 [ㄱ, ㅁ, ㅂ]으로 발음한다. 다만, 용언의 어간 말음 'ㄺ'은 'ㄱ' 앞에서 [ㄹ]로 발음한다.
제14항 겹받침이 모음으로 시작된 조사나 어미, 접미사와 결합되는 경우에는, 뒤엣것만을 뒤 음절 첫소리로 옮겨 발음한다.
제23항 받침 'ㄱ(ㄲ, ㅋ, ㄳ, ㄺ), ㄷ(ㅅ, ㅆ, ㅈ, ㅊ, ㅌ), ㅂ(ㅍ, ㄼ, ㄿ, ㅄ)' 뒤에 연결되는 'ㄱ, ㄷ, ㅂ, ㅅ, ㅈ'은 된소리로 발음한다.

───── < 보 기 2 > ─────

책장에서 ㉠읽지 않은 시집을 발견했다. 차분히 ㉡앉아 마음에 드는 시를 예쁜 글씨로 공책에 ㉢옮겨 적었다. 소리 내어 시를 ㉣읊고, 시에 대한 감상을 적어 보기도 했다. 마음이 평온해지는 ㉤값진 경험이었다.

① ㉠은 제11항, 제23항 규정에 따라 [일찌]로 발음해야겠군.
② ㉡은 제14항 규정에 따라 [안자]로 발음해야겠군.
③ ㉢은 제11항 규정에 따라 [옴겨]로 발음해야겠군.
④ ㉣은 제11항, 제23항 규정에 따라 [읍꼬]로 발음해야겠군.
⑤ ㉤은 제10항, 제23항 규정에 따라 [갑찐]으로 발음해야겠군.

14. <보기 1>의 밑줄 친 부분에 해당하는 단어를 <보기 2>에서 있는 대로 모두 고른 것은?

───── < 보 기 1 > ─────

선생님 : 하나의 단어가 수사로 쓰이기도 하고 수 관형사로도 쓰이는 경우가 많습니다. 그런데 수 관형사로만 쓰이는 단어도 있습니다.

───── < 보 기 2 > ─────

ㅇ 나는 필통에서 연필 하나를 꺼냈다.
ㅇ 그 마트는 매월 둘째 주 화요일에 쉰다.
ㅇ 이번 학기에 책 세 권을 읽는 게 내 목표야.
ㅇ 여섯 명이나 이 일에 자원해서 정말 기쁘다.

① 하나   ② 세   ③ 하나, 여섯
④ 둘째, 세   ⑤ 둘째, 여섯

15. ⊙ ~ ⊙에 대한 설명으로 적절하지 <u>않은</u> 것은?

< 보 기 >

지현 : 저기 ⊙ <u>버스</u> 온다. 얼른 타자. 우리가 오늘 영화를 볼 장소로 가는 버스야.

경준 : ⓒ <u>차</u>에 사람이 많아 보여. 차라리 택시를 타자.

지현 : 좋아. 그런데 ⓒ <u>이곳</u>이 원래 사람이 이렇게 많았나?

경준 : ⓔ <u>여기</u>가 혼잡한 데는 아닌데 주말이라 그런 것 같아. 급하게 와서 그런지 목이 마르네. 물병 좀 꺼내 줄래? 배낭을 열면 물병이 두 개 있어.

지현 : 잠시만. ⓜ <u>이</u> 중에서 더 작은 ⓗ <u>것</u>을 주면 돼?

경준 : 응, 고마워. 그런데 ⓢ <u>우리</u>가 오늘 보기로 한 영화는 누가 추천한 거야?

지현 : ⓞ <u>자기</u>가 봤는데 재미있더라면서 민재가 추천해 줬어.

① ⓒ은 '버스'의 상위어로서 ⊙을 가리킨다.
② ⓒ과 ⓔ은 다른 단어이지만, 같은 곳을 가리킨다.
③ ⓜ은 '배낭'을, ⓗ은 '물병'을 가리킨다.
④ ⓢ은 화자와 청자를 모두 포함한다.
⑤ ⓞ은 '민재'를 가리킨다.

[16 ~ 20] 다음 글을 읽고 물음에 답하시오.

⊙ <u>마르크스</u>는 사물의 경제적 가치를 사용가치와 교환가치로 구분하면서 자본주의 사회에서는 경제적 가치가 교환가치에 의해 결정된다고 보았다. 사용가치는 사물의 기능적 가치를, 교환가치는 시장 거래를 통해 부여된 가치를 의미하는데 사물 자체의 유용성은 고정적이므로 시장에서의 수요와 공급에 의해서만 경제적 가치가 결정된다고 보았기 때문이다. 또한 그는 사물의 거래 가격은 결국 사물의 생산 비용에 의해 결정된다는 점에서 소비를 생산에 종속된 현상으로 보고 소비의 자율성을 인정하지 않았다.

마르크스의 이러한 주장과 달리 ⓛ <u>보드리야르</u>는 교환가치가 아닌 사용가치가 경제적 가치를 결정하며, 자본주의 사회는 소비 우위의 사회라고 주장했다. 이때 보드리야르가 제시한 사용가치는 사물 자체의 유용성에 대한 가치가 아니라 욕망의 대상으로서 기호(sign)가 ⓐ <u>지니는</u> 기능적 가치, 즉 기호가치를 의미한다.

기호는 어떤 대상을 지시하는 상징으로서 문자나 음성같이 감각으로 지각되는 기표와 의미 내용인 기의로 구성되는데, 기표와 기의의 관계는 자의적이다. 가령 '남성'이란 문자는 필연적으로 어떤 대상을 지시하는 것이 아니며 '여성'이란 기호와의 관계 속에서 의미 내용이 결정된다. 다시 말해, 어떤 기호의 의미 내용을 결정하는 것은 기표와 기의의 관계가 아니라 기호들 간의 관계, 즉 기호 체계 이다.

[A]
보드리야르는 자본주의 사회에서 대량 생산 기술이 급속하게 발전하면서 소비자가 기호가치 때문에 사물을 소비한다고 보았다. 대량 생산 기술의 발전으로 수요를 충족하고 남을 만큼의 공급이 이루어져 사물 자체의 유용성은 더 이상 소비를 결정하는 요인으로 작용할 수 없기 때문이다. 예를 들어 소비자는 특정 계층 또는 집단의 일원이라는 상징을 얻기 위해 명품 가방을 소비한다. 이때 사물은

소비자가 속하고 싶은 집단과 다른 집단 간의 차이를 부각하는 기호로서 기능한다. 따라서 보드리야르에 따르면 자본주의 사회에서 소비의 원인은 사물이 상징하는 특정 사회적 지위에 대한 욕구이다.

보드리야르는 현대인이 자연 발생적인 욕구에 따라 자유롭게 소비하는 것처럼 보이지만 사실은 강제된 욕구에 따르는 것에 불과하다고 보았다. 이는 기호가 다른 기호와의 관계 속에서 그 의미 내용이 결정되는 것과 관계된다. 특정 사물의 상징은 기호 체계, 즉 사회적 상징체계 속에서 유동적이며, 따라서 ⓒ <u>상징체계 변화에 따라 욕구도 유동적이다.</u> 이때 대중매체는 사물의 기의에 영향을 미침으로써 욕구를 강제할 수 있다. 현실이 대중매체를 통해 전달될 때 현실은 현실 그 자체가 아니라 다른 기호와 조합될 수 있는 기호로서 추상화되기 때문이다. 가령 텔레비전 속 유명 연예인이 소비하는 사물은 유명 연예인이라는 기호에 의해 새로운 의미 내용이 부여된다. 요컨대 특정 사물에 대한 현대인의 욕망은 대중매체를 매개로 하여 자기도 모르는 사이에 강제된다.

보드리야르는 기술 문명이 초래한 사물의 풍요 속에서 현대인의 일상생활이 사물의 기호가치와 이에 대한 소비에 의해 규정된다고 보고 자본주의 사회를 소비사회로 명명하였다. 그의 이론은 소비가 인간에 미치는 영향을 비판적으로 성찰해야 한다는 점을 시사한다.

16. '자본주의 사회'에 대한 ⊙, ⓛ의 주장을 이해한 내용으로 가장 적절한 것은?

① ⊙ : 소비가 생산에 종속되므로 사용가치와 교환가치는 결국 동일하다.
② ⊙ : 사물 자체의 유용성은 변하지 않으므로 소비자의 욕구를 중심으로 분석해야 한다.
③ ⓛ : 소비자에게 소비의 자율성이 존재하므로 교환가치가 사용가치를 결정한다.
④ ⓛ : 개인에게 욕구가 강제되므로 소비를 통해 집단 간의 사회적 차이가 소멸한다.
⑤ ⓛ : 경제적 가치는 사회적 상징체계에 따라 결정되므로 기호가치가 소비의 원인이다.

17. 기호 체계 를 바탕으로 [A]를 이해한 내용으로 적절하지 <u>않은</u> 것은?

① 사물은 기표로서의 추상성과 기의로서의 구체성을 갖는다.
② 사물과 그것이 상징하는 특정한 사회적 지위와의 관계는 자의적이다.
③ 사물은 사물 자체가 아닌 사물 간의 관계를 통해 의미 내용이 결정된다.
④ 소비는 사물이라는 기호를 통해 특정 계층 또는 집단의 일원이라는 상징을 얻는 행위이다.
⑤ 기호가치는 사물의 기의와 그에 대한 소비자의 욕구와 관련될 뿐 사물의 기표에 의해 결정되는 것은 아니다.

18. ©의 전제로 가장 적절한 것은?

① 상징체계 변화에 의해 사물 자체의 유용성이 변화한다.
② 사물에 대한 욕구는 사람마다 제각기 다른 양상을 보인다.
③ 사물의 기호가치가 변화하면 사물에 대한 욕구도 변화한다.
④ 사물을 소비하는 행위는 개인의 자연 발생적 욕구에 따른 것이다.
⑤ 사물이 지시하는 의미 내용과 사물에 대한 욕구는 서로 독립적이다.

19. 윗글의 '보드리야르'의 관점을 바탕으로 <보기>를 이해한 내용으로 적절하지 <u>않은</u> 것은? [3점]

> ── < 보 기 > ──
>
>   개성이란 타인과 구별되는 개인만의 고유한 특성으로, 현대 사회의 개인은 개성을 추구함으로써 자신의 고유함을 드러내려 한다. 이때 사물은 개성을 드러낼 수 있는 수단이다. 찢어진 청바지를 입는 것, 타투나 피어싱을 하는 것은 사물을 통한 개성 추구의 사례이다. 이런 점에서 '당신의 삶에 차이를 만듭니다'와 같은 광고 문구는 개성에 대한 현대인의 지향을 단적으로 드러낸 것이라 할 수 있다.

① 타인과 구별되는 개성이란 개인이 소속되길 바라는 집단의 차별화된 속성일 수 있겠군.
② 소비사회에서 사물을 통한 개성의 추구는 그 사물의 기호가치에 대한 욕구에서 비롯되겠군.
③ 찢어진 청바지는 개인만의 고유한 특성을 드러내는 수단이자 젊은 세대의 일원이라는 기호를 상징하는 것일 수 있겠군.
④ '당신의 삶에 차이를 만듭니다'라는 광고 문구는 그 광고의 상품을 소비함으로써 사회적 차이를 드러내고 싶다는 욕구를 강제하는 것일 수 있겠군.
⑤ 타투나 피어싱을 한 유명 연예인을 텔레비전에서 보고, 이를 따라하기 위해 돈을 지불하는 것은 대중매체를 매개로 하여 추상화된 기호를 소비하는 것일 수 있겠군.

20. 문맥상 의미가 ⓐ와 가장 가까운 것은?

① 그는 항상 지갑에 현금을 <u>지니고</u> 있었다.
② 그녀는 어릴 때의 모습을 그대로 <u>지니고</u> 있다.
③ 우리는 자기가 맡은 일에 책임을 <u>지녀야</u> 한다.
④ 사람은 누구나 고정 관념을 <u>지니고</u> 살기 마련이다.
⑤ 그는 어린 시절의 추억을 항상 마음속에 <u>지니고</u> 있다.

[21 ~ 25] 다음 글을 읽고 물음에 답하시오.

(가)

  플라톤은 초월 세계인 이데아계와 감각 세계인 현상계를 구분했다. 영원불변의 이데아계는 현상계에 나타난 모든 사물의 근본이 되는 보편자, 즉 형상(form)이 존재하는 곳으로 이성으로만 인식될 수 있는 관념의 세계이다. 반면 현상계는 이데아계의 형상을 바탕으로 만들어진 세계로 끊임없이 변화하는 사물이 감각에 의해 지각된다. 플라톤에 따르면 ⊙ 현상계의 모든 사물은 형상을 본뜬 그림자에 불과하다.

  이러한 관점에서 플라톤은 예술을 감각 가능한 현상의 모방이라고 보았다. 예를 들어 목수는 이성을 통해 침대의 형상을 인식하고 그것을 모방하여 침대를 만든다. 그리고 화가는 감각을 통해 이 침대를 보고 그림을 그린다. 결국 침대 그림은 보편자에서 두 단계 떨어져 있는 열등한 것이며, 형상에 대한 참된 인식을 방해하는 허구의 허구에 불과하다. 이데아계의 형상을 모방하여 생겨난 것이 현상인데, 예술은 현상을 다시 모방한 것이기 때문이다.

  플라톤은 시가 회화와 다르다고 보았다. 고대 그리스에서 음유시인은 허구의 허구인 서사시나 비극을 창작하고, 이를 작품 속 등장인물의 성격에 어울리는 말투, 몸짓 같은 감각 가능한 현상으로 연기함으로써 다시 허구를 만들어 냈다. 이 과정에서 음유시인의 연기는 인물의 성격을 드러내는데, 이는 감각 가능한 외적 특성을 모방해 감각으로 파악될 수 없는 내적 특성을 드러내는 것이다.

  플라톤은 음유시인이 용기나 절제 같은 덕성을 갖춘 인간이 아닌 저급한 인간의 면모를 모방할 수밖에 없다고 주장했다. 가령 화를 잘 내는 인물은 목소리가 거칠어지고 안색이 붉어지는 등 다양한 감각 가능한 현상들을 모방함으로써 쉽게 표현할 수 있지만, 용기나 절제력이 있는 인물에 수반되는 감각 가능한 현상은 표현하기 어렵기 때문이다. 따라서 플라톤은 음유시인의 연기를 보는 관객들이 이성이 아닌 감정이나 욕구와 같은 비이성적인 것들에 지배되어 타락하게 된다고 보았다.

(나)

  아리스토텔레스는 이데아계가 존재한다고 보지 않았다. 예컨대 사람은 나이가 들며 늙는데, 만약 이데아계의 변하지 않는 어린아이의 형상과 성인의 형상을 바탕으로 각각 현상계의 어린아이와 성인이 생겨났다면, 현상계에서 어린아이가 성인으로 성장하는 것을 설명할 수 없기 때문이다.

  아리스토텔레스는 [형상]이 항상 사물의 생성과 변화의 바탕이 되는 [질료]에 내재한다고 보고, 이를 가능태와 현실태라는 개념을 통해 설명하였다. 가능태란 형상을 실현시킬 수 있는 가능적 힘이자 질료를 의미하며, 현실태란 가능태에 형상이 실현된 어떤 상태이다. 가령 도토리는 떡갈나무가 되기 위한 가능태라면, 도토리가 떡갈나무가 된 상태가 현실태이다. 이처럼 생성·변화하는 모든 것은 목적을 향해 움직이므로 가능태에 있는 것은 형상이 완전히 실현된 상태인 '완전 현실태'를 향해 나아가는데, 이 이행 과정이 운동이다. 즉 운동의 원인은 외부가 아닌 가능태 자체에 내재한다.

  아리스토텔레스에게 있어 예술의 목적은 개개의 사물에 내재하고 있는 보편자, 즉 형상을 표현해 내는 것이다. 이런 점에서 그는 시가 역사보다 우월하다고 주장했다. 역사는 개별적 사건들의 기록일 뿐이지만 시는 개별적 사건에 깃들어 있는 보편자를 표현한 것이기 때문이다.

아리스토텔레스는 인간이 예술을 통해 쾌감을 느낄 수 있다고 보았다. 특히 비극시는 파멸하는 주인공을 통해 인간의 근본적 한계를 다루기 때문에, 시를 창작하면 인간 존재의 본질을 인식하는 앎의 쾌감을 느낄 수 있다고 하였다. 비극시 속 이야기는 음유시인이 경험 세계의 개별자들 속에서 보편자를 인식해 내어, 그것을 다시 허구의 개별자로 표현한 결과물인 것이다. 또한 관객은 음유시인의 연기를 통해 앎의 쾌감을 느낄 수 있을 뿐 아니라 그와 다른 종류의 쾌감도 경험할 수 있다. 관객은 고통을 받는 인물의 이야기를 통해 그에 대한 연민과 함께, 자신도 유사한 고통을 겪을 수 있다는 공포를 느낀다. 이러한 과정에서 감정이 고조됐다가 해소되면서 얻게 되는 쾌감, 즉 카타르시스를 경험한다.

21. (가)와 (나)에 대한 설명으로 가장 적절한 것은?

① (가)와 (나)는 모두 특정 사상가의 예술을 바라보는 관점이 변화하게 된 이유를 설명하고 있다.
② (가)와 (나)는 모두 특정 사상가가 예술을 평가하는 데 바탕이 된 철학적 관점을 설명하고 있다.
③ (가)와 달리 (나)는 특정 사상가가 생각하는 예술의 불완전성을 설명하고 있다.
④ (나)와 달리 (가)는 특정 사상가의 예술관에 내재한 장점과 단점을 제시하고 있다.
⑤ (가)는 특정 사상가의 예술관이 보이는 한계를, (나)는 특정 사상가의 예술관이 주는 의의를 제시하고 있다.

22. (가)의 '플라톤'의 사상을 이해한 내용으로 적절하지 <u>않은</u> 것은?

① 예술은 형상에 대한 참된 인식을 방해한다.
② 형상은 감각이 아닌 이성을 통해서만 인식할 수 있다.
③ 현상계의 사물을 모방한 예술은 형상보다 열등한 것이다.
④ 예술의 표현 대상은 사물이 아니라 사물 안에 존재하는 형상이다.
⑤ 이데아계는 현상계에 나타난 모든 사물의 형상이 존재하는 곳이다.

23. (나)의 '아리스토텔레스'의 관점에서 형상 과 질료 에 대해 이해한 내용으로 적절하지 <u>않은</u> 것은?

① 형상은 질료와 분리되어 존재할 수 없다.
② 질료는 형상을 실현시킬 수 있는 가능적 힘이다.
③ 형상이 질료에 실현되는 원인은 가능태 자체에 내재한다.
④ 형상과 질료 사이의 관계는 현실태와 가능태 사이의 관계와 같다.
⑤ 생성·변화하는 것은 형상이 질료에 완전히 실현된 상태인 완전 현실태를 향한다.

24. (가)와 (나)를 참고할 때, '아리스토텔레스'의 입장에서 ㉠을 비판한 것으로 가장 적절한 것은?

① 현상계의 사물이 형상을 본뜬 것이라면 현상계의 사물이 생성·변화하는 이유를 설명할 수 없다.
② 형상이 변하지 않는 것이라면 현상계에 존재하는 사물들이 모두 제각기 다른 이유를 설명할 수 없다.
③ 형상과 현상계의 사물이 서로 독립적이라면 현상계에서 사물이 시시각각 변화하는 현상을 설명할 수 없다.
④ 형상이 현상계를 초월하여 존재하는 것이라면 형상을 포함하지 않는 사물을 감각으로 느끼는 것은 불가능하다.
⑤ 현상계의 모든 사물이 형상의 그림자에 불과하다면 그림자만 볼 수 있는 인간이 형상을 인식하는 것은 불가능하다.

25. (가)의 '플라톤'과 (나)의 '아리스토텔레스'가 <보기>에 대해 보일 반응으로 적절하지 <u>않은</u> 것은? [3점]

< 보 기 >
고대 그리스의 비극시 『오이디푸스 왕』의 주인공 오이디푸스는 자신에게 주어진 숙명에 의해 파멸당하는 인물이다. 비극시를 공연하는 음유시인은 목소리, 몸짓으로 작품 속 오이디푸스를 관객 앞에서 연기한다. 음유시인의 연기에 몰입한 관객은 덕성을 갖춘 주인공이 특별한 잘못이 없는데도 불행해지는 모습을 보고 연민과 공포를 느낀다.

① 플라톤 : 오이디푸스는 덕성을 갖춘 현상 속 인물을 본떠 만든 허구의 허구이며, 그에 대한 음유시인의 연기는 이를 다시 본뜬 허구이다.
② 플라톤 : 음유시인은 오이디푸스의 덕성을 연기하는 데 주력하겠지만, 관객은 이를 감각으로 파악할 수 없기 때문에 감정과 욕구에 지배되어 타락하게 된다.
③ 플라톤 : 음유시인의 목소리와 몸짓을 통해 오이디푸스의 성격이 드러난다면, 감각 가능한 외적 특성을 모방하는 과정에서 감각되지 않는 내적 특성이 표현된 것이다.
④ 아리스토텔레스 : 음유시인이 현상 속 인간의 개별적 모습들에서 보편자를 인식해 내어, 이를 다시 오이디푸스라는 허구의 개별자로 표현한 것이다.
⑤ 아리스토텔레스 : 오이디푸스가 숙명에 의해 파멸당하는 것을 본 관객들은 인간 존재의 본질을 이해하는 쾌감을 느낄 뿐 아니라 카타르시스를 경험할 수 있다.

[26 ~ 30] 다음 글을 읽고 물음에 답하시오.

컴퓨터 네트워크에서 데이터가 전송될 때 수신된 데이터에 오류가 있는 경우가 있다. 오류를 검출하기 위해 송신기는 오류 검출 부호를 포함한 데이터를 전송하고 수신기는 수신한 데이터를 검사하여 오류가 있으면 재전송을 요청한다.

수신한 데이터에 오류가 있는지 검출하는 가장 간단한 방식은 ㉠ 패리티 검사이다. 이 방식은 전송할 데이터에 패리티 비트라는 오류 검출 부호를 추가하는 방법으로, 패리티 비트를 추가하여 데이터의 1의 개수를 짝수나 홀수로 만든다. 1의 개수를 짝수로 만드는 방식을 짝수 패리티, 홀수로 만드는 방식을 홀수 패리티라고 하고 송·수신기는 모두 같은 방식을 사용해야 한다. 예를 들어 짝수 패리티를 사용한다면 송신기는 항상 데이터의 1의 개수를 짝수로 만들어서 전송하지만 만일 수신한 데이터의 1의 개수가 홀수가 되면 수신기는 오류가 발생했다고 판단하는 것이다. 하지만 패리티 검사는 ㉮ 수신한 데이터에서 짝수 개의 비트에 오류가 동시에 있으면 이를 검출하기 어렵다. 또한 오류의 발생 여부를 검출할 수 있을 뿐 데이터 내 오류의 위치는 알아낼 수 없다.

전송할 데이터를 2차원 배열로 구성해서 패리티 비트를 생성하면 오류의 발생 여부뿐만 아니라 오류의 위치도 알아낼 수 있다. 예를 들어 송신기가 1100011 1111111을 전송한다고 하자. 송신기는 이를 $\begin{smallmatrix}1100011\\1111111\end{smallmatrix}$과 같이 2차원 배열로 구성하고 가로 방향인 모든 행과 세로 방향인 모든 열에 패리티 비트를 생성한 후 이를 포함한 데이터를 전송한다. 수신기는 수신한 데이터의 각각의 행과 열의 1의 개수를 세어 오류를 검사한다. 만약 어떤 비트에 오류가 발생하면 그 비트가 포함된 행과 열에서 모두 오류가 검출된다. 따라서 오류가 발생한 위치를 알 수 있다. 다만 동일한 행 또는 열에서 짝수 개의 오류가 발생하면 오류가 발생한 정확한 위치를 알 수 없다.

㉡ CRC 방식은 미리 선택된 생성 부호를 사용해서 오류 검출 부호를 생성하는 방식이다. 전송할 데이터를 생성 부호로 나누어서 오류 검출 부호를 생성하는 데 모듈로-2 연산을 활용한다. 모듈로-2 연산은 자릿수가 제한된 상태에서 나머지를 구하는 연산으로 해당 자릿수의 비트 값이 같으면 0, 다르면 1이 된다.

```
                    111101
            1011)110101000
                 1011        ──── 전송할 데이터
생성 부호 ──→     1100
                 1011
                  1111
                  1011
                   1000
                   1011
                    0110
                    0000
                    1100
                    1011
                     111  ──── 오류 검출 부호
```

<그림>

<그림>과 같이 생성 부호가 1011이고 전송할 데이터가 110101인 경우를 보자. 전송할 데이터는 오류 검출 부호를 추가해야 하기 때문에 그만큼의 비트가 더 필요하다. 송신기는 전송할 데이터의 오른쪽 끝에 생성 부호의 비트 수보다 하나 작은 비트 수만큼 0을 추가한 후 이를 생성 부호로 나누고 그 나머지가 오류 검출 부호가 된다. 송신기는 오류 검출 부호를 포함한 데이터 ㉢ 110101111만을 전송하고 수신기는 수신한 데이터를 송신기와 동일한 생성 부호로 나눈다. 수신한 데이터는 전송할 데이터에 나머지를 추가했으므로 오류가 없다면 생성 부호로 나누었을 때 나머지가 0이 된다. 이때 나머지가 0이 아니면 수신한 데이터에 오류가 있다고 판단한다. CRC 방식은 복잡하지만 여러 개의 오류가 동시에 생겨도 이를 검출할 수 있어서 오류 검출 확률이 높다.

26. 윗글에서 알 수 있는 내용으로 적절하지 <u>않은</u> 것은?

① CRC 방식은 모듈로-2 연산을 사용해서 생성 부호를 만들어 낸다.

② 패리티 검사에서 송신기와 수신기는 동일한 패리티 방식을 사용해야 한다.

③ CRC 방식에서 생성 부호의 비트 수는 오류 검출 부호의 비트 수보다 하나가 더 많다.

④ 짝수 패리티는 패리티 비트를 포함한 데이터의 1의 개수가 짝수인지 여부를 검사한다.

⑤ CRC 방식은 여러 개의 오류가 동시에 생겨도 검출할 수 있어서 오류 검출 확률이 높다.

27. ㉠과 ㉡에 대해 이해한 내용으로 적절하지 <u>않은</u> 것은?

① ㉠은 ㉡과 달리 데이터에 포함된 1의 개수가 짝수나 홀수가 되도록 오류 검출 부호를 생성한다.

② ㉡은 ㉠과 달리 데이터의 오류를 검출하기 위해 송신기와 수신기 모두에서 오류 검사를 해야 한다.

③ ㉠과 ㉡은 모두, 수신한 데이터의 오류 발생 여부를 수신기가 판단한다.

④ ㉠과 ㉡은 모두, 데이터를 전송하기 전에 오류 검출 부호를 생성해야 한다.

⑤ ㉠과 ㉡은 모두, 전송할 데이터가 같더라도 오류 검출 부호는 다를 수 있다.

28. ㉮의 이유로 가장 적절한 것은?

① 송신기가 패리티 비트를 생성하는 것이 불가능하기 때문에

② 전송되는 데이터에 포함된 1의 개수가 항상 홀수로 나타나기 때문에

③ 전송되는 데이터에 포함된 1의 개수가 항상 짝수로 나타나기 때문에

④ 오류가 발생했을 때 전송되는 패리티 비트의 크기가 늘어나기 때문에

⑤ 수신한 데이터가 정상일 때와 수신한 데이터에 오류가 있을 때의 패리티 비트가 동일하기 때문에

29. 윗글을 바탕으로 <보기>를 설명한 내용으로 적절하지 <u>않은</u> 것은? [3점]

─── < 보 기 > ───

송신기는 오류 검출 방식으로 홀수 패리티를 활용하기로 하였다. 수신기는 수신한 데이터에 오류가 있다고 다음과 같이 판단하였다.

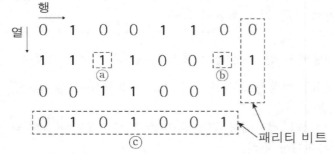

(단, 패리티 비트의 오류는 없다고 가정한다.)

① 첫 번째 행은 패리티 비트를 포함한 데이터의 1의 개수가 홀수이므로 오류가 없다고 판단했을 것이다.

② 여섯 번째 열은 패리티 비트를 포함한 데이터의 1의 개수가 홀수이므로 오류가 없다고 판단했을 것이다.

③ ⓐ가 포함된 행과 열의 패리티 비트를 포함한 데이터의 1의 개수가 각각 짝수이므로 수신기는 ⓐ를 오류라고 판단했을 것이다.

④ 수신한 데이터에서 ⓑ도 0으로 바뀌어서 수신되었다면 데이터의 오류 발생 여부를 검출할 수 없었을 것이다.

⑤ 짝수 패리티를 활용했다면 송신기는 ⓒ를 1010110으로 생성했을 것이다.

30. <보기>는 수신기가 ⓔ의 오류를 검사한 연산이다. 윗글을 바탕으로 <보기>를 이해한 내용으로 적절하지 <u>않은</u> 것은?

─── < 보 기 > ───

```
              111101
       1011)110101111
             1011
             1100
             1011
             1111
             1011
             1001
             1011
             0101
             0000
             1011
             1011
                0
```

① 수신기는 송신기와 동일한 생성 부호인 '1011'을 사용하여 모듈로-2 연산을 하였군.

② 수신기가 수신한 데이터의 오른쪽 끝에 있는 '111'은 송신기에서 생성한 오류 검출 부호이군.

③ 수신기가 모듈로-2 연산을 할 때는 수신한 데이터에 생성 부호보다 하나 작은 비트 수만큼의 0을 추가하지 않았군.

④ 수신기가 연산한 몫인 '111101'이 송신기가 전송한 데이터와 동일하기 때문에 수신기는 오류가 없다고 판단했겠군.

⑤ 수신기가 연산한 결과의 나머지가 0이 아니었다면 수신기는 송신기에 재전송을 요청했겠군.

[31 ~ 33] 다음 글을 읽고 물음에 답하시오.

(가)

사개 틀린* 고풍(古風)의 ㉠ 툇마루에 없는 듯이 앉아
아직 **떠오를 기척도 없는 달**을 기다린다
아무런 생각 없이
아무런 **뜻 없이**

이제 저 감나무 그림자가
사뿐 한 치씩 옮아오고
이 마루 위에 빛깔의 방석이
보시시 깔리우면

나는 내 하나인 외론 **벗**
가냘픈 **내 그림자**와
말없이 몸짓 없이 **서로 맞대고 있으려니**
이 밤 옮기는 발짓이나 들려오리라
　　　　　　　　　　　　　 – 김영랑, 「사개 틀린 고풍의 툇마루에」 –

* 사개 틀린 : 사개가 틀어진. 한옥에서 못을 사용하지 않고 목재의
　모서리를 깎아 요철을 끼워 맞추는 부분을 '사개'라고 한다.

(나)

우수* 날 저녁
그 전날 저녁부터
오늘까지 연 닷새 간을
고향, 내 새벽 ㉡ 산 여울을
찰박대며 뛰어 건너는
이쁜 발자욱 소리 하날
듣고 지내었더니
그 **새끼발가락 하날**
가만가만 만지작일 수도 있었더니
나 실로 정결한 말씀만 고를 수 있었더니
그가 왔다.
진솔* 속곳을 갈아입고
그가 왔다.
이른 아침,
난 그를 위해 닭장으로 내려가고
따뜻한 달걀
두 알을 집어내었다.
경칩*이 멀지 않다 하였다.
　　　　　　　　　　　　　 – 정진규, 「따뜻한 달걀」 –

* 우수(雨水), 경칩(驚蟄) : 입춘(立春)과 춘분(春分) 사이에 드는
　절기. 우수는 눈이 그치고 봄비가 오기 시작하는 시기, 경칩은 벌
　레가 깨어나고 겨울잠을 자던 개구리가 땅 밖으로 나오는 시기이다.
* 진솔: 옷이나 버선 따위가 한 번도 빨지 않은 새것 그대로인 것.

31. (가)와 (나)의 공통점으로 가장 적절한 것은?

① 음성 상징어를 활용하여 움직임의 정도를 드러내고 있다.
② 원경과 근경을 대비하여 심리적 거리감을 표현하고 있다.
③ 청자를 명시적으로 드러내어 화자의 바람을 표출하고 있다.
④ 가정의 진술을 활용하여 현실 극복의 의지를 드러내고 있다.
⑤ 추측을 나타내는 표현으로 시상을 종결하여 시적 여운을 자아내고 있다.

32. ㉠과 ㉡에 대한 설명으로 가장 적절한 것은?

① ㉠과 ㉡은 모두 오랜 세월의 흔적을 간직한 일상적 삶의 공간이다.
② ㉠과 ㉡은 모두 화자가 현실을 관조하며 스스로를 성찰하는 공간이다.
③ ㉠은 상승하는 대상과 친밀감을, ㉡은 하강하는 대상과 일체감을 느끼는 공간이다.
④ ㉠은 고독하고 적막한 상황이, ㉡은 생동하는 청량한 기운이 형상화되는 공간이다.
⑤ ㉠은 지나온 삶에 대한 그리움이, ㉡은 현재의 삶에 대한 만족감이 드러나는 공간이다.

33. <보기>를 참고하여 (가)와 (나)를 감상한 내용으로 적절하지 않은 것은? [3점]

──< 보 기 >──

(가)와 (나)는 자연의 순환적 질서에 감응하는 화자의 모습을 보여준다. (가)의 화자는 밤이 깊어지면서 달이 떠오르기를 기다리고 있고, (나)의 화자는 절기가 바뀌면서 봄빛이 점점 뚜렷해지고 있음을 느끼고 있다. 시간의 흐름에 따른 자연의 점진적 변화를 감지하기 위해 화자는 온몸의 감각을 집중하면서, 자연을 자신과 교감을 이루는 주체로 인식한다.

① (가)의 화자가 '아무런 생각'이나 '뜻 없이' 달이 떠오르기를 기다리는 것은, 자연의 변화를 감지하기 위해 온몸의 감각을 집중하는 것으로 볼 수 있군.
② (나)에서 소리로 인식되던 대상의 '새끼발가락'을 만질 수 있게 되었다는 것은, 시간의 흐름에 따라 자연이 변화하는 양상을 표현한 것으로 볼 수 있군.
③ (가)의 '떠오를 기척도 없는 달'과 (나)의 '이쁜 발자욱 소리' 하나는 자연의 순환적 질서가 지연되는 것에 대한 화자의 조바심을 유발하는 것으로 볼 수 있군.
④ (가)에서는 달이 뜨는 것을 '이 밤 옮기는 발짓'을 한다고 표현하고, (나)에서는 뚜렷해진 봄빛을 '진솔 속곳을 갈아입'은 것으로 표현하여 자연을 행위의 주체로 인식하고 있군.
⑤ (가)에서는 달이 만든 '내 그림자'를 '벗' 삼아 '서로 맞대고 있으려'는 데서, (나)에서는 '경칩'을 예감하며 '달걀'의 온기를 느끼는 데서 화자와 자연이 교감하는 모습이 나타나는군.

[34 ~ 37] 다음 글을 읽고 물음에 답하시오.

(가)

가마를 급히 타고 솔 아래 굽은 길로 오며 가며 하는 때
녹양에 우는 꾀꼬리 교태 겨워하는구나
나무 풀 우거지어 녹음이 짙어진 때
기다란 난간에서 긴 졸음을 내어 펴니
물 위의 서늘한 바람은 그칠 줄을 모르도다
된서리 걷힌 후에 산빛이 금수(錦繡)로다
누렇게 익은 벼는 또 어찌 넓은 들에 펼쳐졌는가
㉠ 어부 피리도 흥에 겨워 달을 따라 부는구나
초목이 다 진 후에 강산이 묻혔거늘
조물주 야단스러워 빙설로 꾸며 내니
경궁요대*와 옥해은산*이 눈 아래 벌였구나
천지가 풍성하여 간 데마다 승경(勝景)이로다
인간 세상 떠나와도 내 몸이 쉴 틈 없다
이것도 보려 하고 저것도 들으려 하고
바람도 쐬려 하고 달도 맞으려 하고
밤일랑 언제 줍고 고기는 언제 낚고
사립문 뉘 닫으며 진 꽃일랑 뉘 쓸려뇨
㉡ 아침 시간 모자라니 저녁이라 싫을쏘냐
오늘이 부족하니 내일이라 넉넉하랴
이 산에 앉아보고 저 산에 걸어 보니
번거로운 마음에도 버릴 일이 전혀 없다
쉴 사이 없는데 오는 길을 알리랴
다만 지팡이가 다 무디어 가는구나
ⓐ 술이 익었으니 벗이야 없을쏘냐
노래 부르게 하고 악기를 타고 또 켜게 하고 방울 흔들며
온갖 소리로 취흥을 재촉하니
근심이라 있으며 시름이라 붙었으랴
누웠다가 앉았다가 굽혔다가 젖혔다가
읊다가 휘파람 불다가 마음 놓고 노니
천지도 넓디넓고 세월도 한가하다
태평성대 몰랐는데 이때가 그때로다
신선이 어떠한가 이 몸이 그로구나
㉢ 강산풍월 거느리고 내 백 년을 다 누리면
악양루* 위의 이백이 살아온들
호탕한 회포는 이보다 더할쏘냐

– 송순, 「면앙정가」 –

* 경궁요대(瓊宮瑤臺) : 아름다운 구슬로 장식한 집과 누각.
* 옥해은산(玉海銀山) : 옥같이 맑은 바다와 은빛의 산.
* 악양루 : 당나라 시인 이백이 시를 지으면서 풍류를 즐긴 곳.

(나)

동해 가까운 거리로 와서 나는 가재미와 가장 친하다. 광어, 문어, 고등어, 평메, 횟대…… 생선이 많지만 모두 한두 끼에 나를 물리게 하고 만다. 그저 한없이 착하고 정다운 가재미만 이 흰밥과 빨간 고추장과 함께 가난하고 쓸쓸한 내 상에 한끼도 빠지지 않고 오른다. 나는 이 가재미를 처음 십 전 하나에 뼘가웃*씩 되는 것 여섯 마리를 받아 들고 왔다. 다음부터는 할머니가 두 두름 마흔 개에 이십오 전씩에 사오시는데 큰 가재미보다도 잔 것을 내가 좋아해서 모두 손길만큼 한 것들이다. 그동안 나는 한 달포 이 고을을 떠났다 와서 오랜만에 내 가재미를 찾아 생선장으로 갔더니 섭섭하게도 이 물선*은 보이지

않았다. 음력 팔월 초상이 되어서야 이내 친한 것이 온다고 한다. ㉣ 나는 어서 그때가 와서 우리들 흰밥과 고추장과 다 만나서 아침저녁 기쁘게 되기만 기다린다. 그때엔 또 이 십오 전에 두어 두름씩 해서 나와 같이 ⓑ 이 물선을 좋아하는 H한테도 보내어야겠다.

묘지와 뇌옥과 교회당과의 사이에서 생명과 죄와 신을 생각하기 좋은 운흥리를 떠나서 오백 년 오래된 이 고을에서도 다 못한 곳 옛날히 헐리지 않은 **중리**로 왔다. 에서는 물보다 구름이 더 많이 흐르는 성천강이 가까웁고 또 백모관봉*의 시허연 눈도 바라보인다. 이곳의 좌우로 긴 회담*들이 맞물고 늘어선 좁은 골목이 나는 좋다. 이 골목의 공기는 하이야니 밤꽃의 내음새가 난다. 이 골목을 나는 나귀를 타고 **일없이 왔다갔다 하고 싶다.** 또 예서 한 오 리 되는 학교까지 나귀를 타고 다니고 싶다. 나귀를 한 마리 사기로 했다. ㉤ 그래 소장 마장을 가보나 나귀는 나지 않는다. 촌에서 다니는 아이들이 있어서 수소문해도 나귀를 팔겠다는 데는 없다. 얼마 전엔 어느 아이가 **재래종의 조선 말** 한 필을 사면 어떠냐고 한다. 값을 물었더니 한 오 원 주면 된다고 한다. 이 좀말*로 할까고 머리를 기울여도 보았으나 그래도 나는 그 **처량한 당나귀**가 좋아서 좀더 이놈을 구해보고 있다.

－ 백석, 「가재미·나귀」 －

* 뼘가웃 : 한 뼘의 반 정도 되는 길이.
* 물선 : 음식을 만드는 재료.
* 백모관봉 : 흰 관모 모양의 봉우리. 정상에 흰 눈이 덮인 산의 모습을 가리키는 말로, 여기서는 백운산을 말함.
* 회담 : 석회를 바른 담.
* 좀말 : 아주 작은 말.

34. (가)와 (나)의 공통점으로 가장 적절한 것은?

① 색채어를 활용하여 사물의 역동성을 표현하고 있다.
② 말을 건네는 방식을 통해 독자의 주의를 환기하고 있다.
③ 영탄적 표현을 활용하여 대상에 대한 경외감을 드러내고 있다.
④ 연쇄적 표현을 통해 주변 사물을 사실감 있게 제시하고 있다.
⑤ 계절감을 환기하는 사물을 통해 자연의 모습을 드러내고 있다.

35. ㉠ ~ ㉤에 대해 이해한 내용으로 적절하지 <u>않은</u> 것은?

① ㉠ : 감각적 경험을 통해 환기된 장면을 묘사하여 인간이 자연물과 어우러지는 상황을 제시하고 있다.
② ㉡ : 시간을 표현하는 시어를 대응시켜 현재와 같은 상황이 이후에도 이어질 것임을 드러내고 있다.
③ ㉢ : 역사적 인물과 견주며 삶에 대한 만족감을 드러내고 있다.
④ ㉣ : 기대하는 일이 실현되었을 때 느낄 심정을 직접적으로 표출하고 있다.
⑤ ㉤ : 원하는 것을 구하기 위해 시도한 방법이 실패하는 과정에서 느낀 체념을 드러내고 있다.

36. <보기>를 바탕으로 (가), (나)를 이해한 내용으로 적절하지 <u>않은</u> 것은? [3점]

< 보 기 >
문학 작품에서 공간을 체험하는 주체는 공간 및 주변 경물에 대한 인식을 드러내며, 이 인식은 주체의 지향이나 삶에서 중시하는 가치를 암시한다. (가)의 화자는 '면앙정' 주변의 자연에 대한 인식과 함께 풍류 지향적인 태도를 드러내고 있고, (나)의 글쓴이는 공간의 변화와 대상에 대한 인식을 관련지으며 자신이 소중하게 생각하는 삶의 가치를 암시하고 있다.

① (가) : '솔 아래 굽은 길'을 오가는 화자는 '꾀꼬리'의 '교태 겨워하는' 모습에 주목하면서 자연을 즐기는 자신의 태도와의 동일성을 발견하고 있다.
② (가) : '간 데마다 승경'이라는 화자의 인식은 '내 몸이 쉴 틈 없'는 다양한 일들을 통해 자연의 다채로운 풍광을 즐길 수 있으리라는 기대로 이어지고 있다.
③ (가) : '이 산'과 '저 산'에서 '번거로운 마음'과 '버릴 일이 전혀 없'음을 동시에 느끼는 화자의 모습에는 '인간 세상'의 번잡한 일상을 여전히 의식하고 있음이 드러나 있다.
④ (나) : '동해 가까운 거리로 와서' 주목하게 된 '가재미'에 대한 글쓴이의 인식은 '가난하고 쓸쓸한' 삶 속에서 '한없이 착하고 정다운' 것을 소중히 여기는 태도를 드러내고 있다.
⑤ (나) : '중리'로 와서 '재래종의 조선 말'보다 '처량한 당나귀'와 '일없이 왔다갔다 하고 싶다'는 글쓴이의 바람은 일상의 작은 존재에 대해 느끼는 우호적 인식을 드러내고 있다.

37. ⓐ와 ⓑ에 대한 이해로 가장 적절한 것은?

① ⓐ는 화자에게 심리적 위안을 주는, ⓑ는 글쓴이에게 고독감을 느끼게 하는 매개체이다.
② ⓐ는 화자가 느끼는 흥을 심화하는, ⓑ는 글쓴이가 느끼는 기쁨을 확장하는 매개체이다.
③ ⓐ는 화자가 내면의 만족감을 드러내는, ⓑ는 글쓴이가 현실에 대한 불만을 표출하는 매개체이다.
④ ⓐ는 화자에게 삶의 목표를 일깨워 주는, ⓑ는 글쓴이에게 심경 변화의 계기를 제공하는 매개체이다.
⑤ ⓐ는 화자에게 이상적 세계의 모습을, ⓑ는 글쓴이에게 윤리적 삶의 태도를 떠올리게 하는 매개체이다.

[38 ~ 41] 다음 글을 읽고 물음에 답하시오.

권중만이는 벌써 오륙 넌째나 동네를 드나드는 밭떼기 전문의 채소 장수였다. 동네에서 **채소를 돈거리로 갈기 시작한** 것도 권을 보고 한 일이었다. 권의 발걸음이 그치지 않는 한 안퐈 삼동네의 채소는 사철 시장이 보장된 것이나 다름이 없었으니까. 동네에서는 권이 얼굴만 비쳐도 반드시 손님으로 대접하였다. 사람이 눅어서 흥정을 하는 데도 그만하면 무던하였지 만 그보다는 그동안 동네에 베푼 바가 그러고도 남음이 있는 덕분이었다.

권은 알 만한 사람은 다들 일러 오던 채소 정보통이었다. 권은 대개 어느 고장에서 무엇을 얼마나 하고 있으며 또한 근간의 작황이 어떠하므로 장차 회계가 어떻게 되리라는 것까지도 미리 사심 없이 귀띔하기를 일삼곤 하였다. 영두는 그의 남다른 정확성에 혀를 둘렀고, 한 번은 그 비결이 무엇인가를 물어본 적이 있었다. 권은 장삿속에 부러 비쌔면서 유세를 부려봄직도 하건만, 천성이 능준하여 그러는지 그저 고지식하게 말하는 데에만 서슴이 없을 따름이었다.

"그건 어려울 거 하나 없시다. 큰 종묘상 몇 군데에서 씨앗이 나간 양만 알아도 얼거리가 대충 드러나니까……."

"몇 년 동안의 씨앗 수급 상황만 알면 사오 년 앞까지도 내다볼 수가 있다는 얘기네요."

"그건 아마 어려울 거요. 왜냐하면 빵이랑 라면이랑 고기 먹고 크는 핵가족 아이들은 김치를 거의 안 먹고, 좀 배운 척 하는 젊은 주부들 역시 김장엔 전혀 신경을 안 쓰고…… 그러니 애들이 김치맛을 알 겨를도 없거니와, 공장 김치나 시장 김치는 그만큼 맛도 우습고 비싸서 먹는댔자 양념으로나 먹으니 어떻게 대중을 하겠수."

"그럼 무 배추 농사는 머지않아 거덜이 나고 만다는 얘기요?"

"그럴 리야 있겠수. 왜냐하면 일본에서는 요즘 우리나라 김치 붐이 일어서 갈수록 인기가 높다거든."

"**국내 수요**가 주는 대신에 **대일 수출**이 느니 그게 그거란 얘기군요."

"그게 아니라 일본에서 유행하면 여기서도 유행하니깐 김치도 자연히 그렇게 되지 않겠느냐 이거지."

(중략)

이론이 갖추어진 사람들은 불로소득을 노리는 밭떼기 장수들로 하여 농산물이 제값을 받지 못하고 유통 구조가 어지러워진다고 몰아세우기에 항상 자신만만한 것 같았다. 물론 옳은 말이었다. 그렇지만 영두가 보기에는 **밭떼기 장수들이야말로** 가장 **미더운 물주요 필요악 이상의 불가결한** 존재였다. 그들이 아니면 누가 미리 목돈을 쥐여줄 것이며, 다음의 뒷그루 재배에는 또 무엇으로 때맞추어 투자를 할 수 있을 것인가. 출하와 수송에 따른 군일과 부대 비용을 줄여 주는 것도 오로지 그들이 아니었던가.

그러기에 지난번의 그 일은 더욱 권중만이답지 않은 처사였다. 권은 텃밭에 간 알타리무를 가져가면서 뜻밖에도 만 원만 접어 달라고 않던 짓을 하였다. 영두는 내키지 않았다. 돈 만 원이 커서가 아니었다. 만 원이면 자기 내외의 하루 품인데, 그 금쪽같은 시간을 명색 없이 차압당하는 꼴이나 다름이 없기 때문이었다. 권은 정색을 하고 말했다.

"요새는 아파트 사람들도 약아져서 밑동에 붙은 흙을 보고 사가기 땜에 이렇게 숙전*에서 자란 건 인기가 없어요. 왜냐하면 흙 색깔이 서울 근처의 하천부지 흙

[A]
하고 비슷해서 납이 들었느니 수은이 들었느니…… 중금속 채소라고 만져도 안 본다구."

"그럼 일일이 흙을 털어서 내놓는 거요?"

"턴다고 되나. 반대로 벌겋게 묻혀야지."

"그렇게 놀랜흙*을 묻혀 놓으면 새로 야산 개간을 해서 심은 무공해 채소로 알고 사간다…… 이제 보니 채소도 위조품이 있구먼."

"있지. 황토를 파다 놓고 한 차에 만 원씩 그 짓만 해 주는 이도 있고…… 어디, 이 씨가 직접 해 주고 만 원 더 벌어 볼려우?"

논흙에서 희읍스름한 매흙 빛깔이 나듯이 집터서리의 텃밭도 찰흙색을 띠는 것이 당연한데, 그 위에 벌건 황토를 뒤발하여 개간지의 산물로 조작하되 그것도 갈고 가꾼 사람이 직접 해 줬으면 하고 유혹을 하니 듣던 중에 그처럼 욕된 말이 없었다.

영두는 성질이 나서 견딜 수가 없었으나 한두 번 신세진 사람도 아니고 하여 대거리를 하자고 나댈 수도 없었다. **자칫 못 먹을 것을 만들어서 파는 사람으로 취급받지 않으려면** 속절없이 농담으로 들어넘기는 것이 상수란 생각도 들었다.

그래서 조용히 말했다.

"권씨 말대로 하면 농사짓는 사람은 벌써 다 병이 들었거나 갈 데로 갔어야 할 텐데 거꾸로 더 팔팔하니 무슨 조화 속인지 모르겠네……."

권은 얼굴을 붉혔으나 그래도 그저 숙어들기가 어색한지 은근히 벋나가는 소리를 했다.

[B]
"하지만 사먹는 사람들이야 어디 그러우. 사먹는 사람들은 내다 팔 것들만 약을 치고 집에서 먹을 것은 그러지 않을 거라고 생각하지."

영두는 속으로 찔끔하였다. 권의 말도 아주 틀린 말은 아니었던 것이다.

영두는 무 배추에 진딧물이 끼여 오가리가 들고 배추벌레와 노린재가 끓어 수세미처럼 구멍이 나도 집에서 먹을 것에는 분무기를 쓴 적이 없었다. **볼품이 없는 것일수록 구수한 맛이 더하던 이치**를 익히 알고 있기 때문이었다.

그러나 그런 물건을 내놓을 경우에는 **값이 있을 리가 없었다.** 언젠가는 농가에서 채소를 농약으로 코팅하여 내놓는다고 신문에 글까지 쓴 사람도 있었지만, 그런 일이야말로 마지못해 없는 돈 들여 가면서 농약을 만져 온 농가에 물을 것이 아니요, 벌레가 조금만 갉은 자국이 있어도 칠색팔색을 하며 달아나던 햇내기 소비자들이 자초한 일이라고 아니할 수가 없는 거였다.

벌레 닿은 자국이 불결스럽다 하여 진딧물 하나 없이 깨끗한 푸성귀만 찾는다면, 그것은 마치 두메의 자갈길 흙먼지엔 질색을 하면서도 도심의 오염된 대기는 보이지 않는다는 이유만으로 무심히 활개를 쳐 온 축들의 어리석음과도 견줄 만한 것이었다.

– 이문구, 「산 너머 남촌」 –

* 숙전(熟田) : 해마다 농사를 지어 잘 길들인 밭.
* 놀랜흙 : 생토(生土). 생땅의 흙.

38. 윗글에 대한 설명으로 가장 적절한 것은?

① 빈번하게 장면을 전환하여 사건 전개의 긴박감을 드러내고 있다.
② 서술자가 특정 인물의 관점에서 사건과 인물의 심리를 전달하고 있다.
③ 동시에 일어난 별개의 사건을 병치하여 사태의 전모를 드러내고 있다.
④ 인물 간의 대화를 통해 인물이 겪은 사건의 비현실적인 면모를 드러내고 있다.
⑤ 인물의 표정 변화와 내면 변화를 반대로 서술하여 그 인물의 특성을 부각하고 있다.

39. [A]와 [B]에 대한 이해로 가장 적절한 것은?

① [A]에서 '권중만'은 자신의 우월한 지위를 과시하며 상대의 동의를 요구하고 있고, [B]에서 '영두'는 상대와의 개인적 친밀감을 환기하며 서운함을 드러내고 있다.
② [A]에서 '권중만'은 자신의 경험을 들어 상대의 문제에 대한 해결책을 제시하고 있고, [B]에서 '영두'는 상대가 저질렀던 잘못을 지적하며 상대의 사과를 요구하고 있다.
③ [A]에서 '권중만'은 자신이 상대에게 제시한 요구의 이유를 사람들의 선입견과 관련지어 밝히고 있고, [B]에서 '영두'는 상대의 말에 논리적 한계가 있음을 지적하며 항변하고 있다.
④ [A]에서 '영두'는 상대의 제안에서 모순을 지적하며 새로운 대안을 제시하고 있고, [B]에서 '권중만'은 다른 사람들의 사례를 들어 자신의 행동에 대해 변명하고 있다.
⑤ [A]에서 '영두'는 상대의 문제의식에 대한 공감을 드러내며 구체적인 조언을 요구하고 있고, [B]에서 '권중만'은 상대의 예상치 못한 반응에 당황하며 자신의 잘못을 사과하고 있다.

40. 만 원 에 대한 설명으로 가장 적절한 것은?

① '권중만'과 '영두' 사이의 갈등이 해소된 이유이다.
② '영두'가 '권중만'의 조언을 수용하게 된 이유이다.
③ '권중만'이 '영두'에게 친밀감을 보이게 된 이유이다.
④ '영두'가 '권중만'에게 양보를 강요하게 된 이유이다.
⑤ '영두'가 '권중만'에게 부정적으로 반응하게 된 이유이다.

41. <보기>를 바탕으로 윗글을 감상한 내용으로 적절하지 <u>않은</u> 것은? [3점]

> ───────< 보 기 >───────
> 이 작품은 1980년대 농민들의 생활을 형상화하고 있다. 작가는 농민들이 농사의 경제적 이익을 고려하거나 농산물의 유통과 판매까지 감안하게 된 상황을 보여 준다. 작품 속 '영두'는 먹거리를 생산하는 농민으로서 가져야 할 태도를 인식하면서도 이러한 태도를 지켜나가기 어려운 현실 속에서 가치관의 혼란을 겪고 있다. 작가는 이를 통해 당대 농민들이 겪고 있던 어려움을 현실감 있게 보여 준다.

① 농민들이 권중만을 보고 '채소를 돈거리로 갈기 시작'하는 상황은, 농사를 통한 경제적 이익 창출을 고려하는 농민들의 면모를 드러내는군.
② 영두가 '국내 수요'와 '대일 수출'을 언급하며 권중만과 이야기를 나누는 모습은, 농산물의 유통과 판매까지 감안하는 농민의 현실을 드러내는군.
③ 영두가 '밭떼기 장수'를 '미더운 물주요 필요악 이상의 불가결한 존재'로 받아들이는 것은, 다른 농민들의 어려운 상황을 이용해 경제적 이익을 추구하는 영두의 모습을 드러내는군.
④ 영두가 '자칫 못 먹을 것을 만들어서 파는 사람으로 취급받지 않'으려 하는 것은, 먹거리를 생산하는 농민이 가져야 할 태도에 대해 인식하고 있음을 드러내는군.
⑤ 영두가 '구수한 맛이 더하던 이치'에도 불구하고 '볼품이 없는 것'이 '값이 있을 리가 없'다고 판단하는 것은 농사에 대한 가치관을 따르기 어려운 현실에 대한 인식을 드러내는군.

[42 ~ 45] 다음 글을 읽고 물음에 답하시오.

> 이때 춘향 어미는 삼문간에서 들여다보고 땅을 치며 우는 말이,
> "신관 사또는 사람 죽이러 왔나? 팔십 먹은 늙은 것이 무남독녀 딸 하나를 금이야 옥이야 길러내어 이 한 몸 의탁코자 하였더니, 저 지경을 만든단 말이오? 마오 마오. 너무 마오!"
> 와르르 달려들어 춘향을 얼싸안고,
> "아따, 요년아. 이것이 웬일이냐? 기생이라 하는 것이 수절이 다 무엇이냐? 열 소경의 외막대 같은 네가 이 지경이 되었으니 어디 가서 의탁하리? 할 수 없이 죽었구나." [A]
> 향단이 들어와서 춘향의 다리를 만지면서,
> "여보 아가씨, 이 지경이 웬일이오? 한양 계신 도련님이 내년 삼월 오신댔는데, 그동안을 못 참아서 황천객이 되시겠네. 아가씨, 정신 차려 말 좀 하오. 백옥 같은 저 다리에 유혈이 낭자하니 웬일이며, 실낱같이 가는 목에 큰 칼*이 웬일이오?"
> (중략)

칼머리 세워 베고 우연히 잠이 드니, 향기 진동하며 여동 둘이 내려와서 춘향 앞에 꿇어앉으며 여쭈오되,

"소녀들은 **황릉묘 시녀**로서 부인의 명을 받아 낭자를 모시러 왔사오니 사양치 말고 가사이다."

춘향이 공손히 답례하는 말이,

"황릉묘라 하는 곳은 **소상강 만 리 밖** 멀고도 먼 곳인데, 어떻게 가잔 말인가?"

"가시기는 염려 마옵소서."

손에 든 **봉황 부채** 한 번 부치고 두 번 부치니 **구름같이 이는 바람** 춘향의 몸 훌쩍 날려 공중에 오르더니 여동이 앞에 서서 길을 인도하여 석두성을 바삐 지나 한산사 구경하고, 봉황대 올라가니 왼쪽은 동정호요 오른쪽은 팽려호로다. 적벽강 구름 밖에 열두 봉우리 둘렀는데, 칠백 리 동정호의 오초동남 여울목에 오고 가는 상인들은 순풍에 돛을 달아 범피중류 떠나가고, 악양루에서 잠깐 쉬고, 푸른 풀 무성한 군산에 당도하니, 흰 마름꽃 핀 물가에 갈까마귀 오락가락 소리하고, 숲속 원숭이가 자식 찾는 슬픈 소리, 나그네 마음 처량하다. 소상강 당도하니 경치도 기이하다. 대나무는 숲을 이루어 아황 여영 눈물 흔적 뿌려 있고, 거문고 비파 소리 은은히 들리는데, 십층 누각이 구름 속에 솟았도다. 영롱한 전주발과 안개 같은 비단 장막으로 주위를 둘렀는데, 위의도 웅장하고 기세도 거룩하다.

여동이 앞에 서서 춘향을 인도하여 문 밖에 세워 두고 대전에 고하니,

"**춘향이 바삐 들라** 하라."

춘향이 황송하여 계단 아래 엎드리니 부인이 명령하시되,

"대전 위로 오르라."

춘향이 대전 위에 올라 손을 모아 절을 하고 공손히 자리에서 일어나 좌우를 살펴보니, 제일 층 옥가마 위에 아황 부인 앉아 있고 제이 층 황옥가마에는 여영 부인 앉았는데, 향기 진동하고 옥으로 만든 장식 소리 쟁쟁하여 하늘나라가 분명하다. 춘향을 불러다 자리를 권하여 앉힌 후에,

"춘향아, 들어라. 너는 **전생** 일을 모르리라. 너는 부용성 영주궁의 **운화 부인 시녀**로서 서왕모 요지연에서 장경성에 눈길 주어 복숭아로 희롱하다 인간 세상에 귀양 가서 시련을 겪고 있거니와 머지않아 장경성을 다시 만나 부귀영화를 누릴 것이니 **마음을 변치 말고 열녀를 본받**아 후세에 이름을 남기라."

춘향이 일어서서 두 부인께 절을 한 후에 달나라 구경하려다가 발을 잘못 디뎌 깨달으니 한바탕 꿈이라. 잠을 깨어 탄식하는 말이,

"이 꿈이 웬 꿈인가? 뜻 이룰 큰 꿈인가? 내가 죽을 꿈이로다."

칼을 비스듬히 안고

"애고 목이야, 애고 다리야. 이것이 웬일인고?"

향단이 원미를 가지고 와서,

"여보, 아가씨. 원미 쑤어 왔으니 정신 차려 잡수시오."

춘향이 하는 말이, [B]

"원미라니 무엇이냐, 죽을 먹어도 이죽을 먹고, 밥을 먹어도 이밥을 먹지, 원미라니 나는 싫다. 미음물이나 하여 다오."

미음을 쑤어다가 앞에 놓고,

"이것을 먹고 살면 무엇할꼬? 어두침침 옥방 안에 칼머리 비스듬히 안고 앉았으니, 벼룩 빈대 온갖 벌레 무른 등에 피를 빨고, 궂은 비는 부슬부슬, 천둥은 우루루, 번개는 번쩍번쩍, 도깨비는 휙휙, 귀신 우는 소리 더욱 싫다. 덤비는 것이 헛것이라. 이것이 웬일인고? 서산에 해 떨어

지면 온갖 귀신 모여든다. 살인하고 잡혀 와서 아흔 되어 죽은 귀신, 나라 곡식 훔쳐 먹다 곤장 맞아 죽은 귀신, 죽은 아낙 능욕하여 고문당해 죽은 귀신, 제각기 울음 울고, 제 서방 해치고 남의 서방 즐기다가 잡혀 와서 죽은 귀신 처량히 슬피 울며 '동무 하나 들어왔네' 하고 달려드니 처량하고 무서워라. 아무래도 못 살겠네. 동방의 귀뚜라미 소리와 푸른 하늘에 울고 가는 기러기는 나의 근심 자아낸다." [C]

한없는 근심과 그리움으로 날을 보낸다.

이때 이 도령은 서울 올라가서 밤낮을 가리지 않고 공부하여 글짓는 솜씨가 당대에 제일이다. 나라가 태평하고 백성이 평안하니 태평과를 보려 하여 팔도에 널리 알려 선비를 모으니 춘당대 넓은 뜰에 구름 모이듯 모였구나. 이 도령 복색 갖춰 차려 입고 시험장 뜰에 가서 글 제목 나오기 기다린다.

시험장이 요란하여 현제판을 바라보니 '강구문동요*'라 하였겠다. 시험지를 펼쳐놓고 한번에 붓을 휘둘러 맨 먼저 글을 내니, 시험관이 받아보고 글자마다 붉은 점이요 구절마다 붉은 동그라미를 치는구나. 이름을 뜯어 보고 승정원 사령이 호명하니, 이 도령 이름 듣고 임금 앞에 나아간다.

− 작자 미상, 「춘향전」 −

* 칼 : 죄인에게 씌우던 형틀.
* 강구문동요(康衢聞童謠) : 길거리에서 태평세월을 칭송하는 아이들 노래를 들음.

---

42. [A]와 [B]를 통해 인물을 이해한 내용으로 가장 적절한 것은?

① [A]에서는 '춘향 어미'의 비난을 통해, [B]에서는 '향단'의 옹호를 통해 '신관 사또'에 대한 두 인물의 상반된 인식을 알 수 있다.

② [A]에서는 '춘향 어미'의 만류를 통해, [B]에서는 '향단'의 재촉을 통해 '춘향'의 수절에 대한 두 인물의 상반된 인식을 알 수 있다.

③ [A]에서는 앞날을 걱정하는 '춘향 어미'를 통해, [B]에서는 '춘향'의 현재 상태를 염려하는 '향단'을 통해 '춘향'의 고난에 대한 상이한 반응을 확인할 수 있다.

④ [A]에서는 격앙된 '춘향 어미'를 진정시키는 모습을 통해, [B]에서는 '춘향'에게 음식을 정성스레 건네는 모습을 통해 '향단'의 침착한 태도를 확인할 수 있다.

⑤ [A]에서 '도련님'의 약속을 신뢰하는 '춘향 어미'의 모습과 [B]에서 '춘향'의 앞날을 걱정하는 '향단'의 모습으로 인해 '춘향'의 내적 갈등이 심화되고 있음을 확인할 수 있다.

43. [C]에 대한 이해로 적절하지 <u>않은</u> 것은?

① 공간의 특징을 열거하여 자신의 비참한 처지를 드러내고 있다.

② 비현실적인 존재를 언급하며 자신이 느끼는 두려움을 드러내고 있다.

③ 청각적 경험을 자극하는 자연물을 통해 자신의 근심을 드러내고 있다.

④ 미래에 대한 부정적 전망과 함께 자신의 신세에 대한 한탄을 드러내고 있다.

⑤ 자신과 같이 억울한 처지에 놓인 사람들에 대한 연민의 감정을 드러내고 있다.

※ <보기>를 참고하여 44번과 45번의 두 물음에 답하시오.

─────── < 보 기 > ───────

서사적 모티프란 전체 이야기를 구성하는 작은 이야기 단위이다. 이 작품에서는 황릉묘의 주인이자 정절의 표상인 아황 부인과 여영 부인이 등장하는 황릉묘 모티프가 사용되었다. 이는 천상계와 인간 세상, 전생과 현생, 꿈과 현실의 대응을 형성하면서 공간적 상상력을 풍요롭게 하는 동시에 주인공의 또 다른 정체성을 드러낸다.

서사적 모티프는 작품을 읽는 독자에게 서사 이해의 실마리를 제공함으로써 작품의 전개 방향을 예측하게 한다. 황릉묘 모티프에서 '머지않아 장경성을 다시 만나 부귀영화를 누릴 것'이라는 두 부인의 말을 감안하여, 독자는 이어지는 내용에서

㉮

44. <보기>를 참고하여 윗글을 감상한 내용으로 적절하지 <u>않은</u> 것은? [3점]

① 춘향이 잠이 들어 '황릉묘 시녀'를 만난 것은 황릉묘 모티프를 통해 꿈과 현실의 연결이 일어나게 됨을 보여 주는군.

② '봉황 부채'에 의한 '구름 같이 이는 바람'을 타고 '소상강 만리 밖' 황릉묘까지 춘향이 날려가는 것은 꿈속 공간의 초월적 성격을 드러내는군.

③ 아황 부인과 여영 부인이 '춘향이 바삐 들라'라고 명령하는 것은 자신의 문제를 서둘러 해결하고자 하는 춘향에게 인간 세상에 대비되는 천상계의 질서가 있음을 보여 주는군.

④ '전생'에 춘향이 '운화 부인 시녀'였다는 아황 부인과 여영 부인의 말은 전생과 현생의 대응을 드러내면서 공간적 상상력의 확장을 유도하는군.

⑤ 아황 부인과 여영 부인이 춘향에게 '마음을 변치 말고 열녀를 본받'으라고 당부하는 것은 춘향이 정절을 지켜나갈 인물임을 암시하는군.

45. <보기>의 ㉮에 들어갈 내용으로 가장 적절한 것은?

① '내가 죽을 꿈이로다'라는 춘향의 말보다는 이 도령이 과거에 급제한 상황에 주목하며 두 인물의 재회를 예상할 것이다.

② 꿈에 대해 자문하며 탄식하는 춘향의 모습을 보고 춘향이 현실에서의 정체성에 의문을 갖게 되리라고 예상할 것이다.

③ 두 부인과의 만남이 꿈임을 깨닫는 춘향의 모습을 보고 꿈과 현실의 대비가 주는 허무함을 절감하게 될 것이다.

④ 춘향이 자신의 실수로 꿈에서 깨어나는 장면을 춘향의 고난이 지속될 것이라는 암시로 받아들일 것이다.

⑤ 꿈에서 '달나라 구경'을 이루지 못하고 깨어난 춘향이 꿈에 대한 미련을 보이리라고 예상할 것이다.

* 확인 사항

○ 답안지의 해당란에 필요한 내용을 정확히 기입(표기)했는지 확인하시오.

국어 영역

● 문항수 45개 | 배점 100점 | 제한 시간 80분

● 점수 표시가 없는 문항은 모두 2점

[1~3] 다음은 학생의 발표이다. 물음에 답하시오.

안녕하세요. 저는 1학년 5반 ○○○입니다. 여러분은 중학교 때 어떤 자율 동아리 활동을 하셨나요? 고등학교에 와서 무언가 새로운 것에 도전하고 싶지는 않으신가요? 여러분께 저와 제 친구들이 만든 정말 멋진 자율 동아리 '직접 함께 오토마타'를 소개합니다.

오토마타가 뭐냐고요? (㉠모형 딱따구리를 꺼내 손잡이를 돌리며) 이렇게 손잡이를 돌리면 앞뒤로 움직이는 조형물을 만들어 본 적 있죠? 초등학교 과학 시간이나 만들기 시간에 대부분 공작 키트로 만들어 보셨을 텐데요. 이처럼 오토마타는 크랭크, 기어, 캠 같은 부품들로 이루어진 기계 장치를 통해 특정한 동작을 반복하도록 만들어진 조형물을 뜻합니다.

그런데 우리 동아리는 시중에서 판매하는 공작 키트를 구입해서 주어진 부품을 설명서대로 조립하는 동아리가 (두 팔을 교차해 가위표를 만들며) 아닙니다. 우리 동아리는 오토마타의 설계도를 그려서 부품을 만들어 조립하고, 아름다운 조형물로 완성하기까지의 모든 과정을 직접 해 보는 동아리입니다. 한발 더 나아가 코딩을 활용한 오토마타를 만들어 내는 것을 목표로 합니다. (㉡동영상을 띄우고) 작년 □□시 오토마타 경진대회에 나온 작품들입니다. 버튼을 누르니까 코딩된 내용에 따라 다양한 움직임을 보여주죠? 이렇게 멋진 오토마타를 여러분과 직접 함께 만들고 싶습니다.

특히 과학에 관심이 많거나 발명을 좋아하는 분, 미술을 좋아하거나 프로그래밍에 도전하고 싶은 분은 반드시 우리 동아리에 가입하라고 말씀드리고 싶습니다. 여러분이 머릿속으로 상상했던 대로 움직이는 조형물을 실제로 만들어 볼 수 있을 것입니다. 우리 동아리에 들어와 활동하면 여러분의 진로 선택에 분명 도움이 될 것입니다.

우리는 3D 프린터를 활용하여 각종 부품을 직접 만들고, 메이커실에서 그 부품들을 조립할 계획입니다. 제가 벌써 담당 선생님께 매주 화요일과 목요일 방과 후에 3D 프린터와 메이커실을 사용할 수 있도록 허락을 받아 두었습니다. 게다가 담당 선생님께서 (엄지를 치켜들며) 코딩계의 전설이라 하십니다. (웃으며) 오토마타 동아리에 들어오면 코딩을 제대로 배울 수 있습니다.

우리 동아리에서는 한 사람이 최소 한 작품 이상을 만들어 10월에 열리는 학교 축제 때 전시하고자 합니다. 두세 명씩 모여 공동 작업도 진행할 예정이니 진정한 협업을 경험해 보고 싶다면 따로 신청해 주시기 바랍니다.

자율 동아리 '직접 함께 오토마타'에 가입하고 싶은 친구들은 다음 주 화요일까지 1학년 5반에서 저 ○○○을 찾아 가입 신청서를 내시면 됩니다. 각종 문의도 환영합니다. 많은 친구들이 함께하면 좋겠습니다. 감사합니다.

1. 위 발표에 대한 설명으로 적절하지 <u>않은</u> 것은?

① 용어의 뜻을 풀이하며 청중의 이해를 돕고 있다.
② 구체적 정보를 제공하며 청중을 설득하려 하고 있다.
③ 비언어적 표현을 사용하여 전달의 효과를 높이고 있다.
④ 질문을 던지는 방식으로 청중의 관심을 유발하고 있다.
⑤ 앞에서 설명한 내용을 요약하며 발표를 마무리하고 있다.

2. ㉠과 ㉡의 활용에 대한 설명으로 가장 적절한 것은?

① ㉠을 활용해 동아리에 대한 관심을 유도하고, ㉡을 활용해 동아리 활동의 주의 사항을 드러냈다.
② ㉠을 활용해 청중의 경험을 환기하고, ㉡을 활용해 동아리가 목표로 하는 결과물의 수준을 제시하였다.
③ ㉠을 활용해 동아리 활동의 결과물을 보여 주고, ㉡을 활용해 오토마타 작품의 발전 단계를 설명하였다.
④ ㉠을 활용해 동아리 활동을 위한 준비물을 알려 주고, ㉡을 활용해 오토마타 작품이 지닌 특징을 보여 주었다.
⑤ ㉠을 활용해 오토마타 부품이 작동하는 원리를 설명하고, ㉡을 활용해 오토마타에서 코딩이 중요한 까닭을 강조하였다.

3. <보기>는 발표를 들은 학생들의 반응이다. 발표의 내용을 고려하여 학생의 반응을 이해한 내용으로 적절하지 <u>않은</u> 것은?

< 보 기 >
학생 1 : 3D 프린터나 메이커실을 사용할 수 있다는 것을 알고 이 동아리에 가입하고 싶어졌어. 먼저 화요일, 목요일 방과 후에 나에게 다른 일정이 없는지 확인해야겠어.
학생 2 : 오토마타 동아리에서 코딩을 제대로 배운다는 것이 가능할까? 우리 학교에 코딩을 제대로 배울 수 있는 다른 동아리는 없는지 찾아 봐야겠어.
학생 3 : 미술을 전공할 생각인데, 이 동아리의 장점이 진로에 도움이 될 것 같아. 오토마타와 미술에 대한 자료를 더 찾아 본 후에 가입을 결정하는 것이 좋겠어.

① '학생 1'은 발표에서 알게 된 내용 중 일부를 동아리 가입을 결정하는 핵심 정보라고 판단하고 있다.
② '학생 2'는 발표자가 말한 내용의 실현 가능성에 대해 궁금해하고 있다.
③ '학생 3'은 발표자가 말한 내용을 자신의 진로와 관련지어 긍정적으로 평가하고 있다.
④ '학생 1'과 '학생 3'은 발표자가 말한 내용이 타당한 근거에 바탕한 것인지를 따져 보고 있다.
⑤ '학생 2'와 '학생 3'은 발표에서 알게 된 내용과 관련하여 추가적인 정보 탐색을 계획하고 있다.

[4~7] (가)는 인터뷰이고, (나)는 (가)를 바탕으로 학생이 교지에 실기 위해 쓴 글의 초고이다. 물음에 답하시오.

(가)

학생 : 안녕하세요. 저는 ○○고에 다니는 △△△입니다. 조선 왕릉과 관련하여 장묘 전통, 공간 구성, 석물 등에 대해 학예사님의 설명을 듣고자 찾아왔습니다.

학예사 : 반갑습니다. 직접 보며 설명하면 더 좋을 것 같아요. 성종이 모셔져 있는 능까지 걸으면서 이야기 나눌까요?

학생 : 네, 좋아요. 조선 왕릉이 유네스코 세계 유산으로 등재되었는데요, 등재 기준의 내용 중에서 자연 친화적 장묘 전통에 대한 설명을 부탁드릴게요.

학예사 : 조선은 자연 훼손과 인위적인 구조물 배치를 최소화하는 것을 원칙으로 하여 왕릉을 조성했습니다. 봉분을 수십 미터 높이로 조성하거나 지하에 궁전과 같은 공간을 만들기도 했던 중국과 비교하면, 조선 왕릉의 자연 친화적 성격이 돋보입니다.

학생 : 그렇군요. 예전에 건원릉이나 광릉에 갔을 때도, 왕릉이라기보다는 자연 속에 있는 것과 같은 편안함을 느꼈습니다. 이곳 선릉도 자연 친화적 공간이라는 인상을 받았습니다.

학예사 : 기능적 필요에 의한 건축물만을 최소한으로 배치하고 자연과의 조화 속에서 왕릉을 조성했기에 그런 것이지요.

학생 : 조선 왕릉은 진입 공간, 제향 공간, 능침 공간으로 구분된다고 알고 있는데, 세계 유산 등재 기준 내용에 포함되어 있는 공간 구성의 독창성과 어떤 관련이 있나요?

학예사 : 여기 선릉을 예로 들어서 설명드릴게요. 아까 지났던 홍살문까지가 진입 공간, 홍살문에서 여기 정자각까지가 제향 공간, 그리고 저 위가 왕릉의 핵심 공간인 능침 공간입니다. 그러면 질문 하나 할게요. 정자각까지 오는 동안 능침 공간이 잘 보였나요?

학생 : 아니요. 능침 공간은 지대가 높은 곳에 조성되어 있는데도 정자각에 가려서 잘 보이지 않았어요.

학예사 : 바로 그런 점이 조선 왕릉이 가진 공간 구성의 독창성과 관련됩니다. 능침 공간으로 올라가서 설명해 드릴게요. 대개 정자각에 도달할 때까지 능침 공간은 참배객에게 잘 보이지 않습니다. 하지만 지금 있는 능침 공간에서는 왕릉을 전체적으로 조망할 수 있습니다. 공간에 따라 지면 높이를 다르게 하여 조망 범위가 다르도록 했기 때문입니다. 그리고 제향 공간의 건축물인 정자각의 배치를 활용하여 능침 공간을 향한 참배객의 시야를 제한하였습니다. 이러한 방식으로 공간의 위계를 만들어 능침 공간의 권위와 성스러움을 확보했습니다. 이러한 점이 조선 왕릉의 독창성입니다.

학생 : 조선 왕릉은 공간에 따라 조망 범위를 다르게 하는 방식으로 공간의 위계를 조성했다고 이해하면 될까요?

학예사 : 맞습니다. 잘 이해했네요.

학생 : 감사합니다. 마지막 질문인데요, 능침 공간에 배치된 석물에 대한 설명을 부탁드릴게요.

학예사 : 지금 보이는 것처럼 능침 공간에는 예술적 가치가 높은 석물이 배치되었습니다. 봉분에 병풍석과 난간석을 둘렀고, 봉분 주변에 혼유석, 양 모양과 호랑이 모양의 석상 등을 두었습니다. 그리고 장명등, 문신과 무신 형상의 석인상, 석마 등을 배치하여 질서 있는 공간미를 보여 주었습니다. [A]

학생 : 설명해 주신 내용을 들으면 석물은 공간미를 위한 요소라는 생각이 듭니다. 석물의 예술적 가치가 높다고 하셨는데 이에 대한 설명도 부탁드릴게요.

학예사 : 왕릉에 배치된 석물은 능침을 수호하는 상징적 의미를 가지면서도, 고유한 예술미를 바탕으로 왕릉의 장엄함을 강조하는 격조 높은 조각품이라 할 수 있습니다. 예를 들어 석인상은 사각 기둥의 느낌이 나도록 형태가 단순화되어 있으면서도 수호신상과 같은 엄숙함을 느끼게 하는 예술미를 드러냅니다. [B]

학생 : 덕분에 많은 것을 알 수 있었습니다. 귀한 시간 내주셔서 감사합니다.

학예사 : 네, 저도 즐거웠습니다. 조선 왕릉이 세계 유산으로 등재된 것은 기록 문화와 제례 의식과 관련된 기준도 있으니 더 살펴봐도 좋겠네요.

학생 : 네, 잘 찾아볼게요. 감사합니다.

(나)

　조선 왕릉은 자연 친화적 장묘 전통, 인류 역사의 중요한 단계를 잘 보여 주는 왕릉 조성과 기록 문화, 조상 숭배의 전통이 이어지고 있는 살아 있는 유산이라는 점에서 가치를 인정받아, 2009년 유네스코 세계 유산으로 등재되었다.

　조선은 자연과의 조화 속에서 왕릉을 조성하는 자연 친화적 원칙을 지켜 왔다. 이를 바탕으로, 조선 왕릉은 공간의 위계를 만들어 능침 공간의 권위와 성스러움을 확보하는 공간 구성의 독창성을 드러낸다. 조선 왕릉은 지면의 높이 차이를 만들고 정자각의 배치를 활용하여 제향 공간과 능침 공간의 조망 범위를 다르게 함으로써 공간의 위계를 조성하였다.

　능침 공간은 왕의 공간인 상계, 신하의 공간인 중계와 하계로 영역이 나뉘어 영역별로 다양한 석물이 배치되었다. 상계의 봉분에는 불교적 장식 요소를 새겨 넣은 병풍석과 난간석을 두르고, 봉분 주변에는 영혼이 노니는 석상인 혼유석, 악귀로부터 능을 수호하는 양 석상과 호랑이 석상 등을 두었다. 중계에는 어두운 사후 세계를 밝히는 장명등, 문신 형상의 석인상, 석마 등을, 하계에는 무신 형상의 석인상, 석마 등을 두었다. 이들은 조선의 내세관과 함께, 문치주의를 표방했던 조선 왕조의 지향을 드러낸다. [C]

　조선 왕릉이 잘 보존되고 살아 있는 유산으로 평가 받는 이유는 조선의 기록 문화와 제례 의식 덕분이라고 할 수 있다. 장례 과정을 담은 『국장도감의궤』, 왕릉의 조성 과정을 담은 『산릉도감의궤』 등의 기록물들은 왕릉을 유지하고 보수할 수 있게 하는 자료가 되고 있다. 또한 지금까지도 종묘에서 정례적으로 봉행되는 제례 의식은 조상을 기억하고 존경하는 전통이 살아 있음을 보여 준다.

4. (가)의 '학생'에 대한 설명으로 적절하지 <u>않은</u> 것은?

① 알고 싶은 내용을 서두에 밝히며 인터뷰를 시작하고 있다.

② 자신이 알고 있는 정보를 바탕으로 학예사에게 질문하고 있다.

③ 학예사의 설명에 대한 자신의 이해가 적절한지 확인하고 있다.

④ 학예사가 설명한 내용에 대해 자신의 경험을 밝히며 공감을 드러내고 있다.

⑤ 학예사의 설명을 바탕으로 자신의 생각을 수정하며 질문을 덧붙이고 있다.

5. [A], [B]에 대한 설명으로 가장 적절한 것은? [3점]

① [A], [B] 모두에서 학생은 학예사의 이전 답변을 인용하며 추가적인 설명을 요청하고 있다.

② [A], [B] 모두에서 학생은 학예사가 제시한 사례의 적절성에 의문을 제기하며 새로운 사례를 요청하고 있다.

③ 학예사는 학생의 요청에 따라 [A]에서 자신이 설명한 내용을 [B]에서 보충하고 있다.

④ 학예사는 학생의 이해를 돕기 위해 [A]에서 자신이 설명한 내용을 [B]에서 반복하고 있다.

⑤ 학예사는 [A]의 설명에 대한 학생의 잘못된 이해를 [B]에서의 설명을 통해 바로잡고 있다.

6. <보기>는 (나)를 작성하기 위해 세운 글쓰기 계획이다. <보기>에서 (나)에 반영된 것만을 있는 대로 고른 것은?

───── < 보 기 > ─────

ㄱ. 조선 왕릉이 유네스코 세계 유산으로 등재되었다는 점을 고려하여, 조선 왕릉이 어떤 점에서 가치를 인정받았는지를 글의 첫머리에 밝히며 시작해야겠어.

ㄴ. 조선 왕릉의 자연 친화적 장묘 전통이 인정받았다는 점을 고려하여, 조선의 고유한 장묘 문화가 형성되는 데 우리나라의 자연 환경이 영향을 끼쳤음을 밝혀야겠어.

ㄷ. 조선 왕릉에 공간 구성의 독창성이 있다는 점을 고려하여, 조선 왕릉에 나타나는 공간의 위계에 대해 설명해야겠어.

ㄹ. 조선 왕릉과 관련한 기록 문화와 제례 의식이 있다는 점을 고려하여, 왕릉과 관련된 기록물과 현재 유지되고 있는 제례 의식의 사례를 찾아 제시해야겠어.

① ㄱ, ㄴ   ② ㄱ, ㄷ   ③ ㄴ, ㄹ

④ ㄱ, ㄷ, ㄹ   ⑤ ㄴ, ㄷ, ㄹ

7. [C]에 나타난 글쓰기 방식에 대한 이해로 가장 적절한 것은?

① 능침 공간에 배치된 석물의 예술미를 분석하고 왕릉들을 비교하며 설명하고 있다.

② 능침 공간의 특정 석물에 대한 평가들을 소개하고 평가 간의 차이를 부각하고 있다.

③ 능침 공간에 배치된 석물의 형태 변화 양상을 설명하고 시기별 특징을 드러내고 있다.

④ 능침 공간에 배치된 석물에 대한 설명을 인용하고 이를 비판적 관점에서 검토하고 있다.

⑤ 능침 공간을 세 영역으로 구분하고 각 영역에 배치된 석물에 대해 설명을 덧붙이고 있다.

[8 ~ 10] (가)는 작문 상황이고 (나)는 (가)를 바탕으로 쓴 학생의 초고이다. 물음에 답하시오.

(가) 작문 상황

○ 작문 목적 : '채식하는 날' 도입에 대한 학생들의 부정적 인식을 해소한다.

○ 예상 독자 : 우리 학교 학생 전체

○ 예상 독자 분석 결과 : 설문 조사 결과 다수의 학생이 '채식하는 날' 도입에 부정적인 것으로 나타났다. 반대하는 이유로는 ㉠'채식 급식은 맛이 없다.', ㉡'채식이 건강에 도움이 안 된다.' 등이 제시되었다. 그리고 '채식하는 날' 도입에 대한 기타 의견으로는 ㉢'왜 도입하는지 모르겠다.', ㉣'어떻게 운영되는지 모르겠다.' 등이 제시되었다.

○ 내용 구성 방안 : 채식이 건강에 주는 이점과 ㉤환경에 기여하는 점을 중심으로 글을 작성한다.

(나) 학생의 초고

최근 우리 학교에서는 '채식하는 날' 도입 여부에 대한 논의가 활발하게 진행 중이다. '채식하는 날'이 도입되면 매주 월요일에는 모든 학생에게 육류, 계란 등을 제외한 채식 중심의 급식이 제공된다. 그런데 '채식하는 날' 도입 여부에 대한 설문 조사 결과, 약 65%의 학생이 반대하는 것으로 나타났다. 하지만 나는 건강을 위한 선택이 기후 위기를 막는 데도 도움이 된다는 점에서 '채식하는 날'을 도입해야 한다고 생각한다.

'채식하는 날' 도입이 필요한 이유는 다음과 같다. 먼저, '채식하는 날'이 도입되면 학생들의 채소류 섭취가 늘 것이다. 우리 학교 학생들은 급식 시간에 육류를 중심으로 음식을 골라 먹는 경향이 강하다. 잔반에서 채소류가 차지하는 비율도 높다. 이런 상황에 대해 영양 선생님께서는 학교에서 영양소가 골고루 포함된 급식을 제공하더라도 학생들이 육류 중심으로 영양소를 섭취한다며 걱정하셨다. 그러면서 '채식하는 날'을 도입하면 다양한 방식으로 조리한 맛있는 채소류 음식을 제공할 예정이고, 학생들도 영양소가 골고루 포함된 채소류 음식을 즐기게 되면 몸도 건강해지고 식습관도 개선될 것이라고 말씀하셨다.

다음으로 '채식하는 날'이 도입되면 육류 소비 과정에서 발생하는 온실가스의 배출을 줄여 지구의 기후 위기를 막으려는 노력에 동참할 수 있다. 채식 중심의 급식 제도를 운영하는 한 공공 기관에서는 이 제도를 통해 온실가스 감축에 큰 기여를 하고 있다고 홍보하기도 했다. 통계에 따르면 현재 전 세계 온실가스 배출원 중에서 축산 분야가 가장 높은 비율을 차지한다고 한다. 다시 말해 육류 소비를 적게 하면 온실가스 배출을 줄이는 데 기여하는 셈이라고 할 수 있다.

따라서 '채식하는 날'이 도입되면 건강에 도움이 될 뿐만 아니라 기후 위기를 막는 데도 기여하게 될 것이다. ⓐ그러므로 나는 우리 학교에서도 '채식하는 날'을 도입하여 학생들이 육류 위주의 식습관을 버리고 채소류 위주의 식습관을 형성하도록 이끌어야 한다고 생각한다.

8. (가)를 고려하여 학생이 구상한 내용 중 (나)에 나타나지 않은 것은?

- ⊙을 고려하여, 학생들에게 좋은 평가를 받은 채식 식단의 사례를 제시한다. ····································· ①
- ⓒ을 고려하여, 채소류 섭취를 늘려 영양소를 골고루 섭취하는 것이 건강에 도움이 됨을 밝힌다. ··········· ②
- ⓒ을 고려하여, 학생의 급식 실태를 밝히며 '채식하는 날' 도입의 필요성을 제시한다. ··········· ③
- ⓔ을 고려하여, '채식하는 날'의 운영 주기와 식단에 포함되지 않는 식재료를 설명한다. ··········· ④
- ⓜ을 고려하여, 육류 소비를 줄이면 온실가스의 발생량을 줄이는 데 기여한다는 점을 제시한다. ··········· ⑤

9. 다음은 (나)를 보완하기 위해 추가로 수집한 자료이다. 자료의 활용 방안으로 적절하지 않은 것은?

ㄱ. 전문 서적

육류 섭취량이 지나치게 많아지면 단백질과 지방의 섭취량이 적정 수준을 초과하게 되고, 육류에 거의 없는 비타민, 미네랄, 식이 섬유 등은 부족하게 된다. 지방의 과잉 섭취나 특정 영양소의 부족은 건강에 악영향을 끼친다.

－ 『영양학』－

ㄴ. 인터뷰 내용

"우리 시에서는 1년 간 590여 개의 공공 급식소에서 '고기 없는 화요일'이라는 제도를 운영했습니다. 이를 통해 30년생 소나무 755만 그루를 심은 것과 같은 온실가스 감축 효과를 얻었습니다. 그리고 이 제도 덕분에 채식을 즐기는 습관을 가지게 되었다는 사람, 과체중 문제를 해결했다는 사람도 있었습니다."

－ ○○시 정책 홍보 담당자 －

ㄷ. 통계 자료

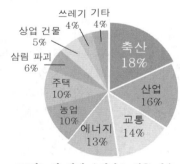

<그림> 전 세계 온실가스 배출 비율

축산 분야를 통해 배출되는 온실가스는 전 세계 온실가스 배출량의 약 18%를 차지하며, 이는 산업, 교통, 에너지 분야 등에 비해 가장 높은 수치에 해당한다.

－ 유엔식량농업기구 보고서 －

① 2문단에 ㄱ의 내용을 추가하고 그 출처도 함께 밝혀 글의 신뢰성을 높인다.
② 2문단에 ㄴ을 활용하여 채식이 건강과 식습관에 긍정적인 변화를 준 사례를 제시한다.
③ 3문단에 제시된 공공 기관의 사례를 ㄴ의 수치를 들어 구체화한다.
④ 3문단에 ㄷ의 <그림>을 삽입하여 통계 자료의 내용을 시각적으로 보여 준다.
⑤ 3문단에 ㄴ과 ㄷ을 활용하여 제도적 변화보다 개인의 노력이 중요함을 드러낸다.

10. <보기>는 (나)를 읽은 선생님의 조언이다. <보기>를 반영하여 ⓐ를 수정하기 위한 구상으로 가장 적절한 것은? [3점]

< 보 기 >

선생님 : '채식하는 날'의 도입 목적을 잘못 이해하고 초고를 써서 읽는 사람이 오해할 수 있어요. 학교 급식은 곡류, 육류, 채소류 등을 다양하게 제공하여 학생의 건강에 필요한 영양소를 골고루 충족시키는 것을 목적으로 하는데, '채식하는 날'의 도입 목적도 이와 다르지 않아요. 이러한 점을 고려하여 마지막 문장을 수정해야 해요.

① '채식하는 날'의 도입 목적은 육류 음식보다 채소류 음식이 학생의 건강에 더 도움이 된다는 사실을 알리고 채소류 음식을 더 많이 먹이는 데 있다는 내용으로 수정해야겠군.
② '채식하는 날'의 도입 목적은 육류를 먹지 말자는 것이 아니라 채소류 음식을 접할 기회를 늘려 영양소를 균형 있게 섭취하게 하는 데 있다는 내용으로 수정해야겠군.
③ '채식하는 날'의 도입 목적은 채소류 음식만으로 필요한 영양소를 모두 충족할 수 있음을 알려 채소류 위주의 식습관을 형성하는 데 있다는 내용으로 수정해야겠군.
④ '채식하는 날'의 도입 목적은 육류만 편식하는 학생들의 태도를 바꾸어 학교 급식의 잔반 중 채소류가 차지하는 비율을 줄이는 데 있다는 내용으로 수정해야겠군.
⑤ '채식하는 날'의 도입 목적은 채소류 위주의 식습관 형성이 건강 증진과 기후 위기 방지에 기여한다는 점을 알리는 데 있다는 내용으로 수정해야겠군.

[11 ~ 12] 다음을 읽고 물음에 답하시오.

모음은 크게 두 부류로 나눌 수 있다. 발음할 때 입술 모양이나 혀의 위치가 변하지 않는 모음을 '단모음'이라 한다. '표준어 규정'은 원칙적으로 'ㅏ, ㅐ, ㅓ, ㅔ, ㅗ, ㅚ, ㅜ, ㅟ, ㅡ, ㅣ'를 단모음으로 발음할 것을 규정하고 있다.

입술 모양이나 혀의 위치가 발음 도중에 변하는 모음은 '이중 모음'이라 하는데, 이중 모음은 홀로 쓰일 수 없는 소리인 '반모음'이 단모음과 결합한 모음이다. 예를 들어 이중 모음인 'ㅑ'의 발음은, 'ㅣ'를 짧게 발음하는 것과 유사한 소리인 반모음 '[j]' 뒤에서 'ㅏ'가 결합한 소리이다. 'ㅑ'와 마찬가지로 'ㅒ, ㅕ, ㅖ, ㅛ, ㅠ, ㅢ'의 발음은, 각각 반모음 '[j]'와 단모음 'ㅐ, ㅓ, ㅔ, ㅗ, ㅜ, ㅡ'가 결합한 소리이다. 'ㅗ'나 'ㅜ'를 짧게 발음하는 것과 유사한 반모음 '[w]'도 있는데 'ㅘ, ㅙ, ㅝ, ㅞ'의 발음은 각각 반모음 '[w]'와 단모음 'ㅏ, ㅐ, ㅓ, ㅔ'가 결합한 소리이다. 반모음이 단모음 뒤에서 결합한 소리인 'ㅢ'를 제외하고, 이중 모음의 발음은 모두 반모음이 단모음 앞에서 결합한 소리이다.

'ㅚ'와 'ㅟ'는 단모음으로 발음하는 것이 원칙이지만 현실에서 이중 모음으로 발음하는 경우가 많다. 'ㅚ'를 이중 모음으로 발음할 경우에는 반모음 '[w]'와 'ㅔ' 소리를 연속하여 발음하며, 'ㅟ'를 이중 모음으로 발음할 경우에는 반모음 '[w]'와 'ㅣ' 소리를 연속하여 발음한다. '표준어 규정'에서도 현실 발음을 고려하여 이와 같이 'ㅚ'와 'ㅟ'를 이중 모음으로 발음하는 것을 허용하고 있다.

11. 윗글에 대한 이해로 적절하지 <u>않은</u> 것은?

① 'ㅠ'는 발음할 때 입술 모양이나 혀의 위치가 변한다.

② 'ㅐ'는 발음할 때 입술 모양이나 혀의 위치가 변하지 않는다.

③ 'ㅖ'의 발음은 반모음 '[j]' 뒤에서 단모음 'ㅔ'가 결합한 소리이다.

④ 'ㅘ'의 발음은 단모음 'ㅗ' 뒤에서 반모음 '[j]'가 결합한 소리이다.

⑤ 반모음 '[w]'는 홀로 쓰일 수 없고 단모음과 결합하여 이중모음을 이룬다.

12. <보기>는 학생들의 대화이다. 윗글을 바탕으로 할 때 <보기>의 ㉠, ㉡에 들어갈 내용으로 적절한 것은? [3점]

───── < 보 기 > ─────

학생 1: '표준어 규정'에 따르면 'ㅚ'는 단모음으로 발음하는 것이 원칙이지만 이중 모음으로 발음하는 것도 허용하더라고. 그러면 '참외'는 [차뫼]로 발음하는 것이 원칙이지만, _____㉠_____로 발음하는 것도 허용한다고 할 수 있겠어.

학생 2: 그래, 맞아. '표준어 규정'에서는 'ㅟ'도 이중 모음으로 발음하는 것을 허용하고 있어. 이에 따른 'ㅟ'의 이중 모음 발음은 'ㅑ, ㅒ, ㅕ, ㅖ, ㅘ, ㅙ, ㅛ, ㅝ, ㅞ, ㅠ, ㅢ'의 발음 중에 _____㉡_____.

	㉠	㉡
①	[차뭬]	포함되어 있지 않아
②	[차뭬]	'ㅢ' 소리에 해당해
③	[차뫠]	'ㅝ' 소리에 해당해
④	[차몌]	포함되어 있지 않아
⑤	[차몌]	'ㅢ' 소리에 해당해

13. ㉠ ~ ㉤에 대한 설명으로 적절하지 <u>않은</u> 것은?

───── < 보 기 > ─────

㉠ 그는 우리와 함께 일하기를 거부했다.

㉡ 개는 사람보다 후각이 훨씬 예민하다.

㉢ 나는 그가 우리를 도와 준 일을 잊지 않았다.

㉣ 날이 추워지면 방한 용품이 필요하다.

㉤ 수만 명의 관객들이 공연장을 가득 메웠다.

① ㉠: '우리와 함께 일하기를'이 안은문장에서 목적어의 역할을 하고 있군.

② ㉡: '후각이 훨씬 예민하다'가 안은문장에서 서술어의 역할을 하고 있군.

③ ㉢: '그가 우리를 도와 준'이 안은문장에서 관형어의 역할을 하고 있군.

④ ㉣: '날이 추워지다.'와 '방한 용품이 필요하다.'가 대등하게 이어진 문장이군.

⑤ ㉤: '관객들이'가 주어이고 '메웠다'가 서술어인 홑문장이군.

14. <보기 1>은 국어사전의 일부이고, <보기 2>는 원고지에 쓴 글을 고친 것이다. <보기 1>을 바탕으로 <보기 2>의 ㉠~㉢을 이해한 내용으로 적절하지 <u>않은</u> 것은?

───── < 보기 1 > ─────

드리다 [드리다] 동 [드리어(드려), 드리니]

【…에 / 에게 …을】

[1] '주다'의 높임말.

[2] 윗사람에게 그 사람을 높여 말이나, 인사, 부탁, 약속, 축하 따위를 하다.

들이다 [드리다] 동 [들이어(들여), 들이니]

[1] 【…을 …에】 밖에서 속이나 안으로 향해 가게 하거나 오게 하다.

[2] 【…에 / 에게 …을】 어떤 일에 돈, 시간, 노력, 물자 따위를 쓰다.

───── < 보기 2 > ─────

① ㉠은 '들이다'[1]의 의미로 사용되었군.

② ㉠을 포함한 문장에 '우리를'을 넣어야 하는 이유는 필요한 문장 성분이 빠졌기 때문이군.

③ ㉡과 '할머니께 말씀을 드리다.'의 '드리다'는 모두 '드리다'[1]의 의미로 사용되었군.

④ ㉢은 '들이다'[2]의 의미로 사용되었기 때문에 '들여'라고 고쳐 써야 하는군.

⑤ ㉠과 ㉡은 사전에서 각각의 표제어 아래 제시된 여러 의미 중 하나로 풀이되는군.

15. <보기>는 수업의 일부이다. 선생님의 설명을 참고할 때 ㉠에 해당하는 것은?

< 보 기 >

선생님 : 훈민정음의 초성 중 기본자는 발음 기관의 모양을 본뜨는 '상형'의 원리로 만들어졌어요. 'ㄱ'은 혀뿌리가 목구멍을 막는 모양을, 'ㄴ'은 혀가 윗잇몸에 닿는 모양을, 'ㅁ'은 입 모양을, 'ㅅ'은 이[齒] 모양을, 'ㅇ'은 목구멍 모양을 본뜬 것이에요. 기본자에 소리의 세기에 따라 획을 더하는 '가획'의 원리를 적용하여 가획자 'ㅋ, ㄷ, ㅌ, ㅂ, ㅍ, ㅈ, ㅊ, ㆆ, ㅎ'을 만들었고, 상형이나 가획의 원리를 적용하지 않고 별도로 이체자 'ㆁ, ㄹ, ㅿ'을 만들었지요. 중성은 하늘, 땅, 사람의 모양을 본떠서 기본자 'ㆍ, ㅡ, ㅣ'를 만들고, '합성'의 원리를 적용하여 초출자 'ㅗ, ㅏ, ㅜ, ㅓ'와 재출자 'ㅛ, ㅑ, ㅠ, ㅕ'를 만들었어요. 종성은 초성의 글자를 다시 사용했답니다. 그러면 선생님과 함께 카드놀이를 하며 훈민정음에 대하여 공부해 봅시다. ㉠아래의 카드 중 [조건]을 모두 만족하는 글자 카드를 찾아볼까요?

[조건]
• 초성: 이[齒] 모양을 본뜬 기본자에 가획하여 만든 글자
• 중성: 초출자 'ㅗ'에 기본자 'ㆍ'를 결합하여 만든 글자
• 종성: 상형이나 가획의 원리를 적용하지 않고 별도로 만든 글자

① 별   ② 쫄   ③ 심   ④ 창   ⑤ 뚱

[16 ~ 20] 다음을 읽고 물음에 답하시오.

조선 시대의 유학자들은 왕권의 기반이 민심에 있으며 민심을 천심으로 받아들여야 한다고 보는 민본(民本) 사상을 통치 기조로 삼을 것을 주장했다. 이러한 관점에서 군주는 백성의 뜻을 하늘의 뜻으로 받들며 섬기고 덕성을 갖춘 성군으로서 백성의 모범이 되어야 하며, 백성을 사랑하는 애민의 태도로 백성의 삶을 안정시키고 백성을 교화해야 하는 존재라고 강조했다. 또한 백성은 보살핌과 가르침을 받는 존재로서 통치에 ⓐ순응해야 한다고 보았다.

군주와 백성에 대한 이러한 관점은 조선 개국을 주도하고 통치 체제를 설계한 정도전의 주장에도 드러난다. 정도전은 군주나 관료가 백성에 대한 통치권을 지닌 것은 백성을 지배하기 위한 것이 아니라 백성을 보살피고 안정시키기 위한 것이라고 보았다. 군주나 관료가 지배자가 아니라 백성을 위해 일하는 봉사자일 때 이들의 지위나 녹봉은 그 정당성이 확보된다고 여긴 것이다. 또한 왕권이 정상적으로 작동하기 위해서는 왕을 정점으로 하여 관료 조직을 위계적으로 ⓑ정비하는 것과 더불어, 민심을 받들어 백성을 보살피는 자로서 군주가 덕성을 갖추는 것이 중요하다고 보았다. 백성을 위하는 관료의 자질 향상 및 책무의 중요성을 강조한 한편, 관료의 비행을 감독하는 감사 기능의 강화를 주장하기도 했다. 이러한 정도전의 주장은 백성을 보살핌의 대상으로 바라본 민본 사상의 관점에 입각한 것이라 할 수 있다.

조선 중기의 학자 이이 역시 군주의 바람직한 덕성을 강조한 한편 군주와 백성의 관계를 부모와 자식의 관계에 빗대어 백성을 보살펴야 하는 대상이라 논했다. 이이는 특히 애민은 부모가 자녀를 가르치듯 군주가 백성들을 도덕적으로 교화함으로써 실현되며, 교화를 ⓒ순조롭게 이루기 위해서는 우선 백성들을 경제적으로 안정시켜야 한다는 점을 강조했다. 또한 백성은 군주에 대한 신망을 지닐 수도 버릴 수도 있는 존재이므로, 군주는 백성을 두려워하는 외민(畏民)의 태도를 지녀야 함을 역설했다. 백성을 보살피고 교화해야 할 대상으로 여긴 점은 정도전의 관점과 상통하는 지점이다. 다만 군주가 백성에 대한 두려움을 가지고 백성의 신망을 유지하기 위해 노력해야 한다는 것을 강조한 점에서 차이가 있다.

조선 후기의 학자 정약용은 환자나 극빈자, 노인과 어린이 등 사회적 약자에 속하는 백성을 적극적으로 보호하는 것이 애민의 내용이라고 주장했다. 이는 백성을 보살핌의 대상으로 바라보는 시각을 구체화한 것이라 할 수 있다. 한편 정약용은 백성을 통치 체제 유지에 기여해야 하는 존재라 보고, 백성이 각자의 경제적 형편에 ⓓ부합하는 역할을 수행해야 한다고 주장하여 백성에 대한 기존의 관점과 차이를 드러냈다. 그는 가난한 백성인 '소민'은 교화를 따름으로써, 부유한 백성인 '대민'은 생산 수단을 제공하고 납세의 부담을 맡음으로써 통치 질서의 안정에 기여해야 한다고 논했다. 이는 조선 후기 농업 기술과 상·공업의 발달로 인해 재산을 축적한 백성들이 등장한 현실을 고려한 것으로, 백성이 국가를 유지하는 근간이라고 보는 관점에 ⓔ기반한 주장이었다.

조선 시대 학자들의 이와 같은 주장은 군주를 비롯한 통치 계층이 백성을 존중하는 정책을 펼치는 바탕이 되었다. 백성을 대상으로 한 교육 제도, 관료의 횡포를 견제하는 감찰 제도, 민생 안정을 위한 조세 및 복지 제도, 백성의 민원을 수렴하는 소원 제도 등은 백성을 위한 정책이 구현된 사례라 할 수 있다. [A]

16. 윗글에 대한 설명으로 가장 적절한 것은?

① 조선 시대 관료 조직의 위계를 분석하고 있다.
② 조선 시대 조세 제도의 문제점을 나열하고 있다.
③ 조선 시대 학자들의 백성에 대한 관점을 비교하고 있다.
④ 조선 시대 군주들의 통치관을 비판적으로 서술하고 있다.
⑤ 조선 시대 상업의 발달 과정을 통시적으로 기술하고 있다.

17. 외민(畏民) 에 대한 이해로 가장 적절한 것은?

① 백성이 군주에 대해 지녀야 할 마음가짐이다.
② 관료의 비행을 감독하기 위해 마련한 제도이다.
③ 군주와 백성을 부모와 자식의 관계에 비유하는 근거이다.
④ 민생이 안정되었을 때 드러나는 백성의 이상적 모습이다.
⑤ 백성이 군주에 대한 신망을 버릴 수 있다고 보는 관점이다.

18. 윗글을 바탕으로 <보기>를 이해한 내용으로 적절하지 <u>않은</u> 것은? [3점]

─── < 보 기 > ───

ㄱ. 옛날에 바야흐로 온 세상을 제압하고 나서 천자가 벼슬을 내리고 녹봉을 나누어 준 것은 신하들을 위해서가 아니라 백성들을 위한 것이었다. … 임금이 관리에게 책임을 지우는 것도 한결같이 백성에 근본을 두고, 관리가 임금에게 보고하는 것도 한결같이 백성에 근본을 두면, 백성은 중요한 존재가 된다.

— 정도전, 『삼봉집』 —

ㄴ. 청컨대 전하의 식사와 옷에서부터, 바치는 물건들과 대궐 안에서 일상적으로 쓰는 물건들 일체를 삼분의 일 줄이십시오. 이런 방식으로 헤아려서 모든 팔도의 진상·공물들도 삼분의 일 줄이십시오. 이렇게만 하신다면 은택이 아래로 미치어 백성들이 실질적인 혜택을 받게 될 것입니다.

— 이이, 『율곡전서』 —

ㄷ. 만일 목화 농사가 흉작이 되어 면포의 가격이 뛰어 오르는데 수백 리 밖의 고장은 풍년이 들어 면포의 값이 매우 쌀 경우 수령은 일단 백성에게 군포를 납부하지 말도록 해야 한다. 그리고 아전 중 청렴한 자를 골라 풍년이 든 곳에 가서 면포를 구입해 오도록 하여 군포를 바친다. 그리고 면포를 구입하는 데 쓴 돈은 백성들이 균등하게 부담케 하면 백성에게 큰 혜택이 돌아갈 것이다.

— 정약용, 『목민심서』 —

① ㄱ은 관료의 녹봉이 백성을 위해 일하는 봉사자로서 얻는 것이라는 주장과 관련된다.

② ㄴ은 군주가 백성을 보살피는 존재라는 시각을 바탕으로 한다.

③ ㄷ은 대민과 소민에 따라 납세 부담에 차이가 있어야 한다는 주장을 구현하는 방법이다.

④ ㄱ과 ㄷ은 민본 사상의 관점에서 바람직한 관료의 면모를 보여 준다.

⑤ ㄴ과 ㄷ은 백성의 경제적 안정을 중시하는 관점에서 제안된 방안에 해당한다.

19. 다음은 윗글을 읽은 학생의 독후 활동이다. ㉮에 들어갈 내용으로 가장 적절한 것은?

독후 활동

유사한 화제를 다룬 다음 자료를 읽고, 관점의 차이를 정리해 보자.

[자료]

> 조선 시대의 교육은 신분 질서 유지를 통해 통치 계층의 우위를 확보하는 데 기여했다. 현실적으로 통치 계층이 아닌 백성은 정치에 참여하는 관료가 되기 어려웠는데, 이는 신분에 따라 교육 기회가 제한된 것과 관련된다. 한편, 백성을 대상으로 하는 교육은 대체로 도덕적 교화를 위한 것에 한정되었다.

[결론]

[자료]와 [A]는 조선 시대의 (㉮)에 대하여 관점의 차이를 보이고 있다.

① 백성이 교육 기회를 얻고자 노력했는지

② 교육이 본질적으로 백성을 위한 것인지

③ 교육 방식이 현대적으로 계승되었는지

④ 신분 질서가 어떤 의미를 지니는지

⑤ 백성이 어떻게 정치에 참여했는지

20. 문맥상 ⓐ ~ ⓔ와 바꿔 쓰기에 적절하지 <u>않은</u> 것은?

① ⓐ : 따라야

② ⓑ : 가다듬는

③ ⓒ : 끊임없이

④ ⓓ : 걸맞은

⑤ ⓔ : 바탕을 둔

[21 ~ 25] 다음을 읽고 물음에 답하시오.

공익을 위한 적법한 행정 작용으로 개인의 재산권*에 특별한 희생이 발생한 경우, 개인은 자신이 입은 재산상 손실을 보상하도록 요구할 수 있는 권리인 '손실 보상 청구권'을 갖는다. 여기서 '특별한 희생'이란 보호할 필요가 있는 재산권에 대한 침해를 이르는 말로, 이로 인한 손실은 국가가 보상해야 한다. 가령 감염병예방법에 따르면, 행정 기관이 감염병 예방을 위해 의료기관의 병상이나 연수원, 숙박 시설 등을 동원한 경우 이로 인한 손실을 개인에게 보상하여야 하는데, 이때의 재산권 침해가 특별한 희생에 해당하는 것이다.

손실 보상 청구권은 ⓐ공적 부담의 평등을 위해 인정되는 헌법상 권리이다. 행정 작용으로 누군가에게 특별한 희생이 발생하면, 그로 인한 부담을 공공이 분담하는 것이 평등 원칙에 부합하기 때문이다. 또한 헌법 제23조 제3항은 "공공필요에 의한 재산권의 수용・사용 또는 제한 및 그에 대한 보상은 법률로써 하되, 정당한 보상을 지급하여야 한다."라고 하여, '공공필요에 의한 재산권의 수용・사용 또는 제한', 즉 공용 침해와 이에 대한 보상이 법률에 규정되어야 함을 명시하고 있다. 공용 침해 중 수용이란 개인의 재산권을 국가로 이전하는 것, 사용이란 행정 기관이 개인의 재산권을 일시적으로 사용하는 것, 제한이란 개인의 재산권 사용 또는 그로 인한 수익을 한정하는 것을 의미한다. 한편 제23조 제3항은 내용상 분리될 수 없는 사항은 함께 규정되어야 한다는 의미의 '불가분 조항'이다. 따라서 ⓑ공용 침해 규정과 보상 규정은 하나의 법률에서 규정되어야 한다.

그러나 헌법은 제23조 제1항에서 "모든 국민의 재산권은 보장된다. 그 내용과 한계는 법률로 정한다."라고 규정하여, 재산권은 법률에 의해 구체화된다고 밝히고 있다. 또한 제2항에서 "재산권의 행사는 공공복리에 적합하도록 하여야 한다."라고 하여, 개인의 재산권 행사가 공익에 적합하여야 한다는 재산권의 '사회적 제약'을 규정하고 있다. 특히 토지처럼 공공성이 강한 사유 재산은 재산권 행사에 더욱 강한 사회적 제약을 받을 수 있다. 만약 재산권 침해가 ⓒ사회적 제약의 범위 내에 있다면 이로 인한 손실은 보상의 대상이 되지 않는다. 즉 재산권 침해가 특별한 희생에 해당할 때만 보상이 가능한 것이다.

재산권의 사회적 제약과 특별한 희생의 구별에 대해 ㉠경계 이론과 ㉡분리 이론은 서로 다른 입장을 취한다. 경계 이론에 따르면 ⓓ양자는 별개가 아니라 단지 침해의 정도에 있어서만 차이가 있을 뿐이다. 재산권 침해는 그 정도가 사회적 제약의 범위를 넘어서면 특별한 희생으로 바뀐다는 것이다. 따라서 경계 이론은 사회적 제약을 벗어나는 재산권 침해는 보상 규정이 없어도 보상이 이루어져야 한다고 본다. 보상을 규정하지 않은 채 공용 침해를 규정하고 있는 법률은, 불가분 조항인 헌법 제23조 제3항에 위반되어 위헌이고, 위헌임이 밝혀진 법률에 근거한 공용 침해 행위는 위법한 행정 작용이 된다는 것이다. 경계 이론은 적법한 공용 침해 행위의 경우에 보상이 인정된다면, 위법한 공용 침해 행위의 경우에도 헌법 제23조 제3항을 근거로 보상을 인정해야 한다는 입장이다.

이에 반해 분리 이론은 재산권의 사회적 제약에 대한 헌법 제23조 제2항의 규정과 특별한 희생에 대한 제3항의 규정은 ⓔ입법자의 의사에 따라 완전히 분리된다고 주장한다. 따라서 재산권 침해를 규정한 법률에 보상 규정이 없는 경우 입법자가 이러한 재산권 침해를 특별한 희생이 아닌 사회적 제약으로 규정한 것으로 본다. 재산권 침해가 사회적 제약 또는 특별

한 희생 중 무엇에 해당하는지 결정하는 것은 법률을 제정하는 입법자의 권한이라는 것이다. 만약 해당 법률에 규정된 재산권 침해가 헌법 제23조 제2항에서 규정한 재산권의 공익 적합성을 넘어서서 개인의 재산권을 과도하게 침해한다면, 이러한 법률은 헌법 제23조 제2항을 위반하여 위헌이고, 위헌임이 밝혀진 법률에 근거한 행정 작용은 위법하게 된다. 분리 이론은 이러한 경우 ㉢손실을 보상하는 것이 아니라, 위법한 행정 작용 자체를 제거해야 한다고 본다. 재산권을 존속시키는 것이 재산권을 침해하면서 그 손실을 보상하는 것보다 우선한다고 보기 때문이다.

> *재산권 : 재산의 소유권, 사용・수익권, 처분권 등 일체의 재산적 가치가 있는 권리.

21. 윗글에 대한 이해로 가장 적절한 것은?

① 헌법이 개인에게 보장하는 재산권의 내용은 법률로써 그 내용이 구체화된 것이다.
② 공용 침해 중 '사용'과 달리 '제한'의 경우, 행정 작용에도 불구하고 개인의 재산권은 국가로 이전되지 않는다.
③ 재산권을 침해하는 모든 행정 작용에 대해, 개인은 자신이 입은 손실을 보상하도록 요구할 수 있는 권리를 갖는다.
④ 재산권의 사회적 제약을 규정하는 모든 법률은 공용 침해와 손실 보상이 내용상 분리될 수 없다는 원칙에 어긋난다.
⑤ 감염병 예방을 위해 행정 기관이 사설 연수원을 일정 기간 동원하는 것은 공공필요에 의한 재산권의 '수용'에 해당한다.

22. ㉠과 ㉡에 대한 이해로 적절하지 <u>않은</u> 것은?

① ㉠은 법률에 보상 규정이 없는 경우에도 헌법 제23조 제3항을 근거로 하여, 행정 작용으로 인한 재산상 손실을 보상할 수 있다고 본다.
② ㉡은 헌법 제23조 제2항과 제3항의 규정은 전혀 다른 내용을 규정하고 있다고 본다.
③ ㉠은 행정 작용으로 인한 재산상 손실을 항상 보상해야 한다고 보는 반면, ㉡은 보상하지 않을 수 있다고 본다.
④ ㉠은 재산권 침해의 정도를, ㉡은 입법자의 의사를 기준으로 손실 보상 청구권의 성립 여부를 판단해야 한다고 본다.
⑤ ㉠과 ㉡은 모두 보상 규정 없이 사회적 제약의 범위를 벗어나는 재산권 침해를 규정한 법률은 위헌이라고 본다.

23. ㉢의 전제로 가장 적절한 것은?

① 재산권은 입법자의 의사에 따라 보상 없이 제한해야 하는 권리이다.
② 공용 침해 규정과 손실 보상 규정이 동일한 법률에서 규정될 필요는 없다.
③ 재산권의 사회적 제약은 입법자의 의사에 따라 제한 없이 규정될 수 있다.
④ 행정 작용이 공익을 목적으로 한다면 이로 인한 손실은 보상할 필요가 없다.
⑤ 입법자가 별도로 규정하지 않는 한, 재산권은 그대로 보존되어야 하는 권리이다.

04회

24. 윗글을 참고하여 <보기>의 '헌법 재판소'의 판단에 대해 추론한 내용으로 적절하지 <u>않은</u> 것은? [3점]

─────────< 보 기 >─────────

A 법률에 따르면, 국가는 도시 환경을 보전하기 위해 개발 제한 구역을 지정할 수 있고, 개발 제한 구역으로 지정된 토지에서는 건축 등 토지 사용이 제한된다. 하지만 A 법률은 개발 제한 구역 지정으로 인한 손실을 보상하는 규정은 포함하고 있지 않았다. 이러한 상황에서 A 법률에 대한 헌법 소원이 제기되었다.

헌법 재판소는 분리 이론의 입장을 취하면서, 토지 재산권의 공공성을 고려하면 A 법률은 원칙적으로 합헌이라고 판단하였다. 하지만 개발 제한 구역으로 지정되어 토지를 사용할 방법이 전혀 없는 등 개인에게 가혹한 부담이 발생하는 예외적인 경우에는 사회적 제약을 벗어나서 토지 소유자의 재산권을 과도하게 침해한다고 판단하였다. 따라서 이러한 예외적인 경우까지 고려하지 않은 A 법률은 헌법에 위반된다고 판단하였다.

① 헌법 재판소는 개발 제한 구역을 지정하는 행위가 헌법 제23조 제2항에 위반되는지를 판단하였겠군.

② 헌법 재판소는 개발 제한 구역을 지정하는 행위가 헌법 제23조 제3항과는 관련이 없다고 판단하였겠군.

③ 헌법 재판소는 개발 제한 구역을 지정하는 행위가 헌법에 위반되었는지 여부를 토지의 공공성을 근거로 판단하였겠군.

④ 헌법 재판소는 개발 제한 구역 지정으로 인한 재산권 침해는 개인에게 가혹한 부담이 발생하지 않는 범위 내에서만 가능하다고 판단하였겠군.

⑤ 헌법 재판소는 개발 제한 구역을 지정하는 행위가 개인에게 가혹한 부담을 초래한 경우, 이때의 재산권 침해는 특별한 희생에 해당한다고 판단하였겠군.

25. 문맥상 ⓐ~ⓔ를 바꿔 쓴 것으로 적절하지 <u>않은</u> 것은?

① ⓐ : 행정 작용으로 인한 부담을 개인이 모두 떠안게 되는 불평등을 조정하기 위해

② ⓑ : 공공필요에 의해 개인의 재산권을 수용·사용·제한하는 규정과

③ ⓒ : 헌법 제23조 제2항에 규정된 재산권의 한계 안에

④ ⓓ : 경계 이론의 입장과 분리 이론의 입장은 전혀 다른 것이 아니라

⑤ ⓔ : 재산권 침해 정도에 따라 구분되는 것이 아니라 입법자의 서로 다른 의사가 반영된 것이라고

[26~30] 다음을 읽고 물음에 답하시오.

원자핵은 양성자나 중성자와 같은 핵자들의 결합으로 이루어져 있다. 원자핵을 구성하는 양성자와 중성자의 개수를 모두 더한 것을 질량수라고 하는데, 질량수가 큰 하나의 원자핵이 질량수가 작은 두 개의 원자핵으로 쪼개지는 것을 핵분열이라고 하고 질량수가 작은 두 개의 원자핵이 결합하여 질량수가 큰 하나의 원자핵이 되는 것을 핵융합이라고 한다.

핵분열이나 핵융합은 핵자당 결합 에너지로 설명할 수 있다. 원자핵의 질량은 그 원자핵을 구성하는 개별 핵자들의 질량을 모두 더한 것보다 작다. 이처럼 핵자들이 결합하여 원자핵이 되면서 질량이 줄어든 것을 질량 결손이라고 한다. '질량 – 에너지 등가 원리'에 따르면 질량과 에너지는 상호 간의 전환이 가능하고, 이때 에너지는 질량에 광속의 제곱을 곱한 값과 같다. 한편 핵자들의 결합에서 줄어든 질량은 에너지로 전환되는데, 이 에너지는 원자핵의 결합 에너지와 그 크기가 같다. 원자핵의 결합 에너지란 원자핵을 개별 핵자들로 분리할 때 가해야 하는 에너지이다. 원자핵의 결합 에너지를 질량수로 나눈 것을 핵자당 결합 에너지라고 하고 그 값은 원자핵의 종류에 따라 다르다.

원자핵을 구성하는 핵자들은 핵자당 결합 에너지가 클수록 더 강력하게 결합되어 있고 이는 원자핵이 더 안정된 상태라는 것을 의미한다. 모든 원자핵은 안정된 상태가 되려는 성질이 있으므로, 핵자당 결합 에너지가 작은 원자핵들은 핵분열이나 핵융합을 거쳐 핵자당 결합 에너지가 큰 상태가 된다. 핵분열이나 핵융합도 반응 전후로 질량 결손이 일어나고, 줄어든 질량은 에너지로 전환된다.

핵분열과 핵융합에서 발생하는 에너지를 발전에 이용할 수 있다. ㉠우라늄 – 235(^{235}U) 원자핵을 사용하는 핵분열 발전의 경우, 우라늄 원자핵에 중성자를 흡수시키면 질량수가 작고 핵자당 결합 에너지가 큰 원자핵들로 분열된다. 이때 2~3개의 중성자가 방출되는데 이 중성자는 다른 우라늄 원자핵에 흡수되어 연쇄 반응을 일으킨다. 이 과정에서 질량 결손으로 인해 전환되는 에너지를 발전에 이용하는 것이다.

핵분열 발전에서는 중성자의 속도를 느리게 해야 한다. 중성자가 너무 빠르게 움직이면 원자핵에 흡수될 확률이 낮기 때문이다. 특히 핵분열 과정에서 방출된 중성자는 속도가 매우 빠르기 때문에 이를 느리게 해야 연쇄 반응을 일으킬 수 있다. 그래서 물이나 흑연을 감속재로 사용하여 중성자의 속도를 느리게 만든다. 한편 연쇄 반응이 급격하게 일어나면 과도한 에너지가 발생하여 폭발이 일어날 수 있기 때문에 제어봉을 사용한다. 제어봉은 중성자를 흡수하는 장치로, 핵분열에 관여하는 중성자 수를 조절하여 급격한 연쇄 반응을 방지한다.

핵융합 발전을 위한 시도도 계속되고 있다. 태양이 에너지를 생성하는 방법이 바로 핵융합이다. ⓐ수소(^{1}H) 원자핵을 원료로 하는 태양의 핵융합은 주로 태양의 중심부에서 일어난다. 먼저 수소 원자핵 2개가 융합하여 중수소(^{2}H) 원자핵이 되고, 중수소 원자핵은 수소 원자핵과 융합하여 헬륨 – 3(^{3}He) 원자핵이 된다. 그리고 2개의 헬륨 – 3 원자핵이 융합하여 헬륨 – 4(^{4}He) 원자핵이 된다. 이러한 과정에서 줄어든 질량이 에너지로 전환되는 것이다.

지구는 태양과 물리적 조건이 달라서 태양의 핵융합을 똑같이 재현할 수 없다. 가장 많이 시도하는 방식은 ⓑD – T 핵융합이다. 이 방식에서는 중수소 원자핵과 삼중 수소(^{3}H) 원자핵이 융합하여 헬륨 – 4 원자핵이 된다. 중수소 원자핵과 삼

중 수소 원자핵을 핵융합 발전의 원료로 사용하는 이유는 다른 원자핵들의 핵융합보다 반응 확률이 높고 질량 결손으로 전환되는 에너지도 크기 때문이다.

하지만 지구에서 핵융합을 일으키는 것은 간단하지 않다. 양(+)의 전하를 띤 원자핵은 음(−)의 전하를 띤 전자와 전기적 인력에 의해 단단히 결합되어 있어서 일반적인 상태에서 원자핵이 융합하는 것은 불가능하다. 따라서 핵융합 반응을 일으키기 위해서는 물질을 원자핵과 전자가 분리된 상태인 플라스마 상태로 만들어야 한다. 또한 원자핵은 양의 전하를 띠고 있어서 서로 가까이 다가갈수록 척력이 강하게 작용한다. 척력을 이겨내고 원자핵이 융합하게 하기 위해서는 플라스마의 온도를 높여 원자핵이 고속으로 움직일 수 있도록 해야 한다. 따라서 핵융합 발전을 위한 핵융합로에서는 ⓛ플라스마를 1억 ℃ 이상으로 가열해서 핵융합의 확률을 높인다. 융합로에서 플라스마의 온도를 높인 이후에는 고온 상태를 일정 시간 이상 유지하는 것도 중요하다. 플라스마는 융합로의 벽에 접촉하면 온도가 내려가기 때문에 자기장을 활용해서 플라스마가 벽에 닿지 않게 하여 고온 상태를 유지할 수 있도록 한다. 안정적인 핵융합 발전을 위해서는 고온의 플라스마를 높은 밀도로 최소 300초 이상 유지해야 한다.

26. 윗글의 내용과 일치하는 것은?

① 양성자의 질량과 중성자의 질량을 더한 것을 질량수라고 한다.
② 원자핵과 전자 사이에는 척력이 작용하여 서로 단단하게 결합되어 있다.
③ 원자핵의 결합 에너지는 핵자당 결합 에너지를 질량수로 나눈 것이다.
④ 질량 − 에너지 등가 원리에 따르면 질량은 에너지에 광속의 제곱을 곱한 값과 같다.
⑤ 핵자들이 결합하여 원자핵이 될 때 줄어든 질량이 전환된 에너지의 크기는 그 원자핵을 다시 개별 핵자들로 분리할 때 필요한 에너지의 크기와 같다.

27. ㉠에 대한 이해로 적절하지 **않은** 것은?

① 우라늄 − 235 원자핵에 전자를 흡수시켜 핵분열을 일으킨다.
② 물이나 흑연을 감속재로 사용하여 중성자의 속도를 조절한다.
③ 제어봉으로 중성자를 흡수하여 과도한 에너지가 발생하지 않도록 한다.
④ 우라늄 − 235 원자핵이 분열되면 우라늄 − 235 원자핵보다 질량수가 작은 원자핵들로 나뉜다.
⑤ 우라늄 − 235 원자핵이 분열되면서 방출되는 중성자의 속도를 느리게 해서 연쇄 반응을 일으킨다.

28. 윗글을 읽은 학생이 <보기>의 설명을 이해한 내용으로 가장 적절한 것은? [3점]

< 보 기 >

선생님 : 이 그림은 여러 원자핵의 핵자당 결합 에너지를 나타내고 있어요. 철($^{56}_{26}$Fe) 원자핵은 다른 원자핵들에 비해 핵자당 결합 에너지가 크죠? 철 원자핵은 모든 원자핵 중에서 핵자당 결합 에너지가 가장 크고 가장 안정된 상태예요. 철 원자핵보다 질량수가 작은 원자핵은 핵융합을, 질량수가 큰 원자핵은 핵분열을 통해 핵자당 결합 에너지가 높은 원자핵이 된답니다.

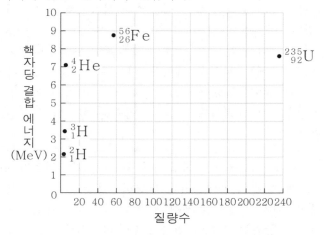

※ 원자핵의 질량수(A)와 양성자 수(Z)는 원소 기호(X)에 다음과 같이 표기한다.

$$^A_Z X$$

① 헬륨 − 4 원자핵은 핵융합을 거치면 더 안정된 상태의 원자핵으로 변하겠군.
② 중수소 원자핵은 삼중 수소 원자핵과 양성자의 수는 같지만 더 안정된 상태이겠군.
③ 철 원자핵의 결합 에너지는 철 원자핵의 핵자당 결합 에너지에 26을 곱한 값과 같겠군.
④ 우라늄 − 235 원자핵이 핵분열하여 생성된 원자핵들은 핵자당 결합 에너지가 9MeV 이상이겠군.
⑤ 우라늄 − 235 원자핵은 철 원자핵에 비해 원자핵을 구성하고 있는 핵자들이 더 강력하게 결합되어 있겠군.

29. ⓐ와 ⓑ에 대한 설명으로 적절하지 **않은** 것은?

① ⓐ의 과정에서 헬륨 − 4 원자핵의 개수는 늘어난다.
② ⓑ는 중수소 원자핵과 삼중 수소 원자핵을 원료로 사용한다.
③ 헬륨 − 4 원자핵은 ⓑ에서와 달리 ⓐ에서는 헬륨 − 3 원자핵이 융합하여 생성된다.
④ ⓐ와 ⓑ에서는 모두 반응 전후로 질량 결손이 일어나고 줄어든 질량은 에너지로 전환된다.
⑤ ⓑ를 일으키기 위해서는 ⓐ가 일어나기 위한 물리적 조건과 동일한 조건을 만들어 주어야 한다.

30. ㉡의 이유로 가장 적절한 것은?

① 원자핵이 융합로의 벽에 접촉하지 않게 하기 위해
② 자기장을 발생시켜 플라스마의 온도를 유지하기 위해
③ 원자핵이 척력을 이겨내고 서로 융합할 수 있도록 하기 위해
④ 전자를 고속으로 움직이게 하여 핵융합의 효율을 높이기 위해
⑤ 원자핵들 사이에 전기적 인력을 발생시켜 핵융합의 확률을 높이기 위해

[31 ~ 33] 다음을 읽고 물음에 답하시오.

(가)

1
양철로 만든 **달이 하나 수면 위에 떨어지고**
부숴지는 **얼음** 소리가
날카로운 호적같이 옷소매에 스며든다.

해맑은 밤바람이 이마에 서리는
여울가 모래밭에 **홀로** 거닐면
노을에 빛나는 은모래같이
호수는 **한포기 화려한 꽃밭**이 되고

여윈 추억의 가지가지엔
조각난 빙설(氷雪)이 눈부신 빛을 하다.

2
낡은 고향의 허리띠같이
강물은 길―게 **얼어붙고**

차창에 서리는 황혼 저 멀―리
노을은
나 어린 **향수**(鄕愁)처럼 **희미한 날개를 펴고 있었다.**

3
앙상한 잡목림 사이로
한낮이 겨운 하늘이 투명한 기폭(旗幅)을 떨어뜨리고

푸른 옷을 입은 **송아지**가 한마리
조그만 그림자를 바람에 나부끼며
서글픈 얼굴을 하고 **논둑 위에 서 있다.**

　　　　　　　　　　　　　　　　　　 ― 김광균, 「성호부근」 ―

(나)

갈아놓은 논고랑에 고인 물을 본다.
마음이 행복해진다.
나뭇가지가 꾸부정하게 비치고
햇살이 번지고
날아가는 **새 그림자**가 잠기고
나의 얼굴이 들어 있다.
늘 홀로이던 내가
그들과 **함께** 있다.
누가 높지도 낮지도 않다.
모두가 **아름답다.**
그 안에 나는 거꾸로 서 있다.

거꾸로 서 있는 모습이
본래의 내 모습인 것처럼
아프지 않다.
산도 곁에 거꾸로 누워 있다.
늘 떨며 우왕좌왕하던 내가
저 세상에 건너가 서 있기나 한 듯
무심하고 아주 선명하다.

　　　　　　　　　　　　　　　　　　 ― 이성선, 「논두렁에 서서」 ―

31. (가)와 (나)에 대한 설명으로 가장 적절한 것은?

① (가)와 (나)는 음성 상징어를 사용하여 대상의 생동감을 강조하고 있다.
② (가)와 (나)는 현재 시제를 활용하여 시적 상황에 주목하도록 하고 있다.
③ (가)와 (나)는 청자와 대화하는 방식을 활용하여 주제를 형상화하고 있다.
④ (가)와 달리 (나)는 시선을 원경에서 근경으로 이동하면서 시상을 전개하고 있다.
⑤ (나)와 달리 (가)는 동일한 시어를 반복하여 리듬감을 형성하고 있다.

32. <보기>를 바탕으로 (가)를 이해한 내용으로 적절하지 않은 것은? [3점]

― < 보 기 > ―
(가)는 숫자로 구별된 세 개의 장면으로 구성되어 있다. 각 장면에서는 다양한 이미지를 통해 겨울 호수와 그 부근의 풍경이 형상화되고, 이 과정에서 애상적 정서가 환기된다.

① '1'에서는 '한포기 화려한 꽃밭'으로 표현된 호수의 모습에 '양철'과 '얼음'이 환기하는 날카롭고 차가운 감각이 연결되면서 겨울 호수의 이미지가 형상화되고 있다.
② '1'에서 '달이 하나 수면 위에 떨어지'는 모습은 겨울 호숫가를 '홀로' 거니는 화자의 상황과 맞물리면서 쓸쓸한 정서를 드러내고 있다.
③ '2'의 '강물'과 '노을'은 '낡은 고향'과 '향수'의 이미지로 연결되면서 고향에 대한 그리움의 정서를 떠올리게 한다.
④ '2'의 '희미한 날개를 펴고 있었다'는 '3'의 '논둑 위에 서 있다'와 연결되면서, '송아지'의 '서글픈 얼굴'이 드러내는 정서가 극복될 수 있는 가능성을 암시하고 있다.
⑤ '1', '2', '3'에서는 각각 '조각난 빙설', '얼어붙'은 '강물', '앙상한 잡목림'과 같은 시구가 스산한 분위기를 자아내면서 애상적 정서를 심화하고 있다.

33. (나)를 감상한 내용으로 적절하지 <u>않은</u> 것은?

① 화자는 '늘 떨며 우왕좌왕하던' 과거 자신의 모습과 '곁에 거꾸로 누워 있는' '산'의 모습을 동일시하고 있군.

② '누가 높지도 낮지도 않'은 모습을 '아름답다'고 한 것에서 화자가 물에 비친 세상을 긍정적으로 보고 있음을 알 수 있군.

③ '거꾸로 서 있는 모습'을 '아프지 않'은 것으로 받아들이는 화자에게서 물에 비친 자신의 모습을 부정적이지 않은 것으로 수용하는 태도가 드러나는군.

④ '늘 홀로'라고 생각했던 화자는 '나뭇가지', '햇살', '새 그림자'와 '나의 얼굴'이 '함께 있'는 모습에서 자신이 다른 존재들과 공존하고 있음을 발견하는군.

⑤ 물에 비친 자신의 모습을 '무심하고 아주 선명하다'라고 한 것에서, 화자가 물을 보는 행위를 통해 자기 자신에 대한 인식을 달리하게 되었음을 알 수 있군.

[34 ~ 37] 다음을 읽고 물음에 답하시오.

만두 집을 했던 엄마가 어떻게 피아노를 가르칠 생각을 했는지 알 수 없다. 욕심이거나 뭔가 강요하려 한 것은 아니었다. 엄마는 배움이 짧았고, 자신의 교육적 선택에 늘 자신감을 갖지 못했다. 다만 그때 엄마는 어떤 '보통'의 기준들을 따라가고 있었으리라. **놀이 공원에 가고, 엑스포에 가는 것**처럼, 어느 시기에는 어떠어떠한 것을 해야 한다는 풍문들을 말이다. 돌이켜보면 어릴 때 엑스포에 가고 박물관에 간 것이 그렇게 재밌었던 것 같지는 않다. 하지만 나를 엑스포에 보내주고, 놀이 공원에 함께 가 준 엄마에게 고마운 마음이 든다. 누구나 겪는, **평범한 유년의 프로그램** 중 하나였을 뿐이지만, 무지한 눈으로 시대의 풍문들에 고개 끄덕였을, 김밥을 싸고 관광버스에 올랐을 엄마의 피로한 얼굴이 떠오르는 까닭이다. 이따금 내가 회전목마 위에서 비명을 지르는 동안, 한 손으로 얼굴을 가린 채 벤치에 누워 있던 엄마의 모습이 떠오르곤 한다. 신을 벗고 짧은 잠을 청하던 엄마의 얼굴은 도─처럼 낮고 고요했던가 그렇지 않았던가. 엄마를 따라 하느라, 피아노 의자 위에 누워 있던 나를 보고, 선생님은 라─처럼 놀랐던가 그렇지 않았던가. 일과 중 가장 중요한 일이 '엄마 100원만'인 줄 알았던 때이긴 했지만. 나는 헨델이 없는 헨델의 방에서 음악을 했고, 엄마는 **베토벤같이 풀린 파마머리를 한 채 귀머거리처럼 만두를 빚었다.** ㉠마침 동네에 음악 학원이 생겼고, 엄마의 만두가 불티나게 팔리던 시절이라 가능했던 일인지도 모른다.

엄마는 내게 피아노를 사줬다. 읍내서부터 먼짓길을 달려 온 **파란 트럭**이 집 앞에 섰을 때, 엄마가 무척 기뻐했던 기억이 난다. **세탁기도 냉장고도 아닌 피아노라니.** 어쩐지 우리 삶의 질이 **한 뼘쯤 세련돼진** 것 같았다. 피아노는 노릇한 원목으로 돼, 학원에 있는 어떤 것보다 좋아 보였다. ㉡원목 위에 양각된 우아한 넝쿨무늬, 은은한 광택의 금속 페달, 건반 위에 깔린 레드 카펫은 또 얼마나 선정적인 빛깔이던지. 그것은 우리 집에 있는 가재들과 때깔부터 달랐다. 다만 좀 멋쩍은 것은 피아노가 가정집 '거실'이 아닌, ⓐ만두 가게 안에 놓인다는 사실이었다. 우리 가족은 **생계와 주거**를 한 건물 안에서 해결하고 있었다. ㉢낮에는 방에 손님을 들이고, 밤에는 식구들이 이불을 펴고 자는 식으로 말이다. 피아노는 나와 언니가 쓰는 작은방에 놓였다. 안방은 주방을, 작은방은 홀을 마주보고 있었다.

나는 오후 내 가게에 붙어 피아노를 연주했다. 울림 폭을 크게 해주는 오른쪽 페달을 밟고, 멋을 부려 「소녀의 기도」나 「아드린느를 위한 발라드」와 같은 곡을 말이다. 찜통에선 수증기가 푹푹 나고, 홀에서는 장사꾼과 농부들이 흙 묻은 장화를 신은 채 우적우적 만두를 씹고 있는 공간에서, 누구라도 만두를 삼키다 말고 울고 가게 만들었을 그런 연주를. 쉽고 아름답지만 촌스러워서 누구라도 가게 앞을 지나다 **얼굴을 붉히게 만들었을,** 그러나 좀더 정직한 사람이라면 만두 접시를 집어던지며 '다 때려치우라 그래!' 소리쳤을 그런 연주를 말이다. 한번은 연주가 끝난 뒤 박수 소리가 들려 고개를 돌린 적이 있다. 홀에서 웬 백인 남자가 **손뼉**을 치며 '원더풀'이라 외치고 있었다. 외국인과 나 사이에 어정쩡한 침묵이 흘렀다. 나는 부끄러웠지만 수줍게 한마디 했다. 땡큐…… 집 안에선 밀가루 입자가 햇빛을 받으며 분분히 날렸고, 건반을 짚은 손가락 아래론 지문이 하얗게 묻어났다.

[중략 부분의 줄거리] 아빠의 빚보증 때문에 가계가 어려워졌지만 엄마는 피아노만은 빼앗기지 않고 싶어 했다. 대학 진학을 앞두고 언니의 서울 반지하방으로 이사하게 된 '나'는, 피아노를 가지고 가 달라는 엄마의 부탁을 받게 된다.

언니의 표정은 뜨악했다. 외삼촌이 담배를 피우는 사이, 나는 사정을 설명하느라 애를 먹었다. 엄마가 다 얘기한 줄 알았는데, 언니는 아무것도 모르고 있었다. 언니가 답답한 듯 말했다.

"여기, ⓑ 반지하야."

나는 조그맣게 대꾸했다.

"나도 알아."

우리는 트럭 앞에 모여 피아노를 올려다봤다. ㉣그것은 몰락한 러시아 귀족처럼 끝까지 체면을 차리며 우아하고 담담하게 서 있었다. **외삼촌의 트럭**은 길 한가운데를 막고 있었다. 우리는 서둘러 목장갑을 꼈다. 외삼촌이 피아노의 한쪽 끝을, 언니와 내가 반대쪽을 잡았다. 외삼촌이 신호를 보냈다. 나는 깊은 숨을 쉰 뒤 피아노를 번쩍 들어 올렸다. 1980년대 산(産) **피아노가 잠시 세기말 도시의 하늘 위로 비상**했다. 그 모습이 꽤 아름다워 하마터면 탄성을 지를 뻔했다. 우리는 한 걸음씩 이동했다. 다리가 후들거리고 진땀이 났다. 사람들이 **우리를 흘긋거렸다.** 뒤에서 승용차 한 대가 비켜달라는 듯 경적을 울려댔다. 곧 건물 2층에 사는 집주인이 체육복 차림으로 내려왔다. 동글동글한 체구에, 아침 체조를 빼먹지 않을 것같이 생긴 50대 중반의 사내였다. 그는 집 앞에서 벌어진 풍경이 믿기지 않는다는 듯 아연한 표정으로 서 있었다. 나는 피아노를 든 채 어색하게 웃으며 목례했다. 언니 역시 눈치껏 사내에게 인사했다. **좁고 가파른 계단** 아래로 피아노가 천천히 머리를 디밀고 있었다. **세탁기도, 냉장고도 아닌 피아노라니.** 우리 삶이 **세 뼘쯤 민망해지는 기분**이었다. 갑자기 쿵─ 하는 소리가 났다. 외삼촌이 피아노를 놓친 모양이었다. 우당탕탕─ 피아노가 계단을 미끄러져 나갔다. 언니와 나는 다급하게 피아노 다리를 붙잡았다. 윙─ 하는 공명감 사이로, 악기 속 여러 개의 시간이 뭉개지는 소리가 났다. 피아노 넝쿨무늬가 고장 난 스프링처럼 흔들리고 있는 모습이 보였다. 충격 때문에 몸에서 떨어져 나간 모양이었다. 그제야 나는 내가 **오랫동안 양각된 거라 믿어온 문양이 사실은 본드로 붙여져 있던 것**이라는 걸 깨달았다. 우리는 외삼촌의 안색을 살폈다. 외삼촌은 괜찮다는 신호를 보낸 뒤 다시 계단을 내려갔다. 나는 외삼촌의 부상이나 피아노의 상태가 걱정되지 않았다. 그보다는 쿵─ 소리,

내가 처음 도착한 도시에 울려 퍼지는 그 사실적이고, 커다랗고, 노골적인 소리에 **얼굴이 붉어**졌다. 집주인은 어이없고 못마땅하다는 표정으로 ⓜ언니와, 나와, 피아노와, 외삼촌과, 다시 피아노를 번갈아 쳐다봤다.

"학생."

주인 남자가 언니를 불렀다. 언니는 재빨리 계단을 올라갔다. 출구 쪽, 네모난 햇살 아래 뭔가 열심히 설명하고 있는 언니의 모습이 보였다. 언니는 승용차 운전자에게도 양해를 구했다. 우리는 결국 관리비를 더 내고, 피아노를 절대 치지 않겠다는 조건으로 집주인을 돌려보냈다. 집주인은 돌아서며 한마디 했는데, 치지도 않을 피아노를 왜 갖고 있느냐는 거였다.

– 김애란, 「도도한 생활」 –

34. 윗글의 서술상 특징으로 가장 적절한 것은?

① 동일한 사건을 여러 인물의 관점에서 다양하게 서술하고 있다.
② 서술자가 교체되면서 인물 간의 갈등을 다각적으로 조명하고 있다.
③ 이야기 외부의 서술자가 특정 인물의 관점에서 사건을 해석하고 있다.
④ 사건에 개입되지 않은 인물의 관점을 통해 사건을 객관적으로 전달하고 있다.
⑤ 이야기 내부의 서술자가 인물의 행위를 묘사하며 자신의 내면을 드러내고 있다.

35. ㉠ ~ ㉺에 대한 이해로 적절하지 <u>않은</u> 것은?

① ㉠은 추측과 짐작을 드러내는 표현을 사용하여 현재의 시각에서 지나간 일의 의미를 진술하고 있다.
② ㉡은 외양에 대한 묘사를 나열하여 인물이 대상에서 받은 인상의 근거를 제시하고 있다.
③ ㉢은 앞서 언급한 내용을 부연하여 자신의 경험에 대한 이해의 폭이 확장되었음을 강조하고 있다.
④ ㉣은 비유적인 표현을 사용하여 어울리지 않는 곳에 놓이게 된 대상을 바라보는 마음을 드러내고 있다.
⑤ ㉺은 쉼표를 빈번하게 사용하여 예기치 않은 상황에 대한 인물의 불편한 심리를 부각하고 있다.

36. ⓐ와 ⓑ를 바탕으로 윗글을 이해한 내용으로 적절하지 <u>않은</u> 것은?

① '파란 트럭'에 의해 ⓐ로 옮겨져 엄마를 기쁘게 했던 피아노는, '외삼촌의 트럭'에 의해 ⓑ로 옮겨지면서 언니를 당황하게 했다.
② ⓐ에서 '나'는 '손뼉을 치'는 사람이 부끄러워하는 모습을 발견하고 있고, ⓑ에서 '나'는 '우리를 흘깃거'리는 시선에서 부끄러움을 느끼고 있다.
③ ⓐ는 우리 가족이 '생계와 주거'를 모두 해결해야 했던 공간이고, ⓑ는 '나'와 언니가 '좁고 가파른 계단'을 오르내리며 살아야 하는 공간이다.
④ ⓐ에서 '나'가 누구라도 '얼굴을 붉히게 만들었을' 연주를 했던 피아노는 ⓑ로 옮겨지는 과정에서 '쿵— 하는 소리'로 '나'의 '얼굴이 붉어'지게 했다.
⑤ ⓐ에서 피아노에 대한 반가움을 드러내던 '세탁기도 냉장고도 아닌 피아노라니.'라는 표현은, ⓑ로 피아노가 옮겨지는 과정에서 나타나는 무안함을 드러내는 데 활용되고 있다.

37. <보기>를 참고하여 윗글을 감상한 내용으로 적절하지 <u>않은</u> 것은? [3점]

> ─────── < 보 기 > ───────
>
> 엄마가 내게 사 준 피아노는 엄마가 꿈꾸었던 '도도한 생활'의 상징으로, 부모로서 자녀가 누리기를 희망했던 삶의 기준을 의미한다. '나'는 성년이 되면서 엄마가 애써 마련해준 환경에서 벗어나 새로운 환경에 직면하게 되는데, 이 환경은 '나'의 욕구를 제한하고 지금까지 '나'가 살아왔던 환경을 재평가하도록 한다. 윗글은 이러한 과정에서 인물이 겪는 각성의 순간을 포착하고 있다.

① '놀이공원에 가고, 엑스포에 가는 것'과 같은 '평범한 유년의 프로그램'은, 엄마가 자녀에게 마련해주고 싶었던 환경의 일부이겠군.
② '베토벤같이 풀린 파마머리를 한 채 귀머거리처럼 만두를 빚'던 모습은, 피아노가 상징하는 삶에 가까워지기 위한 엄마의 수고를 보여주는군.
③ '한 뼘쯤 세련돼진' 느낌을 주던 피아노에서 '세 뼘쯤 민망해지는 기분'을 느끼게 된 것은 '나'를 둘러싼 환경의 변화 때문이겠군.
④ '피아노가 잠시 세기말 도시의 하늘 위로 비상'하는 모습에서 '나'는 자신의 욕구를 제한해 온 환경이 변화하고 있음을 확인하게 되는군.
⑤ '오랫동안 양각된 거라 믿어온 문양이 사실은 본드로 붙여져 있던 것'임을 깨달으면서, '나'는 엄마가 애써 마련해준 환경이 그리 견고하지 못한 것이었음을 알게 되는군.

[38 ~ 41] 다음을 읽고 물음에 답하시오.

(가)

　　고인(古人)*도 날 못 보고 **나도 고인 못 뵈네**
[A]　고인을 못 봐도 **가던 길** 앞에 있네
　　가던 길 앞에 있거든 아니 가고 어찌할까

<제9수>

　　당시(當時)에 가던 길을 몇 해를 버려 두고
[B]　어디 가 다니다가 이제야 돌아왔는고
　　이제야 돌아왔으니 **딴 데** 마음 말으리

<제10수>

　　청산(靑山)은 어찌하여 만고(萬古)에 푸르르며
　　유수(流水)는 어찌하여 주야(晝夜)에 그치지 않는고
　　우리도 그치지 마라 만고상청(萬古常靑)*하리라

<제11수>

– 이황, 「도산십이곡」 –

* 고인 : 옛 성인(聖人), 성현.
* 만고상청 : 아주 오랜 세월 동안 항상 푸름.

(나)

　지나간 성인들의 가르침은 하나같이 간단하고 명료했다. 들으면 누구나 다 알아들을 수 있는 내용이었다. 그런데 학자(이 안에는 물론 신학자도 포함되어야 한다)라는 사람들이 튀어나와 불필요한 접속사와 수식어로써 **말의 갈래를 쪼개고 나누어** 명료한 진리를 어렵게 만들어 놓았다. 어떻게 살아야 할 것인가에 대한 자기 **자신의 문제는 묻어** 둔 채, 이미 뱉어 버린 말의 찌꺼기를 가지고 시시콜콜하게 뒤적거리며 이러쿵저러쿵 따지려 든다. 생동하던 언행은 이렇게 해서 지식의 울안에 갇히고 만다.

　이와 같은 학문이나 지식을 나는 신용하고 싶지 않다. 현대인들은 자기 행동은 없이 남의 흉내만을 내면서 살려는 데에 맹점이 있다. 사색이 따르지 않는 지식을, 행동이 없는 지식인을 어디에다 쓸 것인가. 아무리 바닥이 드러난 세상이기로, 진리를 사랑하고 실현해야 할 지식인들까지 곡학아세(曲學阿世)*와 비겁한 침묵으로써 처신하려 드니, 그것은 지혜로운 일이 아니라 진리에 대한 배반이다.

　얼마만큼 많이 알고 있느냐는 것은 대단한 일이 못 된다. 아는 것을 어떻게 살리고 있느냐가 중요하다. 인간의 탈을 쓴 인형은 많아도 인간다운 인간이 적은 현실 앞에서 지식인이 할 일은 무엇일까. 먼저 무기력하고 나약하기만 한 그 인형의 집에서 나오지 않고서는 어떠한 사명도 할 수가 없을 것이다.

　무학(無學) 이란 말이 있다. 전혀 배움이 없거나 배우지 않았다는 뜻이 아니다. 학문에 대한 무용론도 아니다. 많이 배웠으면서도 배운 자취가 없는 것을 가리킴이다. 학문이나 지식을 코에 걸지 않고 지식 과잉에서 오는 관념성을 경계한 뜻에서 나온 말일 것이다. 지식이나 정보에 얽매이지 않은 자유롭고 발랄한 삶이 소중하다는 말이다. 여러 가지 지식에서 추출된 진리에 대한 신념이 일상화되지 않고서는 지식 본래의 기능을 다할 수 없다. 지식이 인격과 단절될 때 그 지식인은 사이비요 위선자가 되고 만다.

　책임을 질 줄 아는 것은 인간뿐이다. 이 시대의 실상을 모른 체하려는 무관심은 비겁한 회피요, 일종의 범죄다. 사랑한다는 것은 함께 나누어 짊어진다는 뜻이다. 우리에게는 우리 이웃의 기쁨과 아픔에 대해 나누어 가질 책임이 있다. 우리는 인형이 아니라 **살아 움직이는 인간**이다. 우리는 **끌려가는 짐승**이 아니라 신념을 가지고 당당하게 살아야 할 인간이다.

– 법정, 「인형과 인간」 –

* 곡학아세 : 바른 길에서 벗어난 학문으로 세상 사람들에게 아첨함.

38. (가)와 (나)의 공통점으로 가장 적절한 것은?

① 옛사람의 행적을 긍정적으로 바라보고 있다.
② 새로운 도전에 대한 기대감을 형상화하고 있다.
③ 사물의 아름다움에 대한 예찬적 태도를 드러내고 있다.
④ 자연과 하나 되는 삶의 과정을 순차적으로 제시하고 있다.
⑤ 지식인의 부정적 태도에 대한 냉소적인 인식을 나타내고 있다.

39. [A]와 [B]에 대한 설명으로 적절하지 않은 것은?

① [A]는 유사한 문장 구조를 활용하여 운율감을 형성하고 있다.
② [B]는 시간과 관련된 표현을 활용하여 상황 변화의 기점을 강조하고 있다.
③ [A]와 [B]는 모두 의문형 어구를 활용하여 화자의 태도를 드러내고 있다.
④ [A]와 [B]는 모두 부정 표현을 사용하여 반성하는 자세를 드러내고 있다.
⑤ [A]와 [B]는 모두 앞 구절의 일부를 다음 구절에서 반복하여 내용을 연결하고 있다.

※ <보기>를 참고하여 40번과 41번의 두 물음에 답하시오.

─────── < 보 기 > ───────
문학 작품의 감상 과정에서 독자는 작품에 제시된 대상이나 상황 간의 관계를 파악함으로써 내용을 더 잘 이해할 수 있다. (가)와 (나)의 독자는 이러한 방식을 통해 ㉠ 학문의 길을 걷는 사람이 지녀야 하는 올바른 삶의 태도를 발견하게 된다.

40. (가)와 (나)를 감상한 내용으로 적절하지 <u>않은</u> 것은? [3점]

① (가)의 9수에서는 '고인'과 '나'가 만나지 못하는 현실을 인식하고 학문 수양이라는 '가던 길'을 매개로 '고인'을 따르겠다는 화자의 의도가 드러나고 있다.

② (가)의 10수에서는 '당시에 가던 길'과 '딴 데'가 대비되면서 학문 수양 이외에 다른 것에는 힘을 쏟지 않겠다는 화자의 의지가 드러나고 있다.

③ (가)의 11수에서는 '청산'과 '유수'의 공통적 속성이 '우리도 그치지' 않겠다는 다짐과 연결되면서 끊임없이 학문에 정진하겠다는 자세가 드러나고 있다.

④ (나)에서는 '말의 갈래를 쪼개고 나누'는 태도와 '자신의 문제는 묻어' 두는 태도가 대비되면서 학문 수양에서 자기 중심적 태도를 버려야겠다는 다짐이 드러나고 있다.

⑤ (나)에서는 '살아 움직이는 인간'과 '끌려가는 짐승'이 대비되면서 학문을 통해 배운 신념을 바탕으로 당당하게 살아가겠다는 태도가 드러나고 있다.

41. (나)의 무학(無學) 의 의미를 바탕으로 <보기>의 ㉠을 설명한 내용으로 적절하지 <u>않은</u> 것은?

① 지식의 과잉에서 오는 관념성을 경계하는 태도이다.

② 배움이 부족하여 지식을 인격과 별개로 보는 태도이다.

③ 많이 배웠으면서 배운 자취를 자랑하지 않는 태도이다.

④ 지식에서 추출된 진리에 대한 신념이 일상화된 태도이다.

⑤ 지식이나 정보에 얽매이지 않은 자유롭고 발랄한 태도이다.

[42 ~ 45] 다음을 읽고 물음에 답하시오.

각설 토끼는 만수산에 들어가 바위 구멍에 숨어 사니 신세가 태평하고 만사에 무심하여 혹은 일어났다 앉았다 하고 혹은 벽에 기대어 눕기도 하는 중 용왕의 말이 귀에 들리는 듯하고 용궁의 경치가 눈앞에 삼삼하여 기쁨을 이기지 못한 채 마음에 생각하기를,

'내 만수산의 일개 토끼로서 간사한 놈의 꼬임으로 거의 죽을 뻔하였지. 그러나 두세 치밖에 안 되는 혀로 만승의 임금을 유혹하여 용궁을 두루 구경하고 만수산으로 돌아왔으니 비록 소장*의 구변*이나 양평*의 지혜라도 이보다 낫지 못할 거야. 이후에 다시는 동해 가를 밟지도 말고 맹세코 용궁 사람들과 말도 말고 돌베개에 팔이나 괴고 살아갈 뿐야.'

이때 홀연히 한 떼의 검은 구름이 남쪽으로부터 오더니 조금 있다가 광풍이 일어나 소나기가 쏟아진다. 또 우레 소리가 울리고 번갯불이 번쩍번쩍하더니 조용하고 컴컴해져 지척을 분간할 수 없었다. 토끼가 크게 놀라,

'이는 필시 용왕의 조화야.'

하고, 막 피하여 숨으려 할 제 뇌공이 바위 구멍으로 쳐들어오더니 토끼를 잡아가는데 날아가듯 빨라 잠깐 사이에 남천문 밖에 이르렀다. 토끼가 혼이 나가고 기운을 잃어 땅에 엎어졌다가 다시 깨어나 머리를 들고 보니 천상의 백옥경이었다. 토끼가 영문을 몰라 섬돌 아래에 기고 있는데 문지기가 달려들어와,

"동해용왕 광연이 명을 받아 문 밖에 왔습니다."

한다. 토끼가 이 말을 듣고 크게 놀라 마음속으로 생각하기를,

'이는 반드시 용왕이 상제에게 고하여 나를 죽이려 하는구나. 지난 번에는 궤변으로 죽을 고비를 넘겼으나 이번에는 죽음을 면할 수 없을 거야.'

하고, 머리를 구부리고 턱을 고인 채 말없이 정신 나간 듯 있었더니 조금 이따가 전상에서 한 선관이 부른다.

"상제의 명이니 용왕과 토끼를 판결하라."

말이 끝나기도 전에 용왕은 전하에 꿇어 앉고 토끼를 바라보면서 몹시 한스러워 했다. 한 선관이 지필묵을 두 사람 앞에 놓더니,

"상제의 명이니 각자 느낀 바를 진술하고 **처분을 기다리**라."

한다. 용왕이 붓을 잡고 진술을 하는데 그 대강은 이러했다.

"엎드려 생각건대 소신은 모든 관리들의 장으로서 직책이 사해의 우두머리가 되어 구름과 안개를 일으키는 변화를 부리고 하늘에 오르내려 비를 내립니다. 삼가 나라의 신을 받들어 아래로 수많은 백성을 훈육하고 감히 어리석은 정성을 다하여 위로 임금님의 은혜에 보답하여 왔습니다. 하온데 한 병이 깊이 들어 몸의 위태로움이 바늘 방석에 앉은 듯하고 백 가지 약이 효험이 없으니 목숨이 조석에 달려 있습니다. 그러나 삼신산이 아득히 머니 선약을 어디서 구하며 편작이 이미 죽고 양의가 다시 나오지 않았습니다만 도사의 한마디 말을 듣고 만수산에서 토끼를 얻었으나 마침내 그 간교한 꾀에 빠져 후회한들 무슨 소용이 있겠습니까마는 세상에 놓쳐 버렸으니 다만 속수무책일 뿐입니다. 오늘 이렇게 다시 와 뵈오니 굶은 자가 밥을 얻은 듯하고 온갖 병이 다 나아 고목에 꽃이 핀 듯합니다. 엎드려 원하옵건대 전하께서는 제왕께서 작은 것을 가지고 큰 것을 바꾼 인자함을 본받아 소신의 병으로 죽게 된 목숨을 구해주소서. 엎드려 임금님께 비오니 가엾고 불쌍히 여겨 주소서." [A]

토끼가 또한 진술하기를,

"엎드려 생각건대 소신은 만수산에서 낳고 만수산에서 자라 오로지 성명*을 산중에서 다하였을 뿐 세상에 출세함을 구하지 않았습니다. 수양산에서 고사리 캐 먹다 죽은 백이의 높은 절개를 본받고 동고에서 시를 읊은 도잠의 기풍을 따랐습니다. 아침에 구름 낀 산에 올라 고라니 사슴들과 짝하여 놀고 밤에는 월궁에서 상아*와 함께 약방아를 찧었습니다. 그러는 동안에 세상 사람들에게 해를 끼치지 않았는데 어찌하다 용왕에게 원망을 사서 결박하여 섬돌 아래 놓이니 절인 생선이 줄에 꿰인 듯하고 전상에서 호령하니 뜨거운 불바람이 부는 듯합니다. 사는 것을 좋아하고 죽는 것을 싫어하는 마음에 어찌 대소가 있겠습니까? 목숨을 살려 몸을 보전함에 귀천이 있을 수 없고 더불어 죄 없이 죽게 됨은 속여서라도 살아남과 같지 않으니 오늘 뜻밖에 용왕의 비위를 거슬렀으니 어찌 감히 삶을 구하겠으며 다시 위태로운 땅을 밟아 스스로 화를 받을 것을 알겠습니다. 말을 이에 마치고자 하오니 엎드려 비옵건대 살펴주소서." [B]

옥황이 다 읽고 나서 여러 신선들과 의논하니 일광노가 나와 말한다.

"두 사람이 진술한 바로 그 옳고 그름이 불을 보듯 환하게 되었습니다. 폐하께서 병든 자를 위하여 죄 없는 자를 죽인다면 그 원망을 어찌하겠습니까? **강자를 누르고 약자를 도와 공정한 처결을 하소서.**"

옥황이 그 말이 옳다 하고 다음과 같이 판결하였다.

"대체로 천지는 만물이 머물다 가는 여관과 같고 세월은 백대에 걸쳐 지나는 손님과 같다. **낳으면 늙고 늙으면 죽는 것은 인간의 일상적 일**이오 사물의 항상 되는 일인즉 진실로 이에 초연하여 혼자 존재함을 듣지 못 했고 날개가 돋아 신선이 된다함을 듣지 못 했노라. 또 혹 병이 들어 일찍 죽는 자나 혹 상처를 입어 죽는 자는 모두 다 명이니 어찌 원혼이겠는가? 동해용왕 광연은 병이 들었으나 도리어 살고 만수산 토끼는 죄가 없으나 죽는다면 이는 마땅히 살 자가 죽는 것이다. 광연이 비록 살아날 약이 있다 하나 **토끼인들 어찌 죽음을 싫어하는 마음이 없겠는가?** 광연은 용궁으로 보내고 토끼는 세상으로 놓아주어 그 천명을 즐기게 함이 하늘의 뜻에 순응함이라."

이에 다시 뇌공을 시켜 토끼를 만수산에 압송하니 토끼가 백배사례하며 가버렸다.

이날 용왕이 적혼공에게,

"옥황이 죄 없이 죽는다 하여 토끼를 보내주는 모양이니 너는 문 밖에 그가 나오는 것을 기다리고 있다가 바로 죽여라. 그렇지 않으면 죽음을 면할 수 없으리니 입조심을 하여 비밀이 새어나지 않도록 해라."

하니 적혼공이,

"대왕의 입에서 나와 소신의 귀에 들어온 말을 어찌 아는 이가 있겠습니까?"   [C]

말을 마치자 우레 소리가 나고 광풍이 갑자기 일어 뇌공이 토끼를 압령하여 북쪽을 향하여 가니 날아가는 화살 같고 추상 같았다. 적혼공이 감히 손도 못 대고 손을 놓고 물러가니 용왕이 크게 탄식하며,

"하늘이 망해놓은 화이니 다시 바랄 게 없구나."

하고 적혼공과 더불어 손을 잡고 통곡하며 돌아갔다.

                        – 작자 미상, 「토공전」 –

*소장: 중국 전국 시대의 소진과 장의를 아울러 이르는 말.
*구변: 말을 잘하는 재주나 솜씨.
*양평: 중국 한나라 시대의 장양과 진평을 아울러 이르는 말.
*성명: '목숨'이나 '생명'을 달리 이르는 말.
*상아: 달 속에 있다는 전설 속의 선녀. 항아.

42. 윗글을 이해한 내용으로 적절하지 <u>않은</u> 것은?

① 만수산에서 토끼는 갑작스러운 날씨 변화가 옥황 때문이라고 생각하여 두려워했다.
② 토끼는 백옥경에서 용왕을 만나기 전까지는 자신이 잡혀 온 이유를 알지 못했다.
③ 만수산에서 토끼는 자신의 뛰어난 말솜씨에 대해 자부심을 느꼈다.
④ 토끼는 용궁에서 만수산으로 돌아온 것에 대해 만족감을 느꼈다.
⑤ 만수산에서 지내던 토끼는 용궁에서의 기억을 떠올렸다.

43. [A]와 [B]를 비교한 내용으로 적절하지 <u>않은</u> 것은?

① [A]와 [B]는 모두 자신의 내력을 요약하며 진술을 시작하고 있다.
② [A]와 [B]는 모두 비유적 표현을 사용하여 자신이 고난에 처했음을 부각하고 있다.
③ [A]는 제안의 문제점을 스스로 인정하고 있고, [B]는 제안에 대한 확신을 드러내고 있다.
④ [A]에는 자신에게 유리한 결과를 기대하는 모습이, [B]에는 자신에게 불리한 결과를 예상하는 모습이 나타나 있다.
⑤ [A]와 [B]는 모두 자신의 요구를 제시하며 진술을 마무리하고 있다.

44. <보기>를 바탕으로 윗글을 감상한 내용으로 적절하지 <u>않은</u> 것은? [3점]

< 보 기 >

윗글은 『토끼전』을 고쳐 쓴 한문 소설로 재판을 통해 갈등을 해결하는 송사 설화의 모티프가 나타난다. 용왕과 토끼는 옥황상제가 주관하는 재판 상황에 놓이게 되고, 이 상황에서는 지위의 우열보다는 진술의 우위가 판결에 영향을 미친다. 이 판결의 내용은 지위의 높고 낮음보다 생명의 가치를 존중하는 작가의 의식을 드러내고 있다.

① '상제의 명이니 용왕과 토끼를 판결하라.'라는 말에서, 송사 설화의 모티프가 쓰였음을 확인할 수 있군.
② 꿇어 앉아 함께 '처분을 기다리'는 것에서, 용왕과 토끼가 재판 당사자로서 대등한 처지에 놓이게 되었음을 알 수 있군.
③ '강자를 누르고 약자를 도와 공정한 처결을 하소서.'라는 일광노의 말에서, 토끼의 진술에 대한 지지를 확인할 수 있군.
④ '낳으면 늙고 늙으면 죽는 것은 인간의 일상적 일'이라는 말에서, 옥황이 판결을 망설이는 이유를 짐작할 수 있군.
⑤ '토끼인들 어찌 죽음을 싫어하는 마음이 없겠는가?'라는 말에서, 모든 생명은 소중하다는 작가의 의식을 확인할 수 있군.

45. [C]의 서사적 기능으로 가장 적절한 것은?

① 적혼공의 말을 통해 앞서 일어난 사건을 평가하고 있다.
② 용왕의 시도가 실패하였음을 보여 주어 주제 의식을 강조하고 있다.
③ 용왕의 탄식을 통해 용왕과 옥황 간의 새로운 갈등을 예고하고 있다.
④ 뇌공에 의해 공간이 전환되는 과정에서 공간적 배경의 사실성을 강조하고 있다.
⑤ 용왕의 지시를 따르지 않는 적혼공의 반응을 제시하여 독자의 흥미를 유발하고 있다.

★ 확인 사항
○ 답안지의 해당란에 필요한 내용을 정확히 기입(표기)했는지 확인하시오.

2024학년도 3월 고1 전국연합학력평가 문제지 1

제 2 교시

수학 영역

05회

● 문항수 30개 | 배점 100점 | 제한 시간 100분

● 배점은 2점, 3점 또는 4점

05회

5 지 선 다 형

1. $\sqrt{20}+\sqrt{5}$ 의 값은? [2점]

① $2\sqrt{5}$ ② $3\sqrt{5}$ ③ $4\sqrt{5}$ ④ $5\sqrt{5}$ ⑤ $6\sqrt{5}$

2. 일차방정식 $\dfrac{x}{2}+7=2x-8$ 의 해는? [2점]

① 2 ② 4 ③ 6 ④ 8 ⑤ 10

3. 일차함수 $y=ax$ 의 그래프를 y축의 방향으로 -3만큼 평행이동한 그래프가 점 $(2, 9)$를 지날 때, 상수 a의 값은?

[2점]

① 6 ② 7 ③ 8 ④ 9 ⑤ 10

4. 그림과 같이 $\angle B=90°$ 인 직각삼각형 ABC에서 $\overline{AB}=3$, $\overline{BC}=2$ 일 때, 선분 AC를 한 변으로 하는 정사각형의 넓이는?

[3점]

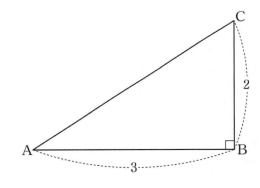

① 11 ② 12 ③ 13 ④ 14 ⑤ 15

5. 다음은 어느 동호회 회원 15명의 나이를 줄기와 잎 그림으로 나타낸 것이다. 이 자료의 최빈값은? [3점]

(1|7은 17세)

줄기	잎
1	7 8 9 9
2	0 5 5 8 8
3	4 4 4 5
4	1 6

① 19 세   ② 25 세   ③ 28 세
④ 34 세   ⑤ 41 세

6. 다항식 $(x+a)(x-3)$ 을 전개한 식이 x^2+bx+6 일 때, ab 의 값은? (단, a, b 는 상수이다.) [3점]

① 10   ② 12   ③ 14   ④ 16   ⑤ 18

7. 두 일차방정식
$$x-2y=7, \quad 2x+y=-1$$
의 그래프의 교점의 좌표를 (a, b) 라 할 때, $a+b$ 의 값은? [3점]

① -6 ② -5 ③ -4 ④ -3 ⑤ -2

8. 서로 다른 두 개의 주사위를 동시에 던질 때, 각각의 주사위에서 나오는 눈의 수의 차가 2 또는 4일 확률은? [3점]

① $\dfrac{1}{3}$ ② $\dfrac{4}{9}$ ③ $\dfrac{5}{9}$ ④ $\dfrac{2}{3}$ ⑤ $\dfrac{7}{9}$

10. x에 대한 이차방정식 $(x-a)^2 = 27$의 두 근이 모두 양수가 되도록 하는 자연수 a의 최솟값은? [3점]

① 5 ② 6 ③ 7 ④ 8 ⑤ 9

9. 그림과 같이 원 위의 세 점 A, B, C와 원 밖의 한 점 P에 대하여 직선 PA와 직선 PB는 원의 접선이고, $\angle \text{ACB} = 65°$이다. 각 BPA의 크기는? [3점]

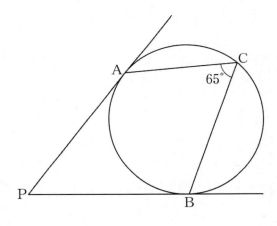

① 35° ② 40° ③ 45° ④ 50° ⑤ 55°

11. 다음은 어느 학교의 학생 45명을 대상으로 한 달 동안의 독서 시간을 조사하여 나타낸 도수분포표이다.

독서 시간(시간)	학생 수(명)
$0^{이상}$ ~ $5^{미만}$	7
5 ~ 10	11
10 ~ 15	a
15 ~ 20	10
20 ~ 25	b
합계	45

이 도수분포표에서 독서 시간이 10시간 이상 15시간 미만인 계급의 상대도수가 0이 아닌 유한소수일 때, $2a+b$의 값은?

[3점]

① 24   ② 26   ③ 28   ④ 30   ⑤ 32

12. 두 밑변 AD, BC의 길이가 각각 x^2-2x+3, $2x^2+x+6$이고 높이가 4인 사다리꼴 ABCD가 있다. 선분 CD의 중점을 E라 할 때, 사각형 ABED의 넓이는? [3점]

① $3x^2-x+8$ ② $3x^2-x+9$ ③ $4x^2-3x+12$
④ $4x^2-3x+13$ ⑤ $5x^2-3x+14$

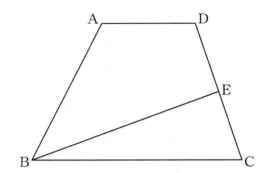

13. [그림 1]과 같이 한 모서리의 길이가 4인 정육면체가 있다. 이 정육면체의 한 꼭짓점 A에서 만나는 세 모서리의 중점을 각각 B, C, D라 하자. 이 정육면체에서 네 점 A, B, C, D를 꼭짓점으로 하는 사면체를 잘라 내어 [그림 2]와 같은 입체도형을 만들었다. [그림 2]의 입체도형의 부피는? [3점]

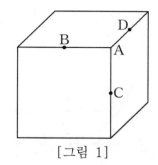
[그림 1]

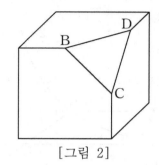
[그림 2]

① $\dfrac{179}{3}$ ② $\dfrac{182}{3}$ ③ $\dfrac{185}{3}$ ④ $\dfrac{188}{3}$ ⑤ $\dfrac{191}{3}$

14. 다음은 과수원 A의 사과 6개와 과수원 B의 사과 6개의 당도를 brix 단위로 측정한 결과에 대한 두 학생의 대화이다.

> 과수원 A의 사과 6개의 당도의 평균은 11이고 분산은 $\dfrac{5}{3}$ 야. 과수원 B의 사과는 어때?

> 과수원 B의 사과 6개 각각의 당도는
>
> | 11, | 9, | 12, | 9, | a, | $a+1$ |
>
> 이므로 평균은 과수원 A의 사과 6개의 당도의 평균과 같고, 분산은 b가 되네. 그러니까 과수원 A의 사과 6개의 당도가 더 고르구나.

위 학생들의 대화를 만족시키는 두 상수 a, b에 대하여 $a+b$의 값은? [4점]

① $\dfrac{37}{3}$ ② $\dfrac{40}{3}$ ③ $\dfrac{43}{3}$ ④ $\dfrac{46}{3}$ ⑤ $\dfrac{49}{3}$

15. 두 온라인 서점 A, B에서 판매하는 정가가 12000원인 어느 도서의 할인율과 배송비는 표와 같다.

	온라인 서점 A	온라인 서점 B
도서 할인율	5%	10%
배송비	0원	4000원

온라인 서점 A에서 이 도서를 한번에 x권 주문할 때 지불하는 금액이 온라인 서점 B에서 이 도서를 한번에 x권 주문할 때 지불하는 금액보다 더 크게 되도록 하는 x의 최솟값은? (단, 배송비는 한 번만 지불한다.) [4점]

① 5 　　② 6 　　③ 7 　　④ 8 　　⑤ 9

16. 그림과 같이 양수 a에 대하여 두 반비례 관계

$y = \dfrac{a}{x}$, $y = -\dfrac{2a}{x}$의 그래프가 직선 $y = 6$과 만나는 점을 각각 A, B라 하고, 두 선분 OA, OB가 직선 $y = 3$과 만나는 점을 각각 C, D라 하자. 사각형 ABDC의 넓이가 27일 때, a의 값은? (단, O는 원점이다.) [4점]

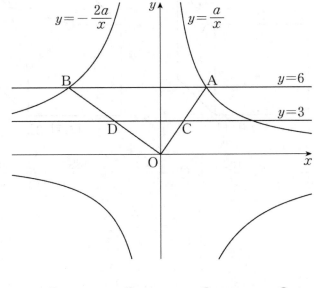

① 12 　　② 15 　　③ 18 　　④ 21 　　⑤ 24

05회

17. 그림과 같이 원점 O를 지나고 제4사분면 위의 점 A를 꼭짓점으로 하는 이차함수 $y = f(x)$의 그래프가 있다.
두 점 B$(-5, 0)$, C$(0, -6)$에 대하여 선분 AB와 선분 OC가 점 D에서 만난다. 삼각형 OCA의 넓이가 6이고, 삼각형 OBD의 넓이와 삼각형 DCA의 넓이가 같을 때, $f(10)$의 값은? (단, 점 D는 점 C가 아니다.) [4점]

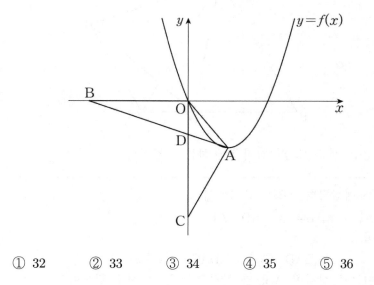

① 32   ② 33   ③ 34   ④ 35   ⑤ 36

18. 원 모양의 종이를 이용하여 그림과 같은 한복 저고리 모양과 한복 바지 모양을 만들 수 있다.

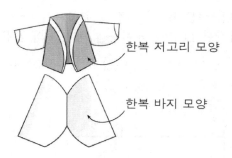

한복 저고리 모양

한복 바지 모양

다음은 반지름의 길이가 4 cm인 원 모양의 종이 두 장을 이용하여 한복 바지 모양을 만드는 과정이다.

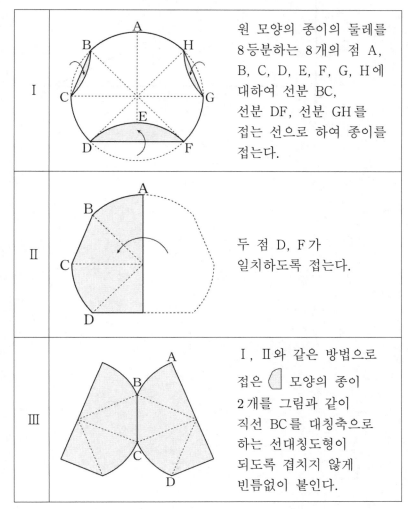

I	원 모양의 종이의 둘레를 8등분하는 8개의 점 A, B, C, D, E, F, G, H에 대하여 선분 BC, 선분 DF, 선분 GH를 접는 선으로 하여 종이를 접는다.
II	두 점 D, F가 일치하도록 접는다.
III	I, II와 같은 방법으로 접은 ◖ 모양의 종이 2개를 그림과 같이 직선 BC를 대칭축으로 하는 선대칭도형이 되도록 겹치지 않게 빈틈없이 붙인다.

위와 같은 방법으로 만든 ⋏⋏ 모양의 도형의 넓이는 a cm²이다. a의 값은? (단, 종이의 두께는 고려하지 않는다.)
[4점]

① $6 + 6\pi + 6\sqrt{2}$ ② $8 + 6\pi + 6\sqrt{2}$ ③ $6 + 8\pi + 8\sqrt{2}$

④ $8 + 8\pi + 8\sqrt{2}$ ⑤ $10 + 8\pi + 10\sqrt{2}$

19. 한 변의 길이가 $x\,(x>4)$인 정사각형 ABCD에 대하여 선분 CD 위에 $\overline{CE}=2$인 점 E와 선분 AD 위에 $\overline{FD}=2$인 점 F가 있다. 선분 BC의 연장선 위에 $\overline{CG}=x-2$인 점 G를 잡을 때, 삼각형 EGF의 넓이는 7이다. x의 값은? [4점]

① $2+2\sqrt{2}$　　　② $2+3\sqrt{2}$　　　③ $3+3\sqrt{2}$

④ $4+3\sqrt{2}$　　　⑤ $3+4\sqrt{2}$

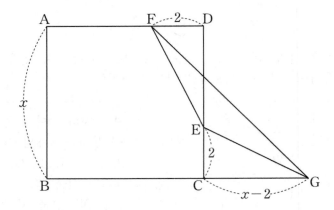

20. 그림과 같이 한 변의 길이가 12인 정삼각형 ABC의 변 BC 위에 $\overline{DC}=4$인 점 D가 있다. 선분 AD를 한 변으로 하는 정삼각형 ADE에 대하여 선분 AC와 선분 DE가 만나는 점을 F라 하자.

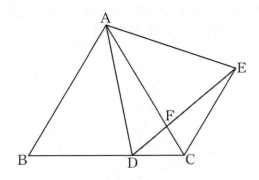

다음은 선분 CF의 길이를 구하는 과정이다.

두 정삼각형 ABC, ADE에서
$$\overline{AB}=\overline{AC},\ \overline{AD}=\overline{AE}$$
이고,
$$\angle BAD=60°-\angle DAC=\angle CAE$$
이므로 삼각형 ABD와 삼각형 ACE는 서로 합동이다. 그러므로
$$\angle ECA=60°,\ \overline{CE}=\boxed{(가)}$$
이다.
한편 각 AFD와 각 CFE는 서로 맞꼭지각이고,
$$\angle FDA=\angle ECF$$ 이므로
$$\angle DAF=\angle FEC$$
이다.
또한 $\angle ACD=\angle ECF$이므로 삼각형 ACD와 삼각형 ECF는 서로 닮은 도형이고,
삼각형 ACD와 삼각형 ECF의 닮음비는 $\boxed{(나)}:2$이다.
따라서
$$\overline{CF}=\boxed{(다)}$$
이다.

위의 (가), (나), (다)에 알맞은 수를 각각 p, q, r이라 할 때, $p+q+r$의 값은? (단, 선분 AB와 선분 DE는 만나지 않는다.) [4점]

① $\dfrac{41}{3}$　　② 14　　③ $\dfrac{43}{3}$　　④ $\dfrac{44}{3}$　　⑤ 15

21. 그림과 같이 $\overline{AB}=\overline{AC}=25$ 이고 $\overline{BC}=40$ 인 이등변삼각형 ABC에 대하여 점 C에서 직선 AB에 내린 수선의 발을 D라 하자. 삼각형 ABC의 내심을 I, 삼각형 DBC의 내심을 J라 할 때, 선분 IJ의 길이는? [4점]

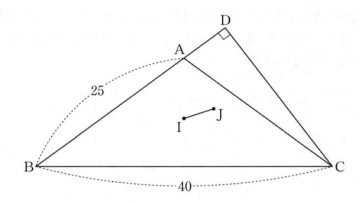

① $\dfrac{11\sqrt{10}}{9}$　　② $\dfrac{4\sqrt{10}}{3}$　　③ $\dfrac{13\sqrt{10}}{9}$

④ $\dfrac{14\sqrt{10}}{9}$　　⑤ $\dfrac{5\sqrt{10}}{3}$

22. 이차함수 $y=x^2-2x+6$ 의 그래프의 꼭짓점의 좌표가 (a, b) 일 때, $a+b$ 의 값을 구하시오. [3점]

23. $\angle B=90°$ 인 직각삼각형 ABC에서 $\overline{BC}=9$, $\sin A=\dfrac{3}{5}$ 일 때, 선분 AC의 길이를 구하시오. [3점]

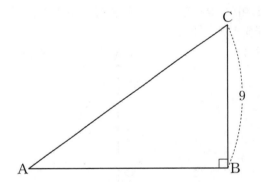

24. 두 자리의 자연수 m과 세 자리의 자연수 n에 대하여 $m \times n = 1265$일 때, $m+n$의 값을 구하시오. [3점]

25. 그림과 같이 $\overline{AB} = \overline{AC}$, $\angle A < 90°$인 이등변삼각형 ABC의 외심을 O라 하자. 점 O에서 선분 AB에 내린 수선의 발을 D라 하고, 직선 AO와 선분 BC의 교점을 E라 하자. $\overline{AO} = 3\overline{OE}$이고 삼각형 ADO의 넓이가 6일 때, 삼각형 ABC의 넓이를 구하시오. [3점]

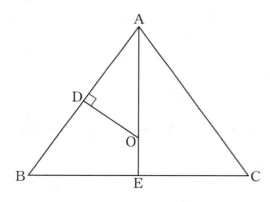

26. 그림과 같이 한 변의 길이가 $4\sqrt{2}$인 정사각형 ABCD의 선분 AD 위에 $\overline{DE} = \dfrac{\sqrt{2}}{2}$인 점 E가 있다. 정사각형 내부의 한 점 F에 대하여 $\angle CFE = 90°$이고 $\overline{EF} : \overline{FC} = 4 : 7$이다. 정사각형 ABCD에서 사각형 EFCD를 잘라 내어 ◁ 모양의 도형을 만들었을 때, 이 도형의 둘레의 길이는 a이다. a^2의 값을 구하시오. [4점]

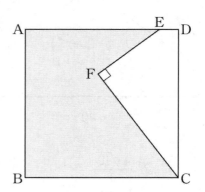

05회

27. 네 수 $-\dfrac{1}{2}$, $\dfrac{6}{5}$, $-\dfrac{3}{4}$, $\dfrac{2}{9}$ 중 서로 다른 두 수를 곱하여 나올 수 있는 값으로 가장 큰 수를 a, 가장 작은 수를 b라 할 때, $120(a-b)$의 값을 구하시오. [4점]

28. 그림과 같이 $\overline{AB}=\sqrt{41}$, $\overline{BC}=4$, $\angle C > 90°$인 삼각형 ABC의 무게중심을 G라 하자. 직선 AG와 선분 BC가 만나는 점을 D라 할 때, 삼각형 ADC의 넓이가 4이다.

$\overline{DG} \times \tan(\angle CDA) = \dfrac{q}{p}$ 일 때, $p+q$의 값을 구하시오.

(단, p와 q는 서로소인 자연수이다.) [4점]

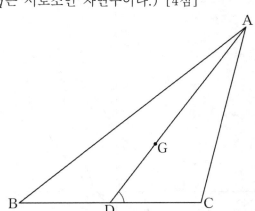

29. 그림과 같이 양수 a에 대하여 꼭짓점이 $A(-3, -a)$이고 점 $B(1, 0)$을 지나는 이차함수 $y=f(x)$의 그래프와 꼭짓점이 $C(3, 3a)$인 이차함수 $y=g(x)$의 그래프가 있다. 점 A에서 x축에 내린 수선의 발을 D라 할 때, 사각형 $ABCD$의 넓이는 16이다. 이차함수 $y=g(x)$의 그래프가 y축과 만나는 점이 선분 CD 위에 있을 때, $f(-1) \times g(-3)$의 값을 구하시오. [4점]

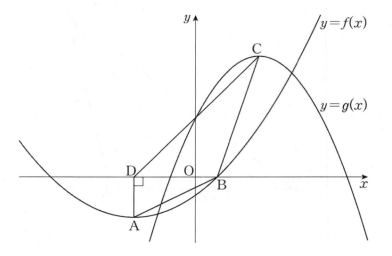

30. 그림과 같이 $\overline{AB}=5\sqrt{5}$, $\overline{BC}=12$, $\angle CBA < 90°$이고 넓이가 120인 평행사변형 ABCD가 있다. 선분 AD 위에 $\overline{AE}=3\overline{ED}$인 점 E를 잡고, 선분 CB의 연장선 위에 $\overline{BF}=\overline{ED}$인 점 F를 잡는다. 점 E를 지나고 직선 AB와 평행한 직선이 선분 DF와 만나는 점을 G라 할 때, $\sin(\angle AGF) = \dfrac{q}{p}\sqrt{85}$이다. $p+q$의 값을 구하시오. (단, p와 q는 서로소인 자연수이다.) [4점]

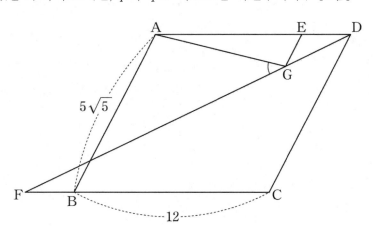

* 확인 사항

○ 답안지의 해당란에 필요한 내용을 정확히 기입(표기)했는지 확인하시오.

수학 영역

5 지 선 다 형

1. $\sqrt{\dfrac{12}{5}} \times \sqrt{\dfrac{5}{3}}$ 의 값은? [2점]

① 1   ② 2   ③ 3   ④ 4   ⑤ 5

2. 다항식 $(2x+1)^2 - (2x^2 + x - 1)$의 일차항의 계수는? [2점]

① 1   ② 2   ③ 3   ④ 4   ⑤ 5

3. 그림과 같이 $\overline{AC} = 8\sqrt{3}$, $\angle A = 30°$, $\angle B = 90°$인 직각삼각형 ABC에서 선분 AB의 길이는? [2점]

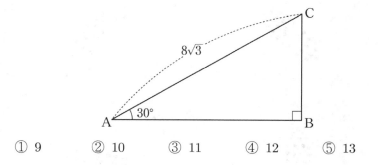

① 9   ② 10   ③ 11   ④ 12   ⑤ 13

4. 좌표평면 위의 두 점 $(1, -1)$, $(2, 1)$을 지나는 직선의 y절편은? [3점]

① -3 ② -2 ③ -1 ④ 0 ⑤ 1

5. 어느 회사가 위치한 지역의 일일 최저 기온(℃)과 이 회사의 일일 난방비(원)를 30일 동안 조사한 결과, 일일 최저 기온이 높을수록 일일 난방비가 감소한다고 한다. 일일 최저 기온을 x℃, 일일 난방비를 y원이라 할 때, x와 y 사이의 상관관계를 나타낸 산점도로 가장 적절한 것은? [3점]

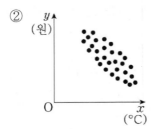

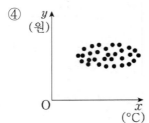

6. 원 위의 두 점 A, B에 대하여 호 AB의 길이가 원의 둘레의 길이의 $\frac{1}{5}$일 때, 호 AB에 대한 원주각의 크기는? [3점]

① 36° ② 40° ③ 44° ④ 48° ⑤ 52°

7. 한 변의 길이가 2인 정사각형을 밑면으로 하는 직육면체의 부피가 12일 때, 이 직육면체의 겉넓이는? [3점]

① 24 ② 26 ③ 28 ④ 30 ⑤ 32

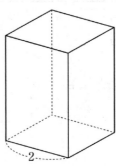

8. 다음은 어느 학급 학생 25명을 대상으로 키를 조사하여 나타낸 도수분포표이다.

키(cm)		학생 수(명)
150^{이상} ~160^{미만}		a
160 ~170		8
170 ~180		b
180 ~190		6
합계		25

이 학생들 중에서 키가 170cm 미만인 학생 수가 조사한 학생 수의 40%일 때, 키가 170cm 이상 180cm 미만인 학생 수는? [3점]

① 7   ② 8   ③ 9   ④ 10   ⑤ 11

9. 두 일차방정식 $ax+2y-b=0$, $2ax+by-3=0$의 그래프의 교점의 좌표가 (2, 1)일 때, $a+b$의 값은? (단, a, b는 상수이다.) [3점]

① $\dfrac{3}{2}$ ② 2   ③ $\dfrac{5}{2}$ ④ 3   ⑤ $\dfrac{7}{2}$

10. 그림과 같이 제1사분면 위의 점 A(a, b)는 이차함수 $y=x^2-3x+2$의 그래프 위에 있다. 이 이차함수의 그래프가 y축과 만나는 점 B에 대하여 삼각형 OAB의 넓이가 4일 때, $a+b$의 값은? (단, O는 원점이다.) [3점]

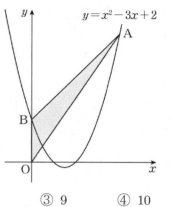

① 7   ② 8   ③ 9   ④ 10   ⑤ 11

11. 어느 학생이 집에서 출발하여 갈 때는 시속 3km로, 집으로 돌아올 때는 같은 경로를 시속 4km로 이동하려고 한다. 이동한 전체 시간이 2시간 이하가 되도록 할 때, 이 학생이 집에서 출발하여 집으로 돌아올 때까지 이동한 거리의 최댓값은? [3점]

① $\dfrac{45}{7}$km

② $\dfrac{48}{7}$km

③ $\dfrac{51}{7}$km

④ $\dfrac{54}{7}$km

⑤ $\dfrac{57}{7}$km

12. 이차함수 $y=f(x)$의 그래프 위의 서로 다른 네 점 A(1, 1), B(8, 1), C(6, 4), D(a, b)에 대하여 $\overline{AB}/\!/\overline{CD}$일 때, $a+b$의 값은? [3점]

① 5　　　　② 6　　　　③ 7　　　　④ 8　　　　⑤ 9

13. 두 자연수 a, b에 대하여 다항식 $2x^2+9x+k$가 $(2x+a)(x+b)$로 인수분해되도록 하는 실수 k의 최솟값은?

[3점]

① 1   ② 4   ③ 7   ④ 10   ⑤ 13

14. 수직선 위의 두 점 P, Q가 원점에 있다. 동전을 한 번 던질 때마다 두 점 P, Q가 다음 규칙에 따라 이동한다.

> (가) 동전의 앞면이 나오면 점 P가 양의 방향으로 2만큼 이동한다.
>
> (나) 동전의 뒷면이 나오면 점 Q가 음의 방향으로 1만큼 이동한다.

동전을 30번 던진 후 두 점 P, Q 사이의 거리가 46일 때, 동전의 앞면이 나온 횟수는? [4점]

① 12   ② 13   ③ 14   ④ 15   ⑤ 16

15. 그림과 같이 $\overline{AB}=a(4<a<8)$, $\overline{BC}=8$인 직사각형 ABCD가 있다. 점 B를 중심으로 하고 점 A를 지나는 원이 선분 BC와 만나는 점을 P, 점 C를 중심으로 하고 점 P를 지나는 원이 선분 CD와 만나는 점을 Q라 하자. 사각형 APQD의 넓이가 $\frac{79}{4}$일 때, a의 값은? [4점]

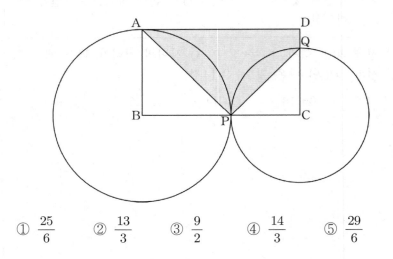

① $\frac{25}{6}$ ② $\frac{13}{3}$ ③ $\frac{9}{2}$ ④ $\frac{14}{3}$ ⑤ $\frac{29}{6}$

16. 그림과 같이 마름모 ABCD와 이 마름모의 외부의 한 점 E에 대하여 $\angle ADE=72°$이고 직선 CD가 선분 BE를 수직이등분할 때, 각 CEB의 크기는? (단, $0°<\angle ADC<72°$) [4점]

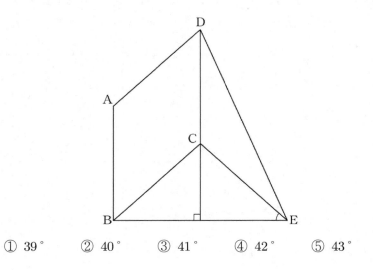

① $39°$ ② $40°$ ③ $41°$ ④ $42°$ ⑤ $43°$

17. 두 이차함수 $f(x) = ax^2 - 4ax + 5a + 1$, $g(x) = -x^2 - 2ax$의 그래프의 꼭짓점을 각각 A, B라 하자. 이차함수 $y = f(x)$의 그래프가 y축과 만나는 점 C에 대하여 사각형 OACB의 넓이가 7일 때, 양수 a의 값은? (단, O는 원점이다.) [4점]

① $\dfrac{2}{5}$ ② $\dfrac{1}{2}$ ③ $\dfrac{3}{5}$ ④ $\dfrac{7}{10}$ ⑤ $\dfrac{4}{5}$

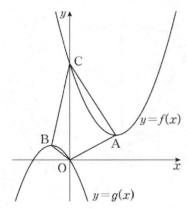

18. [그림1]과 같이 $\overline{AB} = \overline{AC} = \sqrt{2}$, $\angle CAB = 90°$인 삼각형 ABC의 무게중심 D에 대하여 $\overline{DE} = \overline{DF} = 2\sqrt{2}$, $\angle FDE = 90°$이고 $\overline{BC} \, / \! / \, \overline{EF}$인 삼각형 DEF가 있다.

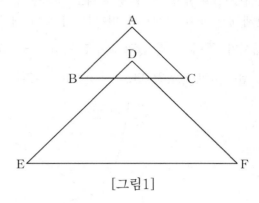

[그림1]

[그림2]와 같이 두 삼각형 ABC와 DEF로 만들어지는
🔺 모양 도형의 둘레의 길이는? (단, 점 A는 삼각형 DEF의 외부에 있다.) [4점]

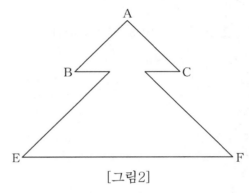

[그림2]

① $\dfrac{16 + 16\sqrt{2}}{3}$ ② $\dfrac{17 + 16\sqrt{2}}{3}$ ③ $\dfrac{16 + 17\sqrt{2}}{3}$

④ $\dfrac{17 + 17\sqrt{2}}{3}$ ⑤ $\dfrac{18 + 17\sqrt{2}}{3}$

19. 그림과 같이 반비례 관계 $y = \dfrac{a}{x}(a > 0)$의 그래프가 두

정비례 관계 $y = mx$, $y = nx$의 그래프와 제1사분면에서 만나는
점을 각각 P, Q라 하자. 점 P를 지나고 y축과 평행한 직선이
정비례 관계 $y = nx$의 그래프와 만나는 점 R에 대하여 삼각형

PRQ의 넓이가 $\dfrac{3}{2}$이다. 점 Q의 x좌표가 점 P의 x좌표의

2배일 때, 실수 a의 값은? (단, $m > n > 0$) [4점]

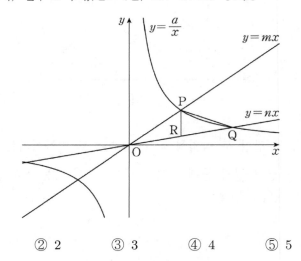

① 1   ② 2   ③ 3   ④ 4   ⑤ 5

20. 그림과 같이 중심이 O이고 중심각의 크기가 $120°$인 부채꼴
OAB가 있다. $\angle AOC = \angle DOB = 30°$인 호 AB 위의 두 점 C,
D에 대하여 선분 OC와 선분 AD가 만나는 점을 E라 하자.
선분 OD의 수직이등분선과 선분 OB가 만나는 점 F에 대하여
$\overline{BF} = \dfrac{2\sqrt{3}}{3}$일 때, 삼각형 ODE의 넓이는? [4점]

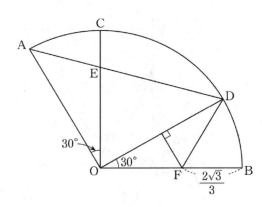

① $\dfrac{3+\sqrt{3}}{2}$ ② $\dfrac{4+\sqrt{3}}{2}$ ③ $\dfrac{3+2\sqrt{3}}{2}$

④ $2+\sqrt{3}$ ⑤ $\dfrac{3+3\sqrt{3}}{2}$

21. 그림과 같이 삼각형 ABC의 내심 I를 지나고 선분 BC에 평행한 직선이 두 선분 AB, AC와 만나는 점을 각각 D, E라 하자. $\overline{\text{AI}} = 3$이고, 삼각형 ABC의 내접원의 반지름의 길이가 1이다. 삼각형 ABC의 넓이가 $5\sqrt{2}$일 때, <보기>에서 옳은 것만을 있는 대로 고른 것은? [4점]

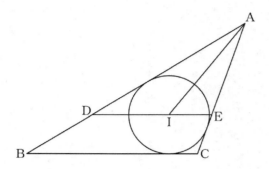

― < 보 기 > ―

ㄱ. $\angle \text{BID} = \angle \text{IBD}$

ㄴ. 삼각형 ADE의 둘레의 길이는 $7\sqrt{2}$ 이다.

ㄷ. $\overline{\text{DE}} = 2\sqrt{2}$

① ㄱ   ② ㄱ, ㄴ   ③ ㄱ, ㄷ
④ ㄴ, ㄷ   ⑤ ㄱ, ㄴ, ㄷ

단 답 형

22. 이차방정식 $x^2 - 2ax + 5a = 0$의 한 근이 $x = 3$일 때, 상수 a의 값을 구하시오. [3점]

23. 연립일차방정식 $\begin{cases} x - y = 4 \\ 2x + y = 11 \end{cases}$의 해가 $x = a,\ y = b$일 때, $a + b$의 값을 구하시오. [3점]

24. 그림과 같이 ∠B = 72°, ∠C = 48°인 삼각형 ABC가 있다. 점 C를 지나고 직선 AB에 평행한 직선 위의 점 D와 선분 AB 위의 점 E에 대하여 ∠CDE = 52°이다. 선분 DE와 선분 AC의 교점을 F라 할 때, ∠EFC = x°이다. x의 값을 구하시오. (단, ∠BCD > 90°이고, 점 E는 점 A가 아니다.) [3점]

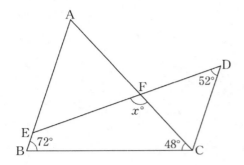

25. 한 개의 주사위를 두 번 던져서 나오는 눈의 수를 차례로 a, b라 할 때, $a+b$가 14의 약수가 되도록 하는 모든 순서쌍 (a, b)의 개수를 구하시오. [3점]

26. 세 실수 a, b, c에 대하여 다음 자료의 중앙값이 6.5, 평균이 6, 최빈값이 c일 때, $a+b+c$의 값을 구하시오. [4점]

> 9, 5, 6, 4, 8, 1, a, b

27. 가로의 길이가 150cm, 세로의 길이가 120cm인 직사각형 ABCD 모양의 종이가 있다. [그림1]과 같이 $\overline{CE}=60$cm인 선분 BC 위의 점 E와 $\overline{CF}=48$cm인 선분 CD 위의 점 F에 대하여 두 선분 CE, CF를 변으로 하는 직사각형 모양의 종이를 잘라내고 남은 ⌐ 모양의 종이를 만들었다.

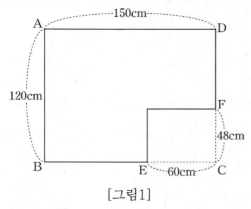

[그림1]

[그림2]와 같이 ⌐ 모양의 종이의 내부에 한 변의 길이가 자연수이고 모두 합동인 정사각형 모양의 종이를 서로 겹치지 않고 빈틈없이 붙이려고 할 때, 붙일 수 있는 종이의 개수의 최솟값을 구하시오. [4점]

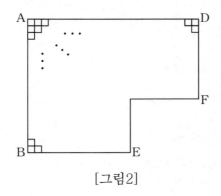

[그림2]

28. $p<q$ 인 두 소수 p, q에 대하여 $p^2q<n\le pq^2$을 만족시키는 자연수 n의 개수가 308일 때, $p+q$의 값을 구하시오. [4점]

29. 그림과 같이 삼각형 ABC의 선분 AC 위의 점 D와 직선 BD 위의 점 E에 대하여 $\overline{\text{DE}}:\overline{\text{DA}}:\overline{\text{DB}}=1:2:4$이다. 점 D를 지나고 직선 BC와 평행한 직선이 두 선분 AB, EC와 만나는 점을 각각 F, G라 할 때, $\overline{\text{FD}}=2$, $\overline{\text{DG}}=1$이고 삼각형 AFD의 넓이가 3이다. 삼각형 EDG의 넓이가 $\dfrac{q}{p}$일 때, $p+q$의 값을 구하시오. (단, 점 E는 삼각형 ABC의 외부에 있고, p와 q는 서로소인 자연수이다.) [4점]

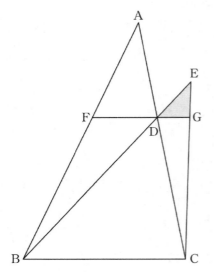

30. 그림과 같이 $\overline{\text{AB}}=\overline{\text{BC}}=2$인 삼각형 ABC에 외접하는 원 O가 있다. 점 B를 지나고 직선 AC에 수직인 직선이 원 O와 만나는 점 중 B가 아닌 점을 D, 선분 AC와 선분 BD가 만나는 점을 E라 하자. 원 O 위의 점 C에서의 접선과 점 D에서의 접선이 만나는 점을 F라 할 때, $\overline{\text{FD}}=2$이다. $\overline{\text{AE}}=\dfrac{a+b\sqrt{17}}{2}$일 때, a^2+b^2의 값을 구하시오. (단, a, b는 정수이다.) [4점]

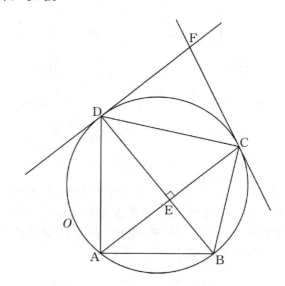

★ 확인 사항
○ 답안지의 해당란에 필요한 내용을 정확히 기입(표기) 했는지 확인하시오.

수학 영역

● 문항수 30개 | 배점 100점 | 제한 시간 100분   ● 배점은 2점, 3점 또는 4점

07회

5 지 선 다 형

1. $\sqrt{\dfrac{20}{3}} \times \sqrt{\dfrac{6}{5}}$ 의 값은? [2점]

① $\sqrt{2}$ ② $2\sqrt{2}$ ③ $3\sqrt{2}$ ④ $4\sqrt{2}$ ⑤ $5\sqrt{2}$

2. 다항식 $(2x-1)(x+3)$의 전개식에서 x의 계수는? [2점]

① 1   ② 2   ③ 3   ④ 4   ⑤ 5

3. $\sin 60° \times \cos 30°$ 의 값은? [2점]

① $\dfrac{1}{4}$ ② $\dfrac{3}{8}$ ③ $\dfrac{1}{2}$ ④ $\dfrac{5}{8}$ ⑤ $\dfrac{3}{4}$

4. 이차함수 $y=-x^2+4x+3$의 그래프의 꼭짓점의 y좌표는? [3점]

① 4   ② 5   ③ 6   ④ 7   ⑤ 8

5. 다음은 어느 봉사 동아리 학생들의 한 달 동안의 봉사 시간을 조사하여 나타낸 히스토그램이다.

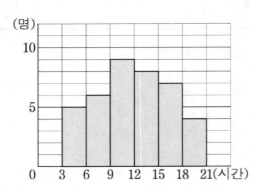

한 달 동안의 봉사 시간이 6시간 이상 12시간 미만인 학생의 수는?
[3점]

① 11　　② 13　　③ 15　　④ 17　　⑤ 19

6. 그림과 같이 삼각형 ABC의 외심을 O라 하자. ∠OBC = 17°, ∠OCA = 52°일 때, 각 OAB의 크기는? [3점]

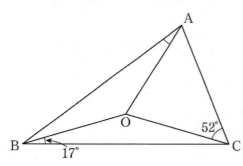

① 18°　　② 19°　　③ 20°　　④ 21°　　⑤ 22°

7. 일차부등식 $\dfrac{x+5}{2}-x \leq a$의 해가 $x \geq 4$일 때, 실수 a의 값은?
[3점]

① $\dfrac{1}{8}$　　② $\dfrac{1}{4}$　　③ $\dfrac{3}{8}$　　④ $\dfrac{1}{2}$　　⑤ $\dfrac{5}{8}$

8. 그림과 같이 밑면의 반지름의 길이가 3이고 높이가 8인
원뿔과 밑면의 반지름의 길이가 2인 원기둥이 있다.
두 입체도형의 부피가 같을 때, 원기둥의 겉넓이는? [3점]

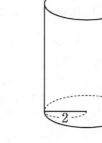

① 32π ② 34π ③ 36π ④ 38π ⑤ 40π

9. 두 일차방정식

$$ax + 4y = 12, \quad 2x + ay = a + 5$$

의 그래프의 교점이 y축 위에 있을 때, 상수 a의 값은? [3점]

① 2   ② $\dfrac{5}{2}$ ③ 3   ④ $\dfrac{7}{2}$ ⑤ 4

10. $2 - \sqrt{6}$ 보다 크고 $5 + \sqrt{15}$ 보다 작은 정수의 개수는? [3점]

① 7   ② 8   ③ 9   ④ 10   ⑤ 11

11. 세 변의 길이가 각각 x, $x+1$, $x+3$인 삼각형이 직각삼각형일 때, x의 값은? (단, $x>2$) [3점]

① $2\sqrt{3}$　　　② $2+\sqrt{3}$　　　③ $1+2\sqrt{3}$

④ $3\sqrt{3}$　　　⑤ $2+2\sqrt{3}$

12. 어느 학교에서 학생들에게 나누어 줄 구슬을 구입하였다. 구입한 구슬을 한 상자에 250개씩 n개의 상자에 담았더니 50개의 구슬이 남았고, 한 상자에 200개씩 $n+1$개의 상자에 담았더니 100개의 구슬이 남았다. 이 학교에서 구입한 구슬의 총 개수는? [3점]

① 800　　② 1050　　③ 1300　　④ 1550　　⑤1800

13. 두 이차방정식

$$x^2 - x - 2 = 0, \quad 2x^2 + kx - 6 = 0$$

이 공통인 해를 갖도록 하는 모든 실수 k의 값의 합은? [3점]

① -5 ② -4 ③ -3 ④ -2 ⑤ -1

14. 그림과 같이 반비례 관계 $y = \dfrac{a}{x}\,(a > 0)$의 그래프가 두 직선 $x = 2$, $y = 2$와 만나는 점을 각각 A, B라 하자. 점 C(2, 2)에 대하여 사각형 OACB의 넓이가 $\dfrac{22}{7}$일 때, 상수 a의 값은? (단, O는 원점이고, 점 A의 y좌표는 2보다 작다.) [4점]

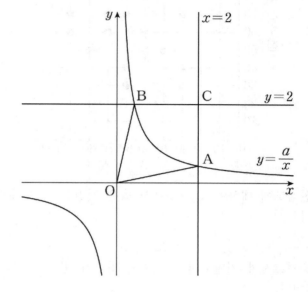

① $\dfrac{6}{7}$ ② 1 ③ $\dfrac{8}{7}$ ④ $\dfrac{9}{7}$ ⑤ $\dfrac{10}{7}$

15. 다음은 어느 학급 학생 20명의 수학 과목의 중간고사 점수와 기말고사 점수에 대한 산점도이다.

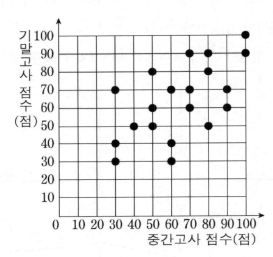

위의 산점도에 대하여 〈보기〉에서 옳은 것만을 있는 대로 고른 것은? [4점]

─────── 〈 보 기 〉 ───────

ㄱ. 중간고사와 기말고사의 점수에 변화가 없는 학생의 수는 5이다.

ㄴ. 기말고사 점수가 중간고사 점수보다 높은 학생의 비율은 학급 학생 20명의 40%이다.

ㄷ. 중간고사 점수의 평균은 기말고사 점수의 평균보다 크다.

① ㄱ   ② ㄱ, ㄴ   ③ ㄱ, ㄷ
④ ㄴ, ㄷ   ⑤ ㄱ, ㄴ, ㄷ

16. 서로 다른 네 실수 a, b, $\dfrac{1}{6}$, $\dfrac{2}{3}$에 대응하는 점을 수직선 위에 나타내면 이웃한 두 점 사이의 거리가 모두 같다. $ab < 0$일 때, $a+b$의 최댓값은? [4점]

① $\dfrac{3}{4}$ ② $\dfrac{5}{6}$ ③ $\dfrac{11}{12}$ ④ 1   ⑤ $\dfrac{13}{12}$

17. 한 개의 주사위를 두 번 던져서 나오는 눈의 수를 차례로 a, b라 하자. $a^2 \times 3^b \times 5$가 $2^2 \times 3^5$의 배수일 확률은? [4점]

① $\dfrac{1}{6}$　　② $\dfrac{7}{36}$　　③ $\dfrac{2}{9}$　　④ $\dfrac{1}{4}$　　⑤ $\dfrac{5}{18}$

18. 그림과 같이 $\angle ABC = 60°$ 인 삼각형 ABC의 두 변 AB, AC의 중점을 각각 D, E라 하자. 선분 DE를 지름으로 하는 원이 선분 BC와 접할 때, 이 원이 선분 AB와 만나는 점 중 D가 아닌 점을 F라 하자.

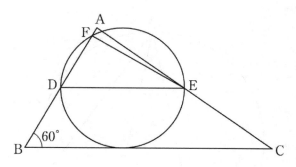

다음은 삼각형 ABC의 넓이가 16일 때, 삼각형 AFE의 넓이를 구하는 과정이다.

> 원의 반지름의 길이를 r라 하면
> $$\overline{DE} = 2r, \quad \overline{BC} = 4r$$
> 이다.
> 점 A에서 선분 BC에 내린 수선의 발을 H라 하면
> $$\overline{AH} = \boxed{\text{(가)}} \times r$$
> 이고, $\triangle ABC = 16$이므로
> $$r = \boxed{\text{(나)}}$$
> 이다.
> 삼각형 ADE와 삼각형 ABC는 서로 닮음이므로
> $\triangle ADE = 4$이다.
> 삼각형 FDE에서 꼭짓점 F는 원 위의 점이므로
> 삼각형 FDE의 넓이는 $\boxed{\text{(다)}}$ 이다.
> 따라서 구하는 삼각형 AFE의 넓이는 $4 - \boxed{\text{(다)}}$ 이다.

위의 (가), (나), (다)에 알맞은 수를 각각 a, b, c라 할 때, $a \times b \times c$의 값은? [4점]

① $5\sqrt{3}$　　　② $6\sqrt{3}$　　　③ $7\sqrt{3}$

④ $8\sqrt{3}$　　　⑤ $9\sqrt{3}$

19. 그림과 같이 $\overline{AB}=\overline{AC}$인 이등변삼각형 ABC에 외접하는 원이 있다. 선분 AC 위의 점 D에 대하여 원과 직선 BD가 만나는 점 중 B가 아닌 점을 E라 하자. $\overline{AE}=2\overline{BC}$, $\overline{CD}=1$이고 ∠ADB + ∠AEB = 180°일 때, 선분 BC의 길이는? [4점]

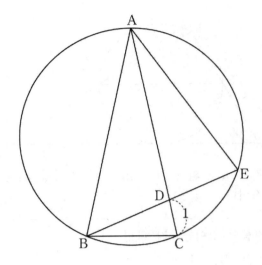

① $3-\sqrt{2}$ ② $\dfrac{7}{3}$ ③ $1+\sqrt{2}$

④ $\dfrac{5}{2}$ ⑤ $4-\sqrt{2}$

20. 그림과 같이 제1사분면 위의 점 A를 꼭짓점으로 하는 이차함수 $y=ax^2+bx$의 그래프가 직선 $x=3$에 대하여 대칭이다. 점 $B\left(0, \dfrac{10}{3}\right)$에서 선분 OA에 내린 수선의 발 H에 대하여 $\overline{BH}=2$일 때, $a+b$의 값은? (단, a, b는 상수이고, O는 원점이다.) [4점]

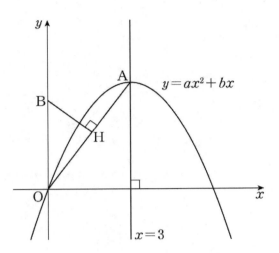

① $\dfrac{20}{9}$ ② $\dfrac{7}{3}$ ③ $\dfrac{22}{9}$ ④ $\dfrac{23}{9}$ ⑤ $\dfrac{8}{3}$

21. 그림과 같이 삼각형 ABC에서 선분 AB 위의 점 D에 대하여 $\overline{BD}=2\overline{AD}$ 이다. 점 A에서 선분 CD에 내린 수선의 발 E에 대하여 $\overline{AE}=4$, $\overline{BE}=\overline{CE}=10$일 때, 삼각형 ABC의 넓이는? (단, $\angle CAB > 90°$) [4점]

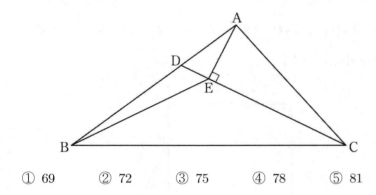

① 69   ② 72   ③ 75   ④ 78   ⑤ 81

[해설편 p.067]

단 답 형

22. 일차함수 $y=3x+a$의 그래프가 점 $(-3, 2)$를 지날 때, 상수 a의 값을 구하시오. [3점]

23. 다항식 $x^2-2x-80$이 $x+a$를 인수로 가진다. a가 자연수일 때, a의 값을 구하시오. [3점]

24. 그림과 같이 오각형 ABCDE에서 $\angle A = 105°$, $\angle B = x°$, $\angle C = y°$, $\angle D = 109°$, $\angle E = 92°$일 때, $x+y$의 값을 구하시오. [3점]

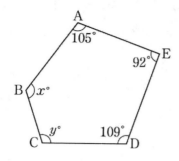

25. 다음 조건을 만족시키는 두 자리의 자연수 n의 최댓값을 구하시오. [3점]

(가) n은 4의 배수이다.
(나) n의 소인수의 개수가 3이다.

26. 그림과 같이 길이가 1인 선분 AB 위의 점 C에 대하여 선분 AC를 한 변으로 하는 정사각형 ACDE가 있다. 선분 CD를 삼등분하는 점 중 점 D에 가까운 점을 F라 하자. 정사각형 ACDE의 넓이와 삼각형 BFC의 넓이의 합이 $\dfrac{5}{8}$일 때, $\overline{AC} = \dfrac{q}{p}$이다. $p+q$의 값을 구하시오. (단, p와 q는 서로소인 자연수이다.) [4점]

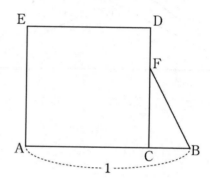

27. 그림과 같이 반지름의 길이가 2이고 중심각의 크기가 $90°$인 부채꼴 OAB가 있다. 선분 OA를 지름으로 하는 반원의 호 위의 점 P에 대하여 직선 OP가 호 AB와 만나는 점을 Q라 하고, 점 Q에서 선분 OA에 내린 수선의 발을 H라 하자.

$\angle QOA = 30°$일 때, 삼각형 PHQ의 넓이는 $\dfrac{a\sqrt{3}-b}{4}$이다.

$a+b$의 값을 구하시오. (단, a와 b는 자연수이다.) [4점]

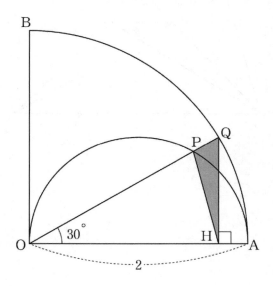

28. 다음은 8명의 학생이 1년 동안 읽은 책의 권수를 조사하여 나타낸 자료이다.

$$4, \ 3, \ 12, \ 5, \ 4, \ a, \ b, \ c$$

이 자료의 중앙값과 평균이 모두 7일 때, 분산을 구하시오.

[4점]

29. 좌표평면에서 이차항의 계수가 양수인 이차함수 $y=f(x)$의 그래프 위의 두 점 A, B가 다음 조건을 만족시킨다.

> (가) $a<2<b$인 두 수 a, b에 대하여 A$(a,\ 1)$, B$(b,\ 1)$이다.
> (나) 점 C$(2,\ 1)$에 대하여 $\overline{\mathrm{AC}}=3\overline{\mathrm{BC}}$이다.

이차함수 $y=f(x)$의 그래프 위의 점 D에 대하여 삼각형 ADB가 $\angle\mathrm{ADB}=90\,^\circ$인 이등변삼각형이고 넓이가 16일 때, $f(8)$의 값을 구하시오. [4점]

30. 그림과 같이 $\overline{\mathrm{AD}}/\!/\overline{\mathrm{BC}}$인 사다리꼴 ABCD에서 두 대각선의 교점을 E라 하자. 점 E를 지나고 선분 AD와 평행한 직선이 선분 CD와 만나는 점을 F라 하고, 두 선분 AC, BF의 교점을 G라 하자. $\overline{\mathrm{AD}}=4$, $\overline{\mathrm{EF}}=3$일 때, 사다리꼴 ABCD의 넓이는 삼각형 EGF의 넓이의 k배이다. $9k$의 값을 구하시오. [4점]

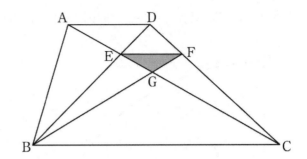

* 확인 사항
◦ 답안지의 해당란에 필요한 내용을 정확히 기입(표기) 했는지 확인하시오.

수학 영역

● 문항수 30개 | 배점 100점 | 제한 시간 100분   ● 배점은 2점, 3점 또는 4점

[5 지 선 다 형]

1. $6 \div (-4) - \dfrac{5}{2} \times (-3)$ 의 값은? [2점]

① 4   ② 5   ③ 6   ④ 7   ⑤ 8

2. 다항식 $2x(3x-1) - x(2x+3)$ 을 간단히 하였을 때, x^2 의 계수는? [2점]

① 1   ② 2   ③ 3   ④ 4   ⑤ 5

3. $\sqrt{\dfrac{2}{3}} \times \sqrt{\dfrac{15}{2}} + \sqrt{20}$ 의 값은? [2점]

① $\dfrac{5\sqrt{5}}{2}$ ② $3\sqrt{5}$ ③ $\dfrac{7\sqrt{5}}{2}$

④ $4\sqrt{5}$ ⑤ $\dfrac{9\sqrt{5}}{2}$

4. $9x^2 + 12x + k$ 가 완전제곱식이 되기 위한 상수 k 의 값은? [3점]

① $\dfrac{1}{9}$ ② $\dfrac{1}{4}$ ③ 1   ④ 4   ⑤ 9

5. 그림과 같이 밑면의 지름의 길이가 4인 원기둥의 겉넓이가 38π일 때, 이 원기둥의 높이는? [3점]

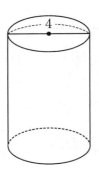

① $\frac{11}{2}$　　② 6　　③ $\frac{13}{2}$　　④ 7　　⑤ $\frac{15}{2}$

6. 일차함수 $y=ax+b$의 그래프는 일차함수 $y=-\frac{2}{3}x$의 그래프와 평행하다. 일차함수 $y=ax+b$의 그래프의 x절편이 3일 때, $a+b$의 값은? (단, a와 b는 상수이다.) [3점]

① $\frac{7}{6}$　　② $\frac{4}{3}$　　③ $\frac{3}{2}$　　④ $\frac{5}{3}$　　⑤ $\frac{11}{6}$

7. 다음은 어느 고등학교 1학년 학생 20명이 1년간 실시한 봉사 활동 시간을 줄기와 잎 그림으로 나타낸 것이다. 이 자료의 중앙값은? [3점]

(2 | 0은 20시간)

줄기	잎
0	4　5
1	1　2　4　7　7
2	0　1　1　5　8　9
3	4　4　8　9
4	0　0　2

① 23시간　　② 24시간　　③ 25시간
④ 26시간　　⑤ 27시간

8. $5^3 \times 6^4$이 n자리의 수일 때, n의 값은? [3점]

① 4   ② 5   ③ 6   ④ 7   ⑤ 8

9. 한 개의 주사위를 두 번 던질 때, 첫 번째 던져서 나온 눈의 수가 두 번째 던져서 나온 눈의 수보다 작을 확률은? [3점]

① $\dfrac{11}{36}$ ② $\dfrac{1}{3}$ ③ $\dfrac{13}{36}$ ④ $\dfrac{7}{18}$ ⑤ $\dfrac{5}{12}$

10. 일차부등식 $2a-x \leq -3(x-2)$가 참이 되는 자연수 x의 개수가 4일 때, 정수 a의 값은? [3점]

① -2 ② -1 ③ 0   ④ 1   ⑤ 2

11. [그림 1]은 가로의 길이가 $2x$, 세로의 길이가 $x+2$인 직사각형에서 가로의 길이가 1, 세로의 길이가 x인 직사각형을 잘라 낸 도형을 나타낸 것이다. [그림 2]는 세로의 길이가 x인 직사각형을 나타낸 것이다. [그림 1]의 도형과 [그림 2]의 직사각형의 넓이가 서로 같을 때, [그림 2]의 직사각형의 둘레의 길이는? (단, $x > \dfrac{1}{2}$) [3점]

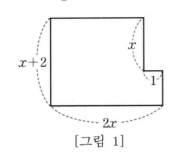

[그림 1]

[그림 2]

① $4x+4$ ② $4x+6$ ③ $6x+6$
④ $6x+8$ ⑤ $8x+8$

12. 다음은 어느 반 학생 20명의 작년에 읽은 책의 수와 올해 읽은 책의 수에 대한 산점도이다.

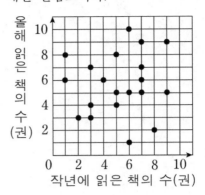

작년보다 올해 책을 더 많이 읽은 학생의 수를 a, 작년과 올해 해마다 5권 이상의 책을 읽은 학생의 수를 b라 할 때, $a+b$의 값은? [3점]

① 19   ② 21   ③ 23   ④ 25   ⑤ 27

13. 어느 제과점에서 두 종류의 선물 세트 A, B를 각각 1상자씩 만드는 데 필요한 사탕과 쿠키의 개수는 다음과 같다.

	A	B
사탕(개)	20	5
쿠키(개)	15	25

선물 세트 A를 a상자, 선물 세트 B를 b상자 만드는 데 필요한 사탕과 쿠키의 개수가 각각 360, 440일 때, $a+b$의 값은? [3점]

① 24   ② 26   ③ 28   ④ 30   ⑤ 32

14. 그림과 같이 정비례 관계 $y=-\frac{1}{2}x$의 그래프와 반비례 관계 $y=\frac{a}{x}\,(a<0)$의 그래프가 있다. 이 두 그래프가 만나는 두 점을 A, B라 할 때, 두 점 A, B의 x좌표의 합이 0이다. 점 A를 지나고 x축에 평행한 직선과 점 B를 지나고 y축에 평행한 직선이 만나는 점을 C라 할 때, 삼각형 ABC의 넓이는 16이다. 상수 a의 값은? (단, 점 A는 제4사분면 위의 점이다.) [4점]

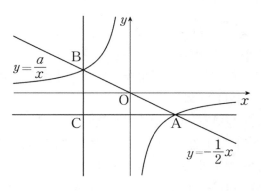

① -2 ② -4 ③ -6 ④ -8 ⑤ -10

15. 어느 동아리에서 부원 A, B, C, D, E의 5명 중에서 3명을 선택하여 다음과 같이 동아리실 청소 당번을 정하려고 한다.

- 월요일, 수요일, 금요일의 당번을 각각 1명씩 서로 다르게 정한다.
- A는 당번을 하고, B와 C 중 적어도 1명은 당번을 한다.

다음은 당번을 정하는 경우의 수를 구하는 과정의 일부이다.

세 가지 경우로 나누어 구한다.
(i) B와 C가 모두 당번을 하는 경우
 A, B, C 세 명이 당번을 하므로 당번을 정하는 경우의 수는 (가) 이다.
(ii) B는 당번을 하고 C는 당번을 하지 않는 경우
 A, B가 당번을 하고, C는 당번을 하지 않으므로 당번을 정하는 경우의 수는 (나) 이다.
(iii) C는 당번을 하고 B는 당번을 하지 않는 경우
                 ⋮ (중략)
(i), (ii), (iii)에 의하여 당번을 정하는 경우의 수는 (다) 이다.

위의 (가), (나), (다)에 알맞은 수를 각각 a, b, c라 할 때, $a+b+c$의 값은? [4점]

① 40　　② 44　　③ 48　　④ 52　　⑤ 56

16. 그림과 같이 $\angle A = 52°$인 예각삼각형 ABC의 외심을 O라 하고, 선분 BO의 연장선과 변 AC가 만나는 점을 D라 하자. $\overline{BD} = \overline{BC}$일 때, $\angle OCD$의 크기는? [4점]

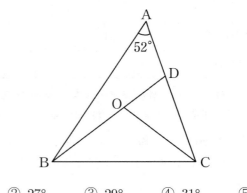

① 25°　　② 27°　　③ 29°　　④ 31°　　⑤ 33°

17. 다음 그림은 어느 수학 전시관의 입장권을 나타낸 것이다. 이 입장권은 고객용과 회수용의 두 부분으로 나누어져 있고 고객용 부분의 넓이가 입장권의 넓이의 $\dfrac{\sqrt{15}}{5}$ 이다. 회수용 부분의 넓이가 4 일 때, 입장권의 넓이는? [4점]

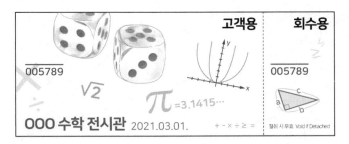

① $10+2\sqrt{15}$ ② $11+2\sqrt{15}$ ③ $4+4\sqrt{15}$
④ $8+3\sqrt{15}$ ⑤ $9+3\sqrt{15}$

18. 한 변의 길이가 2인 정사각형 $ABCD$의 변 AB 위의 점 E와 변 AD 위의 점 F에 대하여 다음이 성립한다.

> (가) $\overline{EB}:\overline{FD}=2:1$
>
> (나) 삼각형 AEF의 넓이는 $\dfrac{10}{9}$ 이다.

선분 AF의 길이는? [4점]

① $\dfrac{17}{9}$ ② $\dfrac{11}{6}$ ③ $\dfrac{16}{9}$ ④ $\dfrac{31}{18}$ ⑤ $\dfrac{5}{3}$

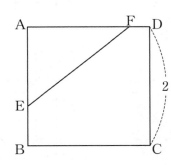

19. 어느 평평한 광장의 네 지점 A, B, C, D를 꼭짓점으로 하는 정사각형 ABCD가 있다. 그림은 크기가 같은 정사각형 모양의 흰색 타일과 검은색 타일을 겹치지 않게 이어 붙여 정사각형 ABCD의 내부를 빈틈없이 채운 모양을 일부 생략하여 나타낸 것이다.

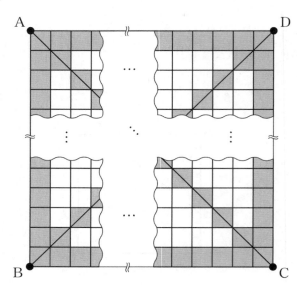

정사각형 ABCD의 변에 닿은 타일과 정사각형 ABCD의 대각선 위에 놓인 타일은 모두 검은색이고, 나머지 타일은 흰색이다. 정사각형 ABCD의 내부에 채워진 전체 타일 중에서 흰색 타일의 개수가 168일 때, 검은색 타일의 개수는? [4점]

① 156   ② 121   ③ 100   ④ 88   ⑤ 64

20. 그림과 같이 $\angle A = 90°$, $\overline{AB} = \overline{AC} = 3$인 직각삼각형 ABC가 있다. 변 AB 위의 두 점 D, E와 변 BC 위의 점 F에 대하여 삼각형 DEF는 높이가 1인 정삼각형이다. $\angle DCA = x$일 때, $\tan x$의 값은? (단, $\overline{AD} < \overline{AE}$) [4점]

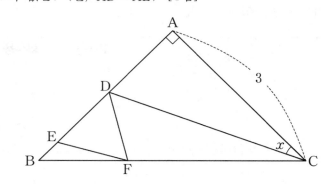

① $\dfrac{5 - \sqrt{3}}{9}$ ② $\dfrac{6 - \sqrt{3}}{9}$ ③ $\dfrac{5 - \sqrt{3}}{6}$

④ $\dfrac{7 - \sqrt{3}}{9}$ ⑤ $\dfrac{6 - \sqrt{3}}{6}$

21. 그림과 같이 $\overline{AB}=6$, $\overline{BC}=8$인 삼각형 ABC가 있다. 변 BC의 중점 M과 변 AC의 중점 N에 대하여 두 선분 AM, BN이 점 P에서 서로 수직으로 만날 때, <보기>에서 옳은 것만을 있는 대로 고른 것은? [4점]

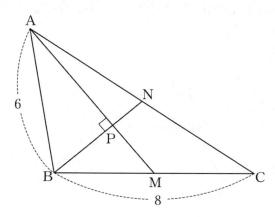

―――――――――< 보 기 >―――――――――

ㄱ. $3\overline{AP}=2\overline{AM}$

ㄴ. $\overline{BN}=\sqrt{21}$

ㄷ. 삼각형 ABC의 넓이는 $4\sqrt{35}$ 이다.

① ㄱ   ② ㄷ   ③ ㄱ, ㄴ

④ ㄴ, ㄷ   ⑤ ㄱ, ㄴ, ㄷ

---

22. 일차방정식 $\dfrac{5-x}{2}=x-8$의 해가 $x=a$일 때, a의 값을 구하시오. [3점]

23. 30 이하의 자연수 중에서 99와 서로소인 자연수의 개수를 구하시오. [3점]

24. 다음은 어느 편의점에서 30일 동안 판매한 마스크의 일일 판매량을 조사하여 나타낸 히스토그램이다. 이 히스토그램에서 일일 판매량이 30개 이상인 일수는 전체의 $a\%$이다. a의 값을 구하시오. [3점]

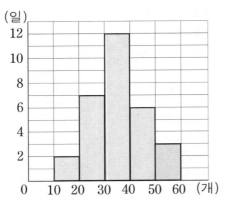

25. 다음 조건을 만족시키는 정수 a의 개수를 구하시오. [3점]

(가) $-50 < a < 50$

(나) $\dfrac{a}{7}$는 정수가 아닌 유리수이다.

26. 그림과 같이 삼각형 ABC의 변 AB 위의 두 점 D, E와 변 AC 위의 두 점 F, G에 대하여

$$\overline{AD} = \overline{DE}, \quad \overline{AE} = \overline{EB}, \quad \overline{AF} = \overline{FG}, \quad \overline{AG} = \overline{GC}$$

이다. 사각형 DEGF의 넓이가 24일 때, 삼각형 ABC의 넓이를 구하시오. [4점]

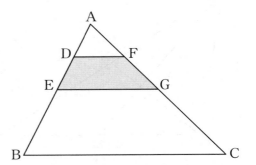

27. 그림과 같이 이차함수 $y = ax^2 \, (a > 0)$의 그래프 위의 두 점 $A(p, 3)$, $B(q, 3)$이 있다. 두 점 $C(-1, -1)$, $D(1, -1)$에 대하여 사각형 ACDB의 넓이가 자연수가 되도록 하는 자연수 a의 최댓값을 구하시오. (단, $p < q$) [4점]

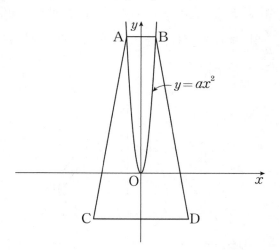

28. 그림과 같이 $\angle BCA = 90°$, $\overline{BC} = 30$, $\overline{AC} = 16$인 직각삼각형 ABC가 있다. 변 AB의 중점 M과 변 BC의 중점 N에 대하여 선분 MN의 연장선 위에 $\overline{ND} = 9$가 되도록 점 D를 잡는다.

$\angle ADC = x$일 때, $\sin x = \dfrac{q}{p}$이다. $p + q$의 값을 구하시오. (단, $\overline{MD} > \overline{ND}$이고 p와 q는 서로소인 자연수이다.) [4점]

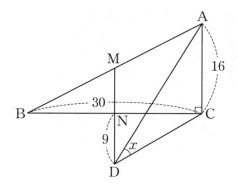

29. 좌표평면에 꼭짓점이 점 A로 일치하는 두 이차함수

$$y = -x^2 + 2x,$$
$$y = ax^2 + bx + c \ (a > 0)$$

의 그래프가 있다. 함수 $y = ax^2 + bx + c$의 그래프가 y축과 만나는 점을 B라 하고, 점 B를 지나고 x축에 평행한 직선이 함수 $y = ax^2 + bx + c$의 그래프와 만나는 점 중 B가 아닌 점을 C라 하자. 두 점 A, C를 지나는 직선이 y축과 만나는 점을 D라 할 때, 삼각형 BDC의 넓이가 12이다. $2a - b + c$의 값을 구하시오. (단, a, b, c는 상수이다.) [4점]

30. 그림과 같이 $\overline{AB} = \overline{AC} = 25$, $\overline{BC} = 30$인 삼각형 ABC가 있다. 점 A에서 변 BC에 내린 수선의 발을 D라 하고, 점 B에서 변 AC에 내린 수선의 발을 E라 하자. 선분 DE를 지름으로 하는 원이 변 BC와 만나는 점 중 D가 아닌 점을 F, 변 AC와 만나는 점 중 E가 아닌 점을 G라 하자. 삼각형 GFC의 둘레의 길이가 $\dfrac{q}{p}$일 때, $p + q$의 값을 구하시오. (단, p와 q는 서로소인 자연수이다.) [4점]

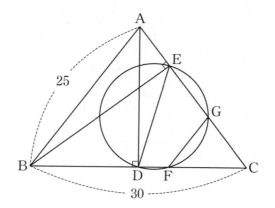

2024학년도 3월 고1 전국연합학력평가 문제지

1

제 3 교시

영어 영역

09회

● 문항수 45개 | 배점 100점 | 제한 시간 70분

● 점수 표시가 없는 문항은 모두 2점

09회

1번부터 17번까지는 듣고 답하는 문제입니다. 1번부터 15번까지는 한 번만 들려주고, 16번부터 17번까지는 두 번 들려줍니다. 방송을 잘 듣고 답을 하시기 바랍니다.

MP3

1. 다음을 듣고, 남자가 하는 말의 목적으로 가장 적절한 것을 고르시오.

① 학교 체육관 공사 일정을 알리려고
② 학교 수업 시간표 조정을 안내하려고
③ 학교 통학 시 대중교통 이용을 권장하려고
④ 학교 방과 후 수업 신청 방식을 설명하려고
⑤ 학교 셔틀버스 운행 시간 변경을 공지하려고

2. 대화를 듣고, 여자의 의견으로 가장 적절한 것을 고르시오.

① 전기 자전거 이용 전에 배터리 상태를 점검하여야 한다.
② 전기 자전거 운행에 관한 규정이 더 엄격해야 한다.
③ 전기 자전거의 속도 규정에 대한 논의가 필요하다.
④ 전기 자전거 구입 시 가격을 고려해야 한다.
⑤ 전기 자전거 이용 시 헬멧을 착용해야 한다.

3. 다음을 듣고, 여자가 하는 말의 요지로 가장 적절한 것을 고르시오.

① 학업 목표를 분명히 설정하는 것이 필요하다.
② 친구와의 협력은 학교생활의 중요한 덕목이다.
③ 과제 제출 마감 기한을 확인하고 준수해야 한다.
④ 적절한 휴식은 성공적인 과업 수행의 핵심 요소이다.
⑤ 할 일의 목록을 활용하는 것이 시간 관리에 유용하다.

4. 대화를 듣고, 그림에서 대화의 내용과 일치하지 않는 것을 고르시오.

5. 대화를 듣고, 남자가 할 일로 가장 적절한 것을 고르시오.

① 따뜻한 옷 챙기기   ② 체스 세트 가져가기
③ 읽을 책 고르기   ④ 간편식 구매하기
⑤ 침낭 준비하기

6. 대화를 듣고, 여자가 지불할 금액을 고르시오. [3점]

① $15   ② $20   ③ $27   ④ $30   ⑤ $33

7. 대화를 듣고, 남자가 체육 대회 연습을 할 수 없는 이유를 고르시오.

① 시험공부를 해야 해서
② 동아리 면접이 있어서
③ 축구화를 가져오지 않아서
④ 다리가 완전히 회복되지 않아서
⑤ 가족 식사 모임에 참석해야 해서

8. 대화를 듣고, Science Open Lab Program에 관해 언급되지 않은 것을 고르시오.

① 지원 가능 학년   ② 실험 재료 구입 필요성
③ 지원서 제출 기한   ④ 참가 인원수
⑤ 시상 여부

9. Triwood High School Volunteer Program에 관한 다음 내용을 듣고, 일치하지 않는 것을 고르시오.

① 노인을 도와주는 봉사 활동이다.
② 봉사자는 대면으로 활동한다.
③ 스마트폰 사용 방법 교육을 한다.
④ 봉사자는 매주 토요일에 세 시간씩 참여한다.
⑤ 지원자는 이메일로 참가 신청서를 보내야 한다.

10. 다음 표를 보면서 대화를 듣고, 여자가 주문할 휴대용 선풍기를 고르시오.

Portable Fan

	Model	Number of Speed Options	Color	LED Display	Price
①	A	1	blue	X	$15
②	B	3	white	O	$26
③	C	3	yellow	X	$31
④	D	4	pink	X	$37
⑤	E	5	green	O	$42

11. 대화를 듣고, 남자의 마지막 말에 대한 여자의 응답으로 가장 적절한 것을 고르시오.

① I can help you find it.
② I already bought a new one.
③ I had it before biology class.
④ You should report it to the police.
⑤ It was a birthday gift from my dad.

12. 대화를 듣고, 여자의 마지막 말에 대한 남자의 응답으로 가장 적절한 것을 고르시오.

① Thank you. Everything looks delicious.
② Yes. I have an appointment this Saturday.
③ You're welcome. I made it with my dad's recipe.
④ Sounds good. What time did you make a reservation?
⑤ That's too bad. Why don't we try another restaurant?

13. 대화를 듣고, 남자의 마지막 말에 대한 여자의 응답으로 가장 적절한 것을 고르시오. [3점]

Woman: _____

① No problem. You can find other projects at the organization.
② Sure. Let's choose one from your old children's books.
③ Congratulations. You finally made your first audiobook.
④ I hope so. You're going to be a wonderful writer.
⑤ Exactly. Kids grow faster than you think.

14. 대화를 듣고, 여자의 마지막 말에 대한 남자의 응답으로 가장 적절한 것을 고르시오.

Man: _____

① Well, let's do the presentation together.
② Cheer up! I know you did your best.
③ Yes, I got a good grade on science.
④ Wow! it was a really nice presentation.
⑤ Right. I have already finished the project.

15. 다음 상황 설명을 듣고, Robert가 Michelle에게 할 말로 가장 적절한 것을 고르시오. [3점]

Robert: _____

① When can I use the library?
② Where can I find the library?
③ How can I join the reading club?
④ Why do you want to go to the library?
⑤ What time does the lost and found open?

[16 ~ 17] 다음을 듣고, 물음에 답하시오.

16. 남자가 하는 말의 주제로 가장 적절한 것은?

① useful foods to relieve coughs
② importance of proper food recipes
③ various causes of cough symptoms
④ traditional home remedies for fever
⑤ connection between weather and cough

17. 언급된 음식 재료가 <u>아닌</u> 것은?

① ginger
② lemon
③ pineapple
④ honey
⑤ banana

이제 듣기 문제가 끝났습니다. 18번부터는 문제지의 지시에 따라 답을 하시기 바랍니다.

---

18. 다음 글의 목적으로 가장 적절한 것은?

Dear Ms. Jane Watson,

I am John Austin, a science teacher at Crestville High School. Recently I was impressed by the latest book you wrote about the environment. Also my students read your book and had a class discussion about it. They are big fans of your book, so I'd like to ask you to visit our school and give a special lecture. We can set the date and time to suit your schedule. Having you at our school would be a fantastic experience for the students. We would be very grateful if you could come.

Best regards,
John Austin

① 환경 보호의 중요성을 강조하려고
② 글쓰기에서 주의할 점을 알려 주려고
③ 특강 강사로 작가의 방문을 요청하려고
④ 작가의 팬 사인회 일정 변경을 공지하려고
⑤ 작가가 쓴 책의 내용에 관하여 문의하려고

19. 다음 글에 드러난 Sarah의 심경 변화로 가장 적절한 것은?

Marilyn and her three-year-old daughter, Sarah, took a trip to the beach, where Sarah built her first sandcastle. Moments later, an enormous wave destroyed Sarah's castle. In response to the loss of her sandcastle, tears streamed down Sarah's cheeks and her heart was broken. She ran to Marilyn, saying she would never build a sandcastle again. Marilyn said, "Part of the joy of building a sandcastle is that, in the end, we give it as a gift to the ocean." Sarah loved this idea and responded with enthusiasm to the idea of building another castle—this time, even closer to the water so the ocean would get its gift sooner!

① sad → excited
② envious → anxious
③ bored → joyful
④ relaxed → regretful
⑤ nervous → surprised

20. 다음 글에서 필자가 주장하는 바로 가장 적절한 것은?

Magic is what we all wish for to happen in our life. Do you love the movie *Cinderella* like me? Well, in real life, you can also create magic. Here's the trick. Write down all the real-time challenges that you face and deal with. Just change the challenge statement into positive statements. Let me give you an example here. If you struggle with getting up early in the morning, then write a positive statement such as "I get up early in the morning at 5:00 am every day." Once you write these statements, get ready to witness magic and confidence. You will be surprised that just by writing these statements, there is a shift in the way you think and act. Suddenly you feel more powerful and positive.

① 목표한 바를 꼭 이루려면 생각을 곧바로 행동으로 옮겨라.
② 자신감을 얻으려면 어려움을 긍정적인 진술로 바꿔 써라.
③ 어려운 일을 해결하려면 주변 사람에게 도움을 청하라.
④ 일상에서 자신감을 향상하려면 틈틈이 마술을 배워라.
⑤ 실생활에서 마주하는 도전을 피하지 말고 견뎌 내라.

21. 밑줄 친 push animal senses into Aristotelian buckets가 다음 글에서 의미하는 바로 가장 적절한 것은? [3점]

Consider the seemingly simple question *How many senses are there?* Around 2,370 years ago, Aristotle wrote that there are five, in both humans and animals—sight, hearing, smell, taste, and touch. However, according to the philosopher Fiona Macpherson, there are reasons to doubt it. For a start, Aristotle missed a few in humans: the perception of your own body which is different from touch and the sense of balance which has links to both touch and vision. Other animals have senses that are even harder to categorize. Many vertebrates have a different sense system for detecting odors. Some snakes can detect the body heat of their prey. These examples tell us that "senses cannot be clearly divided into a limited number of specific kinds," Macpherson wrote in *The Senses*. Instead of trying to push animal senses into Aristotelian buckets, we should study them for what they are.

* vertebrate: 척추동물 ** odor: 냄새

① sort various animal senses into fixed categories
② keep a balanced view to understand real senses
③ doubt the traditional way of dividing all senses
④ ignore the lessons on senses from Aristotle
⑤ analyze more animals to find real senses

22. 다음 글의 요지로 가장 적절한 것은?

When we think of leaders, we may think of people such as Abraham Lincoln or Martin Luther King, Jr. If you consider the historical importance and far-reaching influence of these individuals, leadership might seem like a noble and high goal. But like all of us, these people started out as students, workers, and citizens who possessed ideas about how some aspect of daily life could be improved on a larger scale. Through diligence and experience, they improved upon their ideas by sharing them with others, seeking their opinions and feedback and constantly looking for the best way to accomplish goals for a group. Thus we all have the potential to be leaders at school, in our communities, and at work, regardless of age or experience.

* diligence: 근면

① 훌륭한 리더는 고귀한 목표를 위해 희생적인 삶을 산다.
② 위대한 인물은 위기의 순간에 뛰어난 결단력을 발휘한다.
③ 공동체를 위한 아이디어를 발전시키는 누구나 리더가 될 수 있다.
④ 다른 사람의 의견을 경청하는 자세는 목표 달성에 가장 중요하다.
⑤ 근면하고 경험이 풍부한 사람들은 경제적으로 성공할 수 있다.

23. 다음 글의 주제로 가장 적절한 것은?

Crop rotation is the process in which farmers change the crops they grow in their fields in a special order. For example, if a farmer has three fields, he or she may grow carrots in the first field, green beans in the second, and tomatoes in the third. The next year, green beans will be in the first field, tomatoes in the second field, and carrots will be in the third. In year three, the crops will rotate again. By the fourth year, the crops will go back to their original order. Each crop enriches the soil for the next crop. This type of farming is sustainable because the soil stays healthy.

* sustainable: 지속 가능한

① advantage of crop rotation in maintaining soil health
② influence of purchasing organic food on farmers
③ ways to choose three important crops for rich soil
④ danger of growing diverse crops in small spaces
⑤ negative impact of crop rotation on the environment

24. 다음 글의 제목으로 가장 적절한 것은?

Working around the whole painting, rather than concentrating on one area at a time, will mean you can stop at any point and the painting can be considered "finished." Artists often find it difficult to know when to stop painting, and it can be tempting to keep on adding more to your work. It is important to take a few steps back from the painting from time to time to assess your progress. Putting too much into a painting can spoil its impact and leave it looking overworked. If you find yourself struggling to decide whether you have finished, take a break and come back to it later with fresh eyes. Then you can decide whether any areas of your painting would benefit from further refinement.

* tempting: 유혹하는 ** refinement: 정교하게 꾸밈

① Drawing Inspiration from Diverse Artists
② Don't Spoil Your Painting by Leaving It Incomplete
③ Art Interpretation: Discover Meanings in a Painting
④ Do Not Put Down Your Brush: The More, the Better
⑤ Avoid Overwork and Find the Right Moment to Finish

25. 다음 도표의 내용과 일치하지 <u>않는</u> 것은?

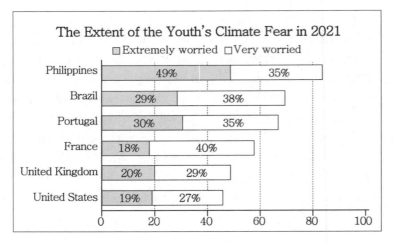

The above graph shows the extent to which young people aged 16−25 in six countries had fear about climate change in 2021. ① The Philippines had the highest percentage of young people who said they were extremely or very worried, at 84 percent, followed by 67 percent in Brazil. ② More than 60 percent of young people in Portugal said they were extremely worried or very worried. ③ In France, the percentage of young people who were extremely worried was higher than that of young people who were very worried. ④ In the United Kingdom, the percentage of young generation who said that they were very worried was 29 percent. ⑤ In the United States, the total percentage of extremely worried and very worried youth was the smallest among the six countries.

26. Jaroslav Heyrovsky에 관한 다음 글의 내용과 일치하지 <u>않는</u> 것은?

Jaroslav Heyrovsky was born in Prague on December 20, 1890, as the fifth child of Leopold Heyrovsky. In 1901 Jaroslav went to a secondary school called the Akademicke Gymnasium. Rather than Latin and Greek, he showed a strong interest in the natural sciences. At Czech University in Prague he studied chemistry, physics, and mathematics. From 1910 to 1914 he continued his studies at University College, London. Throughout the First World War, Jaroslav served in a military hospital. In 1926, Jaroslav became the first Professor of Physical Chemistry at Charles University in Prague. He won the Nobel Prize in chemistry in 1959.

① 라틴어와 그리스어보다 자연 과학에 강한 흥미를 보였다.
② Czech University에서 화학, 물리학 및 수학을 공부했다.
③ 1910년부터 1914년까지 런던에서 학업을 이어 나갔다.
④ 제1차 세계 대전이 끝난 후 군 병원에 복무했다.
⑤ 1959년에 노벨 화학상을 수상했다.

27. Spring Tea Class for Young People에 관한 다음 안내문의 내용과 일치하지 <u>않는</u> 것은?

Spring Tea Class for Young People

Join us for a delightful Spring Tea Class for young people, where you'll experience the taste of tea from various cultures around the world.

Class Schedule
• Friday, April 5 (4:30 p.m. − 6:00 p.m.)
• Saturday, April 6 (9:30 a.m. − 11:00 a.m.)

Details
• We will give you tea and snacks.
• We offer special tips for hosting a tea party.

Participation Fee
• Age 13 − 15: $25 per person
• Age 16 − 18: $30 per person

Note
If you have any food allergy, you should email us in advance at youth@seasonteaclass.com.

① 수강생은 전 세계 다양한 문화권의 차를 경험할 수 있다.
② 금요일 수업은 오후에 1시간 30분 동안 진행된다.
③ 수강생에게 차와 간식을 제공할 것이다.
④ 15세 이하의 수강생은 30달러의 참가비를 내야 한다.
⑤ 음식 알레르기가 있는 수강생은 이메일을 미리 보내야 한다.

28. Clothes Upcycling Contest 2024에 관한 다음 안내문의 내용과 일치하는 것은?

Clothes Upcycling Contest 2024

Are you passionate about fashion and the environment? Then we have a contest for you!

• **Participants**
− Anyone living in Lakewood, aged 11 to 18

• **How to participate**
− Take before and after photos of your upcycled clothes.
− Email the photos at lovelw@lwplus.com.
− Send in the photos from April 14 to May 12.

• **Winning Prize**
− A $100 gift card to use at local shops
− The winner will be announced on our website on May 30.
For more details, visit our website www.lovelwplus.com.

① Lakewood에 사는 사람이면 누구든지 참가할 수 있다.
② 참가자는 출품 사진을 직접 방문하여 제출해야 한다.
③ 참가자는 5월 14일까지 출품 사진을 제출할 수 있다.
④ 우승 상품은 지역 상점에서 쓸 수 있는 기프트 카드이다.
⑤ 지역 신문을 통해 우승자를 발표한다.

29. 다음 글의 밑줄 친 부분 중, 어법상 틀린 것은? [3점]

It would be hard to overstate how important meaningful work is to human beings — work ① that provides a sense of fulfillment and empowerment. Those who have found deeper meaning in their careers find their days much more energizing and satisfying, and ② to count their employment as one of their greatest sources of joy and pride. Sonya Lyubomirsky, professor of psychology at the University of California, has conducted numerous workplace studies ③ showing that when people are more fulfilled on the job, they not only produce higher quality work and a greater output, but also generally earn higher incomes. Those most satisfied with their work ④ are also much more likely to be happier with their lives overall. For her book *Happiness at Work*, researcher Jessica Pryce-Jones conducted a study of 3,000 workers in seventy-nine countries, ⑤ finding that those who took greater satisfaction from their work were 150 percent more likely to have a happier life overall.

* numerous: 수많은

30. 다음 글의 밑줄 친 부분 중, 문맥상 낱말의 쓰임이 적절하지 않은 것은? [3점]

The rate of speed at which one is traveling will greatly determine the ability to process detail in the environment. In evolutionary terms, human senses are adapted to the ① speed at which humans move through space under their own power while walking. Our ability to distinguish detail in the environment is therefore ideally ② suited to movement at speeds of perhaps five miles per hour and under. The fastest users of the street, motorists, therefore have a much more limited ability to process details along the street — a motorist simply has ③ enough time or ability to appreciate design details. On the other hand, pedestrian travel, being much slower, allows for the ④ appreciation of environmental detail. Joggers and bicyclists fall somewhere in between these polar opposites; while they travel faster than pedestrians, their rate of speed is ordinarily much ⑤ slower than that of the typical motorist.

* distinguish: 구별하다 ** pedestrian: 보행자

[31 ~ 34] 다음 빈칸에 들어갈 말로 가장 적절한 것을 고르시오.

31. Every species has certain climatic requirements — what degree of heat or cold it can endure, for example. When the climate changes, the places that satisfy those requirements change, too. Species are forced to follow. All creatures are capable of some degree of ＿＿＿＿＿＿. Even creatures that appear immobile, like trees and barnacles, are capable of dispersal at some stage of their life — as a seed, in the case of the tree, or as a larva, in the case of the barnacle. A creature must get from the place it is born — often occupied by its parent — to a place where it can survive, grow, and reproduce. From fossils, scientists know that even creatures like trees moved with surprising speed during past periods of climate change.

* barnacle: 따개비   ** dispersal: 분산
*** fossil: 화석

① endurance
② movement
③ development
④ transformation
⑤ communication

32. No respectable boss would say, "I make it a point to discourage my staff from speaking up, and I maintain a culture that prevents disagreeing viewpoints from ever getting aired." If anything, most bosses even say that they are pro-dissent. This idea can be found throughout the series of conversations with corporate, university, and nonprofit leaders, published weekly in the business sections of newspapers. In the interviews, the featured leaders are asked about their management techniques, and regularly claim to continually encourage ＿＿＿＿＿＿＿＿ from more junior staffers. As Bot Pittman remarked in one of these conversations: "I want us to listen to these dissenters because they may intend to tell you why we can't do something, but if you listen hard, what they're really telling you is what you must do to get something done." [3점]

* dissent: 반대

① unconditional loyalty
② positive attitude
③ internal protest
④ competitive atmosphere
⑤ outstanding performance

33. One of the most striking characteristics of a sleeping animal or person is that they do not respond normally to environmental stimuli. If you open the eyelids of a sleeping mammal the eyes will not see normally—they _____ . Some visual information apparently gets in, but it is not normally processed as it is shortened or weakened; same with the other sensing systems. Stimuli are registered but not processed normally and they fail to wake the individual. Perceptual disengagement probably serves the function of protecting sleep, so some authors do not count it as part of the definition of sleep itself. But as sleep would be impossible without it, it seems essential to its definition. Nevertheless, many animals (including humans) use the intermediate state of drowsiness to derive some benefits of sleep without total perceptual disengagement. [3점]

* stimuli: 자극 ** disengagement: 이탈
*** drowsiness: 졸음

① get recovered easily
② will see much better
③ are functionally blind
④ are completely activated
⑤ process visual information

34. A number of research studies have shown how experts in a field often experience difficulties when introducing newcomers to that field. For example, in a genuine training situation, Dr Pamela Hinds found that people expert in using mobile phones were remarkably less accurate than novice phone users in judging how long it takes people to learn to use the phones. Experts can become insensitive to how hard a task is for the beginner, an effect referred to as the 'curse of knowledge'. Dr Hinds was able to show that as people acquired the skill, they then began to underestimate the level of difficulty of that skill. Her participants even underestimated how long it had taken themselves to acquire that skill in an earlier session. Knowing that experts forget how hard it was for them to learn, we can understand the need to _____ , rather than making assumptions about how students 'should be' learning. [3점]

* novice: 초보

① focus on the new functions of digital devices
② apply new learning theories recently released
③ develop varieties of methods to test students
④ forget the difficulties that we have had as students
⑤ look at the learning process through students' eyes

35. 다음 글에서 전체 흐름과 관계 없는 문장은?

A group of psychologists studied individuals with severe mental illness who experienced weekly group music therapy, including singing familiar songs and composing original songs. ① The results showed that the group music therapy improved the quality of participants' life, with those participating in a greater number of sessions experiencing the greatest benefits. ② Focusing on singing, another group of psychologists reviewed articles on the efficacy of group singing as a mental health treatment for individuals living with a mental health condition in a community setting. ③ The findings showed that, when people with mental health conditions participated in a choir, their mental health and wellbeing significantly improved. ④ The negative effects of music were greater than the psychologists expected. ⑤ Group singing provided enjoyment, improved emotional states, developed a sense of belonging and enhanced self-confidence.

* therapy: 치료 ** efficacy: 효능

[36 ~ 37] 주어진 글 다음에 이어질 글의 순서로 가장 적절한 것을 고르시오.

36.

In many sports, people realized the difficulties and even impossibilities of young children participating fully in many adult sport environments.

(A) As examples, baseball has T ball, football has flag football and junior soccer uses a smaller and lighter ball and (sometimes) a smaller field. All have junior competitive structures where children play for shorter time periods and often in smaller teams.

(B) In a similar way, tennis has adapted the court areas, balls and rackets to make them more appropriate for children under 10. The adaptations are progressive and relate to the age of the child.

(C) They found the road to success for young children unlikely if they play on adult fields, courts or arenas with equipment that is too large, too heavy or too fast for them to handle while trying to compete in adult-style competition. Common sense has prevailed: different sports have made adaptations for children.

* prevail: 널리 퍼지다

① (A) - (C) - (B)
② (B) - (A) - (C)
③ (B) - (C) - (A)
④ (C) - (A) - (B)
⑤ (C) - (B) - (A)

37.

> With no horses available, the Inca empire excelled at delivering messages on foot.

(A) When a messenger neared the next hut, he began to call out and repeated the message three or four times to the one who was running out to meet him. The Inca empire could relay messages 1,000 miles (1,610 km) in three or four days under good conditions.

(B) The messengers were stationed on the royal roads to deliver the Inca king's orders and reports coming from his lands. Called Chasquis, they lived in groups of four to six in huts, placed from one to two miles apart along the roads.

(C) They were all young men and especially good runners who watched the road in both directions. If they caught sight of another messenger coming, they hurried out to meet them. The Inca built the huts on high ground, in sight of one another. [3점]

* excel: 탁월하다 ** messenger: 전령

① (A) − (C) − (B) 　② (B) − (A) − (C)
③ (B) − (C) − (A) 　④ (C) − (A) − (B)
⑤ (C) − (B) − (A)

[38 ~ 39] 글의 흐름으로 보아, 주어진 문장이 들어가기에 가장 적절한 곳을 고르시오.

38.

> Research in the 1980s and 1990s, however, demonstrated that the "tongue map" explanation of how we taste was, in fact, totally wrong.

The tongue was mapped into separate areas where certain tastes were registered: sweetness at the tip, sourness on the sides, and bitterness at the back of the mouth. (①) As it turns out, the map was a misinterpretation and mistranslation of research conducted in Germany at the turn of the twentieth century. (②) Today, leading taste researchers believe that taste buds are not grouped according to specialty. (③) Sweetness, saltiness, bitterness, and sourness can be tasted everywhere in the mouth, although they may be perceived at a little different intensities at different sites. (④) Moreover, the mechanism at work is not place, but time. (⑤) It's not that you taste sweetness at the tip of your tongue, but rather that you register that perception *first*.

* taste bud: 미뢰

39.

> Environmental factors can also determine how the animal will respond during the treatment.

No two animals are alike. (①) Animals from the same litter will display some of the same features, but will not be exactly the same as each other; therefore, they may not respond in entirely the same way during a healing session. (②) For instance, a cat in a rescue center will respond very differently than a cat within a domestic home environment. (③) In addition, animals that experience healing for physical illness will react differently than those accepting healing for emotional confusion. (④) With this in mind, every healing session needs to be explored differently, and each healing treatment should be adjusted to suit the specific needs of the animal. (⑤) You will learn as you go; healing is a constant learning process.

* litter: (한 배에서 태어난) 새끼들

40. 다음 글의 내용을 한 문장으로 요약하고자 한다. 빈칸 (A), (B)에 들어갈 말로 가장 적절한 것은?

> The mind has parts that are known as the conscious mind and the subconscious mind. The subconscious mind is very fast to act and doesn't deal with emotions. It deals with memories of your responses to life, your memories and recognition. However, the conscious mind is the one that you have more control over. You think. You can choose whether to carry on a thought or to add emotion to it and this is the part of your mind that lets you down frequently because — fueled by emotions — you make the wrong decisions time and time again. When your judgment is clouded by emotions, this puts in biases and all kinds of other negativities that hold you back. Scared of spiders? Scared of the dark? There are reasons for all of these fears, but they originate in the conscious mind. They only become real fears when the subconscious mind records your reactions.

↓

> While the controllable conscious mind deals with thoughts and ___(A)___, the fast-acting subconscious mind stores your responses, ___(B)___ real fears.

	(A)		(B)
①	emotions	......	forming
②	actions	......	overcoming
③	emotions	......	overcoming
④	actions	......	avoiding
⑤	moralities	......	forming

[41 ~ 42] 다음 글을 읽고, 물음에 답하시오.

Norms are everywhere, defining what is "normal" and guiding our interpretations of social life at every turn. As a simple example, there is a norm in Anglo society to say *Thank you* to strangers who have just done something to (a) help, such as open a door for you, point out that you've just dropped something, or give you directions. There is no law that forces you to say *Thank you*. But if people don't say *Thank you* in these cases it is marked. People expect that you will say it. You become responsible. (b) Failing to say it will be both surprising and worthy of criticism. Not knowing the norms of another community is the (c) central problem of cross-cultural communication. To continue the *Thank you* example, even though another culture may have an expression that appears translatable (many don't), there may be (d) similar norms for its usage, for example, such that you should say *Thank you* only when the cost someone has caused is considerable. In such a case it would sound ridiculous (i.e., unexpected, surprising, and worthy of criticism) if you were to thank someone for something so (e) minor as holding a door open for you.

41. 윗글의 제목으로 가장 적절한 것은?

① Norms: For Social Life and Cultural Communication
② Don't Forget to Say "Thank you" at Any Time
③ How to Be Responsible for Your Behaviors
④ Accept Criticism Without Hurting Yourself
⑤ How Did Diverse Languages Develop?

42. 밑줄 친 (a)~(e) 중에서 문맥상 낱말의 쓰임이 적절하지 <u>않은</u> 것은?

① (a)   ② (b)   ③ (c)   ④ (d)   ⑤ (e)

[43 ~ 45] 다음 글을 읽고, 물음에 답하시오.

(A)

Long ago, when the world was young, an old Native American spiritual leader Odawa had a dream on a high mountain. In his dream, Iktomi, the great spirit and searcher of wisdom, appeared to (a) him in the form of a spider. Iktomi spoke to him in a holy language.

(B)

Odawa shared Iktomi's lesson with (b) his people. Today, many Native Americans have dream catchers hanging above their beds. Dream catchers are believed to filter out bad dreams. The good dreams are captured in the web of life and carried with the people. The bad dreams pass through the hole in the web and are no longer a part of their lives.

(C)

When Iktomi finished speaking, he spun a web and gave it to Odawa. He said to Odawa, "The web is a perfect circle with a hole in the center. Use the web to help your people reach their goals. Make good use of their ideas, dreams, and visions. If (c) you believe in the great spirit, the web will catch your good ideas and the bad ones will go through the hole." Right after Odawa woke up, he went back to his village.

(D)

Iktomi told Odawa about the cycles of life. (d) He said, "We all begin our lives as babies, move on to childhood, and then to adulthood. Finally, we come to old age, where we must be taken care of as babies again." Iktomi also told (e) him that there are good and bad forces in each stage of life. "If we listen to the good forces, they will guide us in the right direction. But if we listen to the bad forces, they will lead us the wrong way and may harm us," Iktomi said.

43. 주어진 글 (A)에 이어질 내용을 순서에 맞게 배열한 것으로 가장 적절한 것은?

① (B) - (D) - (C)   ② (C) - (B) - (D)
③ (C) - (D) - (B)   ④ (D) - (B) - (C)
⑤ (D) - (C) - (B)

44. 밑줄 친 (a)~(e) 중에서 가리키는 대상이 나머지 넷과 <u>다른</u> 것은?

① (a)   ② (b)   ③ (c)   ④ (d)   ⑤ (e)

45. 윗글에 관한 내용으로 적절하지 <u>않은</u> 것은?

① Odawa는 높은 산에서 꿈을 꾸었다.
② 많은 미국 원주민은 드림캐처를 현관 위에 건다.
③ Iktomi는 Odawa에게 거미집을 짜서 주었다.
④ Odawa는 잠에서 깨자마자 자신의 마을로 돌아갔다.
⑤ Iktomi는 Odawa에게 삶의 순환에 대해 알려 주었다.

* 확인 사항
○ 답안지의 해당란에 필요한 내용을 정확히 기입(표기)했는지 확인하시오.

2023학년도 3월 고1 전국연합학력평가 문제지   1

제 3 교시

영어 영역

10회

● 문항수 45개 | 배점 100점 | 제한 시간 70분

● 점수 표시가 없는 문항은 모두 2점

10회

1번부터 17번까지는 듣고 답하는 문제입니다. 1번부터 15번까지는 한 번만 들려주고, 16번부터 17번까지는 두 번 들려줍니다. 방송을 잘 듣고 답을 하시기 바랍니다.

1. 다음을 듣고, 남자가 하는 말의 목적으로 가장 적절한 것을 고르시오.
① 아이스하키부의 우승을 알리려고
② 아이스하키부 훈련 일정을 공지하려고
③ 아이스하키부 신임 감독을 소개하려고
④ 아이스하키부 선수 모집을 안내하려고
⑤ 아이스하키부 경기의 관람을 독려하려고

2. 대화를 듣고, 여자의 의견으로 가장 적절한 것을 고르시오.
① 과다한 항생제 복용을 자제해야 한다.
② 오래된 약을 함부로 폐기해서는 안 된다.
③ 약을 복용할 때는 정해진 시간을 지켜야 한다.
④ 진료 전에 자신의 증상을 정확히 확인해야 한다.
⑤ 다른 사람에게 처방된 약을 복용해서는 안 된다.

3. 대화를 듣고, 두 사람의 관계를 가장 잘 나타낸 것을 고르시오.
① 관람객 – 박물관 관장
② 세입자 – 건물 관리인
③ 화가 – 미술관 직원
④ 고객 – 전기 기사
⑤ 의뢰인 – 건축사

4. 대화를 듣고, 그림에서 대화의 내용과 일치하지 않는 것을 고르시오.

5. 대화를 듣고, 남자가 할 일로 가장 적절한 것을 고르시오.
① 티켓 디자인하기   ② 포스터 게시하기
③ 블로그 개설하기   ④ 밴드부원 모집하기
⑤ 콘서트 장소 대여하기

6. 대화를 듣고, 여자가 지불할 금액을 고르시오. [3점]
① $70   ② $90   ③ $100   ④ $110   ⑤ $120

7. 대화를 듣고, 남자가 지갑을 구매하지 못한 이유를 고르시오.
① 해당 상품이 다 팔려서
② 브랜드명을 잊어버려서
③ 계산대의 줄이 길어서
④ 공항에 늦게 도착해서
⑤ 면세점이 문을 닫아서

8. 대화를 듣고, Youth Choir Audition에 관해 언급되지 않은 것을 고르시오.
① 지원 가능 연령   ② 날짜   ③ 심사 기준
④ 참가비   ⑤ 지원 방법

9. 2023 Career Week에 관한 다음 내용을 듣고, 일치하지 않는 것을 고르시오.
① 5일 동안 열릴 것이다.
② 미래 직업 탐색을 돕는 프로그램이 있을 것이다.
③ 프로그램 참가 인원에 제한이 있다.
④ 특별 강연이 마지막 날에 있을 것이다.
⑤ 등록은 5월 10일에 시작된다.

10. 다음 표를 보면서 대화를 듣고, 여자가 구입할 프라이팬을 고르시오.

Frying Pans

	Model	Price	Size (inches)	Material	Lid
①	A	$30	8	Aluminum	○
②	B	$32	9.5	Aluminum	○
③	C	$35	10	Stainless Steel	×
④	D	$40	11	Aluminum	×
⑤	E	$70	12.5	Stainless Steel	○

11. 대화를 듣고, 남자의 마지막 말에 대한 여자의 응답으로 가장 적절한 것을 고르시오.
① I don't think I can finish editing it by then.
② I learned it by myself through books.
③ This short movie is very interesting.
④ You should make another video clip.
⑤ I got an A⁺ on the team project.

12. 대화를 듣고, 여자의 마지막 말에 대한 남자의 응답으로 가장 적절한 것을 고르시오.
① All right. I'll come pick you up now.
② I'm sorry. The library is closed today.
③ No problem. You can borrow my book.
④ Thank you so much. I'll drop you off now.
⑤ Right. I've changed the interior of my office.

13. 대화를 듣고, 남자의 마지막 말에 대한 여자의 응답으로 가장 적절한 것을 고르시오.

Woman: _____

① Try these tomatoes and cucumbers.
② I didn't know peppers are good for skin.
③ Just wear comfortable clothes and shoes.
④ You can pick tomatoes when they are red.
⑤ I'll help you grow vegetables on your farm.

14. 대화를 듣고, 여자의 마지막 말에 대한 남자의 응답으로 가장 적절한 것을 고르시오. [3점]

Man: _____

① You're right. I'll meet her and apologize.
② I agree with you. That's why I did it.
③ Thank you. I appreciate your apology.
④ Don't worry. I don't think it's your fault.
⑤ Too bad. I hope the two of you get along.

15. 다음 상황 설명을 듣고, John이 Ted에게 할 말로 가장 적절한 것을 고르시오. [3점]

John: _____

① How can we find the best sunrise spot?
② Why do you go mountain climbing so often?
③ What time should we get up tomorrow morning?
④ When should we come down from the mountain top?
⑤ Where do we have to stay in the mountain at night?

[16 ~ 17] 다음을 듣고, 물음에 답하시오.

16. 여자가 하는 말의 주제로 가장 적절한 것은?

① indoor sports good for the elderly
② importance of learning rules in sports
③ best sports for families to enjoy together
④ useful tips for winning a sports game
⑤ history of traditional family sports

17. 언급된 스포츠가 아닌 것은?

① badminton
② basketball
③ table tennis
④ soccer
⑤ bowling

이제 듣기 문제가 끝났습니다. 18번부터는 문제지의 지시에 따라 답을 하시기 바랍니다.

18. 다음 글의 목적으로 가장 적절한 것은?

To whom it may concern,

 I am a resident of the Blue Sky Apartment. Recently I observed that the kid zone is in need of repairs. I want you to pay attention to the poor condition of the playground equipment in the zone. The swings are damaged, the paint is falling off, and some of the bolts on the slide are missing. The facilities have been in this terrible condition since we moved here. They are dangerous to the children playing there. Would you please have them repaired? I would appreciate your immediate attention to solve this matter.

Yours sincerely,
Nina Davis

① 아파트의 첨단 보안 설비를 홍보하려고
② 아파트 놀이터의 임시 폐쇄를 공지하려고
③ 아파트 놀이터 시설의 수리를 요청하려고
④ 아파트 놀이터 사고의 피해 보상을 촉구하려고
⑤ 아파트 공용 시설 사용 시 유의 사항을 안내하려고

19. 다음 글에 드러난 'I'의 심경 변화로 가장 적절한 것은?

 On a two-week trip in the Rocky Mountains, I saw a grizzly bear in its native habitat. At first, I felt joy as I watched the bear walk across the land. He stopped every once in a while to turn his head about, sniffing deeply. He was following the scent of something, and slowly I began to realize that this giant animal was smelling me! I froze. This was no longer a wonderful experience; it was now an issue of survival. The bear's motivation was to find meat to eat, and I was clearly on his menu.

* scent: 냄새

① sad → angry
② delighted → scared
③ satisfied → jealous
④ worried → relieved
⑤ frustrated → excited

20. 다음 글에서 필자가 주장하는 바로 가장 적절한 것은?

 It is difficult for any of us to maintain a constant level of attention throughout our working day. We all have body rhythms characterised by peaks and valleys of energy and alertness. You will achieve more, and feel confident as a benefit, if you schedule your most demanding tasks at times when you are best able to cope with them. If you haven't thought about energy peaks before, take a few days to observe yourself. Try to note the times when you are at your best. We are all different. For some, the peak will come first thing in the morning, but for others it may take a while to warm up.

* alertness: 기민함

① 부정적인 감정에 에너지를 낭비하지 말라.
② 자신의 신체 능력에 맞게 운동량을 조절하라.
③ 자기 성찰을 위한 아침 명상 시간을 확보하라.
④ 생산적인 하루를 보내려면 일을 균등하게 배분하라.
⑤ 자신의 에너지가 가장 높은 시간을 파악하여 활용하라.

21. 밑줄 친 The divorce of the hands from the head가 다음 글에서 의미하는 바로 가장 적절한 것은? [3점]

If we adopt technology, we need to pay its costs. Thousands of traditional livelihoods have been pushed aside by progress, and the lifestyles around those jobs removed. Hundreds of millions of humans today work at jobs they hate, producing things they have no love for. Sometimes these jobs cause physical pain, disability, or chronic disease. Technology creates many new jobs that are certainly dangerous. At the same time, mass education and media train humans to avoid low-tech physical work, to seek jobs working in the digital world. The divorce of the hands from the head puts a stress on the human mind. Indeed, the sedentary nature of the best-paying jobs is a health risk — for body and mind.

* chronic: 만성의 ** sedentary: 주로 앉아서 하는

① ignorance of modern technology
② endless competition in the labor market
③ not getting along well with our coworkers
④ working without any realistic goals for our career
⑤ our increasing use of high technology in the workplace

22. 다음 글의 요지로 가장 적절한 것은?

When students are starting their college life, they may approach every course, test, or learning task the same way, using what we like to call "the rubber-stamp approach." Think about it this way: Would you wear a tuxedo to a baseball game? A colorful dress to a funeral? A bathing suit to religious services? Probably not. You know there's appropriate dress for different occasions and settings. Skillful learners know that "putting on the same clothes" won't work for every class. They are flexible learners. They have different strategies and know when to use them. They know that you study for multiple-choice tests differently than you study for essay tests. And they not only know what to do, but they also know how to do it.

① 숙련된 학습자는 상황에 맞는 학습 전략을 사용할 줄 안다.
② 선다형 시험과 논술 시험은 평가의 형태와 목적이 다르다.
③ 문화마다 특정 행사와 상황에 맞는 복장 규정이 있다.
④ 학습의 양보다는 학습의 질이 학업 성과를 좌우한다.
⑤ 학습 목표가 명확할수록 성취 수준이 높아진다.

23. 다음 글의 주제로 가장 적절한 것은?

As the social and economic situation of countries got better, wage levels and working conditions improved. Gradually people were given more time off. At the same time, forms of transport improved and it became faster and cheaper to get to places. England's industrial revolution led to many of these changes. Railways, in the nineteenth century, opened up now famous seaside resorts such as Blackpool and Brighton. With the railways came many large hotels. In Canada, for example, the new coast-to-coast railway system made possible the building of such famous hotels as Banff Springs and Chateau Lake Louise in the Rockies. Later, the arrival of air transport opened up more of the world and led to tourism growth.

① factors that caused tourism expansion
② discomfort at a popular tourist destination
③ importance of tourism in society and economy
④ negative impacts of tourism on the environment
⑤ various types of tourism and their characteristics

24. 다음 글의 제목으로 가장 적절한 것은?

Success can lead you off your intended path and into a comfortable rut. If you are good at something and are well rewarded for doing it, you may want to keep doing it even if you stop enjoying it. The danger is that one day you look around and realize you're so deep in this comfortable rut that you can no longer see the sun or breathe fresh air; the sides of the rut have become so slippery that it would take a superhuman effort to climb out; and, effectively, you're stuck. And it's a situation that many working people worry they're in now. The poor employment market has left them feeling locked in what may be a secure, or even well-paying — but ultimately unsatisfying — job.

* rut: 틀에 박힌 생활

① Don't Compete with Yourself
② A Trap of a Successful Career
③ Create More Jobs for Young People
④ What Difficult Jobs Have in Common
⑤ A Road Map for an Influential Employer

25. 다음 도표의 내용과 일치하지 <u>않는</u> 것은?

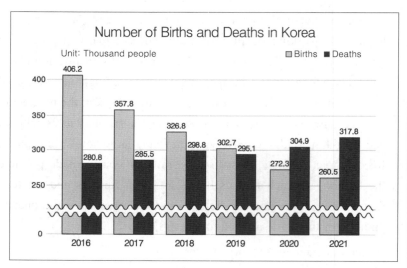

Number of Births and Deaths in Korea

The above graph shows the number of births and deaths in Korea from 2016 to 2021. ① The number of births continued to decrease throughout the whole period. ② The gap between the number of births and deaths was the largest in 2016. ③ In 2019, the gap between the number of births and deaths was the smallest, with the number of births slightly larger than that of deaths. ④ The number of deaths increased steadily during the whole period, except the period from 2018 to 2019. ⑤ In 2021, the number of deaths was larger than that of births for the first time.

26. Lilian Bland에 관한 다음 글의 내용과 일치하지 <u>않는</u> 것은?

Lilian Bland was born in Kent, England in 1878. Unlike most other girls at the time she wore trousers and spent her time enjoying adventurous activities like horse riding and hunting. Lilian began her career as a sports and wildlife photographer for British newspapers. In 1910 she became the first woman to design, build, and fly her own airplane. In order to persuade her to try a slightly safer activity, Lilian's dad bought her a car. Soon Lilian was a master driver and ended up working as a car dealer. She never went back to flying but lived a long and exciting life nonetheless. She married, moved to Canada, and had a kid. Eventually, she moved back to England, and lived there for the rest of her life.

① 승마와 사냥 같은 모험적인 활동을 즐겼다.
② 스포츠와 야생 동물 사진작가로 경력을 시작했다.
③ 자신의 비행기를 설계하고 제작했다.
④ 자동차 판매원으로 일하기도 했다.
⑤ 캐나다에서 생의 마지막 기간을 보냈다.

27. Call for Articles에 관한 다음 안내문의 내용과 일치하지 <u>않는</u> 것은?

Call for Articles

Do you want to get your stories published? *New Dream Magazine* is looking for future writers! This event is open to anyone aged 13 to 18.

Articles
• Length of writing: 300−325 words
• Articles should also include high-quality color photos.

Rewards
• Five cents per word
• Five dollars per photo

Notes
• You should send us your phone number together with your writing.
• Please email your writing to us at article@ndmag.com.

① 13세에서 18세까지의 누구나 참여할 수 있다.
② 기사는 고화질 컬러 사진을 포함해야 한다.
③ 사진 한 장에 5센트씩 지급한다.
④ 전화번호를 원고와 함께 보내야 한다.
⑤ 원고를 이메일로 제출해야 한다.

28. Greenhill Roller Skating에 관한 다음 안내문의 내용과 일치하는 것은?

Greenhill Roller Skating

Join us for your chance to enjoy roller skating!

• Place: Greenhill Park, 351 Cypress Avenue
• Dates: Friday, April 7 − Sunday, April 9
• Time: 9 a.m. − 6 p.m.
• Fee: $8 per person for a 50-minute session

Details
− Admission will be on a first-come, first-served basis with no reservations.
− Children under the age of 10 must be accompanied by an adult.
− We will lend you our roller skates for free.

Contact the Community Center for more information at 013-234-6114.

① 오전 9시부터 오후 9시까지 운영한다.
② 이용료는 시간 제한 없이 1인당 8달러이다.
③ 입장하려면 예약이 필요하다.
④ 10세 미만 어린이는 어른과 동행해야 한다.
⑤ 추가 요금을 내면 롤러스케이트를 빌려준다.

29. 다음 글의 밑줄 친 부분 중, 어법상 틀린 것은? [3점]

The most noticeable human characteristic projected onto animals is ① that they can talk in human language. Physically, animal cartoon characters and toys ② made after animals are also most often deformed in such a way as to resemble humans. This is achieved by ③ showing them with humanlike facial features and deformed front legs to resemble human hands. In more recent animated movies the trend has been to show the animals in a more "natural" way. However, they still use their front legs ④ like human hands (for example, lions can pick up and lift small objects with one paw), and they still talk with an appropriate facial expression. A general strategy that is used to make the animal characters more emotionally appealing, both to children and adults, ⑤ are to give them enlarged and deformed childlike features.

* deform: 변형하다　** paw: (동물의) 발

30. 다음 글의 밑줄 친 부분 중, 문맥상 낱말의 쓰임이 적절하지 않은 것은? [3점]

The major philosophical shift in the idea of selling came when industrial societies became more affluent, more competitive, and more geographically spread out during the 1940s and 1950s. This forced business to develop ① closer relations with buyers and clients, which in turn made business realize that it was not enough to produce a quality product at a reasonable price. In fact, it was equally ② essential to deliver products that customers actually wanted. Henry Ford produced his best-selling T-model Ford in one color only (black) in 1908, but in modern societies this was no longer ③ possible. The modernization of society led to a marketing revolution that ④ strengthened the view that production would create its own demand. Customers, and the desire to ⑤ meet their diverse and often complex needs, became the focus of business.

* affluent: 부유한

[31~34] 다음 빈칸에 들어갈 말로 가장 적절한 것을 고르시오.

31. People differ in how quickly they can reset their biological clocks to overcome jet lag, and the speed of recovery depends on the _____ of travel. Generally, it's easier to fly westward and lengthen your day than it is to fly eastward and shorten it. This east-west difference in jet lag is sizable enough to have an impact on the performance of sports teams. Studies have found that teams flying westward perform significantly better than teams flying eastward in professional baseball and college football. A more recent study of more than 46,000 Major League Baseball games found additional evidence that eastward travel is tougher than westward travel.

* jet lag: 시차로 인한 피로감

① direction
② purpose
③ season
④ length
⑤ cost

32. If you want the confidence that comes from achieving what you set out to do each day, then it's important to understand _____. Over-optimism about what can be achieved within a certain time frame is a problem. So work on it. Make a practice of estimating the amount of time needed alongside items on your 'things to do' list, and learn by experience when tasks take a greater or lesser time than expected. Give attention also to fitting the task to the available time. There are some tasks that you can only set about if you have a significant amount of time available. There is no point in trying to gear up for such a task when you only have a short period available. So schedule the time you need for the longer tasks and put the short tasks into the spare moments in between.

* gear up: 준비를 갖추다, 대비하다

① what benefits you can get
② how practical your tasks are
③ how long things are going to take
④ why failures are meaningful in life
⑤ why your leisure time should come first

33. In Lewis Carroll's *Through the Looking-Glass*, the Red Queen takes Alice on a race through the countryside. They run and they run, but then Alice discovers that they're still under the same tree that they started from. The Red Queen explains to Alice: "*here*, you see, it takes all the running you can do, to keep in the same place." Biologists sometimes use this Red Queen Effect to explain an evolutionary principle. If foxes evolve to run faster so they can catch more rabbits, then only the fastest rabbits will live long enough to make a new generation of bunnies that run even faster — in which case, of course, only the fastest foxes will catch enough rabbits to thrive and pass on their genes. Even though they might run, the two species _____. [3점]

* thrive: 번성하다

① just stay in place
② end up walking slowly
③ never run into each other
④ won't be able to adapt to changes
⑤ cannot run faster than their parents

34. Everything in the world around us was finished in the mind of its creator before it was started. The houses we live in, the cars we drive, and our clothing — all of these began with an idea. Each idea was then studied, refined and perfected before the first nail was driven or the first piece of cloth was cut. Long before the idea was turned into a physical reality, the mind had clearly pictured the finished product. The human being designs his or her own future through much the same process. We begin with an idea about how the future will be. Over a period of time we refine and perfect the vision. Before long, our every thought, decision and activity are all working in harmony to bring into existence what we _____. [3점]

* refine: 다듬다

① didn't even have the potential to accomplish
② have mentally concluded about the future
③ haven't been able to picture in our mind
④ considered careless and irresponsible
⑤ have observed in some professionals

35. 다음 글에서 전체 흐름과 관계 <u>없는</u> 문장은?

Whose story it is affects *what* the story is. Change the main character, and the focus of the story must also change. If we look at the events through another character's eyes, we will interpret them differently. ① We'll place our sympathies with someone new. ② When the conflict arises that is the heart of the story, we will be praying for a different outcome. ③ Consider, for example, how the tale of Cinderella would shift if told from the viewpoint of an evil stepsister. ④ We know Cinderella's kingdom does not exist, but we willingly go there anyway. ⑤ *Gone with the Wind* is Scarlett O'Hara's story, but what if we were shown the same events from the viewpoint of Rhett Butler or Melanie Wilkes?

* sympathy: 공감

[36 ~ 37] 주어진 글 다음에 이어질 글의 순서로 가장 적절한 것을 고르시오.

36.

In the Old Stone Age, small bands of 20 to 60 people wandered from place to place in search of food. Once people began farming, they could settle down near their farms.

(A) While some workers grew crops, others built new houses and made tools. Village dwellers also learned to work together to do a task faster.

(B) For example, toolmakers could share the work of making stone axes and knives. By working together, they could make more tools in the same amount of time.

(C) As a result, towns and villages grew larger. Living in communities allowed people to organize themselves more efficiently. They could divide up the work of producing food and other things they needed.

* dweller: 거주자

① (A) − (C) − (B)   ② (B) − (A) − (C)
③ (B) − (C) − (A)   ④ (C) − (A) − (B)
⑤ (C) − (B) − (A)

37.

Natural processes form minerals in many ways. For example, hot melted rock material, called magma, cools when it reaches the Earth's surface, or even if it's trapped below the surface. As magma cools, its atoms lose heat energy, move closer together, and begin to combine into compounds.

(A) Also, the size of the crystals that form depends partly on how rapidly the magma cools. When magma cools slowly, the crystals that form are generally large enough to see with the unaided eye.

(B) During this process, atoms of the different compounds arrange themselves into orderly, repeating patterns. The type and amount of elements present in a magma partly determine which minerals will form.

(C) This is because the atoms have enough time to move together and form into larger crystals. When magma cools rapidly, the crystals that form will be small. In such cases, you can't easily see individual mineral crystals. [3점]

* compound: 화합물

① (A) − (C) − (B) ② (B) − (A) − (C)
③ (B) − (C) − (A) ④ (C) − (A) − (B)
⑤ (C) − (B) − (A)

[38~39] 글의 흐름으로 보아, 주어진 문장이 들어가기에 가장 적절한 곳을 고르시오.

38.

Bad carbohydrates, on the other hand, are simple sugars.

All carbohydrates are basically sugars. (①) Complex carbohydrates are the good carbohydrates for your body. (②) These complex sugar compounds are very difficult to break down and can trap other nutrients like vitamins and minerals in their chains. (③) As they slowly break down, the other nutrients are also released into your body, and can provide you with fuel for a number of hours. (④) Because their structure is not complex, they are easy to break down and hold few nutrients for your body other than the sugars from which they are made. (⑤) Your body breaks down these carbohydrates rather quickly and what it cannot use is converted to fat and stored in the body.

* carbohydrate: 탄수화물 ** convert: 바꾸다

39.

It was also found that those students who expected the lecturer to be warm tended to interact with him more.

People commonly make the mistaken assumption that because a person has one type of characteristic, then they automatically have other characteristics which go with it. (①) In one study, university students were given descriptions of a guest lecturer before he spoke to the group. (②) Half the students received a description containing the word 'warm', the other half were told the speaker was 'cold'. (③) The guest lecturer then led a discussion, after which the students were asked to give their impressions of him. (④) As expected, there were large differences between the impressions formed by the students, depending upon their original information of the lecturer. (⑤) This shows that different expectations not only affect the impressions we form but also our behaviour and the relationship which is formed. [3점]

40. 다음 글의 내용을 한 문장으로 요약하고자 한다. 빈칸 (A), (B)에 들어갈 말로 가장 적절한 것은?

To help decide what's risky and what's safe, who's trustworthy and who's not, we look for *social evidence*. From an evolutionary view, following the group is almost always positive for our prospects of survival. "If everyone's doing it, it must be a sensible thing to do," explains famous psychologist and best selling writer of *Influence*, Robert Cialdini. While we can frequently see this today in product reviews, even subtler cues within the environment can signal trustworthiness. Consider this: when you visit a local restaurant, are they busy? Is there a line outside or is it easy to find a seat? It is a hassle to wait, but a line can be a powerful cue that the food's tasty, and these seats are in demand. More often than not, it's good to adopt the practices of those around you.

* subtle: 미묘한 ** hassle: 성가신 일

↓

We tend to feel safe and secure in __(A)__ when we decide how to act, particularly when faced with __(B)__ conditions.

	(A)	(B)
①	numbers	uncertain
②	numbers	unrealistic
③	experiences	unrealistic
④	rules	uncertain
⑤	rules	unpleasant

[41 ~ 42] 다음 글을 읽고, 물음에 답하시오.

Chess masters shown a chess board in the middle of a game for 5 seconds with 20 to 30 pieces still in play can immediately reproduce the position of the pieces from memory. Beginners, of course, are able to place only a few. Now take the same pieces and place them on the board randomly and the (a) difference is much reduced. The expert's advantage is only for familiar patterns — those previously stored in memory. Faced with unfamiliar patterns, even when it involves the same familiar domain, the expert's advantage (b) disappears.

The beneficial effects of familiar structure on memory have been observed for many types of expertise, including music. People with musical training can reproduce short sequences of musical notation more accurately than those with no musical training when notes follow (c) unusual sequences, but the advantage is much reduced when the notes are ordered randomly. Expertise also improves memory for sequences of (d) movements. Experienced ballet dancers are able to repeat longer sequences of steps than less experienced dancers, and they can repeat a sequence of steps making up a routine better than steps ordered randomly. In each case, memory range is (e) increased by the ability to recognize familiar sequences and patterns.

* expertise: 전문 지식   ** sequence: 연속, 순서
*** musical notation: 악보

41. 윗글의 제목으로 가장 적절한 것은?

① How Can We Build Good Routines?
② Familiar Structures Help Us Remember
③ Intelligence Does Not Guarantee Expertise
④ Does Playing Chess Improve Your Memory?
⑤ Creative Art Performance Starts from Practice

42. 밑줄 친 (a)~(e) 중에서 문맥상 낱말의 쓰임이 적절하지 않은 것은?

① (a)   ② (b)   ③ (c)   ④ (d)   ⑤ (e)

[43 ~ 45] 다음 글을 읽고, 물음에 답하시오.

(A)

Once upon a time, there was a king who lived in a beautiful palace. While the king was away, a monster approached the gates of the palace. The monster was so ugly and smelly that the guards froze in shock. He passed the guards and sat on the king's throne. The guards soon came to their senses, went in, and shouted at the monster, demanding that (a) he get off the throne.

* throne: 왕좌

(B)

Eventually the king returned. He was wise and kind and saw what was happening. He knew what to do. He smiled and said to the monster, "Welcome to my palace!" He asked the monster if (b) he wanted a cup of coffee. The monster began to grow smaller as he drank the coffee.

(C)

The king offered (c) him some take-out pizza and fries. The guards immediately called for pizza. The monster continued to get smaller with the king's kind gestures. (d) He then offered the monster a full body massage. As the guards helped with the relaxing massage, the monster became tiny. With another act of kindness to the monster, he just disappeared.

(D)

With each bad word the guards used, the monster grew more ugly and smelly. The guards got even angrier — they began to brandish their swords to scare the monster away from the palace. But (e) he just grew bigger and bigger, eventually taking up the whole room. He grew more ugly and smelly than ever.

* brandish: 휘두르다

43. 주어진 글 (A)에 이어질 내용을 순서에 맞게 배열한 것으로 가장 적절한 것은?

① (B) ‒ (D) ‒ (C)   ② (C) ‒ (B) ‒ (D)
③ (C) ‒ (D) ‒ (B)   ④ (D) ‒ (B) ‒ (C)
⑤ (D) ‒ (C) ‒ (B)

44. 밑줄 친 (a)~(e) 중에서 가리키는 대상이 나머지 넷과 다른 것은?

① (a)   ② (b)   ③ (c)   ④ (d)   ⑤ (e)

45. 윗글에 관한 내용으로 적절하지 않은 것은?

① 왕이 없는 동안 괴물이 궁전 문으로 접근했다.
② 왕은 미소를 지으며 괴물에게 환영한다고 말했다.
③ 왕의 친절한 행동에 괴물의 몸이 계속 더 작아졌다.
④ 경비병들은 괴물을 마사지해 주기를 거부했다.
⑤ 경비병들은 겁을 주어 괴물을 쫓아내려 했다.

* 확인 사항
○ 답안지의 해당란에 필요한 내용을 정확히 기입(표기)했는지 확인하시오.

● 문항수 45개 | 배점 100점 | 제한 시간 70분

● 점수 표시가 없는 문항은 모두 2점

11회

1번부터 17번까지는 듣고 답하는 문제입니다. 1번부터 15번까지는 한 번만 들려주고, 16번부터 17번까지는 두 번 들려줍니다. 방송을 잘 듣고 답을 하시기 바랍니다.

1. 다음을 듣고, 남자가 하는 말의 목적으로 가장 적절한 것을 고르시오.

① 농구 리그 참가 등록 방법의 변경을 알리려고
② 확정된 농구 리그 시합 일정을 발표하려고
③ 농구 리그의 심판을 추가 모집하려고
④ 농구 리그 경기 관람을 권장하려고
⑤ 농구 리그 우승 상품을 안내하려고

2. 대화를 듣고, 여자의 의견으로 가장 적절한 것을 고르시오.

① 평소에 피부 상태를 잘 관찰할 필요가 있다.
② 여드름을 치료하려면 피부과 병원에 가야 한다.
③ 얼굴을 손으로 만지는 것은 얼굴 피부에 해롭다.
④ 지성 피부를 가진 사람은 자주 세수를 해야 한다.
⑤ 손을 자주 씻는 것은 감염병 예방에 도움이 된다.

3. 대화를 듣고, 두 사람의 관계를 가장 잘 나타낸 것을 고르시오.

① 방송 작가 – 연출자
② 만화가 – 환경 운동가
③ 촬영 감독 – 동화 작가
④ 토크쇼 진행자 – 기후학자
⑤ 제품 디자이너 – 영업 사원

4. 대화를 듣고, 그림에서 대화의 내용과 일치하지 않는 것을 고르시오.

5. 대화를 듣고, 여자가 남자에게 부탁한 일로 가장 적절한 것을 고르시오.

① 장난감 사 오기　　　② 풍선 달기
③ 케이크 가져오기　　　④ 탁자 옮기기
⑤ 아이들 데려오기

6. 대화를 듣고, 남자가 지불할 금액을 고르시오. [3점]

① $14　　② $16　　③ $18　　④ $20　　⑤ $22

7. 대화를 듣고, 두 사람이 오늘 실험을 할 수 없는 이유를 고르시오.

① 실험용 키트가 배달되지 않아서
② 실험 주제를 변경해야 해서
③ 과학실을 예약하지 못해서
④ 보고서를 작성해야 해서
⑤ 남자가 감기에 걸려서

8. 대화를 듣고, Stanville Free-cycle에 관해 언급되지 않은 것을 고르시오.

① 참가 대상　　　② 행사 장소　　　③ 주차 가능 여부
④ 행사 시작일　　　⑤ 금지 품목

9. River Valley Music Camp에 관한 다음 내용을 듣고, 일치하지 않는 것을 고르시오.

① 4월 11일부터 5일 동안 진행된다.
② 학교 오케스트라 단원이 아니어도 참가할 수 있다.
③ 자신의 악기를 가져오거나 학교에서 빌릴 수 있다.
④ 마지막 날에 공연을 촬영한다.
⑤ 참가 인원에는 제한이 없다.

10. 다음 표를 보면서 대화를 듣고, 여자가 주문할 소형 진공청소기를 고르시오.

Handheld Vacuum Cleaners

	Model	Price	Working Time	Weight	Washable Filter
①	A	$50	8 minutes	2.5 kg	×
②	B	$80	12 minutes	2.0 kg	○
③	C	$100	15 minutes	1.8 kg	○
④	D	$120	20 minutes	1.8 kg	×
⑤	E	$150	25 minutes	1.6 kg	○

11. 대화를 듣고, 남자의 마지막 말에 대한 여자의 응답으로 가장 적절한 것을 고르시오.

① Why don't you rinse your eyes with clean water?
② Can you explain more about the air pollution?
③ I need to get myself a new pair of glasses.
④ I agree that fine dust is a serious problem.
⑤ We should go outside and take a walk.

12. 대화를 듣고, 여자의 마지막 말에 대한 남자의 응답으로 가장 적절한 것을 고르시오.

① That's not fair. I booked this seat first.
② Thank you. My friend will be glad to know it.
③ You're welcome. Feel free to ask me anything.
④ Not at all. I don't mind changing seats with you.
⑤ That's okay. I think the seat next to it is available.

13. 대화를 듣고, 남자의 마지막 말에 대한 여자의 응답으로 가장 적절한 것을 고르시오.

Woman: _____
① Smells good. Can I try the pizza?
② Great. I'll bring chips and popcorn.
③ No problem. I'll cancel the tickets.
④ Sorry. I don't like watching baseball.
⑤ Sure. Here's the hammer I borrowed.

14. 대화를 듣고, 여자의 마지막 말에 대한 남자의 응답으로 가장 적절한 것을 고르시오. [3점]

Man: _____
① Exactly. This is a best-selling novel.
② Sounds cool. I'll join a book club, too.
③ Not really. Books make good presents.
④ New year's resolutions are hard to keep.
⑤ Let's buy some books for your book club.

15. 다음 상황 설명을 듣고, Brian이 Sally에게 할 말로 가장 적절한 것을 고르시오. [3점]

Brian: _____
① You shouldn't touch a guide dog without permission.
② The dog would be happy if we give it some food.
③ I'm sure it's smart enough to be a guide dog.
④ I suggest that you walk your dog every day.
⑤ I'm afraid that dogs are not allowed in here.

[16 ~ 17] 다음을 듣고, 물음에 답하시오.

16. 여자가 하는 말의 주제로 가장 적절한 것은?

① activities that help build muscles
② ways to control stress in daily life
③ types of joint problems in elderly people
④ low-impact exercises for people with bad joints
⑤ importance of daily exercise for controlling weight

17. 언급된 운동이 아닌 것은?

① swimming
② cycling
③ horseback riding
④ bowling
⑤ walking

이제 듣기 문제가 끝났습니다. 18번부터는 문제지의 지시에 따라 답을 하시기 바랍니다.

18. 다음 글의 목적으로 가장 적절한 것은?

Dear Ms. Robinson,
  The Warblers Choir is happy to announce that we are invited to compete in the International Young Choir Competition. The competition takes place in London on May 20. Though we wish to participate in the event, we do not have the necessary funds to travel to London. So we are kindly asking you to support us by coming to our fundraising concert. It will be held on March 26. In this concert, we shall be able to show you how big our passion for music is. Thank you in advance for your kind support and help.
Sincerely,
Arnold Reynolds

① 합창 대회 결과를 공지하려고
② 모금 음악회 참석을 요청하려고
③ 음악회 개최 장소를 예약하려고
④ 합창곡 선정에 조언을 구하려고
⑤ 기부금 사용 내역을 보고하려고

19. 다음 글에 드러난 Zoe의 심경 변화로 가장 적절한 것은?

  The principal stepped on stage. "Now, I present this year's top academic award to the student who has achieved the highest placing." He smiled at the row of seats where twelve finalists had gathered. Zoe wiped a sweaty hand on her handkerchief and glanced at the other finalists. They all looked as pale and uneasy as herself. Zoe and one of the other finalists had won first placing in four subjects so it came down to how teachers ranked their hard work and confidence. "The Trophy for General Excellence is awarded to Miss Zoe Perry," the principal declared. "Could Zoe step this way, please?" Zoe felt as if she were in heaven. She walked into the thunder of applause with a big smile.

① hopeful → disappointed
② guilty → confident
③ nervous → delighted
④ angry → calm
⑤ relaxed → proud

20. 다음 글에서 필자가 주장하는 바로 가장 적절한 것은?

  When I was in the army, my instructors would show up in my barracks room, and the first thing they would inspect was our bed. It was a simple task, but every morning we were required to make our bed to perfection. It seemed a little ridiculous at the time, but the wisdom of this simple act has been proven to me many times over. If you make your bed every morning, you will have accomplished the first task of the day. It will give you a small sense of pride and it will encourage you to do another task and another. By the end of the day, that one task completed will have turned into many tasks completed. If you can't do little things right, you will never do the big things right.

* barracks room: (병영의) 생활관 ** accomplish: 성취하다

① 숙면을 위해서는 침대를 깔끔하게 관리해야 한다.
② 일의 효율성을 높이려면 협동심을 발휘해야 한다.
③ 올바른 습관을 기르려면 정해진 규칙을 따라야 한다.
④ 건강을 유지하기 위해서는 기상 시간이 일정해야 한다.
⑤ 큰일을 잘 이루려면 작은 일부터 제대로 수행해야 한다.

21. 밑줄 친 <u>Leave those activities to the rest of the sheep</u>이 다음 글에서 의미하는 바로 가장 적절한 것은? [3점]

A job search is not a passive task. When you are searching, you are not browsing, nor are you "just looking". Browsing is not an effective way to reach a goal you claim to want to reach. If you are acting with purpose, if you are serious about anything you chose to do, then you need to be direct, focused and whenever possible, clever. Everyone else searching for a job has the same goal, competing for the same jobs. You must do more than the rest of the herd. Regardless of how long it may take you to find and get the job you want, being proactive will logically get you results faster than if you rely only on browsing online job boards and emailing an occasional resume. <u>Leave those activities to the rest of the sheep.</u>

① Try to understand other job-seekers' feelings.
② Keep calm and stick to your present position.
③ Don't be scared of the job-seeking competition.
④ Send occasional emails to your future employers.
⑤ Be more active to stand out from other job-seekers.

22. 다음 글의 요지로 가장 적절한 것은?

Many people view sleep as merely a "down time" when their brain shuts off and their body rests. In a rush to meet work, school, family, or household responsibilities, people cut back on their sleep, thinking it won't be a problem, because all of these other activities seem much more important. But research reveals that a number of vital tasks carried out during sleep help to maintain good health and enable people to function at their best. While you sleep, your brain is hard at work forming the pathways necessary for learning and creating memories and new insights. Without enough sleep, you can't focus and pay attention or respond quickly. A lack of sleep may even cause mood problems. In addition, growing evidence shows that a continuous lack of sleep increases the risk for developing serious diseases.

* vital: 매우 중요한

① 수면은 건강 유지와 최상의 기능 발휘에 도움이 된다.
② 업무량이 증가하면 필요한 수면 시간도 증가한다.
③ 균형 잡힌 식단을 유지하면 뇌 기능이 향상된다.
④ 불면증은 주위 사람들에게 부정적인 영향을 미친다.
⑤ 꿈의 내용은 깨어 있는 시간 동안의 경험을 반영한다.

23. 다음 글의 주제로 가장 적절한 것은? [3점]

The whole of human society operates on knowing the future weather. For example, farmers in India know when the monsoon rains will come next year and so they know when to plant the crops. Farmers in Indonesia know there are two monsoon rains each year, so next year they can have two harvests. This is based on their knowledge of the past, as the monsoons have always come at about the same time each year in living memory. But the need to predict goes deeper than this; it influences every part of our lives. Our houses, roads, railways, airports, offices, and so on are all designed for the local climate. For example, in England all the houses have central heating, as the outside temperature is usually below 20°C, but no air-conditioning, as temperatures rarely go beyond 26°C, while in Australia the opposite is true: most houses have air-conditioning but rarely central heating.

① new technologies dealing with climate change
② difficulties in predicting the weather correctly
③ weather patterns influenced by rising temperatures
④ knowledge of the climate widely affecting our lives
⑤ traditional wisdom helping our survival in harsh climates

24. 다음 글의 제목으로 가장 적절한 것은?

Our ability to accurately recognize and label emotions is often referred to as *emotional granularity*. In the words of Harvard psychologist Susan David, "Learning to label emotions with a more nuanced vocabulary can be absolutely transformative." David explains that if we don't have a rich emotional vocabulary, it is difficult to communicate our needs and to get the support that we need from others. But those who are able to distinguish between a range of various emotions "do much, much better at managing the ups and downs of ordinary existence than those who see everything in black and white." In fact, research shows that the process of labeling emotional experience is related to greater emotion regulation and psychosocial well-being.

* nuanced: 미묘한 차이가 있는

① True Friendship Endures Emotional Arguments
② Detailed Labeling of Emotions Is Beneficial
③ Labeling Emotions: Easier Said Than Done
④ Categorize and Label Tasks for Efficiency
⑤ Be Brave and Communicate Your Needs

4

25. 다음 도표의 내용과 일치하지 <u>않는</u> 것은?

Percentage of UK People
Who Used Online Course and Online Learning Material
(in 2020, by age group)

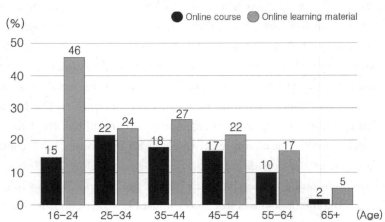

The above graph shows the percentage of people in the UK who used online courses and online learning materials, by age group in 2020. ① In each age group, the percentage of people who used online learning materials was higher than that of people who used online courses. ② The 25−34 age group had the highest percentage of people who used online courses in all the age groups. ③ Those aged 65 and older were the least likely to use online courses among the six age groups. ④ Among the six age groups, the gap between the percentage of people who used online courses and that of people who used online learning materials was the greatest in the 16−24 age group. ⑤ In each of the 35−44, 45−54, and 55−64 age groups, more than one in five people used online learning materials.

26. Antonie van Leeuwenhoek에 관한 다음 글의 내용과 일치하지 <u>않는</u> 것은?

Antonie van Leeuwenhoek was a scientist well known for his cell research. He was born in Delft, the Netherlands, on October 24, 1632. At the age of 16, he began to learn job skills in Amsterdam. At the age of 22, Leeuwenhoek returned to Delft. It wasn't easy for Leeuwenhoek to become a scientist. He knew only one language — Dutch — which was quite unusual for scientists of his time. But his curiosity was endless, and he worked hard. He had an important skill. He knew how to make things out of glass. This skill came in handy when he made lenses for his simple microscope. He saw tiny veins with blood flowing through them. He also saw living bacteria in pond water. He paid close attention to the things he saw and wrote down his observations. Since he couldn't draw well, he hired an artist to draw pictures of what he described.

* cell: 세포 ** vein: 혈관

① 세포 연구로 잘 알려진 과학자였다.
② 22살에 Delft로 돌아왔다.
③ 여러 개의 언어를 알았다.
④ 유리로 물건을 만드는 방법을 알고 있었다.
⑤ 화가를 고용하여 설명하는 것을 그리게 했다.

27. Rachel's Flower Class에 관한 다음 안내문의 내용과 일치하지 <u>않는</u> 것은?

Rachel's Flower Class

Make Your Life More Beautiful!

Class Schedule (Every Monday to Friday)

Flower Arrangement	11 a.m. − 12 p.m.
Flower Box Making	1 p.m. − 2 p.m.

Price
- \$50 for each class
  (flowers and other materials included)
- Bring your own scissors and a bag.

Other Info.
- You can sign up for classes either online or by phone.
- No refund for cancellations on the day of your class

To contact, visit www.rfclass.com or call 03−221−2131.

① 플라워 박스 만들기 수업은 오후 1시에 시작된다.
② 수강료에 꽃값과 다른 재료비가 포함된다.
③ 수강생은 가위와 가방을 가져와야 한다.
④ 수업 등록은 전화로만 할 수 있다.
⑤ 수업 당일 취소 시 환불을 받을 수 없다.

28. Nighttime Palace Tour에 관한 다음 안내문의 내용과 일치하는 것은?

Nighttime Palace Tour

Date: Friday, April 29−Sunday, May 15

Time

Friday	7 p.m. − 8:30 p.m.
Saturday & Sunday	6 p.m. − 7:30 p.m.
	8 p.m. − 9:30 p.m.

Tickets & Booking
- \$15 per person (free for kids under 8)
- Bookings will be accepted up to 2 hours before the tour starts.

Program Activities
- Group tour with a tour guide (1 hour)
- Trying traditional foods and drinks (30 minutes)

※ You can try on traditional clothes with no extra charge.
※ For more information, please visit our website, www.palacenighttour.com.

① 금요일에는 하루에 두 번 투어가 운영된다.
② 8세 미만 어린이의 티켓은 5달러이다.
③ 예약은 투어 하루 전까지만 가능하다.
④ 투어 가이드의 안내 없이 궁궐을 둘러본다.
⑤ 추가 비용 없이 전통 의상을 입어 볼 수 있다.

29. 다음 글의 밑줄 친 부분 중, 어법상 틀린 것은?

We usually get along best with people who we think are like us. In fact, we seek them out. It's why places like Little Italy, Chinatown, and Koreatown ① exist. But I'm not just talking about race, skin color, or religion. I'm talking about people who share our values and look at the world the same way we ② do. As the saying goes, birds of a feather flock together. This is a very common human tendency ③ what is rooted in how our species developed. Imagine you are walking out in a forest. You would be conditioned to avoid something unfamiliar or foreign because there is a high likelihood that ④ it would be interested in killing you. Similarities make us ⑤ relate better to other people because we think they'll understand us on a deeper level than other people.

* species: 종(생물 분류의 기초 단위)

30. 다음 글의 밑줄 친 부분 중, 문맥상 낱말의 쓰임이 적절하지 않은 것은? [3점]

Rejection is an everyday part of our lives, yet most people can't handle it well. For many, it's so painful that they'd rather not ask for something at all than ask and ① risk rejection. Yet, as the old saying goes, if you don't ask, the answer is always no. Avoiding rejection ② negatively affects many aspects of your life. All of that happens only because you're not ③ tough enough to handle it. For this reason, consider rejection therapy. Come up with a ④ request or an activity that usually results in a rejection. Working in sales is one such example. Asking for discounts at the stores will also work. By deliberately getting yourself ⑤ welcomed you'll grow a thicker skin that will allow you to take on much more in life, thus making you more successful at dealing with unfavorable circumstances.

* deliberately: 의도적으로

[31~34] 다음 빈칸에 들어갈 말로 가장 적절한 것을 고르시오.

31. Generalization without specific examples that humanize writing is boring to the listener and to the reader. Who wants to read platitudes all day? Who wants to hear the words great, greater, best, smartest, finest, humanitarian, on and on and on without specific examples? Instead of using these 'nothing words,' leave them out completely and just describe the _____. There is nothing worse than reading a scene in a novel in which a main character is described up front as heroic or brave or tragic or funny, while thereafter, the writer quickly moves on to something else. That's no good, no good at all. You have to use less one word descriptions and more detailed, engaging descriptions if you want to make something real.

* platitude: 상투적인 말

① similarities
② particulars
③ fantasies
④ boredom
⑤ wisdom

32. Face-to-face interaction is a uniquely powerful — and sometimes the only — way to share many kinds of knowledge, from the simplest to the most complex. It is one of the best ways to stimulate new thinking and ideas, too. Most of us would have had difficulty learning how to tie a shoelace only from pictures, or how to do arithmetic from a book. Psychologist Mihàly Csikszentmihàlyi found, while studying high achievers, that a large number of Nobel Prize winners were the students of previous winners: they had access to the same literature as everyone else, but _____ made a crucial difference to their creativity. Within organisations this makes conversation both a crucial factor for high-level professional skills and the most important way of sharing everyday information.

* arithmetic: 계산 ** literature: (연구) 문헌

① natural talent
② regular practice
③ personal contact
④ complex knowledge
⑤ powerful motivation

영어 영역

33. Most times a foreign language is spoken in film, subtitles are used to translate the dialogue for the viewer. However, there are occasions when foreign dialogue is left unsubtitled (and thus incomprehensible to most of the target audience). This is often done if the movie is seen mainly from the viewpoint of a particular character who does not speak the language. Such absence of subtitles allows the audience to feel a similar sense of incomprehension and alienation that the character feels. An example of this is seen in *Not Without My Daughter*. The Persian language dialogue spoken by the Iranian characters is not subtitled because the main character Betty Mahmoody does not speak Persian and the audience is _____. [3점]

> * subtitle: 자막(을 넣다) ** incomprehensible: 이해할 수 없는
> *** alienation: 소외

① seeing the film from her viewpoint
② impressed by her language skills
③ attracted to her beautiful voice
④ participating in a heated debate
⑤ learning the language used in the film

34. One dynamic that can change dramatically in sport is the concept of the home-field advantage, in which perceived demands and resources seem to play a role. Under normal circumstances, the home ground would appear to provide greater perceived resources (fans, home field, and so on). However, researchers Roy Baumeister and Andrew Steinhilber were among the first to point out that these competitive factors can change; for example, the success percentage for home teams in the final games of a playoff or World Series seems to drop. Fans can become part of the perceived demands rather than resources under those circumstances. This change in perception can also explain why a team that's struggling at the start of the year will _____ to reduce perceived demands and pressures. [3점]

> * perceive: 인식하다 ** playoff: 우승 결정전

① often welcome a road trip
② avoid international matches
③ focus on increasing ticket sales
④ want to have an eco-friendly stadium
⑤ try to advertise their upcoming games

35. 다음 글에서 전체 흐름과 관계 <u>없는</u> 문장은?

Who hasn't used a cup of coffee to help themselves stay awake while studying? Mild stimulants commonly found in tea, coffee, or sodas possibly make you more attentive and, thus, better able to remember. ① However, you should know that stimulants are as likely to have negative effects on memory as they are to be beneficial. ② Even if they could improve performance at some level, the ideal doses are currently unknown. ③ If you are wide awake and well-rested, mild stimulation from caffeine can do little to further improve your memory performance. ④ In contrast, many studies have shown that drinking tea is healthier than drinking coffee. ⑤ Indeed, if you have too much of a stimulant, you will become nervous, find it difficult to sleep, and your memory performance will suffer.

> * stimulant: 자극제 ** dose: 복용량

[36 ~ 37] 주어진 글 다음에 이어질 글의 순서로 가장 적절한 것을 고르시오.

36.

> Toward the end of the 19th century, a new architectural attitude emerged. Industrial architecture, the argument went, was ugly and inhuman; past styles had more to do with pretension than what people needed in their homes.

(A) But they supplied people's needs perfectly and, at their best, had a beauty that came from the craftsman's skill and the rootedness of the house in its locality.

(B) Instead of these approaches, why not look at the way ordinary country builders worked in the past? They developed their craft skills over generations, demonstrating mastery of both tools and materials.

(C) Those materials were local, and used with simplicity — houses built this way had plain wooden floors and whitewashed walls inside.

> * pretension: 허세, 가식

① (A) − (C) − (B)   ② (B) − (A) − (C)
③ (B) − (C) − (A)   ④ (C) − (A) − (B)
⑤ (C) − (B) − (A)

37.

> Robert Schumann once said, "The laws of morals are those of art." What the great man is saying here is that there is good music and bad music.

(A) It's the same with performances: a bad performance isn't necessarily the result of incompetence. Some of the worst performances occur when the performers, no matter how accomplished, are thinking more of themselves than of the music they're playing.

(B) The greatest music, even if it's tragic in nature, takes us to a world higher than ours; somehow the beauty uplifts us. Bad music, on the other hand, degrades us.

(C) These doubtful characters aren't really listening to what the composer is saying—they're just showing off, hoping that they'll have a great 'success' with the public. The performer's basic task is to try to understand the meaning of the music, and then to communicate it honestly to others. [3점]

* incompetence: 무능 ** degrade: 격하시키다

① (A) − (C) − (B)   ② (B) − (A) − (C)
③ (B) − (C) − (A)   ④ (C) − (A) − (B)
⑤ (C) − (B) − (A)

[38 ~ 39] 글의 흐름으로 보아, 주어진 문장이 들어가기에 가장 적절한 곳을 고르시오.

38.

> But, when there is biodiversity, the effects of a sudden change are not so dramatic.

When an ecosystem is biodiverse, wildlife have more opportunities to obtain food and shelter. Different species react and respond to changes in their environment differently. (①) For example, imagine a forest with only one type of plant in it, which is the only source of food and habitat for the entire forest food web. (②) Now, there is a sudden dry season and this plant dies. (③) Plant-eating animals completely lose their food source and die out, and so do the animals that prey upon them. (④) Different species of plants respond to the drought differently, and many can survive a dry season. (⑤) Many animals have a variety of food sources and don't just rely on one plant; now our forest ecosystem is no longer at the death! [3점]

* biodiversity: (생물학적) 종 다양성 ** habitat: 서식지

39.

> Since the dawn of civilization, our ancestors created myths and told legendary stories about the night sky.

We are connected to the night sky in many ways. (①) It has always inspired people to wonder and to imagine. (②) Elements of those narratives became embedded in the social and cultural identities of many generations. (③) On a practical level, the night sky helped past generations to keep track of time and create calendars—essential to developing societies as aids to farming and seasonal gathering. (④) For many centuries, it also provided a useful navigation tool, vital for commerce and for exploring new worlds. (⑤) Even in modern times, many people in remote areas of the planet observe the night sky for such practical purposes.

* embed: 깊이 새겨 두다 ** commerce: 무역

40. 다음 글의 내용을 한 문장으로 요약하고자 한다. 빈칸 (A), (B)에 들어갈 말로 가장 적절한 것은?

> The common blackberry (*Rubus allegheniensis*) has an amazing ability to move manganese from one layer of soil to another using its roots. This may seem like a funny talent for a plant to have, but it all becomes clear when you realize the effect it has on nearby plants. Manganese can be very harmful to plants, especially at high concentrations. Common blackberry is unaffected by damaging effects of this metal and has evolved two different ways of using manganese to its advantage. First, it redistributes manganese from deeper soil layers to shallow soil layers using its roots as a small pipe. Second, it absorbs manganese as it grows, concentrating the metal in its leaves. When the leaves drop and decay, their concentrated manganese deposits further poison the soil around the plant. For plants that are not immune to the toxic effects of manganese, this is very bad news. Essentially, the common blackberry eliminates competition by poisoning its neighbors with heavy metals.

* manganese: 망가니즈(금속 원소) ** deposit: 축적물

↓

> The common blackberry has an ability to __(A)__ the amount of manganese in the surrounding upper soil, which makes the nearby soil quite __(B)__ for other plants.

    (A)   (B)
① increase ······ deadly
② increase ······ advantageous
③ indicate ······ nutritious
④ reduce ······ dry
⑤ reduce ······ warm

[41 ~ 42] 다음 글을 읽고, 물음에 답하시오.

The longest journey we will make is the eighteen inches between our head and heart. If we take this journey, it can shorten our (a) misery in the world. Impatience, judgment, frustration, and anger reside in our heads. When we live in that place too long, it makes us (b) unhappy. But when we take the journey from our heads to our hearts, something shifts (c) inside. What if we were able to love everything that gets in our way? What if we tried loving the shopper who unknowingly steps in front of us in line, the driver who cuts us off in traffic, the swimmer who splashes us with water during a belly dive, or the reader who pens a bad online review of our writing?

Every person who makes us miserable is (d) like us — a human being, most likely doing the best they can, deeply loved by their parents, a child, or a friend. And how many times have we unknowingly stepped in front of someone in line? Cut someone off in traffic? Splashed someone in a pool? Or made a negative statement about something we've read? It helps to (e) deny that a piece of us resides in every person we meet.

* reside: (어떤 장소에) 있다

41. 윗글의 제목으로 가장 적절한 것은?

① Why It Is So Difficult to Forgive Others
② Even Acts of Kindness Can Hurt Somebody
③ Time Is the Best Healer for a Broken Heart
④ Celebrate the Happy Moments in Your Everyday Life
⑤ Understand Others to Save Yourself from Unhappiness

42. 밑줄 친 (a)~(e) 중에서 문맥상 낱말의 쓰임이 적절하지 <u>않은</u> 것은?

① (a)　　② (b)　　③ (c)　　④ (d)　　⑤ (e)

[43 ~ 45] 다음 글을 읽고, 물음에 답하시오.

(A)

One day a young man was walking along a road on his journey from one village to another. As he walked he noticed a monk working in the fields. The young man turned to the monk and said, "Excuse me. Do you mind if I ask (a) you a question?" "Not at all," replied the monk.

* monk: 수도승

(B)

A while later a middle-aged man journeyed down the same road and came upon the monk. "I am going to the village in the valley," said the man. "Do you know what it is like?" "I do," replied the monk, "but first tell (b) me about the village where you came from." "I've come from the village in the mountains," said the man. "It was a wonderful experience. I felt as though I was a member of the family in the village."

(C)

"I am traveling from the village in the mountains to the village in the valley and I was wondering if (c) you knew what it is like in the village in the valley." "Tell me," said the monk, "what was your experience of the village in the mountains?" "Terrible," replied the young man. "I am glad to be away from there. I found the people most unwelcoming. So tell (d) me, what can I expect in the village in the valley?" "I am sorry to tell you," said the monk, "but I think your experience will be much the same there." The young man lowered his head helplessly and walked on.

(D)

"Why did you feel like that?" asked the monk. "The elders gave me much advice, and people were kind and generous. I am sad to have left there. And what is the village in the valley like?" he asked again. "(e) I think you will find it much the same," replied the monk. "I'm glad to hear that," the middle-aged man said smiling and journeyed on.

43. 주어진 글 (A)에 이어질 내용을 순서에 맞게 배열한 것으로 가장 적절한 것은?

① (B) – (D) – (C)　　　② (C) – (B) – (D)
③ (C) – (D) – (B)　　　④ (D) – (B) – (C)
⑤ (D) – (C) – (B)

44. 밑줄 친 (a) ~ (e) 중에서 가리키는 대상이 나머지 넷과 <u>다른</u> 것은?

① (a)　　② (b)　　③ (c)　　④ (d)　　⑤ (e)

45. 윗글에 관한 내용으로 적절하지 <u>않은</u> 것은?

① 한 수도승이 들판에서 일하고 있었다.
② 중년 남자는 골짜기에 있는 마을로 가는 중이었다.
③ 수도승은 골짜기에 있는 마을에 대해 질문받았다.
④ 수도승의 말을 듣고 젊은이는 고개를 숙였다.
⑤ 중년 남자는 산속에 있는 마을을 떠나서 기쁘다고 말했다.

---

* 확인 사항

○ 답안지의 해당란에 필요한 내용을 정확히 기입(표기)했는지 확인하시오.

2021학년도 3월 고1 전국연합학력평가 문제지

1

영어 영역

제 3 교시

12회

● 문항수 45개 | 배점 100점 | 제한 시간 70분

● 점수 표시가 없는 문항은 모두 2점

1번부터 17번까지는 듣고 답하는 문제입니다. 1번부터 15번까지는 한 번만 들려주고, 16번부터 17번까지는 두 번 들려줍니다. 방송을 잘 듣고 답을 하시기 바랍니다.

1. 다음을 듣고, 남자가 하는 말의 목적으로 가장 적절한 것을 고르시오.
① 교내 청소 일정을 공지하려고
② 학교 시설 공사의 지연에 대해 사과하려고
③ 하교 시 교실 창문을 닫을 것을 요청하려고
④ 교내의 젖은 바닥을 걸을 때 조심하도록 당부하려고
⑤ 깨끗한 교실 환경 조성을 위한 아이디어를 공모하려고

2. 대화를 듣고, 여자의 의견으로 가장 적절한 것을 고르시오.
① 짧은 낮잠은 업무 효율을 높인다.
② 야식은 숙면에 방해가 될 수 있다.
③ 사람마다 최적의 수면 시간이 다르다.
④ 베개를 바꾸면 숙면에 도움이 될 수 있다.
⑤ 숙면을 위해 침실을 서늘하게 하는 것이 좋다.

3. 대화를 듣고, 두 사람의 관계를 가장 잘 나타낸 것을 고르시오.
① 파티 주최자 – 요리사
② 슈퍼마켓 점원 – 손님
③ 배달 기사 – 음식점 주인
④ 영양학자 – 식품 제조업자
⑤ 인테리어 디자이너 – 의뢰인

4. 대화를 듣고, 그림에서 대화의 내용과 일치하지 않는 것을 고르시오.

5. 대화를 듣고, 남자가 할 일로 가장 적절한 것을 고르시오.
① 영화 예매하기   ② 지갑 가져오기
③ 시간표 출력하기   ④ 학생증 재발급받기
⑤ 영화 감상문 제출하기

6. 대화를 듣고, 여자가 지불할 금액을 고르시오. [3점]
① $72   ② $80   ③ $90   ④ $100   ⑤ $110

7. 대화를 듣고, 남자가 보고서를 완성하지 못한 이유를 고르시오.
① 실험을 다시 해서
② 제출일을 착각해서
③ 주제가 변경되어서
④ 컴퓨터가 고장 나서
⑤ 심한 감기에 걸려서

8. 대화를 듣고, Spring Virtual Run에 관해 언급되지 않은 것을 고르시오.
① 달리는 거리   ② 참가 인원   ③ 달리는 장소
④ 참가비   ⑤ 기념품

9. Family Night at the Museum에 관한 다음 내용을 듣고, 일치하지 않는 것을 고르시오.
① 박물관 정규 운영 시간 종료 후에 열린다.
② 행성과 별 모형 아래에서 잠을 잔다.
③ 참가자들에게 침낭이 제공된다.
④ 6세부터 13세까지를 위한 프로그램이다.
⑤ 사전 등록 없이 현장에서 참가할 수 있다.

10. 다음 표를 보면서 대화를 듣고, 여자가 구매할 스마트 워치를 고르시오.

Smart Watches

	Model	Waterproof	Warranty	Price
①	A	×	2 years	$90
②	B	○	3 years	$110
③	C	○	1 year	$115
④	D	×	2 years	$120
⑤	E	○	4 years	$125

11. 대화를 듣고, 여자의 마지막 말에 대한 남자의 응답으로 가장 적절한 것을 고르시오.
① Oh, I should get it exchanged.
② Sure. I'll order a shirt for you.
③ Well, it's too expensive for me.
④ No. Please find me a smaller size.
⑤ Sorry, but this shirt is not on sale.

12. 대화를 듣고, 남자의 마지막 말에 대한 여자의 응답으로 가장 적절한 것을 고르시오.
① Good. Let's meet around six.
② That's okay. I don't like donuts.
③ I want to open my own donut shop.
④ Don't worry. I can do that by myself.
⑤ Thanks for sharing your donut recipe.

13. 대화를 듣고, 여자의 마지막 말에 대한 남자의 응답으로 가장 적절한 것을 고르시오. [3점]

Man: _____

① This coffee place is very popular.
② You can stop using plastic straws.
③ I'll order drinks when you're ready.
④ Your drink will be ready in a minute.
⑤ The cups come in various colors and shapes.

14. 대화를 듣고, 남자의 마지막 말에 대한 여자의 응답으로 가장 적절한 것을 고르시오. [3점]

Woman: _____

① Luckily, I didn't get hurt in the accident.
② I have enough money to get a new bike.
③ You really need one for your own safety.
④ You may feel sleepy after biking to school.
⑤ We can put our bikes in the school parking lot.

15. 다음 상황 설명을 듣고, Jasper가 Mary에게 할 말로 가장 적절한 것을 고르시오.

Jasper: _____

① Where is the audition being held?
② How about writing your own song?
③ Let's play a different song this time.
④ I think you should be our lead singer.
⑤ Don't you think we need more practice?

[16 ~ 17] 다음을 듣고, 물음에 답하시오.

16. 남자가 하는 말의 주제로 가장 적절한 것은?

① eco-friendly toys for pets
② roles of toys in pets' well-being
③ types of pets' unusual behaviors
④ foods that are dangerous to pets
⑤ difficulties in raising children with pets

17. 언급된 동물이 아닌 것은?

① cat   ② hamster   ③ dog
④ turtle   ⑤ parrot

이제 듣기 문제가 끝났습니다. 18번부터는 문제지의 지시에 따라 답을 하시기 바랍니다.

---

18. 다음 글의 목적으로 가장 적절한 것은?

Dear members of Eastwood Library,

Thanks to the Friends of Literature group, we've successfully raised enough money to remodel the library building. John Baker, our local builder, has volunteered to help us with the remodelling but he needs assistance. By grabbing a hammer or a paint brush and donating your time, you can help with the construction. Join Mr. Baker in his volunteering team and become a part of making Eastwood Library a better place! Please call 541-567-1234 for more information.

Sincerely,
Mark Anderson

① 도서관 임시 휴관의 이유를 설명하려고
② 도서관 자원봉사자 교육 일정을 안내하려고
③ 도서관 보수를 위한 모금 행사를 제안하려고
④ 도서관 공사에 참여할 자원봉사자를 모집하려고
⑤ 도서관에서 개최하는 글쓰기 대회를 홍보하려고

19. 다음 글에 드러난 Shirley의 심경으로 가장 적절한 것은?

On the way home, Shirley noticed a truck parked in front of the house across the street. New neighbors! Shirley was dying to know about them. "Do you know anything about the new neighbors?" she asked Pa at dinner. He said, "Yes, and there's one thing that may be interesting to you." Shirley had a billion more questions. Pa said joyfully, "They have a girl just your age. Maybe she wants to be your playmate." Shirley nearly dropped her fork on the floor. How many times had she prayed for a friend? Finally, her prayers were answered! She and the new girl could go to school together, play together, and become best friends.

① curious and excited   ② sorry and upset
③ jealous and annoyed   ④ calm and relaxed
⑤ disappointed and unhappy

20. 다음 글에서 필자가 주장하는 바로 가장 적절한 것은?

At a publishing house and at a newspaper you learn the following: *It's not a mistake if it doesn't end up in print.* It's the same for email. Nothing bad can happen if you haven't hit the Send key. What you've written can have misspellings, errors of fact, rude comments, obvious lies, but it doesn't matter. If you haven't sent it, you still have time to fix it. You can correct any mistake and nobody will ever know the difference. This is easier said than done, of course. Send is your computer's most attractive command. But before you hit the Send key, make sure that you read your document carefully one last time.

① 중요한 이메일은 출력하여 보관해야 한다.
② 글을 쓸 때에는 개요 작성부터 시작해야 한다.
③ 이메일을 전송하기 전에 반드시 검토해야 한다.
④ 업무와 관련된 컴퓨터 기능을 우선 익혀야 한다.
⑤ 업무상 중요한 내용은 이메일보다는 직접 전달해야 한다.

21. 밑줄 친 translate it from the past tense to the future tense가 다음 글에서 의미하는 바로 가장 적절한 것은? [3점]

Get past the 'I wish I hadn't done that!' reaction. If the disappointment you're feeling is linked to an exam you didn't pass because you didn't study for it, or a job you didn't get because you said silly things at the interview, or a person you didn't impress because you took entirely the wrong approach, accept that it's *happened* now. The only value of 'I wish I hadn't done that!' is that you'll know better what to do next time. The learning pay-off is useful and significant. This 'if only I ...' agenda is virtual. Once you have worked that out, it's time to translate it from the past tense to the future tense: 'Next time I'm in this situation, I'm going to try to ...'.

* agenda: 의제 ** tense: 시제

① look for a job linked to your interest
② get over regrets and plan for next time
③ surround yourself with supportive people
④ study grammar and write clear sentences
⑤ examine your way of speaking and apologize

22. 다음 글의 요지로 가장 적절한 것은?

If you care deeply about something, you may place greater value on your ability to succeed in that area of concern. The internal pressure you place on yourself to achieve or do well socially is normal and useful, but when you doubt your ability to succeed in areas that are important to you, your self-worth suffers. Situations are uniquely stressful for each of us based on whether or not they activate our doubt. It's not the pressure to perform that creates your stress. Rather, it's the self-doubt that bothers you. Doubt causes you to see positive, neutral, and even genuinely negative experiences more negatively and as a reflection of your own shortcomings. When you see situations and your strengths more objectively, you are less likely to have doubt as the source of your distress.

* distress: 괴로움

① 비판적인 시각은 객관적인 문제 분석에 도움이 된다.
② 성취 욕구는 스트레스를 이겨 낼 원동력이 될 수 있다.
③ 적절한 수준의 스트레스는 과제 수행의 효율을 높인다.
④ 실패의 경험은 자존감을 낮추고, 타인에 의존하게 한다.
⑤ 자기 의심은 스트레스를 유발하고, 객관적 판단을 흐린다.

23. 다음 글의 주제로 가장 적절한 것은?

When two people are involved in an honest and open conversation, there is a back and forth flow of information. It is a smooth exchange. Since each one is drawing on their past personal experiences, the pace of the exchange is as fast as memory. When one person lies, their responses will come more slowly because the brain needs more time to process the details of a new invention than to recall stored facts. As they say, "Timing is everything." You will notice the time lag when you are having a conversation with someone who is making things up as they go. Don't forget that the other person may be reading your body language as well, and if you seem to be disbelieving their story, they will have to pause to process that information, too.

* lag: 지연

① delayed responses as a sign of lying
② ways listeners encourage the speaker
③ difficulties in finding useful information
④ necessity of white lies in social settings
⑤ shared experiences as conversation topics

24. 다음 글의 제목으로 가장 적절한 것은?

Think, for a moment, about something you bought that you never ended up using. An item of clothing you never ended up wearing? A book you never read? Some piece of electronic equipment that never even made it out of the box? It is estimated that Australians alone spend on average $10.8 billion AUD (approximately $9.99 billion USD) every year on goods they do not use — more than the total government spending on universities and roads. That is an average of $1,250 AUD (approximately $1,156 USD) for each household. All the things we buy that then just sit there gathering dust are waste — a waste of money, a waste of time, and waste in the sense of pure rubbish. As the author Clive Hamilton observes, 'The difference between the stuff we buy and what we use is waste.'

① Spending Enables the Economy
② Money Management: Dos and Don'ts
③ Too Much Shopping: A Sign of Loneliness
④ 3R's of Waste: Reduce, Reuse, and Recycle
⑤ What You Buy Is Waste Unless You Use It

25. 다음 도표의 내용과 일치하지 <u>않는</u> 것은?

Devices Students Used to Access Digital Content

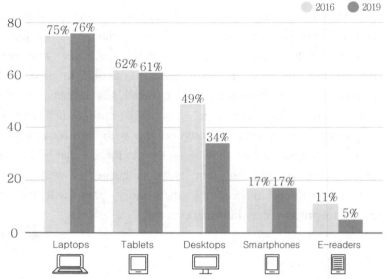

The above graph shows the percentage of students from kindergarten to 12th grade who used devices to access digital educational content in 2016 and in 2019. ① Laptops were the most used device for students to access digital content in both years. ② Both in 2016 and in 2019, more than 6 out of 10 students used tablets. ③ More than half the students used desktops to access digital content in 2016, and more than a third used desktops in 2019. ④ The percentage of smartphones in 2016 was the same as that in 2019. ⑤ E-readers ranked the lowest in both years, with 11 percent in 2016 and 5 percent in 2019.

26. Elizabeth Catlett에 관한 다음 글의 내용과 일치하지 <u>않는</u> 것은?

Elizabeth Catlett was born in Washington, D.C. in 1915. As a granddaughter of slaves, Catlett heard the stories of slaves from her grandmother. After being disallowed entrance from the Carnegie Institute of Technology because she was black, Catlett studied design and drawing at Howard University. She became one of the first three students to earn a master's degree in fine arts at the University of Iowa. Throughout her life, she created art representing the voices of people suffering from social injustice. She was recognized with many prizes and honors both in the United States and in Mexico. She spent over fifty years in Mexico, and she took Mexican citizenship in 1962. Catlett died in 2012 at her home in Mexico.

① 할머니로부터 노예 이야기를 들었다.
② Carnegie Institute of Technology로부터 입학을 거절당했다.
③ University of Iowa에서 석사 학위를 취득했다.
④ 미국과 멕시코에서 많은 상을 받았다.
⑤ 멕시코 시민권을 결국 받지 못했다.

27. Spring Farm Camp에 관한 다음 안내문의 내용과 일치하지 <u>않는</u> 것은?

Spring Farm Camp

Our one-day spring farm camp gives your kids true, hands-on farm experience.

When: Monday, April 19 − Friday, May 14
Time: 9 a.m. − 4 p.m.
Ages: 6 − 10
Participation Fee: $70 per person
(lunch and snacks included)

Activities:
• making cheese from goat's milk
• picking strawberries
• making strawberry jam to take home

We are open rain or shine.
For more information, go to www.b_orchard.com.

① 6세 ~ 10세 어린이가 참가할 수 있다.
② 참가비에 점심과 간식이 포함되어 있다.
③ 염소젖으로 치즈를 만드는 활동을 한다.
④ 딸기잼을 만들어 집으로 가져갈 수 있다.
⑤ 비가 오면 운영하지 않는다.

28. Great Aquarium에 관한 다음 안내문의 내용과 일치하는 것은?

Great Aquarium

Opening Hours: 10 a.m. − 6 p.m., daily
Last entry is at 5 p.m.

Events

Fish Feeding	10 a.m. − 11 a.m.
Penguin Feeding	1 p.m. − 2 p.m.

Ticket Prices

Age	Price
Kids (12 and under)	$25
Adults (20 − 59)	$33
Teens (13 − 19) Seniors (60 and above)	$30

* Ticket holders will receive a free drink coupon.

Booking Tickets
• ALL visitors are required to book online.
• Booking will be accepted up to 1 hour before entry.

① 마지막 입장 시간은 오후 6시이다.
② 물고기 먹이 주기는 오후 1시에 시작한다.
③ 60세 이상의 티켓 가격은 33달러이다.
④ 티켓 소지자는 무료 음료 쿠폰을 받는다.
⑤ 예약은 입장 30분 전까지 가능하다.

29. 다음 글의 밑줄 친 부분 중, 어법상 틀린 것은? [3점]

Although there is usually a correct way of holding and playing musical instruments, the most important instruction to begin with is ① that they are not toys and that they must be looked after. ② Allow children time to explore ways of handling and playing the instruments for themselves before showing them. Finding different ways to produce sounds ③ are an important stage of musical exploration. Correct playing comes from the desire ④ to find the most appropriate sound quality and find the most comfortable playing position so that one can play with control over time. As instruments and music become more complex, learning appropriate playing techniques becomes ⑤ increasingly relevant.

30. 다음 글의 밑줄 친 부분 중, 문맥상 낱말의 쓰임이 적절하지 않은 것은? [3점]

When the price of something fundamental drops greatly, the whole world can change. Consider light. Chances are you are reading this sentence under some kind of artificial light. Moreover, you probably never thought about whether using artificial light for reading was worth it. Light is so ① cheap that you use it without thinking. But in the early 1800s, it would have cost you four hundred times what you are paying now for the same amount of light. At that price, you would ② notice the cost and would think twice before using artificial light to read a book. The ③ increase in the price of light lit up the world. Not only did it turn night into day, but it allowed us to live and work in big buildings that ④ natural light could not enter. Nearly nothing we have today would be ⑤ possible if the cost of artificial light had not dropped to almost nothing.

* artificial: 인공의

[31 ~ 34] 다음 빈칸에 들어갈 말로 가장 적절한 것을 고르시오.

31. One of the most important aspects of providing good care is making sure that an animal's needs are being met consistently and predictably. Like humans, animals need a sense of control. So an animal who may get enough food but doesn't know when the food will appear and can see no consistent schedule may experience distress. We can provide a sense of control by ensuring that our animal's environment is _____: there is always water available and always in the same place. There is always food when we get up in the morning and after our evening walk. There will always be a time and place to eliminate, without having to hold things in to the point of discomfort. Human companions can display consistent emotional support, rather than providing love one moment and withholding love the next. When animals know what to expect, they can feel more confident and calm.

* eliminate: 배설하다

① silent
② natural
③ isolated
④ dynamic
⑤ predictable

32. When a child is upset, the easiest and quickest way to calm them down is to give them food. This acts as a distraction from the feelings they are having, gives them something to do with their hands and mouth and shifts their attention from whatever was upsetting them. If the food chosen is also seen as a treat such as sweets or a biscuit, then the child will feel 'treated' and happier. In the shorter term using food like this is effective. But in the longer term it can be harmful as we quickly learn that food is a good way to _____. Then as we go through life, whenever we feel annoyed, anxious or even just bored, we turn to food to make ourselves feel better.

① make friends
② learn etiquettes
③ improve memory
④ manage emotions
⑤ celebrate achievements

33. Scientists believe that the frogs' ancestors were water-dwelling, fishlike animals. The first frogs and their relatives gained the ability to come out on land and enjoy the opportunities for food and shelter there. But they _____. A frog's lungs do not work very well, and it gets part of its oxygen by breathing through its skin. But for this kind of "breathing" to work properly, the frog's skin must stay moist. And so the frog must remain near the water where it can take a dip every now and then to keep from drying out. Frogs must also lay their eggs in water, as their fishlike ancestors did. And eggs laid in the water must develop into water creatures, if they are to survive. For frogs, metamorphosis thus provides the bridge between the water-dwelling young forms and the land-dwelling adults. [3점]

* metamorphosis: 탈바꿈

① still kept many ties to the water
② had almost all the necessary organs
③ had to develop an appetite for new foods
④ often competed with land-dwelling species
⑤ suffered from rapid changes in temperature

34. It is important to distinguish between being legally allowed to do something, and actually being able to go and do it. A law could be passed allowing everyone, if they so wish, to run a mile in two minutes. That would not, however, increase their *effective* freedom, because, although allowed to do so, they are physically incapable of it. Having a minimum of restrictions and a maximum of possibilities is fine. But in the real world most people will never have the opportunity either to become all that they are allowed to become, or to need to be restrained from doing everything that is possible for them to do. Their effective freedom depends on actually _____. [3점]

* restriction: 제약 ** restrain: 저지하다

① respecting others' rights to freedom
② protecting and providing for the needy
③ learning what socially acceptable behaviors are
④ determining how much they can expect from others
⑤ having the means and ability to do what they choose

35. 다음 글에서 전체 흐름과 관계 <u>없는</u> 문장은?

Today's music business has allowed musicians to take matters into their own hands. ① Gone are the days of musicians waiting for a gatekeeper (someone who holds power and prevents you from being let in) at a label or TV show to say they are worthy of the spotlight. ② In today's music business, you don't need to ask for permission to build a fanbase and you no longer need to pay thousands of dollars to a company to do it. ③ There are rising concerns over the marketing of child musicians using TV auditions. ④ Every day, musicians are getting their music out to thousands of listeners without any outside help. ⑤ They simply deliver it to the fans directly, without asking for permission or outside help to receive exposure or connect with thousands of listeners.

[36 ~ 37] 주어진 글 다음에 이어질 글의 순서로 가장 적절한 것을 고르시오.

36.

> Almost all major sporting activities are played with a ball.

(A) A ball might have the correct size and weight but if it is made as a hollow ball of steel it will be too stiff and if it is made from light foam rubber with a heavy center it will be too soft.

(B) The rules of the game always include rules about the type of ball that is allowed, starting with the size and weight of the ball. The ball must also have a certain stiffness.

(C) Similarly, along with stiffness, a ball needs to bounce properly. A solid rubber ball would be too bouncy for most sports, and a solid ball made of clay would not bounce at all.

* stiffness: 단단함

① (A) - (C) - (B)　　　　② (B) - (A) - (C)
③ (B) - (C) - (A)　　　　④ (C) - (A) - (B)
⑤ (C) - (B) - (A)

37.

If you had to write a math equation, you probably wouldn't write, "Twenty-eight plus fourteen equals forty-two." It would take too long to write and it would be hard to read quickly.

(A) For example, the chemical formula for water is H_2O. That tells us that a water molecule is made up of two hydrogen ("H" and "2") atoms and one oxygen ("O") atom.

(B) You would write, "$28 + 14 = 42$." Chemistry is the same way. Chemists have to write chemical equations all the time, and it would take too long to write and read if they had to spell everything out.

(C) So chemists use symbols, just like we do in math. A chemical formula lists all the elements that form each molecule and uses a small number to the bottom right of an element's symbol to stand for the number of atoms of that element. [3점]

* chemical formula: 화학식　** molecule: 분자

① (A) − (C) − (B)　　② (B) − (A) − (C)
③ (B) − (C) − (A)　　④ (C) − (A) − (B)
⑤ (C) − (B) − (A)

[38 ~ 39] 글의 흐름으로 보아, 주어진 문장이 들어가기에 가장 적절한 곳을 고르시오.

38.

Meanwhile, improving by 1 percent isn't particularly notable, but it can be far more meaningful in the long run.

It is so easy to overestimate the importance of one defining moment and underestimate the value of making small improvements on a daily basis. Too often, we convince ourselves that massive success requires massive action. (①) Whether it is losing weight, winning a championship, or achieving any other goal, we put pressure on ourselves to make some earthshaking improvement that everyone will talk about. (②) The difference this tiny improvement can make over time is surprising. (③) Here's how the math works out: if you can get 1 percent better each day for one year, you'll end up thirty-seven times better by the time you're done. (④) Conversely, if you get 1 percent worse each day for one year, you'll decline nearly down to zero. (⑤) What starts as a small win or a minor failure adds up to something much more.

39.

Before a trip, research how the native inhabitants dress, work, and eat.

The continued survival of the human race can be explained by our ability to adapt to our environment. (①) While we may have lost some of our ancient ancestors' survival skills, we have learned new skills as they have become necessary. (②) Today, the gap between the skills we once had and the skills we now have grows ever wider as we rely more heavily on modern technology. (③) Therefore, when you head off into the wilderness, it is important to fully prepare for the environment. (④) How they have adapted to their way of life will help you to understand the environment and allow you to select the best gear and learn the correct skills. (⑤) This is crucial because most survival situations arise as a result of a series of events that could have been avoided. [3점]

* inhabitant: 주민

40. 다음 글의 내용을 한 문장으로 요약하고자 한다. 빈칸 (A), (B)에 들어갈 말로 가장 적절한 것은?

In one study, researchers asked pairs of strangers to sit down in a room and chat. In half of the rooms, a cell phone was placed on a nearby table; in the other half, no phone was present. After the conversations had ended, the researchers asked the participants what they thought of each other. Here's what they learned: when a cell phone was present in the room, the participants reported the quality of their relationship was worse than those who'd talked in a cell phone-free room. The pairs who talked in the rooms with cell phones thought their partners showed less empathy. Think of all the times you've sat down to have lunch with a friend and set your phone on the table. You might have felt good about yourself because you didn't pick it up to check your messages, but your unchecked messages were still hurting your connection with the person sitting across from you.

* empathy: 공감

↓

The presence of a cell phone _____(A)_____ the connection between people involved in conversations, even when the phone is being _____(B)_____.

	(A)		(B)
①	weakens	·······	answered
②	weakens	·······	ignored
③	renews	·······	answered
④	maintains	·······	ignored
⑤	maintains	·······	updated

[41 ~ 42] 다음 글을 읽고, 물음에 답하시오.

As kids, we worked hard at learning to ride a bike; when we fell off, we got back on again, until it became second nature to us. But when we try something new in our adult lives we'll usually make just one attempt before judging whether it's (a) worked. If we don't succeed the first time, or if it feels a little awkward, we'll tell ourselves it wasn't a success rather than giving it (b) another shot.

That's a shame, because repetition is central to the process of rewiring our brains. Consider the idea that your brain has a network of neurons. They will (c) connect with each other whenever you remember to use a brain-friendly feedback technique. Those connections aren't very (d) reliable at first, which may make your first efforts a little hit-and-miss. You might remember one of the steps involved, and not the others. But scientists have a saying: "neurons that fire together, wire together." In other words, repetition of an action (e) blocks the connections between the neurons involved in that action. That means the more times you try using that new feedback technique, the more easily it will come to you when you need it.

41. 윗글의 제목으로 가장 적절한 것은?

① Repeat and You Will Succeed
② Be More Curious, Be Smarter
③ Play Is What Makes Us Human
④ Stop and Think Before You Act
⑤ Growth Is All About Keeping Balance

42. 밑줄 친 (a)~(e) 중에서 문맥상 낱말의 쓰임이 적절하지 <u>않은</u> 것은?

① (a)　　② (b)　　③ (c)　　④ (d)　　⑤ (e)

[43 ~ 45] 다음 글을 읽고, 물음에 답하시오.

(A)

Once upon a time, there lived a young king who had a great passion for hunting. His kingdom was located at the foot of the Himalayas. Once every year, he would go hunting in the nearby forests. (a) He would make all the necessary preparations, and then set out for his hunting trip.

(B)

Seasons changed. A year passed by. And it was time to go hunting once again. The king went to the same forest as the previous year. (b) He used his beautiful deerskin drum to round up animals. But none came. All the animals ran for safety, except one doe. She came closer and closer to the drummer. Suddenly, she started fearlessly licking the deerskin drum.

* round up: ~을 몰다　** doe: 암사슴

(C)

Like all other years, the hunting season had arrived. Preparations began in the palace and the king got ready for (c) his hunting trip. Deep in the forest, he spotted a beautiful wild deer. It was a large stag. His aim was perfect. When he killed the deer with just one shot of his arrow, the king was filled with pride. (d) The proud hunter ordered a hunting drum to be made out of the skin of the deer.

* stag: 수사슴

(D)

The king was surprised by this sight. An old servant had an answer to this strange behavior. "The deerskin used to make this drum belonged to her mate, the deer who we hunted last year. This doe is mourning the death of her mate," (e) the man said. Upon hearing this, the king had a change of heart. He had never realized that an animal, too, felt the pain of loss. He made a promise, from that day on, to never again hunt wild animals.

* mourn: 애도하다

43. 주어진 글 (A)에 이어질 내용을 순서에 맞게 배열한 것으로 가장 적절한 것은?

① (B) - (D) - (C)　　② (C) - (B) - (D)
③ (C) - (D) - (B)　　④ (D) - (B) - (C)
⑤ (D) - (C) - (B)

44. 밑줄 친 (a)~(e) 중에서 가리키는 대상이 나머지 넷과 <u>다른</u> 것은?

① (a)　　② (b)　　③ (c)　　④ (d)　　⑤ (e)

45. 윗글에 관한 내용으로 적절하지 <u>않은</u> 것은?

① 왕은 매년 근처의 숲으로 사냥 여행을 갔다.
② 암사슴은 북 치는 사람으로부터 도망갔다.
③ 왕은 화살로 단번에 수사슴을 맞혔다.
④ 한 나이 든 신하가 암사슴의 행동의 이유를 알고 있었다.
⑤ 왕은 다시는 야생 동물을 사냥하지 않겠다고 약속했다.

★ 확인 사항
○ 답안지의 해당란에 필요한 내용을 정확히 기입(표기) 했는지 확인하시오.

● 문항수 20개 | 배점 50점 | 제한 시간 30분

● 점수 표시가 없는 문항은 모두 2점

1. (가) 시대의 사회 모습으로 옳은 것은?

> 농경과 목축이 시작된 [(가)] 시대 마을 유적이 김포시에서 대규모로 발굴되었습니다. 이 유적지에는 대략 50 ~ 80기 정도의 움집이 있었을 것으로 추정되며, 다수의 빗살무늬 토기 파편이 출토되었습니다.

김포시 신안리 선사 유적 발굴

① 불교가 공인되었다.
② 간석기가 사용되었다.
③ 팔관회가 개최되었다.
④ 전시과가 운영되었다.
⑤ 대동법이 시행되었다.

2. (가) 국가에서 제작된 문화유산으로 옳은 것은? [3점]

> 강진에는 [(가)] 청자를 만들었던 가마터들이 남아 있습니다. 그리고 그곳에서 청자 파편 및 청자 제작 흔적이 발견되었습니다. 이를 통해 [(가)] 초기에 주로 순청자가 만들어졌으며, 이후 12세기 무렵부터 상감 청자가 제작되었다는 사실을 엿볼 수 있습니다.

[(가)] 청자 가마터
서울
공주
예천
부안
강진 가마터
화면을 누르면 설명을 들을 수 있습니다.

①

산수무늬 벽돌

②

이불병좌상

③

측우기

④

석굴암 본존불상

⑤

팔만대장경판

3. (가) 국가에 대한 설명으로 옳은 것은?

뮤지엄 숍
호우명 그릇
스마트폰 손잡이
장바구니   바로 구매

[(가)] 광개토 대왕의 기상을 느끼길 바라며 스마트폰 손잡이에 호우명 그릇을 넣었습니다. 경주의 고분에서 출토된 호우명 그릇에는 광개토 대왕의 시호가 새겨져 있으며, 이를 통해 당시 신라와 [(가)]의 관계를 추측할 수 있습니다.

① 태학을 설립하였다.
② 8조법을 제정하였다.
③ 집현전을 설치하였다.
④ 우산국을 정복하였다.
⑤ 독서삼품과를 시행하였다.

4. (가), (나) 시기 사이에 있었던 사실로 옳은 것은? [3점]

> (가) 장수왕이 군대 3만 명을 거느리고 백제를 침공하여 도읍인 한성을 함락시킨 뒤, 왕을 죽이고 남녀 8천 명을 사로잡았다.
>
> (나) 백제 왕이 관산성을 공격하였다. …(중략)… 신라의 김무력이 군대를 이끌고 나아가 서로 맞붙어 싸웠다. 신라의 장군 도도가 갑자기 공격하여 백제 왕을 죽였다.

① 홍경래가 난을 일으켰다.
② 성왕이 사비로 천도하였다.
③ 정조가 규장각을 정비하였다.
④ 최승로가 시무 28조를 건의하였다.
⑤ 김윤후가 처인성에서 몽골군을 격퇴하였다.

5. (가)에 들어갈 내용으로 가장 적절한 것은?

> 탐구 활동 계획서
>
> ○ 주제 : 조선 전기 과학 기술의 발달
> ○ 조사할 내용
> - 『농사직설』 편찬   - 앙부일구 사용
> - 자격루 제작   - [(가)]

① 칠정산 편찬
② 수원 화성 축조
③ 경주 첨성대 건설
④ 직지심체요절 간행
⑤ 불국사 3층 석탑 건립

6. (가)에 들어갈 알파벳으로 옳은 것은? [3점]

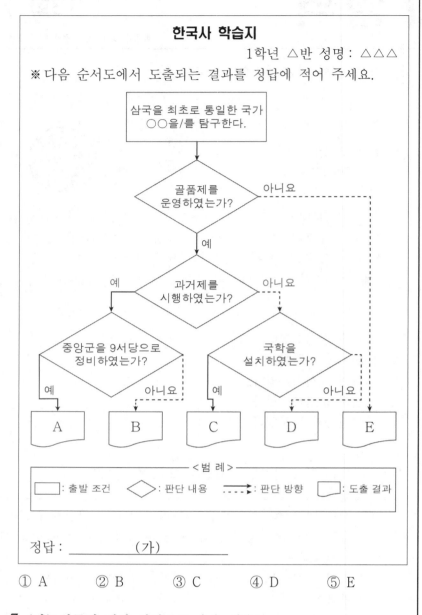

한국사 학습지

1학년 △반 성명 : △△△

※ 다음 순서도에서 도출되는 결과를 정답에 적어 주세요.

삼국을 최초로 통일한 국가 ○○을/를 탐구한다.

↓

골품제를 운영하였는가?

→ 아니요

예 ↓

과거제를 시행하였는가? — 아니요

예 ↓   아니요 ↓ 국학을 설치하였는가?

중앙군을 9서당으로 정비하였는가?

예 ↓ 아니요   예 ↓ 아니요

A   B   C   D   E

— < 범 례 > —

□ : 출발 조건   ◇ : 판단 내용   ⋯▶ : 판단 방향   □ : 도출 결과

정답 : _____(가)_____

① A   ② B   ③ C   ④ D   ⑤ E

7. (가) 인물에 대한 설명으로 옳은 것은?

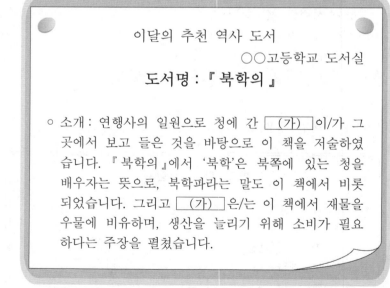

이달의 추천 역사 도서

○○고등학교 도서실

도서명 : 『북학의 』

○ 소개 : 연행사의 일원으로 청에 간 [(가)]이/가 그 곳에서 보고 들은 것을 바탕으로 이 책을 저술하였 습니다. 『북학의』에서 '북학'은 북쪽에 있는 청을 배우자는 뜻으로, 북학파라는 말도 이 책에서 비롯 되었습니다. 그리고 [(가)]은/는 이 책에서 재물을 우물에 비유하며, 생산을 늘리기 위해 소비가 필요 하다는 주장을 펼쳤습니다.

① 동학을 창시하였다.
② 삼국사기를 저술하였다.
③ 독립 협회를 창립하였다.
④ 상공업 진흥을 주장하였다.
⑤ 살수에서 적군을 물리쳤다.

8. (가)에 들어갈 내용으로 옳은 것은?

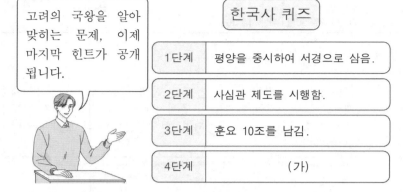

고려의 국왕을 알아 맞히는 문제, 이제 마지막 힌트가 공개 됩니다.

한국사 퀴즈

1단계	평양을 중시하여 서경으로 삼음.
2단계	사심관 제도를 시행함.
3단계	훈요 10조를 남김.
4단계	(가)

① 균역법을 시행함.
② 후삼국을 통일함.
③ 훈민정음을 반포함.
④ 쌍성총관부를 공격함.
⑤ 대한국 국제를 제정함.

9. 다음 상황이 나타난 시기를 연표에서 옳게 고른 것은? [3점]

왕이 보현원으로 행차하는 도중에 술자리를 열고 무신들에 게 수박희를 시켰다. 대장군 이소응이 수박희를 하다가 도망 가자 문신 한뢰가 갑자기 나가서 이소응의 뺨을 때리니 … (중략)… 정중부 등 무신들은 낯빛이 변하고 서로 눈짓을 하 였다. …(중략)… 이의방 등 무신들이 보현원으로 먼저 가서 거짓 왕명으로 병사들을 모았고, 보현원 문 앞에서 여러 문 신들을 죽였다.

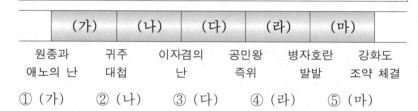

(가)	(나)	(다)	(라)	(마)
원종과 애노의 난	귀주 대첩	이자겸의 난	공민왕 즉위	병자호란 발발	강화도 조약 체결

① (가)   ② (나)   ③ (다)   ④ (라)   ⑤ (마)

10. (가) 국가에 대한 설명으로 옳은 것은? [3점]

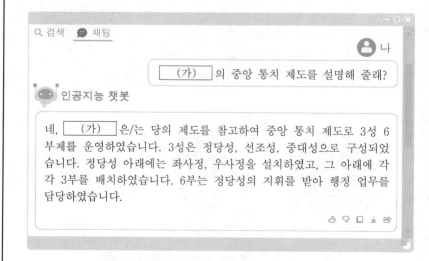

Q 검색   💬 채팅   👤 나

[(가)]의 중앙 통치 제도를 설명해 줄래?

🤖 인공지능 챗봇

네, [(가)]은/는 당의 제도를 참고하여 중앙 통치 제도로 3성 6 부제를 운영하였습니다. 3성은 정당성, 선조성, 중대성으로 구성되었 습니다. 정당성 아래에는 좌사정, 우사정을 설치하였고, 그 아래에 각 각 3부를 배치하였습니다. 6부는 정당성의 지휘를 받아 행정 업무를 담당하였습니다.

① 화랑도를 조직하였다.
② 회사령을 제정하였다.
③ 단발령을 시행하였다.
④ 도병마사를 설치하였다.
⑤ 해동성국이라 불리었다.

11. (가)에 들어갈 제도로 옳은 것은?

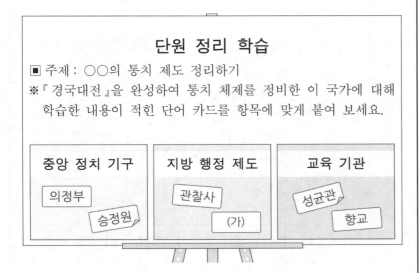

단원 정리 학습

■ 주제 : ○○의 통치 제도 정리하기

※『경국대전』을 완성하여 통치 체제를 정비한 이 국가에 대해 학습한 내용이 적힌 단어 카드를 항목에 맞게 붙여 보세요.

중앙 정치 기구	지방 행정 제도	교육 기관
의정부 승정원	관찰사 (가)	성균관 향교

① 8도
② 사출도
③ 22담로
④ 9주 5소경
⑤ 5경 15부 62주

12. (가) 인물에 대한 설명으로 옳은 것은? [3점]

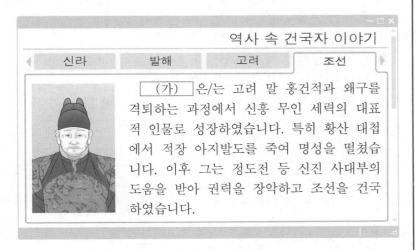

역사 속 건국자 이야기

| 신라 | 발해 | 고려 | 조선 |

(가) 은/는 고려 말 홍건적과 왜구를 격퇴하는 과정에서 신흥 무인 세력의 대표적 인물로 성장하였습니다. 특히 황산 대첩에서 적장 아지발도를 죽여 명성을 떨쳤습니다. 이후 그는 정도전 등 신진 사대부의 도움을 받아 권력을 장악하고 조선을 건국하였습니다.

① 동의보감을 편찬하였다.
② 나당 연합을 성사시켰다.
③ 해동 천태종을 창시하였다.
④ 위화도 회군을 단행하였다.
⑤ 왕오천축국전을 저술하였다.

13. 밑줄 친 '전쟁' 중에 있었던 사실로 옳은 것은?

○월 ○일 선비들이 모여 의병 일으킬 일을 의논하기를, "왜적이 쳐들어와 임금께서 난리를 피해 한양을 떠나시니, 바야흐로 뜻있는 선비가 나라와 군왕을 위해 병기를 베개 삼아 전쟁에 나서서 순국할 날이 됐습니다."라고 하였다.
…(중략)…
△월 △일 전라 좌수사 이순신이 견내량에서 적선을 불태우고 부숴 버렸다.

① 별무반이 조직되었다.
② 척화비가 건립되었다.
③ 천리장성이 축조되었다.
④ 갑오개혁이 추진되었다.
⑤ 조·명 연합군이 결성되었다.

14. 밑줄 친 '개혁'의 내용으로 옳은 것은? [3점]

한국사 신문

기묘년, 사림이 화를 입다

중종의 총애를 받으며 각종 개혁을 통해 유교적 이상 정치를 실현하려던 조광조와 그를 따르는 사림 세력이 국정을 어지럽혔다는 죄목으로 유배되었다. 이들은 중종반정 이후 공신에 오른 훈구 세력 가운데 공이 없는 신하들을 공신 명단에서 삭제해야 한다고 주장하였다. 이러한 주장은 중종을 난처하게 만들었으며, 훈구 세력의 반발을 초래하였다.

① 현량과를 실시하였다.
② 영정법을 시행하였다.
③ 별기군을 창설하였다.
④ 교정도감을 운영하였다.
⑤ 군국기무처를 설치하였다.

15. (가)에 들어갈 내용으로 가장 적절한 것은?

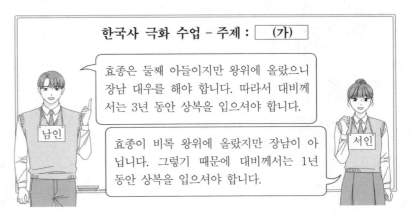

한국사 극화 수업 - 주제 : (가)

효종은 둘째 아들이지만 왕위에 올랐으니 장남 대우를 해야 합니다. 따라서 대비께서는 3년 동안 상복을 입으셔야 합니다. [남인]

효종이 비록 왕위에 올랐지만 장남이 아닙니다. 그렇기 때문에 대비께서는 1년 동안 상복을 입으셔야 합니다. [서인]

① 녹읍 폐지
② 예송의 전개
③ 탕평책 실시
④ 노비안검법 시행
⑤ 급진 개화파의 개혁

16. 자료를 활용한 탐구 주제로 가장 적절한 것은? [3점]

o 비변사에서 보고하기를, "각 도의 납속하는 사람들에 대해 …(중략)… 바치는 곡식의 양에 따라 등급을 매기고, 이에 따라 관직을 내려 널리 곡식을 모으는 길을 마련해야 합니다."라고 하였다.

o 신필현이 아뢰기를, "지방의 좀 넉넉한 민가에서는 곡식을 바치고 공명첩을 얻는 바람에 관직을 받은 사람이 많습니다."라고 하였다.

① 신라 말 호족의 성장
② 고려 시대 여성의 지위
③ 조선 후기 신분제의 동요
④ 조선 전기 대외 관계의 변화
⑤ 일제 강점기 근대 문물의 수용

17. 밑줄 친 '이 시기' 문화에 대한 설명으로 옳은 것은?

지난 한국사 시간에 여러분은 <u>이 시기</u>에 김홍도의 「서당도」를 비롯한 많은 풍속화가 제작되었으며, 당시 풍속화에는 사람들의 삶의 모습이 생생하게 담겨 있다고 배웠습니다. 오늘 미술 수업 에서는 예시와 같이 현재의 생활상을 담은 그림을 그려봅시다.

한국사 – 미술 융합 수업
우리 시대 풍속화 그리기

「서당도」　　　　「학교도」(예시)

① 삼국유사가 편찬되었다.
② 무령왕릉이 축조되었다.
③ 한글 소설이 유행하였다.
④ 충주 고구려비가 건립되었다.
⑤ 부여 정림사지 5층 석탑이 세워졌다.

18. (가) 운동에 대한 설명으로 옳은 것은?

(가)

▶ 재생 영상

▶ 관련 영상

고부 군수에게 맞서다.

우금치 전투 패배 이후 전봉준 압송되다.
조회수 ○,○○○회 / ○개월 전

황토현에서 승리하다.

① 고구려 부흥을 내세웠다.
② 서경 천도를 주장하였다.
③ 만민 공동회 개최를 요구하였다.
④ 집강소를 통해 개혁을 추진하였다.
⑤ 대한매일신보 등 언론의 지원을 받았다.

19. (가) 정부에 대한 설명으로 옳은 것은? [3점]

자료를 통해 보는 한국사

　　유구한 역사와 전통에 빛나는 우리들 대한국민은 기미 3·1 운동으로 대한민국을 건립하여 세계에 선 포한 위대한 독립정신을 계승하여 이제 민주독립국 가를 재건함에 있어서 …(중략)… 선거된 대표로서 구성된 국회에서 단기 4281년 7월 12일 이 헌법을 제정한다.

－ 『관보』 제1호 －

해설 : 이 자료는 제헌 헌법의 전문(前文)이다. 여기에 서 제헌 국회는 대한민국 정부가 3·1 운동을 계기로 상하이에서 수립된 (가) 의 독립 정 신을 계승하였음을 밝혔다.

① 장용영을 설치하였다.
② 호패법을 실시하였다.
③ 민주 공화제를 채택하였다.
④ 영고라는 제천 행사를 열었다.
⑤ 망이·망소이의 난을 진압하였다.

20. (가) 민주화 운동에 대한 설명으로 옳은 것은? [3점]

월별로 정리한 (가)

1987년 1월	박종철, 경찰에 강제 연행되어 남영동 대공분 실에서 고문을 받다 사망
1987년 4월	4·13 호헌 조치 발표
1987년 5월	천주교 정의 구현 전국 사제단에 의해 박종철 고문치사 은폐·조작 사건 폭로
1987년 6월	이한열, 시위 도중 최루탄에 피격. 민주 헌법 쟁취 국민운동 본부가 주최한 국민대회 개최

① 신탁 통치를 반대하였다.
② 대통령 직선제를 요구하였다.
③ 을사늑약 체결에 항의하였다.
④ 3·15 부정 선거를 규탄하였다.
⑤ 시민군을 조직하여 계엄군에 맞섰다.

＊ 확인 사항

○ 답안지의 해당란에 필요한 내용을 정확히 기입(표기) 했는지 확인하시오.

1. (가) 시대 사람들의 생활 모습으로 옳은 것은?

> 조사 보고서
>
> ### 연천 전곡리 유적
>
> 1학년 O반 O모둠
>
>
>
> 1978년 주한 미군 그렉 보웬이 경기도 연천의 한탄강변에서 (가) 시대의 대표 유물인 주먹도끼를 발견하였다. 이 주먹도끼는 뾰족하게 날을 세워 찍개보다 정밀하게 가공한 것으로 동아시아에서 처음 발견되어 세계 고고학계의 주목을 받았다. 이후 추가 발굴을 통해 찍개, 찌르개를 비롯한
>
> ▲ 출토된 주먹도끼
>
> 다양한 종류의 뗀석기가 출토되었다.

① 고인돌을 축조하였다.
② 철제 무기를 사용하였다.
③ 농경과 목축을 시작하였다.
④ 빗살무늬 토기를 제작하였다.
⑤ 주로 동굴이나 바위 그늘에서 살았다.

2. (가) 나라에 대한 설명으로 옳은 것은?

> ### 수행평가 활동지
>
> 1학년 ○반 ○번 이름 : ○○○
>
> ■ 활동 1. 철기를 바탕으로 성장한 나라 중 하나를 골라 조사하기
> - 내가 조사한 나라 : (가)
> - 풍속 : 족외혼, 책화
> - 특징 2가지 : 1. 왕이 없음. 2. 고구려의 간섭을 받음.
>
> ■ 활동 2. 조사한 나라의 풍속을 그림으로 표현하기
>
> (가) 의 풍속 - 책화
>
> 자네가 우리 부족의 경계를 넘어왔으니 노비로 변상하게!
>
> 미안하오. 노비 대신 소나 말로 변상하겠소.
>
>

① 경국대전을 완성하였다.
② 수도를 강화도로 옮겼다.
③ 무천이라는 제천 행사를 열었다.
④ 골품제라는 신분 제도를 운영하였다.
⑤ 위만이 왕위를 차지하여 집권하였다.

3. 밑줄 친 '그'가 활동한 시기의 상황으로 가장 적절한 것은? [3점]

>
>
> 앞에 보이는 이 섬은 전남 완도군의 장도입니다. 그는 이곳에 청해진을 설치하고 해적을 소탕하여 해상 교역을 주도하였습니다.

① 벽란도가 국제 무역항으로 번성하였다.
② 당에 신라인들의 집단 거주 지역이 존재하였다.
③ 조선이 연행사를 통해 서양 문물을 수용하였다.
④ 부산, 원산 등 개항장을 중심으로 무역이 이루어졌다.
⑤ 고조선이 한과 한반도 남부 사이에서 중계 무역을 하였다.

4. (가) 국가에 대한 설명으로 옳은 것은?

> (가) 의 의자왕이 장군 계백에게 결사대 5,000명을 거느리고 황산으로 나가 신라 군사와 싸우게 하였다. 네 번 싸워서 모두 이겼으나 결국에는 군사가 적고 힘이 모자라서 패하고 계백이 전사하였다.

① 장용영을 설치하였다.
② 수도를 사비로 옮겼다.
③ 광개토 대왕릉비를 건립하였다.
④ 군사 행정 구역으로 양계를 두었다.
⑤ 교육 기관으로 국자감을 운영하였다.

5. (가) 국가에 대한 설명으로 옳은 것은? [3점]

> 무덤으로 만나는 (가) 문화 ▼
>
> | 정효 공주 묘 | 정혜 공주 묘 | 돌사자상 | 영광탑 |
>
>
>
> 무덤은 돌로 공간을 줄여 나가면서 천장을 쌓는 고구려의 양식과 벽돌로 벽을 쌓는 당의 양식이 결합되어 있어 (가) 의 문화적 특징을 잘 보여 준다. 또한 내부 벽화에는 무사·시위·내시·악사 등이 나라 사람들의 모습이 잘 그려져 있어 당시 사람들의 모습을 알 수 있게 해 준다.
>
> ▲ 정효 공주 묘 내부 벽화

① 해동성국이라 불렸다.
② 균역법을 실시하였다.
③ 대가야를 병합하였다.
④ 교정도감을 설치하였다.
⑤ 정림사지 5층 석탑을 건립하였다.

6. (가)에 들어갈 문화유산으로 가장 적절한 것은?

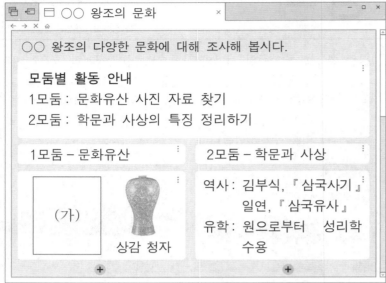

○○ 왕조의 문화

○○ 왕조의 다양한 문화에 대해 조사해 봅시다.

모둠별 활동 안내
1모둠 : 문화유산 사진 자료 찾기
2모둠 : 학문과 사상의 특징 정리하기

1모둠 – 문화유산	2모둠 – 학문과 사상
(가) 상감 청자	역사 : 김부식, 『삼국사기』 일연, 『삼국유사』 유학 : 원으로부터 성리학 수용

① 호우명 그릇
② 산수무늬 벽돌
③ 측우기
④ 서당도
⑤ 팔만대장경판

7. (가) 인물에 대한 설명으로 옳은 것은? [3점]

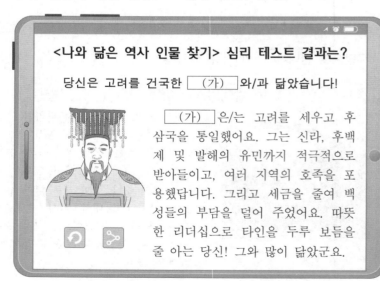

<나와 닮은 역사 인물 찾기> 심리 테스트 결과는?

당신은 고려를 건국한 [(가)]와/과 닮았습니다!

[(가)]은/는 고려를 세우고 후삼국을 통일했어요. 그는 신라, 후백제 및 발해의 유민까지 적극적으로 받아들이고, 여러 지역의 호족을 포용했답니다. 그리고 세금을 줄여 백성들의 부담을 덜어 주었어요. 따뜻한 리더십으로 타인을 두루 보듬을 줄 아는 당신! 그와 많이 닮았군요.

① 훈요 10조를 남겼다.
② 규장각을 육성하였다.
③ 영정법을 시행하였다.
④ 우산국을 정복하였다.
⑤ 기철 등 친원 세력을 제거하였다.

8. 밑줄 친 '임금'의 재위 시기에 있었던 사실로 옳은 것은?

임금께서 『기기도설』을 내려보내 무거운 물건을 끌어 올리는 방법을 강구하도록 하셨기에 나는 거중기 도안을 작성하여 바쳤다. …(중략)… 성 쌓는 일을 끝마쳤을 때 임금께서 "다행히 거중기를 사용하여 수원 화성을 쌓는 데 4만 냥을 절약했다."라고 말씀하셨다.

① 탕평책이 실시되었다.
② 집현전이 설치되었다.
③ 독립신문이 발행되었다.
④ 노비안검법이 시행되었다.
⑤ 불국사 3층 석탑이 조성되었다.

9. (가) 국가에 대한 설명으로 옳은 것은? [3점]

이 그림은 「척경입비도」입니다. 윤관이 여진을 정벌하여 동북 지방에 9성을 쌓은 뒤 [(가)]의 국경이라고 새겨진 비석을 세우는 장면을 묘사한 것입니다.

① 강동 6주 지역을 확보하였다.
② 동진에서 불교를 수용하였다.
③ 에도 막부에 통신사를 파견하였다.
④ 살수에서 수의 군대를 격퇴하였다.
⑤ 일본과 강화도 조약을 체결하였다.

10. (가), (나) 시기 사이에 있었던 사실로 옳은 것은? [3점]

(가) 의종이 보현원 문에 들어서고 신하들이 물러날 무렵에 이의방, 이고 등이 여러 문신을 죽였다. …(중략)… 정중부가 끝내 의종을 거제현으로 추방하고 새로운 왕을 즉위시켰다.

(나) 원종이 도읍을 다시 개경으로 옮겼다. 왕이 장군 김지저를 강화로 보내 삼별초를 혁파하고 그 명단을 가지고 돌아오라 명하였다.

① 대조영이 발해를 건국하였다.
② 노비 만적이 봉기를 모의하였다.
③ 법흥왕이 금관가야를 병합하였다.
④ 조광조가 현량과 실시를 건의하였다.
⑤ 이순신이 명량 해전에서 승리하였다.

11. (가) 제도에 대한 탐구 활동으로 가장 적절한 것은? [3점]

> 호조가 아뢰기를, "□(가)□ 을/를 경기 지방에 시행한 지 20년이 되어 갑니다. 팔도 전체에 통용시키면 모든 백성들이 그 혜택을 받을 수 있을 텐데, 방납으로 이익을 얻는 무리들이 저지하여 확대하지 못한 지 오래입니다. …(중략)… □(가)□ 을/를 2~3개 도에 추가로 실시하여 공물을 토지 결수에 따라 쌀로 거두면, 수십만 석을 장만할 수 있습니다." 라고 하였다.

① 공인이 성장한 배경을 조사한다.
② 과전법이 제정된 목적을 찾아본다.
③ 녹읍 폐지가 끼친 영향을 알아본다.
④ 산미 증식 계획의 결과를 분석한다.
⑤ 금융 실명제 도입의 과정을 파악한다.

12. 다음 상황이 전개된 시기를 연표에서 옳게 고른 것은? [3점]

> 이성계의 다섯 번째 아들 이방원은 정도전이 재상 중심의 정치를 강조하고 왕권을 제한하려는 것에 불만을 가졌다. 이에 그는 제1차 왕자의 난을 통해 정도전과 남은 및 그들이 지지한 세자 방석을 죽이고 권력을 장악하였다.

(가)	(나)	(다)	(라)	(마)
과거제 도입	귀주 대첩	조선 건국	중종 반정	신미 양요	을미 사변

① (가) ② (나) ③ (다) ④ (라) ⑤ (마)

13. 밑줄 친 '이 시기'에 볼 수 있는 모습으로 가장 적절한 것은?

> **[시조로 배우는 한국사]**
>
> 떳떳할 상(常) 평평할 평(平) 통할 통(通) 보배 보(寶) 자
>
> 구멍은 네모지고 사면(四面)이 둥글어 땍때굴 굴러가는 곳마다 사람들이 반기는구나
>
> 어째서 조그만 금(金) 조각을 두 개의 창[戈]이 다투는지 나는 아니 좋더라
>
> <작품 해설>
> 이 작품은 이 시기에 서민들 사이에 유행했던 사설시조의 하나로, 당시 사람들이 갖고자 했던 상평통보를 묘사하고 있습니다. 상평통보는 장시가 전국적으로 확산되었던 이 시기에 주조되어 유통된 화폐로, 세금이나 소작료 납부 등에 사용되었습니다.

① 주자감에서 공부하는 학생
② 판소리 공연을 관람하는 상인
③ 황룡사 9층 목탑을 만드는 목수
④ 무령왕릉 조성에 동원되는 농민
⑤ 석굴암 본존불을 조각하는 장인

14. 밑줄 친 '봉기'에 대한 설명으로 옳은 것은? [3점]

> 지금 <u>봉기</u>를 일으킨 홍경래 등이 정주성을 점거하고 있고 곽산, 용천, 철산 등지에서도 함부로 날뛰면서 산발적으로 노략질을 하고 있습니다. 그러나 그들은 통일된 지휘 계통이 없으니 생각지도 못한 때에 출격하여 그 퇴로를 차단하고 좌우에서 협력하여 공격하면 이 적도들을 없애고 여러 성을 회복할 수 있을 것입니다.

① 백제 부흥을 목표로 하였다.
② 순종의 장례일에 시작되었다.
③ 집강소가 설치되는 계기가 되었다.
④ 대한매일신보 등 언론의 지원을 받았다.
⑤ 평안도 지역에 대한 차별에 반발하여 일어났다.

15. (가) 정부에 대한 설명으로 옳은 것은?

> 이곳은 3·1 운동을 계기로 1919년 상하이에 수립된 □(가)□ 의 청사 중 하나입니다. 이 청사는 1926년부터 1932년까지 사용되었습니다.

○○ 사이버 전시관

① 칠정산을 편찬하였다.
② 대한국 국제를 반포하였다.
③ 이자겸의 난을 진압하였다.
④ 민주 공화제를 채택하였다.
⑤ 전민변정도감을 설치하였다.

16. (가)에 들어갈 사건으로 옳은 것은?

> **한국사 신문**
>
> **[속보] 김옥균, 파란만장한 삶을 마감하다**
>
> 3월 28일, 망명 중이던 김옥균이 중국에서 홍종우가 쏜 총에 맞아 현장에서 숨졌다. 그는 급진 개화파로서 10년 전인 1884년 박영효, 홍영식 등과 함께 근대 국가 건설을 목표로 □(가)□ 을/를 일으켰으나, 청군의 개입으로 거사가 실패하자 조선을 떠나 해외에서 도피 생활을 이어가던 중이었다.

① 임오군란   ② 갑신정변   ③ 갑오개혁
④ 정유재란   ⑤ 무오사화

17. (가) 전쟁이 끼친 영향으로 가장 적절한 것은? [3점]

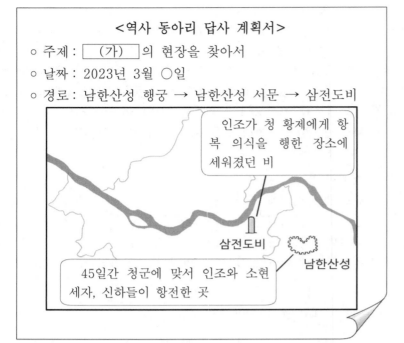

<역사 동아리 답사 계획서>

○ 주제 : [(가)]의 현장을 찾아서
○ 날짜 : 2023년 3월 ○일
○ 경로 : 남한산성 행궁 → 남한산성 서문 → 삼전도비

인조가 청 황제에게 항복 의식을 행한 장소에 세워졌던 비

삼전도비

남한산성

45일간 청군에 맞서 인조와 소현 세자, 신하들이 항전한 곳

① 후금이 건국되었다.
② 비변사가 조직되었다.
③ 쌍성총관부가 설치되었다.
④ 조선에서 북벌론이 대두되었다.
⑤ 전국 각지에 척화비가 세워졌다.

18. (가)에 들어갈 교육 기관으로 옳은 것은?

유네스코 세계 유산 : 한국의 [(가)]

● 개관

[(가)]은/는 조선 중종 때 처음 설립된 사립 교육 기관으로 교육과 제사를 담당하였다. 또한 사림의 근거지로 여론을 형성하고 성리학 확산에 기여하였다. 그중 한국의 성리학과 관련된 문화적 전통을 잘 보여 주는 9곳이 2019년에 유네스코 세계 유산으로 등재되었다.

● 주요 건물과 기능

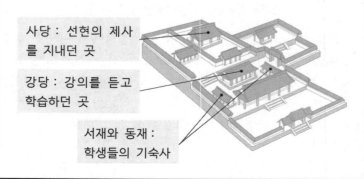

사당 : 선현의 제사를 지내던 곳

강당 : 강의를 듣고 학습하던 곳

서재와 동재 : 학생들의 기숙사

① 태학 ② 향교 ③ 서당 ④ 서원 ⑤ 성균관

19. 밑줄 친 '전하'의 업적으로 옳은 것은?

이 해시계가 전하의 명으로 장영실이 만든 앙부일구란 말이지?

시간을 표시하는 부분을 한자 대신 그림으로 나타내서 글을 모르는 백성도 시각을 쉽게 알 수 있겠군.

① 마한을 병합하였다.
② 동의보감을 편찬하였다.
③ 훈민정음을 창제하였다.
④ 천리장성을 축조하였다.
⑤ 김흠돌의 난을 진압하였다.

20. 밑줄 친 '전쟁' 중 있었던 사실로 옳은 것은? [3점]

<정전 협정 체결 70주년 기념 특별전>
잊을 수 없는 이들

초대의 글

조국을 위해 목숨을 바친 국군 전사자의 유해를 찾아 가족의 품으로 돌려보내고자 하는 대한민국의 노력이 계속되고 있는 가운데 정전 협정 체결 70주년 기념 특별전이 개최됩니다. 이 전쟁이 치열하게 전개되었던 1951년에 전사한 장○○ 일병의 국군 전투화와 수통을 비롯하여 격전지에서 발굴된 국군, 유엔군, 중국군, 북한군의 유품까지 만날 수 있습니다.

① 4 · 19 혁명이 일어났다.
② 대한민국 정부가 수립되었다.
③ 인천 상륙 작전이 전개되었다.
④ 7 · 4 남북 공동 성명이 발표되었다.
⑤ 남북한이 국제 연합에 동시 가입하였다.

* 확인 사항

○ 답안지의 해당란에 필요한 내용을 정확히 기입(표기)했는지 확인하시오.

2022학년도 3월 고1 전국연합학력평가 문제지 1

제 4 교시

한국사 영역

15회

● 문항수 20개 | 배점 50점 | 제한 시간 30분

● 점수 표시가 없는 문항은 모두 2점

1. 밑줄 친 '유물'로 옳은 것은?

○○신문

제△△호   △△△△년 △△월 △△일

소리로 듣고 손으로 읽는 역사책 출간

이번에 출간된 『듣고, 느끼는 □□□ 시대 이야기』는 시각 장애인을 대상으로 하였다. 책은 점자로 되어 있고, 소리 펜을 이용해 음성 해설을 듣게 되어 있다. 석기와 불을 사용하기 시작한 시대를 다룬 이 책은 동굴 속 생활과 사냥을 주제로 한 '이야기 하나', 이 시대의 대표적인 유물을 소개한 '이야기 둘' 등으로 이루어져 있다.

① ② ③ ④ ⑤

2. (가) 국가에 대한 설명으로 옳은 것은?

역사 답사 계획서

1학년 ○반 ○번 ○○○

1. 답사 주제 : (가) 의 유적을 찾아서

2. 답사 지역 : 평양 일대

3. 선정 이유 : 통일이 된다면 5세기 이후 (가) 의 수도였던 평양을 직접 가 보고 싶기 때문이다.

4. 세부 일정

일자	주요 답사 지역
□월 □일 (1일 차)	▶ 안학궁 터 ↳ 장수왕이 평양으로 천도하여 세운 궁궐로 현재 그 터만 남아 있다. ▶ 대성산성 ↳ 안학궁의 외성 역할을 하던 산성으로 현재 남문 터 부근에 성벽이 남아 있다.

① 금관가야를 병합하였다.
② 무령왕릉을 축조하였다.
③ 일본에 수신사를 파견하였다.
④ 영고라는 제천 행사를 열었다.
⑤ 광개토 대왕릉비를 건립하였다.

3. (가), (나) 시기 사이에 있었던 사실로 옳은 것은? [3점]

(가) 지증왕 13년, 우산국이 복속하여 해마다 토산물을 바치기로 하였다.

(나) 신문왕 5년, 거열주를 나누어 청주를 설치하니 비로소 9주가 갖추어졌다.

① 삼국이 통일되었다.
② 칠정산이 편찬되었다.
③ 과거제가 도입되었다.
④ 경국대전이 반포되었다.
⑤ 지방에 12목이 설치되었다.

4. (가) 국가에 대한 설명으로 옳은 것은?

① 해동성국으로 불렸다.
② 전국을 8도로 나누었다.
③ 22담로에 왕족을 파견하였다.
④ 소도라는 신성 지역을 두었다.
⑤ 골품제라는 신분 제도를 운영하였다.

5. (가)에 들어갈 내용으로 가장 적절한 것은? [3점]

[서술형] 다음 자료를 읽고 물음에 답하시오.

그는 원에 있으면서 국제 정세를 파악하고, 고려로 돌아와 즉위 후 반원 개혁을 단행하였다. 몽골의 풍습을 금지하고, 기철 등의 친원 세력을 제거하였다.

1. 밑줄 친 '개혁'에 해당하는 정책 한 가지를 10자 내외로 쓰시오. [5점]

(가)

① 경복궁을 중건하였다.
② 홍문관을 설치하였다.
③ 천리장성을 축조하였다.
④ 쌍성총관부를 공격하였다.
⑤ 9서당 10정을 정비하였다.

6. (가) 인물에 대한 설명으로 옳은 것은? [3점]

① 목민심서를 저술하였다.
② 금국 정벌을 주장하였다.
③ 대동여지도를 제작하였다.
④ 현량과 실시를 건의하였다.
⑤ 인내천 사상을 강조하였다.

7. (가) 전쟁 중에 볼 수 있는 모습으로 가장 적절한 것은?

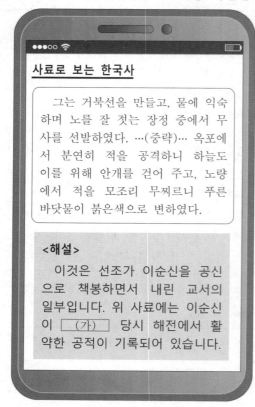

① 청해진을 설치하는 장보고
② 별무반 편성을 건의하는 윤관
③ 황산벌에서 결사 항전하는 계백
④ 왜군에 맞서 의병을 이끄는 곽재우
⑤ 살수에서 적의 군대를 물리치는 을지문덕

8. (가) 왕에 대한 설명으로 옳은 것은?

① 훈요 10조를 남겼다.
② 대동법을 실시하였다.
③ 집강소를 설치하였다.
④ 순수비를 건립하였다.
⑤ 4군 6진 지역을 개척하였다.

9. 밑줄 친 '그'의 주장으로 가장 적절한 것은? [3점]

> 연행사의 일원으로 청의 수도 연경(베이징)에 다녀온 그는 『열하일기』에 다음과 같이 썼다. "중국에서 풍부한 재물이 한곳에만 집중되지 않고 골고루 유통되는 것은 수레를 사용하기 때문이다. …(중략)… 조선은 청보다 땅이 작음에도 불구하고 영남 아이들은 새우젓을 모르고, 서북 사람들은 감과 감자를 구별하지 못한다."

① 녹읍을 폐지해야 한다.
② 상공업을 진흥해야 한다.
③ 민립 대학을 설립해야 한다.
④ 전국에 척화비를 세워야 한다.
⑤ 화랑도를 국가 조직으로 확대해야 한다.

10. 밑줄 친 '거부'로 인해 일어난 사건으로 옳은 것은?

> 두 사람은 부자 관계이면서도 정치적으로 대립하기도 하였습니다. 어린 아들이 왕위에 오른 후 실권을 장악한 아버지는 서양의 통상 요구를 거부하였습니다. 그러나 국왕이 직접 정치를 시작하면서 조선의 외교 정책에도 변화가 나타났습니다.

① 정묘호란
② 갑오개혁
③ 신미양요
④ 귀주 대첩
⑤ 6·10 만세 운동

11. 다음 자료를 활용한 탐구 활동으로 가장 적절한 것은?

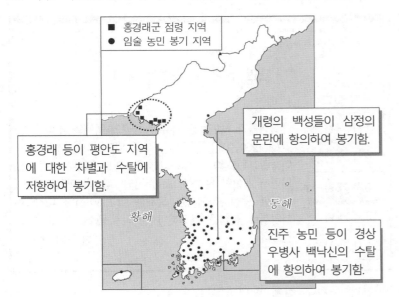

- ■ 홍경래군 점령 지역
- ● 임술 농민 봉기 지역

홍경래 등이 평안도 지역에 대한 차별과 수탈에 저항하여 봉기함.

개령의 백성들이 삼정의 문란에 항의하여 봉기함.

진주 농민 등이 경상우병사 백낙신의 수탈에 항의하여 봉기함.

황해

동해

① 세도 정치의 폐단을 조사한다.
② 백제와 고구려의 부흥 운동을 분석한다.
③ 이자겸의 난이 일어난 배경을 알아본다.
④ 항일 의병 운동이 전개된 과정을 정리한다.
⑤ 무신 집권기에 일어난 신분 해방 운동을 찾아본다.

12. (가) 사건에 대한 설명으로 옳은 것은?

▶ 동영상 　　(가)　　🔍

[관련 영상]

우정총국에서 시작하다.

박영효, 서광범, 서재필, 김옥균, 그들의 선택은?
조회수 32,993회 / 2개월 전

3일 천하로 막을 내리다.

① 순종의 인산일에 일어났다.
② 급진 개화파가 주도하였다.
③ 풍수지리설의 영향을 받았다.
④ 새마을 운동이 추진되는 배경이 되었다.
⑤ 강화도 조약이 체결되는 결과를 가져왔다.

13. (가) 정부가 실시한 정책으로 옳은 것은? [3점]

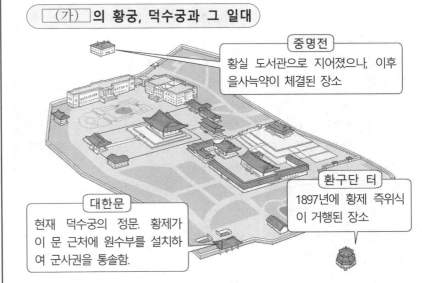

(가)의 황궁, 덕수궁과 그 일대

중명전
황실 도서관으로 지어졌으나, 이후 을사늑약이 체결된 장소

대한문
현재 덕수궁의 정문. 황제가 이 문 근처에 원수부를 설치하여 군사권을 통솔함.

환구단 터
1897년에 황제 즉위식이 거행된 장소

① 태학을 설립하였다.
② 과전법을 실시하였다.
③ 탕평비를 건립하였다.
④ 웅진으로 천도하였다.
⑤ 대한국 국제를 반포하였다.

14. 밑줄 친 '신문'이 발행된 시기를 연표에서 옳게 고른 것은? [3점]

메타버스를 활용한 역사 인물과의 만남 - 애국 계몽 운동 편

베델 선생님, 이곳에서 발행하는 신문은 어떻게 일본의 침략을 비판하는 기사를 실을 수 있나요?

영국은 일본의 동맹국이기 때문에 영국인인 제가 양기탁과 함께 발행하는 우리 신문을 일본이 탄압하기 어려웠거든요.

(가)	(나)	(다)	(라)	(마)
조선 건국	병자호란 발발	운요호 사건	국권 피탈	광주 학생 항일 운동	8·15 광복

① (가)　② (나)　③ (다)　④ (라)　⑤ (마)

15. 다음 자료의 상황이 나타난 시기에 있었던 사실로 옳은 것은? [3점]

- 서울 청운동에 사는 최○○은/는 인왕산에서 네 번 솔잎을 긁어간 일로 경찰서에서 태형 20대의 즉결 처분을 받았다.
- 의주부 석군면에서 화전을 경작하던 10명이 헌병 분대에 불려 가 삼림령 위반으로 각각 태형 20대의 처분을 받았다.

① 도병마사 설치
② 국가 총동원법 공포
③ 경부 고속 국도 개통
④ 토지 조사 사업 실시
⑤ 화폐 정리 사업 단행

15회

16. 다음 자료에 나타난 민족 운동의 배경으로 가장 적절한 것은?

> **판결문**
>
> 주문 : 피고인 심○○을/를 징역 6개월, 집행 유예 3년에 처한다.
> 이유 : 심○○은/는 손병희 등이 조선 독립을 모의하였음을 듣고 그 취지에 동의하여 동조하려 하였다. 이에 많은 군중과 함께 3월 1일 탑골 공원에서 조선 독립을 선언하였다. 또한 수천 인의 군중과 함께 만세 시위를 벌이면서 경성부 내의 치안을 방해하였다.

① 단발령이 시행되었다.
② 임오군란이 일어났다.
③ 2·8 독립 선언이 발표되었다.
④ 영국이 거문도를 불법으로 점령하였다.
⑤ 모스크바 3국 외상 회의가 개최되었다.

17. (가)에 해당하는 조직으로 옳은 것은?

광복군 행진곡

이 노래는 [(가)]이/가 충칭에서 창설한 한국광복군이 불렀던 군가의 일부이다. 일제에 맞서 싸워 조국의 광복을 쟁취하려는 의지를 담고 있다. 일제가 태평양 전쟁을 일으키자 [(가)]은/는 실제로 한국광복군을 연합군의 일원으로 전쟁에 참여하게 하였다.

① 신간회
② 의열단
③ 독립 협회
④ 조선 건국 동맹
⑤ 대한민국 임시 정부

18. 밑줄 친 '전쟁' 중에 있었던 사실로 옳은 것은? [3점]

> 동포들의 생명과 자유를 적의 수중에 맡긴 채 정부가 수도를 부산으로 옮긴 지도 2개월여가 되었습니다. 전쟁 발발 당시의 불리했던 국면 등을 국군과 유엔군이 극복하였고 …(중략)… 한반도와 극동 평화를 보장하기 위하여 압록강 및 두만강까지 진격할 것입니다.

① 훈련도감이 설치되었다.
② 위화도 회군이 일어났다.
③ 봉오동 전투가 벌어졌다.
④ 인천 상륙 작전이 전개되었다.
⑤ 미소 공동 위원회가 개최되었다.

19. (가) 민주화 운동에 대한 설명으로 옳은 것은? [3점]

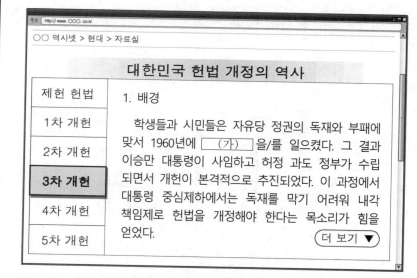

대한민국 헌법 개정의 역사

	1. 배경
제헌 헌법	학생들과 시민들은 자유당 정권의 독재와 부패에 맞서 1960년에 [(가)]을/를 일으켰다. 그 결과 이승만 대통령이 사임하고 허정 과도 정부가 수립되면서 개헌이 본격적으로 추진되었다. 이 과정에서 대통령 중심제하에서는 독재를 막기 어려워 내각 책임제로 헌법을 개정해야 한다는 목소리가 힘을 얻었다.
1차 개헌	
2차 개헌	
3차 개헌	
4차 개헌	
5차 개헌	

① 신탁 통치 결정에 반대하였다.
② 6·10 만세 운동을 촉발시켰다.
③ 단독 정부 수립 반대를 내세웠다.
④ 5·18 민주화 운동을 계승하였다.
⑤ 3·15 부정 선거를 계기로 일어났다.

20. 다음 연설이 행해진 정부 시기에 있었던 사실로 옳은 것은? [3점]

> 우리는 55년의 분단과 적대에 종지부를 찍고 민족사에 새 전기를 열 수 있는 시점에 와 있습니다. 이번에 저는 우리가 화해와 협력, 통일도 할 수 있다는 확신을 가지고 돌아왔습니다. 이제 여러분께 오늘 발표한 남북 공동 선언에 대해 보고 드리겠습니다.

① 교정도감이 설치되었다.
② 홍범 14조가 반포되었다.
③ 남북한 총선거가 결정되었다.
④ 남북한이 개성 공단 조성에 합의하였다.
⑤ 반민족 행위 특별 조사 위원회가 조직되었다.

＊ 확인 사항

○ 답안지의 해당란에 필요한 내용을 정확히 기입(표기)했는지 확인하시오.

2021학년도 3월 고1 전국연합학력평가 문제지

1

제 4 교시

한국사 영역

16회

● 문항수 20개 | 배점 50점 | 제한 시간 30분

● 점수 표시가 없는 문항은 모두 2점

1. (가) 시대에 볼 수 있는 모습으로 가장 적절한 것은?

① 청동 방울을 지닌 제사장
② 움집에서 불을 피우는 청년
③ 철을 댄 쟁기로 밭을 가는 농민
④ 채집과 사냥을 하며 이동 생활을 하는 무리
⑤ 흉년에 대한 책임을 지고 물러나게 된 국왕

2. (가)에 들어갈 내용으로 가장 적절한 것은? [3점]

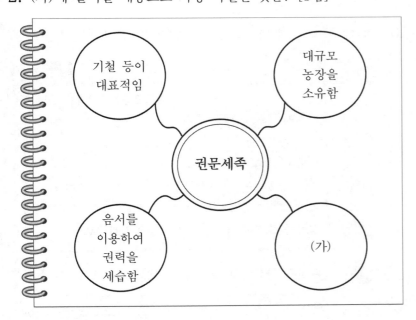

① 북학론을 주장함
② 화랑으로 선발됨
③ 제가 회의에 참여함
④ 백제 부흥 운동을 주도함
⑤ 원 간섭기의 지배 세력임

3. 밑줄 친 '전쟁' 중에 있었던 사실로 옳은 것은?

① 이종무가 대마도를 정벌하였다.
② 이순신이 명량에서 크게 이겼다.
③ 을지문덕이 살수에서 승리하였다.
④ 강감찬이 귀주에서 대승을 거두었다.
⑤ 홍경래가 평안도 지역에서 난을 일으켰다.

4. (가)에 들어갈 내용으로 적절한 것은? [3점]

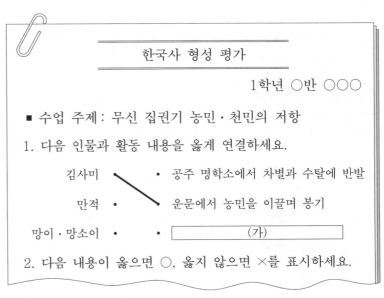

① 당의 침입에 맞서 저항
② 삼정 문란의 시정을 요구
③ 신라 말 지배층의 수탈에 항거
④ 외세의 침략과 정부의 개화 정책에 반발
⑤ 신분 해방을 목표로 노비들을 모아 봉기 도모

5. 다음 자료를 활용한 탐구 주제로 가장 적절한 것은?

> ○ 소수림왕 2년에 전진의 왕 부견이 사신과 승려 순도를 보내 불상과 경문을 전하였다.
> ○ 침류왕 1년에 승려 마라난타가 동진에서 오자 왕이 궁궐 안으로 맞아들여 머물게 하였다.
> ○ 법흥왕 14년에 이차돈이 불법(佛法)을 위하여 제 몸을 희생하였다.

① 삼국 시대 불교의 수용
② 고려 전기 유학의 발달
③ 고려 후기 성리학의 확산
④ 조선 전기 유교 윤리의 보급
⑤ 조선 후기 붕당 정치의 전개

6. 다음 제도가 시행된 국가에서 있었던 사실로 옳은 것은?

> ○ 진골의 방의 길이와 넓이는 24척을 넘지 못한다.
> ○ 6두품의 방의 길이와 넓이는 21척을, 담장은 8척을 넘지 못한다.
> ○ 5두품의 방의 길이와 넓이는 18척을, 담장은 7척을 넘지 못한다.
> ○ 4두품에서 백성까지 방의 길이와 넓이는 15척을, 담장은 6척을 넘지 못한다.

① 별무반이 조직되었다.
② 과거제가 시행되었다.
③ 수원 화성이 축조되었다.
④ 화백 회의가 개최되었다.
⑤ 22담로에 왕족이 파견되었다.

7. 다음 명령을 내린 국왕의 재위 시기에 있었던 사실로 옳은 것은? [3점]

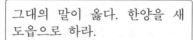
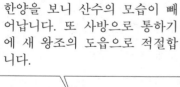

한양을 보니 산수의 모습이 빼어납니다. 또 사방으로 통하기에 새 왕조의 도읍으로 적절합니다.

그대의 말이 옳다. 한양을 새 도읍으로 하라.

① 5소경이 설치되었다.
② 천리장성이 축조되었다.
③ 노비안검법이 실시되었다.
④ 국호가 조선으로 정해졌다.
⑤ 팔만대장경판이 조판되었다.

8. (가)에 들어갈 문화유산으로 옳은 것은?

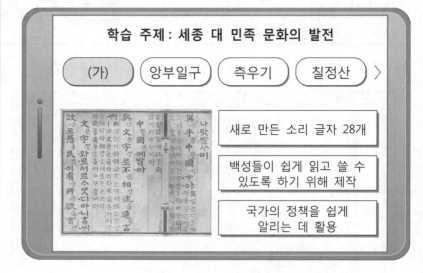

학습 주제 : 세종 대 민족 문화의 발전

(가)　앙부일구　측우기　칠정산 〉

새로 만든 소리 글자 28개

백성들이 쉽게 읽고 쓸 수 있도록 하기 위해 제작

국가의 정책을 쉽게 알리는 데 활용

① 삼국사기　　② 삼국유사　　③ 훈민정음
④ 동의보감　　⑤ 경국대전

9. (가) 국가에 대한 설명으로 옳은 것은?

> 대저 (가) 의 역사로 말하면, 고구려가 멸망하여 폐허가 되자 대조영(고왕)이 유민 등을 수습하여 나라를 세웠다. 무왕이 중국의 등주를 공격하여 그 자사를 사살하였고 …(중략)… 남쪽으로 일본과 교류하고 서쪽으로 돌궐과 통하였다.

① 해동성국으로 불렸다.
② 규장각을 설치하였다.
③ 금관가야를 병합하였다.
④ 수도를 평양으로 옮겼다.
⑤ 지방 행정 구역을 8도로 나누었다.

10. (가)에 들어갈 내용으로 가장 적절한 것은? [3점]

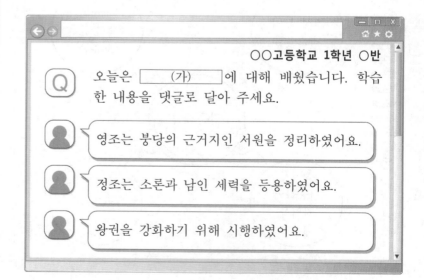

○○고등학교 1학년 ○반

Q 오늘은 (가) 에 대해 배웠습니다. 학습한 내용을 댓글로 달아 주세요.

영조는 붕당의 근거지인 서원을 정리하였어요.

정조는 소론과 남인 세력을 등용하였어요.

왕권을 강화하기 위해 시행하였어요.

① 사화의 발생
② 탕평책의 추진
③ 삼국 통일의 완성
④ 세도 정치의 폐단
⑤ 서경 천도 운동의 전개

11. 다음 기사의 취지에 따라 전개된 운동에 대한 설명으로 옳은 것은? [3점]

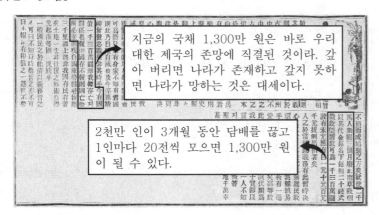

> 지금의 국채 1,300만 원은 바로 우리 대한 제국의 존망에 직결된 것이라. 갚아 버리면 나라가 존재하고 갚지 못하면 나라가 망하는 것은 대세이다.
>
> 2천만 인이 3개월 동안 담배를 끊고 1인마다 20전씩 모으면 1,300만 원이 될 수 있다.

① 서양과의 통상을 반대하였다.
② 수신사의 파견으로 이어졌다.
③ 구식 군인의 주도로 일어났다.
④ 사심관 제도가 시행되는 배경이 되었다.
⑤ 언론의 지원을 받아 전국적으로 확산되었다.

12. 다음 자료에서 학생이 선정한 인물에 대한 설명으로 옳은 것은?

> **수행 평가**
> 1학년 ○반 ○○○
>
> 다음에서 한 명의 이름을 선택하고, 해당 인물의 활동을 담은 3행시를 지어 주세요.
>
> 김옥균, 박지원, 안중근, 전봉준, 정약용
>
> [학생 답안]
>
> | 선정 인물 | 작성한 시 |
> |---|---|
> | ○△□ | ○주 화약을 체결하고
△기의 뜻을 이루고자 하니
□엄한 백성의 뜻이 집강소에서 실현되리라. |

① 거중기를 설계하였다.
② 갑신정변을 주도하였다.
③ 동학 농민군을 이끌었다.
④ 이토 히로부미를 처단하였다.
⑤ 청과의 통상 확대를 주장하였다.

13. (가) 운동에 대한 설명으로 옳은 것은? [3점]

> **[연극 동아리 발표회]**
>
> 11월 3일 '학생 독립운동 기념일'을 맞아 오늘 오후 6시부터 ___(가)___ 을/를 소재로 한 연극을 온라인으로 중계하오니, 학교 홈페이지에 접속하셔서 시청 바랍니다.
>
> - 구성 -
>
> ◉ 제 1막 : 나주역 사건, 한·일 학생 간 충돌이 일어나다.
> ◉ 제 2막 : 광주의 학생들, 식민지 노예 교육에 반대하다.
> ◉ 제 3막 : 학생들의 함성, 광주를 넘어 전국으로 뻗어 가다.

① 신간회의 지원을 받았다.
② 광무개혁의 토대가 되었다.
③ 임술 농민 봉기로 이어졌다.
④ 고종 강제 퇴위에 반대하였다.
⑤ 영남 지역의 유생들이 주도하였다.

14. (가) 단체에 대한 설명으로 옳은 것은? [3점]

> 종로 네거리에서 관민 공동회가 열렸는데, 19세였던 나도 학교의 대표로 참가하였다. 여기서 ___(가)___ 의 회원들은 철도와 광산을 비롯한 각종 이권을 외국인에게 주지 말 것을 주장하고 헌의 6조를 결의하였다. 이 때 회원들은 관리들이 지켜보는 앞에서 정부의 잘못을 비판하였는데, 그 모습은 꽤 인상적이었다.

① 독립문을 건립하였다.
② 새마을 운동을 이끌었다.
③ 한국광복군을 창설하였다.
④ 백운동 서원을 설립하였다.
⑤ 대동법의 시행을 건의하였다.

15. (가)에 들어갈 내용으로 가장 적절한 것은?

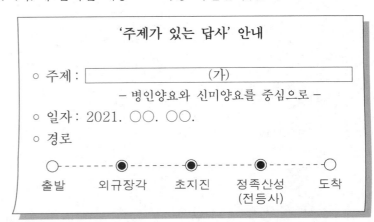

> **'주제가 있는 답사' 안내**
>
> ○ 주제 : ___(가)___
>   - 병인양요와 신미양요를 중심으로 -
> ○ 일자 : 2021. ○○. ○○.
> ○ 경로
>
> 출발 ──── 외규장각 ──── 초지진 ──── 정족산성(전등사) ──── 도착

① 삼별초의 항쟁지, 제주도
② 영국의 불법 점령지, 거문도
③ 외침 방어의 요충지, 강화도
④ 조선 수군의 큰 승리, 한산도
⑤ 장보고의 해상 활동 거점, 완도

16. 다음 신문에 나타난 시기에 있었던 사실로 옳은 것은? [3점]

한국사신문

토지 조사 사업, 누구를 위한 사업인가

조선 총독부는 임시 토지 조사국을 설치한 이후 토지 조사 사업을 밀어붙이고 있다. 이 사업으로 조선 총독부의 지세 수입은 증가하고 있다. 반면, 다수의 소작농은 기존에 관습적으로 인정받던 경작권을 잃게 되는 등 경제적으로 많은 어려움에 처할 것으로 예상된다.

① 비변사가 설치되었다.
② 호포제가 시행되었다.
③ 균역법이 마련되었다.
④ 대한국 국제가 반포되었다.
⑤ 헌병 경찰 제도가 실시되었다.

17. 밑줄 친 '이 전투'가 있었던 지역을 지도에서 옳게 고른 것은?

왼쪽의 우표는 <u>이 전투</u> 승리 100주년을 기념하기 위해 발행되었다. 1920년 10월 김좌진, 홍범도 등이 이끄는 독립군 부대가 연합하여 <u>이 전투</u>에서 일본군을 크게 물리쳤다.

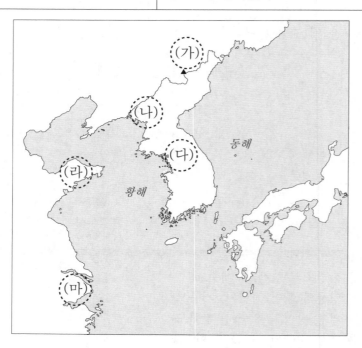

① (가)　② (나)　③ (다)　④ (라)　⑤ (마)

18. 밑줄 친 '이 늑약'의 결과로 옳은 것은? [3점]

[용어 사전]

늑약 (勒 억지로 할 늑, 約 약속할 약)

(의미) 억지로 맺은 조약
(예문) 1905년 일제가 강요한 <u>이 늑약</u>으로 인하여 대한 제국이 외교권을 빼앗겼다.
---

① 척화비가 세워졌다.
② 통감부가 설치되었다.
③ 개경 환도가 이루어졌다.
④ 나당 연합군이 결성되었다.
⑤ 4군과 6진 지역이 개척되었다.

19. 다음 결의안이 채택된 시기를 연표에서 옳게 고른 것은?

안전 보장 이사회는 북한군의 무력 침략을 평화를 파괴하는 행위로 규정한다. 전투를 즉각 중지하고 군대를 즉시 38도선 이북으로 철수할 것을 북한에 촉구한다. …(중략)… 안전 보장 이사회는 무력 침략을 격퇴하고 국제 평화와 안전을 회복하는 데 필요한 원조를 대한민국에 제공해 줄 것을 유엔 회원국에 권고하는 바이다.

	(가)	(나)	(다)	(라)	(마)	
강화도 조약 체결		대한 제국 수립	국권 피탈	8·15 광복	대한민국 정부 수립	6월 민주 항쟁

① (가)　② (나)　③ (다)　④ (라)　⑤ (마)

20. (가)에 들어갈 내용으로 옳은 것은? [3점]

　(가)　(으)로 이승만 대통령이 하야함에 따라 허정 과도 정부가 수립되었다. 허정 과도 정부는 국민의 여론에 따라 내각 책임제와 국회 양원제를 골자로 하는 개헌을 단행하였다. 새 헌법에 따라 실시된 총선거에서 민주당이 승리하였고, 장면 내각이 출범하게 되었다.

① 3·1 운동　　　② 4·19 혁명
③ 위정척사 운동　④ 브나로드 운동
⑤ 5·18 민주화 운동

＊ 확인 사항
○ 답안지의 해당란에 필요한 내용을 정확히 기입(표기)했는지 확인하시오.

2024학년도 3월 고1 전국연합학력평가 문제지

탐구 영역[사회]

제 4 교시

17회

1

● 문항수 20개 | 배점 50점
● 제한 시간 30분

성명 [   ]   수험 번호 [ ][ ][ ][ ][ ][ ]－[ ][ ][ ][ ]

● 점수 표시가 없는 문항은 모두 2점

1. (가)의 주장을 (나)와 같이 나타낼 때, ㉠에 대한 반론의 근거로 가장 적절한 것은? [3점]

(가)	개인이 생산한 정보를 사회 구성원들이 무상으로 공유하는 것은 개인의 소유권을 침해하므로 옳지 않다.
(나)	○ 도덕 원리 : 개인의 소유권을 침해하는 것은 옳지 않다. ○ 사실 판단 : ㉠ ○ 도덕 판단 : 개인이 생산한 정보를 사회 구성원들이 무상으로 공유하는 것은 옳지 않다.

① 정보의 무상 공유는 양질의 정보 생산을 방해한다.
② 정보 생산자에게 창작에 대한 경제적 보상을 해야 한다.
③ 정보 역시 다른 재화처럼 생산자의 소유권을 인정해야 한다.
④ 정보를 생산하는 데에는 개인의 많은 시간과 노력이 투입된다.
⑤ 정보는 기존 정보들을 토대로 생산되므로 배타적 소유권을 인정받기 어렵다.

2. 갑, 을의 입장으로 적절한 것만을 <보기>에서 고른 것은?

갑 : 이민자들은 거주국의 문화를 받아들여야 한다. 이민자들의 문화가 거주국의 문화에 동화되면 사회의 단결력을 증진할 수 있기 때문이다. 을 : 이민자들의 문화와 거주국의 문화 각각의 정체성을 동등하게 존중해야 한다. 여러 문화가 존중되고 조화를 이루면 문화적 역동성을 증진할 수 있기 때문이다.

< 보 기 >
ㄱ. 갑 : 거주국 문화에 이민자 문화를 편입시켜야 한다.
ㄴ. 을 : 다양한 문화가 공존하면 문화적 역동성이 증진된다.
ㄷ. 을 : 단일 문화를 형성하여 사회의 단결력을 증진해야 한다.
ㄹ. 갑과 을 : 여러 문화의 정체성은 동등하게 존중되어야 한다.

① ㄱ, ㄴ ② ㄱ, ㄷ ③ ㄴ, ㄷ ④ ㄴ, ㄹ ⑤ ㄷ, ㄹ

3. 다음 글의 입장으로 가장 적절한 것은?

남북한의 서로 다른 체제를 통합하는 데 드는 통일 비용으로 인해 통일에 부정적인 사람들이 있다. 그러나 통일 비용은 크게 걱정할 문제가 아니다. 분단이 지속되는 한 국방비·외교비와 같은 분단 비용은 계속 발생하지만, 통일 비용은 통일 전후 한시적으로만 발생한다. 장기적으로 볼 때 통일로 인한 이익의 합, 즉 통일 편익이 통일 비용보다 더 크다.

① 통일 비용은 통일 이전에만 한시적으로 발생한다.
② 분단 비용은 통일 이후에도 지속적으로 발생한다.
③ 통일로 얻게 되는 장기적 이익이 통일 비용보다 크다.
④ 통일 편익은 분단 때문에 치러야 하는 소모적 비용이다.
⑤ 분단 비용은 서로 다른 체제를 통합하는 데 드는 비용이다.

4. 다음 가상 편지에서 강조하는 내용으로 가장 적절한 것은?

○○에게
요즘 자네가 행복에 이르는 방법에 대해 고민하고 있다고 들었네. 행복은 인간의 영혼 중에서 이성과 관련된 능력을 탁월하게 발휘하는 것을 의미한다네. 따라서 이성을 통해 도덕적 행위가 무엇인지를 파악하고 이를 반복적으로 실천한다면 좋은 품성을 기를 수 있을 걸세. 그러면 인간 행위의 최종 목적인 행복에 다가갈 수 있다네.

① 현실 세계에서는 행복한 삶에 도달할 수 없다.
② 좋은 품성은 한 번의 도덕적 행위만으로 형성된다.
③ 인간이 추구하는 궁극적인 목적은 존재하지 않는다.
④ 도덕적 행위를 습관화하는 것은 행복에 이르는 데 기여한다.
⑤ 인간의 기능을 탁월하게 발휘하는 것은 행복과 관계가 없다.

5. 갑, 을의 입장으로 적절한 것만을 <보기>에서 있는 대로 고른 것은? [3점]

갑 : 법을 지켜야 하는 근거는 국민의 동의에 있다. 이러한 동의에는 명시적인 것뿐만 아니라 암묵적인 것도 있다. 예를 들어 단지 한 국가에 거주하고 있는 것만으로도 그 나라의 법을 지켜야 할 의무가 발생한다. 을 : 법을 지켜야 하는 근거는 국가가 제공하는 혜택에 있다. 만일 국가가 제공하는 평화, 안전, 공공재와 같은 혜택이 사라진다면 국민이 법을 지켜야 할 의무도 사라진다.

< 보 기 >
ㄱ. 갑 : 명시적 동의만으로는 준법의 의무가 성립할 수 없다.
ㄴ. 갑 : 한 국가에 살고 있는 것만으로 준법의 의무는 발생할 수 있다.
ㄷ. 을 : 국가의 혜택을 누리는 사람은 준법의 의무를 지닌다.
ㄹ. 갑과 을 : 국민은 국가의 법을 무조건 지켜야 한다.

① ㄱ, ㄴ   ② ㄱ, ㄹ   ③ ㄴ, ㄷ
④ ㄱ, ㄷ, ㄹ   ⑤ ㄴ, ㄷ, ㄹ

6. 다음 신문 칼럼의 입장으로 적절한 것만을 <보기>에서 고른 것은?

○○신문 _____ ○○○○년 ○○월 ○○일

칼 럼

오늘날 인류는 심각한 환경 위기에 직면해 있다. 자연을 단지 인간의 소유물이자 이익 추구의 수단으로 보고 무분별하게 착취한 결과, 환경이 심각하게 파괴되었고 이로 인해 인류의 삶마저 위협받고 있다. 이제 인간은 자연의 본래적 가치를 존중해야 한다. 인간은 자연의 지배자가 아니며, 자연의 모든 존재는 인간과 평등한 구성원이라는 점을 인정해야만 한다.

― < 보 기 > ―
ㄱ. 자연의 모든 존재는 평등하다.
ㄴ. 자연은 인간의 소유물로서 존재한다.
ㄷ. 자연은 그 자체로 소중한 가치를 지닌다.
ㄹ. 자연은 인간이 정복하고 지배해야 할 대상이다.

① ㄱ, ㄴ ② ㄱ, ㄷ ③ ㄴ, ㄷ ④ ㄴ, ㄹ ⑤ ㄷ, ㄹ

7. 다음은 사상가 갑, 을의 가상 대화이다. 갑, 을의 입장으로 가장 적절한 것은? [3점]

갑: 삶도 제대로 모르는데 죽음을 어찌 알겠습니까? 죽음을 아는 것보다는 현실에서 인(仁)을 실천하는 것이 더 중요합니다. 다만 상례(喪禮)에서 슬퍼하는 것은 어진 사람이라면 마땅히 해야 할 도리입니다.

을: 죽음은 우리에게 아무것도 아닙니다. 죽음은 경험할 수 없기 때문입니다. 인간이 죽으면 모든 감각은 없어지므로 쾌락과 고통을 느낄 수 없습니다. 따라서 죽음을 걱정하며 현실에서 고통을 느낄 필요가 없습니다.

① 갑 : 도덕적 실천은 살아 있는 사람만을 대상으로 한다.
② 갑 : 죽음은 자연스러운 과정이므로 슬퍼할 필요가 없다.
③ 을 : 인간의 감각은 죽음 이후에도 사라지지 않는다.
④ 을 : 죽음은 인간이 경험하게 되는 가장 큰 고통이다.
⑤ 갑과 을 : 죽음보다 현실의 삶에 더 관심을 기울여야 한다.

8. 다음 자료는 어느 자연재해 발생 시 행동 요령의 일부이다. (가)에 대한 설명으로 옳은 것만을 <보기>에서 고른 것은?

[(가)] 발생 시 이렇게 하세요

책상이나 탁자 아래로 들어가 몸을 보호합니다. 흔들림이 멈추면 건물 밖으로 대피합니다.

계단을 이용하여 신속하게 대피합니다. 엘리베이터는 절대 사용하지 않도록 합니다.

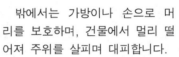
밖에서는 가방이나 손으로 머리를 보호하며, 건물에서 멀리 떨어져 주위를 살피며 대피합니다.

넓은 공터로 대피하여 공공 기관에서 방송을 통해 제공하는 정보에 따라 침착하게 행동합니다.

― < 보 기 > ―
ㄱ. 건물의 내진 설계를 통해 피해를 줄일 수 있다.
ㄴ. 해저에서 발생 시 해안에 해일 피해를 줄 수 있다.
ㄷ. (가) 재해에 대비한 전통 가옥 시설로 우데기가 있다.
ㄹ. 기후적 요인에 의해 발생하는 대표적인 자연재해이다.

① ㄱ, ㄴ ② ㄱ, ㄷ ③ ㄴ, ㄷ ④ ㄴ, ㄹ ⑤ ㄷ, ㄹ

9. 다음은 우리나라의 섬 (가)의 지명이 변천된 과정을 나타낸 것이다. (가)에 대한 설명으로 옳지 <u>않은</u> 것은?

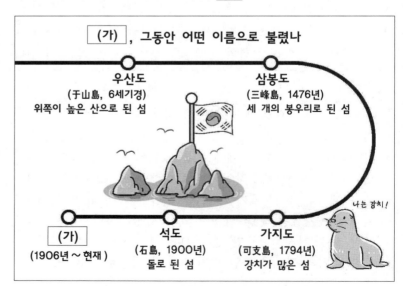
[(가)], 그동안 어떤 이름으로 불렸나

우산도 (于山島, 6세기경) 위쪽이 높은 산으로 된 섬
삼봉도 (三峰島, 1476년) 세 개의 봉우리로 된 섬
(가) (1906년 ~ 현재)
석도 (石島, 1900년) 돌로 된 섬
가지도 (可支島, 1794년) 강치가 많은 섬
나는 강치!

① 섬 전체가 천연 보호 구역이다.
② 행정구역상 경상북도에 속한다.
③ 맑은 날 울릉도에서 육안으로 볼 수 있다.
④ 우리나라에서 가장 동쪽에 있는 영토이다.
⑤ 조선 시대에 우리나라의 영토로 편입되었다.

10. 다음 자료는 어느 여행 프로그램을 소개한 것이다. (가)에 공통으로 들어갈 내용으로 가장 적절한 것은? [3점]

세계 지리 기행 – 그리스 편 '눈부신 섬으로의 여행'

(1부) 환상의 섬 산토리니 — ___(가)___ 이 지역은 하얀 벽과 파란 지붕에 강렬한 햇빛이 내리쬐어 더욱 눈이 부시다. 화산섬에서 새하얀 마을을 산책하고 있노라니 마치 영화 속 장면에 들어온 것 같은 기분이 드는데……

(2부) 올리브 나무의 섬 크레타 — 올리브는 ___(가)___ 이 지역에서 수목 농업으로 재배되는 대표 작물이다. 무려 3,000년 이상의 세월을 견딘 것으로 전해지는 올리브 나무를 구경하고 농장에서 갓 만든 신선한 올리브유를 맛보자!

① 겨울이 춥고 건조한
② 여름이 덥고 건조한
③ 여름이 서늘하고 습한
④ 일 년 내내 스콜이 내리는
⑤ 연중 봄과 같이 온화한

11. 다음 자료의 (가) 국가를 지도의 A~E에서 고른 것은? [3점]

< ___(가)___ 의 국장 >
사자 문양의 방패가 왕관과 지팡이, 훈장 등으로 장식되어 있다.

___(가)___ 은/는 네덜란드어, 프랑스어, 독일어를 공용어로 사용한다. 국장의 아래쪽에 그려진 리본에는 프랑스어와 네덜란드어로 '단결이 힘이다'라는 문구가 쓰여 있다. 하지만 국장의 문구와는 달리 남부의 프랑스어 권역과 북부의 네덜란드어 권역 간 갈등이 매우 심각하다. 여기에 지역 간 경제 격차까지 커지면서 나라가 남과 북으로 갈라질 위기에 처해 있다.

① A
② B
③ C
④ D
⑤ E

12. 다음 자료의 (가)에 들어갈 내용으로 가장 적절한 것은?

세계적으로 유명한 커피 생산국 중 하나인 콜롬비아는 자국 커피의 국제 경쟁력을 높이기 위한 ___(가)___ 의 일환으로 '콜롬비아 커피(Café de Colombia)'를 지리적 표시제에 등록하였다. 또한 안데스 산지를 배경으로 커피 농장의 농부와 당나귀의 모습을 담은 마크를 만들었다. 이 마크는 콜롬비아에서 생산된 원두를 100% 사용한 제품에만 표시할 수 있게 함으로써 콜롬비아 커피의 품질에 대한 신뢰도를 높였다.

① 적정 기술
② 환경 규제
③ 공간적 분업
④ 지역화 전략
⑤ 공적 개발 원조

13. 다음은 세계의 인구에 대한 수업 장면이다. 교사의 질문에 옳게 대답한 학생만을 고른 것은? (단, A, B는 각각 아프리카, 유럽 중 하나임.) [3점]

A, B 대륙에 대해 설명해 볼까요?

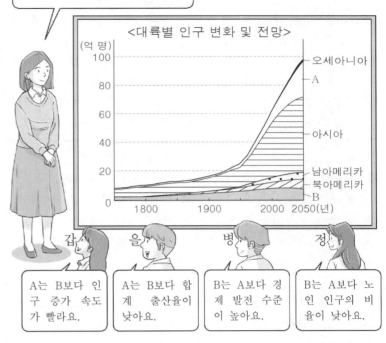

<대륙별 인구 변화 및 전망>

갑: A는 B보다 인구 증가 속도가 빨라요.
을: A는 B보다 합계 출산율이 낮아요.
병: B는 A보다 경제 발전 수준이 높아요.
정: B는 A보다 노인 인구의 비율이 낮아요.

① 갑, 을 ② 갑, 병 ③ 을, 병 ④ 을, 정 ⑤ 병, 정

14. 밑줄 친 ㉠~㉤에 대한 설명으로 옳은 것은?

법조인이 되기를 바랐던 ㉠아버지의 뜻에 따라 로스쿨에서 공부하던 갑은 화가가 되고 싶어 ㉡로스쿨을 그만두었다. 그 후 ㉢지역 미술 동호회에서 그림의 기초를 배우며 재능을 갈고닦아 과감히 국립미술학교 입학시험에 응시했지만 탈락했다. 갑은 이에 굴하지 않고 ㉣박물관, 미술관 등을 다니며 다양한 작품을 보고 꾸준히 연습한 결과 자신만의 독자적인 화풍을 만들어 마침내 ㉤○○ 미술 대상을 받았다.

① ㉠은 귀속 지위이다.
② ㉡은 갑의 역할 갈등이다.
③ ㉢은 공동 사회에 해당한다.
④ ㉣은 재사회화에 해당한다.
⑤ ㉤은 갑의 역할 행동에 대한 보상이다.

15. 다음 대화에 대한 설명으로 옳은 것은? [3점]

갑 : 이번 ㉠선거에서 당선된 ㉡군수가 교통 취약 계층을 위한 정책을 선거 공약으로 제시했었어. 교통 취약 계층이 택시를 한 달에 10회 무료로 이용할 수 있게 하는 이 ㉢정책은 곧 시행되겠지?
을 : 그게 군수 마음대로 되겠어? 정책이 시행되려면 A에서 ㉣조례가 제정되어야 해.

① A는 집행 기관에 해당한다.
② ㉠은 국회 의원 선거이다.
③ ㉡은 지방 자치 단체의 장(長)이다.
④ ㉡은 ㉢ 시행에 필요한 예산안을 확정할 수 있다.
⑤ ㉣은 ㉡이 제정할 수 있는 자치 법규이다.

17회

16. 다음 자료에서 가장 두드러지게 나타난 문화의 속성에 대한 진술로 옳은 것은?

> ○○ 지역에서 맨손으로 식사하는 문화가 형성된 배경에는 아래와 같은 다양한 요소들이 관련되어 있다.
> ○ 더운 날씨 때문에 국물을 뜨겁게 먹지 않아 별도의 식사 도구가 필요하지 않음.
> ○ ○○ 지역의 쌀이 찰기가 없어 손가락으로 밥을 짓기듯 뭉쳐서 먹어야 편하고 음식의 질감을 더 잘 느끼게 됨.
> ○ 다섯 손가락이 각각 공간, 공기, 불, 물, 대지를 상징한다고 믿어 맨손으로 식사하면 자연과 연결된다고 생각함.

① 문화는 고정되어 있지 않고 끊임없이 변화한다.
② 새로운 삶의 방식들이 더해지면서 문화가 풍부해진다.
③ 문화는 후천적인 학습에 의해 향유되는 생활 양식이다.
④ 문화는 구성원들의 사고와 행동에 동질성을 갖게 한다.
⑤ 문화 요소들은 서로 밀접한 관계를 맺으며 연결되어 있다.

17. A, B에 대한 옳은 설명만을 <보기>에서 고른 것은? (단, A, B는 각각 비례 대표 국회 의원, 지역구 국회 의원 중 하나임.) [3점]

> 현행 우리나라 A의 선출 방식이 가진 문제점은 최다 득표자에게 투표한 표만 의미가 있고, 당선되지 않은 후보자에게 투표한 표는 무시된다는 데에 있다. 반면에 B의 선출 방식에서는 작은 정당이 각 지역에서 얻은 적은 수의 표를 전국 단위에서 합산하므로 작은 정당에 투표한 표가 의석으로 연결될 수도 있다.

─────── < 보 기 > ───────
ㄱ. A, B의 임기는 5년으로 동일하다.
ㄴ. A는 지역구 국회 의원, B는 비례 대표 국회 의원이다.
ㄷ. A와 달리 B는 '특정 지역의 대표'라는 성격을 가진다.
ㄹ. B를 선출할 때에는 A를 선출할 때와 다른 별도의 투표용지를 활용한다.

① ㄱ, ㄴ ② ㄱ, ㄷ ③ ㄴ, ㄷ ④ ㄴ, ㄹ ⑤ ㄷ, ㄹ

18. 그림은 X재 시장의 변화를 나타낸 것이다. 그 요인으로 옳은 것은? (단, X재는 수요와 공급 법칙을 따르며, 수요와 공급 중 하나만 변동함.) [3점]

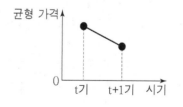
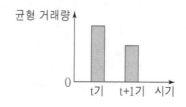

① 인구의 증가
② 생산 기술의 혁신
③ 공급자 수의 증가
④ 소비자의 선호도 감소
⑤ 생산 재료 가격의 상승

19. 갑, 을이 각각 경험한 실업의 유형으로 옳은 것은?

> 갑 : 겨울에 스키 강사를 했었는데 봄이 되어 일자리를 잃었어. 그래서 나는 일자리를 찾아보고 있는데, 너는 회사에 잘 다니고 있니?
> 을 : 아니. 로봇과 인공지능이 산업 전반에 활용되면서 나도 최근에 일자리를 잃었어. 그래서 구직 활동 중이야.

	갑	을
①	계절적 실업	경기적 실업
②	계절적 실업	구조적 실업
③	구조적 실업	경기적 실업
④	구조적 실업	계절적 실업
⑤	경기적 실업	구조적 실업

20. <자료 1>은 국제 사회의 행위 주체를 학습하기 위한 십자말풀이이고, <자료 2>는 <자료 1>을 활용한 수업 장면이다. 갑~무 중 옳지 <u>않은</u> 진술을 한 학생은? [3점]

> <자료 1>
>
> | | | | | ㉠ | |
> |---|---|---|---|---|---|
> | | | | | ㉡ | |
> | | ㉢ | | | 적 | |
> | ㉣ | | | | | |
> | | 연 | | | | |
> | | 합 | | | | |
>
> [가로 열쇠]
> ㉡ 영토, 국민, 주권을 가진 국제 사회의 행위 주체
> ㉣ 개인과 민간단체가 회원으로 가입할 수 있는 국제기구
>
> [세로 열쇠]
> ㉠ [　　　　　(가)　　　　　]
> ㉢ 영어 약자로 UN
>
> <자료 2>
> 교사 : 힌트 하나 줄까요? ㉠은 '다'로 시작합니다.
> 갑 : ㉠의 예로 그린피스, 국경 없는 의사회를 들 수 있지요.
> 을 : ㉡은 '국가'입니다.
> 병 : ㉢은 정부 간 국제기구의 예에 해당해요.
> 정 : ㉣은 '국제 비정부 기구'이지요.
> 무 : (가)에는 '세계 여러 나라에서 생산과 판매를 하며 국제적으로 활동하는 기업'이 들어갈 수 있어요.

① 갑 ② 을 ③ 병 ④ 정 ⑤ 무

> * 확인 사항
> ○ 답안지의 해당란에 필요한 내용을 정확히 기입(표기)했는지 확인하시오.

2023학년도 3월 고1 전국연합학력평가 문제지

1

제 4 교시

탐구 영역[사회]

18회

● 문항수 20개 | 배점 50점
● 제한 시간 30분

성명 □□□□   수험 번호 □□□□□□－□□□□

● 점수 표시가 없는 문항은 모두 2점

1. 다음을 주장한 사상가의 입장에서 <문제 상황> 속 A에게 제시할 조언으로 가장 적절한 것은?

> 인간은 모든 사람에게 적용될 수 있는 도덕 법칙을 스스로 수립한다. 동시에 오로지 의무이기 때문에 도덕 법칙을 준수한다는 점에서 인간은 자신이 자율성을 지닌 존엄한 존재임을 확인할 수 있다.

<문제 상황>
> 고등학생 A는 친구 B의 이어폰을 식당에서 우연히 보았다. B와 다투었던 A는 자신에게 이어폰의 위치를 묻는 B에게 사실대로 말해 주어야 할지 고민 중이다.

① 자율적으로 수립한 도덕 법칙에 따라 행동하세요.
② 관련된 모든 사람이 행복을 누릴 수 있도록 행동하세요.
③ 자신의 장기적인 이익 최대화를 목표로 하여 행동하세요.
④ 자연스러운 욕망을 도덕 판단 기준으로 삼아 행동하세요.
⑤ 다른 사람들로부터 좋은 평판을 얻을 수 있도록 행동하세요.

2. 다음 가상 편지를 쓴 사상가의 입장으로 적절한 것만을 <보기>에서 고른 것은? [3점]

> ○○에게
>
> 자네가 정의의 원칙에 대해 물었기에 나의 생각을 말하겠네. 정의의 원칙은 누구에게도 유리하거나 불리하지 않도록 설정된 가상 상황에서 도출될 때 공정성이 보장된다네. 내가 제시하는 정의의 원칙은 다음과 같다네. 첫째, 모든 사람은 기본적 자유를 평등하게 누려야 한다. 둘째, 사회적·경제적 불평등은 최소 수혜자에게 최대의 이익을 보장하도록, 그리고 공정한 기회균등의 조건 아래 모든 사람에게 개방된 직책이나 직위와 결부되도록 편성되어야 한다. 이러한 정의의 원칙이 적용된다면 공정성이 확보된 정의로운 사회가 될 것이네.

< 보 기 >
ㄱ. 정의로운 사회에서는 경제적 불평등이 존재하지 않는다.
ㄴ. 정의의 원칙은 누구에게도 유리하거나 불리하지 않은 상황에서 선택된다.
ㄷ. 정의로운 사회 실현을 위해서는 최소 수혜자의 이익을 고려할 필요가 없다.
ㄹ. 정의의 원칙에 의하면 모든 사람의 기본적 자유는 평등하게 보장되어야 한다.

① ㄱ, ㄴ   ② ㄱ, ㄷ   ③ ㄴ, ㄷ   ④ ㄴ, ㄹ   ⑤ ㄷ, ㄹ

3. 다음을 주장한 사상가의 입장으로 가장 적절한 것은? [3점]

> 인간의 삶에는 본래 어떤 의미가 주어져 있는 것이 아니라 인간 스스로 자기 삶에 의미를 부여하는 것이다. 진정한 자기의 모습으로 살아가고 싶다면 죽음 앞으로 미리 달려가 보아야 한다. 죽음을 회피하지 말고 죽음을 직시하며 죽음 앞에 서 볼 때 인간은 본래적 실존을 회복할 수 있다.

① 참된 자신의 모습을 발견하기 위해 죽음을 회피해야 한다.
② 인간은 자신의 삶과 죽음에 스스로 의미를 부여할 수 없다.
③ 죽음에 대한 성찰은 삶을 보다 의미 있게 만들어 줄 수 있다.
④ 죽음에 대해 사유하는 누구도 삶의 소중함을 발견할 수 없다.
⑤ 죽음에 관한 숙고는 극복할 수 없는 절망에 이르게 할 뿐이다.

4. 그림의 강연자가 지지할 입장으로 가장 적절한 것은?

> 노예 제도를 시행하고 영토 확장을 위해 전쟁을 벌이는 정부는 정의롭지 않기에 나는 이 정부에 세금을 낼 수 없습니다. 세금을 납부하여 정부가 폭력을 행사하게 하는 것은 법을 어기는 것보다 더 정의롭지 않습니다. 법에 대한 존경심보다 먼저 정의에 대한 존경심을 기르는 것이 바람직합니다.

① 합법적인 절차로 제정된 모든 법을 지켜야 한다.
② 정의롭지 못한 국가의 법에 비판 없이 복종해야 한다.
③ 부정의한 법에 불복종하는 것은 정의 실현에 기여한다.
④ 법을 지키는 것이 정의를 실현하는 것보다 올바른 일이다.
⑤ 국가가 시행하는 정책에 대한 불복종은 정당화될 수 없다.

5. 다음을 주장한 사상가의 입장으로 적절한 것만을 <보기>에서 고른 것은?

> 모든 사람의 인간다운 삶을 위해 소극적 평화뿐만 아니라 적극적 평화까지 이루어야 한다. 신체적 폭력, 전쟁, 테러 등의 직접적 폭력을 제거할 때 소극적 평화가 실현된다. 또한 빈곤, 기아, 차별 등과 같은 잘못된 사회 제도나 구조에 의한 간접적 폭력이 존재한다. 간접적 폭력은 의도하지 않아도 발생하며 이 폭력마저 사라져야 적극적 평화를 이룩할 수 있다.

< 보 기 >
ㄱ. 모든 사람은 폭력이 없는 평화로운 삶을 누려야 한다.
ㄴ. 의도 없이 발생한 빈곤이나 차별은 폭력으로 볼 수 없다.
ㄷ. 적극적 평화 실현을 위해 불평등한 제도를 개선해야 한다.
ㄹ. 적극적 평화는 전쟁이 사라지는 것만으로도 실현될 수 있다.

① ㄱ, ㄴ   ② ㄱ, ㄷ   ③ ㄴ, ㄷ   ④ ㄴ, ㄹ   ⑤ ㄷ, ㄹ

6. 다음 신문 칼럼의 입장으로 가장 적절한 것은?

○○신문　　　　　　　　　　○○○○년 ○○월 ○○일

칼럼

심각해지는 환경 파괴와 이로 인한 기후 변화 문제에 대응하기 위해 우리는 다음 사상가의 말에 귀를 기울일 필요가 있다. "인간은 지구라는 생명 공동체의 정복자가 아니라 단지 구성원이자 시민일 뿐이다. 생명 공동체의 온전함과 안정성 그리고 아름다움의 보존에 이바지하는 것은 옳다. 그렇지 않으면 그르다." 이 사상가의 말처럼 인간은 자연과 조화를 이루는 겸손한 구성원으로 살아가야 한다.

① 인간은 이성을 지니므로 본질적으로 자연보다 우월하다.
② 자연은 인간의 행복과 풍요로움을 위한 수단에 불과하다.
③ 자연은 인간에게 유용성을 가져다줄 때만 가치를 지닌다.
④ 자연이 지닌 가치는 오직 경제적 관점에서 평가되어야 한다.
⑤ 인간과 동식물은 생명 공동체에서 상호 의존하는 구성원들이다.

7. 그림은 세계 어느 지역에서 운전할 때 조심해야 하는 상황이다. 이 지역의 기후 특성에 대한 설명으로 옳은 것은?

<눈이나 얼음 위에서 운전할 때>　　<운전 중 순록을 만났을 때>

① 겨울이 춥고 길다.
② 일 년 내내 스콜이 내린다.
③ 상록 활엽수의 밀림이 넓게 분포한다.
④ 열대 저기압의 영향을 빈번하게 받는다.
⑤ 여름에 아열대 고압대의 영향을 많이 받는다.

8. 다음 자료의 (가)에 들어갈 내용으로 가장 적절한 것은? [3점]

 그림은 휴대 전화가 세계 여러 국가의 협력 업체에서 생산된 부품으로 만들어진다는 것을 나타내고 있습니다. 이는 (가) 의 사례입니다.

일본 : 카메라
중국 : 배터리
미국 : 소프트웨어
대한민국 : 디스플레이
영국 : 스피커
독일 : 터치스크린

① 플랜테이션　　　　② 공간적 분업
③ 산업 공동화　　　　④ 지역 브랜드
⑤ 탄소 발자국

9. 다음 자료의 ㉠, ㉡에 대한 설명으로 옳지 <u>않은</u> 것은?

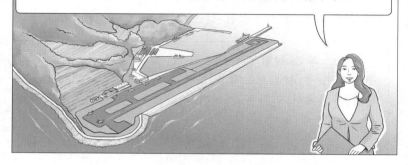 포항이나 울진 등에서 배를 세 시간 넘게 타고 가야 하는 ㉠울릉도에 공항이 건설되어 화면과 같은 모습으로 바뀔 예정입니다. 울릉도는 경치가 빼어나고 ㉡독도로 가는 관문이기도 해 매년 수십만 명이 방문하는 관광 명소입니다.

① ㉠은 우리나라 영토의 가장 동쪽에 위치한다.
② ㉡은 영해 설정 시 통상 기선을 적용한다.
③ ㉠은 ㉡보다 면적이 넓다.
④ ㉠, ㉡은 모두 화산섬이다.
⑤ ㉠, ㉡은 모두 행정 구역상 경상북도에 속한다.

10. 다음 자료의 (가) 국가를 지도의 A~E에서 고른 것은?

 제가 와 있는 (가) 은/는 국토 면적이 세계에서 여섯 번째로 넓습니다. '애버리지니'라고 불리는 원주민들이 살아왔지만 오늘날 주민들은 대부분 유럽인의 후손으로 영어를 주로 사용합니다. 지금 먹고 있는 피자는 캥거루 고기를 재료로 사용해서 맛이 아주 독특합니다.

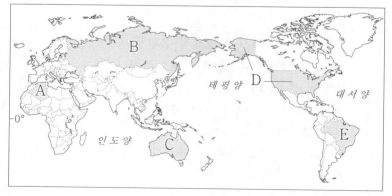

① A　　② B　　③ C　　④ D　　⑤ E

11. 다음 글의 ㉠, ㉡ 국가에 대한 옳은 설명만을 <보기>에서 고른 것은? [3점]

> 국제 연합(UN)은 2022년 11월 15일 세계 인구가 80억 명을 넘어섰으며, 2080년에 104억 명으로 정점을 찍을 것이라고 예측했다. 인구 정점 시기까지 늘어날 세계 인구 24억 명 가운데 출생아 대부분 ㉠콩고 민주 공화국, 에티오피아, 나이지리아 등 개발 도상국에서 태어나는 반면 ㉡독일, 일본, 미국 등 선진국에서는 오히려 출생아 수가 꾸준히 감소할 것으로 예상했다.

< 보 기 >
ㄱ. ㉠은 ㉡보다 합계 출산율을 높이기 위한 정책이 필요하다.
ㄴ. ㉠은 ㉡보다 청장년층 인구의 감소로 노동력 부족 문제가 심각하다.
ㄷ. ㉠은 ㉡보다 이촌향도 현상으로 인해 도시 인구가 빠르게 증가한다.
ㄹ. ㉠은 ㉡보다 각 국가의 총인구에서 유소년층 인구가 차지하는 비율이 높다.

① ㄱ, ㄴ ② ㄱ, ㄷ ③ ㄴ, ㄷ ④ ㄴ, ㄹ ⑤ ㄷ, ㄹ

12. 다음 자료를 통해 파악할 수 있는 환경 문제를 해결하기 위한 방안으로 가장 적절한 것은? [3점]

국제 연합(UN)의 승인을 받은 새로운 국가!
'쓰레기 섬나라'를 소개합니다!
○ **국명:** 쓰레기 제도(The Trash Isles)
○ **위치:** 북태평양
○ **면적:** 약 160만 km²(한반도의 약 8배)
○ **특징:** 국가 면적이 계속 넓어지고 있음.

① 나무 심기
② 외출 시 전등 끄기
③ 샤워할 때 물 아껴 쓰기
④ 자가용 대신 대중교통 이용하기
⑤ 일회용 플라스틱 제품 사용 줄이기

13. 다음 자료의 (가), (나)에 들어갈 신·재생 에너지로 옳은 것은? [3점]

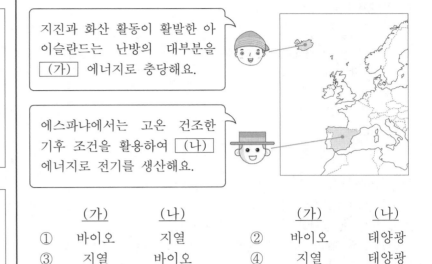

> 지진과 화산 활동이 활발한 아이슬란드는 난방의 대부분을 (가) 에너지로 충당해요.

> 에스파냐에서는 고온 건조한 기후 조건을 활용하여 (나) 에너지로 전기를 생산해요.

	(가)	(나)		(가)	(나)
①	바이오	지열	②	바이오	태양광
③	지열	바이오	④	지열	태양광
⑤	태양광	지열			

14. 다음 자료에 대한 설명으로 옳은 것은?

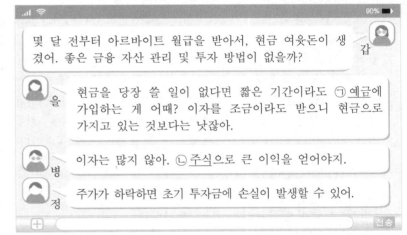

> 갑: 몇 달 전부터 아르바이트 월급을 받아서, 현금 여윳돈이 생겼어. 좋은 금융 자산 관리 및 투자 방법이 없을까?

> 을: 현금을 당장 쓸 일이 없다면 짧은 기간이라도 ㉠예금에 가입하는 게 어때? 이자를 조금이라도 받으니 현금으로 가지고 있는 것보다는 낫잖아.

> 병: 이자는 많지 않아. ㉡주식으로 큰 이익을 얻어야지.

> 정: 주가가 하락하면 초기 투자금에 손실이 발생할 수 있어.

① 갑은 소득보다 지출이 큰 상황일 것이다.
② 을은 병과 달리 수익성을 강조하고 있다.
③ 원금을 잃지 않을 가능성은 ㉠이 ㉡보다 높다.
④ 정은 ㉡을 ㉠보다 선호할 것이다.
⑤ ㉡과 달리 ㉠은 시세 차익을 기대할 수 있다.

15. 표는 갑국과 을국의 정부 형태를 구분한 것이다. 이에 대한 설명으로 옳은 것은? (단, 갑국, 을국은 각각 전형적인 대통령제, 전형적인 의원 내각제 중 하나를 채택하고 있음.) [3점]

구분	갑국	을국
국민의 선거로 입법부가 구성되는가?	예	㉠
국민의 선거로 행정부가 구성되는가?	아니요	예

① ㉠은 '아니요'이다.
② 갑국의 행정부 수반은 법률안 거부권을 행사할 수 있다.
③ 을국의 행정부는 갑국과 달리 법률안 제출권을 가진다.
④ 을국의 행정부와 입법부는 갑국보다 엄격하게 분리되어 있다.
⑤ 갑국의 행정부 수반은 임기가 보장되어 을국에 비해 안정적으로 정책을 수행할 수 있다.

16. 그림은 정치 주체 A~C를 구분한 것이다. 이에 대한 설명으로 옳은 것은? (단, A~C는 각각 시민 단체, 이익 집단, 정당 중 하나임.) [3점]

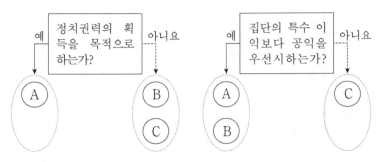

① A는 정치적 책임을 진다.
② B는 공직 선거에 후보자를 공천한다.
③ C는 국가 정책을 수립하고 집행한다.
④ B는 A와 달리 시민의 여론을 수렴하여 법률안을 발의한다.
⑤ C는 B와 달리 시민들이 자발적으로 만든 집단이다.

17. 밑줄 친 ㉠~㉣에 대한 설명으로 옳지 <u>않은</u> 것은?

> ㉠인권은 모든 인간이 마땅히 누려야 할 권리이다. 이를 확인하고 보장하기 위해 헌법에 기본적인 내용을 규정하고 있고, 이렇게 헌법에 보장된 인권을 ㉡기본권이라고 한다. 기본권은 누구에게나 인정되고 소중한 것이지만 언제 어디서나 보장되는 것은 아니다. 어떤 사람의 기본권 행사가 다른 사람의 기본권 행사를 침해하거나 ㉢공동체의 이익을 해칠 염려가 있으면 국가는 ㉣법률로써 기본권을 제한할 수 있다.

① ㉠은 다른 사람에게 양도할 수 없다.
② 자유권과 평등권은 ㉡에 해당한다.
③ 질서 유지와 공공복리는 ㉢에 해당한다.
④ ㉣의 경우라도 기본권의 본질적인 내용은 침해할 수 없다.
⑤ ㉠은 ㉡과 달리 법률에 규정되어 있어야 보장된다.

18. 그림은 X재 시장에서 수요, 공급의 변화를 나타낸 것이다. 이에 대한 설명으로 옳은 것은? (단, X재는 수요 법칙, 공급 법칙을 따름.) [3점]

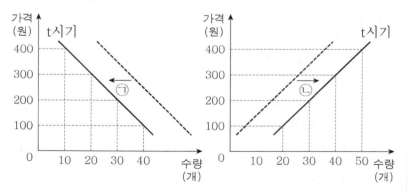

① t시기의 균형 가격은 200원이다.
② t시기의 균형 거래량은 20개이다.
③ 대체재의 가격 상승은 ㉠의 요인이다.
④ 생산 요소의 가격 상승은 ㉡의 요인이다.
⑤ 가격이 300원이면 t시기에 초과 수요가 발생한다.

19. 다음 자료의 A, B에 대한 옳은 설명만을 <보기>에서 고른 것은? (단, A, B는 각각 공법, 사법 중 하나임.) [3점]

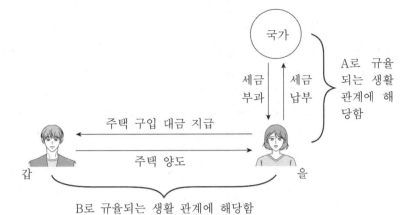

─────── < 보 기 > ───────
ㄱ. 헌법, 형법은 A에 해당한다.
ㄴ. B는 개인과 국가 간의 공적인 생활 관계를 규율한다.
ㄷ. A와 B의 중간적인 성격을 띤 법은 사회법이다.
ㄹ. A는 사법이고 B는 공법이다.

① ㄱ, ㄴ ② ㄱ, ㄷ ③ ㄴ, ㄷ ④ ㄴ, ㄹ ⑤ ㄷ, ㄹ

20. 다음 자료는 갑의 자서전에 등장하는 장면을 나타낸 것이다. 밑줄 친 ㉠~㉤에 대한 설명으로 옳은 것은?

① ㉠은 구성원의 의지에 따라 인위적으로 형성된 이익 사회에 해당한다.
② ㉤은 갑의 역할 갈등에 해당한다.
③ ㉡은 ㉢과 달리 성취 지위이다.
④ ㉣은 ㉢으로 활동한 갑의 역할 행동에 대한 보상이다.
⑤ ㉥은 ㉠과 달리 구성원 간 친밀한 대면 접촉이 이루어지는 사회 집단에 해당한다.

> * 확인 사항
> ○ 답안지의 해당란에 필요한 내용을 정확히 기입(표기) 했는지 확인하시오.

● 문항수 20개 | 배점 50점
● 제한 시간 30분

성명 ☐

수험 번호 ☐☐☐☐☐ ─ ☐☐☐☐☐

● 점수 표시가 없는 문항은 모두 2점

19회

1. 다음 글의 입장으로 적절하지 <u>않은</u> 것은?

> 가족 간의 도리로 효(孝)와 자애(慈愛)를 들 수 있다. 우선 효는 자녀의 도리로서, 부모를 정성껏 공경하는 것이다. 경제적 지원만으로 부모님께 효를 다했다고 생각해서는 안 되며 진심 어린 섬김을 실천해야 한다. 다음으로 자애는 부모의 도리로서, 대가를 바라지 않고 자녀에게 아낌없이 사랑을 베푸는 것이다. 부모는 사랑하는 마음으로 헌신하면서 자녀를 올바른 길로 이끌어야 한다.

① 자녀는 가식적인 마음과 행동으로 부모를 섬겨서는 안 된다.
② 부모와 자녀는 서로를 존중하며 각자의 도리를 다해야 한다.
③ 자녀는 물질적 봉양만으로 도리를 다했다고 여겨서는 안 된다.
④ 부모는 자녀를 위해 헌신하며 아낌없는 사랑을 베풀어야 한다.
⑤ 부모는 자녀의 경제적 보답을 기대하며 사랑을 실천해야 한다.

2. 갑, 을의 입장으로 가장 적절한 것은? [3점]

> 사회 안에서 기존 문화와 이주민 문화가 모두 대등한 지위를 가지고 각자의 특성을 유지할 때 조화로운 사회를 실현할 수 있습니다.

> 사회 안에서 기존 문화와 이주민 문화가 함께 녹아들어 새로운 하나의 문화가 되어야 진정한 사회 통합을 실현할 수 있습니다.

갑   을

① 갑 : 다양한 문화의 고유한 정체성을 인정해야 한다.
② 갑 : 문화 간의 우열을 구분하여 위계질서를 세워야 한다.
③ 을 : 기존 문화를 버리고 이주민 문화로 대체해야 한다.
④ 을 : 문화의 단일성이 아닌 문화의 다양성을 추구해야 한다.
⑤ 갑, 을 : 이주민 문화를 기존 문화로 흡수하고 통합해야 한다.

3. 다음을 주장한 사상가의 입장에서 <사례> 속 A에게 제시할 조언으로 가장 적절한 것은?

> 도덕적 행위는 쾌락을 추구하는 경향성이나 욕구를 따르는 행위가 아니며, 단지 불쌍히 여기는 감정에 따라 남을 돕는 행위도 아니다. 도덕적 행위는 의무 의식에 따라 그 자체로 옳은 것을 실천하는 행위이다.

—— < 사 례 > ——
> 아침에 급하게 등교하던 고등학생 A는 길에서 혼자 울고 있는 어린 아이를 보고 도와줘야 할지 고민하고 있다.

① 인간의 자연스러운 감정과 본능적 욕구에 따라 행동하세요.
② 충분한 보상과 대가를 받을 수 있는지 계산하고 행동하세요.
③ 자기 자신과 어린 아이의 이익이 최대가 되도록 행동하세요.
④ 주변 사람들로부터 칭찬받을 수 있는지 따져 보고 행동하세요.
⑤ 인간이라면 마땅히 행해야 할 도덕적 의무에 따라 행동하세요.

4. (가)를 주장한 사상가의 입장에서 볼 때, (나)의 ㉠에 들어갈 내용으로 적절한 것만을 <보기>에서 고른 것은?

(가)	인간은 도울 수 있는 모든 생명체를 도와주고 어떤 생명체에도 해가 되는 행동을 하지 않을 때 비로소 윤리적이다. 윤리적 인간은 생명체가 인간에게 얼마나 이익이 되는지를 묻지 않는다. 생명은 그 자체가 거룩하기 때문에 나뭇잎 하나를 함부로 따지 않고, 어떤 꽃도 망가뜨리지 않으며, 어떤 곤충도 밟아 죽이지 않도록 항상 주의해야 한다.
(나)	학생 : 생명체를 대할 때 어떤 태도를 지녀야 합니까? 사상가 : ㉠

—— < 보 기 > ——
ㄱ. 인간에게 유용한 생명체만을 도와야 합니다.
ㄴ. 동물이나 식물을 함부로 해치지 않아야 합니다.
ㄷ. 도구적 가치를 근거로 하여 생명체를 보호해야 합니다.
ㄹ. 생명의 존엄성을 깨닫고 모든 생명체를 사랑해야 합니다.

① ㄱ, ㄴ ② ㄱ, ㄷ ③ ㄴ, ㄷ ④ ㄴ, ㄹ ⑤ ㄷ, ㄹ

5. 그림의 강연자가 지지할 입장으로 가장 적절한 것은? [3점]

> 정의는 사회 제도의 제1 덕목입니다. 공정한 사회가 되려면 정의의 원칙이 필요합니다. 정의의 원칙에 따르면 우선 모든 사람은 양심의 자유나 종교의 자유와 같은 기본적 자유를 평등하게 누려야 합니다. 다음으로 사회적·경제적 불평등 속에서는 사회적 약자에게 가장 큰 이익이 돌아가야 하고, 모든 구성원은 경쟁에 참여할 공정한 기회를 균등하게 보장받아야 합니다.

① 사회적 약자를 배려하는 제도를 시행해야 한다.
② 소득에 따라 직업에 대한 접근 기회를 제한해야 한다.
③ 특정 계층만이 사회 지도층 자리에 오를 수 있어야 한다.
④ 사회 정의 실현을 위해 빈부 격차가 모두 사라져야 한다.
⑤ 기본적 자유를 개인의 능력에 따라 차등적으로 보장해야 한다.

6. 갑, 을의 입장으로 적절한 것만을 <보기>에서 고른 것은? [3점]

> 갑 : 과학은 자연을 탐구하여 객관적 진리를 발견하는 것에만 주목해야 한다. 따라서 과학자는 자신의 연구가 사회에 미칠 영향에 대해 책임질 필요가 없다.
> 을 : 과학은 자연에 대한 객관적 진리 발견 외에도 인류 복지 증진에 기여해야 한다. 따라서 과학자는 자신의 연구 결과가 사회에 미칠 영향에 대해 책임질 필요가 있다.

――――――――< 보 기 >――――――――
ㄱ. 갑 : 과학자는 모든 연구 과정에서 사실 판단을 배제해야 한다.
ㄴ. 을 : 과학자의 연구는 인류의 행복 실현에 이바지해야 한다.
ㄷ. 을 : 과학자는 자신의 연구 결과에 대한 책임으로부터 자유로워야 한다.
ㄹ. 갑, 을 : 과학자의 임무에는 자연에 대한 객관적 진리 탐구가 포함된다.

① ㄱ, ㄴ　② ㄱ, ㄷ　③ ㄴ, ㄷ　④ ㄴ, ㄹ　⑤ ㄷ, ㄹ

7. 다음 자료의 ㉠을 지도의 A ~ E에서 고른 것은? [3점]

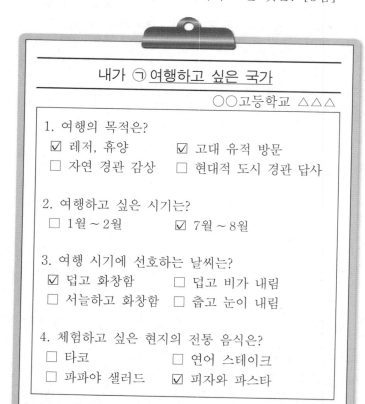

내가 ㉠여행하고 싶은 국가
○○고등학교 △△△

1. 여행의 목적은?
☑ 레저, 휴양　　☑ 고대 유적 방문
☐ 자연 경관 감상　☐ 현대적 도시 경관 답사

2. 여행하고 싶은 시기는?
☐ 1월 ~ 2월　　☑ 7월 ~ 8월

3. 여행 시기에 선호하는 날씨는?
☑ 덥고 화창함　　☐ 덥고 비가 내림
☐ 서늘하고 화창함　☐ 춥고 눈이 내림

4. 체험하고 싶은 현지의 전통 음식은?
☐ 타코　　　　☐ 연어 스테이크
☐ 파파야 샐러드　☑ 피자와 파스타

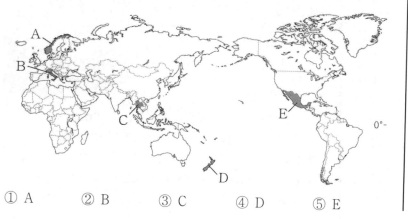

① A　② B　③ C　④ D　⑤ E

8. 다음 자료의 (가)에 주민 생활 모습을 표현할 경우 가장 적절한 것은?

A 국가의 화폐(1992년 발행)

① 순록을 유목하는 모습
② 올리브를 수확하는 모습
③ 고무나무에서 수액을 채취하는 모습
④ 라마와 알파카를 대규모로 키우는 모습
⑤ 오아시스 주변에서 대추야자를 재배하는 모습

9. (가), (나) 지형의 형성 과정을 설명할 때, 공통적으로 포함되는 지형 형성 작용으로 옳은 것은?

(가) 시 스택과 시 아치(프랑스)　(나) 해안 절벽(제주도)

① 바람의 퇴적 작용　　② 빙하의 침식 작용
③ 조류의 퇴적 작용　　④ 파랑의 침식 작용
⑤ 파랑의 퇴적 작용

10. 다음 자료의 (가)에 들어갈 내용으로 가장 적절한 것은? [3점]

북부 아프리카에 위치한 국가인 말리에는 독특한 형태의 모스크가 있다. 모스크의 상징인 돔 지붕과 첨탑 대신 평평한 지붕 위에 진흙 탑이 올려져 있고, 초승달과 별 장식 대신 풍요와 번창을 의미하는 타조알 장식이 있다. 이처럼 문화는 다른 지역으로 전파되면서 원래의 모습이 변형되기도 한다. ____(가)____도 그러한 사례 중 하나이다.

① 세계 대부분의 국가에서 청바지를 입는 것
② 라틴 아메리카 대부분의 국가에서 에스파냐어를 사용하는 것
③ 멕시코의 과달루페에 검은 머리, 갈색 피부의 성모상이 있는 것
④ 프랑스가 공공장소에서 히잡 착용을 금지하는 법을 제정한 것
⑤ 인도에서 힌디어를 포함한 20여 개 언어를 공용어로 사용하는 것

11. A를 주제로 다큐멘터리를 제작할 때, (가)에 들어갈 장면으로 가장 적절한 것은?

| A의 이동 경로 | A의 위성 사진 | (가) |

①
침수된 집과 도로

②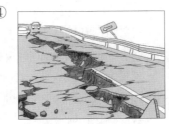
물이 말라 갈라진 호수 바닥

③
용암이 흘러내리는 분화구

④
지진으로 갈라진 도로

⑤
도로에 가득 쌓인 눈

12. 다음 자료는 인구 이동의 사례이다. 이에 대한 옳은 설명만을 <보기>에서 고른 것은? [3점]

(가) 아프리카 소말리아에 살던 라흐마는 자기 집을 떠나야 했다. ㉠지속된 가뭄으로 강바닥이 드러나고 가축에게 먹일 풀이 말라 죽었기 때문이다. 난민촌에 거주하고 있는 그는 고향으로 돌아갈 날을 기다리고 있다.

(나) 베트남에 살던 응옥 뚜엔은 돈을 벌기 위해 ㉡싱가포르로 이주하였다. 그녀는 이곳에서 가사 도우미로 일하며 소득의 대부분을 베트남에 있는 가족에게 송금한다.

─── < 보 기 > ───
ㄱ. ㉠의 주요 발생 원인은 인구 증가이다.
ㄴ. ㉡은 인구 유입이 인구 유출보다 활발하다.
ㄷ. (가)는 환경적 요인, (나)는 경제적 요인으로 발생하였다.
ㄹ. (가), (나)는 모두 강제적 이동에 해당한다.

① ㄱ, ㄴ ② ㄱ, ㄷ ③ ㄴ, ㄷ ④ ㄴ, ㄹ ⑤ ㄷ, ㄹ

13. 신문 기사 내용과 같은 정책이 필요한 이유로 가장 적절한 것은?

○○신문
2021년 △월 △일

최근 우리나라 정부는 2030년까지 이산화 탄소 포집·저장 및 관련 기술 개발에 대규모로 투자할 계획을 발표했다. 이산화 탄소 포집·저장 기술이란 산업 시설에서 배출된 불순물 중 이산화 탄소만을 분리하여 액화한 후 저장하는 것을 말한다. 우리나라에서는 한국에너지기술연구원이 최초로 이산화 탄소 포집 기술을 개발하여 관련 기업에 기술을 이전해 주고 있다.

① 미세 먼지 감소   ② 삼림 파괴 방지
③ 수질 오염 방지   ④ 전자 쓰레기 감소
⑤ 지구 온난화 완화

14. 다음은 갑국의 정부 형태의 특징을 정리한 것이다. 이에 대한 설명으로 옳은 것은? (단, 갑국의 정부 형태는 전형적인 대통령제와 전형적인 의원 내각제 중 하나이다.) [3점]

○ 국가 원수는 국가를 대표하는 상징적 존재이다.
○ 행정부 수반인 총리(수상)는 의회 의원 중에서 선출된다.
○ 총리는 내각을 구성하고 행정을 담당한다.

① 미국에서 채택된 정부 형태이다.
② 행정부 수반은 의회를 해산할 수 없다.
③ 의회 의원은 내각의 각료(장관)를 겸직할 수 있다.
④ 국가 원수는 독자적으로 국정을 운영할 권한이 있다.
⑤ 행정부의 내각은 의회 의원 선거 결과와 상관없이 구성된다.

15. 자료의 ㉠, ㉡에 들어갈 카드로 옳은 것은? [3점]

교사: 시민 단체, 이익 집단, 정당을 구분하는 탐구 활동을 해 보겠습니다. (가)가 정당만 될 수 있도록 ㉠, ㉡에 들어갈 수 있는 질문 카드를 찾아봅시다.

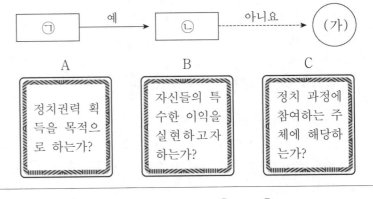

A
정치권력 획득을 목적으로 하는가?

B
자신들의 특수한 이익을 실현하고자 하는가?

C
정치 과정에 참여하는 주체에 해당하는가?

	㉠	㉡		㉠	㉡
①	A	B	②	A	C
③	B	A	④	B	C
⑤	C	A			

16. 그림은 빵 시장의 변화를 나타낸 것이다. 이에 대한 설명으로 옳은 것은? (단, 떡은 빵의 대체재이다.)

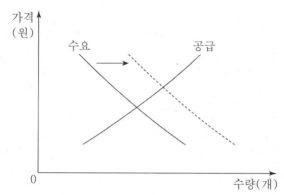

① 빵의 공급량은 증가한다.
② 빵의 판매 수입은 감소한다.
③ 빵의 균형 가격은 하락한다.
④ 떡의 가격이 하락하면 나타날 수 있는 변화이다.
⑤ 빵의 생산 비용이 감소하면 나타날 수 있는 변화이다.

17. 그림은 원/달러 환율의 변동 (가), (나)에 따른 경제 주체 A, B의 유·불리를 나타낸 것이다. 이에 대한 설명으로 옳은 것은? [3점]

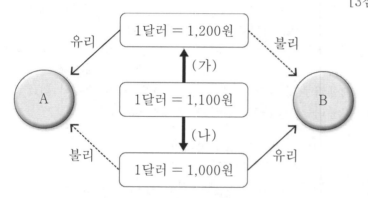

① (가)는 원/달러 환율 하락을 의미한다.
② (나)는 원화 대비 달러화 가치의 상승을 의미한다.
③ 미국 여행을 가려는 우리나라 사람은 A에 해당한다.
④ 미국산 원료를 수입하려는 우리나라 기업은 B에 해당한다.
⑤ 달러화를 원화로 환전하려는 우리나라 사람은 B에 해당한다.

18. 다음 사례에서 부각되는 문화의 속성에 대한 옳은 진술만을 <보기>에서 고른 것은?

> 갑국에서 성인들은 얼굴에 강렬한 문신을 한다. 이를 처음 보는 외국 사람들은 매우 낯설게 여기지만 갑국 사람들은 이를 자연스럽게 받아들인다. 갑국의 부모들은 문신의 형태와 의미에 대해 어린 자녀들과 자주 이야기하며 성인이 되면 어떤 문신을 할지 함께 고민한다.

— < 보 기 > —
ㄱ. 한 사회의 구성원들은 그 사회의 문화를 공유한다.
ㄴ. 문화는 고정된 것이 아니라 시대에 따라 변화한다.
ㄷ. 문화는 선천적인 것이 아니라 후천적으로 학습된 것이다.
ㄹ. 문화의 한 요소가 변화하면 다른 요소들도 연쇄적으로 변화한다.

① ㄱ, ㄴ ② ㄱ, ㄷ ③ ㄴ, ㄷ ④ ㄴ, ㄹ ⑤ ㄷ, ㄹ

19. 그림에서 ㉠~㉣은 갑이 자신의 소속 집단에서 차지하고 있는 지위를 나타낸 것이다. 이에 대한 옳은 설명만을 <보기>에서 고른 것은?

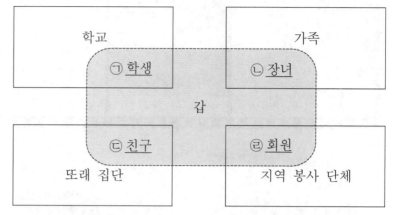

— < 보 기 > —
ㄱ. ㉠의 역할 행동에 대한 보상의 예로 모범 학생상 수상을 들 수 있다.
ㄴ. ㉢과 달리 ㉠은 태어날 때부터 자연적으로 주어지는 귀속 지위에 해당한다.
ㄷ. ㉠과 ㉣의 역할을 동시에 수행해야 하는 상황에서 두 역할이 충돌하는 경우는 역할 갈등에 해당한다.
ㄹ. ㉡과 ㉣은 모두 개인의 능력이나 노력으로 얻게 되는 성취 지위에 해당한다.

① ㄱ, ㄴ ② ㄱ, ㄷ ③ ㄴ, ㄷ ④ ㄴ, ㄹ ⑤ ㄷ, ㄹ

20. 그림에 대한 설명으로 옳은 것은? (단, (가), (나)는 각각 민사 소송, 형사 소송 중 하나이다.) [3점]

< (가)의 과정 >

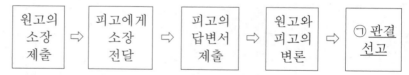

< (나)의 과정 >

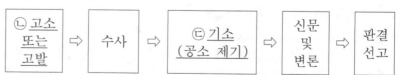

① ㉠에서 판사는 유·무죄를 판단한다.
② ㉡의 주체가 (나)에서 원고가 된다.
③ ㉢은 범죄 피해자가 할 수 있다.
④ (가)의 재판에는 배심원이 참여할 수 있다.
⑤ (가)는 민사 소송, (나)는 형사 소송이다.

┌─────────────────────────┐
│ *** 확인 사항** │
│ ○ 답안지의 해당란에 필요한 내용을 정확히 기입(표기)했는지 확인하시오. │
└─────────────────────────┘

● 문항수 20개 | 배점 50점
● 제한 시간 30분

성명 □□□□   수험 번호 □□□□□□□ - □□□□□

● 점수 표시가 없는 문항은 모두 2점

1. 다음 갑 사상가의 입장에서 <사례> 속 A에게 제시할 조언으로 가장 적절한 것은?

> 갑 : 행위의 옳고 그름은 행위의 결과에 의해 결정되지 않는다. 선하고 옳은 것을 추구하려는 선의지와 도덕 법칙을 준수하려는 의무 의식에 따른 행위만이 도덕적 가치를 지닌다.
>
> <사례>
>
> 지하철에서 고등학생 A는 몸이 불편한 사람을 보고 자신의 자리를 양보해야 할지 고민하고 있다.

① 자연적인 욕구를 충실히 따라 행동하세요.
② 사회 전체의 행복 증진을 고려하여 행동하세요.
③ 사람들에게 칭찬을 받을 수 있도록 행동하세요.
④ 다수가 인정하는 사회적 관습에 따라 행동하세요.
⑤ 선한 의지를 바탕으로 도덕적 의무에 따라 행동하세요.

2. 다음 글의 입장만을 <보기>에서 고른 것은? [3점]

> 과학 기술의 영향력이 점점 더 확대되고 있으므로 과학 기술자는 연구 과제 설정과 연구 결과에 윤리적 책임을 져야 한다. 이에 따라 과학 기술자는 자신의 연구 목적이 인류에 이바지하는 것인지 검토해야 하며, 자신의 연구가 사회에 어떤 영향을 가져올 수 있는지 예측하여 이를 공개해야 한다.

> < 보 기 >
>
> ㄱ. 과학 기술자의 연구 결과는 선악 판단의 대상이 아니다.
> ㄴ. 과학 기술자는 연구 결과의 부작용을 공개해서는 안 된다.
> ㄷ. 과학 기술자는 과학 기술의 사회적 영향력을 고려해야 한다.
> ㄹ. 과학 기술자는 연구가 인류 복지에 공헌하는지 검토해야 한다.

① ㄱ, ㄴ ② ㄱ, ㄷ ③ ㄴ, ㄷ ④ ㄴ, ㄹ ⑤ ㄷ, ㄹ

3. 그림의 강연자가 지지할 입장으로 가장 적절한 것은?

> 다양한 사람들과 교류를 하다 보면 갈등이 발생하기 마련입니다. 갈등 상황에 대처할 때, 언어적 · 물리적 폭력으로 상대에게 상처를 주거나 갈등 자체를 외면하기도 합니다. 하지만 견해가 다르더라도 서로를 존중하면서 의사소통하는 자세가 필요합니다. 이런 평화적 과정을 거쳐야 갈등을 근본적으로 해결할 수 있습니다.

① 평화적인 방법으로 대화하면서 갈등을 해결해야 한다.
② 갈등은 해결 불가능하므로 자신의 입장을 고수해야 한다.
③ 자신과 다른 견해를 가진 사람과는 교류하지 않아야 한다.
④ 강압적 방법을 사용하더라도 갈등을 신속히 해결해야 한다.
⑤ 일상생활에서 발생하는 갈등을 해결하기보다 회피해야 한다.

4. 다음 가상 편지를 쓴 사람의 입장만을 <보기>에서 고른 것은?

> ○○○ 선생님께
>
> 선생님, 경제 개발을 위해 그린벨트를 해제한다는 기사를 보고 걱정이 앞섭니다. 자연은 모든 존재가 서로 의존하면서 함께 살아가는 거대한 생태계이며, 인간은 자연의 주인이 아니라 자연의 한 구성원일 뿐입니다. 토양, 물, 식물, 동물 등은 원래 그 자체로 소중한 가치를 지니고 있습니다. 따라서 인간의 경제적 이익을 위해 자연을 무분별하게 이용해서는 안 됩니다. …(후략).

> < 보 기 >
>
> ㄱ. 자연 만물은 상호 의존하는 관계에 있다.
> ㄴ. 인간은 자연의 본래적 가치를 존중해야 한다.
> ㄷ. 인간의 삶에 도움을 주는 자연만이 가치를 지닌다.
> ㄹ. 이성을 지닌 존재인 인간이 자연을 지배해야 한다.

① ㄱ, ㄴ ② ㄱ, ㄷ ③ ㄴ, ㄷ ④ ㄴ, ㄹ ⑤ ㄷ, ㄹ

5. 다음을 주장한 사상가의 입장으로 적절하지 않은 것은? [3점]

> 정의로운 사회에서 모든 사람들은 표현의 자유, 신체의 자유 등 기본적 자유를 누릴 수 있는 평등한 권리를 가져야 한다. 그리고 사회적 지위나 직책을 얻을 수 있는 기회를 공정하게 보장받아야 한다. 단, 사회적 · 경제적 불평등은 가장 불리한 여건에 있는 사람들에게 최대 이익이 보장되는 경우에만 허용된다.

① 기본적 자유는 모두가 평등하게 누려야 한다.
② 재화는 모든 사람에게 똑같이 분배되어야 한다.
③ 사회적 약자의 처지를 개선하는 제도가 필요하다.
④ 정의로운 사회에서도 경제적 불평등은 허용될 수 있다.
⑤ 공직자가 될 수 있는 기회는 모두에게 개방되어야 한다.

6. 다음을 주장한 사상가의 입장만을 <보기>에서 고른 것은? [3점]

> 완전한 우정은 덕에 있어 서로 닮은 선한 사람들 사이의 친함이다. 친구를 위하여 좋은 것을 바라는 사람들이야말로 가장 참된 친구이다. 쾌락이나 유용성 때문에 친구가 된 사람들은 쾌락이나 유용성이 사라지면 쉽게 헤어진다. 서로가 상대방 자체를 위해 친구가 될 수 있는 것은 선한 사람들뿐이다.

> < 보 기 >
>
> ㄱ. 완전한 우정은 이익과 쾌락을 근거로 해야 한다.
> ㄴ. 선하지 않은 사람들은 친구 관계를 맺을 수 없다.
> ㄷ. 친구를 위하고 아끼는 마음으로 우정을 나누어야 한다.
> ㄹ. 선한 사람 간에는 지속적인 교우 관계가 유지될 수 있다.

① ㄱ, ㄴ ② ㄱ, ㄷ ③ ㄴ, ㄷ ④ ㄴ, ㄹ ⑤ ㄷ, ㄹ

7. 다음 신문 칼럼의 입장으로 가장 적절한 것은?

○○신문　　　　　　　　　　○○○○년 ○○월 ○○일
칼럼

　　다문화 사회에서 조화롭게 살아가기 위해서는 다양한 문화를 이해하고 존중하는 태도가 필요하다. 하지만 명예 살인과 같이 부당하게 생명을 해치거나 인간 존엄성을 훼손하는 문화까지 인정해서는 안 된다. 따라서 다른 문화를 바라볼 때 보편적 도덕 가치에 어긋남이 없는지 살펴야 한다. …(후략).

① 다양한 문화를 하나의 문화로 통합해야 한다.
② 다른 문화에 대한 배타적인 태도를 유지해야 한다.
③ 보편 윤리를 기준으로 다른 문화를 성찰해야 한다.
④ 자기 문화의 관점으로만 다른 문화를 평가해야 한다.
⑤ 어떠한 경우에도 다른 문화를 비판하지 말아야 한다.

8. 학생의 대답 (가)에 들어갈 내용으로 옳은 것은? [3점]

● **두 국가의 키위 수확 시기**

국가＼월	1월	2월	3월	4월	5월	6월	7월	8월	9월	10월	11월	12월
뉴질랜드					■	■						
이탈리아	■	■	■	■							■	■

■ 수확 시기　　　　　　　　　(대한 무역 투자 진흥 공사)

● 이탈리아에서 더위가 한창일 때 뉴질랜드에서는 눈이 내린다. 그래서 7월이 되면, 뉴질랜드의 눈 덮인 스키장에서 스키를 즐기기 위해 전 세계에서 사람들이 찾아온다.

뉴질랜드의 키위 수확 시기가 이탈리아와 다르고, 사람들이 7월에 스키를 타러 오는 이유는 무엇일까?

뉴질랜드는 ＿＿＿(가)＿＿＿ 때문이야.

① 해발 고도가 높기　　　② 남반구에 위치하기
③ 섬으로 이루어졌기　　④ 편서풍의 영향을 받기
⑤ 날짜 변경선에 가깝기

9. 다음 자료는 두 지역의 도로 표지판이다. (가), (나) 지역에 대한 옳은 설명만을 <보기>에서 고른 것은? [3점]

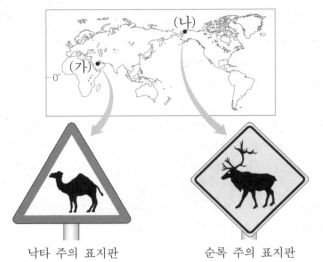

낙타 주의 표지판　　　　　순록 주의 표지판

< 보 기 >

ㄱ. (가)의 전통 가옥은 벽이 두껍고 지붕이 평평하다.
ㄴ. (나)는 일 년 내내 비가 많이 내린다.
ㄷ. (가)는 (나)보다 연평균 기온이 높다.
ㄹ. (가)는 카카오, (나)는 올리브가 대표적인 작물이다.

① ㄱ, ㄴ　② ㄱ, ㄷ　③ ㄴ, ㄷ　④ ㄴ, ㄹ　⑤ ㄷ, ㄹ

10. 다음 자료를 통해 옳게 추론한 내용만을 <보기>에서 고른 것은?

　　'바인 미'는 프랑스의 식민 지배 당시 전해진 빵인 바게트에 속 재료를 넣어 만든 베트남식 샌드위치이다. 밀가루로 만든 바게트에 햄, 치즈, 토마토 등을 넣어 만드는 프랑스식과 달리 바인 미는 밀가루와 쌀가루를 섞어 만든 바게트에 절인 무나 오이, 고수와 각종 고기를 넣어 만든다.

프랑스식 바게트 샌드위치

베트남식 바게트 샌드위치

< 보 기 >

ㄱ. 서로 다른 문화가 만나면 갈등이 지속된다.
ㄴ. 문화는 한 지역에서 다른 지역으로 전파된다.
ㄷ. 문화는 종교에 따라 지역마다 다르게 나타난다.
ㄹ. 둘 이상의 문화가 만나면 문화 변용이 나타나기도 한다.

① ㄱ, ㄴ　② ㄱ, ㄷ　③ ㄴ, ㄷ　④ ㄴ, ㄹ　⑤ ㄷ, ㄹ

11. 다음 영상 대화의 ㉠~㉤ 중 적절하지 <u>않은</u> 내용을 고른 것은? [3점]

안녕하세요. '생생 지리' 동영상 제작자 지오입니다. 오늘은 높은 산지에 사는 주민들을 연결하여 현지의 생활에 대해 들어 볼까요.

저는 스위스에 사는 요엘이에요. ㉠신기 습곡 산지인 알프스 산지를 오르내리며 키운 ㉡가축의 젖으로 치즈나 버터를 만드는 낙농업을 해요.

저는 페루에 사는 우말라예요. 산을 개간하여, ㉢고온 다습한 이곳에서 잘 자라는 벼를 주로 재배하지요. 여기는 ㉣기온의 일교차가 크지만 월평균 기온 변화는 작아요. 가축으로 ㉤라마와 알파카를 키우고 있어요.

① ㉠ ② ㉡ ③ ㉢ ④ ㉣ ⑤ ㉤

12. ㉠ 현상이 중국 후이저우에 미칠 영향으로 옳은 내용만을 <보기>에서 고른 것은?

대한민국 기업, 베트남에 대규모 투자

대한민국의 다국적 기업 ○○은/는 중국 후이저우에 공장을 설립하여 2007년부터 스마트폰을 생산해 왔다. 그러나 임금이 상승하고 실적 부진이 계속되자 2019년에 ㉠후이저우의 공장 가동을 중단하고 스마트폰 생산 공장을 베트남으로 이전하였다.

베트남의 경우, 생산된 제품의 품질을 유지하면서도 중국보다 저렴한 임금의 생산직 직원을 대규모로 고용할 수 있기 때문이다. 또한 세금 면제나 감세의 혜택도 기대할 수 있다.

– 「○○신문」, 2019년 ○월 ○일 –

< 보 기 >
ㄱ. 일자리가 감소하여 실업 문제가 발생할 것이다.
ㄴ. 상인들의 매출 감소로 지역 경제가 침체될 것이다.
ㄷ. 다양한 중소기업들이 들어서면서 인구가 증가할 것이다.
ㄹ. 금융 자본이 집중되어 다른 국가와의 경제 협력이 강화될 것이다.

① ㄱ, ㄴ ② ㄱ, ㄷ ③ ㄴ, ㄷ ④ ㄴ, ㄹ ⑤ ㄷ, ㄹ

13. 다음은 우리나라의 어느 섬에 대한 스무고개 놀이 장면이다. (가)에 들어갈 질문으로 옳은 것은? [3점]

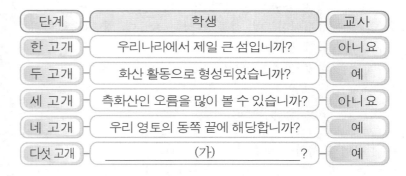

단계	학생	교사
한 고개	우리나라에서 제일 큰 섬입니까?	아니요
두 고개	화산 활동으로 형성되었습니까?	예
세 고개	측화산인 오름을 많이 볼 수 있습니까?	아니요
네 고개	우리 영토의 동쪽 끝에 해당합니까?	예
다섯 고개	(가) ?	예

① 화구호인 백록담이 있습니까
② 행정 구역상 강원도에 속합니까
③ 영해 설정 시 직선 기선이 적용됩니까
④ 종합 해양 과학 기지가 건설되어 있습니까
⑤ 주변 해저에 메탄 하이드레이트가 많이 매장되어 있습니까

14. 다음 자료는 뉴스 보도의 일부이다. (가)에 들어갈 내용으로 적절하지 <u>않은</u> 것은?

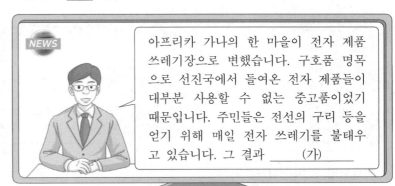

NEWS

아프리카 가나의 한 마을이 전자 제품 쓰레기장으로 변했습니다. 구호품 명목으로 선진국에서 들어온 전자 제품들이 대부분 사용할 수 없는 중고품이었기 때문입니다. 주민들은 전선의 구리 등을 얻기 위해 매일 전자 쓰레기를 불태우고 있습니다. 그 결과 (가)

① 주민들의 건강이 위협을 받고 있습니다.
② 선진국의 책임을 묻는 여론이 커지고 있습니다.
③ 가나 정부의 환경 비용 부담이 커지고 있습니다.
④ 이산화 탄소 배출량이 감소하고 대기 오염이 완화되고 있습니다.
⑤ 전자 쓰레기의 국가 간 이동 규제에 대한 필요성이 높아지고 있습니다.

15. 다음 자료의 밑줄 친 두 시장의 공통점으로 옳은 것은? [3점]

🏛 국토교통부 **보 도 자 료**	🏛 고용노동부 **보 도 자 료**
전월 <u>토지 시장</u> 동향 토지 거래 가격 3.9% 상승, 토지 거래 8.9% 감소	전월 <u>노동 시장</u> 동향 서비스업 고용 증가폭 둔화, 제조업 고용 감소폭 개선

① 공공재가 거래된다.
② 가계가 수요자이다.
③ 정부가 공급자이다.
④ 생산 요소가 거래된다.
⑤ 정부가 가격을 결정한다.

16. A에 대한 설명으로 옳은 것은?

> 교 사 : 법은 규율하는 생활 영역에 따라 크게 세 가지로 분류됩니다. 법 생활 영역 (A)에 해당하는 법의 종류를 말해보세요.
> 학생1 : 근로 기준법, 남녀 고용 평등법이 있어요.
> 학생2 : 소비자 기본법도 있어요.
> 교 사 : 모두 옳게 잘 말했어요.

① 공법과 사법의 중간적 성격을 지닌다.
② 혼인과 이혼, 상속, 유언 등을 다룬다.
③ 현대 복지 국가에서 중요성이 약화되고 있다.
④ 개인의 자유를 최대한 보장하기 위해 등장했다.
⑤ 국민의 권리와 의무, 정부 구성 원리가 담겨 있다.

17. 그림을 통해 추론할 수 있는 현대 사회의 특징으로 가장 적절한 것은?

오늘 뉴스가 궁금해.

지하철을 타서 다행이야.

NEWS

폭설로 도로가 정체되고 있으니 지하철을 이용하세요.

① 제조업의 비중이 높다.
② 대면적 인간 관계가 보편적이다.
③ 지식과 정보의 습득이 용이하다.
④ 일터와 가정의 경계가 뚜렷하다.
⑤ 생산자와 소비자의 구분이 명확하다.

18. 그림을 통해 공통으로 추론할 수 있는 내용으로 옳은 것은?

눈길에 넘어져서 병원에 갔더니 치료비가 많이 나왔어요.

동네에 공장이 들어와 일자리가 늘어났지만 공장 출입 차량들 때문에 먼지가 많아졌어요.

① 국내 총생산은 국민의 삶의 질을 반영한다.
② 국내 총생산이 클수록 생활 수준이 높아진다.
③ 국내 총생산의 증가는 행복한 삶의 필요 조건이다.
④ 국내 총생산이 증가하는 과정에서 환경 문제가 발생한다.
⑤ 국내 총생산의 증가와 국민의 행복이 비례하지는 않는다.

19. 다음은 ○○시가 주민 갑에게 통보한 문자 내용이다. ○○시가 밑줄 친 조치를 취할 때 유의해야 할 내용으로 적절하지 <u>않은</u> 것은? [3점]

> 11:00
>
> **〈자가 격리 안내〉**
> 귀하는 확진자의 밀접 접촉자로 감염병예방법 제42조(감염병에 관한 강제 처분)에 따라 코로나19 예방을 위해 <u>자가 격리가 필요한 대상자입니다.</u> … 현재 밖에 계시면 바로 귀가하시기 바랍니다.

① 법률에 근거해야 한다.
② 질서유지, 공공복리 등을 목적으로 해야 한다.
③ 갑의 권리보다 타인의 권리를 우선시해야 한다.
④ 자유와 권리의 본질적 내용을 침해해서는 안 된다.
⑤ 달성하려고 하는 공익이 침해되는 갑의 이익보다 커야 한다.

20. 표는 우리나라의 주요 공직 선거를 정리한 것이다. 이에 대한 옳은 설명만을 〈보기〉에서 고른 것은? [3점]

종류		공직자
대통령 선거		㉠ 대통령
국회의원 선거		㉡ 지역구 의원
		비례 대표 의원
지방 선거	(가)	시장, 도지사, 구청장, 군수
	지방 의회 의원	㉢ 지역구 의원
		비례 대표 의원
	교육감	

――――――〈 보 기 〉――――――
ㄱ. (가)는 지방 자치 단체장이다.
ㄴ. ㉠의 임기는 4년이다.
ㄷ. ㉡의 지역 선거구는 법률에 의해 정해진다.
ㄹ. ㉢은 간접 선거로 선출된다.

① ㄱ, ㄴ 　② ㄱ, ㄷ 　③ ㄴ, ㄷ 　④ ㄴ, ㄹ 　⑤ ㄷ, ㄹ

> *** 확인 사항**
> ○ 답안지의 해당란에 필요한 내용을 정확히 기입(표기) 했는지 확인하시오.

● 문항수 20개 | 배점 50점
● 제한 시간 30분

성명 [　　　]　수험 번호 [　　　　　] － [　　　]

● 점수 표시가 없는 문항은 모두 2점

1. 그림은 프라이팬을 가열하여 달걀 요리를 하면서 세 학생이 대화하는 모습을 나타낸 것이다.

프라이팬 바닥은 비열이 커서 빨리 뜨거워져.

프라이팬에서 달걀로 열이 이동해.

손잡이는 전도에 의한 열의 이동이 잘 일어나지 않는 재질이어야 해.

학생 A　학생 B　학생 C

제시한 내용이 옳은 학생만을 있는 대로 고른 것은?

① A　② B　③ A, C　④ B, C　⑤ A, B, C

2. 다음은 부력과 관련된 실험이다.

[실험 과정]

(가) 용수철저울에 질량이 100 g인 추를 매달고 추가 정지한 상태에서 용수철저울의 눈금을 읽는다.

(나) (가)의 추를 물속에 완전히 잠기게 한 후, 추가 정지한 상태에서 용수철저울의 눈금을 읽는다.

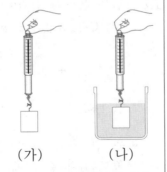

(가)　(나)

(다) 질량이 200 g인 추로 바꾸어 (가), (나) 과정을 반복한다.

[실험 결과]

추의 질량(g)	(가)에서의 측정값(N)	(나)에서의 측정값(N)
100	w	㉠
200	㉡	㉢

이에 대한 옳은 설명만을 <보기>에서 있는 대로 고른 것은?

< 보 기 >

ㄱ. ㉠, ㉢은 각각의 추에 작용하는 부력의 크기이다.

ㄴ. ㉡은 w이다.

ㄷ. ㉢은 ㉡보다 작다.

① ㄱ　② ㄷ　③ ㄱ, ㄴ　④ ㄱ, ㄷ　⑤ ㄴ, ㄷ

3. 그림은 렌즈 A 가까이에 물체를 놓았을 때, 물체보다 크고 바로 선 상이 생긴 모습을 나타낸 것이다. A는 볼록 렌즈와 오목 렌즈 중 하나이다.

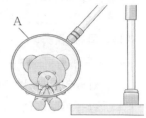

A에 대한 옳은 설명만을 <보기>에서 있는 대로 고른 것은? [3점]

< 보 기 >

ㄱ. 볼록 렌즈이다.

ㄴ. 빛을 모으는 데 이용할 수 있다.

ㄷ. A를 이용하여 물체보다 작고 바로 선 상도 만들 수 있다.

① ㄱ　② ㄷ　③ ㄱ, ㄴ　④ ㄴ, ㄷ　⑤ ㄱ, ㄴ, ㄷ

4. 그림은 건전지, 자석, 코일을 이용하여 만든 간이 전동기에서 코일이 자석으로부터 힘을 받아 회전하고 있는 어느 순간의 모습을 나타낸 것이다. P, Q는 코일의 서로 맞은편에 있는 지점이다.

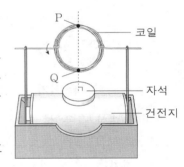

P　코일
Q　자석
건전지

이에 대한 설명으로 옳지 <u>않은</u> 것은?

① P와 Q가 자석으로부터 받는 힘의 방향은 같다.

② 전동기에서는 전기 에너지가 운동 에너지로 전환된다.

③ 자석의 극을 반대로 바꾸면 코일의 회전 방향이 반대로 바뀐다.

④ 전지의 극을 반대로 바꾸면 코일의 회전 방향이 반대로 바뀐다.

⑤ 자석을 세기가 더 강한 것으로 바꾸면 코일이 더 빠르게 회전한다.

5. 그림과 같이 지면으로부터 같은 높이에서 테니스공과 야구공을 손으로 잡고 있다가 가만히 놓았다. 질량은 야구공이 테니스공보다 크다.

테니스공　야구공

지면

이에 대한 옳은 설명만을 <보기>에서 있는 대로 고른 것은? (단, 공기 저항과 공의 크기는 무시한다.) [3점]

< 보 기 >

ㄱ. 떨어지는 동안 테니스공의 역학적 에너지는 일정하다.

ㄴ. 떨어지는 동안 두 공의 단위 시간당 속력의 변화량은 같다.

ㄷ. 지면에 도달하는 순간, 운동 에너지는 야구공이 테니스공보다 크다.

① ㄱ　② ㄴ　③ ㄱ, ㄷ　④ ㄴ, ㄷ　⑤ ㄱ, ㄴ, ㄷ

6. 그림과 같이 삼각 플라스크에 수산화 바륨과 염화 암모늄을 넣고 유리 막대로 섞었더니 플라스크의 바깥쪽 표면에 얼음이 생겼다.

수산화 바륨
+ 염화 암모늄

얼음

수산화 바륨과 염화 암모늄의 반응에 대한 옳은 설명만을 <보기>에서 있는 대로 고른 것은?

─── < 보 기 > ───
ㄱ. 반응이 일어날 때 주변의 온도가 낮아진다.
ㄴ. 반응이 일어날 때 열에너지를 흡수한다.
ㄷ. 이 반응을 이용하여 손난로를 만들 수 있다.

① ㄱ ② ㄷ ③ ㄱ, ㄴ ④ ㄴ, ㄷ ⑤ ㄱ, ㄴ, ㄷ

7. 그림은 나트륨 원자가 전자를 잃고 나트륨 이온이 되는 과정을 나타낸 것이다.

전자 1개 잃음

나트륨 원자   나트륨 이온

이에 대한 옳은 설명만을 <보기>에서 있는 대로 고른 것은?

─── < 보 기 > ───
ㄱ. 전자는 음(−)의 전하를 띤다.
ㄴ. 나트륨 이온은 양이온이다.
ㄷ. 나트륨 원자가 나트륨 이온이 될 때 원자핵의 전하량은 변하지 않는다.

① ㄱ ② ㄴ ③ ㄱ, ㄷ ④ ㄴ, ㄷ ⑤ ㄱ, ㄴ, ㄷ

8. 표는 비커 (가)~(다)에 들어 있는 액체에 대한 자료이다. ㉠은 물과 에탄올 중 하나이다.

비커	(가)	(나)	(다)
액체	물	에탄올	㉠
부피(mL)	100	100	200
질량(g)	100	78.9	200

이에 대한 옳은 설명만을 <보기>에서 있는 대로 고른 것은? (단, 액체의 온도는 모두 같다.)

─── < 보 기 > ───
ㄱ. ㉠은 물이다.
ㄴ. 질량은 물질의 특성이다.
ㄷ. 밀도는 물이 에탄올보다 크다.

① ㄴ ② ㄷ ③ ㄱ, ㄴ ④ ㄴ, ㄷ ⑤ ㄱ, ㄴ, ㄷ

9. 그림 (가)는 삼각 플라스크의 입구를 비눗물로 막고 뜨거운 바람으로 가열할 때 비눗물 막이 부푸는 모습을, (나)는 삼각 플라스크에 작은 드라이아이스 조각을 넣고 입구를 비눗물로 막았을 때 비눗물 막이 부푸는 모습을 나타낸 것이다.

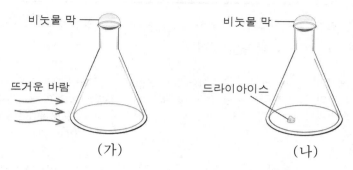

비눗물 막

뜨거운 바람

비눗물 막

드라이아이스

(가)   (나)

비눗물 막이 부푸는 동안 플라스크 속 기체에 대한 옳은 설명만을 <보기>에서 있는 대로 고른 것은? [3점]

─── < 보 기 > ───
ㄱ. (가)에서 기체 분자의 운동이 활발해진다.
ㄴ. (나)에서 기체 분자의 크기가 커진다.
ㄷ. (가)와 (나)에서 모두 기체 분자의 개수가 많아진다.

① ㄱ ② ㄴ ③ ㄷ ④ ㄱ, ㄴ ⑤ ㄱ, ㄷ

10. 그림은 온도와 압력이 일정할 때 기체 A와 기체 B가 반응하여 기체 C가 생성되는 반응의 부피 관계를 나타낸 것이다.

A 1부피   B 3부피   C 2부피

반응 전 용기 속 입자 모형이 오른쪽 그림과 같을 때, A와 B가 반응하여 C가 생성된 후 용기 속 입자 모형으로 가장 적절한 것은? [3점]

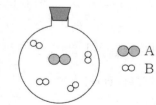

A
B

① 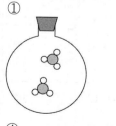 ② 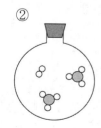 ③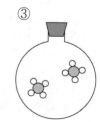

④  ⑤

11. 표는 생물 ㉠~㉢의 특징을 나타낸 것이다. ㉠~㉢은 고사리, 대장균, 침팬지를 순서 없이 나타낸 것이다.

생물	특징
㉠	단세포 생물이다.
㉡	광합성을 한다.
㉢	세포벽이 없는 세포로 구성된다.

이에 대한 옳은 설명만을 <보기>에서 있는 대로 고른 것은?

< 보 기 >
ㄱ. ㉠은 고사리이다.
ㄴ. ㉡의 세포에는 핵이 있다.
ㄷ. ㉢은 먹이를 섭취하여 영양분을 얻는다.

① ㄱ　　② ㄴ　　③ ㄱ, ㄷ　　④ ㄴ, ㄷ　　⑤ ㄱ, ㄴ, ㄷ

12. 그림은 어떤 집안의 유전병 (가)에 대한 가계도를 나타낸 것이다. (가)는 우성 대립유전자 A와 열성 대립유전자 a에 의해 결정된다.

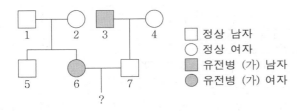

□ 정상 남자
○ 정상 여자
▨ 유전병 (가) 남자
◉ 유전병 (가) 여자

이에 대한 옳은 설명만을 <보기>에서 있는 대로 고른 것은? (단, 돌연변이는 고려하지 않는다.) [3점]

< 보 기 >
ㄱ. (가)는 우성 형질이다.
ㄴ. 2와 7은 (가)에 대한 유전자형이 같다.
ㄷ. 6과 7 사이에서 아이가 태어날 때, 이 아이에게서 (가)가 발현될 확률은 $\frac{1}{4}$이다.

① ㄱ　　② ㄴ　　③ ㄱ, ㄷ　　④ ㄴ, ㄷ　　⑤ ㄱ, ㄴ, ㄷ

13. 그림은 정상인에서 혈당량이 증가했을 때 일어나는 혈당량 조절 과정의 일부를 나타낸 것이다. ㉠은 글루카곤과 인슐린 중 하나이다.

㉠에 대한 옳은 설명만을 <보기>에서 있는 대로 고른 것은?

< 보 기 >
ㄱ. 인슐린이다.
ㄴ. 간에서 글리코젠의 합성을 촉진한다.
ㄷ. 조직 세포로의 포도당 흡수를 촉진한다.

① ㄱ　　② ㄷ　　③ ㄱ, ㄴ　　④ ㄴ, ㄷ　　⑤ ㄱ, ㄴ, ㄷ

14. 그림은 소화계에서 일어나는 영양소의 소화 과정을 나타낸 것이다. ㉠과 ㉡은 각각 라이페이스와 아밀레이스 중 하나이다.

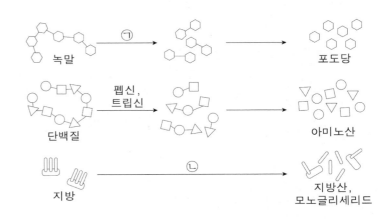

이에 대한 옳은 설명만을 <보기>에서 있는 대로 고른 것은? [3점]

< 보 기 >
ㄱ. 침에는 ㉠이 있다.
ㄴ. 이자에서 ㉡이 분비된다.
ㄷ. 소장에서 아미노산은 융털의 암죽관으로 흡수된다.

① ㄱ　　② ㄷ　　③ ㄱ, ㄴ　　④ ㄴ, ㄷ　　⑤ ㄱ, ㄴ, ㄷ

15. 표는 사람에서 일어나는 세포 분열 I과 Ⅱ의 특징을, 그림은 사람의 염색체 1쌍을 나타낸 것이다. I과 Ⅱ 중 하나는 감수 분열이고, 나머지 하나는 체세포 분열이다.

세포 분열	특징
I	㉠
Ⅱ	2가 염색체가 관찰되는 시기가 있다.

ⓐⓑ

이에 대한 옳은 설명만을 <보기>에서 있는 대로 고른 것은? (단, 돌연변이는 고려하지 않는다.) [3점]

< 보 기 >
ㄱ. Ⅱ는 감수 분열이다.
ㄴ. '딸세포의 염색체 수가 모세포 염색체 수의 절반이다.'는 ㉠으로 적절하다.
ㄷ. ⓐ는 ⓑ의 상동 염색체이다.

① ㄱ　　② ㄴ　　③ ㄱ, ㄷ　　④ ㄴ, ㄷ　　⑤ ㄱ, ㄴ, ㄷ

16. 그림은 암석을 분류하는 과정을 나타낸 것이다.

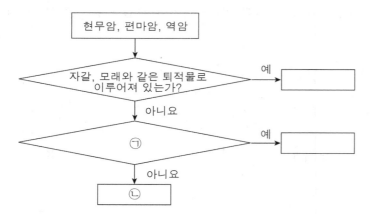

㉠과 ㉡에 들어갈 내용으로 가장 적절한 것은?

	㉠	㉡
①	마그마가 식어 굳어진 것인가?	역암
②	마그마가 식어 굳어진 것인가?	현무암
③	어둡고 밝은 줄무늬가 관찰되는가?	역암
④	어둡고 밝은 줄무늬가 관찰되는가?	현무암
⑤	어둡고 밝은 줄무늬가 관찰되는가?	편마암

17. 그림은 우리나라 주변의 해류에 대해 세 학생이 대화하는 모습을 나타낸 것이다.

제시한 내용이 옳은 학생만을 있는 대로 고른 것은?

① A　② B　③ A, C　④ B, C　⑤ A, B, C

18. 그림은 지구에서 6개월 간격으로 측정한 별 S의 시차를 나타낸 것이다.

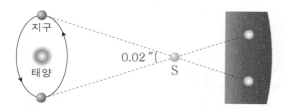

이에 대한 옳은 설명만을 <보기>에서 있는 대로 고른 것은?
[3점]

─────── < 보 기 > ───────
ㄱ. S의 연주 시차는 0.02″이다.
ㄴ. S까지의 거리는 100 pc(파섹)이다.
ㄷ. S보다 가까운 별의 연주 시차는 S의 연주 시차보다 작다.

① ㄱ　② ㄴ　③ ㄱ, ㄷ　④ ㄴ, ㄷ　⑤ ㄱ, ㄴ, ㄷ

19. 다음은 닮음비를 이용하여 사진 속 달의 크기를 측정하는 탐구이다.

[탐구 과정]
(가) 벽면에 달 사진을 붙이고 3 m 떨어진 곳에 선다.
(나) 종이에 원형의 구멍을 뚫고 구멍의 지름(d)을 측정한다.
(다) 아래 그림과 같이 종이를 달 사진에 평행하게 두고, 종이의 구멍을 통해 달 사진을 본다.
(라) 종이를 앞뒤로 움직여 구멍이 사진 속 달의 크기와 일치할 때, 눈과 종이 사이의 거리(l)를 측정한다.
(마) 비례식 ⌐＿＿＿㉠＿＿＿⌐ 을/를 이용하여 사진 속 달의 지름(D)을 구한다.

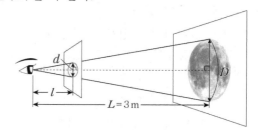

[탐구 결과]

구분	값(cm)
구멍의 지름(d)	1
눈과 종이 사이의 거리(l)	30
사진 속 달의 지름(D)	㉡

이에 대한 옳은 설명만을 <보기>에서 있는 대로 고른 것은?
[3점]

─────── < 보 기 > ───────
ㄱ. '$l : L = d : D$'는 ㉠으로 적절하다.
ㄴ. ㉡은 20이다.
ㄷ. d를 크게 하면 l은 작아진다.

① ㄱ　② ㄴ　③ ㄱ, ㄷ　④ ㄴ, ㄷ　⑤ ㄱ, ㄴ, ㄷ

20. 그림은 우리나라 주변의 전선 배치와 강수 구역을 나타낸 것이다.

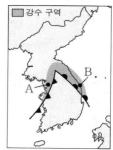

이에 대한 옳은 설명만을 <보기>에서 있는 대로 고른 것은? [3점]

─────── < 보 기 > ───────
ㄱ. 우리나라는 온대 저기압의 영향을 받는다.
ㄴ. A에서는 소나기성 비가 내린다.
ㄷ. B에서는 층운형 구름이 발달한다.

① ㄱ　② ㄴ　③ ㄱ, ㄴ　④ ㄴ, ㄷ　⑤ ㄱ, ㄴ, ㄷ

* 확인 사항
○ 답안지의 해당란에 필요한 내용을 정확히 기입(표기)했는지 확인하시오.

2023학년도 3월 고1 전국연합학력평가 문제지   1

제 4 교시

탐구 영역(과학)

22회

● 문항수 20개 | 배점 50점
● 제한 시간 30분

성명   수험 번호 □□□□□□ − □□□□

● 점수 표시가 없는 문항은 모두 2점

1. 그림은 전구 A, B가 연결되어 빛이 나고 있는 모습을 나타낸 것이다. C는 A에 연결된 전선 위의 점이다.

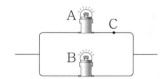

이에 대한 옳은 설명만을 <보기>에서 있는 대로 고른 것은?

< 보 기 >
ㄱ. A와 B의 연결 방법은 직렬연결이다.
ㄴ. C에서 전선이 끊어지면 A와 B가 함께 꺼진다.
ㄷ. A와 B의 연결 방법은 멀티탭에 꽂혀 작동하는 전기 기구들 사이의 연결 방법과 같다.

① ㄴ   ② ㄷ   ③ ㄱ, ㄴ   ④ ㄱ, ㄷ   ⑤ ㄴ, ㄷ

2. 그림과 같이 점 A에 가만히 놓은 물체가 곡면을 따라 높이가 가장 낮은 점 B를 지나 운동하고 있다. 점 C, D는 곡면상의 점이고, A와 D의 높이는 같다.

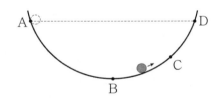

이에 대한 옳은 설명만을 <보기>에서 있는 대로 고른 것은? (단, 물체의 크기, 모든 마찰과 공기 저항은 무시한다.)

< 보 기 >
ㄱ. D에서 물체의 속력은 0이다.
ㄴ. 물체의 역학적 에너지는 B에서가 C에서보다 크다.
ㄷ. 물체가 A에서 B로 운동하는 동안, 물체의 위치 에너지가 운동 에너지로 전환된다.

① ㄱ   ② ㄴ   ③ ㄱ, ㄷ   ④ ㄴ, ㄷ   ⑤ ㄱ, ㄴ, ㄷ

3. 그림은 질량이 같은 물체 A, B를 접촉 시킨 순간부터 A와 B의 온도를 시간에 따라 나타낸 것이다.

이에 대한 옳은 설명만을 <보기>에서 있는 대로 고른 것은? (단, 열은 A와 B 사이에서만 이동한다.) [3점]

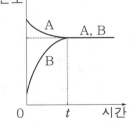

< 보 기 >
ㄱ. 0부터 t까지 A가 잃은 열량은 B가 얻은 열량보다 작다.
ㄴ. t 이후 A와 B는 열평형 상태에 있다.
ㄷ. A의 비열이 B의 비열보다 크다.

① ㄱ   ② ㄴ   ③ ㄱ, ㄷ   ④ ㄴ, ㄷ   ⑤ ㄱ, ㄴ, ㄷ

4. 그림 (가)는 용수철저울에 매달린 추가 물에 절반 정도 잠긴 채 정지해 있는 모습을, (나)는 (가)의 추가 물에 완전히 잠긴 채 정지해 있는 모습을 나타낸 것이다.

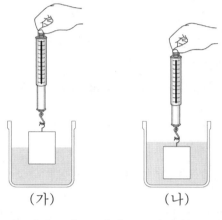

(가)   (나)

(나)에서가 (가)에서보다 크기가 큰 힘만을 <보기>에서 있는 대로 고른 것은? [3점]

< 보 기 >
ㄱ. 추에 작용하는 중력
ㄴ. 추에 작용하는 부력
ㄷ. 용수철저울로 측정한 힘

① ㄴ   ② ㄷ   ③ ㄱ, ㄴ   ④ ㄱ, ㄷ   ⑤ ㄱ, ㄴ, ㄷ

5. 그림은 빛의 삼원색에 해당하는 빛 A, B, C를 흰색 종이에 비추는 모습을 나타낸 것이다. P, Q는 빛이 겹쳐진 영역의 색이다.

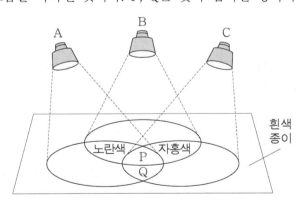

이에 대한 옳은 설명만을 <보기>에서 있는 대로 고른 것은? (단, 종이에 도달하는 A, B, C의 세기는 동일하다.) [3점]

< 보 기 >
ㄱ. B는 빨간색 빛이다.
ㄴ. Q는 청록색이다.
ㄷ. C의 조명만 끄면 P는 노란색으로 바뀐다.

① ㄱ   ② ㄴ   ③ ㄱ, ㄷ   ④ ㄴ, ㄷ   ⑤ ㄱ, ㄴ, ㄷ

6. 다음은 2가지 화학 반응이 일어날 때의 열에너지 출입에 대한 설명이다.

> (가) 수산화 바륨과 염화 암모늄이 반응할 때 열에너지를 흡수한다.
>
> (나) 산화 칼슘과 물이 반응할 때 열에너지를 ⬚⑤⬚ 하므로 온도가 높아진다.

이에 대한 옳은 설명만을 <보기>에서 있는 대로 고른 것은?

─── < 보 기 > ───

ㄱ. (가)에서 반응이 일어날 때 온도가 낮아진다.

ㄴ. '방출'은 ⑤으로 적절하다.

ㄷ. (나)의 반응을 이용하여 즉석 발열 도시락을 만들 수 있다.

① ㄱ 　　② ㄴ 　　③ ㄱ, ㄷ 　　④ ㄴ, ㄷ 　　⑤ ㄱ, ㄴ, ㄷ

7. 다음은 물질의 특성을 이용한 사례 (가)와 (나)에 대한 설명이다.

(가)	(나)

유출된 기름은 바닷물에 뜨므로 기름막이와 흡착포로 기름을 제거할 수 있다.	소금물에서 신선한 달걀은 가라앉고 오래된 달걀은 뜨므로 구별할 수 있다.

(가)와 (나)에서 공통으로 이용된 물질의 특성으로 가장 적절한 것은?

① 밀도 　② 비열 　③ 용해도 　④ 녹는점 　⑤ 끓는점

8. 그림은 리튬 이온(Li^+)과 산화 이온(O^{2-})을 각각 모형으로 나타낸 것이다.

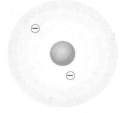   

　　　　Li^+ 　　　　　　　　　　O^{2-}

Li 원자의 전자 수(⑤)와 O 원자에서 원자핵의 전하량(ⓒ)으로 옳은 것은? [3점]

	⑤	ⓒ		⑤	ⓒ
①	1	+8	②	1	+12
③	2	+10	④	3	+8
⑤	3	+12			

9. 그림 (가)는 물이 들어 있는 가는 유리관의 한쪽 끝을 손으로 막은 것을, (나)는 유리관을 손으로 감쌌을 때 물이 빠져나가는 것을 나타낸 것이다.

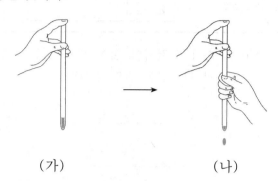

　　　　(가) 　　　　　　　　　　(나)

(가)에서 (나)로 될 때, 유리관 속 기체에 대한 옳은 설명만을 <보기>에서 있는 대로 고른 것은? (단, 물의 증발은 무시한다.)

─── < 보 기 > ───

ㄱ. 부피가 증가한다.

ㄴ. 분자 수가 증가한다.

ㄷ. 분자의 운동이 활발해진다.

① ㄱ 　　② ㄴ 　　③ ㄱ, ㄷ 　　④ ㄴ, ㄷ 　　⑤ ㄱ, ㄴ, ㄷ

10. 그림은 기체 반응 (가)와 (나)에서 부피 관계를 각각 모형으로 나타낸 것이다.

(가)
　　　수소　　　염소　　　염화 수소

(나)
　　　질소　　　　수소　　　　암모니아

이에 대한 옳은 설명만을 <보기>에서 있는 대로 고른 것은? (단, 기체의 온도와 압력은 일정하다.) [3점]

─── < 보 기 > ───

ㄱ. (가)에서 수소와 염소는 1 : 1의 질량비로 반응한다.

ㄴ. 질소와 수소가 반응하여 암모니아를 생성할 때 기체의 부피는 감소한다.

ㄷ. 암모니아의 분자 모형은 　 이다.

① ㄱ 　　② ㄴ 　　③ ㄷ 　　④ ㄱ, ㄴ 　　⑤ ㄴ, ㄷ

11. 그림은 식물의 잎에서 일어나는 광합성을 나타낸 것이다. A와 B는 각각 산소와 이산화 탄소 중 하나이다.

이에 대한 옳은 설명만을 <보기>에서 있는 대로 고른 것은?

< 보 기 >
ㄱ. A는 이산화 탄소이다.
ㄴ. 기공을 통해 A와 B가 출입한다.
ㄷ. 광합성에서 포도당이 분해된다.

① ㄱ ② ㄷ ③ ㄱ, ㄴ ④ ㄴ, ㄷ ⑤ ㄱ, ㄴ, ㄷ

12. 그림은 사람의 뇌 구조를 나타낸 것이다. A ~ C는 각각 대뇌, 연수, 중간뇌 중 하나이다.

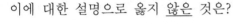
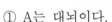

이에 대한 설명으로 옳지 않은 것은?

① A는 대뇌이다.
② A에 연합 뉴런이 있다.
③ B는 동공 크기를 조절한다.
④ C는 심장 박동을 조절한다.
⑤ 뇌는 말초 신경계에 속한다.

13. 그림은 어떤 동물에서 체세포 분열이 일어나고 있는 여러 세포를 나타낸 것이다. A와 B는 각각 전기 세포와 중기 세포 중 하나이다.

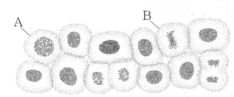

이에 대한 옳은 설명만을 <보기>에서 있는 대로 고른 것은? (단, 돌연변이는 고려하지 않는다.) [3점]

< 보 기 >
ㄱ. A는 전기 세포이다.
ㄴ. B에서 염색체가 관찰된다.
ㄷ. 체세포 분열 결과 만들어진 딸세포는 모세포보다 염색체 수가 적다.

① ㄱ ② ㄷ ③ ㄱ, ㄴ ④ ㄴ, ㄷ ⑤ ㄱ, ㄴ, ㄷ

14. 그림은 사람의 심장 구조를 나타낸 것이다. A와 B는 각각 우심실과 좌심방 중 하나이다.

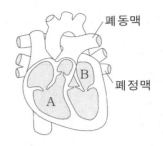

이에 대한 옳은 설명만을 <보기>에서 있는 대로 고른 것은?
[3점]

< 보 기 >
ㄱ. B는 우심실이다.
ㄴ. A가 수축할 때 A와 폐동맥 사이의 판막이 닫힌다.
ㄷ. 혈액의 산소 농도는 폐정맥에서가 폐동맥에서보다 높다.

① ㄱ ② ㄷ ③ ㄱ, ㄴ ④ ㄴ, ㄷ ⑤ ㄱ, ㄴ, ㄷ

15. 다음은 영양소 검출 반응 실험이다.

[실험 과정 및 결과]
(가) 시험관 A ~ C에 달걀 흰자액을 각각 10 mL씩 넣는다.
(나) A에 증류수, B에 수단Ⅲ 용액, C에 뷰렛 용액(5% 수산화 나트륨 수용액 + 1% 황산 구리 수용액)을 0.5 mL씩 넣는다.

달걀 흰자액   달걀 흰자액   달걀 흰자액
+ 증류수   + 수단Ⅲ 용액   + 뷰렛 용액
A   B   C

(다) 반응 후 각 시험관의 색깔 변화는 표와 같다.

시험관	A	B	C
색깔 변화	변화 없음	㉠	보라색으로 변함

이에 대한 옳은 설명만을 <보기>에서 있는 대로 고른 것은?
[3점]

< 보 기 >
ㄱ. ㉠은 '청람색으로 변함'이다.
ㄴ. C의 색깔 변화로 달걀 흰자액에 단백질이 있음을 알 수 있다.
ㄷ. 수단Ⅲ 용액은 지방 검출에 이용한다.

① ㄱ ② ㄷ ③ ㄱ, ㄴ ④ ㄴ, ㄷ ⑤ ㄱ, ㄴ, ㄷ

16. 다음은 베게너가 주장한 대륙 이동설의 증거에 대한 세 학생의 대화이다.

남아메리카 대륙의 동쪽 해안선 모양과 아프리카 대륙의 서쪽 해안선 모양이 대체로 유사해.

멀리 떨어진 대륙에서 같은 종류의 화석이 발견되었어.

서로 떨어진 대륙을 하나로 모으면 빙하의 흔적이 남극을 중심으로 분포해.

학생 A   학생 B   학생 C

제시한 의견이 옳은 학생만을 있는 대로 고른 것은?

① A   ② C   ③ A, B   ④ B, C   ⑤ A, B, C

17. 그림 (가)는 지구의 수권 분포를, (나)는 육지의 물 분포를 나타낸 것이다.

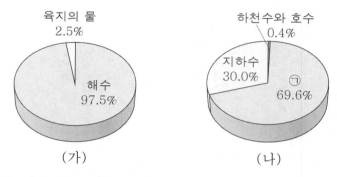

육지의 물 2.5%
해수 97.5%
(가)

하천수와 호수 0.4%
지하수 30.0%
㉠ 69.6%
(나)

이에 대한 옳은 설명만을 <보기>에서 있는 대로 고른 것은?

< 보 기 >

ㄱ. 지구의 물은 대부분 해수이다.
ㄴ. ㉠은 빙하이다.
ㄷ. 생활용수로 바로 활용할 수 있는 물이 수권 전체에서 차지하는 비율은 2%보다 크다.

① ㄱ   ② ㄷ   ③ ㄱ, ㄴ   ④ ㄴ, ㄷ   ⑤ ㄱ, ㄴ, ㄷ

18. 그림은 어느 날 우리나라에서 관측한 별의 일주 운동 모습을 나타낸 것이다.

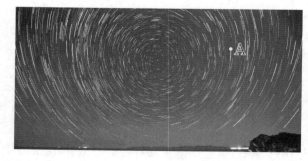

이에 대한 옳은 설명만을 <보기>에서 있는 대로 고른 것은?

[3점]

< 보 기 >

ㄱ. 북쪽 하늘을 관측한 것이다.
ㄴ. 별 A의 일주 운동은 시계 방향으로 일어난다.
ㄷ. 별의 일주 운동은 지구의 공전 때문에 나타나는 현상이다.

① ㄱ   ② ㄴ   ③ ㄱ, ㄷ   ④ ㄴ, ㄷ   ⑤ ㄱ, ㄴ, ㄷ

19. 그림 (가)는 1955년부터 2020년까지 지구의 평균 기온 변화를, (나)는 이 기간 동안 대기 중 이산화 탄소 농도 변화를 나타낸 것이다.

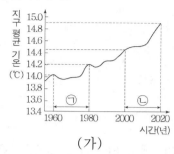
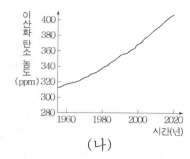

(가)   (나)

이에 대한 옳은 설명만을 <보기>에서 있는 대로 고른 것은?

< 보 기 >

ㄱ. 지구의 평균 기온 변화 폭은 ㉠ 기간이 ㉡ 기간보다 크다.
ㄴ. 이 기간 동안 이산화 탄소 농도 증가는 지구의 평균 기온 상승에 영향을 주었을 것이다.
ㄷ. 이 기간 동안 해수면의 평균 높이는 높아졌을 것이다.

① ㄱ   ② ㄷ   ③ ㄱ, ㄴ   ④ ㄴ, ㄷ   ⑤ ㄱ, ㄴ, ㄷ

20. 다음은 우주 팽창에 따른 은하 사이의 거리 변화를 알아보기 위한 모형 실험이다.

[실험 과정]
(가) 풍선을 작게 분 다음 ㉠ 스티커 A ~ D를 붙인다.
(나) A와 B, A와 C, A와 D 사이의 거리를 각각 줄자로 잰다.
(다) 풍선을 크게 분 다음 (나)의 과정을 반복한다.

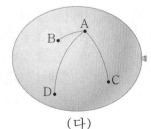

(나)   (다)

[실험 결과]

과정	A와 B 사이의 거리(cm)	A와 C 사이의 거리(cm)	A와 D 사이의 거리(cm)
(나)	4	8	10
(다)	8	16	20

이에 대한 옳은 설명만을 <보기>에서 있는 대로 고른 것은?

[3점]

< 보 기 >

ㄱ. ㉠은 은하에 해당한다.
ㄴ. B와 C 사이의 거리는 (나)보다 (다)에서 멀다.
ㄷ. 스티커 사이의 거리가 멀수록 풍선의 팽창에 따른 거리 변화값이 크다.

① ㄱ   ② ㄴ   ③ ㄱ, ㄷ   ④ ㄴ, ㄷ   ⑤ ㄱ, ㄴ, ㄷ

* 확인 사항
○ 답안지의 해당란에 필요한 내용을 정확히 기입(표기)했는지 확인하시오.

2022학년도 3월 고1 전국연합학력평가 문제지

1

제 4 교시

탐구 영역(과학)

23회

● 문항수 20개 | 배점 50점
● 제한 시간 30분

성명 [　　　] 수험 번호 [　　　　　−　　　　]

● 점수 표시가 없는 문항은 모두 2점

1. 그림은 열의 이동과 관련된 현상 A ~ C를 나타낸 것이다.

A: 촛불 위에서 바람
  개비가 돌아간다.
B: 에어컨의 찬 공기가
  아래로 내려온다.
C: 난로를 쬐는 손바닥이
  손등보다 따뜻하다.

대류에 의한 현상만을 있는 대로 고른 것은?

① A ② B ③ C ④ A, B ⑤ B, C

2. 그림은 대전되지 않은 금속구 A와 대전된 금속구 B가 음(−) 전하로 대전된 막대 P에 의해 각각 끌려오거나 밀려나는 모습을 나타낸 것이다. A와 B는 절연된 실에 매달려 있다.

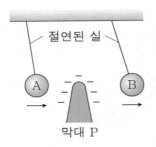

이에 대한 옳은 설명만을 <보기>에서 있는 대로 고른 것은? (단, A, B, P는 서로 접촉하지 않는다.) [3점]

─── < 보 기 > ───
ㄱ. A에서 전자는 P에 가까운 쪽으로 이동한다.
ㄴ. B는 음(−)전하로 대전되어 있다.
ㄷ. P를 제거하면, A와 B에는 서로 당기는 전기력이 작용한다.

① ㄱ ② ㄴ ③ ㄱ, ㄷ ④ ㄴ, ㄷ ⑤ ㄱ, ㄴ, ㄷ

3. 그림은 두 공 A와 B를 각각 지면으로부터 높이가 $2h$와 h인 지점에서 가만히 놓았을 때, A와 B가 자유 낙하하는 모습을 나타낸 것이다. A와 B의 질량은 각각 m과 $2m$이다.

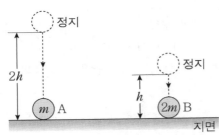

지면에 도달하는 순간, A가 B보다 큰 물리량만을 <보기>에서 있는 대로 고른 것은? (단, 지면에서 공의 위치 에너지는 0이고, 공의 크기와 공기 저항은 무시한다.)

─── < 보 기 > ───
ㄱ. 속력 ㄴ. 운동 에너지 ㄷ. 역학적 에너지

① ㄱ ② ㄷ ③ ㄱ, ㄴ ④ ㄴ, ㄷ ⑤ ㄱ, ㄴ, ㄷ

4. 다음은 소리를 분석하는 실험이다.

[실험 과정]
(가) 서로 다른 두 소리굽쇠에서 발생하는 소리를 각각 녹음한다.
(나) 소리 분석 프로그램을 이용하여 녹음된 소리 A, B를 분석한다.

[실험 결과]

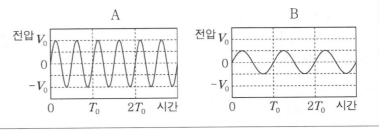

이에 대한 옳은 설명만을 <보기>에서 있는 대로 고른 것은?

─── < 보 기 > ───
ㄱ. 소리의 주기는 A가 B보다 짧다.
ㄴ. 소리의 높이는 A가 B보다 높다.
ㄷ. 소리의 크기는 A가 B보다 크다.

① ㄱ ② ㄴ ③ ㄱ, ㄷ ④ ㄴ, ㄷ ⑤ ㄱ, ㄴ, ㄷ

5. 그림과 같이 동일한 용수철 A와 B가 연직 아래로 같은 길이만큼 늘어난 채 정지해 있다. A와 B의 탄성력의 크기는 각각 F_A와 F_B이고, 왼손이 A를 직접 당기는 힘과 오른손이 B에 매달린 추를 당기는 힘의 크기는 각각 f_A와 f_B이다.

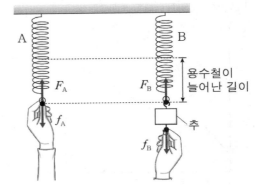

힘의 크기를 옳게 비교한 것은? [3점]

	탄성력의 크기	손이 당기는 힘의 크기
①	$F_A > F_B$	$f_A > f_B$
②	$F_A > F_B$	$f_A < f_B$
③	$F_A = F_B$	$f_A > f_B$
④	$F_A = F_B$	$f_A = f_B$
⑤	$F_A < F_B$	$f_A < f_B$

6. 그림 (가)는 t_1℃에서 실린더에 헬륨(He) 기체가 들어 있는 모습을, (나)는 피스톤 위에 추를 올려놓았을 때의 모습을, (다)는 온도를 t_2℃로 변화시켰을 때의 모습을 나타낸 것이다.

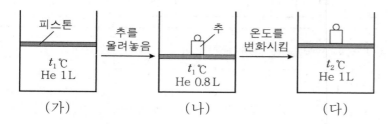

(가)   (나)   (다)

이에 대한 옳은 설명만을 <보기>에서 있는 대로 고른 것은? (단, 대기압은 일정하고, 피스톤의 질량과 마찰은 무시한다.)

─── < 보 기 > ───
ㄱ. 실린더 속 기체의 압력은 (나)>(가)이다.
ㄴ. $t_2 > t_1$이다.
ㄷ. 실린더 속 기체 분자의 운동은 (다)에서가 (나)에서보다 활발하다.

① ㄱ   ② ㄷ   ③ ㄱ, ㄴ   ④ ㄴ, ㄷ   ⑤ ㄱ, ㄴ, ㄷ

7. 그림은 고체 물질 X를 일정한 열원으로 가열할 때 시간에 따른 온도를 나타낸 것이다.

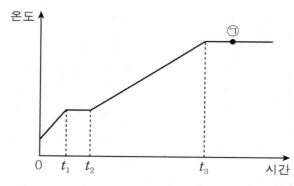

이에 대한 옳은 설명만을 <보기>에서 있는 대로 고른 것은?

─── < 보 기 > ───
ㄱ. t_1부터 t_2까지 X는 액화된다.
ㄴ. t_2부터 t_3까지 X가 흡수한 열은 상태 변화에만 이용된다.
ㄷ. ㉠에서 X는 2가지 상태로 존재한다.

① ㄱ   ② ㄴ   ③ ㄷ   ④ ㄱ, ㄴ   ⑤ ㄱ, ㄷ

8. 표는 원자 X~Z의 이온에 대한 자료이다.

이온	X^{2+}	Y^-	Z^{2-}
전자 수	10	10	10

이에 대한 옳은 설명만을 <보기>에서 있는 대로 고른 것은? (단, X~Z는 임의의 원소 기호이다.) [3점]

─── < 보 기 > ───
ㄱ. 원자 X가 전자 2개를 잃어 X^{2+}이 된다.
ㄴ. 원자의 전자 수는 Y > X이다.
ㄷ. 원자핵의 전하량은 Z^{2-} > Y^-이다.

① ㄱ   ② ㄴ   ③ ㄱ, ㄷ   ④ ㄴ, ㄷ   ⑤ ㄱ, ㄴ, ㄷ

9. 그림은 스타이로폼 공과 쇠공이 함께 들어 있는 비커에 물을 넣었을 때 공이 분리되는 것을 나타낸 것이다.

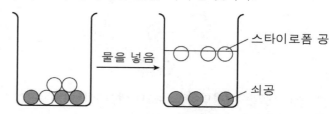

이와 같이 공이 분리된 이유를 설명할 수 있는 물질의 특성으로 가장 적절한 것은?

① 굳기   ② 밀도   ③ 끓는점
④ 녹는점   ⑤ 용해도

10. 표는 용기에 X와 Y를 넣고 한 가지 물질이 모두 소모될 때까지 반응시킨 실험 Ⅰ과 Ⅱ에 대한 자료이다. X와 Y가 반응하여 Z가 생성되고, Ⅰ에서 반응 후 남은 반응물의 질량은 2 g이다.

| 실험 | 반응 전 | | 반응 후 |
	X의 질량(g)	Y의 질량(g)	Z의 질량(g)
Ⅰ	1	6	5
Ⅱ	3	x	10

x는? [3점]

① 7   ② 8   ③ 11   ④ 12   ⑤ 15

[해설편 p.172]

11. 표는 생물 (가)와 (나)에서 핵막과 세포벽의 유무를 나타낸 것이다. (가)와 (나)는 각각 대장균과 아메바 중 하나이다.

구분	핵막	세포벽
(가)	있음	없음
(나)	없음	있음

이에 대한 옳은 설명만을 <보기>에서 있는 대로 고른 것은? [3점]

――――― < 보 기 > ―――――
ㄱ. (가)는 아메바이다.
ㄴ. (나)는 단세포 생물이다.
ㄷ. (나)는 원핵생물계에 속한다.

① ㄱ　　② ㄴ　　③ ㄱ, ㄷ　　④ ㄴ, ㄷ　　⑤ ㄱ, ㄴ, ㄷ

12. 그림은 뉴런 A~C가 연결된 모습을 나타낸 것이다. A~C는 각각 연합 뉴런, 운동 뉴런, 감각 뉴런 중 하나이다.

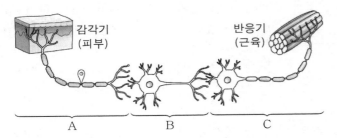

이에 대한 옳은 설명만을 <보기>에서 있는 대로 고른 것은?

――――― < 보 기 > ―――――
ㄱ. A는 운동 뉴런이다.
ㄴ. B는 중추 신경계를 구성한다.
ㄷ. C에 신경 세포체가 있다.

① ㄱ　　② ㄷ　　③ ㄱ, ㄴ　　④ ㄴ, ㄷ　　⑤ ㄱ, ㄴ, ㄷ

13. 그림은 혈액의 구성 성분 A~C를 나타낸 것이다. A~C는 각각 혈소판, 적혈구, 백혈구 중 하나이다.

이에 대한 설명으로 옳지 않은 것은?

① A는 백혈구이다.
② B는 식균 작용을 한다.
③ B에 헤모글로빈이 있다.
④ C는 혈액 응고에 관여한다.
⑤ A~C는 모두 혈구에 해당한다.

14. 다음은 검정말을 이용한 광합성 실험이다.

[실험 과정 및 결과]
(가) ㉠날숨을 불어넣어 노란색으로 변화시킨 BTB 용액을 시험관 A~C에 넣는다.
(나) 그림과 같이 B와 C에만 검정말을 넣고, C는 빛이 통하지 않도록 은박지로 감싼다.

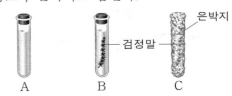

(다) 일정 시간 동안 빛을 비춘 후 A~C의 BTB 용액 색깔을 관찰한 결과는 표와 같다. ⓐ는 노란색과 파란색 중 하나이다.

시험관	A	B	C
색깔	노란색	파란색	ⓐ

이에 대한 옳은 설명만을 <보기>에서 있는 대로 고른 것은? (단, 제시된 조건 이외의 조건은 같다.) [3점]

――――― < 보 기 > ―――――
ㄱ. ㉠에 이산화 탄소가 있다.
ㄴ. (다)의 B에서 광합성이 일어났다.
ㄷ. ⓐ는 노란색이다.

① ㄱ　　② ㄷ　　③ ㄱ, ㄴ　　④ ㄴ, ㄷ　　⑤ ㄱ, ㄴ, ㄷ

15. 그림은 아버지, 어머니, 딸, 아들로 구성된 어떤 가족의 유전병 (가)에 대한 가계도이다. (가)는 우성 대립유전자 A와 열성 대립유전자 a에 의해 결정된다.

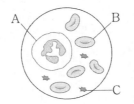

　　□ 정상 남자
　　○ 정상 여자
　　■ 유전병 (가) 남자
　　● 유전병 (가) 여자

이에 대한 옳은 설명만을 <보기>에서 있는 대로 고른 것은? (단, 돌연변이는 고려하지 않는다.) [3점]

――――― < 보 기 > ―――――
ㄱ. 아버지는 A와 a를 모두 가진다.
ㄴ. 딸과 아들은 (가)의 유전자형이 같다.
ㄷ. 셋째 아이가 태어날 때, 이 아이에게서 (가)가 나타날 확률은 $\frac{1}{2}$이다.

① ㄱ　　② ㄷ　　③ ㄱ, ㄴ　　④ ㄴ, ㄷ　　⑤ ㄱ, ㄴ, ㄷ

23회

16. 그림은 지구 내부의 층상 구조를 나타낸 것이다.

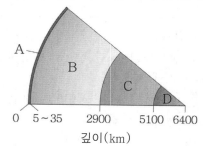

A ~ D 층에 대한 옳은 설명만을 <보기>에서 있는 대로 고른 것은?

─── < 보 기 > ───
ㄱ. B는 맨틀이다.
ㄴ. C는 고체 상태이다.
ㄷ. 밀도는 A가 D보다 크다.

① ㄱ   ② ㄴ   ③ ㄱ, ㄷ   ④ ㄴ, ㄷ   ⑤ ㄱ, ㄴ, ㄷ

17. 그림은 별 S에서 나온 빛이 거리가 멀어짐에 따라 퍼져 나가는 모습을 나타낸 것이다.

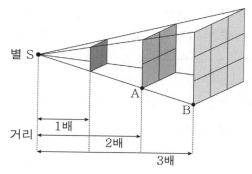

이에 대한 옳은 설명만을 <보기>에서 있는 대로 고른 것은? [3점]

─── < 보 기 > ───
ㄱ. 거리가 멀어질수록 별빛이 비추는 면적은 넓어진다.
ㄴ. 거리가 2배 멀어지면 관측되는 별의 밝기는 $\frac{1}{4}$배가 된다.
ㄷ. 별 S의 절대 등급은 A 지점과 B 지점에서 같다.

① ㄱ   ② ㄴ   ③ ㄱ, ㄷ   ④ ㄴ, ㄷ   ⑤ ㄱ, ㄴ, ㄷ

18. 그림은 서해안에서 관측한, 조석 현상에 의한 해수면의 높이 변화를 나타낸 것이다.

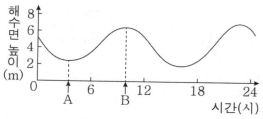

이에 대한 옳은 설명만을 <보기>에서 있는 대로 고른 것은?

─── < 보 기 > ───
ㄱ. A일 때 만조이다.
ㄴ. 6시에는 밀물이 나타난다.
ㄷ. 이날 갯벌이 가장 넓게 드러나는 때는 B이다.

① ㄱ   ② ㄴ   ③ ㄱ, ㄷ   ④ ㄴ, ㄷ   ⑤ ㄱ, ㄴ, ㄷ

19. 다음은 지구의 복사 평형의 원리를 알아보기 위한 실험이다.

[실험 과정]
(가) 검은색 알루미늄 컵에 온도계를 꽂은 뚜껑을 덮고, 적외선 가열 장치에서 30 cm 정도 떨어진 곳에 컵을 놓는다.

(나) 적외선 가열 장치를 켜고 2분 간격으로 컵 안의 온도를 측정하여 그래프를 그린다.

[실험 결과]

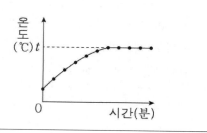

이에 대한 옳은 설명만을 <보기>에서 있는 대로 고른 것은? [3점]

─── < 보 기 > ───
ㄱ. 적외선 가열 장치는 태양에 해당한다.
ㄴ. 컵 안의 온도가 t ℃에 도달했을 때 컵이 흡수하는 에너지와 방출하는 에너지의 양은 같다.
ㄷ. 컵과 적외선 가열 장치의 거리를 40 cm로 하면 컵 안의 온도는 t ℃보다 높은 온도에서 일정해진다.

① ㄱ   ② ㄷ   ③ ㄱ, ㄴ   ④ ㄴ, ㄷ   ⑤ ㄱ, ㄴ, ㄷ

20. 그림은 어느 날 일식이 일어났을 때 태양, 달, 지구의 상대적인 위치를 나타낸 것이다.

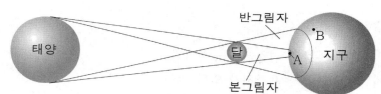

이에 대한 옳은 설명만을 <보기>에서 있는 대로 고른 것은? [3점]

─── < 보 기 > ───
ㄱ. 이날 보름달이 관측된다.
ㄴ. 이때 A 지역에서는 개기 일식이 관측된다.
ㄷ. 이때 B 지역에서는 일식이 관측되지 않는다.

① ㄱ   ② ㄷ   ③ ㄱ, ㄴ   ④ ㄴ, ㄷ   ⑤ ㄱ, ㄴ, ㄷ

─────────────────────
＊ 확인 사항

○ 답안지의 해당란에 필요한 내용을 정확히 기입(표기)했는지 확인하시오.
─────────────────────

● 문항수 20개 | 배점 50점
● 제한 시간 30분

성명 [   ]   수험 번호 [| | | | | | — | | | |]

● 점수 표시가 없는 문항은 모두 2점

1. 다음은 선생님이 제시한 과제와 학생 A, B, C의 답변이다.

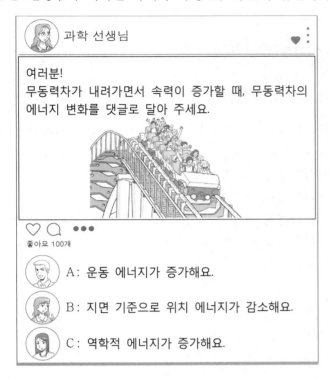

과학 선생님

여러분!
무동력차가 내려가면서 속력이 증가할 때, 무동력차의
에너지 변화를 댓글로 달아 주세요.

좋아요 100개

A: 운동 에너지가 증가해요.

B: 지면 기준으로 위치 에너지가 감소해요.

C: 역학적 에너지가 증가해요.

답변의 내용이 옳은 학생만을 있는 대로 고른 것은?

① A   ② C   ③ A, B   ④ B, C   ⑤ A, B, C

2. 다음은 전압과 전류의 관계를 알아보는 실험 과정이다.

[실험 과정]

(가) 저항값이 100 Ω인 니크롬선
A를 전원 장치에 연결한 회로
를 구성한다.

(나) 스위치를 닫고 전원 장치의 전
압을 증가시키며 니크롬선에
걸리는 전압과 니크롬선에 흐르는 전류의 세기를 측정
한다.

(다) (가)에서 A를 저항값이 200 Ω인 니크롬선 B로 바꾼
후 (나)를 수행한다.

A, B에 흐르는 전류의 세기를 전압에 따라 나타낸 그래프로
가장 적절한 것은? [3점]

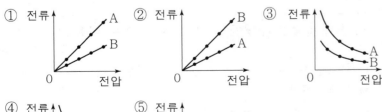

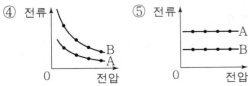

3. 그림은 빛의 삼원색에 해당하는 빨강, 초록, 파랑 빛이 나오는
화소로 구성된 화면에서 색을 표현할 때, 화면의 각 지점 A와
B를 확대한 모습을 나타낸 것이다. A에서는 초록빛이, B에서는
빨강 빛이 나오는 화소가 꺼져 있다.

: 켜진 화소

: 꺼진 화소

A와 B에서 표현한 색으로 가장 적절한 것은? (단, 켜진 화소
의 밝기는 모두 같다.)

	A	B		A	B
①	노란색	자홍색	②	노란색	청록색
③	자홍색	노란색	④	자홍색	청록색
⑤	청록색	자홍색			

4. 그림은 물체 A를 액체 B에 넣은 후, A
와 B의 온도를 시간에 따라 나타낸 것이
다. t일 때 A와 B의 온도가 같아졌다.

이에 대한 옳은 설명만을 <보기>에서
있는 대로 고른 것은? (단, 열은 A와 B
사이에서만 이동한다.)

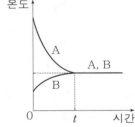

─── < 보 기 > ───
ㄱ. 0부터 t까지 열은 B에서 A로 이동한다.
ㄴ. 0부터 t까지 B의 입자 운동은 점점 활발해진다.
ㄷ. t 이후 A와 B는 서로 열평형 상태에 있다.

① ㄱ   ② ㄴ   ③ ㄱ, ㄷ   ④ ㄴ, ㄷ   ⑤ ㄱ, ㄴ, ㄷ

5. 그림 (가)는 물체 A가 용수철저울에 매달려 정지해 있는 모습
을, (나)는 (가)의 A를 물에 넣었을 때 A가 물속에서 정지해
있는 모습을 나타낸 것이다. (가)와 (나)에서 용수철저울로 측
정한 힘의 크기는 각각 40 N, 30 N이다.

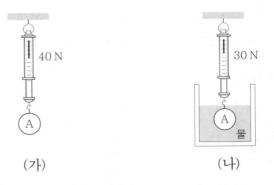

(가)   (나)

(나)에서 A에 작용하는 부력의 크기는? [3점]

① 10 N   ② 30 N   ③ 40 N   ④ 50 N   ⑤ 70 N

6. 그림 (가)는 감압 용기에 풍선을 넣은 모습을, (나)는 (가)의 감압 용기에서 공기를 빼낸 후의 모습을 나타낸 것이다.

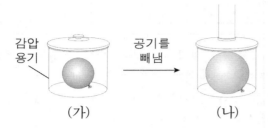

이에 대한 옳은 설명만을 <보기>에서 있는 대로 고른 것은? [3점]

─── < 보 기 > ───
ㄱ. 감압 용기 속 기체의 분자 수는 (가) > (나)이다.
ㄴ. 풍선 속 기체의 압력은 (가)에서와 (나)에서가 같다.
ㄷ. (나)의 감압 용기에 공기를 다시 넣어 주면 풍선의 부피는 증가한다.

① ㄱ   ② ㄷ   ③ ㄱ, ㄴ   ④ ㄴ, ㄷ   ⑤ ㄱ, ㄴ, ㄷ

7. 그림은 이온 (가)~(다)를 모형으로 나타낸 것이다.

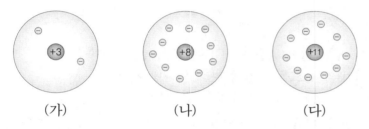

이에 대한 설명으로 옳은 것은?

① ⊖은 원자핵이다.
② (가)는 음이온이다.
③ (나)는 양이온이다.
④ 원자핵의 전하량은 (가) > (나)이다.
⑤ 원자일 때 전자 수는 (다) > (나)이다.

8. 그림은 염화 나트륨($NaCl$) 수용액 (가)와 질산 은($AgNO_3$) 수용액 (나)를 혼합하였을 때, (나)와 혼합 용액에 들어 있는 이온을 모형으로 나타낸 것이다.

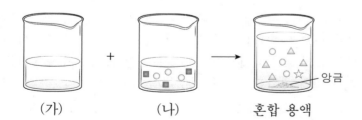

(가)에 들어 있는 이온을 모형으로 옳게 나타낸 것은? [3점]

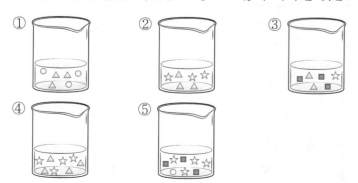

9. 그림 (가)는 액체 X와 Y의 혼합물을 가열하여 분리하는 장치를, (나)는 액체 Y와 Z의 혼합물을 분리하는 장치를 나타낸 것이다. (가)에서는 X가, (나)에서는 Y가 먼저 분리된다.

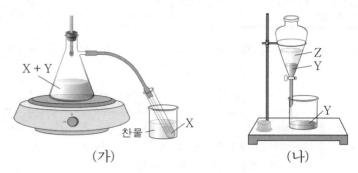

이에 대한 옳은 설명만을 <보기>에서 있는 대로 고른 것은?

─── < 보 기 > ───
ㄱ. 끓는점은 X가 Y보다 높다.
ㄴ. (나)에서 액체의 밀도는 Y > Z이다.
ㄷ. (나)에서 혼합물이 분리되는 원리를 이용하여 원유에서 휘발유를 분리할 수 있다.

① ㄱ   ② ㄴ   ③ ㄷ   ④ ㄱ, ㄷ   ⑤ ㄴ, ㄷ

10. 다음은 마그네슘(Mg)과 산소(O_2)가 반응하여 산화 마그네슘(MgO)이 생성되는 반응의 화학 반응식이다.

$$aMg + O_2 \rightarrow aMgO \ (a는 반응 계수)$$

표는 반응 용기에 Mg과 O_2의 질량을 달리하여 넣고, 반응물 중 하나가 모두 소모될 때까지 반응시킨 실험 (가)와 (나)에 대한 자료이다.

실험	반응 전 반응물의 질량(g)		반응 후 남은 반응물의 질량(g)
	Mg	O_2	
(가)	3	3	1
(나)	7	4	1

이에 대한 옳은 설명만을 <보기>에서 있는 대로 고른 것은? [3점]

─── < 보 기 > ───
ㄱ. $a = 1$이다.
ㄴ. MgO에서 성분 원소의 질량비는 $Mg : O = 3 : 2$이다.
ㄷ. 남은 반응물의 종류는 (가)에서와 (나)에서가 같다.

① ㄱ   ② ㄴ   ③ ㄷ   ④ ㄱ, ㄷ   ⑤ ㄴ, ㄷ

11. 그림은 식물에서 일어나는 반응의 일부를 나타낸 것이다. (가)와 (나)는 각각 광합성과 호흡 중 하나이다.

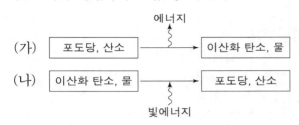

이에 대한 옳은 설명만을 <보기>에서 있는 대로 고른 것은? [3점]

─── < 보 기 > ───
ㄱ. (가)는 호흡이다.
ㄴ. (가)는 빛이 없을 때만 일어난다.
ㄷ. 엽록체에서 (나)가 일어난다.

① ㄱ   ② ㄴ   ③ ㄷ   ④ ㄱ, ㄷ   ⑤ ㄴ, ㄷ

12. 표는 사람의 감각 기관 A ~ C의 특징을 나타낸 것이다. A ~ C는 각각 귀, 눈, 코 중 하나이다.

감각 기관	특징
A	후각 세포가 있어 냄새를 맡을 수 있다.
B	주변의 밝기에 따라 ㉠동공의 크기가 조절된다.
C	공기의 진동을 자극으로 받아들여 소리를 감지한다.

이에 대한 옳은 설명만을 <보기>에서 있는 대로 고른 것은? [3점]

─── < 보 기 > ───
ㄱ. A는 코이다.
ㄴ. 어두운 곳에서 밝은 곳으로 이동하면 ㉠은 커진다.
ㄷ. C에는 달팽이관이 있다.

① ㄱ   ② ㄴ   ③ ㄱ, ㄷ   ④ ㄴ, ㄷ   ⑤ ㄱ, ㄴ, ㄷ

13. 그림은 고양이의 분류 단계를 나타낸 것이다.

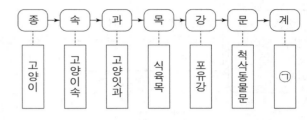

이에 대한 옳은 설명만을 <보기>에서 있는 대로 고른 것은?

─── < 보 기 > ───
ㄱ. ㉠은 동물계이다.
ㄴ. 식육목에 속하는 생물은 척삭동물문에 속한다.
ㄷ. 종은 자연 상태에서 서로 교배하여 생식 능력을 가진 자손을 낳을 수 있는 무리이다.

① ㄱ   ② ㄴ   ③ ㄱ, ㄷ   ④ ㄴ, ㄷ   ⑤ ㄱ, ㄴ, ㄷ

14. 그림은 사람의 기관 A ~ D를 나타낸 것이다. A ~ D는 각각 간, 위, 쓸개, 이자 중 하나이다.

이에 대한 설명으로 옳은 것은?

① A는 위이다.
② B에서 단백질이 소화된다.
③ C에서 펩신이 분비된다.
④ D에서 쓸개즙이 생성된다.
⑤ A ~ D는 모두 순환계에 속한다.

15. 그림은 어떤 가족의 유전병 (가)에 대한 가계도를 나타낸 것이다. (가)는 1쌍의 대립유전자에 의해 결정되며, 대립유전자에는 우성 대립유전자 A와 열성 대립유전자 a가 있다.

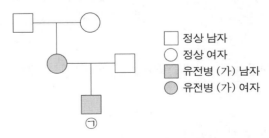

정상 남자 □
정상 여자 ○
유전병 (가) 남자 ■
유전병 (가) 여자 ●

㉠의 동생이 태어날 때, 이 아이에게서 (가)가 발현될 확률은? (단, 돌연변이는 고려하지 않는다.) [3점]

① 0   ② $\frac{1}{4}$ ③ $\frac{1}{2}$ ④ $\frac{3}{4}$ ⑤ 1

24회

16. 다음은 암석의 생성 과정에 대한 학생 A, B, C의 대화이다.

변성암은 기존 암석이 열이나 압력을 받아 만들어져.

화성암은 마그마가 지표나 지하에서 식으면서 만들어져.

퇴적암은 퇴적물이 쌓인 후 다져지고 굳으면서 만들어져.

학생 A   학생 B   학생 C

제시한 내용이 옳은 학생만을 있는 대로 고른 것은?

① A   ② C   ③ A, B   ④ B, C   ⑤ A, B, C

17. 그림은 전 세계의 지진 및 화산 분포와 판의 경계를 나타낸 것이다.

태평양

▲ 화산
• 지진
— 판의 경계

이에 대한 옳은 설명만을 <보기>에서 있는 대로 고른 것은?

─── < 보 기 > ───
ㄱ. 태평양에서 지진은 중앙부보다 가장자리에서 활발하다.
ㄴ. 지진이 발생하는 곳에서는 항상 화산이 분출한다.
ㄷ. 지진대는 대체로 판의 경계와 일치한다.

① ㄱ   ② ㄴ   ③ ㄱ, ㄷ   ④ ㄴ, ㄷ   ⑤ ㄱ, ㄴ, ㄷ

18. 그림 (가)와 (나)는 온난 전선과 한랭 전선 부근의 모습을 순서 없이 나타낸 것이다.

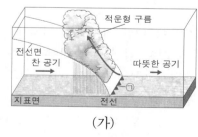 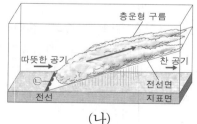

적운형 구름 / 전선면 / 찬 공기 / 따뜻한 공기 / ㉠ / 지표면 / 전선
(가)

층운형 구름 / 따뜻한 공기 / ㉡ / 전선 / 찬 공기 / 전선면 / 지표면
(나)

이에 대한 옳은 설명만을 <보기>에서 있는 대로 고른 것은?   [3점]

─── < 보 기 > ───
ㄱ. ㉠은 한랭 전선이다.
ㄴ. (나)에서는 소나기가 내린다.
ㄷ. 전선의 이동 속도는 ㉠이 ㉡보다 느리다.

① ㄱ   ② ㄷ   ③ ㄱ, ㄴ   ④ ㄴ, ㄷ   ⑤ ㄱ, ㄴ, ㄷ

19. 다음은 해양에서 혼합층이 형성되는 원리를 알아보기 위한 실험이다.

[실험 과정]
(가) 그림과 같이 온도계의 깊이를 서로 다르게 설치하고 가열 장치로 10분 동안 가열한 후, 깊이에 따른 수온을 측정한다.
(나) 가열 장치를 켜둔 상태에서 3분 동안 선풍기로 수면 위에 바람을 일으킨 후, 깊이에 따른 수온을 측정한다.

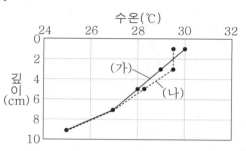

가열 장치 / 온도계

[실험 결과]

수온(℃)

깊이(cm) / (가) / (나)

이에 대한 옳은 설명만을 <보기>에서 있는 대로 고른 것은?

─── < 보 기 > ───
ㄱ. 가열 장치는 태양에 해당한다.
ㄴ. 혼합층은 (가)보다 (나)에서 잘 나타난다.
ㄷ. (나)에서 선풍기의 바람을 더 강하게 하면 수온이 일정한 구간의 두께는 증가한다.

① ㄱ   ② ㄴ   ③ ㄱ, ㄷ   ④ ㄴ, ㄷ   ⑤ ㄱ, ㄴ, ㄷ

20. 그림 (가), (나), (다)는 우리나라에서 7일 간격으로 관측한 달의 모습을 나타낸 것이다.

(가)   (나)   (다)

이에 대한 옳은 설명만을 <보기>에서 있는 대로 고른 것은?   [3점]

─── < 보 기 > ───
ㄱ. (가)는 상현달이다.
ㄴ. (나)를 관측한 날에 일식이 일어날 수 있다.
ㄷ. 태양과 달 사이의 거리는 (다)일 때 가장 멀다.

① ㄱ   ② ㄷ   ③ ㄱ, ㄴ   ④ ㄴ, ㄷ   ⑤ ㄱ, ㄴ, ㄷ

─────────────────────
★ 확인 사항
◦ 답안지의 해당란에 필요한 내용을 정확히 기입(표기)했는지 확인하시오.
─────────────────────

국어 영역

● 문항수 45개 | 배점 100점 | 제한 시간 80분   ● 점수 표시가 없는 문항은 모두 2점 ● 출처 : 고1 학력평가

[1 ~ 3] 다음은 '세마포르'에 대한 강연의 일부이다. 물음에 답하시오.

여러분, 과거에는 먼 곳까지 메시지를 전달하기 위해 어떤 시각 통신 수단을 사용했을까요? (청중의 대답을 들은 후 고개를 끄덕이며) 네, 그렇습니다. (화면을 가리키며) 화면에 보이는 것처럼 봉화가 있었습니다. 봉화는 수 킬로미터 간격으로 세운 봉화대에 불을 붙여 메시지를 빠르게 전달할 수 있긴 했지만, 특정한 몇 가지 메시지만 전달할 수 있다는 제약이 있었습니다. 이러한 제약에서 벗어난 시각 통신 수단이 바로 오늘 말씀 드릴 세마포르입니다. 세마포르가 무엇인지 궁금하시죠?

1792년에 프랑스에서 발명된 세마포르는 다양하고 구체적인 메시지를 먼 곳까지 전달할 수 있는 획기적인 시각 통신 수단이었습니다. 그렇다면 세마포르는 어떤 방식으로 메시지를 전달했을까요? (화면을 가리키며) 이 화면은 세마포르에 쓰인 탑의 구조를 나타낸 것입니다. 탑의 지붕에는 나무 기둥이 세워져 있는데, 이 기둥 꼭대기에는 선풍기 날개처럼 회전이 가능한 긴 널빤지가 하나 매달려 있습니다. 그리고 긴 널빤지 양 끝에 각도 조절이 가능한 짧은 널빤지가 매달려 있습니다. 이 널빤지들의 각도를 각각 조절하면 여러 형태를 만들 수 있는데, 이렇게 만들어진 각각의 형태들이 로마자나 숫자의 의미를 갖는 것입니다. (청중의 표정을 살피고) 여러분의 표정을 보니 잘 이해하지 못하신 것 같네요. 자, 여기에 제시된 예를 같이 보시죠.

(화면을 가리키며) 화면에 보이는 것은 각각 로마자 A와 숫자 7을 의미하는 형태입니다. 긴 널빤지가 수평을 유지한 상태에서 양쪽의 짧은 널빤지가 수직으로 세워져 있는 형태는 A이고요, 긴 널빤지와 짧은 널빤지 모두가 수평인 형태는 7입니다. 세마포르는 이러한 널빤지의 형태를 탑에서 탑으로 시간차를 두어 차례대로 전달해 나가는 방식을 통해 글자를 하나씩 전달하였습니다. 이 방식으로 (손가락 세 개를 펴며) 1분에 3개의 글자를 전달할 수 있었는데, 200여 킬로미터 떨어진 곳까지 글자 100개를 전송하는 데 채 1시간도 걸리지 않았다고 합니다. 다만 산과 같은 고지대에 세워졌음에도 불구하고 가시거리가 제대로 확보되지 않은 상황에서는 전송 효율이 떨어진다는 문제가 있었습니다.

이러한 한계에도 불구하고 세마포르는 유용한 시각 통신 수단으로 자리매김을 했습니다. (화면을 가리키며) 화면에서처럼 수 킬로미터 간격으로 500여 개에 이르는 송수신 탑을 세워 5,000 킬로미터에 달하는 곳까지 메시지를 전달할 수 있었는데요, 프랑스는 세마포르를 활용해 긴박한 상황을 단시간에 멀리까지 전파할 수 있었기 때문에 다른 유럽 국가들과의 경쟁에서 우위를 차지할 수 있었습니다.

1. 위 강연자의 말하기를 이해한 내용으로 적절하지 않은 것은?

① 화제와 관련된 수치를 제시하여 청중의 이해를 돕고 있다.
② 청중의 질문에 대답하면서 청중과 상호 작용을 하고 있다.
③ 앞부분에 화제를 제시하며 청중의 호기심을 유발하고 있다.
④ 비언어적 표현을 활용하여 의사 전달의 효과를 높이고 있다.
⑤ 다른 대상과 비교하는 방법으로 화제의 특성을 밝히고 있다.

2. 위 강연에서 제시했을 시각 자료로 적절하지 않은 것은?

① 불을 이용한 봉화
◦ 장점 : 빠른 메시지 전달
◦ 단점 : 특정 메시지만 전달

② 세마포르 탑의 구조

짧은 널빤지
긴 널빤지
나무 기둥

③ 글자를 나타내는 방식
A   7

④ 세마포르를 대체한 모스 부호
A ●━
B ━●●●
C ━●━●
D ━●●

⑤ 프랑스의 세마포르 통신망
◦ 송수신 탑 : 500여 개
◦ 통신 선로 : 약 5,000 Km

3. 위 강연을 들은 학생이 <보기>와 같이 반응했다고 할 때, 학생의 듣기 전략에 대한 설명으로 가장 적절한 것은?

── < 보 기 > ──

"산꼭대기에서 바라보는 아름다운 경치를 기대하며 정상에 올랐는데 안개 때문에 바로 앞에 있는 산도 잘 안 보여서 아쉬웠던 적이 있었어. 세마포르에 이용된 탑이 수 킬로미터 간격으로 세워졌기 때문에 만약 안개가 꼈다면 잘 안 보였을 것 같아. 가시거리가 확보되지 않은 상황에서 세마포르의 전송 효율이 떨어진다고 한 것이 그런 의미이겠구나."

① 강연 내용 중에서 사실과 다른 부분을 판단하며 비판적으로 평가하고 있다.
② 강연에 언급된 내용을 자신이 직접 경험했던 일과 관련지어 이해하고 있다.
③ 강연의 내용을 구조적으로 파악하여 전체 내용을 간략하게 정리하고 있다.
④ 강연을 듣기 전에 지니고 있었던 의문을 강연 내용을 통해 해소하고 있다.
⑤ 강연의 내용이 강연 목적에 부합하고 있는지를 객관적으로 분석하고 있다.

[4~7] (가)는 '반려동물 인수제'를 주제로 한 라디오 대담의 일부이고, (나)는 (가)를 바탕으로 학생이 작성한 기사문의 초고이다. 물음에 답하시오.

(가) 대담

진행자 : 최근 반려동물을 키우는 가구가 증가하면서 반려동물의 불법 유기도 늘어나 사회적 문제가 되고 있습니다. 이런 문제를 해결하기 위해 정부에서 도입하려는 반려동물 인수제에 대한 사회적 논의가 활발하게 진행되고 있는데요, 오늘은 반려동물 인수제에 대해 동물복지과 김○○ 과장님과 동물 보호 단체 최○○ 대표님을 모시고 이야기를 나누어 보겠습니다. 김 과장님, 반려동물 인수제가 무엇인가요?

김 과장 : 반려동물 인수제는 반려동물을 키울 수 없게 된 사람이 반려동물을 정부에 위탁하는 제도입니다. 불법 유기된 반려동물이 늘어나면서 이와 관련된 여러 가지 사회적 문제가 발생하고 있습니다. 유기 동물 보호에 소요되는 사회적 비용이 점차 증가하고 있으며, 야생화된 유기 동물이 시민들의 안전을 위협하는 문제가 발생하고 있습니다. 이런 문제를 해결하기 위해 반려동물 인수제를 도입할 필요가 있습니다.

진행자 : 정부 위탁을 통해 불법 유기를 줄이자는 것이군요. 그렇다면 반려동물 인수제의 위탁 절차와 위탁된 동물들은 어떻게 되는지 궁금합니다.

김 과장 : 반려동물을 키울 수 없게 된 사람이 양육 포기 신청을 한 후 일정한 비용을 내고 동물 보호소에 맡기면, 정부가 나머지 비용을 보조해 반려동물을 관리하면서 새로운 주인과 연결해 줍니다. 보호소에 위탁된 동물을 입양하는 사람에게 정부가 양육 비용 등을 지원하여 입양을 활성화한다면, 반려동물 인수제가 효과를 거둘 수 있을 것입니다. 실제로 이 제도가 시행되고 있는 미국과 영국 등에서도 이 같은 정부의 노력으로 동물 입양이 활발하게 이루어지고 있습니다.

진행자 : 네, 그렇군요. 김 과장님의 이런 의견에 대해 최 대표님은 어떻게 생각하시는지요?

최 대표 : 물론 저도 반려동물 입양이 활성화되면 반려동물 인수제를 통해 불법 유기 동물 문제가 개선될 수 있을 것이라 생각합니다. 그런데 우리나라에서는 동물 보호소에 있는 동물이 입양되는 비율이 채 30%가 되지 않습니다. 이는 동물을 쉽게 살 수 있는 우리나라에서, 버려졌던 동물을 입양하는 것을 사람들이 꺼려하기 때문입니다. 따라서 반려동물 인수제가 도입되더라도 단순히 정부의 양육 비용 지원만으로는 입양률이 크게 달라지지 않으리라 생각합니다. 이런 상황에서 반려동물 인수제는 시기상조이며, 오히려 합법적으로 동물 보호소에 유기되는 동물들이 늘어날 수 있습니다.

진행자 : 입양률이 낮은 상황에서 반려동물 인수제 시행은 시기상조라고 생각하시는군요. 그렇다면 반려동물 불법 유기 문제를 어떻게 해결해야 한다고 생각하십니까?

최 대표 : 불법 유기된 반려동물이 늘어나는 문제의 근본적인 원인부터 생각해 보아야 합니다. 저는 반려동물을 쉽게 사고 버릴 수 있는 소유물로 생각하는 것이 원인이라고 생각합니다. 이제는 반려동물을 하나의 생명체로 존중하고 양육에 책임을 지는 사회적 분위기를 형성하기 위해 노력할 때입니다. 이와 함께 반려동물을 키우기 위한 사전 교육을 의무화하고 반려동물을 불법적으로 유기했을 때 법적 처벌을 강화하는 등의 제도적 장치를 마련하는 것도 필요할 것입니다.

진행자 : 김 과장님은 반려동물 인수제를 도입하자는 의견을, 최 대표님은 그보다는 문제의 근본적인 원인 해결이 더 중요하다는 의견을 주셨습니다. 청취자 게시판도 뜨거운데요, 청취자 의견을 살펴보고 계속 진행하겠습니다.

(나) 초고

㉠ 탄탄대로, 반려동물 인수제

반려동물을 키우는 가구가 늘어나는 만큼 불법 유기되는 동물의 수가 ㉡ 갑작스럽게 급증하고 있고, 이에 따른 사회적 문제가 늘어나고 있다. 농림축산식품부에 따르면 2016년 유기 동물 보호 센터의 운영 비용이 약 114억 원으로 전년 대비 17% 가량 증가했다.

구조된 유기 동물

82,082 89,732
2015년 2016년   단위 마리

유기 동물 보호 센터 운영 비용

975,000 1,148,000
2015년 2016년   단위 만 원

한 설문 조사 결과, 반려동물을 포기하는 이유에는 장기간 부재(25.9%), 경제적 문제(11.6%) 등이 있다고 나타났다. 반려동물을 키울 수 없는 이와 같은 사정을 고려했을 때, 반려동물 주인에게 반려동물을 버리지 말고 무조건 키워야 한다고 강요할 수 없다는 의견이 있다. ㉢ 현재 국내 반려동물 시장의 규모는 1조 4천억 원 수준으로 추정된다. 그래서 양육이 어려워진 반려동물을 보호소에 위탁하면 정부에서 입양처를 연결해 주는 반려동물 인수제의 도입이 필요하다는 주장이 제기되고 있다. 반려동물의 양육을 합법적으로 포기할 수 있는 절차를 마련하여, 불법 유기로 인해 발생할 수 있는 사회적 문제를 예방하자는 취지이다.

그러나 한편에서는 반려동물에 대한 인식이 개선되지 않은 채로 반려동물 인수제가 시행되면 ㉣ 법적, 양심적 면죄부를 주어 오히려 반려동물의 양육을 쉽게 포기하는 풍토가 생길 수 있다고 주장한다. 지금도 동물 보호소의 많은 동물들이 예산과 공간의 부족으로 ㉤ 안락사하고 있는데, 반려동물 인수제가 시행되면 보호소의 동물들이 더욱 증가하여 이를 관리하는 문제가 심화될 수 있다는 것이다. 그러므로 반려동물 인수제의 시행보다는 반려동물을 가족처럼 여기는 사회적 분위기 조성이 선행되어야 한다는 주장이 있다.

반려동물 인수제의 시행을 주장하는 입장과 이로 인해 발생할 수 있는 문제점을 제기하는 입장이 팽팽하게 맞서고 있는 가운데, 반려동물 인수제에 대한 사회적 논의가 활발하게 진행되고 있다.

4. (가)의 대담 참여자의 말하기 방식으로 적절하지 <u>않은</u> 것은?

① '진행자'는 대담자의 발언을 정리하고 대담자의 발언에 대해 추가 설명을 요청하고 있다.

② '김 과장'은 반려동물 인수제에 대해 소개하면서 제도를 도입해야 할 필요성을 언급하고 있다.

③ '김 과장'은 외국의 사례를 바탕으로 반려동물 인수제로 인해 거둘 수 있는 효과를 설명하고 있다.

④ '최 대표'는 통계 자료를 제시하여 반려동물 인수제 실시에 대한 사람들의 거부감을 언급하고 있다.

⑤ '최 대표'는 반려동물 인수제의 부작용을 거론하고, 반려동물 불법 유기 문제의 근본적인 해결 방안을 제시하고 있다.

5. (가)에서 '김 과장'과 '최 대표'가 모두 동의하고 있는 의견으로 적절한 것은?

① 반려동물 인수제가 시행되더라도 반려동물의 불법 유기를 줄일 수 없다.

② 반려동물 입양이 활성화되면 반려동물 인수제가 효과를 거둘 수 있을 것이다.

③ 반려동물 인수제가 도입되면 불법 유기된 동물의 입양률이 크게 증가할 것이다.

④ 반려동물 인수제가 정착되려면 반려동물의 양육 포기를 위한 절차가 강화되어야 한다.

⑤ 반려동물 인수제를 통해 입양한 사람에게 양육 비용을 지원하면 입양률이 크게 늘어날 것이다.

6. (가)를 참고하여 세운 작문 계획 중 (나)에 반영된 내용으로 적절하지 <u>않은</u> 것은?

① 대담에서 언급된, 반려동물 인수제의 개념과 취지를 제시해야겠어.

② 대담에서 언급된, 반려동물 인수제 실시에 대한 서로 다른 입장을 소개해야겠어.

③ 대담에서 언급된, 반려동물 입양의 자격 조건에 대해 구체적으로 설명해야겠어.

④ 대담에서 언급되지 않은, 반려동물 양육 포기 사유를 설문 조사 자료를 활용하여 언급해야겠어.

⑤ 대담에서 언급된, 불법 유기 동물로 인해 사회적 비용이 증가하고 있는 현황을 시각 자료를 활용하여 제시해야겠어.

7. ㉠ ~ ㉤을 고쳐 쓰기 위한 방안으로 적절하지 <u>않은</u> 것은?

① ㉠ : 글 전체 흐름에 맞지 않으므로 '뜨거운 논란'으로 고친다.

② ㉡ : 의미가 중복되었으므로 '급증하고'로 고친다.

③ ㉢ : 문단의 통일성을 해치고 있으므로 삭제한다.

④ ㉣ : 필요한 문장 성분이 빠져 있으므로 '반려동물 주인들에게'를 첨가한다.

⑤ ㉤ : 주어와의 호응이 맞지 않으므로 '안락사시키고'로 고친다.

[8 ~ 10] 다음을 읽고 물음에 답하시오.

(가) 작문 상황 및 내용 구성 방안

■ **작문 상황 :** ㉠<u>자율 동아리에서 '스몸비'와 관련된 사고를 예방하기 위한 캠페인의 일환으로 누리 소통망(SNS)에 글을 올리고자 한다.</u>

■ **글의 내용 구성**
  ○ 스몸비 관련 사고의 심각성 ·································· ⓐ
  ○ 스몸비의 개념과 행동 특성 ······························· ⓑ
  ○ 스몸비 문제로 인한 세대 갈등 ··························· ⓒ
  ○ 스몸비 예방 캠페인의 목적 ······························· ⓓ
  ○ 스몸비 예방 캠페인의 실행 방법 ························· ⓔ

(나) 초고

멈춰, 스몸비! 반갑습니다. 저희는 자율 동아리 '안전지대'입니다. 얼마 전 인근 학교 학생이 스마트폰을 사용하면서 길을 건너던 중 오는 차를 보지 못해 교통사고를 크게 당한 적이 있습니다. 저희는 이 소식을 듣고 스마트폰에 집중한 채 걸어다니는 것이 얼마나 심각한 위험인지 깨닫게 되었습니다. 더욱이 최근 들어 스마트폰 사용이 늘어나면서 이러한 교통사고뿐만 아니라 여러 보행 사고가 증가하고 있다고 합니다.

여러분, '스몸비'라는 말을 들어 본 적이 있나요? 스몸비는 '스마트폰'과 '좀비'를 합성하여 만들어진 단어로, 스마트폰에 집중한 채 좀비처럼 걷는 사람들을 일컫는 말입니다. 보행 중 스마트폰을 사용하지 않는 사람들에 비해 스몸비는 보행 속도가 느리고, 외부 자극에 대한 인지 능력이 떨어지는 행동 특성을 보인다고 합니다. 그 결과 위험을 피할 수 있는 시간을 충분히 확보하지 못해 사고가 일어날 확률이 높습니다. 문제는 대다수의 스몸비가 보행 중 스마트폰 사용이 위험하다는 것을 알면서도 스마트폰 사용을 자제하지 못하고 있다는 점입니다.

이와 같은 상황에서 저희 '안전지대'는 스몸비와 관련된 안전사고를 예방하기 위해 '멈춰, 스몸비!' 캠페인을 시작하였습니다. 저희는 누리 소통망을 통해 스몸비의 위험성을 알리고, ㉡<u>스몸비에 대한 보고서를 작성하여 각 학급에 배부할 예정입니다.</u> 또한 '스마트폰 게임하며 공 피하기' 등의 체험 활동을 기획하여 스몸비의 위험성을 일깨우고자 합니다. 저희의 노력이 스몸비에 대한 사회적 경각심을 불러일으켜 스몸비와 관련된 안전사고 예방을 위한 여러 방안이 모색되기를 희망합니다.

8. ⓐ ~ ⓔ 중 '초고'에 반영되지 <u>않은</u> 것은?

① ⓐ   ② ⓑ   ③ ⓒ   ④ ⓓ   ⑤ ⓔ

9. <조건>에 따라 작성한 ㉠의 문구로 가장 적절한 것은?

┌─────────── < 조 건 > ───────────
│ ○ 스몸비에 대한 경각심을 환기할 것.
│ ○ 직유법을 활용하여 문구의 표현 효과를 높일 것.
└──────────────────────────────

① 좀비, 좀 비켜!

② 안전은 스몸비 앞에서 멈춘다.

③ 거북이처럼 걷는 당신, 몹시 거북합니다.

④ 스몸비, 닮아 가는 배터리처럼 안전도 방전!

⑤ 스몸비 승객 여러분, 이번 역은 병원, 병원입니다.

10. (나)에서 언급된 내용을 바탕으로 ㉡을 작성하고자 한다. <보기>의 자료를 활용하는 방안으로 적절하지 <u>않은</u> 것은?

[3점]

─────── < 보 기 > ───────

Ⅰ. 연구 자료

(ㄱ) 스몸비 관련 교통사고(연도별 건수)

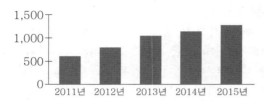

(ㄴ) 보행 중 스마트폰 사용에 따른 인지 거리 변화

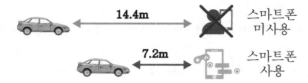

14.4m   스마트폰 미사용
7.2m   스마트폰 사용

Ⅱ. 전문가 인터뷰

"보행 중 스마트폰을 사용하면 평소에 비해 시야 폭이 56%, 전방 주시율도 15% 정도 감소하여 사물을 인지하는 능력이 떨어지게 됩니다. 한 설문 조사에 따르면 전체 응답자 중 84%가 보행을 할 때 스마트폰 사용이 위험하다는 사실을 알고 있다고 응답하였습니다. 그럼에도 불구하고 많은 사람들이 보행 중에 스마트폰을 사용하고 있습니다. 따라서 이런 사람들에 대한 계도가 시급합니다."

Ⅲ. 신문 기사

스몸비로 인한 문제를 해결하기 위해 다른 나라에서는 어떤 방법을 사용할까? A국은 보행 중 스마트폰 사용자에게 벌금을 부과하고 있으며, B국은 바닥의 표지판이나 횡단보도 등의 시설물을 활용하여 보행 중 스마트폰 사용의 위험성을 경고하고 있다. 또한 C국은 보행 중에는 스마트폰 사용이 차단되는 애플리케이션을 개발하여 스마트폰 사용자들이 이를 의무적으로 설치하도록 할 계획이다.

① Ⅰ-(ㄱ)을 첫째 문단과 연결하여, 스몸비 관련 교통사고가 증가하고 있는 추세를 구체적으로 보여 주는 자료로 활용한다.
② Ⅱ를 둘째 문단과 연결하여, 위험성을 알고도 고치지 않는 스몸비에 대한 계도의 필요성을 보여 주는 자료로 활용한다.
③ Ⅲ을 셋째 문단과 연결하여, 스몸비 문제 해결을 위한 다양한 방안의 예를 보여 주는 자료로 활용한다.
④ Ⅰ-(ㄴ)과 Ⅱ를 둘째 문단과 연결하여, 보행 중 스마트폰을 사용하면 인지 능력이 저하됨을 보여 주는 자료로 활용한다.
⑤ Ⅱ와 Ⅲ을 셋째 문단과 연결하여, 스몸비 문제를 해결하기 위해 기업의 협조가 필수적임을 보여 주는 자료로 활용한다.

[11~12] 다음 글을 읽고 물음에 답하시오.

음운의 동화는 인접한 두 음운 중 어느 한쪽 또는 양쪽이 서로 비슷하거나 같은 소리로 바뀌는 현상이다. 국어의 대표적인 동화에는 비음화, 유음화, 구개음화가 있다.

비음화는 비음이 아닌 'ㅂ, ㄷ, ㄱ'이 비음 'ㅁ, ㄴ' 앞에서 비음 'ㅁ, ㄴ, ㅇ'으로 바뀌어 소리 나는 현상이다. 예를 들어 '국민'이 [궁민]으로 발음되는 것은 비음화에 해당한다. 유음화는 비음 'ㄴ'이 유음 'ㄹ'의 앞이나 뒤에서 유음 'ㄹ'로 발음되는 현상이다. 유음화의 예로는 '칼날[칼랄]'이 있다. ㉠아래의 자음 체계표를 보면, 비음화와 유음화는 그 결과로 인접한 두 음운의 조음 방식이 같아진다는 것을 알 수 있다.

조음 위치 조음 방식	입술 소리	잇몸 소리	센입천장 소리	여린입천장 소리
파열음	ㅂ, ㅍ	ㄷ, ㅌ		ㄱ, ㅋ
파찰음			ㅈ, ㅊ	
비음	ㅁ	ㄴ		ㅇ
유음		ㄹ		

구개음화는 끝소리 'ㄷ, ㅌ'이 모음 'ㅣ'로 시작되는 조사나 접미사 앞에서 구개음 'ㅈ, ㅊ'으로 발음되는 현상이다. 가령 '해돋이'가 [해도지]로 발음되는 것이 이에 해당한다. 이는 동화 결과로 조음 위치와 조음 방식이 모두 바뀌는 현상이다.

아래 그림을 보면 '해돋이'가 [해도디]가 아닌 [해도지]로 소리 나는 이유를 알 수 있다. [1]과 [2]에서 보듯이, 'ㄷ'과 'ㅣ'를 발음할 때의 혀의 위치가 달라 '디'를 발음할 때는 혀가 잇몸에서 입천장 쪽으로 많이 움직여야 한다. 그러나 [2]와 [3]을 보면, 'ㅈ'과 'ㅣ'를 발음할 때의 혀의 위치가 비슷하기 때문에 '지'를 발음할 때는 혀를 거의 움직이지 않아도 된다.

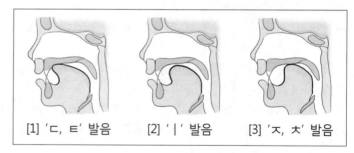

[1] 'ㄷ, ㅌ' 발음   [2] 'ㅣ' 발음   [3] 'ㅈ, ㅊ' 발음

비음화, 유음화, 구개음화는 동화 결과 인접한 두 음운의 성격이 비슷하거나 같은 소리로 바뀐다는 점에서 유사하다. 이처럼 성격이 비슷하거나 같은 소리가 연속되면 발음할 때 힘이 덜 들게 되므로 발음의 경제성이 높아진다.

11. 윗글의 내용에 대한 이해로 적절하지 <u>않은</u> 것은?

① 음운의 동화는 인접한 두 음운이 비슷하거나 같은 소리로 바뀌는 현상이다.
② 음운의 동화로 조음 위치나 조음 방식이 바뀌면 발음의 경제성이 높아진다.
③ 구개음화와 달리 비음화와 유음화가 일어나는 인접한 두 음운은 모두 자음이다.
④ 구개음화는 자음으로 시작되는 조사나 접미사 앞에서는 일어나지 않는다.
⑤ 구개음화는 동화의 결과로 자음과 모음의 소리가 모두 바뀌는 현상이다.

12. ㉠을 참고할 때, <보기>의 a ~ c에서 일어난 음운 동화에 대한 설명으로 적절한 것은?

< 보 기 >

a. 밥물[밤물]　　b. 신라[실라]

c. 굳이[구지]

① a : 비음화의 예로, 조음 방식만 바뀐 것이다.
② a : 유음화의 예로, 조음 방식만 바뀐 것이다.
③ b : 비음화의 예로, 조음 위치만 바뀐 것이다.
④ b : 유음화의 예로, 조음 위치만 바뀐 것이다.
⑤ c : 구개음화의 예로, 조음 방식만 바뀐 것이다.

13. <보기>의 [자료]를 근거로 할 때, [활동]에 대한 답으로 적절한 것은? [3점]

< 보 기 >

[자료]

'구문 도해'는 문장의 짜임을 그림으로 풀이한 것이다. 국어학자 최현배는 아래 그림과 같이 문장의 구문 도해를 나타내었다.

이 구문 도해는 '그가 새 옷을 드디어 입었다.'라는 문장을 나타낸 것이다. 중간에 내리그은 세로줄 왼편에는 주성분인 주어(그가), 목적어(옷을), 서술어(입었다)를, 오른편에는 부속 성분인 관형어(새), 부사어(드디어)를 배치하였다. 그리고 서로 다른 두 성분 사이에는 가로로 외줄을 그었는데, 특히 주어 부분과 그 외의 부분을 구분할 때에는 가로로 쌍줄을 그었다. 또한 조사는 앞말과의 사이에 짧은 세로줄을 그어 표시하였다.

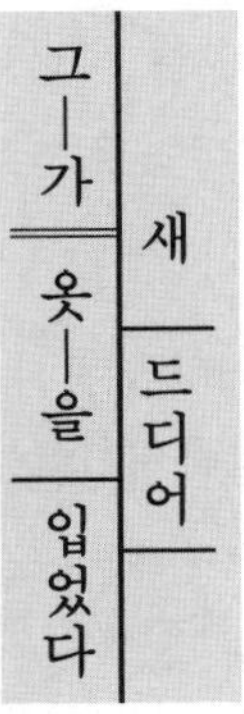

[활동]

다음 문장의 구문 도해를 나타내시오.

나는 그 책도 샀다.

①
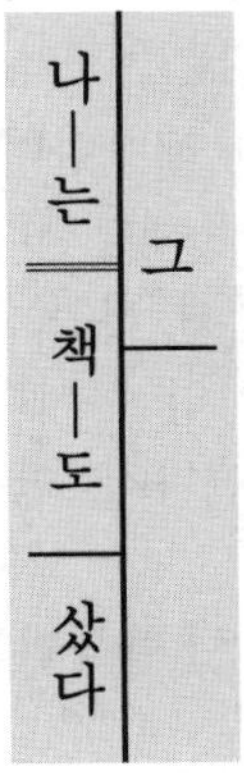

②
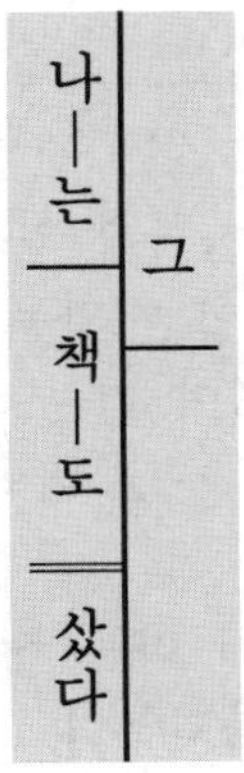

③
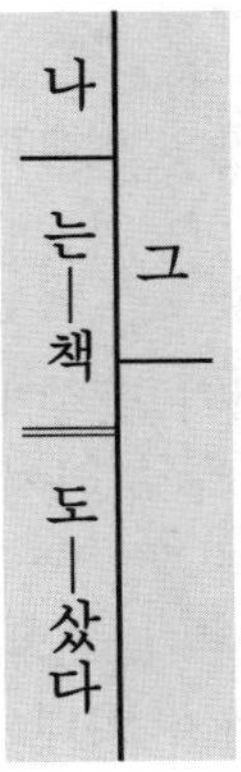

④
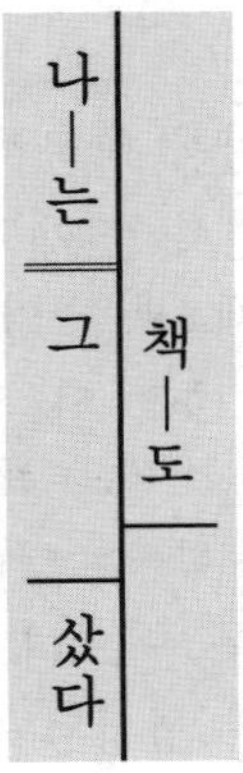

⑤
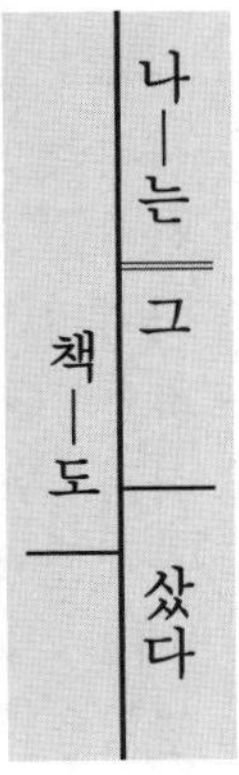

14. <보기>에 제시된 국어사전의 정보를 탐구한 내용으로 적절하지 않은 것은?

< 보 기 >

없다 [업:따] [없어, 없으니, 없는]

　　형 사람, 동물, 물체 따위가 실제로 존재하지 않는 상태이다. ¶ 각이 진 원은 없다.

있다 [읻따] [있어, 있으니, 있는]

(1) 동 **【…에】** 사람이나 동물이 어느 곳에서 떠나거나 벗어나지 아니하고 머물다. ¶ 그는 학교에 있다.

(2) 형 사람, 동물, 물체 따위가 실제로 존재하는 상태이다. ¶ 날지 못하는 새도 있다.

① '없다'는 장음 부호(:)를 표시하여 어간이 긴소리로 발음된다는 것을 나타내고 있군.
② '있다'는 하나의 표제어 아래에 두 가지의 뜻을 제시한 것으로 보아 다의어라고 할 수 있군.
③ '있다 (1)'은 주어 외에 필수적으로 갖추어야 하는 문장 성분에 대한 정보를 나타내고 있군.
④ '없다'와 '있다 (2)'는 품사가 서로 같고, 의미상 반의 관계에 있음을 알 수 있군.
⑤ '없다'와 '있다'는 모두 활용할 때 어간의 형태가 불규칙적으로 변하는 단어에 해당하는군.

15. <보기>의 ㉠ ~ ㉤에 나타난 중세 국어의 특징을 현대 국어와 비교하여 이해한 내용으로 적절하지 않은 것은?

< 보 기 >

나·랏:말ᄊᆞ·미㉠ 中듕國·귁·에 달·아文문字·ᄍᆞᆼ·와·로서르ᄉᆞᄆᆞᆺ·디 아·니ᄒᆞᆯ·ᄊᆡ·이런 젼·ᄎᆞ·로㉡ 어·린 百·ᄇᆡᆨ姓·셩·이 니르·고·져·ᄒᆞᇙ·배이·셔·도ᄆᆞᄎᆞᆷ:내 제㉢ ·ᄠᅳ·들 시·러펴·디:몯ᄒᆞᇙ·노·미하·니·라·내·이·ᄅᆞᆯ爲·윙·ᄒᆞ·야:어엿·비너·겨·새·로·스·믈여·듧字·ᄍᆞᆼ·ᄅᆞᆯ ᄆᆡᆼ·ᄀᆞ노·니:사ᄅᆞᆷ:마·다:ᄒᆡ·ᅇᅧ:수·ᄫᅵ니·겨·날·로·ᄡᅮ·메㉣ 便뼌安한·킈ᄒᆞ·고·져ᄒᆞᇙ㉤ ᄯᆞᄅᆞ·미니·라

－『세종어제훈민정음(世宗御製訓民正音)』－

[현대어 풀이]

우리나라의 말이 **중국과** 달라 한자와는 서로 통하지 아니하여서 이런 까닭으로 **어리석은** 백성이 말하고자 하는 바가 있어도 마침내 제 **뜻을** 능히 펴지 못하는 사람이 많다. 내가 이를 위하여 가엾게 여겨 새로 스물여덟 자를 만드니, 사람마다 하여금 쉽게 익혀 날마다 쓰는 데 **편하게** 하고자 할 **따름이다.**

① ㉠: 조사 '에'는 앞말이 사건의 원인이 됨을 나타낸다.
② ㉡: 현대 국어의 '어리다'와 단어의 의미가 서로 다르다.
③ ㉢: 단어의 초성에 서로 다른 두 자음자를 나란히 적었다.
④ ㉣: 현대 국어에서 사용되지 않는 자음자가 있었다.
⑤ ㉤: 한 음절의 종성을 다음 자의 초성에 옮겨 표기하였다.

[16~19] 다음 글을 읽고 물음에 답하시오.

18세기 경험론의 대표적인 철학자 흄은 '모든 지식은 경험에서 나온다.'라고 주장하면서, 이성을 중심으로 진리를 탐구했던 데카르트의 합리론을 비판하고 경험을 중심으로 한 새로운 철학 이론을 구축하려 하였다. 그러나 지나치게 경험만을 중시한 나머지, 그는 과학적 탐구 방식 및 진리를 인식하는 문제에 대해서도 비판하기에 이른다. 그 결과 ㉠흄은 서양 근대 철학사에서 극단적인 회의주의자로 평가받는다.

흄은 지식의 근원을 경험으로 보고 이를 인상과 관념으로 구분하여 설명하였다. 인상은 오감(五感)을 통해 얻을 수 있는 감각이나 감정 등을 말하고, 관념은 인상을 머릿속에 떠올리는 것을 말한다. 가령, 혀로 소금의 '짠맛'을 느끼는 것은 인상이고, 머릿속으로 '짠맛'을 떠올리는 것은 관념이다. 인상은 단순 인상과 복합 인상으로 나뉘는데, 단순 인상은 단일 감각을 통해 얻은 인상을, 복합 인상은 단순 인상들이 결합된 인상을 의미한다. 따라서 '짜다'는 단순 인상에, '짜다'와 '희다' 등의 단순 인상들이 결합된 소금의 인상은 복합 인상에 해당한다. 그리고 단순 인상을 통해 형성되는 관념을 단순 관념, 복합 인상을 통해 형성되는 관념을 복합 관념이라 한다. 흄은 단순 인상이 없다면 단순 관념이 존재하지 않는다고 보았다. 그런데 '황금 소금'은 현실에 존재하지 않기 때문에 그 자체에 대한 복합 인상은 없지만, '황금'과 '소금' 각각의 인상이 존재하기 때문에 복합 관념이 존재할 수 있다. 따라서 복합 관념은 복합 인상이 없더라도 존재할 수 있다. 하지만 흄은 '황금 소금'처럼 인상이 없는 관념은 과학적 지식이 될 수 없다고 말하였다.

흄은 과학적 탐구 방식으로서의 인과 관계에 대해서도 비판적 태도를 보였다. 그는 인과 관계란 시공간적으로 인접한 두 사건이 반복해서 발생할 때 갖는 관찰자의 습관적인 기대에 불과하다고 말하였다. 즉, '까마귀 날자 배 떨어진다'라는 속담이 의미하는 것처럼 인과 관계는 필연적 관계임을 확인할 수 없다는 것이다. 그는 '까마귀가 날아오르는 사건'과 '배가 떨어지는 사건'을 관찰할 수는 있지만, '까마귀가 날아오르는 사건이 배가 떨어지는 사건을 야기했다.'라는 생각은 추측일 뿐 두 사건의 인과적 연결 관계를 관찰할 수 없다고 주장한다. 결국 인과 관계란 시공간적으로 인접한 두 사건에 대한 주관적 판단에 불과하므로, 이런 방법을 통해 얻은 과학적 지식이 필연적이라는 생각은 적합하지 않다고 흄은 비판하였다.

[A] 또한 흄은 진리를 알 수 있는가의 문제에 대해서도 회의적인 태도를 취했다. 전통적인 진리관에서는 진술의 내용이 사실(事實)과 일치할 때 진리라고 본다. 하지만 흄은 진술 내용이 사실과 일치하는지의 여부를 판단할 수 없다고 보았다. 예를 들어 '소금이 짜다.'라는 진술이 진리가 되기 위해서는 실제 소금이 짜야 한다. 그런데 흄에 따르면 우리는 감각 기관을 통해서만 세상을 인식할 수 있기 때문에 실제 소금이 짠지는 알 수 없다. 그러므로 '소금이 짜다.'라는 진술은 '내 입에는 소금이 짜게 느껴진다.'라는 진술에 불과할 뿐이다. 따라서 비록 경험을 통해 얻은 과학적 지식이라 하더라도 그것이 진리인지의 여부는 확인할 수 없다는 것이 흄의 입장이다.

이처럼 흄은 경험론적 입장을 철저하게 고수한 나머지, 과학적 지식조차 회의적으로 바라보았다는 점에서 비판을 받기도 했다. 하지만 그는 이성만 중시했던 당시 철학 사조에 반기를 들고 경험을 중심으로 지식 및 진리의 문제를 탐구했다는 점에서 근대 철학에 새로운 방향성을 제시했다는 평가를 받는다.

16. 윗글을 통해 알 수 있는 내용이 <u>아닌</u> 것은?

① 데카르트는 이성을 중시하는 관점에서 진리를 찾으려고 하였다.
② 전통적 진리관에 따르면 진리 여부를 판단하는 것은 불가능하다.
③ 흄은 지식의 탐구 과정에서 감각을 통해 얻은 경험을 중시하였다.
④ 흄은 합리론에 반기를 들고 새로운 철학 이론을 구축하려 하였다.
⑤ 흄은 인상을 갖지 않는 관념은 과학적 지식이 될 수 없다고 보았다.

17. [A]를 바탕으로 할 때, ㉠의 이유로 가장 적절한 것은?

① 인상이 없는 지식은 진리가 아니라고 보았기 때문에
② 이성만으로는 진리를 탐구할 수 없다고 보았기 때문에
③ 실재 세계의 모습은 끊임없이 변한다고 보았기 때문에
④ 주관적 판단으로 진리를 찾을 수 있다고 보았기 때문에
⑤ 경험을 통해서도 진리를 확인할 수 없다고 보았기 때문에

18. 윗글에서 언급된 '흄'의 관점에서 <보기>를 이해한 것으로 적절하지 <u>않은</u> 것은?

< 보 기 >

사과의 맛이 달콤할 것 같아.

이 사과는 빨개.

매일 사과를 먹으니 피부가 고와졌어.

① 사과를 보면서 달콤한 맛을 떠올리는 것은 관념에 해당한다.
② 사과를 보면서 '빨개'라고 느끼는 것은 복합 인상에 해당한다.
③ 사과의 실제 색을 알 수 없으므로 '이 사과는 빨개.'라는 생각은 '내 눈에는 이 사과가 빨갛게 보여.'라는 의미일 뿐이다.
④ 사과를 먹는 것과 피부가 고와지는 것 사이의 인과적 연결 관계를 관찰할 수 없다.
⑤ '매일 사과를 먹으니 피부가 고와졌어.'라는 생각은 반복되는 경험을 통해 형성된 습관적 기대에 불과하다.

19. <보기>의 사례를 통해 '흄'의 주장을 반박한다고 할 때, 그 내용으로 가장 적절한 것은? [3점]

< 보 기 >

아래 그림과 같이 무채색을 명도의 변화에 따라 나열한 도표가 있다고 가정하자. 도표의 한 칸을 비워 둔 채 어떤 사람에게 "5번 빈칸에 들어갈 색은 어떤 색인가요?"라고 질문하였다. 그 사람은 빈칸에 들어갈 색을 태어나서 한 번도 본 적이 없지만, 주변 색과 비교하여 그 색이 어떤 색인지 알아맞혔다.

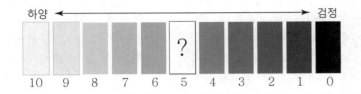

① 세계는 우리의 감각 기관과 독립하여 존재하지 않는다.
② 감각적으로 경험하지 않은 단순 관념이 존재할 수 있다.
③ 관찰과 경험을 통해서 얻은 지식은 필연성을 갖게 된다.
④ 관념을 단순 관념과 복합 관념으로 구분하는 기준은 없다.
⑤ 외부 세계가 어떤 모습인지를 객관적으로 확인할 수 있다.

[20~24] 다음 글을 읽고 물음에 답하시오.

(가) 한국 서정 시가는 고대로부터 현대에 이르기까지 형식적 요소와 내용적 요소가 계승되거나 새롭게 변용, 창조되면서 문학적 전통을 이어왔다. 서정 시가의 전통은 일반적으로 형식적 측면에서는 3음보, 또는 4음보의 율격을 바탕으로 한 규칙적인 음보율을 보이고 있다는 점, 내용적 측면에서는 한(恨)의 정서, 해학과 풍자, 자연 친화, 이상향 추구 등을 담아내고 있다는 점을 들 수 있다. (나)의 「초부가(樵夫歌)」는 4음보를 바탕으로 산간에서 나무꾼들이 나무를 하면서 부르던 민요이고, (다)의 「길」은 3음보를 바탕으로 나그네의 처지를 노래한 현대시이다. (나)와 (다)는 형식적, 내용적 측면에서 한국 서정 시가의 전통을 잇고 있는 작품이라고 할 수 있다.

(나) 나무하러 가자 이히후후* 에헤
　　남 날 적에 나도 나고 나 날 적에 남도 나고
　　세상 인간 같지 않아 이놈 팔자 무슨 일고
　　지게 목발 못 면하고 어떤 사람 팔자 좋아   [A]
　　고대광실 높은 집에 사모*에 풍경 달고
　　만석록*을 누리건만 이런 팔자 어이하리
　　항상 지게는 못 면하고 남의 집도 못 면하고
　　죽자 하니 청춘이요 사자 하니 고생이라
　　세상사 사라진들 치마 짧은 계집 있나
　　다박머리 자식 있나 광 넓은 논이 있나
　　사래 긴 밭이 있나 버선짝도 짝이 있고   [B]
　　토시짝도 짝이 있고 털먹신도 짝이 있는데
　　쳉이* 같은 내 팔자야 자탄한들 무엇하리
　　한탄한들 무엇하나 청천에 ㉠저 기럭아
　　너도 또한 임을 잃고 임 찾아서 가는 길가

　　더런 놈의 팔자로다 이놈의 팔자로다
　　언제나 면하고 오늘도 이 짐을 안 지고 가면   [C]
　　어떤 놈이 밥 한 술 줄 놈이 있나
　　가자 이히후후

　　　　　　　　　　　　　　　－ 작자 미상, 「초부가(樵夫歌)」 －

* 이히후후 : 나무를 할 때 내뱉는 한숨 소리.
* 사모 : 관복을 입을 때 쓰는 모자.
* 만석록 : 만 석의 녹봉.
* 쳉이 : 곡식을 까불러 쭉정이 등을 골라내는 '키'의 방언.

(다) 어제도 하로밤
　　나그네 집에
　　가마귀 가왁가왁 울며 새웠소.

　　오늘은
　　또 몇 십 리
　　어디로 갈까.

　　산으로 올라갈까
　　들로 갈까
　　오라는 곳이 없어 나는 못 가오.

　　말 마소, 내 집도
　　정주(定州) 곽산(郭山)＊
　　차(車) 가고 배 가는 곳이라오.

　　여보소, 공중에
　　㉡**저 기러기**
　　공중엔 길 있어서 잘 가는가?

　　여보소, 공중에
　　저 기러기
　　열 십자(十字) 복판에 내가 섰소.

　　갈래갈래 **갈린 길**
　　길이라도
　　내게 바이＊ 갈 길은 하나 없소.

　　　　　　　　　　　　　　　－ 김소월, 「길」 －

* 정주(定州) 곽산(郭山) : 김소월의 고향.
* 바이 : 아주 전혀.

20. (가)를 바탕으로 (나)와 (다)를 감상한 내용으로 적절하지 않은 것은?

① (나)의 '세상 인간 같지 않아 이놈 팔자 무슨 일고'에서는 4음보의 전통적인 율격을 확인할 수 있군.
② (나)의 '지게 목발 못 면하고'를 통해 작품 속의 화자가 나무꾼임을 알 수 있군.
③ (나)의 '사자 하니 고생이라'에서는 고달픈 삶을 살아가는 화자의 한의 정서를 엿볼 수 있군.
④ (다)의 '어제도 하로밤 / 나그네 집에'에서는 3음보의 전통적 율격이 두 행에 걸쳐 구현되어 있음을 알 수 있군.
⑤ (나)의 '나무하러 가자'와 (다)의 '산으로 올라갈까'에서는 모두 이상향을 추구하는 화자의 태도를 엿볼 수 있군.

21. (나)와 (다)의 공통점으로 가장 적절한 것은?

① 말을 건네는 듯한 어투를 통해 정서를 나타내고 있다.
② 선명한 색채 대비를 통해 화자의 심리를 부각하고 있다.
③ 수미상응의 시상 전개를 통해 구성상 안정감을 주고 있다.
④ 공감각적 이미지를 활용하여 계절의 흐름을 표현하고 있다.
⑤ 반어적 표현을 활용하여 화자가 처한 상황을 강조하고 있다.

22. ㉠과 ㉡에 대한 설명으로 가장 적절한 것은?

① ㉠은 ㉡과 달리 화자에게 삶의 깨달음을 주고 있다.
② ㉠은 ㉡과 달리 화자가 부러워하는 대상에 해당한다.
③ ㉡은 ㉠과 달리 화자의 처지와 대조를 이루고 있다.
④ ㉡은 ㉠과 달리 임에 대한 화자의 그리움을 환기한다.
⑤ ㉠과 ㉡은 모두 화자의 심정을 위로해 주는 대상이다.

23. [A] ~ [C]에 대한 설명으로 적절하지 <u>않은</u> 것은?

① [A]는 빈부와 귀천의 불평등한 상황을 제시하여 현실에서 느끼는 괴로움을 토로하고 있다.
② [B]는 유사한 문장 구조를 사용하여 가난하고 외롭게 살아가는 화자의 모습을 강조하고 있다.
③ [C]는 체념적인 어조를 활용하여 고생을 면할 기약이 없는 삶을 한탄하고 있다.
④ [A]와 [C]는 고된 노동을 할 때 내뱉는 한숨 소리를 통해 화자의 심정을 표현하고 있다.
⑤ [A] ~ [C]는 모두 짝이 있는 물건을 열거하며 화자의 애상감을 점층적으로 표현하고 있다.

24. <보기>를 참고하여 (다)를 감상한 내용으로 적절하지 <u>않은</u> 것은? [3점]

―――― < 보 기 > ――――
  '길'은 목적지를 향한 길일 수도 있고, 원점으로 되돌아오는 길일 수 있으며, 지향점을 상실한 채 방황하는 길일 수도 있다. 김소월의 「길」은 이와 같은 길의 속성을 바탕으로 일제 강점기에 삶의 터전인 고향을 상실한 우리 민족의 비애를 길과 연결된 다양한 공간을 통해 형상화하고 있다.

① '나그네 집'에 '어제도' 머물렀던 것은 목적지를 잃은 화자의 방황이 계속되고 있음을 보여 준다고 할 수 있겠군.
② '들'은 삶의 터전인 고향을 잃어 어디로도 갈 수 없는 화자의 비애와 연관 지어 이해할 수 있겠군.
③ '정주 곽산'은 지향점이지만 '오라는 곳'이 아니라는 점에서 화자의 슬픔을 심화한다고 볼 수 있겠군.
④ '열십자 복판'은 화자가 되돌아가고 싶은 원점으로서 화자의 갈등을 야기하는 공간이라고 할 수 있겠군.
⑤ '갈린 길'은 일제 강점기에 삶의 방향을 잃어버린 우리 민족의 모습을 상징적으로 보여 준다고 할 수 있겠군.

[25 ~ 27] 다음 글을 읽고 물음에 답하시오.

  우리 집안은 일찍부터 논이나 밭뙈기 한 두렁도 가져 본 적 없었으므로, 아버지는 낫이나 호미 자루 한 번 잡아 보지 않았다. 그렇다고 일정한 직업을 가져 본 적도 없었다. 일 년을 따져 평균 아홉 달은 집을 떠나 어디론가 떠돌아 다녔고, 집에 붙어 있는 나머지 달은 낚시로 소일했다. 이태 전 봄까지만도 우리는 읍내 거리 장마당 부근에 살았다. 그때 역시 엄마는 근동 **장터를 떠돌며 어물 장사**를 했고, 아버지는 읍내에서 사 킬로 정도 떨어진 지금 우리가 사는 주남 저수지에 낚시를 다니며, 늘 집 떠날 궁리만 하고 지냈다. 새마을 도로가 확장되는 통에 우리가 세 든 읍내 장터 집이 헐리게 되자, 아버지는 엄마를 졸라 주남 저수지 옆 민 씨 별채로 이사를 오게 되었다.
  "주남 저수지는 우리나라에서 알아주는 철새 도래지 아인가. 내가 새를 무척 좋아하거덩."
  아버지가 말했다.
  "㉠당신이사 땅으로 걸어댕기는 철새인께 날아댕기는 철새가 좋겠지예. 그런데 새 구경하는 거도 좋지만 그 구경 댕기모 밥이 생기요 떡이 생기요?"
  엄마는 말도 되잖은 소리란 듯 한숨을 내쉬며 돌아앉고 말았다.
  "그거 말고도, 관리인 민 씨 말이 타지에서 오는 낚시꾼들 뒷바라지나 해 주모 찬값 정도는 번다 안카나……."
  엄마는 그쪽으로 이사하면 당장 장사 다니는 길이 먼 줄을 알면서도, 어떻게 아버지가 집에 눌러 있을까 싶었던지 그 말에 선선히 동의했다. 그러나 주남 저수지 쪽으로 이사 와서 보름을 채 못 넘겨 아버지는 슬그머니 집을 떠나고 말았다. 부산과 마산의 낚시꾼들이 떡밥은 물론 술이며 안주 접시까지 심부름시키는 데 아버지는 더 참아 낼 수 없었던 것이다. 더러운 세상, 나쁜 놈들이라며 전에는 입에 담지 않던 욕설을 술김에 종종 뱉더니, 기어코 그 떠돌이 병에 발동이 걸렸다. 늘 궁금한 일이지만, 아버지는 집을 떠나 떠돌 동안 숙식을 어떻게 해결하고 다니는지 알 수 없었다. 그로부터 두 달 뒤, 여름이 끝날 무렵에서야 아버지는 돌아왔다. 그 행려 끝에 무슨 결심을 굳혔는지 돌배산 자락을 덮은 민 씨네 대나무 밭의 굵은 대 몇 그루를 쪄와 방패연을 만들기 시작했다. 내가 어릴 때 아버지는 더러 방패연을 만들어 주기도 했지만, 근래에는 한 번도 없던 짓거리였다. 대나무를 가늘게 쪼개어 햇빛에 말려선, 장두칼로 다듬고, 한지에 바람 구멍을 뚫어, 거기에 다섯 개 댓개비를 붙여 방패연을 만드는 솜씨는 아버지가 지닌 유일한 기술 같아 보였다. 천장 가운데 태극무늬나 붉은 원을 오려 붙여 만든 연이 큰 놈은 두 번 접은 신문지만 했고 작은 놈은 교과서만 한 크기도 있었다.
  "㉡겨울도 아인데 그 많은 연을 어데다 팔라 캅니꺼?"
  내가 물었다.
  "머 꼭 돈이 목적이라서 맹그나. 쓸모읎어도 맹글고 싶으이께 맹글제. 참새가 날라 카모 기러기만큼 와 하늘 높이 못 날겠노. 먼 데꺼정 갈 필요가 읎으이께 지 오를 만큼 오르고 말지러."
  아버지가 쓸데없이 비유까지 곁들여 말했다.
  "옛적에 연 맹글어 줬다는 돌아가신 할아부지 생각이 나서 맹글어예?"
  "사람은 어데 갈 **목적이 읎어도 어떤 때는 연맨크로 그냥 멀리로 떠나 댕기**고 싶은 꿈이 있는 기라. ㉢그런 꿈 읎이 일만 하는 사람은 꼭 개미 같아. 사람은 개미가 아이잖나.

돈 벌라고 밤낮으로 일만 하는 사람을 보모 사람 사는 목적
이 저런가 싶을 때가 있지러. 그 사람들이 보모 **내 같은 사람이 쓸모읎이 보일란지 몰라도……"**
아버지가 어설픈 미소를 띠어 보였다.
"묵고살기 바쁘모 그래 산천 구경하고 싶어도 몬 떠나는 거 아입니꺼."
하며, 나는 엄마를 생각했다.
"그렇기사 하겠제. 그라고 보모 나는 아매 떠돌아댕기는 팔자를 타고났나 보제."
아버지가 시무룩이 말했다.

[중략 부분 줄거리] 나와 아버지는 낚시꾼들에게 방패연을 팔러 가지만 연은 거의 팔리지 않는다. 그 무렵 아버지는 훌쩍 또 집을 떠나고, 장마가 시작된 여름밤에 다시 돌아온다. 나는 장사 가신 어머니를 마중 나가기 위해 자전거를 끌고 장터로 간다.

뇌성이 다시 한차례 하늘 복판에서 쪼개졌다. 엄마는 흠칫 어깨를 떨었고, 나는 몸이 오그라드는 듯한 놀람으로 무심결에 자전거 핸들을 눌러 잡았다.
"짝대기라 캤나? 그라몬 어데 다쳤단 말인가?"
"그렇지는 않은 거 같고……"
"늘 배창자가 아푸다더니 속병이 생긴 게로구나. 객지로 돌아댕기며 굶기도 오지게 굶었을끼고."
그럴 줄 알았다는 듯 엄마는 아무렇지 않게 말했다.
"ⓡ참, 양석 떨어졌을 낀데 너그들 저녁밥은 우쨌노?"
"장 씨 집에서 라면 두 봉지 꿔다 묵었지예."
"아부지는?"
"읍내서 묵고 왔다 캅디더."
자전거 짐받이에 얹힌 함지박을 고무줄로 묶고, 나는 천천히 자전거를 몰았다. 함지박 쪽에서 쿰쿰한 비린내가 코끝을 따라왔다. 그 냄새는 이미 후각에 익은 엄마의 냄새이기도 했다.
"ⓜ엄마, 자전거에 타예. 그라몬 퍼뜩 갈 수 있을 낀데."
다른 때 같으면 사양했을 엄마가 오늘따라 아무 말 없이 안장 앞쪽 파이프에 머릿수건을 깔고 올라앉았다. 내색은 않았지만 엄마 역시 아버지를 빨리 만나고 싶은 모양이었다. 힘주어 페달을 밟자 엄마 온몸에서 풍겨 나는 비린내가 내 쪽으로 옮아왔다.
"쯧쯧, 그래도 숨질이 붙었으몬 **더러 처자슥은 보고 싶은지 집구석이라고 찾아**드니…… 원쑤도, 그런 원쑤가 어딨노. 그런 남정네가 이 시상에 멫이나 될꼬. 그래 굶으미 맥 놓고 떠돌아댕기도 우째 안죽 객사를 안 하는공 모리겠데이."
엄마는 한숨 끝에 아버지를 두고 혼잣말을 중얼거렸다.
뙤약볕 아래 장터마다 싸다니느라 까맣게 그을린 엄마 얼굴을 떠올리자, 나는 공연히 코허리가 찡하게 쓰렸다. 엄마는 키가 작고 몸매가 깡마른데다 살결이 검어, 볼 때마다 안쓰럽고 측은한 마음이 마음 귀퉁이에 그늘을 만들었다. 그럴 적마다 아버지에 대한 원망 또한 반사적으로 감정을 자극했다. 아버지에 대한 원망 섞인 감정은 증오라기보다 썰물이 되어 당신을 내 옆에서 멀리로 밀어내는 작용을 했다. 아버지에 대한 그런 마음은 엄마의 경우도 비슷하리라 여겨졌다. 다만 **순환의 법칙을 좇아** 한때의 미움도 시간이 흐르면 연민으로 녹아, 끝내 **밀물**이 되어 엄마 여윈 마음을 다시 채워 주리란 점만이 다를 뿐이었다.

– 김원일, 「연(鳶)」 –

25. 윗글의 서술상 특징에 대한 설명으로 적절한 것은?

① 장면마다 다른 서술자를 설정하여 사건을 다각도로 제시하고 있다.
② 사건을 체험한 서술자가 중심인물과 관련된 자신의 생각을 드러내고 있다.
③ 외부 이야기에서 내부 이야기로 장면을 전환하면서 사건을 전개하고 있다.
④ 작품 밖의 서술자가 중심인물의 내적 갈등이 해소되는 과정을 서술하고 있다.
⑤ 동시에 일어나는 두 개의 사건을 병렬적으로 배치하여 긴장감을 조성하고 있다.

26. ㉠~㉤에 대한 이해로 적절하지 <u>않은</u> 것은?

① ㉠: 저수지 근처로 이사를 가자는 아버지의 제안을 못마땅해하는 어머니의 푸념이 담겨 있다.
② ㉡: 뜬금없이 많은 연을 만드는 아버지의 행동에 대해 의아해 하는 '나'의 심리가 담겨 있다.
③ ㉢: 생계를 위한 경제적 활동에 얽매이고 싶지 않은 아버지의 삶의 태도가 담겨 있다.
④ ㉣: 어려운 가정 형편 속에서 자식들을 걱정하는 어머니의 애정이 담겨 있다.
⑤ ㉤: 아버지의 끼니를 염려하는 마음에 어머니를 빨리 모셔 가려는 '나'의 의도가 담겨 있다.

27. <보기>를 참고하여 윗글을 감상한 내용으로 적절하지 <u>않은</u> 것은? [3점]

> ─── < 보 기 > ───
> 이 작품은 역마살을 타고나 여기저기 떠돌아다니는 아버지의 삶과, 생계를 책임진 채 아버지에 대한 원망과 애정을 안고 살아가는 어머니의 삶을 그리고 있다. 작품의 주요 소재인 '연'은 바람이 부는 대로 하늘을 날아다니지만 연줄로 '얼레'에 매여 있어 지상으로 돌아올 수밖에 없다. '연'과 '얼레'의 이러한 속성은 이리저리 떠돌다 가족들이 있는 집으로 돌아오는 아버지의 삶을 형상화하는 데 기여하고 있다.

① '장터를 떠돌며 어물 장사를' 하는 것에서, 가족의 생계를 떠안고 사는 어머니의 삶을 엿볼 수 있어.
② '목적이 읎어도 어떤 때는 연맨크로 그냥 멀리로 떠나 댕기'는 삶에 대해 말한 부분에서, 아버지가 하늘을 나는 연처럼 자유롭게 떠돌며 살기를 원한다는 것을 알 수 있어.
③ '내 같은 사람이 쓸모읎이 보일란지 몰라도'라고 말한 부분에서, 아버지가 역마살로 인해 무능할 수밖에 없었던 자신의 삶을 후회하고 있음을 엿볼 수 있어.
④ '더러 처자슥은 보고 싶은지 집구석이라고 찾아'든다는 말에서, 어머니는 아버지에게 가족들이 얼레와 같은 역할을 하고 있다고 생각하고 있음을 알 수 있어.
⑤ '순환의 법칙을 좇아' 미움도 시간이 흐르면 연민이 되어 '밀물'처럼 마음을 채워 준다는 부분에서, 아버지에 대한 원망과 애정을 안고 사는 어머니에 대한 나의 인식을 엿볼 수 있어.

[28~30] 다음 글을 읽고 물음에 답하시오.

사진이 등장하면서 회화는 대상을 사실적으로 재현(再現)하는 역할을 사진에 넘겨주게 되었고, 그에 따라 화가들은 회화의 의미에 대해 고민하게 되었다. 19세기 말 등장한 인상주의와 후기 인상주의는 전통적인 회화에서 중시되었던 사실주의적 회화 기법을 거부하고 회화의 새로운 경향을 추구하였다.

인상주의 화가들은 색이 빛에 의해 시시각각 변화하기 때문에 대상의 고유한 색은 존재하지 않는다고 생각하였다. 인상주의 화가 모네는 대상을 사실적으로 재현하는 회화적 전통에서 벗어나기 위해 빛에 따라 달라지는 사물의 색채와 그에 따른 순간적 인상을 표현하고자 하였다.

모네는 대상의 세부적인 모습보다는 전체적인 느낌과 분위기, 빛의 효과에 주목했다. 그 결과 빛에 의한 대상의 순간적 인상을 포착하여 대상을 빠른 속도로 그려 내었다. 그에 따라 그림에 거친 붓 자국과 물감을 덩어리로 찍어 바른 듯한 흔적이 남아 있는 경우가 많았다. 이로 인해 대상의 윤곽이 뚜렷하지 않아 색채 효과가 형태 묘사를 압도하는 듯한 느낌을 준다. 이와 같은 기법은 그가 사실적 묘사에 더 이상 치중하지 않았음을 보여 주는 것이었다. 그러나 모네 역시 대상을 '눈에 보이는 대로' 표현하려 했다는 점에서 이전 회화에서 추구했던 사실적 표현에서 완전히 벗어나지는 못했다는 평가를 받았다.

후기 인상주의 화가들은 재현 위주의 사실적 회화에서 근본적으로 벗어나는 새로운 방식을 추구하였다. 후기 인상주의 화가 세잔은 "회화에는 눈과 두뇌가 필요하다. 이 둘은 서로 도와야 하는데, 모네가 가진 것은 눈뿐이다."라고 말하면서 사물의 눈에 보이지 않는 형태까지 찾아 표현하고자 하였다. 이러한 시도는 회화란 지각되는 세계를 재현하는 것이 아니라 대상의 본질을 구현해야 한다는 생각에서 비롯되었다.

세잔은 하나의 눈이 아니라 두 개의 눈으로 보는 세계가 진실이라고 믿었고, 두 눈으로 보는 세계를 평면에 그리려고 했다. 그는 대상을 전통적 원근법에 억지로 맞추지 않고 이중 시점을 적용하여 대상을 다른 각도에서 바라보려 하였고, 이를 한 폭의 그림 안에 표현하였다. 또한 질서 있는 화면 구성을 위해 대상의 선택과 배치가 자유로운 정물화를 선호하였다.

세잔은 사물의 본질을 표현하기 위해서는 '보이는 것'을 그리는 것이 아니라 '아는 것'을 그려야 한다고 주장하였다. 그 결과 자연을 관찰하고 분석하여 사물은 본질적으로 구, 원통, 원뿔의 단순한 형태로 이루어졌다는 결론에 도달하였다. 이를 회화에서 구현하기 위해 그는 이중 시점에서 더 나아가 형태를 단순화하여 대상의 본질을 표현하려 하였고, 윤곽선을 강조하여 대상의 존재감을 부각하려 하였다. 회화의 정체성에 대한 고민에서 비롯된 ㉠그의 이러한 화풍은 입체파 화가들에게 직접적인 영향을 미치게 되었다.

28. 윗글의 내용과 일치하지 않는 것은?

① 사진은 화가들이 회화의 의미를 고민하는 계기가 되었다.
② 전통 회화는 대상을 사실적으로 묘사하는 것을 중시했다.
③ 모네의 작품은 색채 효과가 형태 묘사를 압도하는 듯한 느낌을 주었다.
④ 모네는 대상의 고유한 색 표현을 위해서 전통적인 원근법을 거부하였다.
⑤ 세잔은 사물이 본질적으로 구, 원통, 원뿔의 형태로 구성되어 있다고 보았다.

29. 윗글을 바탕으로 할 때, <보기>의 선생님의 질문에 대한 대답으로 적절하지 않은 것은? [3점]

── < 보 기 > ──

선생님 : (가)는 모네의 「사과와 포도가 있는 정물」이고, (나)는 세잔의 「바구니가 있는 정물」입니다. 이 두 작품은 각각 모네와 세잔의 작품 경향이 잘 반영되어 있는 작품으로 평가받고 있습니다. 두 화가의 작품 경향을 바탕으로 (가)와 (나)를 감상해 볼까요?

(가)   (나)

① (가)에서 포도의 형태를 뚜렷하지 않게 그린 것은 빛에 의한 순간적인 인상을 표현한 것이라고 볼 수 있겠군요.
② (나)에서는 질서 있게 화면을 구성하기 위해 의도적으로 대상이 선택되고 배치된 것으로 볼 수 있겠군요.
③ (가)와 달리 (나)에 있는 정물들의 뚜렷한 윤곽선은 대상의 존재감을 부각시키기 위해 사용한 것으로 볼 수 있겠군요.
④ (나)와 달리 (가)의 식탁보의 거친 붓 자국은 대상에서 느껴지는 인상을 빠른 속도로 그려 낸 결과라고 볼 수 있겠군요.
⑤ (가)와 (나) 모두 사물을 단순화해서 표현한 것을 통해 사실적인 재현에서 완전히 벗어났다는 평가를 받을 수 있겠군요.

30. <보기>를 바탕으로 할 때, 세잔의 화풍을 ㉠과 같이 평가한 이유로 가장 적절한 것은?

── < 보 기 > ──

입체파 화가들은 사물의 본질을 표현하고자 대상을 입체적 공간으로 나누어 단순화한 후, 여러 각도에서 바라보는 관점으로 사물을 해체하였다가 화폭 위에 재구성하는 방식을 취하였다. 이러한 기법을 통해 관찰자의 위치와 각도에 따라 각기 다르게 보이는 대상의 다양한 모습을 한 화폭에 담아내려 하였다.

① 대상의 본질을 드러내기 위해 다양한 각도에서 바라보아야 한다는 관점을 제공하였기 때문에
② 대상을 복잡한 형태로 추상화하여 대상의 전체적인 느낌을 부각하는 방법을 시도하였기 때문에
③ 사물을 최대한 정확하게 묘사하기 위해 전통적 원근법을 독창적인 방법으로 변용시켰기 때문에
④ 시시각각 달라지는 자연을 관찰하고 분석하여 대상의 인상을 그려 내는 화풍을 정립하였기 때문에
⑤ 지각되는 세계를 있는 그대로 표현하기 위해 사물을 해체하여 재구성하는 기법을 창안하였기 때문에

[31 ~ 33] 다음 글을 읽고 물음에 답하시오.

조세는 국가의 재정을 마련하기 위해 경제 주체인 기업과 국민들로부터 거두어들이는 돈이다. 그런데 국가가 조세를 강제로 부과하다 보니 경제 주체의 의욕을 떨어뜨려 경제적 순손실을 초래하거나 조세를 부과하는 방식이 공평하지 못해 불만을 야기하는 문제가 나타난다. 따라서 조세를 부과할 때는 조세의 효율성과 공평성을 고려해야 한다.

우선 ㉠조세의 효율성에 대해서 알아보자. 상품에 소비세를 부과하면 상품의 가격 상승으로 소비자가 상품을 적게 구매하기 때문에 상품을 통해 얻는 소비자의 편익*이 줄어들게 되고, 생산자가 상품을 팔아서 얻는 이윤도 줄어들게 된다. 소비자와 생산자가 얻는 편익이 줄어드는 것을 경제적 순손실이라고 하는데 조세로 인하여 경제적 순손실이 생기면 경기가 둔화될 수 있다. 이처럼 조세를 부과하게 되면 경제적 순손실이 불가피하게 발생하게 되므로, 이를 최소화하도록 조세를 부과해야 조세의 효율성을 높일 수 있다.

㉡조세의 공평성은 조세 부과의 형평성을 실현하는 것으로, 조세의 공평성이 확보되면 조세 부과의 형평성이 높아져서 조세 저항을 줄일 수 있다. 공평성을 확보하기 위한 기준으로는 편익 원칙과 능력 원칙이 있다. 편익 원칙은 조세를 통해 제공되는 도로나 가로등과 같은 공공재*를 소비함으로써 얻는 편익이 클수록 더 많은 세금을 부담해야 한다는 원칙이다. 이는 공공재를 사용하는 만큼 세금을 내는 것이므로 납세자의 저항이 크지 않지만, 현실적으로 공공재의 사용량을 측정하기가 쉽지 않다는 문제가 있고 조세 부담자와 편익 수혜자가 달라지는 문제도 발생할 수 있다.

능력 원칙은 개인의 소득이나 재산 등을 고려한 세금 부담 능력에 따라 세금을 내야 한다는 원칙으로 조세를 통해 소득을 재분배하는 효과가 있다. 능력 원칙은 수직적 공평과 수평적 공평으로 나뉜다. 수직적 공평은 소득이 높거나 재산이 많을수록 세금을 많이 부담해야 한다는 원칙이다. 이를 실현하기 위해 특정 세금을 내야 하는 모든 납세자에게 같은 세율을 적용하는 비례세나 소득 수준이 올라감에 따라 점점 높은 세율을 적용하는 누진세를 시행하기도 한다.

수평적 공평은 소득이나 재산이 같을 경우 세금도 같게 부담해야 한다는 원칙이다. 그런데 수치상의 소득이나 재산이 동일하더라도 실질적인 조세 부담 능력이 달라, 내야 하는 세금에 차이가 생길 수 있다. 예를 들어 소득이 동일하더라도 부양가족의 수가 다르면 실질적인 조세 부담 능력에 차이가 생긴다. 이와 같은 문제를 해결하여 공평성을 높이기 위해 정부에서는 공제 제도를 통해 조세 부담 능력이 적은 사람의 세금을 감면해 주기도 한다.

* 편익 : 편리하고 유익함.
* 공공재 : 모든 사람들이 공동으로 이용할 수 있는 재화나 서비스.

31. 윗글에 대한 설명으로 가장 적절한 것은?

① 상반된 두 입장을 비교, 분석한 후 이를 절충하고 있다.
② 대상을 기준에 따라 구분한 뒤 그 특성을 설명하고 있다.
③ 대상의 개념을 그와 유사한 대상에 빗대어 소개하고 있다.
④ 통념을 반박하며 대상이 가진 속성을 새롭게 조명하고 있다.
⑤ 시간의 흐름에 따라 대상이 발달하는 과정을 서술하고 있다.

32. ㉠과 ㉡에 대한 설명으로 적절하지 않은 것은?

① ㉠은 조세가 경기에 미치는 영향과 관련되어 있다.
② ㉡은 납세자의 조세 저항을 완화하는 데 도움이 된다.
③ ㉠은 ㉡과 달리 소득 재분배를 목적으로 한다.
④ ㉡은 ㉠과 달리 조세 부과의 형평성을 실현하는 것이다.
⑤ ㉠과 ㉡은 모두 조세를 부과할 때 고려해야 하는 요건이다.

33. <보기>는 경제 수업의 일부이다. 윗글을 바탕으로 할 때, 선생님의 질문에 적절하게 답한 학생을 모두 골라 바르게 묶은 것은? [3점]

── <보기> ──

선생님 : 여러분, 아래 표는 소득을 기준으로, A, B, C의 세금 공제 내역을 가정한 것입니다. 표를 보고 조세의 공평성이 어떻게 적용되었는지 각자 분석해 볼까요?

구분	소득 (만 원)	세율 (%)	공제액 (만 원)	납부액 (만 원)	공제 항목
A	3,000	5	0	150	공제 없음
B	3,000	5	100	50	부양가족 2인
C	4,000	10	100	300	부양가족 2인

성근 : A와 달리 B에게 공제 혜택을 부여함으로써 조세의 공평성이 약화되고 있어요. ············ ㄱ

수지 : B가 A와 달리 부양가족 공제를 받은 것은 실질적인 조세 부담 능력을 고려한 것이네요. ············ ㄴ

현욱 : B와 C의 납부액에 차이가 있는 것은 편익 원칙을 적용하여 세금을 징수했기 때문이에요. ············ ㄷ

유미 : B의 세율이 5%이고, C의 세율이 10%인 것은 수직적 공평을 위한 누진세가 적용된 결과겠네요. ············ ㄹ

① ㄱ, ㄷ   ② ㄴ, ㄹ   ③ ㄷ, ㄹ
④ ㄱ, ㄴ, ㄷ   ⑤ ㄱ, ㄴ, ㄹ

[34~36] 다음 글을 읽고 물음에 답하시오.

S#90. 전철역 안 / 오후
  경숙, 비틀거리며 뒤편에 있는 의자로 가서 앉는다. 점점 일그러지는 그녀의 표정. 조금씩 새어 나오는 신음 소리. 배를 움켜쥔 손. 의자로 점점 기울어져 눕다시피 되는 경숙. 점점 흐려지는 눈빛.

(플래시백*)
  동물원의 인파 속에 서 있는 젊은 경숙과 어린 초원. 초원은 한쪽 손에 풍선을 들고 멍하게 서 있고, 경숙은 초원의 손을 잡고 있다. 우울한 표정의 경숙, 초원을 바라보고 서 있다. ⓐ 스르륵 풀리는 초원의 손. 초원, 사람들 틈으로 마술처럼 사라진다.

S#93. 병원 병실 / 밤
경숙 이왕 이렇게 세상에 태어난 이상, 뭐 하나라도 즐길 수 있는 거, 살아 있다는 기분 느낄 수 있는 거 하나쯤 엄마가 만들어 주고 떠나자. 그런데 어느 날 보니…… 그러면서, 내가 좋아하고 꿈꾸고 위로받고 있는 거였어. 아무것도 모르는 애를 멋대로 굴려 가면서. 하지만 그만둘 수가 없었어. 그럼 난 살 수가 없을 것 같았거든. (눈물을 떨군다) …… 애가 기억하더라구. 옛날에 동물원에서 잃어버렸던 걸……. 기억나지 당신도? 사실은 말야, 그때, 내가 초원이를 버렸던 거야. 사람들 틈에서 손을 놓았지. 도저히, 키울 자신이 없었거든……. 그러니까, 제 살자고 애를 버렸던 엄마가, 이제 또 제가 살리고 애를 그렇게 한평생 못살게 군 거야.
희근 당신 그때 스물일곱이었어.
경숙 지금은 아니야. 담임 선생님이 그랬어. 애가 힘들어도 힘들단 소리를 안 한대. 내가 늘 그랬거든. 초원이 힘들어, 안 힘들어? 안 힘들지? 힘들지 않지? 좋지? 좋아하지? …… 십오 년을 그렇게 애를 다그쳤어. 그래서 이젠 힘들다, 하기 싫단 말을 아예 못 해. 어떡하지? 우리 초원이 불쌍해서? 어쩜, 초원이는 엄마가 자길 또 내버릴까 봐, 그렇게 열심히, 힘들단 소리도 못 하고 지금껏 산 거 아닐까, 여보? 어떡하지? 그럼 나 정말 지옥 갈 거야, 그치?

S#94. 병원 정원 / 낮
정욱 예전에 초원이 마라톤 좋아한다고 했을 때, 내가 직접 달려 보지도 않고 그딴 소리하지 말라고 한 거 기억나요?

  허공을 바라보고 있는 경숙에게 진지하게 계속 말하는 정욱.

정욱 그건 정말 모르는 거예요. 직접 뛰어 본 사람만 아는 거죠. 승부를 위해, 기록을 위해, 다른 사람을 위해 뛰는 거랑은 다른 거거든요. 그럴 땐 멈추고 싶죠. 그리고 멈춰 서 있으면……. 그 느낌은 쉽게 까먹어요. 그럼 영영 다시 뛸 수 없죠. (경숙을 바라보며) 제가 페이스메이커 할게요. 같이 뛴다구요.
경숙 하지만, 우리 앤 달라요, 남들과 달라요. 똑같지 않다구요! 그걸 깨닫는 데 20년 걸렸어요. 바보처럼……. 그깟

200시간으로 뭐가 달라졌을 것 같아요? 어림도 없어요. 애 맘을 아냐구요? 그걸 알면, 난 지금 당장 죽어도 소원이 없어요. (큰 목소리로) 가세요! 이젠, 안 해요! 내가 그놈의 걸 알 때까지 하루라도 더 살기 위해서라도 이제 마라톤 안 해요!

S#95. 몽타주
· 학교로 가는 승합차에 올라타는 초원. 차에 타기 전 아파트를 올려다보지만 엄마가 늘 손 흔들어 주던 자리엔 아무도 없다. ……………………………………………………… ㉠
· 병원에서 탁상 달력을 바라보는 경숙. 10월 10일 날짜에 눈이 간다. 미련을 버리려는 듯, 텔레비전을 켠다. ……… ㉡
· 아파트 복도 구석에 앉아 정욱이 사준 얼룩말 러닝화를 박스에서 꺼내 보는 초원. 냄새를 킁킁 맡아 본 후, 다시 박스에 넣는다. …………………………………………………… ㉢

[중략 부분 줄거리] 경숙은 퇴원하고, 초원은 정욱에게 마라톤 훈련을 받지 않으나 깊은 밤 운동장을 스스로 달린다. 10월 10일 마라톤 대회가 열리는 날, 초원은 혼자 대회 현장으로 향한다. 초원이 사라지자 놀란 경숙과 동생 중원은 초원을 찾아 나서고, 대회 현장에서 초원을 발견한다.

S#101. 춘천 공설 운동장 / 아침
  경숙, 초원을 잡아끌지만, 초원은 움직일 생각을 안 한다.

경숙 너 뛰다가 쓰러지면 또 주사 맞잖아. 주사 맞을 거야?
초원 (머뭇거리다가 이내) 안 쓰러져. 초원이 안 쓰러져.

  그 순간 '타앙' 울리는 출발 총성. '와아'하는 함성 소리와 함께 물밀 듯이 밀려 나가기 시작하는 사람들. 그 틈바구니에서 손을 붙잡은 채, 서로 노려보고 있는 초원과 경숙.

중원 (가운데에 서서 간절한 표정으로) 엄마!
경숙 초원아, 나중에 오자. 오늘은 안 돼. 너 혼자선 안 돼.

  초원 모자와 거칠게 부딪치면서 출발하는 사람들. 달려 나가는 수많은 사람들 틈에서, 보였다 안 보였다 하는 초원과 경숙. 하지만 초원의 손을 꼭 잡고 있는 경숙.

경숙 초원아, 엄마가 잘못했어. 이제, 이런 거 안 시킬게.
초원 초원이 다리는…….

  경숙, 숨이 멎는 듯

초원 초원이 다리는……?
경숙 (경숙의 눈가가 젖어 들고) 백만 불짜리 다리…….

  어느새, ⓑ 스르르 손이 풀리고, 초원은 바람처럼 군중들 틈으로 사라진다.
– 정윤철, 윤진호, 송예진 각본, 「말아톤」 –

* 플래시백 : 영화가 순차적으로 진행되는 도중 과거 시간대의 장면을 삽입하는 기법.

34. 윗글을 영화로 연출하기 위한 연출자의 주문 사항으로 적절하지 <u>않은</u> 것은?

① S#93에서 경숙이 말할 때, 자책감을 담아낼 수 있는 표정으로 연기해 주세요.

② S#94에서 정욱이 경숙을 설득할 때, 진지한 태도가 드러나는 어조로 대사를 해 주세요.

③ S#94에서 경숙이 정욱의 제안을 거절할 때, 감정을 억누르려는 차분한 목소리로 연기해 주세요.

④ S#101에서 마라톤 대회가 시작되는 상황일 때, 생생한 현장감이 부각될 수 있는 효과음을 넣어 주세요.

⑤ S#101에서 초원과 경숙이 대화할 때, 마라토너들은 일시에 그들의 주변을 빠르게 지나쳐 가도록 해 주세요.

35. <보기>를 감독의 인터뷰라고 할 때, <보기>를 바탕으로 S#95의 ㉠~㉢을 감상한 내용으로 적절하지 <u>않은</u> 것은? [3점]

───< 보 기 >───

"S#95에서 몽타주 기법을 사용한 것은 장면과 장면을 연결해 주면서 사건을 압축적으로 전개하고자 했기 때문입니다. 몽타주 기법을 사용하게 되면 장면들이 서로 연결되면서, 하나의 장면만으로는 보여 줄 수 없었던 사건의 진행 과정과 인물의 심리를 관객들이 짐작할 수 있게 됩니다. 그리고 자칫 느슨해질 수 있는 사건 전개에 속도감을 부여하여 영화에 대한 몰입도를 높일 수 있습니다."

① ㉠은 S#90과 연계된 S#93에서 경숙이 입원한 것과 관련하여 초원의 일상에 변화가 생겼음을 알 수 있게 하는군.

② ㉡은 S#94에서의 대사와는 달리 초원의 마라톤 대회 참가에 대해 경숙이 미련을 가지고 있었음을 알 수 있게 하는군.

③ ㉢은 S#101에서 마라톤을 하고 싶어 하는 모습을 보이는 초원과 연결하여 이해할 수 있겠군.

④ ㉡, ㉢을 통해 초원과 경숙의 모습을 대비하여 S#101에서 중원에 의해 두 사람의 갈등이 해소될 것임을 나타내는군.

⑤ ㉠~㉢을 나열한 것은 초원과 경숙의 일상을 압축적으로 보여 줌으로써 속도감 있게 사건을 전개하기 위한 것이군.

36. ⓐ와 ⓑ를 연계하여 초원에 대한 경숙의 인식 변화를 이해한 것으로 가장 적절한 것은?

① 책임을 져야 하는 부담스러운 존재에서 의지를 지닌 주체적인 존재로 인정하게 되었음을 알 수 있다.

② 보살핌을 받지 못하던 소외된 존재에서 남을 위해 애쓰는 대견한 존재로 인식하게 되었음을 알 수 있다.

③ 다가가기 어려운 고독한 존재에서 먼저 마음을 열고 다가오는 살가운 존재로 인식하게 되었음을 알 수 있다.

④ 가르침에 잘 따르는 순종적인 존재에서 자기 고집만 내세우는 야속한 존재로 받아들이게 되었음을 알 수 있다.

⑤ 함께하며 위안을 얻는 존재에서 뒤늦게 속마음을 알게 되어 미안함을 느끼는 존재로 생각하게 되었음을 알 수 있다.

[37~41] 다음 글을 읽고 물음에 답하시오.

초고층 건물은 높이가 200미터 이상이거나 50층 이상인 건물을 말한다. 이런 초고층 건물을 지을 때는 건물에 ⓐ작용하는 힘을 고려해야 한다. 건물에 작용하는 힘에는 수직 하중과 수평 하중이 있다. 수직 하중은 건물 자체의 무게로 인해 땅 표면에 수직 방향으로 작용하는 힘이고, 수평 하중은 바람이나 지진 등에 의해 건물에 가로 방향으로 작용하는 힘이다.

수직 하중을 견디기 위해서 ⓑ고안된 가장 단순한 구조는 ㉠보기둥 구조이다. 보기둥 구조는 기둥과 기둥 사이를 가로지르는 수평 구조물인 보를 설치하고 그 위에 바닥판을 놓은 구조이다. 보기둥 구조에서는 설치된 보의 두께만큼 건물의 한 층당 높이가 높아지지만, 바닥판에 작용하는 하중이 기둥에 집중되지 않고 보에 의해 ⓒ분산되기 때문에 수직 하중을 잘 견딜 수 있다.

위에서 아래 방향으로만 작용하는 수직 하중과 달리 수평 하중은 사방에서 작용하는 힘이기 때문에 초고층 건물의 안전에 미치는 영향이 수직 하중보다 훨씬 크다. 수평 하중은 초고층 건물의 안전을 위협하는 주요 요인인데, 바람은 건물에 작용하는 수평 하중의 90% 이상을 차지한다. 건물이 많은 도심에서는 넓은 공간에서 좁은 공간으로 바람이 불어오면서 풍속이 빨라지는 현상이 발생해 건물에 작용하는 수평 하중을 크게 만든다. 그리고 바람에 의해 공명 현상*이 발생하면 건물이 매우 크게 흔들리게 되어 건물의 안전을 위협하게 된다.

건물이 수평 하중을 견디기 위해서는 기본적으로 뼈대에 해당하는 보와 기둥을 아주 단단하게 붙여야 하지만, 초고층 건물의 경우 이것만으로는 수평 하중을 견디기 힘들다. 그래서 등장한 것이 ㉡코어 구조이다. 코어는 빈 파이프 모양의 철골 콘크리트 구조물을 건물 중앙에 세운 것으로, 코어에 건물의 보와 기둥들을 강하게 접합한다. 이렇게 하면 외부에서 작용하는 수평 하중에도 불구하고 코어로 인해 건물이 크게 흔들리지 않게 된다. 그런데 초고층 건물은 그 높이가 높아질수록 수평 하중이 커지고 그에 따라 코어의 크기도 커져야 한다. 코어 구조는 가운데 빈 공간이 있어 공간 활용의 효율성이 떨어지기 때문에 현대의 초고층 건물은 ㉮코어에 승강기나 화장실, 계단, 수도, 파이프 같은 시설을 설치하는 경우가 많다.

그런데 초고층 건물의 높이가 점점 높아지면 코어 구조만으로는 수평 하중을 완벽하게 견뎌 낼 수 없다. 그래서 ㉢아웃리거-벨트 트러스 구조를 사용하여 코어 구조를 보완한다. 아웃리거-벨트 트러스 구조에서 벨트 트러스는 철골을 사용하여 건물의 외부 기둥들을 삼각형 구조의 트러스로 짜서 벨트처럼 둘러 싼 것으로 수평 하중을 ⓓ지탱하는 역할을 한다. 삼각형 구조의 트러스로 외부 기둥들을 연결하면 외부에서 작용하는 힘이 철골 접합부를 통해 전체적으로 분산되기 때문에 코어에 무리한 힘이 가해지는 것을 예방할 수 있다. 그리고 아웃리거는 콘크리트를 사용하여 건물 외벽에 설치된 벨트 트러스를 내부의 코어와 ⓔ견고하게 연결한 것으로, 아웃리거와 벨트 트러스는 필요에 따라 건물 중간중간에 여러 개가 설치될 수 있다.

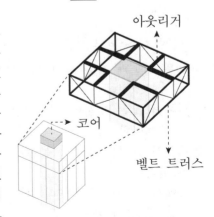

<아웃리거 - 벨트 트러스 구조>

그런데 아웃리거는 건물 내부를 가로지를 수밖에 없어서 효율적인 공간 구성에 방해가 된다. 이런 단점을 극복하기 위해 ⓒ아웃리거를 기계 설비층에 설치하거나 층과 층 사이, 즉 위층 바닥과 아래층 천장 사이에 설치하기도 한다.

[A]
┌ 초고층 건물은 특수한 설비를 이용하여 바람으로 인한 건물의 흔들림을 줄이기도 하는데 대표적인 것이 TLCD, 즉 동조 액체 기둥형 댐퍼이다. TLCD는 U자형 관 안에 수백 톤의 물이 채워진 것으로 초고층 건물의 상층부 중앙에 설치한다. 바람이 불어 건물이 한쪽으로 기울어져도 물은 관성의 법칙에 따라 원래의 자리에 있으려 하기 때문에 건물이 기울어진 반대 쪽에 있는 관의 물 높이가 높아진다. 그렇게 되면 그 관의 아래로 작용하는 중력도 커지고, 이로 인해 건물을 기울어지게 하는 힘을 약화시켜 흔들림이 줄어들게 된다. 물이 무거울수록 그리고 관 전체의 가로 폭이 넓어질수록 수평 방향의 흔들림을 줄여 주는 효과가 크다. 하지만 그에 따라 수직 하중이 증가하므로 TLCD는 수평 하중과 수직 하중을 함께 고려하여 설계해야 한다. ┘

* 공명 현상 : 진동체가 그 고유 진동수와 같은 진동수를 가진 외부의 힘을 받아 진폭이 뚜렷하게 증가하는 현상.

37. 윗글의 내용에 대한 이해로 적절하지 <u>않은</u> 것은?

① 수직 하중은 수평 하중과 달리 사방에서 건물에 가해지는 힘이다.

② 건물이 높아질수록 건물에 가해지는 수직 하중은 증가한다.

③ 보기둥 구조에서 보의 두께는 한 층당 높이에 영향을 준다.

④ 넓은 공간에서 좁은 공간으로 바람이 불어오면 풍속이 빨라진다.

⑤ 공명 현상은 건물에 가해지는 수평 하중을 증가시키는 요인이 된다.

38. ㉠ ~ ㉢을 설명한 내용으로 적절하지 <u>않은</u> 것은?

① ㉠은 기둥과 기둥 사이에 설치한 수평 구조물 위에 바닥판을 놓는 구조이다.

② ㉠에서 보는 건물에 작용하는 수직 하중이 기둥에 집중되는 것을 예방한다.

③ ㉡에서 코어는 건물의 높이가 높아짐에 따라 그 크기가 커져야 한다.

④ ㉢에서 트러스는 아웃리거와 코어의 결합력을 높여 수평 하중을 덜 받게 한다.

⑤ ㉡과 ㉢을 함께 사용하면 건물에 작용하는 수평 하중을 견디는 힘이 커진다.

39. 문맥을 고려할 때, ㉮와 ㉯의 이유로 가장 적절한 것은?

① 건물의 외부 미관을 살리기 위해서

② 건물의 건설 비용을 줄이기 위해서

③ 건물의 공간을 효율적으로 활용하기 위해서

④ 건물에 작용하는 외부의 힘을 줄이기 위해서

⑤ 필요에 따라 공간의 용도를 변경하기 위해서

40. [A]를 바탕으로 <보기>의 'TLCD'를 이해한 내용으로 적절하지 <u>않은</u> 것은? [3점]

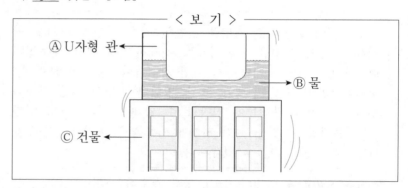

< 보 기 >
- ⒜ U자형 관
- ⒝ 물
- ⒞ 건물

① ⒜가 한쪽으로 기울어도 ⒝는 원래의 자리에 있으려 할 것이다.

② ⒜가 왼쪽으로 기울면 오른쪽 관에 있는 ⒝의 높이가 왼쪽보다 높아질 것이다.

③ ⒜ 전체의 가로 폭이 넓어질수록 ⒞가 수평 하중을 견디는 효과가 작아질 것이다.

④ ⒜ 안에 있는 ⒝의 양이 많을수록 ⒞에 작용하는 수직 하중이 증가할 것이다.

⑤ ⒜에 채워진 ⒝의 무게가 무거울수록 ⒞의 수평 방향의 흔들림을 줄여 주는 효과가 클 것이다.

41. ⓐ ~ ⓔ의 사전적 의미로 적절하지 <u>않은</u> 것은?

① ⓐ : 어떠한 현상을 일으키거나 영향을 미침.

② ⓑ : 연구하여 새로운 것을 생각해 냄.

③ ⓒ : 갈라져 흩어짐.

④ ⓓ : 어떤 상태나 현상을 그대로 보존함.

⑤ ⓔ : 굳고 단단함.

[42 ~ 45] 다음 글을 읽고 물음에 답하시오.

[앞부분 줄거리] 군관 직책의 배비장은 제주 목사가 벌인 잔치에 자신은 여색을 멀리한다며 참석하지 않는다. 이에 제주 목사는 기생 애랑을 시켜 배비장을 유혹하게 하고, 애랑은 자신에게 반한 배비장에게 삼경에 집으로 오라는 편지를 보낸다.

강호에 병이 들어 덧없이 죽겠더니, 낭자 회답이 반갑도다. 삼경에 기약 두고, 해 지기만 바라더니, 석양이 다 저물어 간다. 방자 입시(入侍) 보내고 빈방 안에 문을 닫고 그 여자에게 잘 뵈려고 다시 의관을 차릴 적에, 외올 망건 정주 탕건, 쾌자, 전립 관대 띠에 동개*를 차 제법 그럴싸하고 빈방 안에 혼자 우뚝 서서 도깨비 들린 듯이 혼잣말로 두런거리며 연습 삼아 하는 말이,

"가만가만 걸어가서 여자 문 앞에 들어서며 기침 한 번을 가만히 하면 그 여인이 기척 채고 문을 펄쩍 열것다. 걸음을 한번 팔자걸음으로 이렇게 걸어 들어가, 옛말에 이르기를, '수인사(修人事) 대천명(待天命)이라.' 하니, ㉠ 여자에게 한 번 이렇게 군대의 예절로 뵈렸다."

한창 이리 연습할 제, 방자놈이 뜻밖에 문을 펄쩍 열며,

"나리, 무엇하오?"

배비장 깜짝 놀라,

"너 벌써 왔느냐?"

"예, 군례 전에 대령하였소."

"㉡ 이놈, 내 깜짝 놀라 바로 땀이 난다."

하며 동개한 채로 썩 나서니, 달이 진 산에 까마귀 울고, 고기 잡이 불빛이 물에 비친다. 앞개울에 있던 사람은 돌아가고, 봄 바람에 학이 운다.

"앞서 기약 맺은 낭자, 이 밤중에 어서 찾아가자."

거들거려 가려 할 제 방자놈 이른 말이,

[A]
┌ "나으리, 생각이 전혀 없소. 밤중에 유부녀 희롱 가오면서 비단 옷 입고 저리 하고 가다가는 될 일도 안 될 것이니, 그 의관 다 벗으시오."

"벗으면 초라하지 않겠느냐?"

"초라하거든 가지 마옵시다."

"이 애야, 요란히 굴지 마라. 내 벗으마."

활짝 벗고 알몸으로 서서,

"어떠하냐?"

"그것이 참 좋소마는, 누가 보면 한라산 매 사냥꾼으로 알겠소. 제주 인물 복색으로 차리시오."

"제주 인물 복색은 어떤 것이나?"

"개가죽 두루마기에 노펑거지*를 쓰시오."

"그것은 너무 초라하구나."

"초라하거든 그만두시오."

"말인즉 그러하단 말이다. 개가죽이 아니라, 도야지가죽이
└ 라도 내 입으마."

하더니, **구록피(狗鹿皮) 두루마기에 노펑거지를 쓰고** 나서서 앞뒤를 살펴보며,

"이 애야, 범이 보면 개로 알겠다. 군기총(軍器銃) 하나만 내어 들고 가자."

"무섭거든 가지 마옵시다."

"이 애야, 그러하단 말이냐? 네 성정 그러한 줄 몰랐구나. ㉢ 정 못 갈 터이면, 내 업고라도 가마."

배비장이 뒤따라가며 하는 말이,

"기약 둔 사랑하는 여자, 어서 가 반겨 보자."

서쪽으로 낸 대나무로 엮은 창 돌아들어, 동쪽에 있는 소나무로 만든 댓돌에 다다르니, 북쪽 창에 밝게 켠 등불 하나만이 외로이 섰는데, 밤은 깊은 삼경이라. 높은 담 구멍 찾아가서 방자 먼저 기어들며,

"쉬, 나리 잘못하다가는 일 날 것이니, 두 발을 한데 모아 요령 있게 들이미시오."

배비장이 방자 말을 옳게 듣고 두 발을 모아 들이민다. 방자 놈이 안에서 배비장의 두 발목을 모아 쥐고 힘껏 잡아당기니, ⓐ 부른 배가 딱 걸려서 들도 나도 아니하는구나. 배비장 두 눈을 희게 뜨고 이를 갈며,

"좀 놓아다고!"

하면서, **죽어도 문자(文字)는 쓰던** 것이었다.

"포복불입(飽腹不入)하니 출분이기사(出糞而幾死)로다.*"

방자가 안에서 웃으며 탁 놓으니, 배비장이 곤두박질하였다가 일어나 앉으며 하는 말이,

"매사가 순리로 아니 되니 큰 낭패로다. 산모의 해산법으로 말하여도 아이를 머리부터 낳아야 순산이라 하니, 내 상투를 들이밀 것이니 잘 잡아당겨라."

방자놈이 배비장의 상투를 노펑거지 쓴 채 왈칵 잡아당기나, 아무리 하여도 나은 줄 모르겠다. 죽을 고비에서 살아났으니, 목숨은 원래 하늘에 달렸음이라. 뻥 하고 들어가니 배비장이 아프단 말도 못 하고,

"㉣ 어허, 아마도 내 등에는 꼰질곤자판*을 놓았나 보다."

(중략)

배비장이 한편 좋기도 하고 한편 조심도 되어, **가만가만 자취 없이 들어가서 이리 기웃 저리 기웃** 문 앞에 가서 사뿐사뿐 손가락에 침을 발라 문 구멍을 배비작 배비작 뚫고 한 눈으로 들여다보니, 깊은 밤 등불 아래 앉은 저 여인, 나이 겨우 이팔의 고운 태도라, 켜 놓은 등불이 밝다 한들 너를 보니 어두운 듯, 피는 복숭아꽃이 곱다 하되 너를 보니 무색한 듯, **저 여인 거동 보소** 김해 간죽 백통관에 삼등초를 서뿐 담아 청동 화로 백탄 불에 사뿐 질러 빨아낸다. 향기로운 담배 연기가 한 오라기 보랏빛으로 피어나니 붉은 안개 피어 돈는 듯, 한 오리 두 오리 풍기어서 창 구멍으로 돌아 나온다. 배비장이 그 담뱃 내를 손으로 움키어 먹다가 생 담뱃내가 콧구멍으로 들어가서 재채기 한 번을 악칵 하니, 저 여인이 놀라는 체하고 문을 펄쩍 열뜨리고,

"도적이야."

소리 하니, 배비장이 엉겁결에,

"문안드리오."

저 여인이 보다가 하는 말이,

"㉤ 호랑이를 그리다가 솜씨 서툴러서 강아지를 그림이로고, 아마도 뉘 집 미친개가 길 잘못 들어 왔나 보다."

인두판으로 한 번 지끈 치니 배비장이 하는 말이,

"나는 개가 아니오."

"그러면 무엇이냐?"

"배 걸덕쇠요."

– 작자 미상, 「배비장전(裵裨將傳)」 –

---

*동개: 활과 화살을 찬 주머니.

*노펑거지: 노끈으로 만든 벙거지.

*포복불입(飽腹不入)하니 출분이기사(出糞而幾死)로다.: 배가 불러 들어갈 수 없으니 똥이 나와 죽겠구나.

*꼰질곤자판: 고누판. '고누'는 장기와 비슷한 옛날의 놀이.

42. <보기>를 바탕으로 윗글을 감상할 때, 적절하지 <u>않은</u> 것은?
[3점]

───── < 보 기 > ─────

「배비장전」은 판소리계 소설로, 판소리 창자의 말투가 고스란히 드러나 있고 리듬감이 있는 율문체를 통해 당대 서민들의 삶과 정서를 드러내고 있다. 또한 다른 사람의 책략에 의해 주인공이 금욕적 다짐을 훼손당해 웃음거리가 되는 남성 훼절형 모티프를 바탕으로 하는 서사 구조를 보여 준다. 이를 통해 지배 계층의 허세에 대한 풍자와 조롱을 드러내고 신분 질서가 무너져 가는 당대 시대상 등을 반영하고 있다.

① '가만가만 자취 없이 들어가서 이리 기웃 저리 기웃'에서 글자 수를 규칙적으로 반복하여 인물의 행동을 리듬감 있게 묘사하는 율문체를 확인할 수 있겠군.

② '저 여인 거동 보소'라는 표현에서 청중을 향한 판소리 창자의 목소리가 직접 드러나는 판소리계 소설로서의 특징을 확인할 수 있겠군.

③ 배비장이 방자에 의해 '구록피 두루마기에 노펑거지'까지 쓰면서 훼절한 상황에서 서민 계층에 의해 조롱당하는 지배 계층의 모습을 엿볼 수 있겠군.

④ 담 구멍에 걸려 있는 상황에서도 '죽어도 문자는 쓰'는 배비장의 모습을 통해 지배 계층의 허세에 대한 풍자를 엿볼 수 있겠군.

⑤ 배비장이 애랑을 만나자마자 '배 걸덕쇠요.'라고 격식을 차리며 말하는 데서 신분 질서가 무너져 가는 당대의 시대적 현실을 확인할 수 있겠군.

43. [A]의 재담 구조를 <보기>와 같이 도식화할 때, 이에 대한 설명으로 적절하지 <u>않은</u> 것은?

───── < 보 기 > ─────

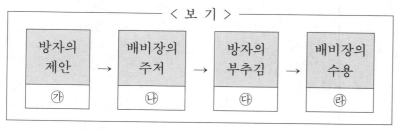

방자의 제안	→	배비장의 주저	→	방자의 부추김	→	배비장의 수용
㉮		㉯		㉰		㉱

① ㉮에서 방자는 배비장의 권위를 깎아내리는 말을 하고 있다.
② ㉯에서 배비장은 자신의 체면을 생각하며 반응하고 있다.
③ ㉰에서 방자는 긍정적인 결과를 제시하며 설득하고 있다.
④ ㉱에서 배비장은 방자의 말에 할 수 없이 호응하고 있다.
⑤ ㉮ ~ ㉱에서 방자가 대화를 주도하며 재담의 구조가 반복되고 있다.

44. ㉠ ~ ㉤에 대한 설명으로 적절하지 <u>않은</u> 것은?

① ㉠ : 애랑의 환심을 사기 위해 노력을 하고 있는 배비장의 모습이 나타나 있다.
② ㉡ : 방자에게 자신의 행동을 들켰을까 봐 당황하는 배비장의 태도가 나타나 있다.
③ ㉢ : 애랑을 만나고 싶어 하는 배비장의 간절한 마음이 나타나 있다.
④ ㉣ : 방자에 대한 불만을 노골적으로 드러내는 배비장의 모습이 나타나 있다.
⑤ ㉤ : 배비장의 정체를 알고도 짐짓 모른 체하는 애랑의 태도가 나타나 있다.

45. ⓐ의 상황을 나타내는 한자 성어로 가장 적절한 것은?

① 진퇴양난(進退兩難)
② 중과부적(衆寡不敵)
③ 역지사지(易地思之)
④ 난형난제(難兄難弟)
⑤ 고장난명(孤掌難鳴)

───────────────────

※ 확인 사항
○ 답안지의 해당란에 필요한 내용을 정확히 기입(표기)했는지 확인하시오.

수학 영역

● 문항수 **30개** | 배점 **100점** | 제한 시간 **100분**　　　　　● 배점은 **2점, 3점** 또는 **4점**　● 출처 : 고1 학력평가

5지선다형

1. $\sqrt{18} - 4\sqrt{2} + \sqrt{2}$ 의 값은? [2점]

① $-2\sqrt{2}$　② $-\sqrt{2}$　③ 0　④ $\sqrt{2}$　⑤ $2\sqrt{2}$

2. 일차부등식 $x - 5 \leq 7$ 의 해 중 자연수의 개수는? [2점]

① 10　② 11　③ 12　④ 13　⑤ 14

3. $26^2 - 24^2$ 의 값은? [2점]

① 60　② 70　③ 80　④ 90　⑤ 100

4. $a = 2x + y$, $b = x - 2y$ 일 때, $2(a - b) - (a - 3b)$ 를 x, y 에 대한 식으로 나타낸 것은? [3점]

① $x - 3y$　② $x - y$　③ $x + y$　④ $3x - y$　⑤ $3x + y$

5. 어느 농장에서 나온 달걀 10개의 무게가 다음과 같다.

(단위: g)

45	48	49	47	43
43	42	43	41	45

이 자료의 최빈값은? [3점]

① 41 g ② 43 g ③ 45 g ④ 47 g ⑤ 49 g

6. 분수 $\dfrac{n}{2^4 \times 7}$ 을 소수로 나타내면 유한소수가 된다. n의 값이 될 수 있는 두 자리 자연수 중 가장 작은 수는? [3점]

① 11 ② 12 ③ 13 ④ 14 ⑤ 15

7. 두 일차함수 $y = x + 3$, $y = 2x - 3$의 그래프의 교점의 좌표를 (a, b)라 할 때, $a + b$의 값은? [3점]

① 15 ② 16 ③ 17 ④ 18 ⑤ 19

8. 이차함수 $y=x^2+2x+a$의 꼭짓점의 y좌표가 4일 때, 상수 a의 값은? [3점]

① 3   ② 4   ③ 5   ④ 6   ⑤ 7

9. 1이 아닌 자연수 n을 소인수분해할 때, 소인수 2가 곱해진 개수를 $A(n)$, 소인수 3이 곱해진 개수를 $B(n)$이라 하자. 예를 들어, $12=2^2\times3$이므로 $A(12)=2$, $B(12)=1$이다. $A(180)+B(180)$의 값은? [3점]

① 3   ② 4   ③ 5   ④ 6   ⑤ 7

10. A 고등학교 학생 200명과 B 고등학교 학생 300명의 하루 평균 수면 시간을 조사한 상대도수의 그래프가 그림과 같다.

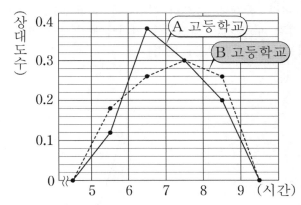

두 고등학교 A, B에서 조사한 학생들 중 하루 평균 수면 시간이 7시간 이상 8시간 미만인 학생 수를 각각 a, b라 할 때, $a-b$의 값은? [3점]

① -30 ② -15 ③ 0   ④ 15   ⑤ 30

11. 그림과 같이 삼각형 ABC 의 꼭짓점 A, B, C 에서 직선 l 에 내린 수선의 발을 각각 D, E, F 라 할 때, $\overline{\text{AD}}=\overline{\text{CF}}=4$, $\overline{\text{BE}}=6$ 이다. 삼각형 ABC 를 직선 l 을 회전축으로 하여 1회전시킬 때 생기는 회전체를 회전축에 수직인 평면으로 자른 단면의 넓이의 최댓값은? [3점]

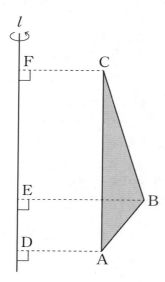

① 14π ② 16π ③ 18π ④ 20π ⑤ 22π

12. 그림과 같이 $\overline{\text{AB}}=\overline{\text{AC}}$ 인 이등변삼각형 ABC 의 꼭짓점 C 에서 변 AB 에 내린 수선의 발을 H 라 하자. $\overline{\text{AH}}:\overline{\text{HB}}=3:2$ 일 때, 삼각형 BCH 에서 $\tan B$의 값은? [3점]

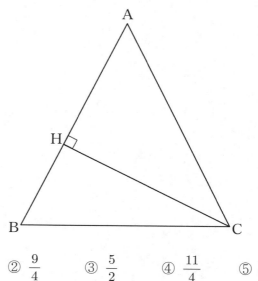

① 2   ② $\dfrac{9}{4}$ ③ $\dfrac{5}{2}$ ④ $\dfrac{11}{4}$ ⑤ 3

[해설편 p.189]

13. 그림과 같이 한 변의 길이가 1인 여러 개의 정사각형으로 이루어진 도형이 있다. 한 개의 주사위를 두 번 던져 첫 번째 나온 눈의 수의 길이만큼 점 A 에서 오른쪽 방향으로 이동한 점을 B 라 하고, 두 번째 나온 눈의 수의 길이만큼 점 B 에서 위쪽 방향으로 이동한 점을 C 라 하자. 삼각형 ABC 의 넓이가 15 이상이 될 확률은? [3점]

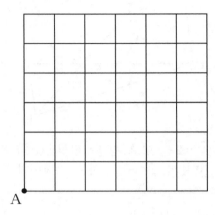

① $\dfrac{1}{36}$　　② $\dfrac{1}{18}$　　③ $\dfrac{1}{12}$　　④ $\dfrac{1}{9}$　　⑤ $\dfrac{5}{36}$

14. 그림과 같이 원 위의 세 점 A, B, C 와 원 밖의 한 점 P 에 대하여 직선 PC 는 원의 접선이고 세 점 A, B, P 는 한 직선 위에 있다. $\overline{AB}=\overline{AC}$, $\angle APC=42°$ 일 때, $\angle CAB$ 의 크기는? [4점]

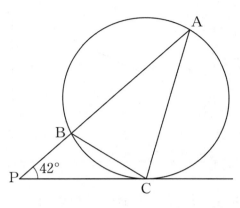

① 24°　　② 26°　　③ 28°　　④ 30°　　⑤ 32°

15. 그림과 같이 $\angle B = \angle C = 90°$ 인 사다리꼴 ABCD 의 넓이가 36 이다. 변 BC 의 중점 M 에서 변 AD 에 내린 수선의 발을 H 라 할 때, $\overline{BM} = \overline{MH} = 4$ 이다. 선분 AD 의 길이는? [4점]

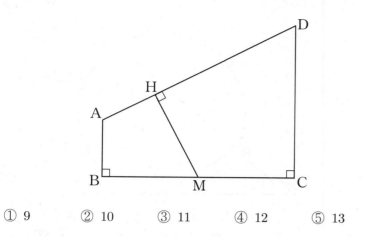

① 9   ② 10   ③ 11   ④ 12   ⑤ 13

16. 그림과 같이 평행사변형 ABCD 에서 $\angle A$ 의 이등분선이 변 BC 와 만나는 점을 E, 변 DC 의 연장선과 만나는 점을 F 라 하자.

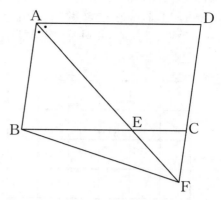

다음은 $\overline{AB} : \overline{AD} = 2 : 3$ 이고 평행사변형 ABCD 의 넓이가 30 일 때, 삼각형 BFE 의 넓이를 구하는 과정이다.

$\overline{AB} /\!/ \overline{DF}$ 이므로 $\angle DFA = \angle BAF$

그러므로 삼각형 DAF 는 $\overline{DA} = \overline{DF}$ 인 이등변삼각형이다.

$\overline{CF} = \overline{DF} - \overline{DC} = \overline{DA} - \overline{AB}$ 이므로

$\overline{CF} = \boxed{(가)} \times \overline{AB}$

$\triangle ABE \backsim \triangle FCE$ 이므로

$\overline{EF} = \boxed{(나)} \times \overline{AF}$

$\overline{AB} /\!/ \overline{DF}$ 이므로 삼각형 ABF 의 넓이는 삼각형 ABD 의 넓이와 같다.

따라서 삼각형 BFE 의 넓이는 $\boxed{(다)}$ 이다.

위의 (가), (나), (다)에 들어갈 알맞은 수를 각각 a, b, c 라 할 때, abc 의 값은? [4점]

① $\dfrac{1}{3}$ ② $\dfrac{1}{2}$ ③ $\dfrac{2}{3}$ ④ $\dfrac{5}{6}$ ⑤ 1

17. 자연수 n에 대하여 $\sqrt{na}$가 자연수가 되도록 하는 가장 작은 자연수 a를 $f(n)$이라 하자. 예를 들면 $f(3)=3$, $f(4)=1$이다. $f(n)=2$인 300 이하의 자연수 n의 개수는? [4점]

① 10 ② 12 ③ 14 ④ 16 ⑤ 18

18. 그림과 같이 $\overline{AB}=3a$, $\overline{AC}=2a$이고 $\angle C=90°$인 직각삼각형 ABC가 있다. 점 C에서 변 AB에 내린 수선의 발을 D, 점 D에서 변 BC에 내린 수선의 발을 E라 할 때, 선분 DE의 길이가 자연수가 되도록 하는 자연수 a의 값 중 가장 작은 수는? [4점]

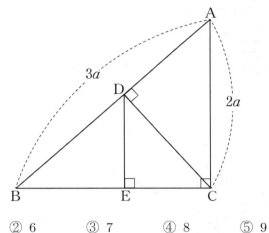

① 5 ② 6 ③ 7 ④ 8 ⑤ 9

19. 그림과 같이 육각형 ABCDEF에서 사각형 BDEF는 둘레의 길이가 88인 직사각형이다. 네 변 AB, BC, CD, FA의 각각의 중점 P, Q, R, S에 대하여 세 선분 CA, RS, DF가 다음 조건을 만족시킨다.

(가) $\overline{CA} /\!/ \overline{RS} /\!/ \overline{DF}$

(나) $\overline{CA} = 38$, $\overline{DF} = 32$

사각형 PQRS의 둘레의 길이는? [4점]

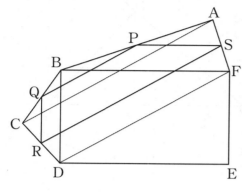

① 68   ② 70   ③ 72   ④ 74   ⑤ 76

20. 그림과 같이 삼각형 ABC에서 ∠A의 이등분선이 변 BC와 만나는 점을 D라 할 때, $\overline{AB} = \overline{AD}$이다. 점 C에서 선분 AD의 연장선에 내린 수선의 발을 E, 선분 CE의 연장선과 선분 AB의 연장선이 만나는 점을 F라 하자. 점 F를 지나면서 선분 AE와 평행한 직선이 선분 CB의 연장선과 만나는 점을 G라 할 때, <보기>에서 옳은 것만을 있는 대로 고른 것은? [4점]

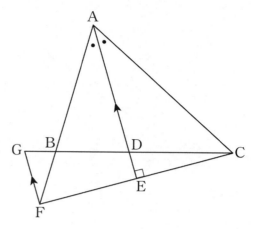

< 보 기 >

ㄱ. $\overline{BF} = \overline{GF}$

ㄴ. $\overline{DE} = \dfrac{3}{5}\overline{BF}$

ㄷ. $\overline{AE} = \dfrac{1}{2}(\overline{AB} + \overline{AC})$

① ㄱ   ② ㄱ, ㄴ   ③ ㄱ, ㄷ
④ ㄴ, ㄷ   ⑤ ㄱ, ㄴ, ㄷ

21. 그림과 같이 반지름의 길이가 4이고 중심각의 크기가 90°인 부채꼴 OAB의 호 AB를 삼등분하여, 점 B에 가까운 점을 P라 하자. 세 선분 OA, OB, AP에 모두 접하는 원의 반지름의 길이는? [4점]

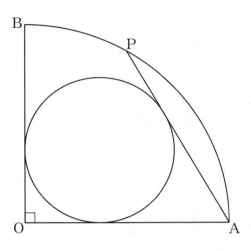

① $\sqrt{2}$ ② $2\sqrt{3}-2$ ③ $\sqrt{3}$

④ $2\sqrt{2}-1$ ⑤ $2\sqrt{3}-1$

22. $9^2 \times (2^2)^2 \div 3^3$의 값을 구하시오. [3점]

23. 기울기가 4이고 점 $(2, 30)$을 지나는 일차함수 그래프의 y절편을 구하시오. [3점]

24. 두 밑변의 길이가 각각 x, $x+4$ 이고 높이가 x 인 사다리꼴의 넓이가 120 일 때, x 의 값을 구하시오. [3점]

25. 그림과 같이 $\overline{AB}=4$, $\overline{BC}=6$ 인 평행사변형 ABCD 의 넓이가 $6\sqrt{11}$ 이다. 점 A 에서 변 BC 에 내린 수선의 발을 H 라 할 때, $\overline{BH}^2$ 을 구하시오. (단, $\angle B$ 는 예각이다.) [3점]

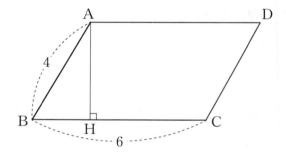

26. 그림과 같이 세 이차함수 $y=-x^2$, $y=-(x+2)^2+4$, $y=-(x+4)^2$ 의 그래프로 둘러싸인 부분의 넓이를 구하시오. [4점]

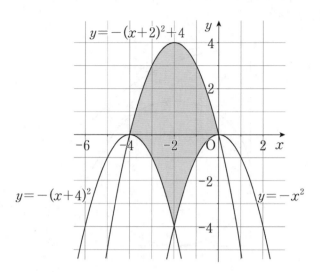

27. 그림과 같이 $\overline{AB}=10$, $\overline{AC}=24$, $\overline{BC}=26$인 직각삼각형 ABC의 내심을 I라 하자. 점 I에서 변 BC에 내린 수선의 발을 H, 변 BC의 중점을 M이라 할 때, 삼각형 IHM의 넓이를 구하시오. [4점]

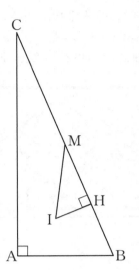

28. 그림과 같이 삼각형 ABC에서 변 AB의 중점을 D, 선분 BD의 중점을 E, 선분 CD의 중점을 F라 하자. 점 D를 지나고 변 BC에 평행한 직선이 선분 AF와 만나는 점을 G라 하고, 두 선분 EG, DF의 교점을 H라 할 때, 삼각형 DBC의 넓이는 삼각형 DHG의 넓이의 k배이다. k의 값을 구하시오. [4점]

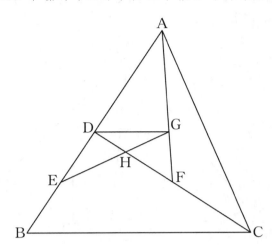

29. 그림과 같이 모든 모서리의 길이가 같은 사각뿔 ABCDE 가 있다. 삼각형 ACD 의 무게중심을 G, 삼각형 ADE 의 무게중심을 G′ 이라 하자. 모서리 CD 위의 점 P와 모서리 DE 위의 점 Q에 대하여 $\overline{GP}+\overline{PQ}+\overline{QG'}$ 의 최솟값이 $30(3\sqrt{2}+\sqrt{6})$ 일 때, 사각뿔 ABCDE 의 한 모서리의 길이를 구하시오. [4점]

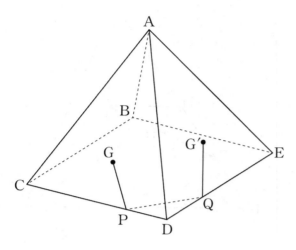

30. 그림과 같이 1부터 8까지의 자연수가 적혀 있는 3개의 원판을 각각 돌려서 화살표가 가리키는 수를 각각 a, b, c라 할 때, 네 자리의 자연수 $K=a\times10^3+b\times10^2+8\times10+c$ 이다. K의 각 자리의 숫자 a, b, 8, c 중 8은 6으로, 2는 8로 바꾸고 나머지 숫자는 바꾸지 않고 만든 네 자리의 자연수를 M이라 하자. $M=3(K+2)$일 때, $a+b+c$의 값을 구하시오. (단, 화살표는 경계선을 가리키지 않는다.) [4점]

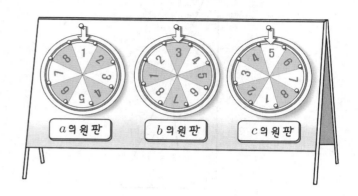

● 문항수 45개 | 배점 100점 | 제한 시간 70분

● 점수 표시가 없는 문항은 모두 2점 ● 출처 : 고1 학력평가

1번부터 17번까지는 듣고 답하는 문제입니다. 1번부터 15번까지는 한 번만 들려주고, 16번부터 17번까지는 두 번 들려줍니다. 방송을 잘 듣고 답을 하시기 바랍니다.

1. 다음을 듣고, 남자가 하는 말의 목적으로 가장 적절한 것을 고르시오.

① 건물 공사 일정을 공지하려고
② 건물 내 소화기의 위치를 안내하려고
③ 화재 대피 훈련에 대한 협조를 요청하려고
④ 응급 환자 발생 시 대처 요령을 설명하려고
⑤ 화재경보 시스템의 시험 가동이 있음을 알리려고

2. 대화를 듣고, 여자의 의견으로 가장 적절한 것을 고르시오.

① 새 옷은 세탁을 한 후에 입어야 한다.
② 옷 손상을 줄이려면 손세탁하는 것이 좋다.
③ 옷을 살 때는 소재를 꼼꼼히 확인해야 한다.
④ 옷의 소재에 따라 세탁 방법을 달리해야 한다.
⑤ 세탁 후 옷에 남은 세제는 알레르기를 유발할 수 있다.

3. 대화를 듣고, 두 사람의 관계를 가장 잘 나타낸 것을 고르시오.

① 소설가 – 독자　　　　② 정원사 – 집주인
③ 건축가 – 의뢰인　　　④ 도서관 사서 – 학생
⑤ 고궁 해설사 – 관람객

4. 대화를 듣고, 그림에서 대화의 내용과 일치하지 <u>않는</u> 것을 고르시오.

5. 대화를 듣고, 남자가 할 일로 가장 적절한 것을 고르시오.

① 동아리 가입 신청서 제출하기
② 학교 신문 기사 작성하기
③ 입학식 안내장 배부하기
④ 입학식 사진 보내 주기
⑤ 사진 편집 도와주기

6. 대화를 듣고, 남자가 지불할 금액을 고르시오. [3점]

① $40　　② $45　　③ $47　　④ $50　　⑤ $52

7. 대화를 듣고, 여자가 여행 계획을 취소한 이유를 고르시오.

① 저렴한 항공권을 구하지 못해서
② 항공권이 매진되어서
③ 출장을 가게 되어서
④ 호텔 예약을 하지 못해서
⑤ 새로운 프로젝트를 시작하게 되어서

8. 대화를 듣고, Haven 천문대에 관해 언급되지 <u>않은</u> 것을 고르시오.

① 위치　　　　② 개관 연도　　　③ 입장료
④ 휴관일　　　⑤ 폐관 시간

9. Welton's Coins for Goats에 관한 다음 내용을 듣고, 일치하지 <u>않는</u> 것을 고르시오. [3점]

① 학생회에서 개최하는 행사이다.
② 모금한 돈은 염소를 사는 데 사용될 것이다.
③ 3주 동안 열린다.
④ 참가자는 학교 도서관에 있는 기부함에 동전을 넣으면 된다.
⑤ 목표 모금액은 2,000달러이다.

10. 다음 표를 보면서 대화를 듣고, 두 사람이 주문할 마스크를 고르시오.

Fine Dust Masks

	Model	Filter-out Rate	Price (per box)	Color
①	A	80%	$30	black
②	B	80%	$35	blue
③	C	94%	$40	blue
④	D	94%	$45	white
⑤	E	99%	$55	white

11. 대화를 듣고, 남자의 마지막 말에 대한 여자의 응답으로 가장 적절한 것을 고르시오.

① Yes. I can help you write the essay.
② I'd love to, but I didn't get the answer.
③ Sure. I'll show you how I solved the problem.
④ Oh, I didn't know that we had math homework.
⑤ Okay. It only took me a minute to get the answer.

12. 대화를 듣고, 여자의 마지막 말에 대한 남자의 응답으로 가장 적절한 것을 고르시오.

① I couldn't finish the job in time.
② I was happy to win the ski competition.
③ I helped visitors in the Lost and Found.
④ I'll visit Pyeongchang for two weeks in March.
⑤ I forgot to apply for that job at the Winter Olympics.

13. 대화를 듣고, 남자의 마지막 말에 대한 여자의 응답으로 가장 적절한 것을 고르시오.

Woman: _____

① Okay, I'll get you a puppy. Just keep your word.
② Good. I'm glad you like the robot pet very much.
③ If you say so, you can invite your friends to the party.
④ Sorry, but I can't walk your puppy right now.
⑤ Thank you for helping me wash the puppy.

14. 대화를 듣고, 여자의 마지막 말에 대한 남자의 응답으로 가장 적절한 것을 고르시오. [3점]

Man: _____

① Exactly. Less stuff makes our camping more enjoyable.
② Then we can save money by fixing the broken table.
③ But safety is the most important thing in camping.
④ I'm afraid I can't help you pack for the camping trip.
⑤ Great. Let's take the old chairs to the recycling center.

15. 다음 상황 설명을 듣고, Sam이 호텔 직원에게 할 말로 가장 적절한 것을 고르시오.

Sam: _____

① Are there any good restaurants in this area?
② Can you call a taxi to take me to the airport?
③ I'd like to know when the train will arrive at the station.
④ What should I do to enter the Toronto Marathon?
⑤ Please tell me how to get to the subway station.

[16 ~ 17] 다음을 듣고, 물음에 답하시오.

16. 여자가 하는 말의 주제로 가장 적절한 것은?

① how animals keep warm in the cold
② saving animals from natural disasters
③ materials harmful to animals' health
④ ways animals find food in the winter
⑤ differences between animals and humans

17. 언급된 동물의 종류가 <u>아닌</u> 것은?

① birds ② mammals ③ fish
④ reptiles ⑤ insects

이제 듣기 문제가 끝났습니다. 18번부터는 문제지의 지시에 따라 답을 하시기 바랍니다.

18. 다음 글의 목적으로 가장 적절한 것은?

Dear Ms. Cross,

We are excited to announce the opening of the newest Sunshine Stationery Store in Raleigh, North Carolina! As you know, the Sunshine Stationery Store has long been the industry standard for quality creative paper products of all kinds, and we couldn't have picked a better location for our next branch than the warm and inviting city of Raleigh. We are thrilled to welcome you to the Grand Opening of the Raleigh store on March 15, 2018. The opening celebration will be from 9 a.m. to 9 p.m. — a full 12 hours of fun! We would love to show you all the Raleigh store has to offer and hope to see you there on the 15th!

Sincerely,

Donna Deacon

① 신제품의 출시를 홍보하려고
② 회사 창립 기념일에 초대하려고
③ 이전한 매장의 위치를 안내하려고
④ 신설 매장의 개업식에 초대하려고
⑤ 매장의 영업시간 변경을 안내하려고

19. 다음 글에 드러난 'I'의 심경으로 가장 적절한 것은?

One day I caught a taxi to work. When I got into the back seat, I saw a brand new cell phone sitting right next to me. I asked the driver, "Where did you drop the last person off?" and showed him the phone. He pointed at a girl walking up the street. We drove up to her and I rolled down the window yelling out to her. She was very thankful and by the look on her face I could tell how grateful she was. Her smile made me smile and feel really good inside. After she got the phone back, I heard someone walking past her say, "Today's your lucky day!"

① angry ② bored ③ scared
④ pleased ⑤ regretful

20. 밑줄 친 부분이 가리키는 대상이 나머지 넷과 <u>다른</u> 것은?

Serene tried to do a pirouette in front of her mother but fell to the floor. Serene's mother helped ① her off the floor. She told her that she had to keep trying if she wanted to succeed. However, Serene was almost in tears. ② She had been practicing very hard the past week but she did not seem to improve. Serene's mother said that ③ she herself had tried many times before succeeding at Serene's age. She had fallen so often that she sprained her ankle and had to rest for three months before she was allowed to dance again. Serene was surprised. Her mother was a famous ballerina and to Serene, ④ her mother had never fallen or made a mistake in any of her performances. Listening to her mother made ⑤ her realize that she had to put in more effort than what she had been doing so far.

* pirouette: 피루엣(한쪽 발로 서서 빠르게 도는 발레 동작)

21. 다음 글에서 필자가 주장하는 바로 가장 적절한 것은?

Many people think of what might happen in the future based on past failures and get trapped by them. For example, if you have failed in a certain area before, when faced with the same situation, you anticipate what might happen in the future, and thus fear traps you in yesterday. Do not base your decision on what yesterday was. Your future is not your past and you have a better future. You must decide to forget and let go of your past. Your past experiences are the thief of today's dreams only when you allow them to control you.

* anticipate: 예상하다

① 꿈을 이루기 위해 다양한 경험을 하라.
② 미래를 생각할 때 과거의 실패에 얽매이지 말라.
③ 장래의 성공을 위해 지금의 행복을 포기하지 말라.
④ 자신을 과신하지 말고 실현 가능한 목표부터 세우라.
⑤ 결정을 내릴 때 남의 의견에 지나치게 의존하지 말라.

22. 다음 글의 주제로 가장 적절한 것은?

Storyteller Syd Lieberman suggests that it is the story in history that provides the nail to hang facts on. Students remember historical facts when they are tied to a story. According to a report, a high school in Boulder, Colorado, is currently experimenting with a study of presentation of historical material. Storytellers present material in dramatic context to the students, and group discussion follows. Students are encouraged to read further. In contrast, another group of students is involved in traditional research/report techniques. The study indicates that the material presented by the storytellers has much more interest and personal impact than that gained via the traditional method.

① why students should learn history
② essential elements of historical dramas
③ advantages of traditional teaching methods
④ benefits of storytelling in teaching history
⑤ importance of having balanced views on history

23. 다음 글의 요지로 가장 적절한 것은?

Experts advise people to "take the stairs instead of the elevator" or "walk or bike to work." These are good strategies: climbing stairs provides a good workout, and people who walk or ride a bicycle for transportation most often meet their needs for physical activity. Many people, however, face barriers in their environment that prevent such choices. Few people would choose to walk or bike on roadways that lack safe sidewalks or marked bicycle lanes, where vehicles speed by, or where the air is polluted. Few would choose to walk up stairs in inconvenient and unsafe stairwells in modern buildings. In contrast, people living in neighborhoods with safe biking and walking lanes, public parks, and freely available exercise facilities use them often — their surroundings encourage physical activity.

* stairwell: 계단을 포함한 건물의 수직 공간

① 자연환경을 훼손시키면서까지 운동 시설을 만들어서는 안 된다.
② 일상에서의 운동 가능 여부는 주변 여건의 영향을 받는다.
③ 운동을 위한 시간과 공간을 따로 정해 놓을 필요가 있다.
④ 자신의 건강 상태를 고려하여 운동량을 계획해야 한다.
⑤ 짧더라도 규칙적으로 운동하는 것이 건강에 좋다.

24. 다음 글의 제목으로 가장 적절한 것은?

How can we teach our children to memorize a broad range of information? Let me prove to you that all people are potential geniuses, with brains designed to store, control, and remember large amounts of information through memorization by repetition. Imagine the grocery store where you shop the most. If I asked you to tell me where the eggs are, would you be able to do so? Of course you could. The average grocery store carries over 10,000 items, yet you can quickly tell me where to find most of them. Why? The store is organized by category, and you have shopped in the store repeatedly. In other words, you've seen those organized items over and over again, and the arrangement by category makes it easy for you to memorize the store's layout. You can categorize 10,000 items from just one store.

① Too Much Repetition Kills Creativity
② Believe in Your Memos, Not Your Memory
③ A Grocery Store: Where Your Health Begins
④ Your Memory Can Improve as You Get Older
⑤ Repetition and Categorization: The Key to Memory

25. 다음 도표의 내용과 일치하지 <u>않는</u> 것은?

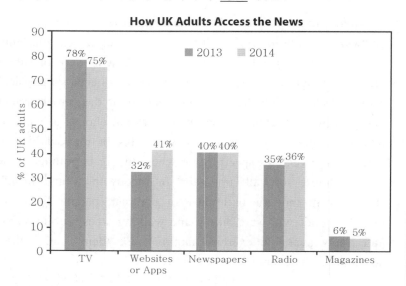

How UK Adults Access the News

The above graph shows how UK adults accessed the news in 2013 and in 2014. ① In both years, TV was the most popular way to access the news. ② Using websites or apps was the fourth most popular way in 2013, but rose to the second most popular way in 2014. ③ On the other hand, listening to the radio was the third most popular way in 2013, but fell to the fourth most popular way in 2014. ④ The percentage of UK adults using magazines in 2014 was higher than that in 2013. ⑤ The percentage of UK adults using newspapers in 2014 remained the same as that in 2013.

26. 2018 Eco-Adventure Camp에 관한 다음 안내문의 내용과 일치하지 <u>않는</u> 것은?

2018 Eco-Adventure Camp

Explore the woods in Tennessee! All middle school and high school students are welcome!

- **Dates**: March 23 – 25 (3 days and 2 nights)
- **Fee**: $150 per person (All meals are included.)
- **Activities**: Nature Class, Hiking and Climbing, and Treasure Hunt
- Every participant will receive a camp backpack.
- Registration starts from March 12 and ends on March 16 on our website.

For more information, please visit us at www.ecoadventure.com.

① 중·고등학생이 참가할 수 있다.
② 2박 3일 동안 진행된다.
③ 참가비에 식사 비용이 포함된다.
④ 참가자에게 캠프 배낭을 준다.
⑤ 등록은 3월 16일에 시작된다.

27. T-shirt Design Contest에 관한 다음 안내문의 내용과 일치하는 것은?

T-shirt Design Contest

We are looking for T-shirt designs for the Radio Music Festival. The Radio Music Festival team will select the top five designs. The one grand prize winner will be chosen by online voting.

Details

- Deadline for submission: May 15, 2018
- Three entries are allowed per participant.
- Designs will be printed on white T-shirts.
- An entry can include up to three colors.
- You can use the Radio Music Festival logo, but you're not allowed to change its colors in any way.

The winners will receive two T-shirts with their design printed on them.

For more information, please visit our website at www.rmfestival.org.

① 온라인 투표를 통해 상위 다섯 개의 디자인을 선택한다.
② 참가자 한 명당 한 개의 작품만 출품할 수 있다.
③ 출품작에 사용되는 색상의 수에는 제한이 없다.
④ Radio Music Festival 로고의 색상을 바꿔서 사용할 수 있다.
⑤ 수상자는 자신의 디자인이 인쇄된 티셔츠를 받는다.

28. Mae C. Jemison에 관한 다음 글의 내용과 일치하지 <u>않는</u> 것은?

Mae C. Jemison was named the first black woman astronaut in 1987. On September 12, 1992, she boarded the space shuttle *Endeavor* as a science mission specialist on the historic eight-day flight. Jemison left the National Aeronautic and Space Administration (NASA) in 1993. She was a professor of Environmental Studies at Dartmouth College from 1995 to 2002. Jemison was born in Decatur, Alabama, and moved to Chicago with her family when she was three years old. She graduated from Stanford University in 1977 with a degree in chemical engineering and Afro-American studies. Jemison received her medical degree from Cornell Medical School in 1981.

① 1992년에 우주 왕복선에 탑승했다.
② 1993년에 NASA를 떠났다.
③ Dartmouth 대학의 환경학과 교수였다.
④ 세 살 때 가족과 함께 Chicago로 이주했다.
⑤ Stanford 대학에서 의학 학위를 받았다.

[해설편 p.206]

29. (A), (B), (C)의 각 네모 안에서 어법에 맞는 표현으로 가장 적절한 것은? [3점]

The first underwater photographs were taken by an Englishman named William Thompson. In 1856, he waterproofed a simple box camera, attached it to a pole, and (A) lowered / lowering it beneath the waves off the coast of southern England. During the 10-minute exposure, the camera slowly flooded with seawater, but the picture survived. Underwater photography was born. Near the surface, (B) where / which the water is clear and there is enough light, it is quite possible for an amateur photographer to take great shots with an inexpensive underwater camera. At greater depths — it is dark and cold there — photography is the principal way of exploring a mysterious deep-sea world, 95 percent of which has never (C) seen / been seen before.

* exposure: 노출

	(A)	(B)	(C)
①	lowered	where	seen
②	lowered	where	been seen
③	lowered	which	seen
④	lowering	where	seen
⑤	lowering	which	been seen

30. 다음 글의 밑줄 친 부분 중, 문맥상 낱말의 쓰임이 적절하지 <u>않은</u> 것은?

Honesty is a fundamental part of every strong relationship. Use it to your advantage by being open with what you feel and giving a ① <u>truthful</u> opinion when asked. This approach can help you escape uncomfortable social situations and make friends with honest people. Follow this simple policy in life — never lie. When you ② <u>develop</u> a reputation for always telling the truth, you will enjoy strong relationships based on trust. It will also be more difficult to manipulate you. People who lie get into trouble when someone threatens to ③ <u>uncover</u> their lie. By living true to yourself, you'll ④ <u>avoid</u> a lot of headaches. Your relationships will also be free from the poison of lies and secrets. Don't be afraid to be honest with your friends, no matter how painful the truth is. In the long term, lies with good intentions ⑤ <u>comfort</u> people much more than telling the truth.

* manipulate: (사람을) 조종하다

[31 ~ 34] 다음 빈칸에 들어갈 말로 가장 적절한 것을 고르시오.

31. Since a great deal of day-to-day academic work is boring and repetitive, you need to be well motivated to keep doing it. A mathematician sharpens her pencils, works on a proof, tries a few approaches, gets nowhere, and finishes for the day. A writer sits down at his desk, produces a few hundred words, decides they are no good, throws them in the bin, and hopes for better inspiration tomorrow. To produce something worthwhile — if it ever happens — may require years of such _____ labor. The Nobel Prize-winning biologist Peter Medawar said that about four-fifths of his time in science was wasted, adding sadly that "nearly all scientific research leads nowhere." What kept all of these people going when things were going badly was their passion for their subject. Without such passion, they would have achieved nothing. [3점]

* proof: (수학) 증명

① cooperative   ② productive   ③ fruitless
④ dangerous   ⑤ irregular

32. Within a store, the wall marks the back of the store, but not the end of the marketing. Merchandisers often use the back wall as a magnet, because it means that _____. This is a good thing because distance traveled relates more directly to sales per entering customer than any other measurable consumer variable. Sometimes, the wall's attraction is simply appealing to the senses, a wall decoration that catches the eye or a sound that catches the ear. Sometimes the attraction is specific goods. In supermarkets, the dairy is often at the back, because people frequently come just for milk. At video rental shops, it's the new releases. [3점]

* merchandiser: 상품 판매업자 ** variable: 변수

① the store looks larger than it is
② more products can be stored there
③ people have to walk through the whole store
④ the store provides customers with cultural events
⑤ people don't need to spend too much time in the store

33. The good news is, where you end up ten years from now is up to you. You are free to choose what you want to make of your life. It's called *free will* and it's your basic right. What's more, you can turn it on instantly! At any moment, you can choose to start showing more respect for yourself or stop hanging out with friends who bring you down. After all, you choose to be happy or miserable. The reality is that although you are free to choose, you can't choose the consequences of your choices. It's a package deal. As the old saying goes, "_____." Choice and consequence go together like mashed potatoes and gravy. [3점]

* gravy: (육즙을 이용해 만든) 소스

① From saying to doing is a long step
② A good beginning makes a good ending
③ One man's trash is another man's treasure
④ If you pick up one end of the stick, you pick up the other
⑤ The best means of destroying an enemy is to make him your friend

34. Just think for a moment of all the people upon whom your participation in your class depends. Clearly, the class requires a teacher to teach it and students to take it. However, it also depends on many other people and organizations. Someone had to decide when the class would be held and in what room, communicate that information to you, and enroll you in that class. Someone also had to write a textbook, and with the assistance of many other people — printers, editors, salespeople, and bookstore employees — it has arrived in your hands. Thus, a class that seems to involve just you, your fellow students, and your teacher is in fact _____. [3점]

① more interesting than playing games
② the product of the efforts of hundreds of people
③ the place where students can improve writing skills
④ most effective when combined with online learning
⑤ the race where everyone is a winner

[35 ~ 36] 주어진 글 다음에 이어질 글의 순서로 가장 적절한 것을 고르시오.

35.

Suppose that you are busy working on a project one day and you have no time to buy lunch. All of a sudden your best friend shows up with your favorite sandwich.

(A) The key difference between these two cases is the level of trust. You trust your best friend so much that you won't worry about him knowing you too well, but you certainly would not give the same level of trust to a stranger.

(B) He tells you that he knows you are busy and he wants to help you out by buying you the sandwich. In this case, you are very likely to appreciate your friend's help.

(C) However, if a stranger shows up with the same sandwich and offers it to you, you won't appreciate it. Instead, you would be confused. You would likely think "Who are you, and how do you know what kind of sandwich I like to eat?"

① (A) − (C) − (B)
② (B) − (A) − (C)
③ (B) − (C) − (A)
④ (C) − (A) − (B)
⑤ (C) − (B) − (A)

36.

If you start collecting and analyzing data without first clarifying the question you are trying to answer, you're probably doing yourself more harm than good.

(A) In the design plan, you clarify the issues you are trying to solve, state your hypotheses, and list what is required to prove those hypotheses. Developing this plan before you start researching will greatly increase your problem-solving productivity.

(B) You'll end up drowning in a flood of information and realize only later that most of that research was a waste of time. To avoid this problem, you should develop a problem-solving design plan before you start collecting information.

(C) In addition, putting your plan down on paper will not only clarify your thoughts. If you're working in a group, this plan will also help your team focus on what to do and provide the starting point for your group brainstorming. [3점]

* hypothesis: 가설

① (A) − (C) − (B)
② (B) − (A) − (C)
③ (B) − (C) − (A)
④ (C) − (A) − (B)
⑤ (C) − (B) − (A)

[해설편 p.208]

[37~38] 글의 흐름으로 보아, 주어진 문장이 들어가기에 가장 적절한 곳을 고르시오.

37.

> A camping trip where each person attempted to gain the maximum rewards from the other campers in exchange for the use of his or her talents would quickly end in disaster and unhappiness.

The philosopher G. A. Cohen provides an example of a camping trip as a metaphor for the ideal society. (①) On a camping trip, he argues, it is unimaginable that someone would say something like, "I cooked the dinner and therefore you can't eat it unless you pay me for my superior cooking skills." (②) Rather, one person cooks dinner, another sets up the tent, another purifies the water, and so on, each in accordance with his or her abilities. (③) All these goods are shared and a spirit of community makes all participants happier. (④) Moreover, the experience would be ruined if people were to behave in such a way. (⑤) So, we would have a better life in a more equal and cooperative society.

* metaphor: 비유

38.

> By contrast, many present-day stories have a less definitive ending.

In the classical fairy tale the conflict is often permanently resolved. Without exception, the hero and heroine live happily ever after. (①) Often the conflict in those stories is only partly resolved, or a new conflict appears making the audience think further. (②) This is particularly true of thriller and horror genres, where audiences are kept on the edge of their seats throughout. (③) Consider Henrik Ibsen's play, *A Doll's House*, where, in the end, Nora leaves her family and marriage. (④) Nora disappears out of the front door and we are left with many unanswered questions such as "Where did Nora go?" and "What will happen to her?" (⑤) An open ending is a powerful tool, providing food for thought that forces the audience to think about what might happen next.

* definitive: 확정적인

39. 다음 글에서 전체 흐름과 관계 없는 문장은?

In 2006, 81% of surveyed American shoppers said that they considered online customer ratings and reviews important when planning a purchase. Though an online comment — positive or negative — is not as powerful as a direct interpersonal exchange, it can be very important for a business. ① Many people depend on online recommendations. ② And young people rely heavily on them and are very likely to be influenced by the Internet when deciding what movie to see or what album to purchase. ③ These individuals often have wide-reaching social networks and communicate regularly with dozens of others — with the potential to reach thousands. ④ Experts suggest that young people stop wasting their money on unnecessary things and start saving it. ⑤ It has been reported that young people aged six to 24 influence about 50% of all spending in the US.

40. 다음 글의 내용을 한 문장으로 요약하고자 한다. 빈칸 (A), (B)에 들어갈 말로 가장 적절한 것은? [3점]

> Crows are a remarkably clever family of birds. They are capable of solving many more complex problems compared to other birds, such as chickens. After hatching, chickens peck busily for their own food much faster than crows, which rely on the parent bird to bring them food in the nest. However, as adults, chickens have very limited hunting skills whereas crows are much more flexible in hunting for food. Crows also end up with bigger and more complex brains. Their extended period between hatching and flight from the nest enables them to develop intelligence.
>
> * peck: (모이를) 쪼아 먹다

↓

> Crows are more _____(A)_____ than chickens because crows have a longer period of _____(B)_____.

	(A)		(B)
①	intelligent	······	dependency
②	passive	······	dependency
③	selfish	······	competition
④	intelligent	······	competition
⑤	passive	······	hunting

[41~42] 다음 글을 읽고, 물음에 답하시오.

Think of the most famous scientists you know — Isaac Newton, Louis Pasteur, Albert Einstein, Thomas Edison, Pierre and Marie Curie, Stephen Hawking, and so on. What do all these people have in common? Well, for one thing, they're all very smart. In some cases they even taught themselves most of what they knew about their particular subject. In fact, Sir Isaac Newton had to invent a new branch of mathematics (calculus) just to solve the problems he was trying to do in physics. There is something else they all had in common that set them apart from the other smart people of their time — their ability to ask questions.

Just having a good brain isn't always enough. To be a great scientist, you need to be able to look at a problem that hundreds, maybe even thousands, of people have already looked at and have been unable to solve, and ask the question in a new way. Then you take that question and come up with a new way to answer it. That is what made Newton and the others so famous. They _____ intelligence with a curiosity that said, "I want to know the answer to this." After coming up with the right questions, they discovered ways of answering those questions and became famous for their discoveries.

* calculus: 미적분학

41. 윗글의 제목으로 가장 적절한 것은?

① Science: Poison or Medicine?
② What Does It Take to Be a Great Scientist?
③ Share Your Talent for a Better Future
④ Science in Art, Art in Science
⑤ No Emotion, No Intelligence

42. 윗글의 빈칸에 들어갈 말로 가장 적절한 것은?

① coupled   ② replaced   ③ confused
④ minimized   ⑤ compared

[43~45] 다음 글을 읽고, 물음에 답하시오.

(A)

When Patsy McLeod took freshly washed clothes to her former master Ben Wilson's house, her nine-year-old daughter Mary went along. When they arrived at the big house, the McLeods walked to the rear entrance used for blacks. In 1884 there was sharp segregation between the races in Mayesville, South Carolina. While (a) her mother went inside the house, Mary wandered over to a children's playhouse and looked inside. Two white girls about her age sat among a lot of dolls.

* segregation: (인종·성별 등에 따른) 분리[차별] 정책

(B)

Feeling shameful, Mary handed the doll back to the white child and rejoined her mother. On the walk back to their farm, (b) she wondered why white people had all kinds of nice things and why, above all, they could read while black people couldn't. (c) She decided to learn to read. At home the little girl asked her father to let her go to school, but he told her calmly, "There isn't any school."

(C)

"Hello, Mary! Do you want to come in?" one of them called out. Mary happily went into the playhouse. The white child handed a doll to the black girl, saying "You can watch the baby while I have tea with my friend." While Mary walked the doll around the room, her eyes fell upon a book; (d) she picked it up in awe. Her parents had a Bible in their cabin, but no one could read it. Unexpectedly the white girl grabbed the book. "Put that down!" she yelled. "You don't know how to read."

* awe: 경외감

(D)

One day, however, a black woman in city clothes changed that. Emma Wilson came to the McLeod cabin, explaining that (e) she would open a new school in Mayesville for black children. "The school will begin after the cotton-picking season," she said. Mary's parents nodded in agreement. Mrs. McLeod also nodded toward her daughter. Young Mary was very excited. "I'm gonna read? Miss Wilson?" She smiled at Mary.

43. 주어진 글 (A)에 이어질 내용을 순서에 맞게 배열한 것으로 가장 적절한 것은?

① (B) − (D) − (C)   ② (C) − (B) − (D)
③ (C) − (D) − (B)   ④ (D) − (B) − (C)
⑤ (D) − (C) − (B)

44. 밑줄 친 (a)~(e) 중에서 가리키는 대상이 나머지 넷과 다른 것은?

① (a)   ② (b)   ③ (c)   ④ (d)   ⑤ (e)

45. 윗글의 Mary에 관한 내용으로 적절하지 <u>않은</u> 것은?

① 어머니를 따라 Ben Wilson의 집에 갔다.
② 많은 인형 사이에 앉아 있는 백인 소녀 두 명을 봤다.
③ 아버지에게 학교에 다니게 해달라고 요청했다.
④ 책을 내려놓으라는 고함 소리를 들었다.
⑤ Emma Wilson이 열 학교에 가는 것을 부모님이 반대했다.

※ 확인 사항
○ 답안지의 해당란에 필요한 내용을 정확히 기입(표기)했는지 확인하시오.

2025 리얼 오리지널 BOOK LIST & MAP

•[고1·2] 내신+학력평가 대비

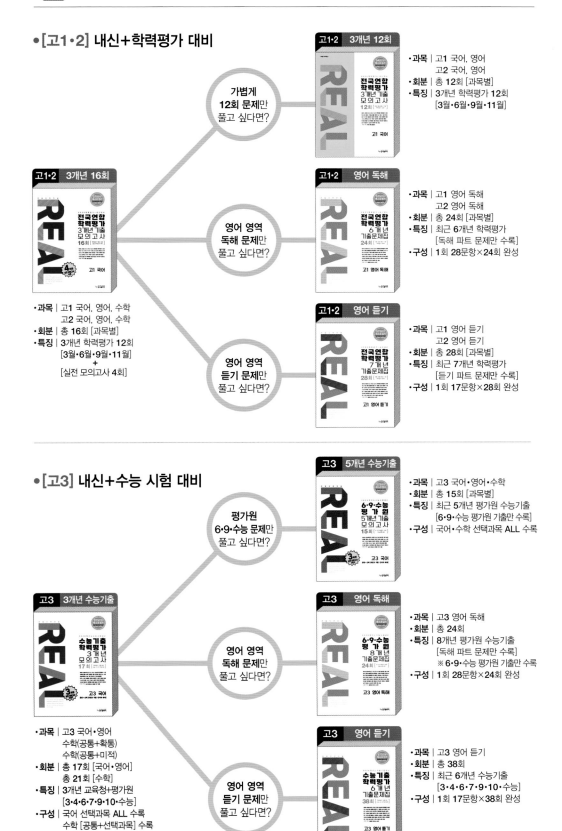

고1·2 3개년 12회

전국연합 학력평가 3개년 기출 모의고사 12회

고1 국어

- **과목** | 고1 국어, 영어
  고2 국어, 영어
- **회분** | 총 12회 [과목별]
- **특징** | 3개년 학력평가 12회
  [3월·6월·9월·11월]

가볍게 12회 문제만 풀고 싶다면?

고1·2 3개년 16회

REAL

전국연합 학력평가 3개년 기출 모의고사 16회

고1 국어

- **과목** | 고1 국어, 영어, 수학
  고2 국어, 영어, 수학
- **회분** | 총 16회 [과목별]
- **특징** | 3개년 학력평가 12회
  [3월·6월·9월·11월]
  +
  [실전 모의고사 4회]

고1·2 영어 독해

전국연합 학력평가 6개년 기출문제집 24회

고1 영어 독해

- **과목** | 고1 영어 독해
  고2 영어 독해
- **회분** | 총 24회 [과목별]
- **특징** | 최근 6개년 학력평가
  [독해 파트 문제만 수록]
- **구성** | 1회 28문항×24회 완성

영어 영역 독해 문제만 풀고 싶다면?

고1·2 영어 듣기

전국연합 학력평가 7개년 기출문제집 28회

고1 영어 듣기

- **과목** | 고1 영어 듣기
  고2 영어 듣기
- **회분** | 총 28회 [과목별]
- **특징** | 최근 7개년 학력평가
  [듣기 파트 문제만 수록]
- **구성** | 1회 17문항×28회 완성

영어 영역 듣기 문제만 풀고 싶다면?

•[고3] 내신+수능 시험 대비

고3 5개년 수능기출

REAL

6·9·수능 평가원 5개년 기출 모의고사 15회

고3 국어

- **과목** | 고3 국어·영어·수학
- **회분** | 총 15회 [과목별]
- **특징** | 최근 5개년 평가원 수능기출
  [6·9·수능 평가원 기출만 수록]
- **구성** | 국어·수학 선택과목 ALL 수록

평가원 6·9·수능 문제만 풀고 싶다면?

고3 3개년 수능기출

REAL

수능기출 학력평가 3개년 기출 모의고사 17회

고3 국어

- **과목** | 고3 국어·영어
  수학(공통+확통)
  수학(공통+미적)
- **회분** | 총 17회 [국어·영어]
  총 21회 [수학]
- **특징** | 3개년 교육청+평가원
  [3·4·6·7·9·10·수능]
- **구성** | 국어 선택과목 ALL 수록
  수학 [공통+선택과목] 수록

고3 영어 독해

REAL

6·9·수능 평가원 8개년 기출문제집 24회

고3 영어 독해

- **과목** | 고3 영어 독해
- **회분** | 총 24회
- **특징** | 8개년 평가원 수능기출
  [독해 파트 문제만 수록]
  ※6·9·수능 평가원 기출만 수록
- **구성** | 1회 28문항×24회 완성

영어 영역 독해 문제만 풀고 싶다면?

고3 영어 듣기

REAL

수능기출 학력평가 6개년 기출문제집 38회

고3 영어 듣기

- **과목** | 고3 영어 듣기
- **회분** | 총 38회
- **특징** | 최근 6개년 수능기출
  [3·4·6·7·9·10·수능]
- **구성** | 1회 17문항×38회 완성

영어 영역 듣기 문제만 풀고 싶다면?

●하루 20분 루틴으로 수능 1등급 잡기●

영어 | 빈칸·순서·삽입

빈칸 순서 삽입 2020

- **과목** | 기본(고1), 완성(고2)
  실전(고3)
- **회분** | 총 20회 [과목별]
- **특징** | 5개년 수능기출 학력평가
  영어 빈칸·순서·삽입 문제만 수록
- **구성** | 하루 12문항×20일 완성

※ A4 크기의 교재

미니모의고사 30회

미니모의고사 2030

- **과목** | 고1, 고2 국어·영어
  고3 영어
- **회분** | 총 30회 [과목별]
- **특징** | 7개년 수능기출 학력평가
  하루 20분으로 수능 감잡기
- **구성** | 하루 12문항×30일 완성

※ A4 크기의 교재

REAL
리얼 오리지널 BOOK LIST

575만권 수능기출 베스트셀러 2006~2024

예비 [고1] 전과목
고등학교 첫 시험 & 3월 대비
- 반 배치 + 3월 [전과목]
- 3월 전국연합 [전과목]
- 6월 전국연합 [전과목]

예비 [고1] 국·영·수
반 배치고사+3월·6월 대비
- 국어 영역
- 영어 영역
- 수학 영역

[고1] 3개년 | 16회
3개년 전국연합 12회+실전 4회
- 국어 영역
- 영어 영역
- 수학 영역

[고1] 3개년 | 12회
3개년 전국연합 모의고사 12회
- 국어 영역
- 영어 영역

[고2] 3개년 | 16회
3개년 전국연합 12회+실전 4회
- 국어 영역
- 영어 영역
- 수학 영역

[고2] 3개년 | 12회
3개년 전국연합 모의고사 12회
- 국어 영역
- 영어 영역

[고3] 3개년
3개년 교육청+평가원 [총17회]
- 국어(공통+화작·언매)
- 영어 영역
3개년 교육청+평가원 [총21회]
- 수학(공통+확률과 통계)
- 수학(공통+미적분)

[고3] 화작·언매
3개년 기출 21회 + N제 21회
- 화법과 작문
- 언어와 매체

[고3] 5개년
6·9·수능 평가원 기출만 15회
- 국어(공통+화작·언매)
- 영어 영역
6·9·수능 평가원 기출만 18회
- 수학(공통+확률과 통계)
- 수학(공통+미적분)

 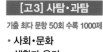

[고3] 사탐·과탐
기출 최다 문항 50회 수록 1000제
- 사회·문화
- 생활과 윤리
- 지구과학 I
- 생명과학 I

[고1·2·3] 영어 독해
영어 독해 문제만 회차별 구성
- 고1 영어 독해
- 고2 영어 독해
- 고3 영어 독해

[고1·2·3] 영어 듣기
영어 듣기 문제만 회차별 구성
- 고1 영어 듣기
- 고2 영어 듣기
- 고3 영어 듣기

미니 모의고사
하루 20분 30일 완성 모의고사
- 고1 국어 영역
- 고1 영어 영역
- 고2 국어 영역
- 고2 영어 영역
- 고3 영어 영역

영어 독해 [빈·순·삽]
하루 20분 20일 완성 빈·순·삽
- 기본(고1)
- 완성(고2)
- 실전(고3)

▶ 문제편을 분리해서 편리하게 학습하세요. 문제편 뒤 표지와 본책을 펼쳐서 누르면 분리됩니다.

We are all of us star and deserve to twinkle.

우리는 모두 별이고 반짝일 권리가 있다.

리얼 오리지널 | 3월 전국연합 4개년 기출 모의고사 27회 [예비 고1 전과목]

발행처 수능 모의고사 전문 출판 입시플라이　**발행일** 2024년 9월 13일　**등록번호** 제 2017-0022호
홈페이지 www.ipsifly.com　**대표전화** 02-433-9979　**구입문의** 02-433-9975　**팩스** 02-433-9905
발행인 조용규　**편집책임** 양창열 김유 이혜민 임명선 김선영　**물류관리** 김소희 이혜리　**주소** 서울특별시 중랑구 용마산로 615 정민빌딩 3층

※ 페이지가 누락되었거나 파손된 교재는 구입하신 곳에서 교환해 드립니다. ※ 발간 이후 발견되는 오류는 입시플라이 홈페이지 정오표를 통해서 알려드립니다.

리얼오리지널

REAL

The Real series ipsifly
provide questions in previous
real test and you can practice
as real college scholastic
ability test.

2025 고등학교 첫 시험 대비

3월
전국연합
4개년 기출
모의고사
27회 [3월 학력평가 24회]
       [실전 모의고사 3회]

- 2021~2024 고1 4개년 **전국연합 학력평가 [전과목] 24회**
- 3월 학력평가 **[총 720문항]**+실전 모의고사 **[총 120문항]**
- **중학교 전과정 총정리** 및 고1 첫 시험 대비 **실전 연습**
- 혼자서도 학습이 가능한 **꿀~팁 & 자세하고 명쾌한 해설**
- 회차별 **등급 컷 · SPEED 정답 체크 · 정답률** 수록
- 듣기 파일 **QR 코드 & MP3 파일** 제공
- **[특별 부록]** 고1 3월 실전 모의고사 **[국어 · 수학 · 영어] 3회**

3회분
실전 모의고사
수록

예비 **고1 전과목**
· **해설편** ·

수능 모의고사 전문 출판
ipg 입시플라이

하루 20분
루틴으로 1등급 Fix!
30일 완성
[미니 모의고사]

하루 20분! 30일 완성으로 국어·영어 1등급 Fix!

| 하루 20분 30일 완성 | 수능기출 미니 모의고사 |

고1 국어   고2 국어   고1 영어   고2 영어   고3 영어

가볍게 '하루 20분'
하루 12문제씩 20분을 학습하는
매일 루틴(Routine)은 수능에 대한 감을 잡아주기 때문에
꾸준한 '수능 대비'가 가능합니다.

• 수능기출 미니 모의고사 [30일 완성] 특징

- 고1 국어, 고2 국어 | 고1 영어, 고2 영어, 고3 영어
- 최근 7개년 수능기출 학력평가 문제 중 [우수 문항 선별] 후 총 360문항 수록
- 매일 정기적인 학습으로 수능의 감을 잡는 꾸준한 연습
- 하루 12문제를 30분씩 학습하는 효율적인 30일 완성 PLAN
- 과목별로 매일 전 유형을 골고루 풀어 볼 수 있는 체계적인 문항 배치
- A4 사이즈로 제작해 간편한 휴대와 편리한 학습

SPEED 정답 체크

01회 국어 • 2024학년도 3월 학력평가
01② 02⑤ 03② 04④ 05① 06② 07① 08③ 09⑤ 10④
11④ 12① 13② 14① 15⑤ 16① 17③ 18② 19④ 20④
21③ 22⑤ 23④ 24② 25① 26⑤ 27③ 28⑤ 29④ 30④
31① 32⑤ 33② 34② 35⑤ 36③ 37⑤ 38③ 39④ 40⑤
41④ 42③ 43③ 44⑤ 45③

02회 국어 • 2023학년도 3월 학력평가
01② 02② 03① 04⑤ 05③ 06③ 07⑤ 08③ 09④ 10①
11⑤ 12④ 13③ 14⑤ 15③ 16② 17④ 18③ 19⑤ 20①
21① 22② 23④ 24④ 25④ 26① 27④ 28② 29⑤ 30④
31⑤ 32② 33② 34① 35② 36⑤ 37⑤ 38① 39② 40③
41③ 42③ 43① 44④ 45⑤

03회 국어 • 2022학년도 3월 학력평가
01④ 02④ 03⑤ 04① 05② 06⑤ 07④ 08① 09② 10②
11⑤ 12① 13① 14② 15③ 16⑤ 17① 18③ 19③ 20④
21② 22④ 23④ 24① 25② 26① 27② 28⑤ 29④ 30④
31① 32④ 33③ 34⑤ 35⑤ 36③ 37② 38② 39③ 40⑤
41③ 42③ 43⑤ 44③ 45①

04회 국어 • 2021학년도 3월 학력평가
01⑤ 02② 03④ 04⑤ 05③ 06④ 07⑤ 08① 09⑤ 10②
11④ 12① 13④ 14③ 15② 16② 17⑤ 18③ 19② 20③
21③ 22③ 23⑤ 24⑤ 25④ 26⑤ 27① 28① 29⑤ 30③
31② 32④ 33① 34⑤ 35③ 36② 37④ 38① 39④ 40④
41② 42① 43④ 44④ 45②

05회 수학 • 2024학년도 3월 학력평가
01② 02⑤ 03① 04③ 05④ 06① 07⑤ 08① 09④ 10②
11② 12③ 13④ 14③ 15③ 16⑤ 17⑤ 18④ 19② 20①
21② 22 6 23 15 24 126 25 32 26 578 27 153 28 29 29 9 30 91

06회 수학 • 2023학년도 3월 학력평가
01② 02③ 03④ 04① 05② 06① 07⑤ 08③ 09③ 10④
11② 12③ 13② 14⑤ 15③ 16④ 17⑤ 18① 19④ 20①
21② 22 9 23 6 24 112 25 7 26 23 27 420 28 18 29 25 30 2

07회 수학 • 2022학년도 3월 학력평가
01② 02⑤ 03⑤ 04④ 05③ 06④ 07④ 08① 09② 10③
11⑤ 12③ 13① 14① 15⑤ 16② 17③ 18④ 19③ 20①
21② 22 11 23 8 24 234 25 84 26 7 27 5 28 10 29 13 30 320

08회 수학 • 2021학년도 3월 학력평가
01③ 02④ 03② 04④ 05⑤ 06② 07① 08③ 09⑤ 10②
11③ 12① 13③ 14⑤ 15③ 16⑤ 17① 18⑤ 19④ 20②
21⑤ 22 7 23 18 24 70 25 84 26 128 27 48 28 25 29 31 30 149

09회 영어 • 2024학년도 3월 학력평가
01⑤ 02③ 03⑤ 04⑤ 05② 06③ 07⑤ 08④ 09④ 10③
11③ 12⑤ 13② 14① 15① 16① 17④ 18③ 19① 20②
21① 22③ 23① 24⑤ 25③ 26④ 27④ 28④ 29② 30③
31② 32③ 33③ 34⑤ 35④ 36④ 37③ 38① 39② 40①
41① 42④ 43⑤ 44④ 45②

10회 영어 • 2023학년도 3월 학력평가
01⑤ 02② 03③ 04⑤ 05② 06② 07① 08③ 09④ 10②
11② 12① 13③ 14① 15④ 16③ 17④ 18① 19② 20⑤
21⑤ 22① 23① 24② 25⑤ 26⑤ 27③ 28④ 29⑤ 30④
31② 32③ 33① 34② 35④ 36④ 37② 38④ 39⑤ 40①
41④ 42③ 43④ 44④ 45④

11회 영어 • 2022학년도 3월 학력평가
01① 02② 03② 04④ 05④ 06③ 07① 08③ 09⑤ 10③
11⑤ 12⑤ 13② 14② 15① 16④ 17① 18② 19③ 20⑤
21⑤ 22① 23④ 24② 25⑤ 26③ 27④ 28⑤ 29③ 30⑤
31② 32③ 33③ 34① 35④ 36③ 37② 38④ 39② 40①
41⑤ 42⑤ 43② 44④ 45⑤

12회 영어 • 2021학년도 3월 학력평가
01④ 02④ 03① 04③ 05④ 06③ 07① 08② 09⑤ 10②
11① 12① 13② 14③ 15④ 16② 17④ 18④ 19① 20③
21② 22⑤ 23① 24⑤ 25③ 26⑤ 27⑤ 28④ 29③ 30③
31⑤ 32④ 33① 34⑤ 35③ 36② 37③ 38② 39④ 40②
41① 42⑤ 43② 44⑤ 45②

13회 한국사 • 2024학년도 3월 학력평가
01② 02⑤ 03① 04② 05① 06③ 07④ 08② 09③ 10⑤
11① 12④ 13⑤ 14① 15② 16③ 17③ 18④ 19③ 20②

14회 한국사 • 2023학년도 3월 학력평가
01⑤ 02③ 03② 04② 05① 06⑤ 07① 08① 09① 10②
11① 12③ 13② 14④ 15④ 16② 17④ 18④ 19③ 20③

15회 한국사 • 2022학년도 3월 학력평가
01③ 02⑤ 03① 04① 05④ 06② 07④ 08⑤ 09② 10③
11① 12② 13⑤ 14③ 15④ 16③ 17⑤ 18④ 19⑤ 20④

16회 한국사 • 2021학년도 3월 학력평가
01④ 02⑤ 03② 04⑤ 05① 06④ 07④ 08③ 09① 10②
11⑤ 12① 13① 14① 15④ 16⑤ 17① 18② 19⑤ 20②

17회 사회 • 2024학년도 3월 학력평가
01⑤ 02① 03③ 04④ 05③ 06② 07⑤ 08① 09⑤ 10②
11③ 12④ 13① 14⑤ 15③ 16⑤ 17④ 18④ 19② 20①

18회 사회 • 2023학년도 3월 학력평가
01② 02④ 03③ 04③ 05② 06⑤ 07① 08② 09① 10③
11⑤ 12⑤ 13④ 14③ 15④ 16① 17⑤ 18① 19② 20④

19회 사회 • 2022학년도 3월 학력평가
01⑤ 02① 03⑤ 04④ 05① 06④ 07② 08③ 09④ 10③
11① 12③ 13⑤ 14③ 15① 16① 17④ 18② 19② 20⑤

20회 사회 • 2021학년도 3월 학력평가
01⑤ 02⑤ 03① 04① 05② 06⑤ 07③ 08② 09④ 10④
11③ 12① 13⑤ 14④ 15④ 16① 17⑤ 18⑤ 19③ 20②

21회 과학 • 2024학년도 3월 학력평가
01④ 02② 03③ 04① 05⑤ 06③ 07⑤ 08④ 09① 10②
11④ 12② 13⑤ 14③ 15① 16④ 17③ 18② 19① 20⑤

22회 과학 • 2023학년도 3월 학력평가
01② 02③ 03④ 04① 05⑤ 06⑤ 07① 08④ 09③ 10②
11③ 12⑤ 13① 14② 15④ 16⑤ 17③ 18① 19④ 20⑤

23회 과학 • 2022학년도 3월 학력평가
01④ 02④ 03① 04⑤ 05③ 06⑤ 07③ 08① 09② 10②
11⑤ 12④ 13② 14⑤ 15③ 16① 17⑤ 18② 19③ 20④

24회 과학 • 2021학년도 3월 학력평가
01③ 02① 03④ 04④ 05① 06① 07⑤ 08④ 09② 10②
11④ 12③ 13⑤ 14② 15③ 16⑤ 17③ 18① 19⑤ 20①

[특별 부록] 3월 대비 실전 모의고사 3회

25회 국어 • 3월 대비 실전 모의고사
01② 02④ 03② 04④ 05② 06③ 07⑤ 08④ 09④ 10⑤
11⑤ 12① 13① 14⑤ 15① 16② 17⑤ 18② 19② 20⑤
21② 22③ 23⑤ 24④ 25② 26⑤ 27③ 28④ 29⑤ 30①
31② 32③ 33② 34③ 35④ 36① 37① 38④ 39④ 40③
41④ 42⑤ 43④ 44④ 45①

26회 수학 • 3월 대비 실전 모의고사
01③ 02③ 03⑤ 04④ 05② 06④ 07① 08③ 09② 10①
11④ 12① 13③ 14⑤ 15① 16④ 17② 18⑤ 19⑤ 20③
21② 22 48 23 22 24 10 25 5 26 16 27 14 28 15 29 180 30 17

27회 영어 • 3월 대비 실전 모의고사
01⑤ 02① 03⑤ 04③ 05④ 06② 07① 08④ 09③ 10③
11③ 12③ 13① 14① 15⑤ 16① 17③ 18④ 19④ 20③
21② 22④ 23② 24⑤ 25④ 26⑤ 27⑤ 28⑤ 29② 30⑤
31③ 32③ 33④ 34② 35③ 36② 37④ 38① 39④ 40①
41② 42① 43② 44⑤ 45⑤

REAL

REAL ORIGINAL

3월 전국연합
4개년 기출 모의고사

예비 고1 전과목 [해설편]

Contents

※ 수록된 정답률은 실제와 차이가 있을 수 있습니다.
문제 난도를 파악하는데 참고용으로 활용하시기
바랍니다.

수능 모의고사 전문 출판
입시플라이

• 정답 •

01 ② 02 ⑤ 03 ② 04 ④ 05 ① 06 ② 07 ① 08 ③ 09 ⑤ 10 ④ 11 ④ 12 ① 13 ② 14 ① 15 ⑤
16 ① 17★ ③ 18 ② 19 ④ 20 ④ 21 ③ 22 ① 23 ④ 24 ② 25★ ① 26 ⑤ 27 ③ 28 ⑤ 29 ④ 30 ④
31 ① 32 ⑤ 33 ② 34 ② 35★ ⑤ 36 ③ 37 ⑤ 38 ③ 39 ④ 40★ ⑤ 41 ③ 42★ ③ 43 ④ 44 ⑤ 45 ③

★ 표기된 문항은 [등급을 가르는 문제]에 해당하는 문항입니다.

[01~03] 화법

01 | 말하기 전략 파악 정답률 92% | 정답 ②

위 발표에 대한 설명으로 적절하지 않은 것은?

① 청중과 공유하고 있는 경험을 언급하여 주의를 환기하고 있다.
1문단 '체험 활동 때 방문했던 트릭 아트 체험관 기억나시나요?'에서 청중과 공유하고 있는 경험을 언급하여 청중의 주의를 환기하고 있다.

☑ 화제와 관련된 역사적 일화를 소개하여 청중의 호기심을 자극하고 있다.
발표 화제인 트릭 아트의 개념과 원리, 활용 분야 등에 대해 언급하고 있으나 역사적 일화를 소개하는 부분은 없다.

③ 청중의 반응을 확인하면서 발표 내용에 대한 이해 여부를 점검하고 있다.
4문단에서 청중에게 '이해되셨나요?'라고 질문하고 대답을 들으며 청중의 반응을 확인하므로 발표 내용에 대한 이해 여부를 점검하고 있다.

④ 비언어적 표현을 사용하여 청중이 설명 대상에 집중하도록 유도하고 있다.
2문단, 4문단에서 '그림의 오른쪽 부분을 가리키며', '왼쪽 부분을 가리키며', '자료를 가리키며'의 비언어적 표현을 통해 청중이 설명 대상인 시각 자료에 집중하도록 유도하고 있다.

⑤ 청중에게 정보를 추가로 탐색할 수 있는 방법을 안내하며 발표를 마무리하고 있다.
5문단에서 '도서관에 있는 관련 책들을 찾아보거나 제가 보여 드리는 트릭 아트 누리집에 들어가 보시기 바랍니다.'라고 언급하며 정보의 추가적 탐색 방법을 제시하고 있다.

02 | 자료 활용 방안 이해 정답률 94% | 정답 ⑤

다음은 발표자가 제시한 자료이다. 발표자의 자료 활용에 대한 이해로 가장 적절한 것은?

① ㉠을 통해 착시 현상의 방해 요인을, ㉡을 통해 착시 현상의 발생 과정을 설명하고 있다.
발표자는 ㉠을 통해 '이 그림은 보는 사람의 시선에 따라 이미지가 다르게 보이는 착시 현상을 활용하여'라고 언급하여 착시 현상에 영향을 끼치는 요인을 설명하고 있지만, 착시 현상의 방해 요인에 대해서는 언급하지 않는다.

② ㉠을 통해 트릭 아트의 전시 환경을, ㉡을 통해 착시 현상의 이해 방법을 설명하고 있다.
㉠은 트릭 아트의 전시 환경과는 관련이 없으므로 이를 설명하기 위해 ㉠을 활용했다는 것은 적절하지 않다.

③ ㉠을 통해 트릭 아트의 긍정적 효과를, ㉡을 통해 트릭 아트의 부정적 효과를 설명하고 있다.
㉡은 트릭 아트의 부정적 효과를 설명한 자료로 보기 어렵다.

④ ㉠을 통해 트릭 아트의 사회적 의의를, ㉡을 통해 트릭 아트의 예술적 의의를 설명하고 있다.
㉠은 트릭 아트가 발생하는 원인이나 청중에게 영향을 끼치는 요인을 언급하며 청중이 트릭 아트의 착시 현상을 경험할 수 있도록 제시한 자료로 트릭 아트의 사회적 의의를 설명한 자료가 아니며, ㉡은 트릭 아트의 예술적 의의를 설명한 자료로 보기 어렵다.

☑ ㉠을 통해 착시 현상의 시각적 효과를, ㉡을 통해 트릭 아트의 실용적 기능을 설명하고 있다.
㉠은 발표자가 청중에게 색다른 시각적 경험을 제공하는 사례로서 시각적 효과를 설명하는 자료이며, ㉡은 트릭 아트가 실생활에 적용된 사례로서 실용적 기능을 설명하는 자료이다.

03 | 발표 내용의 이해와 추론 정답률 94% | 정답 ②

위 발표의 흐름을 고려할 때, ⓐ의 내용으로 가장 적절한 것은?

① 트릭 아트의 종류에는 어떤 것이 있나요?
발표자가 대답한 내용에 트릭 아트의 종류에 대한 내용은 찾을 수 없다.

☑ 착시 현상이 발생하는 이유는 무엇인가요?
발표자는 3문단에서 '시각 정보가 불분명하거나 해석에 혼선이 생길 때 착시 현상이 일어나게 됩니다.'와 '이미지를 중첩시켜 불분명한 시각 정보를 제공함으로써 착시 현상이 발생한 것이라는 정보를 제시하며 착시 현상이 일어난다고 대답한다. 이는 착시 현상이 발생하는 이유와 관련이 있다. 따라서 발표의 흐름을 고려할 때 청중이 '착시 현상이 발생하는 이유는 무엇인가요?'라고 질문했음을 추측할 수 있다.

③ 트릭 아트의 대표 작품에는 어떤 것이 있나요?
발표자가 대답한 내용에 트릭 아트의 대표 작품을 언급한 내용은 없다.

④ 트릭 아트를 만들 때는 착시 현상만 활용하나요?
발표자가 대답한 내용에 트릭 아트를 만드는 과정에서 착시 현상 외의 다른 것을 이용하는지와 관련하여 언급한 내용이 없다.

⑤ 착시에 영향을 주는 또 다른 요인은 무엇이 있나요?
발표자가 대답한 내용 중, 앞에서 언급한 내용이 아닌 착시에 영향을 주는 또 다른 요인에 대해 언급한 내용이 없다.

[04~07] 화법과 작문

04 | 토론의 사회자 역할 파악 정답률 90% | 정답 ④

(가)의 독서 토론에서 '지현'의 역할에 대한 설명으로 적절하지 않은 것은?

① 소설 내용을 제시한 후 토론 주제를 언급하고 있다.
'지현'은 첫 번째 발언에서 토론의 배경이 되는 「자전거 도둑」의 소설 내용과 토론 주제를 언급하고 있다.

② 소설의 내용을 근거로 발언하도록 요청하고 있다.
'지현'은 두 번째 발언에서 토론자들에게 '소설 내용을 근거로 이야기해 보는 게 어때?'라고 말하며 소설 내용을 근거로 발언하도록 요청하고 있다.

③ 토론자들이 언급한 주장과 근거를 정리하고 있다.
'지현'은 세 번째 발언에서 '정리하면, 민준은 예상치 못한 천재지변으로 생긴 손해니까 수남에게 보상할 책임이 없고, 하연은 수남이 피해를 예측할 수 있었음에도 대처가 없었기에 보상할 책임이 있다고 보는 거구나.'라고 말하며 민준과 하연이 책임 여부에 관련하여 주장한 내용과 근거를 정리하여 언급하고 있다.

☑ 토론자들의 발언이 사실에 부합하는지 판단하고 있다.
토론 과정에서 사회자는 토론 내용을 정리하고, 토론자들의 발언을 조정하며 협력적 분위기를 이끌어 토론을 진행한다. (가)에서 '지현'이 언급한 내용 중 토론자들이 발언한 내용들의 사실 관계, 즉 진위 여부를 따지고 있는 부분은 찾을 수 없다.

⑤ 토론자들이 다른 쟁점에 대해 논의해 보도록 유도하고 있다.
'지현'은 네 번째 발언에서 '그러면 수남의 책임 여부 말고 다른 쟁점은 없을까?'라고 물어보며 토론의 다른 쟁점으로 유도하고 있다.

05 | 말하기 전략 파악 정답률 75% | 정답 ①

[A]의 발화에 대한 설명으로 가장 적절한 것은?

☑ 민준은 하연의 주장에 일반적인 상식을 들어 반박하고 있다.
(가)의 [A]에서 민준은 어른이 비상식적으로 어린아이에게 큰돈을 요구하는 것을 근거로 들어 '신사는 수남의 처지를 고려해 줬'다는 하연의 주장을 반박하면서 '이것은 일반적인 상식에 비추어 볼 때 지나치게 매정한 행동이야.'라고 말하고 있다.

② 민준은 하연의 말에서 이해되지 않는 부분을 질문하고 있다.
[A]에서 민준이 질문을 제시하는 부분은 나와 있지 않다.

③ 민준은 하연이 고려해야 하는 시대적 정보를 나열하고 있다.
[A]에서 민준은 '5천 원이라는 당시로서는 엄청 큰돈을 요구했어.'라고 말하며 당시 시대 기준으로 돈의 액수를 이해해야 한다고 말하지만, 소설의 배경인 1970년대의 시대적 상황과 관련한 정보들을 나열하고 있지 않다.

④ 하연은 민준이 사용한 단어의 중의성에 대해 지적하고 있다.
[A]에서 하연은 민준이 언급한 '일방적으로 제안'한 것이 아니라는 내용에 대해 지적하고 있지만 단어가 중의적으로 해석될 수 있는지를 이야기하고 있지 않다.

⑤ 하연은 민준이 이해하지 못한 자신의 발언을 부연하고 있다.
[A]에서 하연은 자신의 주장과 근거에 대해 언급하고 있을 뿐 민준이 이해하지 못한 자신의 발언에 대하여 덧붙여 설명하고 있지 않다.

06 | 글쓰기 계획의 반영 정답률 82% | 정답 ②

(가)를 바탕으로 '하연'이 세운 '활동 2'의 글쓰기 계획 중 (나)에 반영되지 않은 것은? [3점]

① 토론 쟁점에 대한 나의 주장을 토론에서 다룬 순서대로 서술해야겠어.
토론의 쟁점은 책임 여부와 합의 여부이다. 책임 여부와 관련한 하연의 주장은 (나)의 1문단에서, 합의 여부와 관련한 주장은 (나)의 2문단에서 서술하고 있으므로 토론의 순서와 일치한다.

☑ 토론 주제와 관련된 수남의 고민을 소설 속 구절에서 찾아 언급해야겠어.
(나)에서는 '자전거를 들고 간 수남의 행동은 정당한가?'라는 주제에 대한 입장만 제시할 뿐, 이와 관련한 수남의 고민을 소설 속에서 찾아 직접적으로 언급하고 있지 않다.

③ 토론에서 언급된 상대방의 주장을 반박하면서 나의 주장을 강화해야겠어.
(나)의 1문단에서 '바람으로 인한 예상치 못한 천재지변이라서 책임이 없다는 주장도 있지만'이라고 말하며 상대방 주장을 언급하고 이에 대해 옳지 않다고 말한 후 근거를 들어 반박하고 있다. 또한 '신사가 일방적으로 제안하고 떠났다면 합의가 이뤄지지 않았겠지만'이라고 말하며 상대방의 주장을 언급하고 있는데 이에 대해 '수남의 상황을 고려하여 보상금을 줄여 주었다.'와 '수남이 자신의 잘못을 인정하는 말을 했기 때문에'를 근거로 반박하며 주장을 강화하고 있다.

④ 토론에서 언급하지 않았던 새로운 사례를 찾아 나의 주장을 뒷받침해야겠어.
(나)의 1문단에서 태풍에 의해 주택 유리창이 떨어져 주차된 차량이 파손된 새로운 사례를 추가로 언급하며 주장을 뒷받침하고 있다.

⑤ 토론에서 내세운 나의 주장을 바탕으로 제목에 담겨 있는 의미를 밝혀야겠어.
(나)의 3문단에서 자신의 주장을 정리한 내용을 바탕으로 하여 제목인 '자전거 도둑'이 수남을 의미한다고 이야기하고 있다.

07 | 자료 활용 정답률 88% | 정답 ①

〈보기〉의 자료를 활용하여 (나)의 초고를 보완하고자 할 때 그 내용으로 가장 적절한 것은?

┌─── 〈 보 기 〉 ───
[법률 전문가의 뉴스 인터뷰]
"보상의 의무를 다하지 않았을 때, 상대방에게 물건이 담보로 잡히는 경우가 있습니다. 형법 제323조에 따르면, 타인에게 담보로 제공된 물건은 타인이 물건을 점유하게 되거나 타인이

물건에 대한 권리를 갖게 됩니다. 이때 해당 물건을 가져가거나 숨겨 타인이 보상받을 수 있는 권리 등을 행사할 수 없게 한다면 권리행사 방해로 처벌받을 수 있습니다."

☑ 수납이 자전거를 가져간 행위는 신사의 권리행사를 방해하는 것이므로 법적인 처벌을 받을 수 있다는 내용을 추가한다.
〈보기〉에 의하면 수납이 보상의 의무를 다하지 않았을 때 자전거가 담보로 잡힐 수 있다. 이에 형법 제323조에 따라 신사는 자전거에 대한 권리를 가지게 된다. 따라서 수납이 이를 가져가거나 숨기는 행위는 신사가 보상받을 수 있는 권리를 행사할 수 없게 하여 권리행사 방해가 된다는 것을 추론할 수 있다. 이를 활용하여 수납의 행위는 법적 처벌을 받을 수 있다는 새로운 내용을 추가할 수 있다.

② 수납이 잘못을 인정한 행위는 신사의 권리행사를 방해하는 것이므로 법적인 처벌을 받을 수 있다는 내용을 추가한다.
〈보기〉에 의하면 권리행사를 방해하여 처벌받는 경우는 자전거를 가져가거나 숨기는 경우이므로 '잘못을 인정한 행위'는 이와 관련이 없다.

③ 수납의 자전거가 담보로 잡힌 것은 신사의 권리행사를 방해하는 것이므로 법적인 처벌을 받을 수 있다는 내용을 추가한다.
〈보기〉에 의하면 수납이 보상하지 않아 자전거가 담보로 잡힐 수 있지만, 이는 신사가 보상받을 수 있는 권리를 방해하는 것이 아니다.

④ 수납이 자신의 자전거를 묶어둔 행위는 신사의 권리행사를 방해하는 것이므로 법적인 처벌을 받을 수 있다는 내용을 추가한다.
토론 내용에 의하면 수납은 자신의 자전거를 묶지 않고 신사가 수납의 자전거를 묶었으므로 사실 관계가 올바르지 않다.

⑤ 신사가 수납에게 보상금을 요구한 행위는 수납의 권리행사를 방해하는 것이므로 법적인 처벌을 받을 수 있다는 내용을 추가한다.
〈보기〉를 통해 수납의 권리가 무엇인지 유추할 수 없으며, 오히려 신사가 의무를 다하지 않은 수납에게 보상금을 요구할 수 있는 권리가 있다는 것을 알 수 있다. 또한 보상금을 요구하는 것이 수납의 권리를 방해하는 것이 아니다.

[08~10] 작문

08 글쓰기 방식 파악   정답률 55% | 정답 ③

초고에서 활용한 글쓰기 방식으로 적절하지 않은 것은?

① 의인법을 통해 대상과의 친밀감을 표현하고 있다.
2문단의 '거북이 등대가 환하게 웃으며 나를 반기면'에서 의인법을 통해 대상과의 친밀감을 표현하고 있다.

② 계절의 흐름에 따른 대상의 변화를 나타내고 있다.
3문단에서 '늦봄', '여름 방학', '늦여름', '가을'이라는 계절의 흐름에 따른 '옥수수'의 변화를 나타내고 있다.

☑ 의성어를 사용하여 대상을 생생하게 나타내고 있다.
초고에는 사물의 소리를 흉내 낸 말인 의성어를 사용하여 대상을 생생하게 나타내고 있는 부분이 나타나 있지 않다.

④ 다른 대상과의 대비를 통해 차이점을 강조하고 있다.
4문단에서 갈치국과 갈치조림의 대비를 통해 두 음식 간의 차이점을 강조하고 있다.

⑤ 색채어를 활용하여 대상을 감각적으로 표현하고 있다.
2문단의 '검정 바위로 만들어진 거북이 조각상이 새하얀 등대를 이고 있어서', 3문단의 '연두색 옥수수수염이 점점 갈색빛으로 물들며', '샛노란 옥수수'에서 색채어를 활용하여 대상을 감각적으로 표현하고 있다.

09 글쓰기 계획의 반영 여부 파악   정답률 94% | 정답 ⑤

다음은 글을 쓰기 전 학생이 구상한 내용이다. 초고에 반영되지 않은 것은?

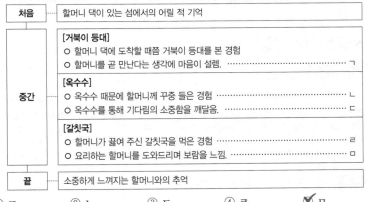

① ㄱ   ② ㄴ   ③ ㄷ   ④ ㄹ   ☑ ㅁ

ㄱ : 할머니를 곧 만난다는 생각에 마음이 설렘.
2문단의 '할머니를 곧 뵙는다는 생각에 마음이 설레곤 했다.'에 할머니를 만난다는 생각으로 인해 마음이 설렜던 경험이 반영되어 있다.

ㄴ : 옥수수 때문에 할머니께 꾸중 들은 경험
3문단의 '그러다 참지 못하고 옥수수 껍질을 살짝 열어서 얼마나 익었는지 들여다보다가 할머니께 꾸중을 듣기도 했다.'에서 옥수수 껍질을 열다가 할머니께 꾸중 들은 내용이 반영되어 있다.

ㄷ : 옥수수를 통해 기다림의 소중함을 깨달음.
3문단에서 '나는 익어가는 옥수수를 보며 기다림의 소중함을 깨달았다.'에서 옥수수를 통해 기다림의 소중함을 깨달은 내용이 반영되어 있다.

ㄹ : 할머니가 끓여 주신 갈칫국을 먹은 경험
4문단에서 '할머니께서 끓여 주신 갈칫국을 먹었던 기억도 있다.'라는 부분과 '갈칫국을 맛있게 먹는 나를 흐뭇하게 바라보시던 할머니'라는 부분에서 언급되어 있다. 따라서 할머니가 끓여 주신 갈칫국을 먹은 경험이 반영되어 있다.

ㅁ : 요리하는 할머니를 도와드리며 보람을 느낌.
초고에는 '나'가 요리하는 할머니를 도와드리는 장면을 찾을 수 없으며 보람을 느끼는 내용도 드러나 있지 않다.

10 조건에 따라 고쳐쓰기   정답률 71% | 정답 ④

〈보기〉는 초고를 읽은 선생님의 조언이다. 이를 반영하여 초고에 추가할 내용으로 가장 적절한 것은? [3점]

〈보 기〉
선생님 : 글이 마무리되지 않은 느낌이 들어. 글의 마지막에 할머니와의 추억이 너에게 주는 의미를 직유법을 사용하여 표현한 문장을 추가하면 더 좋겠어.

① 할머니 댁이 있는 섬의 풍경은 그림같이 아름다웠다. 그 풍경을 언제쯤 다시 볼 수 있을까.
'섬의 풍경은 그림같이 아름다웠다.'에 직유법이 나타나 있지만 할머니와의 추억이 글쓴이에게 주는 의미는 드러나지 않는다.

② 섬에서 자란 나는 푸른 바다를 늘 그리워한다. 윤슬이 넘실거리는 바다는 내 마음의 고향이다.
'윤슬이 넘실거리는 바다는 내 마음의 고향이다.'라는 부분에서 직유법이 아닌 은유법이 사용되었다. 또한 할머니와의 추억이 글쓴이에게 주는 의미도 드러나지 않는다.

③ 할머니와 함께한 시간이 그리워진다. 이번 방학에는 아버지께 말씀드려 할머니를 뵈러 가야겠다.
할머니와의 추억이 글쓴이에게 주는 의미와 직유법이 모두 나타나지 않는다.

☑ 할머니 손길로 익어 가는 옥수수처럼 나는 할머니의 사랑으로 물들었다. 할머니의 따뜻한 보살핌은 나를 채운 온기였다.
'할머니 손길로 익어 가는 옥수수처럼 나는 할머니의 사랑으로 물들었다.'에 직유법이 활용되었고, '할머니의 따뜻한 보살핌은 나를 채운 온기였다.'에 할머니와의 시간이 글쓴이에게 주는 의미가 담겨 있다.

⑤ 할머니의 넘치는 사랑 덕분에 나의 어린 시절이 찬란하게 빛난다. 소중한 시간을 내게 선물해 주신 할머니께 감사드린다.
'나의 어린 시절이 찬란하게 빛난다.'에서 할머니와의 추억이 글쓴이에게 주는 의미가 드러나지만, 직유법이 사용되지 않았다.

[11~15] 문법

11 단어의 짜임   정답률 86% | 정답 ④

윗글에 대한 이해로 적절하지 않은 것은?

① 단일어는 하나의 어근으로만 이루어진다.
단일어는 하나의 어근으로만 이루어진 단어를 이르는 말이다.

② 합성어나 파생어는 모두 복합어에 포함된다.
복합어는 합성어와 파생어를 아울러 이르는 말이다.

③ 접사는 홀로 쓰이지 못하기에 붙임표(-)를 붙인다.
접사는 항상 다른 말과 결합하여 쓰이기에 홀로 쓰지 못함을 나타내는 붙임표(-)를 붙인다.

☑ 복합어는 접사가 어근과 결합하는 위치에 따라 둘로 나뉜다.
복합어는 어근과 어근으로 이루어진 합성어와 어근과 접사로 이루어진 파생어를 아울러 이르는 말이며, 어근과의 결합 위치에 따라 둘로 나누는 것은 접사이다. 접사 중 어근 앞에 위치하는 것은 접두사, 어근 뒤에 위치하는 것은 접미사이다.

⑤ 접사는 어근과 결합하여 어근에 특정한 의미를 더하거나 어근의 의미를 제한한다.
접사는 단어를 구성하는 요소의 하나로, 어근과 결합하여 어근에 특정한 의미를 더하거나 어근의 의미를 제한한다.

12 직접 구성 성분 분석   정답률 76% | 정답 ①

[A]를 참고할 때, 〈보기〉의 ㉠에 해당하는 짜임을 가진 단어로 가장 적절한 것은? [3점]

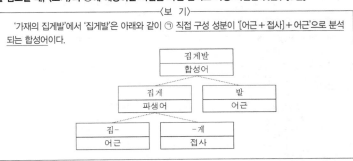

〈보 기〉
'가재의 집게발'에서 '집게발'은 아래와 같이 ㉠ 직접 구성 성분이 [[어근＋접사]＋어근]으로 분석되는 합성어이다.

☑ 볶음밥
직접 구성 성분 분석은 단어를 둘로 나누어 단어의 짜임을 파악하는 방법으로, 나뉜 두 부분 중 하나가 접사인지 여부가 단어 분류의 판단 기준이 된다. '볶음밥'의 직접 구성 성분은 '볶음'과 '밥'으로 볼 수 있으며, 나뉜 두 부분 모두 접사가 아니다. 따라서 '볶음밥'은 [[어근＋접사]＋어근]으로 분석되는 합성어로 분류한다.

② 덧버선
'덧버선'의 직접 구성 성분은 '덧-'과 '버선'으로 볼 수 있으며, '덧버선'은 '접사＋어근'으로 분석되는 파생어로 분류한다.

③ 문단속
'문단속'의 직접 구성 성분은 '문'과 '단속'으로 볼 수 있으며, '문단속'은 '어근＋어근'으로 분석되는 합성어로 분류한다.

④ 들고양이
'들고양이'의 직접 구성 성분은 '들-'과 '고양이'로 볼 수 있으며, '들고양이'는 '접사＋어근'으로 분석되는 파생어로 분류한다.

⑤ 창고지기
'창고지기'의 직접 구성 성분은 '창고'와 '-지기'로 볼 수 있으며, '창고지기'는 '어근＋접사'로 분석되는 파생어로 분류한다.

〈보기〉는 수업의 일부이다. '학습 활동'의 결과로 가장 적절한 것은?

─────〈보 기〉─────

선생님 : 단어를 발음할 때, 어떤 음운이 앞이나 뒤의 음운의 영향으로 바뀌어 달라지는 경우가 있습니다. 그 결과, 조음 방법만 바뀌거나 조음 방법과 조음 위치가 모두 바뀝니다. 아래 자료를 참고해 '학습 활동'을 수행해 봅시다.

조음 방법＼조음 위치	입술소리	잇몸소리	센입천장소리	여린입천장소리
파열음	ㅂ	ㄷ		ㄱ
파찰음			ㅈ	
비음	ㅁ	ㄴ		ㅇ
유음		ㄹ		

영향의 방향	음운이 바뀌는 양상	
달ᐟ님 (앞 음운의 영향)	달님[달림]	조음 방법의 변화
삭ᐟ문 (뒤 음운의 영향)	삭문[장문]	조음 방법의 변화
해돋이 (뒤 음운의 영향)	해돋이[해도지]	조음 방법과 조음 위치의 변화

[학습 활동]
뒤 음운의 영향을 받아서 앞 음운이 조음 방법만 바뀌는 단어를 ㄱ ~ ㄹ에서 골라 보자.

ㄱ. 난로[날로]	ㄴ. 맏이[마지]
ㄷ. 실내[실래]	ㄹ. 톱날[톰날]

① ㄱ, ㄴ   ✓② ㄱ, ㄹ   ③ ㄴ, ㄷ   ④ ㄴ, ㄹ   ⑤ ㄷ, ㄹ

ㄱ. 난로[날로]
'난로[날로]'는 뒤의 음운 'ㄹ'의 영향으로 앞의 음운 'ㄴ'이 'ㄹ'로 바뀌며, 조음 방법만 바뀌는 단어에 해당한다.

ㄴ. 맏이[마지]
'맏이[마지]'는 뒤의 음운 'ㅣ'의 영향으로 앞의 음운 'ㄷ'이 'ㅈ'으로 바뀌며, 조음 방법과 조음 위치가 모두 바뀌는 단어에 해당한다. ㄴ은 뒤 음운의 영향으로 앞 음운이 바뀌지만, 조음 방법만 바뀌는 경우에는 해당하지 않는다.

ㄷ. 실내[실래]
'실내[실래]'는 앞의 음운 'ㄹ'의 영향으로 뒤의 음운 'ㄴ'이 'ㄹ'로 바뀌며, 조음 방법만 바뀌는 단어에 해당한다. ㄷ은 조음 방법만 바뀌는 경우에는 해당하지만, 뒤 음운의 영향으로 앞 음운이 바뀌는 경우에는 해당하지 않는다.

ㄹ. 톱날[톰날]
'톱날[톰날]'은 뒤의 음운 'ㄴ'의 영향으로 앞의 음운 'ㅂ'이 'ㅁ'으로 바뀌며, 조음 방법만 바뀌는 단어에 해당한다.

〈보기〉의 '탐구 과제'를 수행한 결과로 적절하지 않은 것은?

─────〈보 기〉─────

[탐구 과제]
'작다 / 적다' 중 적절한 말이 무엇인지 온라인 사전에서 '작다'를 검색한 결과를 근거로 하여 말해 보자.

ㄱ. 민수는 진서에 비해 말수가 (작다 / 적다).
ㄴ. 키가 커서 작년에 구매한 옷이 (작다 / 적다).
ㄷ. 오늘 일은 지난번에 비해 규모가 (작다 / 적다).
ㄹ. 그는 큰일을 하기에는 그릇이 아직 (작다 / 적다).
ㅁ. 백일장 대회의 신청 인원이 여전히 (작다 / 적다).

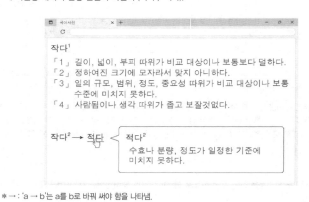

작다¹
「1」 길이, 넓이, 부피 따위가 비교 대상이나 보통보다 덜하다.
「2」 정하여진 크기에 모자라서 맞지 아니하다.
「3」 일의 규모, 범위, 정도, 중요성 따위가 비교 대상이나 보통 수준에 미치지 못하다.
「4」 사람됨이나 생각 따위가 좁고 보잘것없다.

작다² → 적다²

적다²
수효나 분량, 정도가 일정한 기준에 미치지 못하다.

* → : 'a → b'는 a를 b로 바꿔 써야 함을 나타냄.

✓① ㄱ : '작다'의 「1」을 고려할 때 '작다'가 맞겠군.
'작다'와 '적다'처럼 혼동될 수 있는 단어를 정확히 사용하기 위해 사전에 제시된 정보를 활용할 수 있다. ㄱ은 '수효나 분량, 정도가 일정한 기준에 미치지 못하다.'의 의미에 해당하므로, '작다', '작다²'와 '적다²'를 고려할 때 '적다'가 적절하다. '작다²'에 사용된 화살표(→)는 '작다²'를 '적다²'로 바꾸어 쓰라는 의미이므로 그에 따라 '적다²'의 의미를 함께 참고해야 한다.

② ㄴ : '작다'의 「2」를 고려할 때 '작다'가 맞겠군.
ㄴ은 '정하여진 크기에 모자라서 맞지 아니하다.'의 의미에 해당하므로 '작다'의 「2」를 고려할 때 '작다'가 적절하다.

③ ㄷ : '작다'의 「3」을 고려할 때 '작다'가 맞겠군.
ㄷ은 '일의 규모, 범위, 정도, 중요성 따위가 비교 대상이나 보통 수준에 미치지 못하다.'의 의미에 해당하므로 '작다'의 「3」을 고려할 때 '작다'가 적절하다.

④ ㄹ : '작다'의 「4」를 고려할 때 '작다'가 맞겠군.
ㄹ은 '사람됨이나 생각 따위가 좁고 보잘것없다.'의 의미에 해당하므로 '작다'의 「4」를 고려할 때 '작다'가 적절하다.

⑤ ㅁ : '작다', '작다²'와 '적다²'를 고려할 때 '적다'가 맞겠군.
ㅁ은 '수효나 분량, 정도가 일정한 기준에 미치지 못하다.'의 의미에 해당하므로 '작다', '작다²'와 '적다²'를 고려할 때 '적다'가 적절하다.

〈보기〉의 '학습 자료'를 바탕으로 '학습 과제'를 수행한 결과로 적절하지 **않은** 것은?

─────〈보 기〉─────

[학습 자료]
○ 직접 인용 : 원래의 말이나 글을 그대로 큰따옴표(" ")에 넣어 인용하는 것. 조사 '라고'를 사용함.
○ 간접 인용 : 인용된 말이나 글을 자신의 관점에서 다시 서술하여 표현하는 것. 조사 '고'를 사용함.

[학습 과제]
밑줄 친 부분에 주목하여 직접 인용을 간접 인용으로 바꾸어 보자.

ㄱ. 지아가 "꽃이 벌써 폈구나!"라고 했다.
　→ 지아가 꽃이 벌써 폈다고 했다.
ㄴ. 지아가 "버스가 벌써 갔어요."라고 했다.
　→ 지아가 버스가 벌써 갔다고 했다.
ㄷ. 나는 어제 지아에게 "내일 보자."라고 했다.
　→ 나는 어제 지아에게 오늘 보자고 했다.
ㄹ. 전학을 간 지아는 "이 학교가 좋다."라고 했다.
　→ 전학을 간 지아는 그 학교가 좋다고 했다.
ㅁ. 지아는 나에게 "민지가 너를 불렀다."라고 했다.
　→ 지아는 나에게 민지가 자기를 불렀다고 했다.

① ㄱ   ② ㄴ   ③ ㄷ   ④ ㄹ   ✓⑤ ㅁ

ㄱ. 지아가 "꽃이 벌써 폈구나!"라고 했다.
　→ 지아가 꽃이 벌써 폈다고 했다.
ㄱ은 문장 종결 표현인 '폈구나'를 '폈다'로 적절히 바꿔 서술하였다.

ㄴ. 지아가 "버스가 벌써 갔어요."라고 했다.
　→ 지아가 버스가 벌써 갔다고 했다.
ㄴ은 높임 표현인 '갔어요'를 '갔다'로 적절히 바꿔 서술하였다.

ㄷ. 나는 어제 지아에게 "내일 보자."라고 했다.
　→ 나는 어제 지아에게 오늘 보자고 했다.
ㄷ은 시간 표현인 '내일'을 '오늘'로 적절히 바꿔 서술하였다.

ㄹ. 전학을 간 지아는 "이 학교가 좋다."라고 했다.
　→ 전학을 간 지아는 그 학교가 좋다고 했다.
ㄹ은 지시 표현인 '이'를 '그'로 적절히 바꿔 서술하였다.

ㅁ. 지아는 나에게 "민지가 너를 불렀다."라고 했다.
　→ 지아는 나에게 민지가 자기를 불렀다고 했다.
직접 인용을 간접 인용으로 바꿀 때는 자신의 관점에서 높임, 시간, 인칭, 지시, 문장 종결 표현 등을 적절히 다시 서술해야 한다. ㅁ에서 '민지가 부른 '너'는 '나'에 해당하므로, 인칭 표현인 '너'를 '나'로 바꾸어 '지아는 나에게 민지가 나를 불렀다고 했다.'로 바꾸어야 한다.

[16~45] 독서·문학

(가) 김기택, 「초록이 세상을 덮는다」

감상 도시 공간에서 마주한 초록에 사로잡힌 화자가 초록을 자세히 들여다보며 깨닫게 된 자연의 역동적 생명력에 대한 놀라움과 감탄이 드러난 작품이다. 초록은 여리고 부드럽지만, 불길처럼 맹렬한 기세로 건조하고 딱딱한 도시 공간을 촉촉하게 적시며 온 세상을 생명력 넘치는 공간으로 변화시키고 있다. 치밀한 관찰과 투시적 상상력을 바탕으로 고요한 가운데 약동하는 생명의 기운을 포착하여 감각적으로 형상화하고 있다.

주제 삭막한 도시 공간에서 포착한 초록의 역동적 생명력

(나) 김약련, 「두암육가」

감상 하얗게 센 머리를 들여다보며 대장부로서 아무것도 이룬 것 없이 늙어버린 자신의 지난 삶에 대한 후회와 한탄을 드러내는 한편, 자신의 경험을 바탕으로 젊은이들이 경계해야 할 일과 추구해야 할 궁극적인 가치에 대해 말하고 있는 작품이다. 화자는 재산 축적이나 과거 급제와 같이 운수나 하늘의 뜻에 달린 일보다는 자신의 노력으로 이룰 수 있는 착한 일을 할 것을 젊은이들에게 권유하며, 젊어서 노력하지 않으면 늙어서 자신과 똑같은 신세가 될 것이라는 경고도 잊지 않고 있다.

주제 늙음에 대한 한탄과 젊은이들을 향한 당부

(가)와 (나)의 표현상 공통점으로 가장 적절한 것은?

✓① 대조적 표현을 활용하여 주제 의식을 부각하고 있다.
(가)는 '여리고 연'하며 '휘어지는' 등과 '직선과 사각', '딱딱하게' 등이 대조되며 세상을 뒤덮는 유연하고 역동적인 자연의 생명력이 부각되고, (나)는 '굳은 이 다 빠지고 검던 털이 희었네', '너희는 젊었느냐 나는 이미 늙었구나'에서 젊음과 늙음이 대조되며 지난 삶에 대한 화자의 후회와 탄식을 부각하고 있다.

② 일부 시행을 명사로 마무리하여 여운을 남기고 있다.

(가)는 일부 시행을 '초록', '고요', '불길' 등의 명사로 마무리하여 여운을 남기고 있지만, (나)는 시행을 명사로 마무리한 부분을 찾을 수 없다.

③ 수미상관의 기법을 활용하여 리듬감을 조성하고 있다.
(가)와 (나) 모두 수미상관의 기법을 활용하여 리듬감을 조성하고 있지 않다.

④ 명령적 어조를 사용하여 화자의 의지를 표출하고 있다.
(가)는 명령적 어조를 사용한 부분을 찾을 수 없고, (나)는 '젊다 하고 믿지 마라', '너희더러 하라'에서 명령적 어조를 사용하고 있지만 화자 자신의 행동이나 상황을 바꾸려는 의지가 표출되고 있지는 않다.

⑤ 감탄사를 사용하여 대상에 대한 예찬을 드러내고 있다.
(가)는 대상에 대한 예찬은 드러나지만 감탄사를 사용하지 않았고, (나)는 '어져', '어우와' 등의 감탄사를 사용하고 있지만 대상에 대한 예찬은 드러나지 않는다.

★★★ 등급을 가르는 문제!

17 외적 준거에 따른 감상 　정답률 37% | 정답 ③

〈보기〉를 바탕으로 (가)와 (나)를 감상한 내용으로 적절하지 않은 것은? [3점]

〈보 기〉
사물을 바라보거나 삶을 되돌아보며 사색하는 경험을 통해 깨달음을 얻을 수 있다. (가)의 화자는 도시 공간에서 마주한 '초록'에 사로잡혀 초록을 들여다보며 그것이 지닌 생명력을 깨닫고, 이에 대한 감탄과 놀라움을 드러낸다. (나)의 화자는 자신의 백발을 바라보며 현재의 처지를 한탄하는 데 그치지 않고 지난 삶을 돌아보며 깨달은 바를 젊은이에게 전달하고 있다.

① (가)의 '잠깐 초록을 본' 것과 (나)의 '검던 털'이 하얘진 모습을 본 것은 사색을 시작하는 계기가 되는군.
(가)의 '잠깐 초록을 본' 것을 계기로 '초록'의 속성에 대한 깨달음에 이르는 사색이, (나)의 '검던 털'이 하얘진 모습을 본 것을 계기로 자신의 늙음을 깨닫고 지난날에 대한 사색이 시작하고 있다.

② (가)의 '초록에 붙잡힌 마음'은 '초록'에 매료된 심리를, (나)의 '밭 갈고 논 매더면 설마한들 배고프리'는 넉넉지 않은 현실을 초래한 지난 삶에 대한 아쉬움을 나타내고 있군.
(가)의 '초록에 붙잡힌 마음'에서 '초록'에 매료된 심리가 나타나며, (나)의 '밭 갈고 논 매더면 설마한들 배고프리'에서 지난날 자신이 농사를 지었더라면 배가 고프지 않았을 것인데, 그러지 못하여 현재 넉넉지 않은 상황에 처해 있음에 대한 안타까운 심정이 나타나 있다.

✔ ③ (가)의 '수직선들을 조금씩 지우며'를 통해 '초록'이 도시 공간과 균형을 이루기를, (나)의 '늙은 후 또 내 되리'를 통해 젊은이가 과오를 저지르지 않기를 바라고 있군.
(가)의 '수직선들을 조금씩 지우며'는 '초록'이 '직선과 사각'의 도시 공간을 덮으며 생명력 넘치는 공간으로 변화시키는 모습을 나타낸 것으로, '초록'이 도시 공간과 균형을 이루기를 바라고 있다는 진술은 적절하지 않다. (나)의 '늙은 후 또 내 되리'는 '청년'들이 '착한 일'을 하지 않고 '흐느적흐느적' 살아가는 늙은 후 자신과 똑같은 신세가 될 것이라는 경고로, 젊은이가 과오를 저지르지 않기를 바라고 있다는 진술은 적절하다.

④ (가)의 '밀려 꺼졌다가는 다시 살아나고 있'는 것에서 '초록'의 끈질긴 생명력을, (나)의 '급제도 헛일'에서 출세를 위한 삶이 전부가 아님을 깨닫고 있군.
(가)의 '밀려 꺼졌다가는 다시 살아나고 있'에서 도시 공간에서 발견한 '초록'의 끈질긴 생명력에 대한 깨달음이 드러난다. (나)의 '급제도 헛일'이라는 인식은 급제 이후에도 넉넉지 않은 상황에서 비롯되며, 이는 출세를 위한 삶이 전부가 아니라는 깨달음으로 이어진다.

⑤ (가)의 '갑자기 일어날 줄은 몰랐다'는 '초록'의 새로운 모습을 발견한 놀라움을, (나)의 '이미 늙었구나'는 현재의 처지에 대한 탄식을 드러내고 있군.
(가)의 '갑자기 일어날 줄은 몰랐다'에서 '초록'의 왕성하고 역동적인 생명력을 깨닫게 된 것에 대한 놀라움이, (나)의 '이미 늙었구나'에서 이룬 것 없이 늙어버린 자신의 현재 처지에 대한 탄식이 드러나 있다.

★★ 문제 해결 꿀~팁 ★★

▶ 많이 틀린 이유는?
이 문제는 '초록'이 작품 속 공간에서 가지는 의미를 〈보기〉에 근거하여 제대로 판단하지 못했기에 오답률이 높았던 것으로 보인다.
▶ 문제 해결 방법은?
선지 선택에 있어서의 판단은 주어진 질문 안에서 이루어져야 한다. 이 문제의 판단 기준은 〈보기〉를 바탕으로 한다. 〈보기〉는 (가)의 '초록'이 생명력을 가지고 있다고 해석하는 한편, (나)의 화자는 지난 삶을 돌아보며 젊은이들에게 자신과 같은 과오를 저지르지 않기를 당부하고 있다고 제시한다. ③에서 (가)의 '초록'이 가지는 생명력은 '도시 공간과 균형을 이루는 힘'이 아니라 삭막한 도시 공간 속의 '수직선들'을 지우는 힘이다. 또한 (나)의 화자는 지난 삶을 반성적으로 회고한다는 점에서 '넉넉지 않은 현실'을 살고 있음을 추론할 수 있다. 한편 오답률이 높았던 ②의 경우, 주어진 〈보기〉를 잘 읽는다면 (가)의 화자가 '초록'에 '매료'된 상태임을 어렵지 않게 알 수 있고 (나)의 화자 역시 '지난 삶에 대한 아쉬움'을 나타내고 있음을 판단할 수 있다.

18 종합적 이해 　정답률 80% | 정답 ②

[A]에 대한 설명으로 가장 적절한 것은?

① 지시 표현을 사용하여 대상에 대한 화자의 심리적 거부감을 나타내고 있다.
'저 저돌적인 고요', '저 촉촉한 불길'에서 지시 표현을 사용하고 있지만 대상에 대한 화자의 심리적 거부감을 나타내고 있지 않다.

✔ ② 유사한 문장 구조를 반복하여 대상이 갖는 역동적 이미지를 나타내고 있다.
'솟아나고 있는 / 저 저돌적인 고요', '옮겨 붙고 있는 / 저 촉촉한 불길'에서 유사한 문장 구조가 반복되고 있으며, 이를 통해 콘크리트 바닥에서 용솟음치며 건조한 것들에게 옮겨 붙는 '초록'의 역동적 이미지를 나타내고 있다.

③ 점층적인 표현을 사용하여 대상에 대한 화자의 태도 변화를 드러내고 있다.
점층적 표현을 사용하여 대상에 대한 화자의 태도 변화를 드러내고 있지 않다.

④ 하나의 문장을 두 개의 시행으로 나누어 대상의 순환 과정을 제시하고 있다.
'콘크리트 갈라진 틈에서도 솟아나고 있는 / 저 저돌적인 고요'처럼 하나의 문장을 두 개의 시행으로 나누고 있지만 이를 통해 대상의 순환 과정을 제시하고 있지 않다.

⑤ 모순된 표현을 활용하여 대상과 자신을 동일시하는 화자의 모습을 드러내고 있다.
'저돌적인 고요', '촉촉한 불길'처럼 의미가 모순된 표현을 활용하고 있지만 이를 통해 대상과 자신을 동일시하는 화자의 모습은 드러나지 않는다.

19 작품의 시상 전개 과정 　정답률 65% | 정답 ④

(나)에 대한 이해로 적절하지 않은 것은?

① 〈제1수〉의 '어져 내 일이야'에 담긴 한탄은, 〈제2수〉의 '장부의 허다 사업'을 못 다 한 데서 비롯되는군.
〈제1수〉의 '어져 내 일이야'에 담긴 한탄은, 〈제2수〉의 '장부의 허다 사업'을 못 다 한 것에서 비롯된다.

② 〈제1수〉의 '노대에 도상비로다'에 담긴 애상감은, 〈제4수〉의 '늙어지면 거짓 것이'로 이어지는군.
〈제1수〉의 '노대에 도상비로다'에 담긴 애상감은, 〈제4수〉의 '늙어지면 거짓 것이'에 드러나는 허망함으로 이어지고 있다.

③ 〈제2수〉의 '서른 마흔 한 일 없이'에 담긴 반성은, 〈제4수〉의 '젊어서 흐느적흐느적'하지 말라는 당부로 나타나는군.
〈제2수〉의 '서른 마흔 한 일 없이'에 담긴 지난날에 대한 화자의 반성은, 〈제4수〉의 '젊어서 흐느적흐느적'하지 말라는 당부로 나타나고 있다.

✔ ④ 〈제3수〉의 '이제야 아무리 애달픈들'과 〈제6수〉의 '내 못하여 애달프니'에는 세월의 무상감에서 벗어나고자 하는 심리가 드러나는군.
〈제3수〉의 '이제야 아무리 애달픈들'에는 넉넉하지 못한 처지임에도 불구하고 늙어버린 몸으로 무엇인가를 할 엄두를 내지 못하는 화자의 안타까운 심리가, 〈제6수〉의 '내 못하여 애달프니'에는 청년에게 '착한 일'을 권유하면서도 정작 자신은 그 일을 실천하지 못한 것에 대한 화자의 안타까운 심리가 드러나 있다. 따라서 해당 구절에서 세월의 무상감에서 벗어나고자 하는 심리가 드러난다는 진술은 적절하지 않다.

⑤ 〈제5수〉의 '하오면 못할 이 없기는 착한 일'은, 〈제6수〉의 '너희더러 하라'에서 권유하는 내용이겠군.
〈제5수〉의 '하오면 못할 이 없기는 착한 일'은, 〈제6수〉의 '너희더러 하라'에서 권유하는 내용이다.

20 시구의 의미 비교 　정답률 86% | 정답 ④

시상의 흐름을 고려하여 ㉠과 ㉡을 비교한 내용으로 가장 적절한 것은?

① ㉠에는 대상을 향한 화자의 애정이, ㉡에는 청자를 향한 화자의 원망이 나타나 있다.
㉠에는 대상을 향한 화자의 애정이 드러난다고 볼 수 있지만, ㉡에는 청자를 향한 원망이 나타나 있지 않다.

② ㉠에는 대상과 화자 사이의 이질감이, ㉡에는 대상에 대한 화자의 거부감이 드러나 있다.
㉠에는 대상과 화자 사이의 이질감이 드러나지 않으며, ㉡에는 대상에 대한 화자의 거부감이 드러나지 않는다.

③ ㉠에는 감춰진 진실에 대한 화자의 회의가, ㉡에는 화자의 현재 상황에 대한 의문이 나타나 있다.
㉠에는 감춰진 진실에 대한 화자의 회의가 나타나 있지 않으며, ㉡에는 화자의 현재 상황에 대한 의문이 나타나 있지 않다.

✔ ④ ㉠에는 힘의 근원에 대한 화자의 상상이, ㉡에는 뜻대로 되지 않는 삶에 대한 화자의 인식이 드러나 있다.
(가)의 화자는 나무들이 온 힘을 다해 초록의 진액을 쏟아내고 있는 모습을 보고, 나무가 초록을 쏟아내기 위해 땅속에서 얼마나 많은 잔뿌리들이 밭끝에 힘을 주고 있을지에 대해 상상하고 있다. 따라서 ㉠에는 힘의 근원에 대한 화자의 상상이 드러나 있다는 진술은 적절하다. (나)의 화자는 재산이나 과갑을 마다하지 않았지만, 현재 넉넉하지 못한 삶을 살아가고 있다. 이는 재산 축적이나 과거 급제가 자신의 노력과는 상관없이, 운수와 하늘의 뜻에 달린 일이라는 인식으로 이어진다. 따라서 ㉡에는 뜻대로 되지 않는 삶에 대한 화자의 인식이 드러나 있다는 진술은 적절하다.

⑤ ㉠에는 문제의 원인에 대한 화자의 성찰이, ㉡에는 예상치 못한 결과를 수용하는 화자의 모습이 나타나 있다.
㉠에는 문제의 원인에 대한 화자의 성찰이 나타나 있지 않으며, ㉡에는 예상치 못한 결과를 수용하는 화자의 모습이 나타나지 않는다.

21~24 예술

닐 콕스, 「입체주의」

해제 20세기 초 과학 문명의 발전과 기존 인식에 대한 회의를 배경으로 등장한 큐비즘은 현실을 사실적으로 재현하는 기존 회화를 거부하고 눈에 보이지 않는 본질을 회화 속에 구현하기 위해 대상의 근원적 형태를 그려 내고자 하였다. 이를 위해 큐비즘은 대상의 세부 묘사와 고유색을 배제하고 사물을 기하학적 형태로 단순화하였다. 또한, 대상의 전체 형태를 동시에 제시하기 위해 대상을 여러 시점으로 관찰하여 그 모습을 하나의 화면에 표현하였다. 이러한 기하학적 단순화와 다중 시점을 주요 표현 기법으로 하는 시기를 초기 큐비즘이라고 한다. 이는 관람자를 회화 자체가 지닌 아름다움에 집중하게 만들어 대중들의 많은 관심을 끌었다. 한편, 대상을 최대한 다양한 측면으로 보여 주고자 하는 욕구는 큐비즘 화가들로 하여금 다중 시점을 극단적으로 추구하게 하였다. 대상의 형태를 여러 시점으로 해체하는 '분석적 큐비즘'에서는 그 해체의 정도가 심해짐에 따라 그림에 표현된 대상의 부피감이 상실되었고, 색채 역시 초기에 비해 훨씬 더 자제되었다. 이로 인해 관람자가 그림의 대상을 파악하지 못하게 되자, 큐비즘은 대상의 형태를 다시 관람자에게 인식시킬 방안을 모색하였다. 그 대표적 표현 기법인 '파피에 콜레'는 종이를 캔버스에 직접 오려 붙이는 방식으로, 화면 밖 사물을 재료로 화면 안의 대상을 표현하는 최초의 시도였다. 이러한 시기의 회화 양식을 '종합적 큐비즘'이라고 한다. **기존 회화를 거부하고 대상의 형태를 표현하는 방식을 자유롭게 탐구한 큐비즘은 표현 대상을 실제 사물로 한정하지 않는 현대 추상 회화의 탄생에 직접적인 영향을 미쳤다.**

주제 현대 추상 회화의 탄생에 영향을 준 큐비즘

문단 핵심 내용

1문단	큐비즘의 등장 배경
2문단	큐비즘의 구현 방식
3문단	다중 시점을 적용하는 큐비즘
4문단	분석적 큐비즘의 특성

21 내용 이해　　　　　　　　정답률 94% | 정답 ③

윗글에서 알 수 있는 내용으로 적절하지 <u>않은</u> 것은?

① 큐비즘이 사용한 표현 기법
2, 3문단에서 큐비즘은 단순화, 다중 시점의 표현 기법을 활용했다고 언급하고 있다.

② 큐비즘이 등장한 시대적 배경
1문단에서 큐비즘은 20세기 초 유럽의 과학 문명 발전과 이로 인한 인식의 변화를 배경으로 등장했다고 언급하고 있다.

✔ 큐비즘에 대한 다른 화가들의 논쟁
이 글은 큐비즘이 등장한 시대적 배경, 큐비즘의 목표와 표현 기법, 작품 경향이 변화된 양상, 의의 등을 설명하고 있다. 그러나 이 글에서는 큐비즘에 대한 다른 화가들의 논쟁은 찾아볼 수 없다.

④ 큐비즘의 작품 경향이 변화된 양상
4, 5문단에서 큐비즘이 분석적 큐비즘, 종합적 큐비즘의 단계를 거치며 작품 경향이 변화된 양상을 언급하고 있다.

⑤ 큐비즘이 현대 추상 회화에 미친 영향
6문단에서 큐비즘이 대상의 형태를 실제에서 해방한 것이 이후 대상을 보이는 세계에 한정하지 않는 현대 추상 회화의 탄생에 영향을 미쳤다고 언급하고 있다.

22 내용 추론　　　　　　　　정답률 79% | 정답 ①

㉠을 이해한 내용으로 가장 적절한 것은?

✔ 대상의 본질을 화면에 구현하기 위해 다중 시점에 집착한 결과이겠군.
3문단에서 다중 시점이 대상의 근원적 형태를 표현하려 한 시도였다는 것을 확인할 수 있다. 또한, 4문단에서 대상의 형태를 더 다양한 시점으로 보여 주려는 시도가 다중 시점의 극단화에 치달았다는 것을 확인할 수 있다. 따라서 대상이 극단적으로 해체되어 형태를 파악하지 못하게 된 문제는 대상의 본질을 화면에 구현하기 위해 다중 시점에 집착한 결과라고 추론할 수 있다.

② 인식의 절대적 기준을 제시하기 위해 대상의 변화를 무시한 결과이겠군.
큐비즘은 다양한 시점으로 대상을 그려 냈으므로 대상의 극단적 해체가 인식의 절대적 기준을 제시하려 한 결과라는 설명은 적절하지 않다.

③ 화면의 공간을 사실적으로 표현하기 위해 대상의 형태를 희생한 결과이겠군.
큐비즘은 사실적 표현을 추구하지 않았으므로 대상의 극단적 해체가 공간을 사실적으로 표현하려 한 결과라는 설명은 적절하지 않다.

④ 기하학적 형태에서 탈피하기 위해 대상의 정면과 측면을 동시에 표현한 결과이겠군.
대상의 해체는 그 형태를 최대한 여러 시점으로 보이려 한 시도의 결과이므로 대상의 극단적 해체가 기하학적 형태에서 탈피하려 한 결과라는 설명은 적절하지 않다.

⑤ 관람자들에게 새로운 미적 인식을 환기하기 위해 대상을 있는 그대로 재현한 결과이겠군.
큐비즘은 대상을 사실적으로 그리지 않았으므로 대상의 극단적 해체가 대상을 있는 그대로 재현한 결과라는 설명은 적절하지 않다.

23 내용 이해 및 비교　　　　　정답률 84% | 정답 ④

ⓐ와 ⓑ에 대한 설명으로 가장 적절한 것은?

① ⓐ는 ⓑ와 달리 고유색을 통해 대상을 그려 낸다.
4문단에서 분석적 큐비즘이 대상의 고유색을 무시하였음을 확인할 수 있으므로 적절하지 않다.

② ⓐ는 ⓑ와 달리 삽입된 문자로만 대상을 드러낸다.
4문단에서 분석적 큐비즘이 제목을 통해서도 대상을 드러냈음을 확인할 수 있으므로 적절하지 않다.

③ ⓑ는 ⓐ와 달리 작은 격자 형태로 대상을 해체한다.
4문단에서 분석적 큐비즘이 대상을 격자 형태로 해체하였음을 확인할 수 있으므로 적절하지 않다.

✔ ⓑ는 ⓐ와 달리 화면 밖의 재료를 활용해 대상을 표현한다.
5문단에서 종합적 큐비즘은 대상의 극단적 해체로 인한 문제를 해결하기 위해 화면 밖 실제 사물을 재료로 도입하였다는 것을 확인할 수 있다. 또한, 4문단에서 분석적 큐비즘은 대상의 해체에 집중하였다는 것을 확인할 수 있다. 따라서 종합적 큐비즘이 분석적 큐비즘과 달리 화면 밖 재료를 통해 대상을 표현한다는 설명은 적절하다.

⑤ ⓐ와 ⓑ는 모두 질감과 부피감을 살려서 대상을 형상화한다.
4문단에서 분석적 큐비즘이 대상을 그 부피감이 사라질 정도로 해체하였다고 언급하였으므로 적절하지 않다.

24 사례 적용　　　　　　　　정답률 83% | 정답 ②

윗글을 바탕으로 〈보기〉의 작품을 감상한 내용으로 적절하지 <u>않은</u> 것은? [3점]

〈보 기〉

브라크의 「에스타크의 집들」은 집과 나무를 그린 풍경화이다. 그런데 회화 속 풍경은 실제와 다르다. 집에 당연히 있어야 할 문이 생략되어 있으며, 집들은 부피감이 두드러지는 입방체 형태로 단순화되어 있다. 그림자의 방향이 일관성 없이 다양하게 표현되어 광원이 하나가 아님을 알 수 있다. 그리고 집과 나무는 모두 황토색과 초록색, 회색으로 칠해져 있다. 큐비즘의 시작을 알린 이 풍경화는 처음 공개되었을 때 평론가로부터 "작은 입방체(cube)를 그렸다."라는 비판을 받았는데, 이는 '큐비즘(Cubism)'이라는 명칭의 기원이 되었다.

① 집이 입방체 형태로 단순화된 것은 대상의 근원적 형태를 드러내기 위한 것이겠군.
집이 입방체 형태인 것은 대상을 기하학적 형태로 단순화한 결과이다. 2문단에서 이러한 기법이 그 근원적 형태를 드러내기 위한 것이라는 내용을 확인할 수 있다.

✔ 풍경의 모습이 실제와 다른 것은 관찰한 대상이 무엇인지 추측할 수 없도록 하기 위한 것이겠군.
2문단에서 큐비즘은 대상의 사실적 재현에 집중했던 전통 회화와 달리, 그 근원적 형태를 그려 내고자 했다는 것을 확인할 수 있다. 그러므로 브라크의 「에스타크의 집들」에서 풍경의 모습이 실제와 다른 이유는 풍경 속 대상의 근원적 형태를 그렸기 때문이다. 또한, 5문단에서 관람자가 대상을 인식하지 못하는 문제가 발생하자 이를 극복하기 위한 기법이 나타났음을 확인할 수 있다. 따라서 관찰한 대상이 무엇인지 추측할 수 없도록 하기 위해 풍경을 실제와 다르게 그렸다는 설명은 적절하지 않다.

③ 그림자의 방향이 일관성 없이 다양하게 표현된 것은 하나의 시점을 강제하는 원근법을 거부한 것이겠군.
그림자의 방향이 일관성 없이 표현된 것은 대상을 여러 시점으로 관찰한 결과이다. 3문단에서 이를 위해 하나의 시점에서 대상을 보고 표현하는 원근법을 거부하였다는 내용을 확인할 수 있다.

④ 집에 당연히 있어야 할 문이 없는 것은 세부적 묘사는 대상의 본질과 관련이 없다는 생각을 반영한 것이겠군.
집에 문이 없는 것은 세부적 묘사를 배제한 결과이다. 2문단에서 대상의 근원적 형태를 구현하기 위해 본질과 관련 없는 세부적 묘사를 배제하였다는 내용을 확인할 수 있다.

⑤ 색이 황토색, 초록색, 회색으로 제한된 것은 색채는 본질을 구현하는 데 부차적인 요소라는 생각에 근거한 것이겠군.
풍경이 황토색, 초록색, 회색으로 표현된 것은 색채를 제한한 결과이다. 2문단에서 색채가 본질 구현에 있어 부차적인 것으로 판단되어 몇 가지 색으로 제한되었다는 내용을 확인할 수 있다.

25~28 현대 소설

전상국, 「달평 씨의 두 번째 죽음」

감상　이 작품은 주인공인 '달평 씨'가 유명세에 중독되어 파탄에 이르는 과정을 두 번의 상징적 죽음을 통해 그리고 있다. 달평 씨는 우연한 기회로 언론에 의해 유명세를 치르게 된 후, 순수한 의도로 선행을 베풀던 본래의 모습을 잃어버리는 첫 번째 죽음을 맞게 된다. 그 이후에 자극적인 정보에만 반응하는 대중들과 언론의 관심을 끌기 위해 가식으로 선행을 베풀고 거짓을 지어낸다. 그러한 거짓으로 인해 점점 자신의 정체성을 잃어가고, 끝내 가족까지 파탄에 이르게 하는 두 번째 죽음의 순간에 다다르게 된다. 이러한 달평 씨의 몰락을 통해 자극적인 정보에만 반응하는 대중과 언론 역시 비판하고 있다.

주제　유명세에 따른 순수했던 선행의 변질

★★★ 등급을 가르는 문제!

25 서술상의 특징 파악　　　　정답률 51% | 정답 ①

윗글에 대한 설명으로 적절하지 <u>않은</u> 것은?

✔ 공간적 배경을 통해 인물의 심리를 암시하고 있다.
인물의 심리를 암시하고 있으나, 공간적 배경을 통해 그것을 드러내고 있지는 않다.

② 비유적 표현을 통해 인물의 행동을 묘사하고 있다.
'나폴레옹처럼 초조하게 서성거리는 달평 씨의 모습'이나 '사자처럼 포효하는 남편'에서 비유적 표현을 통해 인물의 행동을 묘사하고 있음을 알 수 있다.

③ 대화를 통해 인물들 간의 갈등 상황을 드러내고 있다.
달평 씨와 아들딸 간의 갈등, 달평 씨와 아내 간의 갈등 상황이 대화를 통해 드러난다.

④ 시간의 흐름에 따라 사건을 순차적으로 전개하고 있다.
사건이 발생한 순서대로, 시간의 흐름에 따라 순차적으로 전개되고 있다.

⑤ 서술자가 작중 상황에 대해 자신의 생각을 드러내고 있다.
'그러나 어쩐 일인지 세상 사람들의 관심은 달평 씨에게서 자꾸 멀어져가고 있었다.', '날 샌 원수 없고 밤 지난 은혜 없다고'와 같이 서술자가 작중 상황에 대해 자신의 생각을 드러내고 있다.

★★ 문제 해결 꿀~팁 ★★

▶ 많이 틀린 이유는?
이 문제는 작품의 '공간적 배경'이 '인물의 심리'와 결부될 때 어떻게 드러나야 하는지에 대한 판단이 미흡해 오답률이 높았던 것으로 보인다. '공간적 배경'이 '인물의 심리'를 반영하기 위해서는 특정 공간 자체만으로 어떠한 속성이 암시되어야 한다.

▶ 문제 해결 방법은?
이 문제를 해결하기 위해서는 주어진 선지 속 조건을 잘 파악한 후, 작품 속에서 단서를 찾아야 한다. ①의 경우 조건은 '공간적 배경'이 '인물의 심리'와 어떻게 결부되는지에 대한 것이다. 주어진 작품 속에서 '공간적 배경'은 그 자체만으로 어떠한 속성이 암시되지 않고 있다. 한편 현대 소설에서 '서술자'의 개념이 아직 익숙하지 않은 학생은 ⑤를 많이 선택했을 것으로 보인다. 고전 소설과 마찬가지로, 현대 소설에서도 '서술자'가 작중 상황 속에서 인물에 대한 생각이나 평가를 드러낼 수 있다. 제시된 작품이 오직 서술로만 이루어지고 있는지, 혹은 서술자의 생각이나 평가가 개입되고 있는지를 변별할 수 있어야 한다.

26 내용 이해　　　　　　　　정답률 83% | 정답 ⑤

윗글을 이해한 내용으로 가장 적절한 것은?

① 청중들은 달평 씨의 강연을 듣고 나서 심드렁해 했다.
청중들은 달평 씨의 강연을 듣고 떠나갈 듯 박수를 치며 고개를 크게 주억거리는 등 강연 내용에 감명을 받았다.

② 달평 씨의 아들딸은 어머니의 발언으로 인해 아버지를 이해하게 되었다.
달평 씨의 아들딸은 어머니에게 아버지의 이해할 수 없는 행동의 이유에 대해 물었으나, 달평 씨의 부인은 그에 대해 대답하지 않았다.

③ 종업원들은 달평 씨에게 경제적 어려움을 호소하며 도움을 요청했다.
종업원들이 달평 씨에게 경제적 어려움을 호소하며 도움을 요청한 부분은 나타나 있지 않다.

④ 달평 씨는 A 주간 신문 기자를 만나 새로운 선행을 알릴 수 있었다.
A 주간 신문 기자는 달평 씨의 아내만 만났고, 달평 씨는 만나지 못했다.

✓ 달팽 씨의 부인은 어려워진 식당 운영에 대해 화를 내는 남편에게 맞서 대들지 않았다.
> 달팽 씨의 부인은 달팽 씨로 인해 식당 운영이 어려워졌는데도 불구하고, 그에 대해 자신에게 탓을 하며 '사자처럼 포효하며 화를 내는' 달팽 씨에게 맞서 대들지 않았다.

27 외적 준거에 따른 감상
정답률 71% | 정답 ③

〈보기〉를 참고하여 윗글을 감상한 내용으로 적절하지 않은 것은? [3점]

─〈보 기〉─
> 이 작품은 주인공인 '달팽 씨'가 대중의 시선을 지나치게 의식하게 되면서 몰락해 가는 과정을 그리고 있다. 순수한 의도로 선행을 베풀어 오던 달팽 씨는 언론에 의해 유명세를 치르게 된 후 그것에 중독되어, 자극적인 정보에만 반응하는 대중과 언론의 관심을 끌기 위해 보여 주기식 선행을 베풀고 거짓을 지어낸다. 그러한 허위의식으로 인해 그는 점점 자신의 정체성을 잃어가고, 끝내 가족까지 파탄에 이르게 한다.

① '세상 사람들에게 알려지는 기회가 부쩍 줄어들'자 '입을 더 크게 벌'리는 달팽 씨의 모습에서 대중의 관심을 얻고자 하는 인물의 욕심이 드러나는군.
> '세상 사람들에게 알려지는 기회가 부쩍 줄어들'자 '입을 더 크게 벌'리는 달팽 씨의 모습에서 더욱더 심한 거짓말을 함으로써 대중의 관심을 얻고자 하는 인물의 욕심이 드러난다.

② '끔찍한 지난날 자기의 악행'을 공개하자 '다시 달팽 씨를 입에 올리기 시작'하는 사람들을 통해 자극적인 정보에만 반응하는 대중들의 모습을 보여 주는군.
> '끔찍한 지난날 자기의 악행'을 공개하자 '다시 달팽 씨를 입에 올리기 시작'하는 사람들을 통해 부정적인 것이라 할지라도 자극적인 정보에만 반응하는 대중들의 모습을 보여준다.

✓ '달팽 씨에게 씌워'진 '친선 단체의 회장직 감투'를 거부하지 않은 것은 불우한 사람까지도 철저하게 속이려는 달팽 씨의 허위의식을 보여 주는군.
> '달팽 씨에게 씌워'진 '친선 단체의 회장직 감투'는 달팽 씨가 거짓된 말과 행동으로 얻게 된 명예와 유명세의 허위성을 상징하는 것으로, 불우한 사람들까지도 철저하게 속이려는 달팽 씨의 허위의식을 보여준다고 보기는 어렵다.

④ '오른손이 하는 일을 왼손이 모르게 하라는 말 생각 안 나'느냐고 묻는 '아들딸들'의 말을 통해 달팽 씨가 보여 주기식 선행을 베풀고 있음이 드러나는군.
> '오른손이 하는 일을 왼손이 모르게 하라는 말 생각 안 나느냐고 묻는 '아들딸들'의 말을 통해 예전의 달팽 씨는 순수한 의도로 선행을 베풀었지만, 현재는 그렇지 않다는 것이 드러난다.

⑤ '달팽 씨를 다시 한번 살려 낼 오직 한 가닥의 빛'인 '그네의 외침'은 달팽 씨가 더 이상 파탄의 길로 가지 않도록 하는 아내의 저항이겠군.
> '달팽 씨를 다시 한번 살려 낼 오직 한 가닥의 빛'인 '그네의 외침'은 아내가 가족까지 파탄에 이르게 할 달팽 씨의 충격적인 발언을 듣고, 달팽 씨가 더 이상 자신과 가족을 망가뜨리는 파탄의 길로 가지 않도록 저항하는 행위이다.

28 인물의 행위 이해
정답률 82% | 정답 ⑤

㉠, ㉡을 이해한 내용으로 가장 적절한 것은?

① ㉠은 사건의 초점을 다른 인물로 전환시키려는 행위이다.
> ㉠은 사건의 초점을 자신에게 집중시키는 것으로, 초점을 다른 인물로 전환시키는 행위는 아니다.

② ㉡은 다른 인물들이 과거에 벌인 일들을 폭로하는 행위이다.
> ㉡은 다른 인물들이 과거에 벌인 일들을 폭로하는 행위는 아니다.

③ ㉠은 상대의 입장을 이해하기 위한, ㉡은 상대의 의심을 피하기 위한 행위이다.
> ㉠은 상대인 청중의 입장을 이해하기 위한 행위가 아니다. ㉡은 아들딸들의 추궁을 피하기 위한 행위이다.

④ ㉡은 ㉠으로 인해 발생한 사건의 전말을 드러내려는 행위이다.
> ㉡은 ㉠으로 인해 발생한 사건이 아니다.

✓ ㉠과 ㉡은 모두 반향을 일으켜 자신이 처한 상황을 바꾸어 보려는 행위이다.
> ㉠은 달팽 씨가 대중에게 반향을 일으켜 그들의 관심을 불러일으킴으로써 세상 사람들의 관심이 멀어져 가고 있는 현재 자신의 상황을 바꾸어 보려는 행위이고, ㉡은 가족들과 대중에게 반향을 일으켜 아들딸들에게 추궁받고 있는 상황을 피함과 동시에, 세상의 관심을 받는 상황으로 바꾸어 보려는 행위이다.

29~32 고전 소설

작자 미상, 「이춘풍전」
> **감상** 「이춘풍전」은 무능한 가장과 유능한 아내의 대비를 통해 허위에 찬 남성 중심의 가부장제를 비판하고 진취적인 새로운 여성상을 제시한 조선 후기 고전소설이다. 이 작품은 주색잡기에 빠져 가산을 탕진하는 가장 춘풍과 남편이 저지른 문제를 지혜롭게 해결하는 춘풍 아내를 중심으로 서사가 전개된다. 수록 부분은 춘풍 아내가 주색잡기에 빠진 춘풍을 꾸짖는 장면과 평양에 가 춘풍을 구하고 추월에게 복수하기 위해 비장으로 변장할 기회를 얻어 내는 장면이다.
> **주제** 허위에 찬 가부장적 인물에 대한 비판과 진취적 여성상

29 내용 이해
정답률 77% | 정답 ④

윗글을 이해한 내용으로 적절하지 않은 것은?

① 춘풍은 호조 돈 이천 냥을 빌려 평양으로 떠났다.
> 춘풍 아내는 평양으로 떠난 남편 소식을 듣고 '호조 돈 이천 냥'을 다 갚고 남편과 행복하게 살고 싶다고 말했다. 이 돈은 춘풍이 평양으로 떠날 때 호조에서 빌린 돈이다.

② 춘풍 아내는 바느질품을 팔며 생계를 이었다.
> 춘풍 아내는 춘풍이 평양으로 떠나고 집안이 기울자 바느질, 길쌈에 힘써 일하며 살았다.

③ 춘풍 아내는 춘풍의 잘못에도 가정의 화목을 바라고 있다.
> 춘풍 아내는 평양으로 간 춘풍 소식을 듣고 '부부 둘이 화락하여 백년 동락하여 보자.'라며 춘풍과 행복하게 살길 바란다.

✓ 도승지는 평양 감사직을 연이어 두 번 맡게 되었다.
> 도승지는 작년에는 평양 감사 두 번째 후보였고, 올해 평양 감사가 되었다. 따라서 도승지가 평양 감사직을 연이어 두 번 맡게 되었다는 내용은 적절하지 않다.

---

⑤ 대부인은 도승지에게 춘풍 아내의 정성을 칭찬하였다.
> 대부인이 문안 인사 온 도승지에게 '기특한 일 보았다. 앞집 춘풍의 지어미가 좋은 차담상을 매일 차려 오니 내 기운이 절로 나고 정성에 감격하는구나.'라며 차담상 올리는 춘풍 아내의 정성을 칭찬하였다.

30 말하기 방식 이해 및 비교
정답률 82% | 정답 ④

[A], [B]에 대한 설명으로 가장 적절한 것은?

① [A]는 권위를 내세워 행위의 당위성을 강조하고 있다.
> [A]에서 춘풍 아내는 권위를 내세워 말하고 있지 않다.

② [B]는 상대의 주장을 수용하여 태도에 변화를 보이고 있다.
> [B]에서 춘풍은 자신의 입장을 견지할 뿐 태도에 변화를 보이지 않는다.

③ [A]는 [B]의 내용을 예측하여 반박의 여지를 차단하고 있다.
> [A]에서 춘풍 아내는 [B]에서 춘풍이 말할 내용을 예측하고 있지 않다.

✓ [B]는 [A]의 반례를 들어서 자신의 행동을 합리화하고 있다.
> [A]는 춘풍 아내가 춘풍에게 기녀를 좋아하면 망할 것이니 그런 잡된 마음을 먹지 말라고 경계하고 있는 내용이다. 이 부분에서는 다양한 인물들의 사례를 들어 자신의 논리를 뒷받침하고 있다. [B]는 춘풍이 춘풍 아내가 제시한 사례와 반대되는 사례를 제시하여 자신의 주색잡기를 합리화하고 있다.

⑤ [A]와 [B]는 모두 영웅의 행적을 주장의 근거로 삼고 있다.
> [A]와 [B]는 모두 영웅의 행적을 근거로 삼고 있지 않다.

31 말하기 방식 이해
정답률 57% | 정답 ①

㉠~㉣을 이해한 내용으로 적절하지 않은 것은?

✓ ㉠ : 다른 사람의 잘못을 자신의 탓으로 여기고 있다.
> ㉠에서 춘풍은 다른 사람의 잘못을 자신의 탓으로 여기고 있지 않다.

② ㉡ : 앞으로의 상황이 악화될 것을 염려하고 있다.
> ㉡에서 춘풍 아내는 유산을 다 잃은 상황에서 앞으로 근심이 더욱 많아질 것을 우려하고 있다.

③ ㉢ : 상대방의 호의를 부담스럽게 생각하고 있다.
> ㉢에서 대부인은 경제적으로 어려운 춘풍 아내가 차담상을 차려오는 것을 부담스럽게 여기고 있다.

④ ㉣ : 상대의 처지를 고려해 동행을 권유하고 있다.
> ㉣에서 대부인은 춘풍 아내가 홀로 지낸다는 것을 알고 평양에 함께 따라가서 춘풍을 찾을 것을 권유하고 있다.

⑤ ㉤ : 신의를 바탕으로 요청을 흔쾌히 수락하고 있다.
> ㉤에서 대부인은 춘풍 아내에 대한 믿음을 바탕으로 흔쾌히 요청을 수락하고 있다.

32 외적 준거에 따른 감상
정답률 77% | 정답 ⑤

〈보기〉를 바탕으로 윗글을 감상한 내용으로 적절하지 않은 것은? [3점]

─〈보 기〉─
> 이 작품은 남편이 저지른 일을 아내가 수습하는 서사가 중심이 된다. 춘풍은 가장이지만 경제관념 없이 현실적 쾌락만을 추구하며 자신이 초래한 문제를 해결하려 하지 않는다. 반면, 춘풍 아내는 적극적으로 현실의 문제를 해결하려는 의지를 갖고 주도면밀하게 목적을 달성한다. 이러한 두 인물의 대비되는 특징으로 인해 무능한 가장의 모습과 주체적인 아내의 역할 및 능력이 부각된다.

① 춘풍이 가난을 불평하며 아내에게 집안일에 대한 모든 권리를 넘기는 것에서 무책임한 가장의 모습을 엿볼 수 있군.
> 춘풍은 부모 유산을 다 탕진한 후 가난을 불평하기만 하고 아내에게 빌며 의지만 하는 무책임한 인물이다.

② 춘풍이 전곡을 남용하고 주색잡기에 빠져 있는 것에서 경제관념 없이 현실적 쾌락을 추구하는 모습을 엿볼 수 있군.
> 춘풍이 부모의 유산이 다 없어질 때까지 전곡 남용을 일삼고 주색잡기에 빠진 것은 경제관념이 없고 현실적 쾌락만 추구하는 인물이라는 것을 보여준다.

③ 춘풍 아내가 사환에게 정보를 얻고 김 승지 댁 대부인에게 의도적으로 접근한 것에서 주도면밀한 모습을 엿볼 수 있군.
> 춘풍 아내가 도승지에게 도움을 받기 위해 의도적으로 대부인에게 접근한 것에서 춘풍 아내의 주도면밀함을 엿볼 수 있다.

④ 춘풍 아내가 춘풍을 구하기 위해 비장의 지위를 획득하고 남장을 하는 것에서 적극적인 문제 해결 의지를 엿볼 수 있군.
> 춘풍 아내는 춘풍이 저지른 문제를 해결하기 위해 대부인에게 신뢰를 쌓고 마침내 비장 지위를 획득하는 과정에서 적극적인 문제 해결 의지를 보여준다.

✓ 춘풍이 각서를 쓰고, 춘풍 아내가 차담상을 차리는 것에서 신분 상승을 통해 목적을 달성하려는 의도를 엿볼 수 있군.
> 춘풍은 각서를 써서 아내에게, 춘풍 아내는 차담상을 차려 대부인에게 신뢰를 얻고자 했다. 그러나 춘풍이 각서를 쓴 행위는 신분 상승을 통해 목적을 달성하려 한 것으로 볼 수 없다.

33~38 인문

(가) 채인후, 「순자의 철학」
> **해제** 기원전 3세기경 중국의 전국시대 말기는 국가의 혼란을 해결하기 위한 여러 사상들이 융성한 시대였다. 이 시대에 활동했던 순자는 사회의 혼란과 무질서를 악이라고 규정하며 이 악은 인간의 성에서 비롯된 것으로 파악한다. 특히, 이익을 좋아하는 것은 인간의 성이 악으로 초래한다고 보았다. 하지만 인간은 타고난 심으로 성을 통제한다. 이렇게 심의 작용을 통해 인간은 배우며 실천할 수 있는데, 이와 같은 인간의 의식적이고 후천적인 노력 또는 그것의 산물을 위라고 한다. 순자는 위를 통해 성을 변화시켜 사회적 혼란을 해소할 수 있다고 보았다. 위의 핵심인 예는 성인이 일찍이 사회의 혼란을 우려해 만든 일체의 사회적 규범을 의미한다. 예의 가장 중요한 기능은 신분적 차이를 구분해서 직분을 정하는 것이다. 이때 군주는 예의 근본으로 백성들의 직분을 정해 주고 그들을 예의 길로 인도하여 안정된 사회를 이루는 역할을 한다.
> **주제** 후천적 노력을 통해 인간의 악한 성정을 교화시킬 수 있다고 본 순자의 사상

문단 핵심 내용	
1문단	사회적으로 혼란했던 시대적 배경
2문단	인간의 악한 성정을 전제하는 순자 사상
3문단	악한 성정을 통제할 수 있는 심의 작용
4문단	악한 성정을 변화시키는 예의 기능
5문단	백성을 예의 길로 인도하는 군주의 역할
6문단	순자 사상의 의의

(나) 김용환, 『리바이어던-국가라는 이름의 괴물』

해제 홉스는 사회적 혼란을 해결하고자 신이 아닌 인간에 대한 탐구를 시작한다. 홉스는 국가 성립 과정을 설명하기 위해, 국가가 성립되기 이전의 집단적 삶인 자연 상태를 가정한다. 자연 상태에서 인간은 자기 보존을 위해 자신의 이익만을 추구하며 끊임없이 싸운다. 또한 인간은 자연 상태에서 누구나 절대적인 자유를 행사할 수 있는 권리인 자연권을 지닌다. 이러한 자연 상태에서 인간이 느끼는 죽음에 대한 공포는 평화와 안전을 바라게 하는 감정을 유발하기도 한다. 이때 인간의 이성은 평화로운 상태로 나아가기 위한 최선의 법칙을 발견하는데 홉스는 이를 자연법이라 일컫는다. 또한 **인간의 이성은 자연 상태에서 벗어나기 위해 사회 계약의 필요성을 깨닫고 사회 계약을 맺게 된다.** 사회 계약은 자연 상태에서 가졌던 권리의 상당 부분을 포기하고 그것을 양도하는 두 단계로 이루어진다. 이러한 계약의 과정을 거쳐 **'리바이어던'이라 불리는 국가가 탄생**한다. 이때 국가의 통치자는 국가 권력의 실질적인 행사 주체로서 국가에 대한 복종을 요구하는 대신에 개인을 위험으로부터 보호하는 책무를 갖는다. 통치자가 개인들로부터 위임 받은 권리를 정당하게 행사하여 개인들 간의 투쟁을 해소함으로써 비로소 **평화로운 사회가 구현**된다.

주제 인간의 본성에 대한 통찰을 바탕으로 한 홉스의 사회계약론

문단 핵심 내용	
1문단	사회적으로 혼란했던 시대적 배경
2문단	자기 보존을 추구하는 존재로 인간을 통찰한 홉스 사상
3문단	자연 상태를 벗어나기 위한 법칙으로서 사회 계약의 등장
4문단	사회 계약 과정의 두 가지 단계
5문단	국가의 탄생과 평화로운 사회를 구현하는 국가의 역할
6문단	홉스 사상의 의의

---

33 내용상 공통점 파악   정답률 72% | 정답 ②

(가)와 (나)의 공통점으로 가장 적절한 것은?

① 인간 중심적인 시각에서 벗어나 사회 현상을 분석하고 있다.
(가)와 (나) 모두 인간 중심적인 시각에서 사회 현상 문제를 바라보고 있으므로 인간 중심적인 시각에서 벗어나 사회 현상을 분석하고 있다는 내용은 적절하지 않다.

☑ 현실을 개선하려는 사상가의 견해와 그 의의를 제시하고 있다.
(가)에는 전국시대 혼란을 해결하려 한 순자의 견해와 그 의의가 제시되어 있다. (나)에는 17세기 사회적 혼란을 해결하려 한 홉스의 견해와 그 의의가 제시되어 있다.

③ 종교적인 믿음을 바탕으로 성립된 권력의 개념을 밝히고 있다.
(나)의 1문단에서 왕권신수설의 개념을 밝히고 있다. 그러나 (가)에서는 종교적인 믿음을 바탕으로 성립된 권력의 개념을 밝히고 있지 않다.

④ 국가와 국가 간의 전쟁이 야기한 사상의 탄압 양상을 설명하고 있다.
(가)의 1문단에서 국가 간의 전쟁은 여러 사상들이 융성하게 되는 계기가 되었다고 밝히고 있다. 그리고 (나)에서도 내전을 겪으며 혼란스러운 17세기 상황은 드러나 있지만 그로 인한 사상의 탄압 양상을 밝히고 있지 않다.

⑤ 시대적 상황의 변화에 따라 달라진 지도자의 위상을 통시적으로 설명하고 있다.
(가)와 (나) 모두 시대의 변화에 따라 지도자의 위상을 통시적으로 설명하고 있지 않다.

---

34 핵심 개념의 비교   정답률 72% | 정답 ②

(가)의 군주와 (나)의 통치자에 대한 이해로 적절하지 않은 것은?

① 군주는 사회 구성원의 내면의 변화를 전제로 질서와 조화를 이룬 선한 사회를 만든다.
군주는 타고난 성을 변화시켜 질서와 조화를 이룬 선한 사회를 만든다. 타고난 성을 변화시킨다는 것은 인간 내면의 변화를 의미하므로, 군주가 사회 구성원의 내면의 변화를 전제로 질서와 조화를 이룬 선한 사회를 만든다는 진술은 적절하다.

☑ 통치자는 신으로부터 부여받은 권리를 정당하게 행사함으로써 평화로운 사회를 만든다.
통치자는 계약을 맺은 개인으로부터 부여받은 권리를 정당하게 행사함으로써 평화로운 사회를 만든다.

③ 군주는 백성을 사회적 위치에 맞게 행동하도록 인도하고, 통치자는 개인들의 상호 적대적인 행위의 중지를 요구한다.
군자는 직분을 정해 주어 백성들이 사회적 위치에 맞는 행동을 하게끔 인도한다. 그리고 통치자는 개인들로부터 부여받은 공동의 힘을 행사하여 개인들의 상호 적대적인 행위의 중지를 요구한다.

④ 군주는 예를 바탕으로 한 교화를 통해, 통치자는 강력한 공적 권력을 바탕으로 한 처벌을 통해 사회의 질서를 도모한다.
군주는 성의 교화를 통해 사회의 질서를 도모하는데 성의 교화는 예를 바탕으로 이루어진다. 그리고 통치자는 공동의 힘이라는 강력한 공적 권력을 바탕으로 처벌을 통해 사회의 질서를 도모한다.

⑤ 군주와 통치자는 모두 나라를 다스리는 지도자로서 사회적 역할을 이행해야 할 책무를 갖는다.
군주와 통치자는 모두 현실 정치에서 나라를 다스리는 지도자이다.

---

35 내용 추론   정답률 50% | 정답 ⑤

㉠에 대한 설명으로 가장 적절한 것은?

① 개인의 욕망보다 사회의 요구를 강조하여 심의 부작용을 막기 위한 것이다.
신분적 차이를 구분해 직분을 정하는 예의 기능은 심의 부작용을 방지하는 것과 관련이 없다.

② 인간의 성과 심의 차이를 구분하여 새로운 도덕적 기준을 세우기 위한 것이다.
성과 심의 차이를 구분하는 것은 신분적 차이를 구분하여 직분을 정하는 예의 기능이 아니다.

③ 사회 구성원이 심을 체득하게 하여 혼란한 사회적 상황을 해결하기 위한 것이다.
심은 인간의 타고난 인지 능력으로, 신분적 차이를 구분해 직분을 정하는 예의 기능은 사회 구성원이 심을 체득하게 하는 것과 관련이 없다.

④ 개인의 도덕 규범과 나라의 통치 규범을 구분하여 사회 문제의 원인을 찾기 위한 것이다.
예는 개인의 도덕 규범이면서 나라의 통치 규범이다. 그러므로 개인의 도덕 규범과 나라의 통치 규범을 구분하는 것은 신분적 차이를 구분해 직분을 정하는 예의 기능과 관련이 없다.

☑ 한정적인 사회적 자원과 재화를 적절하게 분배하여 사회의 안정성을 추구하기 위한 것이다.
예는 신분적 차이를 구분해 직분을 정하는 기능을 한다. 이는 인간의 욕망에 대한 적절한 기준과 한계를 정하는 것을 의미한다. 이렇게 함으로써 한정된 사회적 자원과 재화는 직분에 따라 적절하게 분배되고, 이를 통해 다툼과 쟁탈이 없는 안정된 사회가 세워질 수 있다.

★★ 문제 해결 꿀~팁 ★★

▶ 많이 틀린 이유는?
이 문제는 선지에서 적절하지 않은 부분을 판단하는 단계가 중요하다. 지문의 내용을 정확하게 이해하지 못했기에 오답률이 높았던 것으로 보인다.
▶ 문제 해결 방법은?
이 문제를 해결하기 위해서는 (가)에 제시된 개념을 정확하게 이해하는 것이 중요하다. (가)에서 '심'은 인간다워질 수 있도록 하는 타고난 인지 능력이다. 순자는 '심'의 작용을 바탕으로 '위'를 축적하여 '예'를 실천하고, 이로써 성을 교화할 수 있다고 보았다. 오답률이 높았을 것으로 보이는 ③의 경우, '심'은 타고나는 것이며 '혼란한 사회적 상황'을 해결하기 위한 핵심 또한 아니다. ㉠ 뒤의 문장을 참고하면 '다툼과 쟁탈이 없는 안정된 사회'를 만드는 것이 순자 사상의 도달점이므로 '한정적인 사회적 자원과 재화를 적절하게 분배'해야 한다는 ⑤의 내용이 적절함을 판단할 수 있다.

---

36 핵심 개념의 이해   정답률 67% | 정답 ③

㉡을 이해한 내용으로 적절하지 않은 것은?

① 만인에 대한 만인의 투쟁 상황에서 벗어나기 위해 맺은 것이다.
사회 계약은 만인에 대한 만인의 투쟁과도 같은 자연 상태에서 벗어나기 위해 맺는다.

② 자유를 향유할 수 있는 권리의 포기는 자발적인 동의하에 이루어진다.
사회 계약은 개인이 자기 보존을 위해 자발적으로 동의하여 이루어진다.

☑ 개인은 첫 번째 단계의 계약을 맺음으로써 공동의 힘을 제재할 수 있다.
첫 번째 단계의 사회 계약에서 개인은 상호 적대적인 행위를 중지하고자 자연권의 대부분을 포기한다. 공동의 힘은 두 번째 단계의 사회 계약에서 성립한다.

④ 첫 번째 단계의 계약은 두 번째 단계의 계약과 달리 위반할 경우 제재 수단이 없다.
첫 번째 단계의 계약은 누군가가 이를 위반할 경우 그것을 제재할 수단이 없다는 한계가 있다.

⑤ 두 번째 단계의 계약은 첫 번째 단계의 계약과 달리 개인의 권리 양도가 이루어진다.
첫 번째 단계의 계약에서 개인은 자연권의 대부분을 포기하고, 두 번째 단계의 계약에서 그것을 공동의 힘을 지닌 통치자에게 양도한다.

---

37 사례 적용 및 이해   정답률 69% | 정답 ⑤

(가)의 '순자'와 (나)의 '홉스'의 입장에서 〈보기〉의 상황을 이해한 내용으로 적절하지 않은 것은? [3점]

〈보 기〉

생물학자인 개릿 하딘은 공유지에서의 자유가 초래하는 혼란한 상황을 '공유지의 비극'이라 일컬었다. 그는 한 목초지에서 벌어지는 상황을 예로 들어 이를 설명하였다.

> 모두가 사용할 수 있는 목초지가 있다. 한 목동은 자신의 이익을 극대화하는 방법으로 가능한 한 많은 소 떼들을 목초지에 풀어 놓는다. 다른 목동들도 같은 방법을 취하게 되고 결국 목초지는 황폐화된다.

① 순자는 목동들이 '위'를 행하였다면 목초지의 황폐화를 막을 수 있었을 것이라고 생각하겠군.
목동들이 위를 행한다는 것은 이익을 좇는 목동들이 심을 통해 이러한 행동을 통제하는 노력을 행한다는 것을 의미한다. 그러므로 순자는 목동들이 위를 행하였다면 목초지의 황폐화를 막을 수 있었을 것이라고 생각할 수 있다.

② 홉스는 목동들이 처한 상황을 자기 보존을 추구하는 욕망이 발현된 '자연 상태'라고 생각하겠군.
홉스의 견해에 따르면, 목초지의 혼란은 자기 보존을 위해 자신의 이익만을 추구하는 욕망 때문에 생겨난 것이다. 그러므로 홉스는 목초지의 혼란을 자연 상태라고 생각할 수 있다.

③ 순자는 완전한 인격체가 만든 규범이, 홉스는 강력한 국가의 개입이 필요한 상황이라고 생각하겠군.
목초지에서 벌어진 비극적인 상황은 목동들이 자신들의 이익만을 추구하면서 생겨났다. 그러므로 순자는 완전한 인격체가 만든 규범인 예를 통해 혼란한 상황이 해소된다고 생각할 수 있고, 홉스는 강력한 국가의 개입으로 혼란한 상황이 해소된다고 생각할 수 있다.

④ 순자는 '성'을 그대로 좇는 모습으로, 홉스는 '자연권'을 행사하는 모습으로 목동들의 이기적 행동을 이해하겠군.
순자의 입장에서 볼 때, 목동들의 이기적인 행동은 이익을 좋아하고 그것을 얻으려고 하는 인간의 성

그대로 좇는 모습으로 이해될 수 있다. 또한 홉스의 입장에서 볼 때, 목동들의 이기적인 행동은 자연 상태에서 인간이 이익을 추구하기 위해 절대적인 자유인 자연권을 행사하는 모습으로 이해될 수 있다.

☑ 순자와 홉스는 모두 목동들이 공포를 느끼게 되면 문제 상황에 대한 합리적 판단 능력을 갖게 될 것이라고 생각하겠군.
문제 상황에 대한 합리적인 판단 능력은 순자의 경우 심에 해당하고, 홉스의 경우 이성에 해당한다. 그런데 순자의 심은 타고난 인지 능력으로 공포를 느껴 갖게 되는 것으로 볼 수 없다.

---

38 단어의 사전적 의미 정답률 87% | 정답 ③

ⓐ ~ ⓔ의 사전적 의미로 적절하지 않은 것은?

① ⓐ : 일이나 사건 따위를 해결할 수 있는 방법이나 실마리를 더듬어 찾음.
'모색'의 사전적 의미는 '일이나 사건 따위를 해결할 수 있는 방법이나 실마리를 더듬어 찾음.'이다.

② ⓑ : 지식, 경험, 자금 따위를 모아서 쌓음.
'축적'의 사전적 의미는 '지식, 경험, 지금 따위를 모아서 쌓음.'이다.

☑ ⓒ : 자기의 주장을 굽혀 남의 의견을 좇음.
'신뢰'의 사전적 의미는 '굳게 믿고 의지함.'이다. '자기의 주장을 굽혀 남의 의견을 좇음.'은 '양보'의 사전적 의미이다.

④ ⓓ : 사람, 사물, 사건 등의 대상에 이름을 지어 붙임.
'명명'의 사전적 의미는 '사람, 사물, 사건 등의 대상에 이름을 지어 붙임.'이다.

⑤ ⓔ : 어떤 내용이 구체적인 사실로 나타나게 함.
'구현'의 사전적 의미는 '어떤 내용이 구체적인 사실로 나타나게 함.'이다.

39~43 기술

서정욱, 「나이테의 고고학」

[해제] 이 글은 **나이테를 활용해 목제 유물의 제작 연도를 규명하는 방법을 설명하는 글**이다. 나무는 매해 하나의 나이테를 만들고 나이테는 심재와 변재로 구성된다. 따라서 나무의 나이는 심재와 변재의 나이테 수를 합한 것이 된다. 나이테의 너비의 변화는 환경 요소에 의해 영향을 받는데, 이러한 나이테 너비의 변화 패턴을 활용해 목제 유물에 사용된 나무의 벌채 연도나 환경 조건을 추정하는 연륜 연대 측정이 가능하다. 먼저, 살아 있는 나무의 연륜 연대기를 작성하고 오래되지 않은 과거에 제작된 목제 유물의 연륜 연대기와 패턴이 겹치는 부분을 활용해 이 둘의 연대기를 연결한다. 계속해서 보다 과거의 목제 유물의 연륜 연대기를 반복적으로 활용하여 수백 수천 년에 달하는 나무의 연륜 연대기인 표준 연대기를 작성한다. 최종적으로 연륜 연대 측정은 이 표준 연대기의 패턴과 목제 유물의 나이테로 작성한 유물 연대기의 패턴을 비교함으로써 가능해진다.

[주제] 나이테를 활용한 목제 유물의 제작 연도 규명 방법

문단 핵심 내용

1문단	나이테의 활용법
2문단	나이테의 구성 명칭
3문단	나이테의 너비 변화에 영향을 주는 제한 요소의 법칙
4문단	나무가 안전하게 생장하기 위한 전략으로써 제한 요소의 법칙
5문단	연륜 연대기를 활용하는 연륜 연대 측정
6문단	연륜 연대기 작성법과 표준 연대기
7문단	연륜 연대 측정 방법 1
8문단	연륜 연대 측정 방법 2
9문단	연륜 연대 측정 방법 3

---

39 글의 전개 방식 정답률 60% | 정답 ④

윗글에서 사용된 전개 방식으로 적절하지 않은 것은?

① 자문자답의 방식으로 화제를 제시하고 있다.
1문단에 의하면 자문자답의 방식을 사용하고 있으므로 적절하다.

② 대상의 특성을 관련 개념을 통해 설명하고 있다.
3문단에 의하면 나이테의 특성을 제한 요소의 법칙과 관련하여 설명하고 있으므로 적절하다.

③ 일정한 기준에 따라 대상을 나누어 설명하고 있다.
2문단에 의하면 나무의 나이테를 위치에 따라 심재와 변재로 구분하고 있으므로 적절하다.

☑ 어려운 개념을 친숙한 대상에 빗대어 설명하고 있다.
어려운 개념을 친숙한 대상에 빗대어 설명하고 있는 부분은 찾아볼 수 없다.

⑤ 반대 상황을 가정하여 현상에 대한 이해를 돕고 있다.
3문단에 의하면 여러 환경 요소 중에서 가장 부족한 요소가 나이테의 너비 변화에 가장 큰 영향을 주게 되는 것을 제한 요소의 법칙이라 한다. 이 법칙에 대한 이해를 돕기 위해 4문단에서 나무의 생장이 가장 풍족한 요소를 기준으로 이루어졌을 때의 상황을 가정하여 제한 요소의 법칙의 필연성을 설명하고 있으므로 적절하다.

★★★ 등급을 가르는 문제!
40 내용 이해 정답률 50% | 정답 ⑤

윗글에서 알 수 있는 내용으로 가장 적절한 것은?

① 심재는 생장이 거의 멈춘 나이테로 수피에 인접하여 있다.
2문단에 의하면 나무의 껍질인 수피에 근접한 것은 심재가 아니라 변재이므로 적절하지 않다.

② 변재는 생장 세포에 있는 진액으로 인해 밝은 색상을 띤다.
2문단에 의하면 진액이 존재하는 곳은 심재이고 변재가 밝은 색상을 띠는 이유는 생장 세포가 활성화되어 있기 때문이므로 적절하지 않다.

---

③ 나무의 수령은 변재 나이테의 개수로 파악할 수 있다.
1문단에 의하면 나무의 수령은 변재의 수와 심재의 수를 합친 것이므로 적절하지 않다.

④ 나이테의 너비는 가장 풍족한 환경 요소로 결정된다.
3문단에 따르면 나이테의 너비는 제한 요소의 법칙에 따라 가장 부족한 환경 요소에 의해 결정되므로 적절하지 않다.

☑ 심재 나이테만 남아 있다면 연륜 연대 측정은 불가하다.
목제 유물에 사용된 나무의 심재만 남아 있고 변재가 없는 경우에는 연륜 연대 측정이 불가능하다. 왜냐하면 연륜 연대 측정 과정에서 목제 유물에 사용된 나무에 남아 있는 변재 나이테 수와 수령별 평균 변재 나이테 수를 비교해야 하는데 이때 심재 나이테만 남아 있다면 비교가 불가능하기 때문이다.

★★ 문제 해결 꿀~팁 ★★

▶ 많이 틀린 이유는?
이 문제는 지문에 근거하여 선지에서 적절하지 않은 부분을 골라내는 단계가 중요하다. 선지에 제시된 문장을 지문에 주어진 정보로 변환하지 못했기에 오답률이 높았던 것으로 보인다.
▶ 문제 해결 방법은?
이 문제를 해결하기 위해서는 선지의 문장을 지문의 정보로 변환하는 작업이 이루어져야 한다. ⑤에서 '심재 나이테만 남아 있다면'이라는 조건은 지문에서 '변재가 없는 경우에는'이라는 정보로 바꾸어 찾아야 한다. 한편 ①의 경우, '수피에 인접하여 있다'는 조건은 '심재의 끝부터 껍질인 수피 전까지의 바깥 부분'을 일컫는 '변재'라는 정보로 변환하여 이해해야 한다.

---

41 내용 이해 정답률 72% | 정답 ③

㉠에 대한 설명으로 적절하지 않은 것은?

① 동일한 수종이라도 환경이 다르면 패턴이 달라진다.
4문단에 의하면 동일한 수종이라도 나무의 생장 환경이 다르면 나이테의 너비 변화 패턴이 달라지게 되므로 적절하다.

② 패턴 비교를 반복하면 장기간의 연대기 작성이 가능하다.
6문단에 의하면 패턴 비교를 반복하게 되면 장기간의 연대기 작성이 가능하므로 적절하다.

☑ 나이테의 너비가 일정하면 패턴 분석의 대상이 될 수 없다.
연륜 연대기는 나이테 너비의 변화 패턴을 그래프로 나타낸 것인데 나이테의 너비가 일정한 것도 역시 변화 패턴이므로 분석의 대상이 될 수 있다.

④ 제한 요소의 법칙에 따라 나무가 생장한 결과를 보여 준다.
나무는 제한 요소의 법칙에 따라 생장하고, 나이테는 그 결과를 보여준다. 이 나이테를 활용하여 연륜 연대기를 작성하므로 적절하다.

⑤ 현재 국내에는 3종의 나무에 대한 표준 연대기가 존재한다.
6문단에 의하면 우리나라는 소나무, 참나무, 느티나무의 표준 연대기를 보유하고 있으므로 적절하다.

★★★ 등급을 가르는 문제!
42 기술 적용 정답률 38% | 정답 ③

[A]를 바탕으로 〈보기〉의 '연륜 연대 측정 자료'를 이해한 내용으로 적절하지 않은 것은? [3점]

〈보 기〉

[소나무 서랍장에 대한 연륜 연대 측정]

I. 측정 참고 자료
○ 두 곳의 서랍에서 같은 나무의 나이테를 채취하였고, 이중 서랍2에서는 좁은 나이테 모양으로 보아 바깥쪽 나이테가 거의 수피에 근접한 것을 확인하였음.
○ 서랍1, 2 연대기의 패턴을 비교하여 유물 연대기를 작성한 후 표준 연대기와 비교하여 절대 연도를 부여함.

II. 유의성 및 수령별 평균 변재 나이테 수 자료

표준 연대기	t값	G값	평균 변재 나이테 수	
			수령 100년	수령 150년
a산 소나무	3.7	69%	60개	77개
b산 소나무	3.2	60%	58개	65개

III. 소나무 서랍장 유물 연대기 및 절대 연도 부여 자료

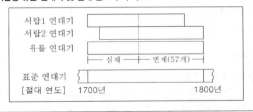

① t값과 G값을 고려할 때 표준 연대기는 a산 소나무의 연대기가 사용되었을 것이다.
t값은 3.5 이상, G값은 65% 이상의 값을 가질 때 통계적으로 유의성을 지닌다. a산 소나무는 t값은 3.7, G값은 69%이므로 연륜 연대기 측정에 사용할 수 있다.

② 유물 연대기와 표준 연대기의 패턴이 중첩되는 기간은 1700년부터 1800년까지일 것이다.
서랍1과 서랍2의 나이테 패턴의 중첩을 통해 서랍장의 유물 연대기를 작성할 수 있다. 이를 표준 연대기와 비교하면 패턴이 중첩되는 기간은 1700년 ~ 1800년으로 확인된다.

☑ 마지막 나이테의 절대 연도를 고려할 때 서랍장에 사용된 나무의 벌채 연도는 1802년일 것이다.
자료 I에서 서랍1과 서랍2는 같은 나무로 만들었으므로 이 둘의 연대기를 연결하여 자료 III에서 제시된 서랍장의 유물 연대기를 작성할 수 있다. 다음으로 이 유물 연대기와 비교할 표준 연대기를 정해야 하는데, 자료 II에서 t값과 G값을 근거로 a산 소나무와 b산 소나무 중 a산 소나무의 정보를 활용해야 함을 알

수 있다. a산 소나무의 표준 연대기와 서랍장의 유물 연대기의 패턴을 비교하면 서랍장에 사용된 나무의 절대 연도가 1700년부터 1800년까지에 해당함을 알 수 있다. 그런데 서랍장의 변재 나이테의 일부가 잘려 나갔기 때문에 벌채 연도를 확정하기 위해서는 서랍장에 사용된 나무와 비슷한 수령의 나무가 갖는 평균 변재 나이테 수인 60개에서 유물에 남아 있는 변재 나이테 수인 57개를 뺀 연도 수인 3년을, 유물에 사용된 나무가 지닌 마지막 나이테의 절대 연도인 1800년에 더해야 한다. 이 과정을 통해 서랍장에 사용된 나무의 벌채 연도는 1800년에 3년을 더한 1803년임을 알 수 있다.

④ 비슷한 수령의 소나무가 갖는 평균 변재 나이테 수를 참고하면 가공할 때 잘려 나간 변재 나이테 수는 3개일 것이다.

자료 Ⅱ의 100년 된 a산 소나무 변재 나이테 수가 60개이므로 자료 Ⅲ의 서랍장 연대기에서 확인되는 변재 나이테 수와 비교하여 서랍장에 사용된 나무의 변재 나이테 중 3개가 가공할 때 잘려 나간 것을 알 수 있다.

⑤ 벌채한 나무의 건조 기간을 고려하면 서랍장의 제작 연도는 1804년에서 1805년 사이일 것이다.

서랍장의 제작 연도를 추정하기 위해서는 벌채 연도인 1803년에 건조 기간 1~2년을 더해야 한다.

★★ 문제 해결 꿀~팁 ★★

▶ 많이 틀린 이유는?

이 문제는 적용 문제로, 주어진 〈보기〉 속의 정보에 부담을 느끼는 학생들이 많아 오답률이 높았던 것으로 보인다.

▶ 문제 해결 방법은?

이 문제를 해결하기 위해서는 주어진 〈보기〉 속의 정보를 잘 이해해야 한다. 적용 문제에서 〈보기〉는 얼핏 복잡해 보이지만 지문 속의 정보를 다시 정리하는 기능을 해주기도 한다. 이때 선지와 〈보기〉를 비교해가며 문제 해결에 필요한 정보를 여과해야 한다. ③의 경우 먼저 서랍장에 사용된 나무에서 변재 나이테가 온전한지, 혹은 일부가 잘려 나갔는지를 먼저 판단해야 한다. 〈보기〉의 Ⅱ에서 수령 100년의 a산 소나무의 평균 변재 나이테 수는 60개인데, 〈보기〉의 Ⅲ에서 변재 나이테 수는 57개이므로 잘려 나간 나이테 수가 3개임을 알 수 있다. 서랍장에 사용된 나무의 변재 나이테 일부가 잘려 나갔기 때문에 벌채 연도를 구하기 위해서는 마지막 나이테의 절대 연도인 1800에 잘려 나간 변재 나이테 수인 3을 더해야 한다. 이처럼 적용 문제는 선지를 바탕으로 〈보기〉에서 필요한 정보가 무엇인지를 파악하고 지문에 근거하여 문제를 해결해야 한다.

---

43 단어의 문맥적 의미　　　　정답률 70% | 정답 ③

ⓐ ~ ⓔ를 바꿔 쓴 것으로 적절하지 않은 것은?

① ⓐ : 밝히는

'규명하다'는 '어떤 사실을 자세히 따져서 바로 밝히다.'라는 의미를 지닌 단어이므로 '규명하는'은 '밝히는'으로 바꾸어 쓸 수 있다.

② ⓑ : 말라 죽을

'고사하다'는 '나무나 풀 따위가 말라 죽다.'라는 의미를 지닌 단어이므로 '고사할'은 '말라 죽을'로 바꾸어 쓸 수 있다.

✓ⓒ : 헤아리면

'측정하다'는 '일정한 양을 기준으로 하여 같은 종류의 다른 양의 크기를 재다.'라는 의미를 지닌 단어이다. 따라서 '측정하면'을 '수량을 세면'이라는 의미를 지닌 '헤아리면'으로 바꾸는 것은 적절하지 않다.

④ ⓓ : 가지고

'보유하다'는 '가지고 있거나 간직하고 있다.'라는 의미를 지닌 단어이므로 '보유하고'는 '가지고'로 바꾸어 쓸 수 있다.

⑤ ⓔ : 여겨진다

'간주되다'는 '상태, 모양, 성질 따위가 그와 같다고 여겨지다.'라는 의미를 지닌 단어이므로 '간주된다'는 '여겨진다'로 바꾸어 쓸 수 있다.

44~45 　희곡

이미경, 「그게 아닌데」

감상　이 작품은 **현대 사회의 소통의 문제를 다루고 있다.**
사람들 사이에서 의미의 왜곡과 단절이 일어나 진정한 소통이 이루어지지 않고 있는데, 이런 상황에 처한 인물은 계속해서 진정한 소통을 시도하지만 일방적 소통을 강요당하며 한계를 느낀다. 소통에 실패한 주인공이 마침내 코끼리가 되는 과정을 통해 **진정한 소통의 어려움을 부각하고, 소통이란 무엇인가에 대한 질문을 던지고 있다.**
주제　현대 사회의 소통 단절 문제

---

44 내용 이해　　　　정답률 67% | 정답 ⑤

윗글을 이해한 내용으로 적절하지 않은 것은?

① 조련사는 코끼리들이 동물원에서 탈출하려는 모습을 보고도 방관했다고 말했다.

조련사는 코끼리들이 동물원에서 탈출하려 할 때, 눈치를 챘으나 일부러 못 본 척했다고 말했다.

② 형사는 조련사에게 배후 세력의 지시를 받았다는 것을 인정하라고 다그쳤다.

형사는 조련사에게 배후 세력의 지시로 1년 전부터 코끼리 조련에 투입된 것을 인정하라고 다그쳤다.

③ 어머니는 조련사가 한 행동의 원인을 조련사의 심리나 성품에서 찾았다.

어머니는 조련사의 행동의 원인을 그의 착하고 순진한 성품에서 찾았다.

④ 의사는 조련사의 말과 행동을 병과 연관 지어 해석했다.

의사는 조련사의 말과 행동이 병으로 인한 것이라고 해석했다.

✓형사, 의사, 어머니는 서로 의견을 교환하며 조련사를 설득할 방법을 모색했다.

코끼리 탈출 사건에 대해 진술하는 조련사에게 형사, 의사, 어머니 각자 자신들이 하고 싶은 말을 할 뿐, 그들끼리 서로 의견을 교환하는 내용은 나오지 않는다.

---

45 외적 준거에 따른 감상　　　　정답률 67% | 정답 ③

〈보기〉를 바탕으로 윗글을 감상한 내용으로 적절하지 않은 것은? [3점]

〈 보 기 〉

이 작품은 사람들 사이의 소통 단절의 문제를 조련사가 코끼리로 변해 가는 과정을 통해 상징적으로 나타낸다. 조련사는 상대가 자신만의 논리를 일방적으로 강요하는 것에 답답함과 무력감을 느낀다. 결국 조련사는 자기 생각을 버리고 타인의 의지에 맞추어 순응하는 수동적인 처지가 된다. 조련사가 코끼리가 되는 결말은 그가 회복 불가능한 단절 상황에 놓이게 되었음을 의미한다.

① 조련사가 어머니의 손길을 피하고, 의사와 형사의 말을 외면하는 것에서 소통이 단절된 상황을 엿볼 수 있군.

조련사가 어머니의 손길을 피하고 의사, 형사의 말에 외면하는 모습을 통해 소통이 단절된 상황을 엿볼 수 있다.

② 조련사가 꽤 지쳐 있는 상태에서 자신이 했다는 말을 반복하는 것에서 소통이 어려운 상황에 대한 자포자기의 심정을 엿볼 수 있군.

조련사가 꽤 지쳐 있는 상태에서 똑같은 말을 반복하는 것은 소통이 어려운 상황에서 자기의 생각을 버리고 자포자기하는 것으로 볼 수 있다.

✓조련사가 코끼리로 조금씩 변하면서 형사, 의사의 말에 미소를 짓는 것에서 소통이 단절된 상황에서 벗어났음을 엿볼 수 있군.

조련사가 코끼리로 변해 가는 모습은 조련사와 다른 사람들 간의 소통 단절이 심화되어 가고 있는 것을 의미한다. 이 과정에서 형사, 의사의 말에 미소를 짓는 조련사의 모습은 소통이 단절된 상황에서 벗어난 것이라 보기 어렵다.

④ 조련사가 코끼리의 형상을 갖춘 뒤 형사, 의사, 어머니가 결의에 찬 박수를 치는 것에서 자신들의 의지가 관철된 만족감을 엿볼 수 있군.

조련사가 코끼리가 되는 것은 소통의 어려움으로 인해 타인의 의지에 맞추어 순응하는 것을 의미하므로, 조련사가 코끼리 형상을 갖춘 뒤 형사, 의사, 어머니가 박수를 치는 것은 자신들의 의지가 관철되어 만족감을 드러내는 것으로 볼 수 있다.

⑤ 조련사가 코끼리가 되어 형사, 의사, 어머니 사이를 돌며 쇼를 하는 것에서 동물원의 코끼리와 다를 바 없는 수동적인 처지로 전락했음을 엿볼 수 있군.

조련사가 코끼리가 되는 것은 타인의 의지에 맞추어 순응하는 수동적인 처지가 되는 것을 의미하므로, 조련사가 코끼리가 되어 형사, 의사, 어머니 사이를 돌며 쇼를 하는 것은 동물원의 코끼리와 다를 바 없는 수동적인 처지로 전락하는 것으로 볼 수 있다.

• 정답 •

01 ②	02 ②	03 ①	04 ⑤	05 ③	06 ③	07 ⑤	08 ③	09 ④	10 ①
11 ⑤	12 ④	13 ①	14 ⑤	15 ③	16 ②	17 ④	18 ③	19 ⑤	20 ①
21 ★②	22 ②	23 ④	24 ★④	25 ④	26 ①	27 ④	28 ②	29 ⑤	30 ④
31 ⑤	32 ②	33 ②	34 ①	35 ②	36 ★⑤	37 ⑤	38 ①	39 ②	40 ④
41 ③	42 ③	43 ①	44 ④	45 ⑤					

★ 표기된 문항은 [등급을 가르는 문제]에 해당하는 문항입니다.

[01~10] 화법과 작문

01 말하기 전략의 이해
정답률 92% | 정답 ②

위 발표에 대한 설명으로 적절하지 않은 것은?

① 발표 소재를 선정한 계기를 언급하며 발표를 시작하고 있다.
1문단에서 발표자는 '병풍폰' 개발 기사를 보고 호기심이 생겨 병풍을 발표 소재로 선택했다는 계기를 언급하면서 발표를 시작하고 있으므로 적절하다.

☑ 다른 대상과 대비하여 발표 소재의 장점을 강조하고 있다.
2문단에서 발표 소재인 병풍의 장점으로 공간을 효율적으로 사용할 수 있음을 소개하고 있지만, 병풍의 장점을 강조하기 위해 다른 대상과 대비하지는 않고 있다.

③ 구체적인 예를 들어 발표 내용에 대한 이해를 돕고 있다.
발표자는 3문단에서 상징적 의미를 지닌 그림의 예를, 4문단에서 문자도 병풍의 소재와 관련된 효자 설화의 예를 제시하고 있다. 이러한 구체적인 사례 제시는 청중들에게 발표 내용에 대한 이해를 도울 수 있으므로 적절하다.

④ 질문을 던지는 방식을 활용하여 청중과 상호작용하고 있다.
1문단의 '여러분, 병풍이 무엇인지 알고 계신가요? (청중의 반응을 살피며)'와 4문단의 '여러분, 이 병풍에는 어떤 특징이 있을까요? (청중의 대답을 듣고)'를 통해, 발표자는 발표자는 청중과 상호 작용하고 있음을 알 수 있다.

⑤ 발표 소재에 대한 관심을 당부하며 발표를 마무리하고 있다.
5문단의 '앞으로 여러분께서도 어디선가 병풍을 접했을 때 관심 있게 살펴봐 주시기 바랍니다.'를 통해, 발표자는 발표 소재에 대한 관심을 당부하며 발표를 마무리하고 있음을 알 수 있다.

02 자료 활용 방안 파악
정답률 89% | 정답 ②

다음은 발표자가 제시한 자료이다. 발표자의 자료 활용에 대한 이해로 적절하지 않은 것은?

[자료 1]   [자료 2]   [자료 3]

① ㉠에서 [자료 1]을 활용하여, 펼치고 접을 수 있어 공간 활용의 효율성을 높이는 병풍의 구조적 특징을 설명하였다.
2문단에서 ㉠을 제시하면서 공간 활용의 효율성을 높이는 병풍의 장점을 설명하고 있다. 따라서 ㉠에서 [자료 1]을 활용하여 펼치고 접을 수 있는 병풍의 구조적 특징을 설명하였다는 자료 활용 이해는 적절하다.

☑ ㉠에서 [자료 1]을 활용하여, 실내외 공간에 따라 그림이나 글자를 선택할 수 있는 병풍의 다양성을 설명하였다.
2문단의 내용을 볼 때, [자료 1]은 펼치고 접을 수 있는 병풍의 구조적 특징을 보여 주는 자료라 할 수 있다. 따라서 ㉠에서 [자료 1]을 활용하여 실내외 공간에 따라 그림이나 글자를 선택할 수 있는 병풍의 다양성을 설명하였다는 자료 활용 이해는 적절하지 않다.

③ ㉡에서 [자료 2]를 활용하여, 기원하는 바를 그림에 담아 표현하는 병풍의 상징성을 설명하였다.
3문단에서 ㉡을 제시하면서 신랑 신부의 행복과 부귀영화를 기원하는 상징적 의미를 담았다고 설명하고 있다. 따라서 ㉡에서 [자료 2]를 활용하여 기원하는 바를 그림에 담아 표현하는 병풍의 상징성을 설명하였다는 자료 활용 이해는 적절하다.

④ ㉡에서 [자료 2]를 활용하여, 공간을 꾸며 상황에 맞는 분위기를 조성하는 병풍의 장식적 특징을 설명하였다.
3문단에서 병풍이 공간을 꾸며 상황에 맞는 분위기를 조성하는 장식적 특징도 있다고 설명한 뒤, ㉡을 제시하면서 결혼식의 경사스러운 분위기를 조성하는 데 사용하였다고 설명하고 있다. 따라서 ㉡에서 [자료 2]를 활용해 공간을 꾸며 상황에 맞는 분위기를 조성하는 병풍의 장식적 특징을 설명하였다는 자료 활용 이해는 적절하다.

⑤ ㉢에서 [자료 3]을 활용하여, 글자와 그림을 통해 유교적 덕목을 되새길 수 있는 병풍의 용도를 설명하였다.
4문단에서 ㉢을 제시하면서 문자도 병풍이 유교의 주요 덕목을 나타내는 글자를 그린 병풍이라 설명하고 있다. 따라서 ㉢에서 [자료 3]을 활용하여 글자와 그림을 통해 유교적 덕목을 되새기는 병풍의 용도를 설명하였다는 자료 활용 이해는 적절하다.

03 청자의 반응 이해
정답률 94% | 정답 ①

다음은 발표를 듣고 학생이 보인 반응이다. 이를 이해한 내용으로 가장 적절한 것은?

얼마 전 카페에서 전체를 접고 펼 수 있는 구조로 된 창문을 보았어. 날씨가 나쁠 때는 펼쳐서 외부와 차단하고, 날씨가 좋을 때는 접어서 공간을 확장하여 사용하고 있었어. 발표 내용을 듣고 그 창문이 공간을 분리하고 확장하는 병풍의 구조적 특징과 유사하다고 생각하게 되었어, 박물관에서나 볼 수 있는 옛날 물건이라고만 생각했던 병풍이 가지는 현대적 가치를 생각해 보는 기회가 되었어.

☑ 자신의 경험과 관련지어 발표 소재에 대해 새롭게 인식하고 있다.
'얼마 전 카페에서 전체를 접고 펼 수 있는 구조로 된 창문을 보았어.', '발표 내용을 듣고 그 창문이 공간을 분리하고 확장하는 병풍의 구조적 특징과 유사하다고 생각하게 되었어,'를 통해, 자신의 경험과 관련지어 발표 소재인 병풍을 떠올렸음을 알 수 있다. 그리고 '병풍이 가지는 현대적 가치를 생각해 보는 기회가 되었어.'를 통해, 병풍의 현대적 가치를 새롭게 인식하고 있음을 알 수 있다. 따라서 학생은 자신의 경험과 관련지어 병풍에 대해 새롭게 인식하고 있음을 알 수 있다.

② 발표 내용이 발표 주제에 부합하는지 객관적으로 분석하고 있다.
학생의 반응에서 발표 내용이 발표 주제에 부합하는지 객관적으로 분석하지는 않고 있다.

③ 발표를 듣기 전에 지녔던 의문을 발표 내용을 통해 해소하고 있다.
학생의 반응에서 발표를 듣기 전 지녔던 의문을 해소하는 내용은 드러나지 않고 있다.

④ 발표 내용 중 사실과 의견을 구분하여 선별적으로 수용하고 있다.
학생의 반응에서 발표 내용 중 사실과 의견을 구분하지는 않고 있다.

⑤ 배경지식을 활용하여 발표자의 견해를 비판적으로 평가하고 있다.
학생의 반응에서 카페의 창문 구조에 대한 내용은 배경지식을 언급한 것이라고 볼 수 있다. 하지만 이를 활용하여 발표자의 견해를 비판적으로 평가하지는 않고 있으므로 적절하지 않다.

04 말하기 방식 파악
정답률 89% | 정답 ⑤

(가)의 '동아리 회장'의 말하기 방식으로 적절하지 않은 것은?

① 지난 회의 내용을 환기하며 협의할 내용을 밝히고 있다.
동아리 회장의 첫 번째 말을 통해, 동아리 회장은 지난 회의에서 학생들을 대상으로 반려 식물 키우기 캠페인을 하기로 결정했다는 내용을 환기시키고 있음을 알 수 있다. 또한 동아리 회장은 캠페인을 어떻게, 어떤 내용으로 진행할지에 대해 협의하겠다고 협의할 내용을 밝히고 있음을 알 수 있다.

② 의문의 형식을 활용하여 자신의 견해를 제안하고 있다.
동아리 회장의 세 번째, 네 번째, 여섯 번째의 말을 통해, 동아리 회장은 의문의 형식을 활용하여 자신의 견해를 부원 1, 2에게 제안하고 있음을 알 수 있다.

③ 서로 공감한 내용을 바탕으로 새로운 의견을 제시하고 있다.
동아리 회장의 네 번째 발화를 통해, 동아리 회장은 반려 식물과 관련한 정보를 제공해 주자는 의견에 대해 모두 공감하고 있음을 밝히면서, 이를 바탕으로 정보를 제공할 수 있는 안내문을 작성하자는 새로운 의견을 제시하고 있음을 알 수 있다.

④ 논의된 내용을 구체화할 수 있는 발언을 유도하고 있다.
동아리 회장의 다섯 번째 발화를 통해, 동아리 회장은 안내문에 어떤 내용을 어떤 순서로 제시할지에 대해 의견을 말씀해 달라 하고 있음을 알 수 있다. 이러한 동아리 회장의 발언은 부원 1, 2에게 논의된 내용을 구체화할 수 있는 발언을 유도하는 것이라 할 수 있다.

☑ 회의 내용을 전체적으로 요약하며 회의를 마무리하고 있다.
동아리 회장의 회의를 마무리하는 마지막 말을 통해 안내문을 작성해 보자고 제안하고 있음을 알 수 있지만, 회의 내용을 전체적으로 요약하지는 않고 있다.

05 발화 양상의 파악
정답률 93% | 정답 ③

[A], [B]에 대한 설명으로 가장 적절한 것은?

① [A]는 미래의 상황을 예측하는, [B]는 과거의 상황을 환기하는 발화이다.
[A]를 통해 미래의 상황을 예측하는 내용이 일부 제시되어 있음을 알 수 있지만, [B]에는 과거의 상황을 환기하는 내용은 제시되어 있지 않다.

② [A]는 상대의 의견을 보완하는, [B]는 상대의 의견을 뒷받침하는 발화이다.
[A]에는 부원 1의 우려를 해소하는 내용이 제시되어 있을 뿐 부원 1의 의견을 보완하는 내용은 제시되어 있지 않다. 또한 [B]는 상대의 의견을 뒷받침하는 것이 아니라 상대의 의견에 대한 우려를 표하고 있는 발화이다.

☑ [A]는 상대의 우려를 해소하는, [B]는 상대의 견해에 우려를 드러내는 발화이다.
[A]는, 나누어 줄 모종의 수가 부족하여 걱정이라는 부원 1의 우려에 대해, 300명의 학생이 반려 식물을 키우는 경험을 할 수 있고, 반려 식물 키우기를 원하지 않는 학생들도 있을 수도 있기 때문에 모종 300개로도 충분하다는 발언이다. 따라서 [A]는 부원 2가 부원 1의 우려를 해소하는 발화라 할 수 있다. 그리고 [B]는, 안내문에 반려 식물의 이름, 특징, 키우는 방법 등을 제시하자는 부원 2의 견해에 대해 반려 식물을 키우는 방법을 안내문의 제한된 공간에 제시하는 것이 현실적으로 어렵다는 발언이다. 따라서 [B]는 부원 2의 발언에 대한 부원 1의 우려를 드러내는 발언이라 할 수 있다.

④ [A]는 문제 해결의 방법을 요구하는, [B]는 문제 해결의 결과에 주목하는 발화이다.
[A]에는 부원 1이 제시한 우려를 해소하는 내용이 제시되어 있을 뿐 회의 참가자들에게 문제 해결의 방법을 요구하는 내용은 제시되어 있지 않다.

⑤ [A]는 상대와 자신의 견해 차이를 확인하는, [B]는 상대와 자신의 공통된 견해를 확인하는 발화이다.
[A]에서 부원 1과 부원 2의 견해 차이를 일부 확인할 수 있다. 하지만 [B]에는 부원 1과 부원 2의 공통된 견해가 제시되어 있지 않으므로, 이를 확인하는 발화라고 할 수 없다.

06 작문 계획의 반영 여부 파악
정답률 84% | 정답 ③

(가)의 내용이 (나)에 반영된 양상으로 적절하지 않은 것은?

① (가)에서 반려 식물 모종 나누기 행사를 안내하자는 의견에 따라, (나)에서 행사의 일시와 장소를 밝히고 있다.
(가)에서 부원 2는 안내문에 담을 내용을 협의하는 과정에서 행사를 안내하자는 의견을 제시하고 있다. 그리고 (나)에서 모종 나누기 행사의 구체적인 일시와 장소가 제시되어 있으므로 (가)의 내용이 (나)에 반영되어 있음을 알 수 있다.

② (가)에서 반려 식물과 관련한 정보를 제공하자는 의견에 따라, (나)에서 반려 식물의 이름, 특징 등을 제시하고 있다.
(가)에서 동아리 회장은 반려 식물과 관련한 정보를 제공하자는 제안을 하자 부원 1, 2가 이러한 제안에 동의하고 있다. 그리고 (나)에 세 종류의 반려 식물의 이름, 특징 등이 제시되어 있으므로 (가)의 내용이 (나)에 반영되어 있음을 알 수 있다.

☑ (가)에서 학생들이 캠페인에 적극적으로 동참하도록 촉구하자는 의견에 따라, (나)에서 캠페인의 취지를 설명하고 있다.
(가)를 통해 학생들이 캠페인 활동에 동참할 것을 촉구하자는 취지의 발언은 찾아볼 수 없고, (나)를 통해 캠페인의 취지를 설명하고 있는 부분도 찾아볼 수 없으므로 적절하지 않다.

④ (가)에서 반려 식물을 키우며 생기는 궁금증을 해결하게 돕자는 의견에 따라, (나)에서 동아리 블로그를 소개하고 있다.
(가)에서 부원 2는 반려 식물을 키우며 수시로 생기는 궁금증을 해결할 수 있게 우리 동아리 블로그를 안내해도 좋겠다는 발언을 하고 있다. 그리고 (나)의 마지막 부분에 '반려 식물을 키우면서 궁금증이 생기면?'이라는 항목에 동아리 블로그가 제시되어 있으므로 (가)의 내용이 (나)에 반영되어 있음을 알 수 있다.

⑤ (가)에서 학생들이 흥미를 느낄 수 있도록 '식집사'라는 용어를 쓰자는 의견에 따라, (나)의 제목에서 해당 용어를 사용하고 있다.
(가)에서 부원 1은 '냥집사'라는 용어처럼 '식집사'라는 용어를 쓰면 학생들이 더 흥미를 느낄 것이라고 제안하고 있다. 그리고 (나)의 제목에 '식집사'라는 용어가 사용되었으므로 (가)의 내용이 (나)에 반영되어 있음을 알 수 있다.

---

07 자료 활용 방안의 적절성 판단 정답률 92% | 정답 ⑤

(나)의 성격을 고려할 때, 〈보기〉의 자료를 활용하여 (나)를 보완하는 방안으로 가장 적절한 것은? [3점]

〈보 기〉

[신문 자료]
최근 반려 동물과 식물에 대한 관심이 커지면서 이와 관련한 문제점이 나타나고 있다. 반려 동물의 경우 이미 동물 학대, 동물 유기 등이 사회적 문제로 부각되고 있으며, 최근에는 반려 식물과 관련한 문제도 증가하고 있다. 반려 식물은 반려 동물에 비해 존재감이 미약해 관리를 소홀히 하여 생명을 잃는 경우가 많고, 버려지는 사례도 점점 늘고 있다.

① 반려 식물을 키우기 쉬운 이유를 밝히며 지속적인 관심과 노력이 필요하다는 점을 강조해야겠어.
〈보기〉에는 반려 식물을 키우기 쉬운 이유와 관련된 내용이 제시되어 있지 않다. 따라서 반려 식물을 키우기 쉬운 이유를 바탕으로 반려 식물 키우기에 대한 지속적인 관심과 노력이 필요하다는 보완 방안을 제시하는 것은 적절하지 않다.

② 반려 식물에 대한 관심이 부족한 점을 지적하며 반려 식물을 구입할 수 있는 방법에 대한 내용을 추가해야겠어.
〈보기〉에는 최근 반려 식물에 대한 관심이 커진다는 내용이 언급되어 있다. 따라서 반려 식물에 대한 관심이 부족하다는 점을 지적하며 반려 식물을 구입할 수 있는 방법에 대한 내용을 추가하는 것은 (나)의 적절한 보완 방안이라고 볼 수 없다.

③ 반려 식물의 유기를 금지하는 규정이 마련되어 있지 않은 점을 강조하며 이를 제정해야 한다는 내용을 추가해야겠어.
〈보기〉에는 반려 동물과 반려 식물의 유기를 금지하는 규정과 관련된 내용이 제시되지 않았다. 따라서 반려 동물과 반려 식물의 유기를 금지하는 규정을 제정해야 한다는 내용을 추가하는 보완 방안은 적절하지 않다.

④ 반려 동물과 구별되는 반려 식물의 장점을 언급하며 반려 식물을 키우는 사람이 많아지고 있다는 점을 강조해야겠어.
〈보기〉에는 반려 식물의 장점은 제시되어 있지 않다. 따라서 반려 식물의 장점을 언급하며 반려 식물을 키우는 사람이 많아지고 있다는 점을 강조하는 보완 방안은 적절하지 않다.

☑ 반려 식물이 생명을 지닌 존재임을 언급하며 정성을 기울여 반려 식물을 키워 줄 것을 권유하는 문구를 추가해야겠어.
〈보기〉의 신문 자료를 통해, 최근 들어 반려 동물과 반려 식물에 대한 관심이 커지면서 여러 가지 문제가 발생하고 있으며, 특히 최근에는 반려 식물이 생명을 잃거나 버려지는 사례가 점점 늘고 있다는 내용을 알 수 있다. 그러므로 이러한 내용을 바탕으로 (나)에 정성을 기울여 반려 식물을 키워 줄 것을 권유하는 문구를 추가하는 것은 (나)를 보완하는 방안으로 적절하다고 할 수 있다.

---

08 글쓰기 방법 파악 정답률 74% | 정답 ③

윗글에서 활용한 글쓰기 방법으로 적절하지 않은 것은?

① 중심 소재를 대하는 인물의 행동을 나열하며 시작한다.
1문단에서는 오토바이의 먼지를 털고, 경적을 울리고, 시동도 걸어 보고, 해진 안장을 툭툭 치는 아버지의 행동을 나열해 오토바이에 대한 아버지의 애정을 표현하고 있다.

② 의성어를 사용하여 중심 소재에 대한 인상을 부각한다.
학생의 '초고'를 통해 '빠방', '부르릉', '부릉부릉 부르릉' 등의 의성어를 활용하고 있음을 알 수 있다. 그리고 이러한 의성어의 활용을 통해 아버지의 오토바이에 대한 인상을 부각하고 있다.

☑ 색채어를 사용하여 다양한 공간을 사실적으로 묘사한다.
학생의 '초고'를 통해 야트막한 언덕에 자리한 우리 학교의 모습과 교실 유리창으로 내려다보이는 플라타너스 길을 묘사하고 있음을 알 수 있다. 하지만 색채어를 사용하여 다양한 공간을 사실적으로 묘사하는 부분은 드러나 있지 않다.

④ 의인법을 사용하여 자연물에서 느끼는 친밀감을 나타낸다.
2문단에서는 '인자한 미소를 띤 고목들'이라는 의인법을 활용하여 자연물에서 느끼는 친밀감을 표현하고 있다.

⑤ 구체적 일화를 제시하여 중심 소재에 대한 정서를 드러낸다.

학생의 '초고'에서는 중학교 때 늦잠을 자는 바람에 아버지께서 오토바이에 태워 등교를 시켜주었던 일, 점심시간에 아버지의 오토바이 소리를 듣고 아버지의 마음을 상상했던 일 등을 제시하여 아버지의 오토바이에 대한 글쓴이의 정서를 드러내고 있다.

09 글의 내용 생성 방법 이해 정답률 95% | 정답 ④

다음은 글을 쓰기 전에 학생이 떠올린 생각을 메모한 것이다. ㄱ ~ ㅁ 중 초고에 반영되지 않은 것은? [3점]

○ 처음
• 낡고 작은 오토바이를 친구처럼 여기시는 아버지 ·········· ㄱ

○ 중간
• 아름다운 플라타너스 길이 내려다보이는 우리 학교 ·········· ㄴ
• 오토바이에 나를 태워 학교에 데려다주셨던 아버지 ·········· ㄷ
• 학교 산책길에서 들었던 아버지의 오토바이 소리
• 힘든 오토바이 배달로 늘 고단해 하시던 아버지 ·········· ㄹ
• 오토바이 소리에 담긴 아버지의 마음에 대한 나의 상상

○ 끝
• 누군가의 마음을 더 깊이 헤아려 볼 수 있게 된 나 ·········· ㅁ

① ㄱ
1문단의 내용을 통해, 우리 집 마당 창고에 있는 낡고 작은 배달용 오토바이를 마치 친구처럼 대하는 아버지의 모습을 확인할 수 있다.

② ㄴ
2문단의 내용을 통해 학교 교실 유리창을 통해 내려다보이는 플라타너스 길이 운치가 있고 아름답다는 내용을 확인할 수 있다.

③ ㄷ
3문단의 내용을 통해 늦잠을 잔 '나'를 아침에 급히 오토바이로 학교에 태워다 주시고, 교문에 들어설 때까지 '나'를 지켜보시다가 돌아서셨던 아버지의 모습을 확인할 수 있다.

☑ ㄹ
중간 부분인 2~4문단을 통해 '힘든 오토바이 배달로 늘 고단해하시던 아버지'의 모습을 확인할 수 없다. 따라서 'ㄹ'은 글을 쓰기 전에 학생이 떠올린 생각이지만 초고에는 반영되지는 않았음을 알 수 있다.

⑤ ㅁ
5문단을 통해 내게 누군가의 마음을 더 깊이 헤아려 볼 수 있는 상상력이 생긴 것 같다는 내용을 확인할 수 있다.

---

10 조건에 맞게 글쓰기 정답률 93% | 정답 ①

〈보기〉는 초고를 읽은 선생님의 조언이다. 이를 반영하여 초고에 추가할 내용으로 가장 적절한 것은?

〈보 기〉
선생님 : 글의 마지막 문장 뒤에, 아버지께서 오토바이 배달을 그만두셨을 때 네가 아쉬움을 느낀 이유를 추가하고, 비유를 활용한 표현도 있으면 좋겠어.

☑ 다정한 인사처럼 들렸던 아버지의 오토바이 소리를 더 이상 들을 수 없게 되어서.
'선생님'의 말을 통해 내용적 조건이 아쉬움을 느낀 이유를 추가하는 것이고, 형식적 조건이 비유를 활용하는 것임을 알 수 있다. 이러한 조건을 만족하는 것은 ①로, ①의 '다정한 인사처럼 들렸던 아버지의 오토바이 소리'에서 비유를 활용하고 있다. 그리고 아버지의 오토바이 소리를 더 이상 들을 수 없게 되었다는 것은 '나'가 아쉬움을 느낀 이유라 할 수 있다.

② 이제 고등학교 신입생이 되어 학교생활을 새롭게 시작해야 한다는 부담감이 생겨서.
아버지께서 오토바이 배달을 그만두신 것에 내가 아쉬움을 느낀 이유가 직접적으로 드러나지 않고, 비유를 활용한 표현도 쓰이지 않았다.

③ 아버지의 오토바이를 타고 함께 등교하는 소소한 즐거움을 더 이상 느낄 수 없어서.
오토바이를 타고 함께 등교하는 소소한 즐거움을 더 이상 느낄 수 없다는 것이 '나'가 아쉬움을 느낀 이유로 볼 수도 있으나, 비유를 활용한 표현이 나타나 있지 않다.

④ 교문 앞을 지나 플라타너스 가로수 길을 오가시던 아버지의 모습을 더 이상 볼 수 없어서.
배달을 다니시는 아버지의 모습을 더 이상 볼 수 없어서 위로나 격려를 받지 못한다는 점에서 '나'가 아쉬움을 느낀 이유와 관련성이 있으나, 비유를 활용한 표현은 나타나 있지 않다.

⑤ 중학교를 졸업하여 친구들과 함께했던 추억의 서랍장을 이제는 열어 볼 수 없을 것 같아서.
'추억의 서랍장'이라는 비유를 활용한 표현이 나타나지만 '나'가 아쉬움을 느낀 이유는 적절하지 않다.

[11~15] 문법

11 용언의 어간, 어미의 특징 이해 정답률 83% | 정답 ⑤

윗글을 통해 알 수 있는 내용으로 적절한 것은?

① 용언은 어간의 앞뒤에 어미가 결합한 단어이다.
2문단의 '어간이나 어미는 문장에서 홀로 쓰일 수 없고, 어간 뒤에 어미가 결합하여 용언을 이룬다.'를 통해, 용언은 어간의 뒤에 어미가 결합한 단어임을 알 수 있다. 또한 이를 통해 어간이나 어미가 하나의 용언을 이루기 위해서는 어간과 어미가 서로 결합하여야 함을 알 수 있다.

② 어간은 단독으로 쓰여 하나의 용언을 이룰 수 있다.
2문단의 내용을 통해 어간은 단독적으로 쓰일 수 없고, 어미와 결합하여 용언을 이룸을 알 수 있다.

③ 어미는 용언이 활용할 때 형태가 유지되는 부분이다.
1문단의 '용언이 활용할 때 형태가 변하지 않는 부분을 어간이라고 하고, 형태가 변하는 부분을 어미라고 한다.'를 통해, 어미는 용언이 활용할 때 형태가 변하는 부분임을 알 수 있다.

④ 어말 어미는 용언이 활용할 때 나타나지 않을 수 있다.
5문단의 '활용할 때 어말 어미처럼 반드시 나타나지는 않지만'을 통해, 어말 어미는 용언이 활용할 때 반드시 나타나야 함을 알 수 있다.

✓ 선어말 어미는 한 용언에 두 개가 동시에 쓰일 수 있다.
5문단의 '활용할 때 어말 어미처럼 반드시 나타나지는 않지만, 한 용언에서 서로 다른 선어말 어미가 동시에 쓰이기도 한다.'를 통해, 선어말 어미는 한 용언에 두 개가 동시에 쓰일 수 있음을 알 수 있다.

---

12 용언의 어간, 어미의 종류 및 결합 양상 이해 　정답률 78% | 정답 ④

윗글을 바탕으로 〈보기〉의 ㄱ ~ ㅁ의 밑줄 친 부분을 탐구한 내용으로 적절하지 <u>않은</u> 것은?

〈보 기〉
ㄱ. 너도 그를 <u>아니</u>?　　　　ㄴ. 사과가 <u>맛있구나!</u>
ㄷ. 산은 <u>높고</u> 강은 깊다.　　ㄹ. 아침에 <u>뜨는</u> 해를 봐.
ㅁ. 그녀는 과자를 <u>먹었다.</u>

① ㄱ : 어간 '알-'에 어미 '-니'가 결합하면서 'ㄹ'이 탈락하였다.
2문단의 '노는'은 어간 '놀-'과 어미 '-는'이 결합하면서 'ㄹ'이 탈락한 경우이고'를 참고할 때, '아니'는 '알다'의 어간 '알-'에 어미 '-니'가 결합하면서 어간의 'ㄹ'이 탈락했음을 알 수 있다.

② ㄴ : 어간 '맛있-'에 종결 어미 '-구나'가 결합하여 문장을 종결하고 있다.
4문단의 '종결 어미는 '가신다'의 '-다'와 같이 문장을 종결하는 어미이고'를 참고할 때, '맛있구나'의 '-구나'는 어간 '맛있-'에 결합하여 문장을 종결하는 종결 어미임을 알 수 있다.

③ ㄷ : 어간 '높-'에 연결 어미 '-고'가 결합하여 앞뒤의 말을 연결하고 있다.
4문단의 '연결 어미는 '가겠고'의 '-고'와 같이 앞뒤의 말을 연결하는 어미이다.'를 참고할 때, '높고'는 '높다'의 어간 '높-'에 연결 어미 '-고'가 결합하면서 앞뒤 말을 연결하고 있음을 알 수 있다.

✓ ㄹ : 어간 '뜨-'에 전성 어미 '-는'이 결합하면서 용언이 부사처럼 쓰이고 있다.
'뜨는'은 어간 '뜨-'에 전성 어미 '-는'이 결합한 형태의 용언으로, 뒤에 오는 체언인 '해'를 꾸며 주고 있다. 따라서 '뜨는'은 주로 용언을 수식하는 기능을 하는 단어인 부사가 아니라 체언을 수식하는 기능을 하는 단어인 관형사처럼 쓰인다고 할 수 있다.

⑤ ㅁ : 어간 '먹-'과 어말 어미 '-다' 사이에 선어말 어미 '-었-'이 결합하여 과거 시제를 나타내고 있다.
5문단을 참고할 때, '먹다'는 어간 '먹-'과 단어의 끝에 오는 어미인 어말 어미 '-다'가 결합하고 있고, 여기에 선어말 어미 '-었-'이 어간과 어말 어미 사이에 쓰여 과거 시제를 나타내고 있음을 알 수 있다.

---

13 최소 대립쌍의 이해 　정답률 79% | 정답 ③

〈보기〉의 '학습 과제'를 바르게 수행하였다고 할 때, ㉠에 들어갈 단어로 적절한 것은? [3점]

〈보 기〉

[학습 자료]
　음운은 단어의 뜻을 구별해 주는 소리의 가장 작은 단위이다. 특정 언어에서 어떤 소리가 음운인지 아닌지는 최소 대립쌍을 통해 확인할 수 있다. 최소 대립쌍이란, 다른 모든 소리는 같고 단 하나의 소리 차이로 의미가 구별되는 단어의 쌍을 말한다. 예를 들어, 최소 대립쌍 '감'과 '잠'은 [ㄱ]과 [ㅈ]의 차이로 인해 의미가 구별되므로 'ㄱ'과 'ㅈ'은 서로 다른 음운이다.

[학습 과제]
　앞사람이 말한 단어와 최소 대립쌍인 단어를 말해 보자.

쌀! → 달! → ㉠ → 굴!

① 꿀
'꿀'은 뒤의 '굴'과 최소 대립쌍이지만, 앞의 '달'과 최소 대립쌍이 아니므로 적절하지 않다.

② 답
'답'은 앞의 '달'과 최소 대립쌍이지만, 뒤의 '굴'과 최소 대립쌍이 아니므로 적절하지 않다.

✓ 둘
'학습 자료'를 고려할 때, ㉠에는 앞사람이 말한 '달'과 뒷사람이 말한 '굴' 모두와 최소 대립쌍인 단어가 들어가야 함을 알 수 있다. 따라서 '둘'과 '달'은 [ㅜ]와 [ㅏ]의 차이가 있고, '둘'과 '굴'은 [ㄷ]과 [ㄱ]의 차이가 있으므로, '둘'과 '달', '둘'과 '굴'은 최소 대립쌍이라 할 수 있다.

④ 말
'말'은 앞의 '달'과 최소 대립쌍이지만, 뒤의 '굴'과 최소 대립쌍이 아니므로 적절하지 않다.

⑤ 풀
'풀'은 뒤의 '굴'과 최소 대립쌍이지만, 앞의 '달'과 최소 대립쌍이 아니므로 적절하지 않다.

---

14 문장의 중의성 이해 　정답률 88% | 정답 ⑤

다음 '탐구 학습지' 활동의 결과로 적절하지 <u>않은</u> 것은?

[탐구 학습지]

1. 문장의 중의성
　○ 하나의 문장이 둘 이상의 의미로 해석되는 것

2. 중의성 해소 방법
　○ 어순 변경, 쉼표나 조사 추가, 상황 설명 추가 등

3. 중의성 해소하기
　- 과제 : 빈칸에 적절한 말 넣기
ㄱ. (조사 추가) ·· a
　○ 중의적 문장 : 관객들이 다 도착하지 않았다.
　○ 전달 의도 : (관객 중 일부가 도착하지 않음.) ············· b
　○ 수정 문장 : 관객들이 다는 도착하지 않았다.

ㄴ. (어순 변경) ·· c
　○ 중의적 문장 : 우리는 어제 전학 온 친구와 만났다.
　○ 전달 의도 : (전학 온 친구와 만난 때가 어제임.) ········· d
　○ 수정 문장 : 우리는 전학 온 친구와 어제 만났다.

ㄷ. 상황 설명 추가
　○ 중의적 문장 : 민우는 나와 윤서를 불렀다.
　○ 전달 의도 : 나와 윤서를 부른 사람이 '민우'임.
　○ 수정 문장 : (민우는 나와 둘이서 윤서를 불렀다.) ········· e
　　　　　　　　　　⋮

① a
ㄱ의 중의적 문장은 '관객 중 일부가 도착하지 않음.'과 '관객 중 누구도 도착하지 않음.'의 의미로 모두 해석될 수 있다. 수정 문장인 '관객들이 다는 도착하지 않았다.'를 보면, 중의성 해소를 위해 조사 '는'을 추가하여 부정 표현의 범위를 한정하고 있음을 알 수 있다.

② b
수정 문장인 '관객들이 다는 도착하지 않았다.'는 중의성 해소를 위해 조사 '는'을 추가하여 '관객 중 일부가 도착하지 않음.'으로 해석되고 있다.

③ c
ㄴ의 중의적 문장은 '전학 온 친구와 만난 때가 어제임.'과 '친구가 전학 온 것이 어제임.'의 의미로 모두 해석될 수 있다. 수정 문장인 '우리는 전학 온 친구와 어제 만났다.'는 중의성 해소를 위해 '어제'의 위치를 변경해 '어제'의 수식 범위를 한정하고 있음을 알 수 있다.

④ d
수정 문장인 '우리는 전학 온 친구와 어제 만났다.'는 중의성 해소를 위해 '어제'의 위치를 변경해 '전학 온 친구와 만난 때가 어제임.'으로 해석되고 있다.

✓ e
수정한 문장인 '민우는 나와 둘이서 윤서를 불렀다.'는 '민우와 나'가 주체가 되어 '윤서'를 불렀음을 의미한다. 전달 의도처럼 '나와 윤서'를 부른 사람이 '민우'임을 표현하기 위해서는 '민우는 나와 둘이서 윤서를 불렀다.'가 아니라 '민우는 혼자서 나와 윤서를 불렀다.'로 문장을 수정해야 한다.

---

15 반의어의 이해 　정답률 92% | 정답 ③

밑줄 친 부분이 〈보기〉의 ㉠, ㉡에 해당하는 예로 적절하지 <u>않은</u> 것은?

〈보 기〉
　'위 - 아래'나 '앞 - 뒤'는 방향상 대립하는 반의어이다. '위 - 아래'나 '앞 - 뒤'가 단독으로 쓰이거나 다른 단어와 결합해서 쓰일 때, 문맥에 따라서 ㉠ '위'나 '앞'이 '우월함'의 의미를, ㉡ '아래'나 '뒤'가 '열등함'의 의미를 갖거나 강화하기도 한다.

① ㉠ : 그가 머리 쓰는 게 너보다 한 수 <u>위</u>다.
'위'는 '신분, 지위, 정도 따위에서 어떠한 것보다 높거나 나은 쪽'이라는 의미로 쓰여 '우월함'의 의미를 나타낸다.

② ㉠ : 이 회사의 기술 수준은 다른 곳에 <u>앞선</u>다.
'앞서다'는 '발전이나 진급, 중요성 따위의 정도가 남보다 높은 수준에 있거나 빠르다.'라는 의미로 쓰여 '우월함'의 의미를 나타낸다.

✓ ㉡ : 이번 행사는 치밀한 계획 <u>아래</u> 진행되었다.
'아래'가 '열등함'의 의미를 갖는 경우는 '신분, 지위, 정도 따위에서 어떠한 것보다 낮은 쪽'이라는 의미로 쓰이는 경우이다. 그런데 '치밀한 계획 아래'의 '아래'는 '조건, 영향 따위가 미치는 범위'라는 의미로 쓰여 '열등함'의 의미를 갖는 경우라 할 수 없다.

④ ㉡ : 그녀는 남에게 <u>뒤떨어지지</u> 않고자 노력했다.
'뒤떨어지다'는 '발전 속도가 느려 도달하여야 할 수준이나 기준에 이르지 못하다.'라는 의미로 쓰여 '열등함'의 의미를 나타낸다.

⑤ ㉡ : 우리 팀의 승률이 조금씩 <u>뒷걸음질</u> 치고 있다.
'뒷걸음질'은 '본디보다 뒤지거나 뒤떨어짐.'이라는 의미로 쓰여 '열등함'의 의미를 나타낸다.

[16~45] 독서·문학

16~18 현대시

(가) 이성선, 「고향의 천정(天井) 1」

감상　이 작품에서 화자는 마당에 누워 고향의 하늘을 올려다보면서 별을 통해 잊고 있었던 할머니와의 기억을 떠올리고, 할머니의 무한한 사랑을 깨달으며 정서적 충만감을 얻고 있다. 이 작품에서는 하얗게 핀 메밀꽃과 온 하늘에 가득한 별이 지닌 시각적 유사성을 바탕으로, 할머니의 보살핌 아래 바람과 놀던 화자의 어린 시절 기억과 할머니가 돌아가신 후 다시금 깨닫는 할머니의 무한한 사랑이 과거와 현재, 이승과 저승, 지상과 우주의 연결 속에서 아름답게 펼쳐지고 있다.
주제　할머니의 따스한 사랑에 대한 그리움

표현상의 특징

- 시간의 흐름에 따라 시상이 전개됨.
- 역설적 표현을 사용하여 화자의 상황을 드러냄.
- 비유적 표현을 사용하여 대상에 대한 그리움을 효과적으로 드러냄.

(나) 손택수, 「밥물 눈금」

감상　이 시는 손가락 주름을 따라 밥물을 맞추는 일상적 행위의 반복 속에서 떠올린 유년의 기억을 통해, 현재 자신의 모습을 긍정적으로 인식하면서 자기 위안을 얻고 있다. 밥물의 오르내림 속에서 화자가 떠올린 가난한 시절의 기억은 현재 화자의 눈에 보이는 듯, 귓가에 들리는 듯 선명하다. 화자는 이러한 유년의 기억을 현재와 연결하면서, 얼굴보다 늙은 자신의 손이 전기밥솥에는 없는 눈금을 지니고 있다는 긍정적 인식에 도달하고 있다.
주제　힘겹게 살아온 삶에 대한 자기 위안

(가)에서 '마당에 누워' 하늘을 보는 행위는 하늘의 별을 통해 화자에게 할머니와 함께했던 추억을 떠올리게 한다는 점에서, (나)에 '손가락 주름'으로 '밥물'을 맞추는 행위는 화자에게 유년의 기억을 떠올리게 한다는 점에서 모두 회상의 계기라고 할 수 있다.

⑤ (가)의 화자가 '별'에서 '메밀꽃'을 떠올리는 것과 (나)의 화자가 '가난한 지붕들이 내 손가락 마디에는 있다'고 생각하는 것은 기억이 현재의 삶에 영향을 미치고 있음을 보여 주는군.

(가)의 화자가 '별'에서 어릴 적 '메밀꽃'을 떠올리며 현재에도 자신이 할머니의 사랑 속에 있음을 깨닫고 있다는 점에서, (나)의 화자가 현재 자신의 주름진 손에 여전히 '가난한 지붕들'이 있다고 생각한다는 점에서 모두 기억이 현재의 삶에 영향을 미치고 있음을 보여 준다고 할 수 있다.

16 표현상 특징 파악   정답률 68% | 정답 ②

(가)와 (나)에 대한 설명으로 가장 적절한 것은?

① (가)는 (나)와 달리 설의법을 통해 화자의 의지를 표현하고 있다.

(가)와 (나)에서 설의법을 통해 화자의 의지를 표현하지는 않고 있다.

✓ ② (나)는 (가)와 달리 청각적 심상을 통해 화자의 정서를 부각하고 있다.

(나)의 '일찍 철이 들어서 슬픈 귓속으로 / 봉지쌀 탈탈 터는 소리라도 들려올 듯'을 통해, 청각적 심상이 사용되었음을 알 수 있는데, 화자는 이러한 청각적 심상을 통해 가난한 처지에 있었던 자신의 정서를 부각하고 있다.

③ (가)는 격정적 어조를, (나)는 단정적 어조를 통해 화자의 기대감을 드러내고 있다.

(가)에서 격정적 어조는 사용되지 않았고, (나)에서 단정적 어조를 통해 화자의 기대감을 드러내지 않았다.

④ (가)는 상승의 이미지를, (나)는 하강의 이미지를 통해 대상의 역동성을 강조하고 있다.

(가)에서 화자가 '마당에 누워' '하늘'을 올려다보고 있다는 점에서 상승적 이미지를 찾을 수 있고, (나)에서 화자가 '밥물'을 '중지의 마디'를 따라 오르내리'게 하는 모습에서 상승과 하강의 이미지를 엿볼 수도 있다. 하지만 상승의 이미지나 하강의 이미지를 통해 대상의 역동성을 강조하지는 않고 있다.

⑤ (가)와 (나)는 모두 계절감을 드러내는 시어를 통해 대상의 변화 양상을 나타내고 있다.

(가)의 '늦여름'을 통해 계절감이 드러남을 알 수 있지만 이를 통해 대상의 변화 양상을 나타내지는 않고 있다. 그리고 (나)에서 계절감을 드러내는 시어는 찾아볼 수 없다.

17 시어의 의미 파악   정답률 78% | 정답 ④

㉠과 ㉡을 비교한 내용으로 가장 적절한 것은?

① ㉠은 화자가 벗어나려는, ㉡은 화자가 지향하는 공간이다.

㉠은 화자가 할머니의 보살핌을 받으며 놀고 있는 곳이므로 화자가 벗어나려는 공간으로 볼 수 없고, ㉡은 가난으로 인해 화자를 일찍 철들게 하는 곳이므로 화자가 지향하는 공간으로 볼 수 없다.

② ㉠은 화자가 이질감을, ㉡은 화자가 동질감을 느끼는 공간이다.

㉠은 화자가 할머니와 함께하며 성장한 곳이므로 화자가 이질감을 느끼는 공간으로 볼 수 없다. ㉡은 어린 시절 화자가 가난하게 살던 공간이므로 화자가 동질감을 느낀다고 보기에는 어렵다.

③ ㉠은 화자의 슬픔이, ㉡은 화자의 그리움이 해소되는 공간이다.

㉠은 어린 화자가 바람과 장난치며 놀던 곳이므로 화자의 슬픔이 해소되는 공간으로 볼 수 없고, ㉡은 화자가 유년을 보낸 곳으로 화자의 그리움이 해소되는 공간으로 볼 수 없다.

✓ ④ ㉠은 화자의 동심이 허용되는, ㉡은 화자의 성숙함이 요구되는 공간이다.

(가)의 ㉠은 화자인 '나'가 어린 시절 할머니의 보살핌 속에서 아무 걱정 없이 놀던 곳이라는 점에서 동심이 허용되는 공간이라고 볼 수 있다. 그리고 (나)의 ㉡은 '한 그릇으로 두 그릇 세 그릇'을 만드는 가난한 동네로, 화자에게 이 공간은 '한 끼'를 아끼기 위해 친구 집에 가던 '소년', 곧 '일찍 철이 들어서 슬픈' 자신의 유년 시절 기억이 담긴 공간에 해당한다. 따라서 ㉡은 가난으로 인해 화자에게 성숙함이 요구되었던 공간으로 볼 수 있다.

⑤ ㉠은 화자가 경험한 적 없는 가상의, ㉡은 화자의 경험이 축적된 현실의 공간이다.

㉠은 화자가 어린 시절에 놀던 공간으로 화자가 경험한 적 없는 가상의 공간으로 볼 수 없다. ㉡은 화자가 어린 시절 살던 곳이므로 화자의 경험이 축적되어 있는 현실의 공간이라 할 수 있다.

18 외적 준거에 따른 작품의 감상   정답률 72% | 정답 ③

〈보기〉를 바탕으로 (가), (나)를 감상한 내용으로 적절하지 않은 것은? [3점]

〈보 기〉

과거의 경험에 대한 기억은 어떤 계기를 통해 되살아나 현재의 삶에 영향을 미칠 수 있다. (가)의 화자는 할머니와의 기억을 통해 과거와 현재를 연결하며 깨달음과 정서적 충만감을 얻고 있다. 한편 (나)의 화자는 일상적 행위의 반복 속에서 유년의 기억을 되살리고, 그 기억을 현재와 연결하며 자신의 현재 모습을 긍정하게 된다.

① (가)의 화자는 별이 가득한 '하늘'을 보며, 자신이 여전히 '나를 살피'시는 할머니의 사랑 속에 있음을 깨닫고 있군.

(가)의 화자는 마당에 누워 고향의 '하늘'을 보고 있는데, '하늘'의 별은 화자에게 어릴 적 할머니와의 추억이 담긴 메밀꽃을 떠오르게 하는 소재이다. 화자는 할머니가 저승으로 가신 후에도 '하늘'의 메밀밭에서 살아생전과 같이 '나를 살피'고 계신다고 생각하고 있으므로, 화자는 여전히 할머니의 무한한 사랑 속에 있음을 깨닫는다고 할 수 있다.

② (나)의 화자는 유년의 기억을 통해 '전기밥솥에는 없는 눈금'을 지닌 '늙은 손'을 긍정하며 자기 위안을 얻고 있군.

(나)의 화자는 문형동에서 가난하게 살던 유년의 기억을 떠올리면서, 현재 '얼굴보다 먼저 늙은 손'이 '전기밥솥에는 없는 눈금'을 지녔다 하면서 자신의 현재 모습을 긍정하고 있다. 따라서 화자는 '늙은 손'을 긍정하면서 자기 위안을 얻고 있음을 알 수 있다.

✓ ③ (가)의 '커서도 덜 자'랐다는 것과 (나)의 '밥맛을 조금씩 달리'하는 것은 현재의 화자에게 정서적 충만감을 주는군.

(가)에서 화자는 하늘의 별을 보며 할머니가 살아생전과 같이 '나를 살피'고 계신다고 생각하고, 자신이 여전히 할머니의 무한한 사랑 속에 있음을 깨달으며 이를 통해 정서적 충만감을 얻고 있다. 따라서 (가)의 '커서도 덜 자'란 것은 현재 화자에게 정서적 충만감을 준다고 할 수 없다. 그리고 (나)의 '밥맛을 조금씩 달리'하는 것은 밥을 지을 때 밥물을 맞추는 일에 어려움을 겪던 화자가 점차 익숙하게 밥물을 맞추게 된 것으로, 이러한 경험 자체가 현재의 화자에게 정서적 충만감을 준다고 볼 수는 없다.

④ (가)에서 '마당에 누워' 하늘을 보는 행위와 (나)에서 '손가락 주름'으로 '밥물'을 맞추는 행위는 회상의 계기가 되는군.

[19~22] 사회

한진수, '경기 살리기 대작전'

해제 이 글은 유동성 통화 정책에 대해 설명하면서 이와 관련된 케인스의 견해를 드러내고 있다. 경기가 침체되면 국가는 통화량을 나타내는 말로 사용되는 유동성을 늘리는 통화 정책을 시행한다. 국가는 금리를 통해 유동성을 조절할 수 있는데, 중앙은행이 기준 금리를 내리면 시중 금리가 내려가게 되어, 가계나 기업에서 예금을 인출하거나 대출을 받으려는 경향성이 늘어나 유동성이 증가하게 된다. 그러나 중앙은행이 금리 인하 정책을 시행하더라도 경기 회복에 대한 전망이 불투명한 경우, 충분한 유동성이 소비나 투자로 이어지지 못해 침체가 지속될 수 있다. 케인스는 이러한 상황을 유동성 함정이라 부르며 통화 정책의 한계를 설명하고 재정 지출 확대의 중요성을 강조하였다.

주제 유동성 통화 정책 및 이에 관한 케인스의 견해

문단 핵심 내용

1문단	경기 침체 심화 시 사용되는 유동성 통화 정책
2문단	통화량의 의미를 지니는 유동성의 의미
3문단	유동성을 조절하는 방법
4문단	경기 안정을 위한 중앙은행의 통화 정책
5문단	유동성 통화 정책의 한계 및 극복 방법을 제안한 케인스

19 세부 정보의 확인   정답률 75% | 정답 ⑤

윗글을 통해 알 수 있는 내용이 아닌 것은?

① 중앙은행이 하는 역할

3문단의 '한 나라의 금융 및 통화 정책의 주체인 중앙은행에 의해 결정된다.'를 통해 알 수 있다.

② 유동성이 높은 자산의 예

2문단의 '현금과 같은 화폐는 유동성이 높은 자산'을 통해 알 수 있다.

③ 기준 금리와 시중 금리의 관계

3문단의 '시중 금리는 기준 금리의 영향을 받아'와 4문단의 '중앙은행은 기준 금리를 인하하는 정책을 도입하여 시중 금리를 낮추도록 유도한다.'를 통해 알 수 있다.

④ 경기 침체로 인해 나타나는 현상

1문단을 통해 가계의 소비와 기업의 생산이 줄어드는 등 경기 침체로 인해 나타나는 현상을 알 수 있다.

✓ ⑤ 유동성에 대한 케인스 주장의 한계

5문단에서 케인스가 유동성 함정을 통해 통화 정책의 한계를 설명하였다는 내용은 확인할 수 있지만, 유동성에 대한 케인스 주장의 한계는 확인할 수 없다.

20 세부적인 내용 이해   정답률 66% | 정답 ①

윗글을 바탕으로 할 때, 〈보기〉의 ㄱ ~ ㄷ에 들어갈 말로 적절한 것은?

〈보 기〉

국가의 통화 정책이 정상적으로 작동될 때, 중앙은행이 기준 금리를 (ㄱ) 시중의 유동성이 (ㄴ)하며, 화폐의 가치가 (ㄷ)한다.

	ㄱ	ㄴ	ㄷ
✓①	내리면	증가	하락

4문단을 통해 중앙은행은 기준 금리를 인하하는 정책을 도입하여 시중 금리를 낮추도록 유도하고, 그 결과 유동성이 증가함을 알 수 있다. 그리고 2문단을 통해 유동성이 넘쳐 날 경우 화폐의 가치도 떨어지게 됨을 알 수 있다. 따라서 중앙은행이 기준 금리를 내리면 시중의 유동성이 증가하며, 화폐의 가치는 하락함을 알 수 있다.

| ② | 내리면 | 증가 | 상승 |

중앙은행이 기준 금리를 내리면 시중의 유동성이 증가하지만, 이때 화폐의 가치는 하락하므로 적절하지 않다.

| ③ | 내리면 | 감소 | 상승 |

중앙은행이 기준 금리를 내리면 시중의 유동성은 증가하므로 적절하지 않다.

| ④ | 올리면 | 증가 | 상승 |

중앙은행이 기준 금리를 올리면 시중의 유동성은 감소하므로 적절하지 않다.

| ⑤ | 올리면 | 감소 | 하락 |

중앙은행이 기준 금리를 올리면 시중의 유동성이 감소하지만, 이때 화폐의 가치는 상승하므로 적절하지 않다.

21 핵심 정보의 이해   정답률 89% | 정답 ①

유동성 함정에 대해 이해한 내용으로 가장 적절한 것은?

✓① 시중에 유동성이 충분히 공급되더라도 경기 침체가 지속되는 상황을 의미한다.

5문단을 통해, 유동성 함정이 심각한 경기 침체로 인해 경기 회복에 대한 전망이 불투명할 경우, 기준 금리 인하를 통해 충분한 유동성이 시중에 공급되더라도 경기 침체가 지속되는 상황과 관련 있음을 알 수 있다.

② 시중 금리의 상승으로 유동성이 감소하여 물가가 하락하는 상황을 의미한다.

5문단을 통해 유동성 함정이 시중에 충분히 공급된 유동성이 경기 활성화로 이어지지 않는 상황을 의미함을 알 수 있으므로, 시중 금리 상승으로 유동성이 감소하는 상황을 의미하는 것은 아니라 할 수 있다.

③ 기업의 생산과 가계의 소비가 줄어들어 유동성이 넘쳐 나는 상황을 의미한다.

5문단을 통해 유동성 함정이 발생했을 때 시중에 유동성이 충분한 것은 적절함을 알 수 있다. 하지만 유동성이 넘쳐 나는 상황이 기업의 생산과 가계의 소비가 감소하여 발생하는 것은 아니라 할 수 있다.

④ 경기 과열로 인해 유동성이 높은 자산에 대한 선호가 늘어나는 상황을 의미한다.

5문단을 통해 유동성 함정이 충분한 유동성으로도 침체된 경기를 회복하지 못하는 경우를 의미함을 알 수 있으므로, 경기 과열로 인한 상황을 의미하는 것은 아니라 할 수 있다.

⑤ 유동성이 감소하여 경기 회복에 대한 전망이 긍정적으로 바뀌는 상황을 의미한다.

5문단을 통해 유동성 함정은 시중에 유동성이 충분하더라도 경기 회복에 대한 전망이 부정적일 때 발생함을 알 수 있으므로, 유동성이 감소하여 경기 회복에 대한 전망이 긍정적으로 바뀌는 상황을 의미하는 것은 아니라 할 수 있다.

★★★ 등급을 가르는 문제!

22 구체적인 상황에의 적용 정답률 61% | 정답 ②

윗글을 바탕으로 경제 주체들이 〈보기〉의 신문 기사를 읽고 보일 수 있는 반응으로 적절하지 않은 것은? [3점]

─〈보 기〉─
금융 당국 '빅스텝' 단행

금융 당국은 오늘 '빅스텝'을 단행하였다. 빅스텝이란 기준 금리를 한 번에 0.5%p 인상하는 것을 의미한다. 이처럼 금리를 큰 폭으로 인상한 것은 과도하게 증가한 유동성으로 인해 물가가 지나치게 상승하고 부동산, 주식 등의 자산 가격이 폭등했기 때문이다.

① 투자자 : 부동산의 가격이 하락할 수 있으니, 당분간 부동산 투자를 미루고 시장 상황을 지켜봐야겠군.

4문단을 통해 기준 금리 인하 정책은 주식이나 부동산과 같은 자산 가격이 하락하는 상황으로 이어짐을 알 수 있다. 따라서 투자자가 부동산의 가격이 하락할 것을 예측하고 당분간 부동산 투자를 미루겠다는 반응을 보이는 것은 적절하다.

☑ 소비자 : 위축된 소비 심리가 회복되어 지금보다 물가가 오를 수 있으니, 자동차 구매 시기를 앞당겨야겠군.

3문단을 통해 기준 금리의 영향을 받아 시중 금리가 올라가면 이자 수익과 대출 이자 부담이 모두 늘어 유동성은 감소함을 알 수 있다. 또한 4문단을 통해 이 경우 가계의 소비는 줄고 주식이나 부동산에 대한 투자는 축소되며, 기업의 생산과 고용, 투자가 축소되어 자산 가격은 하락하고 물가는 안정됨을 알 수 있다. 그리고 〈보기〉는 금융 당국이 한 번에 큰 폭으로 기준 금리를 인상하는 정책을 단행하였다는 내용의 신문 기사로, 이러한 상황에서는 기준 금리의 영향을 받아 시중 금리 역시 상승하여 소비나 투자가 줄고 물가나 자산 가격이 하락할 것임을 알 수 있다. 따라서 소비자가 물가 상승을 예측하고 자동차 구매 시기를 앞당기겠다는 반응을 보이는 것은 적절하지 않다.

③ 기업인 : 대출을 통해 자금을 확보하는 것이 부담스러워질 수 있으니, 공장을 확장하려던 계획을 보류해야겠군.

3문단을 통해 기준 금리 인상은 대출 이자에 대한 부담이 늘어나는 상황으로 이어짐을 알 수 있다. 따라서 기업인이 대출을 통한 자금 확보가 부담스러워질 것을 예측하고 공장 확장 계획을 보류하겠다는 반응을 보이는 것은 적절하다.

④ 공장장 : 당분간 우리 공장에서 생산한 부품에 대한 수요가 줄 수 있으니, 재고가 늘어날 것에 대비해야겠군.

4문단을 통해 기준 금리 인상은 소비와 투자가 축소되는 상황으로 이어짐을 알 수 있다. 따라서 공장장이 공장에서 생산한 부품에 대한 수요가 줄어들 것을 예측하고 재고가 늘어날 것에 대비하겠다는 반응을 보이는 것은 적절하다.

⑤ 은행원 : 시중 은행에 저축하려는 사람들이 늘어날 수 있으니, 다양한 상품을 개발하여 고객을 유치해야겠군.

3문단을 통해 기준 금리 인상은 예금을 통한 이자 수익이 늘어나는 상황으로 이어짐을 알 수 있다. 따라서 은행원이 저축 상품에 대한 사람들의 관심이 늘어날 것을 예측하고 고객 유치를 위해 다양한 상품을 개발하겠다는 반응을 보이는 것은 적절하다.

★★ 문제 해결 꿀~팁 ★★

▶ 많이 틀린 이유는?
이 문제는 기준 금리를 인상할 때 일어날 수 있는 경기 현상을 정확히 이해하지 못하였고, 이를 실제 상황에 적용하는 과정에서 어려움을 겪어 오답률이 높았던 것으로 보인다.
▶ 문제 해결 방법은?
이 문제를 해결하기 위해서는 4문단을 통해 기준 금리를 인하할 때와 인상할 때 경기 현상을 이해해야 한다. 즉 4문단에 제시된 기준 금리 인하를 고려하여, 기준 금리를 인상할 때는 유동성이 감소하여 가계의 소비가 줄고 주식이나 부동산에 대한 투자가 줄어들며, 물가가 하락하여 경기가 전반적으로 활성화되지 않음을 이해해야 한다. 그런 다음 선택지를 통해 적절성을 판단해야 하는데, 〈보기〉에서 기준 금리를 인상했으므로 물가가 하락하게 될 것임을 알 수 있으므로 소비 심리가 위축될 것임을 알 수 있다. 이렇게 보면 ②의 '위축된 소비 심리가 회복되어 지금보다 물가가 오를 수 있다'고 한 내용은 적절하지 않음을 알 수 있다. 마찬가지로 오답률이 상대적으로 높은 ①과 ④의 경우 적절한 이해임을 알 수 있다. 한편 기준 금리의 인상과 인하와 관련해서는 경제 지문과 관련하여 간혹 출제되는 경우가 많으므로 이 기회에 정확히 정리하여 이해할 필요가 있다.

23~27 갈래 복합

(가) 이원익, 「고공답주인가」

감상 이 작품은 나라의 신하들을 농사짓는 집안의 종들에 비유하여 집안의 무너진 살림을 일으킬 생각은 하지 않고 자신의 소임도 다하지 않는 종들의 잘못된 행태를 비판하고 있는 가사이다. 이 작품에서는 종들의 행태뿐만 아니라 종들을 제대로 관리하지 못한 상전에게도 잘못이 있다고 말하여 상전의 책임도 강조하고 있다.

주제 집안을 일으키기 위해 주인과 종이 가져야 할 자세

(나) 문태준, 「돌탑과 잔돌」

감상 이 작품에서 글쓴이는 잔돌이 그 자체로는 두드러지지 않을지라도 돌탑을 쌓을 때 잔돌이 없으면 돌탑이 무너질 수 있다고 말하고 있다. 글쓴이는 이러한 인식을 인간 세상의 삶으로 확장하여 잔돌 같은 사람의 필요성을 강조하고 있다.

주제 잔돌 같은 사람의 필요성

23 작품 간의 공통점 파악 정답률 85% | 정답 ④

(가)와 (나)의 공통점으로 가장 적절한 것은?

① 부재하는 대상에 대한 그리움을 표현하고 있다.

(가), (나) 모두 부재하는 대상에 대한 그리움을 표현하지는 않고 있다.

② 순수한 자연 세계에 대한 동경을 나타내고 있다.

(가)에서는 순수한 자연 세계에 대한 동경을 나타내는 부분을 확인할 수 없다. 그리고 (나)에서는 자연과 더불어 사는 삶에 대해 긍정적으로 바라보는 내용을 확인할 수는 있지만 이를 자연 세계에 대한 동경으로 보는 것은 적절하지 않다.

③ 부정적 현실에 대한 냉소적 태도를 드러내고 있다.

(가)에서는 부정적 현실을 바로잡고자 하는 태도를 엿볼 수 있을 뿐 화자의 냉소적 태도는 나타나지 않는다. (나)에서는 글쓴이가 바람직하게 생각하는 삶의 모습이 제시되어 있을 뿐 현실에 대한 냉소적 태도는 나타나지 않는다.

☑ 현실이나 세상에 대해 통찰한 내용을 전달하고 있다.

(가)는 화자가 처한 현실 상황에 대해 통찰한 내용을 구체적 청자로 설정한 상전에게 전하고 있고, (나)는 인간의 삶, 즉 세상에 대해 통찰한 내용을 전하고 있다. 따라서 (가), (나)는 현실이나 세상에 대해 통찰한 내용을 전달하는 공통점이 있음을 알 수 있다.

⑤ 자신이 처한 상황에 순응하는 태도를 보여 주고 있다.

(가)의 화자는 자신이 처한 상황을 개선하고자 하는 뜻을 전하고 있으므로 자신이 처한 상황에 순응하는 태도가 나타난다는 말은 적절하지 않다. (나)의 글쓴이 역시 자신이 처한 상황에 순응하려는 태도를 표출하고 있지 않다.

★★★ 등급을 가르는 문제!

24 표현상 특징 파악 정답률 55% | 정답 ④

[A]와 [B]에 대한 설명으로 가장 적절한 것은?

① [A]는 [B]와 달리 대조적 의미를 지닌 구절을 활용하여 대상의 속성을 드러내고 있다.

[A]에 대조적 의미를 지닌 구절이 활용되지 않고 있지만, [B]에는 대조적 의미를 지닌 구절이 활용되고 있다.

② [B]는 [A]와 달리 자연물에 글쓴이의 감정을 이입하여 표현의 효과를 높이고 있다.

[A]와 [B]를 통해 자연물에 화자의 감정을 이입한 감정 이입은 찾아볼 수 없다.

③ [A]는 반어법을 활용하여, [B]는 역설법을 활용하여 주제 의식을 강조하고 있다.

[A]에서 반어법은 활용되지 않았고, [B]에서 역설법은 활용되고 있지 않다.

☑ [A]와 [B]는 모두 유사한 문장 구조를 반복하여 전달 의도를 강조하고 있다.

[A]에서는 '~거든 ~고'의 문장 구조가 반복되고 있고, [B]에서는 '~ 사람도 있고'의 문장 구조가 반복되고 있다. 따라서 [A]와 [B]에서는 유사한 문장 구조를 반복하여 화자나 글쓴이의 전달 의도를 강조하였다고 할 수 있다.

⑤ [A]와 [B]는 모두 말을 건네는 어투를 사용하여 청자의 행동 변화를 호소하고 있다.

[A]에서는 구체적인 청자로 설정된 상전에게 말을 건네는 어투를 사용하여 청자의 행동 변화를 호소하고 있다고 볼 수 있다. 하지만 [B]에서는 말을 건네는 어투를 확인할 수 없으며 행동 변화를 호소하는 내용도 확인할 수 없다.

★★ 문제 해결 꿀~팁 ★★

▶ 많이 틀린 이유는?
이 문제는 [A], [B]에 사용된 표현 방법을 정확히 파악하지 못하여 오답률이 높았던 것으로 보인다.
▶ 문제 해결 방법은?
이 문제를 해결하기 위해서는 먼저 [A]를 중심으로 각 선택지에 제시된 표현이 사용되었는지 확인한 다음, 표현이 사용된 선택지 중 [B]에서의 사용 여부를 판단하면 된다. 즉 [A]를 통해 선택지 ①~⑤에 제시된 표현이 사용되었음을 확인한 뒤, 이들 중에서 [B]에만 사용된 것이 무엇인지 파악해야 한다. 이렇게 볼 때, [A]에서는 '~을 ~거든 ~고'라고 유사한 문장 구조가 사용되어 있고, [B]에서도 '~처럼 ~사람도 있고'를 통해 유사한 문장 구조가 사용되었음을 알 수 있어서 ④가 적절함을 알 수 있다. 한편 학생들 중에는 표현상 특징을 묻는 문제를 틀리는 경우가 있는데, 평소 문제에 자주 출제되는 기본적인 용어, 가령 '대조적 의미, 반어법, 역설법, 문장 구조 반복, 말을 건네는 어투' 등에 대해 대해서 정확히 정리하여 이해할 수 있어야 한다.
▶ 오답인 ②를 많이 선택한 이유는?
이 문제의 경우 학생들이 ②가 적절하다고 하여 오답률이 높았는데, 이 역시 '감정 이입'에 대해 정확히 이해하지 못했기 때문으로 보인다. '감정 이입'은 말 그대로 자연물에 화자의 감정을 이입하여 표현한 것이므로, 화자의 감정이 작품에 드러나야 한다. 하지만 [B]에서는 '사람'을 자연물에 빗대어 표현하고 있지, 자연물에 글쓴이 자신의 감정을 담아 제시하지는 않고 있으므로 적절하지 않다. 이처럼 문학의 주요 용어를 정확히 이해하지 못하고 있으면 실수하는 경우가 많을 수 있으므로 평소 정확히 이해해 두도록 한다.

25 글쓴이의 태도 파악 정답률 80% | 정답 ④

(나)의 글쓴이에 대한 이해로 적절한 것만을 고른 것은?

ㄱ. 자연과 대비되는 인간의 유한성을 자각한다.
ㄴ. 사람들이 서로 더불어 사는 세상을 긍정한다.
ㄷ. 주장을 굽히지 않는 삶을 살았던 자신을 반성한다.
ㄹ. 세상에는 갈등을 중재할 사람이 필요하다고 생각한다.

① ㄱ, ㄴ　　② ㄱ, ㄷ　　③ ㄴ, ㄷ　　✓④ ㄴ, ㄹ　　⑤ ㄷ, ㄹ

ㄱ. 자연과 대비되는 인간의 유한성을 자각한다.
(나)에서 글쓴이가 자연과 대비되는 인간의 유한성을 자각하는 내용은 찾아볼 수 없다.

ㄴ. 사람들이 서로 더불어 사는 세상을 긍정한다.
(나)에서 글쓴이는 '이 명료한 문장을 읽고 있으면 사람이 떼를 이루어 사는 세상의 풍경이 한눈에 들어오는 것 같다.'라고 말하고 있는데, 이는 사람들이 서로 더불어 사는 세상을 긍정하는 태도가 표출된 것으로 볼 수 있다.

ㄷ. 주장을 굽히지 않는 삶을 살았던 자신을 반성한다.
(나)에서 글쓴이가 주장을 굽히지 않는 삶을 살았다는 내용은 찾아볼 수 없다.

ㄹ. 세상에는 갈등을 중재할 사람이 필요하다고 생각한다.
글쓴이는 '의견이 맞지 않아 다툴 때 그 대화의 매정한 분위기를 무너뜨려 주는 사람'을 '잔돌 같은 사람'이라 말하면서 그러한 존재가 필요하다는 생각을 드러내고 있다.

---

26 외적 준거에 따른 구절의 이해　　정답률 71% | 정답 ①

〈보기〉를 참고할 때 (가)의 ⑦ ~ ⑩에 대한 이해로 적절하지 않은 것은?

〈보 기〉
「고공답주인가」는 고공(종)이 상전에게 답을 하는 형식을 통해 국가 경영을 집안 다스리는 일에 빗대어 표현하고 있다. 이 작품에서 상전은 왕, 종은 신하를 가리키는데, 화자는 임진왜란으로 인해 나라가 황폐해지고 위계질서가 무너진 상황에서 당파 싸움만 일삼으며 재물을 탐하는 신하들을 비판하고 있다. 그리고 국가를 경영하는 왕으로서의 책임을 강조하고 있다.

✓① ⑦ : 나라가 황폐해진 상황이 예전부터 지금까지 이어지고 있다는 것을 드러내고 있다.
⑦의 '우리 댁 살림이 예부터 이렇던가'는 설의법이 사용된 문장에 해당하므로, 이를 고려하면 ⑦은 예전에는 살림이 이렇지 않았음을 말한 것으로 볼 수 있다. 따라서 나라가 황폐해진 상황이 예전부터 지금까지 이어지고 있다고 보는 것은 적절하지 않다.

② ⑥ : 상하의 위계질서가 무너져 신하들의 기강이 해이해진 상황을 나타내고 있다.
⑥에서 '소 먹이는 아이들'이 자신보다 지위가 높은 '상마름'을 능욕하는 것은 상하의 위계질서가 무너져 신하들의 기강이 해이해진 상황을 나타낸 것으로 볼 수 있다.

③ ⑥ : 나라를 돌보는 일을 외면한 채 부정한 방법으로 재물을 탐하는 신하들의 모습을 드러내고 있다.
⑥의 '그릇된 재산 모아 다른 꾀로 제 일하'는 것은 부정한 방법으로 재물을 탐하는 신하들의 모습을 나타낸 것으로 볼 수 있다.

④ ⑧ : 시도 때도 없는 당파 싸움으로 인해 혼란스러운 조정의 모습을 나타내고 있다.
⑧에서 '풀어헤치거나 맺히거나'는 당파를 결성하는 모습을, '헐뜯거니 돕거니'는 서로 다른 당파끼리 당쟁을 하는 모습을 나타낸 것이라 할 수 있다. 그리고 '하루 열두 때 어수선을 핀 것'은 당파 싸움으로 인해 혼란스러운 조정의 모습을 나타낸 것으로 볼 수 있다.

⑤ ⑩ : 나라가 어지러워진 책임이 신하뿐만 아니라 왕에게도 있다는 인식을 드러내고 있다.
⑩에서 '돌이켜 생각하니 상전님 탓이로다'라고 말하고 있는데, 이는 나라가 어지러운 책임이 왕에게도 있다는 인식을 드러낸 것으로 볼 수 있다.

---

27 외적 준거에 따른 작품의 감상　　정답률 75% | 정답 ④

〈보기〉를 바탕으로 (가), (나)를 감상한 내용으로 적절하지 않은 것은? [3점]

〈보 기〉
전체는 구성 요소들의 집합체이다. 그러므로 전체를 이루는 구성 요소들은 그 자체로는 두드러지지 않을지라도 전체를 위해 없어서는 안 되는 존재이다. 그리고 다양성을 지닌 구성 요소들은 각각의 역할을 능동적으로 수행할 때 존재의 의미를 획득하게 되고 전체는 조화로운 모습을 이루게 된다.

① (가)의 '가도'가 바로 선 집안은 구성 요소들이 어우러져 조화로운 모습을 갖춘 전체를 의미한다고 볼 수 있겠군.
'가도'는 '집안의 법도'를 의미하므로 가도가 바로 선 집안은 집안을 이루는 구성 요소들이 어우러져 조화로운 모습을 갖춘 것으로 볼 수 있다.

② (나)의 '탑'이 '수평을 이루게' 하는 '잔돌'은 두드러지지 않지만 전체를 위해 없어서는 안 될 구성 요소로 볼 수 있겠군.
'탑'이 '수평을 이루게' 하기 위해 필요한 '잔돌'은 그 자체로는 두드러지지 않은 존재로 볼 수 있다. 하지만 잔돌이 없으면 돌탑이 수평을 이루지 않게 될 수 있으므로 전체를 위해 없어서는 안 될 구성 요소로 볼 수 있다.

③ (가)의 '낮잠만 자'는 종과 달리 (나)의 '스스로' 핀 꽃은 능동적으로 존재의 의미를 획득한 구성 요소로 볼 수 있겠군.
'낮잠만 자는 종'은 자신에게 주어진 역할을 제대로 하지 않아 존재의 의미를 획득하지 못한 구성 요소로 볼 수 있다. 이와 달리 '스스로의 생명력으로' 핀 꽃은 세세하고 능동적인 존재의 움직임을 보여 주고 있으므로 능동적으로 존재의 의미를 획득한 구성 요소로 볼 수 있다.

✓④ (가)의 '먹고 입으며 드나드는'과 (나)의 '서로 업고 업혀서'는 다양성을 지닌 존재들의 필요성을 강조한 것으로 볼 수 있겠군.
(가)의 '먹고 입으며 드나드는'은 종의 행동을 나타낸 말로, 이를 다양성을 지닌 존재들의 필요성을 강조한 것으로 해석하는 것은 적절하지 않다. 이와 달리 (나)의 '서로 업고 업혀서'는 큰 돌과 잔돌이 모두 필요하다는 생각을 드러낸 것이므로 다양성을 지닌 존재들의 필요성을 강조한 것으로 볼 수 있다.

⑤ (가)의 '크게 기운 집'은 구성 요소들이 역할을 제대로 수행하지 않은 결과로, (나)의 '기우뚱하는 돌탑'은 필요한 구성 요소들이 제대로 갖추어지지 않은 결과로 볼 수 있겠군.
'크게 기운 집'은 집안을 이루는 구성 요소들이 자신에게 주어진 역할을 제대로 하지 않아서 생기는 결과로 볼 수 있다. '기우뚱하는 돌탑'은 돌탑이 수평을 이루기 위해 필요한 큰 돌이나 잔돌이 없을 때 발생할 수 있는 결과이므로, 이는 필요한 구성 요소들이 제대로 갖추어지지 않은 결과로 볼 수 있다.

(가) 권석만, '인간 이해를 위한 성격 심리학'

해제 이 글은 인간의 정신세계에서 무의식의 세계를 발견한 프로이트의 '정신분석이론'을 소개하고 있다. 프로이트는 인간에게 의식과는 다른 무의식 세계가 있다는 것을 발견하고, 이러한 무의식의 심연에는 '원초아'가, 무의식에서 의식에 걸쳐 '자아'와 '초자아'가 존재한다고 하였다. 이러한 원초아, 자아, 초자아는 역동적으로 상호작용하며 개인의 성격을 형성한다. 자아는 원초아와 초자아의 요구 사이에서 이를 조정하는 역할을 하는데, 이 역할을 제대로 하지 못하면 정신 요소 간의 균형이 무너지고 자아는 불안감이 생긴다. 자아는 이를 해소하기 위해 방어기제를 사용한다. 또한 어린 시절 해소되지 않은 심리적 갈등은 성인이 되어 재현되므로 이를 해소하기 위해서는 무의식에 내재된 과거의 상처를 의식의 세계로 끌어내는 과정이 필요하다.

주제 인간의 정신세계를 규명하려 한 프로이트의 정신분석이론

문단 핵심 내용

1문단	프로이트의 정신분석이론의 소개
2문단	무의식의 정신세계를 이루는 원초아, 자아, 초자아
3문단	상호작용하며 개인의 성격을 형성하는 원초아, 자아, 초자아
4문단	성인의 정신 질환을 치료하기 위해 내세운 프로이트의 주장

(나) 이부영, '분석심리학 이야기'

해제 이 글은 프로이트와 다른 관점에서 인간의 정신세계를 설명한 융의 '분석심리학'을 소개하고 있다. 융은 인간의 정신세계가 의식, 개인 무의식, 집단 무의식으로 이루어져 있다고 보았다. 의식은 인간이 직접 인식할 수 있는 영역이고 여기에는 '자아'가 존재한다. 개인 무의식은 의식에 의해 배제된 생각, 감정, 기억 등이 존재하는 영역이다. 집단 무의식은 태어날 때부터 지니고 있는 원초적이고 보편적인 무의식으로 집단 무의식의 가장 안쪽에는 '자기'가 존재하는데 이는 개인의 근원적인 모습이다. 인간은 이러한 무의식을 의식화하는 과정을 통해 자기를 발견하고 비로소 타인과 구별되는 고유한 존재가 될 수 있는데, 이를 개별화라 한다.

주제 인간의 정신세계를 설명한 융의 분석심리학

문단 핵심 내용

1문단	프로이트의 이론과 구별되는 융의 분석심리학 소개
2문단	의식, 개인 무의식, 집단 무의식에 대한 융의 생각
3문단	융의 개별화 및 개별화가 이루어지는 과정

---

28 서술상 공통점 파악　　정답률 63% | 정답 ②

(가), (나)의 공통점으로 가장 적절한 것은?

① 인간의 무의식을 주장한 이론에 대한 상반된 평가를 제시하고 있다.
(가)와 (나) 모두 인간의 무의식을 주장한 이론에 대해 설명하고 있지만, 이에 대한 상반된 평가를 제시하지는 않고 있다.

✓② 기존과 다른 관점에서 인간의 정신세계를 설명한 이론을 소개하고 있다.
(가)에서는 인간의 정신세계가 의식으로 이루어져 있다고 설명한 분트의 실험심리학을 언급하면서, 이와 다른 관점에서 인간의 정신세계가 의식과 무의식으로 이루어져 있다고 설명한 프로이트의 정신분석이론을 소개하고 있다. 그리고 (나)에서는 무의식을 의식에서 수용할 수 없는 원초적 욕구나 해결되지 못한 갈등의 창고로만 본 프로이트와 달리 무의식을 인간이 잠재적 가능성을 실현할 때 필요한 창조적인 에너지의 샘으로 해석한 융의 분석심리학을 소개하고 있다. 따라서 (가), (나) 모두 기존과 다른 관점에서 인간의 정신세계를 설명한 이론을 소개하고 있음을 알 수 있다.

③ 인간의 무의식을 설명한 이론이 등장하게 된 역사적 사건을 소개하고 있다.
(가)와 (나) 모두 인간의 무의식을 주장하는 이론에 대해 설명하고 있지만, 이 이론이 등장하게 된 역사적 사건을 소개하지는 않고 있다.

④ 인간의 정신 질환을 분류하고 각각의 특징을 설명한 이론을 제시하고 있다.
(가)와 (나) 모두 인간의 정신 질환을 분류하지는 않고 있다.

⑤ 인간의 정신세계를 설명한 이론이 다른 학문 영역에 미친 영향을 분석하고 있다.
(가)와 (나) 모두 인간의 정신세계를 설명하고 있지만 그것이 다른 학문 영역에 미친 영향을 분석하지는 않고 있다.

---

29 세부 정보의 확인　　정답률 75% | 정답 ⑤

(가)의 내용과 일치하지 않는 것은?

① 분트는 인간의 정신세계가 의식으로만 구성되어 있다고 보았다.
1문단의 '분트는 인간의 정신세계가 의식으로 이루어져 있다고 보고'를 통해 알 수 있다.

② 프로이트는 인간을 무의식의 지배를 받는 비합리적 존재로 여겼다.
1문단의 '인간을 무의식의 지배를 받는 비합리적 존재로 간주하고'를 통해 알 수 있다.

③ 프로이트는 원초아가 강할 때 본능적인 욕구에 집착하는 성격이 나타난다고 생각했다.
3문단의 '원초아가 강할 때는 본능적인 욕구에 집착하는 충동적인 성격'을 통해 알 수 있다.

④ 프로이트는 세 가지 정신 요소들이 상호작용하면서 개인의 성격이 형성된다고 보았다.
3문단의 '원초아, 자아, 초자아는 역동적으로 상호작용하면서 개인의 성격을 형성한다.'를 통해 알 수 있다.

✓⑤ 프로이트는 의식적으로 사용하는 방어기제와 무의식적으로 사용하는 방어기제를 구분하였다.
1문단의 '만일 자아가 제 역할을 하지 못하면 정신 요소의 균형이 깨져 불안감이 생기는데, 자아는 이를 해소하기 위해 무의식적으로 방어기제를 사용하게 된다.'를 통해, 프로이트가 의식적으로 사용하는 방어기제를 무의식적으로 사용하는 방어기제와 구분하였다는 내용은 적절하지 않다.

30 구체적인 자료에의 적용   정답률 63% | 정답 ④

(가)의 '프로이트'와 (나)의 '융'의 관점에서 〈보기〉를 이해한 내용으로 적절하지 <u>않은</u> 것은? [3점]

〈보 기〉

[헤르만 헤세의 연보]

○ 1877 : 기독교인다운 엄격한 생활을 중시하는 경건주의 집안에서 태어남. ………… ㉠

○ 1881 ~ 1886 : 자유분방한 기질로 인해 엄한 아버지의 교육 방식에 반항하며 불안감을 느낌. ……… ㉡

○ 1904 ~ 1913 : 잠재된 문학적 재능을 발휘하여 왕성하게 작품 창작을 하며 불안에서 벗어남. ……… ㉢

○ 1916 ~ 1919 : 아버지의 죽음을 접하고 심한 우울증을 경험함. ……………………… ㉣

○ 1945 ~ 1962 : 성찰적 글쓰기 활동 속에서 심리적 안정감을 느끼며 여생을 보냄. ……… ㉤

○ 1962 : 몬타뇰라에서 죽음.

① ㉠ : 프로이트는 엄격한 집안 분위기가 헤세의 초자아가 발달하는 데 영향을 주었다고 보겠군.
    (가)의 프로이트에 따르면 어린 시절 부모의 종교나 가치관 등을 내재화하는 과정에서 헤세의 초자아는 발달하게 되므로 적절하다.

② ㉡ : 프로이트는 헤세의 불안감을 원초아와 초자아의 요구를 자아가 제대로 조정하지 못한 결과라고 보겠군.
    (가)의 프로이트에 따르면 헤세의 불안감은 타고난 자유분방한 기질에서 비롯된 원초아의 요구와 엄한 아버지의 교육으로 내재화된 초자아의 요구 사이에서 자아가 이를 조정하지 못해 생긴 것으로 볼 수 있다.

③ ㉢ : 프로이트는 헤세의 왕성한 창작 활동을 승화로, 융은 이를 무의식의 창조적 에너지가 발현된 것으로 보겠군.
    (가)의 프로이트에 따르면 헤세의 작품 창작은 어린 시절 생겨난 불안감을 무의식적으로 해소하려는 '승화' 방어기제로 볼 수 있다. (나)의 융에 따르면 헤세의 작품 창작 활동은 무의식의 창조적 에너지가 발현되어 헤세의 잠재된 문학적 재능을 실현한 것으로 볼 수 있다.

☑ ㉣ : 프로이트는 헤세의 우울증을 유년기의 불안이 재현된 것으로, 융은 이를 자아와 그림자가 통합된 것으로 보겠군.
    (가)의 프로이트에 따르면 〈보기〉에 제시된 헤세의 우울증은 유년기에 느낀 불안감의 재현으로 볼 수 있다. 그리고 (나)의 융에 따르면 자아가 자기를 찾아가는 과정에서 정신세계를 구성하는 그림자, 그리고 여러 원형들이 대립에서 벗어나 하나의 정신으로 통합되므로, 자아와 그림자의 통합은 내면의 성숙과 관련이 있다. 따라서 헤세의 우울증을 자아와 그림자가 통합된 것이라고 융은 보지 않았을 것임을 알 수 있다.

⑤ ㉤ : 융은 헤세가 성찰하는 글쓰기 활동을 통해 자기를 발견하는 과정에서 심리적 안정감을 느낀 것으로 보겠군.
    (나)의 융에 따르면 헤세가 심리적 안정감을 느낀 것은 성찰하는 글쓰기 활동을 통해 자기를 발견하는 과정에서 내면이 점점 성숙해졌기 때문이라고 볼 수 있다.

31 글에 드러난 주장의 공통점 파악   정답률 69% | 정답 ⑤

(가)의 정신분석이론과 (나)의 분석심리학에서 모두 동의하는 진술로 가장 적절한 것은?

① 자아는 의식과 무의식의 세계에 걸쳐서 존재한다.
    (가)의 정신분석이론에서 자아는 의식과 무의식의 세계에 걸쳐서 존재한다고 진술하고 있지만, (나)의 분석심리학에서 자아는 의식의 세계에 존재한다고 진술하고 있으므로 적절하지 않다.

② 무의식은 성적 에너지로만 이루어진 정신 요소이다.
    (가)의 정신분석이론에서 원초아가 성적 에너지를 바탕으로 한다고 진술하고 있지만, (나)의 분석심리학에서 무의식은 창조적인 에너지의 샘이라고 진술하고 있다.

③ 무의식은 개인의 경험을 초월해 원형의 형태로 유전된다.
    (나)의 분석심리학에서 집단 무의식은 진화를 통해 축적되어 온 인류의 경험이 '원형'의 형태로 존재한다고 진술하고 있지만, (가)에서는 그러한 내용이 언급되어 있지 않으므로 적절하지 않다.

④ 무의식에는 자아에 의해 억압된 열등한 자아가 존재한다.
    (나)의 분석심리학에서 그림자를 자아에 의해 억압된 '또 하나의 나'라고 설명하고 있지만 이를 '열등한 자아'라고 볼 수 없다. 또한 (가)의 정신분석이론에서는 무의식에 자아에 의해 억압된 열등한 자아가 존재한다는 설명은 나타나 있지 않다.

☑ 정신적 균형을 이루기 위해서는 자아의 역할이 중요하다.
    (가)에 제시된 프로이트의 정신분석이론을 통해 자아는 원초아와 초자아의 요구 사이에서 이를 조정하는 역할을 하기 때문에 정신적으로 균형을 이루기 위해서는 자아의 발달이 중요함을 알 수 있다. 그리고 (나)에 제시된 융의 분석심리학을 통해 정신세계를 구성하는 각 요소들이 통합되어 정신적 균형을 이루기 위해서는 의식에 존재하는 자아가 끊임없이 무의식과 상호작용하며 무의식을 의식화하는 과정이 필요함을 알 수 있다. 따라서 두 이론 모두 정신세계의 균형을 이루기 위해 자아의 역할을 중요하게 보고 있다고 할 수 있다.

32 구절의 의미 이해   정답률 71% | 정답 ②

㉠을 이해한 내용으로 가장 적절한 것은?

① 의식의 확장을 통해 타인과의 경계를 허무는 과정이다.
    의식의 확장을 통해 타인과 구별되는 고유한 존재가 되어 가는 과정이므로 타인과의 경계를 허무는 과정이라 할 수 없다.

☑ 자신의 근원적인 모습을 찾아 나가는 개별화의 과정이다.
    ㉠은 의식에 존재하는 자아가 무의식과 끊임없이 상호 작용하여 타인과 구별되는 고유한 존재가 되는 개별화의 과정을 의미한다고 할 수 있다.

③ 의식에 의해 발견된 무의식의 욕구가 억눌리는 과정이다.
    ㉠은 무의식의 영역을 의식으로 통합하면서, 정신세계를 이루는 정신 요소가 하나로 통합되면서 균형을 이루는 과정이므로, 의식에 의해 발견된 무의식의 욕구가 억눌리는 과정으로 볼 수 없다.

④ 무의식이 의식에서 분화되어 정체성이 실현되는 과정이다.
    정체성의 실현은 무의식이 의식에서 분화됨으로써 이루어지는 것이 아니라 무의식과 의식의 통합을 통해 이루어진다.

⑤ 과거의 경험들을 반복함으로써 성격이 형성되는 과정이다.
    과거의 경험들을 반복하는 것은 '무의식을 의식화하는 과정'과 무관하다.

33 단어의 사전적 의미   정답률 86% | 정답 ②

ⓐ ~ ⓔ의 사전적 의미로 적절하지 <u>않은</u> 것은?

① ⓐ : 어떤 사실을 자세히 따져서 바로 밝힘.

☑ ⓑ : 주기적으로 자꾸 되풀이하여 돎.
    '전환'의 사전적 의미는 '다른 방향이나 상태로 바뀌거나 바꿈.'이다. '주기적으로 자꾸 되풀이하여 돎.'의 사전적 의미를 지닌 단어는 '순환'이다.

③ ⓒ : 큰 관심 없이 대강 보아 넘김.

④ ⓓ : 받아들이지 아니하고 물리쳐 제외함.

⑤ ⓔ : 서로 얼굴을 마주 보고 대함.

34~37 현대 소설

윤흥길, 「아이젠하워에게 보내는 멧돼지」

감상 이 작품은 윤흥길의 『소라단 가는 길』에 실려 있는 연작소설 중 한 편으로, 하인철이란 인물이 6·25 전쟁 당시 자신의 체험을 고향 친구들에게 들려주는 액자 소설의 형식으로 되어 있다. 어린 '나'의 순진한 시각을 통해 창권이 형의 활약과 몰락의 과정을 전달함으로써 전쟁의 폭력성과 이데올로기 대립의 참혹성에 대해 생각해 보게 하고 있다. 한편 몰락하게 되는 창권이 형의 모습을 통해 어리석은 인물이 가진 욕망의 허망함을 풍자하고 있다.

주제 전쟁의 폭력성과 이데올로기 대립의 참혹성

34 서술상 특징 파악   정답률 77% | 정답 ①

윗글에 대한 설명으로 가장 적절한 것은?

☑ 이야기 내부 인물이 중심인물의 행동과 그에 대한 자신의 생각을 서술하고 있다.
    이 글은 작품 전체의 내화 중 일부로, 이야기 내부 인물인 '나'가 중심인물인 창권이 형의 행동과 그에 대한 자신의 생각을 전달하고 있다.

② 이야기 내부 인물이 인물과 인물 사이의 갈등을 해소하는 과정을 보여 주고 있다.
    이야기 내부 인물인 '나'와 창권이 형, '나'와 어머니, 창권이 형과 어머니 사이의 갈등을 해소하는 과정은 나타나지 않는다.

③ 이야기 내부 인물이 과거와 현재를 반복적으로 교차하며 자신의 경험을 전달하고 있다.
    이야기 내부 인물인 '나'가 자신의 경험을 전달하고는 있으나, 과거와 현재를 반복적으로 교차하며 전달하지는 않고 있다.

④ 이야기 외부 서술자가 특정 소재와 관련된 인물의 내면 심리를 묘사하고 있다.
    이 글을 통해 '회중시계'와 관련된 '나'의 느낌을 서술한 부분은 찾아볼 수 있지만, 이 글의 서술자는 이야기 내부의 등장인물인 '나'이므로 적절하지 않다.

⑤ 이야기 외부 서술자가 서로 다른 공간에서 동시에 일어나는 사건들을 나열하고 있다.
    이 글의 서술자는 등장인물인 '나'이고, 서로 다른 공간에서 동시에 일어나는 사건이 나열되지도 않고 있으므로 적절하지 않다.

35 작품 내용의 이해   정답률 81% | 정답 ②

윗글을 읽고 알 수 있는 내용이 <u>아닌</u> 것은?

① '나'는 궐기대회가 끝나기 전 친구들과 도중에 나온 적이 있었다.
    '나'는 '친한 녀석들을 데리고 몰래 광장을 빠져나와 걸구대가 끝날 때까지 우리 식당에서 즐거운 시간을 함께 보낸 적이 종종 있었다.

☑ '나'는 창권이 형이 궐기대회에서 혈서를 쓴 사실을 어머니를 통해 전해 들었다.
    이 글에서 '나'는 궐기대회에서 군복 차림의 인물이 연단에 오른 것을 직접 보고 눈에 익은 사람이라고 생각했고, 식당에 돌아온 창권이 형이 열 손가락에 붕대를 감고 있는 것을 보고 연단에 올랐던 인물이 창권이 형임을 확실히 알게 된다. 따라서 '나'가 어머니에게 창권이 형이 궐기대회에서 혈서를 쓴 사실을 들은 것이 아니다.

③ 창권이 형은 열혈 애국 청년 노릇으로 바빠지게 되자 식당 심부름꾼으로 일할 겨를이 없었다.
    창권이 형은 '혈서를 쓰는 열혈 애국 청년 노릇'에 바쁘다 보니 '식당 안에 진드근히 붙어 있을 겨를'이 없었다.

④ 창권이 형은 퇴원 후 어머니에게 노골적인 박대를 받던 끝에 고향으로 돌아갈 결심을 했다.
    창권이 형이 퇴원한 뒤 어머니가 그를 '눈엣가시로 알고 노골적으로 박대했'으며, 창권이 형은 '눈칫밥이나 축내며 지내던 어느 날' '마침내 시골집으로 돌아갈 결심을 굳혔다.

⑤ 어머니는 창권이 형이 궐기대회에서 박수갈채를 받으며 애국 학도로 행세하는 것을 못마땅하게 여겼다.
    창권이 형이 쓴 혈서가 궐기대회에서 공개될 때 '박수갈채'를 받았다고 했고, 어머니는 '형의 그 가짜배기 애국 행각을 애초부터 꼴같잖게 여겼다'고 했으므로, 어머니는 창권이 형이 궐기대회에서 애국학도로 행세하는 것을 못마땅하게 여겼음을 알 수 있다.

36 소재의 상징적 의미 이해   정답률 62% | 정답 ⑤

㉠에 대한 이해로 가장 적절한 것은?

① 빛나는 교표로는 오히려 창권이 형의 능청스러운 성격을 은폐하기 어려움을 의미한다.
    창권이 형의 능청스러운 성격은 교표를 통해 은폐하고자 하는 대상이 아니다.

② 교표가 빛이 날수록 오히려 창권이 형이 자신의 행동을 부끄럽게 생각할 수 있음을 의미한다.
    창권이 형은 교표를 정성스럽게 닦으며 스스로 '진짜배기 고등학생으로 착각하고 있는 기색'이었고, 스스

로 '가짜배기 나이롱 고등과 학생'이라며 '천연덕스레' '히히거'리며 말하는 등 자신의 행동을 부끄러워하는 모습을 보이지 않는다.

③ 번뜩이는 교표로 인해 궐기대회에서 창권이 형이 맡는 역할이 오히려 축소될 수 있음을 의미한다.
　교표는 궐기대회에서 남들의 시선을 고려하여 창권이 형을 고등학생으로 보이게 하기 위한 것이고 이후 교표 때문에 창권이 형이 궐기대회에서 맡은 역할이 축소되지도 않았다.

④ 교표를 정성스럽게 닦는 행위 때문에 오히려 창권이 형이 불안감을 더 크게 느끼게 됨을 의미한다.
　창권이 형은 교표를 정성스럽게 닦으며 자신의 학력 위조에 대해 불안감을 느끼는 모습을 보이지 않는다.

☑ 지나치게 새것으로 보이는 교표 때문에 오히려 창권이 형의 학력 위조가 쉽게 탄로 날 수 있음을 의미한다.
　이 글에서 '교표'는 창권이 형의 학력을 위장하기 위한 장치에 해당하는 것으로, 창권이 형은 이런 교표를 '안 그래도 새것임을 만천하에 광고하듯' 광을 내고 있다. 따라서 ㉠은, 교표가 너무 번뜩이면 새것으로 보이는 교표가 눈에 띄게 부자연스럽게 보여 창권이 형이 가짜 고등학생이라는 것이 쉽게 탄로 날 수 있음을 의미한다고 할 수 있다.

★★★ 등급을 가르는 문제!
37 외적 준거에 따른 작품 감상　　　　정답률 57% | 정답 ⑤

〈보기〉를 바탕으로 윗글을 감상한 내용으로 적절하지 않은 것은? [3점]

> ─〈보 기〉─
> 이 작품은 6·25 전쟁으로 인해 혼란해진 사회를 배경으로 한다. 창권이 형은 궐기대회에서 애국 학도로 활약하게 되는 과정에서 권력층에 편승하는 모습을 보인다. 정치적 목적을 위해 대중을 기만하는 권력층에 이용당하다 결국 몰락하게 되는 창권이 형을 통해 어리석은 인물이 가진 욕망의 허망함을 풍자한다. 그리고 궐기대회에서 벌어지는 일을 제대로 이해하지 못하는 어린 '나'를 통해 궐기대회가 희화화된다.

① '멧세지'를 보내는 것을 '멧돼지 보내기'로 오해한 '나'를 통해 궐기대회가 희화화되는군.
　'나'는 어리기 때문에 '멧세지'가 무엇인지 몰라 '멧돼지'로 오해한다. 이러한 '나'의 오해는 궐기대회에서 주장되는 비장한 멧세지를 우스꽝스러운 대상으로 만들어버리고 웃음을 유발한다.

② '좀체 아물 새가 없는' '손가락들'은 표면적으로는 애국심의 증거이지만 이면적으로는 창권이 형이 권력층에 이용당하는 인물임을 엿볼 수 있게 하는군.
　궐기대회의 사회자가 '열 손가락을 모조리 깨물어 혈서를 쓴' 창권이 형을 '열혈 애국 청년'으로 소개하므로 창권이 형의 '손가락들'은 애국심의 증거로 볼 수 있다. 그러나 혈서를 쓰느라 그의 손가락이 '좀체 아물 새가 없다'는 것은 창권이 형이 궐기대회에 모인 군중들의 애국심을 고양하기 위해 이용되는 피해자이기도 하다는 것을 보여준다.

③ '고등과 학생 숭내를 내고 댕기'라고 지시하는 것에서 자신들의 목적을 위해 대중을 속이는 권력층의 부정적 면모가 드러나는군.
　창권이 형은 아침 일찍 '높은 사람들'을 만나러 갔다가 '고등학생으로 변해' 돌아온다. 국민학교 졸업에 불과한 인물이 궐기대회에서 하는 말을 신뢰하지 않을까 봐 권력층이 그에게 고등학생 흉내를 내라고 지시했다는 점에서 목적을 위해 대중을 속이는 권력층의 부정적 면모가 드러난다.

④ '시위대의 선두에 섰'다가 '중상을 입'은 비극을 통해 권력층에 편승하려는 창권이 형의 부질없는 욕망이 풍자되고 있군.
　창권이 형이 '시위대의 선두에' 선 것은 권력층에 편승하여 애국 학도로서 인정을 받고자 한 욕망에서 나온 행동으로 볼 수 있다. 그런데 결국 '만용'을 부려 인대가 끊어지는 중상을 입는 비극으로 끝남으로써 그의 욕망이 부질없음이 드러난다는 점에서 풍자의 대상이 된다.

☑ '유일한 전리품'이었던 '회중시계'는 전쟁 시기에 애국 학도로서의 신념을 지키지 못한 창권이 형의 고뇌를 상징하는군.
　'나'는 '회중시계'가 창권이 형의 '금빛 찬란하던 한 때'를 '증언하는' 듯하다고 했다. 그리고 창권이 형은 애국학도로서의 신념을 지키지 못한 것은 아니므로, 창권이 형에게 '유일한 전리품'으로 남겨진 '회중시계'가 전쟁 시기에 애국 학도로서의 신념을 지키지 못한 창권이 형의 고뇌를 상징한다고 보기 어렵다.

★★ 문제 해결 꿀~팁 ★★

▶ 많이 틀린 이유는?
이 문제는 글에 제시된 소재나 구절을 〈보기〉와 연관하여 이해하는 데 어려움을 겪어 오답률이 높았던 것으로 보인다. 특히 글의 중심인물인 '창권이 형'의 행동이 지니는 의미를 이해하지 못한 것도 오답률이 높았던 것으로 보인다.
▶ 문제 해결 방법은?
이 문제를 해결하기 위해서는 먼저 〈보기〉를 정확히 이해하면서, 글의 내용과 〈보기〉를 관련하여 제시한 선택지의 적절성을 판단하면 된다. 이때 주의할 점은 글의 내용을 정확하게 이해해야 한다는 점이다. 정답인 ⑤의 경우에 글의 내용을 바탕으로 '회중시계'의 의미와 '창권이 형'에 대해 정확히 이해해야 한다. 즉 피난민 시체로부터 받은 '회중시계'에 대해 '나'가 창권이 형의 '금빛 찬란하던 한 때'를 '증언하는' 듯하다고 하였음을 이해해야 한다. 이러한 글의 내용을 바탕으로 하면 '회중시계'가 전쟁 시기에 애국 학도로서의 신념을 지키지 못한 창권이 형의 고뇌를 상징하지 않음을 알 수 있다. 이처럼 〈보기〉를 바탕으로 작품을 감상하는 문제의 경우 글의 내용을 정확히 이해하지 못할 경우 잘못된 선택을 할 수 있으므로, 인물을 중심으로 글의 내용을 정확히 이해할 수 있도록 평소 훈련을 해야 한다.
▶ 오답인 ④를 많이 선택한 이유는?
이 문제의 경우 학생들이 ④가 적절하지 않다고 하여 오답률이 높았는데, 이는 글에 제시된 창권이 형의 모습을 〈보기〉와 연관하여 이해하는 데 어려움을 겪었기 때문으로 보인다. 즉, 이 글에서 창권이 형이 '시위대의 선두'에 선 이유, '중상을 입'고 창권이 형이 떠나는 의미를 〈보기〉와 연관하여 이해하지 못했기 때문으로 보인다. 만일 〈보기〉를 통해 창권이 형이 권력층에 편승하려는 인물이고, 몰락하게 되는 창권이 형을 통해 욕망의 허망함을 풍자한다는 내용을 이해하였으면, ④의 선택지가 적절함을 알 수 있었을 것이다.

38~42 | 기술

이준엽, 'OLED 소재 및 소자의 기초와 응용'

해제　이 글은 OLED 소자를 사용한 스마트폰에서 화면 내부 기판에 반사되는 외부광을 차단하여

야외 시인성을 개선하기 위해 적용된 기술에 대해 설명하고 있다. 야외 시인성은 빛이 밝은 야외에서 대상을 명확하게 인식할 수 있는 성질을 의미하는데, 스마트폰에는 야외 시인성 개선을 위한 기술이 적용되어 있다.
스마트폰 화면의 명암비가 높으면 우리는 화면에 표현된 이미지를 선명하다고 인식하는데, 명암비는 흰색의 휘도를 검은색을 표현할 때의 휘도로 나눈 값이다. 외부광이 존재하는 환경에서 명암비를 높이면 야외 시인성을 높일 수 있는데, OLED 소자를 사용한 스마트폰에서는 편광판과 위상지연필름을 활용하여 검은색을 표현할 때의 휘도를 줄임으로써 스마트폰의 야외 시인성을 높인다.
주제　야외 시인성을 개선하기 위해 적용된 기술

문단 핵심 내용

1문단	야외 시인성 개선에 적용되는 기술에 대한 의문 제기
2문단	명암비의 이해
3문단	명암비의 종류─암실 명암비와 명실 명암비
4문단	OLED 스마트폰에 휘도를 낮추는 기술이 적용되는 이유
5문단	OLED 스마트폰에 적용된 편광판의 원리 이해
6문단	OLED 스마트폰에서 야외 시인성을 높이는 기술

★★★ 등급을 가르는 문제!
38 내용의 사실적 이해　　　　정답률 56% | 정답 ①

윗글에서 알 수 있는 내용으로 가장 적절한 것은?

☑ 햇빛은 진행하는 방향에 수직인 모든 방향으로 진동한다.
　5문단을 통해 일반적으로 빛이 진행하는 방향에 수직인 모든 방향으로 진동하며 나아감을 알 수 있다. 그리고 스마트폰에 적용된 편광판의 원리를 나타낸 〈그림〉과 6문단의 내용을 통해, 외부광은 편광판을 거치면서 일부가 차단되므로 외부광이 일반적인 빛에 해당된다는 사실을 확인할 수 있다. 또한 3문단을 통해 햇빛은 외부광에 해당함을 알 수 있으므로 햇빛이 진행하는 방향에 수직인 모든 방향으로 진동한다는 진술은 적절하다.

② OLED는 네 가지의 색을 조합하여 다양한 색을 구현한다.
　4문단을 통해 OLED는 빨간색, 초록색, 파란색 빛을 조합하여 다양한 색을 구현함을 알 수 있다.

③ 사람의 눈에 들어오는 빛의 양이 많으면 휘도는 낮아진다.
　2문단을 통해 휘도는 '화면에서 나오는 빛이 사람의 눈에 얼마나 들어오는지를 나타내는 양'임을 알 수 있으므로, 사람의 눈에 들어오는 빛의 양이 많으면 휘도는 높아진다고 할 수 있다.

④ 야외 시인성은 사물 간의 크기 차이를 비교하는 기준이다.
　1문단을 통해 야외 시인성이 '빛이 밝은 야외에서 대상을 명확하게 인식할 수 있는 성질'임을 알 수 있으므로, 야외 시인성이 대상 간의 크기 차이를 비교하는 기준이라는 진술은 적절하지 않다.

⑤ OLED는 화면의 외부 표면에 반사되는 외부광을 차단한다.
　4문단을 통해 OLED는 화면의 내부에 있는 기판에서 빛을 내는 역할을 하는 소자임을 알 수 있으므로, OLED가 화면의 외부 표면에 반사되는 외부광을 차단한다는 진술은 적절하지 않다.

★★ 문제 해결 꿀~팁 ★★

▶ 많이 틀린 이유는?
이 문제는 선택지에 제시된 내용을 글의 내용을 사실로 제시하지 않고, 글의 내용을 바탕으로 변형하였거나 여러 문단의 정보를 활용하여 선택지를 만들어서 오답률이 높았던 것으로 보인다.
▶ 문제 해결 방법은?
최근 수능 문제에서는 내용의 사실 여부를 묻는 일치 문제보다 주어진 내용을 바탕으로 새로운 정보를 알아내거나 여러 정보를 종합하는 문제가 주로 출제되고 있다. 따라서 이러한 문제를 해결하기 위해서는 선택지의 내용과 관련된 정보들이 어디에 있는지 일차적으로 확인하고, 이러한 정보들을 바탕으로 선택지가 적절한지 판단할 수 있어야 한다.
가령 오답인 ③의 경우, 2문단을 통해 '화면에서 나오는 빛이 사람의 눈에 얼마나 들어오는지를 나타내는 양'이 휘도임을 확인하고, 이러한 내용을 바탕으로 사람의 눈에 들어오는 빛의 양이 많으면 휘도는 높아짐을 이끌어 내야 한다. 또한 정답인 ①의 경우, 3문단을 통해 햇빛은 외부광이라는 사실을, 6문단을 통해 외부광이 일반적인 빛에 해당함을, 그리고 5문단을 통해 일반적으로 빛은 진행하는 방향에 수직인 모든 방향으로 진동하며 나아간다는 것을 확인하고, 이를 종합할 수 있어야 한다. 이렇게 볼 때, 내용 이해 문제를 해결하는 핵심은 선택지에 제시된 내용이 글의 어느 부분과 관련 있는지를 확인하는 것에 있으므로, 글을 읽을 때 주요 개념이나 내용에 대해서는 반드시 밑줄을 그을 수 있도록 한다. 이렇게 해 두면 밑줄을 바탕으로 선택지의 내용이 어느 문단에 있는지 보다 쉽게 확인할 수 있는 이점이 있으므로 문제 해결에도 효율적일 수 있다.

---

39 세부 정보의 이해　　　　정답률 64% | 정답 ②

㉠에 대한 설명으로 적절하지 않은 것은?

① 명실 명암비를 높이면 야외 시인성이 높아지게 된다.
　3문단을 통해 스마트폰의 야외 시인성을 높이기 위해서는 명실 명암비를 높여야 함을 알 수 있다. 따라서 명실 명암비를 높이면 야외 시인성이 높아지게 됨을 알 수 있다.

☑ 흰색을 표현할 때의 휘도가 낮아질수록 암실 명암비가 높아진다.
　2, 3문단을 통해 암실 명암비는 외부광이 존재하지 않는 조건에서, 화면이 흰색을 표현할 때의 휘도를 검은색을 표현할 때의 휘도로 나눈 값임을 알 수 있다. 따라서 흰색을 표현할 때의 휘도가 낮아질수록 암실 명암비도 낮아짐을 알 수 있다.

③ 휘도를 측정하는 환경에 따라 명실 명암비와 암실 명암비로 나뉜다.
　3문단을 통해 암실 명암비와 명실 명암비는 휘도를 측정하는 환경에 따라 구분됨을 알 수 있다.

④ 흰색을 표현할 때의 휘도를 검은색을 표현할 때의 휘도로 나눈 값이다.
　2문단을 통해 명암비는 흰색을 표현할 때의 휘도를 검은색을 표현할 때의 휘도로 나눈 값임을 알 수 있다.

⑤ 화면에 반사된 외부광이 눈에 많이 들어올수록 명실 명암비가 낮아진다.
　1문단을 통해 화면에 반사된 햇빛이 화면에서 나오는 빛과 많이 혼재될수록 검은색을 표현할 때의 휘도가 높아져서 명실 명암비가 낮아짐을 알 수 있다.

40 내용의 추론
정답률 68% | 정답 ③

ⓒ의 이유를 추론한 것으로 가장 적절한 것은?

① OLED가 내는 빛의 휘도를 조절할 수 없기 때문이다.
4문단을 통해 OLED가 색을 표현할 때, 출력되는 빛의 세기를 높여 해당 색의 휘도를 높일 수 있음을 알 수 있으므로 적절하지 않다.

② OLED가 내는 빛이 강할수록 수명이 길어지기 때문이다.
4문단을 통해 OLED가 강한 세기의 빛을 출력할수록 OLED의 수명이 단축됨을 알 수 있으므로 적절하지 않다.

☑ OLED가 내는 빛 중 일부가 편광판에서 차단되기 때문이다.
ⓒ과 같은 단점이 발생하는 원인은 투과되는 빛의 세기를 감소시키는 편광판이 사용되기 때문이다. 편광판은 OLED에서 방출된 빛 중 편광판 투과축의 수직 방향으로 진동하는 빛을 차단시켜 빛의 세기를 감소시키는데, 이를 통해 OLED에서 방출된 빛이 외부광처럼 편광판에 일부 차단되어 빛의 세기가 줄어든다는 것을 추론할 수 있다.

④ OLED가 내는 빛이 약하면 명암비 계산이 어렵기 때문이다.
빛의 세기를 높게 유지해야 하는 것은 명암비 계산을 어렵게 하는 것과는 관련이 없으므로 적절하지 않다.

⑤ OLED가 내는 빛의 세기를 높이는 데 한계가 있기 때문이다.
4문단을 통해 빛의 세기를 높이는 데 한계가 있지만 이는 빛의 세기를 높게 유지하는 것과 관련이 없음을 알 수 있으므로 적절하지 않다.

★★★ 등급을 가르는 문제!
41 구체적인 상황에의 적용
정답률 46% | 정답 ③

〈보기〉는 [A]의 과정을 나타낸 그림이다. 윗글을 바탕으로 〈보기〉를 이해한 내용으로 적절하지 않은 것은? [3점]

〈보 기〉

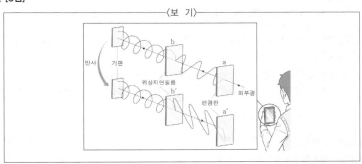

① 외부광은 a를 거치면서 투과축과 평행한 방향으로 진동하는 빛만 남게 된다.
5, 6문단을 통해 외부광은 편광판을 거치면서 편광판의 투과축과 평행한 방향으로 진동하며 나아가는 선형 편광만 남음을 알 수 있다.

② a를 거쳐 b로 나아가는 빛은 진행 방향에 수직인 방향으로 진동한다.
5, 6문단을 통해 편광판을 거쳐 위상지연필름으로 나아가는 빛은 선형 편광임을 알 수 있고, 선형 편광은 진행하는 방향에 수직인 빛 중 편광판의 투과축과 평행한 방향으로 진동하며 나아가는 빛이다.

☑ b를 거친 빛은 기판에 의해 a를 거쳐 b로 나아가는 빛과 같은 형태의 편광으로 바뀌게 된다.
b를 거친 빛은 원형 편광이며, a를 거쳐 b로 나아가는 빛은 선형 편광이므로, 둘은 같은 형태의 편광이 아니다. 또한 기판은 편광의 형태를 바꾸지 않으므로, b를 거친 빛이 a를 거쳐 b로 나아가는 빛과 같은 형태의 편광으로 바뀐다는 진술은 적절하지 않다.

④ b′를 거친 빛의 진동 방향은 a를 거쳐 b로 나아가는 빛의 진동 방향과 수직을 이룬다.
6문단을 통해 기판에 반사되어 다시 위상지연필름을 통과한 빛의 진동 방향은 외부광이 처음 편광판을 통과했을 때 남은 선형 편광의 진동 방향과 수직을 이룸을 알 수 있다.

⑤ b′를 거친 빛은 진동 방향이 a′의 투과축과 수직을 이루므로 화면 밖으로 빠져나가지 못하게 된다.
6문단을 통해 기판에 반사되어 다시 위상지연필름을 통과한 빛의 진동 방향은 편광판 투과축의 수직 방향임을 알 수 있다.

★★ 문제 해결 꿀~팁 ★★

▶ 많이 틀린 이유는?
이 문제는 글의 내용, 즉 [A]에 제시된 내용을 실제 그림에 적용하는 것에 어려움을 겪어 오답률이 높았던 것으로 보인다.
▶ 문제 해결 방법은?
학생들 중, 특히 문과에 속하는 학생들이 가장 어려워하는 것이 과학·기술이고, 그중에서도 그림이 나온 문제를 제일 어려워한다. 그런데 사실 이러한 문제의 경우 그림과 관련된 정보가 글에 제시되어 있으므로, 글의 내용에 따라 그림을 이해하고 있는 선택지의 내용을 글과 직접 연관시키면 생각보다 쉽게 문제를 해결할 수 있다.
가령 학생들이 적절하지 않다고 선택한 ②와 ④의 경우, 5문단을 통해 a, b, a′, b′가 무엇인지 이해하고, [A]의 내용에 따라 내용을 이해했으면 적절함을 알 수 있었을 것이다. 마찬가지로 적절하지 않아 정답인 ③의 경우에도, [A]를 통해 b를 거친 빛은 원형 편광, a를 거쳐 b로 나아가는 빛은 선형 편광임을 알았으면 적절하지 않음을 알았을 것이다. 이처럼 과학·기술에 제시된 그림의 경우(경제 지문에 사용되는 그래프의 경우도 마찬가지로)에는 글에 답이 반드시 제시되어 있으므로, 글의 내용과 그림을 비교하면서 선택지의 적절성 여부를 판단하도록 한다.

42 단어의 문맥적 의미 파악
정답률 92% | 정답 ③

문맥상 ⓐ ~ ⓔ와 바꾸어 쓰기에 적절하지 않은 것은?

① ⓐ : 뒤섞일수록
'혼재되다'는 '뒤섞이어 있다.'라는 의미를 지닌 단어이므로, '혼재될수록'은 '뒤섞일수록'으로 바꾸어 쓸 수 있다.

② ⓑ : 있는
'존재하다'는 '현실에 실재(實在)하다.'라는 의미를 지닌 단어이며, '있다'는 '어떤 사실이나 현상이 현실로 존재하는 상태이다.'라는 의미를 지닌 단어이므로, '존재하는'은 '있는'으로 바꾸어 쓸 수 있다.

☑ ⓒ : 고른다
'구현하다'는 '어떤 내용을 구체적인 사실로 나타나게 하다.'라는 의미를 지닌 단어이다. 따라서 '구현한다'를 '여럿 중에서 가려내거나 뽑는다.'라는 의미를 지닌 '고른다'로 바꾸는 것은 적절하지 않다.

④ ⓓ : 줄어드는
'단축되다'는 '시간이나 거리 따위가 짧게 줄어들다.'라는 의미를 가진 단어이므로, '단축되는'은 '줄어드는'으로 바꾸어 쓸 수 있다.

⑤ ⓔ : 막지
'방지하다'는 '어떤 일이나 현상이 일어나지 못하게 막다.'의 의미를 지닌 단어이므로, '방지하지'는 '막지'로 바꾸어 쓸 수 있다.

43~45 고전 소설

작자 미상, 「금방울전」

감상 이 소설은 동해 용왕의 아들이었던 해룡과 남해 용왕의 딸이었던 금령(금방울)이 온갖 시련을 이겨 내고 혼인을 하여 전생의 인연을 되찾는다는 내용을 담고 있는 작품이다. 이 작품에서 금방울은 자신의 능력을 바탕으로 해룡의 위기 극복과 입신양명을 돕고, 서사 진행에 있어 주도적인 역할을 하며 마지막에는 여성의 몸으로 변하고 있어서, 이 작품을 여성 영웅 소설로 평가하기도 한다.

주제 고난 극복을 통한 남녀의 결합과 부귀 획득

작품 줄거리 명나라 때 장원은 아들이 없다가 동해 용왕의 아들을 구출해 준 인연으로 부인이 잉태하여 아들 해룡을 낳는다. 그 뒤에 난리를 만나 피난길에 장원 부부가 해룡을 버리자, 도적인 장삼이 해룡을 업고 달아난다. 한편 김삼랑의 아내 막 씨는 어느 날 꿈을 꾸어 옥황상제로부터 아이를 점지 받고, 죽은 남편의 혼과 동침해서 금방울을 낳는다. 막 씨가 사는 마을의 원님이 된 장원이 요망한 물건이란 소리 듣고 처치하려 하지만 고생만 하게 되어 금방울을 풀어 준다. 하루는 장원의 부인이 병을 얻어 죽게 되는데, 금방울이 보은초를 가지고 와 생명을 구해 주고, 이 인연으로 금방울은 의형제를 맺은 장원 부인과 막 씨 사이를 오가며 사랑을 받는다. 이때 태조 고황제의 딸 금선 공주가 괴물에게 납치당하자 공주를 구해 주면 나라의 반을 주겠다는 어명이 내려진다. 한편 해룡은 장삼의 양자로 자라나지만 장삼의 처가 아들 소룡을 낳고 장삼이 사망하면서 심한 박대를 받으며 지내게 된다. 나중에는 소룡이 저지른 살인 사건 누명까지 쓰면서 감옥에 가지만 마을 관리의 아들 귀동이의 도움을 받아 누명을 벗게 된다. 이후 장삼의 집에서 나온 해룡은 금방울의 도움을 받아 괴물을 물리치고 금선 공주를 구하게 되고, 황제는 해룡을 부마로 삼는다. 부마가 된 해룡은 북방의 흉노를 물리치고, 금방울의 도움으로 장원 부부와 만나게 된다. 이후 해룡은 껍질을 깨고 아름다운 여인이 된 금방울과 금선 공주 두 부인을 거느리며 행복하게 산다.

43 작품 내용의 이해
정답률 75% | 정답 ①

윗글의 내용에 대한 이해로 적절하지 않은 것은?

☑ 변 씨는 소룡에게 잠자는 해룡을 깨우라고 지시했다.
변 씨는 잠자는 해룡을 직접 부르고 있다. 해룡이 얼어 죽지 않은 것을 확인한 후 이상한 일이니 두고 보자고 소룡에게 이야기 할 뿐, 소룡에게 잠자는 해룡을 깨우라고 지시한 부분은 찾아볼 수 없다.

② 변 씨는 해룡을 도운 것이 금방울이라는 것을 몰랐다.
해룡은 방아질을 하다가 얼어 죽을 뻔한 상황에서 금방울의 도움으로 살고, 방아질, 비질도 금방울의 도움을 받는다. 하지만 변 씨는 이를 알지 못하고 해룡이 요술을 부려 사람을 속인 것이라고 생각하고 있다.

③ 해룡은 밤에 방아질을 하다가 추워 방 안으로 들어갔다.
해룡은 얇은 홑옷만 입고 추운 겨울날 밤에 방아질을 하다가 추위를 이기지 못해 잠깐 쉬려고 방 안으로 들어갔다.

④ 해룡은 방 안에서 움직이는 금방울을 보고 신통해 했다.
해룡은 자신의 방에서 금방울을 발견하고 잡으려 하지만 방 안을 굴러다니며 잡히지 않는 금방울을 신통하게 여겼다.

⑤ 금방울은 구호동에서 사라진 후 해룡보다 먼저 방에 도착했다.
금방울은 해룡이 호랑이를 잡도록 도와준 후 해룡이 산을 내려오면서 돌아볼 때는 이미 사라지고 없었으나, 해룡이 집에 돌아와 제 방에 들어가 보니 금방울이 방에 먼저 도착해 있었다.

44 인물의 말하기 방식 파악
정답률 71% | 정답 ④

[A]에 대한 설명으로 가장 적절한 것은?

① 지난 일의 책임을 상대방에게 전가하며 태도 변화를 촉구하고 있다.
가산이 줄어든 것에 대해서 언급하고 있으나 해룡에게 이에 대한 책임을 묻고 있지 않다.

② 상대방으로 인한 자신의 손해를 언급하며 요청 사항을 전달하고 있다.
변 씨는 해룡이 논밭을 일구면 도움이 될 것이라고 말하고 있을 뿐, 해룡으로 인한 손해를 언급하고 있지 않다.

③ 상대방의 역할에 대해 의문을 제기하며 자신의 입장을 수정하고 있다.
변 씨는 해룡의 역할에 대해서 의문을 제기하고 있지 않으며, 입장을 수정하고 있지도 않다.

☑ 자신이 제안한 바가 서로에게 이익이 됨을 근거로 상대방을 설득하고 있다.
변 씨는 해룡에게 구호동 논밭을 일굴 것을 제안하며, 해룡도 장가를 가고 변 씨와 소룡도 잘살게 된다면 좋다는 말을 하고 있다. 즉 해룡이 구호동에서 논밭을 일구는 것이 변 씨와 해룡 모두에게 도움이 된다는 것을 근거로 해룡을 설득하고 있는 것이다.

⑤ 상대방이 취하려는 행위를 만류하기 위해 상대방과 자신의 관계를 언급하고 있다.
변 씨는 해룡에게 구호동에 가서 논밭을 일굴 것을 제안하고 있는 것일 뿐 해룡이 취하려는 행위를 만류하려고 하고 있지 않다.

45 외적 준거에 따른 작품의 감상
정답률 76% | 정답 ⑤

〈보기〉는 윗글의 서사 구조를 도식화한 것이다. ㄱ ~ ㄹ에 대한 설명으로 적절하지 않은 것은? [3점]

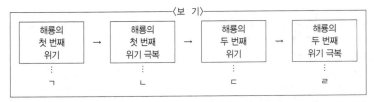

〈보 기〉

해룡의 첫 번째 위기	→	해룡의 첫 번째 위기 극복	→	해룡의 두 번째 위기	→	해룡의 두 번째 위기 극복
ㄱ		ㄴ		ㄷ		ㄹ

① ㄱ은 집에서 얼어 죽게 될, ㄷ은 구호동에서 짐승에게 해를 입게 될 상황이다.
　해룡의 첫 번째 위기는 집에서 방아질을 하면서 얼어 죽을 뻔한 것이고, 두 번째 위기는 호랑이가 나오는 구호동에서 짐승에게 해를 입을 뻔한 것이다.

② ㄱ과 ㄷ은 모두 해룡에게 수행하기 어려운 과제가 주어지는 상황이다.
　ㄱ에서는 해룡에게 아이가 견디기 어려운 추위에 방아질이라는 어려운 과제가 주어졌고, ㄷ에서는 해룡에게 호랑이가 나오는 곳에서 논밭을 일구어야 하는 어려운 과제가 주어졌다.

③ ㄴ은 장차 해룡에게 화를 입을 것을 염려한 변 씨가 ㄷ을 계획하는 계기가 된다.
　해룡이 첫 번째 위기를 극복한 뒤 변 씨는 금방울의 도움이 있던 것을 모르고, 해룡의 요술로 인한 것이라고 생각한 뒤 해룡을 오래 두었다가는 화를 당할 것이라 생각해, 해룡을 죽일 계획을 생각하게 된다.

④ ㄴ과 ㄹ은 신이한 능력을 지닌 금방울에 의해 주도적으로 진행된다.
　금방울은 첫 번째 위기 상황에서 자신의 능력을 바탕으로 해룡의 방을 따뜻하게 해 해룡의 목숨을 구하고, 두 번째 위기 상황에서 해룡을 공격하는 호랑이를 공격해 제압한다. ㄴ과 ㄹ에서 해룡이 위기를 벗어나는 것은 금방울의 주도로 진행된 것이다.

☑ ㄱ ~ ㄹ의 과정에서 해룡은 겉과 속이 다르게 자신을 대하는 변 씨의 이중성을 눈치채고 반발하게 된다.
　해룡이 집에서의 첫 번째 위기와 구호동에서의 두 번째 위기를 겪는 과정에서 변 씨는 해룡을 걱정하는 척, 겉과 속이 다른 모습을 보인다. 하지만 해룡은 구호동에서 돌아와서도 변 씨의 칭찬에 감사를 표하며 변 씨에게 예의 바른 모습을 보이고 있을 뿐 변 씨의 이중성에 대해 반발하고 있지 않다.

• 정답 •

01 ④ 02 ④ 03 ⑤ 04 ① 05 ② 06 ⑤ 07 ④ 08 ① 09 ② 10 ② 11 ⑤ 12 ① 13 ① 14★② 15 ③
16 ⑤ 17★① 18 ③ 19 ③ 20 ④ 21 ② 22 ④ 23 ④ 24 ① 25★② 26 ① 27 ② 28 ⑤ 29 ④ 30 ④
31 ① 32 ④ 33 ③ 34★⑤ 35 ⑤ 36 ③ 37 ② 38 ② 39 ③ 40 ⑤ 41 ③ 42 ③ 43 ⑤ 44 ③ 45 ①

★ 표기된 문항은 [등급을 가르는 문제]에 해당하는 문항입니다.

[01~10] 화법과 작문

01 　발표의 말하기 방식 파악　　　　　정답률 84% | 정답 ④

위 발표에 대한 설명으로 적절하지 않은 것은?

① 용어의 뜻을 설명하며 청중의 이해를 돕고 있다.
　2문단의 '영구 동토층은 온도가 ~ 녹지 않는 토양층을 말합니다.'를 통해, 발표자가 영구 동토층이라는 용어의 뜻을 설명하여 청중의 이해를 돕고 있음을 알 수 있다.

② 질문을 하면서 청중이 발표에 집중하도록 하고 있다.
　2문단의 '영구 동토층에 대해 들어보신 적 있나요?'와 3문단의 '이것이 왜 문제가 될까요?'라고 질문을 하고 있는데, 이러한 질문은 청중으로 하여금 발표에 집중할 수 있게 해 주는 효과가 있다.

③ 학습 경험을 언급하며 관련된 내용을 설명하고 있다.
　3문단의 '수업 시간에 배운 것처럼 ~ 대표적인 온실가스입니다.'를 통해 확인할 수 있다.

☑ 예상되는 반론을 반박하며 발표의 설득력을 높이고 있다.
　이 발표에서 발표자는 영구 동토층이 녹으면서 생기는 문제, 즉 영구 동토층이 녹을 때 대량의 온실가스가 방출되고, 이는 영구 동토층의 기온 상승을 가속화하며, 결국 지구 전체의 온난화를 악화시킨다고 언급하고 있다. 그러면서 영구 동토층이 녹지 않도록 전지구적 노력이 필요함을 강조하고 있다. 하지만 예상되는 반론을 반박하지는 않고 있다.

⑤ 캠페인에 대한 관심을 요청하며 발표를 마무리하고 있다.
　마지막 문단에서 발표자는 '동아리 캠페인에도 지속적인 관심을 부탁'한다고 요청하며 발표를 마무리하고 있다.

02 　발표 자료의 활용 방식 파악　　　　정답률 70% | 정답 ④

발표자가 ㉠과 ㉡을 활용한 방식에 대한 설명으로 가장 적절한 것은?

① ㉠을 활용해 영구 동토층이 녹는 원인을 제시하고, ㉡을 활용해 해당 원인의 소멸 과정을 보여 주었다.
　㉠ 뒤의 내용을 통해 영구 동토층이 녹으면 온실가스가 방출된다고 했으므로 영구 동토층이 녹는 원인을 제시한 것은 아니다. 또한 ㉡ 뒤의 내용을 통해 영구 동토층이 녹는 원인의 소멸 과정을 찾아볼 수 없다.

② ㉠을 활용해 영구 동토층이 생성된 과정을 제시하고, ㉡을 활용해 해당 과정의 발생 원인을 보여 주었다.
　㉠은 영구 동토층이 생성된 과정을 제시한 자료가 아니며, ㉡은 영구 동토층의 생성 과정에 대한 원인을 보여 준 자료가 아니다.

③ ㉠을 활용해 영구 동토층이 녹는 속도의 차이를 보여 주고, ㉡을 활용해 그 차이를 줄이기 위한 방안을 제시하였다.
　㉠은 영구 동토층이 유지되는 지역과 녹고 있는 지역의 차이를 보여 주지만 녹는 속도의 차이를 보여 주고 있지는 않다. 또한 ㉡은 영구 동토층의 녹는 속도 차이를 줄이기 위한 방안을 보여 주고 있지 않다.

☑ ㉠을 활용해 영구 동토층이 녹을 때 생기는 문제를 보여 주고, ㉡을 활용해 이 문제가 악화될 수 있음을 강조하였다.
　㉠ 뒤의 '보시는 자료에서 왼쪽 그래프는 ~ 확인할 수 있습니다.'를 통해, ㉠은 영구 동토층이 녹지 않고 유지되는 지역과 영구 동토층이 녹고 있는 지역을 대조하여 영구 동토층이 녹을 때 온실가스의 방출량이 급격히 증가했음을 보여 주기 위해 활용했음을 알 수 있다. 그리고 ㉡ 뒤의 '붉은 선과 파란 선 ~ 같은 상황이 가속화됩니다.'를 통해, ㉡은 북극권의 연평균 기온 상승을 지구 전체의 연평균 기온 상승과 비교함으로써, 영구 동토층이 녹을 때 방출되는 온실가스로 인해 해당 문제가 악화될 수 있음을 강조하기 위해 활용했음을 알 수 있다.

⑤ ㉠을 활용해 영구 동토층이 유지된 지역의 문제 상황을 보여 주고, ㉡을 활용해 해당 문제가 가져올 결과를 제시하였다.
　㉠은 영구 동토층이 유지된 지역의 문제 상황을 보여 주고 있지 않고, ㉡은 영구 동토층이 유지된 지역의 문제가 가져올 결과를 보여 주고 있지 않다.

03 　청중의 듣기 과정 및 반응 파악　　　정답률 93% | 정답 ⑤

다음은 발표를 들은 학생들의 반응이다. 발표의 내용을 고려하여 학생의 반응을 이해한 내용으로 적절하지 않은 것은? [3점]

> ○ **학생 1 :** 영구 동토층은 녹지 않는 것으로 알고 있었는데, 발표를 듣고 그렇지 않다는 것을 알게 되었어. 영구 동토층이 녹아서 문제가 생긴 사례를 더 찾아봐야지.
> ○ **학생 2 :** 영구 동토층이 주로 북극권에 분포해 있다고 했는데, 나머지는 어디에 분포해 있을지 궁금해. 발표에서 참조한 자료의 출처를 물어봐야겠어.
> ○ **학생 3 :** 영구 동토층이 녹는 문제의 심각성을 알리는 캠페인의 취지에 동의해. 인근 학교와 지역 사회에 이 문제를 어떻게 공유할지 생각해 봐야겠어.

① '학생 1'은 발표 내용을 듣고 알게 된 정보를 통해 기존의 지식을 수정하고 있다.
　'학생 1'은 발표를 통해 영구 동토층이 녹고 있다는 새로운 정보를 접한 후, 영구 동토층이 녹지 않는다고 여긴 기존의 지식을 수정하고 있다.

② '학생 2'는 발표자가 언급하지 않은 발표 내용에 대해 궁금증을 드러내고 있다.
　'학생 2'는 발표자가 북극권에 분포한 영구 동토층에 대해서만 언급하고 있음을 언급하면서 발표에 언급되지 않은 다른 지역에 대한 궁금증을 드러내고 있다.

③ '학생 3'은 발표 내용을 수용하면서 주변에 알릴 방법을 고민하고 있다.
'학생 3'은 환경 동아리의 캠페인의 취지에 동의하면서, 영구 동토층이 녹는 문제의 심각성과 관련하여 인근 학교와 지역 사회에 알릴 방법을 생각해 보겠다 하고 있다.

④ '학생 1'과 '학생 3'은 발표 내용과 관련하여 추가적인 활동을 계획하고 있다.
'학생 1'은 영구 동토층이 녹아서 문제가 생긴 사례를 더 찾아보겠다고 했고, '학생 3'은 인근 학교와 지역 사회에 알릴 방법을 생각해야겠다 했으므로 추가적인 활동을 계획하는 것으로 볼 수 있다.

☑ '학생 2'와 '학생 3'은 발표에 활용된 정보에 출처가 언급되지 않았음을 지적하고 있다.
'학생 2'는 발표에서 참고한 자료의 출처를 물어봐야겠다 하고 있으므로, 정보에 출처가 언급되지 않았음을 지적하고 있다. 하지만 '학생 3'은 영구 동토층이 녹는 문제의 심각성을 알리자는 환경 동아리의 캠페인과 관련하여 인근 학교와 지역 사회에 어떻게 공유할지 생각해 보겠다 하고 있을 뿐, 정보에 출처가 언급되지 않았음을 지적하지는 않고 있다.

04 발화의 기능 이해 | 정답률 89% | 정답 ①

(가)의 '학생 1'에 대한 설명으로 적절하지 않은 것은?

☑ 일부 대화 참여자의 발언이 맥락에서 벗어났음을 지적하고 논의의 범위를 제한할 것을 요청하고 있다.
'학생 1'의 발화를 통해, 일부 대화 참여자의 발언이 맥락에서 벗어났음을 지적하거나 논의의 범위를 제한할 것을 요청하는 말은 찾아볼 수 없다.

② 대화 참여자의 발언에 대해 평가하고 논의와 관련하여 대화 참여자들이 해야 할 일을 제시하고 있다.
'학생 1'의 네 번째 발화는 앞의 '학생 3'의 의견에 대해 '정말 좋은 의견이야.'라고 긍정적으로 평가하면서, 대화 참여자들이 해야 할 일로 자료 수집을 제안하고 있다.

③ 대화 참여자의 발언의 일부를 재진술하고 논의와 관련된 추가적인 설명을 요구하고 있다.
'학생 1'의 두 번째 발화에서 '학생 1'은 앞의 '학생 3'의 '고립될 수 있다는 불안을 느끼기 쉽다'는 말을 재진술하면서 포모라는 말에 대한 추가 설명을 요구하고 있다.

④ 대화 참여자의 발언 내용에 동의하고 더 논의할 내용을 제시하고 있다.
'학생 1'의 세 번째 발화에서 '학생 1'은 앞의 '학생 2'의 발화에 동의하면서 '학생들에게 제안할 만한 내용'을 더 논의하자고 하고 있다.

⑤ 지난번 대화 내용을 환기하고 이번에 논의할 내용을 밝히고 있다.
'학생 1'의 첫 번째 발화에서 '학생 1'은 지난번 대화 내용을 환기하며 오늘 논의할 내용을 밝히고 있다.

05 발화의 특성 이해 | 정답률 87% | 정답 ②

[A], [B]에 대한 이해로 가장 적절한 것은?

① [A]에서 전문가의 관점을 소개하고, [B]에서는 소개한 관점의 의의를 제시하고 있다.
'학생 3'은 [A]에서 전문가의 관점을 소개하지 않았고, [B]에서 관점의 의의를 제시하지 않았다.

☑ [A]에서 용어에 대해 설명하고, [B]에서는 설명한 내용의 일부를 활용하여 자신의 견해를 드러내고 있다.
'학생 3'은 [A]에서 '포모'와 '포모 증후군'이라는 용어에 대해 설명하고 있고, [B]에서는 포모 증후군에 대한 설명 내용 중 일부인 인간관계 맺기에 관련된 부분을 바탕으로 포모 증후군이 청소년과 관련된다는 자신의 견해를 드러내고 있다.

③ [A]에서 상대방 발언의 핵심 내용을 정리하고, [B]에서는 정리한 내용에 대한 자신의 견해를 밝히고 있다.
'학생 3'은 [A]에서 상대 발언의 질문에 맞게 답했으나 상대 발언의 핵심 내용을 정리하지는 않았다.

④ [A]에서 구체적 사례를 나열하여 제시하고, [B]에서는 일정한 기준에 따라 제시한 사례를 분류하고 있다.
'학생 3'은 [A]에서 구체적 사례를 나열하지 않았고, [B]에서 일정한 기준에 따라 사례를 분류하지 않았다.

⑤ [A]에서 자신의 견해를 요약하여 제시하고, [B]에서는 다른 의견을 받아들여 자신의 견해를 수정하고 있다.
'학생 3'은 [A]에서 견해가 아닌 정보에 해당하는 내용을 제시하고 있고, [B]에서 다른 사람의 의견을 받아들여 자신의 견해를 수정하지 않고 있다.

06 대화 내용이 글에 반영된 양상 이해 | 정답률 75% | 정답 ⑤

(가)의 대화 내용이 (나)에 반영된 양상으로 적절하지 않은 것은? [3점]

① (가)에서 포모 증후군에 대해 설명한 내용이, (나)의 3문단에서 청소년기의 심리적 특성과 함께 제시되었다.
(가)의 '학생 3'의 두 번째 발화와 세 번째 발화를 통해 포모 증후군에 대해 설명하고 있음을 알 수 있고, 이와 관련하여 (나)의 3문단에서 포모 증후군을 청소년의 또래를 중시하는 심리적 특성에 대한 설명과 함께 제시하고 있음을 알 수 있다.

② (가)에서 SNS 사용에 대해 청소년들에게 제안하려는 내용이, (나)의 4문단에서 개인적 측면과 사회적 측면으로 구분되어 제시되었다.
(가)의 '학생 2'의 마지막 발화를 통해 SNS 사용에 대해 청소년들에게 제안하고 있음을 알 수 있고, 이와 관련하여 (나)의 4문단에서 경각심을 갖고 자기를 성찰하자는 개인적 측면과 일상 속 친구 관계 형성에 집중하자는 사회적 측면 등의 두 가지 방안으로 제시되었음을 알 수 있다.

③ (가)에서 청소년의 SNS 이용 시간과 관련하여 언급한 내용이, (나)의 1문단에서 설문 결과에 나타난 수치와 함께 구체적으로 제시되었다.
(가)의 '학생 1'의 첫 번째 발화와 '학생 2'의 첫 번째 발화를 통해 청소년의 SNS 이용 시간과 관련한 내용을 알 수 있고, 이와 관련하여 (나)의 1문단에서 '77%', '3시간', '19%' 등의 수치를 통해 구체적으로 제시되었음을 알 수 있다.

④ (가)에서 청소년기의 특성에 대한 전문가의 견해가 필요하다는 의견이, (나)의 2문단에서 전문가가 제시한 청소년기의 두 가지 특징으로 구체화되어 반영되었다.
(가)의 '학생 3'의 마지막 발화를 통해 청소년기 특성에 대한 전문가 견해가 필요하다는 의견을 알 수 있고, 이와 관련하여 (나)의 2문단에서 청소년기의 두 가지 특징으로 구체화되어 반영되었음을 알 수 있다.

☑ (가)에서 포모 증후군과 청소년의 SNS 이용 시간의 관련성에 대해 언급한 내용이, (나)의 2문단에서 청소년의 SNS 과다 사용과 포모 증후군의 악순환 관계로 제시되었다.
(가)의 '학생 3'의 세 번째 발화를 통해 포모 증후군과 청소년 SNS 이용 시간과 관련하여 언급한 내용을 알 수 있고, 이와 관련하여 (나)의 3문단에서 이에 대해 언급하고 있음을 알 수 있다. 하지만 (나)의 2문단에 청소년의 SNS 과다 사용과 포모 증후군의 악순환 관계에 대해 언급하지는 않고 있다.

07 조건에 맞는 표현 | 정답률 89% | 정답 ④

㉮에 들어갈 문장을 〈조건〉에 따라 작성한 것으로 가장 적절한 것은?

〈조건〉
○ 문단의 내용과 어긋나지 않도록 할 것.
○ 내용의 대비가 드러나도록 비교의 방식을 활용할 것.

① 포모 증후군은 아닌지 걱정만 하기보다는 사용 시간 점검으로 현명한 SNS 사용자가 되자.
내용 대비가 드러나는 비교의 방식이 쓰였으나 4문단 내용과 어긋난다.

② 이번 주말 현실 속 친구들과 시간을 보냈다면, 다음 주말은 SNS 친구들에게 더 집중하도록 하자.
'SNS 친구들'과 '현실 속 친구들'이 대비를 이루고 있지만, 4문단 내용에 부합하지 않는다.

③ 내 손을 잡아 줄 옆자리 친구만큼 내 마음을 잡아 줄 SNS 친구도 소중하다는 것을 잊지 말아야 한다.
'옆자리 친구'와 'SNS 친구'가 대비를 이루고 있지만, 이들이 비교되지는 않았으며, 4문단 내용과도 상반되는 내용이다.

☑ SNS 속 친구 목록의 길이에 마음을 쓰기보다 곁에서 마음을 나누는 몇몇 친구와의 시간을 소중히 여길 필요가 있다.
'조건'을 통해 내용상 조건이 '문단의 내용에 맞는 것'이고, 형식상 조건이 '비교의 방식 활용'임을 알 수 있다. 이러한 조건을 만족하는 것은 ④로, ④는 (나)의 4문단의 친구 관계 형성에 집중하자는 내용과 어긋나지 않으며, 'SNS 속 친구 목록의 길이'와 '곁에서 마음을 나누는 몇몇 친구와의 시간'이 대비를 이루는 비교의 방식을 사용하고 있다.

⑤ 일상생활에서 직접 만나는 친구를 SNS 속에서 자주 만나며 연결되지 못하는 불안에서 벗어나 우정의 폭을 넓혀 보자.
4문단의 내용에 부합하고 '일상생활'과 'SNS'가 대비가 이루어지고 있지만 비교는 드러나지 않았다.

08 글쓰기 전략의 이해 | 정답률 91% | 정답 ①

'학생의 초고'에 나타난 글쓰기 전략을 〈보기〉에서 모두 골라 바르게 짝지은 것은?

〈보기〉
㉠ 『페스트』를 읽었을 때의 효용을 밝히며 읽기를 권유한다.
㉡ 『페스트』의 내용을 개괄하여 작품의 대강을 파악하도록 한다.
㉢ 작품의 주요 구절을 인용하며 『페스트』를 추천하는 이유를 설명한다.
㉣ 다른 책과의 비교를 통해 『페스트』가 갖는 독자적인 가치를 강조한다.

☑ ①㉠, ㉡   ②㉠, ㉣   ③㉡, ㉢   ④㉡, ㉣   ⑤㉢, ㉣

㉠ 『페스트』를 읽었을 때의 효용을 밝히며 읽기를 권유한다.
'학생의 초고' 세 번째 문단의 '어려움에 처한 사람이라면 이 책을 읽고 자신의 상황에 대처할 수 있는 실마리를 얻을 수 있을 것이다.'를 통해, 작품을 읽었을 때의 효용을 밝히며 책 읽기를 권유하고 있음을 알 수 있다.

㉡ 『페스트』의 내용을 개괄하여 작품의 대강을 파악하도록 한다.
'학생의 초고' 첫 번째 문단의 '이 책은 1947년에 발표된 작품으로 오랑이라는 도시가 페스트로 인해 봉쇄되면서 페스트와 맞서는 다양한 인간을 다룬 소설이다.'를 통해, 작품 내용을 개괄하여 작품의 대강을 파악하도록 하였음을 알 수 있다.

㉢ 작품의 주요 구절을 인용하며 『페스트』를 추천하는 이유를 설명한다.
'학생의 초고' 세 번째 문단을 통해 '탁월한 통찰과 진지함으로 우리 시대 인간의 정의를 밝힌 작가'라는 인용을 확인할 수 있지만, 인용된 구절은 작품의 주요 구절이 아니므로 적절하지 않다.

㉣ 다른 책과의 비교를 통해 『페스트』가 갖는 독자적인 가치를 강조한다.
'학생의 초고'를 통해 다른 책과의 비교에 해당하는 내용은 찾아볼 수 없다.

09 자료 활용의 적절성 평가 | 정답률 67% | 정답 ②

〈보기〉는 윗글을 쓰기 위해 학생이 참고한 자료이다. 학생의 자료 활용에 대한 설명으로 적절하지 않은 것은?

〈보기〉
ㄱ. 알베르 카뮈(1913 ~ 1960)는 프랑스의 소설가로 '탁월한 통찰과 진지함으로 우리 시대 인간의 정의를 밝힌 작가'라는 평을 받으며 1957년에 노벨 문학상을 수상하였다. 주요 작품으로는 『이방인』, 『페스트』 등이 있다.
— 문학가 사전의 '알베르 카뮈' 항목 중 일부

ㄴ. 제가 보기에 예술이란 고독한 향락이 아닙니다. 그것은 인간의 공통적인 괴로움과 기쁨의 유별난 이미지를 제시함으로써 최대 다수의 사람들을 감동시키는 수단입니다.
— 카뮈의 노벨 문학상 수상 후 연설 중 일부

ㄷ. 1941년부터 오랑에서 생활하던 카뮈는 그 지역에 장티푸스가 창궐하여 매일같이 사람들이 죽어가는 상황과 그로 인해 발생하는 혼란을 목격하였다. 이때의 경험은 『페스트』의 창작에 영감을 주었다.
— 출판사의 책 소개 중 일부

① ㄱ을 활용하여 작가에 대한 평가를 제시하고 있다.
'학생의 초고'를 볼 때, 학생은 ㄱ을 활용하여 '탁월한 통찰과 진지함으로 우리 시대 인간의 정의를 밝힌 작가'와 같이 작가에 대한 평가를 제시하고 있다.

✔ '그는 십 분 만에 선물 상자의 매듭을 풀었다.'에 쓰인 '풀다'의 문형 정보는 사전에 '【…에 …을 】'로 표시된다.
'그는 십 분 만에 선물 상자의 매듭을 풀었다.'의 '매듭을 풀었다'를 볼 때, 이 문장에 쓰인 '풀다'의 문형 정보는 【 …을 】임을 알 수 있다.

---

12 문장 성분의 호응 이해   정답률 86% | 정답 ①

㉠, ㉡에 들어갈 말로 적절한 것은?

| | ㉠ | ㉡ |

✔ 목적어   액체나 가루 따위에 해당하는 말
'그래서 나는 물에 세제와 신발을 풀었다.'에서 서술어 '풀었다'와 목적어 '신발을'이 호응하지 않음을 알 수 있으므로 ㉠에 들어갈 말로 적절한 것은 '목적어'라 할 수 있다. 그리고 [A]에 제시된 국어사전을 통해 밑줄 친 문장에 쓰인 '풀다'의 의미가 '액체에 다른 액체나 가루 따위를 섞다.'임을 알 수 있으므로, ㉡에 들어갈 말로 적절한 것은 '액체나 가루 따위에 해당하는 말'이라 할 수 있다.

② 목적어   복잡한 문제 따위에 해당하는 말
㉠은 적절하지만 ㉡에 들어갈 말로 적절한 것은 '액체나 가루 따위에 해당하는 말'이므로 적절하지 않다.

③ 부사어   액체에 해당하는 말
㉠도 적절하지 않고, ㉡에는 '액체나 가루 따위에 해당하는 말'이 들어가야 적절하다.

④ 주어   복잡한 문제 따위에 해당하는 말
㉠도 적절하지 않고, ㉡에는 '액체나 가루 따위에 해당하는 말'이므로 적절하지 않다.

⑤ 주어   액체에 해당하는 말
㉠도 적절하지 않고, ㉡에는 '액체나 가루 따위에 해당하는 말'이 들어가야 적절하다.

---

13 표준 발음법에 따른 발음의 이해   정답률 70% | 정답 ①

〈보기 1〉의 '표준 발음법'에 따라 〈보기 2〉의 ㉠ ~ ㉤을 발음한다고 할 때, 적절하지 않은 것은?

───〈보기 1〉───
표준 발음법
제10항 겹받침 'ㄳ', 'ㄵ', 'ㄼ, ㄽ, ㄾ', 'ㅄ'은 어말 또는 자음 앞에서 각각 [ㄱ, ㄴ, ㄹ, ㅂ]으로 발음한다.
제11항 겹받침 'ㄺ, ㄻ, ㄿ'은 어말 또는 자음 앞에서 각각 [ㄱ, ㅁ, ㅂ]으로 발음한다. 다만, 용언의 어간 말음 'ㄺ'은 'ㄱ' 앞에서 [ㄹ]로 발음한다.
제14항 겹받침이 모음으로 시작된 조사나 어미, 접미사와 결합되는 경우에는, 뒤엣것만을 뒤 음절 첫소리로 옮겨 발음한다.
제23항 받침 'ㄱ(ㄲ, ㅋ, ㄳ, ㄺ), ㄷ(ㅅ, ㅆ, ㅈ, ㅊ, ㅌ), ㅂ(ㅍ, ㄼ, ㄿ, ㅄ)' 뒤에 연결되는 'ㄱ, ㄷ, ㅂ, ㅅ, ㅈ'은 된소리로 발음한다.

───〈보기 2〉───
책장에서 ㉠ 읽지 않은 시집을 발견했다. 차분히 ㉡ 앉아 마음에 드는 시를 예쁜 글씨로 공책에 ㉢ 옮겨 적었다. 소리 내어 시를 ㉣ 읊고, 시에 대한 감상을 적어 보기도 했다. 마음이 평온해지는 ㉤ 값진 경험이었다.

✔ ㉠은 제11항, 제23항 규정에 따라 [일찌]로 발음해야겠군.
〈보기 1〉의 표준 발음법 제11항 규정을 통해 겹받침 'ㄺ'은 자음 앞에서 [ㄱ]으로 발음함을 알 수 있고, 제23항 규정을 통해 겹받침 'ㄺ' 뒤에 연결되는 'ㅈ'은 된소리로 발음함을 알 수 있다. 따라서 〈보기 2〉의 ㉠은 11항과 23항에 따라 [익찌]로 발음해야 한다.

② ㉡은 제14항 규정에 따라 [안자]로 발음해야겠군.
제14항 규정을 보면, 겹받침이 모음으로 시작된 어미와 결합되는 경우 뒤엣것만을 뒤 음절 첫소리로 옮겨 발음함을 알 수 있다. 따라서 ㉡은 제14항 규정에 따라 [안자]로 발음해야 한다.

③ ㉢은 제11항 규정에 따라 [옴겨]로 발음해야겠군.
제11항 규정을 보면, 겹받침 'ㄻ'은 자음 앞에서 [ㅁ]으로 발음함을 알 수 있으므로, ㉢은 제11항 규정에 따라 [옴겨]로 발음해야 한다.

④ ㉣은 제11항, 제23항 규정에 따라 [읍꼬]로 발음해야겠군.
제11항 규정을 보면 겹받침 'ㄿ'은 자음 앞에서 [ㅂ]으로 발음함을 알 수 있고, 제23항 규정을 보면 겹받침 'ㄿ' 뒤에 연결되는 'ㄱ'은 된소리로 발음함을 알 수 있다. 따라서 ㉣은 제11항과 제23항 규정에 따라 [읍꼬]로 발음해야 한다.

⑤ ㉤은 제10항, 제23항 규정에 따라 [갑찐]으로 발음해야겠군.
제10항 규정을 보면 'ㅄ'은 자음 앞에서 [ㅂ]으로 발음함을 알 수 있고, 제23항 규정을 보면 'ㅄ' 뒤에 연결되는 'ㅈ'은 된소리로 발음함을 알 수 있다. 따라서 ㉤은 제10항과 제23항 규정에 따라 [갑찐]으로 발음해야 한다.

★★★ 등급을 가르는 문제!
14 단어의 품사 파악   정답률 29% | 정답 ②

〈보기 1〉의 밑줄 친 부분에 해당하는 단어를 〈보기 2〉에서 있는 대로 모두 고른 것은?

───〈보기 1〉───
선생님: 하나의 단어가 수사로 쓰이기도 하고 수 관형사로도 쓰이는 경우가 많습니다. 그런데 수 관형사로만 쓰이는 단어도 있습니다.

───〈보기 2〉───
○ 나는 필통에서 연필 하나를 꺼냈다.   ○ 그 마트는 매월 둘째 주 화요일에 쉰다.
○ 이번 학기에 책 세 권을 읽는 게 내 목표야.   ○ 여섯 명이나 이 일에 자원해서 정말 기쁘다.

① 하나
'하나'는 수 관형사로 쓰이지 않고 수사로만 쓰이고 있다.

✔ 세
수 관형사는 뒤의 체언을 꾸며 주고, 수사는 조사와 결합하여 사용된다. 따라서 〈보기 2〉에 제시된 단어 중 수 관형사로만 쓰이고 수사로는 쓰이지 않는 단어에 해당하는 것은 '세'이다.

---

③ ㄴ을 활용하여 작품이 보편적인 공감을 획득하고 있음을 작가의 예술관과 연결하여 드러내고 있다.
'학생의 초고'를 볼 때, 학생은 ㄴ을 활용하여 '작가가 말한 것처럼 『페스트』는 모두가 공감할 수 있는 현실의 모습과 정서를 표현하고 있다.'와 같이, 작가의 예술관과 연결하여 작품이 보편적인 공감을 획득하고 있음을 제시하고 있다.

④ ㄷ을 활용하여 특정 도시가 작품 속 공간으로 설정된 배경을 드러내고 있다.
'학생의 초고'를 볼 때, 학생은 ㄷ을 활용하여 '그는 오랑에서 머물던 중 전염병으로 수많은 사람이 죽는 것을 목격하였고 이때의 경험을 작품 속에 사실적으로 담아내었다.'와 같이 카뮈가 1941년 생활했던 오랑이 작품 속 공간으로 설정된 배경을 드러내고 있다.

⑤ ㄷ을 활용하여 전염병에 대한 작가의 경험이 작품의 사실성을 갖추는 데 기여하였음을 밝히고 있다.
학생은 ㄷ을 활용하여 '이때의 경험을 작품 속에 사실적으로 담아내었다.'와 같이 작가의 경험이 작품이 사실성을 갖추는 데 기여하였음을 밝히고 있다.

---

10 고쳐쓰기의 적절성 판단   정답률 54% | 정답 ②

〈보기〉는 선생님의 조언에 따라 [A]를 수정한 것이다. 선생님이 했을 조언으로 가장 적절한 것은?

───〈보기〉───
작가는 재난이라는 상황을 부각하기보다 그 속에서 살아가는 인간의 다양한 모습에 주목한다. 최전선에서 환자를 치료하는 의사 리외, 민간 보건대 조직을 주도한 타루, 묵묵히 자신의 임무를 수행하는 말단 공무원 그랑, 신념과 다르게 돌아가는 현실 속에서 내적 갈등으로 고민하는 성직자 파늘루, 탈출을 시도하다 오랑에 남아 페스트와 싸운 기자 랑베르, 혼란 속에서 자신의 이익을 추구하는 밀수업자 코타르 등 비극적인 재난 속에서 작품의 인물들은 각자의 선택을 한다. 페스트라는 질병과의 전쟁 속에서 매일 패배하면서도 굴하지 않는 다양한 인간 군상을 통해, 카뮈는 '인간은 어떤 존재여야 하는가?'라는 질문을 던지고 그에 대한 답을 암시한다.

① 책의 장점만 제시하기보다 책의 단점에 대해서도 언급하고, 책에 대한 균형 잡힌 시각을 드러낼 수 있는 내용으로 문단을 마무리하는 게 좋겠어.
〈보기〉의 내용을 통해 '책의 단점'과 관련된 언급은 찾아볼 수 없다.

✔ 인물 유형을 단순화하기보다는 다양한 인물의 모습을 보여 주고, 뒤 문단에서 언급된 작가에 대한 평가와 자연스럽게 연결될 수 있는 내용으로 문단을 마무리하는 게 좋겠어.
[A]에서는 인물의 유형을 긍정적인 유형과 부정적 유형, 두 가지로만 나누어 인물 유형을 단순화하여 제시하고 있지만, 〈보기〉에서는 인물의 유형을 단순화하기보다 작품에 드러나는 다양한 인물의 모습을 제시하고 있다. 그리고 [A]는 바로 '공동체의 어려움을 이겨내기 위해서 공동체의 연대 의식이 필요함을 역설한다.'와 같은 언급으로 마무리되고 있고, 〈보기〉는 '다양한 인간 군상을 통해, 카뮈는 인간은 어떤 존재여야 하는가?'라는 질문을 던지고 그에 대한 답을 암시한다.'와 같은 언급으로 마무리하고 있는데, 이는 뒤 문단에서 언급된 작가에 대한 평가와 자연스럽게 연결되는 것이라 할 수 있다.

③ 인물 간 갈등의 원인만 제시하기보다는 갈등의 해소 과정을 보여 주고, 갈등 상황에 대처할 때 독자가 가져야 할 태도와 마음가짐에 대한 내용으로 문단을 마무리하는 게 좋겠어.
[A]를 통해 학생이 인물 간 갈등의 원인을 제시했다고 보기 어렵고, 〈보기〉의 내용이 갈등의 해소 과정을 드러냈다고 보기 어렵다. 그리고 〈보기〉에서 수정된 문단의 마무리 부분에 갈등 상황에 대처할 때 가져야 할 태도에 대한 내용이 제시되었다고 볼 수 없다.

④ 인물에 대한 정보를 간략하게 제시하기보다는 소설 속 인물의 행동을 자세하게 언급하고, 우리 사회에 필요한 바람직한 인간상을 제시하는 내용으로 문단을 마무리하는 게 좋겠어.
학생이 [A]에서 〈보기〉로 글을 수정하면서 작품의 인물에 대한 정보를 자세하게 언급한 측면은 일부 찾아볼 수 있지만, 그 내용이 수정된 글 〈보기〉에서 '우리 사회에 필요한 바람직한 인간상을 제시하는 내용'으로 연결되어 글이 마무리되고 있다고 볼 수는 없다.

⑤ 책의 내용을 자세하게 소개하는 대신 책에서 받은 인상을 간략하게 제시하고, 뒤 문단에서 언급된 독서 행위의 의미를 이끌어 낼 수 있는 내용으로 문단을 마무리하는 게 좋겠어.
학생이 [A]에서 〈보기〉로 글을 수정한 방향을 책의 내용을 자세하게 소개하는 대신, 책에서 받은 인상을 간략하게 제시한 것으로 설명하는 것은 적절하지 않다.

[11~15] 문법

11 서술어가 요구하는 문장 성분의 이해   정답률 75% | 정답 ⑤

[A]를 이해한 내용으로 적절하지 않은 것은? [3점]

① 2̄-「1의 의미로 쓰이는 '풀다'는 부사어를 요구한다.
[A]의 국어사전을 통해, 2̄-「1의 문형 정보로 【 …에 …을】이 제시되었음을 알 수 있으므로, 부사어를 요구한다고 할 수 있다.

② 문형 정보에 주어가 표시되지 않았지만 '풀다'는 주어를 요구한다.
[A]의 국어사전을 통해 문형 정보에 주어가 표시되지 않았음을 알 수 있다. 그런데 원칙적으로 서술어는 주어를 항상 요구하므로 문형 정보에는 주어를 제외한 필수적 문장 성분에 대한 정보만 제시된다고 할 수 있다.

③ 1̄-「1과 2̄-「1의 의미로 쓰이는 '풀다'는 모두 목적어를 요구한다.
[A]의 국어사전을 통해 1̄-「1의 문형 정보로 【 …을 】이 제시되어 있고, 2̄-「1의 문형 정보로 【 …에 …을 】이 제시되어 있음을 알 수 있다. 따라서 1̄-「1과 2̄-「1의 의미로 쓰이는 '풀다'는 모두 목적어를 요구함을 알 수 있다.

④ '풀다'가 1̄-「1의 의미로 쓰일 때와 1̄-「5의 의미로 쓰일 때는 필수적 문장 성분의 개수가 같다.

③ 하나, 여섯

'하나'는 수 관형사로 쓰이지 않고 수사로만 쓰인다. 이와 달리 '여섯'은 〈보기〉에서 수 관형사로 쓰이고 있지만, 수사로도 쓰일 수 있는 단어에 해당한다.

④ 둘째, 세

'세'는 수 관형사로만 쓰인다. 이와 달리 '둘째'는 〈보기〉에서 수 관형사로 쓰이고 있지만, 수사로도 쓰일 수 있는 단어에 해당한다.

⑤ 둘째, 여섯

'둘째, 여섯'은 〈보기〉에서 수 관형사로 쓰이고 있지만, 수사로도 쓰일 수 있는 단어에 해당한다.

★★ 문제 해결 꿀~팁 ★★

▶ 많이 틀린 이유는?
이 문제는 수사와 수 관형사에 대한 정확한 이해가 부족하여 오답률이 높았던 것으로 보인다. 또한 하나의 단어가 수사 또는 수 관형사로만 쓰이는 경우에 대한 이해 부족도 오답률을 높인 것으로 보인다.
▶ 문제 해결 방법은?
이 문제를 해결하기 위해서는 수사와 수 관형사에 대해 정확히 이해해야 한다. 즉 수사는 체언으로 뒤에 조사가 붙어 사용됨을, 수 관형사는 수식언으로 뒤에 오는 체언을 꾸며 주는 역할을 한다는 것을 정확히 이해해야 한다. 이러한 이해를 바탕으로 한다면 하나의 단어가 수사로만 쓰일 때는 뒤에 오는 체언을 수식하지 못함을, 수 관형사로만 쓰일 때는 뒤에 조사가 붙지 않음을 파악할 수 있다. 정답인 '세'의 경우 뒤에 조사를 붙여 보면, '세는, 세를, 세와' 등이 되어 어색함을 알 수 있으므로, '세'는 수 관형사로만 쓰임을 알 수 있다. 마찬가지로 '하나'의 경우, '하나를, 하나는' 등에서 보이듯이 뒤에 조사가 붙을 수 있지만, '하나 개, 하나 사람, 하나 명' 등에서 보이듯이 뒤에 오는 체언을 꾸며 주면 어색함을 알 수 있으므로 수사로만 쓰임을 알 수 있다. 이 문제에서 알 수 있듯이 문법 문제를 해결할 때 기본적인 지식이 주어지지 않은 경우가 있으므로 평소 기본적인 문법 지식은 충분히 숙지하는 것이 필요하다.

---

15 지시 표현의 이해   정답률 91% | 정답 ③

㉠~㉺에 대한 설명으로 적절하지 <u>않은</u> 것은?

〈보 기〉

지현: 저기 ㉠ 버스 온다. 얼른 타자. 우리가 오늘 영화를 볼 장소로 가는 버스야.
경준: ㉡ 차에 사람이 많아 보여. 차라리 택시를 타자.
지현: 좋아. 그런데 ㉢ 이곳이 원래 사람이 이렇게 많았나?
경준: ㉣ 여기가 혼잡한 데는 아닌데 주말이라 그런 것 같아. 급하게 와서 그런지 목이 마르네. 물병 좀 꺼내 줄래? 배낭을 열면 물병이 두 개 있어.
지현: 잠시만. ㉤ 이 중에서 더 작은 ㉥ 것을 주면 돼?
경준: 응, 고마워. 그런데 ㉦ 우리가 오늘 보기로 한 영화는 누가 추천한 거야?
지현: 자기가 봤는데 재미있더라면서 민재가 추천해 줬어.

① ㉡은 '버스'의 상위어로서 ㉠을 가리킨다.
㉡은 '버스'의 상위어로서, 여기서는 ㉠을 가리킨다.

② ㉢과 ㉣은 다른 단어이지만, 같은 곳을 가리킨다.
㉢과 ㉣은 다른 단어이지만 둘 다 지현과 경준이 대화를 나누고 있는 장소를 가리킨다

✔ ③ ㉤은 '배낭'을, ㉥은 '물병'을 가리킨다.
앞의 경준의 말인 '배낭을 열면 물병이 두 개 있어.'를 볼 때 ㉤은 '물병 두 개'를 가리킴을 알 수 있다. 그리고 ㉥은 두 개의 물병 중 작은 것에 해당하므로 작은 '물병'을 가리킨다고 할 수 있다.

④ ㉦은 화자와 청자를 모두 포함한다.
지현과 경준이 대화하고 있는 상황이므로 ㉦은 화자인 경준과 청자인 지현 모두를 포함한다고 할 수 있다.

⑤ ㉦은 '민재'를 가리킨다.
㉦ 앞의 경준의 말을 통해 영화를 추천한 사람에 해당하므로, ㉦은 뒤에 나오는 '민재'를 가리킨다.

[16~45] 독서·문학

16~20   사회

배영달, 「보드리야르의 소비의 사회 읽기」

해제 이 글은 보드리야르의 소비 이론을 설명하고 있다. 마르크스는 교환가치를 경제적 가치로 파악하고 소비의 자율성을 인정하지 않았다. 이와 달리 보드리야르는 기호가치를 경제적 가치로 파악하고 자본주의 사회를 소비 우위 사회라고 주장하였다. 보드리야르는 대량 생산 기술이 급속하게 발전한 자본주의 사회에서 소비자는 자신이 속하고 싶은 집단과 다른 집단 간의 차이를 부각하는 기호에 대한 욕구에 따라 소비하며 이러한 욕구는 자유로운 선택이 아니라 사회적으로 강제된 욕구임을 강조한다. 또한 그는 기호가치를 소비하는 현대 자본주의 사회를 소비사회로 명명하였는데, 이러한 소비에 대한 그의 이론은 소비가 인간에 미치는 영향을 비판적으로 성찰해야 한다는 점을 시사한다는 의의가 있다.

주제 보드리야르의 소비 이론

문단 핵심 내용

1문단	교환가치를 경제적 가치로 파악하며 소비의 자율성을 인정하지 않은 마르크스
2문단	기호가치를 경제적 가치로 파악하고 자본주의 사회를 소비 우위 사회라고 주장한 보드리야르
3문단	기호의 의미 내용을 결정하는 기호 체계
4문단	자본주의 사회에서 기호가치 때문에 소비한다고 여긴 보드리야르
5문단	소비를 강제된 욕구에 따르는 것으로 여긴 보드리야르
6문단	보드리야르 이론이 지니는 의의

---

16 인물들의 관점 이해   정답률 76% | 정답 ⑤

'자본주의 사회'에 대한 ㉠, ㉡의 주장을 이해한 내용으로 가장 적절한 것은?

① ㉠ : 소비가 생산에 종속되므로 사용가치와 교환가치는 결국 동일하다.

1문단을 통해 마르크스는 소비가 생산에 종속된다고 생각했음을 알 수 있다. 그런데 마르크스는 사용가치는 고정적이라고 본 반면에, 교환가치는 사물의 생산 비용에 의해 결정되는 것(유동적)이라고 보았으므로, 사용가치와 교환가치를 동일하게 보지 않았음을 알 수 있다.

② ㉠ : 사물 자체의 유용성은 변하지 않으므로 소비자의 욕구를 중심으로 분석해야 한다.

1문단을 통해 마르크스는 사물 자체의 유용성은 변하지 않는다고 생각했음을 알 수 있다. 하지만 마르크스는 소비를 생산에 종속된 현상으로 보고 소비의 자율성을 인정하지 않았으므로, 소비자의 욕구를 중요하게 생각하지 않았음을 알 수 있다.

③ ㉡ : 소비자에게 소비의 자율성이 존재하므로 교환가치가 사용가치를 결정한다.

2문단을 통해 보드리야르가 자본주의 사회를 소비 우위의 사회라고 주장했으므로 소비자에게 소비의 자율성이 존재한다고 생각했음을 알 수 있다. 하지만 보드리야르는 사용가치가 경제적 가치를 결정한다고 생각했으므로 교환가치가 사용가치를 결정한다고 할 수 없다.

④ ㉡ : 개인에게 욕구가 강제되므로 소비를 통해 집단 간의 사회적 차이가 소멸한다.

5문단을 통해 보드리야르는 개인의 욕구에 따라 자유롭게 소비하는 것처럼 보이지만 사실은 강제된 욕구에 따르는 것에 불과하다고 보았음을 알 수 있다. 그런데 4문단에서 소비자가 소비하는 사물은 소비자가 속하고 싶은 집단과 다른 집단 간의 차이를 부각하는 기호로서 기능한다고 하였으므로, 집단 간의 사회적 차이는 현대 소비 사회에 강화된다고 할 수 있지 소멸된다고 할 수 없다.

✔ ⑤ ㉡ : 경제적 가치는 사회적 상징체계에 따라 결정되므로 기호가치가 소비의 원인이다.

2문단을 통해 보드리야르가 기호가치가 경제적 가치를 결정한다고 보았음을 알 수 있고, 5문단을 통해 보드리야르가 기호 체계를 사회적 상징체계와 동일 표현으로 보았음을 알 수 있다. 그리고 4문단을 통해 보드리야르는 소비자가 기호가치 때문에 사물을 소비한다고 보았음을 알 수 있다. 따라서 경제적 가치는 사회적 상징체계에 따라 결정되므로 보드리야르는 기호가치가 소비의 원인이라고 주장했음을 알 수 있다.

★★★ 등급을 가르는 문제! **17** 세부 내용의 이해   정답률 28% | 정답 ①

기호 체계를 바탕으로 [A]를 이해한 내용으로 적절하지 <u>않은</u> 것은?

✔ ① 사물은 기표로서의 추상성과 기의로서의 구체성을 갖는다.
[A]에서는 자본주의 사회의 소비를 기호 소비로 설명하고 있고, 3문단의 내용을 통해 사물은 기표와 기의로 구성되며, 구체적인 사물은 기호이자 기표로 작용함을 알 수 있다. 따라서 기표는 문자나 음성같이 감각으로 지각되는 부분으로 구체성을, 기의는 의미 내용 부분으로 추상성을 가진다고 할 수 있다.

② 사물과 그것이 상징하는 특정한 사회적 지위와의 관계는 자의적이다.
[A]에 언급된 '특정한 사회적 지위'는 사물이 가지는 기의에 해당하고, 3문단을 통해 기표와 기의의 관계는 자의적임을 알 수 있으므로 적절한 이해이다.

③ 사물은 사물 자체가 아닌 사물 간의 관계를 통해 의미 내용이 결정된다.
3문단을 통해 기호의 의미 내용을 결정하는 것은 기표와 기의의 관계가 아니라 기호들 사이의 관계임을 알 수 있으므로 적절한 이해이다.

④ 소비는 사물이라는 기호를 통해 특정 계층 또는 집단의 일원이라는 상징을 얻는 행위이다.
[A]에 제시된 명품 가방 소비의 예시를 통해 확인할 수 있으므로 적절한 이해이다.

⑤ 기호가치는 사물의 기의와 그에 대한 소비자의 욕구와 관련될 뿐 사물의 기표에 의해 결정되는 것은 아니다.
3문단을 통해 기호가치가 어떤 대상을 지시하는 상징의 기능적 가치임을 알 수 있으므로, 구체적으로 감각되는 기표와는 관계가 없다고 할 수 있다.

★★ 문제 해결 꿀~팁 ★★

▶ 많이 틀린 이유는?
이 문제는 3문단에 제시된 '기호 체계'를 정확히 이해하지 못하고, [A]에 제시된 '사물'과 '사물이 상징하는 특정한 사회적 지위'가 기호와 기의와 어떻게 연관되는지 파악하지 못하여 오답률이 높았던 것으로 보인다.
▶ 문제 해결 방법은?
이 문제를 해결하기 위해서는 3문단을 통해 '기호 체계'를 이해해야 한다. 즉, 기표와 기의의 의미, 기표와 기의의 관계에 대해 이해해야 한다. 그런 다음 [A]에 제시된 '사물'이 기표에 해당하고, '사물이 상징하는 특정한 사회적 지위'가 기의임을 파악해야 한다. 이러한 내용을 바탕으로 하면 정답인 ①의 경우 기표는 문자나 음성같이 감각으로 지각되는 부분으로 구체성을, 기의는 의미 내용 부분으로 추상성을 가지므로 적절하지 않음을 알 수 있다. 마찬가지로 오답률이 높았던 ⑤의 경우, 기호가치가 기의에 해당함을 알 수 있으므로 적절한 내용임을 알 수 있다. 이처럼 특정 개념에 대한 이해 및 적용 문제는 개념에 대한 정확한 이해가 반드시 필요하므로, 글을 읽을 때 특정 개념이 언급되면 그와 관련된 주요 내용에 반드시 밑줄을 긋도록 한다.

---

18 전제된 내용의 추리   정답률 78% | 정답 ③

㉢의 전제로 가장 적절한 것은?

① 상징체계 변화에 의해 사물 자체의 유용성이 변화한다.
사물 자체의 유용성은 사용가치로 이는 기호 체계와 관련된 상징체계 변화와 무관하다.

② 사물에 대한 욕구는 사람마다 제각기 다른 양상을 보인다.
보드리야르는 개인의 욕구를 사회적으로 강제된 것으로 보고 있으므로, 사물에 대한 욕구가 사람마다 제각기 다르다는 것은 전제로 성립할 수 없다.

✔ ③ 사물의 기호가치가 변화하면 사물에 대한 욕구도 변화한다.
4문단을 통해 사물의 기호가치가 변화하면 사물의 경제적 가치와 사물에 대한 욕구도 변화함을 알 수 있고, 특정 사물이 지닌 기호가치는 사회적 상징체계임도 알 수 있다. 따라서 ㉢에 전제된 내용은 사물의 기호가치가 변화하면 사물에 대한 욕구도 변화한다임을 추론할 수 있다.

④ 사물을 소비하는 행위는 개인의 자연 발생적 욕구에 따른 것이다.
보드리야르는 개인의 자연 발생적 욕구가 없다고 보았다.

⑤ 사물이 지시하는 의미 내용과 사물에 대한 욕구는 서로 독립적이다.
보드리야르는 오히려 의미 내용과 욕구가 연관된다고 보았다.

19 구체적인 사례에의 적용
정답률 20% | 정답 ③

윗글의 '보드리야르'의 관점을 바탕으로 〈보기〉를 이해한 내용으로 적절하지 않은 것은? [3점]

─〈보 기〉─

개성이란 타인과 구별되는 개인만의 고유한 특성으로, 현대 사회의 개인은 개성을 추구함으로써 자신의 고유함을 드러내려 한다. 이때 사물은 개성을 드러낼 수 있는 수단이다. 찢어진 청바지를 입는 것, 타투나 피어싱을 하는 것은 사물을 통한 개성 추구의 사례이다. 이런 점에서 '당신의 삶에 차이를 만듭니다'와 같은 광고 문구는 개성에 대한 현대인의 지향을 단적으로 드러낸 것이라 할 수 있다.

① 타인과 구별되는 개성이란 개인이 소속되길 바라는 집단의 차별화된 속성일 수 있겠군.
개인은 자신이 소속되길 바라는 집단의 속성을 통해 타인과 구별되고자 한다.

② 소비사회에서 사물을 통한 개성의 추구는 그 사물의 기호가치에 대한 욕구에서 비롯되겠군.
보드리야르는 자본주의 사회를 '소비사회'로 보았으며, 소비사회에서의 개성 추구는 기호가치에의 욕구로부터 비롯된다.

✓ 찢어진 청바지는 개인만의 고유한 특성을 드러내는 수단이자 젊은 세대의 일원이라는 기호를 상징하는 것일 수 있겠군.
〈보기〉에서는 현대 사회에서 개인이 개성을 추구하는 여러 사례를 제시하고 있다. 그리고 5문단을 통해 보드리야르는 현대인이 자연 발생적인 욕구에 따라 자유롭게 소비하는 것처럼 보이지만 사실은 사회적으로 강제된 욕구에 따르는 것에 불과하다고 주장했음을 알 수 있다. 여기에서 개인에게 사회가 강제하는 욕구는 소비자가 속하고 싶은 집단과 다른 집단 간의 차이를 부각해야 한다는 욕구이다. 이런 욕구는 대중매체를 통해 더 강화되는데, 대중매체를 통해 전달되는 현실은 현실 그 자체가 아니라 다른 기호와 조합될 수 있는 기호로 추상화되기 때문이다. 이렇게 볼 때, '찢어진 청바지'가 개인의 자유로운 개성 추구처럼 보이겠지만, 보드리야르는 이를 개인만의 고유한 특성이 아니라 사회적으로 강제된 욕구로 보았다고 할 수 있다.

④ '당신의 삶에 차이를 만듭니다'라는 광고 문구는 그 광고의 상품을 소비함으로써 사회적 차이를 드러내고 싶은 욕구를 강제하는 것일 수 있겠군.
'차이'를 강조하는 광고문구는 개인에게 차이를 드러내고 싶다는 욕구를 강제하는 대중매체의 예시이다.

⑤ 타투나 피어싱을 한 유명 연예인을 텔레비전에서 보고, 이를 따라하기 위해 돈을 지불하는 것은 대중매체를 매개로 하여 추상화된 기호를 소비하는 것일 수 있겠군.
타투나 피어싱을 한 유명 연예인을 대중매체를 통해 보고 이를 따라하기 위해 돈을 지불하는 것은 대중매체가 제시하는 추상적 기호를 소비하는 것이다.

★★ 문제 해결 꿀~팁 ★★

▶ 많이 틀린 이유는?
이 문제는 글에 제시된 보드리야르의 생각을 〈보기〉의 구체적인 사례에 적용하는 데 어려움을 겪어 오답률이 높았던 것으로 보인다.

▶ 문제 해결 방법은?
이 문제를 해결하기 위해서는 먼저 글에 제시된 보드리야르의 관점이 무엇인지 파악한 뒤, 〈보기〉의 내용이 보드리야르의 관점과 어떻게 연결되는지 이해할 수 있어야 한다. 그리고 이를 바탕으로 선택지의 적절성을 판단해야 한다. 즉 5문단을 통해 보드리야르가 현대인이 자연 발생적인 욕구에 따라 자유롭게 소비하는 것처럼 보이지만 사실은 사회적으로 강제된 욕구에 따르는 것에 불과하다고 주장했음을 파악하게 되면, 〈보기〉의 '찢어진 청바지'에 관련된 내용은 보드리야르의 관점에서 이해한 것임을 쉽게 알 수 있다.

▶ 오답인 ①, ④를 많이 선택한 이유는?
이 문제의 경우 학생들이 ①과 ④가 적절하다고 하여 오답률이 높았는데, 이 경우에도 글에 제시된 보드리야르의 관점, 즉 사물은 소비자가 속하고 싶은 집단과 다른 집단 간의 차이를 부각하는 기호로서 기능한다를 통해 ①이 적절함을 알 수 있다. 또한 대중매체는 사물의 기의에 영향을 미침으로서 욕구를 강제할 수 있다를 통해 ④ 역시 적절함을 알 수 있다. 이처럼 특정 인물의 관점에서 특정 상황을 이해하라는 문제 해결의 핵심은 글에 제시된 특정 인물의 관점을 정확히 이해하는 데 있으므로, 글을 읽을 때 인물의 생각이 드러난 부분이 있으면 특정하게 표시하여 이해도를 높일 수 있도록 해야 한다.

20 문맥적 의미 파악
정답률 56% | 정답 ④

문맥상 의미가 ⓐ와 가장 가까운 것은?

① 그는 항상 지갑에 현금을 지니고 있었다.
'몸에 간직하여 가지다.'의 의미로 사용되었다.

② 그녀는 어릴 때의 모습을 그대로 지니고 있다.
'본래 모양을 그대로 간직하다.'의 의미로 사용되었다.

③ 우리는 자기가 맡은 일에 책임을 지녀야 한다.
'어떠한 일 따위를 맡아 가지다.'의 의미로 사용되었다.

✓ 사람은 누구나 고정 관념을 지니고 살기 마련이다.
글의 내용을 볼 때 ⓐ의 '지니다'는 '바탕으로 갖추고 있다.'라는 의미로 사용되었음을 알 수 있으므로, 이와 같은 의미로 사용된 것은 ④의 '지니고'라 할 수 있다.

⑤ 그는 어린 시절의 추억을 항상 마음속에 지니고 있다.
'기억하여 잊지 않고 새겨 두다.'의 의미로 사용되었다.

21~25 인문

(가) 타타르키비츠, 「미학사」

해제 이 글은 플라톤의 철학적 관점을 바탕으로 예술관을 설명한 글이다. 플라톤은 형상이 이데아계에 존재하며 현상계는 이를 본뜬 것이라고 보았다. 따라서 플라톤은 예술은 현상계를 모방한 허구의 허구이며, 이런 관점에서 그는 고대 그리스의 음유시인이 시를 연기한 것은 이를 다시 모방한 허구라고 보면서 비판적으로 인식하였다.

주제 플라톤의 예술관

문단 핵심 내용

1문단	이데아계와 현상계에 대한 플라톤의 인식
2문단	예술을 현상의 모방이라고 여긴 플라톤
3문단	고대 그리스에서의 음유시인의 역할 및 내적 특성
4문단	음유시인이 저급한 인간의 면모를 모방했다고 주장한 플라톤

(나) 비어슬리, 「미학사」

해제 이 글은 아리스토텔레스의 철학적 관점을 바탕으로 예술관을 설명한 글이다. 아리스토텔레스는 이데아계가 존재하지 않으며 형상은 질료에 내재한다고 생각했다. 그는 사물의 변화를 가능태와 현실태를 통해 설명하고, 예술은 사물 안에 내재한 보편자를 그릴 수 있기 때문에 시가 역사보다 우월하다고 주장했다.

주제 아리스토텔레스의 예술관

문단 핵심 내용

1문단	이데아계가 존재하지 않는다고 여긴 아리스토텔레스
2문단	형상은 질료에 내재한다고 생각한 아리스토텔레스
3문단	시가 역사보다 우월하다고 주장한 아리스토텔레스
4문단	예술을 통해 쾌감을 얻을 수 있다고 본 아리스토텔레스

21 글의 전개 방식 파악
정답률 72% | 정답 ②

(가)와 (나)에 대한 설명으로 가장 적절한 것은?

① (가)와 (나)는 모두 특정 사상가의 예술을 바라보는 관점이 변화하게 된 이유를 설명하고 있다.
(가)와 (나) 모두 특정 사상가의 예술을 바라보는 관점이 변화하게 된 이유를 설명하지 않았다.

✓ (가)와 (나)는 모두 특정 사상가가 예술을 평가하는 데 바탕이 된 철학적 관점을 설명하고 있다.
(가)에서 플라톤은 이데아계에 형상이 존재한다고 보았고 현상계는 이를 본뜬 것에 불과하다고 생각했다. 그리고 예술은 현상계를 모방하여 만든 허구의 허구로 이데아계에 있는 형상에서 두 단계나 떨어진 열등한 것이라고 보았다. 그리고 (나)의 아리스토텔레스는 형상이 사물에 내재한다고 보고 예술을 형상을 표현하는 것이라고 보았다. 따라서 시는 개별적인 사건의 기록을 다루는 역사보다 우월한 것이라는 평가를 내렸다. 따라서 (가)와 (나) 모두 특정 사상가가 예술을 평가하는 데 바탕이 된 철학적 관점을 설명하였다고 할 수 있다.

③ (가)와 달리 (나)는 특정 사상가가 생각하는 예술의 불완전성을 설명하고 있다.
(가)는 플라톤이 생각하는 예술의 불완전성을 설명하고 있지만, (나)에서는 예술의 불완정성에 대한 아리스토텔레스의 생각은 찾아볼 수 없다.

④ (나)와 달리 (가)는 특정 사상가의 예술관에 내재한 장점과 단점을 제시하고 있다.
(가)에서 플라톤의 예술관이 지닌 장점과 단점에 대한 내용은 드러나지 않고 있다.

⑤ (가)는 특정 사상가의 예술관이 보이는 한계를, (나)는 특정 사상가의 예술관이 주는 의의를 제시하고 있다.
(가)에서 플라톤의 예술관이 지닌 한계를, (나)는 아리스토텔레스의 예술관이 지닌 의의를 찾아볼 수 없다.

22 인물의 견해 파악
정답률 52% | 정답 ④

(가)의 '플라톤'의 사상을 이해한 내용으로 적절하지 않은 것은?

① 예술은 형상에 대한 참된 인식을 방해한다.
2문단을 통해 플라톤이 예술은 허구의 허구에 불과하기 때문에 형상에 대한 참된 인식을 방해한다고 생각했음을 알 수 있다.

② 형상은 감각이 아닌 이성을 통해서만 인식할 수 있다.
1문단을 통해 플라톤이 형상을 감각이 아닌 이성을 통해서만 인식 가능하다고 생각했음을 알 수 있다.

③ 현상계의 사물을 모방한 예술은 형상보다 열등한 것이다.
2문단을 통해 플라톤이 예술에 대해 형상을 모방한 현상을 다시 모방한 것이라 하였음을 알 수 있으므로, 플라톤은 예술이 형상보다 열등한 것이라 생각했을 것임을 알 수 있다.

✓ 예술의 표현 대상은 사물이 아니라 사물 안에 존재하는 형상이다.
(가)의 2문단을 통해 플라톤이 예술을 감각 가능한 현상의 모방이라고 보았음을 알 수 있다. 따라서 플라톤은 예술의 표현 대상을 감각 가능한 사물이라 보았음을 알 수 있다.

⑤ 이데아계는 현상계에 나타난 모든 사물의 형상이 존재하는 곳이다.
1문단을 통해 플라톤은 이데아계를 현상의 보편인 형상이 존재하는 곳이라 생각했음을 알 수 있다.

23 핵심 정보의 비교 이해
정답률 38% | 정답 ④

(나)의 '아리스토텔레스'의 관점에서 형상과 질료에 대해 이해한 내용으로 적절하지 않은 것은?

① 형상은 질료와 분리되어 존재할 수 없다.
2문단을 통해 형상이 항상 사물의 생성과 변화의 바탕이 되는 질료에 내재함을 알 수 있다.

② 질료는 형상을 실현시킬 수 있는 가능적 힘이다.
2문단을 통해 질료는 형상을 실현시킬 수 있는 가능적 힘임을 알 수 있다.

③ 형상이 질료에 실현되는 원인은 가능태 자체에 내재한다.
2문단을 통해 형상이 질료에 실현되어 현실태가 되는 원인은 가능태 자체에 내재함을 알 수 있다.

✓ 형상과 질료 사이의 관계는 현실태와 가능태 사이의 관계와 같다.
(나)의 2문단을 통해 아리스토텔레스는 현실태를 가능태에 형상이 실현된 어떤 상태로, 가능태를 형상을 실현시킬 수 있는 가능적 힘이자 질료를 의미한다고 보았음을 알 수 있다. 따라서 형상과 질료 사이의 관계는 현실태와 가능태 사이의 관계와 같지 않다고 할 수 있다.

⑤ 생성·변화하는 것은 형상이 질료에 완전히 실현된 상태인 완전 현실태를 향한다.
2문단을 통해 생성·변화하는 것은 형상이 질료에 실현된 상태인 완전 현실태를 향하는 것임을 알 수 있다.

24 인물의 관점에 따른 비판 정답률 59% | 정답 ①

(가)와 (나)를 참고할 때, '아리스토텔레스'의 입장에서 ㉠을 비판한 것으로 가장 적절한 것은?

☑ 현상계의 사물이 형상을 본뜬 것이라면 현상계의 사물이 생성·변화하는 이유를 설명할 수 없다.
(나)의 1문단에서 아리스토텔레스는 이데아계의 변하지 않는 어린아이와 어른의 형상으로 현상계의 인물이 생겨났다면, 현상계에서 어린아이가 성인으로 성장하는 것을 설명할 수 없다 하고 있다. 따라서 아리스토텔레스는 ㉠에 대해, 이데아계에 있는 변하지 않는 형상을 본떠 현상계의 사물을 만들었다면 현상계에 존재하는 사물들이 생성·변화하는 이유를 설명할 수 없다고 비판했을 것이다.

② 형상이 변하지 않는 것이라면 현상계에 존재하는 사물들이 모두 제각기 다른 이유를 설명할 수 없다.
(가)의 1문단에서 플라톤이 현상계의 모든 사물은 이데아계의 형상을 본떠 만들어졌다고 생각하고 있으므로, 플라톤의 관점에서 현상계에 존재하는 사물들이 모두 제각기 다른 이유를 설명할 수 있다.

③ 형상과 현상계의 사물이 서로 독립적이라면 현상계에서 사물이 시시각각 변화하는 현상을 설명할 수 없다.
(가)의 1문단에서 플라톤은 형상과 현상계의 사물이 서로 독립적이라고 보지 않았으므로 적절한 비판이라 할 수 없다.

④ 형상이 현상계를 초월하여 존재하는 것이라면 형상을 포함하지 않는 사물을 감각으로 느끼는 것은 불가능하다.
(가)의 1문단에서 플라톤은 현상계의 사물을 감각으로 인식할 수 있다고 보았으므로 적절한 비판이라 할 수 없다.

⑤ 현상계의 모든 사물이 형상의 그림자에 불과하다면 그림자만 볼 수 있는 인간이 형상을 인식하는 것은 불가능하다.
(가)의 1문단에서 플라톤은 이성을 통해 형상을 인식할 수 있다고 보았으므로 적절한 비판이라 할 수 없다.

★★★ 등급을 가르는 문제!

25 구체적인 사례에의 적용 정답률 32% | 정답 ②

(가)의 '플라톤'과 (나)의 '아리스토텔레스'가 <보기>에 대해 보일 반응으로 적절하지 않은 것은? [3점]

──〈보 기〉──
고대 그리스의 비극시 『오이디푸스 왕』의 주인공 오이디푸스는 자신에게 주어진 숙명에 의해 파멸당하는 인물이다. 비극시를 공연하는 음유시인은 목소리, 몸짓으로 작품 속 오이디푸스를 관객 앞에서 연기한다. 음유시인의 연기에 몰입한 관객은 덕성을 갖춘 주인공이 특별한 잘못이 없는데도 불행해지는 모습을 보고 연민과 공포를 느낀다.

① 플라톤 : 오이디푸스는 덕성을 갖춘 현상 속 인물을 본떠 만든 허구의 허구이며, 그에 대한 음유시인의 연기는 이를 다시 본뜬 허구이다.
(가)의 3문단을 통해 플라톤은 음유시인이 허구의 허구인 서사시나 비극을 창작하고, 이를 작품 속 등장인물의 성격에 어울리는 말투, 몸짓 같은 감각 가능한 현상으로 연기함으로써 다시 허구를 만들어 낸다고 보았다는 점을 확인할 수 있다. 이러한 플라톤의 관점에서 보면, 〈보기〉의 오이디푸스는 덕성을 지닌 현상 속 인물을 본떠 만든 허구의 허구이며, 그에 대한 음유시인의 연기는 이를 다시 본뜬 허구라고 볼 수 있다.

☑ 플라톤 : 음유시인은 오이디푸스의 덕성을 연기하는 데 주력하겠지만, 관객은 이를 감각으로 파악할 수 없기 때문에 감정과 욕구에 지배되어 타락하게 된다.
(가)의 4문단을 통해 플라톤이 음유시인이 용기나 절제 같은 덕성을 지닌 인간이 아닌 저급한 인간의 면모를 모방할 수밖에 없다고 주장했음을 알 수 있다. 이러한 플라톤의 관점에서 보면, 〈보기〉의 음유시인은 오이디푸스의 덕성을 연기하는 데 주력하지 않을 것임을 알 수 있다.

③ 플라톤 : 음유시인의 목소리와 몸짓을 통해 오이디푸스의 성격이 드러난다면, 감각 가능한 외적 특성을 모방하는 과정에서 감각되지 않는 내적 특성이 표현된 것이다.
(가)의 3문단을 통해 플라톤은 음유시인의 연기는 인물의 성격을 드러내는데, 이는 감각 가능한 외적 특성을 모방함으로써 감각될 수 없는 내적 특성을 드러낸다고 보았다는 점을 확인할 수 있다. 이러한 플라톤의 관점에서 보면, 〈보기〉의 음유시인의 연기를 통해 오이디푸스의 성격이 드러난다면, 감각 가능한 외적 특성을 모방하는 과정에서 감각되지 않는 내적 특성이 표현된 것이라고 볼 수 있다.

④ 아리스토텔레스 : 음유시인이 현상 속 인간의 개별적 모습들에서 보편자를 인식해 내어, 이를 다시 오이디푸스라는 허구의 개별자로 표현한 것이다.
(나)의 4문단을 통해, 비극시 속 이야기는 음유시인이 경험 세계의 개별자들 속에서 보편자를 인식해 내어, 그것을 다시 허구의 개별자로 표현한 결과물이라고 보았다는 것을 확인할 수 있다. 이러한 아리스토텔레스의 관점에서 보면, 〈보기〉의 음유시인이 현상 속 인간의 개별적 모습에서 보편자를 인식해 내어, 이를 다시 오이디푸스라는 허구의 개별자로 표현한 것이라고 볼 수 있다.

⑤ 아리스토텔레스 : 오이디푸스가 숙명에 의해 파멸당하는 것을 본 관객들은 인간 존재의 본질을 이해하는 쾌감을 느낄 뿐 아니라 카타르시스를 경험할 수 있다.
(나)의 4문단을 보면, 아리스토텔레스는 관객은 음유시인의 연기를 통해 앎의 쾌감을 느낄 수 있을 뿐 아니라 고통을 받는 인물의 이야기를 통해 카타르시스를 경험한다고 보았다는 점을 확인할 수 있다. 이러한 아리스토텔레스의 관점에서 보면, 〈보기〉의 오이디푸스가 숙명에 의해 파멸당하는 것을 본 관객들은 앎의 쾌감과 카타르시스를 경험할 수 있다고 볼 수 있다.

★★ 문제 해결 꿀~팁 ★★

▶ 많이 틀린 이유는?
이 문제는 비극시에 대한 플라톤과 아리스토텔레스의 입장을 정확히 이해하지 못하여 오답률이 높았던 것으로 보인다.

▶ 문제 해결 방법은?
이 문제를 해결하기 위해서는 글의 내용을 바탕으로 비극시에 대한 플라톤과 아리스토텔레스의 입장을 정리해야 한다(반드시 밑줄을 그어서 이해해야 함). 그런 다음 선택지에 제시된 내용이 정리된 각 인물의 생각에 해당하는지를 판단할 수 있어야 한다. 가령, 정답인 ②의 경우, 글을 통해 플라톤이 음유시인은 용기나 절제 같은 덕성을 지닌 인간이 아닌 저급한 인간의 면모를 모방할 수밖에 없다고 주장했음을 이해했다면 잘못된 내용임을 바로 알았을 것이다. 마찬가지로 오답률이 높았던 ③, ④의 경우에도 (가)의 3문단과

(나)의 4문단에 제시된 플라톤과 아리스토텔레스의 생각만 파악했다면 적절한 반응임을 알았을 것이다. 이 문제처럼 인문 분야의 문제에서는 특정 인물의 관점을 바탕으로 〈보기〉를 이해하는 문제가 출제되는데, 이러한 유형의 문제 해결의 핵심은 글에 드러난 특정 인물의 이해라는 점을 명심할 필요가 있다.

26~30 기술

박기현, 「데이터 통신과 네트워크」

해제 이 글은 컴퓨터 네트워크의 데이터 전송 과정에서 나타날 수 있는 데이터 오류를 검출하는 방법에 대해서 설명하고 있다. 데이터의 오류를 검출하기 위해서 송신기는 오류 검출 부호를 포함한 데이터를 전송하고 수신기는 수신한 데이터를 검사하여 오류가 있으면 재전송을 요청한다. 데이터의 오류를 검출하는 방식으로는 패리티 비트를 활용하는 패리티 방식, 생성 부호를 사용해서 오류 검출 부호를 생성하는 CRC 방식이 있다.

주제 데이터 오류 검출하는 방법

문단 핵심 내용

1문단	데이터 전송 오류 검출 과정에서 송신기와 수신기의 역할
2문단	수신 데이터 오류를 검출하는 방식인 패리티 검사
3문단	패리티 비트를 활용하는 패리티 방식
4문단	생성 부호를 사용해서 오류 검출 부호를 생성하는 CRC 방식
5문단	CRC 방식의 장점

26 세부 내용의 이해 정답률 36% | 정답 ①

윗글에서 알 수 있는 내용으로 적절하지 않은 것은?

☑ CRC 방식은 모듈로-2 연산을 사용해서 생성 부호를 만들어 낸다.
4문단을 통해 CRC 방식은 모듈로-2 연산을 사용해서 나머지를 구하고 오류 검출 부호를 생성함을 알 수 있다. 그런데 4문단을 통해 미리 선택된 생성 부호는 모듈로-2 연산을 활용하여 전송할 데이터를 나눌 때 사용하는 것임을 알 수 있으므로, 생성 부호는 모듈로-2 연산으로 만들어 내는 것이 아니라 미리 설정되어 있음을 알 수 있다.

② 패리티 검사에서 송신기와 수신기는 동일한 패리티 방식을 사용해야 한다.
2문단을 통해 패리티 검사에는 짝수 패리티와 홀수 패리티 방식이 있고, 송신기와 수신기는 모두 같은 방식을 사용해야 함을 알 수 있다.

③ CRC 방식에서 생성 부호의 비트 수는 오류 검출 부호의 비트 수보다 하나가 더 많다.
5문단을 통해 CRC 방식에서는 오류 검출 부호가 들어갈 자리에 생성 부호의 비트 수보다 하나 작은 비트 수만큼 0을 추가함을 알 수 있으므로, 생성 부호의 비트 수는 오류 검출 부호의 비트 수보다 하나가 더 많다고 할 수 있다.

④ 짝수 패리티는 패리티 비트를 포함한 데이터의 1의 개수가 짝수인지 여부를 검사한다.
2문단을 통해 패리티 검사는 패리티 비트를 추가하여 데이터의 1의 개수를 짝수나 홀수로 만드는 방식임을 알 수 있으므로, 짝수 패리티를 사용하는 경우 데이터의 1의 개수가 짝수가 되도록 해야 함을 알 수 있다.

⑤ CRC 방식은 여러 개의 오류가 동시에 생겨도 검출할 수 있어서 오류 검출 확률이 높다.
5문단을 통해 CRC 방식은 복잡하지만 여러 개의 오류가 동시에 생겨도 이를 검출할 수 있어서 오류 검출 확률이 높음을 알 수 있다.

27 핵심 정보 간의 비교 이해 정답률 45% | 정답 ②

㉠과 ㉡에 대해 이해한 내용으로 적절하지 않은 것은?

① ㉠은 ㉡과 달리 데이터에 포함된 1의 개수가 짝수나 홀수가 되도록 오류 검출 부호를 생성한다.
패리티 검사는 데이터에 포함된 1의 개수가 짝수나 홀수가 되도록 오류 검출 부호인 패리티 비트를 생성하고 CRC 방식은 모듈로-2 연산을 통해 오류 검출 부호를 생성한다.

☑ ㉡은 ㉠과 달리 데이터의 오류를 검출하기 위해 송신기와 수신기 모두에서 오류 검사를 해야 한다.
이 글을 통해 패리티 검사와 CRC 방식은 모두 송신기는 오류 검출 부호를 생성해서 이를 데이터에 포함하여 전송하고 수신기가 수신한 데이터를 검사하여 오류를 검출함을 알 수 있다. 따라서 패리티 검사와 CRC 방식 모두 송신기는 오류 검사를 하지 않는다고 할 수 있다.

③ ㉠과 ㉡은 모두, 수신한 데이터의 오류 발생 여부를 수신기가 판단한다.
패리티 검사는 수신기가 수신한 데이터의 1의 개수를 파악하여 오류를 검출하고, CRC 방식은 수신기가 수신한 데이터를 모듈로-2 연산을 수행하여 나머지를 구해 오류를 검출한다.

④ ㉠과 ㉡은 모두, 데이터를 전송하기 전에 오류 검출 부호를 생성해야 한다.
패리티 검사와 CRC 방식 모두 송신기가 데이터를 전송하기 전에 오류 검출 부호를 생성한다.

⑤ ㉠과 ㉡은 모두, 전송할 데이터가 같더라도 오류 검출 부호는 다를 수 있다.
패리티 검사는 데이터가 같더라도 짝수 패리티나 홀수 패리티 중 어떤 방식을 사용하는가에 따라 패리티 비트가 달라질 수 있고, CRC 방식은 미리 정해진 생성 부호에 따라 송신기의 모듈로-2 연산의 나머지가 달라질 수 있다.

28 이유의 추리 정답률 40% | 정답 ⑤

㉢의 이유로 가장 적절한 것은?

① 송신기가 패리티 비트를 생성하는 것이 불가능하기 때문에
데이터의 오류는 전송 과정에서 발생하는 것이다. 송신기가 패리티 비트를 생성하는 것은 전송하기 전의 일이므로 패리티 비트를 생성하는 것이 불가능하지 않다.

② 전송되는 데이터에 포함된 1의 개수가 항상 홀수로 나타나기 때문에
전송되는 데이터에 포함되는 1의 개수는 사용하는 패리티 방식에 따라 짝수나 홀수로 나타난다.

③ 전송되는 데이터에 포함된 1의 개수가 항상 짝수로 나타나기 때문에
전송되는 데이터에 포함되는 1의 개수는 사용하는 패리티 방식에 따라 짝수나 홀수로 나타난다. 어떤 방식을 사용하더라도 수신한 데이터에 짝수 개의 오류가 동시에 있으면 수신기는 오류를 검출할 수 없다.

④ 오류가 발생했을 때 전송되는 패리티 비트의 크기가 늘어나기 때문에
패리티 비트는 송신기가 데이터를 전송하기 전에 생성하는 것으로 크기가 달라지지 않는다.

✔ 수신한 데이터가 정상일 때와 수신한 데이터에 오류가 있을 때의 패리티 비트가 동일하기 때문에
패리티 검사를 활용하면 데이터의 1의 개수가 짝수나 홀수가 되도록 패리티 비트를 생성한다. 만약 짝수 패리티를 사용하여 1의 개수가 짝수가 되도록 패리티 비트를 생성해서 전송했을 때, 수신한 데이터에 오류가 있어서 1의 개수가 홀수가 되어 있으면 오류라고 판단하는 것이다. 하지만 짝수 개의 비트에 오류가 발생하면 전송할 데이터와 수신한 데이터가 달라지더라도 수신한 데이터의 1의 개수는 짝수로 나타나고, 패리티 비트는 전송할 데이터가 짝수일 때를 기준으로 생성되었기 때문에 데이터의 1의 개수의 짝·홀수 여부는 달라지지 않는다. 따라서 수신한 데이터가 정상일 때와 패리티 비트가 동일하고 수신기가 오류를 검출할 수 없다.

---

29 구체적인 사례에의 적용 　　　　정답률 44% | 정답 ④

윗글을 바탕으로 〈보기〉를 설명한 내용으로 적절하지 <u>않은</u> 것은? [3점]

〈보 기〉

송신기는 오류 검출 방식으로 홀수 패리티를 활용하기로 하였다. 수신기는 수신한 데이터에 오류가 있다고 다음과 같이 판단하였다.

행
열
| 0 | 1 | 0 | 0 | 1 | 1 | 0 | 0 |
| 1 | 1 | 1 | 0 | 0 | 1 | 1 | 1 | ⓐ ⓑ
| 0 | 0 | 1 | 1 | 0 | 0 | 1 | 0 |
| 0 | 1 | 0 | 1 | 0 | 0 | 1 | ⓒ 패리티 비트

(단, 패리티 비트의 오류는 없다고 가정한다.)

① 첫 번째 행은 패리티 비트를 포함한 데이터의 1의 개수가 홀수이므로 오류가 없다고 판단했을 것이다.
첫 번째 행의 패리티 비트를 포함한 데이터의 1의 개수는 홀수인 3개이다. 홀수 패리티를 사용했으므로 수신기는 첫 번째 행에 오류가 없다고 판단했을 것이다.

② 여섯 번째 열은 패리티 비트를 포함한 데이터의 1의 개수가 홀수이므로 오류가 없다고 판단했을 것이다.
여섯 번째 열의 패리티 비트를 포함한 데이터의 1의 개수는 홀수인 1개이다. 홀수 패리티를 사용했으므로 수신기는 여섯 번째 행에 오류가 없다고 판단했을 것이다.

③ ⓐ가 포함된 행과 열의 패리티 비트를 포함한 데이터의 1의 개수가 각각 짝수이므로 수신기는 ⓐ를 오류라고 판단했을 것이다.
ⓐ가 포함된 행과 열은 각각 두 번째 행과 세 번째 열이다. 두 번째 행과 세 번째 열의 패리티 비트를 포함한 1의 개수는 각각 6개와 2개로 짝수이다. 홀수 패리티를 사용했으므로 수신기는 두 번째 행과 세 번째 열에 오류가 발생했다고 판단했을 것이고, 행과 열의 교차 지점을 확인하는 것이 가능하기 때문에 오류가 발생한 정확한 위치가 ⓐ라고 판단하는 것이 가능하다.

✔ 수신한 데이터에서 ⓑ도 0으로 바뀌어서 수신되었다면 데이터의 오류 발생 여부를 검출할 수 없었을 것이다.
수신한 데이터에서 ⓑ도 0으로 바뀌어서 수신되었다면 두 번째 행은 짝수 개의 비트에 오류가 발생했으므로 두 번째 행의 1의 개수는 홀수가 되고, 홀수 패리티를 사용하고 있으므로 수신기는 두 번째 행에 대해서는 오류가 없다고 판단할 것이다. 하지만 일곱 번째 열의 1의 개수가 짝수가 되었으므로 여기에 대해서는 오류가 있다고 판단할 것이다. 따라서 오류가 있는 행과 열의 교차 지점을 알 수 없기 때문에 오류의 정확한 발생 위치는 알 수 없지만 일곱 번째 열에 오류가 있다는 것은 알 수 있기 때문에 오류 발생 여부는 검출할 수 있다.

⑤ 짝수 패리티를 활용했다면 송신기는 ⓒ를 1010110으로 생성했을 것이다.
짝수 패리티를 활용하면 전송할 데이터를 2차원 배열로 구성한 후 각각의 행과 열에 대해 패리티 비트를 포함한 1의 개수가 짝수가 되도록 패리티 비트를 생성해야 한다. 또한 패리티 비트는 전송할 데이터를 바탕으로 생성되기 때문에 오류가 발생하지 않은 상태를 기준으로 생성된다. 따라서 전송할 데이터의 열에 대한 패리티 비트는 ⓒ와는 반대로 1010110으로 생성되었을 것이다.

---

30 내용 이해를 통한 자료에의 적용 　　　　정답률 36% | 정답 ④

〈보기〉는 수신기가 ⓒ의 오류를 검사한 연산이다. 윗글을 바탕으로 〈보기〉를 이해한 내용으로 적절하지 <u>않은</u> 것은?

〈보 기〉

① 수신기는 송신기와 동일한 생성 부호인 '1011'을 사용하여 모듈로−2 연산을 하였군.
4문단에 CRC 방식에서 수신기는 송신기와 동일한 생성 부호를 사용해서 모듈로−2 연산을 한다고 하였다. 수신기의 연산에서 사용한 1011은 송신기에서 사용했던 생성 부호와 동일한 것이다.

---

② 수신기가 수신한 데이터의 오른쪽 끝에 있는 '111'은 송신기에서 생성한 오류 검출 부호이군.
수신기가 수신한 데이터의 오른쪽 끝의 111은 송신기의 모듈로−2 연산으로 생성된 오류 검출 부호인 111을 추가한 것이다.

③ 수신기가 모듈로−2 연산을 할 때는 수신한 데이터에 생성 부호보다 하나 작은 비트 수만큼의 0을 추가하지 않았군.
〈보기〉의 모듈로−2 연산을 보면 수신한 데이터의 오른쪽 끝에 생성 부호보다 하나 작은 비트 수만큼 0을 추가하지 않고 110101111을 바로 생성 부호로 나누고 있다는 것을 알 수 있다.

✔ 수신기가 연산한 몫인 '111101'이 송신기가 전송한 데이터와 동일하기 때문에 수신기는 오류가 없다고 판단했겠군.
4문단을 통해 CRC 방식에서 오류의 판단 기준은 모듈로−2 연산의 나머지라고 언급하였음을 알 수 있다. 따라서 수신기가 수신한 데이터에 오류가 없다고 판단한 이유는 모듈로−2 연산의 나머지가 0이기 때문이다.

⑤ 수신기가 연산한 결과의 나머지가 0이 아니었다면 수신기는 송신기에 재전송을 요청했겠군.
CRC 방식에서는 수신기의 모듈로−2 연산의 나머지가 0으로 나오면 수신한 데이터에 오류가 없다고 판단하고 0이 아니면 오류가 있다고 판단한다. 따라서 〈보기〉의 모듈로−2 연산의 나머지가 0이 아니었다면 수신기는 수신한 데이터에 오류가 있다고 판단하고 송신기에 재전송을 요청할 것이다.

31~33 현대시

(가) 김영랑, 「사개 틀린 고풍의 툇마루에」

　감상　 이 시에서는 달이 떠오르기를 기다리는 화자의 모습과 달이 떠오르게 될 때의 화자의 정서가 드러나 있다. 화자는 밤이 깊어지면서 달이 떠오르기를 기다리면서, 달이 떠오르게 될 때의 상황, 즉 달이 만든 감나무 그림자와 화자의 그림자만 존재하는 정경을 그려내고 있다. 이를 통해 화자는 달이 떠오르기만을 기다리는 외롭고 가냘픈 자신의 모습을 효과적으로 보여 주고 있다.
　주제　 달이 떠오르기를 기다리는 밤의 적막감에서 느끼는 외로움

표현상의 특징

· 시간의 흐름에 따라 화자의 시선이 이동함.
· 음성 상징어를 활용하여 대상의 움직임을 형상화함.
· 추측으로 시상을 종결하여 시적 여운을 줌.

(나) 정진규, 「따뜻한 달걀」

　감상　 이 글은 봄빛이 뚜렷해지기를 기다리며 자연과 온몸의 감각을 통해 감응하는 화자의 모습을 그려 내고 있다. 봄비가 내리는 절기인 우수를 전후해 화자는 고향의 산 여울을 뛰어 건너는 발자국 소리와도 같은 봄의 기척을 느낀다. 우수로 인한 자연의 변화가 손에 잡힐 듯 다가오자, 화자는 따뜻한 달걀을 꺼내며 개구리가 깨어나는 절기인 경칩이 다가오기를 기대하게 된다.
　주제　 다가올 절기에 대한 기대감

표현상의 특징

· 시간의 흐름에 따라 시상을 전개함.
· 음성 상징어를 활용하고 있음.
· 시적 대상을 인격화하여 표현하고 있음.

---

31 표현상 공통점 파악 　　　　정답률 41% | 정답 ①

(가)와 (나)의 공통점으로 가장 적절한 것은?

✔ 음성 상징어를 활용하여 움직임의 정도를 드러내고 있다.
(가)에서는 '사뿐', '보시시'의 음성 상징어를 사용하여 고요함 속에 달 그림자가 소리 없이 조금씩 이동하는 모습을 드러내고 있다. 그리고 (나)에서는 '가만가만'의 음성 상징어를 사용하여 조금씩 다가오는 봄기운을 느끼는 화자의 조심스러운 태도를 드러내고 있다.

② 원경과 근경을 대비하여 심리적 거리감을 표현하고 있다.
(가)와 (나) 모두 원경과 근경의 대비는 나타나지 않는다.

③ 청자를 명시적으로 드러내어 화자의 바람을 표출하고 있다.
(가)의 '벗'은 화자의 외로운 그림자를, (나)의 '그'는 봄기운을 빗댄 것이므로, (가)와 (나)에서 청자가 명시적으로 드러나지는 않고 있다.

④ 가정의 진술을 활용하여 현실 극복의 의지를 드러내고 있다.
(가)에서 달 그림자가 '깔리우면'이라는 가정을 나타내는 진술을 바탕으로 달이 떠오르기를 바라는 화자의 기대를 드러내고 있지만, 현실 극복의 의지를 드러내지는 않고 있다. (나)에서 가정의 진술은 찾아볼 수 없다.

⑤ 추측을 나타내는 표현으로 시상을 종결하여 시적 여운을 자아내고 있다.
(가)에서는 '들려오리라'는 추측을 나타내는 표현으로 시상을 종결하여, 떠오를 달에 대한 기대감을 표명하며 시적 여운을 형성하고 있다. 하지만 (나)는 추측을 나타내는 표현으로 시상을 종결하지는 않고 있다.

---

32 시어의 의미 이해 　　　　정답률 68% | 정답 ④

㉠과 ㉡에 대한 설명으로 가장 적절한 것은?

① ㉠과 ㉡은 모두 오랜 세월의 흔적을 간직한 일상적 삶의 공간이다.
오랜 세월의 흔적을 간직한 일상적 삶의 공간은 (가)의 '사개 틀린 고풍의 툇마루'이다.

② ㉠과 ㉡은 모두 화자가 현실을 관조하며 스스로를 성찰하는 공간이다.
(가)와 (나)의 화자는 모두 자연의 변화를 기다리고 있으며, 현실을 관조한다고 볼 수 없다.

③ ㉠은 상승하는 대상과 친밀감을, ㉡은 하강하는 대상과 일체감을 느끼는 공간이다.
(가)에서는 달이 '떠오를' 것이라는 점에서 상승적 이미지가 나타나지만, (나)에서는 대상이 하강하는 이미지가 나타나지 않는다.

✔ ㉠은 고독하고 적막한 상황이, ㉡은 생동하는 청량한 기운이 형상화되는 공간이다.

(가)에서 화자는 툇마루에 앉아 조용한 가운데 달이 떠오르기만을 기다리고 있으며, 자신의 분신과도 같은 '내 그림자'를 '외론 벗'이라 표현하며 고독감을 표출하고 있다. 따라서 '툇마루'는 고독하고 적막한 상황이 형상화되는 공간이라 할 수 있다. (나)의 '산 여울'은 봄빛이 깊어지며 찰박대는 소리가 나고, 우수를 지나 경칩으로 이어지는 계절의 변화가 나타난다는 점에서 생동하는 청량한 기운이 형상화되는 공간이라 할 수 있다.

⑤ ⊙은 지나온 삶에 대한 그리움이, ⓒ은 현재의 삶에 대한 만족감이 드러나는 공간이다.
(가)에는 '아직' 떠오르지 않은 달이 '이제' 떠오를 것이라는 기대감이 나타나 있으며, 지나온 삶에 대한 그리움은 나타나지 않는다.

33 외적 준거에 따른 작품의 감상
정답률 64% | 정답 ③

〈보기〉를 참고하여 (가)와 (나)를 감상한 내용으로 적절하지 않은 것은? [3점]

─〈보 기〉─
(가)와 (나)는 자연의 순환적 질서에 감응하는 화자의 모습을 보여준다. (가)의 화자는 밤이 깊어지면서 달이 떠오르기를 기다리고 있고, (나)의 화자는 절기가 바뀌면서 봄빛이 점점 뚜렷해지고 있음을 느끼고 있다. 시간의 흐름에 따른 자연의 점진적 변화를 감지하기 위해 화자는 온몸의 감각을 집중하면서, 자연을 자신과 교감을 이루는 주체로 인식한다.

① (가)의 화자가 '아무런 생각'이나 '뜻 없이' 달이 떠오르기를 기다리는 것은, 자연의 변화를 감지하기 위해 온몸의 감각을 집중하는 것으로 볼 수 있군.
(가)의 화자는 '아무런 생각 없이 / 뜻 없이', '말없이 / 몸짓 없이'에서 알 수 있듯이 움직임과 소리를 자제하며 달이 떠오르는 데만 주의를 집중하고 있다.

② (나)에서 소리로 인식되던 대상의 '새끼발가락'을 만질 수 있게 되었다는 것은, 시간의 흐름에 따라 자연이 변화하는 양상을 표현한 것으로 볼 수 있군.
'그'의 '찰박대는' 소리를 듣다가 '그 새끼발가락'을 만지게 되는 것은 그만큼 봄빛이 뚜렷해졌음을 드러낸 것이라 할 수 있다.

☑ (가)의 '떠오를 기척도 없는 달'과 (나)의 '이쁜 발자욱 소리' 하나를 자연의 순환적 질서가 지연되는 것에 대한 화자의 조바심을 유발하는 것으로 볼 수 있군.
(가)의 화자는 시간이 지나 달이 떠오르기를 기다리고 있고, (나)의 화자는 다가올 경칩에 대한 기대감을 드러내고 있으므로, (가)와 (나) 화자 모두 자연의 순환적 질서가 나타나는 것을 기대한다고 할 수 있다. 따라서 (가)와 (나) 화자 모두 자연의 순환적 질서가 지연되는 데 대한 조바심을 보인다는 감상은 적절하지 않다.

④ (가)에서는 달이 뜨는 것을 '이 밤 옮기는 발짓'을 한다고 표현하고, (나)에서는 뚜렷해진 봄빛을 '진솔 속곳을 갈아입'은 것으로 표현하여 자연을 행위의 주체로 인식하고 있군.
(가)에서는 달을 마치 '발짓'을 하는 것처럼 표현하고 있고, (나)에서는 봄빛이 뚜렷해지는 것을 '진솔 속곳을 갈아입고 / 그가 왔다'라고 표현하고 있으므로, 자연을 행위의 주체로 제시하였다고 할 수 있다.

⑤ (가)에서는 달이 만든 '내 그림자'를 '벗' 삼아 '서로 맞대고 있으려'는 데서, (나)에서는 '경칩'을 예감하며 '달걀'의 온기를 느끼는 데서 화자와 자연이 교감하는 모습이 나타나는군.
(가)의 화자는 달이 만든 '내 그림자'와 '벗'처럼 '서로 맞대고 있'고자 한다는 점에서 자연과 감응한다고 볼 수 있다. (나)의 화자는 '그'를 위해 집어든 '달걀'에서 따뜻한 온기를 느끼고 '경칩이 멀지 않다'고 생각한다는 데서 미리 절기를 예감하며 자연과 교감한다고 볼 수 있다.

34~37 갈래 복합

(가) 송순, 「면앙정가」

감상 이 작품은 작가가 고향에 내려와 면앙정을 지어 살면서 지은 것으로, 아름다운 자연 속에 은거하는 삶의 즐거움과 임금에 대한 은혜를 노래하고 있다. 면앙정을 둘러싸고 있는 자연 풍경을 근경과 원경으로 그려 내고, 또 사계절에 따른 풍경의 변화 등을 세밀하게 묘사하면서, 그 속에서의 풍류적 삶에 대한 만족감을 나타내고 있다. 또한 결사 부분의 '역군은(亦君恩)이샷다'와 같은 관습적 표현을 통해 연군지정을 드러내고 있다. 한편 이 작품은 형식과 내용에서 정극인의 「상춘곡」의 영향을 받고, 또 정철의 「성산별곡」에 영향을 주면서 이른바 강호가도의 전통을 이어 주었다는 점에서 문학사적 의의를 갖는다.

주제 자연 속에서의 풍류와 임금의 은혜에 대한 감사

현대어 풀이

가마를 급히 타고 소나무 아래 굽은 길로 오며 가며 하는 때에
푸른 버드나무에서 우는 꾀꼬리는 흥에 겨워 아양을 떠는구나.
나무와 풀이 우거져 녹음이 짙어진 때에
기다란 난간에서 긴 졸음을 내어 펴니
물 위의 서늘한 바람은 그칠 줄을 모르는구나.
된서리 걷힌 후에 산빛이 수놓은 비단 물결 같구나.
누렇게 익은 벼는 또 어찌 넓은 들에 펼쳐져 있는가?
고기잡이를 하며 부르는 피리도 흥을 이기지 못하여 달을 따라 계속 부는구나.
초목이 다 진 후에 강산이 묻혔거늘
조물주가 야단스러워 얼음과 눈으로 꾸며 내니
경궁요대와 옥해 은산 같은 설경이 눈 아래 펼쳐져 있구나.
하늘과 땅도 풍성하여 가는 곳마다 아름다운 경치로구나.
인간 세상을 떠나와도 내 몸이 한가로울 겨를이 없다.
이것도 보려 하고 저것도 들으려 하고,
바람도 쏘이려 하고 달도 맞으려 하고,
밤은 언제 줍고 고기는 언제 낚으며,
사립문은 누가 닫으며 떨어진 꽃은 누가 쓸려는가?
아침 시간이 모자라니 저녁이라도 싫겠느냐?
오늘도 부족한데 내일이라고 넉넉하랴?
이 산에 앉아 보고 저 산에 걸어 보니
번거로운 마음을 버릴 일이 전혀 없다.
쉴 사이도 없는데 오는 길을 알리겠는가?
다만 지팡이만 다 무디어져 가는구나.
술이 익었으니 벗이 없을 것인가?

노래를 부르게 하고 악기를 타고 또 켜게 하며, 방울을 흔들며
온갖 소리로 흥취를 재촉하니
근심이라 있겠으며 시름이라 붙었겠느냐.
누웠다가 앉았다가 구부렸다가 젖혔다가
(시를) 읊다가 휘파람을 불다가 마음 놓고 노니
천지도 넓디넓고 세월도 한가하다.
(복희 황제 시대의) 태평성대를 몰랐더니 지금이야말로 그때로구나.
신선이 어떤 것인지 이 몸이야말로 신선이로구나.
아름다운 자연을 거느리고 내 평생을 다 누리면
악양루 위의 이태백이 살아온들
넓고 끝없는 정다운 회포는 이보다 더하겠느냐?

(나) 백석, 「가재미·나귀」

감상 이 글은 백석이 함흥으로 이주한 이후 1936년 9월 신문사의 기획란 '나의 관심사'에 발표한 수필이다. 새로운 거처에서 생긴 일상의 관심사 두 가지를 통해 그곳 생활의 정취를 전하며, 이를 통해 일상의 작고 평범한 존재를 소중히 여기는 마음을 드러내고 있다.

주제 일상의 작은 것들에 대한 애정

★★★ 등급을 가르는 문제!

34 표현상 공통점 파악
정답률 33% | 정답 ⑤

(가)와 (나)의 공통점으로 가장 적절한 것은?

① 색채어를 활용하여 사물의 역동성을 표현하고 있다.
(가)의 '누렇게', (나)의 '빨간', '시허연' 등을 통해 색채어가 사용되었음을 알 수 있지만, 이러한 색채어를 활용하여 사물의 역동성을 표현하지는 않고 있다.

② 말을 건네는 방식을 통해 독자의 주의를 환기하고 있다.
(가)에서는 '없을쏘냐', '붙었으랴' 등과 같이 의문의 형식을 사용한 표현을 말을 건네는 방식이라고 볼 수 있지만, 이를 통해 독자의 주의를 환기한다고는 볼 수 없다. (나)에서는 말을 건네는 방식이 사용되지 않았다.

③ 영탄적 표현을 활용하여 대상에 대한 경외감을 드러내고 있다.
(가)의 '산빛이 금수로다', '간 데마다 승경이로다' 등을 통해 영탄적 표현을 사용하여 자연의 아름다움에 대한 경탄을 드러내고 있음을 알 수 있다. 하지만 (나)에는 영탄적 표현이 사용되지 않았다.

④ 연쇄적 표현을 통해 주변 사물을 사실감 있게 제시하고 있다.
(가)와 (나) 모두 주변 사물을 제시하고 있지만, 이를 연쇄적 표현을 통해 드러내지는 않고 있다.

☑ 계절감을 환기하는 사물을 통해 자연의 모습을 드러내고 있다.
(가)에서 '녹음', '누렇게 익은 벼', '빙설' 등의 사물을 통해 여름, 가을, 겨울의 자연 풍경을 드러내 주고 있고, (나)에서는 '눈'을 통해 겨울의 자연 풍경을 드러내고 있다. 따라서 (가)와 (나) 모두 계절감을 환기하는 사물을 통해 자연의 모습을 드러냈다고 할 수 있다.

★★ 문제 해결 꿀~팁 ★★

▶ 많이 틀린 이유는?
이 문제는 (가), (나)에 사용된 표현상 특징을 정확히 파악하지 못하여 오답률이 높았던 것으로 보인다.

▶ 문제 해결 방법은?
작품 간의 표현상 공통점을 파악하는 문제를 해결하기 위해서는 먼저 (가)를 중심으로 각 선택지에 제시된 표현이 사용되었는지 확인한 다음, 표현이 사용된 선택지 중 (나)에서의 사용 여부를 판단하면 된다. 즉 (가)를 통해, '색채어의 활용', 말을 건네는 방식, '영탄적 표현', '연쇄적 표현', '계절감을 환기하는 사물'이 사용되었는지 확인한다. 그런 다음 (가)에서 사용된 것을 (나)에서도 사용되었는지 확인하면 된다. 이때 주의할 점은 (가)와 (나)에 사용되었다 하더라도(색채어의 사용), 이를 사용한 효과가 적절하지 않을 수 있으므로, 반드시 선택지를 끝까지 확인하도록 한다.

▶ 오답인 ④를 많이 선택한 이유는?
이 문제의 경우 학생들이 ④가 적절하다고 하여 오답률이 높았는데, 이는 '연쇄적 표현'에 대해 정확히 이해하지 못했기 때문으로 보인다. '연쇄적 표현'은 말 그대로 앞의 말을 이어서 뒤에서 사용하는 것으로, (가)와 (나)에서는 이러한 연쇄적 표현을 찾아볼 수 없다. 한편 이 선택지의 경우, '주변 사물을 사실감 있게 제시'하였다는 내용은 적절하게 제시되어 있지만 앞의 '연쇄적 표현'이 잘못되었기 때문에 적절하지 않은 것이다. 이처럼 선택지의 앞과 뒤의 내용을 연관하여 읽지 않으면 자칫 잘못된 선택을 할 수 있으므로, 반드시 선택지를 읽을 때에는 꼼꼼하게 읽도록 한다.

35 구절의 의미 파악
정답률 47% | 정답 ⑤

㉠~㉤에 대해 이해한 내용으로 적절하지 않은 것은?

① ㉠ : 감각적 경험을 통해 환기된 장면을 묘사하여 인간이 자연물과 어우러지는 상황을 제시하고 있다.
어부의 피리 소리를 듣고 흘러가는 달을 따라 불어 간다고 표현한 것은, 청각적 경험을 통해 떠올린 장면을 묘사하여 인간과 자연이 어우러지는 상황을 보여 준다고 할 수 있다.

② ㉡ : 시간을 표현하는 시어를 대응시켜 현재와 같은 상황이 이후에도 이어질 것임을 드러내고 있다.
'아침'과 '저녁', '오늘'과 '내일' 등 시간을 표현한 시어를 대응시켜 자연을 감상하느라 바쁜 현재 상황이 이후로도 이어질 것임을 드러내고 있다.

③ ㉢ : 역사적 인물과 견주며 삶에 대한 만족감을 드러내고 있다.
당나라 시인 이백과 비교하며 '강산풍월'을 거느리고 '호탕한' 풍류를 즐기는 자신의 삶에 대한 만족감을 표현하고 있다.

④ ㉣ : 기대하는 일이 실현되었을 때 느낄 심정을 직접적으로 표출하고 있다.
'가재미'를 구할 수 있는 '음력 팔월 초상'이 되어 '흰밥'에 '고추장'과 함께 '가재미'를 먹게 된다면 '아침저녁 기뻐하게' 될 것이라 말하며 기대하는 일이 실현되었을 때 느낄 심정을 표출하고 있다.

☑ ㉤ : 원하는 것을 구하기 위해 시도한 방법이 실패하는 과정에서 느낀 체념을 드러내고 있다.
㉤에 '나귀'를 구하기 위해 '소장 마장'에도 가보고, 다른 사람에게 수소문도 해봤지만 나귀를 구하지 못한 실패의 과정이 서술되고 있다. 하지만 체념을 드러내지는 않고 있다. 오히려 '좀더 이놈을 구해보고 있다.'는 진술을 통해 글쓴이가 나귀를 구하는 것을 단념하지 않았음을 알 수 있다.

36 외적 준거에 따른 작품의 감상　　정답률 61% | 정답 ③

〈보기〉를 바탕으로 (가), (나)를 이해한 내용으로 적절하지 않은 것은? [3점]

─〈보 기〉─
문학 작품에서 공간을 체험하는 주체는 공간 및 주변 경물에 대한 인식을 드러내며, 이 인식은 주체의 지향이나 삶에서 중시하는 가치를 암시한다. (가)의 화자는 '면앙정' 주변의 자연에 대한 인식과 함께 풍류 지향적인 태도를 드러내고 있고, (나)의 글쓴이는 공간의 변화와 대상에 대한 인식을 관련지으며 자신이 소중하게 생각하는 삶의 가치를 암시하고 있다.

① (가) : '솔 아래 굽은 길'을 오가는 화자는 '꾀꼬리'의 '교태 겨워하는' 모습에 주목하면서 자연을 즐기는 자신의 태도와의 동일성을 발견하고 있다.
　화자가 꾀꼬리가 흥을 이기지 못해 교태를 부리며 운다고 말한 것은 아름다운 자연 풍경을 감상하며 흥거움을 느끼는 자신과 꾀꼬리 간의 동일성을 인식한 것이라고 할 수 있다.

② (가) : '간 데마다 승경'이라는 화자의 인식은 '내 몸이 쉴 틈 없'는 다양한 일들을 통해 자연의 다채로운 풍광을 즐길 수 있으리라는 기대로 이어지고 있다.
　화자가 '쉴 틈 없'다고 말한 것은 자신이 체험하는 모든 곳을 다 '승경'이라고 인식했기 때문이며, 이는 자연의 다채로운 풍광을 감상하게 될 것이라는 기대로 이어지고 있다.

✔ ③ (가) : '이 산'과 '저 산'에서 '번거로운 마음'과 '버릴 일이 전혀 없'음을 동시에 느끼는 화자의 모습에는 '인간 세상'의 번잡한 일상을 여전히 의식하고 있음이 드러나 있다.
　'번거로운 마음'은 화자가 자연에서의 삶을 즐기느라 바쁜 마음을 표현한 것이고, '버릴 일이 전혀 없다'는 이러한 '번거로운 마음'을 버리지 않겠다는 것이다. 따라서 '번거로운 마음에도 버릴 일이 전혀 없다'는 아름다운 자연 풍광을 하나도 놓치지 않기 위해 바쁘게 돌아다니는 생활에서 느끼는 화자의 즐거움을 드러낸 표현이라 할 수 있으므로, 화자가 떠나온 '인간 세상'의 일상을 의식한다고는 볼 수 없다.

④ (나) : '동해 가까운 거리로 와서' 주목하게 된 '가재미'에 대한 글쓴이의 인식은 '가난하고 쓸쓸한' 삶 속에서 '한없이 착하고 정다운' 것을 소중히 여기는 태도를 드러내고 있다.
　새로운 거처로 이주하여 '가재미'를 즐겨 먹게 된 것을 '동해 가까운 거리로 와서 나는 가재미와 가장 친하다'라고 표현한 것과, '가재미'를 '가난하고 쓸쓸한' 삶 속에서 '한없이 착하고 정다운' 존재라고 서술한 것을 통해 '가재미'를 소중히 여기는 글쓴이의 태도를 확인할 수 있다.

⑤ (나) : '중리'로 와서 '재래종의 조선 말'보다 '처량한 당나귀'와 '일없이 왔다갔다 하고 싶다'는 글쓴이의 바람은 일상의 작은 존재에 대해 느끼는 우호적 인식을 드러내고 있다.
　'그래도 나는 그 처량한 당나귀가 좋'다고 언급한 것을 통해 일상의 작은 존재인 '당나귀'에 대한 글쓴이의 우호적 인식을 확인할 수 있다.

37 소재의 기능 파악　　정답률 76% | 정답 ②

ⓐ와 ⓑ에 대한 이해로 가장 적절한 것은?

① ⓐ는 화자에게 심리적 위안을 주는, ⓑ는 글쓴이에게 고독감을 느끼게 하는 매개체이다.
　ⓐ를 통해 화자가 근심과 시름을 떨쳐내고 '취흥'을 즐기고 있으므로 화자에게 심리적 위안을 준다고 볼 수 있으나, ⓑ는 글쓴이의 기쁨을 확장하는 기능을 하므로 고독감을 느끼게 한다고 볼 수 없다.

✔ ② ⓐ는 화자가 느끼는 흥을 심화하는, ⓑ는 글쓴이가 느끼는 기쁨을 확장하는 매개체이다.
　(가)에서 화자는 때마침 익은 술을 벗과 함께 마시며, 노래를 부르고 악기를 연주하며 극도의 흥취에 빠져드는 모습을 보이고 있으므로, ⓐ는 화자가 느끼는 흥을 심화해 준다고 할 수 있다. 그리고 (나)에서 글쓴이는 'H'에게도 '가재미'를 보내어 함께 나누어 먹으려 하고 있으므로, ⓑ는 글쓴이가 '가재미'를 먹으며 느끼는 기쁨을 확장하는 매개체라 할 수 있다.

③ ⓐ는 화자가 내면의 만족감을 드러내는, ⓑ는 글쓴이가 현실에 대한 불만을 표출하는 매개체이다.
　ⓐ는 자연 속에서 풍류를 즐기는 화자의 만족감을 드러낸다고 볼 수 있으나, ⓑ는 글쓴이가 현실에 대한 불만을 표출하는 매개체라고 볼 수 없다.

④ ⓐ는 화자에게 삶의 목표를 일깨워 주는, ⓑ는 글쓴이에게 심경 변화의 계기를 제공하는 매개체이다.
　ⓐ는 화자의 풍류 지향적 태도와 관련이 있으므로 화자에게 삶의 목표를 일깨워 준다고 볼 수 있으나, ⓑ는 글쓴이의 심경 변화의 계기를 제공한다고 보기는 어렵다.

⑤ ⓐ는 화자에게 이상적 세계의 모습을, ⓑ는 글쓴이에게 윤리적 삶의 태도를 떠올리게 하는 매개체이다.
　ⓐ는 화자가 지향하는 삶의 태도를 드러내므로 화자에게 이상적 세계를 떠올리게 하는 기능을 한다고 볼 수 있으나, ⓑ는 윤리적 삶의 태도와는 관련이 없다.

38~41 현대 소설

이문구, 「산 너머 남촌」

감상　이 작품은 1980년대 서울 근교 농촌을 배경으로 자본주의적 근대화 과정 속에서 변화하는 농촌의 현실과 농민의 인식을 그리고 있다. 농촌의 잡다한 세태를 통해, 농민들이 보고 겪은 농촌의 모습이 그려져 있다. 작가의 농촌 경험이 반영되어 있어, 농촌과 농민의 삶이 사실적으로 현실감 있게 드러나 있다.

주제　당대 농민들이 겪는 삶의 어려움

작품 줄거리　이문정은 전형적인 농민으로, 마을의 공동체 의식을 중요하게 여기며, 또 그것을 지키고 실천해 나가는 농촌 공동체의 원로이다. 즉, 이문정은 일의 경위, 동네의 전통, 이웃 간의 풍속, 사회의 해묵은 덕목을 애써 분별하고 몸소 실천하는 동네의 터줏대감이다. 이와 달리 마을의 젊은 세대들은 보다 합리적이고 효율적이며, 물질적인 가치가 우선되는 삶을 추구한다. 이러한 이문정과 젊은 세대의 대비적인 모습을 통해 농촌 공동체에 깃든 우리 민족의 정서와 가치의 소중함을 드러내고 있다.

38 서술상 특징 파악　　정답률 46% | 정답 ②

윗글에 대한 설명으로 가장 적절한 것은?

① 빈번하게 장면을 전환하여 사건 전개의 긴박감을 드러내고 있다.
　이 글에서는 권중만과 영두의 대화, 영두의 심리를 중심으로 서술되어 있어 장면이 빈번하게 전환되었다고 볼 수 없다.

✔ ② 서술자가 특정 인물의 관점에서 사건과 인물의 심리를 전달하고 있다.
　이 글은 작품 밖의 서술자가 작중 인물인 영두의 관점에서 권중만과 영두의 대화를 제시하여 사건을 전달하고 있으며, 또한 서술자가 영두의 관점에서 영두의 내면을 서술하고 있다.

③ 동시에 일어난 별개의 사건을 병치하여 사태의 전모를 드러내고 있다.
　이 글에서 권중만과 영두의 대화와 함께 영두가 과거 일에 대해 회상하는 내용이 서술되어 있지만, 이를 별개의 사건이 동시에 일어난 것이라고 보는 것은 적절하지 않다.

④ 인물 간의 대화를 통해 인물이 겪은 사건의 비현실적인 면모를 드러내고 있다.
　이 글에 권중만과 영두 사이의 대화가 제시되어 있지만, 사건의 비현실적인 면모는 찾아볼 수 없다.

⑤ 인물의 표정 변화와 내면 변화를 반대로 서술하여 그 인물의 특성을 부각하고 있다.
　이 글에 권중만이나 영두의 표정, 영두의 내면 심리가 나타나 있지만, 인물의 표정 변화와 내면 변화가 반대로 서술되어 있다고는 볼 수 없다.

39 인물의 발화 이해　　정답률 60% | 정답 ③

[A]와 [B]에 대한 이해로 가장 적절한 것은?

① [A]에서 '권중만'은 자신의 우월한 지위를 과시하며 상대의 동의를 요구하고 있고, [B]에서 '영두'는 상대와의 개인적 친밀감을 환기하며 서운함을 드러내고 있다.
　[A]에서 권중만은 자신의 지위가 우월하다는 점을 내세우지 않고 있다. [B]에서 영두가 권중만에게 친밀감을 표현하지는 않고 있다.

② [A]에서 '권중만'은 자신의 경험을 들어 상대의 문제에 대한 해결책을 제시하고 있고, [B]에서 '영두'는 상대가 저질렀던 잘못을 지적하며 상대의 사과를 요구하고 있다.
　[A]에서 권중만은 사례를 들며 자신의 생각을 말하고 있으나, 그것이 영두의 문제에 대한 해결책으로 제시된 것이라고는 볼 수 없다. 그리고 [B]에서 영두는 권중만의 말이 적절하지 않음을 지적하고 있지만, 권중만의 사과를 요구하지는 않고 있다.

✔ ③ [A]에서 '권중만'은 자신이 상대에게 제시한 요구의 이유를 사람들의 선입견과 관련지어 밝히고 있고, [B]에서 '영두'는 상대의 말에 논리적 한계가 있음을 지적하며 항변하고 있다.
　[A]에서 권중만은 '아파트 사람들'이 채소에 묻은 흙에 대해 가진 선입견을 들어, 자신이 영두에게 '놀랜흙 묻'히는 일을 요구하는 이유를 설명하고 있다. 그리고 [B]에서 영두는 권중만의 말에 따른다면 일어났어야 할 일이 실제로는 일어나지 않았다는 점을 논리적 한계로 지적하며 권중만의 말이 타당하지 않다고 항변하고 있다.

④ [A]에서 '영두'는 상대의 제안에서 모순을 지적하며 새로운 대안을 제시하고 있고, [B]에서 '권중만'은 다른 사람들의 사례를 들어 자신의 행동에 대해 변명하고 있다.
　[A]에서 영두는 권중만의 말이 적절하지 않음을 지적하고 있지만, 권중만에게 대안을 제시하지는 않고 있다. 그리고 [B]에서 권중만은 '아파트 사람들'과 관련한 사례를 들고 있지만, 자신의 행동에 대해 변명하지는 않고 있다.

⑤ [A]에서 '영두'는 상대의 문제의식에 대한 공감을 드러내며 구체적인 조언을 요구하고 있고, [B]에서 '권중만'은 상대의 예상치 못한 반응에 당황하며 자신의 잘못을 사과하고 있다.
　[A]에서 영두는 권중만의 생각에 대해 공감을 드러내거나 조언을 요구하지 않고 있고, [B]에서 권중만은 당황한 모습을 드러내거나 영두에게 사과하지는 않고 있다.

40 소재의 서사적 기능 이해　　정답률 74% | 정답 ⑤

만 원에 대한 설명으로 가장 적절한 것은?

① '권중만'과 '영두' 사이의 갈등이 해소된 이유이다.
　권중만이 '만 원'을 제안하며 요구한 일로 인해 권중만과 영두 사이에는 긴장감이 조성되었으므로, 갈등이 해소되었다고 보기 어렵다.

② '영두'가 '권중만'의 조언을 수용하게 된 이유이다.
　권중만이 '만 원'을 제안하며 요구한 일을 조언으로 보기 어려우며, 영두가 권중만의 제안을 수용하지도 않고 있다.

③ '권중만'이 '영두'에게 친밀감을 보이게 된 이유이다.
　권중만이 '만 원'을 제안하며 요구한 일에 대해 영두는 '듣던 중에 그처럼 욕된 말'이 없다고 느끼며 부정적인 반응을 보였다.

④ '영두'가 '권중만'에게 양보를 강요하게 된 이유이다.
　권중만이 '만 원'을 제안하며 요구한 일과 관련하여 영두가 권중만에게 양보를 요구한 것은 없다.

✔ ⑤ '영두'가 '권중만'에게 부정적으로 반응하게 된 이유이다.
　권중만이 '만 원'을 제안하며 채소에 '놀랜흙을 묻혀 놓'는 작업을 요구하는 것에 대해, 영두는 '듣던 중에 그처럼 욕된 말'이 없다고 느끼며, '성질이 나서 견딜 수가 없었'다고 반응하고 있다. 그리고 권중만이 '얼굴을 붉힐' 정도로, 권중만의 말에 대해 비판하고 있다. 따라서 '만 원'은 영두가 권중만에게 부정적으로 반응하게 된 이유를 제공한다고 할 수 있다.

41 외적 준거에 따른 작품의 감상　　정답률 62% | 정답 ③

〈보기〉를 바탕으로 윗글을 감상한 내용으로 적절하지 않은 것은? [3점]

─〈보 기〉─
이 작품은 1980년대 농민들의 생활을 형상화하고 있다. 작가는 농민들이 농사의 경제적 이익을 고려하거나 농산물의 유통과 판매까지 감안하게 된 상황을 보여 준다. 작품 속 '영두'는 먹거리를 생산하는 농민으로서 가져야 할 태도를 인식하면서도 이러한 태도를 지켜나가기 어려운 현실 속에서 가치관의 혼란을 겪고 있다. 작가는 이를 통해 당대 농민들이 겪고 있던 어려움을 현실감 있게 보여 준다.

① 농민들이 권중만을 보고 '채소를 돈거리로 갈기 시작'하는 상황은, 농사를 통한 경제적 이익 창출을 고려하는 농민들의 면모를 드러내는군.
농민들이 권중만을 보고 '채소를 돈거리로 갈기 시작'하는 상황은, 경제적 이익 창출을 위해 농사를 짓기 시작했음을 보여 준다고 할 수 있다.

② 영두가 '국내 수요'와 '대일 수출'을 언급하며 권중만과 나누는 모습은, 농산물의 유통과 판매까지 감안하는 농민의 현실을 드러내는군.
농민인 영두가 '밭떼기 전문 채소 장수'인 권중만과 '국내 수요'와 '대일 수출' 등에 대해 이야기하는 모습은, 농민들이 농산물의 유통과 판매까지 감안하게 되었음을 보여 준다고 할 수 있다.

☑ 영두가 '밭떼기 장수'를 '미더운 물주요 필요악 이상의 불가결한 존재'로 받아들이는 것은, 다른 농민들의 어려운 상황을 이용해 경제적 이익을 추구하는 영두의 모습을 드러내는군.
영두가 '밭떼기 장수'를 '미더운 물주요 필요악 이상의 불가결한 존재'로 받아들이는 것은, 경제적 이익 창출의 시각에서 농사를 바라보게 되었음을 의미한다. 그렇지만 이를 영두가 다른 농민들을 이용해 경제적 이익을 추구한 모습이라고 보는 것은 적절하지 않다.

④ 영두가 '자칫 못 먹을 것을 만들어서 파는 사람으로 취급받지 않'으려 하는 것은, 먹거리를 생산하는 농민이 가져야 할 태도에 대해 인식하고 있음을 드러내는군.
영두가 권중만에게 '자칫 못 먹을 것을 만들어서 파는 사람으로 취급받지 않'으려 하는 것은, 농산물은 사람들이 먹게 될 먹거리를 생산하는 일이라는 점을 인식하고 있음을 보여 준다고 할 수 있다.

⑤ 영두가 '구수한 맛이 더하던 이치'에도 불구하고 '볼품이 없는 것'이 '값이 있을 리가 없'다고 판단하는 것은 농사에 대한 가치관을 따르기 어려운 현실에 대한 인식을 드러내는군.
영두가 '볼품이 없는 것'이 오히려 '구수한 맛이 더하던 이치'에도 불구하고 상품성이 떨어진다고 평가하는 것은, 농사에 대한 가치관에 따르기 어려운 현실을 인식하고 있음을 보여 준다고 할 수 있다.

42~45 고전 소설

작자 미상, 「춘향전」

감상 이 작품은 조선 시대 전라도 남원을 배경으로 하여 신분을 초월한 남녀 간의 사랑을 그리고 있는 판소리계 소설이다. 표면적으로는 양반 자제 이몽룡과 퇴기 딸 춘향의 신분을 뛰어넘는 사랑을 그리고 있지만, 그 이면에는 신분적 제약을 벗어나려는 인간 해방의 주제 의식을 담아 내고 있다. 특히 춘향과 이몽룡이 신분의 격차를 뛰어넘어 사랑을 이루는 과정 속에서 정절을 지키려는 춘향의 굳은 의지와 탐관오리를 혁파하는 이몽룡의 모습이 잘 형상화되어 있다.
주제 춘향의 굳은 절개와 탐관오리에 대한 비판 / 안타까운 이별로 인한 비애감
작품 줄거리 남원부사의 아들 이도령과 기생의 딸 춘향이 광한루에서 만나 정을 나누다가, 남원부사가 임기를 끝내고 서울로 돌아가자 두 사람은 다시 만날 것을 기약하고 이별한다. 그 다음에 새로 부임한 변학도가 춘향의 미모에 반하여 수청을 강요한다. 그러나 춘향은 일부종사(一夫從事)를 앞세워 거절하다 옥에 갇혀 죽을 지경에 이른다. 한편, 이도령은 과거에 급제하여 어사가 되어 변학도를 탐관오리로 몰아 봉고파직(封庫罷職)시키고 춘향을 구출한다. 이도령은 춘향을 정실부인으로 맞이하여 백년해로를 한다.

42 인물의 이해
정답률 55% | 정답 ③

[A]와 [B]를 통해 인물을 이해한 내용으로 가장 적절한 것은?

① [A]에서는 '춘향 어미'의 비난을 통해, [B]에서는 '향단'의 옹호를 통해 '신관 사또'에 대한 두 인물의 상반된 인식을 알수 있다.
[A]에서 춘향 어미가 '신관 사또는 사람 죽이러 왔'냐고 말하는 것을 통해 춘향 어미가 신관 사또를 비난하고 있음을 알 수 있다. 하지만 [B]에서 향단이 신관 사또를 옹호하는 모습은 드러나지 않고 있다.

② [A]에서는 '춘향 어미'의 만류를 통해, [B]에서는 '향단'의 재촉을 통해 '춘향'의 수절에 대한 두 인물의 상반된 인식을 알 수 있다.
[A]에서 춘향 어미가 '기생이라 하는 것이 수절이 다 무엇이냐?'라고 묻는 것을 통해 춘향의 수절에 대해 만류하고 있음을 알 수 있다. 하지만 [B]에서 향단이 춘향에게 무엇인가를 재촉하거나 춘향의 수절에 대한 인식을 드러내는 부분은 찾아볼 수 없다.

☑ [A]에서는 앞날을 걱정하는 '춘향 어미'를 통해, [B]에서는 '춘향'의 현재 상태를 염려하는 '향단'을 통해 '춘향'의 고난에 대한 상이한 반응을 확인할 수 있다.
[A]에서 춘향 어미는 춘향이 비극적 상황에 놓여 있는 모습을 보고 '이 한 몸 의탁코자 하였더니, 저 지경을 만든단 말이오'라고 말하고 있는데, 이를 통해 춘향 어미가 춘향의 고난이 야기할 앞으로의 상황을 걱정하고 있음을 알 수 있다. 그리고 [B]에서 칼을 쓴 춘향에게 향단이 음식을 권하고 있는데, 이를 통해 향단이 춘향의 현재 몸 상태를 염려하고 있음을 알 수 있다.

④ [A]에서는 격앙된 '춘향 어미'를 진정시키는 모습을 통해, [B]에서는 '춘향'에게 음식을 정성스레 건네는 모습을 통해 '향단'의 침착한 태도를 확인할 수 있다.
[A]에서 춘향 어미는 삼문간에서 춘향을 보고 격앙된 모습을 보이지만, 향단이 이러한 춘향 어미를 진정시키는 모습은 찾아볼 수 없다. 그리고 [B]에서 향단은 옥에 갇힌 춘향이 정신을 차릴 수 있도록 음식을 건넬 뿐이므로, 이를 향단의 침착한 태도와 연결시키기는 어렵다.

⑤ [A]에서 '도련님'의 약속을 신뢰하는 '춘향 어미'의 모습과 [B]에서 '춘향'의 앞날을 걱정하는 '향단'의 모습으로 인해 '춘향'의 내적 갈등이 심화되고 있음을 확인할 수 있다.
[A]에서 춘향의 어미가 도련님의 약속을 신뢰하는 내용은 드러나 있지 않다. 그리고 [B]에서 향단이 옥에 갇힌 춘향을 걱정하고 있지만, 이러한 향단의 행동이 춘향의 내적 갈등을 심화시킨다고 보기 어렵다.

43 인물의 심리 파악
정답률 60% | 정답 ⑤

[C]에 대한 이해로 적절하지 않은 것은?

① 공간의 특징을 열거하여 자신의 비참한 처지를 드러내고 있다.
'벼룩 빈대 ~ 넙게는 번척번척'에서 공간의 특징이 열거됨을 확인할 수 있고 '이것이 웬일인고'에서 비참한 처지가 드러남을 확인할 수 있다.

② 비현실적인 존재를 언급하며 자신이 느끼는 두려움을 드러내고 있다.
'도깨비', '온갖 귀신'에서 비현실적 존재를 확인할 수 있고, '무서워'라고 말하는 모습에서 춘향이 두려움을 느낌을 확인할 수 있다.

③ 청각적 경험을 자극하는 자연물을 통해 자신의 근심을 드러내고 있다.
'동방의 귀뚜라미 소리', '울고 가는 기러기'는 청각적 경험을 자극하는 자연물이며, 춘향이 '나의 근심 자아낸다'고 말하는 내용에서 춘향의 근심을 확인할 수 있다.

④ 미래에 대한 부정적 전망과 함께 자신의 신세에 대한 한탄을 드러내고 있다.
'이것을 먹고 살면 무엇할고'에서는 미래에 대한 부정적 전망을 드러내고 있음을 확인할 수 있고, '이것이 웬일인고'에서는 춘향의 신세 한탄을 확인할 수 있다.

☑ 자신과 같이 억울한 처지에 놓인 사람들에 대한 연민의 감정을 드러내고 있다.
여러 '죽은 귀신'이 '처량히 슬피 울며' '달려드'는 것을 보고 '처량하고 무서워라'라고 한 부분에서 연민의 감정을 부분적으로 엿볼 수 있다. 하지만 앞서 서술된 '죽은 귀신'에 대한 묘사로 보아 그들이 춘향 자기 자신과 같이 억울한 처지에 놓였다고 보기는 어렵다.

44~45

〈보기〉를 참고하여 44번과 45번의 두 물음에 답하시오.

〈보 기〉
서사적 모티프란 전체 이야기를 구성하는 작은 이야기 단위이다. 이 작품에서는 황릉묘의 주인이자 정절의 표상인 아황 부인과 여영 부인이 등장하는 황릉묘 모티프가 사용되었다. 이는 천상계와 인간 세상, 전생과 현생, 꿈과 현실의 대응을 형성하면서 공간적 상상력을 풍요롭게 하는 동시에 주인공의 또 다른 정체성을 드러낸다.
서사적 모티프는 작품을 읽는 독자에게 서사 이해의 실마리를 제공함으로써 작품의 전개 방향을 예측하게 한다. 황릉묘 모티프에서 '머지않아 장경성을 다시 만나 부귀영화를 누릴 것'이라는 두 부인의 말을 감안하여, 독자는 이어지는 내용에서 ㉮

44 외적 준거에 따른 작품의 감상
정답률 61% | 정답 ③

〈보기〉를 참고하여 윗글을 감상한 내용으로 적절하지 않은 것은? [3점]

① 춘향이 잠이 들어 '황릉묘 시녀'를 만난 것은 황릉묘 모티프를 통해 꿈과 현실의 연결이 일어나게 됨을 보여 주는군.
춘향이 현실 속에서 꿈을 꾸어 황릉묘에 도착하므로 잠을 통해 꿈과 현실을 연결하고 있음을 확인할 수 있다.

② '봉황 부채'에 의한 '구름 같이 이는 바람'을 타고 '소상강 만리 밖' 황릉묘까지 춘향이 날려가는 것은 꿈속 공간의 초월적 성격을 드러내는군.
여동이 부친 부채가 일으킨 바람에 의해 비현실적 방법으로 춘향이 순식간에 공간을 이동하는 것은 꿈속 공간이 현실을 초월한 곳임을 드러내고 있으므로 적절하다.

☑ 아황 부인과 여영 부인이 '춘향이 바삐 들라'고 명령하는 것은 자신의 문제를 서둘러 해결하고자 하는 춘향에게 인간 세상에 대비되는 천상계의 질서가 있음을 보여 주는군.
아황 부인과 여영 부인이 춘향에게 '바삐 들라'는 말은 춘향을 환대하는 말이다. 따라서 이를 춘향이 자신의 문제를 서둘러 해결하고자 하는 모습으로 보기는 어렵다.

④ '전생'에 춘향이 '훤화 부인 시녀'였다는 아황 부인과 여영 부인의 말은 전생과 현생의 대응을 드러내면서 공간적 상상력의 확장을 유도하는군.
전생의 훤화 부인 시녀는 현생의 춘향에 대응되고, 전생의 장경성은 현생의 이 도령에 대응됨을 확인할 수 있다. 이는 현생에서의 서사가 전생으로 확장되도록 유도하는 것을 확인할 수 있다.

⑤ 아황 부인과 여영 부인이 춘향에게 '마음을 변치 말고 열녀를 본받'으라고 당부하는 것은 춘향이 정절을 지켜나갈 인물임을 암시하는군.
아황 부인과 여영 부인은 정절의 표상인 인물로 춘향에게 정절을 지켜갈 것을 당부하고 있는데 이는 춘향이 정절을 지켜갈 인물임을 드러내는 것임을 확인할 수 있다.

45 독자의 반응 파악
정답률 63% | 정답 ①

〈보기〉의 ㉮에 들어갈 내용으로 가장 적절한 것은?

☑ '내가 죽을 꿈이로다'라는 춘향의 말보다는 이 도령이 과거에 급제한 상황에 주목하며 두 인물의 재회를 예상할 것이다.
이 작품에서 춘향은 옥에 갇혀 꿈을 꾸고 황릉묘에 가서 아황 부인과 여영 부인을 만난다. 이때 춘향은 미래의 긍정적인 전망이 담긴 예언을 듣게 되지만, 절체절명의 위기 속에서 예언을 신뢰하지 못하고 자신의 처지를 비관하고 만다. 그런데 독자는 황릉묘 모티프에 영향을 받아, 춘향의 앞날에 대한 긍정적인 기대를 하게 된다. 특히, 아황 부인과 여영 부인이 장경성과의 재회에 대해 예언한 내용을 통해서 독자는 재회의 대상으로서의 이 도령과 장경성이 동일함을 짐작하게 읽게 된다. 따라서 춘향은 '내가 죽을 꿈이로다'라고 말하지만, 독자는 이 도령이 장원 급제한 내용에 주목하게 되고, 그 이후에 춘향과 이 도령이 재회할 것을 예상하게 된다.

② 꿈에 대해 자문하며 탄식하는 춘향의 모습을 보고 춘향이 현실에서의 정체성에 의문을 갖게 되리라고 예상할 것이다.
독자는 춘향이 자문하는 모습에 관심을 두기보다는 춘향에게 긍정적인 영향을 줄 요소를 찾을 것이다.

③ 두 부인과의 만남이 꿈임을 깨닫는 춘향의 모습을 보고 꿈과 현실의 대비가 주는 허무함을 절감하게 될 것이다.
꿈에서 깨어난 춘향이 허무함을 느낄 수 있으나, 독자는 예언에 주목하므로 춘향의 허무함을 느끼기보다는 춘향에게 일어날 긍정적인 변화에 주목할 것이다.

④ 춘향이 자신의 실수로 꿈에서 깨어나는 장면을 춘향의 고난이 지속될 것이라는 암시로 받아들일 것이다.
독자는 춘향의 부정적 반응을 그대로 믿지 않게 되므로, 춘향의 고난이 지속될 것이라고 예상하지 않을 것이다.

⑤ 꿈에서 '달나라 구경'을 이루지 못하고 깨어난 춘향이 꿈에 대한 미련을 보이리라고 예상할 것이다.
달나라 구경을 이루지 못한 춘향의 모습을 발견할 수도 있으나, 독자는 전생과 관련된 예언에 주목할 뿐이다.

[01~10] 화법과 작문

01 발표의 구성과 말하기 방식 파악　　정답률 86% | 정답 ⑤

위 발표에 대한 설명으로 적절하지 않은 것은?

① 용어의 뜻을 풀이하며 청중의 이해를 돕고 있다.
2문단의 '이처럼 오토마타는 크랭크 ~ 만들어진 조형물을 뜻합니다.'에서 오토마타의 뜻을 풀이하고 있는데, 이러한 뜻풀이를 제시하여 발표자는 오토마타에 대한 청중의 이해를 돕고 있다.

② 구체적 정보를 제공하며 청중을 설득하려 하고 있다.
발표자는 자율 동아리 '직접 함께 오토마타'를 소개하고 자율 동아리 가입을 권유하기 위해, 어떠한 활동을 하고 이 동아리에 가입하면 어떠한 장점이 있는지 구체적으로 제시하고 있다.

③ 비언어적 표현을 사용하여 전달의 효과를 높이고 있다.
3문단의 '두 팔을 교차해 가위표를 만들며', 5문단의 '엄지를 치켜들며'를 통해, 발표자가 비언어적 표현을 사용하여 발표 내용을 효과적으로 전달하고 있음을 알 수 있다.

④ 질문을 던지는 방식으로 청중의 관심을 유발하고 있다.
발표자는 발표를 시작할 때 청중에게 '어떤 자율 동아리 활동을 하셨어요?'와 같은 질문을 던지고 있는데, 이러한 질문을 던지는 방식은 청중의 관심을 유발하는 효과가 있다.

✓ 앞에서 설명한 내용을 요약하며 발표를 마무리하고 있다.
발표자는 발표의 마지막에 동아리 가입을 권유하며 가입 방법을 언급하고 있지만, 앞서 발표한 내용을 요약하거나 다시 정리하고 있지는 않다.

02 자료 활용 방식 파악　　정답률 79% | 정답 ②

㉠과 ㉡의 활용에 대한 설명으로 가장 적절한 것은?

① ㉠을 활용해 동아리에 대한 관심을 유도하고, ㉡을 활용해 동아리 활동의 주의 사항을 드러냈다.
㉠은 흥미나 관심을 유발하는 데 활용되고 있지만, ㉡의 경우 동아리 활동의 주의 사항을 알려 주기 위한 것은 아니므로 적절하지 않다.

✓ ㉠을 활용해 청중의 경험을 환기하고, ㉡을 활용해 동아리가 목표로 하는 결과물의 수준을 제시하였다.
㉠ 뒤의 '초등학교 과학 시간이나 ~ 만들어 보셨을 텐데요.'를 통해, ㉠은 청중이 초등학교 때 만들 만한 것을 가리키는 것임을 알 수 있다. 따라서 발표자는 청중의 과거 경험을 환기시켜 흥미를 불러일으키기 위해 ㉠을 활용하고 있음을 알 수 있다. 그리고 ㉡은 작년 '오토마타 경진대회'에 나온 작품들을 보여 주는 것으로, 앞의 '한발 더 나아가 ~ 목표로 합니다.'를 통해, 자신의 동아리에서 목표로 하는 작품의 수준을 알려 주기 위해 활용하였음을 알 수 있다.

③ ㉠을 활용해 동아리 활동의 결과물을 보여 주고, ㉡을 활용해 오토마타 작품의 발전 단계를 설명하였다.
㉠은 동아리 활동에서 만들고자 하는 결과물을 보여 주는 것이 아니므로 적절하지 않다.

④ ㉠을 활용해 동아리 활동을 위한 준비물을 알려 주고, ㉡을 활용해 오토마타 작품이 지닌 특징을 보여 주었다.
㉠은 동아리에서 만들고자 하는 것이 아니므로 동아리 활동의 준비물이라고 볼 수 없다.

⑤ ㉠을 활용해 오토마타 부품이 작동하는 원리를 설명하고, ㉡을 활용해 오토마타에서 코딩이 중요한 까닭을 강조하였다.
㉠을 보여 주며 '크랭크, 기어, 캠' 같은 부품을 언급하고 있지만, 이러한 부품이 작동하는 원리를 설명하고 있지는 않다.

03 청중의 듣기 과정이나 반응 파악　　정답률 92% | 정답 ④

〈보기〉는 발표를 들은 학생들의 반응이다. 발표의 내용을 고려하여 학생의 반응을 이해한 내용으로 적절하지 않은 것은?

――――〈보 기〉――――
학생 1 : 3D 프린터나 메이커실을 사용할 수 있다는 것을 알고 이 동아리에 가입하고 싶어졌어. 먼저 화요일, 목요일 방과 후에 나에게 다른 일정이 없는지 확인해야겠어.
학생 2 : 오토마타 동아리에서 코딩을 제대로 배운다는 것이 가능할까? 우리 학교에 코딩을 제대로 배울 수 있는 다른 동아리는 없는지 찾아 봐야겠어.
학생 3 : 미술을 전공할 생각인데, 이 동아리의 장점이 진로에 도움이 될 것 같아. 오토마타와 미술에 대한 자료를 더 찾아 본 후에 가입을 결정하는 것이 좋겠어.
――――――――――――

① '학생 1'은 발표에서 알게 된 내용 중 일부를 동아리 가입을 결정하는 핵심 정보라고 판단하고 있다.
'학생 1'은 발표에서 알게 된 정보와 관련 지어 자신의 일정을 확인하고 있으므로, '학생 1'은 발표에서 알게 된 정보가 자신의 동아리 가입을 결정하는 핵심 정보라고 판단하였다고 볼 수 있다.

② '학생 2'는 발표자가 말한 내용의 실현 가능성에 대해 궁금해 하고 있다.
'학생 2'는 '오토마타 동아리에 들어오면 코딩을 제대로 배울 수 있다'는 발표자의 말이 실제로 가능한 일인지 궁금해 하고 있다.

③ '학생 3'은 발표자가 말한 내용을 자신의 진로와 관련지어 긍정적으로 평가하고 있다.
'학생 3'은 동아리의 장점이 자신의 진로에 도움이 될 거라 생각하고 긍정적으로 받아들이고 있다.

④ '학생 1'과 '학생 3'은 발표자가 말한 내용이 타당한 근거에 바탕한 것인지를 따져 보고 있다.
'학생 1'과 '학생 3'은 발표자가 소개한 동아리가 자신에게 도움이 될지 따져보고 있지만, 두 학생 모두 발표자가 말한 내용이 타당한 근거를 바탕으로 한 것인지 따져 보고 있지 않다.

⑤ '학생 2'와 '학생 3'은 발표에서 알게 된 내용과 관련하여 추가적인 정보 탐색을 계획하고 있다.
'학생 2'는 자신에게 오토마타 동아리보다 더 도움이 되는 동아리는 없는지 확인하기 위해, '학생 3'은 이 동아리의 활동이 자신의 진로에 어떤 영향을 미칠지 확인하기 위해 추가 정보를 수집할 것을 계획하고 있다.

04 말하기 방식 파악　　정답률 77% | 정답 ⑤

(가)의 '학생'에 대한 설명으로 적절하지 않은 것은?

① 알고 싶은 내용을 서두에 밝히며 인터뷰를 시작하고 있다.
학생은 인터뷰의 서두에서 '조선 왕릉과 관련하여 장묘 전통, 공간 구성, 석물'에 대해 설명을 듣고 싶다는 의사를 밝히고 있다.

② 자신이 알고 있는 정보를 바탕으로 학예사에게 질문하고 있다.
학생은 '조선 왕릉은 진입 공간, 제향 공간, 능침 공간으로 구분된다'는 자신이 알고 있는 정보를 바탕으로 학예사에게 '공간 구성의 독창성'에 대해 질문하고 있다.

③ 학예사의 설명에 대한 자신의 이해가 적절한지 확인하고 있다.
학생은 학예사의 설명을 듣고, '조선 왕릉은 공간에 따라 조망 범위를 다르게 하는 방식으로 공간의 위계를 조성했다고 이해하면 될까요?'라고 자신의 이해가 적절한지 확인하고 있다.

④ 학예사가 설명한 내용에 대해 자신의 경험을 밝히며 공감을 드러내고 있다.
조선 왕릉은 '자연 친화적 성격'이 돋보인다는 학예사의 설명에 대해, 학생은 '건원릉이나 광릉'에 갔을 때의 경험을 밝히면서 '이곳 선릉도 자연 친화적 공간이라는 인상을 받았습니다.'라고 학예사의 설명에 대한 공감을 드러내고 있다.

✓ 학예사의 설명을 바탕으로 자신의 생각을 수정하며 질문을 덧붙이고 있다.
학생은 학예사의 설명에 대해 자신이 이해한 내용을 밝히거나 추가 질문을 하고 있지만, 자신의 생각을 수정하며 질문을 덧붙이지는 않고 있다.

05 의사소통 방식의 이해　　정답률 85% | 정답 ③

[A], [B]에 대한 설명으로 가장 적절한 것은? [3점]

① [A], [B] 모두에서 학생은 학예사의 이전 답변을 인용하며 추가적인 설명을 요청하고 있다.
[B]에서 학생은 [A]에서의 학예사의 답변 내용 중 일부를 인용하여 설명을 요청하고 있으나, [A]의 학생 질문에서는 이러한 내용이 나타나 있지 않다.

② [A], [B] 모두에서 학생은 학예사가 제시한 사례의 적절성에 의문을 제기하며 새로운 사례를 요청하고 있다.
[A]나 [B]를 통해 학생이 학예사가 답변에서 제시한 사례의 적절성에 대해 의문을 제기하는 내용은 찾아볼 수 없다.

✓ 학예사는 학생의 요청에 따라 [A]에서 자신이 설명한 내용을 [B]에서 보충하고 있다.
[A]에서 학예사는 능침 공간에는 예술적 가치가 높은 석물이 배치되었다고 설명하자, [B]에서 학생은 학예사의 설명을 듣고 '석물의 예술적 가치가 높다'는 말에 대해 설명을 요구하고 있다. 그리고 학예사는 학생의 추가 질문의 요청을 받아들여 석물의 예술미에 대해 설명하고 있다. 따라서 학예사는 학생의 요청에 따라 [A]에서 자신이 설명한 석물의 예술적 가치에 대해 [B]에서 보충하여 설명하고 있음을 알 수 있다.

④ 학예사는 학생의 이해를 돕기 위해 [A]에서 자신이 설명한 내용을 [B]에서 반복하고 있다.
학예사는 학생의 요청에 따라 [B]에서 석물의 예술미에 대해 설명하고 있지만, [A]에서 자신이 설명한 내용을 [B]에서 반복하지는 않고 있다.

⑤ 학예사는 [A]의 설명에 대한 학생의 잘못된 이해를 [B]에서의 설명을 통해 바로잡고 있다.
[B]를 통해 학예사가 [A]의 설명에 대한 학생의 이해가 잘못되었다고 밝히는 내용은 찾아볼 수 없고, [B]에서 학생의 잘못된 이해를 바로잡기 위해 설명하지도 않고 있다.

06 글쓰기 계획 파악　　정답률 85% | 정답 ④

〈보기〉는 (나)를 작성하기 위해 세운 글쓰기 계획이다. 〈보기〉에서 (나)에 반영된 것만을 있는 대로 고른 것은?

――――〈보 기〉――――
ㄱ. 조선 왕릉이 유네스코 세계 유산으로 등재되었다는 점을 고려하여, 조선 왕릉이 어떤 점에서 가치를 인정받았는지를 글의 첫머리에 밝히며 시작해야겠어.
ㄴ. 조선 왕릉의 자연 친화적 장묘 전통이 인정받았다는 점을 고려하여, 조선의 고유한 장묘 문화가 형성되는 데 우리나라의 자연 환경이 영향을 끼쳤음을 밝혀야겠어.
ㄷ. 조선 왕릉에 공간 구성의 독창성이 있다는 점을 고려하여, 조선 왕릉에 나타나는 공간의 위계에 대해 설명해야겠어.
ㄹ. 조선 왕릉과 관련한 기록 문화와 제례 의식이 있다는 점을 고려하여, 왕릉과 관련된 기록물과 현재 유지되고 있는 제례 의식의 사례를 찾아 제시해야겠어.
――――――――――――

① ㄱ, ㄴ　② ㄱ, ㄷ　③ ㄴ, ㄹ　✓ ㄱ, ㄷ, ㄹ　⑤ ㄴ, ㄷ, ㄹ

ㄱ. 조선 왕릉이 유네스코 세계 유산으로 등재되었다는 점을 고려하여, 조선 왕릉이 어떤 점에서 가치를 인정받았는지를 글의 첫머리에 밝히며 시작해야겠어.
1문단의 '조선 왕릉은 자연 친화적 장묘 전통, 인류 역사의 중요한 단계를 잘 보여 주는 왕릉 조성과 기록 문화, 조상 숭배의 전통이 이어지고 있는 살아 있는 유산이라는 점에서 가치를 인정받아'를 통해, ㄱ이 반영되었음을 알 수 있다.

ㄴ. 조선 왕릉의 자연 친화적 장묘 전통이 인정받았다는 점을 고려하여, 조선의 고유한 장묘 문화가 형성되는 데 우리나라의 자연 환경이 영향을 끼쳤음을 밝혀야겠어.
2문단에 조선은 '자연과의 조화 속에서 왕릉을 조성하는 자연 친화적 원칙'을 지켜 왔다는 내용이 나타나 있으나, 우리나라 자연 환경이 조선의 고유한 장묘 문화 형성에 영향을 끼쳤다는 내용은 초고에 반영되어 있지 않다.

ㄷ. 조선 왕릉에 공간 구성의 독창성이 있다는 점을 고려하여, 조선 왕릉에 나타나는 공간의 위계에 대해 설명해야겠어.
2문단의 '조선 왕릉은 지면의 높이 차이를 만들고 정자각의 배치를 활용하여 제향 공간과 능침 공간의 조망 범위를 다르게 함으로써 공간의 위계를 조성하였다.'를 통해 ㄷ이 반영되어 있음을 알 수 있다.

ㄹ. 조선 왕릉과 관련한 기록 문화와 제례 의식이 있다는 점을 고려하여, 왕릉과 관련된 기록물과 현재 유지되고 있는 제례 의식의 사례를 찾아 제시해야겠어.
4문단에서 『국장도감의궤』, 『산릉도감의궤』, '종묘에서 정례적으로 봉행되는 제례 의식'이 기록 문화와 제례 의식과 관련된 사례로 제시되어 있으므로, ㄹ이 반영되었음을 알 수 있다.

07 글쓰기 방식의 파악 | 정답률 93% | 정답 ⑤

[C]에 나타난 글쓰기 방식에 대한 이해로 가장 적절한 것은?

① 능침 공간에 배치된 석물의 예술미를 분석하고 왕릉들을 비교하며 설명하고 있다.
[C]는 능침 공간에 배치된 석물의 외적 특징이나 상징적 의미 등을 설명하고 있으나, 석물의 예술미에 대해 분석하거나 왕릉들을 비교하며 설명하고 있지 않다.

② 능침 공간의 특정 석물에 대한 평가들을 소개하고 평가 간의 차이를 부각하고 있다.
[C]는 능침 공간에 배치된 석물을 통해 조선의 내세관과 문치주의를 표방했던 조선 왕조의 지향이 드러난다고 설명하고 있으나, 석물과 관련한 평가를 소개하고, 각 평가 간의 차이를 설명하고 있지는 않다.

③ 능침 공간에 배치된 석물의 형태 변화 양상을 설명하고 시기별 특징을 드러내고 있다.
[C]는 능침 공간에 배치된 석물의 외적 특징에 대해 설명하고 있으나, 석물의 형태 변화 양상을 설명하거나 시기별로 나누어 특징을 설명하고 있지는 않다.

④ 능침 공간에 배치된 석물에 대한 설명을 인용하고 이를 비판적 관점에서 검토하고 있다.
[C]는 능침 공간에 배치된 석물에 대해 설명하고 있으나, 각 석물에 대한 설명을 인용하고 그러한 설명을 비판적 관점에서 검토하고 있지는 않다.

☑ 능침 공간을 세 영역으로 구분하고 각 영역에 배치된 석물에 대해 설명을 덧붙이고 있다.
[C]에서는 능침 공간이 왕의 공간인 상계, 신하의 공간인 중계와 하계로 영역이 나뉜다고 하면서, 상계에 병풍석, 난간석, 혼유석, 양 석상과 호랑이 석상 등이 배치되고, 중계에 장명등, 문신 형상의 석인상, 석마 등이 배치되고, 하계에는 무신 형상의 석인상, 석마 등이 배치되어 있음을 설명하고 있다. 그리고 각 석물의 외적 특징이나 상징적 의미 등에 대한 설명을 덧붙이고 있다.

08 글쓰기 계획 파악 | 정답률 78% | 정답 ①

(가)를 고려하여 학생이 구상한 내용 중 (나)에 나타나지 않은 것은?

☑ ㉠을 고려하여, 학생들에게 좋은 평가를 받은 채식 식단의 사례를 제시한다.
(나)의 2문단에 '다양한 방식으로 조리한 맛있는 채소류 음식을 제공할 예정'이라는 내용을 언급하였으나, 사례를 제시하고 있지는 않다. 따라서 ㉠을 고려하여 채식 식단의 사례를 제시하였다는 내용은 (나)에 나타나지 않으므로 적절하지 않다.

② ㉡을 고려하여, 채소류 섭취를 늘려 영양소를 골고루 섭취하는 것이 건강에 도움이 됨을 밝힌다.
2문단에 학생들이 영양소가 골고루 포함된 채소류 음식을 즐기게 되면 몸이 건강해질 것이라고 밝히고 있으므로, ㉡을 고려한 내용이 반영되었음을 알 수 있다.

③ ㉢을 고려하여, 학생의 급식 실태를 밝히며 '채식하는 날' 도입의 필요성을 제시한다.
2문단에 급식 시간에 관찰한 학생들의 식습관과 잔반 문제를 제시하고 이를 개선하기 위해 '채식하는 날'을 도입해야 함을 밝히고 있으므로, ㉢을 고려한 내용이 반영되었음을 알 수 있다.

④ ㉣을 고려하여, '채식하는 날'의 운영 주기와 식단에 포함되지 않는 식재료를 설명한다.
1문단에 '채식하는 날'이 도입되면 매주 월요일에 육류, 계란 등을 제외한 식단을 제공할 예정임을 설명하고 있으므로, ㉣을 고려한 내용이 반영되었음을 알 수 있다.

⑤ ㉤을 고려하여, 육류 소비를 줄이면 온실가스의 발생량을 줄이는 데 기여한다는 점을 제시한다.
3문단에 육류 소비를 줄이면 온실가스 배출을 줄일 수 있다는 점을 밝히고 있으므로, ㉤을 고려한 내용이 반영되었음을 알 수 있다.

09 자료 활용 방안 파악 | 정답률 69% | 정답 ⑤

다음은 (나)를 보완하기 위해 추가로 수집한 자료이다. 자료의 활용 방안으로 적절하지 않은 것은?

ㄱ. 전문 서적
육류 섭취량이 지나치게 많아지면 단백질과 지방의 섭취량이 적정 수준을 초과하게 되고, 육류에 거의 없는 비타민, 미네랄, 식이 섬유 등은 부족하게 된다. 지방의 과잉 섭취나 특정 영양소의 부족은 건강에 악영향을 끼친다.
– 「영양학」 –

ㄴ. 인터뷰 내용
"우리 시에서는 1년 간 590여 개의 공공 급식소에서 '고기 없는 화요일'이라는 제도를 운영했습니다. 이를 통해 30년생 소나무 755만 그루를 심은 것과 같은 온실가스 감축 효과를 얻었습니다. 그리고 이 제도 덕분에 채식을 즐기는 습관을 가지게 된 사람, 과체중 문제를 해결했다는 사람도 있었습니다."
– ○○시 정책 홍보 담당자 –

축산 분야를 통해 배출되는 온실가스는 전 세계 전 세계 온실가스 배출량의 약 18%를 차지하며, 이는 산업, 교통, 에너지 분야 등에 비해 가장 높은 수치에 해당한다.
– 유엔식량농업기구 보고서 –

〈그림〉 전 세계 온실가스 배출 비율

① 2문단에 ㄱ의 내용을 추가하고 그 출처도 함께 밝혀 글의 신뢰성을 높인다.
ㄱ은 육류의 과도한 섭취가 건강에 부정적 영향을 미친다는 내용의 전문 서적 자료이므로, 2문단에 추가하여 채식이 개인 건강에 도움이 된다는 내용을 강조하고 글의 신뢰성을 높이는 자료로 활용할 수 있다.

② 2문단에 ㄴ을 활용하여 채식이 건강과 식습관에 긍정적인 변화를 준 사례를 제시한다.
ㄴ에는 '채식하는 날'과 유사한 제도에 참여하여 건강과 식습관의 긍정적인 변화를 경험한 사례가 포함되어 있으므로, 2문단에 추가하여 내용을 뒷받침하는 자료로 활용할 수 있다.

③ 3문단에 제시된 공공 기관의 사례를 ㄴ의 수치를 들어 구체화한다.
ㄴ은 '채식하는 날'과 유사한 제도가 환경 문제에 미친 긍정적 영향을 수치화한 자료이므로, 3문단에 추가하여 내용을 뒷받침하는 자료로 활용할 수 있다.

④ 3문단에 ㄷ의 〈그림〉을 삽입하여 통계 자료의 내용을 시각적으로 보여 준다.
ㄷ은 축산 분야로 인해 발생하는 온실가스 배출량을 강조하는 그래프이므로, 3문단의 내용을 시각적으로 보여 주는 자료로 활용할 수 있다.

☑ 3문단에 ㄴ과 ㄷ을 활용하여 제도적 변화보다 개인의 노력이 중요함을 드러낸다.
ㄴ은 '채식하는 날'과 유사한 제도를 시행하여 지구의 기후 위기를 막는 데 기여할 수 있다는 점을 보여 주는 공공 기관의 사례이며, ㄷ은 축산 분야에서 발생하는 온실가스 비율이 다른 분야와 비교했을 때 가장 높다는 점을 강조하는 연구 자료이다. 그리고 3문단은 '채식하는 날'을 도입하면 온실가스의 배출을 줄여 기후 위기를 막는 데 도움이 될 수 있다는 내용으로, 환경 문제 해결에 도움이 된다는 내용이다. 따라서 ㄴ과 ㄷ을 3문단과 관련하여 초고를 보완할 때 '채식하는 날'의 도입이 기후 위기를 막는 데 기여한다는 점을 강조하는 자료로 활용할 수 있지만, 제도의 변화보다 개인의 노력이 더욱 중요함을 드러내는 자료로 활용하는 것은 적절하지 않다.

10 고쳐쓰기 방안의 적절성 판단 | 정답률 83% | 정답 ②

〈보기〉는 (나)를 읽은 선생님의 조언이다. 〈보기〉를 반영하여 ⓐ를 수정하기 위한 구상으로 가장 적절한 것은? [3점]

〈보 기〉
선생님: '채식하는 날'의 도입 목적을 잘못 이해하고 초고를 써서 읽는 사람이 오해할 수 있어요. 학교 급식은 곡류, 육류, 채소류 등을 다양하게 제공하여 학생의 건강에 필요한 영양소를 골고루 충족시키는 것을 목적으로 하는데, '채식하는 날'의 도입 목적도 이와 다르지 않아요. 이러한 점을 고려하여 마지막 문장을 수정해야 해요.

① '채식하는 날'의 도입 목적은 육류 음식보다 채소류 음식이 학생의 건강에 더 도움이 된다는 사실을 알리고 채소류 음식을 더 많이 먹이는 데 있다는 내용으로 수정해야겠군.
육류 음식보다 채소류 음식이 학생의 건강에 더 도움이 된다는 사실을 알려야 한다는 내용은 〈보기〉의 내용과 관련이 없으며 (나)의 주장과도 일치하지 않는다.

☑ '채식하는 날'의 도입 목적은 육류를 먹지 말자는 것이 아니라 채소류 음식을 접할 기회를 늘려 영양소를 균형 있게 섭취하게 하는 데 있다는 내용으로 수정해야겠군.
〈보기〉에서 선생님은 '채식하는 날'과 '학교 급식'이, 다양한 종류의 식품을 골고루 제공해야 한다는 동일한 목적을 가진다고 언급하고 있다. 따라서 이를 고려하여 초고를 수정한다면, '채식하는 날'이 학생들의 육류 음식 위주로 먹지 못하게만 하는 것이 아니라 채소류 음식의 섭취 기회를 늘려 보다 균형 있게 영양소를 섭취하게 하는 데 있다는 내용으로 수정해야 한다.

③ '채식하는 날'의 도입 목적은 채소류 음식만으로 필요한 영양소를 모두 충족할 수 있음을 알려 채소류 위주의 식습관을 형성하는 데 있다는 내용으로 수정해야겠군.
채소류 음식만으로 필요한 영양소를 모두 충족할 수 있음을 알려야 한다는 내용은 〈보기〉의 내용과 관련이 없으며 (나)의 주장과도 일치하지 않는다.

④ '채식하는 날'의 도입 목적은 육류만 편식하는 학생들의 태도를 바꾸어 학교 급식의 잔반 중 채소류가 차지하는 비율을 줄이는 데 있다는 내용으로 수정해야겠군.
육류만 편식하는 학생들의 태도를 바꿔야 한다는 내용은 '채식하는 날'의 도입 목적과 관련이 있으나, 학교 급식의 잔반 중 채소류가 차지하는 비율을 줄여야 한다는 것은 〈보기〉의 내용과 관련이 없다.

⑤ '채식하는 날'의 도입 목적은 채소류 위주의 식습관 형성이 건강 증진과 기후 위기 방지에 기여한다는 점을 알리는 데 있다는 내용으로 수정해야겠군.
채소류 위주의 식습관 형성이 건강 증진과 기후 위기 해결에 기여한다는 점은 (나)의 주장과 일치하나, 〈보기〉의 내용과는 관련이 없다.

[11~15] 문법

11 단모음과 이중 모음의 이해 | 정답률 86% | 정답 ④

윗글에 대한 이해로 적절하지 않은 것은?

① 'ㅠ'는 발음할 때 입술 모양이나 혀의 위치가 변한다.
2문단에서 입술 모양이나 혀의 위치가 발음 도중에 변하는 모음이 '이중 모음'임을 알 수 있다. 따라서 'ㅠ'는 이중 모음이므로 입술 모양이나 혀의 위치가 발음 도중에 변한다고 할 수 있다.

② 'ㅐ'는 발음할 때 입술 모양이나 혀의 위치가 변하지 않는다.
1문단에서 발음할 때 입술 모양이나 혀의 위치가 변하지 않는 모음이 '단모음'임을 알 수 있다. 따라서 'ㅐ'는 단모음이므로 발음할 때 입술 모양이나 혀의 위치가 변하지 않는다고 할 수 있다.

③ 'ㅖ'의 발음은 반모음 '[j]' 뒤에서 단모음 'ㅔ'가 결합한 소리이다.

[04회] 2021학년도 3월·국어 031

2문단의 "ㅑ'와 마찬가지로 'ㅕ, ㅖ, ㅛ, ㅠ, ㅒ'의 발음은, 각각 반모음 '[j]'와 단모음 'ㅐ, ㅓ, ㅔ, ㅗ, ㅜ, ㅡ'가 결합한 소리이다.'를 통해, 'ㅖ'의 발음은 'ㅓ'를 짧게 발음하는 것과 유사한 소리인 반모음 '[j]' 뒤에서 'ㅔ'가 결합한 것임을 알 수 있다.

✔ 'ㅘ'의 발음은 단모음 'ㅗ' 뒤에서 반모음 '[j]'가 결합한 소리이다.
제시된 글 2문단의 "ㅗ'나 'ㅜ'를 짧게 발음하는 것과 유사한 반모음 '[w]'도 있는데 'ㅘ, ㅙ, ㅝ, ㅞ'의 발음은 각각 반모음 '[w]'와 단모음 'ㅏ, ㅐ, ㅓ, ㅔ'가 결합한 소리이다.'를 통해, 'ㅘ'는 반모음 '[w]'가 단모음 'ㅏ' 앞에서 결합한 이중 모음임을 알 수 있다.

⑤ 반모음 '[w]'는 홀로 쓰일 수 없고 단모음과 결합하여 이중 모음을 이룬다.
2문단의 '이중 모음은 홀로 쓰일 수 없는 소리인 '반모음'이 단모음과 결합한 모음이다.'를 통해, 반모음은 홀로 쓰일 수 없는 소리이고 이중 모음의 발음은 반모음이 단모음과 결합한 것임을 알 수 있다.

● 문법 필수 개념

■ 반모음
1. 개념 : 음성의 성질로 보면 모음과 비슷하지만, 혼자서는 음절을 이루지 못하고 반드시 다른 모음에 붙어야 발음되는 모음으로, 단모음처럼 완전하게 발음되지 못하고 아주 짧게 발음되는 모음임. 반모음은 온전한 모음이 아니기 때문에 반달표(˘)를 이용하여 ǐ, ǒ / ǔ 로 표시함.
2. 종류

| ǐ[j] | 혀가 'ㅣ' 자리에서 다른 자리로 옮겨갈 때 발음되는 모음 |
| ǒ / ǔ[w] | 혀가 'ㅗ / ㅜ' 자리에서 다른 자리로 옮겨갈 때 발음되는 모음 |

---

12 표준어 규정에 따른 발음의 이해   정답률 51% | 정답 ①

〈보기〉는 학생들의 대화이다. 윗글을 바탕으로 할 때 〈보기〉의 ㉠, ㉡에 들어갈 내용으로 적절한 것은? [3점]

〈보 기〉

학생 1 : '표준어 규정'에 따르면 'ㅚ'는 단모음으로 발음하는 것이 원칙이지만 이중 모음으로 발음하는 것도 허용하더라고. 그러면 '참외'는 [차뫼]로 발음하는 것이 원칙이지만, ___㉠___로 발음하는 것도 허용한다고 할 수 있겠어.
학생 2 : 그래, 맞아. '표준어 규정'에서는 'ㅟ'도 이중 모음으로 발음하는 것을 허용하고 있어. 이에 따른 'ㅟ'의 이중 모음 발음은 'ㅑ, ㅐ, ㅓ, ㅖ, ㅘ, ㅙ, ㅛ, ㅝ, ㅞ, ㅠ, ㅢ'의 발음 중에 ___㉡___.

| | ㉠ | ㉡ |

✔ ① [차뭬]   포함되어 있지 않아
3문단을 통해 '표준어 규정'에 따르면 'ㅚ'와 'ㅟ'는 단모음으로 발음하는 것이 원칙이지만 이중 모음으로 발음하는 것도 허용함을 알 수 있다. 그리고 'ㅚ'를 이중 모음으로 발음할 경우에는 반모음 '[w]'와 'ㅔ' 소리를 연속하여 발음하며 이 소리는 'ㅞ'의 발음에 해당하므로, ㉠에 들어갈 발음으로 적절한 것은 [차뭬]임을 알 수 있다. 또한 'ㅟ'를 이중 모음으로 발음할 경우에는 반모음 '[w]'와 'ㅣ' 소리를 연속하여 발음하는데, 이 소리는 'ㅑ, ㅐ, ㅓ, ㅖ, ㅘ, ㅙ, ㅛ, ㅝ, ㅞ, ㅠ, ㅢ'의 발음 중에 없으므로 ㉡은 '포함되어 있지 않아'가 적절하다.

② [차뭬]   'ㅢ' 소리에 해당해
③ [차뭬]   'ㅟ' 소리에 해당해
④ [차메]   포함되어 있지 않아
⑤ [차메]   'ㅢ' 소리에 해당해

---

13 문장의 짜임 파악   정답률 61% | 정답 ④

㉠~㉤에 대한 설명으로 적절하지 않은 것은?

〈보 기〉

㉠ 그는 우리와 함께 일하기를 거부했다.
㉡ 개는 사람보다 후각이 훨씬 예민하다.
㉢ 나는 그가 우리를 도와 준 일을 잊지 않았다.
㉣ 날이 추워지면 방한 용품이 필요하다.
㉤ 수만 명의 관객들이 공연장을 가득 메웠다.

① ㉠ : '우리와 함께 일하기를'이 안은문장에서 목적어의 역할을 하고 있군.
㉠은 명사절인 '우리와 함께 일하기'가 안긴문장으로, '우리와 함께 일하기'는 안은문장에서 목적어의 역할을 하고 있다.

② ㉡ : '후각이 훨씬 예민하다'가 안은문장에서 서술어의 역할을 하고 있군.
㉡은 서술절인 '후각이 훨씬 예민하다'가 안긴문장으로, '후각이 훨씬 예민하다'는 안은문장에서 서술어의 역할을 하고 있다.

③ ㉢ : '그가 우리를 도와 준'이 안은문장에서 관형어의 역할을 하고 있군.
㉢은 관형절인 '그가 우리를 도와 준'이 안긴문장으로, '그가 우리를 도와 준'은 안은문장에서 명사 '일'을 꾸며 주는 관형어 역할을 하고 있다.

✔ ④ ㉣ : '날이 추워지다.'와 '방한 용품이 필요하다.'가 대등하게 이어진 문장이군.
㉣인 '날이 추워지면 방한 용품이 필요하다.'는 '날이 추워지다.'와 '방한 용품이 필요하다.'를 연결 어미 '-면'을 사용하여 만든 종속적으로 이어진문장에 해당한다. 여기에 연결 어미 '-면'은 '날이 추워지다.'가 '방한 용품이 필요하다.'의 조건임을 나타내 주는 역할을 하고 있다.

⑤ ㉤ : '관객들이'가 주어이고 '메웠다'가 서술어인 홑문장이군.
㉤은 '관객들이'가 주어이고 '메웠다'가 서술어로, 주어와 서술어의 관계가 한 번 나타나는 홑문장에 해당한다.

---

14 사전 활용의 적절성 이해   정답률 76% | 정답 ③

〈보기 1〉은 국어사전의 일부이고, 〈보기 2〉는 원고지에 쓴 글을 고친 것이다. 〈보기 1〉을 바탕으로 〈보기 2〉의 ㉠~㉢을 이해한 내용으로 적절하지 않은 것은?

〈보기 1〉

드리다 [드리다] 〔통〕 (드리어(드려), 드리니)
【…에 / 에게 …을】
[1] '주다'의 높임말.
[2] 윗사람에게 그 사람을 높여 말하나, 인사, 부탁, 약속, 축하 따위를 하다.

들이다 [드리다] 〔통〕 (들이어(들여), 들이니)
[1]【…을 …에】밖에서 속이나 안으로 향해 가게 하거나 오게 하다.
[2]【…에 / 에게 …을】어떤 일에 돈, 시간, 노력, 물자 따위를 쓰다.

〈보기 2〉

새	해	첫	날	아	침,		친	구	들	과		함	께		선	생
님		댁	을		방	문	했	다.		선	생	님	께	서	는	우리를 사	랑	밤
에	㉠ 들	여	면	서		매	우		기	뻐	하	셨	다.		우	리	는
함	께		세	배	를		하	고		선	생	님	께		감	사	마
음	을		담	은		편	지	를	㉡ 드	려		선	생	님	을		으
하	게		했	다.		정	성	을	들여 ㉢ 드	려		쓴		편	지	였	다.

① ㉠은 '들이다'[1]의 의미로 사용되었군.
㉠은 '밖에서 속이나 안으로 향해 가거나 오게 하다.'의 의미로, ㉠이 포함된 문장은 '들이다'[1]의 용례라고 할 수 있다.

② ㉠을 포함한 문장에 '우리를'을 넣어야 하는 이유는 필요한 문장 성분이 빠졌기 때문이군.
㉠은 '들이다'[1]의 의미인 '밖에서 속이나 안으로 향해 가거나 오게 하다.'에 해당하므로, 〈보기 1〉에 제시된 '들이다'[1]의 문형 정보인 【…을 …에】를 참고하면 ㉠이 포함된 문장에 목적어가 생략되어 있음을 알 수 있다. 따라서 목적어 '우리를'을 추가하여 문장을 수정하였다.

✔ ③ ㉡과 '할머니께 말씀을 드리다.'의 '드리다'는 모두 '드리다'[1]의 의미로 사용되었군.
㉡은 '주다'의 높임말로 '드리다'[1]의 의미이고, '할머니께 말씀을 드리다.'의 '드리다'는 '윗사람에게 그 사람을 높여 말을 하다.'인 '드리다'[2]의 의미로 사용되었다.

④ ㉢은 '들이다'[2]의 의미로 사용되었기 때문에 '들여'라고 고쳐 써야 하는군.
㉢은 '들이다'[2]의 의미인 '어떤 일에 돈, 시간, 노력, 물자 따위를 쓰다.'의 의미로 쓰인 것이므로 '들여'라고 고쳐 써야 한다.

⑤ ㉠과 ㉡은 사전에서 각각의 표제어 아래 제시된 여러 의미 중 하나로 풀이되는군.
〈보기 1〉에 제시된 사전의 뜻풀이를 보면 '드리다'와 '들이다'는 다의어이다. 따라서 ㉠과 ㉡의 의미는 사전의 표제어 아래 제시된 여러 뜻풀이 중 하나에 해당된다.

---

15 훈민정음의 제자 원리 이해   정답률 84% | 정답 ②

〈보기〉는 수업의 일부이다. 선생님의 설명을 참고할 때 ㉠에 해당하는 것은?

〈보 기〉

선생님 : 훈민정음의 초성 중 기본자는 발음 기관의 모양을 본뜨는 '상형'의 원리로 만들어졌어요. 'ㄱ'은 혀뿌리가 목구멍을 막는 모양, 'ㄴ'은 혀가 윗잇몸에 닿는 모양을, 'ㅁ'은 입 모양을, 'ㅅ'은 이[齒] 모양을, 'ㅇ'은 목구멍 모양을 본뜬 것이에요. 기본자에 소리의 세기에 따라 획을 더하는 '가획'의 원리를 적용하여 가획자 'ㅋ, ㄷ, ㅌ, ㅂ, ㅍ, ㅈ, ㅊ, ㅎ'을, 상형이나 가획의 원리를 적용하지 않고 별도로 이체자 'ㆁ, ㄹ, ㅿ'을 만들었지요. 중성은 하늘, 땅, 사람의 모양을 본떠서 기본자 'ㆍ, ㅡ, ㅣ'를 만들고, '합성'의 원리를 적용하여 초출자 'ㅗ, ㅏ, ㅜ, ㅓ'와 재출자 'ㅛ, ㅑ, ㅠ, ㅕ'를 만들었어요. 종성은 초성의 글자를 다시 사용했답니다. 그러면 선생님과 함께 카드놀이를 하며 훈민정음에 대하여 공부해 봅시다. ㉠ 아래의 카드 중 [조건]을 모두 만족하는 글자 카드를 찾아볼까요?

[조건]
• 초성 : 이[齒] 모양을 본뜬 기본자에 가획하여 만든 글자
• 중성 : 초출자 'ㅗ'에 기본자 'ㆍ'를 결합하여 만든 글자
• 종성 : 상형이나 가획의 원리를 적용하지 않고 별도로 만든 글자

① 별   ✔ ② 쫄   ③ 심   ④ 창   ⑤ 돍

✔ 쫄
〈보기〉를 통해 훈민정음의 초성 중에서 이[齒]의 모양을 본뜬 기본자는 잇소리 'ㅅ'임을 알 수 있으므로, 여기에 '가획'의 원리를 더하여 만든 글자는 가획자 'ㅈ, ㅊ'임을 알 수 있다. 그리고 〈보기〉를 통해 중성 중에서 초출자 'ㅗ'에 기본자 'ㆍ'를 결합하여 만든 글자는 재출자 'ㅛ'이고, '상형'이나 '가획'의 원리를 적용하지 않고 별도로 만든 이체자는 'ㆁ, ㄹ, ㅿ'임을 알 수 있다. 따라서 [조건]을 모두 만족하는 글자는 '쫄'이라 할 수 있다.

● 문법 필수 개념

1. 초성의 제자 원리 : 자음 17자

상형(象形)의 원리		가획(加劃)의 원리
발음 기관의 모양을 본떠서 만듦.	+	소리의 세기를 반영하여 기본자에 획을 더하여 만듦.

구분 \ 제자 원리	기본자	1획 가획자	2획 가획자	이체자
어금닛소리[아음]	ㄱ	ㅋ		ㆁ
혓소리[설음]	ㄴ	ㄷ	ㅌ	ㄹ
입술소리[순음]	ㅁ	ㅂ	ㅍ	
잇소리[치음]	ㅅ	ㅈ	ㅊ	ㅿ
목구멍소리[후음]	ㅇ	ㆆ	ㅎ	

2. 중성의 제자 원리 : 모음 11자

하늘과 땅과 사람의 형상을 본떠 기본자 'ㆍ, ㅡ, ㅣ'를 만든 후, 기본자를 조합하여 나머지 글자를 만듦.

제자 원리 구분	기본자	초출자	재출자
천(天)[양성]	ㆍ	ㅗ(ㆍ+ㅡ) ㅏ(ㅣ+ㆍ)	ㅛ(ㆍ+ㅡ) ㅑ(ㅣ+ㆍ)
지(地)[음성]	ㅡ	ㅜ(ㅡ+ㆍ) ㅓ(ㆍ+ㅣ)	ㅠ(ㅡ+ㆍ) ㅕ(ㆍ+ㅣ)
인(人)[중성]	ㅣ		

[16~45] 독서·문학

16~20 인문

김태희, 「한국 주자학과 실학에서의 민(民) 개념」

해제 이 글은 조선 시대 통치 기조인 민본 사상과 관련하여 조선 학자들이 제시한 군주와 백성에 대한 관점을 설명하고 있다. 조선 시대 유학자들은 민본 사상을 통치의 기조로 삼을 것을 주장했는데, **정도전**은 군주나 관료가 백성에 대한 통치권을 지닌 것은 백성을 보살피고 안정시키기 위한 것이라 보면서, 군주의 덕성과 관료의 자질 향상 및 책무의 중요성을 강조였다. 이이는 백성들의 도덕적 교화와 경제적인 안정을 강조하면서, 군주가 백성에 대한 두려움을 뜻하는 외민의 태도에 따라 백성의 신망을 유지하기 위해 노력해야 함을 강조했다. 그리고 정약용은 사회적 약자에 속한 백성을 적극 보살피는 것이 애민이라 하는 한편, 백성이 자신의 경제적 처지에 따라 통치 체제 유지를 위한 역할을 수행해야 함을 주장하였다. 조선 시대 학자들의 이와 같은 주장은 조선의 통치 계층이 백성을 위한 다양한 정책을 펼치는 바탕이 되었다는 점에서 의의가 있다.

주제 민본 사상과 관련한 군주와 백성에 대한 유학자들의 관점

문단 핵심 내용

1문단	민본 사상을 통치 기조로 삼을 것을 주장한 조선 시대 유학자들
2문단	군주와 백성에 대한 정도전의 관점
3문단	군주와 백성에 대한 이이의 관점
4문단	군주와 백성에 대한 정약용의 관점
5문단	조선 시대 학자들의 군주와 백성에 대한 관점이 지니는 의의

16 글의 전개 방식 파악   정답률 80% | 정답 ③

윗글에 대한 설명으로 가장 적절한 것은?

① 조선 시대 관료 조직의 위계를 분석하고 있다.
2문단에서 왕권이 작동하기 위해 조선 시대 관료 조직을 위계적으로 정비하는 것을 언급하고 있지만, 관료 조직의 위계를 분석한 내용은 찾아볼 수 없다.

② 조선 시대 조세 제도의 문제점을 나열하고 있다.
4문단에서 부유한 대민이 납세의 부담을 맡아야 한다고 언급하고 있지만, 조세 제도의 문제점을 나열하지는 않고 있다.

☑ 조선 시대 학자들의 백성에 대한 관점을 비교하고 있다.
3문단의 내용을 통해, 이이는 정도전과 마찬가지로 백성을 보살피고 교화해야 할 대상으로 여겼지만, 정도전과 달리 군주가 백성에 대한 두려움을 가지고 백성의 신망을 유지하기 위해 노력해야 함을 강조하였음을 알 수 있다. 그리고 4문단의 내용을 통해, 정약용은 정도전, 이이와 마찬가지로 백성을 보살핌의 대상으로 바라보았지만, 이들과 달리 백성을 통치 체제 유지에 기여해야 하는 존재라 보고, 백성이 각자의 경제적 형편에 부합하는 역할을 수행함을 강조했음을 알 수 있다. 이렇게 볼 때 이 글은 조선 시대 학자들의 백성에 대한 관점을 비교하였다고 볼 수 있다.

④ 조선 시대 군주들의 통치관을 비판적으로 서술하고 있다.
2~4문단에 제시된 정도전, 이이, 정약용의 군주의 역할에 대한 논의를 통해 군주들의 통치관이 어떠했는지는 짐작해 볼 수 있지만, 군주들의 통치관에 대해 비판적으로 서술한 부분은 찾아볼 수 없다.

⑤ 조선 시대 상업의 발달 과정을 통시적으로 기술하고 있다.
4문단에서 조선 후기 상·공업 발달 상황을 언급하고 있지만, 조선 시대 상업의 발달 과정을 시간의 흐름에 따라 기술하지는 않고 있다.

17 글의 세부 정보 파악   정답률 78% | 정답 ⑤

외민(畏民)에 대한 이해로 가장 적절한 것은?

① 백성이 군주에 대해 지녀야 할 마음가짐이다.
3문단을 통해 '외민'은 백성이 아닌 군주가 지녀야 할 마음가짐임을 알 수 있다.

② 관료의 비행을 감독하기 위해 마련한 제도이다.
선택지에 제시된 내용은 2문단에 제시된 '감사 기능'에 대한 내용으로, '외민'에 대한 설명과는 무관하다.

③ 군주와 백성을 부모와 자식의 관계에 비유하는 근거이다.
1문단과 3문단에 의하면 군주와 백성을 부모와 자식의 관계에 비유한 것은 백성을 사랑하는 태도인 '애민'에 근거한 것으로 백성을 두려워하는 태도인 '외민'을 근거로 삼았다고 할 수 없다.

④ 민생이 안정되었을 때 드러나는 백성의 이상적 모습이다.
1문단에 제시된 민본 사상이 추구하는 백성의 모습에 해당하는 설명으로, '외민'을 의미하지 않는다.

☑ 백성이 군주에 대한 신망을 버릴 수 있다고 보는 관점이다.
3문단의 '다만 군주가 백성에 대한 두려움을 가지고 백성의 신망을 유지하기 위해 노력해야 한다'를 통해, 군주가 백성에 대한 두려움을 군주가 지니지 않으면 군주가 백성의 신망을 얻지 못할 것임을 짐작할 수 있다. 따라서 '외민'을 백성이 군주에 대한 신망을 버릴 수 있다고 보는 관점이라고 한 이해는 적절하다.

18 내용의 구체적인 사례에의 적용   정답률 46% | 정답 ③

윗글을 바탕으로 〈보기〉를 이해한 내용으로 적절하지 않은 것은? [3점]

〈 보 기 〉

ㄱ. 옛날에 바야흐로 온 세상을 제압하고 나서 천자가 벼슬을 내리고 녹봉을 나누어 준 것은 신하들을 위해서가 아니라 백성들을 위한 것이었다. … 임금이 관리에게 책임을 지우는 것도 한결같이 백성에 근본을 두고, 관리가 임금에게 보고하는 것도 한결같이 백성에 근본을 두면, 백성은 중요한 존재가 된다.
— 정도전, 「삼봉집」 —

ㄴ. 청컨대 전하의 식사와 옷에서부터, 바치는 물건들과 대궐 안에서 일상적으로 쓰는 물건들 일체를 삼분의 일 줄이십시오. 이런 방식으로 헤아려서 모든 팔도의 진상·공물들도 삼분의 일 줄이십시오. 이렇게만 하신다면 은택이 아래로 미치어 백성들이 실질적인 혜택을 받게 될 것입니다.
— 이이, 「율곡전서」 —

ㄷ. 만일 목화 농사가 흉작이 되어 면포의 가격이 뛰어 오르는데 수백 리 밖의 고장은 풍년이 들어 면포의 값이 매우 쌀 경우 수령은 일단 백성에게 군포를 납부하지 말도록 해야 한다. 그리고 아전 중 청렴한 자를 골라 풍년이 든 곳에 가서 면포를 구입해 오도록 하여 군포를 바친다. 그리고 면포를 구입하는 데 쓴 돈은 백성들이 균등하게 부담하면 백성에게 큰 혜택이 돌아갈 것이다.
— 정약용, 「목민심서」 —

① ㄱ은 관료의 녹봉이 백성을 위해 일하는 봉사자로서 얻는 것이라는 주장과 관련된다.
ㄱ의 '천자가 벼슬을 내리고 녹봉을 나누어 준 것은 신하들을 위해서가 아니라 백성들을 위한 것이었다.'이었다는 내용은, 군주나 관료가 지배자가 아니라 백성을 위해 일하는 봉사자일 때 이들의 지위나 녹봉은 그 정당성이 확보된다는 2문단에 언급된 정도전의 주장과 관련된다고 할 수 있다.

② ㄴ은 군주가 백성을 보살피는 존재라는 시각을 바탕으로 한다.
ㄴ에서는 왕이 먼저 대궐 안에서 일상적으로 쓰는 물건과 모든 팔도의 진상·공물들을 삼분의 일로 줄이면 백성들이 실질적인 혜택을 받게 될 것이라 언급하고 있는데, 이러한 내용은 3문단에 언급된 군주를 백성을 보살피는 존재로 바라본 이이의 관점이 바탕이 된다고 할 수 있다.

☑ ㄷ은 대민과 소민에 따라 납세 부담에 차이가 있어야 한다는 주장을 구현하는 방법이다.
ㄷ에서는 특정 지역의 목화 농사가 흉작이 되어 면포 가격이 뛰어오를 경우, 해당 수령은 백성들에게 군포를 납부하지 않게 하면서 가격이 상대적으로 저렴한 곳에서 면포를 구입하여 군포를 납부한 뒤, 면포를 구입하는 데 쓴 돈을 백성들이 균등하게 납부하게 하면 백성의 혜택이 늘어날 것이라고 보고 있다. 이러한 내용은 백성의 처지를 고려한 것에 해당하므로 관료가 백성을 보살펴야 한다고 주장한 민본 사상과 상통하는 것이라 할 수 있다. 따라서 〈보기〉의 ㄷ의 내용은 백성 각자의 경제적 형편에 부합하는 역할을 수행하는 내용과는 관련이 없음을 알 수 있으므로, 대민과 소민을 구분하여 납세 부담에 차이가 있어야 한다는 정약용의 주장을 구현한 방법이라고 볼 수 없다.

④ ㄱ과 ㄷ은 민본 사상의 관점에서 바람직한 관료의 면모를 보여준다.
ㄱ에서는 임금이나 관리가 한결같이 백성에 근본을 두어야 함을 언급하고 있고, ㄷ에서는 군포를 거둘 때 백성의 처지를 고려하면서 백성에게 혜택이 돌아가도록 할 것을 언급하고 있다. 이러한 ㄱ과 ㄷ의 내용은 2문단에 언급된 민본 사상을 실현하는 관료의 면모를 드러내 준다고 할 수 있다.

⑤ ㄴ과 ㄷ은 백성의 경제적 안정을 중시하는 관점에서 제안된 방안에 해당한다.
ㄴ과 ㄷ의 내용을 통해, ㄴ과 ㄷ에 언급된 백성의 혜택이 경제적 혜택의 성격을 지님을 알 수 있다. 이렇게 볼 때, ㄴ과 ㄷ은 3문단에 언급된 백성의 경제적 안정을 중시하는 관점에서 제안된 방안이라 볼 수 있다.

19 관점의 차이 파악   정답률 73% | 정답 ②

다음은 윗글을 읽은 학생의 독후 활동이다. ㉮에 들어갈 내용으로 가장 적절한 것은?

독후 활동
유사한 화제를 다룬 다음 자료를 읽고, 관점의 차이를 정리해 보자.

[자료]
조선 시대의 교육은 신분 질서 유지를 통해 통치 계층의 우위를 확보하는 데 기여했다. 현실적으로 통치 계층이 아닌 백성은 정치에 참여하는 관료가 되기 어려웠는데, 이는 신분에 따라 교육 기회가 제한된 것과 관련된다. 한편, 백성을 대상으로 하는 교육은 대체로 도덕적 교화를 위한 것에 한정되었다.

[결론]
[자료]와 [A]는 조선 시대의 (㉮)에 대하여 관점의 차이를 보이고 있다.

① 백성이 교육 기회를 얻고자 노력했는지
〈자료〉와 [A]는 모두 조선 시대 정책을 화제로 삼은 글로 교육 기회에 대한 백성의 노력을 화제로 다루지 않아, 해당 부분에 대한 관점의 차이를 정리할 수 없다.

☑ 교육이 본질적으로 백성을 위한 것인지
〈자료〉는 조선 시대의 교육이 통치 계층의 우위를 확보하는 데 기여했으며, 백성에 대한 교육이 도덕적 교화에 한정되었다는 내용으로, 조선 시대의 교육이 본질적으로 통치 계층을 위한 것이었다는 관점을 보이고 있다. 반면 [A]에서는 조선 시대 교육 제도가 백성을 위한 것이었다고 보는 관점이 드러난다.

③ 교육 방식이 현대적으로 계승되었는지
〈자료〉와 [A] 모두 교육 방식이나 현대적 계승에 대한 언급이 드러나지 않아 관점의 차이를 찾을 수 없다.

④ 신분 질서가 어떤 의미를 지니는지
〈자료〉에 조선 시대 교육이 신분 질서 유지에 기여했다는 내용이 나올 뿐 그 의미는 제시되지 않고, [A]에서는 신분 질서에 대한 구체적 내용이 드러나지 않았다. 따라서 관점의 차이를 정리할 수 없다.

⑤ 백성이 어떻게 정치에 참여했는지
〈자료〉에 백성의 정치 참여가 제한되었다는 내용만 있을 뿐 참여한 방식은 제시되지 않았고 [A]에서도 관련 내용을 찾을 수 없다. 따라서 이 부분에 대한 관점의 차이가 드러난다고 결론지을 수 없다.

20 단어의 문맥적 의미 파악   정답률 91% | 정답 ③

문맥상 ⓐ ~ ⓔ와 바꿔 쓰기에 적절하지 않은 것은?

① ⓐ : 따라야
ⓐ는 '환경이나 변화에 잘 적응하여 따르라'라는 뜻이므로 문맥상 '따라야'로 바꿔 쓸 수 있다.

② ⓑ : 가다듬는
ⓑ는 '정돈하여 제대로 갖추다'란 뜻이므로 문맥을 고려해 '가다듬는'으로 바꿔 쓸 수 있다.

✔ ③ ⓒ : 끊임없이
ⓒ는 '일이 아무 탈이나 말썽 없이 예정대로 잘되어 가게'를 의미하므로, 의미상 '끊임없이'로 바꿔 쓸 수 없다. 문맥상 '잘되어 가게'로 바꾸어 쓰는 것이 적절하다.

④ ⓓ : 걸맞은
ⓓ는 '사물이나 현상이 꼭 들어맞는'이란 뜻이므로 문맥상 '걸맞은'으로 바꿔 쓸 수 있다.

⑤ ⓔ : 바탕을 둔
ⓔ는 '기초가 될 만한 바탕이 되는'이란 뜻이므로 문맥상 '바탕을 둔'이라고 바꿔 쓸 수 있다.

21~25 사회

정하중, 「행정법총론」

해제 이 글은 헌법상 권리인 손실 보상 청구권에 대해 설명하고 있다. 손실 보상 청구권의 의미와 성립 요건인 '특별한 희생'이 무엇인지 언급하면서, 헌법에 제시된 조항을 바탕으로 손실 보상 청구권에 대한 이해를 돕고 있다. 그리고 손실 보상 청구권의 성립 요건인 특별한 희생과 재산권의 사회적 한계 사이의 구별에 대해 서로 다른 입장인 경계 이론과 분리 이론에 대해 설명하고 있다. 즉 경계 이론은 재산권의 사회적 제약과 특별한 희생은 침해의 정도에 있어서만 차이가 있다고 보지만, 분리 이론은 재산권의 사회적 제약과 특별한 희생은 입법자의 의사에 따라 구별된다고 보고 있음을 설명하고 있다.

주제 손실 보상 청구권의 이해 및 이와 관련된 두 개의 이론

문단 핵심 내용

1문단	손실 보상 청구권 및 특별한 희생의 의미
2문단	헌법상 권리인 손실 보상 청구권
3문단	헌법에 규정된 재산권 및 재산권의 '사회적 제약'
4문단	재산권의 사회적 제약과 특별한 희생의 구별에 대한 경계 이론의 관점
5문단	재산권의 사회적 제약과 특별한 희생의 구별에 대한 분리 이론의 관점

---

21 글의 내용의 이해 정답률 51% | 정답 ①

윗글에 대한 이해로 가장 적절한 것은?

✔ ① 헌법이 개인에게 보장하는 재산권의 내용은 법률로써 그 내용이 구체화된 것이다.
3문단의 '헌법은 제23조 제1항에서 ~ 재산권은 구체화된다고 밝히고 있다.'를 통해, 모든 국민의 재산권은 보장되고, 보장되는 재산권의 내용은 법률에 의해 구체화된다는 점을 확인할 수 있다. 따라서 헌법이 개인에게 보장하는 재산권의 내용은 법률로써 그 내용이 구체화된 것이라 할 수 있다.

② 공용 침해 중 '사용'과 달리 '제한'의 경우, 행정 작용에도 불구하고 개인의 재산권은 국가로 이전되지 않는다.
2문단의 '사용이란 행정 기관이 개인의 재산권을 일시적으로 사용하는 것'을 통해, 공용 침해 중 사용의 경우에도 재산권은 국가로 이전되지 않음을 알 수 있다.

③ 재산권을 침해하는 모든 행정 작용에 대해, 개인이 자신이 입은 손실을 보상하도록 요구할 수 있는 권리를 갖는다.
3문단의 '재산권 침해가 사회적 제약의 범위 내에 있다면 이로 인한 손실은 보상의 대상이 되지 않는다. 즉 재산권 침해가 특별한 희생에 해당할 때만 보상이 가능한 것이다.'를 통해, 재산권 침해가 특별한 희생에 해당하지 않는 행정 작용에 대해서는 손실을 보상하도록 요구할 수 없음을 알 수 있다.

④ 재산권의 사회적 제약을 규정하는 모든 법률은 공용 침해와 손실 보상이 내용상 분리될 수 없다는 원칙에 어긋난다.
법률에 따른 재산권 침해가 특별한 희생에 해당하지 않는다면, 공용 침해와 손실 보상이 내용상 분리될 수 없다는 원칙에 어긋나지 않는다.

⑤ 감염병 예방을 위해 행정 기관이 사설 연수원을 일정 기간 동원하는 것은 공공 필요에 의한 재산권의 '수용'에 해당한다.
2문단을 통해 '사용'이 행정 기관이 개인의 재산권을 일시적으로 사용하는 것임을 알 수 있다. 따라서 행정 기관이 사설 연수원을 일정 기간 동원하는 것은 개인의 재산권을 일시적으로 사용하는 공용 침해 중 '사용'에 해당한다고 할 수 있다.

★★★ 등급을 가르는 문제!
22 글의 핵심 정보의 비교 이해 정답률 27% | 정답 ③

㉠과 ㉡에 대한 이해로 적절하지 않은 것은?

① ㉠은 법률에 보상 규정이 없는 경우에도 헌법 제23조 제3항을 근거로 하여, 행정 작용으로 인한 재산상 손실을 보상할 수 있다고 본다.
㉠은 법률에 보상 규정이 없는 경우에도 헌법 제23조 제3항을 근거로 행정 작용으로 인한 재산상 손실을 보상할 수 있다고 본다.

② ㉡은 헌법 제23조 제2항과 제3항의 규정은 전혀 다른 내용을 규정하고 있다고 본다.
㉡은 헌법 제23조 제2항과 제3항은 입법자의 의사에 따라 완전히 분리된다고 본다.

✔ ③ ㉠은 행정 작용으로 인한 재산상 손실을 항상 보상해야 한다고 보는 반면, ㉡은 보상하지 않을 수 있다고 본다.
3문단을 통해 재산권 침해가 특별한 희생에 해당할 때만 보상이 가능함을 알 수 있고, 4문단을 통해 ㉠이 재산권 침해 정도에 따라 재산권의 사회적 제약이 특별한 희생으로 바뀌는 것으로 본다는 점을 알 수 있다. 따라서 재산권 침해의 정도가 특별한 희생에까지 이르지 않는 행정 작용의 경우, ㉠은 손실을 보상하지 않아도 된다고 보는 입장이라는 것을 이해할 수 있다.

④ ㉠은 재산권 침해의 정도를, ㉡은 입법자의 의사를 기준으로 손실 보상 청구권의 성립 여부를 판단해야 한다고 본다.
손실 보상 청구권 성립 요건인 특별한 희생의 발생 여부에 대해 ㉠은 재산권 침해의 정도를, ㉡은 입법자의 의사를 기준으로 판단한다.

---

⑤ ㉠과 ㉡은 모두 보상 규정 없이 사회적 제약의 범위를 벗어나는 재산권 침해를 규정한 법률은 위헌이라고 본다.
보상 없이 사회적 제약의 범위를 벗어나는 재산권 침해를 규정한 법률에 대해, ㉠은 헌법 제23조 제3항에, ㉡은 제2항에 위반되어 위헌이라고 본다.

★★ 문제 해결 꿀~팁 ★★

▶ 많이 틀린 이유는?
이 문제는 글에 제시된 '경계 이론'과 '분리 이론'에 대해 정확히 이해하지 못하여 오답률이 높았던 것으로 보인다. 특히 선택지 ③의 '재산상 손실을 항상 보상'의 '항상 보상'을 간과하여 적절하다고 판단한 것도 오답률이 높았던 것으로 보인다.
▶ 문제 해결 방법은?
이 문제 해결의 초점은 글에 제시된 '경계 이론'과 '분리 이론'을 정확히 이해하는 것에 있으므로, 4문단과 5문단을 중심으로 '경계 이론'과 '분리 이론'을 통해 적절성을 판단해야 한다. 가령 정답인 ③의 경우, '경계 이론'을 설명한 4문단의 '재산권 침해는 그 정도가 사회적 제약의 범위를 넘어서면 특별한 희생으로 바뀐다는 것이다.'를 바탕으로 할 때, 사회적 제약의 범위를 넘어서지 않으면 재산상 손실을 보상하지 않아도 됨을 추측할 수 있으므로 '재산상 손실을 항상 보상'하지는 않음을 알 수 있다. 물론 이 문제의 경우 3문단에 제시된 '재산권 침해가 특별한 희생에 해당될 때만 보상이 가능한 것이다.'라는 내용 이해가 전제되어야 하지만, 어쨌든 문제 해결의 핵심은 4문단의 '경계 이론'을 정확히 이해하였느냐 여부에 있다. 따라서 이와 같은 세부 정보를 이해하는 문제를 해결할 때는 관련 정보에 반드시 밑줄을 그어 이해의 정확성을 높일 수 있도록 한다.
▶ 오답인 ⑤를 많이 선택한 이유는?
이 문제의 경우 ⑤를 선택한 학생들이 많았는데, 이는 '보상 규정 없이 사회적 제약의 범위를 벗어나는 재산권 침해'에 대해 '경계 이론'과 '분리 이론'의 입장을 글을 통해 정확히 파악하지 못했기 때문으로 보인다. 만일 학생들이 4문단의 '보상을 규정하지 않은 채 ~ 위반되어 위헌이고'와, 5문단의 '재산권 침해를 규정한 ~ 사회적 제약으로 규정한 것으로 본다.', '만약 해당 법률에 규정된 ~ 위반하여 위헌이고'를 확인했다면 적절한 이해였음을 알 수 있었을 것이다.

★★★ 등급을 가르는 문제!
23 전제의 추리 정답률 30% | 정답 ⑤

ⓒ의 전제로 가장 적절한 것은?

① 재산권은 입법자의 의사에 따라 보상 없이 제한해야 하는 권리이다.
분리 이론에서는 보상 규정이 없는 경우의 재산권 침해는 사회적 제약에 해당하고, 침해가 사회적 제약의 범위를 벗어나면 안 된다고 보고 있다.

② 공용 침해 규정과 손실 보상 규정이 동일한 법률에서 규정될 필요는 없다.
헌법에 따라 공용 침해 규정과 손실 보상 규정은 동일한 법률에서 규정되어야 한다.

③ 재산권의 사회적 제약은 입법자의 의사에 따라 제한 없이 규정될 수 있다.
분리 이론에서는 사회적 제약을 벗어나서 재산권을 과도하게 침해하는 법률은 헌법 제23조 제2항에 위반된다고 보고 있다.

④ 행정 작용이 공익을 목적으로 한다면 이로 인한 손실은 보상할 필요가 없다.
분리 이론에서는 행정 작용으로 인한 재산권 침해가 특별한 희생에 해당한다면 이로 인한 손실을 보상해야 한다고 보고 있다.

✔ ⑤ 입법자가 별도로 규정하지 않는 한, 재산권은 그대로 보존되어야 하는 권리이다.
5문단을 통해, 분리 이론은 재산권 침해를 규정한 법률에 보상 규정이 없는 경우 입법자가 이를 사회적 제약으로 규정한 것으로 보고 있고, 사회적 제약에 해당하더라도 재산권을 과도하게 침해한다면 헌법에 위반되고, 이때의 행정 작용은 위법하다고 본다는 점, 재산권 존속이 손실 보상보다 우선한다고 보고 있음을 알 수 있다. 또한 이에 근거해 분리 이론은 손실 보상 대신 위법한 행정 작용을 제거해야 한다고 보고 있음을 알 수 있다. 이는 입법자가 법률로써 보상을 규정하지 않는 한, 재산권은 보상으로 보장되는 권리가 아닌 그대로 보존되어야 하는 권리라고 본다는 점이 전제되어 있다.

★★ 문제 해결 꿀~팁 ★★

▶ 많이 틀린 이유는?
이 문제는 ⓒ의 의미에 대한 정확한 이해 부족 및 ⓒ의 의미를 '분리 이론'과 연결하여 이해하는 데 어려움을 겪어 오답률이 높았던 것으로 보인다.
▶ 문제 해결 방법은?
이 문제를 해결하기 위해서는 ⓒ의 의미를 먼저 이해해야 한다. 즉 ⓒ의 '위법한 행정 작용 자체'는 재산권 침해와 관련된 '사회적 제약'이고, 이를 제거해야 한다는 것은 '사회적 제약'이 재산권을 과도하게 침해하여 헌법에 위배되었기 때문임을 이해해야 한다. 그런 다음 ⓒ에 이어지는 이유에 해당하는 내용인, '재산권을 존속'하는 것이 과도한 사회적 제약을 침해함으로써 재산권을 보상하는 것보다 우선이다를 통해, 재산권이 사회적 제약이 없는 '존속'시켜야 할 권리임을 이해할 수 있어야 한다. 이러한 내용을 바탕으로 할 때, ⓒ에 전제된 내용은, '재산권'은 입법자가 별도로 규정할 때는 일정 정도 사회적 제약을 받을 수 있지만, 입법자가 별도로 규정하지 않으면 사회적 제약을 받지 않는 그대로 보존되어야 할 권리라는 내용이 전제되었음을 알 수 있다.
▶ 오답인 ②, ③, ④를 많이 선택한 이유는?
이 문제의 경우 ②, ③, ④를 선택한 학생들이 많았는데, 이는 글의 내용을 정확히 이해하지 못했기 때문으로 보인다. ②의 경우 2문단의 '공용 침해 규정과 보상 규정은 하나의 법률에서 규정되어야 한다.'를 파악하였더라면 잘못된 내용임을 금방 알 수 있었을 것이다. 또한 ③, ④의 내용도 5문단의 '분리 이론' 내용을 정확히 이해했다면 잘못된 내용임을 알 수 있었을 것이다. 이처럼 전제된 내용을 추리할 때, 글의 내용과 어긋나는 내용이면 잘못된 추리에 해당하므로 우선적으로 글의 내용을 통해 선택지에 제시된 내용의 적절성 여부를 판단할 수 있도록 한다.

★★★ 등급을 가르는 문제!
24 구체적 사례에의 적용 정답률 20% | 정답 ⑤

윗글을 참고하여 〈보기〉의 '헌법 재판소'의 판단에 대해 추론한 내용으로 적절하지 않은 것은? [3점]

── 〈 보 기 〉 ──
A 법률에 따르면, 국가는 도시 환경을 보전하기 위해 개발 제한 구역을 지정할 수 있고, 개발 제한 구역으로 지정된 토지에서는 건축 등 토지 사용이 제한된다. 하지만 A 법률은 개발 제한 구역 지정으로 인한 손실을 보상하는 규정은 포함하고 있지 않다. 이러한 상황에서 A 법률에 대한 헌법 소원이 제기되었다.

헌법 재판소는 분리 이론의 입장을 취하면서, 토지 재산권의 공공성을 고려하면 A 법률은 원칙적으로 합헌이라고 판단하였다. 하지만 개발 제한 구역으로 지정되어 토지를 사용할 방법이 전혀 없는 등 개인에게 가혹한 부담이 발생하는 예외적인 경우에는 사회적 제약을 벗어나서 토지 소유자의 재산권을 과도하게 침해한다고 판단하였다. 따라서 이러한 예외적인 경우까지 고려하지 않은 A 법률은 헌법에 위반된다고 판단하였다.

① 헌법 재판소는 개발 제한 구역을 지정하는 행위가 헌법 제23조 제2항에 위반되는지를 판단하였겠군.
재산권의 사회적 제약에 해당하는 개발 제한 구역 지정 행위가, 헌법 제23조 제2항에 위반되는지를 판단하였을 것이다.

② 헌법 재판소는 개발 제한 구역을 지정하는 행위가 헌법 제23조 제3항과는 관련이 없다고 판단하였겠군.
개발 제한 구역 지정 행위는 특별한 희생에 대한 규정인 헌법 제23조 제3항과는 관련이 없다고 판단하였을 것이다.

③ 헌법 재판소는 개발 제한 구역을 지정하는 행위가 헌법에 위반되었는지 여부를 토지의 공공성을 근거로 판단하였겠군.
토지 재산권의 공공성을 고려하여 A 법률이 헌법에 위반되는지를 판단하였으므로, 개발 제한 구역을 지정하는 행위가 헌법에 위반되는지 여부를 토지의 공공성을 근거로 판단하였을 것이다.

④ 헌법 재판소는 개발 제한 구역 지정으로 인한 재산권 침해는 개인에게 가혹한 부담이 발생하지 않는 범위 내에서만 가능하다고 판단하였겠군.
개발 제한 구역 지정 행위가 개인에게 가혹한 부담을 발생시킨다면 헌법에 위반된다고 판단하였으므로, 개발 제한 구역 지정으로 인한 재산권 침해는 개인이 감수할 수 있는 범위 내에서만 가능하다고 판단하였을 것이다.

☑ 헌법 재판소는 개발 제한 구역을 지정하는 행위가 개인에게 가혹한 부담을 초래한 경우, 이때의 재산권 침해는 특별한 희생에 해당한다고 판단하였겠군.
〈보기〉를 통해 헌법 재판소가 분리 이론의 입장을 취했고, A 법률은 개발 제한 구역 지정에 대한 보상은 규정하지 않았다는 점을 알 수 있다. 그리고 5문단을 통해 분리 이론에서는 재산권 침해를 규정한 법률에 보상 규정이 없는 경우 이러한 재산권 침해를 특별한 희생이 아닌 재산권의 사회적 제약에 해당하는 것으로 본다는 점을 알 수 있다.
따라서 개발 제한 구역 지정으로 인한 재산권 침해의 경우, 헌법 재판소는 특별한 희생이 아닌 재산권의 사회적 제약에 해당한다고 판단했을 것이라는 점을 이해할 수 있다.

★★ 문제 해결 꿀~팁 ★★

▶ 많이 틀린 이유는?
이 문제는 〈보기〉의 내용을 정확하게 이해하지 못하고, 이를 글의 내용과 연관하는 데서 어려움을 겪어 오답률이 높았던 것으로 보인다.
▶ 문제 해결 방법은?
독서 문제에서 〈보기〉 문제가 제시될 경우 기본적으로 〈보기〉를 정확하게 이해해야 한다. 즉 주어진 〈보기〉를 통해 'A 법률'의 내용과 분리 이론의 입장을 취한 '헌법 재판소'의 판결 내용을 우선적으로 이해할 수 있어야 한다. 그런 다음 이러한 이해를 바탕으로 글의 내용과 연결하여 적절성을 판단하여야 한다. 가령 정답인 ⑤의 경우, 헌법 재판소가 분리 이론을 취했다는 점을 이해하고, 이를 5문단에 제시된 분리 이론과 연결하여 이해했다면 헌법 재판소가 개발 제한 구역 지정으로 인한 재산권 침해를 특별한 희생이 아닌 재산권의 사회적 제약에 해당한다고 판단했을 것이라는 내용임을 보고 적절하다고 쉽게 알 수 있었을 것이다. 한편 헌법 재판소가 A 법률에 대해 헌법에 위반된다는 판결을 통해 ⑤가 적절하다고 판단한 학생들이 많이 있었는데, 헌법 재판소가 A 법률이 '예외적인 경우까지 고려하지 않기 때문에 헌법에 위반된다고 판단한 것이지 재산권 침해를 특별한 희생으로 보았기 때문이 아니므로 적절한 판단이라 볼 수 없는 것이다.
▶ 오답인 ②, ③을 많이 선택한 이유는?
이 문제의 경우 ②, ③을 선택한 학생들이 많았는데, ②의 경우 5문단의 '분리 이론'과 연결하지 못하였고, ③의 경우 〈보기〉의 내용을 정확히 이해하지 못하여 적절하지 않다고 판단한 것으로 보인다. 특히 ③의 경우 〈보기〉의 '토지 재산권의 공공성'을 고려하면 A 법률은 원칙적으로 합헌'이라는 내용을 보고 적절하지 않은 것으로 판단한 것으로 보인다. 하지만 선택지의 내용은 헌법 재판소가 토지 공공성 여부로 위헌 여부를 판단하였음을 드러낸 내용이 아니고, 헌법 재판소가 이러한 토지 공공성을 근거로 삼아 A 법률에 대해 판단하였음을 드러낸 것이므로 적절하다고 할 수 있는 것이다.

★★★ 등급을 가르는 문제! ★★★

25 문맥상 의미 파악   정답률 31% | 정답 ④

문맥상 ⓐ ~ ⓔ를 바꿔 쓴 것으로 적절하지 않은 것은?

① ⓐ : 행정 작용으로 인한 부담을 개인이 모두 떠안게 되는 불평등을 조정하기 위해
공적 부담의 평등이란 행정 작용으로 인한 특별한 희생을 공공이 분담하기 위한 것이므로 바꿔 쓴 것으로 적절하다.

② ⓑ : 공공필요에 의해 개인의 재산권을 수용·사용·제한하는 규정과
공용 침해란 '공공필요에 의한 재산권의 수용·사용 또는 제한'이므로 바꿔 쓴 것으로 적절하다.

③ ⓒ : 헌법 제23조 제2항에 규정된 재산권의 한계 안에
재산권의 사회적 제약은 헌법 제23조 제2항에서 규정된 재산권의 한계이므로 바꿔 쓴 것으로 적절하다.

☑ ⓓ : 경계 이론의 입장과 분리 이론의 입장은 전혀 다른 것이 아니라
경계 이론이 별개가 아니라 단지 침해의 정도에 있어서만 차이가 있다고 보는 것은 재산권의 사회적 제약과 특별한 희생이다. 그러므로 ⓓ는 문맥상 '재산권의 사회적 제약과 특별한 희생은 전혀 다른 것이 아니라'로 바꾸는 게 적절하다.

⑤ ⓔ : 재산권 침해 정도에 따라 구분되는 것이 아니라 입법자의 서로 다른 의사가 반영된 것이라고
분리 이론에서는 헌법 제23조 제2항과 제3항의 규정을 재산권 침해 정도에 따라 구분되는 것이 아니라 입법자의 전혀 다른 의사가 규정된 것이라고 보고 있으므로 바꿔 쓴 것으로 적절하다.

★★ 문제 해결 꿀~팁 ★★

▶ 많이 틀린 이유는?
이 문제는 글의 내용을 정확하게 이해하지 못하여 주어진 구절의 의미를 파악하는 데 어려움을 겪어 오답률이 높았던 것으로 보인다.

▶ 문제 해결 방법은?
구절의 문맥적 의미를 파악하기 위해서는 구절이 제시된 전후 문맥을 정확히 이해할 수 있어야 한다. 가령 정답인 ④의 경우, ⓓ가 경계 이론과 관련된 것임을 이해하면서 이어지는 내용을 정확히 파악했다면 '양자'가 '사회적 희생'과 '특별한 희생'임을 금방 파악하였을 것이다. 마찬가지로 오답률이 높았던 ③과 ⑤의 경우에도 전후 문맥을 정확히 이해하였다면 적절함을 쉽게 알아차렸을 것이다. 한편 문맥적 의미 파악 문제는 글에 제시된 다른 어휘를 이용하여 의미를 제시하고 있으므로, 선택지에 제시된 어휘가 구절의 의미에 해당하는지 판단할 수 있어야 한다.

26~30 과학

Raymond A. Serway 외, 「일반물리학」

해제 이 글은 핵분열과 핵융합의 원리를 설명하고 이를 활용한 발전에 대해 설명하고 있다. 이 글에서는 먼저 **핵분열과 핵융합의 의미**와 이를 설명할 수 있는 핵자당 결합 에너지에 대해 언급하고 있다. 그런 다음 핵분열이나 핵융합을 거쳐 핵자당 결합 에너지가 작은 상태에서 큰 상태가 되는데, **핵분열과 핵융합의 과정에서 줄어든 질량은 에너지로 전환됨을 밝히고 있다. 그리고 핵분열과 핵융합에서 발생하는 에너지를 발전에 이용할 수 있다**고 하면서, 핵분열 발전과 핵융합 발전에 대해 설명하고 있다. 특히 **핵융합 발전에서는 지구에서 많이 시도되는 방식인 D – T 핵융합 방식과 핵융합 반응을 일으키기 위해 필요한 플라스마 상태**에 대해 설명해 주고 있다.

주제 핵분열과 핵융합의 의미 및 이를 이용한 발전

문단 핵심 내용

1문단	핵분열과 핵융합의 의미
2문단	핵분열과 핵융합을 설명할 수 있는 핵자당 결합 에너지
3문단	핵분열과 핵융합 반응 과정에서 에너지로 전환되는 줄어든 질량
4문단	발전에 이용되는 핵분열과 핵융합에서 발생하는 에너지
5문단	중성자 속도를 느리게 해야 하는 핵분열 발전
6문단	태양이 에너지를 생성하는 방법인 핵융합
7문단	지구에서 가장 많이 시도하는 방식인 D – T 핵융합
8문단	핵융합 반응을 일으키기 위해 필요한 플라스마 상태

26 내용의 사실적 이해   정답률 51% | 정답 ⑤

윗글의 내용과 일치하는 것은?

① 양성자의 질량과 중성자의 질량을 더한 것을 질량수라고 한다.
1문단을 통해 질량수는 원자핵을 구성하는 양성자와 중성자의 개수를 모두 더한 것임을 알 수 있다.

② 원자핵과 전자 사이에는 척력이 작용하여 서로 단단하게 결합되어 있다.
8문단을 통해 양(+)의 전하를 띤 원자핵은 음(-)의 전하를 띤 전자와 전기적 인력에 의해 단단히 결합되어 있음을 알 수 있다.

③ 원자핵의 결합 에너지는 핵자당 결합 에너지를 질량수로 나눈 것이다.
2문단을 통해 핵자당 결합 에너지는 원자핵의 결합 에너지를 질량수로 나눈 것임을 알 수 있다.

④ 질량 – 에너지 등가 원리에 따르면 질량은 에너지에 광속의 제곱을 곱한 값과 같다.
2문단의 '질량 – 에너지 등가 원리'를 통해 에너지는 질량에 광속의 제곱을 곱한 값과 같음을 알 수 있다.

☑ 핵자들이 결합하여 원자핵이 될 때 줄어든 질량이 전환된 에너지의 크기는 그 원자핵을 다시 개별 핵자들로 분리할 때 필요한 에너지의 크기와 같다.
2문단의 '핵자들의 결합에서 줄어든 질량은 에너지로 전환되는데, 이 에너지는 원자핵의 결합 에너지와 그 크기가 같다. 원자핵의 결합 에너지란 원자핵을 개별 핵자들로 분리할 때 가해야 하는 에너지이다.'를 통해, 핵자들이 결합하여 원자핵이 될 때 줄어든 질량이 전환된 에너지의 크기는 그 원자핵을 개별 핵자들로 분리할 때 필요한 에너지인 원자핵의 결합 에너지와 그 크기가 같음을 알 수 있다.

27 글의 핵심 정보의 이해   정답률 63% | 정답 ①

㉠에 대한 이해로 적절하지 않은 것은?

☑ 우라늄 – 235 원자핵에 전자를 흡수시켜 핵분열을 일으킨다.
4문단의 '우라늄 원자핵에 중성자를 흡수시키면 질량수가 작고 핵자당 결합 에너지가 큰 원자핵들로 분열된다.'를 통해, 핵분열 발전을 할 때는 우라늄 – 235 원자핵에 전자가 아닌 중성자를 흡수시켜 핵분열을 일으킨다고 할 수 있다.

② 물이나 흑연을 감속재로 사용하여 중성자의 속도를 조절한다.
5문단을 통해 중성자가 느리게 움직일 때 원자핵에 흡수될 확률이 높기 때문에 물이나 흑연을 감속재로 사용하여 중성자의 속도를 조절함을 알 수 있다.

③ 제어봉으로 중성자를 흡수하여 과도한 에너지가 발생하지 않도록 한다.
5문단을 통해 연쇄 반응이 급격하게 일어나면 과도한 에너지가 발생하여 폭발이 일어날 수 있기 때문에 제어봉으로 중성자를 흡수하여 급격한 연쇄 반응을 막는다는 것을 알 수 있다.

④ 우라늄 – 235 원자핵이 분열되면 우라늄 – 235 원자핵보다 질량수가 작은 원자핵들로 나뉜다.
2문단을 통해 핵분열이 질량수가 큰 하나의 원자핵이 질량수가 작은 두 개의 원자핵으로 쪼개지는 것임을 알 수 있다. 따라서 우라늄 – 235 원자핵이 분열되면 우라늄 – 235 원자핵보다 질량수가 작은 원자핵들로 나뉘게 된다고 할 수 있다.

⑤ 우라늄 – 235 원자핵이 분열되면서 방출되는 중성자의 속도를 느리게 해서 연쇄 반응을 일으킨다.
5문단의 '핵분열 과정에서 방출된 중성자는 속도가 매우 빠르기 때문에 이를 느리게 해야 연쇄 반응을 일으킬 수 있다.'를 통해, 우라늄 – 235 원자핵이 분열하면서 방출되는 중성자는 속도가 빠르기 때문에 중성자의 속도를 느리게 해야 다른 원자핵에 흡수될 확률이 높아져 연쇄 반응을 일으킬 수 있음을 알 수 있다.

④ 전자를 고속으로 움직이게 하여 핵융합의 효율을 높이기 위해
　플라스마를 1억℃ 이상으로 가열하는 것은 전자가 아니라 원자핵을 고속으로 움직이게 하려는 것이다.

⑤ 원자핵들 사이에 전기적 인력을 발생시켜 핵융합의 확률을 높이기 위해
　원자핵은 양의 전하를 띠고 있기 때문에 원자핵들 사이에는 전기적 인력이 아닌 척력이 존재한다.

윗글을 읽은 학생이 〈보기〉의 설명을 이해한 내용으로 가장 적절한 것은? [3점]

〈보 기〉

선생님 : 이 그림은 여러 원자핵의 핵자당 결합 에너지를 나타내고 있어요. 철($^{56}_{26}$Fe) 원자핵은 다른 원자핵들에 비해 핵자당 결합 에너지가 크죠? 철 원자핵은 모든 원자핵 중에서 핵자당 결합 에너지가 가장 크고 가장 안정된 상태예요. 철 원자핵보다 질량수가 작은 원자핵은 핵융합을, 질량수가 큰 원자핵은 핵분열을 통해 핵자당 결합 에너지가 높은 원자핵이 된답니다.

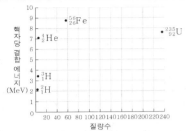

※ 원자핵의 질량수(A)와 양성자 수(Z)는 원소 기호(X)에 다음과 같이 표기한다.
$$^A_Z X$$

✔ 헬륨 – 4 원자핵은 핵융합을 거치면 더 안정된 상태의 원자핵으로 변하겠군.
　이 글을 통해 핵자당 결합 에너지가 클수록 원자핵이 더 안정된 상태이고 모든 원자핵은 안정된 상태로 가려는 성질이 있고, 핵자당 결합 에너지가 작은 원자핵들은 핵분열이나 핵융합을 거쳐 핵자당 결합 에너지가 크고 안정된 상태가 됨을 알 수 있다. 〈보기〉에서 철 원자핵보다 질량수가 작은 원자핵은 핵융합을 통해 핵자당 결합 에너지가 큰 원자핵이 된다고 했고, 헬륨 – 4 원자핵은 철 원자핵보다 질량수가 낮으므로 헬륨 – 4 원자핵이 핵융합을 거치면 더 안정된 상태의 원자핵으로 변한다고 할 수 있다.

② 중수소 원자핵은 삼중 수소 원자핵과 양성자의 수는 같지만 더 안정된 상태이겠군.
　〈보기〉의 그림을 보면 중수소 원자핵과 삼중수소 원자핵은 양성자의 수가 1개로 동일하다. 하지만 삼중수소 원자핵의 핵자당 결합 에너지가 더 높으므로 삼중수소 원자핵이 중수소 원자핵보다 더 안정된 상태이다.

③ 철 원자핵의 결합 에너지는 철 원자핵의 핵자당 결합 에너지에 26을 곱한 값과 같겠군.
　핵자당 결합 에너지는 원자핵의 결합 에너지를 질량수로 나눈 것이다. 철 원자핵의 질량수는 56이므로 철 원자핵의 결합 에너지는 철 원자핵의 핵자당 결합 에너지에 56을 곱한 값과 같다.

④ 우라늄 – 235 원자핵이 핵분열하여 생성된 원자핵들은 핵자당 결합 에너지가 9MeV 이상이겠군.
　〈보기〉에서 철 원자핵은 모든 원자핵 중에서 핵자당 결합 에너지가 가장 크다고 했으므로 우라늄 – 235 원자핵의 핵분열로 생성된 원자핵들은 핵자당 결합 에너지가 철 원자핵보다 작아야 한다. 철 원자핵의 핵자당 결합 에너지는 9MeV 이하이므로 우라늄 – 235 원자핵의 핵분열로 생성된 원자핵들의 핵자당 결합 에너지는 9MeV보다 작은 값을 가질 것이다.

⑤ 우라늄 – 235 원자핵은 철 원자핵에 비해 원자핵을 구성하고 있는 핵자들이 더 강력하게 결합되어 있겠군.
　핵자당 결합 에너지가 클수록 원자핵을 구성하는 핵자들은 강력하게 결합되어 있다. 우라늄 – 235 원자핵은 철 원자핵에 비해 핵자당 결합 에너지가 작으므로 철 원자핵을 구성하는 핵자들이 우라늄 – 235 원자핵을 구성하는 핵자들보다 더 강력하게 결합되어 있다.

ⓐ와 ⓑ에 대한 설명으로 적절하지 않은 것은?

① ⓐ의 과정에서 헬륨 – 4 원자핵의 개수는 늘어난다.
　ⓐ는 여러 핵융합의 단계를 거쳐 최종적으로 헬륨 – 4 원자핵이 생성되므로 헬륨 – 4 원자핵의 개수는 늘어난다고 할 수 있다.

② ⓑ는 중수소 원자핵과 삼중 수소 원자핵을 원료로 사용한다.
　7문단을 통해 지구에서는 태양의 핵융합을 똑같이 재현할 수 없기 때문에 ⓑ는 중수소 원자핵과 삼중수소 원자핵을 원료로 사용함을 알 수 있다.

③ 헬륨 – 4 원자핵은 ⓑ에서와 달리 ⓐ에서는 헬륨 – 3 원자핵이 융합하여 생성된다.
　ⓑ에서는 중수소 원자핵과 삼중수소 원자핵이 융합하여 헬륨 – 4 원자핵이 되지만, ⓐ에서는 두 개의 헬륨 – 3 원자핵이 융합하여 헬륨 – 4 원자핵이 된다고 할 수 있다.

④ ⓐ와 ⓑ에서는 모두 반응 전후로 질량 결손이 일어나고 줄어든 질량은 에너지로 전환된다.
　ⓐ와 ⓑ는 모두 핵융합에 해당하고, 3문단을 통해 핵융합은 반응 전후로 질량 결손이 일어나고 줄어든 질량은 에너지로 전환됨을 알 수 있다.

✔ ⓑ를 일으키기 위해서는 ⓐ가 일어나기 위한 물리적 조건과 동일한 조건을 만들어 주어야 한다.
　7문단을 통해 지구는 태양과 물리적 조건이 달라 수소 원자핵을 원료로 하는 태양의 핵융합을 똑같이 재현할 수 없고 물리적 조건을 동일하게 만들 수 없기 때문에 태양과 달리 중수소 원자핵과 삼중수소 원자핵을 사용함을 알 수 있다.

ⓒ의 이유로 가장 적절한 것은?

① 원자핵이 융합로의 벽에 접촉하지 않게 하기 위해
　원자핵이 융합로의 벽에 접촉하지 않게 하기 위해서는 자기장을 활용한다.

② 자기장을 발생시켜 플라스마의 온도를 유지하기 위해
　자기장을 발생시켜 플라스마의 온도를 유지하는 것은 플라스마를 1억℃ 이상으로 가열한 후의 과정이다.

✔ 원자핵이 척력을 이겨내고 서로 융합할 수 있도록 하기 위해
　원자핵은 양의 전하를 띠고 있어 가까이 다가갈수록 척력이 강하게 작용하므로, 척력을 이겨내고 원자핵이 융합하게 하기 위해서는 플라스마 온도를 1억℃ 이상으로 높여 원자핵을 고속으로 움직이게 해야 한다.

(가) 김광균, 「성호부근」

감상　이 작품은 겨울 호수 부근의 풍경을 감각적 이미지를 활용하여 형상화한 시로, 숫자로 구별된 세 개의 장면으로 구성되어 있다. 즉, 얼음이 빛나는 겨울 호수 부근을 한 사람이 홀로 걷고 있는 장면, 강물이 '얼어붙'고 노을이 지는 장면, '투명한' 하늘 밑 '눈둑 위에' 송아지 '한마리'가 서 있는 장면을 감각적으로 형상화하여 애상적 정서를 환기하고 있다.

주제　성호 부근의 밤 풍경

표현상의 특징

• 추상적인 '추억'이나 '향수' 등을 시각화하여 표현함.
• 공감각적 표현을 사용함.
• 공간의 이동에 따라 풍경을 묘사함.
• 비유를 활용하여 이미지를 제시함.
• 화려한 색채를 느낄 수 있는 시각적 이미지를 사용함.
• 현재 시제를 활용하여 시적 상황에 주목하도록 해 줌.

(나) 이성선, 「논두렁에 서서」

감상　이 글은 '논고랑에 고인 물'을 보며 자신과 자신을 둘러싼 존재들의 관계와 의미를 돌아보는 화자의 모습이 드러나는 시이다. 이 작품에서 화자는 물 속에 비친 '거꾸로 서 있는' 자신의 모습을 '아프지 않다'고 인식하고, 물에 비친 '늘 떨며 우왕좌왕하던' 자신의 모습을 '무심하고 아주 선명하다'는 것을 깨닫고 있다.

주제　논고랑에 고인 물에 비쳐진 자신의 모습과 바람직한 세상에 대한 소망

표현상의 특징

• 자연물을 제재로 시상을 전개함.
• 화자는 자신과 대상을 관찰하며 사색하는 모습을 보임.
• 현실의 화자와 물에 비친 화자의 모습을 대비시켜 주제를 드러냄.
• 현재 시제를 활용하여 시적 상황에 주목하도록 해 줌.

(가)와 (나)에 대한 설명으로 가장 적절한 것은?

① (가)와 (나)는 음성 상징어를 사용하여 대상의 생동감을 강조하고 있다.
　(가), (나)에서 의성어나 의태어의 음성 상징어가 사용되지 않았다.

✔ (가)와 (나)는 현재 시제를 활용하여 시적 상황에 주목하도록 하고 있다.
　(가)에서는 '스며든다', '서 있다'와 같이 현재 시제를 활용하고 있는데, 이러한 현재 시제 활용을 통해 겨울 호수의 쓸쓸한 풍경과 같은 시적 상황에 주목하게 해 주고 있다. 그리고 (나)에서도 '본다', '행복해진다', '함께 있다', '아름답다', '선명하다' 등과 같은 현재 시제를 활용하고 있는데, 이를 통해 물을 보는 화자의 모습과 화자가 인식한 변화 등과 같은 시적 상황에 주목하게 해 주고 있다.

③ (가)와 (나)는 청자와 대화하는 방식을 활용하여 주제를 형상화하고 있다.
　(가), (나) 모두 청자와 대화하는 방식을 활용하지는 않고 있다.

④ (가)와 달리 (나)는 시선을 원경에서 근경으로 이동하면서 시상을 전개하고 있다.
　(나)를 통해 '고인 물'을 바라보는 화자의 시선이 이동함을 알 수 있지만, 원경에서 근경으로 시선이 이동하지는 않고 있다.

⑤ (나)와 달리 (가)는 동일한 시어를 반복하여 리듬감을 형성하고 있다.
　(가)에서는 시어 '노을'이 반복되고 있고, (나)에서는 시어 '거꾸로'가 반복되고 있다. 한편 이러한 시어 반복은 리듬감을 형성하는 효과가 있다고 볼 수 있다.

〈보기〉를 바탕으로 (가)를 이해한 내용으로 적절하지 않은 것은? [3점]

〈보 기〉

　(가)는 숫자로 구별된 세 개의 장면으로 구성되어 있다. 각 장면에서는 다양한 이미지를 통해 겨울 호수와 그 부근의 풍경이 형상화되고, 이 과정에서 애상적 정서가 환기된다.

① '1'에서는 '한포기 화려한 꽃밭'으로 표현된 호수의 모습에 '양철'과 '얼음'이 환기하는 날카롭고 차가운 감각이 연결되면서 겨울 호수의 이미지가 형상화되고 있다.
　'양철 같은 달'이 비치는 호수를 '한포기 화려한 꽃밭'에, '옷소매에 스며드는 '얼음소리'를 '날카로운 호적'에 비유하면서, 날카롭고 차가운 감각을 드러내 겨울 호수의 이미지를 형상화하고 있다.

② '1'에서 '달이 하나 수면 위에 떨어지'는 모습은 겨울 호숫가를 '홀로' 거니는 화자의 상황과 맞물리면서 쓸쓸한 정서를 드러내고 있다.
　달이 뜬 밤 호숫가를 '홀로' 거닐고 있는 모습에서 쓸쓸한 정서가 드러나 있다.

③ '2'의 '강물'과 '노을'은 '낡은 고향'과 '향수'의 이미지로 연결되면서 고향에 대한 그리움의 정서를 떠올리게 한다.
　'얼어붙'은 강물의 모습과 노을이 지는 모습을 각각 '낡은 고향의 허리띠', '희미한 날개를 펴는 향수'에 비유하여 고향에 대한 그리움의 정서를 환기시키고 있다.

✔ '2'의 '희미한 날개를 펴고 있었다'는 '3'의 '눈둑 위에 서 있다'와 연결되면서, '송아지'의 '서글픈 얼굴'이 드러내는 정서가 극복될 수 있는 가능성을 암시하고 있다.
　'2'에서는 노을을 '희미한 날개를 펴고 있는' 향수에 비유하고 있는데, 이는 고향에 대한 그리움과 같은 애상적 정서가 환기된다고 할 수 있다. 그리고 '3'에서 '송아지'가 '서글픈 얼굴'을 하고 있으므로 애상적 정서를 환기한다고 할 수 있다. 하지만 '송아지'를 '희미한 날개를 펴고 있는' 것과 연결 지어 이해하기 어렵고 이 시에서는 애상적 정서가 극복될 수 있는 가능성이 암시되어 있다고 보기 어려우므로 적절하지 않다.

⑤ '1', '2', '3'에서는 각각 '조각난 빙설', '얼어붙'은 '강물', '앙상한 잡목림'과 같은 시구가 스산한 분위기를 자아내면서 애상적 정서를 심화하고 있다.
시의 각 장면에 제시된 '조각난 빙설', '얼어붙'은 '강물', '앙상한 잡목림'은 스산한 분위기를 환기하면서 애상적 정서를 심화하고 있다.

33 작품의 감상 정답률 58% | 정답 ①

(나)를 감상한 내용으로 적절하지 않은 것은?

✓ ① 화자는 '늘 떨며 우왕좌왕하던' 과거 자신의 모습과 '곁에 거꾸로 누워 있는' '산'의 모습을 동일시하고 있군.
화자는 자신의 모습이 물에 비치는 모습을 '거꾸로 서 있다'고 말하면서 이를 '아프지 않다'라고 말하는데, 이때 산이 자신의 '곁에 거꾸로 누워 있다'는 것을 인식하고 있다. 여기서 '산'은 화자와 함께 '고인 물'에 비치는 존재이므로, 산이 물에 거꾸로 비치는 모습이 '늘 떨며 우왕좌왕하던' 과거 화자 자신의 모습을 동일시한다고 보기 어렵다.

② '누가 높지도 낮지도 않'은 모습을 '아름답'다고 한 것에서 화자가 물에 비친 세상을 긍정적으로 보고 있음을 알 수 있군.
'그들'이 물에 비치는 모습을 '높지도 낮지도 않'으며 아름다운 모습이라 표현한 것에서 물에 비친 세상을 긍정적으로 보는 면모가 드러난다.

③ '거꾸로 서 있는 모습'을 '아프지 않'은 것으로 받아들이는 화자에게서 물에 비친 자신의 모습을 부정적이지 않은 것으로 수용하는 태도가 드러나는군.
물에 자신이 비치는 모습을 '거꾸로 서 있는 모습'으로 표현하며 이를 '아프지 않'은 것으로 표현한 것에서 물에 비치는 모습 그대로 수용하는 태도가 드러난다.

④ '늘 홀로'라고 생각했던 화자는 '나뭇가지', '햇살', '새 그림자'와 '나의 얼굴'이 '함께 있'는 모습에서 자신이 다른 존재들과 공존하고 있음을 발견하는군.
물에 비치는 '나뭇가지', '햇살', '새 그림자'와 '나의 얼굴'이 '함께 있'다라는 표현을 통해서 '나'와 다른 존재들이 공존하고 있는 모습이 드러나고 있다.

⑤ 물에 비친 자신의 모습을 '무심하고 아주 선명하다'라고 한 것에서, 화자가 물을 보는 행위를 통해 자기 자신에 대한 인식을 달리하게 되었음을 알 수 있군.
물에 비치는 자신의 모습을 '무심하고 아주 선명하다'라고 표현한 것에서 자신의 모습을 예전과는 다르게 인식하고 있음을 알 수 있다.

34~37 현대 소설

『도도한 생활』

감상 이 소설은 2000년대를 살아가는 20대 젊은이의 현실을 감각적이고 구체적으로 형상화한 작품이다. 이 작품에서 엄마가 내게 사 준 피아노는 엄마가 꿈꾸었던 '도도한 생활'의 상징으로, 부모로서 자녀가 누리기를 희망했던 삶의 기준을 의미한다. '나'는 성년이 되면서 엄마가 애써 마련해 준 환경에서 벗어나 새로운 환경에 직면하게 되는데, 이 환경은 '나'의 욕구를 제한하고 지금까지 '나'가 살아왔던 환경을 재평가하도록 한다. 이 작품은 이러한 과정에서 인물이 겪는 각성의 순간을 포착하고 있다. 한편 소설의 제목인 『도도한 생활』은 피아노 음계 '도'의 반복되는 소리와 피아노를 자유롭게 연주하며 살아가는 도도한 생활을 이중적으로 의미한다.

주제 청년들의 고단한 삶

작품 줄거리 엄마는 열심히 만두 가게를 꾸려서 약간의 여유가 생기자 '보통'의 기준에 맞춰 살아 보고자 생각하게 되고, 이를 둘째 딸인 '나'에게 피아노를 사 주는 것으로 실천한다. 피아노가 만두 가게와는 어울리지 않았고 '나'에게 특별히 음악적 재능이 있지도 않았지만, 엄마는 빚보증 때문에 가게가 망하게 된 상황에서도 '기념비'처럼 피아노를 남긴다. 아빠의 부탁으로, 성년이 된 '나'는 피아노를 갖고 서울 반지하방으로 옮겨온다. '나'는 언니와 함께 아르바이트를 하며 힘겹게 서울 생활을 버티고, 피아노는 습기와 곰팡이로 점점 망가져간다. 어느 날 폭우로 반지하방에 물이 차오르게 되는데, '나'는 피아노를 치지 말라는 집주인의 말을 어기고 피아노를 연주하며 나의 '도도한 생활'을 지키려고 한다.

34 서술상 특징 파악 정답률 85% | 정답 ⑤

윗글의 서술상 특징으로 가장 적절한 것은?

① 동일한 사건을 여러 인물의 관점에서 다양하게 서술하고 있다.
이 글에서는 피아노를 중심으로 다양한 사건이 제시되고 있으며, 각 사건은 '나'의 관점에서 서술되고 있다.

② 서술자가 교체되면서 인물 간의 갈등을 다각적으로 조명하고 있다.
반지하방에 피아노를 들이는 일을 둘러싸고 집주인과 갈등이 벌어지고 있지만, 서술자는 '나'로 동일하게 제시되고 있지 서술자가 교체되면서 인물 간의 갈등을 서술하지는 않고 있다.

③ 이야기 외부의 서술자가 특정 인물의 관점에서 사건을 해석하고 있다.
이야기 내부의 서술자인 '나'에 의해 사건이 서술되고 있지, 이야기 외부의 서술자의 시점에서 사건이 서술되지 않고 있다.

④ 사건에 개입되지 않은 인물의 관점을 통해 사건을 객관적으로 전달하고 있다.
사건을 서술하는 '나'는 주요 인물로 사건과 긴밀한 관련을 맺고 있으며, 사건에 대한 주관적인 판단과 느낌을 전달하고 있다.

✓ ⑤ 이야기 내부의 서술자가 인물의 행위를 묘사하며 자신의 내면을 드러내고 있다.
이 글에서는 이야기 내부의 서술자인 '나'가 엄마, 학원 선생님, 언니, 백인 남자, 외삼촌, 주인 남자 등 여러 인물의 행위를 묘사하면서 자신의 생각과 심리를 드러내고 있다.

35 구절에 사용된 표현상 특징 이해 정답률 75% | 정답 ③

㉠~㉤에 대한 이해로 적절하지 않은 것은?

① ㉠은 추측과 짐작을 드러내는 표현을 사용하여 현재의 시각에서 지나간 일의 의미를 진술하고 있다.
㉠에서는 '가능했던 일인지도 모른다'와 같이 단정적이지 않고 추측과 짐작을 드러내는 표현을 사용하여, 성년이 된 서술자의 시각에서 유년 시절에 있었던 일의 의미에 대해 생각해 보고 있다.

② ㉡은 외양에 대한 묘사를 나열하여 인물이 대상에서 받은 인상의 근거를 제시하고 있다.

㉡에서는 피아노의 넝쿨무늬, 금속 페달, 레드 카펫 등 외양적 특징을 나열하여 '나'가 피아노에 대해 '학원에 있는 어떤 것보다 좋아 보였다.'라고 판단하게 된 근거를 제시하고 있다.

✓ ③ ㉢은 앞서 언급한 내용을 부연하여 자신의 경험에 대한 이해의 폭이 확장되었음을 강조하고 있다.
㉢에 사용된 '말이다'는 앞서 한 말이 사실임을 확인하거나 강조하는 표현에 해당하므로, ㉢은 바로 앞의 문장인 '우리 가족은 생계와 주거를 한 건물에서 해결하고 있었다.'를 부연하여 상세하게 설명해 준다고 할 수 있다.

④ ㉣은 비유적인 표현을 사용하여 어울리지 않는 곳에 놓이게 된 대상을 바라보는 마음을 드러내고 있다.
㉣에서는 반지하방에 놓이게 된 피아노를 '몰락한 러시아 귀족'에 빗대어 안타까운 마음을 드러내고 있다.

⑤ ㉤은 쉼표를 빈번하게 사용하여 예기치 않은 상황에 대한 인물의 불편한 심리를 부각하고 있다.
㉤에서는 쉼표를 빈번하게 사용하여 피아노가 들어오는 상황에 대한 '집주인'의 불편한 심리를 부각하고 있다.

36 작품의 세부적 내용 파악 정답률 64% | 정답 ②

ⓐ와 ⓑ를 바탕으로 윗글을 이해한 내용으로 적절하지 않은 것은?

① '파란 트럭'에 의해 ⓐ로 옮겨져 엄마를 기쁘게 했던 피아노는, '외삼촌의 트럭'에 의해 ⓑ로 옮겨지면서 언니를 당황하게 했다.
이 글에서 '나'는 유년 시절을 만두 가게에서 피아노를 연주하며 보내다가, 아빠의 빚보증 때문에 가게가 망하면서 서울 반지하방에 사는 언니에게로 옮겨 간다. 이때 엄마의 부탁으로 피아노를 가져가게 된다. 이때부터 '나'는 만두 가게 그리고 엄마와 지냈던 시절을 끝내고, 반지하방과 언니와 함께 지내는 삶을 살게 된다. 그리고 이 두 시절을 이어주는 것이 바로 피아노이다. '나'의 유년 시절, '파란 트럭'에 의해 피아노가 운반되어 왔을 때 '나'는 엄마가 '무척 기뻐했던 기억'이 있다. 그러나 그 피아노를 '외삼촌의 트럭'으로 서울 반지하방으로 옮길 때에는 언니가 뚜락한 표정을 지으며 당황해한다.

✓ ② ⓐ에서 '나'는 '손뼉을 치'는 사람이 부끄러워하는 모습을 발견하고 있고, ⓑ에서 '나'는 '우리를 흘깃거'리는 시선에서 부끄러움을 느끼고 있다.
유년 시절 만두 가게에서 '나'는 어설픈 연주에 박수를 보내주는 '백인 남자'와의 사이에서 '어정쩡한 침묵'을 겪고 부끄러운 감정을 느끼지만 백인 남자가 부끄러워하는 모습은 나타나지 않는다. 그리고 성년이 되어 언니가 사는 서울 반지하방으로 피아노를 옮기며 사람들이 언니, 나, 외삼촌을 바라보는 시선에서 '나'는 민망한 기분을 느끼고 있다.

③ ⓐ는 우리 가족이 '생계와 주거'를 모두 해결해야 했던 공간이고, ⓑ는 '나'와 언니가 '좁고 가파른 계단'을 오르내리며 살아야 하는 공간이다.
유년 시절 우리 가족은 '생계와 주거를 한 건물 안에서 해결하고 있었고, 성년이 된 '나'는 언니가 사는 서울 반지하방에서 '좁고 가파른 계단'을 오르내리며 살아가게 된다.

④ ⓐ에서 '나'가 누구라도 '얼굴을 붉히게 만들었을' 연주를 했던 피아노는 ⓑ로 옮겨지는 과정에서 '쿵 — 하는 소리'로 '나'의 '얼굴이 붉어'지게 했다.
만두 가게에서 '나'는 어설픈 실력으로 피아노를 연주했는데, 자신의 연주 실력에 대해 누구라도 '얼굴을 붉히게 만들었을' 만하다고 평가하고 있다. 반지하방으로 피아노를 옮기다가 떨어트려 '쿵 — 하는 소리'가 났을 때 '나'는 '그 사실적이고, 커다랗고, 노골적인 소리'에 얼굴을 붉히고 있다.

⑤ ⓐ에서 피아노에 대한 반가움을 드러내던 '세탁기도 냉장고도 아닌 피아노라니.'라는 표현은, ⓑ로 피아노가 옮겨지는 과정에서 나타나는 무안함을 드러내는 데 활용되고 있다.
만두 가게로 처음 피아노가 운반되어 왔을 때 '나'는 '세탁기도 냉장고도 아닌 피아노라니.'라며 기쁨을 드러낸다. 그러나 반지하방으로 피아노를 옮기게 되었을 땐 '세탁기도, 냉장고도 아닌 피아노라니.'라며 '민망해지는 기분'을 느끼게 된다.

37 외적 준거에 따른 작품의 감상 정답률 53% | 정답 ④

〈보기〉를 참고하여 윗글을 감상한 내용으로 적절하지 않은 것은? [3점]

〈보 기〉
엄마가 내게 사 준 피아노는 엄마가 꿈꾸었던 '도도한 생활'의 상징으로, 부모로서 자녀가 누리기를 희망했던 삶의 기준을 의미한다. '나'는 성년이 되면서 엄마가 애써 마련해준 환경에서 벗어나 새로운 환경에 직면하게 되는데, 이 환경은 '나'의 욕구를 제한하고 지금까지 '나'가 살아왔던 환경을 재평가하도록 한다. 윗글은 이러한 과정에서 인물이 겪는 각성의 순간을 포착하고 있다.

① '놀이공원에 가고, 엑스포에 가는 것'과 같은 '평범한 유년의 프로그램'은, 엄마가 자녀에게 마련해주고 싶었던 환경의 일부이겠군.
'놀이공원에 가고, 엑스포에 가는 것'은 배움이 부족했던 엄마가 풍문에 따라 '나'에게 마련해 주었던 '평범한 유년의 프로그램'이라 할 수 있다.

② '베토벤같이 풀린 파마머리를 한 채 귀머거리처럼 만두를 빚'던 모습은, 피아노가 상징하는 삶에 가까워지기 위한 엄마의 수고를 보여주는군.
엄마는 만두 가게에서 열심히 만두를 팔아 그 돈으로 '나'를 피아노 학원에 보내고 피아노를 사 주고 있다.

③ '한 뼘쯤 세련돼진' 느낌을 주던 피아노에서 '세 뼘쯤 민망해지는 기분'을 느끼게 된 것은 '나'를 둘러싼 환경의 변화 때문이겠군.
유년 시절 '나'는 피아노에서 '세련돼진 것' 같은 느낌을 받았으나, 반지하방으로 피아노를 옮길 때에는 '민망해지는 기분'을 느끼고 있다.

✓ ④ '피아노가 잠시 세기말 도시의 하늘 위로 비상'하는 모습에서 '나'는 자신의 욕구를 제한해 온 환경이 변화하고 있음을 확인하게 되는군.
〈보기〉를 통해 피아노가 엄마의 자존감을 상징하는 동시에 '나'에게 엄마가 마련해주고 싶어 했던 성장 환경을 의미함을 알 수 있다. 그리고 이 글에서 '나'는 생계가 어려워지면서 서울 반지하방으로 옮겨가고, 피아노를 운반하던 중 '쿵 — 하는 소리'가 나고 넝쿨무늬 문양이 '사실은 본드로 붙여져 있던 것'이었음을 깨닫는 각성의 순간을 경험하고 있다. 그런데 이 글에서 '나'의 욕구를 제한하는 사람은 피아노를 절대 치지 말라는 조건을 내걸고 있는 서울 반지하방의 집주인이며, 피아노가 '비상'하는 것은 피아노를 옮기기 위해 잠깐 들어올리는 순간을 포착한 것이라 할 수 있으므로 적절하지 않다.

⑤ '오랫동안 양각된 거라 믿어온 문양이 사실은 본드로 붙여져 있던 것'임을 깨달으면서, '나'는 엄마가 애써 마련해준 환경이 그리 견고하지 못한 것이었음을 알게 되는군.

유년 시절에는 '원목 위에 양각된 우아한 넝쿨무늬'라고 알고 있었는데, 반지하방으로 피아노를 옮기는 과정에서 '나'는 피아노의 넝쿨무늬가 떨어져 '고장 난 스프링처럼 흔들리는' 모습을 보게 되는데, 이는 엄마가 '나'에게 마련해 주었던 환경이 그리 견고하지 못한 것이었음을 의미하는 것이라 할 수 있다.

(가) 이황, 『도산십이곡』

> **감상** 이 글은 퇴계 이황이 1565년 벼슬에서 물러나 향리로 돌아와 도산 서원에서 후학을 양성할 때 지은 12수로 된 연시조이다. **전6곡 언지(言志)는 자연에 묻혀 사는 뜻을 노래하고, 후6곡 언학(言學)은 뜻을 이루기 위한 학문 정진을 노래**하고 있다.
>
> **주제** 자연 친화적 삶의 추구와 학문 수양에 대한 끝없는 의지
>
> **현대어 풀이**
>
> 고인도 나를 못 보고 나도 고인을 못 봐.
> 고인을 못 보아도 (고인이) 가던 길이 앞에 있네.
> (고인이) 가던 길이 앞에 있는데 가지 않을 수 있겠는가?　〈제9수〉
>
> 그 당시 학문 수양에 힘쓰던 길을 몇 해씩이나 버려 두고
> 어디 가 다니다가(벼슬길을 헤매다가) 이제야 돌아왔는가?
> 이제 돌아왔으니 (다시는) 딴 마음 먹지 않으리.　〈제10수〉
>
> 푸른 산은 어찌하여 영원히 푸르며
> 흐르는 물은 또 어찌하여 밤낮으로 그치지 않는가?
> 우리도 그치지 말고 언제나 푸르게 살리라.　〈제11수〉

(나) 법정, 『인형과 인간』

> **감상** 이 글은 법정의 수필집 『무소유』에 나오는 내용 중 일부로, **참된 인간은 인형처럼 수동적이지 않고 인간답게 적극적으로 학문을 배우고 그 배운 지식을 이웃과 함께 하는 데 사용해야 한다는 무학(無學)**의 정신을 역설하고 있다.
>
> **주제** 능동적이고 주체적이며 실천하는 지식의 필요성 강조

★★★ 등급을 가르는 문제!

38　작품 간의 공통점 파악　정답률 33% | 정답 ①

(가)와 (나)의 공통점으로 가장 적절한 것은?

☑ ① 옛사람의 행적을 긍정적으로 바라보고 있다.
(가)의 화자는 '고인'이 남긴 학문의 길을 영원히 따르겠다고 다짐하고 있고, (나)의 글쓴이는 진리에 대한 '성인'의 가르침을 본받아야 한다고 주장하고 있다. 따라서 (가)의 화자와 (나)의 글쓴이 모두 옛사람의 학문과 가르침을 긍정적으로 바라보고 있음을 알 수 있다.

② 새로운 도전에 대한 기대감을 형상화하고 있다.
(가)에서 '고인'이 '가던 길'을 걷겠다는 화자의 다짐은, 가보지 않았던 길을 새롭게 가겠다는 내용이 아니라 이미 자신이 '당시에' 떠났다가 다시 돌아온 길을 가겠다는 것이므로 새로운 도전이라고 말할 수 없다. (나)에서 글쓴이의 새로운 도전은 찾아볼 수 없다.

③ 사물의 아름다움에 대한 예찬적 태도를 드러내고 있다.
(가)에서 자연물인 '청산'과 '유수'의 영속성이 나타나지만, 이는 자연처럼 학문의 길을 끊임없이 걷겠다는 화자의 의지를 부각하는 소재로만 활용되었을 뿐 자연 그 자체의 아름다움을 예찬한 것이라고 할 수 없다. (나)에서 사물의 아름다움에 대해 예찬한 내용은 찾아볼 수 없다.

④ 자연과 하나 되는 삶의 과정을 순차적으로 제시하고 있다.
(가)에서 '청산'과 '유수'를 보며 '만고상청'하겠다는 화자의 의지가 나오지만 이는 자연의 속성을 학문에 대한 다짐과 연관시켰을 뿐 물아일체의 삶의 과정으로 볼 수 없다. (나)에서 자연과 하나되는 삶의 과정은 찾아볼 수 없다.

⑤ 지식의 부정적 태도에 대한 냉소적인 인식을 나타내고 있다.
(나)에서는 실천 없는 지식인들의 무기력함을 냉소적으로 바라보는 글쓴이의 인식을 발견할 수 있지만, (가)에서는 지식인의 부정적 태도에 대한 냉소적인 인식을 찾아볼 수 없다.

★★ 문제 해결 꿀~팁 ★★

▶ 많이 틀린 이유는?
이 문제는 작품의 내용을 정확하게 이해하지 못하여 오답률이 높았던 것으로 보인다. 특히 '고인'과 '성인'이 '옛사람'임을 이해하지 못한 것도 오답률을 높인 원인으로 보인다.

▶ 문제 해결 방법은?
주어진 문제는 각 작품 내용을 정확히 이해하고 내용상 공통점을 파악하는 것이므로, 작품 이해가 선행되지 않으면 문제를 해결할 수 없다. 즉 (가)에서는 '고인'을 따른다고 하면서 학문에 정진할 것을, (나)에서는 '성인'과 다른 오늘날 '학자'들을 비판하면서 인간답게 적극적으로 학문을 배우고 그 배운 지식을 이웃과 함께 하는 데 사용해야 한다는 무학(無學)의 정신을 역설하고 있다는 내용을 이해해야 한다. 이러한 내용 이해를 바탕으로 한다면 (가)와 (나) 모두 '고인'이나 '성인'인 옛사람에 대해 긍정적으로 인식하는 공통점이 있음을 알 수 있었을 것이다. 마찬가지로 오답률이 높았던 ②와 ⑤의 경우 공통점으로 적절하지 않음을 바로 알 수 있었을 것이다.

39　표현상 특징 파악　정답률 56% | 정답 ④

[A]와 [B]에 대한 설명으로 적절하지 않은 것은?

① [A]는 유사한 문장 구조를 활용하여 운율감을 형성하고 있다.
[A]의 초장에는 '고인도 날 못 보고'와 '나도 고인 못 뵈네'가 대구를 이루며 운율감을 형성하고 있다.

② [B]는 시간과 관련된 표현을 활용하여 상황 변화의 기점을 강조하고 있다.
[B]에서는 '당시'에 가던 길(학문)을 버렸다가 '이제야' 그 길로 돌아온다는 상황의 변화에서 화자가 앞으로의 삶의 방향을 다짐하는 기점을 확인할 수 있다.

③ [A]와 [B]는 모두 의문형 어구를 활용하여 화자의 태도를 드러내고 있다.
[A]에서는 '어찌할까'라는 설의법으로 화자의 다짐을, [B]에서는 '돌아왔는가'라는 의문형 어구로 과거에 대한 부정적 태도를 드러내고 있다.

☑ ④ [A]와 [B]는 모두 부정 표현을 사용하여 반성하는 자세를 드러내고 있다.
[B]의 '딴 데 마음 말으리'에서는 성인이 '가던 길'을 떠났던 자신의 지난 모습을 반성하는 자세라 볼 수 있다. 하지만, [A]의 '못 보고'와 '못 뵈네'는 종장의 '아니 가고 어찌할까'와 이어져 마땅히 '못 뵈'었던 '고인'을 '고인'이 가던 길(학문의 길)에서 만나겠다는 화자의 의지를 드러내고 있을 뿐 반성하는 자세를 보인다고 볼 수 없다.

⑤ [A]와 [B]는 모두 앞 구절의 일부를 다음 구절에서 반복하여 내용을 연결하고 있다.
[A]에는 '초장(고인 못 뵈네) – 중장(고인을 못 보도)'과 '중장(가던 길 앞에 있네) – 종장(가던 길 앞에 있거든)'에서, [B]에는 '중장(이제야 돌아왔고) – 종장(이제야 돌아왔으니)'에서 연쇄법을 사용하여 내용을 유기적으로 연결하고 있다.

〈보기〉를 참고하여 40번과 41번의 두 물음에 답하시오.

> 〈보 기〉
> 문학 작품의 감상 과정에서 독자는 작품에 제시된 대상이나 상황 간의 관계를 파악함으로써 내용을 더 잘 이해할 수 있다. (가)와 (나)의 독자는 이러한 방식을 통해 ㉠ 학문의 길을 걷는 사람이 지녀야 하는 올바른 삶의 태도를 발견하게 된다.

40　외적 준거에 따른 작품의 감상　정답률 59% | 정답 ④

(가)와 (나)를 감상한 내용으로 적절하지 않은 것은? [3점]

① (가)의 9수에서는 '고인'과 '나'가 만나지 못하는 현실을 인식하고 학문 수양이라는 '가던 길'을 매개로 '고인'을 따르겠다는 화자의 의도가 드러나고 있다.
'나'와 '고인(옛 성인)'은 서로 만난 적이 없지만, '나'가 '고인'이 '가던 길(학문의 길)'을 걸음으로써 그 길을 걸었던 '고인'의 삶을 따르겠다는 '나'의 다짐을 확인할 수 있다.

② (가)의 10수에서는 '당시에 가던 길'과 '딴 데'가 대비되면서 학문 수양 이외에 다른 것에는 힘을 쏟지 않겠다는 화자의 의지가 드러나고 있다.
'당시에 가던 길'은 학문의 길이고 '딴 데'는 학문의 길을 벗어난 것(벼슬길)을 의미하므로 두 소재의 관계는 대비가 된다. 또한 '이제야' 다시 그 길만을 걷고 '딴 데' 마음을 두지 않겠다는 다짐에서 학문에 대한 화자의 의지를 확인할 수 있다.

③ (가)의 11수에서는 '청산'과 '유수'의 공통적 속성이 '우리도 그치지' 않겠다는 다짐과 연결되면서 끊임없이 학문에 정진하겠다는 자세가 드러나고 있다.
'청산'과 '유수'의 영속성을 보며, 자신도 이와 같이 '만고상청'하며 끊임없이 학문의 길을 걷겠다는 화자의 다짐을 확인할 수 있다.

☑ ④ (나)에서는 '말의 갈래를 쪼개고 나누'는 태도와 '자신의 문제는 묻어' 두는 태도가 대비되면서 학문 수양에서 자기 중심적 태도를 버려야겠다는 다짐이 드러나고 있다.
'말의 갈래를 쪼개고 나누'는 태도와 '자신의 문제는 묻어' 두는 태도는 언행일치를 하지 않는 학자들의 자기중심적인 삶의 자세에 대한 설명에 해당한다. 따라서, '말의 갈래를 쪼개고 나누'는 태도와 '자신의 문제는 묻어' 두는 태도는 대비가 아니라 유사한 관계라 할 수 있다.

⑤ (나)에서는 '살아 움직이는 인간'과 '끌려가는 짐승'이 대비되면서 학문을 통해 배운 신념을 바탕으로 당당하게 살아가겠다는 태도가 드러나고 있다.
능동적인 '사람'과 수동적인 '짐승'의 모습을 대비시키며, 배운 지식을 이웃과 함께 나누고 그들을 책임지는 인간으로 살겠다는 화자의 의지를 확인할 수 있다.

41　글을 바탕으로 한 자료 내용의 이해　정답률 52% | 정답 ②

(나)의 무학(無學)의 의미를 바탕으로 〈보기〉의 ㉠을 설명한 내용으로 적절하지 않은 것은?

① 지식의 과잉에서 오는 관념성을 경계하는 태도이다.
배운 지식을 불필요한 이론에 가두어놓고 현실에는 무관심한 것을 경계하고 있다.

☑ ② 배움이 부족하여 지식을 인격과 별개로 보는 태도이다.
(나)를 통해 '무학(無學)'은 많이 배웠으면서도 배운 자취가 없는 것임을 알 수 있다. 이러한 '무학'의 의미를 바탕으로 〈보기〉의 ㉠을 설명한다면 '많이 배우고 배운 지식을 삶에서 실천한다'로 이해할 수 있다. 따라서 배움이 부족하다거나 지식을 인격과 별개의 것으로 보는 태도는 무학의 조건과 맞지 않아 적절하지 않다.

③ 많이 배웠으면서 배운 자취를 자랑하지 않는 태도이다.
작품에서 이야기한 '무학'의 의미와 상통하는 태도이다.

④ 지식에서 추출된 진리에 대한 신념이 일상화된 태도이다.
많은 배움을 통해 얻은 진리를 굳게 믿고 실천하는 태도를 의미한다. 이는 무학이 지식의 본래의 기능을 다하기 위한 방법이다.

⑤ 지식이나 정보에 얽매이지 않은 자유롭고 발랄한 태도이다.
배움을 지식이라는 울타리에 가두지 않는 자유로운 태도를 의미한다.

작자 미상, 『토공전』

> **감상** 이 소설은 널리 알려진 **토끼전**을 한문으로 개작하는 과정에서 송사 설화의 모티프를 빌려, 새로운 이야기로 후반부를 구성한 작품이다. 후반부의 중심 내용은 토끼를 놓친 것을 안 용왕이 옥황상제에게 글을 올려 토끼를 다시 수부 즉, 궁궁으로 보내달라고 간청하고, 이에 옥황상제는 토끼와 용왕을 불러들여 각자의 진술을 들은 뒤 판결을 내리는 것이다. 판소리계 소설로 널리 알려진 '토끼전'의 새로운 결말을 보여 주는 '토공전'은, '토끼전'의 주제가 다양함을 보여 줄 수 있을 뿐만 아니라, 국문 소설이 한문 소설로 개작되면서 어떻게 확장되는지를 알려 준다.
>
> **주제** 신분의 차이를 초월한 생명의 가치를 존중함
>
> **작품 줄거리** 동해 용왕 광연은 불치병을 앓게 되고 자신의 병을 고치기 위해서는 토끼의 간이 필요하다는 말을 듣게 된다. 이에 자라를 보내 속임수로 토끼를 용궁으로 데려오나 토끼는 기지를 발휘하여

육지로 도망친다. 토끼가 육지로 귀환한 이후 토끼를 놓친 용왕이 토끼를 잡아 달라고 옥황상제에게 표문을 올리고, 이에 옥황상제는 신선들과 의논한 끝에 용왕과 토끼를 불러 각각의 입장을 밝히게 한다. 옥황상제는 억울하게 목숨을 잃을 뻔한 토끼의 말이 옳다는 판결을 내려 토끼를 고향으로 돌려보낸다.

---

42 작품 내용의 이해   정답률 34% | 정답 ①

윗글을 이해한 내용으로 적절하지 않은 것은?

☑ 만수산에서 토끼는 갑작스러운 날씨 변화가 옥황 때문이라고 생각하여 두려워했다.
'홀연히 한 떼의~번갯불이 번쩍번쩍하더니', '또 우레 소리가 울리고 번갯불이 번쩍번쩍하더니'의 갑작스러운 날씨의 변화에 대해 토끼는 '이는 필시 용왕의 조화야.'라고 짐작하고 있다. 따라서 토끼가 갑작스러운 날씨 변화를 옥황 때문이라고 생각하며 두려워한 것은 아니므로 적절하지 않다.

② 토끼는 백옥경에서 용왕을 만나기 전까지는 자신이 잡혀 온 이유를 알지 못했다.
'토끼가 혼이 나가고 기운을 잃어 땅에 엎어졌다가 다시 깨어나 머리를 들고 보니 천상의 백옥경이었다.'에서 백옥경에 도착한 점을 확인할 수 있고, '영문을 몰라 섬돌 아래에 기고 있다'는 부분에서 자신이 잡혀 온 이유를 알지 못한 점을 확인할 수 있다.

③ 만수산에서 토끼는 자신의 뛰어난 말솜씨에 대해 자부심을 느꼈다.
'두세 치밖에 안 되는 혀로 만승의 임금을 유혹하여'에서 자신의 말솜씨에 대한 언급을 확인할 수 있고, '소장의 구변이나 양평의 지혜라도 이보다 낫지 못할 거야.'에서는 자신의 말솜씨에 대한 자부심을 확인할 수 있다.

④ 토끼는 용궁에서 만수산으로 돌아온 것에 대해 만족감을 느꼈다.
'용궁을 두루 구경하고 만수산으로 돌아왔으니'에서 토끼가 만수산에서 용궁으로 돌아온 것을 확인할 수 있다. 그리고 '신세가 태평하고 만사에 무심하여'에서 토끼가 느끼고 있는 만족감을 확인할 수 있다.

⑤ 만수산에서 지내던 토끼는 용궁에서의 기억을 떠올렸다.
'용왕의 말이 귀에 들리는 듯하고 용궁의 경치가 눈앞에 삼삼하여 기쁨을 이기지 못한 채'에서 토끼는 용궁에서의 기억을 떠올렸음을 확인할 수 있다.

---

43 장면의 이해   정답률 56% | 정답 ③

[A]와 [B]를 비교한 내용으로 적절하지 않은 것은?

① [A]와 [B]는 모두 자신의 내력을 요약하며 진술을 시작하고 있다.
[A]에서 사해의 우두머리로서 용왕이, 나라의 신을 섬기며 백성을 훈육하고 임금의 은혜에 보답해 온 자신의 삶을 요약하여 제시하며 진술을 시작하고 있다. [B]에서 만수산에서 태어난 토끼는 출세함을 구하지 않고 백이와 도잠처럼 자신이 삶을 살아왔음을 요약하여 제시하며 진술을 시작하고 있다.

② [A]와 [B]는 모두 비유적 표현을 사용하여 자신이 고난에 처했음을 부각하고 있다.
[A]의 '몸의 위태로움이 바늘 방석에 앉은 듯하고'에서 비유적 표현을 사용하여 용왕이 고난에 처했음을 부각하고 있음을 확인할 수 있다. [B]의 '절인 생선이 줄에 꾀인 듯하고 전상에서 호령하니 뜨거운 불바람이 부는 듯하니'에서 비유적 표현을 사용하여 토끼가 고난에 처했음을 부각하고 있음을 확인할 수 있다.

☑ [A]는 제안의 문제점을 스스로 인정하고 있고, [B]는 제안에 대한 확신을 드러내고 있다.
[A]에서 용왕은 '작은 것을 가지고 큰 것을 바'꾸어 달라고 요청하고 있지만, 이러한 요청이나 제안을 스스로 문제라고 인정하는 모습을 보이지는 않고 있다. 그리고 [B]에서 용왕의 비위를 거슬렀기 때문에 삶을 구할 수 없다고 우려하는 토끼의 마음을 확인할 수 있다. 하지만 옥황에게 '엎드려 요컨대 살펴주소서'라고 요청하고 있을 뿐, 그 제안이나 요청이 성공할 것이라 확신하고 있는 것은 아니다.

④ [A]에는 자신에게 유리한 결과를 기대하는 모습이, [B]에는 자신에게 불리한 결과를 예상하는 모습이 나타나 있다.
[A]의 '오늘 이렇게 다시 와 뵈오니 굶은 자가 밥을 얻은 듯하고 온갖 병이 다 나아 고목에 꽃이 핀 듯합니다.'에서 자신에게 유리한 결과를 기대하는 용왕의 모습을 확인할 수 있다. [B]의 '다시 위태로운 땅을 밟아 스스로 화를 받을 것을 알겠습니다.'에서 토끼가 자신에게 불리한 결과를 걱정하는 모습을 확인할 수 있다.

⑤ [A]와 [B]는 모두 자신의 요구를 제시하며 진술을 마무리하고 있다.
[A]의 '가엾고 불쌍히 여겨 주소서.'에서, [B]의 '엎드려 비옵건대 살펴주소서.'에서 자신의 요구를 제시하며 진술을 마무리하는 것을 확인할 수 있다.

---

44 외적 준거에 따른 작품의 감상   정답률 62% | 정답 ④

〈보기〉를 바탕으로 윗글을 감상한 내용으로 적절하지 않은 것은? [3점]

───────〈 보 기 〉───────
윗글은 『토끼전』을 고쳐 쓴 한문 소설로 재판을 통해 갈등을 해결하는 송사 설화의 모티프가 나타난다. 용왕과 토끼는 옥황상제가 주관하는 재판 상황에 놓이게 되고, 이 상황에서는 지위의 우열보다는 진술의 우위가 판결에 영향을 미친다. 이 판결의 내용은 지위의 높고 낮음보다 생명의 가치를 존중하는 작가의 의식을 드러내고 있다.
─────────────────────

① '상제의 명이니 용왕과 토끼를 판결하라.'라는 말에서, 송사 설화의 모티프가 쓰였음을 확인할 수 있군.
송사 설화 모티프는 갈등을 판결을 통해 해결하는 이야기를 말한다. 용왕과 토끼가 옥황 아래에서 재판을 받는 모습이 드러난다는 점에서 송사 설화의 모티프를 가져왔음을 확인할 수 있다.

② 꿇어 앉아 함께 '처분을 기다리'는 것에서, 용왕과 토끼가 재판 당사자로서 대등한 처지에 놓이게 되었음을 알 수 있군.
용왕과 토끼가 옥황 앞에서 무릎을 꿇고 처분을 기다리는 모습에서, 두 인물이 옥황 앞에서 대등한 처지가 됨을 확인할 수 있다.

③ '강자를 누르고 약자를 도와 공정한 처결을 하소서.'라는 일광노의 말에서, 토끼의 진술에 대한 지지를 확인할 수 있군.
강자를 누르고 약자를 도와 공정한 처결을 하기를 바라는 일광노의 말에 따라 옥황은 토끼를 지지하는 판결을 한다. 이를 통해 일광노가 토끼를 지지함을 알 수 있는데, 강자보다는 약자를 도와야 한다는 인식은 토끼가 진술에서 밝힌 내용을 받아들인 것임을 알 수 있다.

☑ '낳으면 늙고 늙으면 죽는 것은 인간의 일상적 일'이라는 말에서, 옥황이 판결을 망설이는 이유를 짐작할 수 있군.

'낳으면 늙고 늙으면 죽는 것은 인간의 일상적 일'이라는 옥황의 말은 판결에 대한 대전제로 이해할 수 있다. 이 말을 한 옥황은 결국 토끼의 편을 지지하는 판결을 내린다. 이 과정에서 옥황이 판결을 망설이는 내용은 확인할 수 없다.

⑤ '토끼인들 어찌 죽음을 싫어하는 마음이 없겠는가?'라는 말에서, 모든 생명은 소중하다는 작가의 의식을 확인할 수 있군.
토끼 역시 죽음을 좋아하지 않을 것이라는 옥황의 판결에서, 용왕과 토끼가 모두 동일한 생명이라 생각하며 신분이 낮은 이의 생명과 가치를 소중하게 여기는 태도를 발견할 수 있다.

---

45 장면의 서사적 기능 파악   정답률 62% | 정답 ②

[C]의 서사적 기능으로 가장 적절한 것은?

① 적혼공의 말을 통해 앞서 일어난 사건을 평가하고 있다.
[C]에서 적혼공은 용왕의 명령에 따르겠다는 말을 할 뿐이다. 앞서 일어난 사건을 평가하고 있지 않다.

☑ 용왕의 시도가 실패하였음을 보여 주어 주제 의식을 강조하고 있다.
[C]에서 용왕은 적혼공에게 토끼가 만수산에 가기 전에 포획해 오라는 명령을 내린다. 그러나 뇌공에 의해 토끼가 순식간에 만수산으로 가게 되면서 용왕의 시도는 실패하게 된다. 이렇게 볼 때 '하늘이 망해놓은 화'라는 용왕의 말은, 이것이 하늘의 명에 따라 일어난 일임을 드러내는 데, 이를 통해 주제 의식을 강조하고 있음을 확인할 수 있다.

③ 용왕의 탄식을 통해 용왕과 옥황 간의 새로운 갈등을 예고하고 있다.
[C]에서 용왕은 옥황의 작용으로 토끼를 놓치고 탄식을 하고 있다. 용왕과 옥황의 지위는 천명에 의해 구분되는 것이므로 통곡하고 돌아가는 이후 내용이 용왕과 옥황 간의 새로운 갈등을 예고하는 것은 아니다.

④ 뇌공에 의해 공간이 전환되는 과정에서 공간적 배경의 사실성을 강조하고 있다.
[C]에서 토끼는 뇌공에 의해 만수산으로 빠르게 이동하지만, 이를 통해 공간적 배경의 사실성을 드러내지 않는다.

⑤ 용왕의 지시를 따르지 않는 적혼공의 반응을 제시하여 독자의 흥미를 유발하고 있다.
[C]에서 용왕은 적혼공의 지시를 따르지 않는 것이 아니라, 지시를 따르려 했으나 뇌공에 의해 실패하게 되므로 적절하지 않다.

•정답•

01 ② 02 ⑤ 03 ① 04 ③ 05 ④ 06 ① 07 ⑤ 08 ① 09 ④ 10 ② 11 ② 12 ③ 13 ④ 14 ③ 15 ③
16 ⑤ 17 ⑤ 18 ④ 19 ② 20 ① 21 ② 22 6 23 15 24 126 25 32 26 57 27 153 28 29 29 9 30 91

★ 표기된 문항은 [등급을 가르는 문제]에 해당하는 문항입니다.

---

01 거듭제곱근의 계산　　　정답률 93% | 정답 ②

❶ $\sqrt{20} + \sqrt{5}$ 의 값은? [2점]

① $2\sqrt{5}$　　② $3\sqrt{5}$　　③ $4\sqrt{5}$　　④ $5\sqrt{5}$　　⑤ $6\sqrt{5}$

STEP 01 ❶에서 $\sqrt{20} + \sqrt{5}$ 를 계산한다.

$\sqrt{20} + \sqrt{5} = 2\sqrt{5} + \sqrt{5} = 3\sqrt{5}$

---

02 일차방정식　　　정답률 93% | 정답 ⑤

일차방정식 ❶ $\dfrac{x}{2} + 7 = 2x - 8$의 해는? [2점]

① 2　　② 4　　③ 6　　④ 8　　⑤ 10

STEP 01 ❶에서 동류항끼리 모아서 계산한다.

$\dfrac{x}{2} + 7 = 2x - 8$에서 $x + 14 = 4x - 16$

$3x = 30$

$x = 10$

---

03 직선의 평행이동　　　정답률 93% | 정답 ①

일차함수 ❶ $y = ax$의 그래프를 y축의 방향으로 -3만큼 평행이동한 그래프가 점 $(2, 9)$를 지날 때, 상수 a의 값은? [2점]

① 6　　② 7　　③ 8　　④ 9　　⑤ 10

STEP 01 ❶에서 직선을 평행이동한다.

일차함수 $y = ax$의 그래프를 y축의 방향으로 -3만큼 평행이동한 그래프를 나타내는 일차함수의 식은

$y = ax - 3$

STEP 02 점을 대입하여 상수 a를 구한다.

이 일차함수의 그래프가 점 $(2, 9)$를 지나므로

$y = ax - 3$에 $x = 2$, $y = 9$를 대입하면

$9 = 2a - 3$

$2a = 12$

따라서 $a = 6$

---

04 피타고라스 정리　　　정답률 93% | 정답 ③

그림과 같이 $\angle B = 90°$ 인 직각삼각형 ABC에서 ❶ $\overline{AB} = 3$, $\overline{BC} = 2$일 때, 선분 AC를 한 변으로 하는 정사각형의 넓이는? [3점]

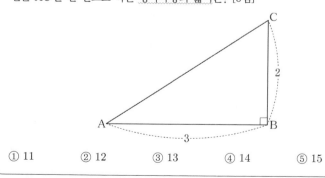

① 11　　② 12　　③ 13　　④ 14　　⑤ 15

STEP 01 ❶에서 피타고라스 정리를 이용해 선분 AC와 정사각형의 넓이를 구한다.

직각삼각형 ABC에서 피타고라스 정리에 의하여

$\overline{AC}^2 = \overline{AB}^2 + \overline{BC}^2$

$\quad\quad = 3^2 + 2^2 = 13$

따라서 선분 AC를 한 변으로 하는 정사각형의 넓이는

$\overline{AC}^2 = 13$

---

05 줄기와 잎 그림　　　정답률 95% | 정답 ④

다음은 어느 동호회 회원 15명의 나이를 줄기와 잎 그림으로 나타낸 것이다. 이 자료의 최빈값은? [3점]

(1|7은 17세)

줄기	잎				
1	7	8	9	9	
2	0	5	5	8	8
3	4	4	4	5	
4	1	6			

① 19세　　② 25세　　③ 28세　　④ 34세　　⑤ 41세

STEP 01 줄기와 잎 그림을 이용하여 최빈값을 구한다.

주어진 줄기와 잎 그림에서

34세가 3번,

19세, 25세, 28세가 각각 2번씩,

17세, 18세, 20세, 35세, 41세, 46세가 각각 1번씩 나타난다.

34세가 3번으로 가장 많이 나타나므로 최빈값은 34세이다.

---

06 다항식의 전개　　　정답률 94% | 정답 ①

다항식 ❶ $(x+a)(x-3)$을 전개한 식이 ❷ $x^2 + bx + 6$일 때, ab의 값은? (단, a, b는 상수이다.) [3점]

① 10　　② 12　　③ 14　　④ 16　　⑤ 18

STEP 01 ❶과 ❷를 비교하여 상수 a, b를 구한 후, ab를 구한다.

$(x+a)(x-3) = x^2 + (a-3)x - 3a = x^2 + bx + 6$에서

$a - 3 = b$, $-3a = 6$

$a = -2$이고, 이를 $a - 3 = b$에 대입하면 $b = -5$

따라서 $ab = (-2) \times (-5) = 10$

●핵심 공식

▶ 단항식과 다항식의 계산

(1) 계산 방법

　① 계수는 계수끼리, 문자는 문자끼리 곱하여 계산한다.

　② 같은 문자의 곱은 거듭제곱의 지수를 써서 나타낸다.

(2) 다항식의 덧셈과 뺄셈 괄호를 풀고 동류항끼리 모아서 간단히 한다. (※ 동류항 : 문자와 차수가 같은 항)

(3) 사칙 연산의 순서

　① 괄호가 있으면 괄호를 먼저 푼다.

　② 식의 곱셈과 나눗셈을 계산한다.

　③ 동류항끼리 덧셈과 뺄셈을 계산한다.

---

07 연립방정식　　　정답률 87% | 정답 ⑤

두 일차방정식

❶ $x - 2y = 7$, $2x + y = -1$

의 그래프의 교점의 좌표를 (a, b)라 할 때, $a + b$의 값은? [3점]

① -6　　② -5　　③ -4　　④ -3　　⑤ -2

STEP 01 ❶의 두 식을 연립하여 a, b를 구한 후 $a + b$를 구한다.

두 일차방정식의 그래프의 교점의 좌표는 x, y에 대한 연립방정식의 해이다.

$\begin{cases} x - 2y = 7 & \cdots\cdots ㉠ \\ 2x + y = -1 & \cdots\cdots ㉡ \end{cases}$

㉠$+2\times$㉡에서 $5x = 5$

$x = 1$이므로 $y = -3$

$a = 1$, $b = -3$

따라서 $a + b = 1 + (-3) = -2$

---

08 확률　　　정답률 80% | 정답 ①

서로 다른 두 개의 주사위를 동시에 던질 때, 각각의 주사위에서 나오는 눈의 수의 ❶ 차가 2 또는 4일 확률은? [3점]

① $\dfrac{1}{3}$　　② $\dfrac{4}{9}$　　③ $\dfrac{5}{9}$　　④ $\dfrac{2}{3}$　　⑤ $\dfrac{7}{9}$

STEP 01 전체 경우의 수를 구한다.

서로 다른 두 개의 주사위를 동시에 던져 나오는 모든 경우의 수는 $6 \times 6 = 36$

STEP 02 나오는 눈의 수를 ❶에서 제시된 경우로 나눠서 구한다.

나오는 눈의 수를 각각 a, b라 하고 이것을 순서쌍 (a, b)로 나타내면
(i) a와 b의 차가 2인 경우
   $(1, 3)$, $(2, 4)$, $(3, 5)$, $(4, 6)$, $(3, 1)$, $(4, 2)$, $(5, 3)$, $(6, 4)$의 8가지
(ii) a와 b의 차가 4인 경우
   $(1, 5)$, $(2, 6)$, $(5, 1)$, $(6, 2)$의 4가지
(i), (ii)의 경우는 동시에 일어나지 않으므로
나오는 눈의 수의 차가 2 또는 4인 경우의 수는 $8+4=12$
따라서 구하는 확률은 $\dfrac{12}{36}=\dfrac{1}{3}$

---

09 원의 접선 정답률 84% | 정답 ④

그림과 같이 원 위의 세 점 A, B, C와 원 밖의 한 점 P에 대하여 직선 PA와 직선 PB는 원의 접선이고, $\angle ACB = 65°$이다. 각 BPA의 크기는? [3점]

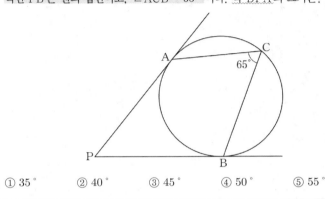

① $35°$ ② $40°$ ③ $45°$ ④ $50°$ ⑤ $55°$

STEP 01 원의 접선의 성질과 내각의 성질을 이용하여 각 BPA의 크기를 구한다.

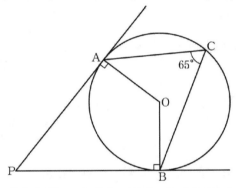

원의 중심을 O라 하자. 직선 PA와 직선 PB가 원의 접선이므로
$\angle PAO = \angle OBP = 90°$
호 AB에 대한 중심각의 크기는 원주각의 크기의 2배이므로
$\angle AOB = 2 \times \angle ACB = 2 \times 65° = 130°$
사각형 APBO의 내각의 크기의 합은 $360°$이므로
$\angle BPA + \angle PAO + \angle AOB + \angle OBP = 360°$
$\angle BPA + 90° + 130° + 90° = 360°$
$\angle BPA = 360° - 90° - 130° - 90° = 50°$

● 핵심 공식

▶ 원의 반지름과 접선
(1) 접선의 길이(l) : 원 밖의 한 점에서 원에 접선을 그었을 때, 그 점에서 접점까지의 거리
(2) 원의 외부에 있는 한 점에서 그 원에 그은 두 접선의 길이는 같다.

▶ 원과 현
(1) 원의 중심에서 현에 대한 수선은 현을 이등분한다.
$\overline{AB} \perp \overline{OM}$
$\overline{AB} = 2\overline{AM} = 2\overline{BM}$
(2) 현의 수직이등분선은 원의 중심을 지난다.
(3) 한 원에서 중심으로부터 같은 거리에 있는 현의 길이는 같다.

---

10 이차방정식 정답률 70% | 정답 ②

x에 대한 이차방정식 ❶ $(x-a)^2 = 27$의 두 근이 모두 양수가 되도록 하는 자연수 a의 최솟값은? [3점]

① 5 ② 6 ③ 7 ④ 8 ⑤ 9

STEP 01 ❶에서 이차방정식의 근을 구한다.

$(x-a)^2 = 27$
$x-a = \pm \sqrt{27}$
$x = a \pm \sqrt{27}$

STEP 02 두 근이 모두 양수가 되기 위한 부등식을 세운다.

두 근이 모두 양수이기 위해서는
$a + \sqrt{27} > 0$이고 $a - \sqrt{27} > 0$이어야 하므로
$a > \sqrt{27}$
$\sqrt{25} < \sqrt{27} < \sqrt{36}$이므로
$5 < \sqrt{27} < 6$
따라서 구하는 자연수 a의 최솟값은 6

---

11 도수분포표 정답률 50% | 정답 ②

다음은 어느 학교의 학생 45명을 대상으로 한 달 동안의 독서 시간을 조사하여 나타낸 도수분포표이다.

독서 시간(시간)	학생 수(명)
0이상 ~ 5미만	7
5 ~ 10	11
10 ~ 15	a
15 ~ 20	10
20 ~ 25	b
합계	45

이 도수분포표에서 독서 시간이 10시간 이상 15시간 미만인 계급의 상대도수가 ❶ 0이 아닌 유한소수일 때, $2a+b$의 값은? [3점]

① 24 ② 26 ③ 28 ④ 30 ⑤ 32

STEP 01 도수분포표와 유한소수의 성질을 이용하여 a, b를 구한다.

도수의 총합이 45이므로
$7+11+a+10+b = 45$
$a+b = 17$ ...... ㉠

독서 시간이 10시간 이상 15시간 미만인 계급의 상대도수는 $\dfrac{a}{45}$이고,
상대도수가 0이 아니므로 $a > 0$
45를 소인수분해하면 $45 = 3^2 \times 5$
$\dfrac{a}{45} = \dfrac{a}{3^2 \times 5}$가 유한소수이기 위해서는 기약분수로 나타내었을 때
분모의 소인수가 2 또는 5뿐이어야 하므로 a는 9의 배수이다. ...... ㉡
㉠, ㉡에서 $a = 9$, $b = 8$
따라서 $2a+b = 2 \times 9 + 8 = 26$

---

12 다항식의 연산 정답률 69% | 정답 ③

두 밑변 AD, BC의 길이가 각각 ❶ $x^2 - 2x + 3$, $2x^2 + x + 6$이고 높이가 4인 사다리꼴 ABCD가 있다. 선분 CD의 중점을 E라 할 때, 사각형 ABED의 넓이는? [3점]

① $3x^2 - x + 8$ ② $3x^2 - x + 9$ ③ $4x^2 - 3x + 12$
④ $4x^2 - 3x + 13$ ⑤ $5x^2 - 3x + 14$

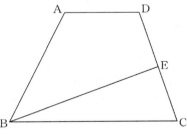

STEP 01 사다리꼴을 삼각형 2개로 나누어 ❶을 이용해 사각형 ABED의 넓이를 구한다.

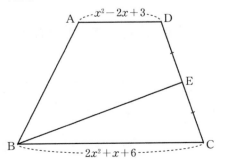

사각형 ABED의 넓이는 두 삼각형 ABD, BED의 넓이의 합과 같다.
삼각형 ABD에서 밑변을 선분 AD라 하면 높이가 4이므로

$$\triangle ABD = \frac{1}{2} \times \overline{AD} \times 4 = \frac{1}{2} \times (x^2 - 2x + 3) \times 4 = 2x^2 - 4x + 6 \quad \cdots\cdots \text{㉠}$$

$\overline{DE} = \overline{CE}$ 이므로 $\triangle BED = \triangle BCE$
$\triangle BCD = \triangle BED + \triangle BCE = 2 \times \triangle BED$
삼각형 BCD에서 밑변을 선분 BC라 하면 높이가 4이므로

$$\triangle BCD = \frac{1}{2} \times \overline{BC} \times 4 = \frac{1}{2} \times (2x^2 + x + 6) \times 4 = 4x^2 + 2x + 12 \quad \cdots\cdots \text{㉡}$$

㉠, ㉡에서

$$\square ABED = \triangle ABD + \triangle BED$$
$$= (2x^2 - 4x + 6) + \frac{1}{2}(4x^2 + 2x + 12)$$
$$= 4x^2 - 3x + 12$$

● 핵심 공식

▶ 단항식과 다항식의 계산

(1) 계산 방법
  ① 계수는 계수끼리, 문자는 문자끼리 곱하여 계산한다.
  ② 같은 문자의 곱은 거듭제곱의 지수를 써서 나타낸다.
(2) 다항식의 덧셈과 뺄셈 괄호를 풀고 동류항끼리 모아서 간단히 한다.(※ 동류항 : 문자와 차수가 같은 항)
(3) 사칙 연산의 순서
  ① 괄호가 있으면 괄호를 먼저 푼다.
  ② 식의 곱셈과 나눗셈을 계산한다.
  ③ 동류항끼리 덧셈과 뺄셈을 계산한다.

---

13 입체도형의 부피 　　　　　　　정답률 65% | 정답 ④

[그림 1]과 같이 한 모서리의 길이가 4인 정육면체가 있다. 이 정육면체의 한 꼭짓점 A에서 만나는 세 모서리의 중점을 각각 B, C, D라 하자.
이 정육면체에서 네 점 A, B, C, D를 꼭짓점으로 하는 사면체를 잘라 내어 [그림 2]와 같은 입체도형을 만들었다. **❶ [그림 2]의 입체도형의 부피는?** [3점]

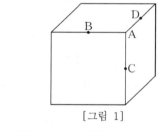 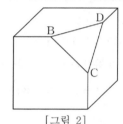

[그림 1]　　　　　　[그림 2]

① $\dfrac{179}{3}$ 　② $\dfrac{182}{3}$ 　③ $\dfrac{185}{3}$ 　④ $\dfrac{188}{3}$ 　⑤ $\dfrac{191}{3}$

STEP 01 입체도형의 성질을 이용해 ❶을 구한다.

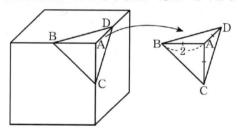

한 모서리의 길이가 4인 정육면체의 부피는 $4^3 = 64$
네 점 A, B, C, D를 꼭짓점으로 하는 사면체는 $\overline{AB} = \overline{AD} = 2$인 직각삼각형 ABD를 밑면으로 하고 높이가 2인 삼각뿔이다.
잘라 낸 사면체의 부피는

$$\frac{1}{3} \times \left(\frac{1}{2} \times 2 \times 2 \right) \times 2 = \frac{4}{3}$$

따라서 구하는 입체도형의 부피는

$$64 - \frac{4}{3} = \frac{188}{3}$$

● 핵심 공식

▶ 입체도형의 겉넓이와 부피
(V : 부피, S : 겉넓이, h : 높이, r : 반지름)

도형	겉넓이	부피
각기둥	$S = (밑넓이 \times 2) + 옆넓이$	$V = S \times h$ (S : 밑넓이)
원기둥	$S = 2\pi r(r + h)$	$V = \pi r^2 h$

---

14 대푯값과 산포도 　　　　　　정답률 64% | 정답 ③

다음은 과수원 A의 사과 6개와 과수원 B의 사과 6개의 당도를 brix 단위로 측정한 결과에 대한 두 학생의 대화이다.

> 과수원 A의 사과 6개의 당도의 평균은 11이고 분산은 $\dfrac{5}{3}$야. 과수원 B의 사과는 어때?

> 과수원 B의 사과 6개 각각의 당도는
>
> | 11, 9, 12, 9, a, a+1 |
>
> 이므로 평균은 과수원 A의 사과 6개의 당도의 평균과 같고, 분산은 b가 되네. 그러니까 과수원 A의 사과 6개의 당도가 더 고르구나.

위 학생들의 대화를 만족시키는 두 상수 a, b에 대하여 $a + b$의 값은? [4점]

① $\dfrac{37}{3}$ 　② $\dfrac{40}{3}$ 　③ $\dfrac{43}{3}$ 　④ $\dfrac{46}{3}$ 　⑤ $\dfrac{49}{3}$

STEP 01 대푯값과 산포도를 이해하여 평균과 분산을 구한다.

과수원 B의 사과 6개의 당도의 평균은

$$\frac{11 + 9 + 12 + 9 + a + (a+1)}{6} = \frac{42 + 2a}{6}$$

이고, 과수원 A의 사과 6개의 당도의 평균 11과 같으므로

$$\frac{42 + 2a}{6} = 11, \quad a = 12$$

과수원 B의 사과 6개 각각의 당도는
11, 9, 12, 9, 12, 13
이 자료의 편차는 차례로
0, −2, 1, −2, 1, 2
(분산) $= \dfrac{(편차)^2의 총합}{(변량)의 개수}$ 이므로 과수원 B의 사과 6개의 당도의 분산은

$$\frac{0^2 + (-2)^2 + 1^2 + (-2)^2 + 1^2 + 2^2}{6} = \frac{14}{6} = \frac{7}{3}$$

$$b = \frac{7}{3}$$

따라서 $a + b = 12 + \dfrac{7}{3} = \dfrac{43}{3}$

---

15 일차부등식 　　　　　　정답률 73% | 정답 ③

두 온라인 서점 A, B에서 판매하는 정가가 12000원인 어느 도서의 할인율과 배송비는 표와 같다.

	온라인 서점 A	온라인 서점 B
도서 할인율	5%	10%
배송비	0원	4000원

온라인 서점 A에서 이 도서를 **❶ 한번에 x권 주문할 때** 지불하는 금액이 온라인 서점 B에서 이 도서를 **❷ 한번에 x권 주문할 때** 지불하는 금액보다 더 크게 되도록 하는 x의 최솟값은? (단, 배송비는 한 번만 지불한다.) [4점]

① 5 　② 6 　③ 7 　④ 8 　⑤ 9

STEP 01 ❶과 ❷를 각각 식으로 세운 후 부등식을 푼다.

온라인 서점 A에서 x권 주문할 때 지불하는 금액은

$$12000x \times \left(1 - \frac{5}{100} \right)$$

온라인 서점 B에서 x권 주문할 때 지불하는 금액은

$$12000x \times \left(1 - \frac{10}{100} \right) + 4000$$

온라인 서점 A에 지불하는 금액이 온라인 서점 B에 지불하는 금액보다 커야 하므로

$$12000x \times \left(1 - \frac{5}{100}\right) > 12000x \times \left(1 - \frac{10}{100}\right) + 4000$$

이 부등식을 풀면

$$3x \times \left(1 - \frac{5}{100}\right) > 3x \times \left(1 - \frac{10}{100}\right) + 1$$

$$3x \times \frac{95}{100} - 3x \times \frac{90}{100} > 1$$

$$3x \times \frac{5}{100} > 1, \quad \frac{3}{20}x > 1$$

$$x > \frac{20}{3}$$

STEP 02 x가 자연수임을 이용하여 x의 최솟값을 구한다.

$6 < \frac{20}{3} < 7$이므로 x가 7 이상이면 온라인 서점 A에서 주문할 때 지불하는 금액이 온라인 서점 B에서 주문할 때 지불하는 금액보다 더 크다.
따라서 x의 최솟값은 7

---

16 반비례 함수   정답률 48% | 정답 ⑤

그림과 같이 양수 a에 대하여 두 반비례 관계 ❶ $y = \dfrac{a}{x}$, $y = -\dfrac{2a}{x}$의 그래프가 직선 ❷ $y = 6$과 만나는 점을 각각 A, B라 하고, 두 선분 OA, OB가 직선 ❸ $y = 3$과 만나는 점을 각각 C, D라 하자. 사각형 ABDC의 넓이가 27일 때, a의 값은? (단, O는 원점이다.) [4점]

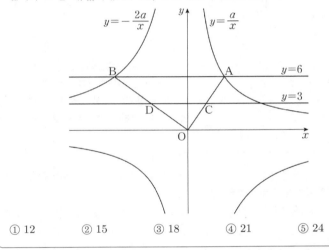

① 12   ② 15   ③ 18   ④ 21   ⑤ 24

STEP 01 ❶에 ❷와 ❸을 대입하여 길이를 a에 관한 식으로 나타낸다.

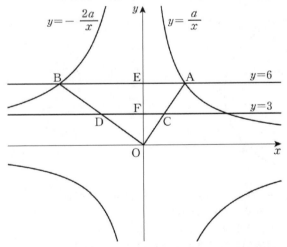

두 직선 $y = 6$, $y = 3$이 y축과 만나는 점을 각각 E, F라 하자.
반비례 관계 $y = \dfrac{a}{x}$의 그래프와 직선 $y = 6$이 만나는 점 A의 좌표가 $\left(\dfrac{a}{6}, 6\right)$이므로 $\overline{\text{EA}} = \dfrac{a}{6}$

반비례 관계 $y = -\dfrac{2a}{x}$의 그래프와 직선 $y = 6$이 만나는 점 B의 좌표가 $\left(-\dfrac{a}{3}, 6\right)$이므로 $\overline{\text{BE}} = \dfrac{a}{3}$

그러므로 $\overline{\text{BA}} = \overline{\text{BE}} + \overline{\text{EA}} = \dfrac{a}{3} + \dfrac{a}{6} = \dfrac{a}{2}$

STEP 02 삼각형의 닮음 조건을 이용하여 a를 구한다.

삼각형 DOC와 삼각형 BOA에서 각 COD는 공통이고,
두 직선 $y = 3$, $y = 6$이 서로 평행하므로 $\angle\text{DCO} = \angle\text{BAO}$
그러므로 두 삼각형은 서로 닮음이다.

평행선 사이의 선분의 길이의 비에서
$$\overline{\text{OF}} : \overline{\text{OE}} = \overline{\text{OC}} : \overline{\text{OA}} = 1 : 2$$
이므로 삼각형 DOC와 삼각형 BOA의 닮음비는 $1 : 2$이고,
두 삼각형의 넓이의 비는 $1 : 4$이다.

$$\square\text{ABDC} = \triangle\text{BOA} - \triangle\text{DOC} = \triangle\text{BOA} - \frac{1}{4} \times \triangle\text{BOA}$$
$$= \frac{3}{4} \times \triangle\text{BOA} = \frac{3}{4} \times \left(\frac{1}{2} \times \overline{\text{AB}} \times \overline{\text{OE}}\right)$$

그러므로 $27 = \dfrac{3}{4} \times \left(\dfrac{1}{2} \times \dfrac{a}{2} \times 6\right)$

따라서 $a = 24$

● **핵심 공식**

▶ 닮은 도형의 닮음비
두 도형의 길이의 비가 $m : n$일 때,

길이의 비	$m : n$
넓이의 비	$m^2 : n^2$
부피의 비	$m^3 : n^3$

▶ 삼각형의 닮음 조건
(1) SSS닮음 : 세 쌍의 변의 길이의 비가 같다.
(2) SAS닮음 : 두 쌍의 변의 길이의 비가 같고, 그 끼인각의 크기가 서로 같다.
(3) AA닮음 : 두 쌍의 각의 크기가 서로 같다.

---

17 이차함수의 활용   정답률 51% | 정답 ⑤

그림과 같이 원점 O를 지나고 제4사분면 위의 점 A를 꼭짓점으로 하는 이차함수 $y = f(x)$의 그래프가 있다. 두 점 B$(-5, 0)$, C$(0, -6)$에 대하여 선분 AB와 선분 OC가 점 D에서 만난다. ❶ 삼각형 OCA의 넓이가 6이고, ❷ 삼각형 OBD의 넓이와 삼각형 DCA의 넓이가 같을 때, $f(10)$의 값은? (단, 점 D는 점 C가 아니다.) [4점]

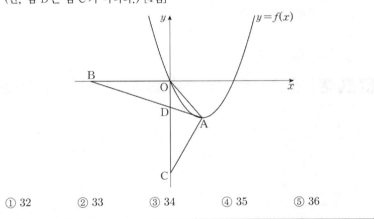

① 32   ② 33   ③ 34   ④ 35   ⑤ 36

STEP 01 점 A에서 y축에 수선의 발을 내려 점 H라 놓은 후 ❶을 이용한다.

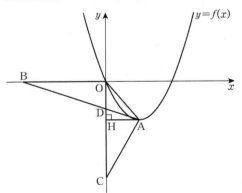

점 A에서 y축에 내린 수선의 발을 H라 하자.
삼각형 OCA에서 밑변을 선분 OC라 하면 높이가 $\overline{\text{AH}}$이므로
$$\triangle\text{OCA} = \frac{1}{2} \times \overline{\text{OC}} \times \overline{\text{AH}} = \frac{1}{2} \times 6 \times \overline{\text{AH}} = 3\overline{\text{AH}}$$
삼각형 OCA의 넓이가 6이므로 $\overline{\text{AH}} = 2$

STEP 02 선분 OD의 길이를 미지수로 놓은 후 ❷를 이용하여 선분 OD의 길이를 구한다.

점 A는 제4사분면 위의 점이므로 점 A의 x좌표는 2 ⋯⋯ ㉠
$\overline{\text{OD}} = a\,(0 < a < 6)$라 하면
$\overline{\text{DC}} = 6 - a$
삼각형 OBD에서 밑변을 선분 OB라 하면 높이가 $\overline{\text{OD}}$이므로

$$\triangle \text{OBD} = \frac{1}{2} \times \overline{\text{OB}} \times \overline{\text{OD}} = \frac{1}{2} \times 5 \times a = \frac{5}{2}a$$

삼각형 DCA에서 밑변을 선분 DC 라 하면

높이가 $\overline{\text{AH}}$이므로

$$\triangle \text{DCA} = \frac{1}{2} \times \overline{\text{DC}} \times \overline{\text{AH}} = \frac{1}{2} \times (6-a) \times 2 = 6-a$$

$\triangle \text{OBD} = \triangle \text{DCA}$에서

$$\frac{5}{2}a = 6-a, \quad a = \frac{12}{7}$$

STEP 03 삼각형의 닮음을 이용하여 점 A의 y좌표를 구한다.

$\angle \text{ODB} = \angle \text{HDA}$ (맞꼭지각)

$\angle \text{BOD} = \angle \text{AHD}$ 이므로

삼각형 OBD 와 삼각형 HAD 는 서로 닮음이다.

즉, $\overline{\text{BO}} : \overline{\text{AH}} = \overline{\text{OD}} : \overline{\text{HD}}$ 이므로 $5 : 2 = \frac{12}{7} : \overline{\text{HD}}$

$$\overline{\text{HD}} = \frac{1}{5} \times 2 \times \frac{12}{7} = \frac{24}{35}$$

$$\overline{\text{OH}} = \overline{\text{OD}} + \overline{\text{HD}} = \frac{12}{7} + \frac{24}{35} = \frac{12}{5}$$

점 A 는 제4 사분면 위의 점이므로

점 A 의 y좌표는 $-\frac{12}{5}$

······ ㉡

STEP 04 점 A의 좌표가 $y = f(x)$의 꼭짓점인 것을 이용하여 답을 구한다.

㉠, ㉡에서 점 A 의 좌표는 $\left(2, -\frac{12}{5}\right)$이고,

이 점은 이차함수 $y = f(x)$의 그래프의 꼭짓점이므로

$f(x) = p(x-2)^2 - \frac{12}{5}$ (p 는 상수)

이차함수 $y = f(x)$의 그래프가 원점 O 를 지나므로

$$f(0) = p(0-2)^2 - \frac{12}{5} = 4p - \frac{12}{5} = 0$$

$p = \frac{3}{5}$ 에서 $f(x) = \frac{3}{5}(x-2)^2 - \frac{12}{5}$

따라서

$$f(10) = \frac{3}{5}(10-2)^2 - \frac{12}{5} = 36$$

●핵심 공식

▶ 닮은 도형의 닮음비

두 도형의 길이의 비가 $m : n$일 때,

길이의 비	$m : n$
넓이의 비	$m^2 : n^2$
부피의 비	$m^3 : n^3$

▶ 삼각형의 닮음 조건
(1) SSS닮음 : 세 쌍의 변의 길이의 비가 같다.
(2) SAS닮음 : 두 쌍의 변의 길이의 비가 같고, 그 끼인각의 크기가 서로 같다.
(3) AA닮음 : 두 쌍의 각의 크기가 서로 같다.

▶ 직선의 방정식
(1) 기울기가 m이고 점 (x_1, y_1)을 지나는 직선 : $y - y_1 = m(x - x_1)$

(2) 두 점 (x_1, y_1), (x_2, y_2)를 지나는 직선 : $y - y_1 = \frac{y_2 - y_1}{x_2 - x_1}(x - x_1)$

(3) x절편이 a, y절편이 b인 직선 : $\frac{x}{a} + \frac{y}{b} = 1$

▶ 이차함수의 그래프
(1) $y = ax^2$ ($a \neq 0$)
① 꼭짓점의 좌표 $(0, 0)$
② 대칭축 $x = 0$
③ $a > 0$이면 아래로 볼록, $a < 0$이면 위로 볼록한 그래프
④ $|a|$가 클수록 그래프의 폭이 좁아진다.(y축에 가까워진다.)
(2) $y = ax^2 + q$ ($a \neq 0$)
① $y = ax^2$ ($a \neq 0$)의 그래프를 y축 방향으로 q만큼 평행이동
② 꼭짓점의 좌표 $(0, q)$
③ 대칭축 $x = 0$
(3) $y = a(x-p)^2$ ($a \neq 0$)
① $y = ax^2$ ($a \neq 0$)의 그래프를 x축 방향으로 p만큼 평행이동
② 꼭짓점의 좌표 $(p, 0)$
③ 대칭축 $x = p$
(4) $y = a(x-p)^2 + q$ ($a \neq 0$)
① $y = ax^2$ ($a \neq 0$)의 그래프를 x축 방향으로 p만큼, y축으로 q만큼 평행이동
② 꼭짓점의 좌표 (p, q)
③ 대칭축 $x = p$

원 모양의 종이를 이용하여 그림과 같은 한복 저고리 모양과 한복 바지 모양을 만들 수 있다.

한복 저고리 모양

한복 바지 모양

다음은 반지름의 길이가 4cm 인 원 모양의 종이 두 장을 이용하여 한복 바지 모양을 만드는 과정이다.

I	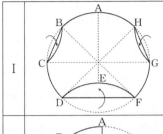	원 모양의 종이의 ❶ 둘레를 8등분 하는 8개의 점 A, B, C, D, E, F, G, H 에 대하여 선분 BC, 선분 DF, 선분 GH를 접는 선으로 하여 종이를 접는다.
II	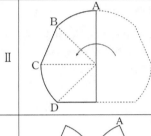	두 점 D, F 가 일치하도록 접는다.
III	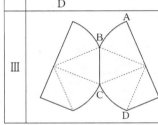	I, II와 같은 방법으로 접은 ⌒ 모양의 종이 2개를 그림과 같이 직선 BC 를 대칭축으로 하는 선대칭도형이 되도록 겹치지 않게 빈틈없이 붙인다.

위와 같은 방법으로 만든 ⌒⌒ 모양의 도형의 넓이는 a cm^2 이다. a의 값은?
(단, 종이의 두께는 고려하지 않는다.) [4점]

① $6 + 6\pi + 6\sqrt{2}$ ② $8 + 6\pi + 6\sqrt{2}$ ③ $6 + 8\pi + 8\sqrt{2}$

④ $8 + 8\pi + 8\sqrt{2}$ ⑤ $10 + 8\pi + 10\sqrt{2}$

STEP 01 ❶에 부채꼴의 호의 길이가 중심각의 크기에 비례함을 이용한다.

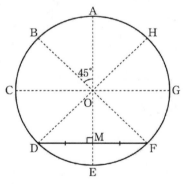

점 A, B, C, D, E, F, G, H 는 원의 둘레를 8등분하는 점이고,
부채꼴의 호의 길이는 중심각의 크기에 정비례하므로
그림의 8 개의 부채꼴의 중심각의 크기는 모두 45°이다.
원의 중심을 O 라 하고, 선분 DF 의 중점을 M 이라 하면 직선 OM 은
선분 DF 를 수직이등분한다.

STEP 02 도형을 적절히 나눈 후 삼각비를 이용하여 a의 값을 구한다.

한편 ⌒⌒ 모양의 도형의 넓이는 ⌒ 모양의 도형의 넓이의 2 배와 같다.

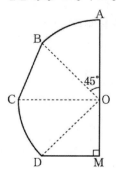

부채꼴 AOB의 넓이를 S라 하면

(⟨ 모양의 도형의 넓이) $= 2S + \triangle OBC + \triangle ODM$

$S = \pi \times 4^2 \times \dfrac{45}{360} = 2\pi \,(\text{cm}^2)$

$\triangle OBC = \dfrac{1}{2} \times 4 \times 4 \times \sin 45° = \dfrac{1}{2} \times 4 \times 4 \times \dfrac{\sqrt{2}}{2} = 4\sqrt{2} \,(\text{cm}^2)$

직각삼각형 ODM에서 $\dfrac{\overline{DM}}{4} = \sin 45° = \dfrac{\sqrt{2}}{2}$

$\overline{DM} = 2\sqrt{2}$

$\triangle ODM = \dfrac{1}{2} \times 2\sqrt{2} \times 2\sqrt{2} = 4 \,(\text{cm}^2)$

(⟨⟩ 모양의 도형의 넓이) = (⟨ 모양의 도형의 넓이) × 2

$\qquad\qquad = (2 \times 2\pi + 4\sqrt{2} + 4) \times 2$

$\qquad\qquad = 8\pi + 8\sqrt{2} + 8 \,(\text{cm}^2)$

따라서 $a = 8 + 8\pi + 8\sqrt{2}$

---

19 삼각형의 합동   정답률 52% | 정답 ②

한 변의 길이가 $x\,(x>4)$인 정사각형 ABCD에 대하여 선분 CD 위에
$\overline{CE}=2$인 점 E와 선분 AD 위에 $\overline{FD}=2$인 점 F가 있다. 선분 BC의 연장선
위에 $\overline{CG}=x-2$인 점 G를 잡을 때, 삼각형 EGF의 넓이는 7이다. ❶ x의
값은? [4점]

① $2+2\sqrt{2}$ ② $2+3\sqrt{2}$ ③ $3+3\sqrt{2}$
④ $4+3\sqrt{2}$ ⑤ $3+4\sqrt{2}$

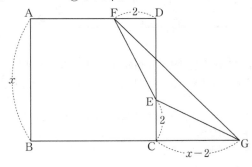

STEP 01 사다리꼴임을 이용하여 사각형 ABGF를 x에 관한 식으로 나타낸다.

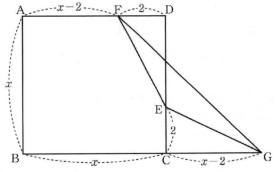

$\overline{AF} = \overline{AD} - \overline{FD} = x - 2$

$\overline{BG} = \overline{BC} + \overline{CG} = x + (x-2) = 2x - 2$

사각형 ABGF는 두 밑변의 길이가 $\overline{AF}$, $\overline{BG}$이고, 높이가 x인 사다리꼴이므로

$\square ABGF = \dfrac{1}{2} \times \{(x-2)+(2x-2)\} \times x = \dfrac{1}{2} \times (3x-4) \times x = \dfrac{3}{2}x^2 - 2x \quad \cdots\cdots \ \ominus$

STEP 02 삼각형의 합동을 이용하여 사각형 ABGF를 x에 관한 식으로 나타낸다.

$\overline{DE} = \overline{CG} = x - 2$, $\overline{FD} = \overline{EC} = 2$ 이고 $\angle FDE = \angle ECG = 90°$이므로
삼각형 FDE와 삼각형 ECG는 서로 합동이다.
오각형 ABCEF의 넓이를 S라 하면

$\square ABGF = S + \triangle ECG + \triangle EGF$

$\qquad\qquad = S + \triangle FDE + \triangle EGF$

$\qquad\qquad = \square ABCD + \triangle EGF$

$\qquad\qquad = x^2 + 7 \qquad\qquad\qquad\qquad \cdots\cdots \ \ominus\ominus$

STEP 03 ㉠, ㉡을 비교하여 ❶을 구한다.

㉠, ㉡에서

$\dfrac{3}{2}x^2 - 2x = x^2 + 7$

$\dfrac{1}{2}x^2 - 2x - 7 = 0$

$x^2 - 4x - 14 = 0$

근의 공식에 의하여

$x = \dfrac{-(-4) \pm \sqrt{(-4)^2 - 4 \times 1 \times (-14)}}{2 \times 1} = \dfrac{4 \pm \sqrt{72}}{2} = 2 \pm 3\sqrt{2}$

$x > 4$ 이므로 $x = 2 + 3\sqrt{2}$

---

20 삼각형의 닮음   정답률 59% | 정답 ①

그림과 같이 한 변의 길이가 12인 정삼각형 ABC의 변 BC 위에 $\overline{DC}=4$인
점 D가 있다. 선분 AD를 한 변으로 하는 정삼각형 ADE에 대하여 선분
AC와 선분 DE가 만나는 점을 F라 하자.

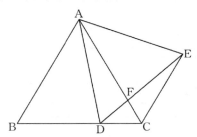

다음은 선분 CF의 길이를 구하는 과정이다.

> 두 정삼각형 ABC, ADE에서
> $\overline{AB} = \overline{AC}$, $\overline{AD} = \overline{AE}$
> 이고,
> $\qquad \angle BAD = 60° - \angle DAC = \angle CAE$
> 이므로 ❶ 삼각형 ABD와 삼각형 ACE는 서로 합동이다.
> 그러므로
> $\qquad \angle ECA = 60°$, $\overline{CE} = $ (가)
> 이다.
> 한편 ❷ 각 AFD와 각 CFE는 서로 맞꼭지각이고,
> $\qquad \angle FDA = \angle ECF$이므로
> $\qquad \angle DAF = \angle FEC$
> 이다.
> 또한 $\angle ACD = \angle ECF$이므로 삼각형 ACD와 삼각형 ECF는 서로 닮
> 은 도형이고,
> 삼각형 ACD와 삼각형 ECF의 닮음비는 (나) $:2$이다.
> 따라서
> $\qquad \overline{CF} = $ (다)
> 이다.

위의 (가), (나), (다)에 알맞은 수를 각각 p, q, r이라 할 때, $p + q + r$의 값은?
(단, 선분 AB와 선분 DE는 만나지 않는다.) [4점]

① $\dfrac{41}{3}$ ② 14 ③ $\dfrac{43}{3}$ ④ $\dfrac{44}{3}$ ⑤ 15

STEP 01 ❶을 이용하여 (가)를 구한다.

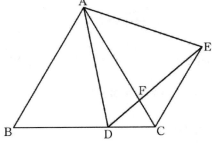

두 정삼각형 ABC, ADE에서 $\overline{AB} = \overline{AC}$, $\overline{AD} = \overline{AE}$이고,
$\angle BAD = 60° - \angle DAC = \angle CAE$이므로
삼각형 ABD와 삼각형 ACE는 서로 합동이다.
그러므로 $\angle DBA = \angle ECA$, $\overline{BD} = \overline{CE}$이고,
$\angle DBA = 60°$, $\overline{BD} = \overline{BC} - \overline{DC} = 12 - 4 = 8$이므로
$\angle ECA = 60°$, $\overline{CE} = \boxed{8}$

STEP 02 ❷를 이용하여 (나)를 구한다.

한편 각 AFD와 각 CFE는 서로 맞꼭지각이고, $\angle FDA = \angle ECF$이므로
$\angle DAF = \angle FEC$
또한 $\angle ACD = \angle ECF$이므로 삼각형 ACD와 삼각형 ECF는 서로 닮은
도형이고,
삼각형 ACD와 삼각형 ECF의 닮음비는 $\overline{AC} : \overline{EC} = 12 : 8 = \boxed{3} : 2$이다.

STEP 03 비율관계를 따져 (다)와 답을 구한다.

따라서 $\overline{CD}:\overline{CF}=3:2$, $\overline{CD}=4$에서 $3\overline{CF}=4\times2$, $\overline{CF}=\boxed{\dfrac{8}{3}}$

따라서 $p=8$, $q=3$, $r=\dfrac{8}{3}$에서

$$p+q+r=\frac{41}{3}$$

● 핵심 공식

▶ 삼각형의 닮음 조건
(1) SSS닮음: 세 쌍의 변의 길이의 비가 같다.
(2) SAS닮음: 두 쌍의 변의 길이의 비가 같고, 그 끼인각의 크기가 서로 같다.
(3) AA닮음: 두 쌍의 각의 크기가 서로 같다.
▶ 닮은 도형의 닮음비
두 도형의 길이의 비가 $m:n$일 때,

길이의 비	$m:n$
넓이의 비	$m^2:n^2$
부피의 비	$m^3:n^3$

★★★ 등급을 가르는 문제!

21 삼각형의 내심   정답률 32% | 정답 ②

그림과 같이 $\overline{AB}=\overline{AC}=25$이고 $\overline{BC}=40$인 이등변삼각형 ABC에 대하여 점 C에서 직선 AB에 내린 수선의 발을 D라 하자. ❶ 삼각형 ABC의 내심을 I, 삼각형 DBC의 내심을 J라 할 때, 선분 IJ의 길이는? [4점]

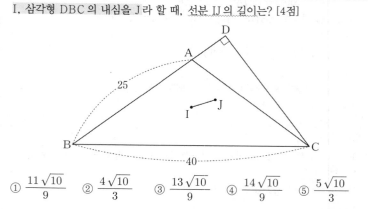

① $\dfrac{11\sqrt{10}}{9}$ ② $\dfrac{4\sqrt{10}}{3}$ ③ $\dfrac{13\sqrt{10}}{9}$ ④ $\dfrac{14\sqrt{10}}{9}$ ⑤ $\dfrac{5\sqrt{10}}{3}$

STEP 01 선분 BC의 수직이등분점을 M으로 놓고 피타고라스 정리를 이용해 $\overline{AM}$을 구한다.

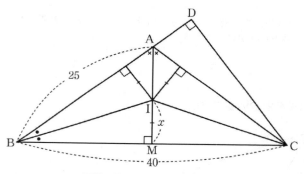

삼각형 ABC는 $\overline{AB}=\overline{AC}$인 이등변삼각형이므로 각 BAC의 이등분선은 밑변을 수직이등분한다.
각 BAC의 이등분선이 선분 BC와 만나는 점을 M이라 하면
$\overline{BM}=\overline{CM}=20$, $\angle AMB=90°$
직각삼각형 ABM에서 피타고라스 정리에 의하여
$\overline{AB}^2=\overline{BM}^2+\overline{AM}^2$, $25^2=20^2+\overline{AM}^2$
$\overline{AM}^2=225$, $\overline{AM}=15$

STEP 02 ❶과 닮음을 이용하여 선분 CD의 길이를 구한다.

점 I는 삼각형 ABC의 내심이므로 선분 AM 위에 있다.
두 삼각형 ABM, CBD에서 각 MBA는 공통이고
$\angle AMB=\angle CDB=90°$이므로 삼각형 ABM과 삼각형 CBD는 서로 닮음이다.
그러므로 $\overline{AB}:\overline{CB}=\overline{BM}:\overline{BD}$에서 $25:40=20:\overline{BD}$
$\overline{BD}=\dfrac{40\times20}{25}=32$
$\overline{AD}=\overline{BD}-\overline{BA}=32-25=7$
마찬가지로 $\overline{AB}:\overline{CB}=\overline{AM}:\overline{CD}$에서 $25:40=15:\overline{CD}$
$\overline{CD}=\dfrac{40\times15}{25}=24$

STEP 03 ❶을 이용해 삼각형 ABC의 내접원의 반지름의 길이를 x라 놓고 △ABC의 넓이와 비교하여 x를 구한다.

삼각형 ABC의 내접원의 반지름의 길이를 x라 하면 점 I가 삼각형 ABC의 내심이므로 점 I에서 삼각형 ABC의 세 변 AB, BC, CA에 이르는 거리가 x로 모두 같다.
세 삼각형 ABI, BCI, CAI의 밑변을 각각 선분 AB, 선분 BC, 선분 CA라 하면 높이는 모두 x이므로
$$\triangle ABC=\triangle ABI+\triangle BCI+\triangle CAI$$
$$=\frac{1}{2}\times\overline{AB}\times x+\frac{1}{2}\times\overline{BC}\times x+\frac{1}{2}\times\overline{CA}\times x$$
$$=\frac{1}{2}\times(25+40+25)\times x=45x$$

삼각형 ABC에서 밑변을 선분 BC라 하면 높이가 $\overline{AM}$이므로
$$\triangle ABC=\frac{1}{2}\times\overline{BC}\times\overline{AM}=\frac{1}{2}\times40\times15=300$$

그러므로 $45x=300$에서 $x=\dfrac{20}{3}$

STEP 04 ❶을 이용해 삼각형 DBC의 내접원의 반지름의 길이를 y라 놓고 △DBC의 넓이와 비교하여 y를 구한다.

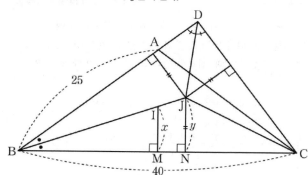

삼각형 DBC의 내접원의 반지름의 길이를 y라 하면 점 J가 삼각형 DBC의 내심이므로 점 J에서 삼각형 DBC의 세 변 DB, BC, CD에 이르는 거리가 y로 모두 같다.
세 삼각형 DBJ, BCJ, CDJ의 밑변을 각각 선분 DB, 선분 BC, 선분 CD라 하면 높이는 모두 y이므로
$$\triangle DBC=\triangle DBJ+\triangle BCJ+\triangle CDJ$$
$$=\frac{1}{2}\times\overline{DB}\times y+\frac{1}{2}\times\overline{BC}\times y+\frac{1}{2}\times\overline{CD}\times y$$
$$=\frac{1}{2}\times(32+40+24)\times y=48y$$

삼각형 DBC에서 밑변을 선분 BD라 하면 높이가 $\overline{CD}$이므로
$$\triangle DBC=\frac{1}{2}\times\overline{BD}\times\overline{CD}=\frac{1}{2}\times32\times24=384$$

그러므로 $48y=384$에서 $y=8$

STEP 05 삼각형의 닮음과 피타고라스 정리를 이용해 답을 구한다.

직각삼각형 IBM에서 피타고라스 정리에 의하여
$$\overline{IB}^2=\overline{BM}^2+\overline{IM}^2=20^2+\left(\frac{20}{3}\right)^2=\frac{4000}{9}$$
$$\overline{IB}=\frac{20\sqrt{10}}{3}$$

점 J에서 선분 BC에 내린 수선의 발을 N이라 하자.
두 삼각형 IBM, JBN에서 각 MBI는 공통이고,
$\angle IMB=\angle JNB=90°$이므로
삼각형 IBM과 삼각형 JBN은 서로 닮음이고,

그 닮음비는 $x:y=\dfrac{20}{3}:8=5:6$

$\overline{JB}=\dfrac{6}{5}\overline{IB}$이므로

$$\overline{IJ}=\overline{JB}-\overline{IB}=\frac{6}{5}\overline{IB}-\overline{IB}=\frac{1}{5}\overline{IB}=\frac{1}{5}\times\frac{20\sqrt{10}}{3}$$

따라서 $\overline{IJ}=\dfrac{4\sqrt{10}}{3}$

● 핵심 공식

▶ 삼각형의 내심(내접원의 중심)
(1) 내심 : 삼각형의 세 내각의 이등분선의 교점
(2) 내심에서 삼각형의 각 변에 이르는 거리는 내접원의 반지름으로 모두 같다.
(3) 삼각형의 넓이$=\dfrac{1}{2}rl$
　($r=$원의 반지름, $l=$삼각형의 둘레)

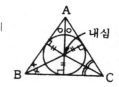

▶ 삼각형의 닮음 조건
⑴ SSS닮음 : 세 쌍의 변의 길이의 비가 같다.
⑵ SAS닮음 : 두 쌍의 변의 길이의 비가 같고, 그 끼인각의 크기가 서로 같다.
⑶ AA닮음 : 두 쌍의 각의 크기가 서로 같다.

★★ 문제 해결 꿀~팁 ★★

▶ 문제 해결 방법
적절한 보조선을 그어 수직이등분선 및 수직이등분하는 점을 만들어야 한다. 직각이 있어야 피타고라스 정리를 써서 길이를 나타낼 수 있기 때문이다. 위 문제에서는 선분BC 위에 점 M을 놓고 피타고라스 정리를 써서 선분 AM의 길이를 구할 수 있다.
내심이라는 조건을 보면 삼각형의 내접원을 그려봄으로써 내심에서 세 변에 이르는 길이가 원의 반지름으로 같음을 알 수 있다. 길이가 같다는 점을 이용해 각을 알 수 있고, 이는 후에 삼각형의 합동 및 닮음 조건을 이용할 수 있기에 문제풀이에 있어 중요한 단서가 된다. 위 문제에서는 각각의 반지름의 길이를 x, y로 놓고 삼각형의 닮음 및 피타고라스 정리를 이용하여 답을 구할 수 있다.

---

22 이차함수   정답률 76% | 정답 6

이차함수 $y=x^2-2x+6$의 그래프의 꼭짓점의 좌표가 ❶ (a,b)일 때, $a+b$의 값을 구하시오. [3점]

STEP 01 ❶을 대입하여 $a+b$를 구한다.

$y=x^2-2x+6$
  $=(x^2-2x+1)+5$
  $=(x-1)^2+5$
이 이차함수의 그래프의 꼭짓점의 좌표는 $(1,\ 5)$
$a=1$, $b=5$
따라서 $a+b=6$

---

23 삼각비   정답률 87% | 정답 15

$\angle B=90°$인 직각삼각형 ABC에서 ❶ $\overline{BC}=9$, $\sin A=\dfrac{3}{5}$일 때, 선분 AC의 길이를 구하시오. [3점]

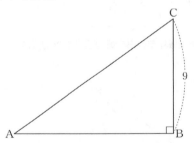

STEP 01 ❶에서 삼각비를 이용하여 선분 AC의 길이를 구한다.

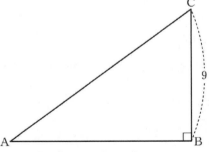

$\angle B=90°$인 직각삼각형 ABC에서 $\sin A=\dfrac{\overline{BC}}{\overline{AC}}=\dfrac{9}{\overline{AC}}=\dfrac{3}{5}$

따라서 $\overline{AC}=15$

---

24 소인수분해   정답률 62% | 정답 126

두 자리의 자연수 m과 세 자리의 자연수 n에 대하여 ❶ $m \times n = 1265$일 때, $m+n$의 값을 구하시오. [3점]

STEP 01 소인수분해를 하여 ❶을 추론한다.

1265를 소인수분해하면
$1265=5 \times 11 \times 23$
$m \times n = 5 \times 11 \times 23$

---

m이 두 자리의 수이므로 가능한 m의 값은
11, 23, 55

STEP 02 경우를 나누어 $m+n$을 계산한다.

(i) $m=11$이면 $n=5 \times 23=115$이므로
   n이 세 자리의 수가 되어 조건을 만족시킨다.
(ii) $m=23$이면 $n=5 \times 11=55$이므로
   n이 두 자리의 수가 되어 조건을 만족시키지 않는다.
(iii) $m=55$이면 $n=23$이므로
   n이 두 자리의 수가 되어 조건을 만족시키지 않는다.
(i), (ii), (iii)에서 조건을 만족시키는 두 자연수 m, n의 값은 $m=11$, $n=115$
따라서 $m+n=11+115=126$

★★★ 등급을 가르는 둘째!

25 외심   정답률 40% | 정답 32

그림과 같이 ❶ $\overline{AB}=\overline{AC}$, $\angle A<90°$인 이등변삼각형 ABC의 외심을 O라 하자. 점 O에서 선분 AB에 내린 수선의 발을 D라 하고, 직선 AO와 선분 BC의 교점을 E라 하자. ❷ $\overline{AO}=3\overline{OE}$이고 삼각형 ADO의 넓이가 6일 때, 삼각형 ABC의 넓이를 구하시오. [3점]

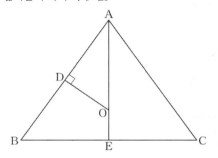

STEP 01 외심의 성질과 ❶을 이용해 △ABO의 넓이를 구한다.

점 O는 삼각형 ABC의 외심이므로
$\overline{OA}=\overline{OB}=\overline{OC}$
삼각형 OAB는 이등변삼각형이고, 점 O에서 선분 AB에 내린 수선의 발이 점 D이므로
직선 OD는 선분 AB를 수직이등분한다.
$\overline{AD}=\overline{BD}$이므로
$\triangle BDO=\triangle ADO=6$이 되어
$\triangle ABO=\triangle BDO+\triangle ADO=12$

STEP 02 ❷와 삼각형의 합동을 이용하여 삼각형 ABC의 넓이를 구한다.

두 삼각형 ABO, ACO에서
$\overline{AB}=\overline{AC}$, $\overline{OB}=\overline{OC}$이고,
선분 OA는 공통이므로 삼각형 ABO와 삼각형 ACO는 서로 합동이 되어
$\triangle ABO=\triangle ACO=12$
$\overline{AO}=3\overline{OE}$이므로
$\triangle ABO=3\times\triangle OBE=12$, $\triangle OBE=4$
$\triangle ACO=3\times\triangle OCE=12$, $\triangle OCE=4$
따라서
$\triangle ABC=\triangle ABO+\triangle ACO+\triangle OBE+\triangle OCE$
     $=12+12+4+4=32$

● 핵심 공식

▶ 삼각형의 외심

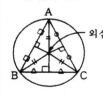

⑴ 외심 : 삼각형의 세 변의 수직이등분선의 교점
⑵ 외심에서 세 꼭짓점에 이르는 거리(외접원의 반지름)는 같다.
⑶ 외심의 위치는 예각삼각형에서는 삼각형의 내부에, 직각삼각형에서는 빗변의 중점에, 둔각삼각형은 삼각형의 외부에 존재한다.

★★ 문제 해결 꿀~팁 ★★

▶ 문제 해결 방법
외심 조건이 나왔으므로 외접원을 그려보면 조금 더 쉽게 문제에 접근할 수 있다. 외접원의 반지름의 길이가 외심에서 각 꼭짓점에 이르는 거리임으로 $\overline{OA}=\overline{OB}=\overline{OC}$를 얻을 수 있다. 또한 외접원의 반지름의 길이이므로 △ABO와 △ACO가 이등변삼각형이자 합동임을 알 수 있다.
$\overline{AO}=3\overline{OE}$라는 문제 조건까지 쓰면 $\triangle ABC=\triangle ABO+\triangle ACO+\triangle OBE+\triangle OCE$로 넓이를 구할 수 있다.

그림과 같이 한 변의 길이가 $4\sqrt{2}$ 인 정사각형 ABCD 의 선분 AD 위에 $\overline{DE}=\dfrac{\sqrt{2}}{2}$ 인 점 E 가 있다. 정사각형 내부의 한 점 F 에 대하여 $\angle CFE=90^\circ$ 이고 ❶ $\overline{EF}:\overline{FC}=4:7$ 이다. 정사각형 ABCD 에서 사각형 EFCD 를 잘라 내어 ◸ 모양의 도형을 만들었을 때, 이 도형의 둘레의 길이는 a 이다. $\underline{a^2}$ 의 값을 구하시오. [4점]

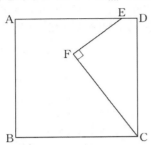

STEP 01 피타고라스 정리를 이용하여 선분 EC 에 관련된 식을 세운다.

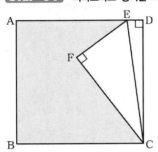

$\overline{DE}=\dfrac{\sqrt{2}}{2}$ 이므로

$\overline{AE}=\overline{AD}-\overline{ED}=4\sqrt{2}-\dfrac{\sqrt{2}}{2}=\dfrac{7\sqrt{2}}{2}$ ······ ㉠

직각삼각형 ECD 에서 피타고라스 정리에 의하여

$\overline{EC}^2=\overline{ED}^2+\overline{DC}^2=\left(\dfrac{\sqrt{2}}{2}\right)^2+(4\sqrt{2})^2=\dfrac{65}{2}$

직각삼각형 FCE 에서 피타고라스 정리에 의하여

$\overline{EC}^2=\overline{EF}^2+\overline{FC}^2$

STEP 02 ❶을 이용하여 도형의 둘레를 구한 후, a^2 의 값을 구한다.

$\overline{EF}:\overline{FC}=4:7$ 에서 $\overline{EF}=\dfrac{4}{7}\overline{FC}$ 이므로

$\overline{EC}^2=\left(\dfrac{4}{7}\overline{FC}\right)^2+\overline{FC}^2=\dfrac{65}{49}\times\overline{FC}^2$

$\dfrac{65}{49}\times\overline{FC}^2=\dfrac{65}{2}$ 에서 $\overline{FC}^2=\dfrac{49}{2}$

$\overline{FC}=\dfrac{7\sqrt{2}}{2}$ 이고 $\overline{EF}=\dfrac{4}{7}\overline{FC}=2\sqrt{2}$ ······ ㉡

정사각형 ABCD 에서

$\overline{AB}=\overline{BC}=4\sqrt{2}$ ······ ㉢

㉠, ㉡, ㉢에서

◸ 모양의 도형의 둘레의 길이는

$\overline{AB}+\overline{BC}+\overline{CF}+\overline{FE}+\overline{EA}=4\sqrt{2}+4\sqrt{2}+\dfrac{7\sqrt{2}}{2}+2\sqrt{2}+\dfrac{7\sqrt{2}}{2}$

$=17\sqrt{2}$

$a=17\sqrt{2}$

따라서 $a^2=578$

네 수 $-\dfrac{1}{2}$, $\dfrac{6}{5}$, $-\dfrac{3}{4}$, $\dfrac{2}{9}$ 중 ❶ 서로 다른 두 수를 곱하여 나올 수 있는 값으로 가장 큰 수를 a, 가장 작은 수를 b 라 할 때, $\underline{120(a-b)}$ 의 값을 구하시오. [4점]

STEP 01 ❶이 가장 큰 값이 되기 위해 같은 부호의 수끼리 곱해야 함을 이용한다.

네 수 중 서로 다른 두 수를 곱하여 나올 수 있는 값으로 가장 큰 수는 양수이다. 곱하여 양수가 되는 두 수는 모두 양수이거나 모두 음수이므로

a 의 값은 $\dfrac{6}{5}\times\dfrac{2}{9}=\dfrac{4}{15}$ 와 $\left(-\dfrac{1}{2}\right)\times\left(-\dfrac{3}{4}\right)=\dfrac{3}{8}$ 중 하나이다.

$\dfrac{4}{15}=\dfrac{32}{120}$, $\dfrac{3}{8}=\dfrac{45}{120}$ 에서 $\dfrac{4}{15}<\dfrac{3}{8}$ 이므로 $a=\dfrac{3}{8}$

STEP 02 ❶이 가장 작은 값이 되기 위해 다른 부호의 수끼리 곱해야 함을 이용한다.

네 수 중 서로 다른 두 수를 곱하여 나올 수 있는 값으로 가장 작은 수는 음수이다. 곱하여 음수가 되게 하는 두 수는 양수 하나와 음수 하나이다. 주어진 네 수를 절댓값이 큰 수부터 차례로 나열하면

$\dfrac{6}{5}$, $-\dfrac{3}{4}$, $-\dfrac{1}{2}$, $\dfrac{2}{9}$

음수는 절댓값이 클수록 수가 작아지므로 두 양수 중 절댓값이 큰 수인 $\dfrac{6}{5}$ 과 두 음수 중 절댓값이 큰 수인 $-\dfrac{3}{4}$ 의 곱이 b 가 된다.

$b=\dfrac{6}{5}\times\left(-\dfrac{3}{4}\right)=-\dfrac{9}{10}$

STEP 03 $120(a-b)$ 의 값을 구한다.

$a-b=\dfrac{3}{8}-\left(-\dfrac{9}{10}\right)=\dfrac{15+36}{40}=\dfrac{51}{40}$

따라서 $120(a-b)=153$

★★★ 등급을 가르는 문제!

그림과 같이 $\overline{AB}=\sqrt{41}$, $\overline{BC}=4$, $\angle C>90^\circ$ 인 ❶ 삼각형 ABC 의 무게중심을 G 라 하자. 직선 AG 와 선분 BC 가 만나는 점을 D 라 할 때, 삼각형 ADC 의 넓이가 4이다. $\overline{DG}\times\tan(\angle CDA)=\dfrac{q}{p}$ 일 때, $p+q$ 의 값을 구하시오.(단, p 와 q 는 서로소인 자연수이다.)[4점]

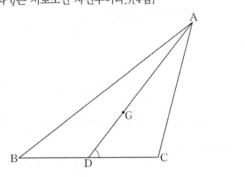

STEP 01 ❶과 점 A 에서 직선 BC 에 내린 수선의 발 H 를 이용하여 $\overline{AH}$ 의 길이를 구한다.

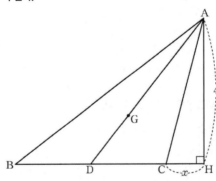

점 G 가 삼각형 ABC 의 무게중심이므로 점 D 는 선분 BC 의 중점이다.

그러므로 $\overline{BD}=\overline{DC}=2$

점 A 에서 직선 BC 에 내린 수선의 발을 H 라 하자.

$\triangle ADC=\dfrac{1}{2}\times\overline{DC}\times\overline{AH}=\dfrac{1}{2}\times2\times\overline{AH}=4$, $\overline{AH}=4$

STEP 02 $\overline{CH}$ 를 미지수로 놓고 피타고라스 정리를 이용해 $\overline{AD}$ 의 길이를 구한다.

$\overline{CH}=x$ 라 하면 $\overline{BH}=x+4$

직각삼각형 ABH 에서 피타고라스 정리에 의하여

$\sqrt{41}^2=(z+4)^2+4^2$, $(x+4)^2=25$

$x>0$ 이므로 $x=1$, 즉 $\overline{CH}=1$

직각삼각형 ADH 에서 $\overline{AD}^2=\overline{DH}^2+\overline{AH}^2$, $\overline{AD}^2=3^2+4^2=25$, $\overline{AD}=5$

STEP 03 ❶과 삼각비를 이용하여 답을 구한다.

점 G 가 삼각형 ABC 의 무게중심이므로 $\overline{AG}:\overline{DG}=2:1$, $\overline{DG}=\dfrac{1}{3}\times\overline{AD}=\dfrac{5}{3}$

$\tan(\angle CDA)=\tan(\angle HDA)=\dfrac{\overline{AH}}{\overline{DH}}=\dfrac{4}{3}$, $\overline{DG}\times\tan(\angle CDA)=\dfrac{5}{3}\times\dfrac{4}{3}=\dfrac{20}{9}$

$p=9$, $q=20$

따라서 $p+q=29$

●핵심 공식

▶ 삼각형의 무게중심

(1) 정의 : 세 중선의 교점 (* 중선 : 한 꼭짓점에서 그 대변의 중점을 이은 직선)

(2) 성질

① 세 중선의 길이를 2 : 1로 나눈다.

$$\overline{AG} : \overline{DG} = \overline{BG} : \overline{EG} = \overline{CG} : \overline{FG} = 2 : 1$$

② 세 중선으로 삼각형의 넓이는 6등분된다.

$$\triangle AFG = \triangle FBG = \triangle BDG = \triangle DCG = \triangle CEG = \triangle EAG = \frac{1}{6}\triangle ABC$$

③ 무게중심과 세 꼭짓점을 이으면 삼각형의 넓이는 3등분된다.

$$\triangle ABG = \triangle BCG = \triangle ACG = \frac{1}{3}\triangle ABC$$

④ $A(x_1, y_1)$, $B(x_2, y_2)$, $C(x_3, y_3)$라고 하면, 무게중심 G의 좌표는 $\left(\frac{x_1+x_2+x_3}{3}, \frac{y_1+y_2+y_3}{3}\right)$이다.

▶ 삼각비의 정의

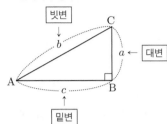

$$\sin A = \frac{\overline{BC}}{\overline{AC}} = \frac{대변}{빗변} = \frac{a}{b}$$

$$\cos A = \frac{\overline{AB}}{\overline{AC}} = \frac{밑변}{빗변} = \frac{c}{b}$$

$$\tan A = \frac{\overline{BC}}{\overline{AB}} = \frac{대변}{밑변} = \frac{a}{c}$$

★★ 문제 해결 꿀~팁 ★★

▶ 문제 해결 방법

삼각형의 무게중심은 도형문제에서 엄청 큰 조건이다. 무게중심이라는 조건으로 2 : 1 길이비를 알 수 있을 뿐만 아니라, 한 꼭짓점에서 무게중심을 지나는 직선은 대변의 중점을 지난다는 것까지 알 수 있기 때문이다. 적절한 보조선을 긋는 것 역시 중요하다. 되도록 직각이 만들어지도록 보조선을 그어야 변의 길이를 미지수로 잡고 피타고라스 정리를 쓰기에 용이하다. 위 문제의 경우 무게중심 조건을 이용하여 $\overline{BD}=\overline{DC}=2$를 얻고, 적절한 보조선으로 수선의 발 H를 얻고 $\overline{CH}=x$로 변의 길이를 미지수로 잡고 피타고라스 정리를 이용하여 $\overline{AD}=5$를 얻는다. 그 후 무게중심 조건을 이용해 $\overline{AG} : \overline{DG} = 2 : 1$를 이용하여 답을 구할 수 있다.

★★★ 등급을 가르는 문제! ★★★

29 이차함수의 활용   정답률 29% | 정답 **9**

그림과 같이 양수 a에 대하여 꼭짓점이 $A(-3, -a)$이고 점 $B(1, 0)$을 지나는 이차함수 $y=f(x)$의 그래프와 꼭짓점이 $C(3, 3a)$인 이차함수 $y=g(x)$의 그래프가 있다. ❶ 점 A에서 x축에 내린 수선의 발을 D라 할 때, 사각형 ABCD의 넓이는 16이다. 이차함수 $y=g(x)$의 그래프가 y축과 만나는 점이 선분 CD 위에 있을 때, $f(-1)\times g(-3)$의 값을 구하시오. [4점]

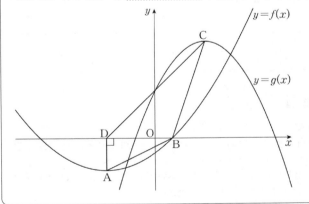

STEP 01 ❶을 이용하여 $\overline{DB}$의 길이를 구한다.

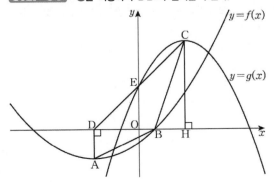

점 D는 점 A에서 x축에 내린 수선의 발이므로

점 D의 좌표는 $(-3, 0)$

$$\overline{DB} = \overline{DO} + \overline{OB} = 3+1 = 4$$

STEP 02 사각형 ABCD를 삼각형 DAB와 삼각형 CDB로 나누어서 a를 구한다.

삼각형 DAB에서 밑변을 선분 DB라 하면 높이가 $\overline{DA}$이므로

$$\triangle DAB = \frac{1}{2}\times\overline{DB}\times\overline{DA}$$

$$= \frac{1}{2}\times 4\times a = 2a$$

삼각형 CDB에서 밑변을 선분 DB라 하면 높이가 $3a$이므로

$$\triangle CDB = \frac{1}{2}\times\overline{DB}\times 3a$$

$$= \frac{1}{2}\times 4\times 3a = 6a$$

$$\square ABCD = \triangle DAB + \triangle CDB$$

$$= 2a+6a = 8a$$

$\square ABCD = 16$이므로

$$a = 2$$

STEP 03 $a=2$를 대입하고 $f(x)$가 지나는 점을 이용하여 $f(x)$식을 완성한 후 $f(-1)$을 구한다.

점 A의 좌표는 $(-3, -2)$이고 점 C의 좌표는 $(3, 6)$

이차함수 $y=f(x)$의 그래프의 꼭짓점이 점 A이므로

$$f(x) = p(x+3)^2 - 2 \ (p는 상수)$$

이차함수 $y=f(x)$의 그래프가 점 $B(1, 0)$을 지나므로

$$f(1) = p(1+3)^2 - 2 = 16p - 2 = 0$$

$$p = \frac{1}{8}$$

$$f(x) = \frac{1}{8}(x+3)^2 - 2$$

$$f(-1) = \frac{1}{8}(-1+3)^2 - 2 = -\frac{3}{2} \qquad \cdots\cdots \text{㉠}$$

STEP 04 ㉠과 유사한 방법으로 수선의 발을 잡고, 삼각형의 닮음을 찾는다.

선분 CD가 y축과 만나는 점을 E라 하고, 점 C에서 x축에 내린 수선의 발을 H라 하자.

두 삼각형 EDO, CDH에서 각 ODE는 공통이고,

$\angle EOD = \angle CHD = 90°$이므로

삼각형 EDO와 삼각형 CDH는 서로 닮음이다.

STEP 05 닮음비와 $g(x)$가 지나는 점을 이용하여 $g(x)$식을 완성한 후 $g(-3)$을 구한다.

$\overline{DO} : \overline{DH} = \overline{EO} : \overline{CH}$에서 $3 : 6 = \overline{EO} : 6$

$\overline{EO} = 3$, 점 E의 좌표는 $(0, 3)$

이차함수 $y=g(x)$의 그래프의 꼭짓점이 점 C이므로

$$g(x) = q(x-3)^2 + 6 \ (q는 상수)$$

이차함수 $y=g(x)$의 그래프가 점 $E(0, 3)$을 지나므로

$$g(0) = q(0-3)^2 + 6 = 9q + 6 = 3$$

$$q = -\frac{1}{3}$$

$$g(x) = -\frac{1}{3}(x-3)^2 + 6$$

$$g(-3) = -\frac{1}{3}(-3-3)^2 + 6 = -6 \qquad \cdots\cdots \text{㉡}$$

STEP 06 $f(-1)\times g(-3)$을 구한다.

따라서 ㉠, ㉡에서

$$f(-1)\times g(-3) = \left(-\frac{3}{2}\right)\times(-6) = 9$$

★★ 문제 해결 꿀~팁 ★★

▶ 문제 해결 방법

도형의 길이 또는 넓이를 구하기 위해선 수선의 발을 놓는 방법이 제일 효과적이다. 삼각형이나 사각형의 넓이를 구하기 위해선 높이, 즉 수직거리를 알아야 구할 수 있기 때문이다.

위 문제에서도 점 D와 점 E를 수선의 발로 잡고 사각형을 적절히 삼각형 2개로 나누어서 미지수를 구할 수 있었다.

또한 이차함수의 꼭짓점을 이용하면 미지수를 획기적으로 줄일 수 있다. 기존 $y=ax^2+bx+c$라는 이차함수 꼴에서는 미지수가 총 3개이지만 이를 완전제곱식 꼴로 바꾼 $y=a(x-p)^2+q$에서 이차함수의 꼭짓점을 안다는 것은 p, q의 값을 안다는 것으로, 미지수가 1개밖에 남지 않는다.

위 문제에서도 이를 이용하여 미지수를 최대한 줄여, 문제를 풀 수 있다.

30 평행사변형   정답률 8% | 정답 **91**

그림과 같이 $\overline{AB}=5\sqrt{5}$, $\overline{BC}=12$, $\angle CBA<90^\circ$ 이고 넓이가 120인 평행사변형 ABCD가 있다. 선분 AD 위에 ❶ $\overline{AB}=3\overline{ED}$인 점 E를 잡고, 선분 CB의 연장선 위에 ❷ $\overline{BF}=\overline{ED}$인 점 F를 잡는다. 점 E를 지나고 직선 AB와 평행한 직선이 선분 DF와 만나는 점을 G라 할 때,

$\sin(\angle AGF)=\dfrac{q}{p}\sqrt{85}$ 이다. $p+q$의 값을 구하시오. (단, p와 q는 서로소인 자연수이다.)[4점]

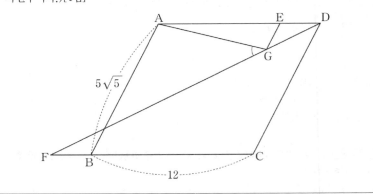

STEP 01 점 D에서 직선 BC에 수선의 발 H를 내린 후 $\overline{DH}$의 길이를 구한다.

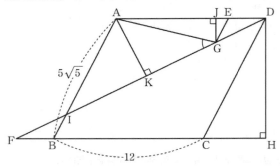

점 D에서 직선 BC에 내린 수선의 발을 H라 하면
$\square ABCD = \overline{BC} \times \overline{DH} = 12 \times \overline{DH} = 120$
$\overline{DH} = 10$

STEP 02 평행사변형 조건과 ❶, ❷를 이용하여 $\overline{FH}$와 $\overline{DF}$의 길이를 차례로 구한다.

사각형 ABCD가 평행사변형이므로
$\overline{AD}=\overline{BC}$, $\overline{AB}=\overline{DC}$
직각삼각형 DCH에서 피타고라스 정리에 의하여
$\overline{CD}^2 = \overline{CH}^2 + \overline{DH}^2$, $(5\sqrt{5})^2 = \overline{CH}^2 + 10^2$
$\overline{CH}^2 = 125 - 100 = 25$, $\overline{CH} = 5$
$\overline{AE} = 3\overline{ED}$이므로
$\overline{AD} = \overline{AE} + \overline{ED} = 3\overline{ED} + \overline{ED} = 4\overline{AE} = 12$
$\overline{ED} = 3$
$\overline{BF} = \overline{ED}$이므로 $\overline{BF} = 3$
$\overline{FH} = \overline{FB} + \overline{BC} + \overline{CH} = 3 + 12 + 5 = 20$
직각삼각형 DFH에서 피타고라스 정리에 의하여
$\overline{DF}^2 = \overline{FH}^2 + \overline{DH}^2 = 20^2 + 10^2 = 500$
$\overline{DF} = 10\sqrt{5}$

STEP 03 동위각과 엇각을 찾아 삼각형의 닮음을 찾는다.

선분 AB가 선분 DF와 만나는 점을 I라 하자.
$\overline{AB} /\!/ \overline{EG}$이므로 $\angle DEG = \angle DAB$ (동위각)이고,
$\overline{AD} /\!/ \overline{FC}$이므로 $\angle DAB = \angle FBI$(엇각)
그러므로 $\angle DEG = \angle FBI$
삼각형 EGD와 삼각형 BIF에서
$\angle DEG = \angle FBI$, $\overline{DE} = \overline{FB} = 3$, $\angle EDG = \angle BFI$(엇각)이므로 두 삼각형은 서로 합동이다.
삼각형 EGD와 삼각형 AID에서 각 EDG는 공통이고,
$\angle DGE = \angle DIA$ (동위각)이므로
두 삼각형은 서로 닮음이다.

STEP 04 닮음비를 이용해 비례식을 세워 $\overline{GD}$와 $\overline{EG}$의 길이를 차례로 구한다.

$\overline{DE}:\overline{DA} = 3:12 = 1:4$이므로 삼각형 EGD와 삼각형 AID의 닮음비는 1:4이다.
$\overline{FI} = \overline{GD} = x$라 하면 $\overline{ID} = 4x$이므로
$\overline{FD} = \overline{FI} + \overline{ID} = 5x = 10\sqrt{5}$

$x = 2\sqrt{5}$, 즉 $\overline{FI} = \overline{GD} = 2\sqrt{5}$

$\overline{IB} = \overline{EG} = y$라 하면 $\overline{AI} = 4y$이므로
$\overline{AB} = \overline{AI} + \overline{IB} = 5y = 5\sqrt{5}$
$y = \sqrt{5}$, 즉 $\overline{IB} = \overline{EG} = \sqrt{5}$

STEP 05 점 G에서 선분 AD에 수선의 발 J를 내린 후 삼각형 GEJ와 삼각형 DCH의 닮음을 이용해 $\overline{AG}$의 길이를 구한다.

점 G에서 선분 AD에 내린 수선의 발을 J라 하자.
$\overline{GE} /\!/ \overline{CD}$이므로 $\angle JEG = \angle ADC$ (동위각)이고, $\overline{AD} /\!/ \overline{CH}$이므로
$\angle ADC = \angle HCD$(엇각)
그러므로 $\angle JEG = \angle HCD$
삼각형 GEJ와 삼각형 DCH에서 $\angle JEG = \angle HCD$
$\angle GJE = \angle DHC = 90^\circ$ 이므로 두 삼각형은 서로 닮음이다.
$\overline{GE}:\overline{DC} = \sqrt{5}:5\sqrt{5} = 1:5$이므로 삼각형 GEJ와 삼각형 DCH의 닮음비는 1:5이다.
$\overline{EJ}:\overline{CH} = \overline{EJ}:5 = 1:5$ 에서 $\overline{EJ} = 1$
$\overline{GJ}:\overline{DH} = \overline{GJ}:10 = 1:5$ 에서 $\overline{GJ} = 2$
$\overline{AJ} = \overline{AD} - \overline{ED} - \overline{JE} = 12 - 3 - 1 = 8$
직각삼각형 AGJ에서 피타고라스 정리에 의하여
$\overline{AG}^2 = \overline{GJ}^2 + \overline{AJ}^2 = 2^2 + 8^2 = 68$
$\overline{AG} = 2\sqrt{17}$

STEP 06 점 A에서 선분 DF에 수선의 발 K을 내린 후 삼각형 ADK와 삼각형 DFH의 닮음을 이용하여 $\overline{AK}$의 길이를 구한다.

점 A에서 선분 DF에 내린 수선의 발을 K라 하면 삼각형 ADK와 삼각형 DFH에서
$\angle ADK = \angle DFH$ (엇각), $\angle DKA = \angle FHD = 90^\circ$이므로 두 삼각형은 서로 닮음이다.
$\overline{AK}:\overline{DH} = \overline{AD}:\overline{DF}$ 에서 $\overline{AK}:10 = 12:10\sqrt{5}$이므로
$\overline{AK} = \dfrac{120}{10\sqrt{5}} = \dfrac{12\sqrt{5}}{5}$

STEP 07 삼각비를 이용하여 답을 구한다.

직각삼각형 AGK에서
$\sin(\angle AGK) = \dfrac{\overline{AK}}{\overline{AG}} = \dfrac{12\sqrt{5}}{5} \times \dfrac{1}{2\sqrt{17}} = \dfrac{12\sqrt{5}}{5} \times \dfrac{\sqrt{17}}{34} = \dfrac{6}{85}\sqrt{85}$

$\angle AGF = \angle AGK$이므로 $\sin(\angle AGF) = \dfrac{6}{85}\sqrt{85}$

따라서 $p=85$, $q=6$에서 $p+q=91$

● 핵심 공식

▶ 삼각형의 닮음 조건
(1) SSS닮음 : 세 쌍의 변의 길이의 비가 같다.
(2) SAS닮음 : 두 쌍의 변의 길이의 비가 같고, 그 끼인각의 크기가 서로 같다.
(3) AA닮음 : 두 쌍의 각의 크기가 서로 같다.
▶ 닮은 도형의 닮음비
두 도형의 길이의 비가 $m:n$일 때,

길이의 비	$m:n$
넓이의 비	$m^2:n^2$
부피의 비	$m^3:n^3$

★★ 문제 해결 꿀~팁 ★★

▶ 문제 해결 방법
수선의 발을 적절히 설정하면 문제를 쉽게 풀 수 있다. 수선의 발을 놓는다는 것은 없던 직각을 그림 상으로 나타낸다는 것으로, 직각이 생김으로 인해 피타고라스 정리 또는 삼각형의 닮음을 이용할 여지가 충분해진다. 위 문제에서도 H라는 수선의 발을 내려, 피타고라스 정리를 이용하여 $\overline{DF}$의 길이를 구할 수 있다.
도형에서 삼각형의 닮음 조건은 보통 각 1개 또는 2개가 같음을 이용하여 찾는다. 평행사변형이 문제에서 나와있는 이상, 평행사변형 조건을 이용한 각을 찾는 것이 중요하다. 위 문제에선 동위각과 엇각으로 각의 크기가 같음을 이용하여 삼각형의 닮음을 찾을 수 있다.

06회 | 2023학년도 3월 학력평가 [고1 수학]

●정답●

01② 02③ 03④ 04① 05② 06① 07⑤ 08③ 09③ 10④ 11② 12③ 13② 14⑤ 15③
16④ 17⑤ 18① 19④ 20① 21② 229 236 24112 257 2623 27420 2818 2925 302

★ 표기된 문항은 [등급을 가르는 문제]에 해당하는 문항입니다.

---

01 근호를 포함한 식의 계산 정답률 94% | 정답 ②

❶ $\sqrt{\dfrac{12}{5}} \times \sqrt{\dfrac{5}{3}}$ 의 값은? [2점]

① 1 ② 2 ③ 3 ④ 4 ⑤ 5

STEP 01 근호의 성질을 이용하여 ❶의 값을 구한다.

$$\sqrt{\frac{12}{5}} \times \sqrt{\frac{5}{3}} = \sqrt{\frac{12}{5} \times \frac{5}{3}}$$
$$= \sqrt{4} = 2$$

---

02 다항식의 계산 정답률 89% | 정답 ③

다항식 ❶ $(2x+1)^2 - (2x^2+x-1)$ 의 일차항의 계수는? [2점]

① 1 ② 2 ③ 3 ④ 4 ⑤ 5

STEP 01 ❶의 식을 정리하여 일차항의 계수를 구한다.

$$(2x+1)^2 - (2x^2+x-1) = (4x^2+4x+1) - (2x^2+x-1)$$
$$= 4x^2 + 4x + 1 - 2x^2 - x + 1$$
$$= 2x^2 + 3x + 2$$

따라서 일차항의 계수는 3

---

03 삼각비 정답률 94% | 정답 ④

그림과 같이 $\overline{AC} = 8\sqrt{3}$, $\angle A = 30°$, $\angle B = 90°$ 인 직각삼각형 ABC에서 선분 AB의 길이는? [2점]

① 9 ② 10 ③ 11 ④ 12 ⑤ 13

STEP 01 주어진 직각삼각형에서 삼각비를 이용하여 선분 AB의 길이를 구한다.

삼각형 ABC에서 $\cos 30° = \dfrac{\overline{AB}}{8\sqrt{3}}$

$$\overline{AB} = 8\sqrt{3} \times \cos 30° = 8\sqrt{3} \times \frac{\sqrt{3}}{2} = 12$$

다른 풀이

직각삼각형 ABC에서
$\overline{AC} : \overline{AB} = 2 : \sqrt{3}$
$8\sqrt{3} : \overline{AB} = 2 : \sqrt{3}$
$$\overline{AB} = \frac{8\sqrt{3} \times \sqrt{3}}{2} = 12$$

●핵심 공식

▶ 특수각의 삼각비

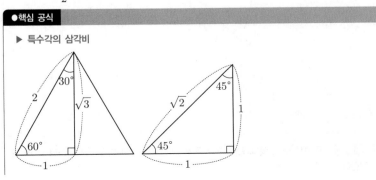

삼각비 \ 각(A)	30°	45°	60°
$\sin A$	$\dfrac{1}{2}$	$\dfrac{\sqrt{2}}{2}$	$\dfrac{\sqrt{3}}{2}$
$\cos A$	$\dfrac{\sqrt{3}}{2}$	$\dfrac{\sqrt{2}}{2}$	$\dfrac{1}{2}$
$\tan A$	$\dfrac{\sqrt{3}}{3}$	1	$\sqrt{3}$

04 직선의 방정식 정답률 81% | 정답 ①

좌표평면 위의 ❶ 두 점 $(1, -1)$, $(2, 1)$을 지나는 직선의 y절편은? [3점]

① -3 ② -2 ③ -1 ④ 0 ⑤ 1

STEP 01 ❶의 방정식을 구한 후 y절편을 구한다.

두 점 $(1, -1)$, $(2, 1)$을 지나는 직선의 기울기를 a, y절편을 b라 하자.
$a = \dfrac{1-(-1)}{2-1} = 2$이므로 두 점 $(1, -1)$, $(2, 1)$을 지나는 직선의 방정식은
$y = 2x + b$
이 직선이 점 $(1, -1)$을 지나므로
$-1 = 2 \times 1 + b$, $b = -3$
따라서 y절편은 -3

다른 풀이

두 점 $(1, -1)$, $(2, 1)$을 지나는 직선의 방정식은
$$y - (-1) = \frac{1-(-1)}{2-1}(x-1)$$
$y + 1 = 2(x-1)$, $y = 2x - 3$
따라서 y절편은 -3

●핵심 공식

▶ 직선의 방정식

(1) 기울기가 m이고 점 (x_1, y_1)을 지나는 직선 : $y - y_1 = m(x - x_1)$

(2) 두 점 (x_1, y_1), (x_2, y_2)를 지나는 직선 : $y - y_1 = \dfrac{y_2 - y_1}{x_2 - x_1}(x - x_1)$

(3) x절편이 a, y절편이 b인 직선 : $\dfrac{x}{a} + \dfrac{y}{b} = 1$

---

05 산점도 정답률 91% | 정답 ②

어느 회사가 위치한 지역의 일일 최저 기온(℃)과 이 회사의 일일 난방비(원)를 30일 동안 조사한 결과, 일일 최저 기온이 높을수록 일일 난방비가 감소한다고 한다. 일일 최저 기온을 x℃, 일일 난방비를 y원이라 할 때, x와 y 사이의 상관관계를 나타낸 산점도로 가장 적절한 것은? [3점]

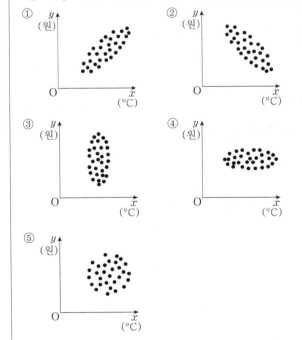

STEP 01 x와 y사이의 상관관계를 파악하여 적절한 산점도를 찾는다.

일일 최저 기온이 높을수록 일일 난방비가 감소하므로 두 변량 x, y 사이에는 음의 상관관계가 있다.
따라서 x와 y 사이의 상관관계를 나타낸 산점도로 가장 적절한 것은 다음과 같다.

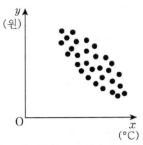

● 핵심 공식

▶ 상관관계
상관관계 두 변량의 값 사이에서 변량의 관계로 그 종류는 다음 5가지가 있다.

강한 양의 상관관계	약한 양의 상관관계	강한 음의 상관관계

약한 음의 상관관계	상관관계 없음	

---

06 원주각과 중심각 사이의 관계   정답률 86% | 정답 ①

원 위의 두 점 A, B에 대하여 ❶ 호 AB의 길이가 원의 둘레의 길이의 $\frac{1}{5}$일 때, 호 AB에 대한 원주각의 크기는? [3점]

① 36° ② 40° ③ 44° ④ 48° ⑤ 52°

STEP 01 ❶에서 호 AB에 대한 중심각의 크기를 구한 후 원주각의 크기를 구한다.

호의 길이는 중심각의 크기에 비례하므로 호 AB에 대한 중심각의 크기는

$360° \times \frac{1}{5} = 72°$

호에 대한 원주각의 크기는 중심각의 크기의 $\frac{1}{2}$배이므로

호 AB에 대한 원주각의 크기는 $72° \times \frac{1}{2} = 36°$

● 핵심 공식

▶ 원주각
(1) 원주각 $= \frac{1}{2} \times$ 중심각
(2) 한 원에서 같은 길이의 호에 대한 원주각의 크기는 같다.
(3) 반원의 원주각 $= 90°$

---

07 직육면체의 겉넓이   정답률 88% | 정답 ⑤

❶ 한 변의 길이가 2인 정사각형을 밑면으로 하는 직육면체의 부피가 12일 때, 이 직육면체의 겉넓이는? [3점]

① 24 ② 26 ③ 28 ④ 30 ⑤ 32

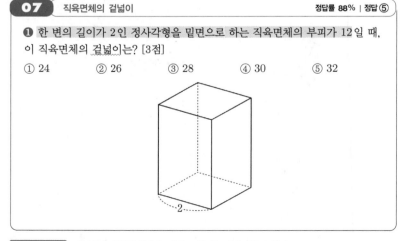

STEP 01 ❶에서 직육면체의 높이를 구한 후 겉넓이를 구한다.

직육면체의 높이를 h라 하면 부피는
$2 \times 2 \times h = 12$, $h = 3$
직육면체의 겉넓이는
$2 \times ($밑면의 넓이$) + 4 \times ($옆면의 넓이$) = 2 \times 4 + 4 \times 2 \times 3 = 8 + 24 = 32$

---

08 도수분포표   정답률 90% | 정답 ③

다음은 어느 학급 학생 25명을 대상으로 키를 조사하여 나타낸 도수분포표이다.

키(cm)	학생 수(명)
150^{이상} ~ 160^{미만}	a
160 ~ 170	8
170 ~ 180	b
180 ~ 190	6
합계	25

이 학생들 중에서 ❶ 키가 170cm 미만인 학생 수가 조사한 학생 수의 40%일 때, 키가 170cm 이상 180cm 미만인 학생 수는? [3점]

① 7 ② 8 ③ 9 ④ 10 ⑤ 11

STEP 01 ❶에서 a를 구한 후 b를 구한다.

조사한 학생의 수가 25이고 키가 170cm 미만인 학생의 수는 $a+8$이므로

$\frac{a+8}{25} = \frac{40}{100}$

$a+8 = 10$, $a = 2$
조사한 학생의 수가 25이므로
$a+8+b+6 = 2+8+b+6 = 25$
따라서 $b = 9$

---

09 일차함수와 일차방정식의 관계   정답률 85% | 정답 ③

두 일차방정식 ❶ $ax+2y-b=0$, $2ax+by-3=0$의 그래프의 교점의 좌표가 $(2, 1)$일 때, $a+b$의 값은? (단, a, b는 상수이다.) [3점]

① $\frac{3}{2}$ ② 2 ③ $\frac{5}{2}$ ④ 3 ⑤ $\frac{7}{2}$

STEP 01 ❶의 두 식에 $(2, 1)$을 대입한 후 연립하여 a, b를 구한 다음 합을 구한다.

두 일차방정식
$ax+2y-b=0$ ······ ㉠
$2ax+by-3=0$ ······ ㉡
의 그래프의 교점의 좌표가 $(2, 1)$이므로 $x=2$, $y=1$을 ㉠, ㉡에 각각 대입하면
$2a-b+2=0$, $4a+b-3=0$
a, b에 대한 연립방정식
$\begin{cases} 2a-b=-2 & ······ ㉢ \\ 4a+b=3 & ······ ㉣ \end{cases}$

에서 ㉢과 ㉣을 변끼리 더하면

$6a=1$, $a=\frac{1}{6}$

$a=\frac{1}{6}$을 ㉢에 대입하면

$2 \times \frac{1}{6} - b = -2$, $b = \frac{7}{3}$

따라서 $a+b = \frac{1}{6} + \frac{7}{3} = \frac{5}{2}$

---

10 이차함수의 그래프   정답률 82% | 정답 ④

그림과 같이 제1사분면 위의 점 $A(a, b)$는 이차함수 ❶ $y=x^2-3x+2$의 그래프 위에 있다. 이 이차함수의 그래프가 y축과 만나는 점 B에 대하여 ❷ 삼각형 OAB의 넓이가 4일 때, $a+b$의 값은? (단, O는 원점이다.) [3점]

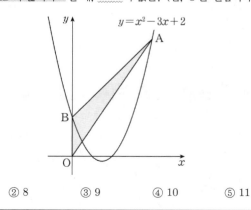

① 7 ② 8 ③ 9 ④ 10 ⑤ 11

STEP 01 ❶에서 점 B의 좌표를 구한 후 ❷에서 a를 구한 다음 b를 구하여 $a+b$의 값을 구한다.

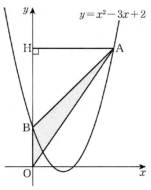

점 B는 이차함수 $y=x^2-3x+2$의 그래프가 y축과 만나는 점이므로
이차함수 $y=x^2-3x+2$에 $x=0$을 대입하면
$y=0^2-3\times0+2=2$이므로 점 B의 좌표는 $(0,\ 2)$
점 A에서 y축에 내린 수선의 발을 $H(0,\ b)$라 하면
$\triangle OAB=\dfrac{1}{2}\times\overline{OB}\times\overline{AH}=\dfrac{1}{2}\times2\times a=4,\ a=4$
즉 점 A의 x좌표가 4이므로
이차함수 $y=x^2-3x+2$에 $x=4$, $y=b$를 대입하면
$b=4^2-3\times4+2=6$이므로 점 A의 좌표는 $(4,\ 6)$
따라서 $a+b=4+6=10$

---

11 일차부등식의 활용   정답률 75% | 정답 ②

어느 학생이 집에서 출발하여 갈 때는 시속 3km 로, 집으로 돌아올 때는 같은 경로를 시속 4km 로 이동하려고 한다. **❶ 이동한 전체 시간이 2시간 이하가** 되도록 할 때, 이 학생이 집에서 출발하여 집으로 돌아올 때까지 이동한 거리의 최댓값은? [3점]

① $\dfrac{45}{7}$ km   ② $\dfrac{48}{7}$ km   ③ $\dfrac{51}{7}$ km   ④ $\dfrac{54}{7}$ km   ⑤ $\dfrac{57}{7}$ km

STEP 01 이동한 거리를 미지수로 놓고 갈 때, 올 때 걸리는 시간을 각각 구한다.

학생이 집에서 출발하여 갈 때 이동한 거리를 Lkm 라 하자.
$(시간)=\dfrac{(거리)}{(속력)}$ 이므로
$(갈 때 걸리는 시간)=\dfrac{L}{3}$ 시간, $(돌아올 때 걸리는 시간)=\dfrac{L}{4}$ 시간
집에서 출발하여 집으로 돌아올 때까지 걸리는 전체 시간은 $\dfrac{L}{3}+\dfrac{L}{4}=\dfrac{7}{12}L$

STEP 02 ❶의 부등식을 세워 이동한 거리의 최댓값을 구한다.

이 학생이 집에서 출발하여 집으로 돌아올 때까지 이동한 전체 시간이 2시간 이하가 되어야 하므로
$\dfrac{7}{12}L\leq2,\ L\leq\dfrac{24}{7}$
학생이 집에서 출발하여 집으로 돌아올 때까지 이동한 거리는 $2L$이므로
$2L\leq\dfrac{48}{7}$
따라서 이동한 거리의 최댓값은 $\dfrac{48}{7}$km

---

12 이차함수의 그래프의 성질   정답률 64% | 정답 ③

이차함수 $y=f(x)$의 그래프 위의 서로 다른 네 점 $A(1,\ 1)$, $B(8,\ 1)$, $C(6,\ 4)$, $D(a,\ b)$에 대하여 **❶ $\overline{AB}\ /\!/\ \overline{CD}$**일 때, $a+b$의 값은? [3점]

① 5   ② 6   ③ 7   ④ 8   ⑤ 9

STEP 01 이차함수의 그래프의 대칭성과 ❶을 이용하여 a, b를 각각 구한 후 합을 구한다.

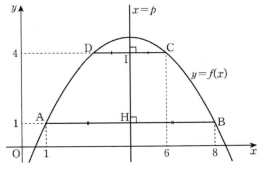

이차함수 $y=f(x)$의 그래프 위의 두 점 A와 B의 y좌표가 서로 같으므로
직선 AB는 x축에 평행하고 선분 AB의 수직이등분선은 이차함수 $y=f(x)$의 그래프의 축이다.
축의 방정식을 $x=p$라 하자. 선분 AB와 직선 $x=p$가 만나는 점을 H라 하면
$\overline{AH}=\overline{BH}$에서 $p-1=8-p,\ p=\dfrac{9}{2}$
직선 CD는 직선 AB에 평행하므로 직선 CD도 x축에 평행한 직선이다.
점 C의 y좌표가 4이므로 직선 CD의 방정식은 $y=4$
점 $D(a,\ b)$는 직선 $y=4$ 위에 있으므로 $b=4$
선분 CD와 직선 $x=\dfrac{9}{2}$가 만나는 점을 I라 하면 $\overline{CI}=\overline{DI}$이고
점 C의 x좌표가 $\dfrac{9}{2}$보다 크므로 $a<\dfrac{9}{2}$
$6-\dfrac{9}{2}=\dfrac{9}{2}-a,\ a=3$
따라서 $a+b=3+4=7$

다른 풀이

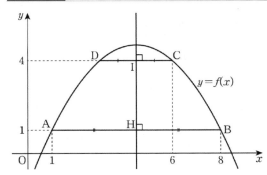

이차함수 $y=f(x)$의 그래프 위의 두 점 A와 B의 y좌표가 서로 같으므로
직선 AB는 x축에 평행하고
선분 AB의 수직이등분선은 이차함수 $y=f(x)$의 그래프의 축이다.
이차함수 $y=f(x)$의 그래프는 축에 대하여 대칭이므로
$8-6=a-1,\ a=3$
직선 CD는 직선 AB에 평행하므로 직선 CD도 x축에 평행한 직선이다.
점 C의 y좌표가 4이므로 $b=4$
따라서 $a+b=3+4=7$

---

13 다항식의 인수분해   정답률 42% | 정답 ②

두 자연수 a, b에 대하여 다항식 **❶ $2x^2+9x+k$**가
❷ $(2x+a)(x+b)$로 인수분해되도록 하는 실수 k의 최솟값은? [3점]

① 1   ② 4   ③ 7   ④ 10   ⑤ 13

STEP 01 ❷를 전개한 후 ❶과 계수를 비교하여 가능한 자연수 $(a,\ b)$를 구한 후 k의 최솟값을 구한다.

$2x^2+9x+k=(2x+a)(x+b)=2x^2+(a+2b)x+ab$
에서 $a+2b=9$, $k=ab$
a, b는 자연수이므로 가능한 a, b, k의 값은 다음 표와 같다.

a	b	k
7	1	7
5	2	10
3	3	9
1	4	4

따라서 실수 k의 최솟값은 4

---

14 일차방정식의 활용   정답률 83% | 정답 ⑤

수직선 위의 두 점 P, Q가 원점에 있다. 동전을 한 번 던질 때마다 두 점 P, Q가 다음 규칙에 따라 이동한다.

> (가) 동전의 앞면이 나오면 점 P가 양의 방향으로 2만큼 이동한다.
> (나) 동전의 뒷면이 나오면 점 Q가 음의 방향으로 1만큼 이동한다.

동전을 30번 던진 후 **❶ 두 점 P, Q사이의 거리가 46일 때**, **❷ 동전의 앞면이 나온 횟수는?** [4점]

① 12   ② 13   ③ 14   ④ 15   ⑤ 16

STEP 01 ❷를 미지수로 놓고 조건에서 두 점 P, Q의 위치를 각각 구한 후 ❶의 방정식을 세워 ❷를 구한다.

동전을 30번 던질 때, 앞면이 나온 횟수를 n이라 하면 뒷면이 나온 횟수는

$30-n$이다.

두 조건 (가), (나)에서 두 점 P, Q의 위치는 각각 $P(2n)$, $Q(n-30)$

이때, 두 점 P, Q사이의 거리가 46이므로

$2n-(n-30)=n+30=46$, $n=16$

따라서 동전의 앞면이 나온 횟수는 16

---

15 이차방정식의 활용   정답률 67% | 정답 ③

그림과 같이 ❶ $\overline{AB}=a(4<a<8)$, $\overline{BC}=8$인 직사각형 ABCD가 있다. 점 B를 중심으로 하고 점 A를 지나는 원이 선분 BC와 만나는 점을 P, 점 C를 중심으로 하고 점 P를 지나는 원이 선분 CD와 만나는 점을 Q라 하자. ❷ 사각형 APQD의 넓이가 $\dfrac{79}{4}$일 때, a의 값은? [4점]

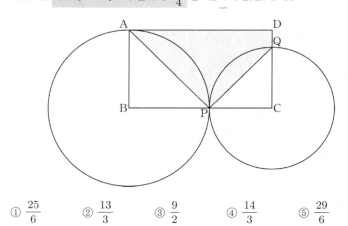

① $\dfrac{25}{6}$ ② $\dfrac{13}{3}$ ③ $\dfrac{9}{2}$ ④ $\dfrac{14}{3}$ ⑤ $\dfrac{29}{6}$

STEP 01 ❶에서 직사각형 ABCD의 넓이와 두 삼각형 ABP, PCQ의 넓이를 각각 구한 후 ❷를 이용하여 a의 값을 구한다.

점 B를 중심으로 하고 점 A를 지나는 원의 반지름의 길이가 $\overline{AB}$이므로

$\overline{BP}=a$, $\overline{PC}=8-a$

점 C를 중심으로 하고 점 P를 지나는 원의 반지름의 길이가 $\overline{PC}$이므로

$\overline{CQ}=\overline{PC}=8-a$

$\triangle ABP=\dfrac{1}{2}\times\overline{AB}\times\overline{BP}=\dfrac{1}{2}a^2$, $\triangle PCQ=\dfrac{1}{2}\times\overline{PC}\times\overline{CQ}=\dfrac{1}{2}(8-a)^2$

$\square ABCD=8a$이므로

$\square APQD=\square ABCD-\triangle ABP-\triangle PCQ$

$\quad=8a-\dfrac{1}{2}a^2-\dfrac{1}{2}(8-a)^2=8a-\dfrac{1}{2}a^2-\dfrac{1}{2}(a^2-16a+64)$

$\quad=8a-\dfrac{1}{2}a^2-\dfrac{1}{2}a^2+8a-32=-a^2+16a-32=\dfrac{79}{4}$

$-4a^2+64a-128-79=0$

$4a^2-64a+207=0$

$(2a-9)(2a-23)=0$

$a=\dfrac{9}{2}$ 또는 $a=\dfrac{23}{2}$

$4<a<8$이므로 $a=\dfrac{9}{2}$

---

16 평면도형의 성질   정답률 72% | 정답 ④

그림과 같이 마름모 ABCD와 이 마름모의 외부의 한 점 E에 대하여 $\angle ADE=72°$이고 직선 CD가 선분 BE를 수직이등분할 때, 각 CEB의 크기는? (단, $0°<\angle ADC<72°$) [4점]

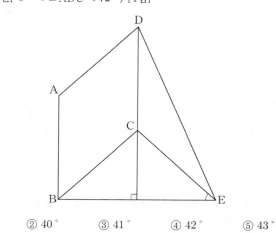

① $39°$ ② $40°$ ③ $41°$ ④ $42°$ ⑤ $43°$

STEP 01 마름모의 성질을 이용하여 합동인 삼각형을 찾아 각 CDE의 크기를 구한 후 삼각형의 세 내각의 크기의 합을 이용하여 각 CEB의 크기를 구한다.

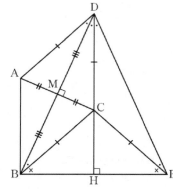

사각형 ABCD는 마름모이므로 두 대각선 AC와 BD는 서로의 수직이등분선이다. 두 대각선 AC와 BD가 만나는 점을 M이라 하면

$\overline{AM}=\overline{MC}$, $\overline{BM}=\overline{MD}$

$\angle AMB=\angle CMB=\angle CMD=\angle AMD=90°$

이므로 네 삼각형 AMB, CMB, CMD, AMD는 서로 합동이다.

$\angle ADB=\angle CDB$ …… ㉠

직선 CD와 선분 BE가 만나는 점을 H라 하자.

세 점 C, D, H는 선분 BE의 수직이등분선 위의 점이므로

$\overline{BD}=\overline{ED}$, $\overline{BC}=\overline{EC}$, $\overline{BH}=\overline{EH}$

두 삼각형 BCD, ECD에서 $\overline{BD}=\overline{ED}$, $\overline{BC}=\overline{EC}$이고 선분 CD는 공통이므로

두 삼각형 BCD, ECD는 합동인 이등변삼각형이다.

$\angle CBD=\angle CED=\angle CDB=\angle CDE$ …… ㉡

$\angle ADE=\angle ADB+\angle CDB+\angle CDE=72°$

㉠, ㉡에서 $\angle ADB=\angle CDB=\angle CDE=\angle CED=24°$

$\overline{BC}=\overline{EC}$, $\overline{BH}=\overline{EH}$이고 선분 CH는 공통이므로

두 삼각형 BCH, ECH는 서로 합동이다.

$\angle CEB=\angle CEH=\angle CBH$

$\angle CDE=\angle EDH=24°$, $\angle BED=\angle DEH$이고

삼각형 DHE의 세 내각의 크기의 합은 $180°$이므로

$\angle EDH+\angle DEH+\angle DHE=\angle EDH+(\angle CED+\angle CEB)+\angle DHE$

$\qquad\qquad\qquad\qquad\qquad = 24°+(24°+\angle CEB)+90°=180°$

따라서 $\angle CEB=42°$

● 핵심 공식

▶ 마름모의 성질
(1) 두 쌍의 마주보는 변이 서로 평행하다.
(2) 네 변의 길이가 같다.
(3) 두 쌍의 마주보는 각의 크기가 같다.
(4) 두 대각선이 서로 수직이다.
(5) 대각선이 다른 대각선을 이등분한다.

▶ 삼각형의 닮음 조건
(1) SSS닮음 : 세 쌍의 변의 길이의 비가 같다.
(2) SAS닮음 : 두 쌍의 변의 길이의 비가 같고, 그 끼인각의 크기가 서로 같다.
(3) AA닮음 : 두 쌍의 각의 크기가 서로 같다.

---

17 이차함수의 그래프   정답률 61% | 정답 ⑤

❶ 두 이차함수 $f(x)=ax^2-4ax+5a+1$, $g(x)=-x^2-2ax$의 그래프의 꼭짓점을 각각 A, B라 하자. 이차함수 $y=f(x)$의 그래프가 y축과 만나는 점 C에 대하여 ❷ 사각형 OACB의 넓이가 7일 때, 양수 a의 값은? (단, O는 원점이다.) [4점]

① $\dfrac{2}{5}$ ② $\dfrac{1}{2}$ ③ $\dfrac{3}{5}$ ④ $\dfrac{7}{10}$ ⑤ $\dfrac{4}{5}$

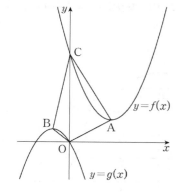

STEP 01 ❶의 꼭짓점과 y절편을 각각 구하여 세 점 A, B, C 의 좌표를 구한다.

$f(x)=ax^2-4ax+5a+1=a(x-2)^2+a+1$

이므로 점 A 의 좌표는 $(2,\ a+1)$

$g(x)=-x^2-2ax=-(x+a)^2+a^2$

이므로 점 B 의 좌표는 $(-a,\ a^2)$

$f(x)=ax^2-4ax+5a+1$ 에 $x=0$을 대입하면

$f(0)=a\times 0^2-4a\times 0+5a+1=5a+1$

이므로 점 C 의 좌표는 $(0,\ 5a+1)$

STEP 02 두 삼각형 OAC 와 OCB 의 넓이의 합을 이용하여 사각형 OACB 의 넓이를 구한 다음 ❷를 이용하여 양수 a의 값을 구한다.

$$\square OACB=\triangle OAC+\triangle OCB$$
$$=\frac{(5a+1)\times 2}{2}+\frac{(5a+1)\times a}{2}=\frac{(5a+1)(2+a)}{2}=7$$

$(5a+1)(2+a)=14$

$5a^2+11a-12=0$

$(5a-4)(a+3)=0$

$a=\dfrac{4}{5}$ 또는 $a=-3$

$a>0$이므로 $a=\dfrac{4}{5}$

---

18 삼각형의 무게중심의 성질　　정답률 59% | 정답 ①

[그림1]과 같이 $\overline{AB}=\overline{AC}=\sqrt{2}$, $\angle CAB=90\,°$ 인 삼각형 ABC 의 무게중심 D 에 대하여 $\overline{DE}=\overline{DF}=2\sqrt{2}$, $\angle FDE=90\,°$ 이고 $\overline{BC}\,/\!/\,\overline{EF}$ 인 삼각형 DEF 가 있다.

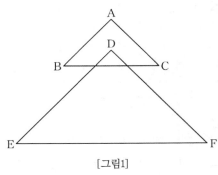

[그림1]

[그림2]와 같이 두 삼각형 ABC 와 DEF 로 만들어지는 ⛰️ 모양 도형의 둘레의 길이는? (단, 점 A 는 삼각형 DEF 의 외부에 있다.) [4점]

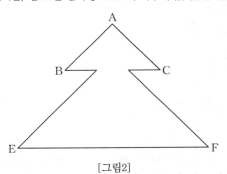

[그림2]

① $\dfrac{16+16\sqrt{2}}{3}$　② $\dfrac{17+16\sqrt{2}}{3}$　③ $\dfrac{16+17\sqrt{2}}{3}$

④ $\dfrac{17+17\sqrt{2}}{3}$　⑤ $\dfrac{18+17\sqrt{2}}{3}$

STEP 01 직각이등변삼각형 ABC 에서 무게중심의 성질을 이용하여 $\overline{DP}$ 의 길이를 구한다.

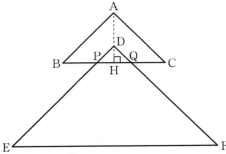

선분 BC 가 두 선분 DE, DF 와 만나는 점을 각각 P, Q 라 하자.

$\overline{AB}=\overline{AC}$ 이고 $\angle CAB=90\,°$ 이므로 $\angle ABC=\angle ACB=45\,°$

$\overline{DE}=\overline{DF}$ 이고 $\angle FDE=90\,°$ 이므로 $\angle DEF=\angle DFE=45\,°$

$\overline{BC}\,/\!/\,\overline{EF}$ 이므로

$\angle DPQ=\angle DEF=45\,°$ (동위각)

$\angle DQP=\angle DFE=45\,°$ (동위각)

삼각형 ABC 와 삼각형 DPQ 는 서로 닮은 도형이다.

선분 BC 의 중점을 H 라 하자.

점 D 가 삼각형 ABC 의 무게중심이므로 점 D 는 선분 AH 위에 있다.

삼각형 ABC 가 이등변삼각형이므로 선분 AH 와 선분 BC 는 서로 수직이다.

무게중심의 성질에 의해 $\overline{AD}:\overline{DH}=2:1$ 이므로 $\overline{AH}:\overline{DH}=3:1$

두 삼각형 ABC, DPQ 의 닮음비는 $3:1$ 이므로 $\overline{BC}:\overline{PQ}=3:1$

$\overline{AB}=\overline{AC}=\sqrt{2}$ 이므로 피타고라스 정리에 의해 $\overline{BC}=2$

따라서

$\overline{PQ}=\dfrac{2}{3}$

$\overline{PH}=\overline{HQ}$ 이므로

$\overline{BP}=\overline{QC}=\dfrac{1}{2}\times\left(2-\dfrac{2}{3}\right)=\dfrac{2}{3}$

$\overline{AB}=\overline{AC}=\sqrt{2}$ 이고 두 삼각형 ABC, DPQ 의 닮음비가 $3:1$ 이므로

$\overline{DP}=\overline{DQ}=\dfrac{\sqrt{2}}{3}$

STEP 02 직각이등변삼각형 DEF 에서 $\overline{QF}$ 와 $\overline{EF}$ 의 길이를 구한 다음 주어진 도형의 둘레의 길이를 구한다.

$\overline{PE}=\overline{DE}-\overline{DP}=2\sqrt{2}-\dfrac{\sqrt{2}}{3}=\dfrac{5\sqrt{2}}{3}$

같은 방법으로 $\overline{QF}=\dfrac{5\sqrt{2}}{3}$

$\overline{DE}=\overline{DF}=2\sqrt{2}$ 이므로 피타고라스 정리에 의해 $\overline{EF}=4$

따라서 ⛰️ 모양 도형의 둘레의 길이는

$2\left(\sqrt{2}+\dfrac{2}{3}+\dfrac{5\sqrt{2}}{3}\right)+4=\dfrac{16+16\sqrt{2}}{3}$

다른 풀이

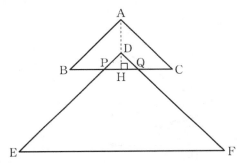

$\overline{AB}=\overline{AC}$ 이고 $\angle CAB=90\,°$ 이므로

$\angle ABC=\angle ACB=45\,°$

$\overline{DE}=\overline{DF}$ 이고 $\angle FDE=90\,°$ 이므로

$\angle DEF=\angle DFE=45\,°$

삼각형 ABC 와 삼각형 DEF 는 서로 닮은 도형이며

$\overline{AB}=\sqrt{2}$, $\overline{DE}=2\sqrt{2}$ 이므로 닮음비는 $1:2$ 이다.

선분 BC 가 두 선분 DE, DF 와 만나는 점을 각각 P, Q 라 하자.

$\overline{BC}\,/\!/\,\overline{EF}$ 이므로

$\angle DPQ=\angle DEF=45\,°$ (동위각)

$\angle DQP=\angle DFE=45\,°$ (동위각)

삼각형 ABC 와 삼각형 DPQ 는 서로 닮은 도형이다.

선분 BC 의 중점을 H 라 하자.

점 D 가 삼각형 ABC 의 무게중심이므로 점 D 는 선분 AH 위에 있다.

삼각형 ABC 가 이등변삼각형이므로 선분 AH 와 선분 BC 는 서로 수직이다.

무게중심의 성질에 의해 $\overline{AD}:\overline{DH}=2:1$ 이므로

$\overline{AH}:\overline{DH}=3:1$

$\overline{AB}=\overline{AC}=\sqrt{2}$ 이므로 피타고라스 정리에 의해 $\overline{BC}=2$

두 삼각형 ABC, DPQ 의 닮음비는 $3:1$ 이므로

세 삼각형 DPQ, ABC, DEF 는 닮음이고 닮음비는 $1:3:6$ 이다.

구하는 ⛰️ 모양 도형의 둘레의 길이는

삼각형 ABC 의 둘레+삼각형 DEF 의 둘레-삼각형 DPQ 의 둘레의 길이와 같다.

삼각형 ABC 의 둘레의 길이를 $3l$ 이라 하면 구하는 도형의 둘레의 길이는

$3l+6l-l=8l$

삼각형 ABC 의 둘레의 길이는 $\sqrt{2}+\sqrt{2}+2=2+2\sqrt{2}=3l$

따라서 구하는 도형의 둘레의 길이는

$$\frac{8}{3}(2+2\sqrt{2})=\frac{16+16\sqrt{2}}{3}$$

●핵심 공식

▶ 삼각형의 무게중심
(1) 정의 : 세 중선의 교점이다.
(2) 성질 : 중선을 2 : 1로 내분한다.

---

19 정비례와 반비례 관계 　　　　　정답률 47% | 정답 ④

그림과 같이 반비례 관계 $y=\dfrac{a}{x}(a>0)$의 그래프가 두 정비례 관계 $y=mx$, $y=nx$의 그래프와 제1사분면에서 만나는 점을 각각 P, Q라 하자. 점 P를 지나고 y축과 평행한 직선이 정비례 관계 $y=nx$의 그래프와 만나는 점 R에 대하여 ❶ 삼각형 PRQ의 넓이가 $\dfrac{3}{2}$이다. ❷ 점 Q의 x좌표가 점 P의 x좌표의 2배일 때, 실수 a의 값은? (단, $m>n>0$) [4점]

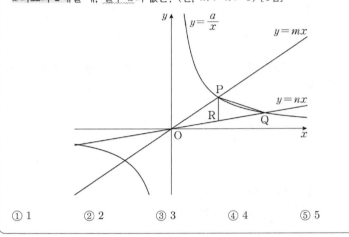

① 1　　② 2　　③ 3　　④ 4　　⑤ 5

STEP 01 점 R의 좌표를 미지수를 이용하여 놓고 ❷와 각 그래프의 비례관계를 이용하여 두 점 P, Q의 좌표를 구한다.

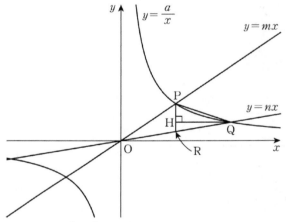

점 R의 좌표를 (p, q)라 하면 점 P의 x좌표는 p이다.
두 점 R, Q는 정비례 관계 $y=nx$의 그래프 위의 점이고,
점 Q의 x좌표가 점 R의 x좌표의 2배이므로 점 Q의 좌표는 $(2p, 2q)$이다.
두 점 P, Q는 반비례 관계 $y=\dfrac{a}{x}$의 그래프 위의 점이고,
점 P의 x좌표가 점 Q의 x좌표의 $\dfrac{1}{2}$배이므로 점 P의 y좌표는 점 Q의 y좌표의 2배이다.
그러므로 점 P의 좌표는 $(p, 4q)$이다.

STEP 02 ❶을 이용하여 pq를 구한 후 점 P의 좌표를 $y=\dfrac{a}{x}$에 대입하여 a의 값을 구한다.

점 Q에서 선분 RP에 내린 수선의 발을 H라 하면
$\overline{QH}=2p-p=p$, $\overline{RP}=4q-q=3q$
$\triangle PRQ=\dfrac{1}{2}\times\overline{RP}\times\overline{QH}=\dfrac{1}{2}\times 3q\times p=\dfrac{3}{2}pq$
$\triangle PRQ=\dfrac{3}{2}$이므로 $pq=1$
점 $P(p, 4q)$는 반비례 관계 $y=\dfrac{a}{x}$의 그래프 위의 점이므로
$4q=\dfrac{a}{p}$, $a=4pq$
따라서 $a=4$

★★★ 등급을 가르는 문제!

20 삼각비를 이용한 삼각형의 넓이 　　　정답률 33% | 정답 ①

그림과 같이 중심이 O이고 중심각의 크기가 120°인 부채꼴 OAB가 있다. $\angle AOC=\angle DOB=30$°인 호 AB 위의 두 점 C, D에 대하여 선분 OC와 선분 AD가 만나는 점을 E라 하자. 선분 OD의 수직이등분선과 선분 OB가 만나는 점 F에 대하여 $\overline{BF}=\dfrac{2\sqrt{3}}{3}$일 때, 삼각형 ODE의 넓이는? [4점]

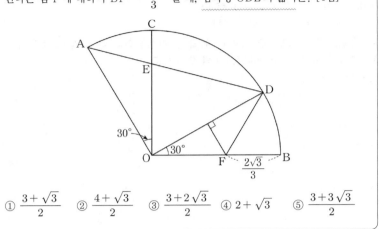

① $\dfrac{3+\sqrt{3}}{2}$　② $\dfrac{4+\sqrt{3}}{2}$　③ $\dfrac{3+2\sqrt{3}}{2}$　④ $2+\sqrt{3}$　⑤ $\dfrac{3+3\sqrt{3}}{2}$

STEP 01 $\overline{OF}=x$라 하고 직각삼각형 OFH에서 삼각비를 이용하여 각 변의 길이를 구한 후 부채꼴 OBD의 반지름의 길이와의 관계를 이용하여 x와 부채꼴의 반지름의 길이를 구한다.

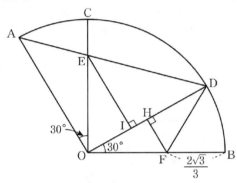

점 F에서 선분 OD에 내린 수선의 발을 H라 하자.
$\overline{OF}=x$라 하면 직각삼각형 OFH에서 $\cos 30°=\dfrac{\overline{OH}}{\overline{OF}}$이므로
$\dfrac{\sqrt{3}}{2}=\dfrac{\overline{OH}}{x}$, $\overline{OH}=\dfrac{\sqrt{3}}{2}x$
부채꼴 OAB의 반지름의 길이를 r라 하면 $r=2\overline{OH}=\sqrt{3}x$이므로
$r=\overline{OF}+\overline{BF}=x+\dfrac{2\sqrt{3}}{3}=\sqrt{3}x$
$(\sqrt{3}-1)x=\dfrac{2\sqrt{3}}{3}$
$x=\dfrac{2\sqrt{3}}{3(\sqrt{3}-1)}=\dfrac{2\sqrt{3}(\sqrt{3}+1)}{3(\sqrt{3}-1)(\sqrt{3}+1)}=\dfrac{2\times 3+2\sqrt{3}}{3\times 2}=\dfrac{3+\sqrt{3}}{3}$
$r=\sqrt{3}x=\dfrac{3\sqrt{3}+3}{3}=\sqrt{3}+1$

STEP 02 $\overline{OI}=y$라 하고 두 직각삼각형 EOI와 EID에서 삼각비를 이용하여 각 변의 길이를 구한 후 부채꼴 OCD의 반지름의 길이와의 관계를 이용하여 y를 구한다.

점 E에서 선분 OD에 내린 수선의 발을 I라 하고 $\overline{OI}=y$라 하면
$\angle EOI=\angle AOB-\angle AOC-\angle DOB=120°-30°-30°=60°$
직각삼각형 EOI에서
$\tan(\angle EOI)=\tan 60°=\dfrac{\overline{EI}}{\overline{OI}}=\dfrac{\overline{EI}}{y}$
$\overline{EI}=y\times\tan 60°=\sqrt{3}y$
$\overline{OA}=\overline{OD}$인 이등변삼각형 AOD에서
$\angle AOD=\angle AOC+\angle COD=\angle AOC+\angle EOI=30°+60°=90°$
이므로 삼각형 AOD가 직각삼각형이다.
그러므로 $\angle EDI=\angle ADO=45°$
$\tan(\angle EDI)=\tan 45°=\dfrac{\overline{EI}}{\overline{DI}}=\dfrac{\sqrt{3}y}{\overline{DI}}$
$\overline{DI}=\sqrt{3}y\times\dfrac{1}{\tan 45°}=\sqrt{3}y$
$\overline{OD}=\overline{OI}+\overline{DI}=y+\sqrt{3}y=(\sqrt{3}+1)y$
$\sqrt{3}+1=(\sqrt{3}+1)y$, $y=1$

STEP 03 부채꼴의 반지름의 길이와 y를 이용하여 삼각형 ODE의 넓이를 구한다.

따라서
$$\triangle \text{ODE} = \frac{1}{2} \times \overline{\text{OD}} \times \overline{\text{EI}} = \frac{1}{2} \times r \times \sqrt{3}\,y = \frac{1}{2} \times (\sqrt{3}+1) \times \sqrt{3} = \frac{3+\sqrt{3}}{2}$$

●핵심 공식

▶ 특수각의 삼각비

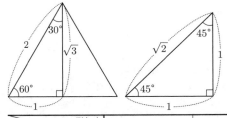

삼각비 〉각(A)	30°	45°	60°
$\sin A$	$\dfrac{1}{2}$	$\dfrac{\sqrt{2}}{2}$	$\dfrac{\sqrt{3}}{2}$
$\cos A$	$\dfrac{\sqrt{3}}{2}$	$\dfrac{\sqrt{2}}{2}$	$\dfrac{1}{2}$
$\tan A$	$\dfrac{\sqrt{3}}{3}$	1	$\sqrt{3}$

★★ 문제 해결 꿀~팁 ★★

▶ 문제 해결 방법

직각삼각형 OFH 에서 $\overline{\text{OF}}=x$ 라 하면 $\overline{\text{OH}}=\dfrac{\sqrt{3}}{2}x$, $\overline{\text{OD}}=\sqrt{3}x$, $\overline{\text{OB}}=x+\dfrac{2\sqrt{3}}{3}$,

$\overline{\text{OD}}=\overline{\text{OB}}$ 이므로 $\sqrt{3}x=x+\dfrac{2\sqrt{3}}{3}$ 이다. 따라서 $x=\dfrac{3+\sqrt{3}}{3}$, $r=\sqrt{3}+1$

같은 방법으로 직각삼각형 EOI 에서 $\overline{\text{OI}}=y$ 라 하면
$\overline{\text{EI}}=\sqrt{3}y$, $\overline{\text{EI}}=\overline{\text{DI}}$, $\overline{\text{OD}}=\overline{\text{OI}}+\overline{\text{DI}}=y+\sqrt{3}y=r$ 이다. 따라서 $y=1$
이제 삼각형 ODE 의 넓이를 구하면 된다. 각각의 직각삼각형에서 삼각비를 이용하여 필요한 선분의 길이를 구할 수 있어야 하고 각 변과 부채꼴의 반지름의 관계를 이용하여 식을 세울 수 있어야 한다. 직각삼각형의 삼각비를 손쉽게 이용할 수 있도록 각 변의 길이의 비를 알아두는 것이 좋다.

★★★ 등급을 가르는 문제!

21 삼각형의 내심과 피타고라스 정리 〉정답률 23% | 정답 ②

그림과 같이 삼각형 ABC 의 내심 I 를 지나고 선분 BC 에 평행한 직선이 두 선분 AB, AC 와 만나는 점을 각각 D, E 라 하자. $\overline{\text{AI}}=3$ 이고, 삼각형 ABC 의 내접원의 반지름의 길이가 1 이다. **①** **삼각형 ABC 의 넓이가 $5\sqrt{2}$ 일 때**, 〈보기〉에서 옳은 것만을 있는 대로 고른 것은? [4점]

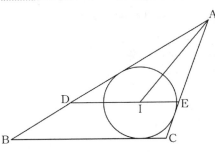

〈보기〉

ㄱ. $\angle \text{BID} = \angle \text{IBD}$
ㄴ. 삼각형 ADE 의 둘레의 길이는 $7\sqrt{2}$ 이다.
ㄷ. $\overline{\text{DE}}=2\sqrt{2}$

① ㄱ ② ㄱ, ㄴ ③ ㄱ, ㄷ ④ ㄴ, ㄷ ⑤ ㄱ, ㄴ, ㄷ

STEP 01 ㄱ. 엇각과 내심의 성질을 이용하여 참, 거짓을 판별한다.

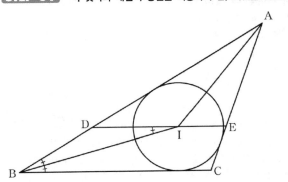

ㄱ. 직선 DE 와 직선 BC 가 평행하므로 $\angle \text{IBC} = \angle \text{BID}$ (엇각)
점 I 가 삼각형 ABC 의 내심이므로
$\angle \text{IBC} = \angle \text{IBD}$ 가 되어 $\angle \text{BID} = \angle \text{IBD}$ ∴ 참

STEP 02 ㄴ. 삼각형 ADE 의 둘레의 길이와 길이가 같은 선분을 찾고 ①을 이용하여 $\overline{\text{BC}}$ 의 길이를 구한다.

ㄴ. $\angle \text{BID} = \angle \text{IBD}$ 이므로 삼각형 DBI 는 $\overline{\text{DB}}=\overline{\text{DI}}$ 인 이등변삼각형이다.
그러므로 $\overline{\text{AB}}=\overline{\text{AD}}+\overline{\text{DB}}=\overline{\text{AD}}+\overline{\text{DI}}$
같은 방법으로 $\overline{\text{CA}}=\overline{\text{IE}}+\overline{\text{EA}}$, $\overline{\text{DE}}=\overline{\text{DI}}+\overline{\text{IE}}$ 이므로
삼각형 ADE 의 둘레의 길이는
$$\overline{\text{AD}}+\overline{\text{DE}}+\overline{\text{EA}} = \overline{\text{AD}}+(\overline{\text{DI}}+\overline{\text{IE}})+\overline{\text{EA}}$$
$$= (\overline{\text{AD}}+\overline{\text{DI}})+(\overline{\text{IE}}+\overline{\text{EA}})$$
$$= \overline{\text{AB}}+\overline{\text{CA}}$$
점 I 에서 세 선분 AB, BC, CA 에 내린 수선의 발을 각각 P, Q, R 라 하면 피타고라스 정리에 의해
$$\overline{\text{AP}} = \sqrt{3^2-1^2} = 2\sqrt{2}$$
$\overline{\text{AP}}$, $\overline{\text{RA}}$ 는 점 A 에서 내접원에 그은 접선이므로 $\overline{\text{AP}}=\overline{\text{RA}}$
같은 방법으로 $\overline{\text{PB}}=\overline{\text{BQ}}$, $\overline{\text{QC}}=\overline{\text{CR}}$
$$\triangle \text{ABC} = \triangle \text{ABI}+\triangle \text{BCI}+\triangle \text{CAI}$$
$$= \frac{1}{2} \times \overline{\text{AB}} \times 1 + \frac{1}{2} \times \overline{\text{BC}} \times 1 + \frac{1}{2} \times \overline{\text{CA}} \times 1$$
$$= \frac{1}{2} \times (\overline{\text{AB}}+\overline{\text{BC}}+\overline{\text{CA}})$$
$$= \frac{1}{2} \times (\overline{\text{AP}}+\overline{\text{PB}}+\overline{\text{BQ}}+\overline{\text{QC}}+\overline{\text{CR}}+\overline{\text{RA}})$$
$$= \frac{1}{2} \times (4\sqrt{2}+2\overline{\text{PB}}+2\overline{\text{CR}})$$
$$= 2\sqrt{2}+\overline{\text{PB}}+\overline{\text{CR}}$$
$$= 5\sqrt{2}$$
$$\overline{\text{PB}}+\overline{\text{CR}}=3\sqrt{2}$$

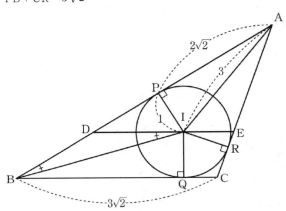

STEP 03 내접원의 성질을 이용하여 삼각형 ADE 의 둘레의 길이를 구하여 참, 거짓을 판별한다.

그러므로 삼각형 ADE 의 둘레의 길이는
$$\overline{\text{AD}}+\overline{\text{DE}}+\overline{\text{EA}} = \overline{\text{AB}}+\overline{\text{CA}}$$
$$= \overline{\text{AP}}+\overline{\text{PB}}+\overline{\text{CR}}+\overline{\text{RA}}$$
$$= 4\sqrt{2}+\overline{\text{PB}}+\overline{\text{CR}}$$
$$= 4\sqrt{2}+3\sqrt{2}$$
$$= 7\sqrt{2}$$ ∴ 참

STEP 04 ㄷ. $\overline{\text{AS}}$ 와 $\overline{\text{AH}}$ 의 길이를 구하여 두 삼각형 ABC, ADE 의 닮음비를 구한 다음 $\overline{\text{BC}}$ 의 길이를 이용하여 $\overline{\text{DE}}$ 의 길이를 구하여 참, 거짓을 판별한다.

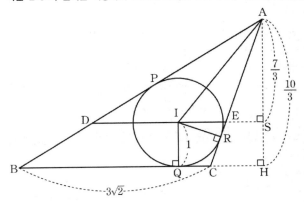

ㄷ. $\overline{\text{PB}}=\overline{\text{BQ}}$, $\overline{\text{QC}}=\overline{\text{CR}}$ 이므로
$$\overline{\text{BC}} = \overline{\text{BQ}}+\overline{\text{QC}} = \overline{\text{PB}}+\overline{\text{CR}} = 3\sqrt{2}$$
점 A 에서 직선 BC 에 내린 수선의 발을 H 라 하면

$\triangle ABC = \dfrac{1}{2} \times \overline{BC} \times \overline{AH} = \dfrac{1}{2} \times 3\sqrt{2} \times \overline{AH} = 5\sqrt{2}$

이므로 $\overline{AH} = \dfrac{10}{3}$

직선 DE와 선분 AH가 만나는 점을 S 라 하면

$\angle BQI = \angle BHA = 90°$ 이므로 두 직선 IQ와 AH는 서로 평행하다.

직선 BC와 직선 DE가 평행하므로 사각형 IQHS가 평행사변형이 되어

$\overline{SH} = \overline{IQ} = 1$

$\overline{AS} = \overline{AH} - \overline{SH} = \dfrac{10}{3} - 1 = \dfrac{7}{3}$

$\angle BAC$ 는 공통, $\angle ADE = \angle ABC$ (동위각)

이므로 두 삼각형 ABC, ADE는 서로 닮은 도형이고 닮음비는

$\dfrac{10}{3} : \dfrac{7}{3} = 10 : 7$

그러므로 $\overline{DE} = \dfrac{7}{10} \times \overline{BC} = \dfrac{7}{10} \times 3\sqrt{2} = \dfrac{21}{10}\sqrt{2}$ $\qquad \therefore$ 거짓

따라서 옳은 것은 ㄱ, ㄴ이다.

다른 풀이

ㄴ. $\angle BID = \angle IBD$ 이므로 삼각형 DBI는 $\overline{DB} = \overline{DI}$ 인 이등변삼각형이다.

그러므로 $\overline{AB} = \overline{AD} + \overline{DB} = \overline{AD} + \overline{DI}$

같은 방법으로 $\overline{CA} = \overline{IE} + \overline{EA}$, $\overline{DE} = \overline{DI} + \overline{IE}$ 이므로

삼각형 ADE의 둘레의 길이는

$\overline{AD} + \overline{DE} + \overline{EA} = \overline{AD} + (\overline{DI} + \overline{IE}) + \overline{EA}$
$\qquad = (\overline{AD} + \overline{DI}) + (\overline{IE} + \overline{EA})$
$\qquad = \overline{AB} + \overline{CA}$

점 I에서 세 선분 AB, BC, CA에 내린 수선의 발을 각각 P, Q, R라

하면 피타고라스 정리에 의해

$\overline{AP} = \sqrt{3^2 - 1^2} = 2\sqrt{2}$

$\overline{AP}$, $\overline{RA}$ 는 점 A에서 내접원에 그은 접선이므로 $\overline{AP} = \overline{RA}$

같은 방법으로 $\overline{PB} = \overline{BQ}$, $\overline{QC} = \overline{CR}$

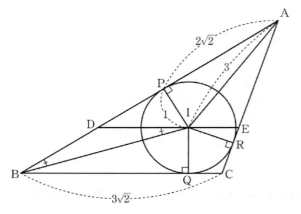

$\overline{PB} = \overline{BQ} = a$, $\overline{QC} = \overline{CR} = b$, 원의 반지름의 길이를 r, 삼각형 ABC 의 둘레를 l이라 하면

삼각형 ABC 의 넓이 $= \dfrac{1}{2} rl = \dfrac{1}{2} \times 1 \times 2 \times (2\sqrt{2} + a + b)$
$\qquad = 2\sqrt{2} + a + b = 5\sqrt{2}$ 이다.

따라서 $a + b = 3\sqrt{2}$

그러므로 삼각형 ADE의 둘레의 길이는

$\overline{AD} + \overline{DE} + \overline{EA} = \overline{AB} + \overline{CA} = \overline{AP} + \overline{PB} + \overline{CR} + \overline{RA}$
$\qquad = 4\sqrt{2} + a + b = 4\sqrt{2} + 3\sqrt{2} = 7\sqrt{2}$ $\qquad \therefore$ 참

ㄷ. $\overline{BC} = a + b = 3\sqrt{2}$,

삼각형 ABC의 둘레의 길이는 $2 \times (2\sqrt{2} + a + b) = 10\sqrt{2}$ 이고

삼각형 ADE의 둘레의 길이는 $7\sqrt{2}$ 이다.

한편 $\angle BAC$ 는 공통, $\angle ADE = \angle ABC$ (동위각)이므로

두 삼각형 ABC, ADE는 서로 닮은 도형이고 닮음비는 $10\sqrt{2} : 7\sqrt{2} = 10 : 7$ 이다.

그러므로 $\overline{DE} = \dfrac{7}{10} \times \overline{BC} = \dfrac{7}{10} \times 3\sqrt{2} = \dfrac{21}{10}\sqrt{2}$ $\qquad \therefore$ 거짓

● 핵심 공식

▶ 삼각형의 내심(내접원의 중심)

(1) 내심 : 삼각형의 세 내각의 이등분선의 교점

(2) 내심에서 삼각형의 각 변에 이르는 거리는 내접원의 반지름으로 모두 같다.

(3) 삼각형의 넓이는 $\dfrac{1}{2} rl$

(r=원의 반지름, l=삼각형의 둘레)

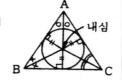

▶ 원의 반지름과 접선

(1) 접선의 길이(l) : 원 밖의 한 점에서 원에 접선을 그었을 때, 그 점에서 접점까지의 거리

(2) 원의 외부에 있는 한 점에서 그 원에 그은 두 접선의 길이는 같다.

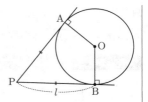

★★ 문제 해결 꿀~팁 ★★

▶ 문제 해결 방법

이 문제를 해결하기 위해서는 내접원의 성질을 잘 알고 있어야 한다.

ㄱ에서는 직선 DE와 직선 BC가 평행하므로 $\angle IBC = \angle BID$ (엇각)이고, 점 I가 삼각형 ABC의 내심이므로 $\angle IBC = \angle IBD$ 가 되어 $\angle BID = \angle IBD$ 이다. 내심과 외접하는 삼각형의 각 꼭짓점을 연결한 선분들을 그었을 때 외접하는 삼각형의 각들은 각각 이등분이 되고, 비슷한 방법으로 외심에서는 변을 이등분하게 된다. 이 성질은 매우 유용하게 쓰이므로 정확하게 구분하여 반드시 알아두어야 한다.

또한 직선 DE와 직선 BC가 평행하다는 것에서 우리는 두 삼각형 ABC와 ADE가 닮음이라는 사실을 알 수 있다.

ㄴ에서 또 한가지 중요한 공식이 쓰이게 된다. 내접원의 반지름과 외접하는 삼각형의 둘레를 이용하여 외접하는 삼각형의 넓이를 구하는 공식이다. 외접하는 삼각형의 넓이$= \dfrac{1}{2} rl$ (r=내접원의 반지름, l=삼각형의 둘레)이다. 공식이 유추되는 과정은 풀이 과정에 나와 있다. 이러한 사실을 공식으로 알아 두면 매번 풀이와 같은 과정을 되풀이 하지 않고 보다 빠르게 문제를 해결할 수 있다.

직각삼각형 IPA에서 피타고라스 정리에 의하여 $\overline{AP} = 2\sqrt{2}$ 이고 내접원의 성질에 의하여 $\overline{AP} = \overline{RA}$, $\overline{PB} = \overline{BQ}$, $\overline{QC} = \overline{CR}$ 이다.

$\overline{PB} = \overline{BQ} = a$, $\overline{QC} = \overline{CR} = b$ 라 하면 삼각형 ABC의 넓이 $= \dfrac{1}{2} rl = 2\sqrt{2} + a + b = 5\sqrt{2}$ 이다. 그러므로 $a + b = \overline{BC} = 3\sqrt{2}$ 이다.

이제 길이가 같은 변들의 관계를 이용하여 삼각형 ADE의 둘레의 길이를 구하면 $7\sqrt{2}$ 이다. 삼각형 ABC의 둘레의 길이가 $10\sqrt{2}$ 이므로 두 삼각형 ABC와 ADE의 닮음비는 $10 : 7$ 이다.

ㄷ에서 두 삼각형의 닮음비를 해설처럼 구해도 무방하나 두 삼각형의 둘레의 길이를 이용하면 보다 쉽게 닮음비를 구할 수 있다. 두 삼각형의 닮음비가 $10 : 7$ 이고 $\overline{BC} = 3\sqrt{2}$ 이므로 $\overline{DE} = \dfrac{7}{10} \times \overline{BC} = \dfrac{7}{10} \times 3\sqrt{2} = \dfrac{21}{10}\sqrt{2}$ 이다.

내접원과 외접원의 성질을 정확하고 세세하게 알아두는 것이 좋다.

22 이차방정식의 근   정답률 93% | 정답 9

이차방정식 ❶ $x^2 - 2ax + 5a = 0$의 한 근이 $x = 3$일 때, 상수 a의 값을 구하시오. [3점]

STEP 01 ❶에 $x = 3$을 대입하여 a의 값을 구한다.

이차방정식 $x^2 - 2ax + 5a = 0$의 한 근이 $x = 3$이므로

$x^2 - 2ax + 5a = 0$에 $x = 3$을 대입하면

$9 - 6a + 5a = 0$, $9 - a = 0$

따라서 $a = 9$

23 연립일차방정식   정답률 93% | 정답 6

연립일차방정식 ❶ $\begin{cases} x - y = 4 \\ 2x + y = 11 \end{cases}$ 의 해가 $x = a$, $y = b$일 때, $a + b$의 값을 구하시오. [3점]

STEP 01 ❶의 연립방정식을 풀어 해를 구한 후 $a + b$의 값을 구한다.

연립일차방정식

$\begin{cases} x - y = 4 & \cdots\cdots \ ㉠ \\ 2x + y = 11 & \cdots\cdots \ ㉡ \end{cases}$

에서 ㉠과 ㉡을 변끼리 더하면 $3x = 15$, $x = 5$

$x = 5$를 ㉠에 대입하면 $5 - y = 4$, $y = 1$

이므로 구하는 연립일차방정식의 해는 $x = 5$, $y = 1$

그러므로 $a = 5$, $b = 1$

따라서 $a + b = 5 + 1 = 6$

24 평면도형의 성질   정답률 71% | 정답 112

그림과 같이 $\angle B = 72°$, $\angle C = 48°$인 삼각형 ABC 가 있다. 점 C 를 지나고 직선 AB 에 평행한 직선 위의 점 D 와 선분 AB 위의 점 E 에 대하여 $\angle CDE = 52°$ 이다. 선분 DE 와 선분 AC 의 교점을 F 라 할 때,

∠EFC $= x°$이다. x의 값을 구하시오. (단, ∠BCD > 90°이고, 점 E는 점 A가 아니다.) [3점]

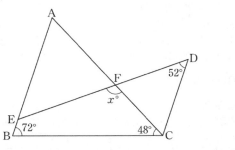

변량의 개수가 짝수이고 중앙값이 6.5이므로
$$6.5 = \frac{6+a}{2}, \quad a = 7$$
평균이 6이므로
$$\frac{1+4+5+6+7+8+9+b}{8} = \frac{40+b}{8} = 6$$
$40+b = 48, \quad b = 8$

STEP 02 a, b의 값을 대입한 자료를 크기순으로 정렬한 후 c를 구한 다음 $a+b+c$의 값을 구한다.

자료의 값을 크기순으로 정렬하면
1, 4, 5, 6, 7, 8, 8, 9
이므로 최빈값은 8이다.
$c = 8$
따라서 $a+b+c = 7+8+8 = 23$

STEP 01 삼각형의 세 내각의 크기의 합과 두 선분 AB와 CD가 서로 평행함을 이용하여 ∠A, ∠ACD, ∠DFC를 차례로 구한 후 x의 값을 구한다.

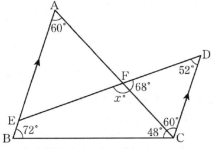

삼각형 ABC의 세 내각의 크기의 합이 180°이므로
∠A + ∠B + ∠C = 180°
∠B = 72°, ∠C = 48°이므로
∠A = 180° − 72° − 48° = 60°
한편, 두 선분 AB와 CD가 서로 평행하므로
∠ACD = ∠A = 60° (엇각)
삼각형 CDF의 세 내각의 크기의 합이 180°이므로
∠FCD + ∠CDF + ∠DFC = 180°
∠DFC = 180° − 60° − 52° = 68°
∠EFC = 180° − ∠DFC = 180° − 68° = 112°
따라서 $x = 112°$

---

25 경우의 수   정답률 74% | 정답 7

한 개의 주사위를 두 번 던져서 나오는 눈의 수를 차례로 a, b라 할 때, $a+b$가 14의 약수가 되도록 하는 모든 순서쌍 (a, b)의 개수를 구하시오. [3점]

STEP 01 14의 약수 중 $a+b$가 될 수 있는 경우에 대하여 각각 만족하는 순서쌍 (a, b)를 구한 후 개수를 구한다.

14의 약수는 1, 2, 7, 14이다.
a, b는 1이상 6이하의 자연수이므로 14의 약수 중 $a+b$의 값으로 가능한 것은 2 또는 7이다.

(i) $a+b = 2$인 경우
$a=1$이면 $b=1$이므로 가능한 순서쌍의 개수는 (1, 1)의 1

(ii) $a+b = 7$인 경우
$a=1$이면 $b=6$, $a=2$이면 $b=5$, $a=3$이면 $b=4$
$a=4$이면 $b=3$, $a=5$이면 $b=2$, $a=6$이면 $b=1$
이므로 가능한 순서쌍의 개수는
(1, 6), (2, 5), (3, 4), (4, 3), (5, 2), (6, 1)의 6

(i), (ii)에서 가능한 모든 순서쌍 (a, b)의 개수는
$1+6 = 7$

---

26 중앙값, 평균, 최빈값   정답률 78% | 정답 23

세 실수 a, b, c에 대하여 다음 자료의 ❶ 중앙값이 6.5, 평균이 6, 최빈값이 c일 때, $a+b+c$의 값을 구하시오. [4점]

> 9, 5, 6, 4, 8, 1, a, b

STEP 01 자료를 크기순으로 정렬한 후 ❶을 이용하여 a, b의 값을 구한다.

두 실수 a, b에 대하여 $a \le b$라 하자.
a, b를 제외한 자료의 값을 크기순으로 정렬하면
1, 4, 5, 6, 8, 9
중앙값 6.5보다 작은 값의 개수는 1, 4, 5, 6의 4이고 변량의 개수가 8이므로 a와 b는 모두 6.5보다 크다.

★★★ 등급을 가르는 문제!

27 소인수분해의 활용   정답률 38% | 정답 420

가로의 길이가 150cm, 세로의 길이가 120cm인 직사각형 ABCD 모양의 종이가 있다. [그림1]과 같이 $\overline{CE} = 60$cm인 선분 BC 위의 점 E와 $\overline{CF} = 48$cm인 선분 CD 위의 점 F에 대하여 두 선분 CE, CF를 변으로 하는 직사각형 모양의 종이를 잘라내고 남은 ⌐ 모양의 종이를 만들었다.

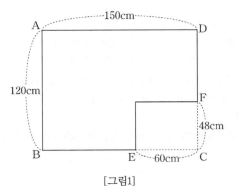

[그림1]

[그림2]와 같이 ⌐ 모양의 종이의 내부에 ❶ 변의 길이가 자연수이고 모두 합동인 정사각형 모양의 종이를 서로 겹치지 않고 빈틈없이 붙이려고 할 때, 붙일 수 있는 종이의 개수의 최솟값을 구하시오. [4점]

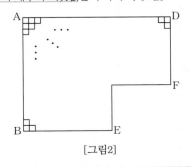

[그림2]

STEP 01 주어진 조건을 만족하도록 하는 ❶의 한 변의 길이의 조건을 파악한다.

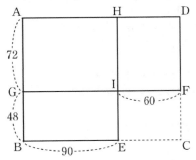

그림과 같이 선분 AB에 수직이고 점 F를 지나는 직선이 선분 AB와 만나는 점을 G, 선분 BC에 수직이고 점 E를 지나는 직선이 선분 DA와 만나는 점을 H, 두 선분 GF와 EH가 만나는 점을 I라 하자.
직사각형 AGIH의 내부에 정사각형을 서로 겹치지 않고 빈틈없이 붙이려면 붙이는 정사각형 모양의 종이의 한 변의 길이가 두 선분 AG, GI의 길이의 공약수가 되어야 한다.
이때 붙이는 정사각형 모양의 종이의 개수가 최소가 되기 위해서는 정사각형 모양의 종이의 한 변의 길이가 두 선분 AG, GI의 길이의 최대공약수가 되어야 한다.
같은 방법으로 직사각형 GBEI의 내부에 정사각형 모양의 종이를 서로 겹치지

않고 빈틈없이 붙일 때, 붙이는 종이의 개수가 최소가 되기 위해서는 정사각형 모양의 종이의 한 변의 길이가 두 선분 GB, BE의 길이의 최대공약수가 되어야 한다.

같은 방법으로 직사각형 HIFD의 내부에 정사각형 모양의 종이를 서로 겹치지 않고 빈틈없이 붙일 때, 붙이는 종이의 개수가 최소가 되기 위해서는 정사각형 모양의 종이의 한 변의 길이가 두 선분 HI, IF의 길이의 최대공약수가 되어야 한다.

STEP 02 세 직사각형 AGIH, GBEI, HIFD의 각 변의 길이를 소인수분해한 후 각 사각형의 변들끼리의 최대공약수를 구한 후 세 수의 최대공약수를 구한다.

$\overline{AG}=72$, $\overline{GI}=90$에서
$72=2^3 \times 3^2$
$90=2 \times 3^2 \times 5$
이므로
72와 90의 최대공약수는 $2 \times 3^2 = 18$
$\overline{GB}=48$, $\overline{BE}=90$에서
$48=2^4 \times 3$
$90=2 \times 3^2 \times 5$
이므로
48과 90의 최대공약수는 $2 \times 3 = 6$
$\overline{HI}=72$, $\overline{IF}=60$에서
$72=2^3 \times 3^2$
$60=2^2 \times 3 \times 5$
이므로
72와 60의 최대공약수는 $2^2 \times 3 = 12$

세 직사각형 AGIH, GBEI, HIFD에 합동인 정사각형 모양의 종이를 붙여야 하므로 한 변의 길이는 18, 6, 12의 공약수가 되어야 한다.

이때 ⌐┐ 모양의 종이의 내부에 붙이는 정사각형 모양의 종이의 개수가 최소가 되기 위해서는 정사각형 모양의 종이의 한 변의 길이가 18, 6, 12의 최대공약수 6이 되어야 한다.

STEP 03 [그림1]의 넓이와 ⌐┐의 넓이를 이용하여 필요한 종이의 개수를 구한다.

그러므로 붙이는 정사각형 모양의 종이 1개의 넓이는 $6^2 = 36$
$(\square AGIH + \square GBEI + \square HIFD) \div 36 = (72 \times 90 + 48 \times 90 + 72 \times 60) \div 36 = 420$
따라서 붙일 수 있는 종이의 개수의 최솟값은 420

다른 풀이

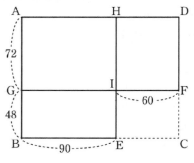

[그림 1]

그림과 같이 선분 AB에 수직이고 점 F를 지나는 직선이 선분 AB와 만나는 점을 G, 선분 BC에 수직이고 점 E를 지나는 직선이 선분 DA와 만나는 점을 H, 두 선분 GF와 EH가 만나는 점을 I라 하자.

세 직사각형의 내부에 정사각형을 서로 겹치지 않고 빈틈없이 붙이려면 붙이는 정사각형 모양의 종이의 한 변의 길이는 각 직사각형의 각 변의 길이의 공약수가 되어야 한다.

이때 붙이는 정사각형 모양의 종이의 개수가 최소가 되기 위해서는 정사각형 모양의 종이의 한 변의 길이는 각 직사각형의 각 변의 길이의 최대공약수가 되어야 한다.

그러므로 정사각형 모양의 종이의 한 변의 길이는 72, 90, 48, 60의 최대공약수이다.

네 수를 소인수분해하면
$72=2^3 \times 3^2$
$90=2 \times 3^2 \times 5$
$48=2^4 \times 3$
$60=2^2 \times 3 \times 5$
이므로 네 수의 최대공약수는 $2 \times 3 = 6$이다.

[그림1]에 붙이는 종이의 개수는
(직사각형 ABCD에 붙이는 종이의 개수)−(직사각형 IECF에 붙이는 종이의 개수)이다.

직사각형 ABCD의 가로의 길이는 150, 세로의 길이는 120으로 가로에는

한 줄에 $150 \div 6 = 25$개, 세로에는 한 줄에 $120 \div 6 = 20$개씩을 붙일 수 있으므로 직사각형 ABCD에는 모두 $25 \times 20 = 500$개의 종이를 붙일 수 있다.

같은 방법으로 직사각형 IECF의 가로의 길이는 60, 세로의 길이는 48로 가로에는 한 줄에 $60 \div 6 = 10$개, 세로에는 한 줄에 $48 \div 6 = 8$개씩을 붙일 수 있으므로 직사각형 IECF에는 모두 $10 \times 8 = 80$개의 종이를 붙일 수 있다.

따라서 붙일 수 있는 종이의 개수의 최솟값은 $500 - 80 = 420$

★★ 문제 해결 꿀~팁 ★★

▶ 문제 해결 방법
구하는 정사각형의 한 변의 길이는 결국 세 직사각형의 각 변의 길이의 최대공약수이다. 이를 해설처럼 각각의 직사각형의 변의 길이의 최대공약수를 구한 후 다시 그 최대공약수들의 최대공약수를 구해도 무방하나 다른 풀이처럼 각 변의 길이들의 최대공약수를 한 번에 구하는 것이 좀 더 효과적이라 할 수 있다. 각 변의 길이를 소인수분해한 후 각 수들의 공통인수를 찾으면 된다. 마찬가지로 최소공배수를 구하는 방법도 같이 알아 두어야 한다. 또한 필요한 종이의 개수를 구할 때도 사각형들의 넓이를 이용하거나 각 변의 길이를 이용하거나 하여 본인에게 편한 방법으로 구할 수 있으면 된다.

---

28 소인수분해의 활용 　　　　　정답률 41% | 정답 18

$p < q$인 두 소수 p, q에 대하여 ❶ $p^2 q < n \le pq^2$을 만족시키는 자연수 n의 개수가 308일 때, $p+q$의 값을 구하시오. [4점]

STEP 01 ❶을 만족하는 자연수 n의 개수를 구한 후 308을 소인수분해하여 만족하는 p, q를 구한 다음 $p+q$의 값을 구한다.

$p^2 q < n \le pq^2$을 만족시키는 자연수 n의 개수는 $pq^2 - p^2 q$이므로
$pq^2 - p^2 q = pq(q-p) = 308$
$p < q$이므로 $q - p > 0$이고 p, q가 자연수이므로 $q-p$도 자연수이다.
$p < q$이고 $q - p < q$이므로 세 자연수 p, q, $q-p$ 중 q가 가장 큰 자연수이다.
308을 소인수분해하면
$308 = 2^2 \times 7 \times 11$
q는 308의 가장 큰 소인수이므로 $q = 11$
p는 308의 소인수이고 $p < q$이므로 $p = 2$ 또는 $p = 7$
(i) $p = 2$인 경우
　　$pq(q-p) = 2 \times 11 \times (11-2) = 198$
(ii) $p = 7$인 경우
　　$pq(q-p) = 7 \times 11 \times (11-7) = 308$
(i), (ii)에 의하여 $pq(q-p) = 308$일 때
$p = 7$, $q = 11$
따라서 $p+q = 18$

★★★ 등급을 가르는 문제!

29 삼각형의 닮음 　　　　　정답률 15% | 정답 25

그림과 같이 삼각형 ABC의 선분 AC 위의 점 D와 직선 BD 위의 점 E에 대하여 ❶ $\overline{DE} : \overline{DA} : \overline{DB} = 1 : 2 : 4$이다. 점 D를 지나고 직선 BC와 평행한 직선이 두 선분 AB, EC와 만나는 점을 각각 F, G라 할 때, ❷ $\overline{FD} = 2$, $\overline{DG} = 1$이고 ❸ 삼각형 AFD의 넓이가 3이다. 삼각형 EDG의 넓이가 $\dfrac{q}{p}$일 때, $p+q$의 값을 구하시오. (단, 점 E는 삼각형 ABC의 외부에 있고, p와 q는 서로소인 자연수이다.) [4점]

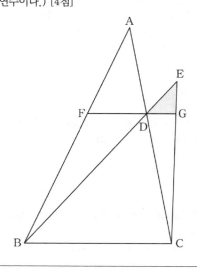

STEP 01 닮음인 삼각형들을 찾고 ❶과 ❷를 이용하여 각 삼각형들의 닮음비를 구하고 ❸을 이용하여 삼각형 EDG의 넓이를 구한 후 $p+q$의 값을 구한다.

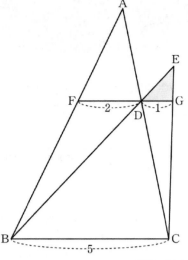

두 삼각형 EDG, EBC 에서 $\overline{DG} /\!/ \overline{BC}$ 이므로
두 삼각형 EDG, EBC 는 서로 닮은 도형이다.
$\overline{DE}:\overline{DB}=1:4$ 이므로
$\overline{DE}:\overline{BE}=\overline{DG}:\overline{BC}=1:5$
$\overline{BC}=5$
$\overline{BD}:\overline{BE}=4:5$ ·········· ㉠
두 삼각형 EDG 와 EBC 의 닮음비가 $1:5$ 이므로
넓이의 비는 $1^2:5^2=1:25$ 이고
$\triangle EBC=25\times\triangle EDG$
㉠에서
$\triangle BCD=\dfrac{4}{5}\times\triangle EBC=\dfrac{4}{5}\times(25\times\triangle EDG)=20\times\triangle EDG$

두 삼각형 AFD, ABC 에서 $\overline{FD} /\!/ \overline{BC}$ 이므로
두 삼각형 AFD, ABC 는 서로 닮은 도형이다.
$\overline{FD}:\overline{BC}=2:5$ 이므로
$\overline{AD}:\overline{AC}=2:5$
$\overline{DC}:\overline{AC}=3:5$ ·········· ㉡
두 삼각형 AFD 와 ABC 의 닮음비가 $2:5$ 이므로
넓이의 비는 $2^2:5^2=4:25$ 이고
$\triangle ABC=\dfrac{25}{4}\times\triangle AFD=\dfrac{75}{4}$ 이다.
㉡에서
$\triangle BCD=\dfrac{3}{5}\times\triangle ABC=\dfrac{3}{5}\times\dfrac{75}{4}=\dfrac{45}{4}$

삼각형 BCD 의 넓이는 $20\times\triangle EDG=\dfrac{45}{4}$ 이므로
$\triangle EDG=\dfrac{9}{16}$
$p=16,\ q=9$
따라서 $p+q=16+9=25$

다른 풀이

두 삼각형 EDG, EBC 에서 $\overline{DG} /\!/ \overline{BC}$ 이므로
두 삼각형 EDG, EBC 는 서로 닮은 도형이다.
$\overline{DE}:\overline{DB}=1:4$ 이므로
$\overline{EG}:\overline{GC}=1:4$
$\overline{DE}:\overline{BE}=\overline{DG}:\overline{BC}=1:5$
$\overline{BC}=5$
두 삼각형 AFD, ABC 에서 $\overline{FD} /\!/ \overline{BC}$ 이므로
두 삼각형 AFD, ABC 는 서로 닮은 도형이다.
$\overline{FD}:\overline{BC}=2:5$ 이므로
$\overline{AD}:\overline{AC}=2:5$
$\overline{AD}:\overline{DC}=\overline{AF}:\overline{FB}=2:3$
삼각형 EDG 의 넓이를 a 라 하면
$\triangle DCG=4a,\ \triangle EDC=5a,\ \triangle DBC=4\times5a=20a$
$\triangle DFB=\dfrac{2}{5}\times20a=8a$
$\triangle AFD=\dfrac{2}{3}\times8a=\dfrac{16}{3}a=3$ 이므로
$a=3\times\dfrac{3}{16}=\dfrac{9}{16}=\dfrac{q}{p}$
따라서 $p+q=16+9=25$

● 핵심 공식

▶ 닮은 도형의 닮음비
두 도형의 길이의 비가 $m:n$ 일 때,

길이의 비	$m:n$
넓이의 비	$m^2:n^2$
부피의 비	$m^3:n^3$

★★ 문제 해결 꿀~팁 ★★

▶ 문제 해결 방법
평행인 선분과 주어진 길이의 비, 주어진 선분의 길이를 이용하여 닮은인 삼각형들을 찾아 길이의 비를 구하는 것이 우선이다.
두 쌍의 닮음인 삼각형들이 나오는데 두 삼각형 EDG, EBC 와 두 삼각형 AFD, ABC 가 서로 닮음이다. 여기에서 각 변들의 길이의 비를 구할 수 있다. 각 선분들의 길이의 비를 이용하여 넓이의 비를 구하고 주어진 삼각형 AFD 의 넓이가 3임을 이용하여 삼각형 EDG 의 넓이를 구하면 된다.
다른 풀이에서처럼 가장 작은 도형의 넓이를 미지수 a 로 놓고 다른 도형의 넓이를 차례로 a 를 이용하여 나타내는 방법도 좋은 방법이다. 이때 길이의 비와 넓이의 비를 혼동해서는 안 된다.
예를 들면 $\triangle EDG=a$ 이면 $\triangle EBC=25a$ 이지만 $\triangle DCG=4a$ 이면 $\triangle DFB=8a$ 이다.
앞의 두 삼각형은 닮음으로 넓이의 비가 $1^2:5^2=1:25$ 이지만 뒤의 두 삼각형은 한 변의 길이의 비만 $1:2$ 이고 높이는 같기 때문에 넓이의 비도 $1:2$ 이다.
이 두 상황을 잘 구분할 수 있어야 한다.

★★★ 등급을 가르는 문제!

30 원의 성질   정답률 12% | 정답 ②

그림과 같이 $\overline{AB}=\overline{BC}=2$ 인 삼각형 ABC 에 외접하는 원 O 가 있다.
점 B 를 지나고 직선 AC 에 수직인 직선이 원 O 와 만나는 점 중 B 가 아닌 점을 D, 선분 AC 와 선분 BD 가 만나는 점을 E 라 하자. 원 O 위의 점 C 에서의 접선과 점 D 에서의 접선이 만나는 점을 F 라 할 때, $\overline{FD}=2$ 이다.
$\overline{AE}=\dfrac{a+b\sqrt{17}}{2}$ 일 때, a^2+b^2 의 값을 구하시오. (단, a, b 는 정수이다.)

[4점]

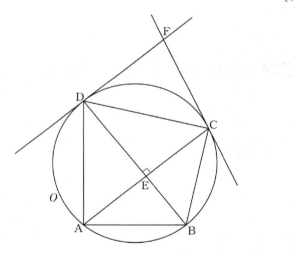

STEP 01 닮음과 합동인 삼각형들을 찾는다.

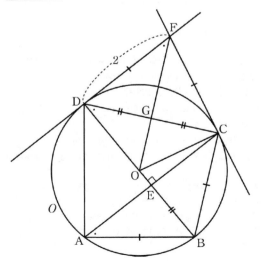

$\overline{AB}=\overline{CB}$, 선분 BE 는 공통, $\angle AEB=\angle CEB=90^\circ$ 이므로

두 삼각형 ABE, CBE는 서로 합동이다.

그러므로 $\overline{AE}=\overline{CE}$

직선 BD는 삼각형 ABC의 변 AC의 수직이등분선이므로 외접원 O의 중심은 선분 BD 위에 있다.

원 O의 중심을 O, 선분 OF와 선분 CD가 만나는 점을 G라 하자.

원 O 외부의 점 F에서 원 O에 그은 두 접선의 길이는 같으므로 $\overline{FC}=\overline{FD}=2$

$\overline{FC}=\overline{FD}$, $\overline{OC}=\overline{OD}$, $\angle OCF=\angle ODF=90°$이므로

두 삼각형 OCF, ODF는 서로 합동이다.

$\overline{OC}=\overline{OD}$, $\overline{OG}$가 공통이고 $\angle COG=\angle DOG$이므로

두 삼각형 COG, DOG는 서로 합동이다.

$\overline{CD}\perp\overline{OF}$, $\overline{CG}=\overline{DG}$

그러므로 $\overline{CD}=\overline{CG}+\overline{DG}=2\times\overline{DG}$

각 BAC와 각 BDC는 호 BC에 대한 원주각이므로

$\angle BAC=\angle BDC$, 즉 $\angle BAE=\angle EDC$

$\angle ABE=90°-\angle BAE=90°-\angle EDC=\angle FDG$

$\overline{AB}=\overline{FD}=2$, $\angle ABE=\angle FDG$, $\angle AEB=\angle FGD=90°$

이므로 두 직각삼각형 ABE, FDG는 서로 합동이다.

그러므로 $\overline{BE}=\overline{DG}$

$\angle EAB=\angle EDC$, $\angle AEB=\angle DEC=90°$이므로

두 삼각형 ABE, DCE는 서로 닮음이다.

STEP 02 $\overline{AE}=x$, $\overline{BE}=y$라 하고 두 삼각형 AEB, DCE의 닮음과 피타고라스 정리에서 x, y의 관계식을 찾아 연립하여 x, y를 구한 다음 a^2+b^2의 값을 구한다.

$\overline{AE}=x$, $\overline{BE}=y$라 하면 두 삼각형 AEB, DCE가 닮음이므로

$\overline{AB}:\overline{BE}=\overline{DC}:\overline{CE}$에서

$2:y=2y:x$

$x=y^2$ ...... ㉠

직각삼각형 ABE에서 피타고라스 정리에 의하여

$\overline{AB}^2=\overline{BE}^2+\overline{AE}^2$

$2^2=y^2+x^2$ ...... ㉡

㉠, ㉡을 연립하면

$x^2+x-4=0$

$x=\dfrac{-1-\sqrt{17}}{2}$ 또는 $x=\dfrac{-1+\sqrt{17}}{2}$

$x>0$이므로 $x=\dfrac{-1+\sqrt{17}}{2}$

$a=-1$, $b=1$

따라서 $a^2+b^2=(-1)^2+1^2=2$

●핵심 공식

▶ 원의 반지름과 접선

(1) 접선의 길이(l) : 원 밖의 한 점에서 원에 접선을 그었을 때, 그 점에서 접점까지의 거리

(2) 원의 외부에 있는 한 점에서 그 원에 그은 두 접선의 길이는 같다.

▶ 원과 현

(1) 원의 중심에서 현에 대한 수선은 현을 이등분한다.

$\overline{AB}\perp\overline{OM}$

$\overline{AB}=2\overline{AM}=2\overline{BM}$

(2) 현의 수직이등분선은 원의 중심을 지난다.

(3) 한 원에서 중심으로부터 같은 거리에 있는 현의 길이는 같다.

★★ 문제 해결 꿀~팁 ★★

▶ 문제 해결 방법

원의 내부에 여러 개의 직각삼각형들이 있다. 직각삼각형의 내부에 또 다른 직각삼각형도 존재한다. 이러한 경우는 무조건 닮음이다. 또한 합동인 직각삼각형들도 존재한다. 이 많은 직각삼각형 중에서 문제풀이에 필요한 직각삼각형을 찾을 수 있어야 한다.

기본적으로 $\overline{AE}=x$라 하면, x를 구하라 했고, $\overline{AB}=2$임을 알려 주었으므로 삼각형 ABE는 문제풀이에 꼭 필요한 삼각형이다.

$\overline{BE}=y$라 하면 여기서 피타고라스정리에 의하여 $2^2=y^2+x^2$임을 알 수 있다.

이제 x, y, 2가 들어가는 다른 삼각형을 찾아 x, y의 관계식을 구하고 두 식을 연립하면 x를 구할 수 있다.

삼각형 DCE가 바로 그 삼각형이다. 두 삼각형 ABE와 DCE가 닮음임을 찾을 수 있어야 한다. 두 삼각형의 닮음에서 비례식을 구하면 답을 구할 수 있다.

이러한 도형의 문제에서 문제풀이에 필요한 도형을 얼마나 빠르고 정확하게 찾을 수 있느냐가 문제풀이의 승패를 좌우한다. 많은 연습을 통하여 빠르게 필요한 도형을 찾는 훈련을 해야 한다.

●정답●

01② 02⑤ 03⑤ 04④ 05③ 06④ 07④ 08① 09② 10③ 11⑤ 12③ 13① 14① 15⑤
16② 17③ 18④ 19③ 20① 21② 22 11 23 8 24 234 25 84 26 7 27 5 28 10 29 13 30 320

★ 표기된 문항은 [등급을 가르는 문제]에 해당하는 문항입니다.

---

01 근호를 포함한 식의 계산   정답률 95% | 정답 ②

❶ $\sqrt{\dfrac{20}{3}}\times\sqrt{\dfrac{6}{5}}$ 의 값은? [2점]

① $\sqrt{2}$ ② $2\sqrt{2}$ ③ $3\sqrt{2}$ ④ $4\sqrt{2}$ ⑤ $5\sqrt{2}$

STEP 01 ❶을 계산하여 값을 구한다.

$$\sqrt{\dfrac{20}{3}}\times\sqrt{\dfrac{6}{5}}=\sqrt{\dfrac{20}{3}\times\dfrac{6}{5}}=\sqrt{8}=2\sqrt{2}$$

---

02 다항식   정답률 95% | 정답 ⑤

다항식 ❶ $(2x-1)(x+3)$의 전개식에서 x의 계수는? [2점]

① 1   ② 2   ③ 3   ④ 4   ⑤ 5

STEP 01 ❶을 전개하여 x의 계수를 구한다.

$(2x-1)(x+3)=2x^2+6x-x-3=2x^2+5x-3$

따라서 다항식 $(2x-1)(x+3)$의 전개식에서 x의 계수는 5

---

03 삼각비의 값   정답률 87% | 정답 ⑤

❶ $\sin 60°\times\cos 30°$의 값은? [2점]

① $\dfrac{1}{4}$ ② $\dfrac{3}{8}$ ③ $\dfrac{1}{2}$ ④ $\dfrac{5}{8}$ ⑤ $\dfrac{3}{4}$

STEP 01 삼각비의 값을 이용하여 ❶의 값을 구한다.

$$\sin 60°\times\cos 30°=\dfrac{\sqrt{3}}{2}\times\dfrac{\sqrt{3}}{2}=\dfrac{3}{4}$$

●핵심 공식

▶ 특수각의 삼각비

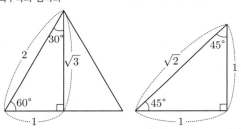

각(A) 삼각비	30°	45°	60°
$\sin A$	$\dfrac{1}{2}$	$\dfrac{\sqrt{2}}{2}$	$\dfrac{\sqrt{3}}{2}$
$\cos A$	$\dfrac{\sqrt{3}}{2}$	$\dfrac{\sqrt{2}}{2}$	$\dfrac{1}{2}$
$\tan A$	$\dfrac{\sqrt{3}}{3}$	1	$\sqrt{3}$

---

04 이차함수의 그래프   정답률 84% | 정답 ④

이차함수 ❶ $y=-x^2+4x+3$의 그래프의 꼭짓점의 y좌표는? [3점]

① 4   ② 5   ③ 6   ④ 7   ⑤ 8

STEP 01 ❶을 이차함수의 표준형으로 변형한 뒤 꼭짓점의 y좌표를 구한다.

$y=-x^2+4x+3=-(x^2-4x+4-4)+3=-(x^2-4x+4)+7=-(x-2)^2+7$

이므로 이차함수 $y=-x^2+4x+3$의 그래프의 꼭짓점의 좌표는 $(2,7)$이다.

따라서 꼭짓점의 y좌표는 7

05 히스토그램
정답률 95% | 정답 ③

다음은 어느 봉사 동아리 학생들의 한 달 동안의 봉사 시간을 조사하여 나타낸 히스토그램이다.

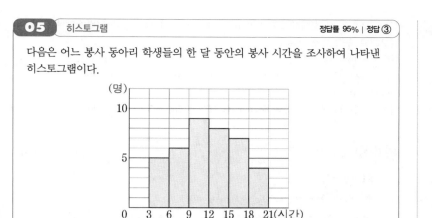

❶ 한 달 동안의 봉사 시간이 6시간 이상 12시간 미만인 학생의 수는? [3점]

① 11   ② 13   ③ 15   ④ 17   ⑤ 19

STEP 01 히스토그램을 이용하여 ❶을 구한다.

한 달 동안의 봉사 시간이 6시간 이상 9시간 미만인 학생의 수는 6,
9시간 이상 12시간 미만인 학생의 수는 9이므로
한 달 동안의 봉사 시간이 6시간 이상 12시간 미만인 학생의 수는
$6+9=15$

06 삼각형의 외심의 성질
정답률 94% | 정답 ④

그림과 같이 삼각형 ABC의 외심을 O라 하자. $\angle OBC = 17°$,
$\angle OCA = 52°$일 때, ❶ 각 OAB의 크기는? [3점]

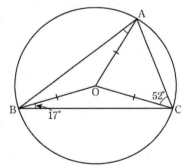

① 18°   ② 19°   ③ 20°   ④ 21°   ⑤ 22°

STEP 01 삼각형의 외심의 성질을 이용하여 ❶을 구한다.

삼각형 ABC의 외접원의 중심이 O이므로 세 선분 OA, OB, OC는 이 원의 반지름이다.
즉, $\overline{OA} = \overline{OB} = \overline{OC}$
삼각형 OAB는 $\overline{OA} = \overline{OB}$인 이등변삼각형이고 이등변삼각형의 두 밑각의 크기는 같으므로
$\angle OAB = \angle ABO$
삼각형 OCA는 $\overline{OA} = \overline{OC}$인 이등변삼각형이므로
$\angle OCA = \angle CAO = 52°$
삼각형 OBC는 $\overline{OB} = \overline{OC}$ 이등변삼각형이므로
$\angle OBC = \angle BCO = 17°$이고
$\angle ABC = \angle ABO + \angle OBC = \angle ABO + 17° = \angle OAB + 17°$ ······ ㉠
$\angle BCA = \angle BCO + \angle OCA = 17° + 52°$ ······ ㉡
$\angle CAB = \angle CAO + \angle OAB = 52° + \angle OAB$ ······ ㉢
삼각형 ABC의 세 내각의 크기의 합은 180°이므로
$\angle ABC + \angle BCA + \angle CAB = 180°$
㉠, ㉡, ㉢에서
$2 \times (\angle OAB + 17° + 52°) = 180°$
$\angle OAB + 17° + 52° = 90°$
따라서 $\angle OAB = 21°$

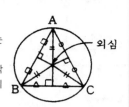

●핵심 공식

▶ 삼각형의 외심
(1) 외심 : 삼각형의 세 변의 수직이등분선의 교점
(2) 외심에서 세 꼭짓점에 이르는 거리(외접원의 반지름)는 같다.
(3) 외심의 위치는 예각삼각형에서는 삼각형의 내부에, 직각삼각형에서는 빗변의 중점에, 둔각삼각형은 삼각형의 외부에 존재한다.

07 일차부등식
정답률 92% | 정답 ④

일차부등식 ❶ $\dfrac{x+5}{2} - x \le a$의 해가 $x \ge 4$일 때, 실수 a의 값은? [3점]

① $\dfrac{1}{8}$ ② $\dfrac{1}{4}$ ③ $\dfrac{3}{8}$ ④ $\dfrac{1}{2}$ ⑤ $\dfrac{5}{8}$

STEP 01 ❶의 부등식을 푼 후 해가 $x \ge 4$임을 이용하여 실수 a값을 구한다.

$\dfrac{x+5}{2} - x \le a$, $x + 5 - 2x \le 2a$
$-x \le 2a - 5$, $x \ge -2a + 5$
일차부등식의 해가 $x \ge 4$이므로 $-2a + 5 = 4$, $-2a = -1$
따라서 $a = \dfrac{1}{2}$

08 입체도형의 부피와 겉넓이
정답률 82% | 정답 ①

그림과 같이 밑면의 반지름의 길이가 3이고 높이가 8인 원뿔과 밑면의 반지름의 길이가 2인 원기둥이 있다. ❶ 두 입체도형의 부피가 같을 때, 원기둥의 겉넓이는? [3점]

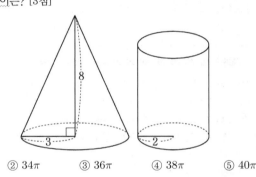

① 32π ② 34π ③ 36π ④ 38π ⑤ 40π

STEP 01 원뿔의 부피를 구한 후 ❶을 이용하여 원기둥의 높이를 구한 다음 겉넓이를 구한다.

밑면의 반지름의 길이가 3이고 높이가 8인 원뿔의 밑넓이는 $\pi \times 3^2 = 9\pi$이므로
부피는 $\dfrac{1}{3} \times 9\pi \times 8 = 24\pi$

원기둥의 밑넓이는 $\pi \times 2^2 = 4\pi$이므로 원기둥의 높이를 x라 하면
부피는 $4\pi \times x = 4\pi x$
원뿔과 원기둥의 부피가 서로 같으므로 $4\pi x = 24\pi$이다. 그러므로 $x = 6$
원기둥의 전개도를 그리면 다음과 같다.

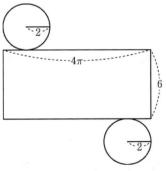

원기둥의 옆넓이는 $(2\pi \times 2) \times 6 = 24\pi$
따라서 원기둥의 겉넓이는 $(4\pi \times 2) + 24\pi = 32\pi$

●핵심 공식

▶ 입체도형의 겉넓이와 부피
(V : 부피, S : 겉넓이, h : 높이, r : 반지름)

도형	겉넓이	부피
각기둥	$S = ($밑넓이$\times 2) + $옆넓이	$V = S \times h$ (S : 밑넓이)
원기둥	$S = 2\pi r (r + h)$	$V = \pi r^2 h$

원뿔	$S = \pi r^2 + \pi r l\ (l : \text{모선의 길이})$	$V = \dfrac{1}{3}\pi r^2 h$
구	$S = 4\pi r^2$	$V = \dfrac{4}{3}\pi r^3$

한편, 구슬을 한 상자에 200개씩 $n+1$개의 상자에 담았을 때 100개의 구슬이 남으므로 구슬의 총 개수는

$200(n+1)+100$ ······ ⓛ

㉠, ⓛ에서 $250n+50 = 200(n+1)+100$, $250n+50 = 200n+300$

$50n = 250$, $n = 5$

따라서 이 학교에서 구입한 구슬의 총 개수는 $250 \times 5 + 50 = 1300$

---

09 연립일차방정식   정답률 77% | 정답 ②

두 일차방정식

$ax + 4y = 12$, $2x + ay = a+5$

의 그래프의 교점이 y축 위에 있을 때, 상수 a의 값은? [3점]

① 2   ② $\dfrac{5}{2}$ ③ 3   ④ $\dfrac{7}{2}$ ⑤ 4

STEP 01 두 직선의 교점의 좌표를 구한 후 교점의 좌표를 일차방정식에 대입하여 상수 a의 값을 구한다.

두 직선

$ax + 4y = 12$ ······ ㉠

$2x + ay = a+5$ ······ ㉡

가 만나는 점이 y축 위에 있으므로 교점의 좌표를 $(0, t)$라 하자.

$x = 0$, $y = t$를 ㉠에 대입하면 $4t = 12$, $t = 3$

그러므로 두 직선이 만나는 점의 좌표는 $(0, 3)$이다.

$x = 0$, $y = 3$을 ㉡에 대입하면 $3a = a+5$이다.

따라서 $a = \dfrac{5}{2}$

---

10 실수의 대소 관계   정답률 68% | 정답 ③

❶ $2 - \sqrt{6}$ 보다 크고 ❷ $5 + \sqrt{15}$ 보다 작은 정수의 개수는? [3점]

① 7   ② 8   ③ 9   ④ 10   ⑤ 11

STEP 01 ❶과 ❷의 범위를 파악한 후 만족하는 정수의 개수를 구한다.

$2 < \sqrt{6} < 3$이므로 $-3 < -\sqrt{6} < -2$, $-1 < 2 - \sqrt{6} < 0$

또한 $3 < \sqrt{15} < 4$이므로 $8 < 5 + \sqrt{15} < 9$

따라서 $2 - \sqrt{6}$ 보다 크고 $5 + \sqrt{15}$ 보다 작은 정수는

$0, 1, 2, 3, 4, 5, 6, 7, 8$로 만족하는 정수의 개수는 9

---

11 피타고라스 정리   정답률 82% | 정답 ⑤

세 변의 길이가 각각 x, $x+1$, $x+3$인 삼각형이 직각삼각형일 때, x의 값은? (단, $x > 2$) [3점]

① $2\sqrt{3}$ ② $2 + \sqrt{3}$ ③ $1 + 2\sqrt{3}$ ④ $3\sqrt{3}$ ⑤ $2 + 2\sqrt{3}$

STEP 01 피타고라스 정리를 이용하여 x의 값을 구한다.

직각삼각형에서 가장 긴 변이 빗변이므로 $x+3$이 빗변의 길이다.

피타고라스 정리에 의하여

$(x+3)^2 = x^2 + (x+1)^2$

$x^2 + 6x + 9 = x^2 + x^2 + 2x + 1$

$x^2 - 4x - 8 = 0$

근의 공식에 의하여

$x = \dfrac{-(-4) \pm \sqrt{(-4)^2 - 4 \times 1 \times (-8)}}{2 \times 1} = \dfrac{4 \pm \sqrt{48}}{2} = 2 \pm 2\sqrt{3}$

$x > 2$이므로 $x = 2 + 2\sqrt{3}$

---

12 일차방정식의 활용   정답률 88% | 정답 ③

어느 학교에서 학생들에게 나누어 줄 구슬을 구입하였다. 구입한 구슬을 ❶ 한 상자에 250개씩 n개의 상자에 담았더니 50개의 구슬이 남았고, 한 상자에 200개씩 $n+1$개의 상자에 담았더니 100개의 구슬이 남았다.

이 학교에서 구입한 구슬의 총 개수는? [3점]

① 800   ② 1050   ③ 1300   ④ 1550   ⑤ 1800

STEP 01 ❶을 이용하여 방정식을 세운 후 방정식을 풀어 구슬의 총 개수를 구한다.

이 학교에서 구입한 구슬을 한 상자에 250개씩 n개의 상자에 담았을 때 50개의 구슬이 남으므로 구슬의 총 개수는

$250n + 50$ ······ ㉠

---

13 이차방정식   정답률 78% | 정답 ①

두 이차방정식

❶ $x^2 - x - 2 = 0$, ❷ $2x^2 + kx - 6 = 0$

이 공통인 해를 갖도록 하는 모든 실수 k의 값의 합은? [3점]

① -5 ② -4 ③ -3 ④ -2 ⑤ -1

STEP 01 ❶의 해를 구한 후 해를 각각 ❷에 대입하여 k의 값을 구한 다음 합을 구한다.

$x^2 - x - 2 = 0$, $(x+1)(x-2) = 0$

$x = -1$ 또는 $x = 2$

(i) $x = -1$이 공통인 해인 경우

    $2x^2 + kx - 6 = 0$에 $x = -1$을 대입하면

    $2 \times (-1)^2 + k \times (-1) - 6 = 0$, $2 - k - 6 = 0$, $k = -4$

(ii) $x = 2$가 공통인 해인 경우

    $2x^2 + kx - 6 = 0$에 $x = 2$를 대입하면

    $2 \times 2^2 + k \times 2 - 6 = 0$, $8 + 2k - 6 = 0$, $k = -1$

(i), (ii)에서 조건을 만족시키는 모든 실수 k의 값의 합은 $(-4) + (-1) = -5$

---

14 반비례 관계식   정답률 68% | 정답 ①

그림과 같이 반비례 관계 $y = \dfrac{a}{x}(a > 0)$의 그래프가 두 직선 $x = 2$, $y = 2$와 만나는 점을 각각 A, B라 하자. 점 C $(2, 2)$에 대하여 ❶ 사각형 OACB의 넓이가 $\dfrac{22}{7}$일 때, 상수 a의 값은? (단, O는 원점이고, 점 A의 y좌표는 2보다 작다.) [4점]

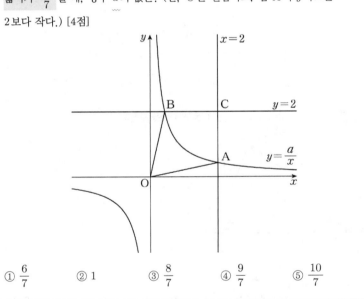

① $\dfrac{6}{7}$ ② 1   ③ $\dfrac{8}{7}$ ④ $\dfrac{9}{7}$ ⑤ $\dfrac{10}{7}$

STEP 01 네 점 A, B, D, E의 좌표를 구한다.

점 A는 직선 $x = 2$ 위의 점이므로 점 A의 x좌표는 2이고

이 점은 반비례 관계 $y = \dfrac{a}{x}$의 그래프 위의 점이므로 A$\left(2, \dfrac{a}{2}\right)$

점 B는 직선 $y = 2$ 위의 점이므로 점 B의 y좌표는 2이고

이 점은 반비례 관계 $y = \dfrac{a}{x}$의 그래프 위의 점이므로 B$\left(\dfrac{a}{2}, 2\right)$

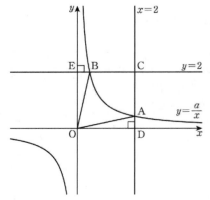

그림과 같이 직선 $x=2$가 x축과 만나는 점을 D,
직선 $y=2$가 y축과 만나는 점을 E라 하면
D$(2, 0)$, E$(0, 2)$

STEP 02 사각형 ODCE와 두 삼각형 ODA, OBE의 넓이를 이용하여 사각형
OACB의 넓이를 구한 다음 ❶을 이용하여 상수 a의 값을 구한다.

삼각형 ODA와 삼각형 OBE는 직각삼각형이므로

$$\triangle \text{ODA} = \frac{1}{2} \times \overline{\text{OD}} \times \overline{\text{AD}} = \frac{1}{2} \times 2 \times \frac{a}{2} = \frac{a}{2}$$

$$\triangle \text{OBE} = \frac{1}{2} \times \overline{\text{OE}} \times \overline{\text{BE}} = \frac{1}{2} \times 2 \times \frac{a}{2} = \frac{a}{2}$$

사각형 ODCE는 한 변의 길이가 2인 정사각형이므로

$$\square \text{OACB} = \square \text{ODCE} - \triangle \text{ODA} - \triangle \text{OBE} = 2 \times 2 - \frac{a}{2} - \frac{a}{2} = 4 - a = \frac{22}{7}$$

따라서 $a = \dfrac{6}{7}$

---

15 산점도   정답률 66% | 정답 ⑤

다음은 어느 학급 학생 20명의 수학 과목의 중간고사 점수와 기말고사 점수에
대한 산점도이다.

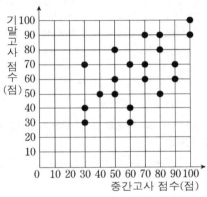

위의 산점도에 대하여 〈보기〉에서 옳은 것만을 있는 대로 고른 것은? [4점]

─── 〈보기〉 ───

ㄱ. ❶ 중간고사와 기말고사의 점수에 변화가 없는 학생의 수는 5이다.
ㄴ. ❷ 기말고사 점수가 중간고사 점수보다 높은 학생의 비율은 학급
　　학생 20명의 40%이다.
ㄷ. 중간고사 점수의 평균은 기말고사 점수의 평균보다 크다.

① ㄱ　　② ㄱ, ㄴ　　③ ㄱ, ㄷ　　④ ㄴ, ㄷ　　⑤ ㄱ, ㄴ, ㄷ

STEP 01 ㄱ. 산점도에서 ❶의 위치를 파악한 후 만족하는 점의 개수를 세어 참, 거짓을
판별한다.

ㄱ. 중간고사와 기말고사의 점수에 변화가 없는 학생의 수는 그림에서 대각선 위의
점의 개수와 같다.

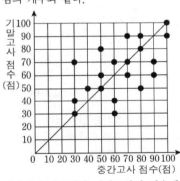

따라서 중간고사와 기말고사의 점수에 변화가 없는 학생의 수는 5이다. ∴ 참

STEP 02 ㄴ. 산점도에서 ❷의 위치를 파악한 후 만족하는 점의 개수를 센 후 비율을
구하여 참, 거짓을 판별한다.

ㄴ. 기말고사 점수가 중간고사 점수보다 높은 학생의 수는 그림에서 대각선의
위쪽에 있는 점의 개수와 같다.

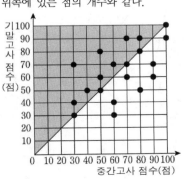

따라서 기말고사 점수가 중간고사 점수보다 높은 학생의 수는 8이므로

$$\frac{8}{20} \times 100 = 40(\%)$$ ∴ 참

STEP 03 ㄷ. 산점도에서 중간고사 점수와 기말고사 점수의 차의 합을 구하여 참,
거짓을 판별한다.

ㄷ. ㄱ에서 중간고사와 기말고사의 점수에 변화가 없는 학생의 수는 5,
　　중간고사 점수가 기말고사 점수보다
　　10점 낮은 학생의 수는 5, 20점 낮은 학생의 수는 1,
　　30점 낮은 학생의 수는 1, 40점 낮은 학생의 수는 1,
　　중간고사 점수가 기말고사 점수보다
　　10점 높은 학생의 수는 2, 20점 높은 학생의 수는 2,
　　30점 높은 학생의 수는 3이다.
　　학급 학생 20명에 대하여
　　(중간고사 점수의 총합) − (기말고사 점수의 총합)
　　$= (-10) \times 5 + (-20) \times 1 + (-30) \times 1 + (-40) \times 1$
　　$\qquad\qquad\qquad\qquad + 10 \times 2 + 20 \times 2 + 30 \times 3 = 10$

이므로 중간고사 점수의 총합은 기말고사 점수의 총합보다 10점 높다.
　그러므로 중간고사 점수의 평균은 기말고사 점수의 평균보다 크다. ∴ 참
따라서 옳은 것은 ㄱ, ㄴ, ㄷ

[보충 설명]
학급 학생 20명의 중간고사 점수의 총합은 1290점이고 기말고사 점수의 총합은
1280점이므로

중간고사 점수의 평균은 $\dfrac{1290}{20} = 64.5$(점)이고 기말고사 점수의 평균은

$\dfrac{1280}{20} = 64$(점)이므로

중간고사 점수의 평균이 기말고사 점수의 평균보다 0.5점 크다.

---

16 수직선 위에서 실수의 대소 관계   정답률 81% | 정답 ②

서로 다른 네 실수 a, b, $\dfrac{1}{6}$, $\dfrac{2}{3}$에 대응하는 점을 수직선 위에 나타내면
❶ 이웃한 두 점 사이의 거리가 모두 같다. $ab < 0$일 때, $a+b$의 최댓값은?
　　　　　　　　　　　　　　　　　　　　　　　　　　　　　[4점]

① $\dfrac{3}{4}$　　② $\dfrac{5}{6}$　　③ $\dfrac{11}{12}$　　④ 1　　⑤ $\dfrac{13}{12}$

STEP 01 ❶을 만족하도록 하는 네 실수의 대소 관계로 가능한 경우를 나눈 후 각각에
대하여 두 점 사이의 거리를 구하여 a, b를 구한 다음 $a+b$의 값을 구한다. $a+b$의
최댓값을 구한다.

두 실수 a, b에 대하여 $a < b$라 하자.

이웃한 두 점 사이의 거리가 서로 같으면서 네 실수 a, b, $\dfrac{1}{6}$, $\dfrac{2}{3}$의 대소 관계로

가능한 경우는 다음과 같다.

(i) $a < b < \dfrac{1}{6} < \dfrac{2}{3}$인 경우

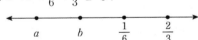

$\dfrac{2}{3} - \dfrac{1}{6} = \dfrac{1}{2}$이므로 이웃한 두 점 사이의 거리는 $\dfrac{1}{2}$

$b = \dfrac{1}{6} - \dfrac{1}{2} < 0$이고, $a < b < 0$이므로 $ab > 0$이 되어 조건을 만족시키지

않는다.

(ii) $a < \dfrac{1}{6} < b < \dfrac{2}{3}$인 경우

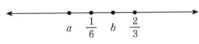

이웃한 두 점 사이의 거리는 $\dfrac{1}{4}$

$a = \dfrac{1}{6} - \dfrac{1}{4} < 0$이고 $b = \dfrac{1}{6} + \dfrac{1}{4} > 0$이므로 $ab < 0$이고

$a + b = \left(\dfrac{1}{6} - \dfrac{1}{4} \right) + \left(\dfrac{1}{6} + \dfrac{1}{4} \right) = \dfrac{1}{6} + \dfrac{1}{6} = \dfrac{1}{3}$

(iii) $a < \dfrac{1}{6} < \dfrac{2}{3} < b$인 경우

이웃한 두 점 사이의 거리는 $\dfrac{1}{2}$

$a=\dfrac{1}{6}-\dfrac{1}{2}<0$이고 $b=\dfrac{2}{3}+\dfrac{1}{2}>0$이므로 $ab<0$이고

$a+b=\left(\dfrac{1}{6}-\dfrac{1}{2}\right)+\left(\dfrac{2}{3}+\dfrac{1}{2}\right)=\dfrac{1}{6}+\dfrac{2}{3}=\dfrac{5}{6}$

(iv) $\dfrac{1}{6}<a<b<\dfrac{2}{3}$, $\dfrac{1}{6}<a<\dfrac{2}{3}<b$, $\dfrac{1}{6}<\dfrac{2}{3}<a<b$인 경우

$ab>0$이 되어 조건을 만족시키지 않는다.

(i)~(iv)에서 $a+b$의 최댓값은 $\dfrac{5}{6}$

마찬가지 방법으로 $a>b$인 경우 $a+b$의 최댓값은 $\dfrac{5}{6}$

따라서 구하는 최댓값은 $\dfrac{5}{6}$

---

17 경우의 수를 이용한 확률   정답률 38% | 정답 ③

한 개의 주사위를 두 번 던져서 나오는 눈의 수를 차례로 a, b라 하자.
❶ $a^2\times 3^b\times 5$가 $2^2\times 3^5$의 배수일 확률은? [4점]

① $\dfrac{1}{6}$ ② $\dfrac{7}{36}$ ③ $\dfrac{2}{9}$ ④ $\dfrac{1}{4}$ ⑤ $\dfrac{5}{18}$

STEP 01 ❶을 만족하도록 하는 a의 값에 따른 b의 값을 각각 구한 후 만족하는
경우의 수를 구하여 확률을 구한다.

한 개의 주사위를 두 번 던져서 나올 수 있는 모든 경우의 수는 $6\times 6=36$
$a^2\times 3^b\times 5$가 $2^2\times 3^5$의 배수가 되기 위해서는 a가 2의 배수이어야 한다.
(i) $a=2$인 경우

$2^2\times 3^b\times 5$의 값이 $2^2\times 3^5$의 배수가 되도록 하는 b의 값은 5, 6
(ii) $a=4$인 경우

$4^2\times 3^b\times 5$의 값이 $2^2\times 3^5$의 배수가 되도록 하는 b의 값은 5, 6
(iii) $a=6$인 경우

$6^2\times 3^b\times 5=(2\times3)^2\times 3^b\times 5=2^2\times 3^2\times 3^b\times 5=2^2\times 3^{2+b}\times 5$

이므로 $2^2\times 3^{2+b}\times 5$가 $2^2\times 3^5$의 배수가 되도록 하는 b의 값은 3, 4, 5, 6
(i)~(iii)에서 $a^2\times 3^b\times 5$가 $2^2\times 3^5$의 배수인 a, b의 모든 순서쌍 (a,b)는
$(2,5)$, $(2,6)$, $(4,5)$, $(4,6)$, $(6,3)$ $(6,4)$, $(6,5)$, $(6,6)$으로 개수는 8이다.

따라서 구하는 확률은 $\dfrac{8}{36}=\dfrac{2}{9}$

---

18 삼각형과 원의 성질   정답률 60% | 정답 ④

그림과 같이 $\angle\mathrm{ABC}=60^\circ$인 삼각형 ABC의 두 변 AB, AC의 중점을
각각 D, E라 하자. 선분 DE를 지름으로 하는 원이 선분 BC와 접할 때,
이 원이 선분 AB와 만나는 점 중 D가 아닌 점을 F라 하자.

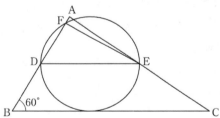

다음은 ❶ 삼각형 ABC의 넓이가 16일 때, 삼각형 AFE의 넓이를 구하는
과정이다.

원의 반지름의 길이를 r라 하면

$\overline{\mathrm{DE}}=2r$, $\overline{\mathrm{BC}}=4r$

이다.

점 A에서 선분 BC에 내린 수선의 발을 H라 하면

$\overline{\mathrm{AH}}=$ (가) $\times r$

이고, $\triangle\mathrm{ABC}=16$이므로

$r=$ (나)

이다.

삼각형 ADE와 삼각형 ABC는 서로 닮음이므로 $\triangle\mathrm{ADE}=4$이다.
삼각형 FDE에서 꼭짓점 F는 원 위의 점이므로 삼각형 FDE의 넓이는
(다) 이다.

따라서 구하는 삼각형 AFE의 넓이는 $4-$ (다) 이다.

위의 (가), (나), (다)에 알맞은 수를 각각 a, b, c라 할 때, $\underline{a\times b\times c}$의 값은?

[4점]

① $5\sqrt{3}$ ② $6\sqrt{3}$ ③ $7\sqrt{3}$ ④ $8\sqrt{3}$ ⑤ $9\sqrt{3}$

STEP 01 두 삼각형 BID와 BHA의 닮음을 이용하여 (가)를 구한 후 ❶을 이용하여
(나)를 구한다.

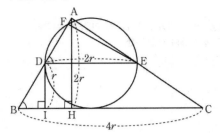

원의 반지름의 길이를 r라 하면 $\overline{\mathrm{DE}}=2r$이다.
삼각형 ADE와 삼각형 ABC에서 $\overline{\mathrm{AD}}:\overline{\mathrm{AB}}=\overline{\mathrm{AE}}:\overline{\mathrm{AC}}=1:2$이고
각 A는 공통이므로 삼각형 ADE와 삼각형 ABC는 서로 닮음이고 닮음비는
$1:2$이다.
따라서 $\overline{\mathrm{BC}}=2\times\overline{\mathrm{DE}}=4r$
점 D에서 선분 BC에 내린 수선의 발을 I라 하면 선분 DE가 지름인 원이 선분
BC에 접하므로

$\overline{\mathrm{DI}}=r$

점 A에서 선분 BC에 내린 수선의 발을 H라 하면 삼각형 BID와 삼각형
BHA에서 각 B는 공통이고 $\angle\mathrm{BID}=\angle\mathrm{BHA}=90^\circ$이므로
삼각형 BID와 삼각형 BHA는 서로 닮음이고 닮음비는 $1:2$이다. 그러므로

$\overline{\mathrm{AH}}=2\times\overline{\mathrm{DI}}=$ $\boxed{2}$ $\times r$ 이고

$\triangle\mathrm{ABC}=\dfrac{1}{2}\times\overline{\mathrm{BC}}\times\overline{\mathrm{AH}}=\dfrac{1}{2}\times 4r\times 2r=4r^2=16$

이므로 $r^2=4$이고 $r>0$이므로 $r=\boxed{2}$이다.

STEP 02 직각삼각형 FDE에서 각 변의 길이를 구한 후 넓이를 구하여 (다)를 구한
다음 $a\times b\times c$의 값을 구한다.

삼각형 ADE와 삼각형 ABC는 닮음비가 $1:2$이므로 두 삼각형의 넓이의 비는
$1:4$이다.

$\triangle\mathrm{ADE}=\dfrac{1}{4}\times\triangle\mathrm{ABC}=4$이다.

삼각형 FDE에서 꼭짓점 F는 원 위의 점이고 각 DFE는 호 DE에 대한
원주각이므로 $\angle\mathrm{DFE}=90^\circ$이다.
삼각형 ADE와 삼각형 ABC가 서로 닮음이므로 $\angle\mathrm{FDE}=\angle\mathrm{ABC}=60^\circ$
$\overline{\mathrm{DE}}=2r=4$이므로 $\overline{\mathrm{DF}}=2$, $\overline{\mathrm{EF}}=2\sqrt{3}$
그러므로 삼각형 FDE의 넓이는

$\dfrac{1}{2}\times\overline{\mathrm{DF}}\times\overline{\mathrm{EF}}=\dfrac{1}{2}\times 2\times 2\sqrt{3}=\boxed{2\sqrt{3}}$이다.

따라서 구하는 삼각형 AFE의 넓이는 $4-\boxed{2\sqrt{3}}$이다.
그러므로 $a=2$, $b=2$, $c=2\sqrt{3}$에서 $a\times b\times c=8\sqrt{3}$

● **핵심 공식**

▶ 삼각형의 닮음 조건

(1) SSS닮음 : 세 쌍의 변의 길이의 비가 같다.
(2) SAS닮음 : 두 쌍의 변의 길이의 비가 같고, 그 끼인각의 크기가 서로 같다.
(3) AA닮음 : 두 쌍의 각의 크기가 서로 같다.

---

19 원주각의 성질   정답률 59% | 정답 ③

그림과 같이 $\overline{\mathrm{AB}}=\overline{\mathrm{AC}}$인 이등변삼각형 ABC에 외접하는 원이 있다. 선분
AC 위의 점 D에 대하여 원과 직선 BD가 만나는 점 중 B가 아닌 점을 E라
하자. ❶ $\overline{\mathrm{AE}}=2\overline{\mathrm{BC}}$, $\overline{\mathrm{CD}}=1$이고 ❷ $\angle\mathrm{ADB}+\angle\mathrm{AEB}=180^\circ$일 때,
선분 BC의 길이는? [4점]

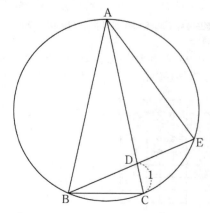

① $3-\sqrt{2}$ ② $\dfrac{7}{3}$ ③ $1+\sqrt{2}$ ④ $\dfrac{5}{2}$ ⑤ $4-\sqrt{2}$

STEP 01 원주각의 성질을 이용하여 ∠AEB와 크기가 같은 각을 찾고 ❷를 이용하여 크기가 같은 각들을 찾는다. 이등변삼각형의 성질과 ❶을 이용하여 각 변의 길이를 나타낸다.

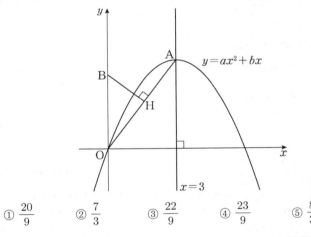

각 ACB와 각 AEB는 호 AB에 대한 원주각이므로 ∠ACB = ∠AEB

∠ADB + ∠AEB = 180°이고 ∠ADB + ∠ADE = 180°이므로

∠AEB = ∠ADE

각 ADE와 각 BDC는 맞꼭지각이므로 ∠ADE = ∠BDC이고 $\overline{AB} = \overline{AC}$이므로

∠ACB = ∠ABC

삼각형 ABC와 삼각형 BCD에서 ∠ABC = ∠BCD, ∠ACB = ∠BDC이므로

삼각형 ABC와 삼각형 BCD는 서로 닮음이다.

$\overline{BC} = a$라 하면 $\overline{AE} = 2a$이고 삼각형 ADE는 $\overline{AD} = \overline{AE}$인 이등변삼각형이므로

$\overline{AD} = \overline{AE} = 2a$

따라서 $\overline{AC} = 2a + 1$

STEP 02 두 삼각형 ABC와 BCD의 닮음을 이용하여 선분 BC의 길이를 구한다.

삼각형 ABC와 삼각형 BCD는 서로 닮음이므로 $\overline{AB} : \overline{BC} = \overline{BC} : \overline{CD}$

$2a + 1 : a = a : 1$, $a^2 = 2a + 1$, $a^2 - 2a - 1 = 0$

근의 공식에 의하여

$a = \dfrac{-(-2) \pm \sqrt{(-2)^2 - 4 \times 1 \times (-1)}}{2 \times 1} = \dfrac{2 \pm \sqrt{8}}{2} = \dfrac{2 \pm 2\sqrt{2}}{2} = 1 \pm \sqrt{2}$

$a > 0$이므로 $a = 1 + \sqrt{2}$

● **핵심 공식**

▶ 원주각의 정리

한 원 또는 합동인 원에서 같은 크기의 호에 대한 원주각의 크기는 모두 같다.

---

20 이차함수의 그래프의 성질 · 정답률 43% | 정답 ①

그림과 같이 제1사분면 위의 점 A를 꼭짓점으로 하는 이차함수 $y = ax^2 + bx$의 그래프가 직선 $x = 3$에 대하여 대칭이다. 점 $B\left(0, \dfrac{10}{3}\right)$에서 선분 OA에 내린 수선의 발 H에 대하여 $\overline{BH} = 2$일 때, $a + b$의 값은? (단, a, b는 상수이고, O는 원점이다.) [4점]

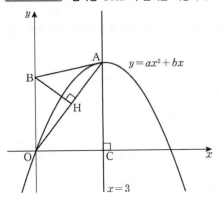

① $\dfrac{20}{9}$ ② $\dfrac{7}{3}$ ③ $\dfrac{22}{9}$ ④ $\dfrac{23}{9}$ ⑤ $\dfrac{8}{3}$

STEP 01 삼각형 OAB의 넓이를 이용하여 $\overline{OA}$를 구한다.

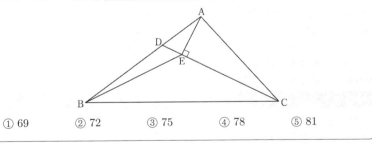

그림과 같이 이차함수 $y = ax^2 + bx$의 그래프는 원점을 지나고 직선 $x = 3$에 대하여 대칭이다.

점 A에서 x축에 내린 수선의 발을 C라 하면 삼각형 OAB의 넓이는

$\dfrac{1}{2} \times \overline{OB} \times \overline{OC} = \dfrac{1}{2} \times \overline{OA} \times \overline{BH}$

$\dfrac{1}{2} \times \dfrac{10}{3} \times 3 = \dfrac{1}{2} \times \overline{OA} \times 2$이므로 $\overline{OA} = 5$

STEP 02 직각삼각형 AOC에서 피타고라스 정리를 이용하여 $\overline{AC}$를 구한 후 점 A의 좌표를 구한다.

직각삼각형 AOC에서 피타고라스 정리에 의하여

$\overline{OA}^2 = \overline{OC}^2 + \overline{AC}^2$

$\overline{AC}^2 = \overline{OA}^2 - \overline{OC}^2 = 5^2 - 3^2 = 16$

그러므로 $\overline{AC} = 4$

따라서 점 A의 좌표는 $(3, 4)$이다.

STEP 03 점 A의 좌표를 이용하여 이차함수의 방정식을 구한 후 원점을 대입하여 a, b를 각각 구한 다음 합을 구한다.

$y = ax^2 + bx = a(x - 3)^2 + 4$

이차함수 $y = a(x - 3)^2 + 4$의 그래프가 원점을 지나므로

$9a + 4 = 0$, $a = -\dfrac{4}{9}$

$y = -\dfrac{4}{9}(x - 3)^2 + 4 = -\dfrac{4}{9}x^2 + \dfrac{8}{3}x$

따라서 $a = -\dfrac{4}{9}$, $b = \dfrac{8}{3}$이므로

$a + b = \left(-\dfrac{4}{9}\right) + \dfrac{8}{3} = \dfrac{20}{9}$

STEP 01의 다른 풀이

삼각형 BOH는 ∠OHB = 90°인 직각삼각형이므로

∠HBO + ∠BOH = 90°

또한 ∠BOH + ∠AOC = 90°이므로

∠HBO = ∠AOC

두 삼각형 BOH, OAC에서 ∠OHB = ∠ACO = 90°이고

∠HBO = ∠AOC이므로

삼각형 BOH와 삼각형 OAC는 서로 닮음이다.

$\overline{BO} = \dfrac{10}{3}$, $\overline{BH} = 2$, $\overline{OC} = 3$이므로

$\overline{BO} : \overline{OA} = \overline{BH} : \overline{OC}$

$\dfrac{10}{3} : \overline{OA} = 2 : 3$, $2 \times \overline{OA} = 3 \times \dfrac{10}{3}$

$\overline{OA} = 5$

★★★ 등급을 가르는 문제!

21 삼각형의 닮음 · 정답률 34% | 정답 ②

그림과 같이 삼각형 ABC에서 선분 AB 위의 점 D에 대하여 $\overline{BD} = 2\overline{AD}$이다. 점 A에서 선분 CD에 내린 수선의 발 E에 대하여 $\overline{AE} = 4$, $\overline{BE} = \overline{CE} = 10$일 때, 삼각형 ABC의 넓이는? (단, ∠CAB > 90°) [4점]

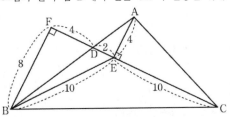

① 69 ② 72 ③ 75 ④ 78 ⑤ 81

STEP 01 보조선을 그어 직각삼각형 BDF를 만들고 두 삼각형 ADE와 BDF의 닮음을 이용하여 $\overline{BF}$를 구한다.

그림과 같이 점 B에서 선분 CD의 연장선 위에 내린 수선의 발을 F라 하자.

두 삼각형 ADE, BDF에서 ∠DEA = ∠DFB = 90°이고

맞꼭지각의 크기는 같으므로 $\angle ADE = \angle BDF$
그러므로 삼각형 ADE와 삼각형 BDF는 서로 닮음이다.
$\overline{AD} : \overline{BD} = 1 : 2$ 이므로 $\overline{AE} : \overline{BF} = 1 : 2$이다.
$\overline{AE} = 4$이므로 $\overline{BF} = 8$

STEP 02 삼각형 BEF에서 피타고라스 정리를 이용하여 $\overline{EF}$를 구한 다음 $\overline{ED}$, $\overline{DF}$를 구한다.

삼각형 BEF는 $\angle EFB = 90°$인 직각삼각형이므로 피타고라스 정리에 의하여
$\overline{BF}^2 + \overline{EF}^2 = \overline{BE}^2$, $\overline{EF}^2 = \overline{BE}^2 - \overline{BF}^2 = 10^2 - 8^2 = 36$
그러므로 $\overline{EF} = 6$
$\overline{ED} : \overline{DF} = 1 : 2$이므로 $\overline{ED} = 2$, $\overline{DF} = 4$

STEP 03 두 삼각형 ADC와 DBC의 넓이의 합을 이용하여 삼각형 ABC의 넓이를 구한다.

그러므로
$$\triangle ADC = \frac{1}{2} \times \overline{DC} \times \overline{AE} = \frac{1}{2} \times (\overline{DE} + \overline{EC}) \times \overline{AE}$$
$$= \frac{1}{2} \times (2 + 10) \times 4 = \frac{1}{2} \times 12 \times 4 = 24$$
$$\triangle DBC = \frac{1}{2} \times \overline{DC} \times \overline{BF} = \frac{1}{2} \times (\overline{DE} + \overline{EC}) \times \overline{BF}$$
$$= \frac{1}{2} \times (2 + 10) \times 8 = \frac{1}{2} \times 12 \times 8 = 48$$
$\triangle ABC = \triangle ADC + \triangle DBC = 24 + 48 = 72$
따라서 삼각형 ABC의 넓이는 72

다른 풀이

그림과 같이 선분 AE의 연장선 위에 $\overline{BF} /\!/ \overline{DC}$가 되도록 하는 점을 F라 하자.

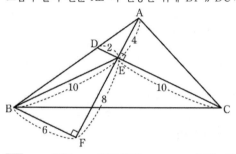

$\overline{BD} = 2 \times \overline{AD}$에서 $\overline{AD} : \overline{BD} = 1 : 2$이고 $\overline{DE} /\!/ \overline{BF}$이므로 $\overline{AE} : \overline{EF} = 1 : 2$이다.
$\overline{AE} = 4$이므로 $\overline{EF} = 8$
삼각형 EBF는 $\angle EFB = 90°$인 직각삼각형이므로 피타고라스 정리에 의하여
$\overline{BF}^2 + \overline{EF}^2 = \overline{BE}^2$, $\overline{BF}^2 = \overline{BE}^2 - \overline{EF}^2 = 10^2 - 8^2 = 36$
그러므로 $\overline{BF} = 6$
삼각형 ADE와 삼각형 ABF는 서로 닮음이고 닮음비가 $1 : 3$이므로
$\overline{DE} : \overline{BF} = 1 : 3$
$\overline{BF} = 6$이므로 $\overline{DE} = 2$이다. 그러므로
$$\triangle ADC = \frac{1}{2} \times \overline{DC} \times \overline{AE} = \frac{1}{2} \times (\overline{DE} + \overline{EC}) \times \overline{AE}$$
$$= \frac{1}{2} \times (2 + 10) \times 4 = \frac{1}{2} \times 12 \times 4 = 24$$
두 삼각형 ADC와 DBC의 넓이의 비는 선분 AD와 선분 DB의 길이의 비와 같고 $\overline{AD} : \overline{DB} = 1 : 2$이므로
$\triangle ADC : \triangle DBC = 1 : 2$
$\triangle DBC = 2 \times \triangle ADC$이므로 $\triangle DBC = 24 \times 2 = 48$
$\triangle ABC = \triangle ADC + \triangle DBC = 24 + 48 = 72$
따라서 삼각형 ABC의 넓이는 72

● 핵심 공식

▶ 삼각형의 닮음 조건
(1) SSS닮음 : 세 쌍의 변의 길이의 비가 같다.
(2) SAS닮음 : 두 쌍의 변의 길이의 비가 같고, 그 끼인각의 크기가 서로 같다.
(3) AA닮음 : 두 쌍의 각의 크기가 서로 같다.

★★ 문제 해결 꿀~팁 ★★

▶ 문제 해결 방법
먼저 보조선을 그어 점 F를 잡아야 한다. 그러면 두 삼각형 ADE와 BDF는 닮음비가 $1 : 2$인 닮음으로 $\overline{BF} = 8$이다. 다음으로 직각삼각형 BEF에서 피타고라스 정리에 의하여 $\overline{EF} = 6$이므로 $\overline{ED} = 2$, $\overline{DF} = 4$이다.
이제 두 삼각형 ADC, DBC의 넓이를 각각 구하여 더하면 답을 구할 수 있다. 보조선을 적절하게 그을 수 있어야 하고, 닮음인 삼각형을 찾을 수 있어야 한다.

22 직선의 방정식   정답률 87% | 정답 11

일차함수 $y = 3x + a$의 그래프가 점 $(-3, 2)$를 지날 때, 상수 a의 값을 구하시오. [3점]

STEP 01 점의 좌표를 일차함수에 대입하여 상수 a의 값을 구한다.

직선 $y = 3x + a$가 점 $(-3, 2)$를 지나므로
$x = -3$, $y = 2$를 대입하면 $2 = 3 \times (-3) + a$이다.
따라서 $a = 11$

23 다항식의 인수분해   정답률 75% | 정답 8

다항식 ❶ $x^2 - 2x - 80$이 $x + a$를 인수로 가진다. a가 자연수일 때, a의 값을 구하시오. [3점]

STEP 01 ❶을 인수분해한 후 자연수 a의 값을 구한다.

$x^2 - 2x - 80 = (x + 8)(x - 10)$이므로
두 일차식 $x + 8$, $x - 10$은 다항식 $x^2 - 2x - 80$의 인수이다.
따라서 구하는 자연수 a의 값은 8

24 다각형의 내각의 크기의 합   정답률 78% | 정답 234

그림과 같이 오각형 ABCDE에서 $\angle A = 105°$, $\angle B = x°$, $\angle C = y°$, $\angle D = 109°$, $\angle E = 92°$일 때, $x + y$의 값을 구하시오. [3점]

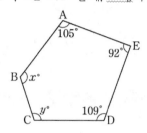

STEP 01 오각형의 내각의 크기의 합을 이용하여 $x + y$의 값을 구한다.

n각형의 내각의 크기의 합은 $180° \times (n - 2)$이므로
오각형의 내각의 크기의 합은 $180° \times 3 = 540°$
그러므로
$\angle A + \angle B + \angle C + \angle D + \angle E = 105° + x° + y° + 109° + 92° = 540°$
따라서 $x + y = 234$

● 핵심 공식

▶ 다각형의 성질
• n각형의 내각의 크기의 합 : $180° \times (n - 2)$
• n각형의 대각선의 총수 : $\dfrac{n(n-3)}{2}$
• 다각형의 외각의 합 : $360°$
• 정n각형의 한 내각의 크기 : $\dfrac{180° \times (n-2)}{n}$
• 정n각형의 한 외각의 크기 : $\dfrac{360°}{n}$

25 소인수분해   정답률 48% | 정답 84

다음 조건을 만족시키는 두 자리의 자연수 n의 최댓값을 구하시오. [3점]

(가) n은 4의 배수이다.
(나) n의 소인수의 개수가 3이다.

STEP 01 두 자리의 4의 배수 중 큰 수부터 소인수분해하여 조건 (나)를 만족하는 n의 값을 구한다.

n은 4의 배수이므로 2를 소인수로 가진다.
두 자리의 자연수 중 4의 배수인 것을 큰 수부터 소인수분해하면
$96 = 4 \times 24 = 2^5 \times 3$의 소인수의 개수는 2, 3의 2
$92 = 4 \times 23 = 2^2 \times 23$의 소인수의 개수는 2, 23의 2
$88 = 4 \times 22 = 2^3 \times 11$의 소인수의 개수는 2, 11의 2
$84 = 4 \times 21 = 2^2 \times 3 \times 7$의 소인수의 개수는 2, 3, 7의 3
$\vdots$
따라서 조건을 만족시키는 두 자리 자연수의 최댓값은 84

26 이차방정식의 활용   정답률 58% | 정답 7

그림과 같이 길이가 1인 선분 AB 위의 점 C에 대하여 선분 AC를 한 변으로 하는 정사각형 ACDE가 있다. 선분 CD를 삼등분하는 점 중 점 D에 가까운 점을 F라 하자. ❶ 정사각형 ACDE의 넓이와 삼각형 BFC의 넓이의 합이 $\frac{5}{8}$일 때, $\overline{AC} = \frac{q}{p}$이다. $p+q$의 값을 구하시오. (단, p와 q는 서로소인 자연수이다.) [4점]

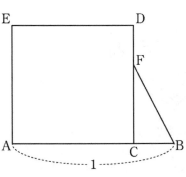

STEP 01 $\overline{AC} = a$라 하고 ❶을 이용하여 방정식을 세운 후 방정식을 풀어 a를 구한 다음 $p+q$의 값을 구한다.

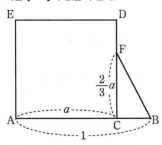

$\overline{AC} = a$라 하자. 사각형 ACDE는 정사각형이므로 $\square ACDE = a^2$

선분 CD를 삼등분하는 점 중 점 D에 가까운 점이 F이므로 $\overline{CF} = \frac{2}{3}a$

$\overline{BC} = 1-a$이므로

$\triangle BFC = \frac{1}{2} \times (1-a) \times \frac{2}{3}a = \frac{1}{3}a - \frac{1}{3}a^2$

그러므로

$\square ACDE + \triangle BFC = a^2 + \frac{1}{3}a - \frac{1}{3}a^2 = \frac{2}{3}a^2 + \frac{1}{3}a$이므로

$\frac{2}{3}a^2 + \frac{1}{3}a = \frac{5}{8}$, $16a^2 + 8a - 15 = 0$, $(4a+5)(4a-3) = 0$

$a = -\frac{5}{4}$ 또는 $a = \frac{3}{4}$

$0 < a < 1$이므로 $a = \frac{3}{4}$

따라서 $p=4$, $q=3$ 이므로 $p+q = 4+3 = 7$

★★★ 등급을 가르는 문제!

27 삼각비를 이용한 삼각형의 넓이   정답률 42% | 정답 5

그림과 같이 반지름의 길이가 2이고 중심각의 크기가 90°인 부채꼴 OAB가 있다. 선분 OA를 지름으로 하는 반원의 호 위의 점 P에 대하여 직선 OP가 호 AB와 만나는 점을 Q라 하고, 점 Q에서 선분 OA에 내린 수선의 발을 H라 하자. $\angle QOA = 30°$일 때, 삼각형 PHQ의 넓이는 $\frac{a\sqrt{3}-b}{4}$이다. $a+b$의 값을 구하시오. (단, a와 b는 자연수이다.) [4점]

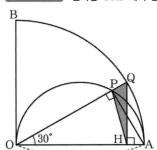

STEP 01 삼각형 OHQ에서 삼각비를 이용하여 $\overline{HQ}$를 구한다.

삼각형 OHQ에서 $\overline{OQ} = 2$

$\frac{\overline{HQ}}{\overline{OQ}} = \sin 30°$, $\overline{HQ} = \overline{OQ} \times \sin 30° = 2 \times \frac{1}{2} = 1$

STEP 02 삼각형 OAP에서 삼각비를 이용하여 $\overline{OP}$, $\overline{PQ}$를 구한다.

그림과 같이 선분 AP를 그으면 각 OPA는 반원에 대한 원주각이므로 $\angle OPA = 90°$

삼각형 OAP에서 $\frac{\overline{OP}}{\overline{OA}} = \cos 30°$

$\overline{OP} = \overline{OA} \times \cos 30° = 2 \times \frac{\sqrt{3}}{2} = \sqrt{3}$

$\overline{PQ} = \overline{OQ} - \overline{OP} = 2 - \sqrt{3}$

STEP 03 삼각형 PHQ에서 $\angle HQP$의 크기를 구한 후 삼각형 PHQ의 넓이를 구하여 $a+b$의 값을 구한다.

삼각형 PHQ에서 $\angle HQP = 60°$이므로

$\triangle PHQ = \frac{1}{2} \times \overline{HQ} \times \overline{PQ} \times \sin 60°$

$= \frac{1}{2} \times 1 \times (2-\sqrt{3}) \times \frac{\sqrt{3}}{2}$

$= \frac{2\sqrt{3}-3}{4}$

따라서 $a=2$, $b=3$이므로 $a+b = 2+3 = 5$

● 핵심 공식

▶ 원주각
(1) 한 호에 대한 원주각의 크기는 그 호에 대한 중심각의 크기의 $\frac{1}{2}$이다.

    $\angle AOB = 2\angle APB$

(2) 원주각의 정리
한 원 또는 합동인 원에서 같은 크기의 호에 대한 원주각의 크기는 모두 같다.

(3) 반원의 원주각의 크기는 90°이다.

▶ 특수각의 삼각비

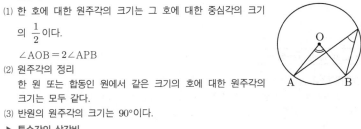

삼각비 \ 각(A)	30°	45°	60°
$\sin A$	$\frac{1}{2}$	$\frac{\sqrt{2}}{2}$	$\frac{\sqrt{3}}{2}$
$\cos A$	$\frac{\sqrt{3}}{2}$	$\frac{\sqrt{2}}{2}$	$\frac{1}{2}$
$\tan A$	$\frac{\sqrt{3}}{3}$	1	$\sqrt{3}$

★★ 문제 해결 꿀~팁 ★★

▶ 문제 해결 방법
삼각형 OHQ에서 삼각비를 이용하면 $\overline{HQ} = 1$, 마찬가지로 삼각형 OAP에서 $\overline{OP} = \sqrt{3}$이므로 $\overline{PQ} = 2 - \sqrt{3}$

삼각형 PHQ에서 $\angle HQP = 60°$이므로 $\triangle PHQ = \frac{1}{2} \times \overline{HQ} \times \overline{PQ} \times \sin 60°$으로 넓이를 구하면 된다.
특수각의 삼각비를 정확하게 알고 적용할 수 있으면 어렵지 않게 답을 구할 수 있다.

28 중앙값과 평균을 이용한 분산   정답률 41% | 정답 10

다음은 8명의 학생이 1년 동안 읽은 책의 권수를 조사하여 나타낸 자료이다.

$$4, \ 3, \ 12, \ 5, \ 4, \ a, \ b, \ c$$

이 자료의 중앙값과 평균이 모두 7일 때, 분산을 구하시오. [4점]

STEP 01 중앙값이 7임을 이용하여 a를 구한다.

자료의 개수가 8이므로 중앙값은 변량을 작은 값부터 크기순으로 나열하였을 때,
네 번째 변량과 다섯 번째 변량의 평균이다.
$a \le b \le c$ 라 하자.
$a \le 5$이면 중앙값이 7이 될 수 없으므로 $a > 5$
주어진 자료를 작은 값부터 크기순으로 나열하면
3, 4, 4, 5, … 이므로 네 번째 변량은 5이다.
중앙값이 7이므로 a, b, c, 12 중 다섯 번째 변량은 a이고
$\dfrac{5+a}{2}=7$, $a=9$

STEP 02 평균이 7임을 이용하여 b, c를 구한다.

한편, 평균이 7이므로
$\dfrac{3+4+4+5+9+12+b+c}{8}=7$
$37+b+c=56$, $b+c=19$
$9 \le b \le c$이므로 $b=9$, $c=10$

STEP 03 편차를 구한 후 분산을 구한다.

주어진 자료는 3, 4, 4, 5, 9, 9, 10, 12이고 평균이 7이므로
이 자료의 편차는 차례로 -4, -3, -3, -2, 2, 2, 3, 5
따라서 구하는 분산은
$\dfrac{(-4)^2+(-3)^2+(-3)^2+(-2)^2+2^2+2^2+3^2+5^2}{8}=10$

● 핵심 공식

▶ 도수분포표에서의 평균과 분산
• (평균) $=\dfrac{\{(계급값)\times(도수)\}의 총합}{(도수)의 총합}$
• (분산) $=\dfrac{\{(편차)^2\times(도수)\}의 총합}{(도수)의 총합}$

★★ 문제 해결 꿀~팁 ★★

▶ 문제 해결 방법

$a \le b \le c$라 하고 주어진 자료를 작은 값부터 크기순으로 나열하면 3, 4, 4, 5, a, b, c, 12일 가능성이 가장 크다. $a \le 5$이면 중앙값이 7이 될 수 없기 때문이다.
여기서 $\dfrac{5+a}{2}=7$, $a=9$
다음으로 평균이 7이므로 $b+c=19$이고, $a \le b \le c$이므로 $b=9$, $c=10$일수밖에 없다. 이제 자료의 모든 값을 구했으므로 분산을 구하면 된다. 중앙값, 평균, 분산을 구하는 방법을 정확하게 알고 있어야 한다.

29 이차함수의 그래프   정답률 15% | 정답 13

좌표평면에서 이차항의 계수가 양수인 이차함수 $y=f(x)$의 그래프 위의 두 점 A, B가 다음 조건을 만족시킨다.

(가) $a<2<b$인 두 수 a, b에 대하여 A$(a, 1)$, B$(b, 1)$이다.
(나) 점 C$(2, 1)$에 대하여 $\overline{AC}=3\overline{BC}$이다.

이차함수 $y=f(x)$의 그래프 위의 점 D에 대하여 삼각형 ADB가 $\angle ADB=90°$인 이등변삼각형이고 ❶ 넓이가 16일 때, $f(8)$의 값을 구하시오. [4점]

STEP 01 주어진 조건을 만족하도록 이차함수 위에 세 점 A, B, D를 잡고 직각이등변삼각형의 성질을 이용하여 각 변들의 길이의 비를 구한 후 ❶을 이용하여 미지수를 구한 다음 세 점 A, B, D의 좌표를 구한다.

삼각형 ADB가 $\angle ADB=90°$인 이등변삼각형이므로 빗변은 선분 AB이고,
$\overline{AD}=\overline{BD}$이다.
점 D에서 선분 AB에 내린 수선의 발을 H라 하면 직선 DH는 선분 AB의 수직이등분선이다.

한편, 이차함수 $y=f(x)$의 그래프 위의 두 점 A와 B의 y좌표는 같으므로 선분 AB의 수직이등분선은 이차함수 $y=f(x)$의 그래프의 축이다.
그러므로 점 D는 이차함수 $y=f(x)$의 그래프와 축의 교점이므로 꼭짓점이다.

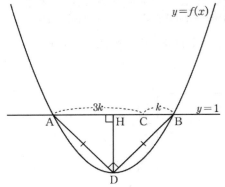

그림과 같이 $\overline{BC}=k$라 하면 $\overline{AC}=3\times\overline{BC}$이므로
$\overline{AC}=3k$
삼각형 DHA는 $\angle DHA=90°$인 이등변삼각형이므로
$\overline{DH}=\overline{AH}=\dfrac{1}{2}\times\overline{AB}=\dfrac{1}{2}\times4k=2k$
$\triangle ADB=\dfrac{1}{2}\times\overline{AB}\times\overline{DH}=\dfrac{1}{2}\times4k\times2k=4k^2=16$
$k^2=4$, $k=2\,(k>0)$
그러므로 점 A의 좌표는 $(-4, 1)$, 점 B의 좌표는 $(4, 1)$, 점 D의 좌표는 $(0, -3)$

STEP 02 세 점 A, B, D의 좌표를 이용하여 이차함수 $y=f(x)$를 구한 후 $f(8)$의 값을 구한다.

이차함수 $y=f(x)$의 그래프의 꼭짓점의 좌표는 $(0, -3)$이므로
$f(x)=px^2-3$ (p는 상수)
$y=f(x)$의 그래프가 점 $(4, 1)$을 지나므로
$1=16p-3$, $p=\dfrac{1}{4}$

$f(x)=\dfrac{1}{4}x^2-3$

따라서 $f(8)=\dfrac{1}{4}\times8^2-3=13$

★★ 문제 해결 꿀~팁 ★★

▶ 문제 해결 방법
먼저 주어진 조건을 만족하도록 그래프 위에 세 점 A, B, D를 잡으면 삼각형 ADB가 직각이등변삼각형이므로 삼각형 DHA도 직각이등변삼각형으로 $\overline{DH}=\overline{AH}$이고 $\overline{BC}=k$라 하면 $\overline{AC}=3k$, $\overline{DH}=\overline{AH}=2k$이다.
삼각형 ADB의 넓이가 16이므로 $k=2$이다. 그러므로 점 A$(-4, 1)$, 점 B$(4, 1)$, 점 D$(0, -3)$이고 점 D가 이차함수의 꼭짓점이므로 $f(x)=px^2-3$이다. 여기에 점 A의 좌표를 대입하면 $p=\dfrac{1}{4}$, $f(x)=\dfrac{1}{4}x^2-3$이다.
주어진 조건을 만족하도록 이차함수 위에 세 점을 적절하게 잡을 수 있어야 하고 직각이등변삼각형이 되도록 세 점을 잡고 나면 점 D가 이차함수의 꼭짓점임을 짐작할 수 있고 삼각형들의 변의 길이의 관계도 보다 쉽게 짐작할 수 있다. 주어진 조건을 최대한 활용하여 그래프를 그릴 수 있으면 보다 쉽게 문제를 해결할 수 있다.

30 삼각형의 닮음을 이용한 도형의 넓이   정답률 12% | 정답 320

그림과 같이 $\overline{AD}$ // $\overline{BC}$인 사다리꼴 ABCD에서 두 대각선의 교점을 E라 하자. 점 E를 지나고 선분 AD와 평행한 직선이 선분 CD와 만나는 점을 F라 하고, 두 선분 AC, BF의 교점을 G라 하자. $\overline{AD}=4$, $\overline{EF}=3$일 때, 사다리꼴 ABCD의 넓이는 삼각형 EGF의 넓이의 k배이다. $9k$의 값을 구하시오. [4점]

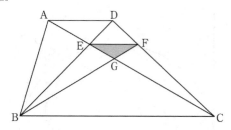

STEP 01 두 삼각형 ACD, ECF의 닮음과 두 삼각형 DEF, DBC의 닮음을 이용하여 $\overline{BC}$를 구한다.

두 삼각형 ACD, ECF에서 $\overline{AD}\,/\!/\,\overline{EF}$이므로 삼각형 ACD와 삼각형 ECF는 서로 닮음이다.

$\overline{AD}:\overline{EF}=4:3$이므로 $\overline{CD}:\overline{CF}=4:3$, $\overline{CF}:\overline{FD}=3:1$ ······ ㉠

두 삼각형 DEF, DBC에서 $\overline{EF}\,/\!/\,\overline{BC}$이므로 삼각형 DEF와 삼각형 DBC는 서로 닮음이다.

$\overline{EF}:\overline{BC}=\overline{DF}:\overline{DC}=1:4$ 이므로 $\overline{BC}=12$

STEP 02 삼각형 EGF의 넓이를 S라 하고 각 삼각형들의 닮음비를 이용하여 각 삼각형들의 넓이를 S를 이용하여 나타낸다.

두 삼각형 EGF, CGB에서 $\overline{EF}\,/\!/\,\overline{BC}$이므로 삼각형 EGF와 삼각형 CGB는 서로 닮음이다.

$\overline{FG}:\overline{BG}=\overline{EG}:\overline{CG}=\overline{EF}:\overline{CB}=1:4$ ······ ㉡

두 삼각형 AED, CEB에서 $\overline{AD}\,/\!/\,\overline{BC}$이므로 삼각형 AED와 삼각형 CEB는 서로 닮음이다.

$\overline{AD}:\overline{CB}=\overline{DE}:\overline{BE}=1:3$ ······ ㉢

삼각형 EGF의 넓이를 S라 하면

㉡에서
$\triangle EBG=4\times\triangle EGF=4S$, $\triangle FGC=4\times\triangle EGF=4S$

㉠에서
$\triangle DEF=\dfrac{1}{3}\times\triangle ECF=\dfrac{1}{3}(\triangle EGF+\triangle FGC)=\dfrac{5}{3}S$

$\triangle ABE=\triangle ABD-\triangle AED=\triangle ACD-\triangle AED$
$=\triangle DEC=\triangle DEF+\triangle EGF+\triangle FGC$
$=\dfrac{5}{3}S+S+4S=\dfrac{20}{3}S$

㉡에서 두 삼각형 EGF와 GBC의 닮음비가 $1:4$이므로 넓이의 비는
$1^2:4^2=1:16$이 되어
$\triangle GBC=16\times\triangle EGF=16S$

㉢에서 두 삼각형 AED와 CEB의 닮음비가 $1:3$이므로 넓이의 비는
$1^2:3^2=1:9$가 되어
$\triangle AED=\dfrac{1}{9}\times\triangle CEB=\dfrac{1}{9}(\triangle EBG+\triangle GBC)$
$=\dfrac{1}{9}(4S+16S)=\dfrac{20}{9}S$

STEP 03 삼각형들의 넓이의 합으로 사다리꼴 ABCD의 넓이를 구하여 k를 구한 후 $9k$의 값을 구한다.

사다리꼴 ABCD의 넓이는
$\triangle ABE+\triangle EBG+\triangle GBC+\triangle FGC+\triangle EGF+\triangle DEF+\triangle AED$
$=\dfrac{20}{3}S+4S+16S+4S+S+\dfrac{5}{3}S+\dfrac{20}{9}S=\dfrac{320}{9}S$

이므로 삼각형 EGF의 넓이의 $\dfrac{320}{9}$ 배이다.

따라서 $k=\dfrac{320}{9}$이므로 $9k=9\times\dfrac{320}{9}=320$

★★ 문제 해결 꿀~팁 ★★

▶ 문제 해결 방법
$\overline{AD}=4$, $\overline{EF}=3$에서 각 삼각형들의 닮음비를 찾아내야 한다.
먼저 두 삼각형 ACD, ECF에서 $\overline{CF}:\overline{FD}=3:1$이고 두 삼각형 DEF, DBC에서 $\overline{EF}:\overline{BC}=1:4$이므로 $\overline{BC}=12$이다.
이와 같이 각각의 닮음인 삼각형들을 찾아 닮음비를 구하고 삼각형 EGF의 넓이를 S라 할 때 사다리꼴 ABCD의 내부의 작은 삼각형들의 넓이를 모두 S를 이용하여 나타내어야 한다. 이때 닮음비와 넓이의 비를 구분하여 넓이를 구해야 한다. 높이가 같고 밑변의 길이가 k배이면 넓이도 k배이지만, 모든 변의 길이가 k배이면 넓이는 k^2배이다. 이 점에 유의하여 각 삼각형들의 넓이를 구해야 한다. 각 삼각형들의 넓이를 구한 후 합을 구하면 사다리꼴의 넓이를 구할 수 있다.

• 정답 •

01 ③ 02 ④ 03 ② 04 ④ 05 ⑤ 06 ② 07 ① 08 ③ 09 ⑤ 10 ② 11 ③ 12 ① 13 ① 14 ④ 15 ③
16 ⑤ 17 ① 18 ⑤ 19 ④ 20 ② 21 ⑤ 22 7 ★23 18 24 70 25 84 ★26 128 ★27 48 28 25 29 31 30 149

★ 표기된 문항은 [등급을 가르는 문제]에 해당하는 문항입니다.

01 정수와 유리수의 연산 정답률 94% | 정답 ③

❶ $6\div(-4)-\dfrac{5}{2}\times(-3)$의 값은? [2점]

① 4 ② 5 ③ 6 ④ 7 ⑤ 8

STEP 01 유리수의 연산으로 ❶의 값을 구한다.

$6\div(-4)-\dfrac{5}{2}\times(-3)=6\times\left(-\dfrac{1}{4}\right)+\dfrac{5}{2}\times3$
$=-\dfrac{6}{4}+\dfrac{15}{2}$
$=\dfrac{-3+15}{2}$
$=\dfrac{12}{2}=6$

02 다항식의 연산 정답률 95% | 정답 ④

다항식 ❶ $2x(3x-1)-x(2x+3)$을 간단히 하였을 때, x^2의 계수는? [2점]

① 1 ② 2 ③ 3 ④ 4 ⑤ 5

STEP 01 다항식의 계산으로 ❶을 정리하여 x^2의 계수를 구한다.

$2x(3x-1)-x(2x+3)=6x^2-2x-2x^2-3x$
$=6x^2-2x^2-2x-3x$
$=(6-2)x^2-(2+3)x$
$=4x^2-5x$

따라서 x^2의 계수는 4이다.

● 핵심 공식

▶ 단항식과 다항식의 계산
(1) 계산 방법
 ① 계수는 계수끼리, 문자는 문자끼리 곱하여 계산한다.
 ② 같은 문자의 곱은 거듭제곱의 지수를 써서 나타낸다.
(2) 다항식의 덧셈과 뺄셈 괄호를 풀고 동류항끼리 모아서 간단히 한다.(※ 동류항 : 문자와 차수가 같은 항)
(3) 사칙 연산의 순서
 ① 괄호가 있으면 괄호를 먼저 푼다.
 ② 식의 곱셈과 나눗셈을 계산한다.
 ③ 동류항끼리 덧셈과 뺄셈을 계산한다.

03 제곱근의 성질 정답률 92% | 정답 ②

❶ $\sqrt{\dfrac{2}{3}}\times\sqrt{\dfrac{15}{2}}+\sqrt{20}$의 값은? [2점]

① $\dfrac{5\sqrt{5}}{2}$ ② $3\sqrt{5}$ ③ $\dfrac{7\sqrt{5}}{2}$ ④ $4\sqrt{5}$ ⑤ $\dfrac{9\sqrt{5}}{2}$

STEP 01 제곱근의 성질을 이용하여 ❶의 값을 구한다.

$\sqrt{\dfrac{2}{3}}\times\sqrt{\dfrac{15}{2}}+\sqrt{20}=\sqrt{\dfrac{2}{3}\times\dfrac{15}{2}}+\sqrt{4\times5}$
$=\sqrt{5}+2\sqrt{5}=3\sqrt{5}$

04 완전제곱식 정답률 93% | 정답 ④

❶ $9x^2+12x+k$가 완전제곱식이 되기 위한 상수 k의 값은? [3점]

① $\dfrac{1}{9}$ ② $\dfrac{1}{4}$ ③ 1 ④ 4 ⑤ 9

STEP 01 ❶을 이차함수의 표준형으로 바꾸어 만족하는 k의 값을 구한다.

08회

$9x^2 + 12x + k$ 가 완전제곱식이 되려면

$9x^2 + 12x + k = (3x)^2 + 2 \times (3x) \times 2 + k = (3x+2)^2$

이 되어야 한다.

따라서 $k = 2^2 = 4$

다른 풀이

$9x^2 + 12x + k$ 가 완전제곱식이 되려면 $9x^2 + 12x + k$ 의 판별식을 D 라 할 때

$\dfrac{D}{4} = 36 - 9k = 0$

$k = 4$

● 핵심 공식

▶ 판별식

이차방정식 $ax^2 + bx + c = 0$ 의 판별식 $D = b^2 - 4ac$ 를 이용한 근의 개수 판별

① $b^2 - 4ac > 0 \leftrightarrow$ 서로 다른 두 실근

② $b^2 - 4ac = 0 \leftrightarrow$ 한 개의 중근

③ $b^2 - 4ac < 0 \leftrightarrow$ 실근이 없다

---

05 입체도형   정답률 86% | 정답 ⑤

그림과 같이 ❶ 밑면의 지름의 길이가 4 인 원기둥의 ❷ 겉넓이가 38π 일 때, 이 원기둥의 높이는? [3점]

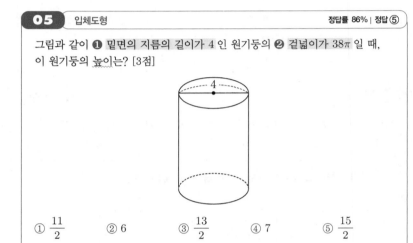

① $\dfrac{11}{2}$ ② 6   ③ $\dfrac{13}{2}$ ④ 7   ⑤ $\dfrac{15}{2}$

STEP 01 ❶을 이용하여 원기둥의 밑넓이를 구한 후 ❷를 이용하여 원기둥의 높이를 구한다.

원기둥의 높이를 x 라 하고 원기둥의 전개도를 그리면 다음과 같다.

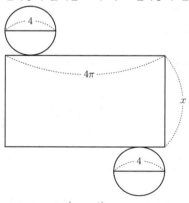

밑넓이는 $2 \times (\pi \times 2^2) = 8\pi$, 옆넓이는 $(2\pi \times 2) \times x = 4\pi x$ 이고

겉넓이가 38π 이므로

$8\pi + 4\pi x = 38\pi$, $4\pi x = 38\pi - 8\pi = 30\pi$

$x = \dfrac{30\pi}{4\pi} = \dfrac{15}{2}$

따라서 구하는 높이는 $\dfrac{15}{2}$ 이다.

● 핵심 공식

▶ 입체도형의 겉넓이와 부피

(V : 부피, S : 겉넓이, h : 높이, r : 반지름)

도형	겉넓이	부피
각기둥	$S = ($밑넓이$\times 2) + $옆넓이	$V = S \times h$ (S : 밑넓이)
원기둥	$S = 2\pi r(r+h)$	$V = \pi r^2 h$
원뿔	$S = \pi r^2 + \pi r l$ (l : 모선의 길이)	$V = \dfrac{1}{3}\pi r^2 h$
구	$S = 4\pi r^2$	$V = \dfrac{4}{3}\pi r^3$

---

06 일차함수의 그래프   정답률 86% | 정답 ②

일차함수 ❶ $y = ax + b$ 의 그래프는 일차함수 $y = -\dfrac{2}{3}x$ 의 그래프와 평행하다. 일차함수 $y = ax + b$ 의 그래프의 ❷ x 절편이 3 일 때, $a + b$ 의 값은? (단, a 와 b 는 상수이다.) [3점]

① $\dfrac{7}{6}$ ② $\dfrac{4}{3}$ ③ $\dfrac{3}{2}$ ④ $\dfrac{5}{3}$ ⑤ $\dfrac{11}{6}$

STEP 01 ❶에서 a를 구한 후 ❷에서 b를 구한 다음 $a+b$의 값을 구한다.

$y = ax + b$ 의 그래프는 $y = -\dfrac{2}{3}x$ 의 그래프와 평행하므로

$a = -\dfrac{2}{3}$

$y = -\dfrac{2}{3}x + b$ 의 그래프의 x 절편이 3 이므로

$0 = -\dfrac{2}{3} \times 3 + b$, $b = 2$

따라서 $a + b = -\dfrac{2}{3} + 2 = -\dfrac{2}{3} + \dfrac{6}{3} = \dfrac{4}{3}$

● 핵심 공식

▶ 일차함수 $y = ax + b$

(1) 기울기 $= a$ (2) x절편 ($y = 0$일 때의 x값)$= -\dfrac{b}{a}$

(3) y절편 ($x = 0$일 때의 y값)$= b$

---

07 줄기와 잎   정답률 87% | 정답 ①

다음은 어느 고등학교 1 학년 학생 20 명이 1 년간 실시한 봉사 활동 시간을 줄기와 잎 그림으로 나타낸 것이다. 이 자료의 중앙값은? [3점]

(2 | 0 은 20 시간)

줄기	잎
0	4 5
1	1 2 4 7 7
2	0 1 1 5 8 9
3	4 4 8 9
4	0 0 2

① 23 시간   ② 24 시간   ③ 25 시간   ④ 26 시간   ⑤ 27 시간

STEP 01 자료를 작은 값부터 크기순으로 나열하여 중앙값을 구한다.

줄기와 잎 그림의 자료를 작은 값부터 크기순으로 나열하면

4, 5, 11, 12, 14, 17, 17, 20, 21, 21, 25, 28, 29, 34, 34, 38, 39, 40, 40, 42 이다.

자료의 개수가 짝수이므로 중앙값은 중앙에 위치한 10 번째와 11 번째에 위치한 두 값의 평균이다.

따라서 중앙값은 $\dfrac{21 + 25}{2} = 23$ (시간)이다.

---

08 거듭제곱의 성질   정답률 79% | 정답 ③

❶ $5^3 \times 6^4$ 이 n 자리의 수일 때, n 의 값은? [3점]

① 4   ② 5   ③ 6   ④ 7   ⑤ 8

STEP 01 ❶을 소인수분해한 후 10의 거듭제곱을 이용하여 나타내어 n의 값을 구한다.

$5^3 \times 6^4 = 5^3 \times (2 \times 3)^4 = 5^3 \times 2^4 \times 3^4 = 5^3 \times 2^3 \times 2 \times 3^4 = 162 \times 10^3 = 162000$

따라서 $5^3 \times 6^4$ 은 6 자리의 수이므로 $n = 6$ 이다.

---

09 확률   정답률 78% | 정답 ⑤

❶ 한 개의 주사위를 두 번 던질 때, ❷ 첫 번째 던져서 나온 눈의 수가 두 번째 던져서 나온 눈의 수보다 작을 확률은? [3점]

① $\dfrac{11}{36}$ ② $\dfrac{1}{3}$ ③ $\dfrac{13}{36}$ ④ $\dfrac{7}{18}$ ⑤ $\dfrac{5}{12}$

STEP 01 ❶의 모든 경우의 수를 구한 후 ❷의 경우의 수를 구하여 구하는 확률을 구한다.

한 개의 주사위를 두 번 던질 때 일어날 수 있는 모든 경우의 수는

$6 \times 6 = 36$ 이다.

첫 번째 던져서 나온 눈의 수를 a, 두 번째 던져서 나온 눈의 수를 b 라 할 때,
a 가 b 보다 작은 경우를 순서쌍 (a, b) 로 나타내면
$(1, 2), (1, 3), (1, 4), (1, 5), (1, 6),$
$(2, 3), (2, 4), (2, 5), (2, 6),$
$(3, 4), (3, 5), (3, 6),$
$(4, 5), (4, 6),$
$(5, 6)$
이므로 경우의 수는 15 이다.

따라서 구하는 확률은 $\dfrac{15}{36} = \dfrac{5}{12}$ 이다.

다른 풀이

한 개의 주사위를 두 번 던질 때 일어날 수 있는 모든 경우의 수는 36이다.
첫 번째 던져서 나온 눈의 수와 두 번째 던져서 나온 눈의 수가 같은 경우의 수는
6이므로 서로 다른 경우의 수는 30이다.
첫 번째 던져서 나온 눈의 수가 두 번째 던져서 나온 눈의 수보다 큰 경우의 수와
작은 경우의 수가 서로 같으므로 첫 번째 던져서 나온 눈의 수가 두 번째 던져서

나온 눈의 수보다 작은 경우의 수는 $\dfrac{30}{2} = 15$ 이다.

따라서 구하는 확률은 $\dfrac{15}{36} = \dfrac{5}{12}$ 이다.

---

10 일차부등식   정답률 84% | 정답 ②

일차부등식 ❶ $2a - x \le -3(x - 2)$ 가 참이 되는 ❷ 자연수의 개수가 4 일 때,
정수 a 의 값은? [3점]
① -2 ② -1 ③ 0 ④ 1 ⑤ 2

STEP 01 ❶의 부등식을 정리한 후 ❷를 만족하도록 하는 정수 a의 값을 구한다.

$2a - x \le -3(x - 2)$
$2a - x \le -3x + 6$
$3x - x \le 6 - 2a$
$2x \le 6 - 2a$
그러므로 $x \le 3 - a$
$3 - a$ 가 정수이고 일차부등식이 참이 되는 자연수의 개수가 4 이므로 $3 - a = 4$
따라서 $a = -1$

---

11 인수분해   정답률 87% | 정답 ③

[그림 1]은 가로의 길이가 $2x$, 세로의 길이가 $x + 2$ 인 직사각형에서 가로의
길이가 1, 세로의 길이가 x 인 직사각형을 잘라 낸 도형을 나타낸 것이다.
[그림 2]는 세로의 길이가 x 인 직사각형을 나타낸 것이다. ❶ [그림 1]의
도형과 [그림 2]의 직사각형의 넓이가 서로 같을 때, [그림 2]의 직사각형의
둘레의 길이는? (단, $x > \dfrac{1}{2}$) [3점]

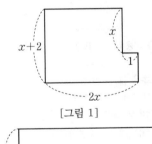

[그림 1]

[그림 2]

① $4x + 4$ ② $4x + 6$ ③ $6x + 6$ ④ $6x + 8$ ⑤ $8x + 8$

STEP 01 [그림 1]의 도형의 넓이를 구한 후 ❶을 이용하여 [그림 2]의 직사각형의
가로의 길이를 구한 다음 둘레의 길이를 구한다.

[그림 1]의 도형의 넓이는
$2x(x + 2) - x = 2x^2 + 4x - x = 2x^2 + 3x = x(2x + 3)$
이고 [그림 2]의 직사각형의 넓이는 (가로의 길이) $\times x$ 이다.
[그림 1]의 도형과 [그림 2]의 직사각형의 넓이가 서로 같으므로
[그림 2]의 직사각형의 가로의 길이는 $2x + 3$ 이다.
따라서 [그림 2]의 직사각형의 둘레의 길이는
$2(x + 2x + 3) = 6x + 6$ 이다.

[문제편 p.103]

---

12 산점도   정답률 79% | 정답 ①

다음은 어느 반 학생 20 명의 작년에 읽은 책의 수와 올해 읽은 책의 수에 대한
산점도이다.

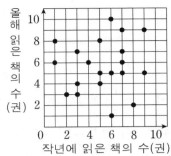

작년보다 올해 책을 더 많이 읽은 학생의 수를 a, 작년과 올해 해마다 5 권
이상의 책을 읽은 학생의 수를 b 라 할 때, $a + b$의 값은? [3점]
① 19   ② 21   ③ 23   ④ 25   ⑤ 27

STEP 01 산점도에서 a, b의 값을 각각 구한 후 $a + b$의 값을 구한다.

작년보다 올해 책을 더 많이 읽은 학생의 수는 그림에서 대각선의 위쪽에 있는
점의 개수이므로 9 이다.

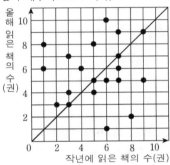

그러므로 $a = 9$
작년과 올해 해마다 5 권 이상의 책을 읽은 학생의 수는 그림에서 표시한 부분과
같이 10 이다.

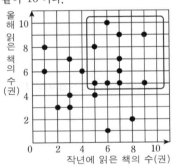

그러므로 $b = 10$
따라서 $a + b = 9 + 10 = 19$

---

13 연립방정식   정답률 74% | 정답 ①

어느 제과점에서 두 종류의 선물 세트 A, B 를 각각 1 상자씩 만드는 데
필요한 사탕과 쿠키의 개수는 다음과 같다.

	A	B
사탕(개)	20	5
쿠키(개)	15	25

선물 세트 A 를 a 상자, 선물 세트 B 를 b 상자 만드는 데 필요한 사탕과
쿠키의 개수가 각각 360, 440 일 때, $a + b$의 값은? [3점]
① 24   ② 26   ③ 28   ④ 30   ⑤ 32

STEP 01 주어진 표를 이용하여 연립방정식을 세운 후 연립방정식을 풀어 a, b의 값을
각각 구한 후 $a + b$의 값을 구한다.

선물 세트 A 를 a 상자, 선물 세트 B 를 b 상자 만드는 데 필요한 사탕의 개수는
$20a + 5b$ 이고 쿠키의 개수는 $15a + 25b$ 이다.
주어진 조건에 따라 다음과 같이 연립방정식을 세울 수 있다.
$$\begin{cases} 20a + 5b = 360 & \cdots\cdots ㉠ \\ 15a + 25b = 440 & \cdots\cdots ㉡ \end{cases}$$
b 의 계수의 절댓값이 같아지도록 ㉡의 양변을 5 로 나누면
$3a + 5b = 88$ $\cdots\cdots ㉢$
㉠에서 ㉢을 변끼리 빼면
$17a = 272$, $a = 16$

$a=16$ 을 ㉢에 대입하면

$3\times 16+5b=88$

$48+5b=88$

$5b=40,\ b=8$

따라서 $a+b=16+8=24$

---

14 정비례와 반비례

정답률 62% | 정답 ④

그림과 같이 정비례 관계 $y=-\dfrac{1}{2}x$ 의 그래프와 반비례 관계

$y=\dfrac{a}{x}\,(a<0)$ 의 그래프가 있다. 이 두 그래프가 만나는 두 점을 A, B 라

할 때, ❶ 두 점 A, B 의 x 좌표의 합이 0 이다. 점 A 를 지나고 x 축에 평행한

직선과 점 B 를 지나고 y 축에 평행한 직선이 만나는 점을 C 라 할 때,

❷ 삼각형 ABC 의 넓이는 16 이다. 상수 a 의 값은? (단, 점 A 는 제4사분면

위의 점이다.) [4점]

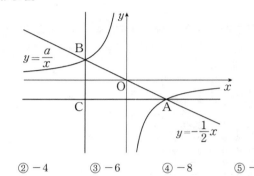

① -2 ② -4 ③ -6 ④ -8 ⑤ -10

STEP 01 ❶에 의해 미지수를 이용하여 세 점 A, B, C 의 좌표를 구한다.

두 점 A, B 의 x 좌표의 합이 0 이므로 점 A 의 x 좌표를 양수 p 라 하면

점 B 의 x 좌표는 $-p$ 이다.

직선 $y=-\dfrac{1}{2}x$ 가 두 점 A, B 를 지나므로

두 점 A, B 의 좌표는

$$A\left(p,\ -\dfrac{1}{2}p\right),\ B\left(-p,\ \dfrac{1}{2}p\right)$$

그러므로 점 C 의 좌표는 $C\left(-p,\ -\dfrac{1}{2}p\right)$ 이다.

STEP 02 삼각형 ABC 의 넓이를 구한 후 ❷를 이용하여 p 를 구한 다음 a의 값을 구한다.

삼각형 ABC 의 넓이가 16 이므로

$$\dfrac{1}{2}\times\overline{\mathrm{AC}}\times\overline{\mathrm{BC}}=\dfrac{1}{2}\times 2p\times p=p^2=16$$

$p=4$ 이므로 $A(4,\ -2)$ 이다.

점 $A(4,\ -2)$ 가 반비례 관계 $y=\dfrac{a}{x}$ 의 그래프 위의 점이므로

$$-2=\dfrac{a}{4},\ a=-8$$

---

15 경우의 수

정답률 60% | 정답 ③

어느 동아리에서 부원 A, B, C, D, E 의 5 명 중에서 3 명을 선택하여 다음과 같이 동아리실 청소 당번을 정하려고 한다.

- 월요일, 수요일, 금요일의 당번을 각각 1 명씩 서로 다르게 정한다.
- A 는 당번을 하고, B 와 C 중 적어도 1 명은 당번을 한다.

다음은 당번을 정하는 경우의 수를 구하는 과정의 일부이다.

세 가지 경우로 나누어 구한다.

(i) B 와 C 가 모두 당번을 하는 경우

A, B, C 세 명이 당번을 하므로 당번을 정하는 경우의 수는 (가) 이다.

(ii) B 는 당번을 하고 C 는 당번을 하지 않는 경우

A, B 가 당번을 하고, C 는 당번을 하지 않으므로 당번을 정하는 경우의 수는 (나) 이다.

(iii) C 는 당번을 하고 B 는 당번을 하지 않는 경우

: (중략)

(i), (ii), (iii)에 의하여 당번을 정하는 경우의 수는 (다) 이다.

위의 (가), (나), (다)에 알맞은 수를 각각 a, b, c 라 할 때, $\underline{a+b+c}$ 의 값은?

[4점]

① 40   ② 44   ③ 48   ④ 52   ⑤ 56

STEP 01 각 경우에 당번을 정하는 경우의 수를 각각 구한 다음 합을 구한다.

세 가지 경우로 나누어 구한다.

(i) B 와 C 가 모두 당번을 하는 경우

A, B, C 세 명이 당번을 하므로 당번을 정하는 방법은

(A, B, C), (A, C, B), (B, A, C),

(B, C, A), (C, A, B), (C, B, A) 의 6 가지이다.

그러므로 당번을 정하는 경우의 수는 $\boxed{6}$ 이다.

(ii) B 는 당번을 하고 C 는 당번을 하지 않는 경우

A, B 가 당번을 하고, C 는 당번을 하지 않으므로

A, B, D 또는 A, B, E 세 명이 당번을 하므로 당번을 정하는 방법은

(A, B, D), (A, D, B), (B, A, D),

(B, D, A), (D, A, B), (D, B, A),

(A, B, E), (A, E, B), (B, A, E),

(B, E, A), (E, A, B), (E, B, A) 의 12 가지이다.

그러므로 당번을 정하는 경우의 수는 $\boxed{12}$ 이다.

(iii) C 는 당번을 하고 B 는 당번을 하지 않는 경우

A, C 가 당번을 하고, B 는 당번을 하지 않으므로

A, C, D 또는 A, C, E 세 명이 당번을 하므로 당번을 정하는 방법은

(A, C, D), (A, D, C), (C, A, D),

(C, D, A), (D, A, C), (D, C, A),

(A, C, E), (A, E, C), (C, A, E),

(C, E, A), (E, A, C), (E, C, A)의 12 가지이다.

그러므로 당번을 정하는 경우의 수는 12 이다.

(i), (ii), (iii)에 의하여 당번을 정하는 경우의 수는 $\boxed{30}$ 이다.

따라서 $a=6$, $b=12$, $c=30$ 에서

$a+b+c=48$

---

16 외심의 성질

정답률 55% | 정답 ⑤

그림과 같이 $\angle A=52°$ 인 예각삼각형 ABC 의 외심을 O 라 하고, 선분 BO 의 연장선과 변 AC 가 만나는 점을 D 라 하자.

❶ $\overline{BD}=\overline{BC}$ 일 때, $\angle OCD$ 의 크기는? [4점]

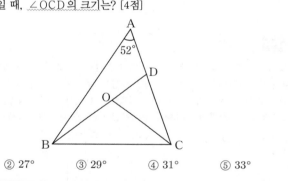

① $25°$ ② $27°$ ③ $29°$ ④ $31°$ ⑤ $33°$

STEP 01 외심의 성질을 이용하여 $\angle BOC$, $\angle OBC$, $\angle BCO$ 의 크기를 차례로 구한다.

점 O 는 삼각형 ABC 의 외심이고

호 BC 에 대한 원주각의 크기가 52° 이므로

호 BC 에 대한 중심각 BOC 의 크기는 104° 이다.

$\overline{OB}=\overline{OC}$ 이므로 삼각형 OBC 는 이등변삼각형이다.

$\angle OBC=\angle OCB=38°$

STEP 02 ❶을 이용하여 $\angle BCD$ 의 크기를 구한 다음 $\angle OCD$ 의 크기를 구한다.

또 $\overline{BD}=\overline{BC}$ 이므로 삼각형 BCD 도 이등변삼각형이다.

$\angle BCD=\angle BDC=71°$

따라서

$\angle OCD=\angle BCD-\angle BCO=71°-38°=33°$

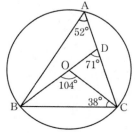

▶ 삼각형의 외심

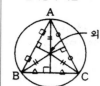

(1) 외심 : 삼각형의 세 변의 수직이등분선의 교점
(2) 외심에서 세 꼭짓점에 이르는 거리(외접원의 반지름)는 같다.
(3) 외심의 위치는 예각삼각형에서는 삼각형의 내부에, 직각삼각형에서는 빗변의 중점에, 둔각삼각형은 삼각형의 외부에 존재한다.

---

17 제곱근의 성질 　　　　정답률 54% | 정답 ①

다음 그림은 어느 수학 전시관의 입장권을 나타낸 것이다. 이 입장권은 고객용과 회수용의 두 부분으로 나누어져 있고 ❶ 고객용 부분의 넓이가 입장권의 넓이의 $\dfrac{\sqrt{15}}{5}$ 이다. 회수용 부분의 넓이가 4 일 때, 입장권의 넓이는? [4점]

① $10+2\sqrt{15}$ 　　② $11+2\sqrt{15}$ 　　③ $4+4\sqrt{15}$
④ $8+3\sqrt{15}$ 　　⑤ $9+3\sqrt{15}$

STEP 01 입장권의 넓이를 미지수로 놓고 ❶을 이용하여 방정식을 세워 입장권의 넓이를 구한다.

입장권의 넓이를 x 라 하자.

고객용 부분의 넓이가 입장권의 넓이의 $\dfrac{\sqrt{15}}{5}$ 이므로

고객용 부분의 넓이는 $\dfrac{\sqrt{15}}{5}x$ 이고 회수용 부분의 넓이는 $x-\dfrac{\sqrt{15}}{5}x$ 이다.

회수용 부분의 넓이가 4 이므로

$x-\dfrac{\sqrt{15}}{5}x=4$, $x\left(\dfrac{5-\sqrt{15}}{5}\right)=4$

$x=4\times\dfrac{5}{5-\sqrt{15}}=\dfrac{20}{5-\sqrt{15}}$

$=\dfrac{20(5+\sqrt{15})}{(5-\sqrt{15})(5+\sqrt{15})}$

$=\dfrac{20(5+\sqrt{15})}{5^2-(\sqrt{15})^2}$

$=\dfrac{20(5+\sqrt{15})}{10}$

$=2(5+\sqrt{15})=10+2\sqrt{15}$

따라서 입장권의 넓이는 $10+2\sqrt{15}$ 이다.

▶ 제곱근의 성질

(1) $a>0$일 때
$\sqrt{a^2}=\sqrt{(-a)^2}=a$
$(\sqrt{a})^2=(-\sqrt{a})^2=a$

(2) $\sqrt{a^2}=|a|=\begin{cases} a & (a\geq 0) \\ -a & (a<0) \end{cases}$

(3) $a>0$, $b>0$일 때
① $\sqrt{a}\,\sqrt{b}=\sqrt{ab}$
② $\sqrt{a^2b}=a\sqrt{b}$
③ $\dfrac{\sqrt{b}}{\sqrt{a}}=\sqrt{\dfrac{b}{a}}$
④ $\sqrt{\dfrac{a}{b^2}}=\dfrac{\sqrt{a}}{b}$

(4) $a\leq 0$, $b\leq 0$일 때 $\sqrt{a}\,\sqrt{b}=-\sqrt{ab}$

(5) $a\geq 0$, $b<0$일 때 $\dfrac{\sqrt{a}}{\sqrt{b}}=-\sqrt{\dfrac{a}{b}}$

---

18 이차방정식 　　　　정답률 61% | 정답 ⑤

❶ 한 변의 길이가 2 인 정사각형 ABCD 의 변 AB 위의 점 E 와 변 AD 위의 점 F 에 대하여 다음이 성립한다.

(가) $\overline{EB}:\overline{FD}=2:1$

(나) 삼각형 AEF 의 넓이는 $\dfrac{10}{9}$ 이다.

선분 AF 의 길이는? [4점]

① $\dfrac{17}{9}$ 　　② $\dfrac{11}{6}$ 　　③ $\dfrac{16}{9}$ 　　④ $\dfrac{31}{18}$ 　　⑤ $\dfrac{5}{3}$

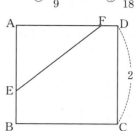

STEP 01 $\overline{FD}=x$ 라 하고 ❶과 조건 (가)에 의해 각 선분의 길이를 x 에 관하여 나타낸 후 삼각형 AEF 의 넓이를 구한다.

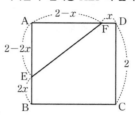

$\overline{FD}=x$ 라 하자.

조건 (가)에서 $\overline{EB}:\overline{FD}=2:1$ 이므로

$\overline{EB}=2x$ 이고 $0<x<1$ 이다.

정사각형의 한 변의 길이가 2 이므로

$\overline{AE}=2-2x$, $\overline{AF}=2-x$

그러므로 삼각형 AEF 의 넓이는 $\dfrac{1}{2}(2-2x)(2-x)=x^2-3x+2$

STEP 02 조건 (나)를 이용하여 x 를 구한 다음 선분 AF 의 길이를 구한다.

조건 (나)에 의하여

$x^2-3x+2=\dfrac{10}{9}$

$9x^2-27x+8=0$

$(3x-1)(3x-8)=0$

$x=\dfrac{1}{3}$ 또는 $x=\dfrac{8}{3}$

$0<x<1$ 이므로 $x=\dfrac{1}{3}$

따라서 선분 AF 의 길이는 $\overline{AF}=\overline{AD}-\overline{FD}=2-\dfrac{1}{3}=\dfrac{5}{3}$

---

19 이차방정식 　　　　정답률 48% | 정답 ④

어느 평평한 광장의 네 지점 A, B, C, D 를 꼭짓점으로 하는 정사각형 ABCD 가 있다. 그림은 크기가 같은 정사각형 모양의 흰색 타일과 검은색 타일을 겹치지 않게 이어 붙여 정사각형 ABCD 의 내부를 빈틈없이 채운 모양을 일부 생략하여 나타낸 것이다.

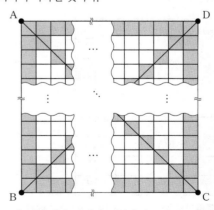

정사각형 ABCD 의 변에 닿은 타일과 정사각형 ABCD 의 대각선 위에 놓인 타일은 모두 검은색이고, 나머지 타일은 흰색이다. 정사각형 ABCD 의 내부에 채워진 전체 타일 중에서 ❶ 흰색 타일의 개수가 168 일 때, 검은색 타일의 개수는? [4점]

① 156 　　② 121 　　③ 100 　　④ 88 　　⑤ 64

STEP 01 한 변에 놓이는 타일의 개수를 n 이라 할 때, n 이 홀수인 경우와 짝수인 경우로 경우를 나누어 각 경우의 흰 타일의 개수를 구하여 **❶**을 만족하도록 하는 자연수 n 의 값을 구한 다음 검은색 타일의 개수를 구한다.

정사각형 ABCD 의 내부를 정사각형 모양의 타일로 가로 n 개, 세로 n 개 이어 붙여 채웠다고 하면 전체 타일의 개수는 n^2 이다.
정사각형 ABCD 의 두 대각선이 교차하는 부분에 놓이는 타일의 모양은 n 의 값에 따라 다음과 같이 두 가지 형태가 있다.

(ⅰ) n 이 홀수일 때
그림과 같이 두 대각선이 교차하는 부분에 검은 타일이 하나 겹쳐진다.

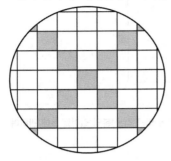

이제 정사각형 ABCD 에 놓인 검은 타일을 서로 인접하게 한쪽으로 이동하여 정리하면 다음과 같은 모양이 된다.

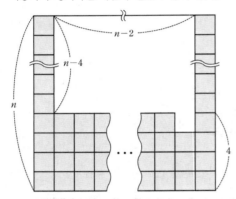

위 그림에서 흰 타일의 개수는 $(n-4)(n-2)+1$ 조건에서
$(n-4)(n-2)+1=168$, $n^2-6n+9=168$
$n^2-6n-159=0$
$n=3\pm\sqrt{168}=3\pm2\sqrt{42}$
따라서 조건을 만족시키는 홀수 n 은 존재하지 않는다.

(ⅱ) n 이 짝수일 때
그림과 같이 두 대각선이 교차하는 부분에 검은 타일이 겹쳐지지 않는다.

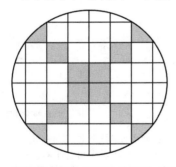

이제 정사각형 ABCD 에 놓인 검은 타일을 서로 인접하게 한쪽으로 이동하여 정리하면 다음과 같은 모양이 된다.

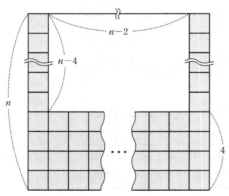

위 그림에서 흰 타일의 개수는 $(n-4)(n-2)$ 조건에서
$(n-4)(n-2)=168$, $n^2-6n+8=168$
$n^2-6n-160=0$, $(n+10)(n-16)=0$
n 은 자연수이므로 $n=16$
따라서 전체 타일의 개수는 $16^2=256$ 이므로
검은색 타일의 개수는 $256-168=88$ 이다.

다른 풀이

정사각형 ABCD 의 한 변에 놓인 타일의 개수를 n 이라 하면
정사각형 ABCD 의 내부의 전체 타일의 개수는 n^2 이고
정사각형 ABCD 의 네 변에 닿은 검은색 타일의 개수는 $4(n-1)$ 이다.
정사각형 ABCD 의 두 대각선이 교차하는 부분에 놓이는 타일의 모양은 n 의 값에 따라 다음과 같이 두 가지 형태가 있다.

(ⅰ) n 이 홀수일 때
그림과 같이 두 대각선이 교차하는 부분에 검은 타일이 하나 겹쳐진다.

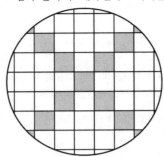

이때 정사각형 ABCD 의 네 변과 닿지 않으면서
두 대각선에 놓인 검은색 타일의 개수는
$2(n-2)-1$ 이다.
따라서 정사각형 ABCD 의 내부에 채워진 흰색 타일의 개수는
$n^2-\{4(n-1)+2(n-2)-1\}=168$
$n^2-6n-159=0$
$n=3\pm\sqrt{168}=3\pm2\sqrt{42}$
따라서 조건을 만족시키는 홀수 n 은 존재하지 않는다.

(ⅱ) n 이 짝수일 때
그림과 같이 두 대각선이 교차하는 부분에 검은 타일이 겹쳐지지 않는다.

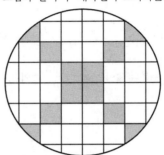

이때 정사각형 ABCD 의 네 변과 닿지 않으면서
두 대각선에 놓인 검은색 타일의 개수는
$2(n-2)$ 이다.
따라서 정사각형 ABCD 의 내부에 채워진 흰색 타일의 개수는
$n^2-\{4(n-1)+2(n-2)\}=168$
$n^2-6n-160=0$
$(n+10)(n-16)=0$
n 은 자연수이므로 $n=16$
검은색 타일의 개수는
$4(n-1)+2(n-2)=4(16-1)+2(16-2)$
$\qquad\qquad\qquad\quad=60+28=88$

---

20 삼각비   정답률 47% | 정답 ②

그림과 같이 **❶** $\angle A=90°$, $\overline{AB}=\overline{AC}=3$ 인 직각삼각형 ABC 가 있다. 변 AB 위의 두 점 D, E 와 변 BC 위의 점 F 에 대하여 **❷** 삼각형 DEF 는 높이가 1 인 정삼각형이다. $\angle DCA=x$ 일 때, $\tan x$ 의 값은?
(단, $\overline{AD}<\overline{AE}$) [4점]

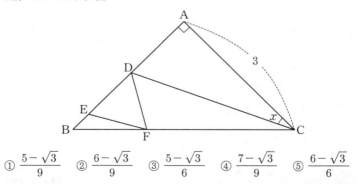

① $\dfrac{5-\sqrt{3}}{9}$ ② $\dfrac{6-\sqrt{3}}{9}$ ③ $\dfrac{5-\sqrt{3}}{6}$ ④ $\dfrac{7-\sqrt{3}}{9}$ ⑤ $\dfrac{6-\sqrt{3}}{6}$

STEP 01 **❶**에 의해 삼각형 HBF 가 직각이등변삼각형임과 **❷**를 이용하여 $\overline{DA}$ 의 길이를 구한다.

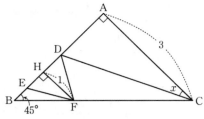

점 F 에서 선분 DE 에 내린 수선의 발을 H 라 하면
H 는 선분 DE 의 중점이다.
조건에 의해 $\overline{FH}=1$ 이다.
$\angle BHF=90°$, $\angle HBF=45°$ 이므로
삼각형 HBF 는 직각이등변삼각형이다.
그러므로 $\overline{BH}=1$ 이 되어 $\overline{HA}=2$ 이다.
직각삼각형 FDH 에서
$\angle FDH=60°$, $\overline{FH}=1$ 이므로
$\overline{HD}=\dfrac{1}{\sqrt{3}}=\dfrac{\sqrt{3}}{3}$ 이다.
따라서
$\overline{DA}=\overline{HA}-\overline{HD}=2-\dfrac{\sqrt{3}}{3}=\dfrac{6-\sqrt{3}}{3}$

STEP 02 직각삼각형 ACD 에서 $\tan x$의 값을 구한다.

따라서
$\tan x=\dfrac{\overline{DA}}{\overline{AC}}=\dfrac{6-\sqrt{3}}{3}\times\dfrac{1}{3}=\dfrac{6-\sqrt{3}}{9}$

다른 풀이

점 F 에서 선분 DE 에 내린 수선의 발을 H 라 하면 H 는 선분 DE 의 중점이다.
조건에 의해 $\overline{FH}=1$ 이다.
$\angle BHF=\angle BAC=90°$ 이므로 $\overline{HF}\,/\!/\,\overline{AC}$ 이다.
따라서 $\overline{BH}:\overline{BA}=\overline{HF}:\overline{AC}$
$\overline{BH}:3=1:3$이므로 $\overline{BH}=1$ 이 되어 $\overline{HA}=2$ 이다.
직각삼각형 FDH 에서 $\angle FDH=60°$, $\overline{FH}=1$ 이므로
$\overline{HD}=\dfrac{1}{\sqrt{3}}=\dfrac{\sqrt{3}}{3}$ 이다.
따라서
$\overline{DA}=\overline{HA}-\overline{HD}=2-\dfrac{\sqrt{3}}{3}=\dfrac{6-\sqrt{3}}{3}$
따라서
$\tan x=\dfrac{\overline{DA}}{\overline{AC}}=\dfrac{6-\sqrt{3}}{3}\times\dfrac{1}{3}=\dfrac{6-\sqrt{3}}{9}$

●핵심 공식

▶ 삼각비의 정의

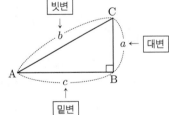

$\sin A=\dfrac{\overline{BC}}{\overline{AC}}=\dfrac{\text{대변}}{\text{빗변}}=\dfrac{a}{b}$

$\cos A=\dfrac{\overline{AB}}{\overline{AC}}=\dfrac{\text{밑변}}{\text{빗변}}=\dfrac{c}{b}$

$\tan A=\dfrac{\overline{BC}}{\overline{AB}}=\dfrac{\text{대변}}{\text{밑변}}=\dfrac{a}{c}$

---

21 삼각형의 성질　　정답률 34% | 정답 ⑤

그림과 같이 $\overline{AB}=6$, $\overline{BC}=8$ 인 삼각형 ABC 가 있다. 변 BC 의 중점 M 과 변 AC 의 중점 N 에 대하여 두 선분 AM, BN 이 점 P 에서 서로 수직으로 만날 때, 〈보기〉에서 옳은 것만을 있는 대로 고른 것은? [4점]

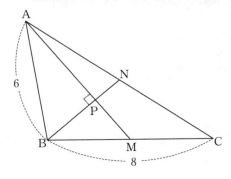

<보기>

ㄱ. $3\overline{AP}=2\overline{AM}$

ㄴ. $\overline{BN}=\sqrt{21}$

ㄷ. 삼각형 ABC 의 넓이는 $4\sqrt{35}$ 이다.

① ㄱ　　② ㄷ　　③ ㄱ, ㄴ　　④ ㄴ, ㄷ　　⑤ ㄱ, ㄴ, ㄷ

STEP 01 ㄱ. 점 P 가 무게중심임을 이용하여 참, 거짓을 판별한다.

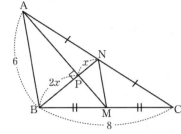

ㄱ. 점 P 는 삼각형 ABC 의 두 중선의 교점이므로 삼각형 ABC 의 무게중심이다.
　　그러므로 $\overline{AP}:\overline{PM}=2:1$
　　$\overline{AP}:\overline{AM}=2:3$
　　따라서 $3\overline{AP}=2\overline{AM}$　　　　　　　　　　∴ 참

STEP 02 ㄴ. $\overline{MN}$ 의 길이를 구한 후 두 직각삼각형 BMP, PMN 에서 피타고라스 정리를 이용하여 $\overline{NP}$ 를 구한 후 $\overline{BN}$ 을 구하여 참, 거짓을 판별한다.

ㄴ. 두 점 M, N 이 각각 두 변 BC, AC 의 중점이므로 삼각형의 중점연결정리에 의하여
　　$\overline{MN}=\dfrac{1}{2}\overline{AB}=3$ 이다.
　　$\overline{NP}=x$ 라 하자.
　　점 P 가 삼각형 ABC 의 무게중심이므로
　　$\overline{BP}:\overline{NP}=2:1$ 에서 $\overline{BP}=2x$
　　두 직각삼각형 BMP 와 PMN 에서 피타고라스 정리에 의하여
　　$\overline{PM}^2=\overline{BM}^2-\overline{BP}^2=\overline{MN}^2-\overline{NP}^2$이므로
　　$4^2-(2x)^2=3^2-x^2$, $16-4x^2=9-x^2$
　　$3x^2=7$, $x^2=\dfrac{7}{3}$
　　x 는 양수이므로 $x=\sqrt{\dfrac{7}{3}}=\dfrac{\sqrt{21}}{3}$
　　$\overline{BN}=\overline{BP}+\overline{NP}=3x=3\times\dfrac{\sqrt{21}}{3}=\sqrt{21}$　　　　∴ 참

STEP 03 ㄷ. 직각삼각형 ABP 에서 피타고라스 정리를 이용하여 $\overline{AP}$ 를 구한 후 삼각형 ABN 의 넓이를 구한 다음 삼각형 ABC 의 넓이를 구하여 참, 거짓을 판별한다.

ㄷ. 직각삼각형 ABP 에서 피타고라스 정리에 의하여
　　$\overline{AP}^2=\overline{AB}^2-\overline{BP}^2$
　　$=6^2-(2x)^2$
　　$=6^2-\left(\dfrac{2\sqrt{21}}{3}\right)^2$
　　$=36-\dfrac{28}{3}=\dfrac{80}{3}$
　　$\overline{AP}=\sqrt{\dfrac{80}{3}}=\dfrac{4\sqrt{15}}{3}$
　　ㄴ에서 $\overline{BN}=\sqrt{21}$ 이므로 삼각형 ABN 의 넓이는
　　$\triangle ABN=\dfrac{1}{2}\times\overline{BN}\times\overline{AP}=\dfrac{1}{2}\times\sqrt{21}\times\dfrac{4\sqrt{15}}{3}=2\sqrt{35}$
　　점 N 은 선분 AC 의 중점이므로 삼각형 ABC 의 넓이는
　　$\triangle ABC=2\times\triangle ABN=4\sqrt{35}$　　　　　　　∴ 참

따라서 옳은 것은 ㄱ, ㄴ, ㄷ이다.

●핵심 공식

▶ 삼각형의 무게중심
(1) 정의 : 세 중선의 교점 (* 중선 : 한 꼭짓점에서 그 대변의 중점을 이은 직선)
(2) 성질

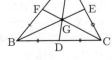

① 세 중선의 길이를 2:1로 나눈다.
　　$\overline{AG}:\overline{DG}=\overline{BG}:\overline{EG}=\overline{CG}:\overline{FG}=2:1$
② 세 중선으로 삼각형의 넓이는 6등분된다.
　　$\triangle AFG=\triangle FBG=\triangle BDG=\triangle DCG=\triangle CEG=\triangle EAG=\dfrac{1}{6}\triangle ABC$

③ 무게중심과 세 꼭짓점을 이으면 삼각형의 넓이는 3등분된다.

$$\triangle ABG = \triangle BCG = \triangle ACG = \frac{1}{3}\triangle ABC$$

④ $A(x_1, y_1)$, $B(x_2, y_2)$, $C(x_3, y_3)$라고 하면, 무게중심 G의 좌표는
$$\left(\frac{x_1 + x_2 + x_3}{3}, \frac{y_1 + y_2 + y_3}{3}\right)$$이다.

---

22 일차방정식
정답률 88% | 정답 7

일차방정식 ❶ $\dfrac{5-x}{2} = x-8$ 의 해가 $x = a$ 일 때, a 의 값을 구하시오. [3점]

STEP 01 ❶의 방정식을 풀어 해를 구한다.

$\dfrac{5-x}{2} = x-8$ 의 양변에 2를 곱하면

$5 - x = 2x - 16$

$3x = 21$, $x = 7$

따라서 $a = 7$

★★★ 등급을 가르는 문제!

23 소인수분해
정답률 28% | 정답 18

30 이하의 자연수 중에서 99 와 서로소인 자연수의 개수를 구하시오. [3점]

STEP 01 99 를 소인수분해한 후 99 의 소인수를 이용하여 구하는 자연수의 개수를 구한다.

99 를 소인수분해하면 $99 = 3^2 \times 11$
이므로 99 와 서로소인 자연수는 3과 11을 소인수로 갖지 않는다.
30 이하의 자연수 중 3 을 소인수로 갖는 자연수는
3, 6, 9, 12, 15, 18, 21, 24, 27, 30의 10 개,
11 을 소인수로 갖는 자연수는 11, 22의 2 개이다.
따라서 30 이하의 자연수 중 99 와 서로소인 자연수의 개수는
$30 - (10 + 2) = 30 - 12 = 18$

★★ 문제 해결 꿀~팁 ★★

▶ 문제 해결 방법
서로소란 1 이외에 공약수를 갖지 않는 둘 이상의 양의 정수를 의미한다.
99의 소인수는 3과 11이므로 99와 서로소인 수는 3의 배수와 11의 배수가 아니다. 3과 11의 최소공배수는 33이므로 30이하의 자연수 중에서 3의 배수와 11의 배수가 중복되는 경우는 없으므로 3의 배수 10개와 11의 배수 2개를 제외한 나머지 18개가 99와 서로소이다.

---

24 히스토그램
정답률 55% | 정답 70

다음은 어느 편의점에서 30 일 동안 판매한 마스크의 일일 판매량을 조사하여 나타낸 히스토그램이다. 이 히스토그램에서 ❶ 일일 판매량이 30 개 이상인 일수는 전체의 a % 이다. a 의 값을 구하시오. [3점]

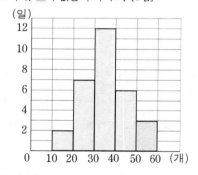

STEP 01 히스토그램에서 ❶의 도수를 구한 후 구하는 비율을 구하여 a 의 값을 구한다.

마스크의 일일 판매량이
30 개 이상 40 개 미만인 계급의 도수는 12,
40 개 이상 50 개 미만인 계급의 도수는 6,
50 개 이상 60 개 미만인 계급의 도수는 3
이므로 마스크의 일일 판매량이 30 개 이상인 일수는 $12 + 6 + 3 = 21$ 이다.
따라서 구하는 비율은
$\dfrac{21}{30} \times 100 = 70(\%)$이므로 $a = 70$

---

25 정수와 유리수의 개념
정답률 28% | 정답 84

다음 조건을 만족시키는 정수 a 의 개수를 구하시오. [3점]

(가) $-50 < a < 50$
(나) $\dfrac{a}{7}$ 는 정수가 아닌 유리수이다.

STEP 01 조건 (가)를 만족하는 정수 a 의 개수를 구한 후 조건 (나)를 만족하지 않는 정수 a 의 개수를 구하여 차를 구한다.

조건 (가)를 만족시키는 정수 a 는
$-49, -48, -47, \cdots, -1, 0, 1, \cdots, 47, 48, 49$ 의 99 개이다.

$\dfrac{a}{7}$ 가 정수인 a 는 $0, \pm7, \pm14, \pm21, \pm28, \pm35, \pm42, \pm49$ 의 15 개이고

조건 (나)에서 $\dfrac{a}{7}$ 는 정수가 아닌 유리수이므로 조건을 만족시키는 정수 a 의

개수는
$99 - 15 = 84$

---

26 삼각형의 닮음
정답률 33% | 정답 128

그림과 같이 삼각형 ABC 의 변 AB 위의 두 점 D, E 와 변 AC 위의 두 점 F, G 에 대하여

❶ $\overline{AD} = \overline{DE}$, $\overline{AE} = \overline{EB}$, $\overline{AF} = \overline{FG}$, $\overline{AG} = \overline{GC}$

이다. ❷ 사각형 DEGF 의 넓이가 24 일 때, 삼각형 ABC 의 넓이를 구하시오. [4점]

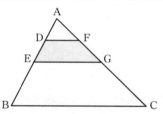

STEP 01 ❶에서 세 삼각형 ABC, AEG, ADF 의 넓이의 비를 구한다.

삼각형 ABC 의 넓이를 S 라 하자.
$\overline{AE} = \overline{EB}$ 에서 $\overline{AB} = 2 \times \overline{AE}$
$\overline{AG} = \overline{GC}$ 에서 $\overline{AC} = 2 \times \overline{AG}$
이므로 삼각형 AEG 와 삼각형 ABC 는 닮은 도형이다.
이 두 삼각형의 닮음비가 $1:2$ 이므로

$\triangle AEG = \dfrac{1}{4} \times \triangle ABC = \dfrac{S}{4}$ ...... ㉠

또, $\overline{AD} = \overline{DE}$ 에서 $\overline{AE} = 2 \times \overline{AD}$
$\overline{AF} = \overline{FG}$ 에서 $\overline{AG} = 2 \times \overline{AF}$
$\overline{AB} = 2 \times \overline{AE} = 2 \times (2 \times \overline{AD}) = 4 \times \overline{AD}$
$\overline{AC} = 2 \times \overline{AG} = 2 \times (2 \times \overline{AF}) = 4 \times \overline{AF}$
이므로 삼각형 ADF 와 삼각형 ABC 는 닮은 도형이다.
이 두 삼각형의 닮음비가 $1:4$ 이므로

$\triangle ADF = \dfrac{1}{16} \times \triangle ABC = \dfrac{S}{16}$ ...... ㉡

STEP 02 ❷를 이용하여 삼각형 ABC 의 넓이를 구한다.

㉠, ㉡ 에 의하여
$$\square DEGF = \triangle AEG - \triangle ADF$$
$$= \frac{S}{4} - \frac{S}{16}$$
$$= \frac{3}{16}S$$
$$= 24$$

따라서
$S = 24 \times \dfrac{16}{3} = 128$

★★★ 등급을 가르는 문제!

27 이차함수와 제곱근의 성질　　정답률 14% | 정답 48

그림과 같이 이차함수 ❶ $y=ax^2\,(a>0)$의 그래프 위의 두 점 A$(p,3)$, B$(q,3)$이 있다. 두 점 C$(-1,-1)$, D$(1,-1)$에 대하여 ❷ 사각형 ACDB의 넓이가 자연수가 되도록 하는 자연수 a의 최댓값을 구하시오. (단, $p<q$) [4점]

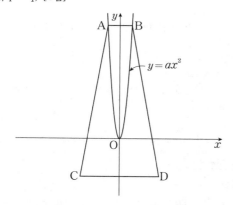

STEP 01 ❶을 이용하여 p,q를 구한다.

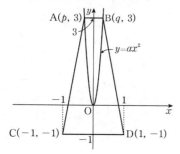

점 A$(p,3)$이 이차함수 $y=ax^2$의 그래프 위의 점이므로

$3=ap^2$, $p^2=\dfrac{3}{a}$, $p=\pm\sqrt{\dfrac{3}{a}}$

$p<0$이므로 $p=-\sqrt{\dfrac{3}{a}}$이다.

$y=ax^2$의 그래프는 y축에 대칭이므로 $q=\sqrt{\dfrac{3}{a}}$이다.

STEP 02 네 점 A, B, C, D의 좌표를 이용하여 사다리꼴 ACDB의 넓이를 구한다.

$\overline{CD}=1-(-1)=2$

$\overline{AB}=\sqrt{\dfrac{3}{a}}-\left(-\sqrt{\dfrac{3}{a}}\right)=2\sqrt{\dfrac{3}{a}}$이고

사다리꼴 ACDB의 높이는 $3-(-1)=4$이므로

$\square ACDB = \dfrac{1}{2}\times(\overline{CD}+\overline{AB})\times4 = \dfrac{1}{2}\times\left(2+2\sqrt{\dfrac{3}{a}}\right)\times4$

$=4+4\sqrt{\dfrac{3}{a}}=4+\sqrt{\dfrac{48}{a}}$

STEP 03 48을 소인수분해 한 뒤 ❷를 만족하도록 하는 자연수 a의 최댓값을 구한다.

사각형 ACDB의 넓이가 자연수가 되려면 $\sqrt{\dfrac{48}{a}}$이 자연수이어야 한다.

$\sqrt{\dfrac{48}{a}}=\sqrt{\dfrac{3\times2^4}{a}}$이 자연수가 되기 위한 자연수 a의 값은

3, 3×2^2, 3×2^4이다.

따라서 a의 최댓값은 48이다.

★★ 문제 해결 꿀~팁 ★★

▶ 문제 해결 방법

사각형 ACDB의 넓이에 관하여 언급하고 있으므로 우선 사다리꼴 ACDB의 넓이를 구해야 한다. 그러기 위해서는 두 점 A, B의 좌표를 구해야 하는데 두 점은 $y=ax^2$위의 점이므로 두 점의 좌표를 각각 $y=ax^2$에 대입하면 구할 수 있다.

이제 사다리꼴 ACDB의 윗변, 아랫변, 높이를 각각 구하여 넓이를 구하면 $4+\sqrt{\dfrac{48}{a}}$이고 이 값이 자연수이면 된다. 4는 자연수이므로 $\sqrt{\dfrac{48}{a}}=\sqrt{\dfrac{3\times2^4}{a}}$가 자연수이면 되는데 이 값이 자연수가 되도록 하는 a의 최댓값은 $\sqrt{\dfrac{48}{a}}$가 최소의 자연수 1이 될 때이므로 a의 최댓값은 48이다.

참고로 $\sqrt{\dfrac{48}{a}}=\sqrt{\dfrac{3\times2^4}{a}}$가 자연수가 되도록 하는 a는 48의 소인수중 지수가 홀수인 3은 무조건 소인수로 가져야 하며 다른 소인수 2에 대하여는 지수가 짝수인 2^2, 2^4을 소인수로 가질 수 있다. 그러므로 만족하는 a의 값은 3, 3×2^2, 3×2^4이다.

★★★ 등급을 가르는 문제!

28 삼각형의 넓이를 이용한 삼각비　　정답률 16% | 정답 25

그림과 같이 $\angle BCA=90°$, $\overline{BC}=30$, $\overline{AC}=16$인 직각삼각형 ABC가 있다. 변 AB의 중점 M과 변 BC의 중점 N에 대하여 선분 MN의 연장선 위에 $\overline{ND}=9$가 되도록 점 D를 잡는다. $\angle ADC=x$일 때, $\sin x=\dfrac{q}{p}$이다.
$p+q$의 값을 구하시오. (단, $\overline{MD}>\overline{ND}$이고 p와 q는 서로소인 자연수이다.) [4점]

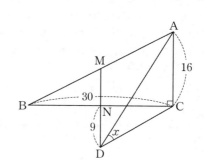

STEP 01 보조선을 그어 직각삼각형 ADH를 만든 후 피타고라스 정리에 의하여 $\overline{AD}$, $\overline{CD}$를 구한다.

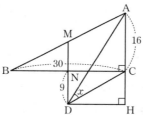

점 D에서 선분 AC의 연장선에 내린 수선의 발을 H라 하자.

$\overline{ND}=\overline{CH}=9$이므로

$\overline{AH}=\overline{AC}+\overline{CH}=16+9=25$

$\overline{DH}=\overline{NC}=\dfrac{1}{2}\times\overline{BC}=15$

직각삼각형 ADH에서 피타고라스 정리에 의하여

$\overline{AD}=\sqrt{\overline{AH}^2+\overline{DH}^2}=\sqrt{25^2+15^2}=5\sqrt{34}$

직각삼각형 CDH에서 피타고라스 정리에 의하여

$\overline{CD}=\sqrt{\overline{CH}^2+\overline{DH}^2}=\sqrt{9^2+15^2}=3\sqrt{34}$

STEP 02 삼각형 ADC의 넓이를 이용하여 $\sin x$를 구한 다음 $p+q$의 값을 구한다.

$\triangle ADC = \dfrac{1}{2}\times\overline{AD}\times\overline{CD}\times\sin x$

$\quad = \dfrac{1}{2}\times5\sqrt{34}\times3\sqrt{34}\times\sin x$

$\quad = 255\times\sin x$

또, 삼각형 ADC는 밑변이 선분 AC이고, 높이가 선분 NC이므로

$\triangle ADC = \dfrac{1}{2}\times\overline{AC}\times\overline{NC}=\dfrac{1}{2}\times16\times15=120$

$255\times\sin x=120$에서

$\sin x=\dfrac{120}{255}=\dfrac{8}{17}$

따라서 $p=17$, $q=8$이므로 $p+q=25$

직각삼각형 ABC 에서 피타고라스 정리에 의하여
$\overline{AB}^2 = \overline{AC}^2 + \overline{BC}^2 = 16^2 + 30^2 = 34^2$ 이므로 $\overline{AB} = 34$
직각삼각형 ABC 는 선분 AB 를 지름으로 하고 중심이 M 인 원에 내접한다.

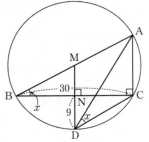

삼각형의 중점연결정리에 의하여
$\overline{MN} = \dfrac{1}{2} \times \overline{AC} = 8$
$\overline{MD} = \overline{MN} + \overline{ND} = 8 + 9 = 17$
이므로 점 D 는 원 위의 점이다.
원주각의 성질에 의하여 $x = \angle ADC = \angle ABC$
그러므로 $\sin x = \sin(\angle ABC) = \dfrac{\overline{AC}}{\overline{AB}} = \dfrac{16}{34} = \dfrac{8}{17}$
따라서 $p = 17$, $q = 8$ 이므로 $p + q = 25$

★★ 문제 해결 꿀~팁 ★★

▶ 문제 해결 방법
보조선을 그어 직각삼각형 ADH 를 만들지 못하면 문제풀이가 어려워진다.
궁극적으로 구해야 하는 것이 $\sin x$ 이고 x 는 삼각형 ADC 에서 $\overline{AD}$ 와 $\overline{CD}$ 의 사잇각이다. 그러므로 삼각형 ADC 의 넓이와 $\overline{AD}$, $\overline{CD}$ 를 구하면 $\sin x$ 를 구할 수 있다.
직각삼각형 ADH 와 CDH 에서 피타고라스 정리를 이용하면 각각 $\overline{AD}$ 와 $\overline{CD}$ 를 구할 수 있다. 또한 밑변을 $\overline{AC}$ 로 높이를 $\overline{NC}$ 로 하여 삼각형 ADC 의 넓이를 구할 수 있다.
이제 구해야 할 모든 사항들을 다 구했으므로
$\triangle ADC = \dfrac{1}{2} \times \overline{AD} \times \overline{CD} \times \sin x = \dfrac{1}{2} \times \overline{AC} \times \overline{NC}$ 에서
$\sin x$ 를 구하면 된다.
필요한 보조선을 그을 수 있고 삼각형의 넓이를 구하는 공식을 알고 있어야 한다.

★★★ 등급을 가르는 문제!

29 이차함수의 성질   정답률 21% | 정답 31

좌표평면에 꼭짓점이 점 A 로 일치하는
두 이차함수
  ❶ $y = -x^2 + 2x$,
     $y = ax^2 + bx + c \,(a > 0)$
의 그래프가 있다. 함수 $y = ax^2 + bx + c$ 의 그래프가 y 축과 만나는 점을 B 라 하고, 점 B 를 지나고 x 축에 평행한 직선이 함수 $y = ax^2 + bx + c$ 의 그래프와 만나는 점 중 B 가 아닌 점을 C 라 하자. 두 점 A, C 를 지나는 직선이 y 축과 만나는 점을 D 라 할 때, ❷ 삼각형 BDC 의 넓이가 12 이다. $2a - b + c$ 의 값을 구하시오. (단, a, b, c 는 상수이다.) [4점]

STEP 01 ❶의 꼭짓점의 좌표를 구한 후 이를 이용하여 두 점 B, C 의 좌표를 구한다.

이차함수 $y = -x^2 + 2x$ 에서 $y = -x^2 + 2x = -(x-1)^2 + 1$
이므로 꼭짓점 A 의 좌표는 A(1, 1)이다.
이차함수 $y = ax^2 + bx + c \,(a > 0)$ 의 꼭짓점의 좌표가 (1, 1)이므로
$y = ax^2 + bx + c = a(x-1)^2 + 1 = ax^2 - 2ax + a + 1$
따라서 $b = -2a$, $c = a + 1$ …… ㉠
이차함수 $y = ax^2 + bx + c$ 의 그래프가 y 축과 만나는 점이 $(0, c)$ 이므로
점 B 의 좌표는 B$(0, c)\,(c > 1)$ 이다.
두 점 B 와 C 는 y 좌표가 같고, 이차함수 $y = ax^2 + bx + c$ 의 그래프의 축인 직선 $x = 1$ 에 대하여 대칭이므로 점 C 의 좌표는 C$(2, c)$ 이다.

STEP 02 직선 AC 의 방정식을 구한 후 점 D 의 좌표를 구한 다음 삼각형 BDC 의 넓이를 구한다. ❷를 이용하여 c, a, b 를 구한 다음 $2a - b + c$ 의 값을 구한다.

두 점 A 와 C 를 지나는 직선은 기울기가 $\dfrac{c-1}{2-1} = c-1$ 이고
점 (1, 1) 을 지나므로 직선의 방정식은 $y = (c-1)x + 2 - c$ 이다.
직선의 y 절편이 $2 - c$ 이므로 점 D 의 좌표는 D$(0, 2-c)$ 이다.
$\overline{BC} = 2$, $\overline{BD} = 2c - 2$ 이므로 삼각형 BDC 의 넓이는

$\dfrac{1}{2} \times 2 \times (2c-2) = 12$, $2c - 2 = 12$
$2c = 14$, $c = 7$
㉠에서 $a = 6$, $b = -12$
따라서
$2a - b + c = 12 + 12 + 7 = 31$

● 핵심 공식

▶ 직선의 방정식
(1) 기울기가 m 이고 점 (x_1, y_1) 을 지나는 직선 : $y - y_1 = m(x - x_1)$

(2) 두 점 (x_1, y_1), (x_2, y_2) 를 지나는 직선 : $y - y_1 = \dfrac{y_2 - y_1}{x_2 - x_1}(x - x_1)$

(3) x 절편이 a, y 절편이 b 인 직선 : $\dfrac{x}{a} + \dfrac{y}{b} = 1$

▶ 이차함수의 그래프
(1) $y = ax^2 \,(a \neq 0)$
  ① 꼭짓점의 좌표 $(0, 0)$
  ② 대칭축 $x = 0$
  ③ $a > 0$ 이면 아래로 볼록, $a < 0$ 이면 위로 볼록한 그래프
  ④ $|a|$ 가 클수록 그래프의 폭이 좁아진다. (y 축에 가까워진다.)
(2) $y = ax^2 + q \,(a \neq 0)$
  ① $y = ax^2 \,(a \neq 0)$ 의 그래프를 y 축 방향으로 q 만큼 평행이동
  ② 꼭짓점의 좌표 $(0, q)$
  ③ 대칭축 $x = 0$
(3) $y = a(x-p)^2 \,(a \neq 0)$
  ① $y = ax^2 \,(a \neq 0)$ 의 그래프를 x 축 방향으로 p 만큼 평행이동
  ② 꼭짓점의 좌표 $(p, 0)$
  ③ 대칭축 $x = p$
(4) $y = a(x-p)^2 + q \,(a \neq 0)$
  ① $y = ax^2 \,(a \neq 0)$ 의 그래프를 x 축 방향으로 p 만큼, y 축으로 q 만큼 평행이동
  ② 꼭짓점의 좌표 (p, q)
  ③ 대칭축 $x = p$

★★ 문제 해결 꿀~팁 ★★

▶ 문제 해결 방법
$y = -x^2 + 2x$ 의 꼭짓점 A 의 좌표는 A(1, 1)이므로 $y = ax^2 + bx + c = a(x-1)^2 + 1$ 이다. 점 B 의 좌표는 B$(0, a+1)$ 이고 $x = 1$ 이 대칭축이므로 점 C 의 좌표는 C$(2, a+1)$ 이다.
직선 AC 의 방정식은 $y - 1 = \dfrac{(a+1)-1}{2-1}(x-1)$, $y = ax - a + 1$ 이므로 점 D 의 좌표는 D$(0, -a+1)$ 이다.
삼각형 BDC 의 넓이는 $\dfrac{1}{2} \times \{(a+1) - (-a+1)\} \times 2 = 2a = 12$ 이므로 $a = 6$
$y = ax^2 + bx + c = a(x-1)^2 + 1 = 6(x-1)^2 + 1 = 6x^2 - 12x + 7$ 이다.
이차함수의 꼭짓점의 좌표와 두 점을 지나는 직선의 방정식을 구할 수 있고 이차함수의 대칭성의 성질을 알면 어렵지 않게 답을 구할 수 있다. 이차함수와 일차함수의 기본적인 성질을 반드시 알고 있어야 한다.

★★★ 등급을 가르는 문제!

30 삼각형의 닮음과 원의 성질   정답률 7% | 정답 149

그림과 같이 $\overline{AB} = \overline{AC} = 25$, $\overline{BC} = 30$ 인 삼각형 ABC 가 있다. 점 A 에서 변 BC 에 내린 수선의 발을 D 라 하고, 점 B 에서 변 AC 에 내린 수선의 발을 E 라 하자. 선분 DE 를 지름으로 하는 원이 변 BC 와 만나는 점 중 D 가 아닌 점을 F, 변 AC 와 만나는 점 중 E 가 아닌 점을 G 라 하자. 삼각형 GFC 의 둘레의 길이가 $\dfrac{q}{p}$ 일 때, $p + q$ 의 값을 구하시오. (단, p 와 q 는 서로소인 자연수이다.) [4점]

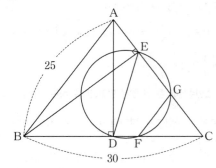

STEP 01 두 삼각형 ADC, BEC 의 닮음을 이용하여 $\overline{CE}$ 를 구한다.

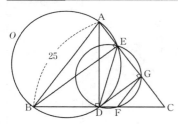

$\overline{AB} = \overline{AC} = 25$ 이므로 삼각형 ABC는 이등변삼각형이다.

점 D가 점 A에서 변 BC에 내린 수선의 발이므로

$\overline{BC} = 30$ 에서 $\overline{BD} = \overline{DC} = 15$

두 삼각형 ADC, BEC에서 ∠C가 공통이고

∠ADC = ∠BEC = 90° 이므로 △ADC ∽ △BEC 이다.

$\overline{AC} : \overline{CD} = \overline{BC} : \overline{CE}$ 이고 $25 : 15 = 30 : \overline{CE}$ 이므로

$\overline{CE} = 18$ 이다.

STEP 02 $\overline{DG} /\!/ \overline{BE}$ 를 이용하여 $\overline{CG}$ 를 구한다.

$\overline{DE}$ 가 원의 지름이므로 ∠DGE = 90°

∠BEC = ∠DGC = 90° 이므로 $\overline{DG} /\!/ \overline{BE}$

점 D가 변 BC의 중점이므로 $\overline{EG} = \overline{GC} = 9$

STEP 03 점 G가 직각삼각형 EFC의 외심임을 이용하여 $\overline{GC}$ 를 구한다.

$\overline{DE}$ 가 원의 지름이므로

∠EFD = 90° 가 되어 삼각형 EFC는 직각삼각형이다.

점 G는 선분 EC의 중점이므로 직각삼각형 EFC의 외심이다.

따라서 $\overline{FG} = \overline{GC} = 9$

STEP 04 두 삼각형 ADC, EFC의 닮음을 이용하여 $\overline{CF}$ 를 구한다.

두 삼각형 ADC, EFC에서 ∠C는 공통이고

∠ADC = ∠EFC = 90° 이므로 △ADC ∽ △EFC 이다.

$\overline{CA} : \overline{CE} = \overline{CD} : \overline{CF}$ 이고 $25 : 18 = 15 : \overline{CF}$ 이므로

$\overline{CF} = \dfrac{54}{5}$ 이다.

STEP 05 삼각형 GFC의 각변의 길이의 합을 구하여 둘레의 길이를 구한다.

그러므로 삼각형 GFC의 둘레의 길이는

$\overline{GF} + \overline{FC} + \overline{CG} = 9 + \dfrac{54}{5} + 9 = \dfrac{144}{5}$ 이다.

따라서 $p = 5$, $q = 144$ 이므로 $p + q = 149$

다른 풀이

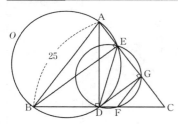

$\overline{AB} = \overline{AC} = 25$ 이므로 삼각형 ABC는 이등변삼각형이다.

점 D가 점 A에서 변 BC에 내린 수선의 발이므로

$\overline{BC} = 30$ 에서 $\overline{BD} = \overline{DC} = 15$

직각삼각형 ABD에서 피타고라스 정리에 의하여

$\overline{AD} = \sqrt{\overline{AB}^2 - \overline{BD}^2} = \sqrt{25^2 - 15^2} = 20$

삼각형 ABC의 넓이에서

$\dfrac{1}{2} \times \overline{BC} \times \overline{AD} = \dfrac{1}{2} \times \overline{AC} \times \overline{BE}$

$\dfrac{1}{2} \times 30 \times 20 = \dfrac{1}{2} \times 25 \times \overline{BE}$

$\overline{BE} = 24$

직각삼각형 BCE에서 피타고라스 정리에 의하여

$\overline{EC} = \sqrt{\overline{BC}^2 - \overline{BE}^2} = \sqrt{30^2 - 24^2} = 18$

선분 DE가 원의 지름이므로 ∠DGE = 90°

∠BEC = ∠DGC = 90° 이므로 $\overline{DG} /\!/ \overline{BE}$

$\overline{BD} = \overline{DC}$ 이므로 삼각형의 중점연결정리에 의하여

$\overline{EG} = \overline{GC} = 9$

조건에 의해 사각형 EDFG는 원에 내접한다.

원에 내접하는 사각형에서 두 대각의 합은 180° 이므로

∠FGE + ∠EDF = 180°

또, ∠FGE + ∠CGF = 180° 이므로

∠FGE + ∠EDF = ∠FGE + ∠CGF

∠EDF = ∠CGF ...... ㉠

이때 ∠GCF는 공통이므로 두 삼각형 CGF, CDE는 닮음이다.

삼각형 ABD의 외접원을 O라 하자.

∠AEB = 90° 이므로 점 E는 원 O 위에 있다.

즉, 사각형 ABDE는 원 O에 내접한다.

원에 내접하는 사각형에서 두 대각의 합은 180° 이므로

∠BAE + ∠BDE = 180°

또, ∠BDE + ∠CDE = 180° 이므로

∠BAE + ∠BDE = ∠BDE + ∠CDE

∠BAE = ∠CDE ...... ㉡

두 각 CDE, EDF는 같은 각이므로

㉠, ㉡에서 ∠BAE = ∠CGF

두 각 BAC, BAE는 같은 각이므로

∠BAC = ∠CGF

삼각형 ABC와 삼각형 GFC에서 ∠C는 공통이고 ∠BAC = ∠FGC 이므로

△ABC ∽ △GFC

삼각형 ABC가 이등변삼각형이므로 삼각형 GFC도 이등변삼각형이다.

그러므로 $\overline{GF} = \overline{GC} = 9$

$\overline{AC} : \overline{GC} = \overline{BC} : \overline{FC}$ 에서 $25 : 9 = 30 : \overline{FC}$ 이므로

$\overline{FC} = \dfrac{54}{5}$

그러므로 삼각형 GFC의 둘레의 길이는

$\overline{GF} + \overline{FC} + \overline{CG} = 9 + \dfrac{54}{5} + 9 = \dfrac{144}{5}$ 이다.

따라서 $p = 5$, $q = 144$ 이므로

$p + q = 149$

●핵심 공식

▶ 삼각형의 외심

(1) 외심 : 삼각형의 세 변의 수직이등분선의 교점

(2) 외심에서 세 꼭짓점에 이르는 거리(외접원의 반지름)는 같다.

(3) 외심의 위치는 예각삼각형에서는 삼각형의 내부에, 직각삼각형에서는 빗변의 중점에, 둔각삼각형은 삼각형의 외부에 존재한다.

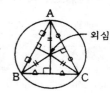

▶ 삼각형의 닮음 조건

(1) SSS닮음 : 세 쌍의 변의 길이의 비가 같다.

(2) SAS닮음 : 두 쌍의 변의 길이의 비가 같고, 그 끼인각의 크기가 서로 같다.

(3) AA닮음 : 두 쌍의 각의 크기가 서로 같다.

★★ 문제 해결 꿀~팁 ★★

▶ 문제 해결 방법

원과 삼각형이 있는 도형 문제의 풀이에서 많이 이용되는 성질은 삼각형의 닮음, 피타고라스 정리, 내심, 외심, 무게중심의 성질등이다. 또한 적절한 보조선을 그을 수 있느냐가 문제 풀이의 핵심이라 할 수 있다.

이 문제에서 가장 먼저 눈에 띄는 것은 두 직각삼각형 ADC, BEC이다. 두 직각삼각형이 ∠C를 공유하고 있으므로 두 삼각형은 닮음이다. 한 각을 공유하는 두 직각삼각형은 언제나 닮음이다. 여기서 $\overline{CE} = 18$ 임을 알 수 있고,

$\overline{DE}$ 가 원의 지름이므로 ∠DGE = 90°, ∠EFD = 90° 이다. 원의 지름을 한 변으로 하는 삼각형은 언제나 직각삼각형이다.

∠DGE = 90° 이므로 $\overline{DG} /\!/ \overline{BE}$, 점 D가 변 BC의 중점이므로 $\overline{EG} = \overline{GC} = 9$

∠EFD = 90° 이므로 삼각형 EFC는 직각삼각형이다. 따라서 $\overline{EG} = \overline{GC} = \overline{FG} = 9$

이렇게 보조선들이 생기고 나니 다시 ∠C를 공유하는 두 직각삼각형 ADC와 EFC가 생겼다. 두 삼각형의 닮음을 이용하면 $\overline{CF}$ 를 구할 수 있다. 직각삼각형의 성질과 닮음을 잘 알아두어야 한다.

• 정답 •

01 ⑤ 02 ② 03 ⑤ 04 ⑤ 05 ② 06 ③ 07 ⑤ 08 ④ 09 ④ 10 ③ 11 ③ 12 ⑤ 13 ② 14 ① 15 ①
16 ① 17 ④ 18 ③ 19 ① 20 ② 21 ① 22 ③ 23 ① 24 ⑤ 25 ③ 26 ④ 27 ④ 28 ④ 29 ② 30 ③
31 ② 32 ③ 33 ③ 34 ⑤ 35 ④ 36 ④ 37 ⑤ 38 ① 39 ② 40 ① 41 ① 42 ④ 43 ⑤ 44 ④ 45 ②

★ 표기된 문항은 [등급을 가르는 문제]에 해당하는 문항입니다.

---

01 폭우로 인한 셔틀 버스 일정 조정 안내 방송
정답률 94% | 정답 ⑤

다음을 듣고, 남자가 하는 말의 목적으로 가장 적절한 것을 고르시오.

① 학교 체육관 공사 일정을 알리려고
② 학교 수업 시간표 조정을 안내하려고
③ 학교 통학 시 대중교통 이용을 권장하려고
④ 학교 방과 후 수업 신청 방식을 설명하려고
☑ 학교 셔틀버스 운행 시간 변경을 공지하려고

M : Good afternoon, students!
좋은 오후입니다. 학생 여러분!
This is your vice principal, Jack Eliot.
저는 교감 선생님인 Jack Eliot이에요.
Due to the heavy rain last night, there's some damage on the road and the road condition is not good.
어젯밤 내린 폭우로 인해서, 도로에 손상이 있었고 도로 상태가 좋지 않습니다.
So we decided to make some rearrangements to the school shuttle bus schedule.
그래서 우리는 학교 셔틀 버스 스케줄을 조정하기로 결정했어요.
From tomorrow, keep in mind that the bus schedule will be delayed by 15 minutes.
내일부터 버스 스케줄이 15분씩 미뤄지는 것을 기억하세요.
We want to make sure all of you are safe.
여러분 모두가 안전하길 원해요.
This bus schedule change will continue for one week.
버스 스케줄 변동은 일주일 간 지속될 겁니다.
We appreciate your understanding and cooperation.
여러분의 이해와 협조에 감사드립니다.
Thank you for your attention!
집중해 주셔서 감사합니다!

Why? 왜 정답일까?

비가 많이 와 학교 셔틀 버스 스케줄이 조정되었다는(So we decided to make some rearrangements to the school shuttle bus schedule.) 내용이므로, 여자가 하는 말의 목적으로 가장 적절한 것은 ⑤ '학교 셔틀버스 운행 시간 변경을 공지하려고'이다.

• vice principal ⓝ 교감
• damage ⓝ 손상
• decide ⓥ 결정하다
• delay ⓥ 지연되다
• schedule ⓝ 일정
• appreciate ⓥ 감사하다
• cooperation ⓝ 협조
• heavy rain ⓝ 폭우
• condition ⓝ 상태
• rearrangement ⓝ 조정
• safe ⓐ 안전한
• continue ⓥ 계속되다
• understanding ⓝ 이해

---

02 전기 자전거를 탈 때 주의할 점
정답률 85% | 정답 ②

대화를 듣고, 여자의 의견으로 가장 적절한 것을 고르시오.

① 전기 자전거 이용 전에 배터리 상태를 점검하여야 한다.
☑ 전기 자전거 운행에 관한 규정이 더 엄격해야 한다.
③ 전기 자전거의 속도 규정에 대한 논의가 필요하다.
④ 전기 자전거 구입 시 가격을 고려해야 한다.
⑤ 전기 자전거 이용 시 헬멧을 착용해야 한다.

W : Brian, I heard that you are thinking of buying an electric bicycle.
Brian, 나 네가 전기 자전거 사는 것을 고려하고 있다고 들었어.
M : Yes, that's right.
응, 맞아.
W : That's good. But be careful when you ride it.
좋아. 하지만 탈 때 조심해.
M : Yeah, I know what you mean. On my way here I saw a man riding an electric bicycle without wearing a helmet.
응, 무슨 말인지 알아. 여기 오는 길에 나는 헬멧 없이 전기 자전거를 타고 있는 사람을 봤어.
W : Some riders don't even follow basic traffic rules.
어떤 사람들은 심지어 기본적인 교통 법규도 안 지키더라.
M : What do you mean by that?
그건 무슨 말이야?
W : These days many people ride electric bicycles on sidewalks.
요즘 많은 사람들이 전기 자전거를 인도에서 타.
M : Yes, it's so dangerous.
맞아, 그거 진짜 위험해.
W : Right. There should be stricter rules about riding electric bicycles.
맞아. 전기 자전거를 타는 것에 대한 더 엄격한 규칙이 있어야 해.
M : I totally agree with you.
나 너에게 완전 동의해.

Why? 왜 정답일까?

전기 자전거를 타는 것에 대한 더 엄격한 규칙이 있어야 한다고(Right. There should be stricter rules about riding electric bicycles.) 말했기 때문에, 여자의 의견으로 가장 적절한 것은 ② '전기 자전거 운행에 관한 규정이 더 엄격해야 한다.'이다.

• electric bicycle ⓝ 전기 자전거
• ride ⓥ 탑승하다
• way ⓝ 길
• basic ⓐ 기본적인
• sidewalk ⓝ 보행로, 인도
• strict ⓐ 엄격한
• be careful 조심하다
• mean ⓥ 의미하다
• helmet ⓝ 헬멧
• traffic rule ⓝ 교통 법규
• dangerous ⓐ 위험한
• agree ⓥ 동의하다

---

03 신입생을 위한 시간관리 팁
정답률 87% | 정답 ⑤

다음을 듣고, 여자가 하는 말의 요지로 가장 적절한 것을 고르시오.

① 학업 목표를 분명히 설정하는 것이 필요하다.
② 친구와의 협력은 학교생활의 중요한 덕목이다.
③ 과제 제출 마감 기한을 확인하고 준수해야 한다.
④ 적절한 휴식은 성공적인 과업 수행의 핵심 요소이다.
☑ 할 일의 목록을 활용하는 것이 시간 관리에 유용하다.

W : Hello, this is your student counselor, Susan Smith.
안녕하세요 여러분, 저는 학생 상담사, Susan Smith입니다.
You might be worried about your new school life as a freshman.
신입생으로서 여러분의 새로운 학교 생활에 대해 걱정이 될 수도 있어요.
You have a lot of things to do in the beginning of the year.
연초에 해야할 게 아주 많아요.
Today, I'm going to give you a tip about time management.
오늘, 전 여러분에게 시간 관리에 대한 팁을 줄 거예요.
Make a to-do list! Write down the tasks you have to do on a list and check off what you finish, one by one.
할 일 목록을 만드세요! 여러분이 해야 하는 것들을 목록에 쓰고, 완료하면 하나씩 지우세요.
By doing this, you won't miss the things you need to do.
이렇게 하므로써, 여러분은 해야 할 것들을 놓치지 않을 거예요.
Using a to-do list will help you manage your time efficiently.
할 일의 목록을 사용하는 것은 여러분이 시간을 효과적으로 관리하는 것을 도울 거예요.
Good luck to you and don't forget to start today.
행운을 빌고, 오늘 시작하는 것을 잊지 마세요.

Why? 왜 정답일까?

시간 관리의 팁으로 할 일의 목록을 작성하라 하였으므로(Using a to-do list will help you manage your time efficiently.) 여자가 하는 말의 요지로 가장 적절한 것은 ⑤ '할 일의 목록을 활용하는 것이 시간 관리에 유용하다.'이다.

• counselor ⓝ 상담사
• freshman ⓝ 1학년
• tip ⓝ 도움
• to-do list ⓝ 할 일 목록
• list ⓝ 목록
• one by one 하나씩
• manage ⓥ 관리하다
• forget ⓥ 잊다
• worry ⓥ 걱정하다
• beginning ⓝ 시작
• time management ⓝ 시간 관리
• task ⓝ 과업
• finish ⓥ 끝내다
• miss ⓥ 놓치다
• efficiently ⓐⓓ 효율적으로
• start ⓥ 시작하다

---

04 영어 뉴스 동아리방 사진
정답률 90% | 정답 ⑤

대화를 듣고, 그림에서 대화의 내용과 일치하지 않는 것을 고르시오.

M : Hi, Amy. I heard that you've joined the English Newspaper Club.
안녕 Amy. 네가 영어 신문 동아리에 가입했다는 것을 들었어.
W : Yes, Tom. I went to the club room yesterday and took a picture of it. Look.
맞아 Tom. 나는 어제 동아리방에 갔다가 사진을 찍었어. 봐봐.
M : Wow, the place looks nice. 「I like the lockers on the left.」 ①의 근거 일치
우와, 동아리방 좋아 보인다. 왼쪽에 사물함이 마음에 드는걸.
W : Yes, they're good. 「We also have a star-shaped mirror on the wall.」 ②의 근거 일치
응, 사물함 좋아. 우리는 벽에 별 모양 거울도 있어.
M : It looks cool. What's that on the bookshelf?
멋지다. 책장에는 뭐야?
W : 「Oh, that's the trophy my club won for 'Club of the Year'.」 ③의 근거 일치
아, '올해의 동아리'상에서 받은 우리 동아리 상패야.
M : You must be very proud of it. 「There's also a computer on the right side of the room.」 ④의 근거 일치
너 아주 자랑스럽겠다. 방 오른쪽에 컴퓨터도 있네.
W : Yeah, we use the computer when we need it.
응, 우리 필요할 때 컴퓨터 사용해.
M : Great. I can see a newspaper on the table.
좋다. 책상에 신문 보이네.
W : 「Yes, it was published last December.」 ⑤의 근거 불일치
응, 저건 지난 12월에 발행됐어.

Why? 왜 정답일까?

대화에서 책상 위 신문이 지난 12월에 발행되었다고 했으나 그림에서는 3월(March)에 발행되었기 때문에, 그림에서 대화의 내용과 일치하지 않는 것은 ⑤이다.

• join ⓥ 들어가다
• club ⓝ 동아리
• locker ⓝ 사물함
• mirror ⓝ 거울
• bookshelf ⓝ 책장
• newspaper ⓝ 신문
• picture ⓝ 사진
• star-shaped ⓐ 별 모양의
• wall ⓝ 벽
• trophy ⓝ 상패

● publish ⓥ 발행하다　　　　　　　　● December ⓝ 12월

05 캠핑 가기 전 준비　　　　정답률 94% | 정답 ②

대화를 듣고, 남자가 할 일로 가장 적절한 것을 고르시오.
① 따뜻한 옷 챙기기　　　　✔② 체스 세트 가져가기
③ 읽을 책 고르기　　　　　④ 간편식 구매하기
⑤ 침낭 준비하기

W : Mike, I think we've got most of the camping supplies ready now.
Mike, 내 생각에 우리 이제 캠핑 준비물 거의 다 챙긴 것 같아.
M : Yeah, the tent, sleeping bags, and cooking tools are all set.
응, 텐트, 침낭, 그리고 조리 도구까지 모두 준비됐어.
W : Perfect. I bought some easy-to-cook meals and snacks for us.
완벽해. 나 우리 먹을 간편식과 간식을 샀어.
M : Great. What about some warm clothes? It might get cold at night.
좋아. 따뜻한 옷은 챙겼어? 밤에 추워질 수도 있어.
W : I've packed some warm jackets for us, too. Anything else we need to consider?
우리를 위해서 따뜻한 잠바도 좀 챙겼어. 또 생각해야 할 게 있을까?
M : We need something fun for the camping night. I already packed some books to read.
캠핑 밤을 위해서 우리 좀 재밌는 게 필요해. 나는 이미 읽을 책을 몇 권 챙겼어.
W : How about playing board games?
보드 게임 하는 건 어때?
M : Nice. I have a chess set at home.
멋져. 집에 체스 세트가 있어.
W : Cool, can you bring it?
좋아, 그거 가져올 수 있어?
M : Of course! I'll take it with me.
당연하지! 내가 가져갈게.

Why? 왜 정답일까?

남자가 체스 세트를 가져 간다고 했으므로(Of course! I'll take it with me.) 남자가 할 일로 가장 적절한 것은 ② '체스 세트 가져가기'이다.

● most 國 대부분의　　　　　● camping supplies ⓝ 캠핑 용품
● ready ⓐ 준비된　　　　　　● sleeping bag ⓝ 침낭
● cooking tool ⓝ 요리 도구　　● easy-to-cook meal ⓝ 간편식
● snack ⓝ 간식　　　　　　　● clothes ⓝ 옷
● cold ⓐ 추운　　　　　　　　● pack ⓥ (짐을) 챙기다
● warm ⓐ 따뜻한　　　　　　● consider ⓥ 생각하다
● fun ⓐ 재미있는　　　　　　● board game ⓝ 보드게임
● chess ⓝ 체스　　　　　　　● bring ⓥ 가지고 오다
● take ⓥ 가지고 가다

06 과일 가게에서 사과와 당근 사기　　　정답률 87% | 정답 ③

대화를 듣고, 여자가 지불할 금액을 고르시오. [3점]
① $15　　　② $20　　　✔③ $27　　　④ $30　　　⑤ $33

M : Hello, what can I help you with today?
안녕하세요, 오늘 무엇을 도와드릴까요?
W : Hi! I want to buy some fruit and vegetables. What's fresh today?
안녕하세요! 과일과 채소를 사고 싶어요. 오늘 신선한 것은 무엇인가요?
M : We just got some apples in.
방금 사과가 들어왔습니다.
W : How much are they?
얼마인가요?
M : They are ten dollars for one bag.
한 봉지에 10달러입니다.
W : Fantastic! I'll take two bags of apples.
멋지네요! 사과 두 봉지 주세요.
M : Okay, what else do you need?
알겠습니다, 또 무엇이 필요하신가요?
W : I'd like to buy some carrots, too.
당근도 사고 싶어요.
M : The carrots are five dollars for one bag. How many do you need?
당근은 한 봉지에 5달러입니다. 몇 봉지 필요하신가요?
W : I need two bags of carrots.
당근 두 봉지 필요해요.
M : Okay, you need two bags of apples and two bags of carrots.
알겠습니다, 사과 두 봉지와 당근 두 봉지가 필요하시군요.
W : Right. And I have a coupon. I can get a discount with this, right?
맞아요. 그리고 쿠폰이 있어요. 이걸로 할인 받을 수 있죠?
M : Yes. You can get a ten percent discount off the total price.
네, 총 금액에서 10% 할인 받으실 수 있습니다.
W : Good. Here's the coupon and my credit card.
좋아요, 여기 쿠폰과 제 신용카드예요.

Why? 왜 정답일까?

한 봉지에 10달러인 사과를 두 봉지, 한 봉지에 5달러인 당근을 두 봉지 구매했고 총 금액에서 10% 할인 받는 쿠폰을 사용했으므로 {(10×2)+(5×2)}×9/10 = 27, 여자가 지불할 금액은 ③ '$27'이다.

● help ⓥ 도와주다　　　　　● buy ⓥ 사다
● fruit ⓝ 과일　　　　　　　● vegetable ⓝ 채소, 야채
● fresh ⓐ 신선한　　　　　　● bag ⓝ 가방, 봉지
● fantastic ⓐ 굉장한　　　　● some 國 약간의, 일부
● carrot ⓝ 당근　　　　　　● need ⓥ 필요하다
● coupon ⓝ 쿠폰　　　　　　● discount ⓝ 할인
● price ⓝ 가격　　　　　　　● credit card ⓝ 신용 카드

07 운동회 연습에 참가할 수 없는 이유　　　정답률 95% | 정답 ⑤

대화를 듣고, 남자가 체육 대회 연습을 할 수 없는 이유를 고르시오.

① 시험공부를 해야 해서
② 동아리 면접이 있어서
③ 축구화를 가져오지 않아서
④ 다리가 완전히 회복되지 않아서
✔⑤ 가족 식사 모임에 참석해야 해서

W : Hey, Jake! How was your math test yesterday?
안녕, Jake! 어제 수학 시험은 어땠어?
M : Better than I expected.
생각보다 잘 봤어.
W : That's great. Let's go and practice for Sports Day.
정말 다행이네. 이제 운동회 연습하러 가자.
M : I'm so sorry but I can't make it.
미안하지만 오늘은 못 갈 것 같아.
W : Come on, Jake! Sports Day is just around the corner.
왜 그래, Jake! 운동회가 코앞이잖아.
M : I know. That's why I brought my soccer shoes.
알아. 그래서 축구화를 가져왔지.
W : Then, why can't you practice today? Do you have a club interview?
그런데 왜 오늘 연습을 못 해? 동아리 면접이라도 있어?
M : No, I already had the interview last week.
아니, 이미 지난주에 면접 봤어.
W : Then, does your leg still hurt?
그럼 다리가 아직도 아파?
M : Not really, it's okay, now. Actually, I have to attend a family dinner gathering tonight for my mother's birthday.
아니, 이제 괜찮아. 사실 오늘 밤에 엄마 생일이라 가족 저녁 모임에 가야 해.
W : Oh, that's important! Family always comes first. Are you available tomorrow, then?
아, 그거 중요하지! 가족이 우선이니까. 그럼 내일은 시간 돼?
M : Sure. Let's make up for the missed practice.
물론이지. 못한 연습을 내일 보충하자.

Why? 왜 정답일까?

대화에서 남자는 오늘 밤에 엄마 생일이라 가족 저녁 모임에 가야한다(Actually, I have to attend a family dinner gathering tonight for my mother's birthday.) 했으므로, 남자가 체육 대회 연습을 할 수 없는 이유는 ⑤ '가족 식사 모임에 참석해야 해서'이다.

● math ⓝ 수학　　　　　　　● test ⓝ 시험
● yesterday ⓝ 어제　　　　　● better ⓐ 더 나은
● expect ⓥ 기대하다　　　　● practice ⓝ 연습
● already 國 이미　　　　　　● interview ⓝ 면접
● last 國 지난　　　　　　　● still 國 아직, 여전히
● hurt ⓥ 아프다　　　　　　● actually 國 사실은
● attend ⓥ 참여하다　　　　● birthday ⓝ 생일
● important ⓐ 중요한　　　　● available ⓐ 참석 가능한
● tomorrow ⓝ 내일　　　　　● make up 보충하다

08 과학 프로그램 참여하기　　　정답률 85% | 정답 ④

대화를 듣고, Science Open Lab Program에 관해 언급되지 않은 것을 고르시오.
① 지원 가능 학년　　　　　② 실험 재료 구입 필요성
③ 지원서 제출 기한　　　　✔④ 참가 인원수
⑤ 시상 여부

W : Hey, Chris. Have you heard about the Science Open Lab Program?
안녕, Chris. 과학 오픈 랩 프로그램에 대해 들어 봤어?
M : Yes, I heard about it. But I don't know what it is exactly.
응, 들어 봤어. 그런데 정확히 뭔지는 잘 몰라.
W : In that program, we can design any science experiment we want.
그 프로그램에서는 우리가 원하는 과학 실험을 설계할 수 있어.
M : That sounds pretty cool. Do you want to join the program? ①의 근거 일치
정말 멋지다. 그 프로그램에 참여할래?
W : Sure. 「it's only for freshmen like us.」Let's join it together.
물론이지, 그건 우리 같은 신입생들만을 위한 거야. 같이 참여하자.
M : Great! Do we need to buy some materials for experiments?
좋아! 실험 재료는 우리가 사야 하나?
W : No, 「they'll prepare everything for us.」We just need to send the application form online. ②의 근거 일치
아니, 그쪽에서 모든 걸 준비해 줄 거야. 우리는 온라인으로 신청서만 제출하면 돼.
M : When is the deadline for applying?
신청 마감일이 언제야?
W : 「It's tomorrow.」We need to hurry. ③의 근거 일치
내일이야. 서둘러야 해.
M : Oh, I see. Is there any special prize?
아, 그렇구나. 특별한 상이 있니?
W : Yes. 「I heard they're giving out prizes for the most creative projects.」 ⑤의 근거 일치
응, 가장 창의적인 프로젝트에 상을 준다고 들었어.
M : Perfect! I'm so excited.
완벽해! 정말 기대돼.

Why? 왜 정답일까?

과학 오픈 랩 프로그램에서 언급 된 것은 지원 가능 학년, 실험 재료 구입 필요성, 지원서 제출 기한, 시상 여부이므로 언급되지 않은 것은 ④ '참가 인원수'이다.

● lab ⓝ 실험실　　　　　　　● know ⓥ 알다
● exactly 國 정확히　　　　　● design ⓥ 설계하다
● pretty 國 꽤　　　　　　　● join ⓥ 참여하다
● experiment ⓝ 실험　　　　● material ⓝ 재료
● prepare ⓥ 준비하다　　　　● application form ⓝ 지원서
● deadline ⓝ 제출 기한　　　● prize ⓝ 상
● give out 주다　　　　　　　● creative ⓐ 창의적인

09회

Triwood High School Volunteer Program에 관한 다음 내용을 듣고, 일치하지 <u>않는</u> 것을 고르시오.

① 노인을 도와주는 봉사 활동이다.
② 봉사자는 대면으로 활동한다.
③ 스마트폰 사용 방법 교육을 한다.
☑ 봉사자는 매주 토요일에 세 시간씩 참여한다.
⑤ 지원자는 이메일로 참가 신청서를 보내야 한다.

W : Hello, students! Are you looking for a chance to help others?
안녕하세요, 학생 여러분! 다른 사람들을 도울 기회를 찾고 계신가요?
Then, I recommend you to join Triwood High School Volunteer Program to help senior citizens.
그렇다면, Triwood 고등학교 자원봉사 프로그램에 참여하여 어르신들을 도와드리는 것을 추천합니다.
『You're supposed to help the senior citizens face-to-face.』 ①, ②의 근거 일치
여러분은 어르신들을 직접 대면하여 도와드리게 될 것입니다.
『You teach them how to use their smartphones for things such as sending text messages or taking pictures.』 ③의 근거 일치
문자 메시지를 보내거나 사진을 찍는 등 스마트폰 사용 방법을 가르쳐 드리게 됩니다.
You will also teach seniors how to use various apps.
또한 다양한 앱 사용법도 가르쳐 드릴 것입니다.
『The program will require volunteers to participate for two hours every Saturday.』
이 프로그램은 자원봉사자들이 매주 토요일에 2시간씩 참여해야 합니다. ④의 근거 불일치
『If you are interested in joining our program, please send us an application form through email.』 ⑤의 근거 일치
이 프로그램에 관심이 있으시면, 이메일로 신청서를 보내주세요.

Why? 왜 정답일까?

Triwood High School Volunteer Program의 봉사자는 매주 토요일에 두 시간씩 참여해야 하기 (The program will require volunteers to participate for two hours every Saturday.) 때문에, 일치하지 않는 것은 ④ '봉사자는 매주 토요일에 세 시간씩 참여한다.'이다.

● look for 찾다
● recommend ⓥ 추천하다
● senior ⓐ 노인의
● face-to-face 대면(으로)
● take picture 사진을 찍다
● require ⓥ 요구하다
● be interested in ~에 관심이 있다
● chance ⓝ 기회
● volunteer ⓝ 봉사 활동
● citizen ⓝ 시민
● text message 문자 메시지
● various ⓐ 다양한
● participate ⓥ 참여하다
● application ⓝ 지원

다음 표를 보면서 대화를 듣고, 여자가 주문할 휴대용 선풍기를 고르시오.

Portable Fan

	Model	Number of Speed Options	Color	LED Display	Price
①	A	1	blue	×	$15
②	B	3	white	○	$26
☑③	C	3	yellow	×	$31
④	D	4	pink	×	$37
⑤	E	5	green	○	$42

M : Sophie, what are you looking for?
Sophie, 무엇을 찾고 있어?
W : I'm trying to choose one of these portable fans as a gift for my friend Cathy.
친구 Cathy에게 줄 선물로 이 휴대용 선풍기 중 하나를 고르려고 해.
M : Oh, let me help you. How many speed options do you think she would want?
아, 내가 도와줄게. 몇 가지 속도 옵션이 있으면 좋을까?
W : 『She would like it if the fan has more than two options.』 근거1 Number of Speed Options 조건
두 가지 이상의 옵션이 있으면 좋아할 것 같아.
M : Okay, then, what color do you have in mind?
알겠어, 그럼 어떤 색깔을 생각하고 있어?
W : Cathy's old one was white. 『I want to choose a different color.』 근거2 Color 조건
Cathy의 예전 것은 흰색이었어, 이번엔 다른 색을 고르고 싶어.
M : Good idea. Do you want an LED display to show the remaining battery power?
좋은 생각이야. 남은 배터리 용량을 보여주는 LED 디스플레이가 있으면 좋겠어?
W : 『Hmm, I don't think she will need it.』 근거3 LED Display 조건
음, 그건 필요 없을 것 같아.
M : You're left with two options. Which one do you prefer?
그럼 두 가지 옵션이 남아. 어느 걸로 할래?
W : 『Well, I'll take the cheaper one.』 근거4 Price 조건
음, 더 저렴한 걸로 할게.

Why? 왜 정답일까?

속도 옵션이 2개 이상이고, 색깔은 흰색 외의 다른 색이며, LED 디스플레이가 없는 모델 중 저렴한 옵션은 C이므로 답은 ③이다.

● portable ⓐ 휴대용의
● speed ⓝ 속도
● remain ⓥ 남다
● cheap ⓐ (값이) 싼
● fan ⓝ 선풍기
● option ⓝ 선택지
● prefer ⓥ 선호하다

대화를 듣고, 남자의 마지막 말에 대한 여자의 응답으로 가장 적절한 것을 고르시오.
① I can help you find it. - 네가 지갑 찾는 걸 도와줄 수 있어.
② I already bought a new one. - 나 이미 새 거 샀어.

☑③ I had it before biology class. - 생물 시간 전에 가지고 있어.
④ You should report it to the police. - 경찰에 신고해야 해.
⑤ It was a birthday gift from my dad. - 아버지가 사주신 내 생일 선물이었어.

M : What's wrong, Jane? You look so upset.
무슨 일이야, Jane? 기분이 안 좋아 보이네.
W : I lost my purse! I have been searching for it for an hour, but I can't find it.
지갑을 잃어버렸어! 한 시간 동안 찾고 있었는데, 못 찾겠어.
M : When did you last have it?
마지막으로 지갑을 가졌던 게 언제야?
W : I had it before biology class.
생물 시간 전에 가지고 있었어.

Why? 왜 정답일까?

마지막으로 지갑을 가지고 있었던 것이 언제인지 물었으므로 시간을 나타내는 표현이 포함된 ③ 'I had it before biology class.'(나는 지갑을 생물학 시간에 가지고 있었어.)이 남자의 마지막 말에 대한 여자의 응답으로 가장 적절하다.

● upset ⓐ 당황한
● search for 찾다
● biology ⓝ 생물학
● purse ⓝ 지갑
● last ⓐⓓ 마지막으로

대화를 듣고, 여자의 마지막 말에 대한 남자의 응답으로 가장 적절한 것을 고르시오.
① Thank you. Everything looks delicious. - 고마워. 모든 게 맛있어 보인다.
② Yes. I have an appointment this Saturday. - 응. 나 이번 주 토요일에 약속 있어.
③ You're welcome. I made it with my dad's recipe. - 천만에. 아빠의 레시피로 만들었어.
④ Sounds good. What time did you make a reservation? - 좋아. 예약 몇 시로 했어?
☑⑤ That's too bad. Why don't we try another restaurant? - 그거 별로다. 다른 식당 찾아볼까?

W : Honey, what do you have in mind for lunch this Saturday?
자기야, 이번 토요일 점심은 뭐 먹을까?
M : I was thinking we should try the new Italian restaurant.
새로 생긴 이탈리아 식당에 가보면 어떨까 생각 중이었어.
W : Hmm... I heard that it's hard to make a reservation there these days.
음... 요즘 거기 예약하기 어렵다고 들었어.
M : That's too bad. Why don't we try another restaurant?
그거 별로다. 다른 식당 찾아볼까?

Why? 왜 정답일까?

토요일 점심 예약을 하던 중, 가고 싶은 식당은 예약하기가 어렵다고 들었다는 말에 대한 응답으로 'That's too bad. Why don't we try another restaurant?' (그거 별로다. 다른 식당 찾아볼까?)가 가장 적합하므로 여자의 마지막 말에 대한 남자의 응답으로 적절한 것은 ⑤번이다.

● reservation ⓝ 예약
● recipe ⓝ 요리법
● delicious ⓐ 맛있는

대화를 듣고, 남자의 마지막 말에 대한 여자의 응답으로 가장 적절한 것을 고르시오. [3점]
Woman:
① No problem. You can find other projects at the organization
문제 없어. 넌 기관에서 다른 프로젝트를 찾아볼 수 있어.
☑② Sure. Let's choose one from your old children's books.
당연하지. 네 옛날 어린이 책에서 하나 골라 보자.
③ Congratulations. You finally made your first audiobook.
축하해. 드디어 네 첫 오디오북을 만들었네.
④ I hope so. You're going to be a wonderful writer.
그러길 바라. 넌 훌륭한 작가가 될 거야.
⑤ Exactly. Kids grow faster than you think.
정확해. 아이들은 네가 생각하는 것보다 더 빨리 자란다.

M : Mom! I've started to record audiobooks for kids.
엄마! 아이들을 위한 오디오북 녹음을 시작했어요.
W : That's great! How did you get involved in that?
정말 좋네! 어떻게 그 일을 시작하게 됐니?
M : My teacher told me that a local organization is looking for students to record audiobooks.
선생님이 지역 단체에서 오디오북을 녹음할 학생들을 찾고 있다고 알려 주셨어요.
W : Fantastic! Are you having fun with it?
멋지구나! 그 일 재미있니?
M : Well, actually, I'm struggling with my voice acting.
음, 사실 목소리 연기가 좀 어려워요.
W : Oh? Is that so?
오? 그래?
M : Yes, it's a bit challenging to get the right tone for kids.
네. 아이들에게 맞는 톤을 찾는 게 좀 힘들어요.
W : I'm sure you'll get better with practice soon.
연습하면 곧 나아질 거야.
M : Thanks. I'm trying my best.
고마워요. 최선을 다하고 있어요.
W : That's wonderful. Anything I can help you with?
정말 좋구나. 내가 도와줄 게 있을까?
M : Can you recommend a good book for my audiobook recording?
오디오북 녹음을 위해 좋은 책 좀 추천해 줄 수 있어요?
W : Sure. Let's choose one from your old children's books.
당연하지. 네 옛날 어린이 책에서 하나 골라 보자.

Why? 왜 정답일까?

어린이를 위한 오디오북 녹음을 위해 좋은 책을 추천해 달라 했기 때문에 ② 'Sure. Let's choose one from your old children's books.'(당연하지. 네 옛날 어린이책 중에서 한 권을 골라 보자.)가 남자의 마지막 말에 대한 여자의 응답으로 가장 적절하다.

- record ⓥ 녹음하다
- local ⓐ 지역의, 현지의
- struggle ⓥ 고군분투하다
- right ⓐ 알맞은
- practice ⓥ 연습하다
- project ⓝ 계획, 기획
- involve ⓥ 참여시키다
- organization ⓝ 단체
- challenging ⓐ 도전적인
- tone ⓝ 어조
- recommend ⓥ 추천하다

14 역사 프로젝트 시작하기
정답률 85% | 정답 ①

대화를 듣고, 여자의 마지막 말에 대한 남자의 응답으로 가장 적절한 것을 고르시오.

Man:

✔ Well, let's do the presentation together. – 음, 발표는 같이하자.
② Cheer up! I know you did your best. – 힘내! 네가 최선을 다 한 걸 알아.
③ Yes, I got a good grade on science. – 응, 나 과학 성적 잘 받았어.
④ Wow! it was a really nice presentation. – 와! 진짜 좋은 발표였어.
⑤ Right. I have already finished the project. – 맞아. 나 이미 과제 끝냈어.

W : Hi, Fred. What should we do for our history project?
안녕, Fred. 역사 프로젝트를 어떻게 할까?
M : Actually, I was thinking about it. Why don't we divide the roles for the project?
사실, 나도 생각하고 있었어. 프로젝트 역할을 나누는 게 어떨까?
W : Okay. Good idea. We have the research part, the visual material part, and the presentation part.
좋아, 좋은 생각이야. 연구 파트, 시각 자료 파트, 그리고 발표 파트가 있잖아.
M : Hmm, is there any part you want to take on?
음, 너는 어떤 파트를 맡고 싶어?
W : Well, I would like to do the research. I've been collecting news articles about history.
음, 나는 연구 파트를 맡고 싶어. 역사에 관한 기사를 모아 왔거든.
M : Excellent. You are good at gathering necessary information.
훌륭해. 필요한 정보를 잘 모으잖아.
W : Thanks. Can you handle the visual material?
고마워. 너는 시각 자료를 맡아 줄 수 있니?
M : Okay. I'll take care of it. I have done it before.
좋아, 내가 맡을게. 전에 해본 적 있어.
W : All right. Then, the only part left is the presentation.
알았어. 그럼 발표 파트만 남았네.
M : Well, let's do the presentation together.
음, 발표는 같이하자.

Why? 왜 정답일까?

발표 준비를 하며 역할을 분배하던 중 발표 파트만 역할을 분배하면 되므로 ① 'Well, let's do the presentation together.'(음, 발표는 같이 하자.)가 여자의 마지막 말에 대한 남자의 응답으로 가장 적절하다.

- history ⓝ 역사
- role ⓝ 역할
- visual material ⓝ 시각 자료
- take on 맡다
- article ⓝ (신문 등의) 기사
- necessary ⓐ 필요한
- handle ⓥ 다루다
- divide ⓥ 나누다
- research ⓝ 조사
- presentation ⓝ 발표
- collect ⓥ 모으다
- gather ⓥ 모으다
- information ⓝ 정보

15 도서관 개장 시간 질문하기
정답률 68% | 정답 ①

다음 상황 설명을 듣고, Robert가 Michelle에게 할 말로 가장 적절한 것을 고르시오. [3점]

Robert:

✔ When can I use the library? – 도서관을 언제 이용할 수 있어?
② Where can I find the library – 도서관 어디에 있어?
③ How can I join the reading club? – 독서 동아리에 어떻게 가입해?
④ Why do you want to go to the library – 왜 도서관에 가고 싶어해?
⑤ What time does the lost and found open – 분실물 보관소가 몇 시에 여니?

W : Robert and Michelle are attending their high school orientation.
Robert와 Michelle은 고등학교 오리엔테이션에 참석하고 있습니다.
After short greetings, the teacher begins to explain student clubs, school activities, and school facilities.
간단한 인사 후, 선생님은 동아리, 학교 활동, 그리고 학교 시설에 대해 설명하기 시작합니다.
Robert is focusing very carefully on the explanation.
Robert는 설명에 매우 집중하고 있습니다.
However, while writing down important things about the school library, Robert drops his pen.
하지만 학교 도서관에 대한 중요한 내용을 적는 도중, Robert는 펜을 떨어뜨립니다.
Trying to find his pen, Robert misses important information about the opening hours of the library, so now, Robert wants to ask Michelle when the library is open.
펜을 찾으려가, Robert는 도서관 개관 시간에 대한 중요한 정보를 놓치고, 이제 Michelle에게 도서관이 언제 여는지 물어보려 합니다.
In this situation, what would Robert most likely say to Michelle?
이 상황에서, Robert는 Michelle에게 뭐라고 말할 가능성이 가장 높을까요?
Robert : When can I use the library?
도서관을 언제 이용할 수 있어?

Why? 왜 정답일까?

Robert는 도서관 개관 시간에 대한 중요한 정보를 놓쳤고, Michelle에게 도서관 개장 시간을 물어보고 싶기 때문에 ① 'When can I use the library?'(도서관을 언제 이용할 수 있어?)가 Michelle에게 할 말로 가장 적절하다.

- attend ⓥ 참석하다
- greetings ⓝ 인사
- facility ⓝ 시설
- library ⓝ 도서관
- orientation ⓝ 설명회
- explain ⓥ 설명하다
- explanation ⓝ 설명
- drop ⓥ 떨어뜨리다

16-17 감기에 좋은 음식들

M : Hello, listeners. Thank you for tuning in to our Happy Radio Show.
안녕하세요, 청취자 여러분. 해피 라디오 쇼를 들어 주셔서 감사합니다.
Are you taking good care of your health in the early spring?
초봄에 건강 잘 챙기고 계신가요?
『Today, I want to recommend some foods that can reduce the symptoms of a cough.』
오늘은 기침 증상을 줄이는 데 도움이 되는 몇 가지 음식을 추천 드리고자 합니다. 16번의 근거
Ginger is a popular home remedy for coughs.
생강은 기침을 위한 인기 있는 민간 요법입니다.
『A cup of hot ginger tea can be helpful for reducing your cough.』 17번 ①의 근거 일치
따뜻한 생강차 한 잔이 기침 완화에 도움이 될 수 있습니다.
Lemon is a rich source of vitamin C.
레몬은 비타민 C가 풍부한 과일입니다.
『Lemon tea can help you relieve your cough.』 17번 ②의 근거 일치
레몬차는 기침 완화에 도움이 됩니다.
『Surprisingly, pineapple is another excellent food to help relieve a cough.』 17번 ③의 근거 일치
놀랍게도, 파인애플도 기침 완화에 탁월한 음식입니다.
『When you are suffering from a cough, eating bananas also helps to get rid of the symptoms more easily.』 17번 ⑤의 근거 일치
기침을 할 때 바나나를 먹으면 증상을 더 쉽게 완화하는 데 도움이 됩니다.
These foods are rich in vitamins and they are recommended for people suffering from a cough.
이 음식들은 비타민이 풍부하며 기침을 겪고 있는 사람들에게 추천됩니다.
I hope you have a healthy week.
건강한 한 주 되시길 바랍니다.

- tune in 주파수를 맞추다
- cough ⓝ 기침
- symptom ⓝ 증상
- popular ⓐ 인기 있는
- relieve ⓥ 완화하다
- get rid of 없애다
- source ⓝ 공급원
- healthy ⓐ 건강한
- recommend ⓥ 추천하다
- reduce ⓥ 줄이다
- ginger ⓝ 생강
- remedy ⓝ 치료법
- suffer ⓥ 고생하다
- rich ⓐ 풍부한
- vitamin ⓝ 비타민

16 주제 파악
정답률 85% | 정답 ①

남자가 하는 말의 주제로 가장 적절한 것은?

✔ useful foods to relieve coughs – 기침 완화에 좋은 음식들
② importance of proper food recipes – 적절한 음식 레시피의 중요성
③ various causes of cough symptoms – 감기 증상의 다양한 원인들
④ traditional home remedies for fever – 미열을 위한 전통적인 가정 치료법들
⑤ connection between weather and cough – 날씨와 기침 간의 연관성

Why? 왜 정답일까?

기침에 좋은 음식에 대해 이야기하고 있으므로(Today, I want to recommend some foods that can reduce the symptoms of a cough.), 남자가 하는 말의 주제로 가장 적절한 것은 ① 'useful foods to relieve coughs'이다.

17 언급 유무 파악
정답률 89% | 정답 ④

언급된 음식 재료가 아닌 것은?

① ginger – 생강
② lemon – 레몬
③ pineapple – 파인애플
✔ honey – 꿀
⑤ banana – 바나나

Why? 왜 정답일까?

생강, 레몬, 파인애플, 바나나는 언급된 음식 재료이다. 따라서 언급되지 않은 것은 ④ 'honey'(꿀)이다.

18 특별 강연 초청 편지
정답률 94% | 정답 ③

다음 글의 목적으로 가장 적절한 것은?

① 환경 보호의 중요성을 강조하려고
② 글쓰기에서 주의할 점을 알려 주려고
✔ 특강 강사로 작가의 방문을 요청하려고
④ 작가의 팬 사인회 일정 변경을 공지하려고
⑤ 작가가 쓴 책의 내용에 관하여 문의하려고

Dear Ms. Jane Watson,
친애하는 Jane Watson 씨,
I am John Austin, a science teacher / at Crestville High School.
저는 John Austin입니다. / Crestville 고등학교의
Recently. / I was impressed / by the latest book / you wrote about the environment.
최근에, / 저는 감명 받았습니다. / 최신 도서에 / 당신이 환경에 관해 쓴
Also, / my students read your book / and had a class discussion about it.
또한, / 저의 학생들은 당신의 책을 읽었고 / 그것에 대해 토론 수업을 하였습니다.
They are big fans of your book, / so I'd like to ask you / to visit our school / and give a special lecture.
그들은 당신의 책을 아주 좋아하고, / 그래서 저는 당신에게 요청합니다. / 우리 학교에 방문하여 / 특별 강연을 해 주시기를
We can set the date and time / to suit your schedule.
우리는 날짜와 시간을 정할 수 있습니다. / 당신의 일정에 맞춰
Having you at our school / would be a fantastic experience for the students.
당신이 우리 학교에 와주신다면 / 학생들에게 멋진 경험이 될 것 같습니다.
We would be very grateful / if you could come.
우리는 정말 감사하겠습니다. / 당신이 와 주신다면
Best regards, // John Austin
안부를 전하며, // John Austin

친애하는 Jane Watson 씨, 저는 Crestville 고등학교의 과학 교사 John Austin입니다. 최근에, 저는 환경에 관해 당신이 쓴 최신 도서에 감명받았습니다. 또한 저의 학생들은 당신의 책을 읽었고 그것에 대해 토론 수업을 하였습니다. 그들은 당신의 책을 아주 좋아하고, 그래서 저는 당신이 우리 학교에 방문하여 특별 강연을 해 주시기를 요청드리고 싶습니다. 우리는 당신의 일정에 맞춰 날짜와 시간을 정하겠습니다. 당신이 우리 학교에 와 주신다면 학생들에게 멋진 경험이 될 것 같습니다. 우리는 당신이 와 주신다면 정말 감사하겠습니다. 안부를 전하며, John Austin

Why? 왜 정답일까?

Jane Watson에게 Crestville 고등학교에 방문하여 특별 강연을 해 주기를 요청하고 있기 때문에 (I'd like to ask you to visit our school and give a special lecture.), 글의 목적으로 가장 적절한 것은 ③ '특강 강사로 작가의 방문을 요청하려고'이다.

- science ⓝ 과학
- impressed ⓐ 감명을 받은
- discussion ⓝ 토론
- suit ⓥ 맞추다
- recently ⓐⓓ 최근에
- environment ⓝ 환경
- lecture ⓝ 강의
- grateful ⓐ 감사한

구문 풀이

3행 Recently I was impressed by the latest book (that) you wrote about the environment.
수동태 / by 행위자 / 최상급, 선행사 / 목적격 관계대명사 생략

---

19 모래성 만들기의 의미 | 정답률 92% | 정답 ①

다음 글에 드러난 Sarah의 심경 변화로 가장 적절한 것은?

✓ sad → excited 슬픈 신난
② envious → anxious 부러운 불안한
③ bored → joyful 지루한 즐거운
④ relaxed → regretful 안정된 후회하는
⑤ nervous → surprised 긴장한 놀란

Marilyn and her three-year-old daughter, Sarah, took a trip to the beach, / where Sarah built her first sandcastle.
Marilyn과 세 살 된 딸 Sarah는 해변으로 여행을 떠났고, / 그곳에서 Sarah는 처음으로 모래성을 쌓았다.

Moments later, / an enormous wave destroyed Sarah's castle.
잠시 후, / 거대한 파도가 Sarah의 성을 무너뜨렸다.

In response to the loss of her sandcastle, / tears streamed down Sarah's cheeks / and her heart was broken.
모래성을 잃은 것에 반응하여 / 눈물이 Sarah의 뺨을 타고 흘러내렸고, / 그녀의 마음은 무너졌다.

She ran to Marilyn, / saying she would never build a sandcastle again.
그녀는 Marilyn에게 달려갔다. / 그녀가 다시는 모래성을 쌓지 않겠다고 말하며

Marilyn said, / "Part of the joy of building a sandcastle / is that, in the end, / we give it as a gift / to the ocean."
Marilyn은 말했다. / "모래성을 쌓는 즐거움 중 일부는 / 결국에는 / 우리가 그것을 선물로 주는 것이란다. / 바다에게" 라고

Sarah loved this idea / and responded with enthusiasm / to the idea of building another castle / — this time, even closer to the water / so the ocean would get its gift sooner!
Sarah는 이 생각이 마음에 들었고 / 열정적으로 반응했다. / 다른 모래성을 만들 생각에 / 이번에는 바다와 훨씬 더 가까운 곳에서 / 바다가 그 선물을 더 빨리 받을 수 있도록

Marilyn과 세 살 된 딸 Sarah는 해변으로 여행을 떠났고, 그곳에서 Sarah는 처음으로 모래성을 쌓았다. 잠시 후, 거대한 파도가 Sarah의 성을 무너뜨렸다. 모래성을 잃은 것에 반응하여 눈물이 Sarah의 뺨을 타고 흘러내렸고, 그녀의 마음은 무너졌다. 그녀는 다시는 모래성을 쌓지 않겠다고 말하며 Marilyn에게 달려갔다. Marilyn은 "모래성을 쌓는 즐거움 중 일부는 결국에는 우리가 그것을 바다에게 선물로 주는 것이란다."라고 말했다. Sarah는 이 생각이 마음에 들었고 또 다른 모래성을 만들 생각에 이번에는 바다와 훨씬 더 가까운 곳에서 바다가 그 선물을 더 빨리 받을 수 있도록 하겠다며 열정적으로 반응했다.

Why? 왜 정답일까?

Sarah가 해변에서 처음으로 쌓은 모래성을 파도가 무너뜨리자 울었다. 그러자 Marilyn은 Sarah에게 모래성을 바다에게 선물로 준 것이라 말한다. 이에 Sarah는 Marilyn의 말에 열정적으로 반응했다. 따라서 Sarah의 심경 변화로 적절한 것은 ① 'sad(슬픈) → excited(신난)'이다.

- sandcastle ⓝ 모래성
- destroy ⓥ 부수다
- ocean ⓝ 바다
- enthusiasm ⓝ 열정
- enormous ⓐ 거대한
- stream ⓥ 흐르다
- respond ⓥ 반응하다

구문 풀이

5행 She ran to Marilyn, saying she would never build a sandcastle again.
현재분사(~하면서) / 조동사 + 동사원형 / 부정어

---

20 긍정적인 진술의 마법 | 정답률 73% | 정답 ②

다음 글에서 필자가 주장하는 바로 가장 적절한 것은?

① 목표한 바를 꼭 이루려면 생각을 곧바로 행동으로 옮겨라.
✓ 자신감을 얻으려면 어려움을 긍정적인 진술로 바꿔 써라.
③ 어려운 일을 해결하려면 주변 사람에게 도움을 청하라.
④ 일상에서 자신감을 향상하려면 틈틈이 마술을 배워라.
⑤ 실생활에서 마주하는 도전을 피하지 말고 견뎌 내라.

Magic is what we all wish for / to happen in our life.
마법은 우리 모두가 바라는 것이다. / 자신의 삶에서 일어나기를

Do you love the movie *Cinderella* / like me?
여러분은 *신데렐라* 영화를 사랑하는가? / 나처럼

Well, / in real life, / you can also create magic.
그러면, / 실제 삶에서 / 여러분도 마법을 만들 수 있다.

Here's the trick.
여기 그 요령이 있다.

Write down / all the real-time challenges / that you face and deal with.
적어라. / 모든 실시간의 어려움을 / 여러분이 직면하고 처리하는

Just change the challenge statement / into positive statements.
어려움에 관한 진술을 바꾸기만 해라. / 긍정적인 진술로

Let me give you / an example here.
여러분에게 제시하겠다. / 예시를 여기에

If you struggle with / getting up early in the morning, / then write a positive statement / such as "I get up early in the morning / at 5:00 am every day."
만약 여러분이 어려움을 겪는다면 / 아침 일찍 일어나는 것에 / 그러면 긍정적인 진술을 작성해라. / 나는 일찍 일어난다. / 매일 아침 5시에

Once you write these statements, / get ready to witness magic and confidence.
이러한 진술들을 작성하고 나면, / 마법과 자신감을 목격할 준비를 하라.

You will be surprised / that just by writing these statements, / there is a shift / in the way you think and act.
당신은 놀랄 것이다. / 단지 이러한 진술들을 작성함으로써 / 변화가 있다는 것에 / 당신이 생각하고 행동하는 방식에

Suddenly / you feel more powerful and positive.
어느 순간 / 여러분은 더 강력하고 긍정적이라고 느끼게 된다.

마법은 우리 모두 자신의 삶에서 일어나기를 바라는 바이다. 여러분도 나처럼 *신데렐라* 영화를 사랑하는가? 그러면, 실제 삶에서, 여러분도 마법을 만들 수 있다. 여기 그 요령이 있다. 여러분이 직면하고 처리하는 모든 실시간의 어려움을 적어라. 그 어려움에 관한 진술을 긍정적인 진술로 바꾸어라. 여기서 여러분에게 한 예시를 제시하겠다. 만약 여러분이 아침 일찍 일어나는 것에 어려움을 겪는다면, 그러면 '나는 매일 일찍 아침 5시에 일어난다.'와 같은 긍정적인 진술을 써라. 일단 여러분이 이러한 진술을 적는다면, 마법과 자신감을 목격할 준비를 하라. 여러분은 단지 이러한 진술을 적음으로써 여러분이 생각하고 행동하는 방식에 변화가 있다는 것에 놀랄 것이다. 어느 순간 여러분은 더 강력하고 긍정적이라고 느끼게 된다.

Why? 왜 정답일까?

일상생활에서 마법을 이루는 방법으로 긍정적인 진술 작성을 제시하고 있기 때문에(Just change the challenge statement into positive statements.), 필자가 주장하는 바로 가장 적절한 것은 ② '자신감을 얻으려면 어려움을 긍정적인 진술로 바꿔 써라.'이다.

- magic ⓝ 마법, 마술
- statement ⓝ 진술
- struggle ⓥ 어려움을 겪다
- confidence ⓝ 자신감
- shift ⓝ 변화
- challenge ⓝ 어려움, 도전
- positive ⓐ 긍정적인
- witness ⓥ 목격하다
- surprise ⓥ 놀라게 하다
- powerful ⓐ 강력한

구문 풀이

10행 You will be surprised that just by writing these statements, there is a shift in the way you think and act.
조동사 + 동사원형 수동태 / 종속접속사 / 관계부사 the way(= how)

---

21 Aristotle이 정의한 감각 | 정답률 49% | 정답 ①

밑줄 친 push animal senses into Aristotelian buckets가 다음 글에서 의미하는 바로 가장 적절한 것은? [3점]

✓ sort various animal senses into fixed categories 동물의 감각을 고정된 체계로 분류하다
② keep a balanced view to understand real senses 진짜 감각을 이해하기 위해서 균형잡힌 시각을 유지하다
③ doubt the traditional way of dividing all senses 모든 감각을 나누는 전통적인 방법을 의심하다
④ ignore the lessons on senses from Aristotle Aristotle의 감각에 대한 지식을 무시하다
⑤ analyze more animals to find real senses 진짜 감각을 찾기 위해서 더 많은 동물을 분석하다

Consider the seemingly simple question / "How many senses are there?"
겉으로 보기에 단순한 질문을 고려해 보아라. / '얼마나 많은 감각이 존재하는가?'

Around 2,370 years ago, / Aristotle wrote / that there are five, in both humans and animals / — sight, hearing, smell, taste, and touch.
약 2,370년 전 / Aristotle은 썼다. / 인간과 동물 둘 다에게 다섯(감각)이 있다고 / 시각, 청각, 후각, 미각, 그리고 촉각의

However, / according to the philosopher Fiona Macpherson, / there are reasons to doubt it.
그러나 / 철학자 Fiona Macpherson에 따르면, / 그것을 의심할 이유가 존재한다.

For a start, / Aristotle missed a few in humans: / the perception of your own body / which is different from touch / and the sense of balance / which has links to both touch and vision.
우선, / Aristotle은 인간에게서 몇 가지를 빠뜨렸는데, / 그것은 자신의 신체에 대한 인식과, / 촉각과는 다른 / 그리고 균형의 감각 / 이었다. / 촉각과 시각 모두에 관련되어 있는

Other animals have senses / that are even harder to categorize.
다른 동물들도 감각을 가지고 있다. / 범주화하기 더욱 어려운

Many vertebrates have a different sense system / for detecting odors.
많은 척추동물들은 다른 감각 체계를 가지고 있다. / 냄새를 탐지하기 위한

Some snakes can detect the body heat / of their prey.
어떤 뱀들은 체열을 감지할 수 있다. / 그들의 먹잇감의

These examples tell us / that "senses cannot be clearly divided / into a limited number of specific kinds," / Macpherson wrote in *The Senses*.
이러한 예시들은 우리에게 알려 준다. / '감각은 명확하게 나누어지지 않을 수 있다. / 제한된 수의 특정한 종류로 / Macpherson이 'The Senses'에서 쓰기를

Instead of trying to push animal senses into Aristotelian buckets, / we should study them / for what they are.
동물의 감각을 Aristotle의 양동이로 밀어 넣는 대신, / 우리는 그것들을 연구해야 한다. / 존재하는 그대로

'얼마나 많은 감각이 존재하는가?'라는 겉으로 보기에 단순한 질문을 고려해 봐라. 약 2,370년 전 Aristotle은 인간과 동물 둘 다에게 시각, 청각, 후각, 미각, 그리고 촉각의 다섯(감각)이 있다고 썼다. 그러나, 철학자 Fiona Macpherson에 따르면, 그것을 의심할 이유가 존재한다. 우선, Aristotle은 인간에게서 몇 가지를 빠뜨렸는데, 그것은 촉각과는 다른 여러분 자신의 신체에 대한 인식과, 촉각과 시각 모두에 관련되어 있는 균형 감각이었다. 다른 동물들은 훨씬 더 범주화하기 어려운 감각을 가지고 있다. 많은 척추동물은 냄새를 탐지하기 위한 다른 감각 체계를 가지고 있다. 어떤 뱀은 그들의 먹잇감의 체열을 감지할 수 있다. Macpherson이 'The Senses'에서 쓰기를, 이러한 사례는 우리에게 '감각은 제한된 수의 특정한 종류로 명확하

게 나누어지지 않을 수 있다.'라는 것을 알려 준다. 동물의 감각을 Aristotle의 양동이로 밀어 넣는 대신, 우리는 그것들을 존재하는 그대로 연구해야 한다.

Why? 왜 정답일까?

Aristotelian buckets가 의미하는 바는 Aristotle이 주장한 바이므로 다섯 개의 감각이 존재하는 것이다. Aristotelian bucket으로 밀어 넣는 것은 Aristotle의 주장을 받아들이는 것이므로, ① 'sort various animal senses into fixed categories'가 가장 적절하다.

- consider ⓥ 고려하다
- philosopher ⓝ 철학자
- perception ⓝ 인식
- link ⓥ 연결
- detect ⓥ 감지하다
- divide ⓥ 나누다
- bucket ⓝ 양동이
- sight ⓝ 시각
- doubt ⓥ 의심하다
- balance ⓝ 균형
- categorize ⓥ 분류하다
- prey ⓝ 먹잇감
- specific ⓐ 특정한

구문 풀이

[12행] These examples tell us that "senses cannot be clearly divided into a limited number of specific kinds," Macpherson wrote in *The Senses*.
(주어 / 동사 / 간접목적어 / 직접목적어절 / ~으로 나누어지다.)

---

22 리더로써의 잠재력   정답률 80% | 정답 ③

다음 글의 요지로 가장 적절한 것은?

① 훌륭한 리더는 고귀한 목표를 위해 희생적인 삶을 산다.
② 위대한 인물은 위기의 순간에 뛰어난 결단력을 발휘한다.
③ 공동체를 위한 아이디어를 발전시키는 누구나 리더가 될 수 있다.
④ 다른 사람의 의견을 경청하는 자세는 목표 달성에 가장 중요하다.
⑤ 근면하고 경험이 풍부한 사람들은 경제적으로 성공할 수 있다.

When we think of leaders, / we may think of people / such as Abraham Lincoln or Martin Luther King, Jr.
우리가 리더에 대해서 생각할 때, / 우리는 사람들을 생각할지도 모른다. / Abraham Lincoln이나 Martin Luther King Jr.와 같은
If you consider / the historical importance and far-reaching influence / of these individuals, / leadership might seem like a noble and high goal.
만약 여러분이 고려한다면 / 역사적 중요성과 광범위한 영향력을 / 이러한 인물들의 / 리더십은 고귀하고 높은 목표처럼 보일지도 모른다.
But like all of us, / these people started out / as students, workers, and citizens / who possessed ideas / about how some aspect of daily life could be improved / on a larger scale.
그러나 우리 모두와 마찬가지로, / 이러한 인물들은 시작했다. / 학생, 근로자, 그리고 시민으로 / 생각을 가진 / 일상생활의 어느 측면이 어떻게 개선될 수 있는지에 대한 / 더 큰 규모로
Through diligence and experience, / they improved upon their ideas / by sharing them with others, / seeking their opinions and feedback / and constantly looking for the best way / to accomplish goals for a group.
근면함과 경험을 통해, / 그들은 생각을 발전시켰다. / 자신의 생각을 다른 사람들과 공유하고, / 그들의 의견과 반응을 구하며, / 끊임없이 가장 좋은 방법을 찾음으로써 / 집단의 목표를 성취할 수 있는
Thus we all have the potential to be leaders / at school, in our communities, and at work, / regardless of age or experience.
그러므로 우리는 모두 리더가 될 잠재력을 가지고 있다. / 학교, 공동체, 그리고 일터에서 / 나이나 경험에 관계 없이

우리가 리더에 대해 생각할 때, 우리는 Abraham Lincoln 혹은 Martin Luther King, Jr.와 같은 사람들에 대해 생각할지 모른다. 만약 여러분이 이러한 인물들의 역사적 중요성과 광범위한 영향력을 고려한다면, 리더십은 고귀하고 높은 목표처럼 보일지도 모른다. 그러나 우리 모두와 마찬가지로, 이러한 인물들은 일상생활의 어느 측면이 더 큰 규모로 어떻게 개선될 수 있는지에 대한 생각을 가졌던 학생, 근로자, 그리고 시민으로 시작했다. 근면함과 경험을 통해, 그들은 자신의 생각을 다른 사람들과 공유하고, 그들의 의견과 반응을 구하며, 끊임없이 집단의 목표를 성취할 수 있는 가장 좋은 방법을 찾음으로써 자신의 생각을 발전시켰다. 그러므로 우리는 모두, 나이나 경험에 관계없이, 학교, 공동체, 그리고 일터에서 리더가 될 수 있는 잠재력을 가지고 있다.

Why? 왜 정답일까?

우리 모두 리더가 될 잠재력을 가지고 있다고 말하기 때문에(Thus we all have the potential to be leaders at school, in our communities, and at work, regardless of age or experience.), 글의 요지로 가장 적절한 것은 ③ '공동체를 위한 아이디어를 발전시키는 누구나 리더가 될 수 있다.'이다.

- historical ⓐ 역사적인
- influence ⓝ 영향력
- possess ⓥ 가지다, 소유하다
- improve ⓥ 개선하다
- feedback ⓝ 피드백
- accomplish ⓥ 성취하다
- community ⓝ 공동체
- far-reaching ⓐ 광범위한
- noble ⓐ 고귀한
- aspect ⓝ 측면
- diligence ⓝ 근면
- constantly ⓐⓓ 끊임없이
- potential ⓝ 잠재력
- regardless of ~와 관계없이

구문 풀이

[8행] Through diligence and experience, they improved upon their ideas by sharing them with others, seeking their opinions and feedback and constantly looking for the best way to accomplish goals for a group.
(접속사(~을 통해서) / 동명사구1 / 동명사구2 / 동명사구3 / to 부정사 부사적 용법(목적 달성을 위해서))

---

23 윤작의 방법과 특징   정답률 84% | 정답 ①

다음 글의 주제로 가장 적절한 것은?

① advantage of crop rotation in maintaining soil health
  토지 건강을 유지하는 것에 있어서 윤작의 이점
② influence of purchasing organic food on farmers
  농부들에게 유기농 음식을 사는 것의 영향
③ ways to choose three important crops for rich soil
  비옥한 토양을 위해 세 가지 중요한 곡물을 고르는 방법

④ danger of growing diverse crops in small spaces
  작은 공간에 다양한 곡물을 기르는 것의 위험성
⑤ negative impact of crop rotation on the environment
  환경에 윤작의 부정적인 영향

Crop rotation is the process / in which farmers change the crops / they grow in their fields / in a special order.
윤작은 과정이다 / 농부가 작물을 바꾸는 / 그들이 자신의 밭에서 재배하는 / 특별한 순서로
For example, / if a farmer has three fields, / he or she may grow / carrots in the first field, / green beans in the second, / and tomatoes in the third.
예를 들어서, / 만약 한 농부가 세 개의 밭을 가지고 있다면, / 그들은 재배할 수 있다. / 첫 번째 밭에는 당근을, / 두 번째 밭에는 녹색 콩을, / 세 번째 밭에는 토마토를
The next year, / green beans will be in the first field, / tomatoes in the second / and carrots will be in the third.
그 다음 해에 / 첫 번째 밭에는 녹색 콩을 재배할 것이고, / 두 번째 밭에는 토마토를 재배하며, / 세 번째 밭에는 당근을 재배할 것이다.
In year three, / the crops will rotate again.
3년 차에 / 작물은 다시 순환할 것이다.
By the fourth year, / the crops will go back / to their original order.
4년째에 이르면 / 작물은 되돌아 갈 것이다. / 원래의 순서로
Each crop enriches the soil / for the next crop.
각각의 작물은 토양을 비옥하게 한다. / 다음 작물을 위해
This type of farming is sustainable / because the soil stays healthy.
이 유형의 농업은 지속 가능하다. / 토양이 건강하게 유지되기 때문에

윤작은 농부가 자신의 밭에서 재배하는 작물을 특별한 순서로 바꾸는 과정이다. 예를 들면, 만약 한 농부가 세 개의 밭을 가지고 있다면, 그들은 첫 번째 밭에는 당근을, 두 번째 밭에는 녹색 콩을, 세 번째 밭에는 토마토를 재배할 수 있다. 그 다음 해에 첫 번째 밭에는 녹색 콩을, 두 번째 밭에는 토마토를, 세 번째 밭에는 당근을 재배할 것이다. 3년 차에 작물은 다시 순환할 것이다. 4년째에 이르면 작물은 원래의 순서로 되돌아 갈 것이다. 각각의 작물은 다음 작물을 위한 토양을 비옥하게 한다. 이 유형의 농업은 토양이 건강하게 유지되기 때문에 지속 가능하다.

Why? 왜 정답일까?

윤작의 정의, 예시에 이어 윤작을 통해 토양이 건강하게 유지된다고(This type of farming is sustainable because the soil stays healthy.) 말하기 때문에, 글의 주제로 가장 적절한 것은 ① 'advantage of crop rotation in maintaining soil health'이다.

- crop rotation ⓝ 윤작
- rotate ⓥ 순환하다
- enrich ⓥ 비옥하게 하다
- field ⓝ 밭
- original ⓐ 원래의
- soil ⓝ 토양

구문 풀이

[1행] Crop rotation is the process in which farmers change the crops (that) they grow in their fields in a special order.
(관계부사(= where) / 선행사 / 목적격 관계대명사 생략)

---

24 그림의 완성을 결정하기   정답률 67% | 정답 ⑤

다음 글의 제목으로 가장 적절한 것은?

① Drawing Inspiration from Diverse Artists
  다양한 예술가로부터의 그림 영감
② Don't Spoil Your Painting by Leaving It Incomplete
  덜 완성된 채로 두어서 당신의 그림을 망치지 마세요
③ Art Interpretation: Discover Meanings in a Painting
  예술 해석: 그림에서 의미를 발견하기
④ Do Not Put Down Your Brush: The More, the Better
  붓을 내려놓지 마세요: 더 많이 할수록, 더 낫습니다
⑤ Avoid Overwork and Find the Right Moment to Finish
  과한 작업을 피하고 끝낼 적절한 순간을 찾으세요

Working around the whole painting, / rather than concentrating on one area at a time, / will mean / you can stop at any point / and the painting can be considered "finished."
전체 그림에 대해서 작업하는 것은 / 한 번에 한 영역에만 집중하기보다 / 의미할 것이다. / 여러분이 어떤 지점에서도 멈출 수 있고 / 그림이 '완성'된 것으로 간주될 수 있다는 것을
Artists often find it difficult / to know when to stop painting, / and it can be tempting / to keep on adding more to your work.
화가들은 종종 어렵다는 것을 발견한다. / 그림을 언제 멈춰야 할지 알기가 / 그리고 유혹을 느낄 수 있다. / 자신의 그림에 계속해서 더 추가하고 싶은
It is important to take a few steps back from the painting / from time to time to / assess your progress.
그림에서 몇 걸음 뒤로 물러나는 것이 중요하다. / 때때로 / 자신의 진행 상황을 평가하기 위해
Putting too much into a painting / can spoil its impact / and leave it looking overworked.
한 그림에 너무 많은 것을 넣는 것은 / 영향력을 망칠 수 있다 / 그리고 그것이 과하게 작업된 것처럼 보이게 둘 수 있다.
If you find yourself struggling / to decide whether you have finished, / take a break and come back to it later with fresh eyes.
만약 여러분이 어려움을 겪고 있음을 알게 된다면 / 여러분이 끝냈는지를 결정하는 데에 / 잠시 휴식을 취하고 나중에 새로운 눈으로 그림으로 다시 돌아와라
Then you can decide / whether any areas of your painting would benefit / from further refinement.
그러면 여러분은 결정할 수 있다. / 자신의 그림 어느 부분이 득을 볼지를 / 더 정교하게 꾸며서

한 번에 한 영역에만 집중하기보다 전체 그림에 대해서 작업하는 것은 여러분이 어떤 지점에서도 멈출 수 있고 그림이 '완성'된 것으로 간주될 수 있다는 것을 의미할 것이다. 화가인 여러분은 종종 언제 그림을 멈춰야 할지 알기 어렵다는 것을 발견하고, 자신의 그림에 계속해서 더 추가하고 싶은 유혹을 느낄 수도 있다. 때때로 자신의 진행 상황을 평가하기 위해 그림에서 몇 걸음 뒤로 물러나는 것이 중요하다. 한 그림에 너무 많은 것을 넣으면 그것의 영향력을 망칠 수 있고 그것이 과하게 작업된 것처럼 보이게 둘 수 있다. 만약 여러분이 끝냈는지를 결정하는 데 자신이 어려움을 겪고 있음을 알게 된다면, 잠시 휴식을 취하고 나중에 새로운 눈으로 그것(그림)으로 다시 돌아와라. 그러면 여러분은 더 정교하게 꾸며서 자신의 그림 어느 부분이 득을 볼지를 결정할 수 있다.

Why? 왜 정답일까?

그림을 그리며 어떤 지점에서 멈춰야 할지 알기가 어렵기 때문에 과하게 작업하기가 쉬우므로, 잠시 휴식을 취하라며 과한 작업을 피해야 할 필요성을 강조하고 있다. 따라서 ⑤ 'Avoid Overwork and Find

the Right Moment to Finish'가 제목으로 가장 적절하다.

- concentrate ⓥ 집중하다
- spoil ⓥ 망쳐 놓다
- overwork ⓥ 과하게 작업하다
- assess ⓥ 평가하다
- impact ⓝ 영향(력)
- benefit ⓥ 득을 보다

구문 풀이

5행 It is important to take a few steps back from the painting from time to time
가주어 it (진주어 to assess your progress.) 때때로, 이따금, 가끔
to assess your progress.
to부정사 형용사적 용법(평가할)

---

25 2021년 기후 변화를 두려워하는 6개국 16−25세 인구의 순위   정답률 81% | 정답 ③

다음 도표의 내용과 일치하지 <u>않는</u> 것은?

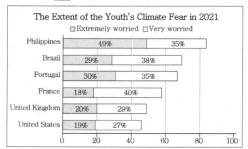

The Extent of the Youth's Climate Fear in 2021
☐ Extremely worried ☐ Very worried

	Extremely worried	Very worried
Philippines	49%	35%
Brazil	29%	38%
Portugal	30%	35%
France	18%	40%
United Kingdom	20%	29%
United States	19%	27%

The above graph shows the extent / to which young people aged 16 − 25 in six countries had fear / about climate change in 2021.
위의 그래프는 정도를 보여 준다. / 6개국의 16세에서 25세 사이 젊은 사람들이 두려움을 갖는 / 2021년 기후 변화에 대해
① The Philippines had the highest percentage of young people / who said they were extremely or very worried, / at 84 percent, / followed by 67 percent in Brazil.
필리핀은 젊은 사람들의 가장 높은 비율을 보여 준다. / 극도로 혹은 매우 걱정한다고 말한 / 84퍼센트로, / 67퍼센트로 브라질이 그 뒤를 잇고
② More than 60 percent of young people in Portugal said / they were extremely worried or very worried.
포르투갈은 60퍼센트 이상의 젊은 사람들이 말했다. / 극도로 혹은 매우 걱정하고 있다고
✔ In France, the percentage of young people who were extremely worried / was higher than that of young people / who were very worried.
프랑스는 극도로 걱정하는 젊은 사람들의 비율이 / 젊은 사람들의 비율보다 높았다. / 매우 걱정하는
④ In the United Kingdom, the percentage of young generation who said / that they were very worried / was 29 percent.
영국은 젊은 세대의 비율이 / 매우 걱정된다고 말하는 / 29퍼센트였다.
⑤ In the United States, the total percentage of extremely worried and very worried youth / was the smallest / among the six countries.
미국은 극도로 걱정하거나 매우 걱정하는 젊은 사람들의 총비율이 / 가장 작았다. / 6개국 중에서

위 그래프는 2021년 6개국의 16세에서 25세 사이 젊은 사람들이 기후 변화에 대해 두려움을 갖는 정도를 보여 준다. ① 필리핀은 극도로 혹은 매우 걱정한다고 말한 젊은 사람들의 비율이 84퍼센트로 가장 높았으며, 브라질이 67퍼센트로 그 뒤를 이었다. ② 포르투갈은 60퍼센트 이상의 젊은 사람들이 극도로 혹은 매우 걱정하고 있다고 말했다. ③ 프랑스는 극도로 걱정하는 젊은 사람들의 비율이 매우 걱정하는 젊은 사람들의 비율보다 높았다. ④ 영국은 매우 걱정한다고 말하는 젊은 세대의 비율이 29퍼센트였다. ⑤ 미국은 극도로 걱정하거나 매우 걱정하는 젊은 사람들의 총비율이 6개국 중에서 가장 작았다.

Why? 왜 정답일까?

프랑스는 극도로 걱정하는 젊은 사람들의 비율이 **18%**로 매우 걱정하는 젊은 사람들의 비율인 **40%**보다 낮기 때문에 도표의 내용과 일치하지 않는 것은 ③이다.

- extent ⓝ 정도
- extremely ⓐⅾ 극도로
- climate ⓝ 기후
- generation ⓝ 세대

구문 풀이

7행 In France, the percentage of young people who were extremely worried
선행사 / 주격관계대명사
was higher than that of young people who were very worried.
동사 / 비교급 / 지시대명사 the percentage / 주격관계대명사

---

26 Jaroslav Heyrovsky의 일생   정답률 86% | 정답 ④

Jaroslav Heyrovsky에 관한 다음 글의 내용과 일치하지 <u>않는</u> 것은?
① 라틴어와 그리스어보다 자연 과학에 강한 흥미를 보였다.
② Czech University에서 화학, 물리학 및 수학을 공부했다.
③ 1910년부터 1914년까지 런던에서 학업을 이어 나갔다.
✔ 제1차 세계 대전이 끝난 후 군 병원에 복무했다.
⑤ 1959년에 노벨 화학상을 수상했다.

Jaroslav Heyrovsky was born in Prague / on December 20, 1890, / as the fifth child of Leopold Heyrovsky.
Jaroslav Heyrovsky는 Prague에서 태어났다. / 1890년 12월 20일에 / Leopold Heyrovsky의 다섯째 자녀로
In 1901 / Jaroslav went to a secondary school / called the Akademicke Gymnasium.
1901년에 / Jaroslav는 중등학교에 다녔다. / Akademicke Gymnasium이라는
「Rather than Latin and Greek, / he showed a strong interest in the natural sciences.」
라틴어와 그리스어보다. / 그는 자연 과학에 강한 흥미를 보였다. ①의 근거 일치
「At Czech University in Prague / he studied chemistry, physics, and mathematics.」
Prague에 있는 Czech University에서 / 그는 화학, 물리학, 그리고 수학을 공부했다. ②의 근거 일치
「From 1910 to 1914 / he continued his studies / at University College, London.」
1910년부터 1914년까지 / 그는 그의 학업을 이어 나갔다. / London의 University College에서 ③의 근거 일치
「Throughout the First World War, / Jaroslav served in a military hospital.」 ④의 근거 불일치

제1차 세계 대전 내내, / Jaroslav는 군 병원에 복무했다.
In 1926, / Jaroslav became the first Professor of Physical Chemistry / at Charles University in Prague.
1926년에, / Jaroslav는 최초의 물리화학 교수가 되었다. / Prague의 Charles University에서
「He won the Nobel Prize in chemistry / in 1959.」 ⑤의 근거 일치
그는 노벨 화학상을 수상했다. / 1959년에

Jaroslav Heyrovsky는 1890년 12월 20일 Prague에서 Leopold Heyrovsky의 다섯째 자녀로 태어났다. 1901년 Jaroslav는 Akademicke Gymnasium이라고 불리는 중등학교에 다녔다. 그는 라틴어와 그리스어보다는 자연 과학에 강한 흥미를 보였다. Prague에 있는 Czech University에서 그는 화학, 물리학 및 수학을 공부했다. 1910년부터 1914년까지 그는 런던의 University College에서 학업을 이어 나갔다. 제1차 세계 대전 내내 Jaroslav는 군 병원에 복무했다. 1926년에 Jaroslav는 Prague에 있는 Charles University 최초의 물리화학 교수가 되었다. 그는 1959년에 노벨 화학상을 수상했다.

Why? 왜 정답일까?

'Throughout the First World War, Jaroslav served in a military hospital.'에서 Jaroslav Heyrovsky는 제1차 세계 대전 내내 군 병원에서 복무했다고 했으므로 글의 내용과 일치하지 않는 것은 ④ '제1차 세계 대전이 끝난 후 군 병원에 복무했다.'이다.

Why? 왜 오답일까?

① '~he showed a strong interest in the natural sciences.'의 내용과 일치한다.
② 'At Czech University in Prague he studied chemistry, physics, and mathematics.'의 내용과 일치한다.
③ 'From 1910 to 1914 he continued his studies at University College, London.'의 내용과 일치한다.
⑤ 'He won the Nobel Prize in chemistry in 1959.'의 내용과 일치한다.

- secondary school ⓝ 중등학교
- physics ⓝ 물리학
- throughout ⓟrep 내내
- chemistry ⓝ 화학
- mathematics ⓝ 수학
- military ⓝ 군대의

구문 풀이

1행 Jaroslav Heyrovsky was born in Prague on December 20, 1890, as the
수동태 / 전치사(~로써)
fifth child of Leopold Heyrovsky.

---

27 청소년을 위한 봄철 차 교실 안내문   정답률 96% | 정답 ④

Spring Tea Class for Young People에 관한 다음 안내문의 내용과 일치하지 <u>않는</u> 것은?
① 수강생은 전 세계 다양한 문화권의 차를 경험할 수 있다.
② 금요일 수업은 오후에 1시간 30분 동안 진행된다.
③ 수강생에게 차와 간식을 제공할 것이다.
✔ 15세 이하의 수강생은 30달러의 참가비를 내야 한다.
⑤ 음식 알레르기가 있는 수강생은 이메일을 미리 보내야 한다.

Spring Tea Class for Young People
청소년을 위한 봄철 차 교실
「Join us / for a delightful Spring Tea Class for young people, / where you'll experience the taste of tea / from various cultures around the world.」 ①의 근거 일치
참여하세요. / 즐거운 봄철 차 교실에 / 여러분이 차를 맛보는 경험을 할 / 전 세계 다양한 문화권의
Class Schedule
수업 일정
「Friday, April 5 (4:30 p.m. − 6:00 p.m.)」 ②의 근거 일치
4월 5일 금요일 (오후 4:30 ~ 오후 6:00)
Saturday, April 6 (9:30 a.m. − 11:00 a.m.)
4월 6일 토요일 (오전 9:30 ~ 오전 11:00)
Details
세부 내용
「We will give you tea and snacks.」 ③의 근거 일치
우리는 여러분에게 차와 간식을 드리겠습니다.
We offer special tips / for hosting a tea party.
우리는 특별한 조언을 제공합니다. / 차 모임 주최를 위한
Participation Fee
참가비
「Age 13 − 15: $25 per person」 ④의 근거 불일치
13 ~ 15세: 1인당 25달러
Age 16 − 18: $30 per person
16 ~ 18세: 1인당 30달러
Note
주의 사항
「If you have any food allergy, / you should email us in advance / at youth@seasonteaclass.com.」 ⑤의 근거 일치
만약 여러분이 음식 알레르기가 있다면, / 저희에게 미리 이메일을 보내야 합니다. / youth@seasonteaclass.com으로

청소년을 위한 봄철 차 교실

청소년을 위한 즐거운 봄철 차 교실에 참여하세요.
그곳에서 여러분은 전 세계 다양한 문화권의 차를 맛보는 경험을 할 것입니다.

수업 일정
• 4월 5일 금요일 (오후 4:30 ~ 오후 6:00)
• 4월 6일 토요일 (오전 9:30 ~ 오전 11:00)

세부 내용
• 우리는 여러분에게 차와 간식을 드리겠습니다.
• 우리는 차 모임 주최를 위한 특별한 조언을 제공합니다.

참가비
• 13 ~ 15세: 1인당 25달러
• 16 ~ 18세: 1인당 30달러

주의 사항

만약 여러분이 음식 알레르기가 있다면 저희에게 미리 youth@seasonteaclass.com으로 이메일을 보내야 합니다.

Why? 왜 정답일까?

참가비 항목에 13～15세는 1인당 25달러의 참가비를 내야하므로 안내문의 내용과 일치하지 않는 것은 ④ '15세 이하의 수강생은 30달러의 참가비를 내야 한다.'이다.

Why? 왜 오답일까?

① '~you'll experience the taste of tea from various cultures around the world.'의 내용과 일치한다.
② 'Friday, April 5 (4:30 p.m.－6:00 p.m.)'의 내용과 일치한다.
③ 'We will give you tea and snacks.'의 내용과 일치한다.
⑤ 'If you have any food allergy, you should email us in advance at youth@seasonteaclass.com.'의 내용과 일치한다.

- delightful ⓐ 즐거운
- various ⓐ 다양한
- in advance 미리
- experience ⓥ 경험하다
- host ⓥ (파티 등을) 주최하다

---

28 2024 의류 업사이클링 대회 안내문   정답률 88% | 정답 ④

Clothes Upcycling Contest 2024에 관한 다음 안내문의 내용과 일치하는 것은?
① Lakewood에 사는 사람이면 누구든지 참가할 수 있다.
② 참가자는 출품 사진을 직접 방문하여 제출해야 한다.
③ 참가자는 5월 14일까지 출품 사진을 제출할 수 있다.
☑ 우승 상품은 지역 상점에서 쓸 수 있는 기프트 카드이다.
⑤ 지역 신문을 통해 우승자를 발표한다.

Clothes Upcycling Contest 2024
2024 의류 업사이클링 대회
Are you passionate / about fashion and the environment?
여러분은 열정이 있으신가요? / 패션과 환경에 대한
Then we have a contest for you!
그렇다면 우리가 여러분을 위한 대회를 개최합니다!
Participants
참가자
「Anyone living in Lakewood, aged 11 to 18」 ①의 근거 불일치
Lakewood에 거주하는 11세에서 18세까지이면 누구나
How to participate
참여 방법
Take before and after photos / of your upcycled clothes.
전, 후 사진을 찍으세요. / 여러분의 업사이클된 옷의
「Email the photos at lovelw@lwplus.com.」 ②의 근거 불일치
사진은 lovelw@lwplus.com으로 이메일을 보내세요.
「Send in the photos from April 14 to May 12.」 ③의 근거 불일치
사진은 4월 14일부터 5월 12일까지 보내세요.
Winning Prize
우승 상품
「A $100 gift card to use at local shops」 ④의 근거 일치
지역 상점에서 쓸 수 있는 100달러 기프트 카드 한 장
「The winner will be announced on our website on May 30.」 ⑤의 근거 불일치
우승자를 우리 웹사이트에서 5월 30일에 발표할 것입니다.
For more details, visit our website www.lovelwplus.com.
더 많은 정보를 위해서는 우리 웹사이트(www.lovelwplus.com)를 방문하세요.

2024 의류 업사이클링 대회

여러분은 패션과 환경에 대한 열정이 있으신가요?
그렇다면 우리가 여러분을 위한 대회를 개최합니다!

• 참가자
- Lakewood에 거주하는 11세에서 18세까지이면 누구나

• 참여 방법
- 여러분의 업사이클된 옷의 전, 후 사진을 찍으세요.
- 사진은 lovelw@lwplus.com으로 이메일을 보내세요.
- 사진은 4월 14일부터 5월 12일까지 보내세요.

• 우승 상품
- 지역 상점에서 쓸 수 있는 100달러 기프트 카드 한 장
- 우승자를 우리 웹사이트에서 5월 30일에 발표할 것입니다.

더 많은 정보를 위해서는 우리 웹사이트(www.lovelwplus.com)를 방문하세요.

Why? 왜 정답일까?

우승 상품이 'A $100 gift card to use at local shops'라고 했으므로 내용과 일치하는 것은 ④ '우승 상품은 지역 상점에서 쓸 수 있는 기프트 카드이다.'이다.

Why? 왜 오답일까?

① 'Anyone living in Lakewood, aged 11 to 18'에서 Lakewood에 사는 11세에서 18세만 참가할 수 있다고 하였다.
② 'Email the photos at lovelw@lwplus.com.'에서 출품 사진을 이메일로 제출하라 하였다.
③ 'Send in the photos from April 14 to May 12.'에서 5월 12일까지 출품 사진을 제출할 수 있다고 하였다.
⑤ 'The winner will be announced on our website on May 30.'에서 우승자는 웹사이트에서 발표된다고 하였다.

- upcycled ⓐ 업사이클된
- passionate ⓐ 열정적인
- contest ⓝ 대회
- local ⓐ 지역의
- environment ⓝ 환경
- fashion ⓝ 패션, 의류
- announce ⓥ 발표하다

29 의미 있는 일의 중요성   정답률 68% | 정답 ②

다음 글의 밑줄 친 부분 중, 어법상 틀린 것은? [3점]

It would be hard to overstate / how important meaningful work is to human beings / — work ① that provides a sense of fulfillment and empowerment.
과장해서 말하기는 힘들 것이다. / 인간에게 의미 있는 일이 얼마나 중요한지를 / 성취감과 권한을 제공하는
Those who have found deeper meaning in their careers / find their days much more energizing and satisfying, / and ☑ count their employment as one of their greatest sources of joy and pride.
자신의 직업에서 더 깊은 의미를 찾은 사람은 / 자신의 하루하루가 훨씬 더 활기차고 만족감을 준다는 것을 발견하고, / 자신의 직업을 기쁨과 자부심의 가장 큰 원천 중 하나로 꼽는다.
Sonya Lyubomirsky, professor of psychology at the University of California, / has conducted numerous workplace studies ③ showing / that when people are more fulfilled on the job, / they not only produce higher quality work and a greater output, / but also generally earn higher incomes.
University of California의 심리학 교수인 Sonya Lyubomirsky는 / 보여 주는 수많은 업무 현장 연구를 수행했다. / 사람이 직업에 더 많은 성취감을 느낄 때 / 그들은 더 질 높은 업무와 더 큰 성과를 만들어 낼 뿐만 아니라 / 일반적으로 더 높은 수입을 거둔다는 것을
Those most satisfied with their work / ④ are also much more likely to be happier with their lives overall.
자신의 일에 가장 만족하는 사람은 / 또한 전반적으로 자신의 삶에 더 행복해 할 가능성이 훨씬 더 크다.
For her book *Happiness at Work*, / researcher Jessica Pryce-Jones conducted a study of 3,000 workers in seventy-nine countries, / ⑤ finding that those who took greater satisfaction from their work / were 150 percent more likely to have a happier life overall.
자신의 저서 'Happiness at Work'를 위해 / 연구자 Jessica Pryce-Jones는 79개 국가의 3,000명의 근로자에 대한 연구를 수행했고, / 자신의 일로부터 더 큰 만족감을 갖는 사람이 / 전반적으로 더 행복한 삶을 살 가능성이 150퍼센트 더 크다는 것을 알아냈다.

인간에게 의미 있는 일, 즉 성취감과 권한을 제공하는 일이 얼마나 중요한지를 과장해서 말한다는 것은 어려울 것이다. 자신의 직업에서 더 깊은 의미를 찾은 사람은 자신의 하루하루가 훨씬 더 활기차고 만족감을 준다는 것을 발견하고, 자신의 직업을 기쁨과 자부심의 가장 큰 원천 중 하나로 꼽는다. University of California의 심리학 교수인 Sonya Lyubomirsky는 사람이 직업에 더 많은 성취감을 느낄 때 그들은 더 질 높은 업무와 더 큰 성과를 만들어 낼 뿐만 아니라 일반적으로 더 높은 수입을 거둔다는 것을 보여 주는 수많은 업무 현장 연구를 수행했다. 자신의 일에 가장 만족하는 사람은 또한 전반적으로 자신의 삶에 더 행복해 할 가능성이 훨씬 더 크다. 자신의 저서 'Happiness at Work'를 위해 연구자 Jessica Pryce-Jones는 79개 국가의 3,000명의 근로자에 대한 연구를 수행했고, 자신의 일로부터 더 큰 만족감을 갖는 사람이 전반적으로 더 행복한 삶을 살 가능성이 150퍼센트 더 크다는 것을 알아냈다.

Why? 왜 정답일까?

주어구가 'Those who have found deeper meaning in their careers'이기 때문에 등위접속사인 'and' 뒤에는 'find'와 동급인 동사 형태의 'count'가 와야 하기 때문에 ② 'to count'가 어법상 틀렸다.

Why? 왜 오답일까?

① 선행사로 work가 왔고, 뒷문장에 주어가 없으므로 주격관계대명사인 'that'이 쓰였다.
③ 앞 문장 전체를 수식하는 현재분사 형태인 'showing'이 쓰였다. "사람들이 더 직장에서 더 만족할 때 나타나는 결과"를 설명하고 있어 문법적으로 옳다.
④ 주어가 'Those most satisfied with their work'으로 복수이므로 be동사의 복수형태인 'are'이 쓰였다.
⑤ 앞의 문장 전체를 수식하는 현재분사로, 'study'의 결과를 보충 설명하며 덧붙이고 있어 문법적으로 옳다.

- overstate ⓥ 과장해서 말하다
- empowerment ⓝ 권한
- satisfying ⓐ 만족감을 주는
- source ⓝ 원천
- numerous ⓐ 수많은
- workplace ⓝ 업무 현장, 직장
- output ⓝ 성과
- income ⓝ 수입
- fulfillment ⓝ 성취감
- energizing ⓐ 활기찬
- employment ⓝ 직업, 고용
- conduct ⓥ 수행하다
- psychology ⓝ 심리
- quality ⓝ 질
- generally [ad] 일반적으로
- overall ⓐ 전반적으로

구문 풀이

11행   ←주격관계대명사＋be동사 생략
Those (who are) most satisfied with their work are also much more likely
지시대명사   최상급   「be likely to: ~할 것 같은, ~할 확률이 높은」
to be happier with their lives overall.

★★★ 등급을 가르는 문제!

30 사람의 이동속도와 처리 능력   정답률 47% | 정답 ③

다음 글의 밑줄 친 부분 중, 문맥상 낱말의 쓰임이 적절하지 않은 것은? [3점]

The rate of speed at which one is traveling / will greatly determine the ability / to process detail in the environment.
사람이 이동하는 속도의 빠르기는 / 능력을 크게 결정할 것이다. / 환경 속 세세한 것을 처리하는
In evolutionary terms, / human senses are adapted to the ① speed / at which humans move through space / under their own power while walking.
진화론적 관점에서, / 인간의 감각은 속도에 적응되어 있다. / 공간을 이동하는 / 그 자신의 힘으로 걷는
Our ability to distinguish detail in the environment is / therefore ideally ② suited to movement at speeds / of perhaps five miles per hour and under.
환경 속에서 세세한 것을 구별하는 우리의 능력은 / 그래서 속도의 이동에 이상적으로 맞추어져 있다. / 대략 시속 5마일 또는 그 속도 이하의
The fastest users of the street, motorists, / therefore have a much more limited ability / to process details along the street / — a motorist simply has ☑ less time or ability / to appreciate design details.
도로의 가장 빠른 사용자인 운전자는 / 그러므로 더 제한된 능력을 가지고 있고 / 도로를 따라 (이동하며) 세세한 것을 처리하는 / 그래서 운전자는 적은 시간이나 능력이 있다. / 디자인의 세세한 것을 감상할 수 있는
On the other hand, / pedestrian travel, being much slower, / allows for the ④ appreciation of environmental detail.

반면에, / 보행자 이동은 훨씬 더 느려서, / 환경의 세세한 것을 감상할 수 있도록 허용해 준다.

Joggers and bicyclists fall somewhere in between these polar opposites; / while they travel faster than pedestrians, / their rate of speed is ordinarily much ⑤ slower / than that of the typical motorist.
조깅하는 사람과 자전거를 타는 사람은 이러한 극과 극 사이의 어딘가에 해당한다. / 그들은 보행자보다 더 빨리 이동하지만, / 속도의 빠르기는 훨씬 더 느리다. / 보통 전형적인 운전자의 그것보다

사람이 이동하는 속도의 빠르기는 환경 속 세세한 것을 처리하는 능력을 크게 결정할 것이다. 진화론적 관점에서, 인간의 감각은 그 자신의 힘으로 걸으며 공간을 이동하는 ① 속도에 적응되어 있다. 환경 속에서 세세한 것을 구별하는 우리의 능력은 그래서 대략 시속 5마일 또는 그 속도 이하의 이동에 이상적으로 ② 맞추어져 있다. 그러므로 도로의 가장 빠른 사용자인 운전자는 도로를 따라서 (이동하며) 세세한 것을 처리하는 훨씬 더 제한된 능력을 가지고 있고, 그래서 운전자는 단지 디자인의 세세한 것을 감상할 수 있는 ③ 충분한(→ 적은) 시간이나 능력이 있다. 반면에 보행자 이동은 훨씬 더 느려서, 환경의 세세한 것을 ④ 감상할 수 있도록 허용해 준다. 조깅하는 사람과 자전거를 타는 사람은 이러한 극과 극 사이의 어딘가에 해당한다. 그들은 보행자보다 더 빨리 이동하지만, 속도의 빠르기는 보통 전형적인 운전자의 그것보다 훨씬 ⑤ 더 느리다.

Why? 왜 정답일까?

인간의 감각은 보행 속도에 적응되어 있기 때문에, 도로의 가장 빠른 사용자인 운전자는 도로를 따라서 이동하며 세세한 것을 처리하는 능력이 비교적 제한되어 있다. 따라서 운전자는 디자인의 세세한 것을 감상할 수 있는 시간이 적기 때문에, ③ enough → less로 수정해야 한다.

- rate ⓝ 빠르기
- ability ⓝ 능력
- ideally ⓐ[ad] 이상적으로
- motorist ⓝ 운전자
- appreciate ⓥ 감상하다, 제대로 인식하다
- allow for 가능하게 하다, 허락하다
- opposite ⓝ 반대의 것
- typical ⓐ 전형적인
- determine ⓥ 결정하다
- adapted ⓐ 맞추어진, 적응된
- suited ⓐ 적합한
- limited ⓐ 제한된
- on the other hand 반면에
- polar ⓐ 극과 극의
- ordinarily ⓐ[ad] 보통

구문 풀이

13행 In evolutionary terms, human senses are adapted to the speed at which
전치사 + 관계대명사
「be adapted to : ~에 적응되었다, ~에 익숙해졌다」
humans move through space under their own power while walking.
~하는 동안에

★★ 문제 해결 꿀~팁 ★★

▶ 많이 틀린 이유는?
글은 이동 속도에 따라 변화하는 주변 감상 능력에 대해서 이야기하고 있다. 'Our ability to distinguish detail in the environment is therefore ideally suited to movement at speeds of perhaps five miles per hour and under.'에서 이동 속도가 걷는 속도, 즉 시간 당 5 마일 이상일 때 주변 감상 능력과의 관계는 반비례함을 알 수 있다. 보행자(pedestrian), 조깅하는 사람(jogger), 자전거를 타는 사람(bicyclist), 자동차를 타는 사람(motorist) 순으로 속도가 빨라지므로 주변 감상 능력 역시 감소한다. 따라서 도로에서 이동 속도가 가장 빠른 사람으로 제시된 자동차를 타는 사람은 주변을 감상할 시간과 능력이 가장 적기 때문에, 자동차를 타는 사람이 주변을 감상할 충분한 시간과 능력이 있다는 선지는 적절하지 않다.

▶ 문제 해결 방법은?
글의 요지를 파악한 후, 요지에 어긋나는 선지를 고른다. 해당 문제의 경우 글에 제시된 다른 이동 속도를 가진 사람들을 주변 감상 능력의 정도에 따라 줄 세우면 더욱 쉽게 풀 수 있다.

---

31 기후 변화와 종의 변화 　　정답률 51% | 정답 ②

다음 빈칸에 들어갈 말로 가장 적절한 것을 고르시오.
① endurance – 인내
② movement – 이동 ✓
③ development – 발달
④ transformation – 변화
⑤ communication – 의사소통

Every species has certain climatic requirements / — what degree of heat or cold it can endure, for example.
모든 종은 특정한 기후 요건을 가지고 있다. / 예를 들면 어느 정도의 더위나 추위를 견딜 수 있는지와 같은.

When the climate changes, / the places that satisfy those requirements change, too.
기후가 변할 때, / 그러한 요건을 충족시키는 장소도 역시 변한다.

Species are forced to follow.
종은 따르도록 강요받는다.

All creatures are capable of some degree of movement.
모든 생명체는 어느 정도의 이동이 가능하다.

Even creatures that appear immobile, / like trees and barnacles, / are capable of dispersal at some stage of their life / — as a seed, in the case of the tree, / or as a larva, in the case of the barnacle.
심지어 나무나 따개비처럼 움직이지 않는 것처럼 보이는 생명체도, / 그들 일생의 어느 단계에서 분산할 수 있다. / 나무의 경우는 씨앗으로, / 따개비의 경우는 유충으로,

A creature must get from the place it is born / — often occupied by its parent / — to a place where it can survive, grow, and reproduce.
생명체는 종종 자신이 태어난 장소로부터 / — 종종 자신의 부모에 의해 점유된 / — 생존하고 성장하며 번식할 수 있는 장소로 이동해야 한다.

From fossils, scientists know / that even creatures like trees / moved with surprising speed / during past periods of climate change.
화석으로부터, 과학자들은 / 심지어 나무와 같은 생명체가 / 기후 변화의 과거 시기 동안 / 놀라운 속도로 이동했다는 것을 알고 있다.

모든 종은, 예를 들자면 어느 정도의 더위나 추위를 견딜 수 있는지와 같은, 특정한 기후 요건을 가지고 있다. 기후가 변할 때, 그러한 요건을 충족시키는 장소 역시 변한다. 종은 따르도록 강요받는다. 모든 생명체는 어느 정도의 이동이 가능하다. 심지어 나무나 따개비처럼 움직이지 않는 것처럼 보이는 생명체도, 나무의 경우는 씨앗으로, 따개비의 경우는 유충으로, 그들 일생의 어느 단계에서 분산할 수 있다. 생명체는 종종 자신의 부모에 의해서 점유된,

---

그래서 자신이 태어난 장소로부터 생존하고 성장하며 번식할 수 있는 장소로 이동해야 한다. 화석으로부터, 과학자들은 심지어 나무와 같은 생명체는 기후 변화의 과거 시기 동안 놀라운 속도로 이동했다는 것을 알고 있다.

Why? 왜 정답일까?

종이 견딜 수 있는 특정한 기후 요건이 있고, 기후가 변화하면 종이 이동해야 한다고 설명하고 있기 때문에 빈칸에 적절한 표현은 ② 'movement'이다.

- climatic ⓐ 기후의
- endure ⓥ 견디다
- force ⓥ 강요하다
- immobile ⓐ 움직이지 않는
- seed ⓝ 씨앗
- occupy ⓥ 점유하다
- reproduce ⓥ 번식하다
- requirement ⓝ 요건
- satisfy ⓥ 충족시키다
- creature ⓝ 생명체
- capable ⓐ ~할 수 있는
- larva ⓝ 유충
- survive ⓥ 생존하다

구문 풀이

2행 When the climate changes, the places that satisfy those requirements
관계부사　　　　　　　　　　　선행사　주격관계대명사
change, too.

**★★★ 등급을 가르는 문제! **

32 반대 의견의 장점 　　정답률 26% | 정답 ③

다음 빈칸에 들어갈 말로 가장 적절한 것을 고르시오. [3점]
① unconditional loyalty – 무조건적인 충성
② positive attitude – 긍정적인 태도
③ internal protest – 내부적인 저항 ✓
④ competitive atmosphere – 경쟁적인 분위기
⑤ outstanding performance – 눈에 띄는 수행

No respectable boss would say, / "I make it a point to discourage my staff from speaking up, / and I maintain a culture that prevents disagreeing viewpoints from ever getting aired."
존경할 만한 상사라면 누구라도 말하지는 않는다. / '나는 반드시 내 직원이 자유롭게 의견을 내지 못하도록 하고, / 동의하지 않는 관점이 언제든 공공연히 알려지는 것을 가로막는 문화를 유지한다.'라고

If anything, / most bosses even say that they are pro-dissent.
오히려, / 대부분의 상사는 심지어 자신은 반대에 찬성한다고 말한다.

This idea can be found throughout the series of conversations / with corporate, university, and nonprofit leaders, / published weekly in the business sections of newspapers.
이러한 생각은 일련의 대담에서 발견될 수 있다. / 기업, 대학, 그리고 비영리 (단체의) 리더와의 / 매주 발행되는 신문의 경제란에

In the interviews, / the featured leaders are asked about their management techniques, / and regularly claim to continually encourage internal protest from more junior staffers.
인터뷰에서, / (기사에) 다루어진 리더는 자신의 경영 기법에 대해 질문을 받고, / 내부적인 저항이 더 많은 부하 직원에게서 (나오기를) 계속해서 장려하고 있다고 어김없이 주장한다.

As Bot Pittman remarked in one of these conversations: / "I want us to listen to these dissenters / because they may intend to tell you why we can't do something, / but if you listen hard, / what they're really telling you is what you must do to get something done."
Bot Pittman은 이러한 대담 중 하나에서 말했다. / "저는 우리가 이러한 반대자에게 귀 기울이기를 원합니다. / 왜냐하면 그들은 여러분에게 우리가 무엇인가를 할 수 없는 이유를 말하려고 의도할 수 있겠지만, / 그러나 만약에 여러분이 열심히 귀 기울이면, / 그들이 정말로 여러분에게 말하고 있는 것은 어떤 일이 이루어지도록 하기 위해서 여러분이 무엇을 해야 하는가이기 때문입니다."라고

존경할 만한 상사라면 누구라도 '나는 반드시 내 직원이 자유롭게 의견을 내지 못하도록 하고, 동의하지 않는 관점이 언제든 공공연히 알려지는 것을 가로막는 문화를 유지한다.'라고 말하지는 않을 것이다. 오히려, 대부분의 상사는 심지어 자신은 반대에 찬성한다고 말한다. 이러한 생각은 매주 발행되는 신문의 경제란에 기업, 대학, 그리고 비영리 (단체의) 리더와의 일련의 대담을 통해서 발견될 수 있다. 인터뷰에서, (기사에) 다루어진 리더는 자신의 경영 기법에 대해 질문을 받고, 내부적인 저항이 더 많은 부하 직원에게서 (나오기를) 계속해서 장려하고 있다고 어김없이 주장한다. Bot Pittman은 이러한 대담 중 하나에서 "저는 우리가 이러한 반대자에게 귀 기울이기를 원합니다. 왜냐하면 그들은 여러분에게 우리가 무엇인가를 할 수 없는 이유를 말하려고 의도할 수 있겠지만, 그러나 만약에 여러분이 열심히 귀 기울이면, 그들이 정말로 여러분에게 말하고 있는 것은 어떤 일이 이루어지도록 하기 위해서 여러분이 무엇을 해야만 하는가이기 때문입니다."라고 말했다.

Why? 왜 정답일까?

대부분의 상사들이 반대자의 의견을 좋아함을 언급하고(most bosses even say that they are pro-dissent), 반대자의 의견의 중요성에 대해서 얘기하고 있기 때문에 반대 의견을 독려함이 적절하다. 따라서 ③ 'internal protest'(내부적인 저항)이 정답이다.

- respectable ⓐ 존경할 만한
- discourage ⓥ 못하게 하다
- maintain ⓥ 유지하다
- if anything 오히려
- corporate ⓝ 기업
- publish ⓥ 발행하다, 출판하다
- management ⓝ 경영
- regularly ⓐ[ad] 어김없이, 규칙적으로
- remark ⓥ 말하다
- make it a point 반드시 ~하도록 하다
- speak up 자유롭게 의견을 내다
- get aired 공공연히 알려지다
- conversation ⓝ 대담, 대화
- nonprofit ⓐ 비영리인
- feature ⓥ (기사로) 다루다
- techniques ⓝ 기법
- claim ⓥ 주장하다

구문 풀이

4행 If anything, most bosses even say that they are pro-dissent.
오히려, 그러기는커녕　　　　　　접속사

★★ 문제 해결 꿀~팁 ★★

▶ 많이 틀린 이유는?
글에 따르면 좋은 상사는 반대 의견에서 해결책을 찾아내기도 하기 때문에 부하 직원들이 반대 의견을 내는 것에 찬성한다. 반대 의견의 중요성에 대해 서술하고 있다. 따라서 인터뷰를 진행한 리더들에게 경영 기술을 물었을 때 꾸준히 반대 의견을 내는 것을 장려한다는 말이 자연스럽다.

▶ 문제 해결 방법은?
빈칸 문제는 본문의 주제를 파악하고, 선지를 올바르게 해석하는 것이 중요하다. 글의 서두와 말미의 문장에서 주제를 파악한 후, 빈칸에 들어갈 답을 고른다.

33 잠 자는 동안의 지각 이탈 정답률 55% | 정답 ③

다음 빈칸에 들어갈 말로 가장 적절한 것을 고르시오. [3점]

① get recovered easily – 빠르게 회복된다
② will see much better – 더 선명하게 볼 것이다
☑ are functionally blind – 기능적으로는 실명 상태이다
④ are completely activated – 완전히 활성화되어 있다
⑤ process visual information – 시각 정보를 처리한다

One of the most striking characteristics / of a sleeping animal or person / is that they do not respond normally to environmental stimuli.
가장 두드러진 특징 중 하나는 / 잠을 자고 있는 동물이나 사람의 / 그들이 환경의 자극에 정상적으로 반응하지 않는다는 것이다.

If you open the eyelids of a sleeping mammal / the eyes will not see normally / — they are functionally blind.
만약 당신이 잠을 자고 있는 포유류의 눈꺼풀을 열면, / 그 눈은 정상적으로 볼 수 없을 것인데, / 즉 그 눈은 기능적으로는 실명 상태이다.

Some visual information apparently gets in, / but it is not normally processed / as it is shortened or weakened; / same with the other sensing systems.
어떤 시각적 정보는 명백히 눈으로 들어오지만, / 그것은 짧아지거나 약화되어서 정상적으로 처리되지 않는데, / 이는 다른 감각 체계도 마찬가지다.

Stimuli are registered but not processed normally / and they fail to wake the individual.
자극은 등록되지만 정상적으로 처리되지 않고 / 사람을 깨우는 데 실패한다.

Perceptual disengagement probably serves the function of protecting sleep, / so some authors do not count it / as part of the definition of sleep itself.
지각 이탈은 추측건대 수면을 보호하는 기능을 제공해서 / 어떤 저자는 그것을 여기지 않는다. / 수면 자체의 정의의 일부로

But as sleep would be impossible without it, / it seems essential to its definition.
그러나 수면이 그것 없이는 불가능하기 때문에 / 그것(지각 이탈)은 그것(수면)의 정의에 필수적인 것으로 보여진다.

Nevertheless, / many animals (including humans) use the intermediate state of drowsiness / to derive some benefits of sleep / without total perceptual disengagement.
그럼에도 불구하고, / (인간을 포함한) 많은 동물은 졸음이라는 중간 상태를 이용한다. / 수면의 일부 이득을 끌어내기 위해서 / 완전한 지각 이탈 없이

잠을 자고 있는 동물이나 사람의 가장 두드러진 특징 중 하나는 그들이 환경의 자극에 정상적으로 반응하지 않는다는 것이다. 만약 당신이 잠을 자고 있는 포유류의 눈꺼풀을 열면, 그 눈은 정상적으로 볼 수 없을 것인데, 즉 그 눈은 기능적으로는 실명 상태이다. 어떤 시각적 정보는 명백히 눈으로 들어오지만, 그것은 짧아지거나 약화되어서 정상적으로 처리되지 않는데, 이는 다른 감각 체계도 마찬가지다. 자극은 등록되지만 정상적으로 처리되지 않고 사람을 깨우는 데 실패한다. 지각 이탈은 추측건대 수면을 보호하는 기능을 제공해서 어떤 저자는 그것을 수면 자체의 정의의 일부로 여기지 않는다. 그러나 수면이 그것 없이는 불가능하기 때문에 그것(지각 이탈)은 그것(수면)의 정의에 필수적인 것으로 보여진다. 그럼에도 (인간을 포함한) 많은 동물은 완전한 지각 이탈 없이 수면의 일부 이득을 끌어내기 위해서 졸음이라는 중간 상태를 이용한다.

Why? 왜 정답일까?
잠을 잘 때 눈을 뜨면 시각 정보가 입력되기는 하지만 정보가 약화되거나 짧아져서 정상적으로 처리되지 않는다고 하였으므로 본래의 시기능을 하지 못한다는 ③ 'are functionally blind'가 적절하다.

- striking ⓐ 두드러진
- eyelid ⓝ 눈꺼풀
- apparently ⓐⓓ 분명히
- shorten ⓥ 짧아지다
- register ⓥ 등록하다
- definition ⓝ 정의
- derive ⓥ 얻다
- characteristics ⓝ 특징
- mammal ⓝ 포유류
- process ⓥ 처리하다
- weaken ⓥ 약화되다
- function ⓝ 기능
- essential ⓐ 필수적인
- perceptual ⓐⓓ 지각의

구문 풀이

13행 Nevertheless, many animals (including humans) use the intermediate
접속사(그럼에도 불구하고)
state of drowsiness to derive some benefits of sleep without total perceptual
to부정사 부사적 용법(끌어내기 위해서) 전치사(~없이)
disengagement.

34 지식의 저주 정답률 50% | 정답 ⑤

다음 빈칸에 들어갈 말로 가장 적절한 것을 고르시오. [3점]

① focus on the new functions of digital devices
디지털 기기의 새로운 기능에 집중하기
② apply new learning theories recently released
최근에 알려진 새로운 학습 이론을 적용하기
③ develop varieties of methods to test students
학생을 시험할 방법의 다양성 개발하기
④ forget the difficulties that we have had as students
학생으로서 우리가 가졌던 어려움 잊기
☑ look at the learning process through students' eyes
학생들의 눈을 통해 학습 과정을 보기

A number of research studies have shown / how experts in a field often experience difficulties / when introducing newcomers to that field.
많은 조사 연구는 보여 준다. / 한 분야의 전문가가 어떻게 어려움을 종종 겪는지를 / 그 분야로 초보자를 입문시킬 때

For example, in a genuine training situation, / Dr.Pamela Hinds found that people expert in using mobile phones / were remarkably less accurate than novice phone users / in judging how long it takes people to learn to use the phones.
예를 들어, 실제 교육 상황에서 / Pamela Hinds 박사는 휴대 전화기를 사용하는 데 능숙한 사람들이 / 초보 휴대 전화기 사용자보다 놀랍도록 덜 정확하다는 것을 알아냈다. / 휴대 전화 사용법을 배우는 것에 얼마나 오랜 시간이 걸리는지를 판단하는 데 있어서,

Experts can become insensitive / to how hard a task is for the beginner, / an effect referred to as the 'curse of knowledge'.
전문가는 무감각해질 수 있는데, / 한 과업이 초보자에게 얼마나 어려운지에 대해 / 이는 '지식의 저주'로 칭해지는 효과이다.

Dr.Hinds was able to show / that as people acquired the skill, / they then began to underestimate the level of difficulty of that skill.
Hinds 박사는 보여 줄 수 있었다. / 사람이 기술을 습득했을 때 / 그 이후에 그 기술의 어려움의 정도를 과소평가하기 시작했다는 것을

Her participants even underestimated / how long it had taken themselves / to acquire that skill in an earlier session.
그녀의 참가자는 심지어 과소평가했다. / 자신들이 얼마나 오래 걸렸는지를 / 이전 기간에 그 기술을 습득하는 데

Knowing that experts forget / how hard it was for them to learn, / we can understand the need to look at the learning process / through students' eyes, / rather than making assumptions / about how students 'should be' learning.
전문가가 잊어버린다는 것을 안다면, / 자신이 학습하는 것이 얼마나 어려웠는지를 / 우리는 학습 과정을 볼 필요성을 이해할 수 있을 것이다. / 학생들의 눈을 통해, / (근거 없는) 추정을 하기보다 / 학생이 어떻게 학습을 '해야 하는지'에 대한

많은 조사 연구는 한 분야의 전문가가 그 분야로 초보자를 입문시킬 때 어떻게 어려움을 종종 겪는지를 보여 주었다. 예를 들어, 실제 교육 상황에서 Pamela Hinds 박사는 휴대 전화기를 사용하는 데 능숙한 사람들이 휴대 전화기 사용법을 배우는 것에 얼마나 오랜 시간이 걸리는지를 판단하는 데 있어서, 초보 휴대 전화기 사용자보다 놀랍도록 덜 정확하다는 것을 알아냈다. 전문가는 한 과업이 초보자에게 얼마나 어려운지에 대해 무감각해질 수 있는데, 즉 '지식의 저주'로 칭해지는 효과이다. Hinds 박사는 사람이 기술을 습득했을 때 그 이후에 그 기술의 어려움의 정도를 과소평가하기 시작했다는 것을 보여 줄 수 있었다. 그녀의 참가자는 심지어 자신들이 이전 기간에 그 기술을 습득하는 데 얼마나 오래 걸렸는지를 과소평가했다. 전문가가 자신이 학습하는 것이 얼마나 어려웠는지를 잊어버린다는 것을 안다면, 우리는 학생이 어떻게 학습을 '해야 하는지'에 대한 (근거 없는) 추정을 하기보다 학생들의 눈을 통해 학습 과정을 바라봐야 할 필요성을 이해할 수 있을 것이다.

Why? 왜 정답일까?
기술을 습득한 후 기술의 어려움을 과소평가하는 '지식의 저주'에 대한 글이고, 학생의 학습 방법에 대한 근거 없는 추정이 학습하려는 기술의 어려움을 과소평가하고 있는 것일 수도 있음을 시사한다. 따라서 학생들의 입장에서 학습 과정을 바라봐야 한다는 ⑤ 'look at the learning process through students' eyes'가 적절하다.

- research ⓝ 연구
- difficulty ⓝ 어려움
- genuine ⓐ 실제
- accurate ⓐ 정확한
- insensitive ⓐ 무감각한
- underestimate ⓥ 과소평가하다
- assumption ⓝ 추정, 가정
- expert ⓝ 전문가
- newcomer ⓝ 초보
- remarkably ⓐⓓ 놀랍게
- judge ⓥ 판단하다
- acquire ⓥ 습득하다
- session ⓝ 기간, 시간

구문 풀이

11행 Her participants even underestimated how long it had taken themselves
to부정사 부사적 용법(얻기 위해서) 비인칭 주어(시간)
to acquire that skill in an earlier session.
지시대명사 비교급

35 집단 음악 치료가 정신 건강에 미치는 긍정적 영향 정답률 70% | 정답 ④

다음 글에서 전체 흐름과 관계 없는 문장은?

A group of psychologists studied / individuals with severe mental illness / who experienced weekly group music therapy, / including singing familiar songs and composing original songs.
한 심리학자 그룹이 연구했다. / 심각한 정신 질환이 있는 사람들을 / 집단 음악 치료를 매주 경험한 / 친숙한 노래 부르기와 독창적인 작곡하기를 포함한

① The results showed / that the group music therapy / improved the quality of participants' life, / with those participating in a greater number of sessions / experiencing the greatest benefits.
그 연구 결과는 보여 주었다. / 집단 음악 치료가 / 참여자의 삶의 질을 개선하였음을 / 참여자가 치료 활동에 참여한 횟수가 많을수록 / 가장 큰 효과를 경험하며

② Focusing on singing, / another group of psychologists reviewed articles / on the efficacy of group singing / as a mental health treatment / for individuals living with a mental health condition in a community setting.
노래 부르기에 초점을 두고, / 또 다른 그룹의 심리학자는 논문을 검토했다. / 집단 가창의 효능에 대한 / 정신 건강 치료로써의 / 집단 생활의 환경에서 정신적 건강 문제를 가지고 살고 있는 개인에게 미치는

③ The findings showed that, / when people with mental health conditions participated in a choir, / their mental health and wellbeing significantly improved.
발견된 결과는, / 정신적인 건강 문제를 가진 사람이 합창단에 참여했을 때, / 정신 건강과 행복이 상당히 개선되었음을 보여 주었다.

☑ The negative effects of music / were greater than the psychologists expected.
음악의 부정적인 효과는 / 심리학자가 예상했던 것보다 더 컸다.

⑤ Group singing provided enjoyment, / improved emotional states, / developed a sense of belonging / and enhanced self-confidence.
집단 가창은 즐거움을 제공했고, / 감정 상태를 개선하였으며, / 소속감을 키웠고, / 자신감을 강화하였다.

한 심리학자 그룹이 친숙한 노래 부르기와 독창적인 작곡하기를 포함한 집단 음악 치료를 매주 경험한 심각한 정신 질환이 있는 사람들을 연구했다. ① 그 연구 결과는 참여자가 (치료) 활동에 참여한 횟수가 많을수록 가장 큰 효과를 경험했기에, 집단 음악 치료가 참여자의 삶의 질을 개선하였음을 보여 주었다. ② 노래 부르기에 초점을 두고, 또 다른 그룹의 심리학자는 집단생활의 환경에서 정신적 건강 문제를 가지고 살고 있는 이들에게 미치는 집단 가창의 효능에 대한 논문을 검토했다. ③ 발견된 결과는, 정신적인 건강 문제를 가진 사람이 합창단에 참여했을 때, 정신 건강과 행복이 상당히 개선되었음을 보여주었다. ④ (음악의 부정적인 효과는 심리학자가 예상했던 것보다 더 컸다.) ⑤ 집단 가창은 즐거움을 제공했고 감정 상태를 개선하였고 소속감을 키웠고 자신감을 강화하였다.

Why? 왜 정답일까?
정신 질환 환자들에게 있어서의 집단 음악 치료의 장점에 대해서 이야기하고 있기 때문에, '음악의 부정적인 효과는 심리학자가 예상했던 것보다 더 컸다.'라는 ④ 'The negative effects of music were greater than the psychologists expected.'는 글의 전체 흐름과 관계 없다.

- psychologist ⓝ 심리학자
- severe ⓐ 심각한

- **mental** [ad] 정신적
- **improve** [v] 개선하다
- **review** [v] 검토하다
- **finding** [n] 결과
- **wellbeing** [n] 행복
- **enhance** [v] 강화하다
- **compose** [v] 작곡하다
- **session** [n] 활동, 기간
- **treatment** [n] 치료
- **choir** [n] 합창단
- **significantly** [ad] 상당히

구문 풀이

14행 Group singing provided enjoyment, improved emotional states, developed a sense of belonging and enhanced self-confidence.
(주어 / 동사1 / 동사2 / 동사3 / 동사4)

---

36 어린 아이들을 위한 스포츠의 조정   정답률 72% | 정답 ④

주어진 글 다음에 이어질 글의 순서로 가장 적절한 것을 고르시오.

① (A) - (C) - (B)
② (B) - (A) - (C)
③ (B) - (C) - (A)
④ (C) - (A) - (B) ✓
⑤ (C) - (B) - (A)

In many sports, / people realized the difficulties / and even impossibilities / of young children participating fully / in many adult sport environments.
많은 스포츠에서, / 사람들은 어려움과 심지어 불가능하다는 것을 깨달았다. / 어린아이들이 완전히 참여하는 것의 / 여러 성인 스포츠 환경에

(C) They found / the road to success for young children / is unlikely / if they play on adult fields, / courts or arenas / with equipment that is too large, too heavy or too fast / for them to handle / while trying to compete / in adult-style competition.
그들은 발견했다. / 어린아이들이 성공으로 가는 길이 / 있을 것 같지 않다는 것을 / 만약 그들이 성인용 운동장에서, / 코트 또는 경기장에서 / 너무 크거나, 너무 무겁고 또는 너무 빠른 장비를 가지고 / 그들이 다룰 수 없는 / 성인 스타일의 시합에서 경쟁하려고 할 때

Common sense has prevailed: / different sports have made adaptations / for children.
상식이 널리 퍼졌다: / 여러 스포츠는 조정을 했다. / 어린아이들을 위해

(A) As examples, / baseball has T ball, / football has flag football / and junior soccer uses / a smaller and lighter ball / and (sometimes) a smaller field.
예를 들자면, / 야구에는 티볼이 있고, / 풋볼에는 플래그 풋볼이 있고 / 유소년 축구는 사용한다 / 더 작고 더 가벼운 공과 / (가끔은) 더 작은 경기장을

All have junior competitive structures / where children play for shorter time periods / and often in smaller teams.
모두가 유소년 시합의 구조를 가진다. / 어린아이들이 더 짧은 시간 동안 경기하고 / 종종 더 작은 팀으로 경기하는

(B) In a similar way, / tennis has adapted the court areas, / balls and rackets / to make them more appropriate for children under 10.
비슷한 방식으로, / 테니스는 코트 면적, 공, 라켓을 조정했다. / 10세 미만의 어린아이에게 더 적합하도록 만들기 위해

The adaptations are progressive / and relate to the age of the child.
이러한 조정은 점진적이고 / 어린아이의 연령과 관련이 있다.

많은 스포츠에서 사람들은 어린아이들이 여러 성인 스포츠 환경에 완전히 참여하기란 어렵고 심지어 불가능하다는 것을 깨달았다.

(C) 어린아이들이 너무 크거나 너무 무겁고 또는 너무 빨라서 그들(어린아이들)이 다룰 수 없는 장비를 가지고 성인 스타일의 시합에서 경쟁하려고 하면서 성인용 운동장, 코트 또는 경기장에서 운동한다면 그들(어린아이들)이 성공으로 가는 길이 있을 것 같지 않다는 것을 그들은 발견했다. 이러한 공통된 견해가 널리 퍼졌기에 여러 스포츠는 어린아이들을 위한 조정을 했다.

(A) 예를 들자면, 야구에는 티볼이 있고, 풋볼에는 플래그 풋볼이 있고, 유소년 축구는 더 작고 더 가벼운 공과 (가끔은) 더 작은 경기장을 사용한다. 모두가 어린아이들이 더 짧아진 경기 시간 동안 그리고 종종 더 작은 팀으로 경기하는 유소년 시합의 구조를 가진다.

(B) 비슷한 방식으로, 테니스는 코트 면적, 공, 라켓을 10세 미만의 어린아이에게 더 적합하도록 만들기 위해 조정했다. 이러한 조정은 점진적이고 어린아이의 연령과 관련이 있다.

Why? 왜 정답일까?

어린아이들이 스포츠에 참여하는 데에 갖는 어려움을 언급하는 주어진 글 뒤로, 어린아이들이 스포츠에 참여하기가 어려운 이유를 제시하는 (C)가 연결된다. (C)의 후반부는 여러 스포츠가 어린아이들을 위한 조정을 했다고 밝히고, (A) 초반부에서 조정의 예시를 언급하기 때문에 (A)가 오는 것이 자연스럽다. (B) 역시 어린아이들을 위해 스포츠가 한 조정의 예시를 들고 있지만 비슷한 방식으로의 'In a similar way.'로 이전에 유사한 내용이 필요하다. 따라서 (A) 뒤에 (B)가 오는 것이 적절하다. 따라서 적절한 순서는 ④ (C) - (A) - (B)이다.

- **realize** [v] 깨닫다
- **competitive** [a] 경쟁적인
- **period** [n] 기간
- **appropriate** [a] 적절한
- **relate to** ~와 관련되다
- **equipment** [n] 장비
- **adaptation** [n] 조정
- **impossibility** [n] 불가능
- **structure** [n] 구조
- **racket** [n] 라켓
- **progressive** [a] 점진적인
- **arena** [n] 경기장
- **common sense** [n] (일반인들의) 공통된 견해, 상식

구문 풀이

9행 In a similar way, tennis has adapted the court areas, balls and rackets to make them more appropriate for children under 10.
(to부정사 부사적 용법(만들기 위해) / 현재완료 / 비교급)

---

37 Inca 제국의 메시지 전달 방법   정답률 52% | 정답 ③

주어진 글 다음에 이어질 글의 순서로 가장 적절한 것을 고르시오. [3점]

① (A) - (C) - (B)
② (B) - (A) - (C)
③ (B) - (C) - (A) ✓
④ (C) - (A) - (B)
⑤ (C) - (B) - (A)

With no horses available, / the Inca empire excelled / at delivering messages on foot.
구할 수 있는 말이 없어서, / Inca 제국은 탁월했다. / 걸어서 메시지를 전달하는 데

(B) The messengers were stationed on the royal roads / to deliver the Inca king's orders and reports / coming from his lands.
전령들은 왕의 길에 배치되었다. / Inca 왕의 명령과 보고를 전달하기 위해 / 그의 영토에서 오는

Called Chasquis, / they lived in groups of four to six in huts, / placed from one to two miles apart along the roads.
Chasquis라고 불리는, / 그들은 네 명에서 여섯 명의 집단을 이루어 오두막에서 생활을 했다. / 길을 따라 1마일에서 2마일 간격으로 떨어져 배치된

(C) They were all young men / and especially good runners / who watched the road in both directions.
그들은 모두 젊은 남자였고, / 특히 잘 달리는 이들이었다. / 양방향으로 길을 주시하는

If they caught sight of another messenger coming, / they hurried out to meet them.
그들은 다른 전령이 오는 것을 발견하면, / 그들을 맞이하기 위해 서둘러 나갔다.

The Inca built the huts on high ground, / in sight of one another.
Inca 사람들은 오두막을 지었다. / 서로를 볼 수 있는 높은 지대에

(A) When a messenger neared the next hut, / he began to call out / and repeated the message three or four times / to the one who was running out to meet him.
전령은 다음 오두막에 다가갈 때, / 소리치기 시작했고 / 메시지를 서너 번 반복했다. / 자신을 만나러 달려 나오는 전령에게

The Inca empire could relay messages 1,000 miles (1,610 km) / in three or four days under good conditions.
Inca 제국은 1,000마일(1,610km) 정도 메시지를 이어 갈 수 있었다. / 사정이 좋으면 사나흘 만에

구할 수 있는 말이 없어서, Inca 제국은 걸어서 메시지를 전달하는 데 탁월했다.

(B) 전령들은 Inca 왕의 명령과 그의 영토에서 오는 보고를 전달하기 위해 왕의 길에 배치되었다. Chasquis라고 불리는, 그들은 네 명에서 여섯 명의 집단을 이루어 길을 따라 1마일에서 2마일 간격으로 떨어져 배치된 오두막에서 생활했다.

(C) 그들은 모두 젊은 남자였고, 양방향으로 길을 주시하는 특히 잘 달리는 이들이었다. 그들은 다른 전령이 오는 것을 발견하면 그들을 맞이하기 위해 서둘러 나갔다. Inca 사람들은 서로를 볼 수 있는 높은 지대에 오두막을 지었다.

(A) 전령은 다음 오두막에 다가갈 때, 자신을 만나러 달려 나오고 있는 전령에게 소리치기 시작했고 메시지를 서너 번 반복했다. Inca 제국은 사정이 좋으면 사나흘 만에 1,000마일(1,610km) 정도 메시지를 이어 갈 수 있었다.

Why? 왜 정답일까?

Inca 제국에서 말 없이 걸어서 메시지를 전달하는 전령과 Chasquis가 있음을 소개하는 (B)가 가장 먼저 오고, 전령과 Chasquis의 간단한 정보를 전달하는 (C)가 이어지는 것이 자연스럽다. (C)에서 다른 전령이 오는 것을 발견하면 그들을 맞이하기 위해 서둘러 나갔기 때문에, (A)의 자신을 만나러 달려 나오고 있는 전령에게 소리치기 시작했다는 내용이 이어져야 한다. 따라서 ③ (B) - (C) - (A)가 정답이다.

- **available** [a] 구할 수 있는
- **excel** [v] 빼어나다, 탁월하다
- **deliver** [v] 전달하다
- **repeat** [v] 반복하다
- **condition** [n] 사정, 상황
- **royal** [a] 왕의, 왕실의
- **apart** [ad] 떨어진
- **direction** [n] 방향
- **empire** [n] 제국
- **on foot** 걸어서, 도보로
- **near** [v] 다가가다
- **relay** [v] 이어가다
- **station** [v] 배치하다
- **hut** [n] 오두막
- **especially** [ad] 특히
- **hurry out** 서둘러 나오다

구문 풀이

3행 When a messenger neared the next hut, he began to call out and repeated the message three or four times to the one who was running out to meet him.
(전치사 / 주격관계대명사 / 부정대명사 / 과거 진행형 / to부정사 명사적 용법(부르기) / to부정사 부사적 용법(만나기 위해서))

★★★ 등급을 가르는 문제!

38 잘못된 혀 지도   정답률 47% | 정답 ①

글의 흐름으로 보아, 주어진 문장이 들어가기에 가장 적절한 곳을 고르시오.

The tongue was mapped into separate areas / where certain tastes were registered: / sweetness at the tip, / sourness on the sides, / and bitterness at the back of the mouth.
혀는 개별적인 영역으로 구획되었다. / 특정 맛이 등록되는 / 끝에는 단맛, / 측면에는 신맛, / 그리고 입의 뒤쪽에는 쓴맛이 등록된다.

① Research in the 1980s and 1990s, / however, / demonstrated that the "tongue map" explanation of how we taste was, / in fact, totally wrong. ✓
1980년대와 1990년대의 연구는 / 그러나 / 우리가 맛을 느끼는 방식에 대한 '혀 지도' 설명이 ~것을 증명했다. / 사실 완전히 틀렸다는

② As it turns out, / the map was a misinterpretation and mistranslation / of research conducted in Germany / at the turn of the twentieth century.
밝혀진 바와 같이, 그 지도는 오해하고 오역된 것이었다. / 독일에서 수행된 연구를 / 20세기 초입에

Today, / leading taste researchers believe / that taste buds are not grouped / according to specialty.
오늘날, / 선도적인 미각 연구자는 믿는다. / 미뢰가 분류되지 않는다고 / 맛을 느끼는 특화된 분야에 따라

③ Sweetness, saltiness, bitterness, and sourness / can be tasted / everywhere in the mouth, / although they may be perceived / at a little different intensities at different sites.
단맛, 짠맛, 쓴맛 그리고 신맛은 / 느껴질 수 있다. / 입안 어디에서나 / 비록 그것들이 지각될지라도 / 여러 위치에서 조금씩 다른 강도로

④ Moreover, / the mechanism at work is not place, / but time.
게다가, / 작동중인 기제는 위치가 아니라, / 시간이다.

⑤ It's not that you taste sweetness / at the tip of your tongue, / but rather that you register that perception *first*.
여러분이 단맛을 느끼는 것이 아니라 / 여러분의 혀 끝에서, / 오히려 그 지각(단맛)을 '가장 먼저' 등록하는 것이다.

혀는 특정 맛이 등록되는 개별적인 영역으로 구획되었는데, 즉, 끝에는 단맛, 측면에는 신맛, 그리고 입의 뒤쪽에는 쓴맛이 있었다. ① 그러나 1980년대와 1990년대의 연구는 우리가 맛을 느끼는 방식에 대한 '혀 지도' 설명이 사실은 완전히 틀렸다는 것을 보여 주었다. 밝혀진 바와 같이, 그 지도는 20세기 초입 독일에서 수행된 연구를 오해하고 오역한 것이었다. ② 오늘날, 선도적인 미각 연구자는 미뢰가 맛을 느끼는 특화된 분야에 따라 분류되지 않는다고 믿는다.

③ 비록 그것들이 여러 위치에서 조금씩 다른 강도로 지각될지도 모르겠지만, 단맛, 짠맛, 쓴맛 그리고 신맛은 입안 어디에서나 느낄 수 있다. ④ 게다가, 작동 중인 기제는 위치가 아니라 시간이다. ⑤ 여러분은 혀끝에서 단맛을 느낀다기보다 오히려 그 지각(단맛)을 '가장 먼저' 등록하는 것이다.

Why? 왜 정답일까?

특정 맛이 등록되는 개별적인 영역으로 구획된 혀 지도가 있음을 소개하고, 혀 지도가 잘못되었음을 시사하는 As it turns out, the map was a misinterpretation and mistranslation of research conducted in Germany at the turn of the twentieth century. (밝혀진 바와 같이, 그 지도는 20세기 초반 독일에서 수행된 연구를 오해하고 오역한 것이었다.) 문장 사이에 주어진 문장이 오는 것이 자연스럽다. 또한 'As it turns out.'(밝혀진 바와 같이)과 같은 전치사구 역시 앞뒤 문장을 적절하게 이어준다.

- demonstrate ⓥ 보여 주다
- explanation ⓝ 설명
- map ⓥ (지도에) 구획하다
- certain ⓐ 특정한
- tip ⓝ 끝
- bitterness ⓝ 쓴맛
- mistranslation ⓝ 오역
- leading ⓐ 선두적인
- specialty ⓝ 특화된 분야
- intensity ⓝ 강도
- mechanism ⓝ 기제

- tongue ⓝ 혀
- taste ⓝ 맛
- separate ⓐ 개별적인
- register ⓥ 등록하다
- sourness ⓝ 신맛
- misinterpretation ⓝ 오해
- conduct ⓥ 수행하다
- taste bud 미뢰
- perceive ⓥ 지각하다
- site ⓝ 위치

구문 풀이

14행 It's not that you taste sweetness at the tip of your tongue, but rather that
가주어 · 진주어 · 오히려
you register that perception first.
지시대명사

★★ 문제 해결 꿀~팁 ★★

▶ 많이 틀린 이유는?
혀 지도에 대한 글이며, 글의 서두에서는 혀 지도에 대해 소개하고 있다. 그러나 글의 중반부부터는 서두에 제시한 혀 지도의 개념이 잘못 되었다고 이야기하고 있기 때문에 혀 지도에 대한 입장이 바뀌는 서두와 중반부 사이 ①에 주어진 문장이 오는 것이 자연스럽다.
▶ 문제 해결 방법은?
주어진 문장을 넣는 문제는 글의 흐름을 파악하는 것이 중요하다. 해당 문제에서는 'however'를 기점으로 제시하는 바가 달라진다. 주장하는 바가 달라지는 부분이나 새로운 개념이 나오는 부분을 잘 체크하여 어울리는 선지를 선택하자.

★★★ 등급을 가르는 문제! ★★★

39 동물마다 다른 치료법 적용의 필요성 · 정답률 45% | 정답 ②

글의 흐름으로 보아, 주어진 문장이 들어가기에 가장 적절한 곳을 고르시오.

No two animals are alike.
어떤 두 동물도 똑같지 않다.
① Animals from the same litter / will display some of the same features, / but will not be exactly the same as each other; / therefore, they may not respond in entirely the same way / during a healing session.
한 배에서 태어난 동물들은 / 똑같은 몇몇 특성을 보여 줄 수 있겠지만, / 서로 정확히 같지는 않을 것이다. / 그런 까닭에, 그들은 완전히 똑같은 방식으로 반응하지 않을지도 모른다. / 치료 활동 중에
✔ Environmental factors / can also determine how the animal will respond / during the treatment.
또한 환경적 요인은 / 동물이 어떻게 반응할지를 결정할 수 있다. / 치료 중에
For instance, / a cat in a rescue center / will respond very differently / than a cat within a domestic home environment.
예를 들어, / 구조 센터에 있는 고양이는 / 매우 다르게 반응할 것이다. / 가정집 환경 내에 있는 고양이와는
③ In addition, / animals that experience healing for physical illness / will react differently / than those accepting healing / for emotional confusion.
게다가, / 신체적 질병의 치료를 받는 동물은 / 다르게 반응할 것이다. / 감정적 동요의 치료를 받는 동물과는
④ With this in mind, / every healing session needs to be explored differently, / and each healing treatment / should be adjusted / to suit the specific needs / of the animal.
이를 염두에 두어, / 모든 치료 활동은 다르게 탐구되어야 하고, / 각각의 치료법은 / 조정되어야 한다. / 특정한 필요에 맞도록 / 동물의
⑤ You will learn / as you go; / healing is a constant learning process.
여러분은 배우게 될 것이다. / 직접 겪으며 / 치료가 끊임없는 학습의 과정인 것을

어떤 두 동물도 똑같지 않다. ① 한 배에서 태어난 동물은 똑같은 몇몇 특성을 보여 줄 수 있겠지만, 서로 정확히 같지는 않을 것이다. 그런 까닭에, 그들은 치료 활동 중에 완전히 똑같은 방식으로 반응하지 않을지도 모른다. ② 또한 환경적 요인은 치료 중에 동물이 어떻게 반응할지를 결정할 수 있다. 예를 들어, 구조 센터에 있는 고양이는 가정집 환경 내에 있는 고양이와는 매우 다르게 반응할 것이다. ③ 게다가, 신체적 질병의 치료를 받는 동물은 감정적 동요의 치료를 받는 동물과는 다르게 반응할 것이다. ④ 이를 염두에 두어, 모든 치료 활동은 다르게 탐구되어야 하고, 각각의 치료법은 동물의 특정한 필요에 맞도록 조정되어야 한다. ⑤ 여러분은 치료가 끊임없는 학습의 과정인 것을 직접 겪으면서 배우게 될 것이다.

Why? 왜 정답일까?

환경적인 요소 또한 동물들이 치료에서 반응하는 것을 결정할 수 있다는 문장이 제시되었기 때문에, 환경적인 요소 외 동물들이 치료에서 반응하는 것을 결정하는 요소가 이전에 제시되어야 하고, 이후에는 환경적인 요소로 동물들이 다르게 반응하는 예시가 제시되어야 한다. 따라서 동물들이 다르기 때문에 치료 활동 중에 동물들이 완전히 똑같이 반응할 것이라는 문장과 보호소의 고양이와 가정의 고양이가 다르게 반응할 것이라는 문장 사이인 ②에 오는 것이 자연스럽다.

- determine ⓥ 결정하다
- therefore 밟 그런 까닭에
- rescue ⓥ 구조하다
- illness ⓝ 질병

- display ⓥ 보이다
- session ⓝ 활동
- domestic ⓐ 가정의
- confusion ⓝ 동요, 혼란

- explore ⓥ 탐구하다
- constant ⓐ 끊임없는

- specific ⓐ 특정한, 구체적인
- process ⓝ 과정

구문 풀이

11행 With this in mind, every healing session needs to be explored differently,
주어 · 동사 · 수동태
and each healing treatment should be adjusted to suit the specific needs of the
조동사+동사원형 · to부정사 부사적 용법(알맞기 위해서)
animal.

★★ 문제 해결 꿀~팁 ★★

▶ 많이 틀린 이유는?
동물이 치료를 받을 때 다르게 반응할 수 있고, 이에 영향을 미치는 요소들을 이야기하고 있다. 주어진 문장은 환경적인 요소가 영향을 끼칠 수 있다는 문장이며, 'also'를 보았을 때 이전에 다른 요소가 언급되어야 하며 이후에는 환경적인 요소의 영향에 대해 설명해야 자연스럽다.
▶ 문제 해결 방법은?
주어진 문장을 글에 넣는 문제는 글의 흐름 파악이 최우선이다. 흐름이 바뀌는 부분과 새로운 개념이 제시되는 부분에 표시를 하여 직관적으로 파악할 수 있게 하자.

40 의식적 마음과 잠재의식적 마음의 두려움 형성 · 정답률 55% | 정답 ①

다음 글의 내용을 한 문장으로 요약하고자 한다. 빈칸 (A), (B)에 들어갈 말로 가장 적절한 것은?

	(A)	(B)		(A)	(B)
✔	emotions 감정	forming 형성하는	②	actions 행동	overcoming 극복하는
③	emotions 감정	overcoming 극복하는	④	actions 행동	avoiding 피하는
⑤	moralities 도덕	forming 형성하는			

The mind has parts / that are known as the conscious mind / and the subconscious mind.
마음은 부분을 갖고 있다. / 의식적 마음이라고 알려진 부분 / 잠재의식적 마음이라고
The subconscious mind / is very fast to act / and doesn't deal with emotions.
잠재의식적 마음은 / 매우 빠르게 작동하고 / 감정을 다루지 않는다.
It deals with memories / of your responses to life, your memories and recognition.
그것은 기억을 다룬다. / 여러분의 삶에 대한 반응의 기억, 기억 및 인식
However, / the conscious mind is the one / that you have more control over.
그러나, / 의식적 마음은 부분이다. / 여러분이 더 많은 통제력을 갖고 있는
You think.
여러분은 생각한다.
You can choose / whether to carry on a thought / or to add emotion to it / and this is the part of your mind / that lets you down frequently / because — fueled by emotions — you make the wrong decisions / time and time again.
여러분은 선택할 수 있다. / 생각을 계속할지를 / 또는 그 생각에 감정을 더할지를 / 그리고 이것은 마음의 부분이기도 하다. / 여러분을 빈번하게 낙담시키는 / 왜냐면 — 감정에 북받쳐 — 잘못된 결정을 내리게 만들기 때문에 / 반복해서
When your judgment is clouded by emotions, / this puts in / biases and all kinds of other negativities / that hold you back.
감정에 의해 여러분의 판단력이 흐려질 때, / 이것은 자리잡게 만든다. / 편견과 그 밖의 모든 종류의 부정성을 / 여러분을 억제하는
Scared of spiders? // Scared of the dark?
거미를 무서워하는가? // 어둠을 무서워하는가?
There are reasons for all of these fears, / but they originate in the conscious mind.
이러한 두려움 전부 이유가 있지만, / 그것들은 의식적 마음에서 비롯된다.
They only become real fears / when the subconscious mind records your reactions.
그것들은 오직 실제 두려움이 된다. / 잠재의식적 마음이 여러분의 반응을 기록할 때
➡ While the controllable conscious mind / deals with thoughts and (A) emotions, / the fast-acting subconscious mind / stores your responses, / (B) forming real fears.
통제할 수 있는 의식적 마음은 / 생각과 감정을 다루지만, / 빠르게 작동하는 잠재의식적 마음이 / 여러분의 반응을 저장하고, / 이는 실제 두려움을 형성한다.

마음은 의식적 마음과 잠재의식적 마음이라고 알려진 부분을 갖고 있다. 잠재의식적 마음은 매우 빠르게 작동하며 감정을 다루지 않는다. 그것은 여러분의 삶에 대한 반응의 기억, 기억 및 인식을 다룬다. 그러나 의식적 마음은 여러분이 더 많은 통제력을 갖고 있는 부분이다. 여러분은 생각한다. 여러분은 생각을 계속할지 또는 그 생각에 감정을 더할지를 선택할 수 있다. 그리고 이것은 감정에 북받쳐 잘못된 결정을 반복해서 내리게 만들기 때문에 여러분을 빈번하게 낙담시키는 마음의 부분이기도 하다. 감정에 의해 여러분의 판단력이 흐려질 때 이것은 편견과 그 밖의 여러분을 억제하는 모든 종류의 부정성을 자리 잡게 만든다. 거미를 무서워하는가? 어둠을 무서워하는가? 이러한 두려움 전부 이유가 있지만 그것들은 의식적 마음에서 비롯된다. 그것들은 오직 잠재의식적 마음이 여러분의 반응을 기록할 때 실제 두려움이 된다.

➡ 통제할 수 있는 의식적 마음은 생각과 (A) 감정을 다루지만, 빠르게 작동하는 잠재의식적 마음이 여러분의 반응을 저장하고, 이는 실제 두려움을 (B) 형성한다.

Why? 왜 정답일까?

글에서 통제할 수 있는 의식적 마음과 통제가 어려운 잠재의식적 마음을 설명한다. 'However, the conscious mind is the one that you have more control over. ~ You can choose whether to carry on a thought or to add emotion to it ~.' 부분에서 의식적 마음이 생각과 감정을 다루는 것을 알 수 있고, 'They only become real fears when the subconscious mind records your reactions.'에서 잠재의식적 마음이 반응을 저장할 때 실제 두려움을 형성함을 알 수 있다.

- conscious ⓐ 의식적
- recognition ⓝ 인식
- judgment ⓝ 판단(력)
- bias ⓝ 편견
- originate ⓥ 비롯되다

- subconscious ⓐ 잠재의식(적)
- frequently 밟 자주, 빈번히
- cloud ⓥ (기억력, 판단력 등을) 흐리게 하다
- negativity ⓝ 부정성
- fear ⓝ 두려움

구문 풀이

2행 The subconscious mind is very fast to act and doesn't deal with emotions.
동사1 · to부정사 부사적 용법(행동하기에) · 동사2

41-42 문화마다 다른 규범

『Norms are everywhere, / defining what is "normal" / and guiding our interpretations of social life at every turn.』 41번의 근거
규범은 어디에나 존재한다. / 무엇이 '정상'인지를 규정하고 / 모든 순간 사회적 생활에 대한 우리의 해석을 안내해 주며

As a simple example, / there is a norm in Anglo society / to say *Thank you* to strangers / who have just done something to (a) help, / such as open a door for you, / point out that you've just dropped something, / or give you directions.
간단한 예로, / 규범이 Anglo 사회에 있다. / 낯선 사람에게 '감사합니다'라고 말하는 / 도움을 줄 수 있는 무언가를 이제 막 해준 / 문을 열어 주거나, / 여러분이 물건을 방금 떨어뜨렸다는 것을 짚어 주거나, / 길을 알려 주는 것과 같이

There is no law / that forces you to say *Thank you*.
법은 없다. / 여러분이 '감사합니다'라고 말하도록 강요하는

But if people don't say *Thank you* / in these cases / it is marked.
하지만 사람들이 '감사합니다'라고 말하지 않으면 / 이런 상황에서 / 그것은 눈에 띄게 된다.

People expect / that you will say it.
사람들은 기대한다. / 여러분이 그렇게 말하기를

You become responsible.
여러분은 책임을 지게 되는 것이다.

(b) Failing to say it / will be both surprising and worthy of criticism.
그렇게 말하지 못하는 것은 / (주변을) 놀라게 하기도 하고 비판을 받을 만하다.

『Not knowing the norms of another community / is the (c) central problem of cross-cultural communication.』 41번의 근거
다른 집단의 규범을 모른다는 것은 / 문화 간 의사소통에서 중심적인 문제이다.

To continue the *Thank you* example, / even though another culture may have an expression / that appears translatable (many don't), / 『there may be (d) similar(→ different) norms for its usage,』 / for example, / such that you should say *Thank you* / only when the cost someone has caused is considerable. 42번의 근거
'감사합니다'의 예를 이어 보자면, / 비록 또 다른 문화권이 표현을 가지고 있다 할지라도, / 번역할 수 있는 것처럼 보이는 (다수는 그렇지 못하지만) / 유사한(→ 다른)규범이 있을 수 있다. / 예를 들어서, / '감사합니다'라고 말해야 한다는 것처럼 / 누군가가 초래한 대가가 상당할 때만

『In such a case / it would sound ridiculous (i.e., unexpected, surprising, and worthy of criticism) / if you were to thank someone / for something so (e) minor / as holding a door open for you.』 42번의 근거
그 같은 상황에서 / 우스꽝스럽게(즉, 예상치 못하게, 놀랍게, 비판을 받을 만하게) 들릴 것이다. / 만약 여러분이 누군가에게 감사한다면 / 아주 사소한 일에 대해 / 여러분을 위해 문을 잡아주는 것과 같이

규범은 무엇이 '정상적'인지를 규정하고 모든 순간 사회적 생활에 대한 우리의 해석을 안내해 주며 어디에나 존재한다. 간단한 예로, 문을 열어 주거나, 여러분이 물건을 방금 떨어뜨렸다는 것을 짚어 주거나, 길을 알려주는 것과 같이 (a) 도움을 줄 수 있는 무언가를 이제 막 해준 낯선 사람에게 '감사합니다'라고 말하는 규범이 Anglo 사회에 있다. 여러분이 '감사합니다'라고 말하도록 강요하는 법은 없다. 하지만 이런 상황에서 사람들이 '감사합니다'라고 말하지 않으면 그것은 눈에 띄게 된다. 사람들은 여러분이 그렇게 말하기를 기대한다. 여러분은 책임을 지게 되는 것이다. 그렇게 (b) 말하지 못하는 것은 (주변을) 놀라게 하기도 하고 비판을 받을 만하다. 다른 집단의 규범을 모른다는 것은 문화 간 의사소통에서 (c) 중심적인 문제이다. '감사합니다'의 예를 이어 보자면, 비록 또 다른 문화권이 번역할 수 있는 것처럼 보이는 어떤 표현(다수는 그렇지 못하지만)을 가지고 있다 할지라도, 그것의 사용법에 대해, 예를 들어, 누군가가 초래한 대가가 상당할 때만 '감사합니다'라고 말해야 한다는 것처럼 (d) 유사한(→ 다른)규범이 있을 수 있다. 그 같은 상황에서 만약 여러분이 혹시라도, 여러분을 위해 문을 잡아주는 것과 같이 아주 (e) 사소한 일에 대해 누군가에게 감사한다면, 그것은 우스꽝스럽게(즉, 예상치 못하게, 놀랍게, 비판을 받을 만하게) 들릴 수 있을 것이다.

- norm ⓝ 규범
- interpretation ⓝ 해석
- marked ⓐ 눈에 띄는
- worthy ⓐ 받을 만한
- central ⓐ 중심적인
- cost ⓝ 대가, 비용
- ridiculous ⓐ 우스꽝스러운
- minor ⓐ 사소한
- define ⓥ 규정하다
- stranger ⓝ 낯선 사람
- responsible ⓐ 책임이 있는
- criticism ⓝ 비난
- translatable ⓐ 번역할 수 있는
- considerable ⓐ 상당한
- unexpected ⓐ 예상치 못한

구문 풀이

18행 In such a case it would sound ridiculous (i.e., unexpected, surprising, 가주어 조동사＋동사원형 예를 들어서(= for example) and worthy of criticism) if you were to thank someone for something so minor as 진주어 전치사(~처럼) holding a door open for you.
동명사

41 제목 파악   정답률 59% | 정답 ①

윗글의 제목으로 가장 적절한 것은?

☑ Norms: For Social Life and Cultural Communication – 규범: 사회적 삶과 문화적 의사소통
② Don't Forget to Say "Thank you" at Any Time – 언제든 '고맙습니다' 말하기를 잊지마라
③ How to Be Responsible for Your Behaviors – 당신의 행동에 책임지는 방법
④ Accept Criticism Without Hurting Yourself – 상처받지 않고 비판을 받아들이기
⑤ How Did Diverse Languages Develop? – 어떻게 다양한 언어가 발달되었는가?

Why? 왜 정답일까?

문화마다 다른 규범에 대해 '감사합니다'를 예로 들어 설명하는 글이다. 사회가 구성원에게 갖는 규범적 기대(People expect that you will say it. You become responsible.)에 이어 같은 말이라도 문화마다 다른 사용 규범이 있다는 것(there may be different norms for its usage)을 언급한다. 따라서 글의 제목으로 가장 적절한 것은 ① '규범: 사회적 삶과 문화적 의사소통'이다.

★★★ 등급을 가르는 문제!

42 어휘 추론   정답률 38% | 정답 ④

밑줄 친 (a) ~ (e) 중에서 문맥상 낱말의 쓰임이 적절하지 않은 것은?

① (a)   ② (b)   ③ (c)   ☑ (d)   ⑤ (e)

Why? 왜 정답일까?

문화권마다 규범이 다르고, 한 문화권에서는 가벼운 일이라도 감사 인사를 해야하는 반면, 다른 문화권에서는 중대한 일에만 감사 인사를 하기도 함을 설명했다. "Thank you" 예시를 들며, 번역될 수 있는 것처럼 보이는 표현이라도 사용 규범이 다르다는 의미가 되어야 자연스러우므로, similar 대신 different를 쓰는 것이 적절하다. 따라서 낱말의 쓰임이 문맥상 적절하지 않은 것은 ④ (d)다.

★★ 문제 해결 꿀~팁 ★★

▶ 많이 틀린 이유는?
문화마다 다른 규범에 대해서 이야기하는 글이다. "감사합니다"를 예시로 전개하며 같은 말일지라도 문화마다 갖는 무게가 다르기 때문에 다르게 사용해야 함을 강조한다. 이 글에서 중요하게 이야기하는 것은 문화 간의 규범의 차이이기 때문에, similar norms는 적절하지 않다.

▶ 문제 해결 방법은?
글이 길 때에는 글의 서두와 말미에서 주제를 정확하게 파악하여 주제와 어색한 문장을 찾는다. 헷갈릴 때에는 반대의 뜻으로 바꾸어서 해석해 보며 대조해 보는 것도 좋다.

43-45 드림캐처의 기원

(A)

『Long ago, / when the world was young, / an old Native American spiritual leader Odawa / had a dream on a high mountain.』 45번 ①의 근거 일치
오래전, / 세상이 생겨난지 오래 않을 무렵, / 아메리카 원주민의 늙은 영적 지도자인 Odawa는 / 높은 산에서 꿈을 꾸었다.

In his dream, / Iktomi, the great spirit and searcher of wisdom, / appeared to (a) him in the form of a spider.
자신의 꿈속에서, / 위대한 신령이자 지혜의 구도자인 Iktomi가 / 거미의 형태로 그에게 나타났다.

Iktomi spoke to him / in a holy language.
Iktomi는 그에게 말했다. / 성스러운 언어로

(D)

『Iktomi told Odawa / about the cycles of life.』 45번 ⑤의 근거 일치
Iktomi는 Odawa에게 말했다. / 삶의 순환에 관해서

(d) He said, / "We all begin our lives as babies, / move on to childhood, / and then to adulthood.
그는 ~라고 말했다. / "우리는 모두 아기로 삶을 출발하고, / 유년기를 거쳐 / 그 다음 성년기에 이르게 된다.

Finally, we come to old age, / where we must be taken care of / as babies again."
결국 우리는 노년기에 도달하고, / 거기서 우리는 보살핌을 받아야 한다." / 다시 아기처럼

Iktomi also told (e) him / that there are good and bad forces / in each stage of life.
또한 Iktomi는 그에게 말했다. / 좋고 나쁜 힘이 있다고 / 삶의 각 단계에는

"If we listen to the good forces, / they will guide us / in the right direction.
우리가 좋은 힘에 귀를 기울이면 / 그들은 우리를 올바른 방향으로 인도할 것이다.

But if we listen to the bad forces, / they will lead us the wrong way / and may harm us," / Iktomi said.
하지만 만약 나쁜 힘에 귀를 기울이면 / 그들은 우리를 잘못된 길로 이끌고 / 우리를 해칠 수도 있다." / 라고 Iktomi는 말했다.

(C)

『When Iktomi finished speaking, / he spun a web / and gave it to Odawa.』 45번 ③의 근거 일치
Iktomi가 말을 끝냈을 때, / 그는 거미집을 짜서 / Odawa에게 주었다.

He said to Odawa, / "The web is a perfect circle with a hole in the center.
그가 Odawa에게 말하기를, / "그 거미집은 가운데 구멍이 뚫린 완벽한 원이다.

Use the web / to help your people reach their goals.
거미집을 사용해라. / 너의 마을 사람들이 자신들의 목표에 도달할 수 있도록

Make good use of / their ideas, dreams, and visions.
잘 활용해라. / 그들의 생각, 꿈, 비전을

If (c) you believe in the great spirit, / the web will catch your good ideas / and the bad ones / will go through the hole."
만약 네가 위대한 신령을 믿는다면, / 그 거미집이 네 좋은 생각을 붙잡아 줄 것이고 / 나쁜 생각은 / 구멍을 통해 빠져나갈 것이다."

『Right after Odawa woke up, / he went back to his village.』 45번 ④의 근거 일치
Odawa는 잠에서 깨자마자 / 자기 마을로 되돌아갔다.

(B)

Odawa shared Iktomi's lesson / with (b) his people.
Odawa는 Iktomi의 교훈을 / 그의 마을 사람들

『Today, many Native Americans / have dream catchers / hanging above their beds.』 45번 ②의 근거 불일치
오늘날 많은 미국 원주민은 / 드림캐처를 가지고 있다. / 그들 침대 위에 건

Dream catchers are believed / to filter out bad dreams.
드림캐처는 믿어진다. / 나쁜 꿈을 걸러 준다고

The good dreams / are captured in the web of life / and carried with the people.
좋은 꿈은 / 인생이라는 거미집에 걸리고 / 사람들과 동반하게 된다.

The bad dreams / pass through the hole in the web / and are no longer a part of their lives.
나쁜 꿈은 / 거미집의 구멍 사이로 빠져나가고 / 더 이상 그들의 삶의 한 부분이 되지 못한다.

(A)
오래전, 세상이 생겨난지 오래 않을 무렵, 아메리카 원주민의 늙은 영적 지도자인 Odawa는 높은 산에서 꿈을 꾸었다. 자신의 꿈속에서 위대한 신령이자 지혜의 구도자인 Iktomi가 거미의 형태로 (a) 그에게 나타났다. Iktomi는 성스러운 언어로 그에게 말했다.

Iktomi는 Odawa에게 삶의 순환에 관해서 말했다. (d) 그는 "우리는 모두 아기로 삶을 출발하고, 유년기를 거쳐 그 다음 성년기에 이르게 된다. 결국 우리는 노년기에 도달하고, 거기서 우리는 다시 아기처럼 보살핌을 받아야 한다."라고 말했다. 또한 Iktomi는 삶의 각 단계에는 좋고 나쁜 힘이 있다고 (e) 그에게 말했다. "우리가 좋은 힘에 귀를 기울이면 그들은 우리를 올바른 방향으로 인도할 것이다. 하지만 만약 나쁜 힘에 귀를 기울이면 그들은 우리를 잘못된 길로 이끌고 우리를 해칠 수도 있다."라고 Iktomi는 말했다.

(C)
Iktomi가 말을 끝냈을 때, 그는 거미집을 짜서 Odawa에게 주었다. 그가 Odawa에게 말하기를, "그 거미집은 가운데 구멍이 뚫린 완벽한 원이다. 너의 마을 사람들이 자신들의 목표에 도달할 수 있도록 거미집을 사용해라. 그들의 생각, 꿈, 비전을 잘 활용해라. 만약 (c) 네가 위대한 신령을 믿는다면 그 거미집이 네 좋은 생각을 붙잡아 줄 것이고 나쁜 생각은 구멍을 통해 빠져나갈 것이다." Odawa는 잠에서 깨자마자 자기 마을로 되돌아갔다.

(B)
Odawa는 Iktomi의 교훈을 (b) 그의 마을 사람들과 나누었다. 오늘날 많은 미국 원주민은 침대

위에 드림캐처를 건다. 드림캐처는 나쁜 꿈을 걸러 준다고 믿어진다. 좋은 꿈은 인생이라는 거미집에 걸리고 사람들과 동반하게 된다. 나쁜 꿈은 거미집의 구멍 사이로 빠져나가고 더 이상 그들의 삶의 한 부분이 되지 못한다.

- **Native American** ⓝ 미국 원주민
- **holy** ⓐ 성스러운
- **cycle** ⓝ 순환
- **spiritual** ⓐ 영적인
- **spin** ⓥ 짜다(과거형 spun)

구문 풀이

(C) 1행 When Iktomi finished speaking, he spun a web and gave it to Odawa.
부사절의 접속사(~때)　　동명사　　동사1　　동사2

---

43 글의 순서 파악　　　　　　　　　　　　정답률 70% | 정답 ⑤

주어진 글 (A)에 이어질 내용을 순서에 맞게 배열한 것으로 가장 적절한 것은?

① (B) − (D) − (C)　　　　　② (C) − (B) − (D)
③ (C) − (D) − (B)　　　　　④ (D) − (B) − (C)
☑ (D) − (C) − (B)

Why? 왜 정답일까?

Odawa가 꿈에서 Iktomi를 거미 형태로 만났다는 내용의 (A) 뒤로, Iktomi가 Odawa에게 삶의 순환에 대해 얘기했다는 내용의 (D), Iktomi가 Odawa에게 거미집을 주며 Odawa와 마을 사람들에게 이롭게 거미집을 사용하라고 말하는 내용의 (C), Odawa가 꿈에서 깬 마을 사람들과 거미집을 나눈 내용의 (B)가 순서대로 이어져야 자연스럽다. 따라서 글의 순서로 가장 적절한 것은 ⑤ (D) − (C) − (B)이다.

---

44 지칭 추론　　　　　　　　　　　　　　정답률 71% | 정답 ④

밑줄 친 (a) ~ (e) 중에서 가리키는 대상이 나머지 넷과 다른 것은?

① (a)　　② (b)　　③ (c)　　☑ (d)　　⑤ (e)

Why? 왜 정답일까?

(a), (b), (c), (e)는 모두 Odawa를 가리키므로, (a) ~ (e) 중에서 가리키는 대상이 다른 하나는 ④ (d)이다.

---

45 세부 내용 파악　　　　　　　　　　　정답률 74% | 정답 ②

윗글에 관한 내용으로 적절하지 않은 것은?

① Odawa는 높은 산에서 꿈을 꾸었다.
☑ 많은 미국 원주민은 드림캐처를 현관 위에 건다.
③ Iktomi는 Odawa에게 거미집을 짜서 주었다.
④ Odawa는 잠에서 깨자마자 자신의 마을로 돌아갔다.
⑤ Iktomi는 Odawa에게 삶의 순환에 대해 알려 주었다.

Why? 왜 정답일까?

(B)의 'Today, many Native Americans have dream catchers hanging above their beds.'에서 많은 미국 원주민들은 드림캐처를 그들의 침대 위에 둔다고 하였기 때문에, 내용과 일치하지 않는 것은 ② '많은 미국 원주민은 드림캐처를 현관 위에 건다.'이다.

Why? 왜 오답일까?

① (A) 'Long ago, ~. Odawa had a dream on a high mountain'의 내용과 일치한다.
③ (C) 'When Iktomi finished speaking, he spun a web and gave it to Odawa.'의 내용과 일치한다.
④ (C) 'Right after Odawa woke up, he went back to his village'의 내용과 일치한다.
⑤ (D) 'Iktomi told Odawa about the cycles of life.의 내용과 일치한다.

• 정답 •

01 ⑤ 02 ⑤ 03 ③ 04 ⑤ 05 ② 06 ② 07 ① 08 ③ 09 ④ 10 ②　11 ② 12 ① 13 ③ 14 ① 15 ③
16 ③ 17 ④ 18 ③ 19 ② 20 ⑤　21 ⑤ 22 ① 23 ① 24 ② 25 ⑤　26 ⑤ 27 ③ 28 ④ 29 ⑤ 30 ④
31 ① 32 ③ 33 ① 34 ② 35 ④　36 ④ 37 ② 38 ④ 39 ⑤ 40 ①　41 ② 42 ③ 43 ④ 44 ④ 45 ④

★ 표기된 문항은 [등급을 가르는 문제]에 해당하는 문항입니다.

---

01 아이스하키 리그 첫 경기 관람 독려　　정답률 85% | 정답 ⑤

다음을 듣고, 남자가 하는 말의 목적으로 가장 적절한 것을 고르시오.

① 아이스하키부의 우승을 알리려고
② 아이스하키부 훈련 일정을 공지하려고
③ 아이스하키부 신임 감독을 소개하려고
④ 아이스하키부 선수 모집을 안내하려고
☑ 아이스하키부 경기의 관람을 독려하려고

M : Hello, Villeford High School students.
안녕하세요, Villeford 고등학교 학생 여러분.
This is principal Aaron Clark.
저는 교장인 Aaron Clark입니다.
As a big fan of the Villeford ice hockey team, I'm very excited about the upcoming National High School Ice Hockey League.
Villeford 아이스하키 팀의 열렬한 팬으로서, 저는 다가오는 전국 고교 아이스하키 리그를 몹시 기대하고 있습니다.
As you all know, the first game will be held in the Central Rink at 6 p.m. this Saturday.
여러분 모두가 알다시피, 첫 경기는 이번 주 토요일 저녁 6시에 Central Rink에서 열립니다.
I want as many of you as possible to come and cheer our team to victory.
최대한 많이 와서 우리 팀의 승리를 응원해주기 바랍니다.
I've seen them put in an incredible amount of effort to win the league.
선수들이 이번 리그를 이기려고 엄청난 노력을 기울이는 것을 보았습니다.
It will help them play better just to see you there cheering for them.
여러분이 거기서 응원해주는 것을 선수들이 보기만 해도 경기를 더 잘하는 데 도움이 될 겁니다.
I really hope to see you at the rink. Thank you.
여러분을 링크장에서 만날 수 있기를 진심으로 바랍니다. 고맙습니다.

Why? 왜 정답일까?

'I want as many of you as possible to come and cheer our team to victory.'에서 아이스하키 리그 경기 관람을 독려하는 담화임을 알 수 있으므로, 남자가 하는 말의 목적으로 가장 적절한 것은 ⑤ '아이스하키부 경기의 관람을 독려하려고'이다.

- **principal** ⓝ 교장
- **put in effort** 노력을 기울이다
- **amount** ⓝ 양
- **excited** ⓐ 기대하는, 신나는
- **incredible** ⓐ 엄청난, 믿을 수 없는

---

02 약을 새로 처방 받기를 권하기　　　　정답률 89% | 정답 ⑤

대화를 듣고, 여자의 의견으로 가장 적절한 것을 고르시오.

① 과다한 항생제 복용을 자제해야 한다.
② 오래된 약을 함부로 폐기해서는 안 된다.
③ 약을 복용할 때는 정해진 시간을 지켜야 한다.
④ 진료 전에 자신의 증상을 정확히 확인해야 한다.
☑ 다른 사람에게 처방된 약을 복용해서는 안 된다.

W : Honey, are you okay?
여보, 괜찮아요?
M : I'm afraid I've caught a cold. I've got a sore throat.
나 감기에 걸린 것 같아요. 인후통이 있어요.
W : Why don't you go see a doctor?
병원에 가는 게 어때요?
M : Well, I don't think it's necessary. I've found some medicine in the cabinet. I'll take it.
음, 그게 필요한 것 같지는 않아요. 찬장에서 약을 좀 찾았어요. 그걸 먹겠어요.
W : You shouldn't take that medicine. That's what I got prescribed last week.
그 약을 먹으면 안 돼요. 그거 내가 지난주에 처방받은 거예요.
M : My symptoms are similar to yours.
내 증상도 당신 증상이랑 비슷해요.
W : Honey, you shouldn't take medicine prescribed for others.
여보, 다른 사람한테 처방된 약을 먹으면 안 돼요.
M : It's just a cold. I'll get better if I take your medicine.
그냥 감기인걸요. 당신 약을 먹으면 나을 거예요.
W : It could be dangerous to take someone else's prescription.
다른 사람의 처방약을 먹는 것은 위험할 수도 있어요.
M : Okay. Then I'll go see a doctor this afternoon.
알겠어요. 그럼 오늘 오후에 병원에 갈게요.

Why? 왜 정답일까?

'Honey, you shouldn't take medicine prescribed for others.'와 'It could be dangerous to take someone else's prescription.'에서 여자는 다른 사람에게 처방된 약을 먹어서는 안 된다는 의견을 말하고 있다. 따라서 여자의 의견으로 가장 적절한 것은 ⑤ '다른 사람에게 처방된 약을 복용해서는 안 된다.'이다.

- **catch a cold** 감기에 걸리다
- **see a doctor** 병원에 가다
- **prescribe** ⓥ 처방하다
- **prescription** ⓝ 처방(전)
- **sore throat** 인후통
- **cabinet** ⓝ 찬장, 캐비닛
- **symptom** ⓝ 증상

03 전시실 변경 알려주기
정답률 86% | 정답 ③

대화를 듣고, 두 사람의 관계를 가장 잘 나타낸 것을 고르시오.
① 관람객 – 박물관 관장
② 세입자 – 건물 관리인
✔ 화가 – 미술관 직원
④ 고객 – 전기 기사
⑤ 의뢰인 – 건축사

W : Hi, Mr. Thomson. How are your preparations going?
　안녕하세요, Thomson 씨. 준비 어떻게 돼 가세요?
M : You arrived at the right time. I have something to tell you.
　마침 잘 오셨어요. 말씀드릴 게 있어요.
W : Okay. What is it?
　네. 뭔가요?
M : Well, I'm afraid that we have to change the exhibition room for your paintings.
　음, 죄송하지만 선생님 그림을 둘 전시실을 바꿔야 할 것 같아요.
W : May I ask why?
　이유를 여쭤봐도 될까요?
M : Sure. We have some electrical problems there.
　물론이죠. 거기 전기 문제가 좀 있어서요.
W : I see. Then where are you going to exhibit my works?
　그렇군요. 그럼 제 작품을 어디에 전시하실 예정인가요?
M : Our gallery is going to exhibit your paintings in the main hall.
　우리 갤러리에서는 선생님 작품을 메인 홀에 전시할 계획이에요.
W : Okay. Can I see the hall now?
　그렇군요. 지금 홀을 봐도 될까요?
M : Sure. Come with me.
　물론이죠. 같이 가시죠.

Why? 왜 정답일까?
'~ we have to change the exhibition room for your paintings.', 'Then where are you going to exhibit my works?', 'Our gallery is going to exhibit your paintings in the main hall.'에서 여자가 화가이고, 남자가 미술관 직원임을 알 수 있다. 따라서 두 사람의 관계로 가장 적절한 것은 ③ '화가 – 미술관 직원'이다.

● preparation ⓝ 준비, 대비
● electrical ⓐ 전기의
● exhibition ⓝ 전시
● exhibit ⓥ 전시하다

04 벽화 봉사 사진 구경하기
정답률 88% | 정답 ⑤

대화를 듣고, 그림에서 대화의 내용과 일치하지 않는 것을 고르시오.

M : Hi, Grace. What are you looking at on your phone?
　안녕, Grace. 핸드폰으로 뭐 보고 있어?
W : Hi, James. It's a photo I took when I did some volunteer work. We painted pictures on a street wall.
　안녕, James. 내가 봉사활동을 좀 하면서 찍었던 사진이야. 거리 벽에다 그림을 그렸어.
M : Let me see. 『Wow, I like the whale with the flower pattern.』①의근거 일치
　나도 좀 보자. 와, 꽃무늬가 있는 고래 그림이 마음에 들어.
W : I like it, too. 『How do you like the house under the whale?』②의근거 일치
　나도 그게 좋아. 고래 밑에 있는 집은 어때?
M : It's beautiful. 『What are these two chairs for?』③의근거 일치
　예쁘다. 이 의자 두 개는 뭐 있는 거야?
W : You can take a picture sitting there. The painting becomes the background.
　거기 앉아서 사진을 찍을 수 있어. 그림이 배경이 되는 거지.
M : Oh, I see. 『Look at this tree! It has heart-shaped leaves.』④의근거 일치
　오, 그렇구나. 이 나무 좀 봐! 하트 모양 잎이 있어.
W : That's right. We named it the Love Tree.
　맞아. 우린 그걸 '사랑의 나무'라고 이름 지었어.
M : 『The butterfly on the tree branch is lovely, too.』⑤의근거 불일치
　나뭇가지 위의 나비도 귀엽다.
W : I hope a lot of people enjoy the painting.
　많은 사람들이 그림을 즐겨주면 좋겠어.

Why? 왜 정답일까?
대화에서 나뭇가지 위에 나비가 있다고 하는데(The butterfly on the tree branch is lovely, too.), 그림 속 나뭇가지 위에는 새가 있다. 따라서 그림에서 대화의 내용과 일치하지 않는 것은 ⑤이다.

● volunteer work 봉사활동
● How do you like ~? ~는 어때?

05 록 콘서트 준비하기
정답률 91% | 정답 ②

대화를 듣고, 남자가 할 일로 가장 적절한 것을 고르시오.
① 티켓 디자인하기
✔ 포스터 게시하기
③ 블로그 개설하기
④ 밴드부원 모집하기
⑤ 콘서트 장소 대여하기

M : Hi, Stella. How are you doing these days?
　안녕, Stella. 요새 뭐 하고 있어?

W : Hi, Ryan. I've been busy helping my granddad with his concert. He made a rock band with his friends.
　안녕, Ryan. 난 요새 우리 할아버지 콘서트 준비를 돕느라 바빴어. 친구분들이랑 록 밴드를 만드셨거든.
M : There must be a lot of things to do.
　할 게 많겠구나.
W : Yeah. I reserved a place for the concert yesterday.
　응. 난 어제 콘서트 장소를 예약했어.
M : What about posters and tickets?
　포스터랑 티켓은?
W : Well, I've just finished designing a poster.
　음, 포스터 디자인은 방금 다 했어.
M : Then I think I can help you.
　그럼 내가 널 도와줄 수 있을 거 같아.
W : Really? How?
　정말? 어떻게?
M : Actually, I have a music blog. I think I can upload the poster there.
　사실, 난 음악 블로그를 하고 있어. 거기다 포스터를 올려줄 수 있을 거 같아.
W : That's great!
　그거 좋네!
M : Just send the poster to me, and I'll post it online.
　나한테 포스터를 보내주기만 하면, 내가 온라인에 그걸 올릴게.
W : Thanks a lot.
　정말 고마워.

Why? 왜 정답일까?
남자는 할아버지의 콘서트 준비를 도와 포스터를 만들었다는 여자에게 포스터를 보내주기만 하면 자신이 운영하는 음악 블로그에 게시해 주겠다고 한다(Just send the poster to me, and I'll post it online.). 따라서 남자가 할 일로 가장 적절한 것은 ② '포스터 게시하기'이다.

● be busy ~ing ~하느라 바쁘다
● reserve ⓥ 예약하다

06 커피포트와 텀블러 구매하기
정답률 79% | 정답 ②

대화를 듣고, 여자가 지불할 금액을 고르시오. [3점]
① $70　✔ $90　③ $100　④ $110　⑤ $120

M : Good morning. How may I help you?
　안녕하세요. 무엇을 도와드릴까요?
W : Hi. I want to buy a coffee pot.
　안녕하세요. 전 커피포트를 사고 싶어요.
M : Okay. You can choose from these coffee pots.
　알겠습니다. 여기 포트 중에서 선택하시면 돼요.
W : I like this one. How much is it?
　이거 마음에 드네요. 얼마인가요?
M : It was originally $60, but it's now on sale for $50.
　원래는 60달러인데, 지금 50달러로 세일 중이에요.
W : Okay, I'll buy it. I'd also like to buy this red tumbler.
　그렇군요. 이걸 사겠어요. 그리고 이 빨간색 텀블러도 사고 싶어요.
M : Actually, it comes in two sizes. This smaller one is $20 and a bigger one is $30.
　사실, 이것은 두 개 사이즈로 나옵니다. 이 작은 것은 20달러이고 더 큰 것은 30달러예요.
W : The smaller one would be easier to carry around. I'll buy two smaller ones.
　작은 게 들고 다니기 더 편하겠네요. 작은 거로 두 개 사겠어요.
M : All right. Is there anything else you need?
　알겠습니다. 더 필요하신 건 없으신가요?
W : No, that's all. Thank you.
　이거면 돼요. 고맙습니다.
M : Okay. How would you like to pay?
　알겠습니다. 어떻게 지불하시겠습니까?
W : I'll pay by credit card. Here you are.
　신용 카드로 지불할게요. 여기 있습니다.

Why? 왜 정답일까?
대화에 따르면 여자는 본래 60달러이지만 현재 50달러로 세일 중인 커피포트를 하나 사고, 하나에 20달러인 작은 텀블러를 두 개 샀다. 이를 식으로 나타내면 '50+(20×2)=90'이므로, 여자가 지불할 금액은 ② '$90'이다.

● come in (사이즈나 색상이) 나오다
● carry around 들고 다니다

07 면세점에서 지갑을 못 산 이유
정답률 92% | 정답 ①

대화를 듣고, 남자가 지갑을 구매하지 못한 이유를 고르시오.
✔ 해당 상품이 다 팔려서
② 브랜드명을 잊어버려서
③ 계산대의 줄이 길어서
④ 공항에 늦게 도착해서
⑤ 면세점이 문을 닫아서

[Cell phone rings.]
[휴대전화가 울린다.]
W : Hi, Brian.
　안녕, Brian.
M : Hi, Mom. I'm in line to get on the plane.
　엄마, 저 비행기 타려고 줄 서 있어요.
W : Okay. By the way, did you drop by the duty free shop in the airport?
　그래. 그나저나 너 공항 면세점에는 들렀니?
M : Yes, but I couldn't buy the wallet you asked me to buy.
　네, 그런데 엄마가 사달라고 부탁하신 지갑은 못 샀어요.
W : Did you forget the brand name?
　브랜드 이름을 잊어버린 거야?
M : No. I remembered that. I took a memo.
　아니요. 그건 기억했어요. 메모했는걸요.
W : Then did you arrive late at the airport?
　그럼 공항에 늦게 도착했어?
M : No, I had enough time to shop.
　아니요. 쇼핑할 시간은 충분했어요.

W : Then why couldn't you buy the wallet?
그럼 왜 지갑을 못 산 거니?

M : Actually, because they were all sold out.
사실, 그게 품절이 됐더라고요.

W : Oh, really?
오, 정말?

M : Yeah. The wallet must be very popular.
네, 그 지갑 무척 인기가 많은가봐요.

W : Okay. Thanks for checking anyway.
알겠어. 그래도 확인해줘서 고마워.

Why? 왜 정답일까?

대화에서 남자는 여자가 부탁한 지갑을 사지 못한 이유로 그것이 품절되었기 때문(Actually, because they were all sold out.)임을 언급한다. 따라서 남자가 지갑을 구매하지 못한 이유로 가장 적절한 것은 ① '해당 상품이 다 팔려서'이다.

- **in line** 줄을 선, 줄 서서
- **drop by** ~에 들르다
- **duty free shop** 면세점

---

08 합창단 오디션 　　　　　　정답률 88% | 정답 ③

대화를 듣고, Youth Choir Audition에 관해 언급되지 <u>않은</u> 것을 고르시오.
① 지원 가능 연령　　② 날짜　　✓심사 기준
④ 참가비　　⑤ 지원 방법

M : Lucy, look at this.
Lucy, 이것 좀 봐.

W : Wow. It's about the Youth Choir Audition.
와, Youth Choir Audition에 관한 거구나.

M : Yes. 『It's open to anyone aged 13 to 18.』①의근거 일치
응. 13～18세인 누구나 참가할 수 있어.

W : I'm interested in joining the choir. 『When is it?』
난 합창단에 드는 데 관심이 있어. 언제 해?

M : April 2nd, from 9 a.m. to 5 p.m.』②의근거 일치
4월 2일 아침 9시부터 오후 5시까지래.

W : The place for the audition is the Youth Training Center. It's really far from here.
오디션 장소는 Youth Training Center네. 여기서 아주 멀어.

M : I think you should leave early in the morning.
너 아침 일찍 출발해야겠네.

W : That's no problem. 『Is there an entry fee?』
그건 괜찮아. 참가비가 있나?

M : No, it's free. ④의근거 일치
아니, 무료래.

W : Good. I'll apply for the audition.
좋아. 난 오디션에 지원하겠어.

M : 『Then you should fill out an application form on this website.』⑤의근거 일치
그럼 이 웹 사이트에서 신청서를 작성해야 해.

W : All right. Thanks.
알겠어. 고마워.

Why? 왜 정답일까?

대화에서 남자와 여자는 Youth Choir Audition의 지원 가능 연령, 날짜, 참가비, 지원 방법을 언급하므로, 언급되지 않은 것은 ③ '심사 기준'이다.

Why? 왜 오답일까?

① 'It's open to anyone aged 13 to 18.'에서 '지원 가능 연령'이 언급되었다.
② 'April 2nd, from 9 a.m. to 5 p.m.'에서 '날짜'가 언급되었다.
④ 'No, it's free.'에서 '참가비'가 언급되었다.
⑤ '~ you should fill out an application form on this website.'에서 '지원 방법'이 언급되었다.

- **choir** ⓝ 합창단
- **entry fee** 참가비
- **apply for** ~에 신청하다, 지원하다
- **fill out** (서류를) 작성하다

---

09 진로 관련 특별 행사 안내 　　　　　　정답률 90% | 정답 ④

2023 Career Week에 관한 다음 내용을 듣고, 일치하지 <u>않는</u> 것을 고르시오.
① 5일 동안 열릴 것이다.
② 미래 직업 탐색을 돕는 프로그램이 있을 것이다.
③ 프로그램 참가 인원에 제한이 있다.
✓특별 강연이 마지막 날에 있을 것이다.
⑤ 등록은 5월 10일에 시작된다.

W : Hello, Rosehill High School students!
안녕하세요, Rosehill 고등학교 학생 여러분!

I'm your school counselor, Ms. Lee.
저는 진로 상담 교사인 Ms. Lee입니다.

I'm so happy to announce a special event, the 2023 Career Week.
특별행사인 2023 Career Week에 관해 알려드리게 되어 기쁩니다.

『It'll be held from May 22nd for five days.』①의근거 일치
이것은 5월 22일부터 5일간 개최됩니다.

『There will be many programs to help you explore various future jobs.』②의근거 일치
여러분이 다양한 미래 직업을 탐색하도록 도와줄 많은 프로그램이 있을 겁니다.

『Please kindly note that the number of participants for each program is limited to 20.』
프로그램마다 참가자 수가 20명으로 제한된다는 것을 유념해 주세요.③의근거 일치

『A special lecture on future career choices will be presented on the first day.』
미래 직업 선택에 대한 특별 강연이 첫날 제공될 예정입니다.④의근거 불일치

『Registration begins on May 10th.』⑤의근거 일치
등록은 5월 10일부터 시작됩니다.

For more information, please visit our school website.
더 많은 정보를 원하시면, 우리 학교 웹 사이트를 방문해주세요.

I hope you can come and enjoy the 2023 Career Week!
여러분이 2023 Career Week에 와서 즐길 수 있기를 바랍니다!

Why? 왜 정답일까?

'A special lecture on future career choices will be presented on the first day.'에서 미래 직업 선택에 관한 특강은 첫날 있을 것이라고 하므로, 내용과 일치하지 않는 것은 ④ '특별 강연이 마지막 날에 있을 것이다.'이다.

Why? 왜 오답일까?

① 'It'll be held from May 22nd for five days.'의 내용과 일치한다.
② 'There will be many programs to help you explore various future jobs.'의 내용과 일치한다.
③ 'Please kindly note that the number of participants for each program is limited to 20.'의 내용과 일치한다.
⑤ 'Registration begins on May 10th.'의 내용과 일치한다.

- **announce** ⓥ 안내하다
- **explore** ⓥ 탐색하다
- **note** ⓥ 주목하다, 유념하다
- **be limited to** ~로 제한되다
- **registration** ⓝ 등록, 신청

---

10 프라이팬 고르기 　　　　　　정답률 90% | 정답 ②

다음 표를 보면서 대화를 듣고, 여자가 구입할 프라이팬을 고르시오.

Frying Pans

	Model	Price	Size (inches)	Material	Lid
①	A	$30	8	Aluminum	○
✓②	B	$32	9.5	Aluminum	○
③	C	$35	10	Stainless Steel	×
④	D	$40	11	Aluminum	×
⑤	E	$70	12.5	Stainless Steel	○

M : Jessica, what are you doing?
Jessica, 뭐 하고 있어?

W : I'm trying to buy one of these five frying pans.
이 다섯 개 프라이팬 중 하나 사려고 해.

M : Let me see. This frying pan seems pretty expensive.
좀 보자. 이 프라이팬은 꽤 비싸 보이는걸.

W : Yeah. 『I don't want to spend more than $50.』근거1 Price 조건
응. 난 50달러 넘게 쓰고 싶지는 않아.

M : Okay. 『And I think 9 to 12-inch frying pans will work for most of your cooking.』 근거2 Size 조건
그래. 그리고 내 생각에 9인치에서 12인치 크기의 프라이팬이 대부분의 요리에 적합할 거야.

W : I think so, too. An 8-inch frying pan seems too small for me.
나도 그렇게 생각하네. 8인치는 나한테 너무 작아 보여.

M : What about the material? Stainless steel pans are good for fast cooking.
소재는 어때? 스테인리스 팬이 빨리 요리하는 데 좋아.

W : I know, but they are heavier. 『I'll buy an alumium pan.』근거3 Material 조건
나도 알지만, 그건 더 무거워. 알루미늄 팬을 살 거야.

M : Then you have two options left. 『Do you need a lid?』근거4 Lid 조건
그럼 선택권이 두 개 남았네. 너 뚜껑 필요해?

W : Of course. 『A lid keeps the oil from splashing. I'll buy this one.』
물론이지. 뚜껑은 기름이 안 튀게 막아줘. 난 이걸 살래.

M : Good choice.
좋은 선택이야.

Why? 왜 정답일까?

대화에 따르면 여자는 가격이 50달러를 넘지 않고, 크기는 9～12인치이며, 소재는 알루미늄으로 되어 있고, 뚜껑이 딸려 있는 프라이팬을 사려고 한다. 따라서 여자가 구입할 프라이팬은 ② 'B'이다.

- **work for** ~에 적합하다
- **material** ⓝ 소재, 재료, 자재
- **lid** ⓝ 뚜껑
- **keep A from B** A가 B하지 못하게 막다
- **splash** ⓥ (물 등을) 튀기다, 철벅거리다

---

11 단편 영화 프로젝트 　　　　　　정답률 85% | 정답 ②

대화를 듣고, 남자의 마지막 말에 대한 여자의 응답으로 가장 적절한 것을 고르시오.
① I don't think I can finish editing it by then. – 내가 그때까지 편집을 끝낼 수 있을 거 같지 않아.
✓I learned it by myself through books. – 책 보고 독학했어.
③ This short movie is very interesting. – 이 단편영화 무척 재밌어.
④ You should make another video clip. – 넌 다른 영상을 만들어야 해.
⑤ I got an A⁺ on the team project. – 난 팀 프로젝트에서 A⁺를 받았어.

M : Have you finished your team's short-movie project?
너네 팀 단편 영화 프로젝트 끝냈어?

W : Not yet. I'm still editing the video clip.
아직. 난 아직 영상을 편집하고 있어.

M : Oh, you edit? How did you learn to do that?
오, 네가 편집해? 그거 어디서 배웠어?

W : I learned it by myself through books.
책 보고 독학했어.

Why? 왜 정답일까?

여자가 영상을 직접 편집하고 있다는 말에 남자는 어떻게 배웠는지(How did you learn to do that?) 물으며 관심을 보인다. 따라서 여자의 응답으로 가장 적절한 것은 ② '책 보고 독학했어.'이다.

- **video clip** (짧은) 영상
- **learn by oneself** 독학하다

---

12 차로 데리러 와달라고 부탁하기 　　　　　　정답률 83% | 정답 ①

대화를 듣고, 여자의 마지막 말에 대한 남자의 응답으로 가장 적절한 것을 고르시오.
✓All right. I'll come pick you up now. – 그래. 내가 지금 태우러 가마.
② I'm sorry. The library is closed today. – 미안해. 도서관은 오늘 닫았어.

10회

③ No problem. You can borrow my book. – 물론이지. 내 책을 빌려가도 된다.
④ Thank you so much. I'll drop you off now. – 무척 고맙구나. 지금 내가 널 내려줄게.
⑤ Right. I've changed the interior of my office. – 맞아. 내 사무실 인테리어를 바꿨어.

[Cell phone rings.]
[휴대전화가 울린다.]
W : Daddy, are you still working now?
아빠, 아직 일하고 계세요?
M : No, Emma. I'm about to get in my car and drive home.
아니, Emma. 지금 차에 타서 집으로 가려던 참이야.
W : Great. Can you give me a ride? I'm at the City Library near your office.
잘됐네요. 저 좀 태워주실래요? 저 아빠 사무실 근처 시립 도서관에 있어요.
M : All right. I'll come pick you up now.
그래. 내가 지금 태우러 가마.

Why? 왜 정답일까?
남자가 집으로 가려던 참이라고 말하자 여자는 남자 사무실 근처에 있는 시립 도서관으로 태우러 와달라고 부탁하고 있다(Can you give me a ride? I'm at the City Library near your office.). 따라서 남자의 응답으로 가장 적절한 것은 ① '그래. 내가 지금 태우러 가마.'이다.

- be about to ~할 참이다
- pick up ~을 (차에) 태우다
- drop off ~을 (차에서) 내려주다

---

13 농장에 함께 가도 될지 묻기　　정답률 83% | 정답 ③

대화를 듣고, 남자의 마지막 말에 대한 여자의 응답으로 가장 적절한 것을 고르시오.
Woman: _____
① Try these tomatoes and cucumbers. – 이 토마토랑 오이 좀 먹어봐.
② I didn't know peppers are good for skin. – 난 고추가 피부에 좋은 줄 몰랐어.
③ Just wear comfortable clothes and shoes. – 그냥 편한 옷이랑 신발만 있으면 돼.
④ You can pick tomatoes when they are red. – 토마토가 빨간색이면 따도 돼.
⑤ I'll help you grow vegetables on your farm. – 너희 농장에서 채소 기르는 걸 도와줄게.

M : Claire, how's your farm doing?
Claire, 너네 농장 어때?
W : Great! I harvested some cherry tomatoes and cucumbers last weekend. Do you want some?
아주 좋아! 난 방울토마토랑 오이를 지난 주말에 좀 수확했어. 너 좀 줄까?
M : Of course. I'd like some very much.
물론이지. 주면 아주 좋아.
W : Okay. I'll bring you some tomorrow.
그래. 내가 내일 좀 가져다줄게.
M : Thanks. Are you going to the farm this weekend too?
고마워. 너 이번 주말에도 농장 가?
W : Yes. The peppers are almost ready to be picked.
응. 고추 딸 때가 거의 다 됐어.
M : Can I go with you? I'd like to look around your farm and help you pick the peppers.
나도 가도 돼? 나도 너네 농장 좀 둘러보고 고추 따는 거 도와주고 싶어.
W : Sure. It would be fun to work on the farm together.
물론이지. 같이 농장에서 일하면 재미있을 거야.
M : Sounds nice. Is there anything I need to prepare?
근사할 거 같아. 내가 준비해야 할 게 있어?
W : Just wear comfortable clothes and shoes.
그냥 편한 옷이랑 신발만 있으면 돼.

Why? 왜 정답일까?
여자네 농장에 따라가려는 남자가 준비물을 물으므로(Is there anything I need to prepare?), 여자의 응답으로 가장 적절한 것은 ③ '그냥 편한 옷이랑 신발만 있으면 돼.'이다.

- harvest ⓥ 수확하다
- cucumber ⓝ 오이

---

14 싸운 친구에게 직접 만나 사과하라고 권하기　　정답률 89% | 정답 ①

대화를 듣고, 여자의 마지막 말에 대한 남자의 응답으로 가장 적절한 것을 고르시오. [3점]
Man: _____
① You're right. I'll meet her and apologize. – 네 말이 맞아. 걔를 만나서 사과하겠어.
② I agree with you. That's why I did it. – 네 말에 동의해. 그래서 내가 그렇게 했어.
③ Thank you. I appreciate your apology. – 고마워. 네 사과 고맙게 받을게.
④ Don't worry. I don't think it's your fault. – 걱정 마. 난 그게 네 잘못이라고 생각하지 않아.
⑤ Too bad. I hope the two of you get along. – 안됐네. 둘이 잘 지내길 바라.

W : Daniel, what's wrong?
Daniel, 무슨 일이야?
M : Hi, Leila. I had an argument with Olivia.
안녕, Leila. 나 Olivia랑 싸웠어.
W : Was it serious?
진짜로 싸웠어?
M : I'm not sure, but I think I made a mistake.
잘 모르겠어. 그런데 내가 실수를 한 것 같아.
W : So that's why you have a long face.
그래서 네 얼굴이 우울하구나.
M : Yeah. I want to get along with her, but she's still angry at me.
응. 난 걔랑 잘 지내고 싶은데, 걘 아직 나한테 화가 나 있어.
W : Did you say you're sorry to her?
미안하다고 말했어?
M : Well, I texted her saying that I'm sorry.
음, 미안하다고 말하는 문자를 보냈어.
W : I don't think it's a good idea to express your apology through a text message.
문자 메시지로 사과를 표현하는 게 좋은 생각인 것 같지 않아.
M : Do you think so? Now I know why I haven't received any response from her yet.
그래? 이제 왜 내가 걔한테 아직 아무 답도 못 받았는지 알겠어.

W : I think it'd be best to go and talk to her in person.
내 생각에 걔한테 가서 직접 말해보는 게 최선일 거 같아.
M : You're right. I'll meet her and apologize.
네 말이 맞아. 걔를 만나서 사과하겠어.

Why? 왜 정답일까?
친구에게 문자로 사과했으나 답을 받지 못했다는 남자에게 여자는 직접 만나 사과하는 것이 가장 좋겠다고 충고하고 있다(I think it'd be best to go and talk to her in person.). 따라서 남자의 응답으로 가장 적절한 것은 ① '네 말이 맞아. 걔를 만나서 사과하겠어.'이다.

- have a long face 우울한 얼굴을 하다
- get along with ~와 잘 지내다
- in person 직접
- apologize ⓥ 사과하다
- appreciate ⓥ 감사하다

---

15 해돋이를 보기 위한 기상 시간 정하기　　정답률 80% | 정답 ③

다음 상황 설명을 듣고, John이 Ted에게 할 말로 가장 적절한 것을 고르시오. [3점]
John: _____
① How can we find the best sunrise spot? – 최고의 해돋이 장소는 어떻게 찾지?
② Why do you go mountain climbing so often? – 넌 왜 그렇게 자주 등산을 가니?
③ What time should we get up tomorrow morning? – 우리 내일 아침 몇 시에 일어나야 하지?
④ When should we come down from the mountain top? – 우리 산 정상에서 언제 내려가야 할까?
⑤ Where do we have to stay in the mountain at night? – 우리 밤에는 산 어디에서 있어야 할까?

M : Ted and John are college freshmen.
Ted와 John은 대학 신입생이다.
They are climbing Green Diamond Mountain together.
그들은 Green Diamond Mountain에 함께 오른다.
Now they have reached the campsite near the mountain top.
이제 그들은 산 정상 근처의 캠핑장에 이르렀다.
After climbing the mountain all day, they have a relaxing time at the campsite.
하루 종일 산을 오른 뒤, 그들은 캠핑장에서 여유로운 시간을 보내고 있다.
While drinking coffee, Ted suggests to John that they watch the sunrise at the mountain top the next morning.
커피를 마시던 중, Ted는 John에게 다음날 아침에 산 정상에서 해돋이를 보자고 제안한다.
John thinks it's a good idea.
John은 그게 좋은 생각인 것 같다.
So, now John wants to ask Ted how early they should wake up to see the sunrise.
그래서, 이제 John은 Ted에게 해돋이를 보려면 얼마나 일찍 일어나야 할지 물어보려고 한다.
In this situation, what would John most likely say to Ted?
이 상황에서, John은 Ted에게 뭐라고 말할 것인가?
John : What time should we get up tomorrow morning?
우리 내일 아침 몇 시에 일어나야 하지?

Why? 왜 정답일까?
상황에 따르면 John은 Ted의 제안에 따라 다음 날 산 정상에서 해돋이를 보려면 몇 시에 일어나야 할지 Ted에게 물어보려 한다(~ John wants to ask Ted how early they should wake up to see the sunrise.). 따라서 John이 Ted에게 할 말로 가장 적절한 것은 ③ '우리 내일 아침 몇 시에 일어나야 하지?'이다.

- relaxing ⓐ 여유로운, 느긋한
- sunrise ⓝ 일출, 해돋이

16-17 가족끼리 즐길 수 있는 운동

W : Good morning, everyone.
안녕하세요, 여러분.
Do you spend a lot of time with your family?
여러분은 가족과 시간을 많이 보내시나요?
One of the best ways to spend time with your family is to enjoy sports together.
가족과 시간을 보내는 최고의 방법 중 하나는 함께 운동을 즐기는 것입니다.
「Today, I will share some of the best sports that families can play together.」 **16번의 근거**
오늘, 저는 가족들이 함께할 수 있는 몇 가지 최고의 스포츠를 공유하려고 합니다.
「The first one is badminton.」 **17번 ①의 근거** 일치
첫 번째로 배드민턴입니다.
The whole family can enjoy the sport with minimal equipment.
가족 모두가 최소의 장비로 스포츠를 즐길 수 있습니다.
「The second one is basketball.」 **17번 ②의 근거** 일치
두 번째로 농구입니다.
You can easily find a basketball court near your house.
집 근처에서 농구장을 쉽게 찾아볼 수 있죠.
「The third one is table tennis.」 **17번 ③의 근거** 일치
세 번째는 탁구입니다.
It can be played indoors anytime.
이것은 실내에서 언제든 할 수 있죠.
「The last one is bowling.」 **17번 ⑤의 근거** 일치
마지막으로 볼링입니다.
Many families have a great time playing it together.
많은 가족들은 볼링을 함께하며 멋진 시간을 보냅니다.
When you go home today, how about playing one of these sports with your family?
오늘 집에 가시면, 이 운동 중 하나를 가족들과 해보시면 어떨까요?

- whole ⓐ 전체의
- minimal ⓐ 최소의
- equipment ⓝ 장비
- table tennis 탁구
- the elderly 연세 드신 분들, 노인들
- useful ⓐ 유용한
- traditional ⓐ 전통적인

---

16 주제 파악　　정답률 96% | 정답 ③

여자가 하는 말의 주제로 가장 적절한 것은?
① indoor sports good for the elderly – 노인층에 좋은 실내 스포츠
② importance of learning rules in sports – 스포츠에서 규칙을 익히는 것의 중요성
③ best sports for families to enjoy together – 가족이 함께 즐길 수 있는 최고의 운동

④ useful tips for winning a sports game – 운동 경기를 이기기 위한 유용한 조언
⑤ history of traditional family sports – 전통 가족 스포츠의 역사

Why? 왜 정답일까?

'Today, I will share some of the best sports that families can play together.'에서 여자는 가족이 함께 즐기기 좋은 운동을 몇 가지 소개하겠다고 하므로, 여자가 하는 말의 주제로 가장 적절한 것은 ③ '가족이 함께 즐길 수 있는 최고의 운동'이다.

---

17 언급 유무 파악   정답률 96% | 정답 ④

언급된 스포츠가 아닌 것은?

① badminton – 배드민턴 ② basketball – 농구 ③ table tennis – 탁구
✓ soccer – 축구 ⑤ bowling – 볼링

Why? 왜 정답일까?

담화에서 여자는 가족끼리 즐기기 좋은 스포츠의 예시로 배드민턴, 농구, 탁구, 볼링을 언급한다. 따라서 언급되지 않은 것은 ④ '축구'이다.

Why? 왜 오답일까?

① 'The first one is badminton.'에서 '배드민턴'이 언급되었다.
② 'The second one is basketball.'에서 '농구'가 언급되었다.
③ 'The third one is table tennis.'에서 '탁구'가 언급되었다.
⑤ 'The last one is bowling.'에서 '볼링'이 언급되었다.

---

18 아파트 놀이터 시설 수리 요청   정답률 93% | 정답 ③

다음 글의 목적으로 가장 적절한 것은?

① 아파트의 첨단 보안 설비를 홍보하려고
② 아파트 놀이터의 임시 폐쇄를 공지하려고
✓ 아파트 놀이터 시설의 수리를 요청하려고
④ 아파트 놀이터 사고의 피해 보상을 촉구하려고
⑤ 아파트 공용 시설 사용 시 유의 사항을 안내하려고

To whom it may concern,
관계자분께
I am a resident of the Blue Sky Apartment.
저는 Blue Sky 아파트의 거주자입니다.
Recently I observed / that the kid zone is in need of repairs.
최근에 저는 알게 되었습니다. / 아이들을 위한 구역이 수리가 필요하다는 것을
I want you to pay attention / to the poor condition of the playground equipment in the zone.
저는 귀하께서 관심을 기울여 주시기 바랍니다. / 그 구역 놀이터 설비의 열악한 상태에
The swings are damaged, / the paint is falling off, / and some of the bolts on the slide are missing.
그네가 손상되었고, / 페인트가 떨어져 나가고 있고, / 미끄럼틀의 볼트 몇 개가 빠져 있습니다.
The facilities have been in this terrible condition / since we moved here.
시설들은 이렇게 형편없는 상태였습니다. / 우리가 이곳으로 이사 온 이후로
They are dangerous / to the children playing there.
이것들은 위험합니다. / 거기서 노는 아이들에게
Would you please have them repaired?
이것들을 수리해 주시겠습니까?
I would appreciate your immediate attention / to solve this matter.
즉각적인 관심을 보여주시면 감사하겠습니다. / 이 문제를 해결하기 위해
Yours sincerely, / Nina Davis
Nina Davis 드림

관계자분께
저는 Blue Sky 아파트의 거주자입니다. 최근에 저는 아이들을 위한 구역이 수리가 필요하다는 것을 알게 되었습니다. 저는 귀하께서 그 구역 놀이터 설비의 열악한 상태에 관심을 기울여 주시기 바랍니다. 그네가 손상되었고, 페인트가 떨어져 나가고 있고, 미끄럼틀의 볼트 몇 개가 빠져 있습니다. 시설들은 우리가 이곳으로 이사 온 이후로 이렇게 형편없는 상태였습니다. 이것들은 거기서 노는 아이들에게 위험합니다. 이것들을 수리해 주시겠습니까? 이 문제를 해결하기 위한 즉각적인 관심을 보여주시면 감사하겠습니다.

Nina Davis 드림

Why? 왜 정답일까?

'I want you to pay attention to the poor condition of the playground equipment in the zone.'와 'Would you please have them repaired?'에 놀이터 시설 수리를 요청하는 필자의 목적이 잘 드러나 있다. 따라서 글의 목적으로 가장 적절한 것은 ③ '아파트 놀이터 시설의 수리를 요청하려고'이다.

● **to whom it may concern** 담당자 귀하, 관계자 귀하
● **in need of** ~이 필요한   ● **pay attention to** ~에 주의를 기울이다
● **equipment** ⓝ 장비   ● **damaged** ⓐ 손상된
● **fall off** 벗겨지다, 떨어져 나가다   ● **facility** ⓝ 시설
● **immediate** ⓐ 즉각적인

구문 풀이

6행 The facilities have been in this terrible condition since we moved here.
　　　　　 현재완료　　　　　 접속사(~ 이후로)　 과거

---

19 야생에서 회색곰을 만난 필자   정답률 82% | 정답 ②

다음 글에 드러난 'I'의 심경 변화로 가장 적절한 것은?

① sad → angry   ✓ delighted → scared
　슬픈　　화난　　　기쁜　　겁에 질린

---

③ satisfied → jealous ④ worried → relieved
　만족한　　질투하는　　걱정하는　　안도한
⑤ frustrated → excited
　좌절한　　신난

On a two-week trip in the Rocky Mountains, / I saw a grizzly bear in its native habitat.
로키산맥에서 2주간의 여행 중, / 나는 자연 서식지에서 회색곰 한 마리를 보았다.
At first, / I felt joy / as I watched the bear walk across the land.
처음에 / 나는 기분이 좋았다. / 내가 그 곰이 땅을 가로질러 걸어가는 모습을 보았을 때
He stopped every once in a while / to turn his head about, / sniffing deeply.
그것은 이따금 멈춰 서서 / 고개를 돌려 / 깊게 코를 킁킁거렸다.
He was following the scent of something, / and slowly I began to realize / that this giant animal was smelling me!
그것은 무언가의 냄새를 따라가고 있었고, / 나는 서서히 깨닫기 시작했다! / 거대한 이 동물이 내 냄새를 맡고 있다는 것을
I froze.
나는 얼어붙었다.
This was no longer a wonderful experience; / it was now an issue of survival.
이것은 더는 멋진 경험이 아니었고, / 이제 그것은 생존의 문제였다.
The bear's motivation was to find meat to eat, / and I was clearly on his menu.
그 곰의 동기는 먹을 고기를 찾는 것이었고, / 나는 분명히 그의 메뉴에 올라 있었다.

로키산맥에서 2주간의 여행 중, 나는 자연 서식지에서 회색곰 한 마리를 보았다. 처음에 나는 그 곰이 땅을 가로질러 걸어가는 모습을 보았을 때 기분이 좋았다. 그것은 이따금 멈춰 서서 고개를 돌려 깊게 코를 킁킁거렸다. 그것은 무언가의 냄새를 따라가고 있었고, 나는 서서히 거대한 이 동물이 내 냄새를 맡고 있다는 것을 깨닫기 시작했다! 나는 얼어붙었다. 이것은 더는 멋진 경험이 아니었고, 이제 생존의 문제였다. 그 곰의 동기는 먹을 고기를 찾는 것이었고, 나는 분명히 그의 메뉴에 올라 있었다.

Why? 왜 정답일까?

처음에 회색곰을 발견하고 기분이 좋았던(At first, I felt joy as I watched the bear walk across the land.) 필자가 곰이 자신을 노린다는 것을 알고 겁에 질렸다(I froze.)는 내용이다. 따라서 'I'의 심경 변화로 가장 적절한 것은 ② '기쁜 → 겁에 질린'이다.

● **grizzly bear** (북미·러시아 일부 지역에 사는) 회색곰   ● **habitat** ⓝ 서식지
● **walk across** ~을 횡단하다   ● **every once in a while** 이따금
● **turn about** 뒤돌아보다, 방향을 바꾸다   ● **sniff** ⓥ 킁킁거리다
● **scent** ⓝ 냄새   ● **freeze** ⓥ 얼어붙다
● **no longer** 더 이상 ~않다   ● **motivation** ⓝ (행동의) 이유, 동기 (부여)
● **jealous** ⓐ 질투하는   ● **frustrated** ⓐ 좌절한

구문 풀이

3행 He stopped every once in a while to turn his head about, sniffing deeply.
　　　　　　　　　　　　　　　 목적(~하려고)　　　 분사구문(~하면서)

---

20 신체 리듬이 정점일 때를 파악해 활용하기   정답률 81% | 정답 ⑤

다음 글에서 필자가 주장하는 바로 가장 적절한 것은?

① 부정적인 감정에 에너지를 낭비하지 말라.
② 자신의 신체 능력에 맞게 운동량을 조절하라.
③ 자기 성찰을 위한 아침 명상 시간을 확보하라.
④ 생산적인 하루를 보내려면 일을 균등하게 배분하라.
✓ 자신의 에너지가 가장 높은 시간을 파악하여 활용하라.

It is difficult for any of us / to maintain a constant level of attention / throughout our working day.
우리 중 누구라도 어렵다. / 일정한 수준의 주의 집중을 유지하기는 / 근무일 내내
We all have body rhythms / characterised by peaks and valleys of energy and alertness.
우리 모두 신체 리듬을 가지고 있다. / 에너지와 기민함의 정점과 저점을 특징으로 하는
You will achieve more, / and feel confident as a benefit, / if you schedule your most demanding tasks / at times when you are best able to cope with them.
여러분은 더 많은 것을 이루고, / 이득으로 자신감을 느낄 것이다. / 여러분이 가장 힘든 작업을 하도록 계획을 잡으면 / 가장 잘 처리할 수 있는 시간에
If you haven't thought about energy peaks before, / take a few days to observe yourself.
만약 여러분이 전에 에너지 정점에 관해 생각해 본 적이 없다면, / 며칠 자신을 관찰할 시간을 가져라.
Try to note the times / when you are at your best.
때를 알아차리도록 노력하라. / 여러분이 상태가 제일 좋을
We are all different.
우리는 모두 다르다.
For some, / the peak will come first thing in the morning, / but for others / it may take a while to warm up.
어떤 사람에게는 / 정점이 아침에 제일 먼저 오지만, / 다른 사람에게는 / 준비되는 데 얼마간의 시간이 걸릴 수도 있다.

우리 중 누구라도 근무일 내내 일정한 수준의 주의 집중을 유지하기는 어렵다. 우리 모두 에너지와 기민함의 정점과 저점을 특징으로 하는 신체 리듬을 가지고 있다. 가장 힘든 작업을 가장 잘 처리할 수 있는 시간에 하도록 계획을 잡으면, 더 많은 것을 이루고, 이득으로 자신감을 느낄 것이다. 만약 전에 에너지 정점에 관해 생각해 본 적이 없다면, 며칠 동안 자신을 관찰하라. 상태가 제일 좋을 때를 알아차리도록 노력하라. 우리는 모두 다르다. 어떤 사람에게는 정점이 아침에 제일 먼저 오지만, 다른 사람에게는 준비되는 데 얼마간의 시간이 걸릴 수도 있다.

Why? 왜 정답일까?

힘든 작업을 분배할 수 있도록 하루 중 신체 리듬이 가장 좋은 시간을 찾아보라(Try to note the times when you are at your best.)고 조언하는 글이므로, 필자의 주장으로 가장 적절한 것은 ⑤ '자신의 에너지가 가장 높은 시간을 파악하여 활용하라.'이다.

● **maintain** ⓥ 유지하다   ● **constant** ⓐ 지속적인
● **throughout** [prep] ~ 내내   ● **characterise** ⓥ ~을 특징으로 하다
● **peaks and valleys** 정점과 저점, 부침, 성쇠   ● **alertness** ⓝ 기민함
● **achieve** ⓥ 성취하다   ● **confident** ⓐ 자신감 있는
● **benefit** ⓝ 이득   ● **demanding** ⓐ 까다로운, 힘든
● **cope with** ~을 처리하다   ● **warm up** 준비가 되다, 몸을 풀다

7행 Try to note the times when you are at your best.
　　　　　　　　　　　선행사(시간) 　관계부사

21 더 많은 기술을 받아들인 대가 　　　정답률 55% | 정답 ⑤

밑줄 친 The divorce of the hands from the head가 다음 글에서 의미하는 바로 가장 적절한 것은? [3점]

① ignorance of modern technology
　현대 기술에 대한 무지
② endless competition in the labor market
　노동 시장에서의 끝없는 경쟁
③ not getting along well with our coworkers
　동료와 잘 지내지 않는 것
④ working without any realistic goals for our career
　경력을 위한 아무 현실적 목표도 없이 일하는 것
✔ our increasing use of high technology in the workplace
　우리가 직장에서 고도의 기술을 점점 더 많이 사용하는 것

If we adopt technology, / we need to pay its costs.
만약 우리가 기술을 받아들이면, / 우리는 그것의 비용을 치러야 한다.
Thousands of traditional livelihoods / have been pushed aside by progress, / and the lifestyles around those jobs / removed.
수천 개의 전통적인 생계 수단이 / 발전 때문에 밀려났으며, / 그 직업과 관련된 생활 방식이 / 없어졌다.
Hundreds of millions of humans today / work at jobs they hate, / producing things they have no love for.
오늘날 수억 명의 사람들이 / 자기가 싫어하는 일자리에서 일한다 / 그들이 아무런 애정을 느끼지 못하는 것들을 생산하면서
Sometimes / these jobs cause physical pain, disability, or chronic disease.
때때로 / 이러한 일자리는 육체적 고통, 장애 또는 만성 질환을 유발한다.
Technology creates many new jobs / that are certainly dangerous.
기술은 많은 새로운 일자리를 창출한다 / 확실히 위험한
At the same time, / mass education and media train humans / to avoid low-tech physical work, / to seek jobs working in the digital world.
동시에, / 대중 교육과 대중 매체는 인간을 훈련시킨다 / 낮은 기술의 육체노동을 피하고 / 디지털 세계에서 일하는 직업을 찾도록
The divorce of the hands from the head / puts a stress on the human mind.
손이 머리로부터 단절돼 있는 것은 / 인간의 정신에 부담을 준다.
Indeed, / the sedentary nature of the best-paying jobs / is a health risk / — for body and mind.
실제로, / 가장 보수 좋은 직업이 주로 앉아서 하는 특성을 지녔다는 것은 / 건강상 위험 요소이다. / 신체와 정신에

만약 우리가 기술을 받아들이면, 우리는 그것의 비용을 치러야 한다. 수천 개의 전통적인 생계 수단이 발전 때문에 밀려났으며, 그 직업과 관련된 생활 방식이 없어졌다. 오늘날 수억 명의 사람들이 자기가 싫어하는 일자리에서 일하면서 아무런 애정을 느끼지 못하는 것들을 생산한다. 때때로 이러한 일자리는 육체적 고통, 장애 또는 만성 질환을 유발한다. 기술은 확실히 위험한 많은 새로운 일자리를 창출한다. 동시에, 대중 교육과 대중 매체는 인간이 낮은 기술의 육체노동을 피하고 디지털 세계에서 일하는 직업을 찾도록 훈련시킨다. 손이 머리로부터 단절돼 있는 것은 인간의 정신에 부담을 준다. 실제로, 가장 보수 좋은 직업이 주로 앉아서 하는 특성을 지녔다는 것은 신체 및 정신 건강의 위험 요소이다.

Why? 왜 정답일까?

첫 두 문장에서 우리는 더 많은 기술을 받아들이면서 더 많은 전통적 방식을 포기하게 되었다고 말한다. 특히 밑줄이 포함된 문장 앞뒤에서는 현대 인간이 육체노동을 덜 찾고 앉아서 하는 일을 찾도록(to avoid low-tech physical work, to seek jobs working in the digital world) 훈련되면서 더 많은 건강 위험에 노출되었다고 설명한다. 이러한 흐름으로 보아, 밑줄 부분은 결국 '인간이 기술을 더 많이 받아들인 대가로' 육체와 정신의 건강을 잃게 되었다는 뜻으로 볼 수 있다. 따라서 밑줄 친 부분의 의미로 가장 적절한 것은 ⑤ '우리가 직장에서 고도의 기술을 점점 더 많이 사용하는 것'이다.

- adopt ⓥ 수용하다, 받아들이다
- livelihood ⓝ 생계
- progress ⓝ 진보
- million ⓝ 100만
- have love for ~에 애정을 갖다
- disability ⓝ 장애
- certainly 🔊 분명히, 확실히
- seek ⓥ 찾다, 추구하다
- divorce A from B A와 B의 분리, A를 B로부터 분리시키다
- put a stress on ~에 스트레스[부담]를 주다
- nature ⓝ 본성, 특성
- ignorance ⓝ 무지
- competition ⓝ 경쟁
- get along (well) with ~와 잘 지내다
- cost ⓝ 비용 ⓥ (~의 비용을) 치르게 하다
- push aside 밀어치우다
- remove ⓥ 제거하다
- produce ⓥ 만들어내다
- physical ⓐ 신체적인
- chronic ⓐ 만성의
- mass ⓝ (일반) 대중 ⓐ 대중의, 대량의
- sedentary ⓐ 주로 앉아서 하는
- health risk 건강상 위험
- endless ⓐ 끝없는
- labor market 노동 시장
- realistic ⓐ 현실적인

구문 풀이

3행 Hundreds of millions of humans today work at jobs (that) they hate,
　　　　　　　　　　　　　　　　　　　수억의　　　　　　　　목적격 관계대명사
producing things [they have no love for.]
선행사

22 숙련된 학습자의 융통성 　　　정답률 83% | 정답 ①

다음 글의 요지로 가장 적절한 것은?

✔ 숙련된 학습자는 상황에 맞는 학습 전략을 사용할 줄 안다.
② 선다형 시험과 논술 시험은 평가의 형태와 목적이 다르다.
③ 문화마다 특정 행사와 상황에 맞는 복장 규정이 있다.
④ 학습의 양보다는 학습의 질이 학업 성과를 좌우한다.
⑤ 학습 목표가 명확할수록 성취 수준이 높아진다.

When students are starting their college life, / they may approach every course, test, or learning task the same way, / using what we like to call "the rubber-stamp approach."
학생들이 대학 생활을 시작할 때 / 그들은 모든 과목, 시험 또는 학습 과제를 똑같은 방식으로 접근할지도 모른다 / 우리가 '고무도장 방식'이라고 부르고자 하는 방법을 이용하여

Think about it this way: / Would you wear a tuxedo to a baseball game? / A colorful dress to a funeral? / A bathing suit to religious services?
그것을 이렇게 생각해 보라. / 여러분은 야구 경기에 턱시도를 입고 가겠는가? / 장례식에 화려한 드레스를 입고 가겠는가? / 종교 예식에 수영복을 입고 가겠는가?
Probably not.
아마 아닐 것이다.
You know / there's appropriate dress for different occasions and settings.
여러분은 알고 있다. / 다양한 행사와 상황마다 적합한 옷이 있음을
Skillful learners know / that "putting on the same clothes" / won't work for every class.
숙련된 학습자는 알고 있다. / '같은 옷을 입는 것'이 / 모든 수업에 효과가 있지 않을 것이라는 걸
They are flexible learners.
그들은 유연한 학습자이다.
They have different strategies / and know when to use them.
그들은 다양한 전략을 갖고 있으며 / 그것을 언제 사용해야 하는지 안다.
They know / that you study for multiple-choice tests differently / than you study for essay tests.
그들은 안다. / 여러분이 선다형 시험은 다르게 학습한다는 것을 / 여러분이 논술 시험을 위해 학습하는 것과는
And they not only know what to do, / but they also know how to do it.
그리고 그들은 무엇을 해야 하는지 알고 있을 뿐만 아니라, / 그것을 어떻게 해야 하는지도 알고 있다.

대학 생활을 시작할 때 학생들은 우리가 '고무도장 방식(잘 살펴보지도 않고 무조건 승인 또는 처리하는 방식)'이라고 부르고자 하는 방법을 이용하여 모든 과목, 시험, 또는 학습 과제를 똑같은 방식으로 접근할지도 모른다. 그것을 이렇게 생각해 보라. 여러분은 야구 경기에 턱시도를 입고 가겠는가? 장례식에 화려한 드레스를 입고 가겠는가? 종교 예식에 수영복을 입고 가겠는가? 아마 아닐 것이다. 다양한 행사와 상황마다 적합한 옷이 있음을 여러분은 알고 있다. 숙련된 학습자는 '같은 옷을 입는 것'이 모든 수업에 효과가 있지 않을 것이라는 걸 알고 있다. 그들은 유연한 학습자이다. 그들은 다양한 전략을 갖고 있으며 그것을 언제 사용해야 하는지 안다. 그들은 선다형 시험은 논술 시험을 위해 학습하는 것과는 다르게 학습한다는 것을 안다. 그리고 그들은 무엇을 해야 하는지 알고 있을 뿐만 아니라, 그것을 어떻게 해야 하는지도 알고 있다.

Why? 왜 정답일까?

숙련된 학습자는 상황마다 적절한 학습 전략이 있음을 알고 이를 융통성 있게 사용한다(Skillful learners know that "putting on the same clothes" won't work for every class. They are flexible learners. They have different strategies and know when to use them.)는 내용이다. 따라서 글의 요지로 가장 적절한 것은 ① '숙련된 학습자는 상황에 맞는 학습 전략을 사용할 줄 안다.'이다.

- course ⓝ 수업, 강좌
- rubber-stamp ⓝ 고무도장, 잘 살펴보지도 않고 무조건 허가하는 사람
- colorful ⓐ 화려한, 색색의
- bathing suit 수영복
- appropriate ⓐ 적절한
- skillful ⓐ 숙련된
- strategy ⓝ 전략
- funeral ⓝ 장례식
- religious service 종교 의식
- occasion ⓝ 상황, 경우
- flexible ⓐ 융통성 있는
- multiple-choice test 객관식 시험, 선다형 시험

구문 풀이

1행 When students are starting their college life, they may approach every course, test, or learning task the same way, using what we like to call "the
　　　　　　　　　　　　　　　　　분사구문　관계　　└불완전한 문장
rubber-stamp approach."　　　　　　　　대명사　(to call의 목적어가 없음)
　　　　　　to call의 보어

★★★ 등급을 가르는 문제!

23 관광 산업이 성장한 배경 　　　정답률 39% | 정답 ①

다음 글의 주제로 가장 적절한 것은?

✔ factors that caused tourism expansion – 관광 산업의 확장을 일으킨 요인
② discomfort at a popular tourist destination – 유명한 여행지에서의 불편
③ importance of tourism in society and economy – 사회와 경제에서 관광 산업이 갖는 중요성
④ negative impacts of tourism on the environment – 관광 산업이 환경에 미치는 부정적 영향
⑤ various types of tourism and their characteristics – 다양한 유형의 관광 산업과 그 특징

As the social and economic situation of countries got better, / wage levels and working conditions improved.
국가들의 사회적 및 경제적 상황이 더 나아지면서, / 임금 수준과 근로 여건이 개선되었다.
Gradually / people were given more time off.
점차 / 사람들은 더 많은 휴가를 받게 되었다.
At the same time, / forms of transport improved / and it became faster and cheaper / to get to places.
동시에, / 운송 형태가 개선되었고 / 더 빠르고 더 저렴해졌다. / 장소를 이동하는 것이
England's industrial revolution / led to many of these changes.
영국의 산업 혁명이 / 이러한 변화 중 많은 것을 일으켰다.
Railways, / in the nineteenth century, / opened up now famous seaside resorts / such as Blackpool and Brighton.
철도는, / 19세기에, / 현재 유명한 해안가 리조트를 개업시켰다. / Blackpool과 Brighton 같은
With the railways / came many large hotels.
철도가 생기면서 / 많은 대형 호텔이 생겨났다.
In Canada, for example, / the new coast-to-coast railway system made possible / the building of such famous hotels / as Banff Springs and Chateau Lake Louise in the Rockies.
예를 들어, 캐나다에서는 / 새로운 대륙 횡단 철도 시스템이 가능하게 했다. / 그런 유명한 호텔 건설을 / 로키산맥의 Banff Springs와 Chateau Lake Louise 같은
Later, / the arrival of air transport / opened up more of the world / and led to tourism growth.
이후에, / 항공 운송의 출현은 / 세계의 더 많은 곳을 열어 주었고 / 관광 산업의 성장을 이끌었다.

국가들의 사회적 및 경제적 상황이 더 나아지면서, 임금 수준과 근로 여건이 개선되었다. 점차 사람들은 더 많은 휴가를 받게 되었다. 동시에, 운송 형태가 개선되었고 장소를 이동하는 것이 더 빠르고 더 저렴해졌다. 영국의 산업 혁명이 이러한 변화 중 많은 것을 일으켰다. 19세기에, 철도로 인해 Blackpool과 Brighton 같은 현재 유명한 해안가 리조트가 들어서게 되

었다. 철도가 생기면서 많은 대형 호텔이 생겨났다. 예를 들어, 캐나다에서는 새로운 대륙 횡단 철도 시스템이 로키산맥의 Banff Springs와 Chateau Lake Louise 같은 유명한 호텔 건설을 가능하게 했다. 이후에 항공 운송의 출현은 세계의 더 많은 곳(으로 가는 길)을 열어 주었고 관광 산업의 성장을 이끌었다.

Why? 왜 정답일까?

관광 산업의 성장(tourism growth)을 이끈 원인을 흐름에 따라 열거하는 글이다. 가장 먼저 사회경제적 상황이 개선되면서 임금 수준과 근로 조건이 개선되고, 이에 따라 여가가 늘어나고, 운송 사업이 발달하여 이동을 편하게 했다는 것이다. 따라서 글의 주제로 가장 적절한 것은 ① '관광 산업의 확장을 일으킨 요인'이다.

- wage ⓝ 임금
- improve ⓥ 향상되다
- time off 휴가
- industrial revolution 산업 혁명
- tourism ⓝ 관광(업)
- expansion ⓝ 확장
- tourist destination 관광지
- working condition 근무 조건
- gradually ⓐⓓ 점차, 점점
- transport ⓝ 운송, 이동
- lead to ~을 초래하다
- factor ⓝ 요인
- discomfort ⓝ 불편
- characteristic ⓝ 특징

구문 풀이

7행 In Canada, for example, the new coast-to-coast railway system made [동사] possible the building of such famous hotels as Banff Springs and Chateau Lake [목적격 보어] [목적어(길어서 뒤로 빠짐)] Louise in the Rockies.

★★ 문제 해결 꿀~팁 ★★

▶ 많이 틀린 이유는?
사회경제적 변화 상황이 결국 '관광업의 성장'을 이끌었다는 결론이 글의 핵심이다. 따라서 첫 문장에 언급된 '사회와 경제'만 다소 두루뭉술하게 언급하는 ③은 답으로 부적합하다.

▶ 문제 해결 방법은?
시간 흐름에 따라 관광업의 성장을 이끈 배경 요인을 열거하는 글로, '그래서 결론이 무엇인지'를 파악하는 것이 중요하다.

---

24 성공적인 직업의 함정 정답률 67% | 정답 ②

다음 글의 제목으로 가장 적절한 것은?

① Don't Compete with Yourself – 자기 자신과 경쟁하지 말라
☑ A Trap of a Successful Career – 성공적인 직업의 함정
③ Create More Jobs for Young People – 젊은이들을 위해 더 많은 일자리를 창출하라
④ What Difficult Jobs Have in Common – 어려운 직업에는 어떤 공통점이 있는가
⑤ A Road Map for an Influential Employer – 영향력이 큰 고용주를 위한 지침

Success can lead you / off your intended path / and into a comfortable rut.
성공은 여러분을 이끌 수 있다. / 의도된 길에서 벗어나 / 틀에 박힌 편안한 생활로 들어가도록

If you are good at something / and are well rewarded for doing it, / you may want to keep doing it / even if you stop enjoying it.
여러분이 어떤 일을 잘하고 / 그 일을 하는 데 대한 보상을 잘 받는다면, / 여러분은 그걸 계속하고 싶을 수도 있다. / 여러분이 그것을 즐기지 않게 되더라도

The danger is / that one day you look around and realize / you're so deep in this comfortable rut / that you can no longer see the sun or breathe fresh air; / the sides of the rut have become so slippery / that it would take a superhuman effort / to climb out; / and, effectively, you're stuck.
위험한 점은 ~이다. / 어느 날 여러분이 주변을 둘러보고 깨닫게 된다는 것 / 여러분이 틀에 박힌 이 편안한 생활에 너무나 깊이 빠져 있어서 / 더는 태양을 보거나 신선한 공기를 호흡할 수 없다고 / 그 틀에 박힌 생활의 양쪽 면이 너무나 미끄럽게 되어 / 초인적인 노력이 필요할 것이라고 / 기어올라 나오려면 / 그리고 사실상 여러분이 꼼짝할 수 없다는 것을

And it's a situation / that many working people worry / they're now in.
그리고 이는 상황이다. / 많은 근로자가 걱정하는 / 현재 자신이 처해 있다고

The poor employment market / has left them feeling locked / in what may be a secure, or even well-paying — but ultimately unsatisfying — job.
열악한 고용 시장은 / 이들이 갇혀 있다고 느끼게 했다. / 안정적이거나 심지어 보수가 좋을 수도 있지만 궁극적으로는 만족스럽지 못한 일자리에

성공은 여러분이 의도한 길에서 벗어나 틀에 박힌 편안한 생활로 들어가도록 이끌 수 있다. 여러분이 어떤 일을 잘하고 그 일을 하는 데 대한 보상을 잘 받는다면, 그것을 즐기지 않게 되더라도 계속하고 싶을 수도 있다. 위험한 점은 어느 날 여러분이 주변을 둘러보고, 자신이 틀에 박힌 이 편안한 생활에 너무나 깊이 빠져 있어서 더는 태양을 보거나 신선한 공기를 호흡할 수 없으며, 그 틀에 박힌 생활의 양쪽 면이 너무나 미끄럽게 되어 기어올라 나오려면 초인적인 노력이 필요할 것이고, 사실상 자신이 꼼짝할 수 없다는 것을 깨닫게 된다는 것이다. 그리고 이는 많은 근로자가 현재 자신이 처해 있다고 걱정하는 상황이다. 열악한 고용 시장은 이들이 안정적이거나 심지어 보수가 좋을 수도 있지만 궁극적으로는 만족스럽지 못한 일자리에 갇혀 있다고 느끼게 했다.

Why? 왜 정답일까?

첫 두 문장을 통해, 직업에서 성공하고 높은 보상을 누리게 되면 그 일을 즐기지 않게 되거나 일에서의 만족을 느끼지 못하게 되더라도 그 일을 고수하게 된다(If you are good at something and are well rewarded for doing it, you may want to keep doing it even if you stop enjoying it.)는 주제를 파악할 수 있다. 따라서 글의 제목으로 가장 적절한 것은 ② '성공적인 직업의 함정'이다.

- intended ⓐ 의도된
- be rewarded for ~에 대해 보상받다
- slippery ⓐ 미끄러운
- superhuman ⓐ 초인적인
- be stuck 꼼짝 못하다
- well-paying ⓐ 보수가 좋은
- unsatisfying ⓐ 불만족스러운
- have ~ in common ~을 공통적으로 지니다
- rut ⓝ 틀에 박힌 생활
- breathe ⓥ 호흡하다
- take effort to ~하는 데 (···한) 노력이 들다
- effectively ⓐⓓ 실질적으로, 사실상
- employment ⓝ 고용
- ultimately ⓐⓓ 궁극적으로
- compete with ~와 경쟁하다
- influential ⓐ 영향력 있는

구문 풀이

8행 The poor employment market has left them feeling locked in [what may be a secure, or even well-paying — but ultimately unsatisfying — job].
[동사] [목적어] [목적격 보어(현재분사)] [ ]: in의 목적절
may be의 주격 보어

---

25 국내 출생자 수와 사망자 수의 변화 추이 정답률 74% | 정답 ⑤

다음 도표의 내용과 일치하지 않는 것은?

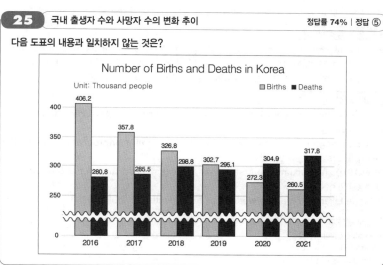

Number of Births and Deaths in Korea
Unit: Thousand people   □ Births ■ Deaths

The above graph shows the number of births and deaths in Korea / from 2016 to 2021.
위 그래프는 한국에서의 출생자 수와 사망자 수를 보여 준다. / 2016년부터 2021년까지

① The number of births / continued to decrease / throughout the whole period.
출생자 수는 / 계속 감소했다 / 전체 기간 내내

② The gap between the number of births and deaths / was the largest in 2016.
출생자 수와 사망자 수 사이의 차이는 / 2016년에 가장 컸다.

③ In 2019, / the gap between the number of births and deaths / was the smallest, / with the number of births slightly larger than that of deaths.
2019년에는 / 출생자 수와 사망자 수 사이의 차이가 / 가장 작았는데, / 출생자 수가 사망자 수보다 약간 더 컸다.

④ The number of deaths / increased steadily during the whole period, / except the period from 2018 to 2019.
사망자 수는 / 전체 기간 동안 꾸준히 증가했다. / 2018년과 2019년까지의 기간을 제외하고

☑ In 2021, / the number of deaths / was larger than that of births / for the first time.
2021년에는 / 사망자 수가 / 출생자 수보다 더 컸다. / 처음으로

위 그래프는 2016년부터 2021년까지 한국에서의 출생자 수와 사망자 수를 보여 준다. ① 출생자 수는 전체 기간 내내 계속 감소했다. ② 출생자 수와 사망자 수 사이의 차이는 2016년에 가장 컸다. ③ 2019년에는 출생자 수와 사망자 수 사이의 차이가 가장 작았는데, 출생자 수가 사망자 수보다 약간 더 컸다. ④ 사망자 수는 2018년과 2019년까지의 기간을 제외하고 전체 기간 동안 꾸준히 증가했다. ⑤ 2021년에는 처음으로 사망자 수가 출생자 수보다 더 컸다.

Why? 왜 정답일까?

도표에 따르면 한국의 사망자 수는 2020년에 이미 출생자 수를 추월했다. 따라서 도표와 일치하지 않는 것은 2021년에 사망자 수가 처음으로 출생자 수를 넘어섰다고 언급한 ⑤이다.

- decrease ⓥ 감소하다
- slightly ⓐⓓ 약간
- gap between A and B A와 B 사이의 격차
- steadily ⓐⓓ 꾸준히

구문 풀이

8행 In 2021, the number of deaths was larger than that of births for the first time.
[비교급 + than: ~보다 더 ···한] [= the number]

---

26 Lilian Bland의 생애 정답률 91% | 정답 ⑤

Lilian Bland에 관한 다음 글의 내용과 일치하지 않는 것은?

① 승마와 사냥 같은 모험적인 활동을 즐겼다.
② 스포츠와 야생 동물 사진작가로 경력을 시작했다.
③ 자신의 비행기를 설계하고 제작했다.
④ 자동차 판매원으로 일하기도 했다.
☑ 캐나다에서 생의 마지막 기간을 보냈다.

Lilian Bland was born in Kent, England in 1878.
Lilian Bland는 1878년 잉글랜드 Kent에서 태어났다.

「Unlike most other girls at the time / she wore trousers / and spent her time enjoying adventurous activities / like horse riding and hunting.」 ①의 근거 일치
당시 대부분의 다른 여자아이와 달리 / 그녀는 바지를 입었고, / 모험적인 활동을 즐기며 시간을 보냈다. / 승마와 사냥 같은

「Lilian began her career / as a sports and wildlife photographer for British newspapers.」
Lilian은 경력을 시작했다. / 영국 신문사의 스포츠와 야생 동물 사진작가로 ②의 근거 일치

「In 1910 / she became the first woman / to design, build, and fly her own airplane.」
1910년에 / 그녀는 최초의 여성이 되었다. / 자신의 비행기를 설계하고 제작하고 비행한 ③의 근거 일치

In order to persuade her / to try a slightly safer activity, / Lilian's dad bought her a car.
그녀가 ~하도록 설득하고자 / 약간 더 안전한 활동을 하도록 / Lilian의 아버지는 그녀에게 자동차를 사주었다.

「Soon Lilian was a master driver / and ended up working as a car dealer.」 ④의 근거 일치
곧 Lilian은 뛰어난 운전자가 되었고 / 결국 자동차 판매원으로 일하게 되었다.

She never went back to flying / but lived a long and exciting life nonetheless.
그녀는 비행에 결코 다시 복귀하지 않았지만, / 그렇기는 해도 오랫동안 흥미진진한 삶을 살았다.

She married, moved to Canada, and had a kid.
그녀는 결혼하여 캐나다로 이주했고, 아이를 낳았다.

「Eventually, / she moved back to England, / and lived there for the rest of her life.」
결국 / 그녀는 잉글랜드로 돌아가 / 거기서 생의 마지막 기간을 보냈다. ⑤의 근거 불일치

Lilian Bland는 1878년 잉글랜드 Kent에서 태어났다. 당시 대부분의 다른 여자아이와 달리 그녀는 바지를 입었고, 승마와 사냥 같은 모험적인 활동을 즐기며 시간을 보냈다. Lilian은 영국 신문사의 스포츠와 야생 동물 사진작가로 경력을 시작했다. 1910년에 그녀는 자신의 비행기를 설계하고 제작하고 비행한 최초의 여성이 되었다. 그녀가 약간 더 안전한 활동을 하도록 설득하고자, Lilian의 아버지는 그녀에게 자동차를 사주었다. 곧 Lilian은 뛰어난 운전자가 되었고 결국 자동차 판매원으로 일하게 되었다. 그녀는 비행에 결코 다시 복귀하지 않았지만, 그렇기는 해도 오랫동안 흥미진진한 삶을 살았다. 그녀는 결혼하여 캐나다로 이주했고, 아이를 낳았다. 결국 그녀는 잉글랜드로 돌아와 거기서 생의 마지막 기간을 보냈다.

Why? 왜 정답일까?

'Eventually, she moved back to England, and lived there for the rest of her life.'에 따르면 Lilian Bland는 캐나다에서 살다가 잉글랜드로 돌아와 잉글랜드에서 생의 말년을 보냈다고 하므로, 내용과 일치하지 않는 것은 ⑤ '캐나다에서 생의 마지막 기간을 보냈다.'이다.

Why? 왜 오답일까?

① '~ spent her time enjoying adventurous activities like horse riding and hunting.'의 내용과 일치한다.
② 'Lilian began her career as a sports and wildlife photographer for British newspapers.'의 내용과 일치한다.
③ 'In 1910 she became the first woman to design, build, and fly her own airplane.'의 내용과 일치한다.
④ 'Soon Lilian ~ ended up working as a car dealer.'의 내용과 일치한다.

- unlike [prep] ~와 달리
- wildlife ⓝ 야생 동물
- persuade ⓥ 설득하다
- car dealer 자동차 판매상
- have a kid 자식을 낳다
- adventurous ⓐ 모험적인
- photographer ⓝ 사진 작가
- end up ~ing 결국 ~하다
- nonetheless [ad] 그럼에도 불구하고
- the rest of ~의 나머지

구문 풀이

6행 In order to persuade her to try a slightly safer activity, Lilian's dad bought
→ 간접목적어 목적(~하기 위해서) 동사
her a car.
→ 직접목적어

---

27 잡지 기사 공모   정답률 93% | 정답 ③

Call for Articles에 관한 다음 안내문의 내용과 일치하지 <u>않는</u> 것은?
① 13세에서 18세까지의 누구나 참여할 수 있다.
② 기사는 고화질 컬러 사진을 포함해야 한다.
✔③ 사진 한 장에 5센트씩 지급한다.
④ 전화번호를 원고와 함께 보내야 한다.
⑤ 원고를 이메일로 제출해야 한다.

Call for Articles
기사 모집
Do you want to get your stories published?
여러분의 이야기가 출간되기를 원하시나요?
New Dream Magazine is looking for future writers!
*New Dream Magazine*은 미래의 작가를 찾고 있습니다!
『This event is open to anyone aged 13 to 18.』 ①의 근거 일치
이 행사는 13세에서 18세까지 누구나 참여할 수 있습니다.
Articles
기사
Length of writing: 300 – 325 words
원고 길이: 300 ~ 325단어
『Articles should also include high-quality color photos.』 ②의 근거 일치
기사에는 또한 고화질 컬러 사진이 포함되어야 합니다.
Rewards
사례금
Five cents per word
단어당 5센트
『Five dollars per photo』 ③의 근거 불일치
사진당 5달러
Notes
주의 사항
『You should send us your phone number / together with your writing.』 ④의 근거 일치
여러분의 전화번호를 보내주셔야 합니다. / 원고와 함께
『Please email your writing to us / at article@ndmag.com.』 ⑤의 근거 일치
여러분의 원고를 저희에게 보내주세요. / 이메일 article@ndmag.com으로

기사 모집

여러분의 이야기가 출간되기를 원하시나요? *New Dream Magazine*은 미래의 작가를 찾고 있습니다! 이 행사는 13세에서 18세까지 누구나 참여할 수 있습니다.

기사
● 원고 길이: 300 ~ 325단어
● 기사에는 또한 고화질 컬러 사진이 포함되어야 합니다.

사례금
● 단어당 5센트
● 사진당 5달러

주의 사항
● 여러분의 전화번호를 원고와 함께 보내주셔야 합니다.
● 원고를 이메일 article@ndmag.com으로 보내주세요.

Why? 왜 정답일까?

'Five dollars per photo'에서 사진당 5달러가 지급된다고 하므로, 안내문의 내용과 일치하지 않는 것은 ③ '사진 한 장에 5센트씩 지급한다.'이다. 5센트는 단어당 정산되는 비용이다.

Why? 왜 오답일까?

① 'This event is open to anyone aged 13 to 18.'의 내용과 일치한다.
② 'Articles should also include high-quality color photos.'의 내용과 일치한다.
④ 'You should send us your phone number together with your writing.'의 내용과 일치한다.
⑤ 'Please email your writing to us at article@ndmag.com.'의 내용과 일치한다.

- publish ⓥ 출간하다
- high-quality ⓐ 고품질의
- article ⓝ 기사

---

28 롤러스케이팅장 이용 안내   정답률 90% | 정답 ④

Greenhill Roller Skating에 관한 다음 안내문의 내용과 일치하는 것은?
① 오전 9시부터 오후 9시까지 운영한다.
② 이용료는 시간 제한 없이 1인당 8달러이다.
③ 입장하려면 예약이 필요하다.
✔④ 10세 미만 어린이는 어른과 동행해야 한다.
⑤ 추가 요금을 내면 롤러스케이트를 빌려준다.

Greenhill Roller Skating
Greenhill 롤러스케이팅
Join us for your chance / to enjoy roller skating!
기회를 함께 해요! / 롤러스케이팅을 즐길
Place: Greenhill Park, 351 Cypress Avenue
장소: Cypress Avenue 351번지 Greenhill Park
Dates: Friday, April 7 – Sunday, April 9
일자: 4월 7일 금요일 ~ 4월 9일 일요일
『Time: 9 a.m. – 6 p.m.』 ①의 근거 불일치
시간: 오전 9시 ~ 오후 6시
『Fee: $8 per person for a 50-minute session』 ②의 근거 불일치
요금: 50분간 1인당 8달러
Details
세부 사항
『Admission will be on a first-come, first-served basis / with no reservations.』 ③의 근거 불일치
입장은 선착순입니다. / 예약 없이
『Children under the age of 10 / must be accompanied by an adult.』 ④의 근거 일치
10세 미만의 어린이는 / 어른과 동행해야 합니다.
『We will lend you our roller skates for free.』 ⑤의 근거 불일치
롤러스케이트는 무료로 빌려드립니다.
Contact the Community Center for more information at 013-234-6114.
더 많은 정보를 위해서 주민센터 013-234-6114로 연락하세요.

Greenhill 롤러스케이팅

롤러스케이팅을 즐길 기회를 함께 해요!

● 장소: Cypress Avenue 351번지 Greenhill Park
● 일자: 4월 7일 금요일 ~ 4월 9일 일요일
● 시간: 오전 9시 ~ 오후 6시
● 요금: 50분간 1인당 8달러

세부 사항
– 입장은 예약 없이 선착순입니다.
– 10세 미만의 어린이는 어른과 동행해야 합니다.
– 롤러스케이트는 무료로 빌려드립니다.

더 많은 정보를 위해서 주민센터 013-234-6114로 연락하세요.

Why? 왜 정답일까?

'Children under the age of 10 must be accompanied by an adult.'에서 10세 미만 어린이는 성인 동반이 필수라고 하므로, 안내문의 내용과 일치하는 것은 ④ '10세 미만 어린이는 어른과 동행해야 한다.'이다.

Why? 왜 오답일까?

① 'Time: 9 a.m. – 6 p.m.'에서 운영 시간은 오전 9시부터 오후 6시라고 하였다.
② 'Fee: $8 per person for a 50-minute session'에서 이용료 8달러에 스케이트장 이용은 50분으로 제한돼 있음을 알 수 있다.
③ 'Admission will be on a first-come, first-served basis with no reservations.'에서 입장은 예약이 필요 없이 선착순으로 이뤄진다고 하였다.
⑤ 'We will lend you our roller skates for free.'에서 롤러스케이트는 무료로 대여해준다고 하였다.

- first-come, first-served 선착순
- for free 공짜로
- accompany ⓥ 동반하다

---

29 동물에게 투영된 인간의 특징   정답률 62% | 정답 ⑤

다음 글의 밑줄 친 부분 중, 어법상 틀린 것은? [3점]

The most noticeable human characteristic / projected onto animals / is ① that they can talk in human language.
가장 눈에 띄는 인간의 특징은 / 동물에게 투영된 / 동물이 인간의 언어로 대화할 수 있다는 점이다.
Physically, / animal cartoon characters and toys ② made after animals / are also most often deformed / in such a way as to resemble humans.
신체적으로도, / 동물 만화 캐릭터와 동물을 본떠 만든 장난감은 / 또한 변형되는 경우가 아주 많다. / 인간을 닮는 그런 방식으로
This is achieved / by ③ showing them / with humanlike facial features / and deformed front legs to resemble human hands.
이것은 이뤄진다. / 그들을 보여줌으로써 / 인간과 같은 얼굴 특징을 갖고 있는 / 그리고 사람의 손을 닮게 변형된 앞다리를
In more recent animated movies / the trend has been / to show the animals in a more "natural" way.
더 근래의 만화 영화에서 / 추세는 ~였다. / 동물을 더 '자연스러운' 방식으로 묘사하는 것

However, / they still use their front legs / ④ <u>like</u> human hands / (for example, lions can pick up and lift small objects with one paw), / and they still talk with an appropriate facial expression.
그러나 / 이 동물들은 여전히 앞다리를 사용하고, / 사람 손처럼 / (가령 사자가 한 발로 작은 물체를 집어들 수 있는 것처럼) / 그리고 그들은 여전히 적절한 표정을 지으며 이야기한다.

A general strategy / that is used to make the animal characters more emotionally appealing, / both to children and adults, / ☑ <u>is</u> to give them enlarged and deformed childlike features.
일반적인 전략은 / 동물 캐릭터를 더 감정적으로 매력적으로 만들기 위해 이용하는 / 아이와 어른 모두에게 / 그것들에 확대되고 변형된 어린이 같은 특징을 부여하는 것이다.

동물에게 투영된 가장 눈에 띄는 인간의 특징은 동물이 인간의 언어로 대화할 수 있다는 점이다. 신체적으로도, 동물 만화 캐릭터와 동물을 본떠 만든 장난감은 또한 인간을 닮도록 변형되는 경우가 아주 많다. 이것은 그들이 인간과 같은 얼굴 특징과 사람의 손을 닮게 변형된 앞다리를 갖고 있는 모습을 보여줌으로써 이뤄진다. 더 최근의 만화 영화에서 추세는 동물을 더 '자연스러운' 방식으로 묘사하는 것이었다. 그러나 이 동물들은 여전히 사람 손처럼 (가령 사자가 한 발로 작은 물체를 집어들 수 있는 것처럼) 앞다리를 사용하고, 여전히 적절한 표정을 지으며 이야기한다. 동물 캐릭터를 아이와 어른 모두에게 더 감정적으로 매력적으로 만들기 위해 이용하는 일반적인 전략은 그것들에 확대되고 변형된 어린이 같은 특징을 부여하는 것이다.

Why? 왜 정답일까?
핵심 주어가 단수 명사인 A general strategy이므로, 동사 또한 복수형인 are 대신 단수형인 is를 쓰는 것이 적합하다. 따라서 어법상 틀린 것은 ⑤이다.

Why? 왜 오답일까?
① 주격 보어 역할의 명사절을 이끌기 위해 접속사 that을 썼다.
② animal cartoon characters and toys가 '만들어지는' 대상이므로 과거분사 made를 사용해 꾸몄다.
③ 전치사 by 뒤에 목적어로 동명사 showing을 썼다.
④ 뒤에 명사구인 human hands가 나오는 것으로 보아 전치사 like(~처럼)가 적절하게 쓰였다.

- **noticeable** ⓐ 눈에 띄는, 두드러지는
- **project onto** ~에게 투영시키다
- **deform** ⓥ 변형하다
- **resemble** ⓥ ~와 닮다
- **natural** ⓐ 자연스러운
- **emotionally** ⓐd 정서적으로
- **enlarge** ⓥ 확대하다
- **characteristic** ⓝ 특징
- **cartoon character** 만화 캐릭터
- **in such a way as to** ~한 방식으로
- **humanlike** ⓐ 인간 같은
- **paw** ⓝ (동물의) 발
- **appealing** ⓐ 매력적인
- **feature** ⓝ 특징, 이목구비

구문 풀이

2행 Physically, animal cartoon characters and toys made after animals
　　　　　　　　　　　　　　주어　　　　　　　　　과거분사구
are also most often deformed in such a way as to resemble humans.
동사구(수동태)　　　　　　　~하는 (그런) 식으로

★★★ 등급을 가르는 문제!

30 생산이 곧 수요 창출과 이득으로 이어지지 않는 시대　　정답률 39% | 정답 ④

다음 글의 밑줄 친 부분 중, 문맥상 낱말의 쓰임이 적절하지 않은 것은? [3점]

The major philosophical shift in the idea of selling / came / when industrial societies became more affluent, / more competitive, / and more geographically spread out / during the 1940s and 1950s.
판매 개념에서의 주요한 철학적 변화가 / 일어났다. / 산업 사회가 더 부유해지고, / 더 경쟁적이 되고, / 지리적으로 더 확산되면서 / 1940년대와 1950년대 동안

This forced business / to develop ① <u>closer</u> relations with buyers and clients, / which in turn made business realize / that it was not enough / to produce a quality product at a reasonable price.
이로 인해 기업은 ~해야 했고 / 구매자 및 고객과 더 긴밀한 관계를 발전시켜야 / 이것은 결과적으로 기업이 깨닫게 했다. / 충분하지 않다는 것을, / 합리적인 가격의 제품을 생산하는 것으로는

In fact, / it was equally ② <u>essential</u> / to deliver products / that customers actually wanted.
사실, / 마찬가지로 매우 중요했다. / 제품을 내놓는 것이 / 고객이 실제로 원하는

Henry Ford produced his best-selling T-model Ford / in one color only (black) / in 1908, / but in modern societies / this was no longer ③ <u>possible</u>.
Henry Ford는 가장 많이 팔렸던 T-모델 Ford를 생산했지만, / 한 가지 색상(검은색)으로만 / 1908년에 / 현대 사회에서는 / 이것이 더 이상 가능하지 않았다.

The modernization of society / led to a marketing revolution / that ☑ <u>destroyed</u> the view / that production would create its own demand.
사회의 현대화는 / 마케팅 혁명으로 이어졌다. / 견해를 파괴한 / 생산이 그 자체의 수요를 창출할 것이라는

Customers, / and the desire to ⑤ <u>meet</u> their diverse and often complex needs, / became the focus of business.
고객 / 그리고 이들의 다양하고 흔히 복잡한 요구를 충족하고자 하는 욕망이 / 기업의 초점이 되었다.

산업 사회가 1940년대와 1950년대 동안 더 부유해지고, 더 경쟁적이 되고, 지리적으로 더 확산되면서 판매 개념에 주요한 철학적 변화가 일어났다. 이로 인해 기업은 구매자 및 고객과 ① 더 긴밀한 관계를 발전시켜야 했고, 이것은 결과적으로 기업이 합리적인 가격에 양질의 제품을 생산하는 것으로는 충분하지 않다는 것을 깨닫게 했다. 사실, 고객이 실제로 원하는 제품을 내놓는 것이 마찬가지로 ② 매우 중요했다. 1908년에 Henry Ford는 가장 많이 팔렸던 T-모델 Ford를 한 가지 색상(검은색)으로만 생산했지만, 현대 사회에서는 이것이 더 이상 ③ 가능하지 않았다. 사회의 현대화는 생산이 그 자체의 수요를 창출할 것이라는 견해를 ④ 강화한(→ 파괴한) 마케팅 혁명으로 이어졌다. 고객과 이들의 다양하고 흔히 복잡한 요구를 ⑤ 충족하고자 하는 욕망이 기업의 초점이 되었다.

Why? 왜 정답일까?
현대 사회에 이르러 사람들이 전체적으로 풍족해지고 기업 간 경쟁이 치열해지면서, 합리적인 비용의 대량 생산으로 이득을 보던 시대는 지나고 고객마다의 다양한 수요에 부응할 필요성이 커졌다는 내용이다. ④가 포함된 문장 앞에서, 과거에는 Ford 사처럼 한 가지 색상만으로 제품을 생산해도 괜찮았지만 현대 사회에서는 이것이 '가능하지' 않다고 한다. 이 뒤에는 생산만으로 수요가 창출되리라는 기대가 '무너졌

[문제편 p.125]

다'가 설명이 이어져야 적합하므로, ④의 strengthened를 destroyed로 고쳐야 한다. 따라서 문맥상 낱말의 쓰임이 적절하지 않은 것은 ④이다.

- **philosophical** ⓐ 철학적인
- **industrial** ⓐ 산업의
- **geographically** ⓐd 지리적으로
- **in turn** 결과적으로
- **best-selling** ⓐ 가장 많이 팔리는, 베스트셀러인
- **revolution** ⓝ 혁명
- **complex** ⓐ 복잡한
- **shift** ⓝ 변화, 전환 ⓥ 바뀌다
- **affluent** ⓐ 부유한
- **spread** ⓥ 퍼지다
- **essential** ⓐ 매우 중요한
- **modernization** ⓝ 현대화
- **strengthen** ⓥ 강화하다

구문 풀이

3행 [This forced business to develop closer relations with buyers and clients],
　　　　　　　　　　　　　　　　　　　　　　　　　　　　　　　　　[ ] : 선행사
which in turn made business realize that it was not enough to produce a quality
계속적 용법　　　사역동사　　　　원형부정사　가주어　　　　　　　진주어
product at a reasonable price.

★★ 문제 해결 꿀~팁 ★★

▶ 많이 틀린 이유는?
T-model Ford가 한 가지 색상으로 출시된 것이 어떤 예시인지 파악해야 한다. 색상을 한 가지로만 출시해도 차가 잘 팔렸다는 것은, 과거에는 '그저 질 좋은 제품을 합리적인 가격에 제공하는 것으로 족했다'는 의미와 같다. 하지만 지금은 상황이 달라져서, 이러한 전략이 더 이상(no longer) '가능하지' 않다는 의미로 ③은 자연스럽다.

▶ 문제 해결 방법은?
Ford 차의 예시를 일반화한 표현이 바로 'production would create its own demand'이다. 즉 '생산만으로 수요가 만들어지고 제품이 팔리는' 상황을 가리키는 것이다. 오늘날에는 이런 상황이나 견해가 '강화되는' 것이 아니라 점점 '깨지고' 있다는 것이 글의 주제이다.

---

31 비행 방향에 따른 시차 피로 차이　　정답률 55% | 정답 ①

다음 빈칸에 들어갈 말로 가장 적절한 것을 고르시오.

☑ direction – 방향　　② purpose – 목적　　③ season – 계절
④ length – 길이　　⑤ cost – 비용

People differ / in how quickly they can reset their biological clocks / to overcome jet lag, / and the speed of recovery depends on the <u>direction</u> of travel.
사람마다 서로 다르며, / 체내 시계를 얼마나 빨리 재설정할 수 있는지에 있어서 / 시차로 인한 피로감을 극복하기 위해서 / 그 회복 속도는 이동의 방향에 달려 있다.

Generally, / it's easier / to fly westward and lengthen your day / than it is to fly eastward and shorten it.
일반적으로 / 더 쉽다. / 서쪽으로 비행해 여러분의 하루를 연장하는 것이 / 동쪽으로 비행하여 하루를 단축하는 것보다

This east-west difference in jet lag / is sizable enough / to have an impact on the performance of sports teams.
시차로 인한 피로감에 있어 이러한 동서의 차이는 / 충분히 크다. / 스포츠 팀의 경기력에 영향을 미칠 만큼

Studies have found / that teams flying westward perform significantly better / than teams flying eastward / in professional baseball and college football.
연구는 밝혔다. / 서쪽으로 비행하는 팀이 상당히 더 잘한다고 / 동쪽으로 비행하는 팀보다 / 프로 야구와 대학 미식 축구에서

A more recent study of more than 46,000 Major League Baseball games / found additional evidence / that eastward travel is tougher than westward travel.
46,000건 이상의 메이저 리그 야구 경기에 관한 더 최근의 연구에서는 / 추가적인 증거를 발견했다. / 동쪽으로 이동하는 것이 서쪽으로 이동하는 것보다 더 힘들다는

시차로 인한 피로감을 극복하기 위해서 체내 시계를 얼마나 빨리 재설정할 수 있는지는 사람마다 서로 다르며, 그 회복 속도는 이동의 방향에 달려 있다. 일반적으로 동쪽으로 비행하여 하루를 단축하는 것보다 서쪽으로 비행하여 하루를 연장하는 것이 더 쉽다. 시차로 인한 피로감의 이러한 동서의 차이는 스포츠 팀의 경기력에 영향을 미칠 만큼 충분히 크다. 연구에 따르면 서쪽으로 비행하는 팀이 동쪽으로 비행하는 팀보다 프로 야구와 대학 미식 축구에서 상당히 더 잘한다. 46,000건 이상의 메이저 리그 야구 경기에 관한 더 최근의 연구에서는 동쪽으로 이동하는 것이 서쪽으로 이동하는 것보다 더 힘들다는 추가적인 증거를 발견했다.

Why? 왜 정답일까?
빈칸 뒤에서 동쪽으로 이동해 하루를 줄이게 되는 경우보다 서쪽으로 이동해 하루를 연장하게 되는 경우 시차 회복이 더 쉽다고 한다(Generally, it's easier to fly westward and lengthen your day than it is to fly eastward and shorten it.). 즉, 이동의 '방향'이 중요하다는 글이므로, 빈칸에 들어갈 말로 가장 적절한 것은 ① '방향'이다.

- **biological clock** 체내 시계
- **jet lag** 시차로 인한 피로감
- **lengthen** ⓥ 연장하다
- **sizable** ⓐ 꽤 큰, 상당한
- **performance** ⓝ (선수의) 경기력, 수행, 성과
- **additional** ⓐ 추가적인
- **overcome** ⓥ 극복하다
- **depend on** ~에 좌우되다
- **shorten** ⓥ 단축하다
- **have an impact on** ~에 영향을 주다
- **significantly** ⓐd 상당히, 현저히

구문 풀이

4행 This east-west difference in jet lag is sizable enough to have an impact
　　　　　　　　　　　　　　　　　　　「형/부 + enough + to부정사 : ~할 만큼 충분히 …한」
on the performance of sports teams.

---

32 일 처리에 걸리는 시간 제대로 파악하기　　정답률 54% | 정답 ③

다음 빈칸에 들어갈 말로 가장 적절한 것을 고르시오.

① what benefits you can get – 여러분이 어떤 이득을 얻을 수 있는지
② how practical your tasks are – 여러분의 과업이 얼마나 현실성 있는지
☑ how long things are going to take – 일에 시간이 얼마나 오래 걸릴지
④ why failures are meaningful in life – 실패가 왜 인생에 의미가 있는지
⑤ why your leisure time should come first – 왜 여러분의 여가 시간이 가장 우선이어야 하는지

If you want the confidence / that comes from achieving / what you set out to do each day, / then it's important / to understand how long things are going to take.
만약 여러분이 자신감을 원한다면 / 성취해 얻어지는 / 매일 여러분이 하고자 착수하는 일을 / 그러면 중요하다. / 일에 시간이 얼마나 오래 걸릴지 아는 것이

Over-optimism about what can be achieved / within a certain time frame / is a problem.
성취될 수 있는 것에 대한 지나친 낙관주의는 / 어떤 특정 기간 내에 / 문제이다.

So work on it. // Make a practice of estimating the amount of time needed / alongside items on your 'things to do' list, / and learn by experience / when tasks take a greater or lesser time than expected.
그러므로 그것을 개선하려고 노력하라. // 필요한 시간의 양을 추산하는 것을 습관화하고, / '해야 할 일' 목록에 있는 항목과 함께, / 경험을 통해 배우라. / 언제 과제가 예상보다 더 많은 시간 또는 더 적은 시간을 필요로 하는지

Give attention / also to fitting the task to the available time.
주의를 기울이라. / 그 이용 가능한 시간에 과제를 맞추는 것에도 또한

There are some tasks / that you can only set about / if you have a significant amount of time available.
몇몇 과제가 있다. / 여러분이 비로소 시작할 수 있는 / 여러분이 이용할 시간이 상당히 많아야만

There is no point / in trying to gear up for such a task / when you only have a short period available.
무의미하다. / 그런 과제를 위해 준비하려 애쓰는 것은 / 여러분에게 이용 가능한 시간이 얼마 없을 때

So schedule the time / you need for the longer tasks / and put the short tasks into the spare moments in between.
그러므로 시간을 계획하라, / 여러분이 시간이 더 오래 걸리는 과제에 필요로 하는 / 그리고 그 사이 남는 시간에 시간이 짧게 걸리는 과제를 배치하라.

만약 매일 하고자 착수하는 일을 성취해 얻어지는 자신감을 원한다면 일에 시간이 얼마나 오래 걸릴지 아는 것이 중요하다. 어떤 특정 기간 내에 성취될 수 있는 것에 대한 지나친 낙관주의는 문제이다. 그러므로 그것을 개선하려고 노력하라, 필요한 시간의 양을 추산하는 것을 습관화하고, '해야 할 일' 목록에 있는 항목과 함께, 언제 과제가 예상보다 더 많고 또 더 적은 시간이 걸리는지 경험을 통해 배우라. 그 이용 가능한 시간에 과제를 맞추는 것에도 또한 주의를 기울이라. 이용할 시간이 상당히 많아야만 시작할 수 있는 몇몇 과제가 있다. 여러분에게 이용 가능한 시간이 얼마 없을 때 그런 과제를 위해 준비하려 애쓰는 것은 무의미하다. 그러므로 시간이 더 오래 걸리는 과제에 필요한 시간을 계획하고, 그 사이 남는 시간에 시간이 짧게 걸리는 과제를 배치하라.

Why? 왜 정답일까?
과업을 끝내는 데 걸리는 시간을 정확히 추산하고 계획할 줄 알아야 한다(Make a practice of estimating the amount of time needed ~)는 내용의 글이므로, 빈칸에 들어갈 말로 가장 적절한 것은 ③ '일에 시간이 얼마나 오래 걸릴지'이다.

- **confidence** ⓝ 자신감
- **time frame** (어떤 일에 쓸 수 있는) 시간(대)
- **make a practice of** ~을 습관으로 하다
- **learn by experience** 경험을 통해 배우다
- **set about** ~을 시작하다
- **gear up** 준비를 갖추다, 대비하다
- **set out** 착수하다
- **work on** ~에 공을 들이다
- **estimate** ⓥ 추산하다
- **fit** ⓥ ~에 맞추다
- **there is no point in** ~하는 것은 의미가 없다
- **practical** ⓐ 현실성 있는, 타당한

구문 풀이
10행 There is no point in trying to gear up for such a task when you only have a short period available.
「there is no point in + 동명사 : ~해봐야 의미가 없다」

★★★ 등급을 가르는 문제!

33 진화가 거듭되어도 상황이 변하지 않는 까닭 | 정답률 47% | 정답 ①

다음 빈칸에 들어갈 말로 가장 적절한 것을 고르시오. [3점]
- ☑ just stay in place – 제자리에 머무를 뿐이다
- ② end up walking slowly – 결국 느리게 걷게 된다
- ③ never run into each other – 결코 서로 마주치지 않는다
- ④ won't be able to adapt to changes – 변화에 적응할 수 없을 것이다
- ⑤ cannot run faster than their parents – 자기 부모보다 더 빨리 달릴 수 없다

In Lewis Carroll's *Through the Looking-Glass*, / the Red Queen takes Alice / on a race through the countryside.
Lewis Carroll의 *Through the Looking-Glass*에서 / 붉은 여왕은 Alice를 데리고 간다. / 시골을 통과하는 한 경주에

They run and they run, / but then Alice discovers / that they're still under the same tree / that they started from.
그들은 달리고 또 달리는데, / 그러다 Alice는 발견한다. / 그들이 나무 아래에 여전히 있음을 / 자신들이 출발했던

The Red Queen explains to Alice: / "*here*, you see, / it takes all the running you can do, / to keep in the same place."
붉은 여왕은 Alice에게 설명한다. / "*여기서*는 네가 보다시피 / 네가 할 수 있는 모든 뜀박질을 해야 한다. / 같은 장소에 머물러 있으려면"이라고

Biologists sometimes use this Red Queen Effect / to explain an evolutionary principle.
생물학자들은 때때로 이 '붉은 여왕 효과'를 사용한다 / 진화의 원리를 설명하는 데

If foxes evolve to run faster / so they can catch more rabbits, / then only the fastest rabbits will live long enough / to make a new generation of bunnies / that run even faster / — in which case, of course, / only the fastest foxes will catch enough rabbits / to thrive and pass on their genes.
만약 여우가 더 빨리 달리게 진화한다면, / 그들이 더 많은 토끼를 잡기 위해 / 그러면 가장 빠른 토끼만이 충분히 오래 살아 / 새로운 세대의 토끼를 낳을 텐데 / 훨씬 더 빨리 달리는 / 이 경우 당연히도 / 가장 빠른 여우만이 충분한 토끼를 잡을 것이다 / 번성하여 자신들의 유전자를 물려줄 만큼.

Even though they might run, / the two species just stay in place.
그들이 달린다 해도 / 그 두 종은 제자리에 머무를 뿐이다.

Lewis Carroll의 *Through the Looking-Glass*에서, 붉은 여왕은 Alice를 데리고 시골을 통과하는 한 경주에 간다. 그들은 달리고 또 달리는데, 그러다 Alice는 자신들이 출발했던 나무 아래에 여전히 있음을 발견한다. 붉은 여왕은 Alice에게 "*여기서*는 보다시피 같은 장소에 머물러 있으려면 네가 할 수 있는 모든 뜀박질을 해야 한다."라고 설명한다. 생물학자들은 때때로 이 '붉은 여왕 효과'를 사용해 진화의 원리를 설명한다. 만약 여우가 더 많은 토끼를 잡기 위해 더 빨리 달리게 진화한다면, 가장 빠른 토끼만이 충분히 오래 살아 훨씬 더 빨리 달리는

새로운 세대의 토끼를 낳을 텐데, 이 경우 당연히도 가장 빠른 여우만이 충분한 토끼를 잡아 번성하여 자신들의 유전자를 물려줄 것이다. 그 두 종은 달린다 해도 제자리에 머무를 뿐이다.

Why? 왜 정답일까?
원래 있던 자리를 유지하기 위해 전력 질주해야 하는(~ it takes all the running you can do, to keep in the same place.) 소설 속 상황에 빗대어 진화의 원리를 설명하는 글이다. 마지막 문장 앞에 제시된 여우와 토끼의 예시에 따르면, 여우가 토끼를 더 많이 잡기 위해 달리기가 빨라지도록 진화하면, 그 여우보다도 빠른 토끼만이 살아남아 번식하게 되므로 토끼 또한 더 빨라지도록 진화하게 된다. 이것은 다시 여우의 달리기가 더 빨라지게 하는 원인으로 작용하므로, 결과적으로 두 종의 상황은 시간이 지나도 차이가 없다. 따라서 빈칸에 들어갈 말로 가장 적절한 것은 ① '제자리에 머무를 뿐이다'이다.

- **discover** ⓥ 발견하다
- **evolutionary** ⓐ 진화적인
- **generation** ⓝ 세대
- **pass on** 물려주다
- **species** ⓝ (생물) 종
- **adapt to** ~에 적응하다
- **biologist** ⓝ 생물학자
- **principle** ⓝ 원리
- **thrive** ⓥ 번성하다
- **gene** ⓝ 유전자
- **run into** ~을 우연히 만나다

구문 풀이
2행 They run and they run, but then Alice discovers that they're still under the same tree that they started from.
선행사(the same + 명) ↳ 목적격 관계대명사 / 접속사

★★ 문제 해결 꿀~팁 ★★
▶ 많이 틀린 이유는?
여우가 토끼를 더 많이 잡기 위해 더 빨리 뛰도록 진화해도, 토끼 또한 똑같이 진화하기 때문에 결국 둘 다 '제자리에 있는' 셈이라는 것이 글의 결론이다. ③은 두 동물이 '서로 절대 우연히 만나지 않는다'는 의미로, run이 있어 혼동될 수 있지만 의미상 연관이 없다.
▶ 문제 해결 방법은?
글에 인용구가 나오면 주제와 연관되는 경우가 많다. 여기서도 인용구 안의 to keep in the same place가 주제를 가리키는 핵심 표현이다.

34 머릿속 아이디어일 때 이미 완성된 미래 | 정답률 53% | 정답 ②

다음 빈칸에 들어갈 말로 가장 적절한 것을 고르시오. [3점]
- ① didn't even have the potential to accomplish – 성취할 잠재력조차 지니고 있지 않았던
- ☑ have mentally concluded about the future – 미래에 대해 머릿속에서 완성한
- ③ haven't been able to picture in our mind – (전에는) 머릿속에 그릴 수 없었던
- ④ considered careless and irresponsible – 조심성 없고 무책임하다고 여겼던
- ⑤ have observed in some professionals – 몇몇 전문가에게서 관찰해 낸

Everything in the world around us / was finished in the mind of its creator / before it was started.
우리 주변 세상의 모든 것은 / 그것을 만들어 낸 사람의 마음속에서 완성되었다. / 그것이 시작되기 전에

The houses we live in, / the cars we drive, / and our clothing / — all of these began with an idea.
우리가 사는 집, / 우리가 운전하는 자동차, / 우리 옷, / 이 모든 것이 아이디어에서 시작했다.

Each idea was then studied, refined and perfected / before the first nail was driven / or the first piece of cloth was cut.
각각의 아이디어는 그런 다음 연구되고, 다듬어지고, 완성되었다. / 첫 번째 못이 박히거나 / 첫 번째 천 조각이 재단되기에 앞서

Long before the idea was turned into a physical reality, / the mind had clearly pictured the finished product.
그 아이디어가 물리적 실체로 바뀌기 훨씬 전에 / 마음은 완제품을 분명하게 그렸다.

The human being designs his or her own future / through much the same process.
인간은 자신의 미래를 설계한다. / 거의 똑같은 과정을 통해

We begin with an idea / about how the future will be.
우리는 아이디어로 시작한다. / 미래가 어떨지에 대한

Over a period of time / we refine and perfect the vision.
일정 기간에 걸쳐서 / 우리는 그 비전을 다듬어 완성한다.

Before long, / our every thought, decision and activity / are all working in harmony / to bring into existence / what we have mentally concluded about the future.
머지않아, / 우리의 모든 생각, 결정, 활동은 / 모두 조화롭게 작용하게 된다. / 생겨나게 하려고 / 우리가 미래에 대해 머릿속에서 완성한 것을

우리 주변 세상의 모든 것은 시작되기 전에 그것을 만들어 낸 사람의 마음속에서 완성되었다. 우리가 사는 집, 우리가 운전하는 자동차, 우리 옷, 이 모든 것이 아이디어에서 시작했다. 각각의 아이디어는 그런 다음 첫 번째 못이 박히거나 첫 번째 천 조각이 재단되기에 앞서 연구되고, 다듬어지고, 완성되었다. 그 아이디어가 물리적 실체로 바뀌기 훨씬 전에 마음은 완제품을 분명하게 그렸다. 인간은 거의 똑같은 과정을 통해 자신의 미래를 설계한다. 우리는 미래가 어떨지에 대한 아이디어로 시작한다. 일정 기간에 걸쳐서 우리는 그 비전을 다듬어 완성한다. 머지않아, 우리의 모든 생각, 결정, 활동은 우리가 미래에 대해 머릿속에서 완성한 것을 생겨나게 하려고 모두 조화롭게 작용하게 된다.

Why? 왜 정답일까?
첫 문장에서 세상 모든 것은 실체가 있기 이전에 머릿속에서 이미 완성된 아이디어(finished in the mind of its creator)였다고 설명하는데, 글 중반에서 우리 미래 역시 같은 식으로 설계된다고 말한다. 즉, 처음에 '이미 머릿속에서 만들어진' 아이디어가 다듬어지고 구현되는 과정이 똑같이 진행되는 의미로, 빈칸에 들어갈 말로 가장 적절한 것은 ② '미래에 대해 머릿속에서 완성한'이다.

- **clothing** ⓝ 옷, 의복
- **perfect** ⓥ 완성하다, 완벽하게 하다
- **turn A into B** A를 B로 바꾸다
- **process** ⓝ 과정
- **before long** 머지않아
- **bring into existence** ~을 생겨나게 하다
- **careless** ⓐ 조심성 없는
- **professional** ⓝ 전문가 ⓐ 전문적인
- **refine** ⓥ 다듬다
- **nail** ⓝ 못
- **picture** ⓥ 상상하다, 그리다
- **over a period of time** 일정 기간에 걸쳐서
- **in harmony** 조화롭게
- **mentally** ⓐ 머릿속에, 마음속으로
- **irresponsible** ⓐ 무책임한

구문 풀이

1행 Everything in the world around us was finished in the mind of its creator
주어(every-) 동사(단수)
before it was started.

---

35 서술자에 따라 다르게 이해되는 이야기   정답률 61% | 정답 ④

다음 글에서 전체 흐름과 관계 없는 문장은?

Whose story it is / affects *what* the story is.
누구의 이야기인지가 / 무슨 이야기인지에 영향을 미친다.

Change the main character, / and the focus of the story must also change.
주인공을 바꿔봐라, / 그러면 이야기의 초점도 틀림없이 바뀐다.

If we look at the events through another character's eyes, / we will interpret them differently.
만약 우리가 다른 등장인물의 눈을 통해 사건을 본다면, / 우리는 그것을 다르게 해석할 것이다.

① We'll place our sympathies with someone new.
우리는 새로운 누군가에게 공감할 것이다.

② When the conflict arises / that is the heart of the story, / we will be praying for a different outcome.
갈등이 발생할 때, / 이야기의 핵심인 / 우리는 다른 결과를 간절히 바랄 것이다.

③ Consider, for example, / how the tale of Cinderella would shift / if told from the viewpoint of an evil stepsister.
예컨대, 생각해 보라. / 신데렐라 이야기가 어떻게 바뀔지 / 사악한 의붓자매의 관점에서 이야기된다면

☑ We know / Cinderella's kingdom does not exist, / but we willingly go there anyway.
우리는 알지만, / 신데렐라의 왕국이 존재하지 않는다는 것을 / 어쨌든 우리는 기꺼이 그곳에 간다.

⑤ *Gone with the Wind* is Scarlett O'Hara's story, / but what if we were shown the same events / from the viewpoint of Rhett Butler or Melanie Wilkes?
*Gone with the Wind*는 Scarlett O'Hara의 이야기이지만, / 만약 같은 사건이 우리에게 제시된다면 어떠할 것인가? / Rhett Butler나 Melanie Wilkes의 관점에서

누구의 이야기인지가 무슨 이야기인지에 영향을 미친다. 주인공을 바꾸면, 이야기의 초점도 틀림없이 바뀐다. 만약 우리가 다른 등장인물의 눈을 통해 사건을 본다면, 우리는 그것을 다르게 해석할 것이다. ① 우리는 새로운 누군가에게 공감할 것이다. ② 이야기의 핵심인 갈등이 발생할 때, 우리는 다른 결과를 간절히 바랄 것이다. ③ 예컨대, 신데렐라 이야기가 사악한 의붓자매의 관점에서 이야기된다면 어떻게 바뀔지 생각해 보라. ④ 우리는 신데렐라의 왕국이 존재하지 않는다는 것을 알지만, 어쨌든 기꺼이 그곳에 간다. ⑤ *Gone with the Wind*는 Scarlett O'Hara의 이야기이지만, 만약 같은 사건이 Rhett Butler나 Melanie Wilkes의 관점에서 우리에게 제시된다면 어떠할 것인가?

Why? 왜 정답일까?

이야기의 주인공이 누구인가에 따라 이야기 내용이 다르게 받아들여진다는 내용인데, ④는 Cinderella의 왕국에 관해서만 지엽적으로 언급하고 있다. 따라서 전체 흐름과 관계 없는 문장은 ④이다.

- **affect** ⓥ 영향을 미치다
- **sympathy** ⓝ 공감
- **arise** ⓥ 발생하다
- **outcome** ⓝ 결과
- **shift** ⓥ 바꾸다
- **evil** ⓐ 사악한, 악
- **kingdom** ⓝ 왕국
- **interpret** ⓥ 해석하다, 이해하다
- **conflict** ⓝ 갈등
- **pray for** ~을 위해 기도하다
- **tale** ⓝ 이야기
- **viewpoint** ⓝ 관점
- **stepsister** ⓝ 의붓자매
- **willingly** ⓐⓓ 기꺼이

구문 풀이

6행 Consider, for example, [how the tale of Cinderella would shift if told from
명령문(~하라) [ ]: 목적어 접속사 + 과거분사(~한다면)
the viewpoint of an evil stepsister].

★★★ 등급을 가르는 문제!

36 농경 생활로 인한 인간 사회의 변화   정답률 36% | 정답 ④

주어진 글 다음에 이어질 글의 순서로 가장 적절한 것을 고르시오.

① (A) - (C) - (B)   ② (B) - (A) - (C)
③ (B) - (C) - (A)   ☑ (C) - (A) - (B)
⑤ (C) - (B) - (A)

In the Old Stone Age, / small bands of 20 to 60 people / wandered from place to place / in search of food.
구석기 시대에는 / 20~60명의 작은 무리가 / 여기저기 돌아다녔다. / 먹을 것을 찾아

Once people began farming, / they could settle down near their farms.
일단 사람들이 농사를 짓기 시작하면서, / 그들은 자신의 농경지 근처에 정착할 수 있었다.

(C) As a result, / towns and villages grew larger.
그 결과, / 도시와 마을이 더 커졌다.

Living in communities / allowed people / to organize themselves more efficiently.
공동체 생활은 / 사람들이 ~하게 했다. / 더 효율적으로 조직되게

They could divide up the work / of producing food and other things they needed.
그들은 일을 나눌 수 있었다. / 식량과 자신들에게 필요한 다른 것들을 생산하는

(A) While some workers grew crops, / others built new houses and made tools.
어떤 노동자들은 농작물을 재배하는 한편, / 다른 노동자들은 새로운 집을 짓고 도구를 만들었다.

Village dwellers also learned to work together / to do a task faster.
마을 거주자들은 또한 함께 일하는 법도 익혔다. / 일을 더 빨리 하려고

(B) For example, / toolmakers could share the work / of making stone axes and knives.
예를 들어, / 도구 제작자들은 작업을 함께 할 수 있었다. / 돌도끼와 돌칼을 만드는

By working together, / they could make more tools / in the same amount of time.
함께 일하여 / 그들은 더 많은 도구를 만들 수 있었다. / 같은 시간 안에

구석기 시대에는 20~60명의 작은 무리가 먹을 것을 찾아 여기저기 돌아다녔다. 일단 농사를 짓기 시작하면서, 사람들은 자신의 농경지 근처에 정착할 수 있었다.

(C) 그 결과, 도시와 마을이 더 커졌다. 공동체 생활을 통해 사람들은 더 효율적으로 조직될 수 있었다. 그들은 식량과 자신들에게 필요한 다른 것들을 생산하는 일을 나눌 수 있었다.

(A) 어떤 노동자들은 농작물을 재배하는 한편, 다른 노동자들은 새로운 집을 짓고 도구를 만들었다. 마을 거주자들은 또한 일을 더 빨리 하려고 함께 일하는 법도 익혔다.

(B) 예를 들어, 도구 제작자들은 돌도끼와 돌칼을 만드는 작업을 함께 할 수 있었다. 그들은 함께 일하여 같은 시간 안에 더 많은 도구를 만들 수 있었다.

Why? 왜 정답일까?

농경이 시작되면서 사람들이 정착할 수 있었다는 내용의 주어진 글 뒤로, '그 결과' 도시와 마을이 생기고 사람들이 일을 분배할 수 있게 되었다고 설명하는 (C)가 먼저 연결된다. 이어서 (A)는 (C)에서 언급된 '분업'이 어떻게 이루어졌는지 언급하며, 사람들이 함께 일하는 법 또한 배우게 되었다고 이야기한다. (B)에서는 '함께 작업'하는 상황의 예를 제시하며 (A)를 보충 설명한다. 따라서 글의 순서로 가장 적절한 것은 속 ④ '(C) - (A) - (B)'이다.

- **Old Stone Age** 구석기 시대
- **wander** ⓥ 돌아다니다, 배회하다
- **settle down** 정착하다
- **dweller** ⓝ 거주자
- **community** ⓝ 공동체, 지역사회
- **efficiently** ⓐⓓ 효율적으로
- **band** ⓝ (소규모) 무리
- **in search of** ~을 찾아서
- **crop** ⓝ 작물
- **axe** ⓝ 도끼
- **organize** ⓥ 조직하다, 정리하다
- **divide up** ~을 나누다

구문 풀이

2행 Once people began farming, they could settle down near their farms.
접속사(일단 ~한다면)

★★ 문제 해결 꿀~팁 ★★

▶ 많이 틀린 이유는?
글을 자세히 읽지 않고 연결어 중심으로만 보면, (B)가 주어진 글의 예시(For example)이고 (C)가 전체 글의 결론(As a result)일 것이라고 잘못 추론할 수 있다. 하지만, 내용적 단서가 중요하다. 주어진 글은 사람들이 농경을 시작하며 정착했다는 내용인데, (B)는 갑자기 '도구 제작자'를 언급하며, 이들이 업무를 분업해 담당했다는 설명을 제시하고 있다. 서로 전혀 다른 키워드로 보아 (B)가 주어진 글에 대한 예시라고 보기 어렵기 때문에 ②를 답으로 고르는 것은 적절하지 않다.

▶ 문제 해결 방법은?
사람들이 농경지 근처에 정착하여 살게 되면서, 마을이 성장하고 분업화가 일어나(C), 누구는 농사를 짓고 누구는 도구를 만드는 한편 공동 작업도 활성화되었으며(A), 공동 작업으로 더 쉽고 빠른 작업이 가능해졌다(B)는 흐름이다.

★★★ 등급을 가르는 문제!

37 광물의 형성   정답률 42% | 정답 ②

주어진 글 다음에 이어질 글의 순서로 가장 적절한 것을 고르시오. [3점]

① (A) - (C) - (B)   ☑ (B) - (A) - (C)
③ (B) - (C) - (A)   ④ (C) - (A) - (B)
⑤ (C) - (B) - (A)

Natural processes form minerals in many ways.
자연 과정은 많은 방법으로 광물을 형성한다.

For example, / hot melted rock material, / called magma, / cools / when it reaches the Earth's surface, / or even if it's trapped below the surface.
예를 들어, / 뜨거운 용암 물질은 / 마그마라고 불리는 / 식는다. / 그것이 지구의 표면에 도달할 때, / 또는 그것이 심지어 표면 아래에 갇혔을 때도

As magma cools, / its atoms lose heat energy, / move closer together, / and begin to combine into compounds.
마그마가 식으면서, / 마그마의 원자는 열에너지를 잃고, / 서로 더 가까이 이동해 / 화합물로 결합하기 시작한다.

(B) During this process, / atoms of the different compounds / arrange themselves into orderly, repeating patterns.
이 과정 동안, / 서로 다른 화합물의 원자가 / 질서 있고 반복적인 패턴으로 배열된다.

The type and amount of elements / present in a magma / partly determine / which minerals will form.
원소의 종류와 양이 / 마그마에 존재하는 / 부분적으로 결정한다. / 어떤 광물이 형성될지를

(A) Also, / the size of the crystals that form / depends partly / on how rapidly the magma cools.
또한, / 형성되는 결정의 크기는 / 부분적으로 달려 있다. / 마그마가 얼마나 빨리 식느냐에

When magma cools slowly, / the crystals that form / are generally large enough / to see with the unaided eye.
마그마가 천천히 식으면, / 형성되는 결정은 / 대개 충분히 크다. / 육안으로 볼 수 있을 만큼

(C) This is because the atoms have enough time / to move together and form into larger crystals.
이것은 원자가 충분한 시간을 가지기 때문이다. / 함께 이동해 더 큰 결정을 형성할

When magma cools rapidly, / the crystals that form / will be small.
마그마가 빠르게 식으면, / 형성되는 결정은 / 작을 것이다.

In such cases, / you can't easily see individual mineral crystals.
이런 경우에는 / 여러분은 개별 광물 결정을 쉽게 볼 수 없다.

자연 과정은 많은 방법으로 광물을 형성한다. 예를 들어, 마그마라고 불리는 뜨거운 용암 물질은 지구의 표면에 도달할 때, 또는 심지어 표면 아래에 갇혔을 때도 식는다. 마그마가 식으면서 마그마의 원자는 열에너지를 잃고, 서로 더 가까이 이동해 화합물로 결합하기 시작한다.

(B) 이 과정 동안, 서로 다른 화합물의 원자가 질서 있고 반복적인 패턴으로 배열된다. 마그마에 존재하는 원소의 종류와 양이 어떤 광물이 형성될지를 부분적으로 결정한다.

(A) 또한, 형성되는 결정의 크기는 부분적으로는 마그마가 얼마나 빨리 식느냐에 달려 있다. 마그마가 천천히 식으면, 형성되는 결정은 대개 육안으로 볼 수 있을 만큼 충분히 크다.

(C) 이것은 원자가 함께 이동해 더 큰 결정을 형성할 충분한 시간을 가지기 때문이다. 마그마가 빠르게 식으면, 형성되는 결정은 작을 것이다. 이런 경우에는 개별 광물 결정을 쉽게 볼 수 없다.

Why? 왜 정답일까?

마그마가 식을 때 광물이 형성될 수 있다는 내용의 주어진 글 뒤로, '이 식어가는 과정' 동안 마그마 속 원

소의 종류나 양에 따라 어떤 종류의 광물이 형성될지 결정된다고 설명하는 (B)가 먼저 연결된다. 이어서 Also로 시작하는 (A)는 추가로 마그마가 식는 속도에 따라 광물의 크기가 결정된다고 언급한다. 마지막으로 (C)는 (A) 후반부에서 언급되었듯이 마그마가 천천히 식을 때 광물의 크기가 커지는 이유에 관해 보충 설명한다. 따라서 글의 순서로 가장 적절한 것은 ② '(B) – (A) – (C)'이다.

- **form** ⓥ 형성하다
- **melt** ⓥ 녹이다, 녹다
- **trap** ⓥ 가두다
- **combine into** ~로 결합되다
- **partly** ⓐⒹ 부분적으로
- **with the unaided eye** 육안으로
- **orderly** ⓐ 질서 있는
- **in such cases** 이런 경우에
- **mineral** ⓝ 광물
- **surface** ⓝ 표면
- **atom** ⓝ 원자
- **compound** ⓝ 화합물
- **rapidly** ⓐⒹ 빠르게
- **arrange** ⓥ 배열하다
- **element** ⓝ 원소, 구성요소

구문 풀이

6행 Also, the size of the crystals that form depends partly on how rapidly the magma cools.
『how + 형/부 + 주어 + 동사 : 얼마나 ~한지』

★★ 문제 해결 꿀~팁 ★★

▶ 많이 틀린 이유는?
(B)는 마그마가 식는 속도에 따라 그로 인해 만들어지는 결정의 종류가 달라질 수 있다는 내용으로 끝나는데, (C)를 보면 갑자기 결정의 '크기'가 커지는 이유를 언급한다. (C)에 앞서 '크기'를 처음 언급하는 단락은 Also로 시작하는 (A)이다. (A)에서 먼저 size를 언급해줘야 크기가 커지는 '이유'를 설명하는 (C)가 자연스럽게 연결된다.

▶ 문제 해결 방법은?
(A)와 (C)가 둘 다 '크기'를 언급하고 있지만, (B)에는 '크기'에 관한 언급이 없다. 따라서 Also가 있는 (A)를 먼저 연결해 '크기'에 관한 내용을 추가한다는 뜻을 밝히고, 뒤이어 (C)를 연결해야 논리적 흐름이 자연스러워진다.

---

38 탄수화물의 종류   정답률 57% | 정답 ④

글의 흐름으로 보아, 주어진 문장이 들어가기에 가장 적절한 곳을 고르시오.

All carbohydrates are basically sugars.
모든 탄수화물은 기본적으로 당이다.
① Complex carbohydrates are the good carbohydrates for your body.
복합 탄수화물은 몸에 좋은 탄수화물이다.
② These complex sugar compounds / are very difficult to break down / and can trap other nutrients / like vitamins and minerals in their chains.
이러한 복당류 화합물은 / 분해하기 매우 어렵고 / 다른 영양소를 가두어 둘 수 있다. / 비타민과 미네랄 같은 / 그것의 사슬 안에
③ As they slowly break down, / the other nutrients are also released into your body, / and can provide you with fuel for a number of hours.
그것들이 천천히 분해되면서, / 다른 영양소도 여러분의 몸으로 방출되고, / 많은 시간 동안 여러분에게 연료를 공급할 수 있다.
☑ Bad carbohydrates, / on the other hand, / are simple sugars.
나쁜 탄수화물은 / 반면에 / 단당류이다.
Because their structure is not complex, / they are easy to break down / and hold few nutrients for your body / other than the sugars from which they are made.
그것의 구조는 복잡하지 않기 때문에 / 그것은 분해되기 쉬우며, / 몸을 위한 영양소를 거의 가지고 있지 않다. / 그것을 구성하는 당 말고는
⑤ Your body breaks down these carbohydrates rather quickly / and what it cannot use / is converted to fat and stored in the body.
여러분의 몸은 이러한 탄수화물을 상당히 빨리 분해하며, / 몸이 사용하지 못하는 것은 / 지방으로 바뀌어 몸에 저장된다.

모든 탄수화물은 기본적으로 당이다. ① 복합 탄수화물은 몸에 좋은 탄수화물이다. ② 이러한 복당류 화합물은 분해하기 매우 어렵고, 비타민과 미네랄 같은 다른 영양소를 그것의 사슬 안에 가두어 둘 수 있다. ③ 그것들이 천천히 분해되면서, 다른 영양소도 여러분의 몸으로 방출되고, 많은 시간 동안 여러분에게 연료를 공급할 수 있다. ④ 반면에 나쁜 탄수화물은 단당류이다. 그것의 구조는 복잡하지 않기 때문에 분해되기 쉬우며, 그것을 구성하는 당 말고는 몸을 위한 영양소를 거의 가지고 있지 않다. ⑤ 여러분의 몸은 이러한 탄수화물을 상당히 빨리 분해하며, 몸이 사용하지 못하는 것은 지방으로 바뀌어 몸에 저장된다.

Why? 왜 정답일까?

복합 탄수화물과 단당류의 차이점을 설명하는 글이다. ④ 앞의 복합당의 경우 구조가 복잡하기 때문에 분해 시간이 느리고 오랜 시간 몸에 연료를 공급한다는 내용이다. 한편 주어진 문장은 '나쁜 탄수화물'인 단당류를 언급하고, ④ 뒤에서는 이 단당류를 they로 받아 이것이 분해되기 쉽고 당 외에는 다른 영양소를 가지고 있지도 않아서 몸에서 다 쓰지 못하면 지방이 되어 쌓인다는 설명을 이어 간다. 따라서 주어진 문장이 들어가기에 가장 적절한 곳은 ④이다.

- **carbohydrate** ⓝ 탄수화물
- **break down** 분해하다
- **release** ⓥ 방출하다
- **a number of** 많은
- **be made from** ~로 구성되다
- **basically** ⓐⒹ 기본적으로
- **nutrient** ⓝ 영양소
- **provide A with B** A에게 B를 공급하다
- **structure** ⓝ 구조
- **convert** ⓥ 바꾸다

구문 풀이

4행 These complex sugar compounds are very difficult to break down and can trap other nutrients like vitamins and minerals in their chains.
보어(형용사구) 부사적 용법(~하기에)

---

39 초기 정보와 기대의 영향   정답률 48% | 정답 ⑤

글의 흐름으로 보아, 주어진 문장이 들어가기에 가장 적절한 곳을 고르시오. [3점]

People commonly make the mistaken assumption / that because a person has one type of characteristic, / then they automatically have other characteristics / which go with it.
흔히 사람들은 잘못된 가정을 한다. / 어떤 사람이 어떤 특성 하나를 가지고 있으므로 / 그러면 그들은 자동으로 다른 특성을 지니고 있다는 / 그것과 어울리는

① In one study, / university students were given descriptions of a guest lecturer / before he spoke to the group.
한 연구에서, / 대학생들은 어떤 초청 강사에 대한 설명을 들었다. / 그가 그들 집단 앞에서 강연하기 전
② Half the students received a description / containing the word 'warm', / the other half were told / the speaker was 'cold'.
학생들 절반은 설명을 들었고, / '따뜻하다'라는 단어가 포함된 / 나머지 절반은 들었다. / 그 강사가 '차갑다'는 말을
③ The guest lecturer then led a discussion, / after which the students were asked / to give their impressions of him.
그러고 나서 그 초청 강사가 토론을 이끌었고, / 이후 학생들은 요청받았다. / 강사에 대한 인상을 말해 달라고
④ As expected, / there were large differences / between the impressions formed by the students, / depending upon their original information of the lecturer.
예상한 대로, / 큰 차이가 있었다. / 학생들에 의해 형성된 인상 간에는 / 그 강사에 대한 학생들의 최초 정보에 따라
☑ It was also found / that those students / who expected the lecturer to be warm / tended to interact with him more.
또한 밝혀졌다. / 그런 학생들은 / 그 강사가 따뜻할 거라고 기대했던 / 그와 더 많이 소통하는 경향이 있었다는 것이
This shows / that different expectations / not only affect the impressions we form / but also our behaviour and the relationship which is formed.
이것은 보여준다. / 서로 다른 기대가 / 우리가 형성하는 인상뿐만 아니라 (~에도) 영향을 미친다는 것을 / 우리의 행동 및 형성되는 관계에도

흔히 사람들은 어떤 사람이 어떤 특성 하나를 가지고 있으면 자동으로 그것과 어울리는 다른 특성을 지니고 있다는 잘못된 가정을 한다. ① 한 연구에서, 대학생들은 어떤 초청 강사가 그들 집단 앞에서 강연하기 전 그 강사에 대한 설명을 들었다. ② 학생들 절반은 '따뜻하다'라는 단어가 포함된 설명을 들었고, 나머지 절반은 그 강사가 '차갑다'는 말을 들었다. ③ 그러고 나서 그 초청 강사가 토론을 이끌었고, 이후 학생들은 강사에 대한 인상을 말해 달라고 요청받았다. ④ 예상한 대로, 학생들에 의해 형성된 인상 간에는 그 강사에 대한 학생들의 최초 정보에 따라 큰 차이가 있었다. ⑤ 또한, 그 강사가 따뜻할 거라고 기대했던 학생들은 그와 더 많이 소통하는 경향이 있었다는 것이 밝혀졌다. 이것은 서로 다른 기대가 우리가 형성하는 인상뿐만 아니라 우리의 행동 및 형성되는 관계에도 영향을 미친다는 것을 보여준다.

Why? 왜 정답일까?

대학생들 집단을 대상으로 초기 정보의 영향력을 연구한 실험을 소개하는 글이다. ① 이후로 ⑤ 앞까지 대학생들 두 집단이 똑같은 강사에 관해 상반된 정보를 들었고, 이에 따라 동일한 사람에 대해 서로 다른 인상을 갖게 되었다는 실험 내용이 소개된다. 이어서 주어진 문장은 추가적인 결과(was also found)로 각 집단에 따라 강사와 소통하는 정도에도 영향이 있었다는 내용을 제시한다. 마지막으로 ⑤ 뒤에서는 서로 다른 초기 정보와 기대로 인해 강사에 대한 인상뿐 아니라 관계 맺음에도 차이가 생겼다는 최종적 결론을 제시한다. 따라서 주어진 문장이 들어가기에 가장 적절한 곳은 ⑤이다.

- **lecturer** ⓝ 강사, 강연자
- **commonly** ⓐⒹ 흔히
- **assumption** ⓝ 가정, 추정
- **description** ⓝ 설명
- **be told** ~을 듣다
- **impression** ⓝ 인상
- **original** ⓐ 최초의, 원래의
- **relationship** ⓝ 관계
- **interact with** ~와 상호작용하다
- **mistaken** ⓐ 잘못된, 틀린
- **automatically** ⓐⒹ 자동으로, 저절로
- **contain** ⓥ 포함하다, (~이) 들어 있다
- **discussion** ⓝ 토론, 논의
- **as expected** 예상된 대로
- **expectation** ⓝ 기대, 예상

---

40 사회적 증거의 위력   정답률 49% | 정답 ①

다음 글의 내용을 한 문장으로 요약하고자 한다. 빈칸 (A), (B)에 들어갈 말로 가장 적절한 것은?

	(A)		(B)		(A)		(B)
☑①	numbers 숫자	……	uncertain 불확실한	②	numbers 숫자	……	unrealistic 비현실적인
③	experiences 경험	……	unrealistic 비현실적인	④	rules 규칙	……	uncertain 불확실한
⑤	rules 규칙	……	unpleasant 불쾌한				

To help decide what's risky and what's safe, / who's trustworthy and who's not, / we look for social evidence.
무엇이 위험하고 무엇이 안전한지 결정하는 것을 돕고자 / 누구를 신뢰할 수 있고 없는지를 / 우리는 사회적 증거를 찾는다.
From an evolutionary view, / following the group is almost always positive / for our prospects of survival.
진화의 관점에서 볼 때, / 집단을 따르는 것은 거의 항상 긍정적이다. / 우리의 생존 전망에
"If everyone's doing it, / it must be a sensible thing to do," / explains / famous psychologist and best selling writer of Influence, / Robert Cialdini.
"모든 사람이 그것을 하고 있다면, / 그것은 분별 있는 행동임에 틀림없다."라고 / 설명한다 / 저명한 심리학자이자 Influence를 쓴 베스트셀러 작가 / Robert Cialdini는
While we can frequently see this today in product reviews, / even subtler cues within the environment / can signal trustworthiness.
오늘날 우리가 상품평에서 이를 자주 볼 수 있지만, / 환경 내의 훨씬 더 미묘한 신호가 / 신뢰성을 나타낼 수 있다.
Consider this: / when you visit a local restaurant, / are they busy?
다음을 생각해보라. / 여러분이 어느 현지 음식점을 방문할 때, / 그들이 바쁜가?
Is there a line outside / or is it easy to find a seat?
밖에 줄이 있는가, / 아니면 자리를 찾기 쉬운가?
It is a hassle to wait, / but a line can be a powerful cue / that the food's tasty, / and these seats are in demand.
기다리기는 성가시지만, / 줄이라는 것은 강력한 신호일 수 있다. / 음식이 맛있다는 / 그리고 이곳의 좌석이 수요가 많다는
More often than not, / it's good / to adopt the practices of those around you.
대개는 / 좋다. / 주변 사람들의 행동을 따르는 것이
➡ We tend to feel safe and secure in (A) numbers / when we decide how to act, / particularly when faced with (B) uncertain conditions.
우리는 숫자에서 안전함과 안도감을 느끼는 경향이 있다. / 어떻게 행동할지 결정할 때 / 특히 불확실한 상황에 직면하게 되면

무엇이 위험하고 무엇이 안전하며, 누구를 신뢰할 수 있고 없는지를 결정하는 것을 돕고자, 우리는 사회적 증거를 찾는다. 진화의 관점에서 볼 때, 집단을 따르는 것은 거의 항상 우리의 생존 전망에 긍정적이다. "모든 사람이 그것을 하고 있다면, 그것은 분별 있는 행동임에 틀림없다."라고 저명한 심리학자이자 Influence를 쓴 베스트셀러 작가인 Robert Cialdini는 설명한다. 오늘날 상품평에서 이를 자주 볼 수 있지만, 환경 내의 훨씬 더 미묘한 신호가 신뢰성을 나타낼 수 있다. 다음을 생각해보라. 여러분이 어느 현지 음식점을 방문할 때, 그들(식당 사람들)이 바쁜가? 밖에 줄이 있는가, 아니면 (사람이 없어서) 자리를 찾기 쉬운가? 기다리

기는 성가시지만, 줄이라는 것은 음식이 맛있고 이곳의 좌석이 수요가 많다는 강력한 신호일 수 있다. 대개는 주변 사람들의 행동을 따르는 것이 좋다.

➡ 우리는 어떻게 행동할지 결정할 때 특히 (B) 불확실한 상황에 직면해 있다면 (A) 숫자에서 안전함과 안도감을 느끼는 경향이 있다.

Why? 왜 정답일까?

불확실한 상황에서 결정을 내려야 할 때 우리는 주변 집단의 행동을 따라 안전하게 선택하려 한다(~ following the group is almost always positive for our prospects of survival. / More often than not, it's good to adopt the practices of those around you.)는 내용의 글이다. 따라서 요약문의 빈칸 (A), (B)에 들어갈 말로 가장 적절한 것은 ① '(A) numbers(숫자), (B) uncertain(불확실한)'이다.

- **risky** ⓐ 위험한
- **evidence** ⓝ 근거, 증거
- **sensible** ⓐ 분별 있는, 현명한
- **subtle** ⓐ 미묘한
- **tasty** ⓐ 맛있는
- **more often than not** 대개
- **faced with** ~와 직면한
- **unrealistic** ⓐ 비현실적인
- **unpleasant** ⓐ 불쾌한
- **trustworthy** ⓐ 신뢰할 만한
- **prospect** ⓝ 예상, 가망성
- **frequently** ⓐⓓ 자주, 빈번히
- **hassle** ⓝ 성가신 일
- **in demand** 수요가 많은
- **practice** ⓝ 관례, 실행
- **uncertain** ⓐ 불확실한
- **rule** ⓝ 규칙 ⓥ 지배하다

구문 풀이

1행 To help decide what's risky and what's safe, who's trustworthy and who's not, we look for *social evidence*.
(목적(~하려면) 원형부정사 / 의문사절1 / 의문사절2)

41-42 익숙한 정보에 대한 전문가의 유리함

Chess masters shown a chess board / in the middle of a game for 5 seconds / with 20 to 30 pieces still in play / can immediately reproduce the position of the pieces from memory.
체스판을 본 체스의 달인들은 / 게임 중간에 5초 동안 / 20~30개의 말들이 아직 놓여 있는 상태로 / 그 말들의 위치를 외워서 즉시 재현해 낼 수 있다.

Beginners, / of course, / are able to place only a few.
초보자들은 / 물론 / 겨우 몇 개만 기억해 낼 수 있다.

Now take the same pieces / and place them on the board randomly / and the (a) difference is much reduced.
이제 똑같은 말들을 가져다가 / 체스판에 무작위로 놓으라 / 그러면 그 차이는 크게 줄어든다.

『The expert's advantage is only for familiar patterns / — those previously stored in memory.』 42번의 근거
전문가의 유리함은 익숙한 패턴에 대해서만 있다. / 즉 이전에 기억에 저장된 패턴

Faced with unfamiliar patterns, / even when it involves the same familiar domain, / the expert's advantage (b) disappears.
익숙하지 않은 패턴에 직면하면, / 그것이 같은 익숙한 분야와 관련 있는 경우라도 / 전문가의 유리함은 사라진다.

『The beneficial effects of familiar structure on memory』 / have been observed for many types of expertise, / including music. 41번의 근거
익숙한 구조가 기억에 미치는 유익한 효과는 / 여러 전문 지식 유형에서 관찰되어 왔다. / 음악을 포함해

People with musical training / can reproduce short sequences of musical notation more accurately / than those with no musical training / when notes follow (c) conventional sequences, / but the advantage is much reduced / when the notes are ordered randomly.
음악 훈련을 받은 사람이 / 연속된 짧은 악보를 더 정확히 재현할 수 있다 / 음악 훈련을 안 받은 사람보다 / 음표가 전형적인 순서를 따를 때는 / 하지만 그 유리함이 훨씬 줄어든다 / 음표가 무작위로 배열되면

Expertise also improves memory for sequences of (d) movements.
전문 지식은 또한 연속 동작에 대한 기억을 향상시킨다.

Experienced ballet dancers are able to repeat longer sequences of steps / than less experienced ballet dancers, / and they can repeat a sequence of steps making up a routine better / than steps ordered randomly.
숙련된 발레 무용수가 더 긴 연속 스텝을 반복할 수 있다 / 경험이 적은 무용수보다 / 그리고 그들은 정해진 춤 동작을 이루는 연속 스텝을 더 잘 반복할 수 있다. / 무작위로 배열된 스텝보다

In each case, / memory range is (e) increased / by the ability to recognize familiar sequences and patterns.
각각의 경우, / 기억의 범위는 늘어난다 / 익숙한 순서와 패턴을 인식하는 능력에 의해

체스판을 게임 중간에 20~30개의 말들이 아직 놓여 있는 상태로 5초 동안 본 체스의 달인들은 그 말들의 위치를 외워서 즉시 재현할 수 있다. 물론 초보자들은 겨우 몇 개만 기억해 낼 수 있다. 이제 똑같은 말들을 가져다가 체스판에 무작위로 놓으면 그 (a) 차이는 크게 줄어든다. 전문가의 유리함은 익숙한 패턴, 즉 이전에 기억에 저장된 패턴에 대해서만 있다. 익숙하지 않은 패턴에 직면하면, 같은 익숙한 분야와 관련 있는 경우라도 전문가의 유리함은 (b) 사라진다. 익숙한 구조가 기억에 미치는 유익한 효과는 음악을 포함해 여러 전문 지식 유형에서 관찰되어 왔다. 음표가 (c) 특이한(→ 전형적인) 순서를 따를 때는 음악 훈련을 받은 사람이 음악 훈련을 안 받은 사람보다 연속된 짧은 악보를 더 정확하게 재현할 수 있지만, 음표가 무작위로 배열되면 그 유리함이 훨씬 줄어든다. 전문 지식은 또한 연속 (d) 동작에 대한 기억을 향상시킨다. 숙련된 발레 무용수가 경험이 적은 무용수보다 더 긴 연속 스텝을 반복할 수 있고, 무작위로 배열된 스텝보다 정해진 춤 동작을 이루는 연속 스텝을 더 잘 반복할 수 있다. 각각의 경우, 기억의 범위는 익숙한 순서와 패턴을 인식하는 능력에 의해 (e) 늘어난다.

- **in the middle of** ~의 한가운데에
- **reproduce** ⓥ 재현하다
- **beginner** ⓝ 초심자
- **randomly** ⓐⓓ 무작위로
- **advantage** ⓝ 유리함, 이점
- **previously** ⓐⓓ 이전에, 사전에
- **domain** ⓝ 영역, 분야
- **beneficial** ⓐ 유익한, 이로운
- **sequence** ⓝ 연속, 순서
- **accurately** ⓐⓓ 정확히
- **experienced** ⓐ 숙련된, 경험 많은
- **guarantee** ⓥ 보장하다
- **in play** 시합 중인
- **from memory** 외워서, 기억하여
- **only a few** 몇 안 되는 (것)
- **reduce** ⓥ 줄이다, 감소시키다
- **familiar** ⓐ 익숙한, 친숙한
- **unfamiliar** ⓐ 익숙지 않은, 낯선
- **disappear** ⓥ 사라지다
- **expertise** ⓝ 전문 지식
- **musical notation** 악보
- **unusual** ⓐ 특이한
- **routine** ⓝ 습관, (정해진) 춤 동작, 루틴

구문 풀이

1행 Chess masters shown a chess board in the middle of a game for 5 seconds with 20 to 30 pieces still in play can immediately reproduce the position of the pieces from memory.
(주어 / 과거분사 shown의 직접목적어 / 동사구)

41 제목 파악　　정답률 64% | 정답 ②

윗글의 제목으로 가장 적절한 것은?

① How Can We Build Good Routines? – 어떻게 하면 좋은 습관을 들일 수 있을까?
② Familiar Structures Help Us Remember – 익숙한 구조가 기억하는 것을 돕는다 ✓
③ Intelligence Does Not Guarantee Expertise – 지능이 전문 지식을 보장하지는 않는다
④ Does Playing Chess Improve Your Memory? – 체스를 하는 것이 기억력을 향상시킬까?
⑤ Creative Art Performance Starts from Practice – 창의적인 예술 공연은 연습에서 시작된다

Why? 왜 정답일까?

익숙한 정보가 기억력에 미치는 좋은 영향(The beneficial effects of familiar structure on memory)을 설명하는 글로, 전문가의 경우 익숙하고 패턴화된 정보는 더 잘 기억하지만 무작위적인 정보는 전문 분야라고 하더라도 기억력 면에서 초심자와 큰 차이를 보이지 못한다는 예시를 다루고 있다. 따라서 글의 제목으로 가장 적절한 것은 ② '익숙한 구조는 우리가 기억하는 것을 돕는다'이다.

42 어휘 추론　　정답률 48% | 정답 ③

밑줄 친 (a)~(e) 중에서 문맥상 낱말의 쓰임이 적절하지 않은 것은?

① (a)　② (b)　③ (c) ✓　④ (d)　⑤ (e)

Why? 왜 정답일까?

'The expert's advantage is only for familiar patterns ~'에서 전문가의 유리함, 즉 전문가들이 자기 분야의 정보를 더 잘 기억할 수 있는 까닭은 바로 정보의 '익숙한 구조'에 있다고 한다. 이를 음악 전문가들의 사례에 적용하면, 음표에 대한 전문가들의 기억이 비전문가들을 넘어설 수 있는 경우는 음표가 '익숙한' 패턴으로 배열된 때일 것이므로, (c)에는 unusual 대신 conventional을 써야 한다. 따라서 문맥상 낱말의 쓰임이 적절하지 않은 것은 ③ '(c)'이다.

43-45 친절로 없어진 괴물

(A)

Once upon a time, / there was a king / who lived in a beautiful palace.
옛날 옛적에, / 한 왕이 있었다. / 아름다운 궁전에 사는

『While the king was away, / a monster approached the gates of the palace.』 45번 ①의 근거 일치
왕이 없는 동안, / 한 괴물이 궁전 문으로 접근했다.

The monster was so ugly and smelly / that the guards froze in shock.
그 괴물이 너무 추하고 냄새가 나서 / 경비병들은 충격으로 얼어붙었다.

He passed the guards / and sat on the king's throne.
괴물은 경비병들을 지나 / 왕의 왕좌에 앉았다.

The guards soon came to their senses, / went in, / and shouted at the monster, / demanding that (a) he get off the throne.
경비병들은 곧 정신을 차리고 / 안으로 들어가 / 괴물을 향해 소리치며 / 그에게 왕좌에서 내려올 것을 요구했다.

(D)

With each bad word the guards used, / the monster grew more ugly and smelly.
경비병들이 나쁜 말을 사용할 때마다, / 그 괴물은 더 추해졌고, 더 냄새가 났다.

『The guards got even angrier — / they began to brandish their swords / to scare the monster away from the palace.』 45번 ⑤의 근거 일치
경비병들은 한층 더 화가 났다. / 그들은 칼을 휘두르기 시작했다. / 그 괴물을 겁주어 궁전에서 쫓아내려고

But (e) he just grew bigger and bigger, / eventually taking up the whole room.
하지만 그는 그저 점점 더 커져서 / 결국 방 전체를 차지했다.

He grew more ugly and smelly than ever.
그는 그 어느 때보다 더 추해졌고, 더 냄새가 났다.

(B)

Eventually the king returned.
마침내 왕이 돌아왔다.

He was wise and kind / and saw what was happening.
그는 현명하고 친절했으며, / 무슨 일이 일어나고 있는지 알았다.

He knew what to do.
그는 어떻게 해야 할지 알고 있었다.

『He smiled and said to the monster, / "Welcome to my palace!"』 45번 ②의 근거 일치
그는 미소를 지으며 그 괴물에게 말했다. / '나의 궁전에 온 것을 환영하오!'라고

He asked the monster / if (b) he wanted a cup of coffee.
왕은 그 괴물에게 물었다. / 그가 커피 한 잔을 원하는지

The monster began to grow smaller / as he drank the coffee.
괴물은 더 작아지기 시작했다. / 그가 그 커피를 마시면서

(C)

The king offered (c) him some take-out pizza and fries.
왕은 그에게 약간의 테이크아웃 피자와 감자튀김을 제안했다.

The guards immediately called for pizza.
경비병들은 즉시 피자를 시켰다.

『The monster continued to get smaller / with the king's kind gestures.』 45번 ③의 근거 일치
그 괴물은 몸이 계속 더 작아졌다. / 왕의 친절한 행동에

(d) He then offered the monster a full body massage.
그러고 나서 그는 그 괴물에게 전신 마사지를 제공했다.

『As the guards helped with the relaxing massage, / the monster became tiny.』 45번 ④의 근거 불일치
경비병들이 편안한 마사지를 도와주자, / 그 괴물은 매우 작아졌다.

With another act of kindness to the monster, / he just disappeared.
그 괴물에게 또 한 번의 친절한 행동을 베풀자, / 그는 바로 사라졌다.

(A)

옛날 옛적에, 아름다운 궁전에 사는 한 왕이 있었다. 왕이 없는 동안, 한 괴물이 궁전 문으로

접근했다. 그 괴물이 너무 추하고 냄새가 나서 경비병들은 충격으로 얼어붙었다. 괴물은 경비병들을 지나 왕의 왕좌에 앉았다. 경비병들은 곧 정신을 차리고 안으로 들어가 괴물을 향해 소리치며 (a) 그에게 왕좌에서 내려올 것을 요구했다.

(D)
경비병들이 나쁜 말을 사용할 때마다, 그 괴물은 더 추해졌고, 더 냄새가 났다. 경비병들은 한층 더 화가 났다. 그들은 그 괴물을 겁주어 궁전에서 쫓아내려고 칼을 휘두르기 시작했다. 하지만 (e) 그는 그저 점점 더 커져서 결국 방 전체를 차지했다. 그는 그 어느 때보다 더 추해졌고, 더 냄새가 났다.

(B)
마침내 왕이 돌아왔다. 그는 현명하고 친절했으며, 무슨 일이 일어나고 있는지 알았다. 그는 어떻게 해야 할지 알고 있었다. 그는 미소를 지으며 그 괴물에게 "나의 궁전에 온 것을 환영하오!"라고 말했다. 왕은 그 괴물에게 (b) 그가 커피 한 잔을 원하는지 물었다. 괴물은 그 커피를 마시면서 더 작아지기 시작했다.

(C)
왕은 (c) 그에게 약간의 테이크아웃 피자와 감자튀김을 제안했다. 경비병들은 즉시 피자를 시켰다. 그 괴물은 왕의 친절한 행동에 몸이 계속 더 작아졌다. 그리고 나서 (d) 그는 괴물에게 전신 마사지를 제공해 주었다. 경비병들이 편안한 마사지를 도와주자 그 괴물은 매우 작아졌다. 그 괴물에게 또 한 번의 친절한 행동을 베풀자, 그는 바로 사라졌다.

- approach ⓥ 다가오다, 접근하다
- ugly ⓐ 추한
- in shock 충격을 받아
- come to one's senses 정신을 차리다
- get off ~을 떠나다
- take-out 사서 가지고 가는
- gesture ⓝ 몸짓, (감정의) 표시, 표현
- brandish ⓥ 휘두르다
- take up ~을 차지하다
- gate ⓝ 문
- smelly ⓐ 냄새 나는, 악취가 나는
- throne ⓝ 왕좌
- shout at ~을 향해 소리치다
- wise ⓐ 현명한
- call for ~을 시키다, ~을 요구하다
- tiny ⓐ 아주 작은
- scare away ~을 겁주어 쫓아버리다
- than ever 그 어느 때보다

구문 풀이

(A) 5행 The guards soon came to their senses, went in, and shouted at the monster, demanding that he (should) get off the throne.
(요구 동사 / 생략 / 동사원형)

(D) 4행 But he just grew bigger and bigger, eventually taking up the whole room.
(「비교급+and+비교급: 점점 더 ~한」 / 분사구문(그리고 ~하다))

---

43 글의 순서 파악   정답률 77% | 정답 ④

주어진 글 (A)에 이어질 내용을 순서에 맞게 배열한 것으로 가장 적절한 것은?
① (B) – (D) – (C)
② (C) – (B) – (D)
③ (C) – (D) – (B)
④ (D) – (B) – (C) ✔
⑤ (D) – (C) – (B)

Why? 왜 정답일까?

왕이 없을 때 어느 괴물이 왕좌에 대신 앉아버렸다는 내용의 (A) 뒤에는, 경비병들이 괴물을 위협하며 쫓아내려 했으나 오히려 괴물의 몸집이 점점 커질 뿐이었다는 내용의 (D), 왕이 돌아와서 사태를 파악하고 괴물에게 친절을 베풀기 시작했다는 내용의 (B), 왕이 음식과 마사지 등 친절한 행동을 보낼 때마다 괴물이 점점 작아져서 마침내는 없어졌다는 내용의 (C)가 차례로 연결되어야 한다. 따라서 글의 순서로 가장 적절한 것은 ④ '(D) – (B) – (C)'이다.

---

44 지칭 추론   정답률 75% | 정답 ④

밑줄 친 (a) ~ (e) 중에서 가리키는 대상이 나머지 넷과 <u>다른</u> 것은?
① (a)   ② (b)   ③ (c)   ④ (d) ✔   ⑤ (e)

Why? 왜 정답일까?

(a), (b), (c), (e)는 the monster, (d)는 the king을 가리키므로, (a) ~ (e) 중에서 가리키는 대상이 다른 하나는 ④ '(d)'이다.

---

45 세부 내용 파악   정답률 83% | 정답 ④

윗글에 관한 내용으로 적절하지 <u>않은</u> 것은?
① 왕이 없는 동안 괴물이 궁전 문으로 접근했다.
② 왕은 미소를 지으며 괴물에게 환영한다고 말했다.
③ 왕의 친절한 행동에 괴물의 몸이 계속 더 작아졌다.
④ 경비병들은 괴물을 마사지해 주기를 거부했다. ✔
⑤ 경비병들은 겁을 주어 괴물을 쫓아내려 했다.

Why? 왜 정답일까?

(C) 'As the guards helped with the relaxing massage, ~'에서 경비병들은 괴물을 마사지해주기를 거부하지 않고, 오히려 마사지를 도와줬음을 알 수 있다. 따라서 내용과 일치하지 않는 것은 ④ '경비병들은 괴물을 마사지해 주기를 거부했다.'이다.

Why? 왜 오답일까?

① (A) 'While the king was away, a monster approached the gates of the palace.'의 내용과 일치한다.
② (B) 'He smiled and said to the monster, "Welcome to my palace!"'의 내용과 일치한다.
③ (C) 'The monster continued to get smaller with the king's kind gestures.'의 내용과 일치한다.
⑤ (D) 'The guards ~ began to brandish their swords to scare the monster away from the palace.'의 내용과 일치한다.

• 정답 •

01 ① 02 ③ 03 ② 04 ④ 05 ④   06 ③ 07 ① 08 ③ 09 ⑤ 10 ③   11 ① 12 ⑤ 13 ② 14 ② 15 ①
16 ④ 17 ④ 18 ② 19 ③ 20 ⑤   21 ⑤ 22 ③ 23 ④ 24 ② 25 ⑤   26 ③ 27 ④ 28 ⑤ 29 ③ 30 ⑤
31 ★② 32 ③ 33 ① 34 ① 35 ④   36 ③ 37 ② 38 ④ 39 ★② 40 ①   41 ⑤ 42 ⑤ 43 ④ 44 ④ 45 ⑤

★ 표기된 문항은 [등급을 가르는 문제]에 해당하는 문항입니다.

---

01 농구 리그 등록 방법 변경 안내   정답률 86% | 정답 ①

다음을 듣고, 남자가 하는 말의 목적으로 가장 적절한 것을 고르시오.
① 농구 리그 참가 등록 방법의 변경을 알리려고 ✔
② 확정된 농구 리그 시합 일정을 발표하려고
③ 농구 리그의 심판을 추가 모집하려고
④ 농구 리그 경기 관람을 권장하려고
⑤ 농구 리그 우승 상품을 안내하려고

M : Good afternoon, everybody.
안녕하세요, 여러분.
This is Student President Sam Wilson.
저는 학생회장인 Sam Wilson입니다.
As you know, the lunch basketball league will begin soon.
여러분도 알다시피, 점심시간 농구 리그가 곧 시작됩니다.
Many students are interested in joining the league and waiting for the sign-up sheet to be handed out at the gym.
많은 학생들이 리그 참가에 관심을 보이고 있고 체육관에서 신청서가 배부되기를 기다리고 있습니다.
For easier access, we've decided to change the registration method.
보다 쉽게 접근할 수 있도록, 저희는 등록 방법을 바꾸기로 했습니다.
Instead of going to the gym to register, simply log into the school website and fill out the registration form online.
체육관에 가서 등록하는 대신, 학교 웹 사이트에 로그인해서 온라인 신청서를 작성하기만 해 주세요.
Thank you for listening and let's have a good league.
들어주셔서 감사하고, 좋은 리그 경기를 합시다.

Why? 왜 정답일까?

'For easier access, we've decided to change the registration method. Instead of going to the gym to register, simply log into the school website and fill out the registration form online.'에서 남자는 점심시간 농구 리그 참가 등록이 온라인 등록으로 바뀌었음을 공지하고 있다. 따라서 남자가 하는 말의 목적으로 가장 적절한 것은 ① '농구 리그 참가 등록 방법의 변경을 알리려고'이다.

- hand out 배부하다, 나눠주다
- registration ⓝ 등록
- access ⓝ 접근, 이용

---

02 손으로 얼굴을 만지지 말라고 권하기   정답률 96% | 정답 ③

대화를 듣고, 여자의 의견으로 가장 적절한 것을 고르시오.
① 평소에 피부 상태를 잘 관찰할 필요가 있다.
② 여드름을 치료하려면 피부과 병원에 가야 한다.
③ 얼굴을 손으로 만지는 것은 얼굴 피부에 해롭다. ✔
④ 지성 피부를 가진 사람은 자주 세수를 해야 한다.
⑤ 손을 자주 씻는 것은 감염병 예방에 도움이 된다.

W : Daniel, what are you doing in front of the mirror?
Daniel, 거울 앞에서 뭐 하고 있어?
M : I have skin problems these days. I'm trying to pop these pimples on my face.
요새 피부에 문제가 있어. 얼굴에 난 이 여드름들을 짜려는 중이야.
W : Pimples are really annoying, but I wouldn't do that.
여드름은 정말 거슬리긴 한데, 나라면 짜지 않겠어.
M : Why not?
왜?
W : When you pop them with your hands, you're touching your face.
네가 그걸 손으로 짜면, 얼굴을 만지게 되잖아.
M : Are you saying that I shouldn't touch my face?
내가 얼굴을 만지면 안 된다는 얘기야?
W : Exactly. You know our hands are covered with bacteria, right?
바로 그거야. 우리 손은 세균으로 뒤덮여 있는 거 알잖아, 그렇지?
M : So?
그래서?
W : You'll be spreading bacteria all over your face with your hands. It could worsen your skin problems.
넌 손으로 얼굴 전체에 세균을 퍼뜨리게 될 거야. 그건 피부 문제를 더 나빠지게 만들 수 있지.
M : Oh, I didn't know that.
오, 난 그건 몰랐어.
W : Touching your face with your hands is bad for your skin.
손으로 얼굴을 만지는 것은 피부에 해로워.
M : Okay, I got it.
그래, 알았어.

Why? 왜 정답일까?

얼굴에 난 여드름을 손으로 짜려는 남자에게 여자는 세균이 뒤덮인 손으로 얼굴을 만지는 것이 피부에 좋지 않다(Touching your face with your hands is bad for your skin.)는 것을 설명해주고 있다. 따라서 여자의 의견으로 가장 적절한 것은 ③ '얼굴을 손으로 만지는 것은 얼굴 피부에 해롭다.'이다.

- pop a pimple 여드름을 짜다
- spread ⓥ 퍼뜨리다
- annoying ⓐ 거슬리는, 짜증나게 하는
- worsen ⓥ 악화시키다

03 만화가와 환경 운동가의 우연한 만남
정답률 91% | 정답 ②

대화를 듣고, 두 사람의 관계를 가장 잘 나타낸 것을 고르시오.
① 방송 작가 – 연출자　　　　☑ 만화가 – 환경 운동가
③ 촬영 감독 – 동화 작가　　　④ 토크쇼 진행자 – 기후학자
⑤ 제품 디자이너 – 영업 사원

M : Excuse me. You're Chloe Jones, aren't you?
　　실례합니다. Chloe Jones 씨 맞으시죠?
W : Yes, I am. Have we met before?
　　네, 맞아요. 전에 뵀었나요?
M : No, but I'm a big fan of yours. I've watched your speeches on climate change, and they're very inspiring.
　　아니요, 하지만 전 당신의 열성팬이에요. 기후 변화에 대한 당신의 연설을 보았고, 그것은 매우 고무적이었어요.
W : Thank you. I'm so glad to hear that.
　　고맙습니다. 그 말씀을 들으니 몹시 기쁘네요.
M : And, I also think your campaign about plastic pollution has been very successful.
　　그리고, 플라스틱 오염에 관한 당신의 캠페인 또한 아주 성공적이었다고 생각해요.
W : As an environmental activist, that means a lot to me.
　　환경 운동가로서, 그것은 제게 많은 의미가 있죠.
M : May I make a suggestion? I thought it'd be nice if more children could hear your ideas.
　　제안을 하나 해도 될까요? 더 많은 어린이들이 당신의 생각을 접할 수 있으면 좋을 것 같아요.
W : That's what I was thinking. Do you have any good ideas?
　　저도 그렇게 생각했답니다. 좋은 아이디어가 있으신가요?
M : Actually, I'm a cartoonist. Perhaps I can make comic books based on your work.
　　사실, 전 만화가예요. 어쩌면 제가 당신의 작업물에 기반해 만화책을 만들 수 있을 거예요.
W : That is a wonderful idea. Can I contact you later to discuss it more?
　　멋진 생각이네요. 좀 더 논의하기 위해 나중에 연락드려도 될까요?
M : Sure. By the way, my name is Jack Perse. Here's my business card.
　　그럼요. 참, 제 이름은 Jack Perse입니다. 여기 제 명함이요.

Why? 왜 정답일까?

'Actually, I'm a cartoonist.'에서 남자는 만화가이고, 'As an environmental activist, that means a lot to me.'에서 여자는 환경 운동가임을 알 수 있다. 따라서 두 사람의 관계로 가장 적절한 것은 ② '만화가 – 환경 운동가'이다.

● climate change 기후 변화　　　● inspiring ⓐ 고무하는
● pollution ⓝ 오염, 공해　　　　● environmental activist 환경 운동가
● make a suggestion 제안하다　　● discuss ⓥ 상의하다
● business card 명함

04 새로 꾸민 수조 사진 구경하기
정답률 76% | 정답 ④

대화를 듣고, 그림에서 대화의 내용과 일치하지 않는 것을 고르시오.

W : Yesterday, I decorated my fish tank like a beach.
　　어제 난 내 수조를 바닷가처럼 꾸몄어.
M : I'd like to see it. Do you have a picture?
　　나도 보고 싶다. 사진 있어?
W : Sure. Here. [Pause] 『Do you recognize the boat in the bottom left corner?』 ①의 근거 일치
　　응. 여기. [잠시 멈춤] 왼쪽 아래 구석에 배 알아보겠어?
M : Yes. It's the one I gave you, isn't it?
　　응. 내가 너한테 준 거네. 그렇지?
W : Right. It looks good in the fish tank, doesn't it?
　　맞아. 수조에 넣어두니 근사하지, 그렇지?
M : It does. 『I love the beach chair in the center.』 ②의 근거 일치
　　그러네. 가운데 있는 해변용 의자 마음에 든다.
W : Yeah. I like it, too.
　　응. 나도 그게 마음에 들어.
M : 『I see a starfish next to the chair.』 ③의 근거 일치
　　의자 옆에 불가사리가 있네.
W : Isn't it cute? 『And do you see these two surf boards on the right side of the picture?』 ④의 근거 불일치
　　귀엽지 않아? 그리고 사진 오른쪽에 서핑 보드 두 개가 있는 거 보여?
M : Yeah. I like how you put both of them side by side.
　　응. 두 개를 나란히 배치해둔 게 좋네.
W : I thought that'd look cool.
　　그게 멋져 보이는 것 같더라고.
M : 『Your fish in the top left corner looks happy with its new home.』 ⑤의 근거 일치
　　왼쪽 위 구석에 있는 네 물고기도 새로운 집에 만족한 것 같네.
W : I hope so.
　　그러길 바라.

Why? 왜 정답일까?

대화에 따르면 사진 오른쪽에 서핑 보드가 두 개 있다(And do you see these two surf boards on the right side of the picture?)고 하는데, 그림에서는 서핑 보드가 하나 뿐이다. 따라서 그림에서 대화의 내용과 일치하지 않는 것은 ④이다.

● fish tank 수조　　　　　　　● starfish ⓝ 불가사리
● side by side 나란히

05 생일 파티 준비하기
정답률 93% | 정답 ④

대화를 듣고, 여자가 남자에게 부탁한 일로 가장 적절한 것을 고르시오.
① 장난감 사 오기　　　　　② 풍선 달기
③ 케이크 가져오기　　　　☑ 탁자 옮기기
⑤ 아이들 데려오기

[Cell phone rings.]
[휴대전화가 울린다.]
M : Hello, honey. I'm on the way home. How's setting up Mike's birthday party going?
　　여보세요, 여보. 나 집에 가고 있어요. Mike의 생일 파티 준비는 어떻게 돼 가요?
W : Good, but I still have stuff to do. Mike and his friends will get here soon.
　　잘돼 가는데. 아직 할 일이 있어요. Mike와 친구들이 곧 이리로 올 거예요.
M : Should I pick up the birthday cake?
　　내가 생일 케익을 찾으러 갈까요?
W : No, that's okay. I already did that.
　　아니, 괜찮아요. 내가 이미 찾아왔어요.
M : Then, do you want me to put up the balloons around the doorway when I get there?
　　그럼, 내가 도착해서 현관문 주변에 풍선을 달아놓을까요?
W : I'll take care of it. Can you take the table out to the front yard?
　　그건 내가 할게요. 탁자를 앞마당으로 옮겨줄 수 있어요?
M : Sure. Are we having the party outside?
　　물론이죠. 우린 야외 파티를 하는 건가요?
W : Yes. The weather is beautiful so I made a last minute change.
　　네. 날씨가 좋아서 막판에 바꿨어요.
M : Great. The kids can play with water guns in the front yard.
　　좋아요. 애들은 앞마당에서 물총을 갖고 놀아도 되겠네요.
W : Good idea. I'll go to the garage and grab the water guns.
　　좋은 생각이에요. 내가 차고에 가서 물총을 가져와야겠어요.

Why? 왜 정답일까?

아들의 생일 파티를 밖에서 하기로 마음을 바꾼 여자는 남자에게 탁자를 밖으로 옮겨달라고 하므로(Can you take the table out to the front yard?), 여자가 부탁한 일로 가장 적절한 것은 ④ '탁자 옮기기'이다.

● put up 달다, 올리다, 게시하다　　● make a last minute change 마지막 순간에 바꾸다
● grab ⓥ 집다, 잡다

06 친환경 칫솔과 목욕용품 사기
정답률 86% | 정답 ③

대화를 듣고, 남자가 지불할 금액을 고르시오. [3점]
① $14　　② $16　　☑ $18　　④ $20　　⑤ $22

W : Welcome to Green Eco Shop. How can I help you?
　　Green Eco Shop에 잘 오셨어요. 무엇을 도와드릴까요?
M : Hi, do you sell eco-friendly toothbrushes?
　　안녕하세요, 친환경 칫솔 파시나요?
W : Yes, we have a few types over here. Which do you like?
　　네, 이쪽에 몇 가지 종류가 있습니다. 어떤 것이 마음에 드세요?
M : Hmm.... How much are these?
　　흠.... 이건 얼마인가요?
W : They're $2 each. They are made from bamboo.
　　하나에 2달러입니다. 대나무로 만들었어요.
M : All right. I'll take four of them.
　　좋아요. 이거 네 개 살게요.
W : Excellent choice. Anything else?
　　탁월한 선택입니다. 다른 거 필요하신 건요?
M : I also need bath sponges.
　　목욕용 스펀지도 필요해요.
W : They're right behind you. They're plastic-free and only $3 each.
　　바로 뒤쪽에 있어요. 플라스틱이 안 들어간 제품이고 하나에 3달러밖에 안 합니다.
M : Okay. I'll also take four of them. That'll be all.
　　그렇군요. 이것도 네 개 살게요. 이러면 됐어요.
W : If you have a store membership, you can get a 10% discount off the total price.
　　매장 회원이시면, 총 가격에서 10퍼센트 할인을 받으실 수 있어요.
M : Great. I'm a member. Here are my credit and membership cards.
　　좋네요. 전 회원이에요. 여기 제 신용카드랑 회원 카드요.

Why? 왜 정답일까?

대화에 따르면 남자는 하나에 2달러인 대나무 칫솔을 네 개 사고, 하나에 3달러인 목욕용 스펀지도 네 개 산 뒤, 총 가격에서 회원 할인 10퍼센트를 받았다. 이를 식으로 나타내면 '$(2 \times 4 + 3 \times 4) \times 0.9 = 18$'이므로, 남자가 지불할 총 금액은 ③ '$18'이다.

● eco-friendly ⓐ 친환경적인　　● bamboo ⓝ 대나무
● plastic-free ⓐ 플라스틱이 들어가지 않은

07 오늘 과학 실험을 할 수 없는 이유
정답률 94% | 정답 ①

대화를 듣고, 두 사람이 오늘 실험을 할 수 없는 이유를 고르시오.
☑ 실험용 키트가 배달되지 않아서　　② 실험 주제를 변경해야 해서
③ 과학실을 예약하지 못해서　　　　④ 보고서를 작성해야 해서
⑤ 남자가 감기에 걸려서

[Cell phone rings.]
[휴대전화가 울린다.]
M : Hey, Suji. Where are you?
　　안녕, Suji. 어디 있어?
W : I'm in the library checking out books. I'll be heading out to the science lab for our experiment in a couple of minutes.
　　도서관에 책 빌리고 있어. 몇 분만 있다가 우리 실험하는 과학실로 갈게.
M : I guess you haven't checked my message yet. We can't do the experiment today.
　　너 내 메시지 아직 못 확인했나 보구나. 우리 오늘 실험 못해.

W : Really? Isn't the lab available today?
　진짜? 실험실 오늘 쓸 수 있는 거 아니었어?

M : Yes, it is, but I canceled our reservation.
　맞는데, 내가 예약을 취소했어.

W : Why? Are you still suffering from your cold?
　왜? 너 아직도 감기로 아픈 거야?

M : No, I'm fine now.
　아니, 이제 괜찮아.

W : That's good. Then why aren't we doing the experiment today? We need to hand in the science report by next Monday.
　다행이다. 그럼 왜 오늘 실험을 안 하는 거야? 다음 주 월요일까지 과학 보고서 내야 하잖아.

M : Unfortunately, the experiment kit hasn't been delivered yet. It'll arrive tomorrow.
　안타깝게도, 실험용 키트가 아직 배달되지 않았어. 그게 내일 도착한대.

W : Oh, well. The experiment has to wait one more day, then.
　오, 그렇구나. 그럼 하루 더 기다렸다가 실험해야겠어.

Why? 왜 정답일까?

대화에 따르면 남자는 실험용 키트를 아직 배송받지 못했기에 (Unfortunately, the experiment kit hasn't been delivered yet.) 예약된 실험을 취소했다고 하므로, 두 사람이 오늘 실험을 할 수 없는 이유로 가장 적절한 것은 ① '실험용 키트가 배달되지 않아서'이다.

- check out (책 등을) 대출하다　　　　　● science lab 과학실
- a couple of 몇몇의, 둘의　　　　　● hand in 제출하다
- deliver ⓥ 배송하다

---

08 프리사이클 행사　　　　　정답률 90% | 정답 ③

대화를 듣고, Stanville Free-cycle에 관해 언급되지 <u>않은</u> 것을 고르시오.
① 참가 대상　　② 행사 장소　　✓ 주차 가능 여부
④ 행사 시작일　　⑤ 금지 품목

W : Honey, did you see the poster about the Stanville Free-cycle?
　여보, Stanville Free-cycle에 관한 포스터 봤어요?

M : Free-cycle? What is that?
　프리사이클요? 그게 뭐예요?

W : It's another way of recycling. You give away items you don't need and anybody can take them for free.
　재활용의 또 다른 방법이에요. 필요하지 않은 물품을 버리면 누군가 그것을 공짜로 가져가는 거죠.

M : Oh, it's like one man's garbage is another man's treasure. 「Who can participate?
　오, 어떤 사람의 쓰레기가 다른 사람의 보물이라는 것 같군요. 누가 참여할 수 있나요?

W : It's open to everyone living in Stanville.」 ①의 근거 일치
　Stanville에 사는 누구나 참여할 수 있어요.

M : Great. 「Where is it taking place?
　좋네요. 어디서 열려요?

W : At Rose Park on Second Street.」 ②의 근거 일치
　Second Street에 있는 Rose Park에서요.

M : 「When does the event start?
　행사는 언제 시작해요?

W : It starts on April 12 and runs for a week.」 ④의 근거 일치
　4월 12일에 시작해서 일주일 동안 운영돼요.

M : Let's see what we can free-cycle, starting from the cupboard.
　우리가 뭘 프리사이클할 수 있는지 찬장부터 살펴보죠.

W : Okay. 「But breakable items like glass dishes or cups won't be accepted.」 ⑤의 근거 일치
　좋아요. 하지만 유리 접시나 컵처럼 깨지기 쉬운 물품은 허용되지 않을 거예요.

M : I see. I'll keep that in mind.
　알겠어요. 그 점을 기억할게요.

Why? 왜 정답일까?

대화에서 남자와 여자는 Stanville Free-cycle의 참가 대상, 행사 장소, 행사 시작일, 금지 품목에 관해 언급한다. 따라서 언급되지 않은 것은 ③ '주차 가능 여부'이다.

Why? 왜 오답일까?

① 'It's open to everyone living in Stanville.'에서 '참가 대상'이 언급된다.
② 'At Rose Park on Second Street.'에서 '행사 장소'가 언급된다.
④ 'It starts on April 12 ~'에서 '행사 시작일'이 언급된다.
⑤ 'But breakable items like glass dishes or cups won't be accepted.'에서 '금지 품목'이 언급되었다.

- give away 버리다, 거저 주다　　　　　● for free 공짜로
- treasure ⓝ 보물　　　　　● breakable ⓐ 깨지기 쉬운

---

09 음악 캠프 개최 안내　　　　　정답률 93% | 정답 ⑤

River Valley Music Camp에 관한 다음 내용을 듣고, 일치하지 <u>않는</u> 것을 고르시오.
① 4월 11일부터 5일 동안 진행된다.
② 학교 오케스트라 단원이 아니어도 참가할 수 있다.
③ 자신의 악기를 가져가거나 학교에서 빌릴 수 있다.
④ 마지막 날에 공연을 촬영한다.
✓ 참가 인원에는 제한이 없다.

M : Hello, River Valley High School students.
　안녕하세요, River Valley 고등학교 학생 여러분.

This is your music teacher, Mr. Stailor.
　저는 음악 교사인 Stailor 선생님입니다.

「Starting on April 11, we are going to have the River Valley Music Camp for five days.」 ①의 근거 일치
　4월 11일부터, River Valley Music Camp가 5일 동안 열립니다.

「You don't need to be a member of the school orchestra to join the camp.」 ②의 근거 일치
　캠프에 참여하기 위해 학교 오케스트라 단원일 필요는 없습니다.

「You may bring your own instrument or you can borrow one from the school.」
　자신의 악기를 가져가거나, 학교에서 하나 빌리면 됩니다. ③의 근거 일치

「On the last day of camp, we are going to film our performance and play it on screen

---

at the school summer festival.」 ④의 근거 일치
　캠프 마지막 날, 우리는 공연을 촬영하여 그것을 학교 여름 축제에서 스크린으로 재생할 예정입니다.

「Please keep in mind the camp is limited to 50 students.」 ⑤의 근거 불일치
　캠프 참가 인원은 50명으로 제한되어 있다는 점 유의해 주세요.

Sign-ups start this Friday, on a first-come-first-served basis.
　신청은 이번 주 금요일부터 선착순으로 이루어집니다.

Come and make music together!
　오셔서 함께 음악을 즐깁시다!

Why? 왜 정답일까?

'Please keep in mind the camp is limited to 50 students.'에서 참가 인원은 50명으로 제한된다고 하므로, 내용과 일치하지 않는 것은 ⑤ '참가 인원에는 제한이 없다.'이다.

Why? 왜 오답일까?

① 'Starting on April 11, we are going to have the River Valley Music Camp for five days.'의 내용과 일치한다.
② 'You don't need to be a member of the school orchestra to join the camp.'의 내용과 일치한다.
③ 'You may bring your own instrument or you can borrow one from the school.'의 내용과 일치한다.
④ 'On the last day of camp, we are going to film our performance ~'의 내용과 일치한다.

- instrument ⓝ 악기　　　　　● performance ⓝ 공연
- be limited to ~로 제한되다　　　　　● on a first-come-first-served basis 선착순으로

---

10 소형 진공청소기 구매하기　　　　　정답률 85% | 정답 ③

다음 표를 보면서 대화를 듣고, 여자가 주문할 소형 진공청소기를 고르시오.

Handheld Vacuum Cleaners

	Model	Price	Working Time	Weight	Washable Filter
①	A	$50	8 minutes	2.5 kg	×
②	B	$80	12 minutes	2.0 kg	○
✓	C	$100	15 minutes	1.8 kg	○
④	D	$120	20 minutes	1.8 kg	×
⑤	E	$150	25 minutes	1.6 kg	○

W : Ben, do you have a minute?
　Ben, 잠깐 시간 돼?

M : Sure. What is it?
　응. 왜?

W : I'm trying to buy a handheld vacuum cleaner among these five models. Could you help me choose one?
　난 소형 진공청소기를 이 다섯 개 제품 중에 사려고 해. 내가 하나 고르는 걸 도와줄래?

M : Okay. 「How much are you willing to spend?
　그래. 얼마나 쓸 생각이야?

W : No more than $130.」 근거1 Price 조건
　130달러 이하로.

M : Then we can cross this one out. 「What about the working time?
　그럼 이거는 빼야겠네. 작동 시간은?

W : I think it should be longer than 10 minutes.」 근거2 Working Time 조건
　10분 이상은 돼야 할 것 같아.

M : Then that narrows it down to these three.
　그럼 이 세 개로 좁혀지네.

W : 「Should I go with one of the lighter ones?
　내가 좀 가벼운 것 중에 골라야 할까?

M : Yes. Lighter ones are easier to handle while cleaning.」 근거3 Weight 조건
　응. 더 가벼운 게 청소할 때 들고 있기 더 편하니까.

W : All right. 「What about the filter?
　그래. 필터는 어쩌지?

M : The one with a washable filter would be a better choice.」 근거4 Washable Filter 조건
　씻어 쓸 수 있는 필터가 더 좋은 선택일 거야.

W : I got it. Then I'll order this one.
　알겠어. 그럼 이걸로 주문할래.

Why? 왜 정답일까?

대화에 따르면 여자는 가격이 130달러를 넘지 않으면서, 작동 시간은 10분 이상이고, 무게는 가벼운 것으로, 필터는 씻어 쓸 수 있는 청소기를 고르려고 한다. 따라서 여자가 주문할 소형 진공청소기는 ③ 'C'이다.

- handheld ⓐ 손에 들고 쓰는　　　　　● cross out (선을 그어) 지우다
- narrow down to ~로 좁히다

---

11 먼지로 눈이 아플 때 어떻게 할지 묻기　　　　　정답률 76% | 정답 ①

대화를 듣고, 남자의 마지막 말에 대한 여자의 응답으로 가장 적절한 것을 고르시오.
✓ Why don't you rinse your eyes with clean water? – 깨끗한 물로 눈을 좀 헹구어 어때?
② Can you explain more about the air pollution? – 대기 오염에 대해 좀 설명해 줄래?
③ I need to get myself a new pair of glasses. – 나는 새 안경을 하나 사야겠어.
④ I agree that fine dust is a serious problem. – 나는 미세먼지는 심각한 문제라는 데 동의해.
⑤ We should go outside and take a walk. – 우리는 밖에 좀 나가서 산책을 해야겠어.

M : My eyes are sore today.
　오늘 눈이 따갑네.

W : Too bad. Maybe some dust got in your eyes.
　딱해라. 아마 눈에 먼지가 좀 들어갔나봐.

M : You're probably right. What should I do?
　네 말이 맞을 수도 있겠네. 어떻게 하지?

W : Why don't you rinse your eyes with clean water?
　깨끗한 물로 눈을 좀 헹구면 어때?

Why? 왜 정답일까?

눈에 먼지가 들어가서 따가운가보다는 여자의 말에 남자는 어떻게 해야 할지 묻고 있으므로(**What should I do?**), 여자의 응답으로 가장 적절한 것은 ① '깨끗한 물로 눈을 좀 헹구면 어때?'이다.

- sore ⓐ 따가운, 아픈, 화끈거리는
- rinse ⓥ 헹구다

---

12 옆자리가 비었는지 물어보기　　　정답률 77% | 정답 ⑤

대화를 듣고, 여자의 마지막 말에 대한 남자의 응답으로 가장 적절한 것을 고르시오.

① That's not fair. I booked this seat first. – 공평하지 않아요. 내가 이 자리를 먼저 예약했어요.
② Thank you. My friend will be glad to know it. – 고맙습니다. 제 친구가 알면 좋아할 거예요.
③ You're welcome. Feel free to ask me anything. – 천만에요. 어떤 것이든 편하게 물어보세요.
④ Not at all. I don't mind changing seats with you. – 아니에요. 당신과 자리를 바꿔도 괜찮아요.
✓⑤ That's okay. I think the seat next to it is available. – 괜찮아요. 그 옆자리는 비어 있는 것 같아요.

W : Excuse me. Would you mind if I sit here?
　실례합니다. 여기 좀 앉아도 될까요?
M : I'm sorry, but it's my friend's seat. He'll be back in a minute.
　죄송하지만, 제 친구 자리예요. 조금 있으면 돌아올 거예요.
W : Oh, I didn't know that. Sorry for bothering you.
　오, 제가 몰랐네요. 귀찮게 해 드려서 죄송해요.
M : That's okay. I think the seat next to it is available.
　괜찮아요. 그 옆자리는 비어 있는 것 같아요.

Why? 왜 정답일까?

여자는 남자의 옆자리에 앉으려고 했다가 친구 자리라는 답을 듣고 귀찮게 해 미안하다며(**Sorry for bothering you.**) 사과하고 있다. 따라서 남자의 응답으로 가장 적절한 것은 ⑤ '괜찮아요. 그 옆자리는 비어 있는 것 같아요.'이다.

- Would you mind if~? ~해도 괜찮을까요?
- bother ⓥ 귀찮게 하다, 성가시게 하다
- feel free to 편하게 ~하다

---

13 야구 경기 함께 보기로 약속하기　　　정답률 93% | 정답 ②

대화를 듣고, 남자의 마지막 말에 대한 여자의 응답으로 가장 적절한 것을 고르시오.
Woman :

① Smells good. Can I try the pizza? – 냄새 좋네. 나 피자 좀 먹어도 돼?
✓② Great. I'll bring chips and popcorn. – 좋아. 내가 과자랑 팝콘 좀 가져갈게.
③ No problem. I'll cancel the tickets. – 문제 없어. 내가 표를 취소할게.
④ Sorry. I don't like watching baseball. – 미안해. 난 야구 보는 게 안 좋아해.
⑤ Sure. Here's the hammer I borrowed. – 물론이지. 여기 내가 빌려갔던 망치야.

M : Hey, Jasmine.
　안녕, Jasmine.
W : Hi, Kurt. Are you going to be at home tomorrow afternoon?
　안녕, Kurt. 너 내일 오후에 집에 있을 거야?
M : Yeah, I'm going to watch the baseball game with my friends at home.
　응, 내 친구들이랑 집에서 야구 경기 볼 거야.
W : Good. Can I drop by your house and give you back the hammer I borrowed?
　잘됐다. 나 너네 집에 들러서 내가 빌려갔던 망치 돌려줘도 돼?
M : Sure. Come over any time. By the way, why don't you join us and watch the game?
　물론이지. 아무 때나 들러. 그런데, 우리랑 함께 경기 보면 어때?
W : I'd love to. Which teams are playing?
　좋지. 어느 팀이 경기해?
M : Green Thunders and Black Dragons.
　Green Thunders랑 Black Dragons 경기야.
W : That'll be exciting. What time should I come?
　재미있겠네. 몇 시에 갈까?
M : Come at five. We'll have pizza before the game.
　5시에 와. 우린 경기 전에 피자를 먹을 거야.
W : Perfect. Do you want me to bring anything?
　완벽하네. 내가 뭐 좀 가져갈까?
M : Maybe some snacks to eat while watching the game.
　경기 보면서 먹을 간식이 좋을 것 같아.
W : Great. I'll bring chips and popcorn.
　좋아, 내가 과자랑 팝콘 좀 가져갈게.

Why? 왜 정답일까?

남자네 집에 들러서 야구를 함께 보기로 한 여자에게 남자는 간식 거리를 좀 가져오면 좋겠다고 하므로(**Maybe some snacks to eat while watching the game.**), 여자의 응답으로 가장 적절한 것은 ② '좋아. 내가 과자랑 팝콘 좀 가져갈게.'이다.

- drop by ~에 들르다
- give back ~을 돌려주다
- by the way (화제를 전환하며) 그나저나, 그런데

---

14 독서 동아리 가입 권하기　　　정답률 93% | 정답 ②

대화를 듣고, 여자의 마지막 말에 대한 남자의 응답으로 가장 적절한 것을 고르시오. [3점]
Man :

① Exactly. This is a best-selling novel. – 바로 그거야. 그건 베스트셀러 소설이야.
✓② Sounds cool. I'll join a book club, too. – 괜찮을 것 같다. 나도 독서 동아리에 들래.
③ Not really. Books make good presents. – 별로 그렇지 않아. 책은 좋은 선물이 되지.
④ New year's resolutions are hard to keep. – 새해 다짐은 지키기 힘들어.
⑤ Let's buy some books for your book club. – 너네 독서 동아리를 위해 책을 좀 사자.

W : Hi, Tom.
　안녕, Tom.
M : Hi, Jane. What are you reading?
　안녕, Jane. 뭘 읽고 있어?

W : It's a novel by Charles Dickens. I'm going to talk about it with my book club members this weekend.
　Charles Dickens의 소설이야. 이번 주말에 우리 독서 동아리 회원들하고 이 책에 대해서 이야기할 거야.
M : Oh, you're in a book club?
　오, 너 독서 동아리야?
W : Yes. I joined it a few months ago. And now I read much more than before.
　응. 몇 달 전에 가입했어. 그래서 요새 전보다 훨씬 많은 책을 읽고 있어.
M : Really? Actually one of my new year's resolutions is to read more books.
　진짜? 사실 내 새해 결심 중 하나가 책을 더 많이 읽는 거야.
W : Then, joining a book club will surely help.
　그럼 독서 동아리 드는 게 분명히 도움이 될 거야.
M : Hmm.... What other benefits can I get if I join one?
　흠... 내가 동아리에 들면 얻을 수 있는 이점이 또 뭐가 있지?
W : You can also share your reading experiences with others.
　네 독서 경험을 다른 사람들하고 공유할 수도 있어.
M : That'd be nice.
　그거 괜찮겠다.
W : Yeah, it really broadens your mind. I really recommend you to join a book club.
　응. 그건 정말 시각을 넓혀 줘, 난 네가 독서 동아리에 드는 걸 정말 추천해.
M : Sounds cool. I'll join a book club, too.
　괜찮을 것 같다. 나도 독서 동아리에 들래.

Why? 왜 정답일까?

여자는 독서 동아리에 들었을 때의 장점을 열거하면서 남자에게 동아리에 들 것을 권하므로(**I really recommend you to join a book club.**), 남자의 응답으로 가장 적절한 것은 ② '괜찮을 것 같다. 나도 독서 동아리에 들래.'이다.

- resolution ⓝ 다짐, 결심
- benefit ⓝ 이점
- broaden ⓥ 넓히다, 확장하다

---

15 안내견을 함부로 만지지 않기　　　정답률 89% | 정답 ①

다음 상황 설명을 듣고, Brian이 Sally에게 할 말로 가장 적절한 것을 고르시오. [3점]
Brian :

✓① You shouldn't touch a guide dog without permission. – 안내견을 허락 없이 만져서는 안 돼.
② The dog would be happy if we give it some food. – 우리가 음식을 좀 주게 개는 좋아할 거야.
③ I'm sure it's smart enough to be a guide dog. – 분명 이 개는 안내견이 될 만큼 충분히 똑똑한가봐.
④ I suggest that you walk your dog every day. – 너희 개를 매날 산책시키라고 제안하겠어.
⑤ I'm afraid that dogs are not allowed in here. – 유감이지만 개는 여기 들일 수 없어.

M : Brian and Sally are walking down the street together.
　Brian과 Sally는 함께 거리를 걷고 있다.
　A blind man and his guide dog are walking towards them.
　시각 장애인과 안내견이 그들을 향해 걸어오고 있다.
　Sally likes dogs very much, so she reaches out to touch the guide dog.
　Sally는 개를 무척 좋아해서, 안내견을 만지려고 손을 뻗는다.
　Brian doesn't think that Sally should do that.
　Brian은 Sally가 그렇게 하면 안 된다고 생각한다.
　The guide dog needs to concentrate on guiding the blind person.
　안내견은 시각 장애인을 안내하는 데 집중해야 한다.
　If someone touches the dog, the dog can lose its focus.
　만일 누군가 그 개를 만지면, 개는 집중력이 흐트러질 수 있다.
　So Brian wants to tell Sally not to touch the guide dog without the permission of the dog owner.
　그래서 Brian은 Sally에게 개 주인의 허락 없이 안내견을 만지지 말라고 말하고 싶다.
　In this situation, what would Brian most likely say to Sally?
　이 상황에서, Brian은 Sally에게 뭐라고 말할 것인가?
Brian : You shouldn't touch a guide dog without permission.
　안내견을 허락 없이 만져서는 안 돼.

Why? 왜 정답일까?

상황에 따르면 Brian은 안내견을 만지려는 Sally에게 주인의 허락 없이 만져서는 안 된다고 말해 주려 한다(**So Brian wants to tell Sally not to touch the guide dog without the permission of the dog owner.**). 따라서 Brian이 Sally에게 할 말로 가장 적절한 것은 ① '안내견을 허락 없이 만져서는 안 돼.'이다.

- reach out (손을) 뻗다
- concentrate on ~에 집중하다
- lose one's focus 집중력을 잃다, 초점을 잃다
- permission ⓝ 허락

16-17 관절에 무리가 되지 않는 운동 소개

W : Hello, everybody. Welcome to the health workshop.
　안녕하세요, 여러분. 헬스 워크숍에 잘 오셨습니다.
　I'm Alanna Reyes, the head trainer from Eastwood Fitness Center.
　저는 Eastwood Fitness Center의 수석 트레이너 Alanna Reyes입니다.
　As you know, joints are body parts that link bones together.
　아시다시피, 관절은 뼈를 함께 연결해주는 신체 부위입니다.
　And doing certain physical activities puts stress on the joints.
　그리고 특정한 신체 활동을 하는 것은 관절에 무리를 줍니다.
　「But the good news is that people with bad joints can still do certain exercises.
　하지만 좋은 소식은 관절이 안 좋은 사람들도 여전히 특정 운동을 할 수 있다는 겁니다.
　They have relatively low impact on the joints.
　그것들은 관절에 상대적으로 적은 충격을 줍니다.
　Here are some examples.」 **16번의 근거**
　여기 몇 가지 예가 있습니다.
　「The first is swimming.」 **17번 ①의 근거** 일치
　첫째는 수영입니다.
　While swimming, the water supports your body weight.
　수영 중에는, 물이 여러분의 체중을 받쳐줍니다.
　「The second is cycling.」 **17번 ②의 근거** 일치
　두 번째는 사이클입니다.
　You put almost no stress on the knee joints when you pedal smoothly.
　페달을 부드럽게 밟으면 무릎 관절에 거의 무리를 주지 않습니다.

페달을 부드럽게 밟을 때에는 무릎 관절에 거의 무리가 가지 않습니다.
「Horseback riding is another exercise that puts very little stress on your knees.」
승마도 무릎에 거의 무리가 가지 않는 또 하나의 운동입니다.
`17번 ③의 근거 일치`
「Lastly, walking is great because it's low-impact, unlike running.」
`17번 ⑤의 근거 일치`
마지막으로 걷기도 좋은데, 뛰는 것과는 달리 충격이 적기 때문입니다.
If you have bad joints, don't give up exercising.
관절이 나빠도, 운동을 포기하지 마세요.
Instead, stay active and stay healthy!
그 대신, 계속 활동하고 건강을 유지하세요!

- joint ⓝ 관절
- relatively ⓐⓓ 상대적으로, 비교적
- smoothly ⓐⓓ 부드럽게
- put stress on ~에 무리를 주다
- impact ⓝ 충격, 영향

16 주제 파악   정답률 76% | 정답 ④

여자가 하는 말의 주제로 가장 적절한 것은?
① activities that help build muscles – 근육을 키우는 데 도움이 되는 활동
② ways to control stress in daily life – 일상 스트레스를 다스리는 방법
③ types of joint problems in elderly people – 노년층에게서 나타나는 관절 문제의 종류
✔④ low-impact exercises for people with bad joints – 관절이 약한 사람들을 위한 충격이 적은 운동
⑤ importance of daily exercise for controlling weight – 체중 조절을 위한 매일 운동의 중요성

Why? 왜 정답일까?
'But the good news is that people with bad joints can still do certain exercises.'와 'Here are some examples.'을 통해, 여자가 관절에 무리가 되지 않는 운동을 소개하려 함을 알 수 있으므로, 여자가 하는 말의 주제로 가장 적절한 것은 ④ '관절이 약한 사람들을 위한 충격이 적은 운동'이다.

17 언급 유무 파악   정답률 92% | 정답 ④

언급된 운동이 아닌 것은?
① swimming – 수영
② cycling – 사이클
③ horseback riding – 승마
✔④ bowling – 볼링
⑤ walking – 걷기

Why? 왜 정답일까?
담화에서 여자는 관절에 무리가 되지 않는 운동의 예로 수영, 사이클, 승마, 걷기를 언급하므로, 언급되지 않은 것은 ④ '볼링'이다.

Why? 왜 오답일까?
① 'The first is swimming.'에서 '수영'이 언급되었다.
② 'The second is cycling.'에서 '사이클'이 언급되었다.
③ 'Horseback riding is another exercise ~'에서 '승마'가 언급되었다.
⑤ 'Lastly, walking is great ~'에서 '걷기'가 언급되었다.

18 모금 음악회 참석 요청   정답률 87% | 정답 ②

다음 글의 목적으로 가장 적절한 것은?
① 합창 대회 결과를 공지하려고
✔② 모금 음악회 참석을 요청하려고
③ 음악회 개최 장소를 예약하려고
④ 합창곡 선정에 조언을 구하려고
⑤ 기부금 사용 내역을 보고하려고

Dear Ms. Robinson,
Robinson 씨께,
The Warblers Choir is happy to announce / that we are invited to compete in the International Young Choir Competition.
Warblers 합창단은 알려드리게 되어 기쁩니다. / 저희가 국제 청년 합창 대회에서 실력을 겨루도록 초청받은 사실을
The competition takes place in London on May 20.
대회는 5월 20일 런던에서 열립니다.
Though we wish to participate in the event, / we do not have the necessary funds to travel to London.
비록 저희는 대회에 참가하고 싶지만, / 저희에게는 런던에 가는 데 필요한 자금이 없습니다.
So we are kindly asking you to support us / by coming to our fundraising concert.
그래서 귀하께서 저희를 후원해 주시기를 정중하게 부탁드립니다. / 저희 모금 음악회에 참석하셔서
It will be held on March 26.
음악회는 3월 26일에 개최될 것입니다.
In this concert, / we shall be able to show you / how big our passion for music is.
이 음악회에서 / 저희는 귀하께 보여드릴 수 있을 것입니다. / 음악에 대한 저희의 열정이 얼마나 큰지
Thank you in advance / for your kind support and help.
미리 감사드립니다. / 귀하의 친절한 후원과 도움에 대해
Sincerely, // Arnold Reynolds
Arnold Reynolds 드림

Robinson 씨께,
저희 Warblers 합창단이 국제 청년 합창 대회에서 실력을 겨루도록 초청받은 사실을 알려드리게 되어 기쁩니다. 대회는 5월 20일 런던에서 열립니다. 비록 저희는 대회에 참가하고 싶지만, 런던에 가는 데 필요한 자금이 없습니다. 그래서 귀하께서 저희 모금 음악회에 참석하셔서 저희를 후원해 주시기를 정중하게 부탁드립니다. 음악회는 3월 26일에 개최될 것입니다. 이 음악회에서 음악에 대한 저희의 열정이 얼마나 큰지 귀하께 보여드릴 수 있을 것입니다. 귀하의 친절한 후원과 도움에 대해 미리 감사드립니다.
Arnold Reynolds 드림

Why? 왜 정답일까?
'So we are kindly asking you to support us by coming to our fundraising concert.'에서 모금 음악회에 참석하여 후원을 해주기를 바란다는 내용이 제시되므로, 글의 목적으로 가장 적절한 것은 ② '모금 음악회 참석을 요청하려고'이다.

- compete in ~에서 경쟁하다
- support ⓥ 후원하다 ⓝ 지지, 후원
- passion ⓝ 열정
- take place (행사 등이) 열리다
- fundraising ⓝ 모금
- in advance 미리

구문 풀이
`8행` In this concert, we shall be able to show you how big our passion for music is.
4형식 / 간접 / 직접목적어(간접의문문) / 동사 / 목적어

19 학업 최우수상을 받게 되어 기뻐하는 Zoe   정답률 80% | 정답 ③

다음 글에 드러난 Zoe의 심경 변화로 가장 적절한 것은?
① hopeful → disappointed
  기대하는   실망한
✔③ nervous → delighted
  긴장한   기쁜
⑤ relaxed → proud
  느긋한   자랑스러운
② guilty → confident
  죄책감을 느끼는 자신 있는
④ angry → calm
  화난   평온한

The principal stepped on stage.
교장 선생님이 무대 위로 올라갔다.
"Now, I present this year's top academic award / to the student who has achieved the highest placing."
"이제, 저는 올해의 학업 최우수상을 수여합니다. / 최고 등수를 차지한 학생에게"
He smiled at the row of seats / where twelve finalists had gathered.
그는 좌석 열을 향해 미소를 지었다. / 열두 명의 최종 입상 후보자가 모여 있는
Zoe wiped a sweaty hand on her handkerchief / and glanced at the other finalists.
Zoe는 땀에 젖은 손을 손수건에 문질러 닦고 / 나머지 다른 최종 입상 후보자들을 힐끗 보았다.
They all looked as pale and uneasy as herself.
그들은 모두 그녀만큼 창백하고 불안해 보였다.
Zoe and one of the other finalists / had won first placing in four subjects / so it came down / to how teachers ranked their hard work and confidence.
Zoe와 나머지 다른 최종 입상 후보자 중 한 명이 / 네 개 과목에서 1위를 차지했으므로, / 이제 그것은 좁혀졌다. / 그들의 노력과 자신감을 선생님들이 어떻게 평가하는가로
"The Trophy for General Excellence / is awarded to Miss Zoe Perry," / the principal declared.
"전체 최우수상을 위한 트로피는 / Zoe Perry 양에게 수여됩니다."라고 / 교장 선생님이 공표했다.
"Could Zoe step this way, please?"
"Zoe는 이리로 나와 주시겠습니까?"
Zoe felt as if she were in heaven.
Zoe는 마치 천국에 있는 기분이었다.
She walked into the thunder of applause with a big smile.
그녀는 활짝 웃음을 지으며 우레와 같은 박수갈채를 받으며 걸어갔다.

교장 선생님이 무대 위로 올라갔다. "이제, 최고 등수를 차지한 학생에게 올해의 학업 최우수상을 수여하겠습니다." 그는 열두 명의 최종 입상 후보자가 모여 있는 좌석 열을 향해 미소를 지었다. Zoe는 땀에 젖은 손을 손수건에 문질러 닦고는 나머지 다른 최종 입상 후보자들을 힐끗 보았다. 그들은 모두 그녀만큼 창백하고 불안해 보였다. Zoe와 나머지 다른 최종 입상 후보자 중 한 명이 네 개 과목에서 1위를 차지했으므로, 선생님들이 그들의 노력과 자신감을 어떻게 평가하는가로 좁혀졌다. "전체 최우수상 트로피는 Zoe Perry 양에게 수여됩니다."라고 교장 선생님이 공표했다. "Zoe는 이리로 나와 주시겠습니까?" Zoe는 마치 천국에 있는 기분이었다. 그녀는 활짝 웃음을 지으며 우레와 같은 박수갈채를 받으며 걸어갔다.

Why? 왜 정답일까?
학업 최우수상 수상자 발표를 앞두고 긴장했던(Zoe wiped a sweaty hand ~. ~ pale and uneasy as herself.) Zoe가 수상자로 호명된 뒤 기뻐했다(Zoe felt as if she were in heaven. She ~ with a big smile.)는 내용의 글이므로, Zoe의 심경 변화로 가장 적절한 것은 ③ '긴장한 → 기쁜'이다.

- row ⓝ 줄, 열
- gather ⓥ 모이다
- sweaty ⓐ 땀에 젖은
- pale ⓐ 창백한
- confidence ⓝ 자신감
- finalist ⓝ 최종 후보자, 결승 진출자
- wipe ⓥ 닦다
- glance at ~을 흘긋 보다
- uneasy ⓐ 불안한
- applause ⓝ 박수 갈채

구문 풀이
`10행` Zoe felt as if she were in heaven.
「as if + 주어 + 과거 동사 : (실제로 ~이지 않지만) 마치 ~인 것처럼」

20 작은 일부터 잘 처리하기   정답률 87% | 정답 ⑤

다음 글에서 필자가 주장하는 바로 가장 적절한 것은?
① 숙면을 위해서는 침대를 깔끔하게 관리해야 한다.
② 일의 효율성을 높이려면 협동심을 발휘해야 한다.
③ 올바른 습관을 기르려면 정해진 규칙을 따라야 한다.
④ 건강을 유지하기 위해서는 기상 시간이 일정해야 한다.
✔⑤ 큰일을 잘 이루려면 작은 일부터 제대로 수행해야 한다.

When I was in the army, / my instructors would show up in my barracks room, / and the first thing they would inspect / was our bed.
내가 군대에 있을 때, / 교관들이 나의 병영 생활관에 모습을 드러내곤 했는데, / 그들이 맨 처음 검사하곤 했던 것은 / 우리의 침대였다.
It was a simple task, / but every morning / we were required / to make our bed to perfection.
단순한 일이었지만, / 매일 아침 / 우리는 요구받았다. / 침대를 완벽하게 정돈하도록
It seemed a little ridiculous at the time, / but the wisdom of this simple act / has been proven to me many times over.
그것은 그 당시에는 약간 우스꽝스럽게 보였지만, / 이 단순한 행위의 지혜는 / 여러 차례 거듭하여 나에게 증명되었다.
If you make your bed every morning, / you will have accomplished the first task of the day.
여러분이 매일 아침 침대를 정돈한다면, / 여러분은 하루의 첫 번째 과업을 성취한 것이 된다.
It will give you a small sense of pride / and it will encourage you to do another task and another.
그것은 여러분에게 작은 자부심을 주고 / 또 다른 일을 하도록 격려할 것이다

그것은 여러분에게 작은 자존감을 주고, / 그것은 또 다른 과업을 잇따라 이어가도록 용기를 줄 것이다.
By the end of the day, / that one task completed / will have turned into many tasks completed.
하루가 끝날 때쯤에는, / 완수된 그 하나의 과업이 / 여러 개의 완수된 과업으로 변해 있을 것이다.
If you can't do little things right, / you will never do the big things right.
여러분이 작은 일들을 제대로 할 수 없으면, / 여러분은 결코 큰일들을 제대로 할 수 없을 것이다.

내가 군대에 있을 때, 교관들이 나의 병영 생활관에 모습을 드러내곤 했었는데, 그들이 맨 먼저 검사하곤 했던 것은 우리의 침대였다. 단순한 일이었지만, 매일 아침 우리는 침대를 완벽하게 정돈하도록 요구받았다. 그 당시에는 약간 우스꽝스럽게 보였지만, 이 단순한 행위의 지혜는 여러 차례 거듭하여 나에게 증명되었다. 여러분이 매일 아침 침대를 정돈한다면, 여러분은 하루의 첫 번째 과업을 성취한 것이 된다. 그것은 여러분에게 작은 자존감을 주고, 또 다른 과업을 잇따라 이어가도록 용기를 줄 것이다. 하루가 끝날 때쯤에는, 완수된 그 하나의 과업이 여러 개의 완수된 과업으로 변해 있을 것이다. 작은 일들을 제대로 할 수 없으면, 여러분은 결코 큰일들을 제대로 할 수 없을 것이다.

Why? 왜 정답일까?

매일 잠자리 정돈부터 잘해야 했던 군대 시절 이야기를 토대로 작은 일부터 잘 해내야 큰일을 처리할 수 있다(If you can't do little things right, you will never do the big things right.)는 결론을 이끌어내는 글이다. 따라서 필자의 주장으로 가장 적절한 것은 ⑤ '큰일을 잘 이루려면 작은 일부터 제대로 수행해야 한다.'이다.

- inspect ⓥ 조사하다
- make the bed 잠자리를 정돈하다
- wisdom ⓝ 지혜
- turn into ~로 바뀌다
- task ⓝ 일, 과업, 과제
- ridiculous ⓐ 우스꽝스러운
- complete ⓥ 완수하다

구문 풀이

6행 If you make your bed every morning, you will have accomplished the first
접속사(조건) 동사(현재)   동사(미래완료)
task of the day.

21   적극적으로 구직 활동하기   정답률 58% | 정답 ⑤

밑줄 친 Leave those activities to the rest of the sheep이 다음 글에서 의미하는 바로 가장 적절한 것은? [3점]

① Try to understand other job-seekers' feelings.
  다른 구직자들의 심정을 이해하려고 노력해보라.
② Keep calm and stick to your present position.
  평정심을 유지하고 현재 입장을 지키라.
③ Don't be scared of the job-seeking competition.
  구직 경쟁을 두려워하지 말라.
④ Send occasional emails to your future employers.
  미래 고용주들에게 가끔 이메일을 보내라.
✓⑤ Be more active to stand out from other job-seekers.
  다른 구직자들보다 두드러지기 위해 더 적극적으로 하라.

A job search is not a passive task.
구직 활동은 수동적인 일이 아니다.
When you are searching, / you are not browsing, / nor are you "just looking".
여러분이 구직 활동을 할 때, / 여러분은 이것저것 훑어보고 다니지 않으며 / '그냥 구경만 하지'도 않는다.
Browsing is not an effective way / to reach a goal / you claim to want to reach.
훑어보고 다니는 것은 효과적인 방법이 아니다. / 목표에 도달할 수 있는 / 여러분이 도달하기를 원한다고 주장하는
If you are acting with purpose, / if you are serious about anything you chose to do, / then you need to be direct, / focused / and whenever possible, / clever.
만약 여러분이 목적을 가지고 행동한다면, / 만약 여러분이 하고자 선택한 어떤 것에 대해 진지하다면, / 여러분은 직접적이고, / 집중해야 하며, / 가능한 모든 경우에, / 영리해야 한다.
Everyone else searching for a job / has the same goal, / competing for the same jobs.
일자리를 찾는 다른 모든 사람이 / 같은 목표를 지니고 있으며, / 같은 일자리를 얻기 위해 경쟁한다.
You must do more than the rest of the herd.
여러분은 그 무리의 나머지 사람들보다 더 많은 것을 해야 한다.
Regardless of how long it may take you / to find and get the job you want, / being proactive will logically get you results faster / than if you rely only on browsing online job boards / and emailing an occasional resume.
여러분에게 얼마나 오랜 시간이 걸리든 간에, / 원하는 직업을 찾아서 얻는 데 / 진취적인 것이 논리적으로 여러분에게 더 빨리 결과를 가져다줄 것이다. / 여러분이 온라인 취업 게시판을 검색하는 것에만 의존하는 것보다는 / 그리고 가끔 이력서를 이메일로 보내는 것
Leave those activities to the rest of the sheep.
그런 활동들은 나머지 양들이 하도록 남겨 두라.

구직 활동은 수동적인 일이 아니다. 구직 활동을 할 때, 여러분은 이것저것 훑어보고 다니지 않으며 '그냥 구경만 하지'도 않는다. 훑어보고 다니는 것은 여러분이 도달하기를 원한다고 주장하는 목표에 도달할 수 있는 효과적인 방법이 아니다. 만약 여러분이 목적을 가지고 행동한다면, 하고자 선택한 어떤 것에 대해 진지하다면, 여러분은 직접적이고, 집중해야 하며, 가능한 한 영리해야 한다. 일자리를 찾는 다른 모든 사람이 같은 목표를 지니고 있으며, 같은 일자리를 얻기 위해 경쟁한다. 여러분은 그 무리의 나머지 사람들보다 더 많은 것을 해야 한다. 원하는 직업을 찾아서 얻는 데 얼마나 오랜 시간이 걸리든 간에, 온라인 취업 게시판을 검색하고 가끔 이력서를 이메일로 보내는 것에만 의존하는 것보다는 진취적인 것이 논리적으로 여러분이 더 빨리 결과를 얻도록 해줄 것이다. 그런 활동들은 나머지 양들이 하도록 남겨 두라.

Why? 왜 정답일까?

마지막 문장 바로 앞에서 온라인 취업 게시판을 검색하고 가끔 이메일을 보내는 것보다 더 적극적인 행동을 해야 한다(being proactive will ~ get you results faster)고 언급한 뒤, 마지막 문장에서는 비교적 소극적인 행동은 남들더러 하게 두라고 말하며 적극적인 행동의 필요성을 다시금 주장한다. 따라서 밑줄 친 부분의 의미로 가장 적절한 것은 ⑤ '다른 구직자들보다 두드러지기 위해 더 적극적으로 하라.'이다.

- passive ⓐ 수동적인
- herd ⓝ 무리
- proactive ⓐ 상황을 앞서서 주도하는
- occasional ⓐ 가끔씩의
- stand out from ~에서 두드러지다
- claim ⓥ 주장하다
- regardless of ~와 상관없이
- logically ⓐd 논리적으로
- resume ⓝ 이력서

구문 풀이

1행 When you are searching, you are not browsing, nor are you "just looking".
「nor+동사+주어: ~도 않다(도치 구문)」

22   수면의 중요한 기능   정답률 92% | 정답 ①

다음 글의 요지로 가장 적절한 것은?

✓① 수면은 건강 유지와 최상의 기능 발휘에 도움이 된다.
② 업무량이 증가하면 필요한 수면 시간도 증가한다.
③ 균형 잡힌 식단을 유지하면 뇌 기능이 향상된다.
④ 불면증은 주위 사람들에게 부정적인 영향을 미친다.
⑤ 꿈의 내용은 깨어 있는 시간 동안의 경험을 반영한다.

Many people view sleep as merely a "down time" / when their brain shuts off and their body rests.
많은 사람이 수면을 그저 '가동되지 않는 시간'으로 본다. / 그들의 뇌는 멈추고 신체는 쉬는
In a rush to meet work, school, family, or household responsibilities, / people cut back on their sleep, / thinking it won't be a problem, / because all of these other activities seem much more important.
일, 학교, 가족, 또는 가정의 책임을 다하기 위해 서두르는 와중에, / 사람들은 수면 시간을 줄이고, / 그것이 문제가 되지 않을 것으로 생각하는데, / 왜냐하면 이러한 모든 다른 활동들이 훨씬 더 중요해 보이기 때문이다.
But research reveals / that a number of vital tasks carried out during sleep / help to maintain good health / and enable people to function at their best.
하지만 연구는 밝히고 있다. / 수면 중에 수행되는 많은 매우 중요한 과업이 / 건강을 유지하는 데 도움이 되고 / 사람들이 최상의 수준으로 기능할 수 있게 해 준다는 것
While you sleep, / your brain is hard at work / forming the pathways / necessary for learning and creating memories and new insights.
여러분이 잠을 자는 동안, / 여러분의 뇌는 열심히 일하고 있다. / 경로를 형성하느라 / 학습하고 기억과 새로운 통찰을 만드는 데 필요
Without enough sleep, / you can't focus and pay attention / or respond quickly.
충분한 수면이 없다면, / 여러분은 정신을 집중하고 주의를 기울이거나 / 빠르게 반응할 수 없다.
A lack of sleep may even cause mood problems.
수면 부족은 심지어 감정 문제를 일으킬 수도 있다.
In addition, / growing evidence shows / that a continuous lack of sleep / increases the risk for developing serious diseases.
게다가, / 점점 더 많은 증거가 보여 준다. / 계속된 수면 부족이 / 심각한 질병의 발생 위험을 증가시킨다는 것

많은 사람이 수면을 그저 뇌는 멈추고 신체는 쉬는 '가동되지 않는 시간'으로 본다. 일, 학교, 가족, 또는 가정의 책임을 다하기 위해 서두르는 와중에, 사람들은 수면 시간을 줄이고, 그것이 문제가 되지 않을 것으로 생각하는데, 왜냐하면 이러한 모든 다른 활동들이 훨씬 더 중요해 보이기 때문이다. 하지만 연구는 수면 중에 수행되는 매우 중요한 여러 과업이 건강을 유지하는 데 도움이 되고 사람들이 최상의 수준으로 기능할 수 있게 해 준다는 것을 밝히고 있다. 잠을 자는 동안, 여러분의 뇌는 학습하고 기억과 새로운 통찰을 만드는 데 필요한 경로를 형성하느라 열심히 일하고 있다. 충분한 수면이 없다면, 여러분은 정신을 집중하고 주의를 기울이거나 빠르게 반응할 수 없다. 수면이 부족하면 심지어 감정 (조절) 문제를 일으킬 수도 있다. 게다가, 계속된 수면 부족이 심각한 질병의 발생 위험을 증가시킨다는 것을 점점 더 많은 증거가 보여 준다.

Why? 왜 정답일까?

주제를 제시하는 'But ~ a number of vital tasks carried out during sleep help to maintain good health and enable people to function at their best.'에서 수면 중 이루어지는 많은 일이 건강 및 기능 유지에 도움이 된다고 하므로, 글의 요지로 가장 적절한 것은 ① '수면은 건강 유지와 최상의 기능 발휘에 도움이 된다.'이다.

- view A as B A를 B로 보다
- down time 정지 시간, 휴식 시간
- carry out ~을 수행하다
- develop a disease 병을 키우다
- merely ⓐd 그저, 단순히
- cut back on ~을 줄이다
- insight ⓝ 통찰력

구문 풀이

5행 But research reveals that a number of vital tasks carried out during sleep
접속사(~것)   주어(a number of+복수 명사: 많은 ~)   과거분사구
help to maintain good health and enable people to function at their best.
동사1 목적어   동사2 목적어   목적격 보어

23   미래 날씨 예측에 영향을 받는 인간의 생활   정답률 63% | 정답 ④

다음 글의 주제로 가장 적절한 것은? [3점]

① new technologies dealing with climate change
  기후 변화에 대처하는 신기술
② difficulties in predicting the weather correctly
  정확한 날씨 예측의 어려움
③ weather patterns influenced by rising temperatures
  온도 상승에 영향을 받는 날씨 패턴
✓④ knowledge of the climate widely affecting our lives
  우리 삶에 광범위하게 영향을 미치는 기후에 관한 지식
⑤ traditional wisdom helping our survival in harsh climates
  혹독한 기후에서 우리의 생존을 돕는 전통적 지혜

The whole of human society / operates on knowing the future weather.
전체 인간 사회는 / 미래의 날씨를 아는 것을 기반으로 운영된다.
For example, / farmers in India know / when the monsoon rains will come 'next year / and so they know when to plant the crops.
예를 들어, / 인도의 농부들은 알고, / 내년에 몬순 장마가 올 시기를 / 그래서 그들은 작물을 심을 시기를 안다.
Farmers in Indonesia know / there are two monsoon rains each year, / so next year they can have two harvests.
인도네시아의 농부들은 알고, / 매년 몬순 장마가 두 번 있다는 것을 / 그래서 이듬해에 그들은 수확을 두 번 할 수 있다.
This is based on their knowledge of the past, / as the monsoons have always come / at about the same time each year in living memory.
이것은 과거에 대한 그들의 지식에 기반을 두고 있는데, / 몬순은 항상 왔기 때문이다. / 살아 있는 기억 속에서 매년 거의 같은 시기에
But the need to predict goes deeper than this; / it influences every part of our lives.

그러나 예측할 필요는 이것보다 더욱더 깊어지는데 / 그것은 우리 생활의 모든 부분에 영향을 미치기 때문이다.
Our houses, roads, railways, airports, offices, and so on / are all designed for the local climate.
우리의 집, 도로, 철도, 공항, 사무실 등은 / 모두 지역의 기후에 맞추어 설계된다.
For example, / in England all the houses have central heating, / as the outside temperature is usually below 20℃, / but no air-conditioning, / as temperatures rarely go beyond 26℃, / while in Australia the opposite is true: / most houses have air-conditioning but rarely central heating.
예를 들어, / 영국에서는 모든 집은 중앙 난방을 갖추고 있지만, / 외부의 기온이 대체로 섭씨 20도 미만이기 때문에 / 냉방기는 없다. / 기온이 섭씨 26도 위로 올라가는 일은 거의 없어서 / 호주에서는 그 정반대가 사실인 반면에 / 대부분의 집은 냉방기를 갖추었지만 중앙 난방은 거의 없다.

전체 인간 사회는 미래의 날씨를 아는 것을 기반으로 운영된다. 예를 들어, 인도의 농부들은 내년에 몬순 장마가 올 시기를 알고, 그래서 그들은 작물을 심을 시기를 안다. 인도네시아의 농부들은 매년 몬순 장마가 두 번 있다는 것을 알고, 그래서 이듬해에 그들은 수확을 두 번 할 수 있다. 이것은 과거에 대한 그들의 지식에 기반을 두고 있는데, 살아 있는 기억 속에서 몬순은 매년 항상 거의 같은 시기에 왔기 때문이다. 그러나 예측할 필요는 이것보다 더욱더 깊어지는데, 그것은 우리 생활의 모든 부분에 영향을 미치기 때문이다. 우리의 집, 도로, 철도, 공항, 사무실 등은 모두 지역의 기후에 맞추어 설계된다. 예를 들어, 영국에서는 외부의 기온이 대체로 섭씨 20도 미만이기 때문에 모든 집은 중앙 난방을 갖추고 있지만, 기온이 섭씨 26도 위로 올라가는 일은 거의 없어서 냉방기는 없는 반면, 호주에서는 그 정반대가 사실이어서, 대부분의 집은 냉방기를 갖추었지만 중앙 난방은 거의 없다.

Why? 왜 정답일까?

첫 문장에서 인간 사회는 미래 날씨 예측에 기반하여 운영된다(The whole of human society operates on knowing the future weather.)는 중심 내용을 제시하는 것으로 보아, 글의 주제로 가장 적절한 것은 ④ '우리 삶에 광범위하게 영향을 미치는 기후에 관한 지식'이다.

- monsoon ⓝ (동남아 여름철의) 몬순, 우기, 장마
- predict ⓥ 예측하다
- harsh ⓐ 혹독한
- harvest ⓝ 수확
- influence ⓥ 영향을 미치다

구문 풀이

2행 For example, farmers in India know when the monsoon rains will come
주어1 동사1 목적어1(간접의문문)
next year and so they know when to plant the crops.
주어2 동사2 목적어2(의문사 + to부정사)

24 감정을 인식하고 명명할 수 있는 능력 정답률 64% | 정답 ②

다음 글의 제목으로 가장 적절한 것은?
① True Friendship Endures Emotional Arguments – 진정한 우정은 감정적인 다툼을 견뎌낸다
✔ Detailed Labeling of Emotions Is Beneficial – 감정에 상세하게 이름을 붙이는 것은 이롭다
③ Labeling Emotions: Easier Said Than Done – 감정에 이름 붙이기: 말하기는 쉬워도 행하기는 어렵다
④ Categorize and Label Tasks for Efficiency – 효율성을 위해 작업을 분류하고 이름 붙여라
⑤ Be Brave and Communicate Your Needs – 용기를 갖고 여러분의 요구를 전달하라

Our ability to accurately recognize and label emotions / is often referred to as *emotional granularity*.
감정을 정확하게 인식하고 그것에 이름을 붙일 수 있는 우리의 능력은 / 흔히 *감정 입자도*라고 불린다.
In the words of Harvard psychologist Susan David, / "Learning to label emotions / with a more nuanced vocabulary / can be absolutely transformative."
Harvard 대학의 심리학자인 Susan David의 말에 의하면, / "이름을 붙이는 법을 배우는 것은 / 감정에 더 미묘한 차이가 있는 어휘로 / 절대적으로 변화시킬 수 있다."
David explains / that if we don't have a rich emotional vocabulary, / it is difficult / to communicate our needs / and to get the support that we need from others.
David는 설명한다. / 우리가 풍부한 감정적인 어휘를 갖고 있지 않으면, / 어렵다고 / 우리의 요구를 전달하는 것이 / 그리고 우리가 필요로 하는 지지를 다른 사람들로부터 얻는 것이
But those / who are able to distinguish between a range of various emotions / "do much, much better / at managing the ups and downs of ordinary existence / than those who see everything in black and white."
그러나 사람들은 / 광범위한 다양한 감정을 구별할 수 있는 / "훨씬, 훨씬 더 잘한다. / 평범한 존재로 사는 중에 겪는 좋은 일들과 궂은 일들을 다스리는 일을 / 모든 것을 흑백 논리로 보는 사람들보다"
In fact, / research shows / that the process of labeling emotional experience / is related to greater emotion regulation and psychosocial well-being.
사실, / 연구 결과가 보여 준다. / 감정적인 경험에 이름을 붙이는 과정은 / 더 큰 감정 통제 및 심리 사회적인 행복과 관련되어 있다는 것을

감정을 정확하게 인식하고 그것에 이름을 붙일 수 있는 우리의 능력은 흔히 *감정 입자도*라고 불린다. Harvard 대학의 심리학자인 Susan David의 말에 의하면, "감정에 더 미묘한 차이가 있는 어휘로 이름을 붙이는 법을 배우는 것은 절대적으로 (사람을) 변화시킬 수 있다." David는 우리가 풍부한 감정적인 어휘를 갖고 있지 않으면, 우리의 요구를 전달하고 다른 사람들로부터 우리가 필요로 하는 지지를 얻는 것이 어렵다고 설명한다. 그러나 광범위한 다양한 감정을 구별할 수 있는 사람들은 "모든 것을 흑백 논리로 보는 사람들보다 평범한 존재로 사는 중에 겪는 좋은 일들과 궂은 일들을 다스리는 일을 훨씬, 훨씬 더 잘한다." 사실, 감정적인 경험에 이름을 붙이는 과정은 더 큰 감정 통제 및 심리 사회적인 행복과 관련되어 있다는 것을 연구 결과가 보여 준다.

Why? 왜 정답일까?

마지막 문장에 따르면 감정적인 경험에 이름을 붙이는 것은 감정을 더 잘 통제하고 심리 사회적으로 더 큰 행복감을 느끼는 것과 관련되어 있다(~ the process of labeling emotional experience is related to greater emotion regulation and psychosocial well-being.)고 하므로, 글의 제목으로 가장 적절한 것은 ② '감정에 상세하게 이름을 붙이는 것은 이롭다'이다.

- accurately 〔ad〕 정확하게
- absolutely 〔ad〕 절대적으로
- communicate ⓥ 전달하다
- ups and downs 좋은 일과 궂은 일, 오르락내리락
- regulation ⓝ 통제
- refer to A as B A를 B라고 부르다
- transformative ⓐ 변화시키는
- distinguish ⓥ 구별하다
- existence ⓝ 존재
- psychosocial ⓐ 심리사회적인

구문 풀이

1행 Our ability to accurately recognize and label emotions is often referred to
주어   형용사적 용법   동사(refer to A as B의 수동태)
as *emotional granularity*.

25 온라인 강의와 학습 자료를 이용한 영국인들의 비율 정답률 68% | 정답 ⑤

다음 도표의 내용과 일치하지 않는 것은?

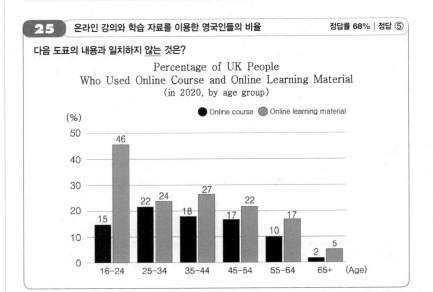

Percentage of UK People
Who Used Online Course and Online Learning Material
(in 2020, by age group)

The above graph shows the percentage of people in the UK / who used online courses and online learning materials, / by age group / in 2020.
위 도표는 영국 사람들의 비율을 보여 준다. / 온라인 강의와 온라인 학습 자료를 이용한 / 연령 집단별로 / 2020년도에
① In each age group, / the percentage of people / who used online learning materials / was higher than that of people / who used online courses.
각 연령 집단에서 / 사람들의 비율이 / 온라인 학습 자료를 이용한 / 사람들의 비율보다 더 높았다. / 온라인 강의를 이용한
② The 25 – 34 age group / had the highest percentage of people / who used online courses / in all the age groups.
25세에서 34세 연령 집단에서 / 차이는 /사람들의 비율과 / 온라인 강의를 이용한 / 모든 연령 집단 중
③ Those aged 65 and older / were the least likely to use online courses / among the six age groups.
65세 이상인 사람들이 / 온라인 강의를 이용할 가능성이 가장 낮았다. / 여섯 개의 연령 집단 가운데서
④ Among the six age groups, / the gap / between the percentage of people / who used online courses / and that of people who used online learning materials / was the greatest in the 16 – 24 age group.
여섯 개의 연령 집단 가운데서, / 차이는 / 사람들의 비율과 / 온라인 강의를 이용한 / 그리고 온라인 학습 자료를 이용한 사람들의 비율 사이의 / 16세와 24세 연령 집단에서 가장 컸다.
✔ In each of the 35 – 44, 45 – 54, and 55 – 64 age groups, / more than one in five people / used online learning materials.
35세에서 44세, 45세에서 54세, 55세에서 64세의 각 연령 집단에서 / 다섯 명 중 한 명이 넘는 비율의 사람들이 / 온라인 학습 자료를 이용했다.

위 도표는 2020년도에 온라인 강의와 온라인 학습 자료를 이용한 영국 사람들의 비율을 연령 집단별로 보여 준다. ① 각 연령 집단에서 온라인 학습 자료를 이용한 사람들의 비율이 온라인 강의를 이용한 사람들의 비율보다 더 높았다. ② 모든 연령 집단 중, 25세에서 34세 연령 집단에서 온라인 강의를 이용한 사람들의 비율이 가장 높았다. ③ 여섯 개의 연령 집단 가운데서, 65세 이상인 사람들이 온라인 강의를 이용할 가능성이 가장 낮았다. ④ 여섯 개의 연령 집단 가운데서, 온라인 강의를 이용한 사람들의 비율과 온라인 학습 자료를 이용한 사람들의 비율 차이는 16세와 24세 연령 집단에서 가장 컸다. ⑤ 35세에서 44세, 45세에서 54세, 55세에서 64세의 각 연령 집단에서 다섯 명 중 한 명이 넘는 비율로 온라인 학습 자료를 이용했다.

Why? 왜 정답일까?

도표에 따르면 55 ~ 64세 집단에서 온라인 학습 자료를 이용한 비율은 17%로, 전체의 5분의 1에 미치지 못했다. 따라서 도표와 일치하지 않는 것은 ⑤이다.

- learning material 학습 자료
- be the least likely to ~할 가능성이 가장 낮다

26 Antonie van Leeuwenhoek의 생애 정답률 91% | 정답 ③

Antonie van Leeuwenhoek에 관한 다음 글의 내용과 일치하지 않는 것은?
① 세포 연구로 잘 알려진 과학자였다.
② 22살에 Delft로 돌아왔다.
✔ 여러 개의 언어를 알았다.
④ 유리로 물건을 만드는 방법을 알고 있었다.
⑤ 화가를 고용하여 설명하는 것을 그리게 했다.

『Antonie van Leeuwenhoek was a scientist / well known for his cell research.』 ①의 근거 일치
Antonie van Leeuwenhoek은 과학자였다. / 세포 연구로 잘 알려진
He was born in Delft, the Netherlands, / on October 24, 1632.
그는 네덜란드 Delft에서 태어났다. / 1632년 10월 24일에
At the age of 16, / he began to learn job skills in Amsterdam.
16살에 / 그는 Amsterdam에서 직업 기술을 배우기 시작했다.
『At the age of 22, / Leeuwenhoek returned to Delft.』 ②의 근거 일치
22살에 / Leeuwenhoek은 Delft로 돌아왔다.
It wasn't easy for Leeuwenhoek to become a scientist.
Leeuwenhoek이 과학자가 되기는 쉽지 않았다.
『He knew only one language — Dutch —,』 / which was quite unusual for scientists of his time. ③의 근거 불일치
그는 오직 한 가지 언어, 즉 네덜란드어만을 알고 있었는데, / 그것은 그 당시 과학자들에게는 상당히 드문 것이었다.
But his curiosity was endless, / and he worked hard.
하지만 그의 호기심은 끝이 없었고, / 그는 열심히 노력했다.
He had an important skill.
그에게는 중요한 기술이 있었다.

『He knew how to make things out of glass.』 **④의 근거** 일치
그는 유리로 물건을 만드는 법을 알고 있었다.
This skill came in handy / when he made lenses for his simple microscope.
이 기술은 도움이 되었다. / 그가 자신의 간단한 현미경에 쓰일 렌즈를 만들 때
He saw tiny veins / with blood flowing through them.
그는 미세한 혈관을 보았다. / 그 속에 피가 흐르고 있는
He also saw living bacteria in pond water.
그는 또한 연못 물 속에서 살아 있는 박테리아를 보았다.
He paid close attention to the things he saw / and wrote down his observations.
그는 자신이 본 것들에 세심한 주의를 기울였고 / 그가 관찰한 것을 기록했다.
『Since he couldn't draw well, / he hired an artist / to draw pictures of what he described.』 **⑤의 근거** 일치
그가 그림을 잘 그릴 수 없었기 때문에, / 그는 화가를 고용하여 / 자신이 설명하는 것을 그림으로 그리게 했다.

Antonie van Leeuwenhoek은 세포 연구로 잘 알려진 과학자였다. 그는 1632년 10월 24일 네덜란드 Delft에서 태어났다. 그는 16살에 Amsterdam에서 직업 기술을 배우기 시작했다. Leeuwenhoek는 22살에 Delft로 돌아왔다. Leeuwenhoek이 과학자가 되기는 쉽지 않았다. 그는 오직 한 가지 언어, 즉 네덜란드어만을 알고 있었는데, 그것은 그 당시 과학자들에게는 상당히 드문 것이었다. 하지만 그의 호기심은 끝이 없었고, 그는 열심히 노력했다. 그에게는 중요한 기술이 있었다. 그는 유리로 물건을 만드는 법을 알고 있었다. 이 기술은 그가 자신의 간단한 현미경에 쓰일 렌즈를 만들 때 도움이 되었다. 그는 피가 흐르고 있는 미세한 혈관을 보았다. 그는 또한 연못 물속에서 살아 있는 박테리아를 보았다. 그는 자신이 본 것들에 세심한 주의를 기울였고 / 그가 관찰한 것을 기록했다. 그는 그림을 잘 그릴 수 없었기 때문에, 화가를 고용하여 자신이 설명하는 것을 그림으로 그리게 했다.

Why? 왜 정답일까?
'He knew only one language ─ Dutch ~'에서 Antonie van Leeuwenhoek는 오직 네덜란드어만 알았다고 하므로, 내용과 일치하지 않는 것은 ③ '여러 개의 언어를 알았다.'이다.

Why? 왜 오답일까?
① 'Antonie van Leeuwenhoek was a scientist well known for his cell research.'의 내용과 일치한다.
② 'At the age of 22, Leeuwenhoek returned to Delft.'의 내용과 일치한다.
④ 'He knew how to make things out of glass.'의 내용과 일치한다.
⑤ '~ he hired an artist to draw pictures of what he described.'의 내용과 일치한다.

● curiosity ⓝ 호기심
● make A out of B B로 A를 만들다
● pond ⓝ 연못
● endless ⓐ 끝없는
● microscope ⓝ 현미경
● observation ⓝ 관찰

구문 풀이
5행 He knew only one language ─ Dutch ─ which was quite unusual for
　　　　　　　　　　　　　　　선행사(문장)　　　　계속적 용법
scientists of his time.

27　꽃 교실 안내
정답률 95% | 정답 ④

Rachel's Flower Class에 관한 다음 안내문의 내용과 일치하지 <u>않는</u> 것은?
① 플라워 박스 만들기 수업은 오후 1시에 시작된다.
② 수강료에 꽃값과 다른 재료비가 포함된다.
③ 수강생은 가위와 가방을 가져와야 한다.
☑ 수업 등록은 전화로만 할 수 있다.
⑤ 수업 당일 취소 시 환불을 받을 수 없다.

Rachel's Flower Class
Rachel의 꽃 교실
Make Your Life More Beautiful!
인생을 더 아름답게 만드세요!
Class Schedule (Every Monday to Friday)
수업 일정 (매주 월요일부터 금요일까지)

Flower Arrangement 꽃꽂이	11 a.m. ─ 12 p.m. 오전 11시 ~ 정오
『Flower Box Making 플라워 박스 만들기	1 p.m. ─ 2 p.m.』 **①의 근거** 일치 오후 1시 ~ 오후 2시

Price
가격
『$50 for each class (flowers and other materials included)』 **②의 근거** 일치
각 수업당 $50 (꽃값과 다른 재료비 포함)
『Bring your own scissors and a bag.』 **③의 근거** 일치
본인의 가위와 가방을 가져오세요.
Other Info.
다른 정보
『You can sign up for classes / either online or by phone.』 **④의 근거** 불일치
수업 등록을 할 수 있습니다. / 온라인이나 전화로
『No refund for cancellations on the day of your class』 **⑥의 근거** 일치
수업 당일 취소 시 환불 불가
To contact, / visit www.rfclass.com or call 03-221-2131.
연락하시려면, / www.rfclass.com을 방문하시거나 03-221-2131로 전화주세요.

Rachel의 꽃 교실
인생을 더 아름답게 만드세요!

수업 일정 (매주 월요일부터 금요일까지)

꽃꽂이	오전 11시 ~ 정오
플라워 박스 만들기	오후 1시 ~ 오후 2시

가격
• 각 수업당 $50 (꽃값과 다른 재료비 포함)

● 본인의 가위와 가방을 가져오세요.
다른 정보
• 온라인이나 전화로 수업 등록을 할 수 있습니다.
• 수업 당일 취소 시 환불 불가
연락하시려면, www.rfclass.com을 방문하시거나 03-221-2131로 전화주세요.

Why? 왜 정답일까?
'You can sign up for classes either online or by phone.'에서 수업 등록은 전화뿐 아니라 온라인으로도 가능하다고 하므로, 안내문의 내용과 일치하지 않는 것은 ④ '수업 등록은 전화로만 할 수 있다.'이다.

Why? 왜 오답일까?
① 'Flower Box Making / 01 p.m. ─ 02 p.m.'의 내용과 일치한다.
② '$50 for each class (flowers and other materials included)'의 내용과 일치한다.
③ 'Bring your own scissors and a bag.'의 내용과 일치한다.
⑤ 'No refund for cancellations on the day of your class'의 내용과 일치한다.

● flower arrangement 꽃꽂이
● sign up for ~에 등록하다

28　야간 궁궐 투어 안내
정답률 91% | 정답 ⑤

Nighttime Palace Tour에 관한 다음 안내문의 내용과 일치하는 것은?
① 금요일에는 하루에 두 번 투어가 운영된다.
② 8세 미만 어린이의 티켓은 5달러이다.
③ 예약은 투어 하루 전까지만 가능하다.
④ 투어 가이드의 안내 없이 궁궐을 둘러본다.
☑ 추가 비용 없이 전통 의상을 입어 볼 수 있다.

Nighttime Palace Tour
야간 궁궐 투어
Date: Friday, April 29 ─ Sunday, May 15
날짜: 4월 29일 금요일 ~ 5월 15일 일요일
Time
시간

『Friday 금요일	7 p.m. ─ 8:30 p.m.』 **①의 근거** 불일치 오후 7시 ~ 오후 8시 30분
Saturday & Sunday 토요일과 일요일	6 p.m. ─ 7:30 p.m. 오후 6시 ~ 오후 7시 30분
	8 p.m. ─ 9:30 p.m. 오후 8시 ~ 오후 9시 30분

Tickets & Booking
티켓과 예약
$15 per person 『(free for kids under 8)』 **②의 근거** 불일치
1인당 15달러 (8세 미만 어린이는 무료)
『Bookings will be accepted / up to 2 hours before the tour starts.』 **③의 근거** 불일치
예약은 가능합니다. / 투어가 시작되기 2시간 전까지
Program Activities
프로그램 활동
『Group tour with a tour guide (1 hour)』 **④의 근거** 불일치
투어 가이드와 단체 투어 (1시간)
Trying traditional foods and drinks (30 minutes)
전통 음식 시식 및 음료 시음 (30분)
『You can try on traditional clothes / with no extra charge.』 **⑤의 근거** 일치
전통 의상을 입어 볼 수 있습니다. / 추가 비용 없이
For more information, / please visit our website, www.palacenighttour.com.
더 많은 정보를 원하시면, / 저희 웹 사이트 www.palacenighttour.com에 방문하세요.

야간 궁궐 투어

날짜: 4월 29일 금요일 ~ 5월 15일 일요일

시간

금요일	오후 7시 ~ 오후 8시 30분
토요일과 일요일	오후 6시 ~ 오후 7시 30분
	오후 8시 ~ 오후 9시 30분

티켓과 예약
• 1인당 15달러 (8세 미만 어린이는 무료)
• 예약은 투어 시작 2시간 전까지 가능합니다.

프로그램 활동
• 투어 가이드와 단체 투어 (1시간)
• 전통 음식 시식 및 음료 시음 (30분)
※ 추가 비용 없이 전통 의상을 입어 볼 수 있습니다.
※ 더 많은 정보를 원하시면, 저희 웹 사이트 www.palacenighttour.com에 방문하세요.

Why? 왜 정답일까?
'You can try on traditional clothes with no extra charge.'에서 전통 의상 착용은 추가 비용 없이도 가능하다고 하므로, 안내문의 내용과 일치하는 것은 ⑤ '추가 비용 없이 전통 의상을 입어 볼 수 있다.'이다.

Why? 왜 오답일까?
① 'Friday / 7 p.m. ─ 8:30 p.m.'에서 금요일 투어는 한 번만 열린다고 하였다.
② '(free for kids under 8)'에서 8세 미만 어린이는 무료 입장이라고 하였다.
③ 'Bookings will be accepted up to 2 hours before the tour starts.'에서 투어 예약은 투어 시작 2시간 전까지 가능하다고 하였다.

④ 'Group tour with a tour guide (1 hour)'에서 투어 가이드와 함께 1시간 동안 그룹 투어를 하게 된다고 하였다.

● palace ⓝ 궁전
● accept ⓥ 접수하다, 수용하다

---

29 비슷한 대상과 어울리기를 선호하는 경향　정답률 63% | 정답 ③

다음 글의 밑줄 친 부분 중, 어법상 틀린 것은?

We usually get along best with people / who we think are like us.
우리는 보통 사람들과 가장 잘 지낸다. / 우리가 같다고 생각하는

In fact, we seek them out.
사실, 우리는 그들을 찾아낸다.

It's why places like Little Italy, Chinatown, and Koreatown ① exist.
이 이유로 리틀 이탈리아, 차이나타운, 코리아타운과 같은 장소들이 존재한다.

But I'm not just talking about race, skin color, or religion.
하지만 나는 인종, 피부색, 또는 종교만을 말하는 것이 아니다.

I'm talking about people / who share our values / and look at the world / the same way we ② do.
나는 사람들을 말하는 것이다. / 우리의 가치관을 공유하고 / 세상을 바라보는 / 우리와 같은 방식으로

As the saying goes, / birds of a feather flock together.
속담에서처럼, / 같은 깃털을 가진 새가 함께 무리 짓는다.

This is a very common human tendency / ✔that is rooted in how our species developed.
이것은 매우 흔한 인간의 경향이다. / 우리 종이 발전한 방식에 깊게 뿌리박혀 있는

Imagine you are walking out in a forest.
여러분이 숲에 나가 걷는다고 상상해 보라.

You would be conditioned / to avoid something unfamiliar or foreign / because there is a high likelihood / that ④ it would be interested in killing you.
여러분은 조건화되어 있을 것이다. / 친숙하지 않거나 낯선 것을 피하도록 / 가능성이 커서 / 그런 것이 여러분을 죽이는 데 관심이 있을

Similarities make us ⑤ relate better to other people / because we think / they'll understand us on a deeper level than other people.
유사점이 우리가 다른 사람들과 마음이 더 잘 통할 수 있도록 하는데, / 우리가 생각하기 때문이다. / 그들이 우리를 다른 사람들보다 더 깊이 있는 수준으로 이해할 것이라고

우리는 보통 우리와 같다고 생각하는 사람들과 가장 잘 지낸다. 사실, 우리는 그들을 찾아낸다. 이 이유로 리틀 이탈리아, 차이나타운, 코리아타운과 같은 장소들이 존재한다. 하지만 나는 인종, 피부색, 또는 종교만을 말하는 것이 아니다. 우리의 가치관을 공유하고 우리와 같은 방식으로 세상을 바라보는 사람들을 말하는 것이다. 속담에서처럼, 같은 깃털을 가진 새가 함께 무리 짓는다(유유상종이다). 이것은 우리 종이 발전한 방식에 깊게 뿌리박혀 있는 매우 흔한 인간의 경향이다. 여러분이 숲에 나가 걷는다고 상상해 보라. 친숙하지 않거나 낯선 것은 여러분을 죽이는 데 관심이 있을 가능성이 커 여러분은 그런 것을 피하도록 조건화되어 있을 것이다. 유사점(을 갖고 있는 것)은 우리가 다른 사람들과 마음이 더 잘 통할 수 있도록 하는데, 그들이 우리를 다른 사람들보다 더 깊이 있는 수준으로 이해할 것으로 생각하기 때문이다.

Why? 왜 정답일까?

관계대명사 what은 선행사를 포함하고 있는데, ③ 앞에는 선행사 a very common human tendency가 있으므로 what을 that 또는 which로 고쳐야 한다. 따라서 어법상 틀린 것은 ③이다.

Why? 왜 오답일까?

① 주어가 복수 명사인 places이므로 복수 동사 exist가 바르게 쓰였다. like Little Italy, Chinatown, and Koreatown은 주어 places를 꾸미는 전명구이다.
② 앞의 일반동사구 look at을 가리키는 대동사 do가 바르게 쓰였다.
④ something unfamiliar or foreign을 받는 단수 대명사로 it이 바르게 쓰였다.
⑤ 사역동사 make의 목적격 보어로 원형부정사 relate가 바르게 쓰였다.

● get along with ~와 잘 지내다, 어울리다
● seek out (오랫동안 공들여) 찾아다니다
● race ⓝ 인종
● as the saying goes 속담에서 말하듯이, 옛말처럼
● be rooted in ~에 뿌리박고 있다, ~에 원인이 있다
● condition ⓥ 조건화하다
● relate to ~을 이해하다, ~에 공감하다

구문 풀이

1행 We usually get along best with people [who (we think) are like us].
　　　　　　　　　　　　　　　　선행사　주격 관·대 (　) : 삽입절

★★★ 등급을 가르는 문제!

30 거절에 대한 두려움 극복하기　정답률 45% | 정답 ⑤

다음 글의 밑줄 친 부분 중, 문맥상 낱말의 쓰임이 적절하지 않은 것은? [3점]

Rejection is an everyday part of our lives, / yet most people can't handle it well.
거절은 우리 삶의 일상적인 부분이지만, / 대부분의 사람은 그것을 잘 감당하지 못한다.

For many, / it's so painful / that they'd rather not ask for something at all / than ask and ① risk rejection.
많은 사람에게 / 거절이 너무 고통스러워서, / 그들은 아예 무언가를 요청하지 않으려 한다. / 요청하고 거절의 위험을 감수하기보다는

Yet, as the old saying goes, / if you don't ask, / the answer is always no.
하지만 옛말처럼, / 여러분이 요청하지 않으면 / 대답은 항상 '아니오'이다.

Avoiding rejection / ② negatively affects many aspects of your life.
거절을 피하는 것은 / 여러분의 삶의 많은 측면에 부정적으로 영향을 준다.

All of that happens / only because you're not ③ tough enough to handle it.
이 모든 것은 일어난다. / 단지 여러분이 거절을 감당할 만큼 강하지 않기 때문에

For this reason, / consider rejection therapy.
이러한 이유로, / 거절 요법을 고려해 보라.

Come up with a ④ request or an activity / that usually results in a rejection.
요청이나 활동을 생각해 내라. / 일반적으로 거절당할 만한

Working in sales is one such example.
판매 분야에서 일하는 것이 그러한 사례 중 하나이다.

Asking for discounts at the stores / will also work.
매장에서 할인을 요청하는 것 또한 효과가 있을 것이다.

By deliberately getting yourself ✔rejected / you'll grow a thicker skin / that will allow you to take on much more in life, / thus making you more successful / at dealing with unfavorable circumstances.

의도적으로 스스로를 거절당할 상황에 놓이게 함으로써 / 여러분은 더한 둔감함을 키우게 될 것이다. / 여러분이 인생에서 훨씬 더 많은 것을 떠맡을 수 있게 해주는 / 그리하여 여러분은 더 성공적이 될 것이다. / 호의적이지 않은 상황에 대처하는 데

거절은 우리 삶의 일상적인 부분이지만, 대부분의 사람은 그것을 잘 감당하지 못한다. 많은 사람에게 거절이 너무 고통스러워서, 그들은 요청하고 거절의 ① 위험을 감수하기보다는 아예 무언가를 요청하지 않으려 한다. 하지만 옛말처럼, 요청하지 않으면 대답은 항상 '아니오'이다. 거절을 피하는 것은 여러분의 삶의 많은 측면에 ② 부정적으로 영향을 준다. 이 모든 것은 단지 여러분이 거절을 감당할 만큼 ③ 강하지 않기 때문에 일어난다. 이러한 이유로 거절 요법을 (시도하는 것을) 고려해 보라. 일반적으로 거절당할 만한 ④ 요청이나 활동을 생각해 내라. 판매 분야에서 일하는 것이 그러한 사례 중 하나이다. 매장에서 할인을 요청하는 것 또한 효과가 있을 것이다. 의도적으로 스스로를 ⑤ 환영받을(→ 거절당할) 상황에 놓이게 함으로써 여러분은 더 둔감해지고, 인생에서 훨씬 더 많은 것을 떠맡을 수 있게 되며, 그리하여 호의적이지 않은 상황에 더 성공적으로 대처할 수 있게 될 것이다.

Why? 왜 정답일까?

⑤ 앞에서 판매 분야에서 일하는 등 거절을 경험할 법한 요청이나 활동에 참여해보라고 언급하는데, 이는 거절을 부르는 상황의 예시이므로 ⑤의 welcomed는 rejected로 바뀌어야 적절하다. 따라서 문맥상 낱말의 쓰임이 적절하지 않은 것은 ⑤이다.

● rejection ⓝ 거절
● grow a thick skin 무덤덤해지다, 둔감해지다
● circumstance ⓝ 상황, 환경
● come up with ~을 생각해내다, 떠올리다
● unfavorable ⓐ 호의적이지 않은

구문 풀이

2행 For many, it's so painful that they'd rather not ask for something at all
　　　　　　「so ~ that …: 너무 ~해서 …하다」　차라리 ~ 않다　　동사원형1
than ask and risk rejection.
　동사원형2

★★ 문제 해결 꿀~팁 ★★

▶ 많이 틀린 이유는?
오답 중 ③이 포함된 문장은 우리가 거절을 왜 피하려 하는지 그 이유를 설명하는 문장이다. 우리가 거절에 잘 대처할 만큼 '충분히 강하지' 않기 때문이라는 것이다. 그렇기에 훈련이 필요하다는 결론까지 자연스럽게 연결되므로, ③은 문맥상 어색하지 않다.

▶ 문제 해결 방법은?
정답인 ⑤가 포함된 문장은 예시 앞의 'Come up with a request or an activity that usually results in a rejection.'과 같은 의미이다. '일부러 거절이라는 결과를 초래할' 수 있는 상황은 '환영받는' 상황이 아니라 그야말로 '거부당하는' 상황이다.

★★★ 등급을 가르는 문제!

31 세밀한 묘사의 필요성　정답률 46% | 정답 ②

다음 빈칸에 들어갈 말로 가장 적절한 것을 고르시오.

① similarities – 유사점
✔ particulars – 세부 사항
③ fantasies – 환상
④ boredom – 지루함
⑤ wisdom – 지혜

Generalization without specific examples / that humanize writing / is boring to the listener and to the reader.
구체적인 사례가 없는 일반화는 / 글을 인간미 있게 하는 / 듣는 사람과 읽는 사람에게 지루하다.

Who wants to read platitudes all day?
누가 상투적인 말을 온종일 읽고 싶어 하겠는가?

Who wants to hear the words / great, greater, best, smartest, finest, humanitarian, on and on and on / without specific examples?
누가 듣고 싶어 하겠는가? / 위대한, 더 위대한, 최고의, 제일 똑똑한, 가장 훌륭한, 인도주의적인, 이런 말들을 계속해서 끊임없이 / 구체적인 사례가 없이

Instead of using these 'nothing words,' / leave them out completely / and just describe the particulars.
이런 '공허한 말들'을 사용하는 대신에, / 그것들을 완전히 빼고 / 세부 사항만을 서술하라.

There is nothing worse than reading a scene in a novel / in which a main character is described up front / as heroic or brave or tragic or funny, / while thereafter, the writer quickly moves on to something else.
소설 속 장면을 읽는 것보다 더 끔찍한 것은 없다. / 주인공이 대놓고 묘사되는 / 영웅적이다, 용감하다, 비극적이다, 혹은 웃긴다고 / 한편 그 후 작가가 다른 것으로 빠르게 넘어가는

That's no good, no good at all.
그건 좋지 않으며, 전혀 좋지 않다.

You have to use less one word descriptions / and more detailed, engaging descriptions / if you want to make something real.
여러분은 한 단어 묘사는 덜 사용하고 / 세밀하고 마음을 끄는 묘사를 더 많이 사용해야 한다. / 여러분이 어떤 것을 실감 나는 것으로 만들고 싶다면

글을 인간미 있게 하는 구체적인 사례가 없는 일반화는 듣는 사람에게도 읽는 사람에게도 지루하다. 누가 상투적인 말을 온종일 읽고 싶어 하겠는가? 구체적인 사례가 없이 위대한, 더 위대한, 최고의, 제일 똑똑한, 가장 훌륭한, 인도주의적인, 이런 말들을 누가 계속해서 끊임없이 듣고 싶어 하겠는가? 이런 '공허한 말들'을 사용하는 대신에, 그것들을 완전히 빼고 세부 사항만을 서술하라. 주인공을 대놓고 영웅적이다, 용감하다, 비극적이다, 혹은 웃긴다고 묘사한 후 작가가 다른 것으로 빠르게 넘어가는 소설 속 장면을 읽는 것보다 더 끔찍한 것은 없다. 그건 좋지 않으며, 전혀 좋지 않다. 어떤 것을 실감 나는 것으로 만들고 싶다면, 한 단어 짜리 묘사는 덜 사용하고, 세밀하고 마음을 끄는 묘사를 더 많이 사용해야 한다.

Why? 왜 정답일까?

마지막 문장에서 장면을 실감 나게 만들려면 세밀하고 마음을 끄는 묘사를 사용해야 한다(You have to use less one word descriptions and more detailed, engaging descriptions if you want to make something real.)고 언급하는 것으로 보아, 빈칸에 들어갈 말로 가장 적절한 것은 ② '세부 사항'이다. 이는 빈칸 앞의 specific examples을 재진술한 말이기도 하다.

● specific ⓐ 구체적인
● humanize ⓥ 인간적으로 만들다
● humanitarian ⓐ 인도주의적인
● leave out ~을 빼다
● engaging ⓐ 마음을 끄는, 몰입시키는

구문 풀이

6행 There is nothing worse than reading a scene in a novel [in which a main
「nothing + 비교급 + than : ~보다 더 …한 것은 없다(최상급 의미)」, 선행사 = where
character is described up front as heroic or brave or tragic or funny, while
thereafter, the writer quickly moves on to something else].

★★ 문제 해결 꿀~팁 ★★

▶ 많이 틀린 이유는?
첫 문장의 Generalization만 보고 ①을 고르면 안 된다. '특별한' 사례의 공통점을 찾아 '일반화'하라는 내용은 글 어디에도 없기 때문이다.

▶ 문제 해결 방법은?
빈칸이 주제문인 명령문에 있으므로, 마찬가지로 '~해야 한다'라는 당위의 의미를 나타내는 마지막 문장을 잘 읽어야 한다. more detailed, engaging와 같은 의미의 단어를 빈칸에 넣으면 된다.

★★★ 등급을 가르는 문제! ★★★

32 정보 공유에 있어 대면 상호작용의 중요성   정답률 49% | 정답 ③

다음 빈칸에 들어갈 말로 가장 적절한 것을 고르시오.
① natural talent – 천부적 재능
② regular practice – 규칙적인 연습
✓③ personal contact – 개인적인 접촉
④ complex knowledge – 복잡한 지식
⑤ powerful motivation – 강력한 동기

Face-to-face interaction / is a uniquely powerful — and sometimes the only — way / to share many kinds of knowledge, / from the simplest to the most complex.
대면 상호 작용은 / 유례 없이 강력한 — 때로는 유일한 — 방법이다. / 많은 종류의 지식을 공유하는 / 가장 간단한 것부터 가장 복잡한 것까지

It is one of the best ways / to stimulate new thinking and ideas, / too.
그것은 가장 좋은 방법 중 하나이다. / 새로운 생각과 아이디어를 자극하는 / 또한

Most of us would have had difficulty learning / how to tie a shoelace only from pictures, / or how to do arithmetic from a book.
우리 대부분이 배웠다면 어려움을 겪었을 것이다. / 그림만으로 신발 끈 묶는 법 / 또는 책으로부터 계산하는 방법을

Psychologist Mihàly Csikszentmihàlyi found, / while studying high achievers, / that a large number of Nobel Prize winners / were the students of previous winners: / they had access to the same literature as everyone else, / but personal contact made a crucial difference / to their creativity.
심리학자 Mihàly Csikszentmihàlyi는 발견했다. / 높은 성취도를 보이는 사람들을 연구하면서 / 다수의 노벨상 수상자가 / 이전 수상자들의 학생이라는 것을 / 그들은 다른 모든 사람들과 똑같은 문헌에 접근할 수 있었지만, / 개인적인 접촉이 결정적인 차이를 만들었다. / 이들의 창의성에

Within organisations / this makes conversation / both a crucial factor for high-level professional skills / and the most important way of sharing everyday information.
조직 내에서 / 이것은 대화를 만든다. / 고급 전문 기술을 위한 매우 중요한 요소이자 / 일상 정보를 공유하는 가장 중요한 방식으로

대면 상호 작용은 가장 간단한 것부터 가장 복잡한 것까지 많은 종류의 지식을 공유하는 유례 없이 강력한 — 때로는 유일한 — 방법이다. 그것은 새로운 생각과 아이디어를 자극하는 최고의 방법 중 하나이기도 하다. 우리 대부분이 그림으로만 신발 끈 묶는 법을 배웠거나, 책으로 셈법을 배웠다면 어려움을 겪었을 것이다. 심리학자 Mihàly Csikszentmihàlyi는 높은 성취도를 보이는 사람들을 연구하면서 다수의 노벨상 수상자가 이전 (노벨상) 수상자들의 학생이라는 것을 발견했다. 그들은 다른 모든 사람들과 똑같은 (연구) 문헌에 접근할 수 있었지만, 개인적인 접촉이 이들의 창의성에 결정적인 차이를 만들었다. 이로 인해 조직 내에서 대화는 고급 전문 기술을 위한 매우 중요한 요소이자 일상 정보를 공유하는 가장 중요한 방식이 된다.

Why? 왜 정답일까?
첫 문장과 마지막 문장에서 정보를 공유하는 가장 중요한 방법으로 대면 상호 작용(Face-to-face interaction) 또는 대화(conversation)를 언급하고 있다. 따라서 빈칸에 들어갈 말로 가장 적절한 것은 ③ '개인적인 접촉'이다.

● stimulate ⓥ 자극하다
● crucial @ 아주 중요한

구문 풀이

4행 Most of us would have had difficulty learning {how to tie a shoelace} only
「have difficulty + 동명사 : ~하는 데 어려움을 겪다」
from pictures, or {how to do arithmetic} from a book.
{ } : 명사구(how + to부정사 : ~하는 방법)

★★ 문제 해결 꿀~팁 ★★

▶ 많이 틀린 이유는?
글 처음과 마지막에 many kinds of knowledge, from the simplest to the most complex 또는 high-level professional skills와 같은 표현이 등장하므로 얼핏 보면 ④가 적절해 보인다. 하지만 빈칸은 이러한 정보 공유나 전문 능력 개발에 '무엇이 영향을 미치는지' 그 요인을 밝히는 것이므로 ④를 빈칸에 넣기는 부적절하다.

▶ 문제 해결 방법은?
첫 문장의 Face-to-face interaction과 마지막 문장의 conversation이 키워드이다. 이 둘을 일반화할 수 있는 표현이 바로 '빈칸'이다.

33 영화 속 외국어 대화에 자막이 없을 때의 효과   정답률 59% | 정답 ①

다음 빈칸에 들어갈 말로 가장 적절한 것을 고르시오. [3점]
✓① seeing the film from her viewpoint – 그녀의 시각에서 영화를 보고 있게
② impressed by her language skills – 그녀의 언어 능력에 감명받게
③ attracted to her beautiful voice – 그녀의 아름다운 목소리에 이끌리게
④ participating in a heated debate – 열띤 토론에 참여하게
⑤ learning the language used in the film – 영화에 사용된 언어를 배우고 있게

Most times a foreign language is spoken in film, / subtitles are used / to translate the dialogue for the viewer.
영화에서 외국어가 사용되는 대부분의 경우, / 자막이 사용된다. / 관객을 위해 대화를 통역하려고

However, / there are occasions / when foreign dialogue is left unsubtitled / (and thus incomprehensible to most of the target audience).
하지만 / 경우가 있다. / 외국어 대화가 자막 없이 처리되는 / (그리하여 대부분의 주요 대상 관객이 이해하지 못하게)

This is often done / if the movie is seen / mainly from the viewpoint of a particular character / who does not speak the language.
흔히 이렇게 처리된다. / 영화가 보여지는 경우에 / 주로 특정한 등장인물의 관점에서 / 그 언어를 할 줄 모르는

Such absence of subtitles / allows the audience / to feel a similar sense of incomprehension and alienation / that the character feels.
그러한 자막의 부재는 / 관객이 ~하게 한다. / 비슷한 몰이해와 소외의 감정을 / 그 등장인물이 느끼는

An example of this / is seen in *Not Without My Daughter*.
이것의 한 예는 / *Not Without My Daughter*에서 볼 수 있다.

The Persian language dialogue / spoken by the Iranian characters / is not subtitled / because the main character Betty Mahmoody does not speak Persian / and the audience is seeing the film from her viewpoint.
페르시아어 대화는 / 이란인 등장인물들이 하는 / 자막 없이 처리되며 / 왜냐하면 주인공 Betty Mahmoody가 페르시아어를 하지 못하기 때문에 / 관객은 그녀의 시각에서 영화를 보고 있게 된다.

영화에서 외국어가 사용되는 대부분의 경우 관객을 위해 대화를 통역하려고 자막이 사용된다. 하지만 외국어 대화가 자막 없이 (그리하여 대부분의 주요 대상 관객이 이해하지 못하게) 처리되는 경우가 있다. 영화가 그 언어를 할 줄 모르는 특정한 등장인물의 관점에서 주로 보여지는 경우에 흔히 이렇게 처리된다. 그러한 자막의 부재는 관객이 그 등장인물이 느끼는 것과 비슷한 몰이해와 소외의 감정을 느끼게 한다. 이것의 한 예를 *Not Without My Daughter*에서 볼 수 있다. 주인공 Betty Mahmoody가 페르시아어를 하지 못하기 때문에 이란인 등장인물들이 하는 페르시아어 대화에는 자막이 없으며, 관객은 그녀의 시각에서 영화를 보고 있게 된다.

Why? 왜 정답일까?
외국어 대화가 자막 없이 사용되는 경우는 그 언어를 할 줄 모르는 특정 등장인물의 시점에서 사건을 보게 만든다(~ if the movie is seen mainly from the viewpoint of a particular character who does not speak the language.)는 설명으로 보아, 빈칸에 들어갈 말로 가장 적절한 것은 ① '그녀의 시각에서 영화를 보고 있게'이다.

● translate ⓥ 번역하다, 통역하다
● occasion ⓝ 경우, 때
● viewpoint ⓝ 관점, 시점
● absence ⓝ 부재

구문 풀이

2행 However, there are occasions [when foreign dialogue is left unsubtitled
선행사(경우) 관계부사   5형식 수동태 보어1(과거분사)
(and thus incomprehensible to most of the target audience)].
보어2(형용사)

★★★ 등급을 가르는 문제! ★★★

34 홈 이점이 발휘되지 못하는 경우   정답률 19% | 정답 ①

다음 빈칸에 들어갈 말로 가장 적절한 것을 고르시오. [3점]
✓① often welcome a road trip – 길을 떠나는 것을 흔히 반길
② avoid international matches – 국제적 경기를 피할
③ focus on increasing ticket sales – 티켓 매출을 높이는 데 집중할
④ want to have an eco-friendly stadium – 친환경적 경기장을 갖기를 원할
⑤ try to advertise their upcoming games – 다가오는 경기를 광고하려 애쓸

One dynamic that can change dramatically in sport / is the concept of the home-field advantage, / in which perceived demands and resources seem to play a role.
스포츠에서 극적으로 바뀔 수 있는 한 가지 역학은 / 홈 이점이라는 개념으로, / 여기에는 인식된 부담과 자원이 역할을 하는 것처럼 보인다.

Under normal circumstances, / the home ground would appear / to provide greater perceived resources / (fans, home field, and so on).
일반적인 상황에서, / 홈그라운드는 보일 것이다. / 인식된 자원을 더 많이 제공하는 것처럼 / (팬, 홈 경기장 등)

However, / researchers Roy Baumeister and Andrew Steinhilber / were among the first / to point out / that these competitive factors can change; / for example, / the success percentage for home teams / in the final games of a playoff or World Series / seems to drop.
하지만, / 연구원 Roy Baumeister와 Andrew Steinhilber는 / 최초의 사람들 중 하나였다. / 지적한 / 이러한 경쟁력이 있는 요소들이 바뀔 수도 있다고 / 예를 들어, / 홈 팀들의 성공률은 / 우승 결정전이나 미국 프로 야구 선수권의 마지막 경기에서 / 떨어지는 것처럼 보인다.

Fans can become part of the perceived demands / rather than resources / under those circumstances.
팬들은 인식된 부담의 일부가 될 수 있다. / 자원보다는 / 이러한 상황에서

This change in perception can also explain / why a team that's struggling at the start of the year / will often welcome a road trip / to reduce perceived demands and pressures.
이러한 인식의 변화는 또한 설명할 수 있다. / 왜 연초에 고전하는 팀이 / 길을 떠나는 것을 흔히 반길 것인지 / 인식된 부담과 압박을 줄이기 위해

스포츠에서 극적으로 바뀔 수 있는 한 가지 역학은 홈 이점이라는 개념으로, 여기에는 인식되는 부담과 자원이 일조하는 것처럼 보인다. 일반적인 상황에서, 홈그라운드는 인식되는 자원(팬, 홈 경기장 등)을 더 많이 제공하는 것처럼 보일 것이다. 하지만, 연구원 Roy Baumeister와 Andrew Steinhilber는 이러한 경쟁력이 있는 요소들이 바뀔 수도 있다고 처음으로 지적한 사람 중 하나였다. 예를 들어, 우승 결정전이나 미국 프로 야구 선수권의 마지막 경기에서 홈 팀들의 성공률은 떨어지는 것처럼 보인다. 이러한 상황에서 팬들은 자원보다는 인식되는 부담의 일부가 될 수 있다. 이러한 인식의 변화는 왜 연초에 고전하는 팀이 인식되는 부담과 압박을 줄이기 위해 길을 떠나는 것(원정 경기를 가는 것)을 흔히 반길 것인지 또한 설명할 수 있다.

Why? 왜 정답일까?
홈그라운드의 이점은 부담에 대한 인식이나 자원에 의해 뒤집힐 수 있다(~ the concept of the home-field advantage, in which perceived demands and resources seem to play a

role.)는 내용의 글이다. **for example** 뒤로 결승전 등 중요한 경기에서 팬들은 선수들에게 자원이 아닌 부담일 수 있기에 도리어 홈 팀의 성적이 부진해질 수 있다고 한다. 이를 근거로 볼 때, 마지막 문장은 부진하는 팀이 도리어 부담을 피하고자 '홈그라운드에서의 경기를 피한다'는 내용일 것이다. 따라서 빈칸에 들어갈 말로 가장 적절한 것은 ① '길을 떠나는 것을 흔히 반긴'이다.

- **play a role in** ~에 역할을 하다, 일조하다
- **perception** ⑪ 인식
- **competitive** ⓐ 경쟁력 있는
- **struggle** ⓥ 고전하다, 분투하다

구문 풀이

1행 One dynamic [that can change dramatically in sport] is the concept of
주어(선행사)   주격 관계대명사   동사(단수)   보어(선행사)
the home-field advantage, in which perceived demands and resources seem to
「전치사+관계대명사」
play a role.

★★ 문제 해결 꿀~팁 ★★

▶ 많이 틀린 이유는?
home-field advantage만 보면 정답과 정반대되는 의미의 ②를 고르기 쉽다. 하지만 사실 이 글은 '홈 구장의 이점'을 긍정하는 글이 아니라 이 이점이 '없을 수도 있는' 경우에 대한 글이다.
▶ 문제 해결 방법은?
for example 뒤에서, 홈 팀의 결승전 승률이 '떨어지는' 것처럼 보인다는 예를 제시한다. 이 점이 어떤 결과를 불러올까 생각해보면, 연초에 고전 중인 팀은 오히려 '홈 팀에서 경기하기를 꺼릴 수도 있다'는 추론이 가능하다.

---

35 커피의 부정적 영향 주의하기 　　　　　 정답률 60% | 정답 ④

다음 글에서 전체 흐름과 관계 없는 문장은?

Who hasn't used a cup of coffee / to help themselves stay awake while studying?
커피 한 잔을 이용해 보지 않은 사람이 있을까? / 공부하는 동안 깨어 있는 것을 돕기 위해
Mild stimulants / commonly found in tea, coffee, or sodas / possibly make you more attentive / and, thus, better able to remember.
가벼운 자극제는 / 차, 커피 또는 탄산음료에서 흔히 발견되는 / 아마도 여러분을 더 주의 깊게 만들고, / 따라서 더 잘 기억할 수 있게 한다.
① However, / you should know / that stimulants are as likely / to have negative effects on memory / as they are to be beneficial.
하지만, / 여러분은 알아야 한다. / 자극제가 ~할 수도 있다는 것을 / 기억력에 부정적인 영향을 미칠 / 그것들이 이로울 수 있는 만큼
② Even if they could improve performance at some level, / the ideal doses are currently unknown.
비록 그것이 특정 수준에서 수행을 향상할 수 있다고 할지라도, / 이상적인 복용량은 현재 알려지지 않았다.
③ If you are wide awake and well-rested, / mild stimulation from caffeine can do little / to further improve your memory performance.
만약 여러분이 완전히 깨어 있고 잘 쉬었다면, / 카페인으로부터의 가벼운 자극은 거의 영향을 주지 못할 수 있다. / 여러분의 기억력을 더욱 향상하는 데
☑ In contrast, / many studies have shown / that drinking tea is healthier than drinking coffee.
반면에, / 많은 연구에서 밝혀졌다 / 커피를 마시는 것보다 차를 마시는 것이 건강에 더 좋다는 것이
⑤ Indeed, / if you have too much of a stimulant, / you will become nervous, / find it difficult to sleep, / and your memory performance will suffer.
실제로 / 만약 여러분이 자극제를 너무 많이 섭취하면, / 여러분은 신경이 과민해지고, / 잠을 자기 어려워지며, / 기억력도 저하될 것이다.

공부하는 동안 깨어 있는 것을 돕기 위해 커피 한 잔을 이용해 보지 않은 사람이 있을까? 차, 커피 또는 탄산음료에서 흔히 발견되는 가벼운 자극제는 아마도 여러분을 더 주의 깊게 만들고, 따라서 더 잘 기억할 수 있게 한다. ① 하지만, 자극제가 기억력에 이로울 수 있는 만큼 부정적인 영향을 미칠 수도 있다는 것을 알아야 한다. ② 비록 그것이 특정 수준에서 수행을 향상할 수 있다고 할지라도, (자극제의) 이상적인 복용량은 현재 알려지지 않았다. ③ 만약 여러분이 완전히 깨어 있고 잘 쉬었다면, 카페인으로부터의 가벼운 자극은 여러분의 기억력을 더욱 향상하는 데 거의 영향을 주지 못할 수 있다. ④ 반면에, 많은 연구에서 커피를 마시는 것보다 차를 마시는 것이 건강에 더 좋다는 것이 밝혀졌다. ⑤ 실제로 만약 여러분이 자극제를 너무 많이 섭취하면, 신경이 과민해지고, 잠을 자기 어려워지며, 기억력도 저하될 것이다.

Why? 왜 정답일까?

커피를 지나치게 많이 마시면 부정적 영향이 나타날 수 있다는 내용의 글인데, ④는 커피보다 차가 몸에 좋다는 무관한 설명을 제시하고 있다. 따라서 전체 흐름과 관계 없는 문장은 ④이다.

- **attentive** ⓐ 주의 깊은
- **ideal** ⓐ 이상적인
- **have an effect on** ~에 영향을 미치다
- **suffer** ⓥ 악화되다

구문 풀이

4행 However, you should know that stimulants are as likely to have negative
접속사(~것) 　「as+원급+as : ~만큼 …한」
effects on memory as they are to be beneficial.
　　　　　　　be to 용법(~할 수 있다)

---

36 과거 시골 건축업자들의 건축 양식 　　　 정답률 58% | 정답 ③

주어진 글 다음에 이어질 글의 순서로 가장 적절한 것을 고르시오.

① (A) — (C) — (B)
② (B) — (A) — (C)
☑ (B) — (C) — (A)
④ (C) — (A) — (B)
⑤ (C) — (B) — (A)

Toward the end of the 19th century, / a new architectural attitude emerged.
19세기 말이 되면서, / 새로운 건축학적 사고방식이 나타났다.
Industrial architecture, / the argument went, / was ugly and inhuman; / past styles had more to do with pretension / than what people needed in their homes.
산업 건축은 / 그 주장에 따르면, / 추하고 비인간적이었다. / 과거의 스타일은 허세와 더욱 관련이 있었다. / 사람들이 자기 집에서 필요로 했던 것보다는

(B) Instead of these approaches, / why not look at the way / ordinary country builders worked in the past?
이러한 접근 대신에, / 방식을 살펴보는 것은 어떠한가? / 평범한 시골 건축업자들이 과거에 일했던
They developed their craft skills over generations, / demonstrating mastery of both tools and materials.
그들은 세대를 거쳐 공예 기술을 발전시켰다. / 도구와 재료 둘 다에 숙달한 기술을 보이며
(C) Those materials were local, / and used with simplicity — / houses built this way / had plain wooden floors and whitewashed walls inside.
그 재료는 지역적이고, / 단순하게 사용되었는데, / 이러한 방식으로 건축된 집들은 / 실내가 평범한 나무 바닥과 회반죽을 칠한 벽으로 되어 있었다
(A) But they supplied people's needs perfectly / and, at their best, had a beauty / that came from the craftsman's skill / and the rootedness of the house in its locality.
그러나 그것들은 사람들의 필요를 완벽하게 충족시켰고, / 가장 좋은 경우 아름다움을 갖추고 있었다. / 장인의 솜씨에서 비롯된 / 그리고 그 집이 그 지역에 뿌리내림으로써 비롯된

19세기 말이 되면서, 새로운 건축학적 사고방식이 나타났다. 그 주장에 따르면, 산업 건축은 추하고 비인간적이었다. 과거의 스타일은 사람들이 자기 집에서 필요로 했던 것보다는 허세와 더욱 관련이 있었다.
(B) 이러한 접근 대신에, 평범한 시골 건축업자들이 과거에 일했던 방식을 살펴보는 것은 어떠한가? 그들은 도구와 재료 둘 다에 숙달한 기술을 보이며, 세대를 거쳐 공예 기술을 발전시켰다.
(C) 그 재료는 지역적이었고, 단순하게 사용되었는데, 이러한 방식으로 건축된 집들은 실내가 평범한 나무 바닥과 회반죽을 칠한 벽으로 되어 있었다.
(A) 그러나 그것들은 사람들의 필요를 완벽하게 충족시켰고, 가장 좋은 경우 장인의 솜씨와 집이 그 지역에 뿌리내리며 비롯된 아름다움을 갖추고 있었다.

Why? 왜 정답일까?

산업 건축 양식을 언급하는 주어진 글 뒤로, '이 접근법' 대신 평범한 시골 건축업자들의 작업 방식을 살펴보겠다고 언급하는 (B), (B)에서 언급된 재료를 **Those materials**로 받으며 이것들이 단순하게 사용되었다고 설명하는 (C), '그래도' 이렇게 건축된 집들은 사람들의 필요만큼은 완벽하게 충족시켰다는 내용의 (A)가 차례로 연결된다. 따라서 글의 순서로 가장 적절한 것은 ③ '(B) — (C) — (A)'이다.

- **architectural** ⓐ 건축의
- **inhuman** ⓐ 비인간적인
- **rootedness** ⑪ 뿌리내림, 고착, 정착
- **demonstrate** ⓥ 입증하다
- **plain** ⓐ 평범한, 단순한
- **emerge** ⓥ 나타나다, 출현하다
- **craftsman** ⑪ 장인
- **locality** ⑪ (~이 존재하는) 지역, 곳
- **mastery** ⑪ 숙달한 기술

구문 풀이

2행 Industrial architecture, (the argument went), was ugly and inhuman;
주어1 　　　( ) : 삽입절　 동사1
past styles had more to do with pretension than {what people needed in their
주어2 　 동사2(~와 더 관련이 있었다)　　　　 관계대명사(~것)
homes}.

---

37 좋은 음악과 나쁜 음악 　　　　　　 정답률 61% | 정답 ②

주어진 글 다음에 이어질 글의 순서로 가장 적절한 것을 고르시오. [3점]

① (A) — (C) — (B)
☑ (B) — (A) — (C)
③ (B) — (C) — (A)
④ (C) — (A) — (B)
⑤ (C) — (B) — (A)

Robert Schumann once said, / "The laws of morals are those of art."
Robert Schumann은 언젠가 말했다. / "도덕의 법칙은 예술의 법칙이다."라고
What the great man is saying here / is that there is good music and bad music.
여기서 이 위인이 말하고 있는 것은 / 좋은 음악과 나쁜 음악이 있다는 것이다.
(B) The greatest music, / even if it's tragic in nature, / takes us to a world higher than ours; / somehow the beauty uplifts us.
가장 위대한 음악은, / 심지어 그것이 사실상 비극적일지라도, / 우리의 세상보다 더 높은 세상으로 우리를 데려간다. / 어떻게든지 아름다움은 우리를 고양시킨다.
Bad music, on the other hand, degrades us.
반면에 나쁜 음악은 우리를 격하시킨다.
(A) It's the same with performances: / a bad performance isn't necessarily the result of incompetence.
연주도 마찬가지다. / 나쁜 연주가 반드시 무능의 결과는 아니다.
Some of the worst performances occur / when the performers, / no matter how accomplished, / are thinking more of themselves / than of the music they're playing.
최악의 연주 중 일부는 발생한다. / 연주자들이 ~할 때 / 아무리 숙달되었더라도 / 자기 자신을 더 생각하고 있을 / 연주하고 있는 곡보다
(C) These doubtful characters aren't really listening / to what the composer is saying / — they're just showing off, / hoping that they'll have a great 'success' with the public.
이 미덥지 못한 사람들은 작곡가가 말하는 것을 정말로 듣고 있는 것이 아니다. / 작곡가가 말하는 것을 / 그들은 그저 뽐내고 있을 뿐이다. / 그들이 대중적으로 큰 '성공'을 거두기를 바라며
The performer's basic task / is to try to understand the meaning of the music, / and then to communicate it honestly to others.
연주자의 기본 임무는 / 음악의 의미를 이해하려고 노력하고서, / 그것을 다른 사람들에게 정직하게 전달하는 것이다.

Robert Schumann은 "도덕의 법칙은 예술의 법칙이다."라고 말한 적이 있다. 여기서 이 위인이 말하고 있는 것은 좋은 음악과 나쁜 음악이 있다는 것이다.
(B) 가장 위대한 음악은, 심지어 그것이 사실상 비극적일지라도, 우리의 세상보다 더 높은 세상으로 우리를 데려가며, 아름다움은 어떻게든지 우리를 고양시킨다. 반면에 나쁜 음악은 우리를 격하시킨다.
(A) 연주도 마찬가지다. 나쁜 연주가 반드시 무능의 결과는 아니다. 최악의 연주 중 일부는 연주자들이 아무리 숙달되었더라도 연주하고 있는 곡보다 자기 자신을 더 생각하고 있을 때 발생한다.
(C) 이 미덥지 못한 사람들은 작곡가가 말하는 것을 정말로 듣고 있는 것이 아니다. 그들은 대중적으로 큰 '성공'을 거두기를 바라며 그저 뽐내고 있을 뿐이다. 연주자의 기본 임무

는 음악의 의미를 이해하려고 노력하고서, 그것을 다른 사람들에게 정직하게 전달하는 것이다.

Why? 왜 정답일까?

음악에 좋은 음악과 나쁜 음악이 있음을 언급하는 주어진 글 뒤로, 두 음악의 특징을 풀어 설명하는 **(B)**, 연주에도 나쁜 연주와 좋은 연주가 있음을 덧붙이는 **(A)**, **(A)**에서 언급된 최악의 연주자를 These doubtful characters로 가리키는 **(C)**가 차례로 연결된다. 따라서 글의 순서로 가장 적절한 것은 ② '(B) – (A) – (C)'이다.

- **accomplished** ⓐ 숙달된, 기량이 뛰어난
- **doubtful** ⓐ 미심쩍은
- **show off** 과시하다, 뽐내다
- **uplift** ⓥ 고양시키다, 들어올리다
- **composer** ⓝ 작곡가

구문 풀이

5행 Some of the worst performances occur when the performers, no matter
주어 / 동사(복수)
how accomplished (they are), are thinking more of themselves than of the music
「no matter how + 형/부 + 주어 + 동사 : 아무리 ~할지라도」
they're playing.

---

38 생물 다양성으로 인한 이득 | 정답률 52% | 정답 ④

글의 흐름으로 보아, 주어진 문장이 들어가기에 가장 적절한 곳을 고르시오. [3점]

When an ecosystem is biodiverse, / wildlife have more opportunities / to obtain food and shelter.
생태계에 생물 종이 다양할 때, / 야생 생물들은 더 많은 기회를 얻는다. / 먹이와 서식지를 얻을

Different species react and respond / to changes in their environment / differently.
다양한 종들은 작용하고 반응한다. / 그들의 환경 변화에 / 다르게

① For example, / imagine a forest with only one type of plant in it, / which is the only source of food and habitat / for the entire forest food web.
예를 들어, / 단 한 종류의 식물만 있는 숲을 상상해 보라 / 그 식물은 유일한 먹이원이자 서식지이다. / 숲의 먹이 그물 전체에게 있어

② Now, / there is a sudden dry season / and this plant dies.
이제, / 갑작스러운 건기가 오고 / 이 식물이 죽는다.

③ Plant-eating animals / completely lose their food source and die out, / and so do the animals / that prey upon them.
초식 동물은 / 그들의 먹이원을 완전히 잃고 죽게 되고, / 동물들도 그렇게 된다, / 그들을 먹이로 삼는

✔ But, when there is biodiversity, / the effects of a sudden change / are not so dramatic.
하지만 종 다양성이 있을 때, / 갑작스러운 변화의 영향은 / 그렇게 극적이지 않다.

Different species of plants / respond to the drought differently, / and many can survive a dry season.
다양한 종의 식물들이 / 가뭄에 다르게 반응하고, / 많은 식물이 건기에 살아남을 수 있다.

⑤ Many animals have a variety of food sources / and don't just rely on one plant; / now our forest ecosystem is no longer at the death!
많은 동물은 다양한 먹이원을 가지고 있으며 / 그저 한 식물에 의존하지는 않는다. / 그래서 이제 우리의 숲 생태계는 더는 종말에 처해 있지 않다!

생태계에 생물 종이 다양할 때, 야생 생물들은 먹이와 서식지를 얻을 더 많은 기회를 얻는다. 다양한 종들은 그들의 환경 변화에 다르게 작용하고 반응한다. ① 예를 들어, 단 한 종류의 식물만 있는 숲을 상상해 보면, 그 식물은 숲의 먹이 그물 전체의 유일한 먹이원이자 서식지이다. ② 이제, 갑작스러운 건기가 오고 이 식물이 죽는다. ③ 초식 동물은 그들의 먹이원을 완전히 잃고 죽게 되고, 그들을 먹이로 삼는 동물들도 그렇게 된다. ④ 하지만 종 다양성이 있을 때, 갑작스러운 변화의 영향은 그렇게 극적이지 않다. 다양한 종의 식물들이 가뭄에 다르게 반응하고, 많은 식물이 건기에 살아남을 수 있다. ⑤ 많은 동물은 다양한 먹이원을 가지고 있으며 한 식물에만 의존하지 않기에, 이제 우리의 숲 생태계는 더는 종말에 처해 있지 않다!

Why? 왜 정답일까?

생물 다양성이 보장되면 환경 변화에 대처하기가 더 좋다는 내용의 글로, ④ 앞에서는 식물이 한 종류만 있는 숲의 예를 들어 이 경우 갑작스러운 건기라도 찾아와 식물이 죽으면 숲 전체 생태계가 망가진다는 내용을 제시한다. 한편 주어진 문장은 But으로 흐름을 반전시키며 생물 다양성이 있으면 상황이 다르다는 것을 언급한다. ④ 뒤에서는 '다양한 식물 종'을 언급하며, 이것들이 건기에 대처하는 방식이 모두 다르기에 많은 수가 살아남아 생태계가 유지될 수 있음을 설명한다. 따라서 주어진 문장이 들어가기에 가장 적절한 곳은 ④이다.

- **ecosystem** ⓝ 생태계
- **die out** 멸종되다, 자취를 감추다
- **food web** 먹이 그물, 먹이 사슬 체계
- **prey upon** ~을 잡아먹다, 괴롭히다

구문 풀이

5행 For example, imagine a forest with only one type of plant in it, which is
선행사 / 계속적 용법
the only source of food and habitat for the entire forest food web.

★★★ 등급을 가르는 문제!

39 우리 생활의 다방면에 연관된 밤하늘 | 정답률 34% | 정답 ②

글의 흐름으로 보아, 주어진 문장이 들어가기에 가장 적절한 곳을 고르시오.

We are connected to the night sky in many ways.
우리는 많은 방식으로 밤하늘과 연결되어 있다.

① It has always inspired people / to wonder and to imagine.
그것은 항상 사람들에게 영감을 주었다. / 궁금해하고 상상하도록

✔ Since the dawn of civilization, / our ancestors created myths / and told legendary stories / about the night sky.
문명의 시작부터, / 우리 선조들은 신화를 만들었고 / 전설적 이야기를 했다. / 밤하늘에 대해

Elements of those narratives became embedded / in the social and cultural identities of many generations.
그러한 이야기들의 요소는 깊이 새겨졌다. / 여러 세대의 사회·문화적 정체성에

③ On a practical level, / the night sky helped past generations / to keep track of time and create calendars — / essential to developing societies / as aids to farming and seasonal gathering.

실용적인 수준에서, / 밤하늘은 과거 세대들이 ~하도록 도왔고 / 시간을 기록하고 달력을 만들도록 / 이는 사회를 발전시키는 데 필수적이었다. / 농업과 계절에 따른 수확의 보조 도구로서

④ For many centuries, / it also provided a useful navigation tool, / vital for commerce and for exploring new worlds.
수 세기 동안, / 그것은 또한 유용한 항해 도구를 제공하였다. / 무역과 새로운 세계를 탐험하는 데 필수적인

⑤ Even in modern times, / many people in remote areas of the planet / observe the night sky / for such practical purposes.
심지어 현대에도, / 지구의 외딴 지역에 있는 많은 사람 / 밤하늘을 관찰한다. / 그러한 실용적인 목적을 위해

우리는 많은 방식으로 밤하늘과 연결되어 있다. ① 그것은 항상 사람들이 궁금해하고 상상하도록 영감을 주었다. ② 문명의 시작부터, 우리 선조들은 밤하늘에 대해 신화를 만들었고 전설적 이야기를 했다. 그러한 이야기들의 요소는 여러 세대의 사회·문화적 정체성에 깊이 새겨졌다. ③ 실용적인 수준에서, 밤하늘은 과거 세대들이 시간을 기록하고 달력을 만들도록 도왔고 이는 농업과 계절에 따른 수확의 보조 도구로서 사회를 발전시키는 데 필수적이었다. ④ 수 세기 동안, 그것은 또한 무역과 새로운 세계를 탐험하는 데 필수적인 유용한 항해 도구를 제공하였다. ⑤ 심지어 현대에도, 지구의 외딴 지역에 있는 많은 사람이 그러한 실용적인 목적을 위해 밤하늘을 관찰한다.

Why? 왜 정답일까?

② 앞에서 인류는 밤하늘을 궁금해했다고 언급한 후, 주어진 문장은 인류가 거의 문명이 시작되던 시기부터 밤하늘에 대한 다양한 전설과 신화를 만들어냈다고 설명한다. 그리고 ② 뒤의 문장은 주어진 문장의 myths and legendary stories를 those narratives로 가리킨다. 따라서 주어진 문장이 들어가기에 가장 적절한 곳은 ②이다.

- **keep track of** ~을 기록하다
- **vital** ⓐ 필수적인, 매우 중요한
- **gathering** ⓝ 수집, 수확
- **remote** ⓐ 멀리 떨어진

구문 풀이

6행 On a practical level, the night sky helped past generations to keep track of
동사 / 목적어 / 목적격 보어1
time and (to) create calendars — (which are) essential to developing societies as
목적격 보어2 / 선행사 / 생략
aids to farming and seasonal gathering.

★★ 문제 해결 꿀~팁 ★★

▶ 많이 틀린 이유는?
③ 앞에서 밤하늘에 대한 이야기는 '사회문화적 정체성에 깊이 새겨졌다'고 하는데, ③ 뒤에서는 '실용적으로 살펴보면' 밤하늘 연구가 달력 제작 등에 영향을 미쳤다고 한다. 즉 On a practical level 앞뒤로 일반적 논의에서 더 구체적 논의로 나아가는 내용이 자연스럽게 연결된다.

▶ 문제 해결 방법은?
② 앞에서 '이야기'로 볼 만한 내용이 없는데, ② 뒤에서는 갑자기 those narratives를 언급하므로 논리적 공백이 발생한다. 이때 주어진 문장을 보면 myths와 legendary stories가 있으므로, 이것을 ② 뒤에서 those narratives로 연결했다는 것을 알 수 있다.

---

40 경쟁자 제거에 망가니즈를 활용하는 식물 | 정답률 55% | 정답 ①

다음 글의 내용을 한 문장으로 요약하고자 한다. 빈칸 (A), (B)에 들어갈 말로 가장 적절한 것은?

	(A)	(B)
✔	increase 증가시키다	deadly 치명적인
②	increase 증가시키다	advantageous 이로운
③	indicate 보여주다	nutritious 영양가 있는
④	reduce 줄이다	dry 건조한
⑤	reduce 줄이다	warm 따뜻한

The common blackberry (*Rubus allegheniensis*) / has an amazing ability / to move manganese from one layer of soil to another / using its roots.
common blackberry(*Rubus allegheniensis*)는 / 놀라운 능력이 있다. / 토양의 망가니즈를 한 층에서 다른 층으로 옮기는 / 뿌리를 이용하여

This may seem like a funny talent / for a plant to have, / but it all becomes clear / when you realize the effect / it has on nearby plants.
이것은 기이한 재능처럼 보일 수도 있지만, / 식물이 가지기에는 / 전부 명확해진다. / 여러분이 영향을 깨닫고 나면 / 그것이 근처의 식물에 미치는

Manganese can be very harmful to plants, / especially at high concentrations.
망가니즈는 식물에 매우 해로울 수 있으며, / 특히 고농도일 때 그렇다.

Common blackberry is unaffected by damaging effects of this metal / and has evolved two different ways of using manganese to its advantage.
common blackberry는 / 이 금속 원소의 해로운 효과에 영향을 받지 않으며, / 망가니즈를 자신에게 유리하게 사용하는 두 가지 다른 방법을 발달시켰다.

First, / it redistributes manganese / from deeper soil layers to shallow soil layers / using its roots as a small pipe.
첫째로, / 그것은 망가니즈를 재분배한다. / 깊은 토양층으로부터 얕은 토양층으로 / 그것의 뿌리를 작은 관으로 사용하여

Second, / it absorbs manganese as it grows, / concentrating the metal in its leaves.
둘째로, / 그것은 성장하면서 망가니즈를 흡수하며 / 그 금속 원소를 잎에 농축한다.

When the leaves drop and decay, / their concentrated manganese deposits / further poison the soil around the plant.
잎이 떨어지고 부패할 때, / 그것의 농축된 망가니즈 축적물은 / 그 식물 주변의 토양을 독성 물질로 더욱 오염시킨다.

For plants / that are not immune to the toxic effects of manganese, / this is very bad news.
식물에게 / 망가니즈의 유독한 영향에 면역이 없는 / 이것은 매우 나쁜 소식이다.

Essentially, / the common blackberry eliminates competition / by poisoning its neighbors with heavy metals.
본질적으로, / common blackberry는 경쟁자를 제거한다. / 중금속으로 그것의 이웃을 중독시켜

➡ The common blackberry has an ability / to (A) increase the amount of manganese / in the surrounding upper soil, / which makes the nearby soil / quite (B) deadly for other plants.
common blackberry는 능력이 있는데, / 망가니즈의 양을 증가시키는 / 주변의 위쪽 토양의 / 그것은 근처의 토양을 ~하게 만든다. / 다른 식물에게 상당히 치명적이게

common blackberry(*Rubus alleghaniensis*)는 뿌리를 이용하여 토양의 한 층에서 다른 층으로 망가니즈를 옮기는 놀라운 능력이 있다. 이것은 식물이 가지기에는 기이한 재능처럼 보일 수도 있지만, 그것이 근처의 식물에 미치는 영향을 깨닫고 나면 전부 명확해진다. 망가니즈는 식물에 매우 해로울 수 있으며, 특히 고농도일 때 그렇다. common blackberry는 이 금속 원소의 해로운 효과에 영향을 받지 않으며, 망가니즈를 자신에게 유리하게 사용하는 두 가지 다른 방법을 발달시켰다. 첫째로, 그것은 뿌리를 작은 관으로 사용하여 망가니즈를 깊은 토양층으로부터 얕은 토양층으로 재분배한다. 둘째로, 그것은 성장하면서 망가니즈를 흡수하여 그 금속 원소를 잎에 농축한다. 잎이 떨어지고 부패할 때, 그것의 농축된 망가니즈 축적물은 그 식물 주변의 토양을 독성 물질로 더욱 오염시킨다. 망가니즈의 유독한 영향에 면역이 없는 식물에게 이것은 매우 나쁜 소식이다. 본질적으로, common blackberry는 중금속으로 그것의 이웃을 중독시켜 경쟁자를 제거한다.

➡ common blackberry는 주변 위쪽 토양에 있는 망가니즈의 양을 (A) 증가시키는 능력이 있는데, 그것은 근처의 토양이 다른 식물에게 상당히 (B) 치명적이게 만든다.

Why? 왜 정답일까?

첫 문장과 마지막 세 문장에 따르면 common blackberry는 뿌리를 이용해 망가니즈를 끌어올리거나 이동시킬 수 있어서 주변 토양에 망가니즈가 더 많아지게 할 수 있는데, 이것은 경쟁자 제거에 도움이 된다고 한다. 따라서 요약문의 빈칸 (A), (B)에 들어갈 말로 가장 적절한 것은 ① '(A) increase(증가시키다), (B) deadly(치명적인)'이다.

● concentration ⓝ 농도, 농축
● absorb ⓥ 흡수하다
● eliminate ⓥ 제거하다
● shallow ⓐ 얕은
● be immune to ~에 면역이 있다

구문 풀이

3행 This may seem like a funny talent for a plant to have, but it all becomes clear when you realize the effect [it has on nearby plants].
주어1 동사1 주격 보어 의미상 주어 형용사적 용법 주어2 동사2 주격 보어2 선행사

41-42 우리를 가로막는 이들을 이해하기

The longest journey we will make / is the eighteen inches between our head and heart.
우리가 갈 가장 긴 여정은 / 우리의 머리에서 가슴까지의 18인치이다.

『If we take this journey, / it can shorten our (a) misery in the world.』 **41번의 근거**
우리가 이 여행을 한다면, / 그것은 세상에서 우리의 비참함을 줄일 수 있다.

Impatience, judgment, frustration, and anger / reside in our heads.
조급함, 비난, 좌절, 그리고 분노가 / 우리 머릿속에 있다.

When we live in that place too long, / it makes us (b) unhappy.
우리가 그 장소에서 너무 오래 살면, / 그것은 우리를 불행하게 만든다.

But when we take the journey from our heads to our hearts, / something shifts (c) inside.
그러나 우리가 머리부터 가슴까지의 여행을 하면, / 내면에서 무엇인가 바뀐다.

What if we were able to love everything / that gets in our way?
만일 모든 것을 우리가 사랑할 수 있다면 어떻게 될까? / 우리를 가로막는

What if we tried loving the shopper / who unknowingly steps in front of us in line, / the driver who cuts us off in traffic, / the swimmer who splashes us with water during a belly dive, / or the reader who pens a bad online review of our writing?
만일 우리가 그 쇼핑객을 사랑하려고 노력한다면 어떨까? / 줄을 서 있는 우리 앞에 무심코 들어온 / 차량 흐름에서 우리 앞에 끼어든 그 운전자를, / 배 쪽으로 다이빙하면서 우리에게 물을 튀긴 수영하는 그 사람을, / 우리의 글에 대해 나쁜 온라인 후기를 쓴 그 독자를?

42번의 근거
『Every person who makes us miserable / is (d) like us』 — / a human being, / most likely doing the best they can, / deeply loved by their parents, a child, or a friend.
우리를 비참하게 만드는 모든 사람은 / 우리와 같다. / 인간, / 아마도 분명히 최선을 다하고 있으며, / 부모, 자녀, 또는 친구로부터 깊이 사랑받는

And how many times have we unknowingly stepped / in front of someone in line?
그리고 우리는 몇 번이나 무심코 들어갔을까? / 줄을 서 있는 누군가의 앞에

Cut someone off in traffic?
차량 흐름에서 누군가에게 끼어든 적은?

Splashed someone in a pool?
수영장에서 누군가에게 물을 튀긴 적은?

Or made a negative statement / about something we've read?
혹은 부정적인 진술을 한 적은 몇 번이었을까? / 우리가 읽은 것에 대해

It helps to (e) remember / that a piece of us resides in every person we meet.
기억하는 것은 도움이 된다. / 우리가 만나는 모든 사람 속에 우리의 일부가 있다는 것을

우리가 갈 가장 긴 여정은 우리의 머리에서 가슴까지의 18인치이다. 우리가 이 여행을 한다면, 그것은 세상에서 우리의 (a) 비참함을 줄일 수 있다. 조급함, 비난, 좌절, 그리고 분노가 우리 머릿속에 있다. 우리가 그 장소에서 너무 오래 살면, 그것은 우리를 (b) 불행하게 만든다. 그러나 우리가 머리부터 가슴까지의 여행을 하면, (c) 내면에서 무엇인가 바뀐다. 만일 우리를 가로막는 모든 것을 우리가 사랑할 수 있다면 어떻게 될까? 만일 줄을 서 있는 우리 앞에 무심코 들어온 그 쇼핑객을, 차량 흐름에서 우리 앞에 끼어든 그 운전자를, 배 쪽으로 다이빙하면서 우리에게 물을 튀긴 수영하는 그 사람을, 우리의 글에 대해 나쁜 온라인 후기를 쓴 그 독자를 우리가 사랑하려고 노력한다면 어떨까? 우리를 비참하게 만드는 모든 사람은 우리와 (d) 같다. 그들은 아마도 분명히 최선을 다하고 있으며, 부모, 자녀, 또는 친구로부터 깊이 사랑받는 인간일 것이다. 그리고 우리는 몇 번이나 무심코 줄을 서 있는 누군가의 앞에 끼어 들어갔을까? 차량 흐름에서 누군가에게 끼어든 적은? 수영장에서 누군가에게 물을 튀긴 적은? 혹은 우리가 읽은 것에 대해 부정적인 진술을 한 적은 몇 번이었을까? 우리가 만나는 모든 사람 속에 우리의 일부가 있다는 것을 (e) 부정하는(→기억하는) 것은 도움이 된다.

● misery ⓝ 불행, 비참함
● frustration ⓝ 좌절
● cut off ~을 가로막다
● deny ⓥ 부인하다
● impatience ⓝ 조급함
● get in one's way ~을 방해하다
● splash ⓥ (물을) 튀기다, 끼얹다

구문 풀이

6행 What if we were able to love everything [that gets in our way]?
「what if + 주어 + 과거 동사 ~? : 가정법 과거(실제로 ~하지 않지만 만일 ~한다면 어떨까?)」

---

41 제목 파악
정답률 52% | 정답 ⑤

윗글의 제목으로 가장 적절한 것은?

① Why It Is So Difficult to Forgive Others – 다른 사람을 용서하는 게 왜 그토록 어려울까
② Even Acts of Kindness Can Hurt Somebody – 친절한 행동조차도 누군가를 상처 입힐 수 있다
③ Time Is the Best Healer for a Broken Heart – 실연에는 시간이 가장 좋은 약이다
④ Celebrate the Happy Moments in Your Everyday Life – 매일의 일상에서 행복한 순간을 축복하라
☑ Understand Others to Save Yourself from Unhappiness – 타인을 이해하여 스스로를 불행에서 구하라

Why? 왜 정답일까?

첫 두 문장인 'The longest journey we will make is the eighteen inches between our head and heart. If we take this journey, it can shorten our misery in the world.'에서 남을 이해하는 과정을 '머리부터 가슴까지의 여행'에 빗대어, 이 여행은 우리에게 가장 멀게 느껴지지만 잘 이뤄지면 우리를 불행에서 구해줄 수 있다고 한다. 따라서 글의 제목으로 가장 적절한 것은 ⑤ '타인을 이해하여 스스로를 불행에서 구하라'이다.

---

42 어휘 추론
정답률 54% | 정답 ⑤

밑줄 친 (a) ~ (e) 중에서 문맥상 낱말의 쓰임이 적절하지 않은 것은?

① (a)　② (b)　③ (c)　④ (d)　☑ (e)

Why? 왜 정답일까?

'Every person who makes us miserable is like us ~'에서 우리를 비참하게 하는 사람들에게도 우리 자신의 모습이 있다고 설명하는 것으로 보아, 이 점을 우리가 '기억하고' 있을 때 우리 마음속의 불행이 걷어진다는 결론이 적절하다. 즉 (e)의 deny를 remember로 고쳐야 한다. 따라서 문맥상 낱말의 쓰임이 적절하지 않은 것은 ⑤ '(e)'이다.

43-45 여행자들과 수도승의 대화

(A)

One day / a young man was walking along a road on his journey / from one village to another.
어느 날 / 한 젊은이가 여행 중에 길을 따라 걷고 있었다. / 한 마을로부터 다른 마을로

『As he walked / he noticed a monk working in the fields.』 **45번 ①의 근거** 일치
그가 걸어갈 때 / 그는 들판에서 일하는 한 수도승을 보게 되었다.

The young man turned to the monk and said, / "Excuse me.
그 젊은이는 그 수도승을 향해 돌아서며 말했다. / "실례합니다.

Do you mind if I ask (a) you a question?"
제가 스님께 질문을 하나 드려도 되겠습니까?"라고

"Not at all," replied the monk.
"물론입니다."라고 그 수도승은 대답했다.

(C)

"I am traveling / from the village in the mountains / to the village in the valley / and I was wondering / if (c) you knew what it is like in the village in the valley."
"저는 가고 있는데 / 산속의 마을로부터 / 골짜기의 마을로 / 저는 궁금합니다. / 스님께서 골짜기의 마을은 어떤지 아시는지"

"Tell me," / said the monk, / "what was your experience of the village in the mountains?"
"저에게 말해 보십시오." / 수도승은 말했다, / "산속의 마을에서의 경험은 어땠습니까?"라고

"Terrible," replied the young man.
그 젊은이는 "끔찍했습니다."라고 대답했다.

"I am glad to be away from there.
"그곳을 벗어나게 되어 기쁩니다.

I found the people most unwelcoming.
저는 그곳 사람들이 정말로 불친절하다고 생각했습니다.

So tell (d) me, / what can I expect in the village in the valley?"
그러니 저에게 말씀해 주십시오, / 제가 골짜기의 마을에서 무엇을 기대할 수 있을까요?"

"I am sorry to tell you," / said the monk, / "but I think / your experience will be much the same there."
"말씀드리기에 유감이지만," / 수도승이 말했다, / "제 생각에 / 선생님의 경험은 그곳에서도 거의 같을 것 같다고 생각합니다."

『The young man lowered his head helplessly / and walked on.』 **45번 ④의 근거** 일치
그 젊은이는 힘없이 고개를 숙이고 / 계속 걸어갔다.

(B)

A while later / a middle-aged man journeyed down the same road / and came upon the monk.
잠시 후 / 한 중년 남자가 같은 길을 걸어와서 / 그 수도승을 만났다.

『"I am going to the village in the valley,」 / said the man. **45번 ②의 근거** 일치
"저는 골짜기의 마을을 가고 있습니다." / 그 남자는 말했다.

『"Do you know what it is like?"』 일치
"그곳이 어떤지 아십니까?"라고

"I do," / replied the monk, / "but first tell (b) me about the village where you came from."
"알고 있습니다만." / 그 수도승은 대답했다, / "먼저 저에게 선생님께서 떠나오신 마을에 관해 말해 주십시오."라고

"I come from the village in the mountains," / said the man.
"저는 산속의 마을에서 왔습니다." / 그 남자는 말했다.

"It was a wonderful experience.
"그것은 멋진 경험이었습니다.

I felt / as though I was a member of the family in the village."
저는 느꼈습니다. / 마치 제가 그 마을의 가족의 일원인 것처럼"

(D)

"Why did you feel like that?" asked the monk.
그 수도승은 "왜 그렇게 느끼셨습니까?"라고 물었다.

"The elders gave me much advice, / and people were kind and generous.
"어르신들은 저에게 많은 조언을 해 주셨고, / 사람들은 친절하고 너그러웠습니다.

『I am sad to have left there.』 **45번 ⑤의 근거** 불일치
저는 그곳을 떠나서 슬픕니다.

And what is the village in the valley like?" / he asked again.
그런데 골짜기의 마을은 어떻습니까?"라고 / 그는 다시 물었다.

"(e) I think you will find it much the same," / replied the monk.
"저는 선생님께 그곳이 거의 같다고 여기실 거로 생각합니다."라고 / 수도승은 대답했다.

"I'm glad to hear that," / the middle-aged man said smiling and journeyed on.
"그 말씀을 들으니 기쁩니다." / 그 중년 남자는 미소를 지으며 말하고서 여행을 계속했다.

[문제편 p.136]

(A)

어느 날 한 젊은이가 한 마을로부터 다른 마을로 여행하며 길을 따라 걷고 있었다. 그는 걷다가 들판에서 일하는 한 수도승을 보게 되었다. 그 젊은이는 그 수도승을 향해 돌아보며 "실례합니다. 제가 (a) 스님께 질문을 하나 드려도 되겠습니까?"라고 말했다. "물론입니다."라고 그 수도승은 대답했다.

(C)

"저는 산속의 마을로부터 골짜기의 마을로 가고 있는데 (c) 스님께서 골짜기의 마을은 어떤지 아시는지 궁금합니다." 수도승은 "저에게 말해 보십시오. 산속의 마을에서의 경험은 어땠습니까?"라고 말했다. 그 젊은이는 "끔찍했습니다."라고 대답했다. "그곳을 벗어나게 되어 기쁩니다. 그곳 사람들이 정말로 불친절하다고 생각했습니다. 그러니 (d) 저에게 말씀해 주십시오. 제가 골짜기의 마을에서 무엇을 기대할 수 있을까요?" "말씀드리기에 유감이지만, 제 생각에 선생님의 경험은 그곳에서도 거의 같을 것 같다고 생각합니다." 수도승이 말했다. 그 젊은이는 힘없이 고개를 숙이고 계속 걸어갔다.

(B)

잠시 후 한 중년 남자가 같은 길을 걸어와서 그 수도승을 만났다. 그 남자는 "저는 골짜기의 마을로 가고 있습니다. 그곳이 어떤지 아십니까?"라고 말했다. "알고 있습니다만, 먼저 (b) 저에게 선생님께서 떠나오신 마을에 관해 말해 주십시오."라고 그 수도승은 대답했다. 그 남자는 "저는 산속의 마을로부터 왔습니다. 그것은 멋진 경험이었습니다. 저는 마치 그 마을의 가족인 일원인 것처럼 느꼈습니다."라고 말했다.

(D)

그 수도승은 "왜 그렇게 느끼셨습니까?"라고 물었다. "어르신들은 저에게 많은 조언을 해 주셨고, 사람들은 친절하고 너그러웠습니다. 그곳을 떠나서 슬픕니다. 그런데 골짜기의 마을은 어떻습니까?"라고 그는 다시 물었다. "(e) 저는 선생님은 그곳이 (산속 마을과) 거의 같다고 여기실 거로 생각합니다."라고 수도승은 대답했다. "그 말씀을 들으니 기쁩니다."라고 그 중년 남자는 미소를 지으며 말하고서 여행을 계속했다.

● come upon ～을 우연히 만나다
● unwelcoming ⓐ 불친절한, 환영하지 않는
● generous ⓐ 관대한
● valley ⓝ 골짜기
● helplessly ⓐ 힘없이, 무기력하게

구문 풀이

(B) 6행 I felt **as though** I was a member of the family in the village.
접속사(마치 ～인 것처럼)

(C) 6행 I **found** the people **most unwelcoming**.
5형식 동사　목적어　목적격 보어(형용사)

(D) 2행 I am **sad to have left** there.
완료부정사(am보다 과거에 일어난 일 묘사)

43 글의 순서 파악　정답률 66% | 정답 ②

주어진 글 (A)에 이어질 내용을 순서에 맞게 배열한 것으로 가장 적절한 것은?
① (B) - (D) - (C)　✔(C) - (B) - (D)
③ (C) - (D) - (B)　④ (D) - (B) - (C)
⑤ (D) - (C) - (B)

Why? 왜 정답일까?

여행 중이던 젊은이가 수도승을 만나 물어볼 것이 있다고 말했다는 (A) 뒤에는, 젊은이가 산속 마을에 대한 자신의 부정적 감상을 말하며 골짜기의 마을이 어떠한지 묻자 수도승이 산속 마을과 차이가 없을 것이라고 답했다는 내용의 (C)가 연결된다. 이어서 (B)에서는 똑같이 산속 마을에서 출발한 중년 남자가 수도승과 비슷한 대화를 나누며 산속 마을에 관해 좋은 감상을 이야기했다는 내용이 나오고, (D)에서는 수도승이 그렇다면 골짜기 마을도 좋게 느껴질 것이라 답해주었다고 한다. 따라서 글의 순서로 가장 적절한 것은 ② '(C) - (B) - (D)'이다.

44 지칭 추론　정답률 64% | 정답 ④

밑줄 친 (a)~(e) 중에서 가리키는 대상이 나머지 넷과 다른 것은?
① (a)　② (b)　③ (c)　✔(d)　⑤ (e)

Why? 왜 정답일까?

(a), (b), (c), (e)는 the monk, (d)는 the young man이므로, (a)~(e) 중에서 가리키는 대상이 다른 하나는 ④ '(d)'이다.

45 세부 내용 파악　정답률 72% | 정답 ⑤

윗글에 관한 내용으로 적절하지 않은 것은?
① 한 수도승이 들판에서 일하고 있었다.
② 중년 남자는 골짜기에 있는 마을로 가는 중이었다.
③ 수도승은 골짜기에 있는 마을에 대해 질문받았다.
④ 수도승의 말을 듣고 젊은이는 고개를 숙였다.
✔중년 남자는 산속에 있는 마을을 떠나서 기쁘다고 말했다.

Why? 왜 정답일까?

(D) 'I am sad to have left there.'에 따르면 중년 남자는 산속 마을을 떠나서 슬펐다고 말했으므로, 내용과 일치하지 않는 것은 ⑤ '중년 남자는 산속에 있는 마을을 떠나서 기쁘다고 말했다.'이다.

Why? 왜 오답일까?

① (A) 'As he walked he noticed a monk working in the fields.'의 내용과 일치한다.
② (B) '"I am going to the village in the valley," said the man.'의 내용과 일치한다.
③ (B) '"Do you know what it is like?"'의 내용과 일치한다.
④ (C) 'The young man lowered his head helplessly and walked on.'의 내용과 일치한다.

· 정답 ·

01 ④	02 ④	03 ①	04 ③	05 ④	06 ③	07 ①	08 ②	09 ⑤	10 ②
11 ①	12 ⑤	13 ②	14 ③	15 ④	16 ②	17 ④	18 ④	19 ①	20 ③
21 ②	22 ⑤	23 ①	24 ⑤	25 ③	26 ⑤	27 ⑤	28 ④	29 ③	30 ③
31 ⑤	32 ④	33 ①	34 ⑤	35 ③	36 ②	37 ③	38 ②	39 ④	40 ②
41 ①	42 ⑤	43 ②	44 ⑤	45 ②					

★ 표기된 문항은 [등급을 가르는 문제]에 해당하는 문항입니다.

01 젖은 바닥을 다닐 때 주의하도록 당부하기　정답률 96% | 정답 ④

다음을 듣고, 남자가 하는 말의 목적으로 가장 적절한 것을 고르시오.
① 교내 청소 일정을 공지하려고
② 학교 시설 공사의 지연에 대해 사과하려고
③ 하교 시 교실 창문을 닫을 것을 요청하려고
✔교내의 젖은 바닥을 걸을 때 조심하도록 당부하려고
⑤ 깨끗한 교실 환경 조성을 위한 아이디어를 공모하려고

M : Good morning, students.
안녕하세요, 학생 여러분.
This is Mr. Lewis from the school administration office.
학교 행정실의 Lewis 선생님입니다.
Last night there was a heavy rainstorm.
어젯밤 심한 폭우가 있었습니다.
The pouring rain left some of the school's hallways wet and slippery.
억수같은 비로 학교 복도 몇 곳이 젖었고 미끄럽습니다.
The first floor hallway and the central stairway are especially dangerous to walk on.
1층 복도와 중앙 계단은 특히 걸어다니기 위험합니다.
Please be extra careful when you walk through these areas.
이 구역들을 통과할 때 특별히 조심해 주세요.
You could get seriously hurt if you slip on the wet floor.
젖은 바닥에 미끄러지면 심하게 다칠 수 있습니다.
We're doing our best to take care of the situation.
저희는 상황을 처리하기 위해 최선을 다하겠습니다.
Thank you.
감사합니다.

Why? 왜 정답일까?

'The first floor hallway and the central stairway are especially dangerous to walk on. Please be extra careful when you walk through these areas.'에서 간밤의 폭우로 인해 1층 복도와 중앙 계단이 젖고 미끄러워졌으니 걸어다닐 때 각별히 주의할 것을 당부하고 있다. 따라서 남자가 하는 말의 목적으로 가장 적절한 것은 ④ '교내의 젖은 바닥을 걸을 때 조심하도록 당부하려고'이다.

● administration office 행정실
● pour ⓥ 쏟다, 퍼붓다
● slippery ⓐ 미끄러운
● seriously ⓐ 심하게
● rainstorm ⓝ 폭우
● hallway ⓝ 복도
● stairway ⓝ 계단
● take care of ～을 처리하다

02 수면 문제 해결을 위한 조언　정답률 95% | 정답 ④

대화를 듣고, 여자의 의견으로 가장 적절한 것을 고르시오.
① 짧은 낮잠은 업무 효율을 높인다.
② 야식은 숙면에 방해가 될 수 있다.
③ 사람마다 최적의 수면 시간이 다르다.
✔베개를 바꾸면 숙면에 도움이 될 수 있다.
⑤ 숙면을 위해 침실을 서늘하게 하는 것이 좋다.

W : Mike, you look very tired today.
Mike, 너 오늘 되게 피곤해 보인다.
M : I am. I'm having trouble sleeping at night these days.
맞아. 난 요새 잠드는 데 어려움이 있어.
W : What's the matter?
무슨 일이야?
M : I don't know. I just can't fall asleep until late at night.
나도 몰라. 그냥 밤 늦게까지 잠이 안 와.
W : I feel bad for you.
안됐구나.
M : I need to find a way to sleep better.
난 잠을 더 잘 잘 수 있는 방법을 찾아야 해.
W : Can I share how I handled my sleeping problem?
내가 수면 문제를 어떻게 해결했는지 알려줘도 될까?
M : Sure.
물론이지.
W : After I changed my pillow, I was able to sleep much better. Changing your pillow can help you with your sleeping problem.
내가 베개를 바꾸고 나서 나는 훨씬 더 잘 잘 수 있었어. 베개를 바꾸는 것은 수면 문제를 해결하는 데 도움이 될 수 있어.
M : Thanks for the tip. I hope that works for me, too.
조언 고마워. 나한테도 효과가 있으면 좋겠다.

Why? 왜 정답일까?

'Changing your pillow can help you with your sleeping problem.'에서 여자는 베개를 바꾼 것이 수면 문제를 해결하는 데 도움이 되었다고 하므로, 여자의 의견으로 가장 적절한 것은 ④ '베개를 바꾸면 숙면에 도움이 될 수 있다.'이다.

● have trouble ~ing ～하는 데 문제가 있다
● handle ⓥ 다루다, 처리하다
● work for ～에 효과가 있다
● fall asleep 잠들다
● pillow ⓝ 베개

03 파티 음식 부탁하기

정답률 96% | 정답 ①

대화를 듣고, 두 사람의 관계를 가장 잘 나타낸 것을 고르시오.

☑ 파티 주최자 – 요리사　　② 슈퍼마켓 점원 – 손님
③ 배달 기사 – 음식점 주인　　④ 영양학자 – 식품 제조업자
⑤ 인테리어 디자이너 – 의뢰인

M : Hi, I'm Daniel Jones. I'm glad to finally meet you.
　안녕하세요, 전 Daniel Jones입니다. 마침내 뵙게 되어 기쁘네요.
W : Welcome. Mr. Harvey told me you're coming.
　잘 오셨어요. Harvey 씨가 제게 당신이 오실 거라고 얘기해 줬어요.
M : He told me nice things about you.
　그에게서 좋은 말씀 많이 들었습니다.
W : Thanks. I hear that you're holding a party at your house in two weeks.
　고맙습니다. 2주 뒤에 댁에서 파티를 여실 예정이라고 들었어요.
M : That's right. I'm hoping you could take charge of the food for my party.
　맞습니다. 제 파티에 음식을 담당해 주시기를 바라고 있어요.
W : Sure. You can always depend on a chef like me.
　물론이죠. 저 같은 요리사는 늘 믿으셔도 됩니다.
M : Great. Is there anything I need to prepare for you?
　아주 좋아요. 제가 준비해 드릴 게 있을까요?
W : No need. I'll be taking care of the party food from start to finish.
　그러실 것 없습니다. 제가 처음부터 끝까지 파티 음식을 담당하겠습니다.
M : Sounds fantastic.
　환상적으로 들리는군요.
W : Now let's talk about the menu.
　이제 메뉴에 관해 이야기하시죠.

Why? 왜 정답일까?

'I hear that you're holding a party at your house in two weeks.'에서 남자가 파티를 주최하는 사람임을, 'You can always depend on a chef like me.'에서 여자가 요리사임을 알 수 있다. 따라서 두 사람의 관계로 가장 적절한 것은 ① '파티 주최자 – 요리사'이다.

● hold a party 파티를 열다　　● take charge of ~을 담당하다, 책임지다
● depend on ~을 믿다, 의지하다　　● No need. 그러실 것 없습니다.

04 온라인 강의 촬영 스튜디오 확인하기

정답률 81% | 정답 ③

대화를 듣고, 그림에서 대화의 내용과 일치하지 <u>않는</u> 것을 고르시오.

W : Is that the photo of our school's new studio?
　이게 우리 학교의 새 스튜디오 사진인가요?
M : Yes. We can shoot online lectures here.
　네. 우리 여기서 온라인 강의를 찍을 수 있어요.
W : Can I have a look?
　제가 봐도 돼요?
M : Sure. 『Do you see that camera facing the chair?』 It's the latest model.
　그럼요. 『의자 맞은편에 있는 카메라 보여요?』 최신 제품이에요. [①의 근거 일치]
W : I see. 『What is that ring on the stand next to the camera?』
　그렇군요. 『카메라 옆 스탠드에 있는 링은 뭔가요?』 [②의 근거 일치]
M : That's the lighting. It's to brighten the teacher's face.
　그건 조명이요. 선생님들의 얼굴을 비추기 위한 것이죠.
W : Hmm.... 『The round clock on the wall looks simple and modern.』
　흠... 『벽에 있는 동그란 시계가 심플하고 모던해 보이네요.』 [③의 근거 불일치]
M : Teachers can check the time on the clock while shooting.
　선생님들께서 촬영 중 시계로 시간을 확인하실 수 있어요.
W : 『The microphone on the table looks very professional.』
　『테이블 위의 마이크는 굉장히 전문적으로 보여요.』 [④의 근거 일치]
M : It really does. 『Also, I like the tree in the corner.』 It goes well with the studio.
　정말 그렇습니다. 『그리고, 저는 구석에 있는 나무도 마음에 들어요.』 스튜디오와 잘 어울려요. [⑤의 근거 일치]

Why? 왜 정답일까?

대화에 따르면 벽에 걸린 시계는 동그란 모양인데(The round clock on the wall looks simple and modern.), 그림에는 네모 모양 시계가 걸려 있다. 따라서 그림에서 대화의 내용과 일치하지 않는 것은 ③이다.

● lecture ⓝ 강의　　● latest ⓐ 최신의
● go well with ~와 잘 어울리다

05 영화 약속 확인하기

정답률 94% | 정답 ④

대화를 듣고, 남자가 할 일로 가장 적절한 것을 고르시오.

① 영화 예매하기　　② 지갑 가져오기
③ 시간표 출력하기　　☑ 학생증 재발급받기
⑤ 영화 감상문 제출하기

M : Hi, Jamie. You remember we're going to the movies later today, right?
　안녕, Jamie. 우리 오늘 이따 영화 보러 가는 거 기억하지, 그렇지?
W : Of course. I'll see you after class.
　물론이지. 수업 끝나고 봐.
M : Didn't you say there's a student discount on the movie ticket?
　영화 표에 학생 할인이 있다고 말하지 않았어?
W : Yes, I did. Don't forget to bring your student ID card.
　응, 네 학생증 들고 오는 것 잊지 마.
M : But I've lost my ID. Is there any other way to get the discount?
　그런데 난 학생증을 잃어버렸어. 할인을 받을 다른 방법 뭐 없을까?
W : Probably not. Why don't you go get a new ID card from the school office?
　아마 없을걸. 학교 사무실에서 새로운 학생증을 받으면 어때?
M : Do you know where the office is?
　사무실이 어디인지 알아?
W : Yes. It's on the first floor.
　응. 1층에 있어.
M : Okay. I'll go there right away.
　알겠어. 바로 거기 가볼게.

Why? 왜 정답일까?

남자는 여자와 영화를 볼 예정인데 영화표를 할인받을 수 있는 학생증을 잃어버렸다. 여자는 남자에게 사무실로 가서 다시 학생증을 발급받는 것이 어떤지 제안하며 1층에 사무실이 있다고 알려준다. 이에 남자는 바로 사무실에 가보겠다(I'll go there right away.)고 하므로, 남자가 할 일로 가장 적절한 것은 ④ '학생증 재발급받기'이다.

● go to the movies 영화 보러 가다　　● get a discount 할인을 받다

06 캠핑용품 구매하기

정답률 81% | 정답 ③

대화를 듣고, 여자가 지불할 금액을 고르시오. [3점]

① $72　　② $80　　☑ $90　　④ $100　　⑤ $110

W : Hi, I'm looking for camping chairs. Can you recommend one?
　안녕하세요, 전 캠핑 의자를 찾고 있어요. 하나 추천해 주실래요?
M : Good morning. This is our best-selling chair. They're $20 each.
　안녕하세요. 이게 제일 잘 나가는 의자입니다. 하나에 20달러예요.
W : That sounds good. I'll take it.
　좋은 것 같네요. 이걸 살게요.
M : How many do you need?
　몇 개가 필요하신가요?
W : I need four chairs.
　전 의자 4개가 필요해요.
M : Okay. Is there anything else you need?
　알겠습니다. 더 필요한 것은 없으세요?
W : I also need a camping knife.
　캠핑용 칼도 필요해요.
M : How about this one? It's $20.
　이건 어떠세요? 20달러입니다.
W : That looks convenient. I'll buy one. Do you offer any discounts?
　편리해 보이네요. 하나 살게요. 할인도 해주시나요?
M : Yes. Since your total purchase is over $80, we'll give you a 10% discount on the total amount.
　네, 총 구매 금액이 80달러를 넘어서, 총액에서 10퍼센트를 할인해 드릴게요.
W : That sounds nice. I'll pay with my credit card.
　좋네요. 신용 카드로 계산할게요.

Why? 왜 정답일까?

대화에 따르면 여자는 20달러짜리 캠핑 의자 4개와, 역시 20달러인 캠핑용 칼을 한 자루 사고, 총 금액에서 10%를 할인받았다. 이를 식으로 나타내면 '(20×4＋20)×0.9＝90'이므로, 여자가 지불할 금액은 ③ '$90'이다.

● convenient ⓐ 편리한　　● purchase ⓝ 구매

07 과학 보고서를 끝내지 못한 이유

정답률 74% | 정답 ①

대화를 듣고, 남자가 보고서를 완성하지 <u>못한</u> 이유를 고르시오.

☑ 실험을 다시 해서　　② 제출일을 착각해서
③ 주제가 변경되어서　　④ 컴퓨터가 고장 나서
⑤ 심한 감기에 걸려서

M : Hi, Rebecca. What's up?
　안녕, Rebecca. 무슨 일이야?
W : Hey, Tom. Can I borrow your laptop today?
　안녕, Tom. 내가 오늘 네 노트북을 빌려도 될까?
M : Yes, but I have to finish my science report first.
　응, 그런데 난 과학 보고서를 먼저 끝내야 해.
W : Really? Wasn't the science report due last week?
　정말? 과학 보고서는 지난 주가 마감 아니었어?
M : Yes, it was. But I couldn't finish it.
　맞아. 그런데 내가 그걸 마칠 수가 없었어.
W : What happened? I thought your experiment went well.
　무슨 일이 있었던 거야? 난 네 실험이 잘되었다고 생각했는데.
M : Actually, it didn't. I made a mistake in the experimental process.
　사실은 그렇지 않았어. 난 실험 과정에서 실수를 했어.
W : Oh, no. Did you have to do the experiment all over again?
　오, 이런. 실험을 다 다시 해야 했던 거야?
M : Yes, it took a lot of time. So I haven't finished my report yet.
　응, 시간이 오래 걸렸어. 그래서 아직 내 보고서를 끝내지 못했어.
W : I see. Let me know when you're done.
　알겠어. 네가 다 하면 알려줘.

Why? 왜 정답일까?

대화에 따르면 남자는 과학 실험을 처음부터 다시 해야 했기에(Did you have to do the experiment

all over again? / Yes, it took a lot of time.) 과학 보고서를 제때 완성하지 못했다. 따라서 남자가 보고서를 완성하지 못한 이유로 가장 적절한 것은 ① '실험을 다시 해서'이다.

- laptop ⓝ 노트북 컴퓨터
- experimental ⓐ 실험의
- due ⓐ 마감인, 예정인

---

08 달리기 행사 등록하기   정답률 93% | 정답 ②

대화를 듣고, Spring Virtual Run에 관해 언급되지 않은 것을 고르시오.
① 달리는 거리   ✓② 참가 인원   ③ 달리는 장소
④ 참가비   ⑤ 기념품

W : Hi, Asher. What are you doing on the computer?
안녕, Asher. 컴퓨터로 뭐 하고 있어?
M : I'm signing up for an event called the Spring Virtual Run.
난 Spring Virtual Run이라는 행사에 등록하고 있어.
W : The Spring Virtual... Run?
Spring Virtual... Run이라고?
M : It's a race. 『Participants upload their record after running either a three-mile race or a ten-mile race.』 ①의근거 일치
경주야. 『참가자들은 3마일짜리 또는 10마일짜리 경주 중 하나를 뛰고 나서 자기 기록을 올리는 거야.』
W : 『Can you run at any location?』
『아무 장소에서든 달릴 수 있어?』
M : Yes. I can choose any place in the city. ③의근거 일치
응. 시내 아무 장소나 선택하면 돼.
W : That sounds interesting. I want to participate, too.
재미있겠다. 나도 참여하고 싶어.
M : 『Then you should sign up online and pay the registration fee. It's twenty dollars.』 ④의근거 일치
『그럼 온라인으로 등록하고 나서 참가비를 내야 해. 20달러야.』
W : Twenty dollars? That's pretty expensive.
20달러라고? 꽤 비싸네.
M : But souvenirs are included in the fee. 『All participants will get a T-shirt and a water bottle.』 ⑤의근거 일치
하지만 참가비 안에 기념품이 포함되어 있어. 『모든 참가자들은 티셔츠와 물병을 받게 돼.』
W : That's reasonable. I'll sign up.
적당하네. 나도 등록할래.

Why? 왜 정답일까?
대화에서 남자는 여자는 Spring Virtual Run의 달리는 거리, 달리는 장소, 참가비, 기념품에 관해 언급하였다. 따라서 언급되지 않은 것은 ② '참가 인원'이다.

Why? 왜 오답일까?
① 'Participants upload their record after running either a three-mile race or a ten-mile race.'에서 '달리는 거리'가 언급되었다.
③ 'Yes. I can choose any place in the city.'에서 '달리는 장소'가 언급되었다.
④ 'It's twenty dollars.'에서 '참가비'가 언급되었다.
⑤ 'All participants will get a T-shirt and a water bottle.'에서 '기념품'이 언급되었다.

- sign up 등록하다, 가입하다
- souvenir ⓝ 기념품
- registration fee 참가비
- reasonable ⓐ (가격 등이) 적당한, 합리적인

---

09 자연사 박물관 가족의 밤 행사 안내   정답률 82% | 정답 ⑤

Family Night at the Museum에 관한 다음 내용을 듣고, 일치하지 않는 것을 고르시오.
① 박물관 정규 운영 시간 종료 후에 열린다.
② 행성과 별 모형 아래에서 잠을 잔다.
③ 참가자들에게 침낭이 제공된다.
④ 6세부터 13세까지를 위한 프로그램이다.
✓⑤ 사전 등록 없이 현장에서 참가할 수 있다.

W : Do your children love adventures?
여러분의 아이들이 모험을 좋아하나요?
Here's a great adventure for you and your children.
여기 여러분과 아이들을 위한 근사한 모험이 있습니다.
The Museum of Natural History is starting a special program — Family Night at the Museum.
자연사 박물관에서 특별 프로그램인 Family Night at the Museum을 시작할 예정입니다.
『When the regular museum hours are over, you and your children get to walk around the museum with a flashlight.』 ①의근거 일치
『박물관 정규 운영 시간이 끝나면, 여러분과 아이들은 플래시를 들고 박물관을 돌아다닙니다.』
『After your adventure is complete, you will sleep under the amazing models of planets and stars.』 ②의근거 일치
『모험이 끝나면, 여러분은 근사한 행성 및 별 모형 아래에서 잠을 잘 것입니다.』
『Sleeping bags, snacks, and water will be provided.』 ③의근거 일치
『침낭, 간식, 그리고 물이 제공될 것입니다.』
『This program is for children ages 6 to 13.』 ④의근거 일치
『이 프로그램은 6세부터 13세까지의 어린이들을 위한 것입니다.』
All those who want to join must register in advance.
참여하고 싶은 분들은 꼭 사전에 등록하셔야 합니다.
『On-site registration is not accepted.』 ⑤의근거 불일치
『현장 등록은 불가능합니다.』
Why not call today and sign up?
오늘 전화해서 등록하시는 게 어떠세요?

Why? 왜 정답일까?
'On-site registration is not accepted.'에서 현장 등록은 불가능하다고 하므로, 내용과 일치하지 않는 것은 ⑤ '사전 등록 없이 현장에서 참가할 수 있다.'이다.

Why? 왜 오답일까?
① 'When the regular museum hours are over, you and your children get to walk around the museum with a flashlight.'의 내용과 일치한다.

② 'After your adventure is complete, you will sleep under the amazing models of planets and stars.'의 내용과 일치한다.
③ 'Sleeping bags, snacks, and water will be provided.'의 내용과 일치한다.
④ 'This program is for children ages 6 to 13.'의 내용과 일치한다.

- natural history 자연사, 박물학
- in advance 사전에, 미리
- complete ⓐ 완료된
- on-site ⓐ 현장의, 현지의

---

10 스마트 워치 사기   정답률 84% | 정답 ②

다음 표를 보면서 대화를 듣고, 여자가 구매할 스마트 워치를 고르시오.

Smart Watches

	Model	Waterproof	Warranty	Price
①	A	×	2 years	$90
✓②	B	○	3 years	$110
③	C	○	1 year	$115
④	D	×	2 years	$120
⑤	E	○	4 years	$125

M : Hi, how can I help you today?
안녕하세요, 오늘 무엇을 도와드릴까요?
W : Hi, I'm looking for a smart watch.
안녕하세요, 전 스마트 워치를 찾고 있습니다.
M : Sure. We have these five models.
그러시군요. 여기 다섯 가지 제품이 있습니다.
W : Hmm.... I want to wear it when I swim.
흠... 전 그것을 수영할 때 차고 싶어요.
M : 『Then you're looking for one that's waterproof.』 근거1 Waterproof 조건
그럼 방수가 되는 제품을 찾으시는 거군요.
W : That's right. Do you think a one-year warranty is too short?
맞아요. 1년짜리 보증은 너무 짧다고 생각하세요?
M : Yes. 『I recommend one that has a warranty longer than one year.』 근거2 Warranty 조건
네. 『보증기간이 1년보다 더 긴 제품을 추천드려요.』
W : Okay. I'll take your advice.
알겠습니다. 조언을 따를게요.
M : That leaves you with these two options. 『I'd get the cheaper one because it's as good as the other one.』
그럼 이 두 가지 선택권이 남습니다. 『싼 것도 다른 제품에 못지않게 좋기 때문에 저라면 싼 것을 사겠어요.』
W : I see. Then I'll go with the cheaper one. 근거3 Price 조건
그렇군요. 그럼 더 싼 것으로 살게요.
M : Good choice.
좋은 선택입니다.

Why? 왜 정답일까?
대화에 따르면 여자는 수영할 때 찰 수 있도록 방수가 되고, 보증기간이 1년 이상이면서, 가격이 더 싼 스마트 워치를 사려고 한다. 따라서 여자가 구매할 스마트 워치는 ② 'B'이다.

- waterproof ⓐ 방수의
- recommend ⓥ 추천하다, 권장하다
- warranty ⓝ 보증
- go with ~을 선택하다

---

11 새로 산 셔츠 구경하기   정답률 87% | 정답 ①

대화를 듣고, 여자의 마지막 말에 대한 남자의 응답으로 가장 적절한 것을 고르시오.
✓① Oh, I should get it exchanged. - 오, 교환 받아야겠어.
② Sure. I'll order a shirt for you. - 물론이죠. 제가 셔츠를 하나 주문해 드릴게요.
③ Well, it's too expensive for me. - 음. 저한테는 너무 비싸요.
④ No. Please find me a smaller size. - 아니에요. 제게 더 작은 사이즈를 찾아주세요.
⑤ Sorry, but this shirt is not on sale. - 죄송하지만, 이 셔츠는 세일 품목이 아니에요.

W : Liam, how did your shopping go?
Liam, 쇼핑 어땠니?
M : It was good, Mom. I got this shirt at a good price.
좋았어요, 엄마. 전 이 셔츠를 좋은 가격에 샀어요.
W : It looks nice. Wait! It's missing a button.
근사해 보이네. 잠깐! 단추가 하나 없구나.
M : Oh, I should get it exchanged.
오, 교환 받아야겠어요.

Why? 왜 정답일까?
남자가 쇼핑을 가서 사온 셔츠를 보던 여자는 셔츠에 단추가 하나 없는 것을 발견한다(Wait! It's missing a button.). 따라서 남자의 응답으로 가장 적절한 것은 ① '오, 교환 받아야겠어요.'이다.

- miss ⓥ 빠뜨리다, 빼놓다
- exchange ⓥ 교환하다

---

12 도넛 가게 소개받기   정답률 82% | 정답 ①

대화를 듣고, 남자의 마지막 말에 대한 여자의 응답으로 가장 적절한 것을 고르시오.
✓① Good. Let's meet around six. - 좋지. 여섯시쯤 만나자.
② That's okay. I don't like donuts. - 괜찮아. 난 도넛 안 좋아해.
③ I want to open my own donut shop. - 난 내 도넛 가게를 열고 싶어.
④ Don't worry. I can do that by myself. - 걱정 마. 나 혼자서 할 수 있어.
⑤ Thanks for sharing your donut recipe. - 네 도넛 레시피를 공유해줘서 고마워.

M : Alicia, these donuts are delicious. Can you tell me where you bought them?
Alicia, 이 도넛 맛있다. 어디서 샀는지 말해줄 수 있어?

W : They're from a new donut shop. I can take you there if you want.
새로 연 도넛 가게에서 산 거야. 네가 원하면 데려다줄 수 있어.

M : That'd be nice. How's today after work?
그럼 좋지. 오늘 일 끝나고는 어때?

W : Good. Let's meet around six.
좋지. 여섯시쯤 만나자.

Why? 왜 정답일까?

새로 연 도넛 가게에 데려다줄 수 있다는 여자의 말에 남자는 오늘 일이 끝난 후 가면 어떨지(How's today after work?) 제안하고 있으므로, 여자의 응답으로 가장 적절한 것은 ① '좋지. 여섯시쯤 만나자.'이다.

- around ad 약, ~쯤
- by oneself 혼자서

---

13 플라스틱 발자국을 줄이기 위한 노력   정답률 82% | 정답 ②

대화를 듣고, 여자의 마지막 말에 대한 남자의 응답으로 가장 적절한 것을 고르시오. [3점]

Man: _____

① This coffee place is very popular. – 이 커피집 정말 인기 많아.
② You can stop using plastic straws. – 넌 플라스틱 빨대를 그만 쓸 수 있어.
③ I'll order drinks when you're ready. – 네가 준비되면 음료 시킬게.
④ Your drink will be ready in a minute. – 네 음료가 1분 뒤에 준비될 거야.
⑤ The cups come in various colors and shapes. – 이 컵은 다양한 색과 모양으로 나와.

W : Brandon, I'm sorry I'm late.
Brandon, 늦어서 미안해.

M : That's okay. Let's order our drinks. I'll get my coffee in my personal cup.
괜찮아. 우리 마실 거 주문하자. 내 커피는 내 개인 컵에 받을래.

W : Oh, you brought your own cup?
오, 네 컵을 가져온 거야?

M : Yes, it is a reusable cup. I'm trying to reduce my plastic footprint.
응, 이건 재사용 가능한 컵이야. 난 내 플라스틱 발자국을 줄이려고 노력 중이야.

W : What is plastic footprint?
플라스틱 발자국이 뭐야?

M : It is the total amount of plastic a person uses and throws away.
한 사람이 쓰고서 버리는 플라스틱의 총량이야.

W : You care a lot about the environment.
넌 환경을 많이 생각하는구나.

M : I do. Plastic waste is a huge environmental problem.
맞아. 플라스틱 쓰레기는 엄청난 환경 문제야.

W : I should use a reusable cup, too. What else can I do to reduce my plastic footprint?
나도 재사용 가능한 컵을 써야겠다. 내가 내 탄소 발자국을 줄이기 위해 할 수 있는 게 또 뭐가 있니?

M : You can stop using plastic straws.
넌 플라스틱 빨대를 그만 쓸 수 있어.

Why? 왜 정답일까?

남자가 개인 컵을 사용하며 플라스틱 사용량을 줄이기 위해 노력하고 있다는 말에 여자는 자신도 동참해야겠다고 말하며 플라스틱을 덜 쓰기 위해 할 수 있는 일이 또 없는지(What else can I do to reduce my plastic footprint?) 물어보고 있다. 따라서 남자의 응답으로 가장 적절한 것은 ② '넌 플라스틱 빨대를 그만 쓸 수 있어.'이다.

- reusable ⓐ 재사용 가능한
- reduce ⓥ 줄이다
- huge ⓐ 엄청난, 거대한
- environmental ⓐ 환경의

---

14 자전거를 타고 등교하기   정답률 90% | 정답 ③

대화를 듣고, 남자의 마지막 말에 대한 여자의 응답으로 가장 적절한 것을 고르시오. [3점]

Woman: _____

① Luckily, I didn't get hurt in the accident. – 다행히 난 사고에서 다치지 않았어.
② I have enough money to get a new bike. – 난 새 자전거를 사기에 충분한 돈이 있어.
③ You really need one for your own safety. – 네 자신의 안전을 위해 꼭 하나 있어야 해.
④ You may feel sleepy after biking to school. – 학교에 자전거를 타고 오면 졸릴 수도 있어.
⑤ We can put our bikes in the school parking lot. – 우린 자전거를 학교 주차장에 두면 돼.

M : Good morning, Kathy. That's a cool helmet.
안녕, Kathy. 헬멧 근사하네.

W : Hi, Alex. It's for biking. I rode my bike to school.
안녕, Alex. 자전거 탈 때 쓰는 거야. 난 학교에 자전거를 타고 왔어.

M : How often do you ride your bike to school?
얼마나 자주 자전거로 등교해?

W : I try to do it every day. It's very refreshing.
매일 하려고 노력해. 아주 상쾌하거든.

M : Sounds nice. I'm thinking of riding to school, too.
좋을 것 같다. 나도 학교에 타고 다닐까 생각 중이야.

W : Good! We should ride together.
좋아! 우리 같이 타고 오자.

M : Let's do that, but I'm not very good at biking.
그러자. 그런데 난 자전거를 잘 못 타.

W : It's okay. We can go slowly. Also, remember to wear your helmet.
괜찮아. 천천히 다니면 되지. 그리고 헬멧을 잊지 말고 써.

M : But I don't have a helmet yet.
하지만 난 아직 헬멧이 없어.

W : You really need one for your own safety.
네 자신의 안전을 위해 꼭 하나 있어야 해.

Why? 왜 정답일까?

자전거로 등교할 때 꼭 헬멧을 써야 한다는 여자의 말에 남자는 아직 헬멧이 없다(But I don't have a helmet yet.)고 말하고 있으므로, 여자의 응답으로 가장 적절한 것은 ③ '네 자신의 안전을 위해 꼭 하나 있어야 해.'이다.

- refreshing ⓐ 상쾌한
- safety ⓝ 안전
- be good at ~을 잘하다

---

15 밴드의 리드 보컬 찾기   정답률 89% | 정답 ④

다음 상황 설명을 듣고, Jasper가 Mary에게 할 말로 가장 적절한 것을 고르시오.

Jasper: _____

① Where is the audition being held? – 오디션이 어디서 열릴 거래?
② How about writing your own song? – 네 노래를 직접 써보는 건 어때?
③ Let's play a different song this time. – 이번에는 다른 노래를 연주해 보자.
④ I think you should be our lead singer. – 난 네가 우리 리드 보컬이 되어야 할 것 같아.
⑤ Don't you think we need more practice? – 우리가 더 연습이 필요하다고 생각하지 않니?

W : Jasper and Mary are trying to form a rock band for the school band competition.
Jasper와 Mary는 학교 밴드 경연대회를 위해 록 밴드를 만들려고 한다.

Mary plays the guitar, and Jasper is the drummer.
Mary는 기타를 치고, Jasper는 드러머이다.

They pick a keyboard player through an audition.
그들은 오디션을 통해 키보드 연주자를 고른다.

Now, they need a lead singer.
이제 리드 보컬이 필요하다.

Although the band is not completely formed, they begin their first practice today.
비록 밴드가 다 결성된 것은 아니지만, 그들은 오늘 첫 연습을 시작한다.

Since they don't have a lead singer yet, Mary sings while playing the guitar.
아직 리드 보컬이 없기 때문에, Mary가 기타를 치면서 노래를 부른다.

Hearing her sing, the other members are amazed.
그녀가 노래하는 것을 들었을 때, 다른 멤버들은 놀란다.

Mary has the perfect voice for rock music!
Mary는 록 음악에 딱 맞는 목소리를 갖고 있었다!

So Jasper wants to tell Mary to be the lead singer for their band.
그래서 Jasper는 Mary에게 밴드의 리드 보컬이 되어 달라 말하고 싶다.

In this situation, what would Jasper most likely say to Mary?
이 상황에서, Jasper는 Mary에게 뭐라고 말하겠는가?

Jasper: I think you should be our lead singer.
난 네가 우리 리드 보컬이 되어야 할 것 같아.

Why? 왜 정답일까?

상황에 따르면 Jasper는 Mary와 함께 밴드의 리드 보컬을 찾던 중 기타를 치며 노래하는 Mary의 멋진 목소리를 듣고 Mary에게 직접 리드 보컬이 되어줄 것을 제안하고 싶어 한다(So Jasper wants to tell Mary to be the lead singer for their band.). 따라서 Jasper가 Mary에게 할 말로 가장 적절한 것은 ④ '난 네가 우리 리드 보컬이 되어야 할 것 같아.'이다.

- form ⓥ 만들다, 형성하다
- completely ad 완전히
- How about ~ing ~하는 게 어때?
- competition ⓝ 경연, 경쟁
- amazed ⓐ 놀란

16-17 반려동물의 행복에 있어 장난감의 역할

M : Good afternoon, everybody.
안녕하세요, 여러분.

Today, we'll talk about what our animal companions love: Toys.
오늘 우리는 우리 동물 친구들이 정말 좋아하는 것, 즉 장난감에 관해 이야기해볼 거예요.

『How do toys help our pets?』16번의 근거
『장난감이 반려동물에게 어떻게 도움이 될까요?』

First, toys play a very important role in keeping your pet happy.
첫째, 장난감은 여러분의 반려동물을 행복한 상태로 유지해주는 데 아주 중요한 역할을 합니다.

『A toy like a scratcher helps to reduce your cat's stress.』17번 ①의 근거 일치
『스크래처 같은 장난감은 여러분의 고양이의 스트레스를 줄이는 데 도움이 됩니다.』

Second, toys are a great tool for a pet to get exercise.
둘째, 장난감은 반려동물이 운동하게 해주는 훌륭한 도구입니다.

『For example, a hamster loves to run on a wheel toy.』17번 ②의 근거 일치
『예를 들어, 햄스터는 쳇바퀴 장난감 위에서 달리는 것을 좋아합니다.』

Third, toys build a bond between you and your pet.
셋째, 장난감은 여러분과 반려동물 사이에 유대감을 형성해 줍니다.

『Playing with a small soft ball will give you and your dog a joyful experience.』17번 ③의 근거 일치
『작고 부드러운 공을 갖고 노는 것은 여러분과 개에게 즐거운 경험을 줍니다.』

Lastly, toys help keep your pet entertained.
마지막으로, 장난감은 여러분의 반려동물을 계속 즐겁게 해줍니다.

『A small hiding tent will make your parrot feel less bored when you are not around.』17번 ⑤의 근거 일치
『자그마한 숨바꼭질 텐트는 여러분이 주변에 없을 때 여러분의 앵무새가 덜 지루하게 해줍니다.』

Now let's watch a video of pets playing with their toys.
이제 반려동물들이 장난감을 갖고 노는 영상을 봅시다.

- companion ⓝ 친구, 동반자
- reduce ⓥ 줄이다
- joyful ⓐ 즐거운
- parrot ⓝ 앵무새
- play a role in ~에 역할을 하다, 일조하다
- bond ⓝ 유대
- entertain ⓥ 즐겁게 해주다

---

16 주제 파악   정답률 84% | 정답 ②

남자가 하는 말의 주제로 가장 적절한 것은?

① eco-friendly toys for pets – 반려동물을 위한 친환경 장난감
② roles of toys in pets' well-being – 반려동물의 행복에 있어 장난감의 역할
③ types of pets' unusual behaviors – 반려동물의 특이한 행동의 종류
④ foods that are dangerous to pets – 반려동물에게 위험한 음식
⑤ difficulties in raising children with pets – 아이를 반려동물과 함께 키우는 것의 어려움

Why? 왜 정답일까?

'How do toys help our pets?'에서 남자는 장난감이 반려동물에 어떤 식으로 도움이 되는지 자문

한 뒤 장난감의 역할을 열거하고 있다. 따라서 남자가 하는 말의 주제로 가장 적절한 것은 ② '반려동물의 행복에 있어 장난감의 역할'이다.

---

17 언급 유무 파악 　　　　　정답률 91% | 정답 ④

언급된 동물이 아닌 것은?

① cat - 고양이　　　② hamster - 햄스터　　　③ dog - 개
✔ turtle - 바다거북　　　⑤ parrot - 앵무새

Why? 왜 정답일까?

담화에서 남자는 장난감이 반려동물에게 어떻게 도움이 되는지 열거하며 고양이, 햄스터, 개, 앵무새를 언급하였다. 따라서 언급되지 않은 것은 ④ '바다거북'이다.

Why? 왜 오답일까?

① 'A toy like a scratcher helps to reduce your cat's stress.'에서 '고양이'가 언급되었다.
② 'For example, a hamster loves to run on a wheel toy.'에서 '햄스터'가 언급되었다.
③ 'Playing with a small soft ball will give you and your dog a joyful experience.'에서 '개'가 언급되었다.
⑤ 'A small hiding tent will make your parrot feel less bored when you are not around.'에서 '앵무새'가 언급되었다.

---

18 도서관 공사 자원봉사 모집 　　　　　정답률 90% | 정답 ④

다음 글의 목적으로 가장 적절한 것은?

① 도서관 임시 휴관의 이유를 설명하려고
② 도서관 자원봉사자 교육 일정을 안내하려고
③ 도서관 보수를 위한 모금 행사를 제안하려고
✔ 도서관 공사에 참여할 자원봉사자를 모집하려고
⑤ 도서관에서 개최하는 글쓰기 대회를 홍보하려고

Dear members of Eastwood Library,
Eastwood 도서관 회원들께,
Thanks to the Friends of Literature group, / we've successfully raised enough money / to remodel the library building.
Friends of Literature 모임 덕분에, / 우리는 충분한 돈을 성공적으로 모았습니다. / 도서관 건물을 리모델링하기 위한
John Baker, our local builder, / has volunteered to help us with the remodelling / but he needs assistance.
우리 지역의 건축업자인 John Baker 씨가 / 우리의 리모델링을 돕기로 자원했지만, / 그는 도움이 필요합니다.
By grabbing a hammer or a paint brush / and donating your time, / you can help with the construction.
망치나 페인트 붓을 쥐고 / 시간을 기부함으로써, / 여러분은 공사를 도울 수 있습니다.
Join Mr. Baker in his volunteering team / and become a part of making Eastwood Library a better place!
Baker 씨의 자원봉사 팀에 동참하여 / Eastwood 도서관을 더 좋은 곳으로 만드는 데 참여하십시오!
Please call 541-567-1234 for more information.
더 많은 정보를 원하시면 541-567-1234로 전화해 주십시오.
Sincerely, // Mark Anderson
Mark Anderson 드림

Eastwood 도서관 회원들께,

Friends of Literature 모임 덕분에, 우리는 도서관 건물을 리모델링하기 위한 충분한 돈을 성공적으로 모았습니다. 우리 지역의 건축업자인 John Baker 씨가 우리의 리모델링을 돕기로 자원했지만, 그는 도움이 필요합니다. 망치나 페인트 붓을 쥐고 시간을 기부함으로써, 여러분은 공사를 도울 수 있습니다. Baker 씨의 자원봉사 팀에 동참하여 Eastwood 도서관을 더 좋은 곳으로 만드는 데 참여하십시오! 더 많은 정보를 원하시면 541-567-1234로 전화해 주십시오.

Mark Anderson 드림

Why? 왜 정답일까?

'By grabbing a hammer or a paint brush and donating your time, you can help with the construction. Join Mr. Baker in his volunteering team ~'에서 자원봉사 팀에 참여하여 도서관 공사에 도움이 되어 달라고 언급하는 것으로 볼 때, 글의 목적으로 가장 적절한 것은 ④ '도서관 공사에 참여할 자원봉사자를 모집하려고'이다.

● raise ⓥ (돈을) 모으다　　　● volunteer ⓥ 자원하다
● assistance ⓝ 도움　　　● grab ⓥ 쥐다
● construction ⓝ 공사, 건설

구문 풀이

5행　By grabbing a hammer or a paint brush and donating your time, you can
　　　「by + 동명사1 +　　　　　　　　　동명사2 : ~하고 …함으로써」
help with the construction.

---

19 새 친구가 생길 것이라는 기대감에 들뜬 Shirley 　　　정답률 93% | 정답 ①

다음 글에 드러난 Shirley의 심경으로 가장 적절한 것은?

✔ curious and excited - 궁금하고 신난
② sorry and upset - 미안하고 언짢은
③ jealous and annoyed - 질투 나고 짜증 난
④ calm and relaxed - 평온하고 여유로운
⑤ disappointed and unhappy - 실망하고 불행한

On the way home, / Shirley noticed a truck parked / in front of the house across the street.
집에 오는 길에, / Shirley는 트럭 한 대가 주차된 것을 알아차렸다. / 길 건너편 집 앞에

New neighbors!
새 이웃이었다!
Shirley was dying to know about them.
Shirley는 그들에 대해 알고 싶어 죽을 지경이었다.
"Do you know anything about the new neighbors?" / she asked Pa at dinner.
"새 이웃에 대해 뭔가 알고 계세요?"라고 / 저녁 식사 시간에 그녀는 아빠에게 물었다.
He said, / "Yes, and there's one thing / that may be interesting to you."
그는 말했다. / "그럼, 그리고 한 가지 있지. / 네 흥미를 끌 만한 것이라고
Shirley had a billion more questions.
Shirley는 더 묻고 싶은 게 엄청나게 많았다.
Pa said joyfully, / "They have a girl just your age.
아빠는 기쁘게 말했다. / "딱 네 나이의 여자아이가 한 명 있어.
Maybe she wants to be your playmate."
아마 그 애가 네 놀이 친구가 되고 싶어 할 수도 있어."라고
Shirley nearly dropped her fork on the floor.
Shirley는 포크를 바닥에 떨어뜨릴 뻔했다.
How many times had she prayed for a friend?
그녀가 친구를 달라고 얼마나 많이 기도했던가?
Finally, her prayers were answered!
마침내 그녀의 기도가 응답받았다!
She and the new girl could go to school together, / play together, / and become best friends.
그녀와 새로 온 여자아이는 함께 학교에 가고, / 함께 놀고, / 그리고 제일 친한 친구가 될 수 있을지도 모른다.

집에 오는 길에, Shirley는 트럭 한 대가 길 건너편 집 앞에 주차된 것을 알아차렸다. 새 이웃이었다! Shirley는 그들에 대해 알고 싶어 죽을 지경이었다. 저녁 식사 시간에 그녀는 "새 이웃에 대해 뭔가 알고 계세요?"라고 아빠에게 물었다. 그는 "그럼, 그리고 네 흥미를 끌 만한 것이 한 가지 있지."라고 말했다. Shirley는 더 묻고 싶은 게 엄청나게 많았다. 아빠는 "딱 네 나이의 여자아이가 한 명 있어. 아마 그 애가 네 놀이 친구가 되고 싶어 할 수도 있어."라고 기쁘게 말했다. Shirley는 포크를 바닥에 떨어뜨릴 뻔했다. 그녀가 친구를 달라고 얼마나 많이 기도했던가? 마침내 그녀의 기도가 응답받았다! 그녀와 새로 온 여자아이는 함께 학교에 가고, 함께 놀고, 그리고 제일 친한 친구가 될 수 있을지도 모른다.

Why? 왜 정답일까?

새 이웃이 이사온 것을 본 Shirley가 새 친구에 대한 호기심과 설렘으로 기뻐하는 모습(Shirley was dying to know about them. / How many times had she prayed for a friend? Finally, her prayers were answered!)을 주로 묘사한 글이다. 따라서 Shirley의 심경으로 가장 적절한 것은 ① '궁금하고 신난'이다.

● notice ⓥ 알아차리다　　　● across the street 길 건너에
● be dying to 간절히 ~하고 싶어 하다　　　● joyfully ⓐ 즐겁게
● curious ⓐ 호기심이 많은　　　● jealous ⓐ 질투 나는
● disappointed ⓐ 실망한

구문 풀이

1행　On the way home, Shirley noticed a truck parked in front of the house
　　　　　　　　　　　　　　　　지각 동사　목적어　목적격 보어
　　　　　　　　　　　　　　　　　　　　　　　　　　　(과거분사형)
across the street.

---

20 이메일을 보내기 전 꼭 최종 검토하기 　　　정답률 91% | 정답 ③

다음 글에서 필자가 주장하는 바로 가장 적절한 것은?

① 중요한 이메일은 출력하여 보관해야 한다.
② 글을 쓸 때에는 개요 작성부터 시작해야 한다.
✔ 이메일을 전송하기 전에 반드시 검토해야 한다.
④ 업무와 관련된 컴퓨터 기능을 우선 익혀야 한다.
⑤ 업무상 중요한 내용은 이메일보다는 직접 전달해야 한다.

At a publishing house and at a newspaper / you learn the following:
출판사와 신문사에서 / 다음과 같이 알게 된다:
It's not a mistake / if it doesn't end up in print.
그것은 실수가 아니다. / 결국 인쇄물로 나오지 않으면
It's the same for email.
그것은 이메일에서도 마찬가지다.
Nothing bad can happen / if you haven't hit the Send key.
어떤 나쁜 일도 일어날 수 없다. / 여러분이 전송 버튼을 눌러 버리기 전까지는
What you've written / can have misspellings, errors of fact, rude comments, obvious lies, / but it doesn't matter.
여러분이 쓴 글에는 / 잘못 쓴 철자, 사실의 오류, 무례한 말, 명백한 거짓말이 있을 수 있지만, / 그것은 문제가 되지 않는다.
If you haven't sent it, / you still have time to fix it.
여러분이 그것을 전송하지 않았다면, / 여러분에게는 아직 그것을 고칠 시간이 있다.
You can correct any mistake / and nobody will ever know the difference.
여러분은 어떤 실수라도 수정할 수 있고 / 누구도 결코 그 변화를 모를 것이다.
This is easier said than done, of course.
물론, 이것은 말은 쉽지만 행하기는 어렵다.
Send is your computer's most attractive command.
전송은 여러분 컴퓨터의 가장 매력적인 명령어이다.
But before you hit the Send key, / make sure that you read your document carefully one last time.
그러나 여러분이 그 전송 버튼을 누르기 전에, / 반드시 문서를 마지막으로 한 번 주의 깊게 읽어 보라.

출판사와 신문사에서 다음과 같이 알게 된다. 결국 인쇄물로 나오지 않으면 그것은 실수가 아니다. 그것은 이메일에서도 마찬가지다. 전송 버튼을 눌러 버리기 전까지는 어떤 나쁜 일도 일어날 수 없다. 여러분이 쓴 글에는 잘못 쓴 철자, 사실의 오류, 무례한 말, 명백한 거짓말이 있을 수 있지만, 그것은 문제가 되지 않는다. 그것을 전송하지 않았다면, 아직 그것을 고칠 시간이 있다. 어떤 실수라도 수정할 수 있고 누구도 결코 그 변화를 모를 것이다. 물론, 이것은 말은 쉽지만 행하기는 어렵다. 전송은 여러분 컴퓨터의 가장 매력적인 명령어이다. 그러나 그 전송 버튼을 누르기 전에, 반드시 문서를 마지막으로 한 번 주의 깊게 읽어 보라.

Why? 왜 정답일까?

마지막 문장인 '~ before you hit the Send key, make sure that you read your

document carefully one last time.'에서 이메일의 전송 버튼을 누르기 전 꼭 마지막으로 주의 깊게 읽어보라고 언급하는 것으로 볼 때, 필자가 주장하는 바로 가장 적절한 것은 ③ '이메일을 전송하기 전에 반드시 검토해야 한다.'이다.

- **in print** 출간되는, 발표되는
- **rude** ⓐ 무례한
- **fix** ⓥ 고치다
- **command** ⓝ 명령(어) ⓥ 명령하다
- **misspelling** ⓝ 오탈자
- **obvious** ⓐ 명백한
- **easier said than done** 행동보다 말이 쉽다

구문 풀이

9행 But before you hit the Send key, make sure that you read your document
접속사(~전에)   명령문(~하라)   접속사(~것)
carefully one last time.

---

21 과거의 후회를 극복하고 미래를 기약하기   정답률 73% | 정답 ②

밑줄 친 translate it from the past tense to the future tense가 다음 글에서 의미하는 바로 가장 적절한 것은? [3점]

① look for a job linked to your interest – 흥미와 관련된 일을 찾을
✓ get over regrets and plan for next time – 후회를 극복하고 다음을 계획할
③ surround yourself with supportive people – 힘을 주는 사람들로 주변을 채울
④ study grammar and write clear sentences – 문법을 공부하여 명확한 문장을 쓸
⑤ examine your way of speaking and apologize – 말하는 방법을 돌아보고 사과할

Get past the 'I wish I hadn't done that!' reaction.
'내가 그것을 하지 말았어야 했는데!'라는 반응을 넘어서라.
If the disappointment you're feeling / is linked to an exam you didn't pass / because you didn't study for it, / or a job you didn't get / because you said silly things at the interview, / or a person you didn't impress / because you took entirely the wrong approach, / accept that it's *happened* now.
만일 여러분이 느끼는 실망이 / 통과하지 못한 시험과 연관되어 있다면, / 여러분이 시험공부를 하지 않았기 때문에 / 또는 여러분이 얻지 못한 일자리 / 여러분이 면접에서 바보 같은 말을 했기 때문에 / 또는 여러분이 좋은 인상을 주지 못한 사람과 / 여러분이 완전히 잘못된 접근 방법을 택했기 때문에 / 이제는 그 일이 *일어나* 버렸다는 것을 받아들여라.
The only value of 'I wish I hadn't done that!' / is that you'll know better what to do next time.
'내가 그것을 하지 말았어야 했는데!'의 유일한 가치는 / 여러분이 다음에 무엇을 할지 더 잘 알게 되리라는 점이다.
The learning pay-off is useful and significant.
배움으로 얻게 되는 이득은 유용하고 의미가 있다.
This 'if only I ...' agenda is virtual.
이러한 '내가 …하기만 했다면'이라는 의제는 가상의 것이다.
Once you have worked that out, / it's time to translate it / from the past tense to the future tense:
여러분이 그것을 파악했다면, / 이제 그것을 바꿀 때이다. / 과거 시제에서 미래 시제로
'Next time I'm in this situation, I'm going to try to ...'.
'다음에 내가 이 상황일 때 나는 …하려고 할 것이다.'

'내가 그것을 하지 말았어야 했는데!'라는 반응을 넘어서라. 만일 여러분이 느끼는 실망이 시험공부를 하지 않았기 때문에 통과하지 못한 시험, 면접에서 바보 같은 말을 해서 얻지 못한 일자리, 또는 완전히 잘못된 접근 방법을 택하는 바람에 좋은 인상을 주지 못한 사람과 연관되어 있다면, 이제는 그 일이 *일어나* 버렸다는 것을 받아들여라. '내가 그것을 하지 말았어야 했는데!'의 유일한 가치는 다음에 무엇을 할지 더 잘 알게 되리라는 점이다. 배움으로 얻게 되는 이득은 유용하고 의미가 있다. 이러한 '내가 …하기만 했다면'이라는 의제는 가상의 것이다. 여러분이 그것을 파악했다면, 이제 그것을 과거 시제에서 미래 시제로 바꿀 때이다. '다음에 내가 이 상황일 때 나는 …하려고 할 것이다.'

Why? 왜 정답일까?

'The only value of 'I wish I hadn't done that!' is that you'll know better what to do next time.'에서 과거에 이미 해버린 일을 하지 말았어야 한다는 후회는 다음에 할 일을 더 잘 알게 된다는 점에서만 의의가 있다고 한다. 이를 근거로 볼 때, '과거 시제 대신 미래 시제를 쓰라'는 뜻의 밑줄 친 부분은 후회되는 상황을 거울로 삼아 앞으로 같은 상황이 벌어졌을 때 할 일에 대한 대책을 세우라는 의미로 이해할 수 있다. 따라서 밑줄 친 부분이 의미하는 바로 가장 적절한 것은 ② '후회를 극복하고 다음을 계획할'이다.

- **get past** 지나가다, 추월하다
- **impress** ⓥ 인상을 주다
- **pay-off** ⓝ 이득, 보상
- **translate** ⓥ 바꾸다, 번역하다
- **supportive** ⓐ 힘이 되는, 지지를 주는
- **disappointment** ⓝ 실망
- **entirely** ⓐ 완전히, 전적으로
- **virtual** ⓐ 가상의
- **get over** ~을 극복하다
- **examine** ⓥ 검토하다, 조사하다

구문 풀이

1행 If the disappointment [you're feeling] is linked to an exam [you didn't
접속사(~한다면)   주어   동사구   to의 목적어1
pass because you didn't study for it], or a job [you didn't get because you said
to의 목적어2
silly things at the interview], or a person [you didn't impress because you took
to의 목적어3
entirely the wrong approach], accept that it's *happened* now.
명령문(~하라) 접속사 =has

---

22 스트레스와 괴로움의 원천인 자기 의심   정답률 67% | 정답 ⑤

다음 글의 요지로 가장 적절한 것은?

① 비판적인 시각은 객관적인 문제 분석에 도움이 된다.
② 성취 욕구는 스트레스를 이겨 낼 원동력이 될 수 있다.
③ 적절한 수준의 스트레스는 과제 수행의 효율을 높인다.
④ 실패의 경험은 자존감을 낮추고, 타인에 의존하게 한다.
✓ 자기 의심은 스트레스를 유발하고, 객관적 판단을 흐린다.

If you care deeply about something, / you may place greater value on your ability / to succeed in that area of concern.
여러분이 무언가에 깊이 관심을 두면, / 여러분은 여러분의 능력에 더 큰 가치를 둘지도 모른다. / 그 관심 영역에서 성공하기 위한
The internal pressure / you place on yourself / to achieve or do well socially / is normal and useful, / but when you doubt your ability / to succeed in areas / that are important to you, / your self-worth suffers.
내적인 압박은 / 여러분이 스스로에게 가하는 / 성취하거나 사회적으로 성공하기 위해 / 정상적이고 유용하지만, / 여러분이 여러분의 능력을 의심하면, / 영역에서 성공하기 위한 / 자신에게 중요한 / 여러분의 자아 존중감은 상처를 입는다.
Situations are uniquely stressful for each of us / based on whether or not they activate our doubt.
상황은 우리 각각에게 저마다 다른 방식으로 스트레스를 준다. / 그것이 우리의 의심을 활성화하는지 여부에 따라
It's not the pressure to perform / that creates your stress.
결코 수행에 대한 압박이 아니다. / 여러분의 스트레스를 일으키는 것은
Rather, it's the self-doubt / that bothers you.
오히려, 바로 자기 의심이다. / 여러분을 괴롭히는 것은
Doubt causes you / to see positive, neutral, and even genuinely negative experiences / more negatively / and as a reflection of your own shortcomings.
의심은 여러분이 ~하게 한다. / 긍정적인 경험, 중립적인 경험, 그리고 심지어 진짜로 부정적인 경험을 보게 / 더 부정적으로 / 그리고 여러분 자신의 단점을 반영한 것으로
When you see situations and your strengths more objectively, / you are less likely to have doubt / as the source of your distress.
여러분이 상황과 여러분의 강점을 더 객관적으로 바라볼 때, / 여러분은 의심을 덜 가질 것이다. / 괴로움의 원천인

무언가에 깊이 관심을 두면, 그 관심 영역에서 성공하기 위한 여러분의 능력에 더 큰 가치를 둘지도 모른다. 성취하거나 사회적으로 성공하기 위해 스스로에게 가하는 내적인 압박은 정상적이고 유용하지만, 자신에게 중요한 영역에서 성공하기 위한 여러분의 능력을 의심하면, 여러분의 자아 존중감은 상처를 입는다. 상황이 우리의 의심을 활성화하는지 여부에 따라 그것은 우리 각각에게 저마다 다른 방식으로 스트레스를 준다. 여러분의 스트레스를 일으키는 것은 결코 수행에 대한 압박이 아니다. 오히려, 여러분을 괴롭히는 것은 바로 자기 의심이다. 의심은 긍정적인 경험, 중립적인 경험, 그리고 심지어 진짜로 부정적인 경험을 더 부정적으로 보게 하고, 여러분 자신의 단점을 반영한 것으로 (그것들을) 보게 한다. 상황과 여러분의 강점을 더 객관적으로 바라볼 때, 여러분은 괴로움의 원천인 의심을 덜 가질 것이다.

Why? 왜 정답일까?

'Rather, it's the self-doubt that bothers you.' 이후로 수행에 대한 압박이 아닌 자기 의심이야말로 우리에게 스트레스를 주며 우리가 스스로를 실제보다 더 부정적으로 바라보도록 만든다는 내용이 제시된다. 따라서 글의 요지로 가장 적절한 것은 ⑤ '자기 의심은 스트레스를 유발하고, 객관적 판단을 흐린다.'이다.

- **concern** ⓝ 관심, 걱정
- **doubt** ⓝ 의심 ⓥ 의심하다
- **uniquely** ⓐ 특유의 방법으로, 독특하게
- **neutral** ⓐ 중립적인
- **reflection** ⓝ 반영
- **objectively** ⓐ 객관적으로
- **internal** ⓐ 내적인
- **self-worth** ⓝ 자아 존중감, 자기 가치감
- **activate** ⓥ 활성화하다
- **genuinely** ⓐ 진정으로
- **shortcoming** ⓝ 단점

구문 풀이

2행 The internal pressure [(that) you place on yourself to achieve or do well
주어1(선행사)   목적격 관계대명사   부사적 용법(~하기 위해)
socially] is normal and useful, but when you doubt your ability to succeed in areas
동사1(단수)   접속사(~할 때)   형용사적 용법 선행사
[that are important to you] your self-worth suffers.
주격 관계대명사   주어2   동사2

---

23 대화 중 거짓말을 할 때의 특징   정답률 68% | 정답 ①

다음 글의 주제로 가장 적절한 것은?

✓ delayed responses as a sign of lying – 거짓말의 징후인 늦어지는 대답
② ways listeners encourage the speaker – 청자가 화자를 격려하는 방식
③ difficulties in finding useful information – 유용한 정보를 찾는 데 있어서의 어려움
④ necessity of white lies in social settings – 사회적 상황에서 선의의 거짓말의 필요성
⑤ shared experiences as conversation topics – 대화 주제로서의 공유된 경험

When two people are involved in an honest and open conversation, / there is a back and forth flow of information.
두 사람이 솔직하고 진솔한 대화에 참여하면 / 정보가 왔다 갔다 하며 흘러간다.
It is a smooth exchange.
그것은 순조로운 대화이다.
Since each one is drawing on their past personal experiences, / the pace of the exchange is as fast as memory.
각자가 자신의 개인적인 과거 경험에 의존하고 있기 때문에, / 주고받는 속도가 기억만큼 빠르다.
When one person lies, / their responses will come more slowly / because the brain needs more time / to process the details of a new invention / than to recall stored facts.
한 사람이 거짓말하면, / 그 사람의 반응이 더 느리게 나올 텐데, / 뇌는 더 많은 시간이 필요하기 때문이다. / 새로 꾸며 낸 이야기의 세부 사항을 처리하는 데에 / 저장된 사실을 기억해 내는 데 비해
As they say, "Timing is everything."
사람들이 말하듯 "타이밍이 가장 중요하다."
You will notice the time lag / when you are having a conversation with someone / who is making things up as they go.
여러분은 시간의 지연을 알아차릴 것이다. / 여러분이 누군가와 이야기를 하고 있으면, / 말을 하면서 이야기를 꾸며 내고 있는
Don't forget / that the other person may be reading your body language as well, / and if you seem to be disbelieving their story, / they will have to pause / to process that information, too.
잊지 말라. / 상대가 여러분의 몸짓 언어 역시 읽고 있을지도 모른다는 것과 / 만약 여러분이 그 사람의 이야기를 믿지 않고 있는 것처럼 보이면, / 그 사람은 잠시 멈춰야 할 것임을 / 그 정보 또한 처리하기 위해

두 사람이 솔직하고 진솔한 대화에 참여하면 정보가 왔다 갔다 하며 흘러간다. 그것은 순조로운 대화이다. 각자가 자신의 개인적인 과거 경험에 의존하고 있기 때문에, 주고받는 속도가 기억만큼 빠르다. 한 사람이 거짓말하면, 그 사람의 반응이 더 느리게 나올 텐데, 뇌는 저장된 사실을 기억해 내는 데 비해 새로 꾸며 내는 이야기의 세부 사항을 처리하는 데에 더 많은

[문제편 p.139]

시간이 필요하기 때문이다. 사람들이 말하듯 "타이밍이 가장 중요하다." 말을 하면서 이야기를 꾸며 내고 있는 누군가와 이야기를 하고 있으면, 여러분은 시간의 지연을 알아차릴 것이다. 상대가 여러분의 몸짓 언어 역시 읽고 있을지도 모른다는 것과, 만약 여러분이 그 사람의 이야기를 믿지 않고 있는 것처럼 보이면 그 사람은 그 정보 또한 처리하기 위해 잠시 멈춰야 할 것임을 잊지 말아야 한다.

Why? 왜 정답일까?

'When one person lies, their responses will come more slowly ~'와 'You will notice the time lag when you are having a conversation with someone who is making things up as they go.'에서 두 사람이 모두 솔직하게 임하는 대화와는 달리 한 사람이 거짓말을 하고 있는 대화에서는 거짓말을 하고 있는 사람의 반응이 느려진다고 한다. 따라서 글의 주제로 가장 적절한 것은 ① '거짓말의 징후인 늦어지는 대답'이다.

- exchange ⓝ 대화, 주고받음, 교환
- process ⓥ 처리하다
- make up 만들어내다, 꾸며내다
- necessity ⓝ 필요성
- draw on ~에 의존하다, ~을 이용하다
- recall ⓥ 회상하다
- disbelieve ⓥ 불신하다, 믿지 않다

구문 풀이

5행 When one person lies, their responses will come more slowly because
〔시간 접속사〕 〔현재시제〕 〔미래시제〕 〔접속사(~ 때문에)〕
the brain needs more time to process the details of a new invention to recall
〔부사적 용법1〕
stored facts.
〔부사적 용법2(than 앞뒤 병렬)〕

---

24 산 이후 사용하지 않아 낭비가 되어버리는 물건들 〔정답률 77% | 정답 ⑤〕

다음 글의 제목으로 가장 적절한 것은?

① Spending Enables the Economy – 소비가 경제를 가능케 한다
② Money Management: Dos and Don'ts – 돈 관리: 해야 할 일과 하지 말아야 할 일
③ Too Much Shopping: A Sign of Loneliness – 너무 많은 쇼핑: 외로움의 신호
④ 3R's of Waste: Reduce, Reuse, and Recycle – 쓰레기의 3R: 줄이고, 다시 쓰고, 재활용하자
✓⑤ What You Buy Is Waste Unless You Use It – 당신이 사는 것은 당신이 그것을 이용하지 않는 한 낭비이다

Think, for a moment, / about something you bought / that you never ended up using.
잠시 생각해 봐라. / 여러분이 산 물건에 대해 / 여러분이 결국 한 번도 사용하지 않았던
An item of clothing / you never ended up wearing?
옷 한 벌? / 여러분이 결국 한 번도 입지 않은
A book you never read?
여러분이 한 번도 읽지 않은 책 한 권?
Some piece of electronic equipment / that never even made it out of the box?
어떤 전자 기기? / 심지어 상자에서 꺼내 보지도 않은
It is estimated / that Australians alone / spend on average $10.8 billion AUD (approximately $9.99 billion USD) every year / on goods they do not use / — more than the total government spending on universities and roads.
추산되는데, / 호주인들만 봐도 / 매년 평균 108억 호주 달러(약 99억 9천 미국 달러)를 쓰는 것으로 / 그들이 사용하지 않는 물건에 / 이는 대학과 도로에 사용하는 정부 지출 총액을 넘는 금액이다.
That is an average of $1,250 AUD (approximately $1,156 USD) / for each household.
그 금액은 평균 1,250 호주 달러(약 1,156 미국 달러)이다. / 각 가구당
All the things we buy / that then just sit there gathering dust / are waste — a waste of money, / a waste of time, / and waste in the sense of pure rubbish.
우리가 산 모든 물건은 / 그러고 나서 제자리에서 먼지를 뒤집어쓰고 있는 / 낭비인데, / 돈 낭비, / 시간 낭비, / 그리고 순전히 쓸모없는 물건이라는 의미에서 낭비이다.
As the author Clive Hamilton observes, / 'The difference / between the stuff we buy and what we use / is waste.'
작가인 Clive Hamilton이 말하는 것처럼, / "뺀 것은 / 우리가 사는 물건에서 우리가 사용하는 것을 / 낭비이다".

여러분이 사 놓고 결국 한 번도 사용하지 않았던 물건에 대해 잠시 생각해 봐라. 결국 한 번도 입지 않은 옷 한 벌? 한 번도 읽지 않은 책 한 권? 심지어 상자에서 꺼내 보지도 않은 어떤 전자 기기? 호주인들만 봐도 사용하지 않는 물건에 매년 평균 108억 호주 달러(약 99억 9천 미국 달러)를 쓰는 것으로 추산되는데, 이는 대학과 도로에 사용하는 정부 지출 총액을 넘는 금액이다. 그 금액은 각 가구당 평균 1,250 호주 달러(약 1,156 미국 달러)이다. 우리가 사고 나서 제자리에서 먼지를 뒤집어쓰고 있는 모든 물건은 낭비인데, 돈 낭비, 시간 낭비, 그리고 순전히 쓸모없는 물건이라는 의미에서 낭비이다. 작가인 Clive Hamilton이 말하는 것처럼 "우리가 사는 물건에서 우리가 사용하는 것을 뺀 것은 낭비이다".

Why? 왜 정답일까?

사고 나서 한 번도 사용하지 않아 먼지만 쌓이고 있는 물건은 모두 낭비라는 내용의 글로, 마지막 두 문장이 주제를 잘 제시한다(All the things we buy that then just sit there gathering dust are waste ~. ~ 'The difference between the stuff we buy and what we use is waste.') 따라서 글의 제목으로 가장 적절한 것은 ⑤ '당신이 사는 것은 당신이 그것을 이용하지 않는 한 낭비이다'이다.

- end up 결국 ~하다
- equipment ⓝ 기기, 장비
- gather ⓥ 모으다
- rubbish ⓝ 쓰레기
- difference ⓝ 뺀 것, (양의) 차이
- electronic ⓐ 전자의
- approximately ⓐⓓ 대략
- waste ⓝ 낭비, 쓰레기
- observe ⓥ 말하다, 관찰하다

구문 풀이

9행 All the things [(that) we buy] [that then just sit there gathering dust] are
〔주어(선행사)〕 〔목적격 관계대명사〕 〔주격 관계대명사〕 〔분사구문(~하면서)〕 〔동사(복수)〕
waste — a waste of money, a waste of time, and waste in the sense of pure rubbish.
〔보어〕 〔동격(보어 보충 설명)〕

---

25 교육용 콘텐츠를 이용하기 위해 기기를 사용한 학생들의 비율 〔정답률 80% | 정답 ③〕

다음 도표의 내용과 일치하지 않는 것은?

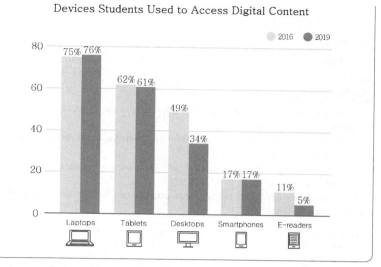

Devices Students Used to Access Digital Content

2016 ● 2019

Laptops 75% 76%
Tablets 62% 61%
Desktops 49% 34%
Smartphones 17% 17%
E-readers 11% 5%

The above graph shows / the percentage of students from kindergarten to 12th grade / who used devices / to access digital educational content / in 2016 and in 2019.
위 그래프는 보여 준다. / 유치원에서 12학년까지의 학생들의 비율을 / 기기를 사용한, / 교육용 디지털 콘텐츠를 이용하기 위해 / 2016년과 2019년에
① Laptops were the most used device / for students to access digital content / in both years.
노트북은 가장 많이 사용한 기기였다. / 학생들이 디지털 콘텐츠를 이용하기 위해 / 두 해 모두
② Both in 2016 and in 2019, / more than 6 out of 10 students used tablets.
2016년과 2019년 모두 / 10명 중 6명이 넘는 학생들이 태블릿을 사용했다.
✓③ More than half the students used desktops / to access digital content / in 2016, / and more than a third used desktops in 2019.
절반이 넘는 학생들이 데스크톱을 사용하여 / 디지털 콘텐츠를 이용했고, / 2016에는 / 2019에는 3분의 1이 넘는 학생들이 데스크톱을 사용했다.
④ The percentage of smartphones in 2016 / was the same as that in 2019.
2016년 스마트폰의 비율은 / 2019년 스마트폰의 비율과 같았다.
⑤ E-readers ranked the lowest in both years, / with 11 percent in 2016 and 5 percent in 2019.
전자책 단말기는 두 해 모두 가장 낮은 순위를 차지했는데, / 2016년에는 11퍼센트였고 2019년에는 5퍼센트였다.

위 그래프는 2016년과 2019년에 교육용 디지털 콘텐츠를 이용하기 위해 기기를 사용한, 유치원에서 12학년까지의 학생들의 비율을 보여 준다. ① 두 해 모두 노트북은 학생들이 디지털 콘텐츠를 이용하기 위해 가장 많이 사용한 기기였다. ② 2016년과 2019년 모두 10명 중 6명이 넘는 학생들이 태블릿을 사용했다. ③ 2016년에는 절반이 넘는 학생들이 데스크톱을 사용하여 디지털 콘텐츠를 이용했고, 2019년에는 3분의 1이 넘는 학생들이 데스크톱을 사용했다. ④ 2016년 스마트폰의 비율은 2019년 스마트폰의 비율과 같았다. ⑤ 전자책 단말기는 두 해 모두 가장 낮은 순위를 차지했는데, 2016년에는 11퍼센트였고 2019년에는 5퍼센트였다.

Why? 왜 정답일까?

도표에 따르면 2016년 교육용 디지털 콘텐츠 이용 목적으로 데스크톱을 사용했던 학생들의 비율은 49%로 절반을 넘지 못했다. 따라서 도표와 일치하지 않는 것은 ③이다.

- kindergarten ⓝ 유치원
- educational ⓐ 교육의
- access ⓥ 이용하다, 접근하다, 접속하다

---

26 Elizabeth Catlett의 생애 〔정답률 91% | 정답 ⑤〕

Elizabeth Catlett에 관한 다음 글의 내용과 일치하지 않는 것은?

① 할머니로부터 노예 이야기를 들었다.
② Carnegie Institute of Technology로부터 입학을 거절당했다.
③ University of Iowa에서 석사 학위를 취득했다.
④ 미국과 멕시코에서 많은 상을 받았다.
✓⑤ 멕시코 시민권을 결국 받지 못했다.

Elizabeth Catlett was born in Washington, D.C. in 1915.
Elizabeth Catlett은 1915년 Washington, D.C.에서 태어났다.
『As a granddaughter of slaves, / Catlett heard the stories of slaves from her grandmother.』 ①의 근거 일치
노예의 손녀로서 / Catlett은 할머니로부터 노예 이야기를 들었다.
『After being disallowed entrance / from the Carnegie Institute of Technology / because she was black, / Catlett studied design and drawing at Howard University.』 ②의 근거 일치
입학을 거절당한 이후, / Carnegie Institute of Technology로부터 / 그녀가 흑인이라는 이유로 / Catlett은 Howard 대학에서 디자인과 소묘를 공부했다.
『She became one of the first three students / to earn a master's degree in fine arts / at the University of Iowa.』 ③의 근거 일치
그녀는 첫 세 명의 학생 중 한 명이 되었다. / 순수 미술 석사 학위를 취득한 / Iowa 대학에서
Throughout her life, / she created art / representing the voices of people / suffering from social injustice.
평생 동안 / 그녀는 예술 작품을 창작했다. / 사람들의 목소리를 대변하는 / 사회적 불평등으로 고통받는
『She was recognized with many prizes and honors / both in the United States and in Mexico.』 ④의 근거 일치
그녀는 상과 표창으로 인정받았다. / 미국과 멕시코 모두에서
『She spent over fifty years in Mexico, / and she took Mexican citizenship in 1962.』 ⑤의 근거 불일치
그녀는 멕시코에서 50년이 넘는 세월을 보냈고, / 1962년에 멕시코 시민권을 받았다.
Catlett died in 2012 at her home in Mexico.
Catlett은 2012년에 멕시코에 있는 자신의 집에서 생을 마쳤다.

Elizabeth Catlett은 1915년 Washington, D.C.에서 태어났다. 노예의 손녀로서 Catlett은 할머니로부터 노예 이야기를 들었다. 흑인이라는 이유로 Carnegie Institute of Technology로부터 입학을 거절당한 이후, Catlett은 Howard 대학에서 디자인과 소묘를 공부했다. 그녀는 Iowa 대학에서 순수 미술 석사 학위를 취득한 첫 세 명의 학생들 중 한 명이 되었다. 평생 동안 그녀는 사회적 불평등으로 고통받는 사람들의 목소리를 대변하는 예술 작품을 창작했다. 그녀는 미국과 멕시코 모두에서 많은 상과 표창으로 인정받았다. 그녀는 멕시코에서 50년이

넘는 세월을 보냈고, 1962년에 멕시코 시민권을 받았다. Catlett은 2012년에 멕시코에 있는 자신의 집에서 생을 마쳤다.

Why? 왜 정답일까?

'~ she took Mexican citizenship in 1962.'에 따르면 Elizabeth Catlett은 1962년에 멕시코 시민권을 취득하였다. 따라서 내용과 일치하지 않는 것은 ⑤ '멕시코 시민권을 결국 받지 못했다.'이다.

Why? 왜 오답일까?

① 'As a granddaughter of slaves, Catlett heard the stories of slaves from her grandmother.'의 내용과 일치한다.
② 'After being disallowed entrance from the Carnegie Institute of Technology because she was black, ~'의 내용과 일치한다.
③ 'She became one of the first three students to earn a master's degree in fine arts at the University of Iowa.'의 내용과 일치한다.
④ 'She was recognized with many prizes and honors both in the United States and in Mexico.'의 내용과 일치한다.

- slave ⓝ 노예
- entrance ⓝ 입학, 입장
- fine arts 순수 미술
- injustice ⓝ 불평등, 부당함
- citizenship ⓝ 시민권
- disallow ⓥ (공식적으로) 거절하다, 인정하지 않다
- earn ⓥ 얻다, 취득하다
- represent ⓥ 대표하다, 나타내다
- recognize ⓥ 인정하다

구문 풀이

3행 After being disallowed entrance from the Carnegie Institute of Technology
전치사(~ 후에)   수동동명사
because she was black, Catlett studied design and drawing at Howard University.
접속사(~ 때문에)   주어   동사

---

27 봄 농장 캠프 안내 　　　　　정답률 95% | 정답 ⑤

Spring Farm Camp에 관한 다음 안내문의 내용과 일치하지 <u>않는</u> 것은?

① 6세 ~ 10세 어린이가 참가할 수 있다.
② 참가비에 점심과 간식이 포함되어 있다.
③ 염소젖으로 치즈를 만드는 활동을 한다.
④ 딸기잼을 만들어 집으로 가져갈 수 있다.
☑ 비가 오면 운영하지 않는다.

Spring Farm Camp
봄 농장 캠프
Our one-day spring farm camp / gives your kids true, hands-on farm experience.
우리의 일일 봄 농장 캠프는 / 여러분의 자녀에게 진정한 농장 체험을 제공합니다.
When: Monday, April 19 – Friday, May 14
기간: 4월 19일 월요일 ~ 5월 14일 금요일
Time: 9 a.m. – 4 p.m.
시간: 오전 9시 ~ 오후 4시
『Ages: 6 – 10』 ①의근거 일치
나이: 6세 ~ 10세
『Participation Fee: $70 per person (lunch and snacks included)』 ②의근거 일치
참가비: 개인당 70달러 (점심과 간식 포함)
Activities:
활동:
『making cheese from goat's milk』 ③의근거 일치
염소젖으로 치즈 만들기
picking strawberries
딸기 따기
『making strawberry jam to take home』 ④의근거 일치
집으로 가져갈 딸기잼 만들기
『We are open rain or shine.』 ⑤의근거 불일치
날씨에 상관없이 운영합니다.
For more information, / go to www.b_orchard.com.
더 많은 정보를 원하시면 / www.b_orchard.com에 접속하세요.

봄 농장 캠프

우리의 일일 봄 농장 캠프는 여러분의 자녀에게 진정한 농장 체험을 제공합니다.

기간: 4월 19일 월요일 ~ 5월 14일 금요일
시간: 오전 9시 ~ 오후 4시
나이: 6세 ~ 10세
참가비: 개인당 70달러 (점심과 간식 포함)

활동:
• 염소젖으로 치즈 만들기
• 딸기 따기
• 집으로 가져갈 딸기잼 만들기

날씨에 상관없이 운영합니다.
더 많은 정보를 원하시면 www.b_orchard.com에 접속하세요.

Why? 왜 정답일까?

'We are open rain or shine.'에서 농장 체험 행사는 날씨에 상관없이 열린다고 하므로, 안내문의 내용과 일치하지 않는 것은 ⑤ '비가 오면 운영하지 않는다.'이다.

Why? 왜 오답일까?

① 'Ages: 6 – 10'의 내용과 일치한다.
② 'Participation Fee: $70 per person / (lunch and snacks included)'의 내용과 일치한다.
③ 'making cheese from goat's milk'의 내용과 일치한다.
④ 'making strawberry jam to take home'의 내용과 일치한다.

- hands-on ⓐ 직접 해 보는, 체험의
- rain or shine 날씨에 상관없이

---

28 수족관 이용 안내 　　　　　정답률 92% | 정답 ④

Great Aquarium에 관한 다음 안내문의 내용과 일치하는 것은?

① 마지막 입장 시간은 오후 6시이다.
② 물고기 먹이 주기는 오후 1시에 시작한다.
③ 60세 이상의 티켓 가격은 33달러이다.
☑ 티켓 소지자는 무료 음료 쿠폰을 받는다.
⑤ 예약은 입장 30분 전까지 가능하다.

Great Aquarium
Great 수족관
Opening Hours: 10 a.m. – 6 p.m., daily
개장 시간: 매일 오전 10시 ~ 오후 6시
『Last entry is at 5 p.m.』 ①의근거 불일치
마지막 입장은 오후 5시입니다.
Events
행사

Fish Feeding 물고기 주기	『10 a.m. – 11 a.m.』 ②의근거 불일치 오전 10시 ~ 오전 11시
Penguin Feeding 펭귄 먹이 주기	1 p.m. – 2 p.m. 오후 1시 ~ 오후 2시

Ticket Prices
티켓 가격

Age 나이	Price 가격
Kids (12 and under) 어린이(12세 이하)	$25 25달러
Adults (20 – 59) 성인(20세 ~ 59세)	$33 33달러
Teens (13 – 19) 십 대(13세 ~ 19세) 『Seniors (60 and above) 노인(60세 이상)	$30 ③의근거 불일치 30달러

『Ticket holders will receive a free drink coupon.』 ④의근거 일치
티켓 소지자는 무료 음료 쿠폰을 받습니다.
Booking Tickets
티켓 예약
ALL visitors are required to book online.
'모든' 방문객은 온라인으로 예약해야 합니다.
『Booking will be accepted up to 1 hour before entry.』 ⑤의근거 불일치
예약은 입장 1시간 전까지 받습니다.

Great 수족관

개장 시간: 매일 오전 10시 ~ 오후 6시
마지막 입장은 오후 5시입니다.

행사

물고기 먹이 주기	오전 10시 ~ 오전 11시
펭귄 먹이 주기	오후 1시 ~ 오후 2시

티켓 가격

나이	가격
어린이(12세 이하)	25달러
성인(20세 ~ 59세)	33달러
십 대(13세 ~ 19세) 노인(60세 이상)	30달러

※ 티켓 소지자는 무료 음료 쿠폰을 받습니다.

티켓 예약
• '모든' 방문객은 온라인으로 예약해야 합니다.
• 예약은 입장 1시간 전까지 받습니다.

Why? 왜 정답일까?

'Ticket holders will receive a free drink coupon.'에서 티켓 소지자는 무료 음료 쿠폰을 받게 된다고 하므로, 안내문의 내용과 일치하는 것은 ④ '티켓 소지자는 무료 음료 쿠폰을 받는다.'이다.

Why? 왜 오답일까?

① 'Last entry is at 5 p.m.'에서 마지막 입장 시간은 오후 5시라고 하였다.
② 'Fish Feeding / 10 a.m. – 11 a.m.'에서 물고기 먹이 주기는 오전 10시에 시작한다고 하였다.
③ 'Seniors (60 and above) / $30'에서 60세 이상 노인의 티켓 가격은 십 대와 마찬가지로 30달러라고 하였다.
⑤ 'Booking will be accepted up to 1 hour before entry.'에서 예약은 입장 1시간 전까지 가능하다고 하였다.

- entry ⓝ 입장
- accept ⓥ 수용하다, 허용하다
- book ⓥ 예약하다
- up to ~까지

---

29 악기 연주를 배우기 전 악기를 탐구할 시간 주기 　　정답률 61% | 정답 ③

다음 글의 밑줄 친 부분 중, 어법상 틀린 것은? [3점]

Although there is usually a correct way / of holding and playing musical instruments, / the most important instruction to begin with / is ① that they are not toys / and that they must be looked after.

비록 정확한 방법이 대체로 있다고 해도 / 악기를 잡고 연주하는 / 우선적으로 가장 중요한 가르침은 / 악기가 장난감이 아니라는 것과 / 악기를 관리해야 한다는 것이다.
② Allow children time / to explore ways of handling and playing the instruments for themselves / before showing them.
아이들에게 시간을 주어라. / 악기를 직접 다루고 연주하는 방법을 탐구할 / 그것을 알려 주기 전에
Finding different ways to produce sounds / ✓ is an important stage of musical exploration.
소리를 만들어 내는 여러 가지 방법을 찾는 것은 / 음악적 탐구의 중요한 단계이다.
Correct playing comes from the desire / ④ to find the most appropriate sound quality / and find the most comfortable playing position / so that one can play with control over time.
정확한 연주는 욕구에서 나온다. / 가장 알맞은 음질을 찾고 / 가장 편안한 연주 자세를 찾으려는 / 오랜 시간 동안 잘 다루면서 연주할 수 있도록
As instruments and music become more complex, / learning appropriate playing techniques / becomes ⑤ increasingly relevant.
악기와 음악이 더 복잡해짐에 따라, / 알맞은 연주 기술을 알게 되는 것은 / 점점 더 유의미해진다.

비록 악기를 잡고 연주하는 정확한 방법이 대체로 있다고 해도 우선적으로 가장 중요한 가르침은 악기가 장난감이 아니라는 것과 악기를 관리해야 한다는 것이다. 아이들에게 (악기를 다루고 연주하는) 방법을 알려 주기 전에 직접 악기를 다루고 연주하는 방법을 탐구할 시간을 주어라. 소리를 만들어 내는 여러 가지 방법을 찾는 것은 음악적 탐구의 중요한 단계이다. 정확한 연주는 가장 알맞은 음질을 찾고 오랜 시간 동안 잘 다루면서 연주할 수 있도록 가장 편안한 연주 자세를 찾으려는 욕구에서 나온다. 악기와 음악이 더 복잡해짐에 따라, 알맞은 연주 기술을 알게 되는 것은 점점 더 유의미해진다.

Why? 왜 정답일까?
'Finding different ways ~'는 동명사구 주어이므로 단수 취급한다. 따라서 are 대신 is를 써야 한다. 어법상 틀린 것은 ③이다.

Why? 왜 오답일까?
① 뒤에 'they are not toys'라는 완전한 2형식 문장이 나오므로 앞에 접속사 that을 쓴 것이 적절하다. 참고로 that절은 동사 is의 주격 보어이다.
② 앞에 주어 You가 생략된 명령문으로 동사 Allow가 원형으로 바르게 쓰였다.
④ the desire를 꾸미는 말로 to부정사가 바르게 쓰였다. ability, attempt, chance, desire, opportunity 등은 to부정사의 꾸밈을 받는 명사임을 기억해 둔다.
⑤ 2형식 동사 becomes의 보어인 형용사 relevant를 꾸미기 위해 앞에 부사인 increasingly가 적절하게 쓰였다.

- instrument ⓝ 악기, 도구
- look after ~을 관리하다, 돌보다
- appropriate ⓐ 적절한
- increasingly ⓐⓓ 점점 더
- instruction ⓝ 지침, 가르침
- explore ⓥ 탐구하다
- complex ⓐ 복잡한
- relevant ⓐ 유의미한, 적절한, 관련 있는

구문 풀이
1행 Although there is usually a correct way of holding and playing musical
접속사(~에도 불구하고) 동사(단수) 주어
instruments, the most important instruction to begin with is {that they are not toys}
주어 동사 접속사1
and {that they must be looked after}.
접속사2 { } : is의 보어

---

30 인공 조명의 가격 하락에 따른 결과   정답률 59% | 정답 ③
다음 글의 밑줄 친 부분 중, 문맥상 낱말의 쓰임이 적절하지 않은 것은? [3점]

When the price of something fundamental / drops greatly, / the whole world can change.
기본적인 어떤 것의 가격이 / 크게 하락할 때, / 온 세상이 바뀔 수 있다.
Consider light.
조명을 생각해 보자.
Chances are / you are reading this sentence / under some kind of artificial light.
아마 ~일 것이다. / 여러분은 이 문장을 읽고 있을 / 어떤 유형의 인공조명 아래에서
Moreover, / you probably never thought about / whether using artificial light for reading was worth it.
또한, / 여러분은 ~에 대해 아마 생각해 본 적이 없을 것이다. / 독서를 위해 인공조명을 이용하는 것이 그럴 만한 가치가 있는지
Light is so ① cheap / that you use it without thinking.
조명이 너무 싸서 / 여러분은 생각 없이 그것을 이용한다.
But in the early 1800s, / it would have cost you four hundred times / what you are paying now / for the same amount of light.
하지만 1800년대 초반에는, / 여러분에게 400배만큼의 비용이 들었을 것이다. / 여러분이 오늘날 지불하고 있는 것의 / 같은 양의 조명에 대해
At that price, / you would ② notice the cost / and would think twice / before using artificial light to read a book.
그 가격이면, / 여러분은 비용을 의식할 것이고 / 다시 한 번 생각할 것이다. / 책을 읽기 위해 인공조명을 이용하기 전에
The ✓ drop in the price of light / lit up the world.
조명 가격의 하락은 / 세상을 밝혔다.
Not only did it turn night into day, / but it allowed us to live and work in big buildings / that ④ natural light could not enter.
그것은 밤을 낮으로 바꾸었을 뿐 아니라, / 그것은 큰 건물에서 우리가 살고 일할 수 있게 해 주었다. / 자연의 빛이 들어올 수 없는
Nearly nothing we have today / would be ⑤ possible / if the cost of artificial light had not dropped to almost nothing.
우리가 오늘날 누리는 것 중에 거의 아무것도 없다. / 가능한 것은 / 만약 인공조명의 비용이 거의 공짜 수준으로 하락하지 않았더라면

기본적인 어떤 것의 가격이 크게 하락할 때, 온 세상이 바뀔 수 있다. 조명을 생각해 보자. 아마 여러분은 어떤 유형의 인공조명 아래에서 이 문장을 읽고 있을 것이다. 또한, 여러분은 독서를 위해 인공조명을 이용하는 것이 그럴 만한 가치가 있는지에 대해 아마 생각해 본 적이 없을 것이다. 조명이 너무 ① 싸서 여러분은 생각 없이 그것을 이용한다. 하지만 1800년대 초반에는, 같은 양의 조명에 대해 오늘날 지불하고 있는 것의 400배만큼의 비용이 들었을 것이다. 그 가격이면, 여러분은 비용을 ② 의식할 것이고 책을 읽기 위해 인공조명을 이용하기 전에 다시 한 번 생각할 것이다. 조명 가격의 ③ 증가(→ 하락)는 세상을 밝혔다. 그것은 밤을 낮으로 바꾸었을 뿐 아니라, ④ 자연의 빛(자연광)이 들어올 수 없는 큰 건물에서 우리가 살고 일할 수 있게 해 주었다. 만약 인공조명의 비용이 거의 공짜 수준으로 하락하지 않았더라면 우리가 오늘날 누리는 것 중에 ⑤ 가능한 것은 거의 아무것도 없을 것이다.

Why? 왜 정답일까?
마지막 두 문장에서 인공조명의 비용이 거의 공짜 수준으로 떨어졌기 때문에 오늘날 우리는 자연광이 들어올 수 없는 건물에서도 살고 일하며 많은 것들을 누릴 수 있게 되었다고 언급하고 있다. 이를 근거로 볼 때, ③이 포함된 문장은 한때는 몹시 높았던 인공조명의 가격이 '떨어지면서' 세상이 밝아졌다는 의미가 되어야 한다. 따라서 increase를 drop으로 고쳐야 한다. 문맥상 낱말의 쓰임이 적절하지 않은 것은 ③이다.

- fundamental ⓐ 기본적인
- artificial ⓐ 인공의
- cost ⓥ (~에게 …의 비용을) 요하다, 치르게 하다 ⓝ 비용
- drop ⓥ 하락하다, 떨어지다 ⓝ 하락
- worth ⓐ ~의 가치가 있는

구문 풀이
11행 Not only did it turn night into day, but it allowed us to live and work in
「조동사 + 주어 + 동사원형 : 도치 구문」 「allow + 목적어 + to부정사 : ~이 …하게 해 주다」
big buildings [that natural light could not enter].
선행사 「not only + A + but (also) + B : A뿐 아니라 B도(A, B 자리에 문장)」

★★★ 등급을 가르는 문제!
31 동물을 보살필 때 일관적이고 예측 가능한 환경을 만들어줄 필요성   정답률 51% | 정답 ⑤
다음 빈칸에 들어갈 말로 가장 적절한 것을 고르시오.
① silent – 고요하도록
② natural – 자연스럽도록
③ isolated – 고립되도록
④ dynamic – 역동적이도록
✓ predictable – 예측 가능하도록

One of the most important aspects of providing good care / is making sure / that an animal's needs are being met consistently and predictably.
좋은 보살핌을 제공하는 것의 가장 중요한 측면 중에 한 가지는 / 반드시 ~하는 것이다. / 동물의 욕구가 일관되고도 예측 가능하게 충족되도록
Like humans, / animals need a sense of control.
사람과 마찬가지로, / 동물은 통제감이 필요하다.
So an animal / who may get enough food / but doesn't know when the food will appear / and can see no consistent schedule / may experience distress.
그러므로 동물은 / 충분한 음식을 제공받고 있을지라도 / 음식이 언제 눈에 보일지 모르고 / 일관된 일정을 알 수 없는 / 괴로움을 겪을지도 모른다.
We can provide a sense of control / by ensuring that our animal's environment is predictable: / there is always water available / and always in the same place.
우리는 통제감을 줄 수 있다. / 우리 동물의 환경이 예측 가능하도록 보장함으로써 / 즉, 마실 수 있는 물이 늘 있고, / 늘 같은 곳에 있다.
There is always food / when we get up in the morning / and after our evening walk.
늘 음식이 있다. / 우리가 아침에 일어날 때 / 그리고 저녁 산책을 한 후에
There will always be a time and place to eliminate, / without having to hold things in to the point of discomfort.
변을 배설할 수 있는 시간과 장소가 늘 있을 것이다. / 불편할 정도로 참을 필요 없이
Human companions can display consistent emotional support, / rather than providing love one moment / and withholding love the next.
사람 친구는 일관된 정서적 지지를 보이는 것이 좋다. / 한순간에는 애정을 주다가 / 그다음에는 애정을 주지 않기보다는
When animals know what to expect, / they can feel more confident and calm.
동물이 기대할 수 있는 것이 무엇인지 알고 있을 때, / 그들은 자신감과 차분함을 더 많이 느낄 수 있다.

좋은 보살핌을 제공하는 것의 가장 중요한 측면 중에 한 가지는 반드시 동물의 욕구가 일관되고도 예측 가능하게 충족되도록 하는 것이다. 사람과 마찬가지로, 동물은 통제감이 필요하다. 그러므로 충분한 음식을 제공받고 있을지라도 음식이 언제 눈에 보일지 모르고 일관된 일정을 알 수 없는 동물은 괴로움을 겪을지도 모른다. 우리 동물의 환경을 예측 가능하도록 보장함으로써 우리는 통제감을 줄 수 있다. 즉, 마실 수 있는 물이 늘 있고, 늘 같은 곳에 있다. 아침에 일어날 때 그리고 저녁 산책을 한 후에 늘 음식이 있을 것이다. 불편할 정도로 참을 필요 없이 변을 배설할 수 있는 시간과 장소가 늘 있을 것이다. 사람 친구는 한순간에는 애정을 주다가 그다음에는 애정을 주지 않기보다는 일관된 정서적 지지를 보이는 것이 좋다. 기대할 수 있는 것이 무엇인지 알고 있을 때, 동물은 자신감과 차분함을 더 많이 느낄 수 있다.

Why? 왜 정답일까?
첫 문장인 'One of the most important aspects of providing good care is making sure that an animal's needs are being met consistently and predictably.'에서 동물을 잘 보살피기 위해서는 동물의 욕구가 일관적이고도 예측 가능한 방식으로 충족되게 해줄 필요가 있다고 언급하고 있다. 따라서 빈칸에 들어갈 말로 가장 적절한 것은 동물의 환경을 '예측 가능하게' 만들어 주어야 한다는 의미를 완성하는 ⑤ '예측 가능하도록'이다.

- aspect ⓝ 측면
- consistently ⓐⓓ 일관적으로
- sense of control 통제감
- ensure ⓥ 반드시 ~하다, 보장하다
- discomfort ⓝ 불편함
- confident ⓐ 자신감 있는
- make sure 반드시 ~하다
- predictably ⓐⓓ 예측 가능하게
- distress ⓝ 괴로움
- to the point of ~할 수 있을 정도로
- withhold ⓥ 주지 않다
- isolated ⓐ 고립된

구문 풀이
4행 So an animal [who may get enough food but doesn't know when the food
주어(선행사) 주격 관·대 동사구1 동사구2 의문사(언제 ~할지)
will appear and can see no consistent schedule] may experience distress.
동사구3 동사

★★ 문제 해결 꿀~팁 ★★
▶ 많이 틀린 이유는?
빈칸 뒤에서 반려동물에게 정해진 장소와 시간에 따라 어떤 것을 기대할 수 있는 안정적인 환경을 제공할 필요가 있다는 내용이 주를 이룬다. 이 안정된 환경이 꼭 '자연스러운' 것이라고 볼 수는 없으므로 ②는 답으로 부적절하다.
▶ 문제 해결 방법은?
첫 문장에서 '일관되고 예측 가능한' 환경의 중요성을 언급한 데 이어, 마지막 문장에서도 동물에게 '무엇을 기대할 수 있는지'가 분명한 환경을 주는 것이 좋다는 내용을 제시하고 있으므로 ⑤가 답으로 가장 적절하다.

32 음식으로 아이의 기분을 달래주는 것의 장단기적 영향 　　정답률 74% | 정답 ④

다음 빈칸에 들어갈 말로 가장 적절한 것을 고르시오.
① make friends – 친구를 사귀는　　② learn etiquettes – 예절을 배우는
③ improve memory – 기억을 향상시키는　　✓ manage emotions – 감정을 다스리는
⑤ celebrate achievements – 성취를 축하하는

When a child is upset, / the easiest and quickest way to calm them down / is to give them food.
아이가 화를 낼 때, / 아이를 진정시키는 가장 쉽고 가장 빠른 방법은 / 아이에게 음식을 주는 것이다.
This acts as a distraction / from the feelings they are having, / gives them something to do with their hands and mouth / and shifts their attention / from whatever was upsetting them.
이것은 주의를 돌리는 것으로 작용하고, / 아이가 가지고 있는 감정으로부터 / 손과 입으로 할 수 있는 무언가를 아이에게 제공하며, / 아이의 주의를 옮겨 가게 한다. / 화나게 하고 있는 것이 무엇이든 그것으로부터
If the food chosen is also seen as a treat / such as sweets or a biscuit, / then the child will feel 'treated' and happier.
또한 선택된 음식이 특별한 먹거리로 여겨지면, / 사탕이나 비스킷 같은 / 그 아이는 '특별한 대접을 받았다'고 느끼고 기분이 더 좋을 것이다.
In the shorter term / using food like this is effective.
단기적으로는 / 이처럼 음식을 이용하는 것은 효과적이다.
But in the longer term / it can be harmful / as we quickly learn / that food is a good way to manage emotions.
하지만 장기적으로는 / 그것은 해로울 수 있다. / 우리가 곧 알게 되기 때문에 / 음식이 감정을 다스리는 좋은 방법이라는 것을
Then as we go through life, / whenever we feel annoyed, anxious or even just bored, / we turn to food to make ourselves feel better.
그러면 우리가 삶을 살아가면서, / 짜증이 나거나, 불안하거나, 심지어 그저 지루함을 느낄 때마다, / 우리 자신의 기분을 더 좋게 만들기 위해 우리는 음식에 의존한다.

아이가 화를 낼 때, 아이를 진정시키는 가장 쉽고 가장 빠른 방법은 음식을 주는 것이다. 이것은 아이가 가지고 있는 감정으로부터 주의를 돌리는 것으로 작용하고, 손과 입으로 할 수 있는 무언가를 아이에게 제공하며, 화나게 하고 있는 것이 무엇이든 그것으로부터 아이의 주의를 옮겨 가게 한다. 또한 선택된 음식이 사탕이나 비스킷 같은 특별한 먹거리로 여겨지면, 그 아이는 '특별한 대접을 받았다'고 느끼고 기분이 더 좋을 것이다. 이처럼 음식을 이용하는 것은 단기적으로는 효과적이다. 하지만 음식이 감정을 다스리는 좋은 방법이라는 것을 우리가 곧 알게 되기 때문에 그것은 장기적으로는 해로울 수 있다. 그러면 우리가 삶을 살아가면서, 짜증이 나거나, 불안하거나, 심지어 그저 지루함을 느낄 때마다, 우리 자신의 기분을 더 좋게 만들기 위해 우리는 음식에 의존한다.

Why? 왜 정답일까?
화난 아이의 기분을 음식으로 달래주는 것이 단기적으로는 효과가 있지만 장기적으로는 아이가 기분이 좋지 않을 때 음식에 의존하게 하는 결과를 낳기 때문에 좋지 않을 수 있다는 내용을 다룬 글이다. 두 번째 문장과 세 번째 문장에서, 음식은 아이가 기분이 나쁠 때 주의를 돌려주는 효과가 있으며, 특히 그 음식이 특별한 먹거리로 여겨지는 경우 아이를 특히 더 기분 좋게 한다고 설명하고 있다. 또한 마지막 문장에서는 그리하여 우리가 장기적으로 '기분을 나아지게' 하고자 할 때 음식에 의존하는 결과가 나타날 수 있다고 한다. 따라서 빈칸에 들어갈 말로 가장 적절한 것은 ④ '감정을 다스리는'이다.

● distraction ⓝ 정신을 분산시키는 것, 주의를 돌리는 것
● shift ⓥ 돌리다, 바꾸다
● treat ⓝ 간식 ⓥ 대접하다
● anxious ⓐ 불안한
● celebrate ⓥ 축하하다
● see A as B A를 B로 간주하다
● harmful ⓐ 해로운
● turn to ~에 의지하다
● achievement ⓝ 성취

구문 풀이

[10행] Then as we go through life, whenever we feel annoyed, anxious or even
　　接속사(~함에 따라)　　복합관계부사(~할 때마다)　　2형식 동사 보어1 보어2
just bored, we turn to food to make ourselves feel better.
보어3 주어 동사 목적어 부사적용법(목적) 목적어 원형부정사

---

33 수생 생물의 특성을 유지하며 발달한 개구리 　　정답률 60% | 정답 ①

다음 빈칸에 들어갈 말로 가장 적절한 것을 고르시오. [3점]
✓ still kept many ties to the water – 여전히 물과의 여러 인연을 유지했다
② had almost all the necessary organs – 필요한 신체 기관을 거의 모두 갖추고 있었다
③ had to develop an appetite for new foods – 새로운 음식에 대한 식욕을 발달시켜야 했다
④ often competed with land-dwelling species – 땅에 사는 생물 종들과 종종 경쟁했다
⑤ suffered from rapid changes in temperature – 기온의 급격한 변화로 고생했다

Scientists believe / that the frogs' ancestors were water-dwelling, fishlike animals.
과학자들은 믿는다. / 개구리의 조상이 물에 사는, 물고기 같은 동물이었다고
The first frogs and their relatives / gained the ability / to come out on land / and enjoy the opportunities for food and shelter there.
최초의 개구리와 그들의 친척은 / 능력을 얻었다. / 육지로 나와 / 그곳에서 먹을 것과 살 곳에 대한 기회를 누릴 수 있는
But they still kept many ties to the water.
하지만 개구리는 여전히 물과의 여러 인연을 유지했다.
A frog's lungs do not work very well, / and it gets part of its oxygen / by breathing through its skin.
개구리의 폐는 그다지 기능을 잘하지 않고, / 개구리는 산소를 일부 얻는다. / 피부를 통해 호흡함으로써
But for this kind of "breathing" to work properly, / the frog's skin must stay moist.
하지만 이런 종류의 '호흡'이 제대로 이뤄지기 위해서는, / 개구리의 피부가 촉촉하게 유지되어야 한다.
And so the frog must remain near the water / where it can take a dip every now and then / to keep from drying out.
그래서 개구리는 물의 근처에 있어야 한다. / 이따금 몸을 잠깐 담글 수 있는 / 건조해지는 것을 막기 위해
Frogs must also lay their eggs in water, / as their fishlike ancestors did.
개구리 역시 물속에 알을 낳아야 한다. / 물고기 같은 조상이 그랬던 것처럼
And eggs laid in the water / must develop into water creatures, / if they are to survive.
그리고 물에 낳은 알은 / 물에 사는 생물로 발달해야 한다. / 그것들이 살아남으려면
For frogs, / metamorphosis thus provides the bridge / between the water-dwelling young forms and the land-dwelling adults.
개구리에게 있어서 / 따라서 탈바꿈은 다리를 제공한다. / 물에 사는 어린 형체와 육지에 사는 성체를 이어주는

과학자들은 개구리의 조상이 물에 사는, 물고기 같은 동물이었다고 믿는다. 최초의 개구리와 그들의 친척은 육지로 나와 그곳에서 먹을 것과 살 곳에 대한 기회를 누릴 수 있는 능력을 얻었다. 하지만 개구리는 여전히 물과의 여러 인연을 유지했다. 개구리의 폐는 그다지 기능을 잘하지 않고, 개구리는 피부를 통해 호흡함으로써 산소를 일부 얻는다. 하지만 이런 종류의 '호흡'이 제대로 이뤄지기 위해서는, 개구리의 피부가 촉촉하게 유지되어야 한다. 그래서 개구리는 건조해지는 것을 막기 위해 이따금 몸을 잠깐 담글 수 있는 물의 근처에 있어야 한다. 물고기 같은 조상들이 그랬던 것처럼, 개구리 역시 물속에 알을 낳아야 한다. 그리고 물속에 낳은 알이 살아남으려면, 물에 사는 생물로 발달해야 한다. 따라서, 개구리에게 있어서 탈바꿈은 물에 사는 어린 형체와 육지에 사는 성체를 이어주는 다리를 제공한다.

Why? 왜 정답일까?
개구리는 당초 물고기 같은 동물로 기원하여 육지에서 생활하도록 진화했지만 여전히 '물에 사는' 생물로서의 특징을 지니고 있다는 내용의 글이다. 빈칸 뒤에서 개구리는 폐가 그다지 발달해 있지 않아 피부를 이용해 호흡하는데, 호흡이 원활하기 위해서는 피부가 늘 젖어 있어야 하고, 따라서 물을 가까이 해야 하며, 알 또한 물속에 낳아 번식해야 하기에 '물에 살기 적합한' 생물로 발달할 수밖에 없는 운명임을 설명하고 있다. 이러한 흐름을 근거로 볼 때, 빈칸에 들어갈 말로 가장 적절한 것은 개구리가 '물고기다운' 특성을 완전히 포기하지 않았다는 의미의 ① '여전히 물과의 여러 인연을 유지했다'이다.

● ancestor ⓝ 조상
● relative ⓝ 친척
● moist ⓐ 촉촉한
● dry out 건조하다, 바짝 마르다
● tie ⓝ 관계, 연결
● appetite ⓝ 식욕
● dwell ⓥ 거주하다, 살다
● properly ⓐⓓ 적절히
● take a dip 잠깐 수영을 하다
● lay ⓥ (알을) 낳다
● organ ⓝ (신체) 기관
● compete with ~와 경쟁하다

구문 풀이

[7행] But for this kind of "breathing" to work properly, the frog's skin must stay
　　의미상 주어　　부사적 용법(~하려면)　　2형식 동사
moist.
보어

★★★ 등급을 가르는 문제!

34 실질적 자유에 영향을 주는 요소 　　정답률 34% | 정답 ⑤

다음 빈칸에 들어갈 말로 가장 적절한 것을 고르시오. [3점]
① respecting others' rights to freedom
　다른 사람들의 자유권을 존중하는가
② protecting and providing for the needy
　궁핍한 사람들을 보호하고 돕는
③ learning what socially acceptable behaviors are
　사회적으로 수용 가능한 행동이 무엇인지 아는가
④ determining how much they can expect from others
　다른 사람들에게 얼마나 많은 것을 기대할 수 있는지를 정하는가
✓ having the means and ability to do what they choose
　그들이 선택하는 것을 할 수 있는 수단과 능력을 갖추고 있는가

It is important / to distinguish between being legally allowed to do something, / and actually being able to go and do it.
중요하다. / 어떤 일을 할 수 있도록 법적으로 허용되는 것을 구별하는 것은 / 실제로 그것을 해 버릴 수 있는 것과
A law could be passed / allowing everyone, / if they so wish, / to run a mile in two minutes.
법이 통과될 수도 있다. / 모든 사람에게 허용하는 / 그들이 그러기를 원한다면, / 2분 안에 1마일을 달릴 수 있도록
That would not, however, increase their effective freedom, / because, although allowed to do so, / they are physically incapable of it.
그러나 그것이 그들의 실질적 자유를 증가시키지는 않을 것이다. / 그렇게 하는 것이 허용되더라도, / 그들이 물리적으로 그렇게 할 수 없기 때문에
Having a minimum of restrictions and a maximum of possibilities / is fine.
최소한의 제약과 최대한의 가능성을 두는 것은 / 괜찮다.
But in the real world / most people will never have the opportunity / either to become all that they are allowed to become, / or to need to be restrained from doing everything / that is possible for them to do.
하지만 현실 세계에서는 / 대부분의 사람에게는 기회가 없다. / 그들이 되어도 된다는 모든 것이 될 / 혹은 모든 것을 하지 못하게 저지당해야 할 / 그들이 하는 것이 가능한
Their effective freedom depends on / actually having the means and ability / to do what they choose.
그들의 실질적 자유는 달려 있다. / 실제로 수단과 능력을 갖추고 있는가에 / 그들이 선택하는 것을 할 수 있는

어떤 일을 할 수 있도록 법적으로 허용되는 것과 실제로 그것을 해 버릴 수 있는 것을 구별하는 것은 중요하다. 원한다면, 모든 사람이 2분 안에 1마일을 달릴 수 있도록 허용하는 법이 통과될 수도 있다. 그러나 그렇게 하는 것이 허용되더라도, 물리적으로 그렇게 할 수 없기 때문에, 그것이 그들의 실질적 자유를 증가시키지는 않을 것이다. 최소한의 제약과 최대한의 가능성을 두는 것은 괜찮다. 하지만 현실 세계에서, 대부분의 사람에게는 그들이 되어도 된다는 모든 것이 될 가능성이 없고, 할 수 있는 모든 것을 하지 못하게 저지당해야 할 가능성도 없을 것이다. 그들의 실질적 자유는 실제로 그들이 선택하는 것을 할 수 있는 수단과 능력을 갖추고 있는가에 달려 있다.

Why? 왜 정답일까?
첫 문장에서 어떤 것을 법적으로 해도 되는 상태와 실제로 그것을 행할 수 있는지를 구별하는 것이 중요하다고 언급한 데 이어, 2분 안에 1마일을 달리도록 허용하는 법이 통과되는 경우가 예시로 나온다. 예시에 따르면 2분 안에 1마일을 뛰는 것이 법적으로 가능해질지라도 '실제로 그렇게 할 수 있는' 사람들이 없기에 사람들의 실질적 자유가 증가되지 않는다고 한다. 이를 근거로 볼 때, 사람들의 '실질적' 자유란 '법으로 허용되는 행위를 실제 행할 능력이 있는지'에 따라 좌우된다는 결론을 도출할 수 있다. 따라서 빈칸에 들어갈 말로 가장 적절한 것은 ⑤ '그들이 선택하는 것을 할 수 있는 수단과 능력을 갖추고 있는가'이다.

● distinguish ⓥ 구별하다
● allowed ⓐ 허가받은, 허용된
● be incapable of ~을 할 수 없다
● physically ⓐⓓ 신체적으로, 물리적으로
● needy ⓐ (경제적으로) 어려운, 궁핍한
● means ⓝ 수단
● legally ⓐⓓ 법적으로
● effective ⓐ 실질적인, 효과적인
● restrain ⓥ 저지[제지]하다
● depend on ~에 좌우되다
● acceptable ⓐ 허용 가능한, 수용 가능한

구문 풀이

4행 That would not, however, increase their *effective* freedom, because,
주어(=앞 문장) 조동사　　동사원형　　접속사(~때문에)
(although (they are) allowed to do so), they are physically incapable of it.
( ): 삽입구　생략　　　　　　　　주어　　　동사구(~할 수 없다)

★★ 문제 해결 꿀~팁 ★★

▶ 많이 틀린 이유는?
실제로 행할 수 있는 행동이 법적으로 허용될 때 실질적 자유가 커질 수 있다는 내용의 글이다. 타인의 자유권을 존중하는 것에 관한 내용은 언급되지 않아 ①은 답으로 부적절하다.

▶ 문제 해결 방법은?
첫 문장에서 어떤 일이 법적으로 허용되는 것과 그 일을 실제 할 수 있는가는 다른 개념이라고 언급한다. 이어서 법적으로 허용되더라도 실제로는 할 수 없는 일일 때 사람들의 실질적 자유는 증가하지 않는다는 것을 뒷받침하는 예시가 나온다. 이를 토대로 볼 때, 자유에 있어 중요한 것은 어떤 일이 법적으로 허용되는 것을 넘어서 '그 일을 실제로 할 수 있는지' 여부임을 알 수 있다.

---

35 뮤지션들이 홀로 많은 것을 할 수 있게 된 오늘날의 음악 시장　정답률 65% | 정답 ③

다음 글에서 전체 흐름과 관계 없는 문장은?

Today's music business / has allowed musicians / to take matters into their own hands.
오늘날의 음악 사업은 / 뮤지션들이 ~하게 해 주었다. / 스스로 일을 처리할 수 있게

① Gone are the days of musicians / waiting for a gatekeeper / (someone / who holds power / and prevents you from being let in) / at a label or TV show / to say they are worthy of the spotlight.
뮤지션들의 시대는 지났다. / 문지기를 기다리던 / (사람 / 권력을 쥔 / 그리고 여러분이 들어가는 것을 막는) / 음반사나 TV 프로그램의 / 그들이 스포트라이트를 받을 만하다고 말해주기를

② In today's music business, / you don't need to ask for permission / to build a fanbase / and you no longer need to pay thousands of dollars to a company / to do it.
오늘날의 음악 사업에서는 / 여러분은 허락을 요청할 필요가 없으며, / 팬층을 만들기 위해 / 여러분은 회사에 수천 달러를 지불할 필요도 더 이상 없다. / 그렇게 하려고

☑ There are rising concerns / over the marketing of child musicians / using TV auditions.
우려가 증가하고 있다. / 나이 어린 뮤지션들을 마케팅하는 데에 대한 / TV 오디션을 이용하여

④ Every day, / musicians are getting their music out / to thousands of listeners / without any outside help.
매일 / 뮤지션들은 자신의 음악을 내놓고 있다. / 수천 명의 청취자에게 / 어떤 외부의 도움도 없이

⑤ They simply deliver it to the fans directly, / without asking for permission or outside help / to receive exposure or connect with thousands of listeners.
그들은 그저 그것을 팬들에게 직접 전달한다. / 허락이나 외부의 도움을 요청하지 않고, / 노출을 얻거나 수천 명의 청취자와 관계를 형성하기 위해

오늘날의 음악 사업은 뮤지션들이 스스로 일을 처리할 수 있게 해 주었다. ① 뮤지션들이 음반사나 TV 프로그램의 문지기(권력을 쥐고 사람들이 들어가는 것을 막는 사람)가 그들이 스포트라이트를 받을 만하다고 말해주기를 기다리던 시대는 지났다. ② 오늘날의 음악 사업에서는 팬층을 만들기 위해 허락을 요청할 필요가 없으며, 그렇게 하려고 회사에 수천 달러를 지불할 필요도 더 이상 없다. ③ TV 오디션을 이용하여 나이 어린 뮤지션들을 마케팅하는 데에 대한 우려가 증가하고 있다. ④ 매일 뮤지션들은 어떤 외부의 도움도 없이 수천 명의 청취자에게 자신의 음악을 내놓고 있다. ⑤ 그들은 노출을 얻거나 수천 명의 청취자와 관계를 형성하기 위해 허락이나 외부의 도움을 요청하지 않고, 그저 자신들의 음악을 팬들에게 직접 전달한다.

Why? 왜 정답일까?

오늘날 뮤지션들은 음반사 등에 크게 의지할 필요 없이 직접 대중에게 음악을 전달하고 스스로 마케팅할 수 있는 시장 환경에서 활동한다는 내용을 다룬 글이다. ①, ②, ④, ⑤는 주제에 부합하지만, ③은 TV 오디션을 통한 어린 뮤지션들의 마케팅에 관해 언급하고 있어 흐름에서 벗어난다. 따라서 전체 흐름과 관계 없는 문장은 ③이다.

- **take matters into one's own hands** 스스로 일을 추진하다, 일을 독자적으로 하다
- **gatekeeper** ⓝ 문지기, 수위
- **permission** ⓝ 허락
- **deliver** ⓥ 전달하다
- **be worthy of** ~을 받을 만하다, ~의 가치가 있다
- **concern** ⓝ 우려

구문 풀이

2행 Gone are the days of musicians waiting for a gatekeeper (someone [who
〈보어+동사+주어: 도치 구문〉　　현재분사 'wait +　　의미상 주어 →　동격(= a gatekeeper)
holds power and prevents you from being let in]) at a label or TV show to say they
동사1　　　　　　동사2　　　　　　　　　　　　　　　　to부정사 : ~이 …하도록 기다리다
are worthy of the spotlight.

---

36 스포츠에 활용되는 공의 특징　정답률 56% | 정답 ②

주어진 글 다음에 이어질 글의 순서로 가장 적절한 것을 고르시오.

① (A) – (C) – (B)　　　　☑ (B) – (A) – (C)
③ (B) – (C) – (A)　　　　④ (C) – (A) – (B)
⑤ (C) – (B) – (A)

Almost all major sporting activities / are played with a ball.
거의 모든 주요 스포츠 활동은 / 공을 갖고 행해진다.

(B) The rules of the game / always include rules / about the type of ball that is allowed, / starting with the size and weight of the ball.
경기의 규칙들은 / 규칙들을 늘 포함하고 있다. / 허용되는 공의 유형에 관한 / 공의 크기와 무게부터 시작해서

The ball must also have a certain stiffness.
공은 또한 특정 정도의 단단함을 갖추어야 한다.

(A) A ball might have the correct size and weight / but if it is made as a hollow ball of steel / it will be too stiff / and if it is made from light foam rubber with a heavy center / it will be too soft.

공이 적절한 크기와 무게를 갖출 수 있으나 / 그것이 속이 빈 강철 공으로 만들어지면 / 그것은 너무 단단할 것이고, / 그것이 무거운 중심부를 가진 가벼운 발포 고무로 만들어지면 / 그 공은 너무 물렁할 것이다.

(C) Similarly, along with stiffness, / a ball needs to bounce properly.
마찬가지로, 단단함과 더불어 / 공은 적절히 튈 필요가 있다.

A solid rubber ball / would be too bouncy for most sports, / and a solid ball made of clay / would not bounce at all.
순전히 고무로만 된 공은 / 대부분의 스포츠에 지나치게 잘 튈 것이고, / 순전히 점토로만 만든 공은 / 전혀 튀지 않을 것이다.

거의 모든 주요 스포츠 활동은 공을 갖고 행해진다.

(B) 경기의 규칙들은 공의 크기와 무게부터 시작해서 허용되는 공의 유형에 관한 규칙들을 늘 포함하고 있다. 공은 또한 특정 정도의 단단함을 갖추어야 한다.

(A) 공이 적절한 크기와 무게를 갖출 수 있으나 속이 빈 강철 공으로 만들어지면 그것은 너무 단단할 것이고, 무거운 중심부를 가진 가벼운 발포 고무로 만들어지면 그 공은 너무 물렁할 것이다.

(C) 마찬가지로, 공은 단단함과 더불어 적절히 튈 필요가 있다. 순전히 고무로만 된 공은 대부분의 스포츠에 지나치게 잘 튈 것이고, 순전히 점토로만 만든 공은 전혀 튀지 않을 것이다.

Why? 왜 정답일까?

스포츠에 활용되는 공이 갖추어야 할 특징에 관해 설명한 글이다. 먼저 주어진 글에서 공이 스포츠에서 널리 쓰인다는 내용을 제시한 데 이어, (B)에서는 경기 규칙을 보면 어떤 공이 사용되어야 하는지를 명시하고 있다는 내용과 함께 공이 단단함을 갖추어야 한다는 점을 언급한다. 이어서 (A)는 공이 적절한 크기나 무게를 갖추더라도 강철로 되어 있다면 지나치게 단단할 것이고, 역으로 (매트리스에 주로 활용되는) 발포 고무로 만들어진다면 너무 물렁할 것이라는 보충 설명을 제시한다. 이러한 (A)의 내용에 Similarly로 연결되는 (C)는 단단함과 더불어 필요한 특징으로서 잘 튀어오르는 속성을 언급하고 있다. 따라서 글의 순서로 가장 적절한 것은 ② '(B) – (A) – (C)'이다.

- **major** ⓐ 주요한
- **steel** ⓝ 강철
- **rubber** ⓝ 고무
- **bounce** ⓥ 튀어오르다
- **solid** ⓐ 순수한(다른 물질이 섞이지 않은)
- **hollow** ⓐ (속이) 빈
- **stiff** ⓐ 단단한
- **certain** ⓐ 확실한, 틀림없는
- **properly** ⓐ 적절히
- **clay** ⓝ 점토

구문 풀이

3행 A ball might have the correct size and weight but if it is made as a hollow
주어　　　동사　　　　　　　　　　　　조건 접속사1 ┐　현재시제1 전치사(~로서)
ball of steel it will be too stiff and if it is made from light foam rubber with a heavy
미래시제1　조건 접속사2┘ 현재시제2(~으로 만들어지다)
center it will be too soft.
미래시제2

---

37 수학과 화학에서의 기호 사용　정답률 61% | 정답 ③

주어진 글 다음에 이어질 글의 순서로 가장 적절한 것을 고르시오. [3점]

① (A) – (C) – (B)　　　　② (B) – (A) – (C)
☑ (B) – (C) – (A)　　　　④ (C) – (A) – (B)
⑤ (C) – (B) – (A)

If you had to write a math equation, / you probably wouldn't write, / "Twenty-eight plus fourteen equals forty-two."
만일 여러분이 수학 등식을 써야 한다면, / 여러분은 아마 쓰지 않을 것이다. / '스물여덟 더하기 열넷은 마흔둘과 같다.'라고

It would take too long to write / and it would be hard to read quickly.
그것은 쓰는 데 너무 오래 걸리고, / 빨리 읽기가 어려울 것이다.

(B) You would write, "28 + 14 = 42."
여러분은 '28 + 14 = 42'라고 쓸 것이다.

Chemistry is the same way.
화학도 마찬가지이다.

Chemists have to write chemical equations all the time, / and it would take too long to write and read / if they had to spell everything out.
화학자들은 항상 화학 방정식을 써야 하고, / 쓰고 읽는 데 너무 오래 걸릴 것이다. / 만약 그들이 모든 것을 상세히 다 써야 한다면

(C) So chemists use symbols, / just like we do in math.
그래서 화학자들은 기호를 사용한다. / 우리가 수학에서 하는 것처럼

A chemical formula lists all the elements / that form each molecule / and uses a small number / to the bottom right of an element's symbol / to stand for the number of atoms of that element.
화학식은 모든 원소를 나열하고 / 각 분자를 구성하는 / 작은 숫자를 사용한다. / 원소 기호의 오른쪽 아래에 / 그 원소의 원자 수를 나타내기 위해

(A) For example, / the chemical formula for water is H_2O.
예를 들어, / 물의 화학식은 H_2O이다.

That tells us / that a water molecule is made up / of two hydrogen ("H" and "2") atoms / and one oxygen ("O") atom.
그것은 우리에게 말해 준다. / 하나의 물 분자는 이루어져 있다는 것을 / 두 개의 수소 원자('H'와 '2')와 / 하나의 산소 원자('O')로

만일 여러분이 수학 등식을 써야 한다면, 여러분은 아마 '스물여덟 더하기 열넷은 마흔둘과 같다.'라고 쓰지 않을 것이다. 그것은 쓰는 데 너무 오래 걸리고 빨리 읽기가 어려울 것이다.

(B) 여러분은 '28 + 14 = 42'라고 쓸 것이다. 화학도 마찬가지이다. 화학자들은 항상 화학 방정식을 써야 하고, 만약 그들이 모든 것을 상세히 다 써야 한다면 쓰고 읽는 데 너무 오래 걸릴 것이다.

(C) 그래서 화학자들은 우리가 수학에서 하는 것처럼 기호를 사용한다. 화학식은 각 분자를 구성하는 모든 원소를 나열하고 그 원소의 원자 수를 나타내기 위해 원소 기호의 오른쪽 아래에 작은 숫자를 사용한다.

(A) 예를 들어, 물의 화학식은 H_2O이다. 그것은 우리에게 하나의 물 분자는 두 개의 수소 원자('H'와 '2')와 하나의 산소 원자('O')로 이루어져 있다는 것을 말해 준다.

Why? 왜 정답일까?

주어진 글에서 우리가 수학 등식을 쓸 때 말로 풀어쓰지 않을 것이라 언급한 데 이어, (B)에서는 우리가 '28 + 14 = 42'와 같이 '기호'를 사용할 것이라고 설명한다. 이어서 (C)는 (B)의 후반부에 이어 화학에서

도 기호 사용이 필요하다고 언급하며, 특히 화학식의 경우 원소 기호 아래 작은 숫자를 사용하여 원자 수를 나타낸다는 내용을 덧붙인다. **For example**로 시작하는 (A)는 (C)에서 언급한 아래 첨자 사용을 보여줄 수 있는 예로 H_2O를 제시한다. 따라서 글의 순서로 가장 적절한 것은 ③ '(B) – (C) – (A)'이다.

- **equation** ⓝ 방정식, 등식
- **hydrogen** ⓝ 수소
- **spell out** 상세히 말하다
- **element** ⓝ 원소, 요소
- **be made up of** ~으로 구성되다, 이루어지다
- **atom** ⓝ 원자
- **symbol** ⓝ 기호
- **stand for** ~을 나타내다[대표하다]

구문 풀이

1행 If you had to write a math equation, you probably wouldn't write,
「if + 주어 + 과거 동사 ~, / 주어 + 조동사 과거형 + 동사원형 : 가정법 과거(현재 사실의 반대 가정)」
"Twenty-eight plus fourteen equals forty-two."

★★★ 등급을 가르는 문제!

38 작은 발전으로 이루는 큰 변화　　정답률 36% | 정답 ②

글의 흐름으로 보아, 주어진 문장이 들어가기에 가장 적절한 곳을 고르시오.

It is so easy / to overestimate the importance of one defining moment / and underestimate the value of making small improvements on a daily basis.
매우 쉽다. / 결정적인 한순간의 중요성을 과대평가하고 / 매일 작은 발전을 이루는 것의 가치를 과소평가하기는
Too often, / we convince ourselves / that massive success requires massive action.
너무 자주 / 우리는 스스로를 납득시킨다. / 거대한 성공에는 거대한 행동이 필요하다고
① Whether it is losing weight, / winning a championship, / or achieving any other goal, / we put pressure on ourselves / to make some earthshaking improvement / that everyone will talk about.
그것이 체중을 줄이는 것이든, / 결승전에서 이기는 것이든, / 혹은 어떤 다른 목표를 달성하는 것이든 간에, / 우리는 우리 스스로에게 압력을 가한다. / 지축을 흔들 만한 발전을 이루도록 / 모두가 이야기하게 될
✔Meanwhile, / improving by 1 percent isn't particularly notable, / but it can be far more meaningful in the long run.
한편, / 1퍼센트 발전하는 것은 특별히 눈에 띄지는 않지만, / 그것은 장기적으로는 훨씬 더 의미가 있을 수 있다.
The difference / this tiny improvement can make over time / is surprising.
변화는 / 시간이 지남에 따라 이 작은 발전이 이룰 수 있는 / 놀랍다.
③ Here's how the math works out: / if you can get 1 percent better each day for one year, / you'll end up thirty-seven times better / by the time you're done.
다음과 같이 계산이 이루어지는데, / 만일 여러분이 1년 동안 매일 1퍼센트씩 더 나아질 수 있다면, / 여러분은 결국 37배 더 나아질 것이다. / 여러분이 끝마칠 때 즈음
④ Conversely, if you get 1 percent worse each day for one year, / you'll decline nearly down to zero.
역으로, / 여러분이 1년 동안 매일 1퍼센트씩 나빠지면 / 여러분은 거의 0까지 떨어질 것이다.
⑤ What starts as a small win or a minor failure / adds up to something much more.
작은 승리나 사소한 패배로 시작한 것은 / 쌓여서 훨씬 더 큰 무언가가 된다.

결정적인 한순간의 중요성을 과대평가하고 매일 작은 발전을 이루는 것의 가치를 과소평가하기는 매우 쉽다. 너무 자주 우리는 거대한 성공에는 거대한 행동이 필요하다고 스스로를 납득시킨다. ① 체중을 줄이는 것이든, 결승전에서 이기는 것이든, 혹은 어떤 다른 목표를 달성하는 것이든 간에, 우리는 모두가 이야기하게 될 지축을 흔들 만한 발전을 이루도록 우리 스스로에게 압력을 가한다. ② 한편, 1퍼센트 발전하는 것은 특별히 눈에 띄지는 않지만, 장기적으로는 훨씬 더 의미가 있을 수 있다. 시간이 지남에 따라 이 작은 발전이 이룰 수 있는 변화는 놀랍다. ③ 다음과 같이 계산이 이루어지는데, 만일 여러분이 1년 동안 매일 1퍼센트씩 더 나아질 수 있다면, 끝마칠 때 즈음 여러분은 결국 37배 더 나아질 것이다. ④ 역으로, 1년 동안 매일 1퍼센트씩 나빠지면 여러분은 거의 0까지 떨어질 것이다. ⑤ 작은 승리나 사소한 패배로 시작한 것은 쌓여서 훨씬 더 큰 무언가가 된다.

Why? 왜 정답일까?

② 앞에서는 우리가 작은 변화의 가치를 과소평가하고 거대한 발전에 맞는 거대한 행동을 해나가도록 스스로를 압박한다는 내용이 주를 이룬다. 이에 이어 주어진 문장은 **Meanwhile**로 흐름을 전환하며 '1퍼센트만큼' 작게 발전하는 것이 당장은 눈에 띄지 않아도 장기적으로는 큰 의미를 가질 수 있다고 설명한다. ② 뒤의 문장은 주어진 문장에서 언급한 '1퍼센트의 발전'을 **this tiny improvement**라는 말로 바꾸며 '작은 발전'으로 인한 변화가 시간이 지난 후에는 놀라울 수 있음을 환기시킨다. 따라서 주어진 문장이 들어가기에 가장 적절한 곳은 ②이다.

- **meanwhile** ⓐ 한편
- **in the long run** 장기적으로
- **underestimate** ⓥ 과소평가하다
- **convince** ⓥ 납득시키다, 설득하다
- **put pressure on** ~에 압박을 가하다
- **tiny** ⓐ 극히 작은
- **decline** ⓥ 떨어지다, 감소하다
- **notable** ⓐ 눈에 띄는, 두드러지는
- **overestimate** ⓥ 과대평가하다
- **on a daily basis** 매일
- **massive** ⓐ 거대한
- **earthshaking** ⓐ 극히 중대한, 세상을 떠들썩하게 하는
- **conversely** ⓐ 역으로

구문 풀이

7행 (Whether it is losing weight, winning a championship, or achieving any other goal), we put pressure on ourselves to make some earthshaking improvement [that everyone will talk about].
주어 / 동사 / 동명사 보어1 / 동명사 보어2 / 동명사 보어3 / ( ) : 부사절(~이든 …이든) / 선행사 / 목적격 관계대명사

★★ 문제 해결 꿀~팁 ★★

▶ 많이 틀린 이유는?
최다 오답인 ④ 앞뒤는 **Conversely**를 기점으로 매일 조금씩 1년 동안 발전하는 경우와 나빠지는 경우가 적절히 대비를 이루는 맥락이다. 따라서 ④에 주어진 문장을 넣기에는 부적절하다.

▶ 문제 해결 방법은?
② 앞에서는 거창한 결과를 이룩하려면 거창한 행동이 필요하다고 생각한다는 내용이 주를 이루는데, ② 뒤에서는 '이 작은 발전(this tiny improvement)'에 관해 언급한다. 즉 ② 앞뒤 내용이 서로 상충하므로 **Meanwhile**(한편)으로 시작하며 흐름을 반전하는 주어진 문장이 ②에 들어가야 한다.

★★★ 등급을 가르는 문제!

39 현지 환경을 미리 조사하고 대비하기　　정답률 54% | 정답 ④

글의 흐름으로 보아, 주어진 문장이 들어가기에 가장 적절한 곳을 고르시오. [3점]

The continued survival of the human race / can be explained / by our ability to adapt to our environment.
인류의 지속적인 생존은 / 설명될 수 있을 것이다. / 환경에 적응하는 우리의 능력으로
① While we may have lost some of our ancient ancestors' survival skills, / we have learned new skills / as they have become necessary.
우리가 고대 조상들의 생존 기술 중 일부를 잃어버렸을지도 모르지만, / 우리는 새로운 기술을 배웠다. / 새로운 기술이 필요해지면서
② Today, / the gap / between the skills we once had / and the skills we now have / grows ever wider / as we rely more heavily on modern technology.
오늘날 / 간극이 / 한때 우리가 가졌던 기술과 / 현재 우리가 가진 기술 사이의 / 어느 때보다 더 커졌다. / 우리가 현대 기술에 더 크게 의존함에 따라
③ Therefore, / when you head off into the wilderness, / it is important / to fully prepare for the environment.
그러므로, / 여러분이 미지의 땅으로 향할 때에는 / 중요하다. / 그 환경에 대해 충분히 준비하는 것이
✔Before a trip, / research / how the native inhabitants dress, work, and eat.
떠나기 전에, / 조사하라. / 토착 주민들이 어떻게 옷을 입고 일하며 먹는지를
How they have adapted to their way of life / will help you to understand the environment / and allow you to select the best gear / and learn the correct skills.
그들이 어떻게 자신들의 생활 방식에 적응했는가는 / 여러분이 그 환경을 이해하도록 도울 것이고, / 여러분이 최선의 장비를 선별하도록 해 줄 것이다. / 그리고 적절한 기술을 배우도록
⑤ This is crucial / because most survival situations arise / as a result of a series of events / that could have been avoided.
이것은 중요하다. / 생존이 걸린 대부분의 상황이 발생하기 때문에 / 일련의 사건의 결과로 / 피할 수도 있었던

인류의 지속적인 생존은 환경에 적응하는 우리의 능력으로 설명될 수 있을 것이다. ① 우리가 고대 조상들의 생존 기술 중 일부를 잃어버렸을지도 모르지만, 새로운 기술이 필요해지면서 우리는 새로운 기술을 배웠다. ② 오늘날 우리가 현대 기술에 더 크게 의존함에 따라 한때 우리가 가졌던 기술과 현재 우리가 가진 기술 사이의 간극이 어느 때보다 더 커졌다. ③ 그러므로, 미지의 땅으로 향할 때에는 그 환경에 대해 충분히 준비하는 것이 중요하다. ④ 떠나기 전에, 토착 주민들이 어떻게 옷을 입고 일하고 먹는지를 조사하라. 그들이 어떻게 자신들의 생활 방식에 적응했는가는 여러분이 그 환경을 이해하도록 도울 것이고, 여러분이 최선의 장비를 선별하고 적절한 기술을 배우도록 해 줄 것이다. ⑤ 생존이 걸린 대부분의 상황이 피할 수도 있었던 일련의 사건의 결과로 발생하기 때문에 이것은 중요하다.

Why? 왜 정답일까?

④ 앞의 두 문장에서 현대 기술에 대한 우리의 의존도가 높아짐에 따라 과거의 기술과 오늘날의 기술 간에 격차가 더 벌어졌으므로 잘 모르는 곳에 갈 때는 그 환경에 대한 충분한 준비가 필요하다고 언급한다. 이에 대한 구체적인 조언으로서 주어진 문장은 떠나기 전 '토착 주민'의 옷, 음식, 일하는 문화 등을 조사하라고 언급한다. ④ 뒤의 문장은 주어진 문장의 '토착 주민'을 they로 언급하며 이들이 나름의 삶의 방식에 어떻게 적응해 있는지를 파악하면 그 환경을 이해하는 데 도움이 될 것이라고 설명한다. 따라서 주어진 문장이 들어가기에 가장 적절한 곳은 ④이다.

- **adapt to** ~에 적응하다
- **rely on** ~에 의존하다
- **wilderness** ⓝ 황무지
- **arise** ⓥ 발생하다, 일어나다
- **ancestor** ⓝ 조상
- **heavily** ⓐ 심하게, 많이
- **crucial** ⓐ 매우 중요한
- **as a result of** ~의 결과로

구문 풀이

11행 How they have adapted to their way of life will help you to understand the
주어(간접의문문 : 어떻게 ~하는지) / 「help + 목적어 + to부정사 : ~이 …하는 데 도움이 되다」
environment and allow you to select the best gear and (to) learn the correct skills.
「allow + 목적어 + to부정사 : ~이 …하게 하다」

★★ 문제 해결 꿀~팁 ★★

▶ 많이 틀린 이유는?
인간은 환경에 맞추어 계속 적응하고 변하는데, 오늘날 인간은 기술에 대한 의존도가 커서 과거와의 간극이 더욱 벌어졌기에 미지의 땅으로 나아갈 때에는 항상 환경에 대한 대비와 조사가 필요하다는 내용의 글이다. 특히 최다 오답인 ③ 앞뒤로 '과거 기술과 현대 기술의 간극이 커져서 → 새로운 땅으로 갈 때 환경을 잘 알아봐야 한다'라는 내용이 적절한 인과 관계로 연결되어 있다. 따라서 주어진 문장을 ③에 넣는 것은 부적절하다.

▶ 문제 해결 방법은?
④ 뒤의 문장에 they가 나오므로 앞에서 they로 받을 만한 복수 명사가 언급되어야 한다. ④ 앞의 문장에는 적절한 복수 명사가 없는 반면, 주어진 문장에는 the native inhabitants가 있다. 따라서 이 they에 '토착 주민'을 넣어서 읽어 보고 맥락이 자연스러운지 확인해 보면 답을 찾을 수 있다.

★★★ 등급을 가르는 문제!

40 존재만으로 관계를 상하게 하는 휴대폰　　정답률 52% | 정답 ②

다음 글의 내용을 한 문장으로 요약하고자 한다. 빈칸 (A), (B)에 들어갈 말로 가장 적절한 것은?

	(A)		(B)		(A)		(B)
①	weakens 약화시킨다	……	answered 응대되고	✔②	weakens 약화시킨다	……	ignored 무시되고
③	renews 새롭게 한다	……	answered 응대되고	④	maintains 유지시킨다	……	ignored 무시되고
⑤	maintains 유지시킨다	……	updated 업데이트되고				

In one study, / researchers asked pairs of strangers / to sit down in a room and chat.
한 연구에서, / 연구자들은 서로 모르는 사람들끼리 짝을 지어 ~하게 했다. / 한 방에 앉아서 이야기하도록
In half of the rooms, / a cell phone was placed on a nearby table; / in the other half, / no phone was present.
절반의 방에는 / 근처 탁자 위에 휴대폰이 놓여 있었고, / 나머지 절반에는 / 휴대폰이 없었다.
After the conversations had ended, / the researchers asked the participants / what they thought of each other.
대화가 끝난 후, / 연구자들은 참가자들에게 물었다. / 그들이 서로에 대해 어떻게 생각하는지를

Here's what they learned: / when a cell phone was present in the room, / the participants reported / the quality of their relationship was worse / than those who'd talked in a cell phone-free room.
여기에 그들이 알게 된 것이 있다. / 방에 휴대폰이 있을 때 / 참가자들은 말했다. / 자신들의 관계의 질이 더 나빴다고 / 휴대폰이 없는 방에서 대화했던 참가자들에 비해

The pairs who talked in the rooms with cell phones / thought / their partners showed less empathy.
휴대폰이 있는 방에서 대화한 짝들은 / 생각했다. / 자신의 상대가 공감을 덜 보여 주었다고

Think of all the times / you've sat down / to have lunch with a friend / and set your phone on the table.
모든 순간을 떠올려 보라. / 여러분이 자리에 앉아 / 친구와 점심을 먹기 위해 / 탁자 위에 휴대폰을 놓았던

You might have felt good about yourself / because you didn't pick it up / to check your messages, / but your unchecked messages / were still hurting your connection / with the person sitting across from you.
여러분은 잘했다고 느꼈을지 모르지만, / 여러분이 휴대폰을 집어 들지 않았으므로 / 메시지를 확인하려고 / 여러분의 확인하지 않은 메시지는 / 여전히 관계를 상하게 하고 있었다. / 맞은편에 앉아 있는 사람과의

➡ The presence of a cell phone / (A) weakens the connection / between people involved in conversations, / even when the phone is being (B) ignored.
휴대폰의 존재는 / 관계를 약화시킨다. / 대화에 참여하는 사람들 간의 / 심지어 휴대폰이 무시되고 있을 때조차

한 연구에서, 연구자들은 서로 모르는 사람들끼리 짝을 지어 한 방에 앉아서 이야기하도록 했다. 절반의 방에는 근처 탁자 위에 휴대폰이 놓여 있었고, 나머지 절반에는 휴대폰이 없었다. 대화가 끝난 후, 연구자들은 참가자들에게 서로에 대해 어떻게 생각하는지를 물었다. 여기에 그들이 알게 된 것이 있다. 방에 휴대폰이 있을 때 참가자들은 휴대폰이 없는 방에서 대화했던 참가자들에 비해 자신의 관계의 질이 더 나빴다고 말했다. 휴대폰이 있는 방에서 대화한 짝들은 자신의 상대가 공감을 덜 보여 주었다고 생각했다. 친구와 점심을 먹기 위해 자리에 앉아 탁자 위에 휴대폰을 놓았던 모든 순간을 떠올려 보라. 메시지를 확인하려고 휴대폰을 집어 들지 않았으므로 잘했다고 느꼈을지 모르지만, 여러분의 확인하지 않은 메시지는 여전히 맞은편에 앉아 있는 사람과의 관계를 상하게 하고 있었다.

➡ 휴대폰의 존재는 심지어 휴대폰이 (B) 무시되고 있을 때조차 대화에 참여하는 사람들 간의 관계를 (A) 약화시킨다.

Why? 왜 정답일까?

'~ when a cell phone was present in the room, the participants reported the quality of their relationship was worse than those who'd talked in a cell phone-free room.'과 '~ your unchecked messages were still hurting your connection with the person sitting across from you.'에서 우리가 휴대폰을 확인하지 않고 내버려두는 상황일지라도 휴대폰이 '있다'는 사실 자체로 상대과의 관계가 약해질 수 있다는 연구 결과가 제시된다. 이를 근거로 볼 때, 요약문의 빈칸에 들어갈 말로 가장 적절한 것은 ② '(A) weakens(약화시킨다), (B) ignored(무시되고)'이다.

- present ⓐ 존재하는
- unchecked ⓐ 확인되지 않은
- weaken ⓥ 약화시키다
- renew ⓥ 새롭게 하다, 갱신하다, 재개하다
- participant ⓝ 참가자
- hurt ⓥ 손상시키다, 다치게 하다
- ignore ⓥ 무시하다
- maintain ⓥ 유지하다

구문 풀이

13행 You might have felt good about yourself because you didn't pick it up to check your messages, but your unchecked messages were still hurting your connection with the person sitting across from you.
「might have + p.p. : ~했을지도 모른다」 접속사(~ 때문에)
주어 동사(과거진행형) 현재분사

★★ 문제 해결 꿀~팁 ★★

▶ 많이 틀린 이유는?
마지막 문장에서 '확인하지 않은(unchecked)' 휴대폰 메시지가 관계에 악영향을 미치고 있었다는 결론이 제시된다. 즉 요약문의 (B)에는 휴대전화에 '응답하고 있지 않은' 상황에조차 관계가 약화되고 있었다는 의미를 완성하는 말이 들어가야 한다. ①의 answered는 휴대전화에 '응답하는' 상황에조차 관계가 나빠지고 있었다는 의미를 나타내므로 부적절하다.

▶ 문제 해결 방법은?
요약문에서 '실험 – 결과' 구조의 글이 나오면 바로 결과가 제시되는 문장을 찾아 요약문을 그 문장과 일치시킨다는 느낌으로 문제를 풀면 된다. 이 문제에서도 실험의 결론을 제시하는 마지막 문장과 요약문의 내용이 서로 같아야 한다.

41-42 반복의 중요성

As kids, / we worked hard at learning to ride a bike; / when we fell off, / we got back on again, / until it became second nature to us.
아이였을 때, / 우리는 열심히 자전거 타기를 배웠고, / 우리가 넘어지면, / 우리는 다시 올라탔는데, / 그것이 우리에게 제2의 천성이 될 때까지 그렇게 했다.

But when we try something new in our adult lives / we'll usually make just one attempt / before judging whether it's (a) worked.
그러나 우리가 어른으로 살면서 새로운 것을 시도해 볼 때 / 우리는 대체로 단 한 번만 시도해 본다. / 그것이 잘되었는지 판단하기 전에

If we don't succeed the first time, / or if it feels a little awkward, / we'll tell ourselves / it wasn't a success / rather than giving it (b) another shot.
만일 우리가 처음에 성공하지 못하거나 / 혹은 그것이 약간 어색하게 느껴지면, / 우리는 스스로에게 말할 것이다. / 그것이 성공이 아니었다고 / 또 한번 시도해 보기보다는

「That's a shame, / because repetition is central / to the process of rewiring our brains.」
그것은 애석한 일인데, / 반복이 핵심적이기 때문이다. / 우리 뇌를 재연결하는 과정에서   41번의 근거

Consider the idea / that your brain has a network of neurons.
개념을 생각해 보라. / 여러분의 뇌가 뉴런의 연결망을 가지고 있다는

They will (c) connect with each other / whenever you remember to use a brain-friendly feedback technique.
그것들은 서로 연결될 것이다. / 여러분이 뇌 친화적인 피드백 기술을 잊지 않고 사용할 때마다

Those connections aren't very (d) reliable at first, / which may make your first efforts a little hit-and-miss.
그 연결은 처음에는 그리 신뢰할 만하지 않고, / 여러분의 첫 번째 시도가 다소 마구잡이가 되도록 할 수도 있다.

You might remember one of the steps involved, / and not the others.
여러분은 연관된 단계 중 하나를 기억하고, / 다른 것들을 기억하지 못할 수도 있다.   42번의 근거

「But scientists have a saying: / "neurons that fire together, wire together."」
그러나 과학자들은 말한다. / "함께 활성화되는 뉴런들은 함께 연결된다."라고

In other words, / repetition of an action / (e) strengthens the connections / between the neurons involved in that action.
다시 말하자면, / 어떤 행동의 반복은 / 연결을 강화한다. / 그 행동에 연관된 뉴런들 사이의

「That means / the more times you try using that new feedback technique, / the more easily it will come to you / when you need it.」   41번의 근거
그것은 의미한다. / 여러분이 그 새로운 피드백 기술을 더 여러 차례 사용해 볼수록, / 그것이 더 쉽게 여러분에게 다가올 것을 / 여러분이 그것을 필요로 할 때

아이였을 때, 우리는 열심히 자전거 타기를 배웠고, 넘어지면 다시 올라탔는데, 그것이 우리에게 제2의 천성이 될 때까지 그렇게 했다. 그러나 어른으로 살면서 새로운 것을 시도해 볼 때 우리는 대체로 단 한 번만 시도해 보고 나서 그것이 (a) 잘되었는지 판단하려 한다. 만일 우리가 처음에 성공하지 못하거나 혹은 약간 어색한 느낌이 들면, (b) 또 한번 시도해 보기보다는 그것이 성공이 아니었다고 스스로에게 말할 것이다. 그것은 애석한 일인데, 우리 뇌를 재연결하는 과정에서 반복이 핵심적이기 때문이다. 여러분의 뇌가 뉴런의 연결망을 가지고 있다는 개념을 생각해 보라. 여러분이 뇌 친화적인 피드백 기술을 잊지 않고 사용할 때마다 그것들은 서로 (c) 연결될 것이다. 그 연결은 처음에는 그리 (d) 신뢰할 만하지 않고, 여러분의 첫 번째 시도가 다소 마구잡이가 되도록 할 수도 있다. 여러분은 연관된 단계 중 하나를 기억하고, 다른 것들을 기억하지 못할 수도 있다. 그러나 과학자들은 "함께 활성화되는 뉴런들은 함께 연결된다."라고 말한다. 다시 말하자면, 어떤 행동의 반복은 그 행동에 연관된 뉴런들 사이의 연결을 (e) 차단한다(→ 강화한다). 그것은 여러분이 그 새로운 피드백 기술을 더 여러 차례 사용해 볼수록, 필요할 때 그것이 더 쉽게 여러분에게 다가올 것을 의미한다.

- work hard at ~을 들이파다, 열심히 하다
- nature ⓝ 본성, 천성
- awkward ⓐ (기분이) 어색한, 불편한
- shame ⓝ 애석한 일, 딱한 일
- central ⓐ 핵심적인
- hit-and-miss ⓐ 되는 대로, 마구잡이로 하는
- curious ⓐ 호기심이 많은
- fall off 넘어지다
- make an attempt 시도하다
- give it a shot 시도하다
- repetition ⓝ 반복
- reliable ⓐ 신뢰할 만한
- block ⓥ 차단하다

구문 풀이

10행 They will connect with each other whenever you remember to use a brain-friendly feedback technique.
복합관계부사 「remember + to부정사 : ~할 것을 기억하다」 (~할 때마다)

18행 That means the more times you try using that new feedback technique, the more easily it will come to you when you need it.
「the + 비교급 ~, the + 비교급 … : ~할수록 더 …하다」

---

41 제목 파악   정답률 72% | 정답 ①

윗글의 제목으로 가장 적절한 것은?
✔① Repeat and You Will Succeed – 반복하면 성공할 것이다
② Be More Curious, Be Smarter – 더 호기심을 가지고, 더 똑똑해져라
③ Play Is What Makes Us Human – 놀이는 우리를 인간답게 만드는 것이다
④ Stop and Think Before You Act – 행동하기 전에 가만히 생각하라
⑤ Growth Is All About Keeping Balance – 성장은 전적으로 균형 유지에 관한 것이다

Why? 왜 정답일까?

두 번째 단락의 첫 문장과 마지막 문장인 '~ repetition is central to the process of rewiring our brains.', '~ the more times you try using that new feedback technique, the more easily it will come to you when you need it.'에서 어떤 것을 반복할수록 다음에 그것이 필요할 때 더 쉽게 되살아날 가능성이 높아진다고 언급하는 것으로 볼 때, 글의 제목으로 가장 적절한 것은 ① '반복하면 성공할 것이다'이다.

---

42 어휘 추론   정답률 60% | 정답 ⑤

밑줄 친 (a) ~ (e) 중에서 문맥상 낱말의 쓰임이 적절하지 않은 것은?
① (a)   ② (b)   ③ (c)   ④ (d)   ✔⑤ (e)

Why? 왜 정답일까?

'But scientists have a saying: "neurons that fire together, wire together."'에서 함께 활성화되는 뉴런은 함께 연결된다고 언급하는 것으로 볼 때, (e)가 포함된 문장은 어떠한 행동을 반복할 때 그 행동과 연관된 뉴런들 사이의 연결이 '강화된다'는 의미여야 한다. 따라서 (e)는 blocks 대신 strengthens로 고쳐야 한다. 문맥상 낱말의 쓰임이 적절하지 않은 것은 ⑤ '(e)'이다.

43-45 동물도 상실의 고통을 느낀다는 것을 깨달은 사냥꾼 왕

(A)

Once upon a time, / there lived a young king / who had a great passion for hunting.
옛날 옛적에, / 젊은 왕이 살았다. / 사냥에 대해 엄청난 열정을 가진

His kingdom was located at the foot of the Himalayas.
그의 왕국은 히말라야 산기슭에 위치해 있었다.

「Once every year, / he would go hunting in the nearby forests.」   45번 ①의 근거 일치
매년 한 번씩, / 그는 근처의 숲으로 사냥하러 가는 했다.

(a) He would make all the necessary preparations, / and then set out for his hunting trip.
그는 모든 필요한 준비를 하고 / 자신의 사냥 여행을 떠나고는 했다.

(C)

Like all other years, / the hunting season had arrived.
여느 해처럼, / 사냥철이 왔다.

Preparations began in the palace / and the king got ready for (c) his hunting trip.
궁궐에서 준비가 시작되었고 / 왕은 자신의 사냥 여행을 갈 준비를 했다.

Deep in the forest, / he spotted a beautiful wild deer.
숲속 깊은 곳에서 / 그는 아름다운 야생 사슴을 발견했다.

It was a large stag.
그것은 큰 수사슴이었다.

His aim was perfect.
그의 겨냥은 완벽했다.

『When he killed the deer with just one shot of his arrow, / the king was filled with pride.』 45번 ③의 근거 일치
그가 단 한 발의 화살로 그 사슴을 잡으니 / 왕은 의기양양했다.

(d) The proud hunter ordered a hunting drum / to be made out of the skin of the deer.
그 의기양양한 사냥꾼은 사냥용 북이 ~되도록 명령했다. / 그 사슴의 가죽으로 만들어지도록

(B)

Seasons changed.
계절이 바뀌었다.

A year passed by.
1년이 지나갔다.

And it was time to go hunting once again.
그리고 또 다시 사냥하러 갈 때가 되었다.

The king went to the same forest as the previous year.
왕은 작년과 같은 숲으로 갔다.

(b) He used his beautiful deerskin drum / to round up animals.
그는 아름다운 사슴 가죽으로 만든 북을 사용하여 / 동물을 몰았다.

But none came.
그러나 아무도 오지 않았다.

All the animals ran for safety, / except one doe.
모든 동물이 안전한 곳으로 도망쳤는데, / 암사슴 한 마리는 예외였다.

『She came closer and closer to the drummer.』 45번 ②의 근거 불일치
암사슴은 북 치는 사람에게 점점 더 가까이 다가왔다.

Suddenly, / she started fearlessly licking the deerskin drum.
갑자기, / 암사슴은 두려움 없이 사슴 가죽으로 만든 북을 핥기 시작했다.

(D)

The king was surprised by this sight.
이 광경을 보고 왕은 놀랐다.

『An old servant had an answer / to this strange behavior.』 45번 ④의 근거 일치
한 나이 든 신하가 이 이상한 행동에 대한 이유를 알고 있었다.

"The deerskin used to make this drum / belonged to her mate, / the deer who we hunted last year.
"이 북을 만드는 데 사용된 사슴 가죽은 / 암사슴의 짝의 것인데, / 우리가 작년에 사냥한 그 사슴입니다.

This doe is mourning the death of her mate," / (e) the man said.
이 암사슴은 짝의 죽음을 애도하고 있는 것입니다."라고 / (e) 그 남자는 말했다.

Upon hearing this, / the king had a change of heart.
이 말을 듣자마자, / 왕의 마음이 바뀌었다.

He had never realized / that an animal, too, felt the pain of loss.
그는 전혀 몰랐다. / 동물도 역시 상실의 고통을 느낀다는 것을

『He made a promise, / from that day on, / to never again hunt wild animals.』 45번 ⑤의 근거 일치
그는 약속했다. / 그날 이후 / 다시는 결코 야생 동물을 사냥하지 않겠다고

(A)

옛날 옛적에 사냥에 대해 엄청난 열정을 가진 젊은 왕이 살았다. 그의 왕국은 히말라야 산기슭에 위치해 있었다. 매년 한 번씩, 그는 근처의 숲으로 사냥하러 가고는 했다. (a) 그는 모든 필요한 준비를 하고 자신의 사냥 여행을 떠나고는 했다.

(C)

여느 해처럼, 사냥철이 왔다. 궁궐에서 준비가 시작되었고 왕은 (c) 자신의 사냥 여행을 갈 준비를 했다. 숲속 깊은 곳에서 그는 아름다운 야생 사슴을 발견했다. 그것은 큰 수사슴이었다. 그의 겨냥은 완벽했다. 단 한 발의 화살로 그 사슴을 잡고서 왕은 의기양양했다. (d) 그 의기양양한 사냥꾼은 그 사슴의 가죽으로 사냥용 북을 만들도록 명령했다.

(B)

계절이 바뀌었다. 1년이 지나갔다. 그리고 또 다시 사냥하러 갈 때가 되었다. 왕은 작년과 같은 숲으로 갔다. (b) 그는 아름다운 사슴 가죽으로 만든 북을 사용하여 동물을 몰았다. 그러나 아무도 오지 않았다. 모든 동물이 안전한 곳으로 도망쳤는데, 암사슴 한 마리는 예외였다. 암사슴은 북 치는 사람에게 점점 더 가까이 다가왔다. 갑자기, 암사슴은 두려움 없이 사슴 가죽으로 만든 북을 핥기 시작했다.

(D)

이 광경을 보고 왕은 놀랐다. 한 나이 든 신하가 이 이상한 행동의 이유를 알고 있었다. "이 북을 만드는 데 사용된 사슴 가죽은 암사슴의 짝의 것인데, 우리가 작년에 사냥한 그 사슴입니다. 이 암사슴은 짝의 죽음을 애도하고 있는 것입니다."라고 (e) 그 남자는 말했다. 이 말을 듣자마자, 왕의 마음이 바뀌었다. 그는 동물도 역시 상실의 고통을 느낀다는 것을 전혀 몰랐다. 그는 그날 이후 다시는 결코 야생 동물을 사냥하지 않겠다고 약속했다.

- **passion** ⓝ 열정
- **preparation** ⓝ 준비, 채비
- **previous** ⓐ 이전의
- **lick** ⓥ 핥다
- **aim** ⓝ 겨냥, 목표 ⓥ 겨누다
- **have a change of heart** 마음을 바꾸다, 심경의 변화가 생기다
- **loss** ⓝ 상실
- **at the foot of** ~의 기슭에, 하단부에
- **set out for** ~을 향해 나서다
- **fearlessly** ⓐⓓ 겁 없이, 대담하게
- **spot** ⓥ 알아채다, 발견하다

구문 풀이

[A] 1행 Once upon a time, there lived a young king [who had a great passion for hunting].
동사 / 주어 / 주격 관계대명사

[C] 6행 The proud hunter ordered a hunting drum to be made out of the skin of the deer.
「order+ / 목적어+ / to부정사: ~이 …하게 명령하다」

[D] 2행 The deerskin used to make this drum belonged to her mate, the deer
주어 / 과거분사 부사적 용법(목적) / 동사 / 동격(=her mate)
[who(m) we hunted last year].

[D] 7행 He made a promise, from that day on, to never again hunt wild animals.
「to+부사+동사원형: 분리부정사(부정사를 수식하는 부사가 to와 동사원형 사이에 삽입된 형태」

---

43 글의 순서 파악   정답률 82% | 정답 ②

주어진 글 (A)에 이어질 내용을 순서에 맞게 배열한 것으로 가장 적절한 것은?

① (B) – (D) – (C)
✓② (C) – (B) – (D)
③ (C) – (D) – (B)
④ (D) – (B) – (C)
⑤ (D) – (C) – (B)

Why? 왜 정답일까?

시간적 단서를 잘 활용해야 하는 순서 문제이다. 옛날에 어느 한 왕이 사냥에 대한 열정이 있어 매년 사냥 여행을 떠났다는 내용의 (A) 뒤에는, 다른 모든 해처럼 사냥철이 와서 왕이 사냥을 떠났고 아름다운 야생 사슴 한 마리를 잡아 그 기념으로 북을 만들었다는 내용의 (C)가 이어져야 한다. 이어서 (B)에서는 '1년 후' 다시 사냥하러 갈 때가 되어 길을 떠난 왕이 북소리에 피하지 않고 도리어 가까이 오는 암사슴 한 마리를 발견했다는 내용이 전개된다. 마지막으로 (D)는 '이 광경'에 왕이 놀라자, 한 신하가 상황을 설명해 주었다는 내용으로 마무리된다. 따라서 글의 순서로 가장 적절한 것은 ② '(C) – (B) – (D)'이다.

44 지칭 추론   정답률 81% | 정답 ⑤

밑줄 친 (a)~(e) 중에서 가리키는 대상이 나머지 넷과 다른 것은?

① (a)   ② (b)   ③ (c)   ④ (d)   ✓⑤ (e)

Why? 왜 정답일까?

(a), (b), (c), (d)는 the king, (e)는 An old servant를 가리키므로, (a)~(e) 중에서 가리키는 대상이 다른 하나는 ⑤ '(e)'이다.

45 세부 내용 파악   정답률 80% | 정답 ②

윗글에 관한 내용으로 적절하지 않은 것은?

① 왕은 매년 근처의 숲으로 사냥 여행을 갔다.
✓② 암사슴은 북 치는 사람으로부터 도망갔다.
③ 왕은 화살로 단번에 수사슴을 맞혔다.
④ 한 나이 든 신하가 암사슴의 행동의 이유를 알고 있었다.
⑤ 왕은 다시는 야생 동물을 사냥하지 않겠다고 약속했다.

Why? 왜 정답일까?

(B) 'She came closer and closer to the drummer.'에서 모든 동물들이 북소리를 듣고는 안전한 곳으로 피신하는 가운데 암사슴 한 마리는 북 치는 사람에게 가까이 다가왔다고 하므로, 내용과 일치하지 않는 것은 ② '암사슴은 북 치는 사람으로부터 도망갔다.'이다.

Why? 왜 오답일까?

① (A) 'Once every year, he would go hunting in the nearby forests.'의 내용과 일치한다.
③ (C) 'When he killed the deer with just one shot of his arrow, ~'의 내용과 일치한다.
④ (D) 'An old servant had an answer to this strange behavior.'의 내용과 일치한다.
⑤ (D) 'He made a promise, from that day on, to never again hunt wild animals.'의 내용과 일치한다.

• 정답 •

01 ② 02 ⑤ 03 ① 04 ② 05 ① 06 ③ 07 ④ 08 ② 09 ③ 10 ⑤ 11 ① 12 ④ 13 ⑤ 14 ① 15 ②
16 ③ 17 ③ 18 ④ 19 ③ 20 ②

---

01 신석기 시대의 사회 모습 · 정답률 97% | 정답 ②

(가) 시대의 사회 모습으로 옳은 것은?

> 농경과 목축이 시작된 [(가)] 시대 마을 유적이 김포시에서 대규모로 발굴되었습니다. 이 유적지에는 대략 50～80기 정도의 움집이 있었을 것으로 추정되며, 다수의 빗살무늬 토기 파편이 출토되었습니다.

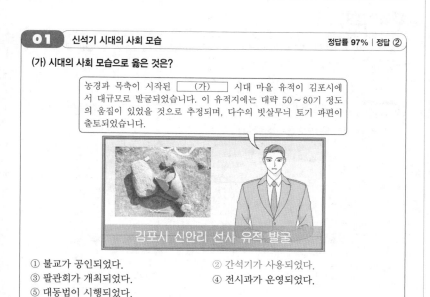

김포시 신안리 선사 유적 발굴

① 불교가 공인되었다.
② 간석기가 사용되었다.
③ 팔관회가 개최되었다.
④ 전시과가 운영되었다.
⑤ 대동법이 시행되었다.

Why? 왜 정답일까?

(가) 시대는 신석기 시대이다.
신석기 시대의 사람들은 강가나 바닷가에 움집을 짓고 살았으며, 빗살무늬토기를 만들어 사용하였다.
신석기 시대에는 간석기가 사용되었다.

---

02 고려의 문화유산 · 정답률 51% | 정답 ⑤

(가) 국가에서 제작된 문화유산으로 옳은 것은? [3점]

> 강진에는 [(가)] 청자를 만들었던 가마터들이 남아 있습니다. 그리고 그곳에서 청자 파편 및 청자 제작 흔적이 발견되었습니다. 이를 통해 [(가)] 초기에 주로 순청자가 만들어졌으며, 이후 12세기 무렵부터 상감 청자가 제작되었다는 사실을 엿볼 수 있습니다.

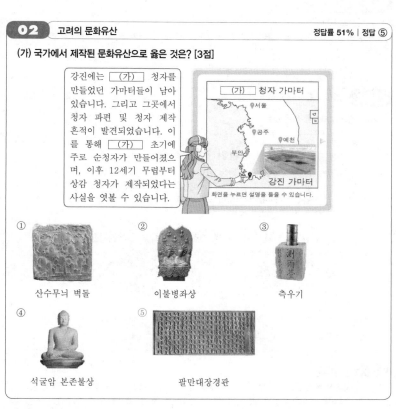

① 산수무늬 벽돌 ② 이불병좌상 ③ 측우기
④ 석굴암 본존불상 ⑤ 팔만대장경판

Why? 왜 정답일까?

(가) 국가는 고려이다.
고려 시대에는 청자 제작 기술이 발전하였다. 초기에는 순청자가 주로 만들어졌고, 12세기 이후에는 상감법으로 표면에 다양한 무늬를 새긴 상감 청자가 제작되었다.

Why? 왜 오답일까?

① 백제, ② 발해, ③ 조선, ④ 통일 신라의 문화유산이다.

---

03 고구려의 역사 · 정답률 62% | 정답 ①

(가) 국가에 대한 설명으로 옳은 것은?

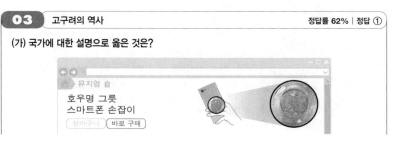

호우명 그릇 스마트폰 손잡이
장바구니 · 바로 구매

> [(가)] 광개토 대왕의 기상을 느끼길 바라며 스마트폰 손잡이에 호우명 그릇을 넣었습니다. 경주의 고분에서 출토된 호우명 그릇에는 광개토 대왕의 시호가 새겨져 있으며, 이를 통해 당시 신라와 [(가)]의 관계를 추측할 수 있습니다.

① 태학을 설립하였다.
② 8조법을 제정하였다.
③ 집현전을 설치하였다.
④ 우산국을 정복하였다.
⑤ 독서삼품과를 시행하였다.

Why? 왜 정답일까?

(가) 국가는 고구려이다.
경주 호우총에서는 '국강상광개토지호태왕'이라는 광개토 대왕의 시호가 새겨져 있는 그릇이 출토되었다.
고구려는 교육 기관으로 태학을 설립하였다.

Why? 왜 오답일까?

② 고조선, ③ 조선, ④ 신라, ⑤ 통일 신라에 해당한다.

---

04 5～6세기 삼국의 상황 · 정답률 76% | 정답 ②

(가), (나) 시기 사이에 있었던 사실로 옳은 것은? [3점]

> (가) 장수왕이 군대 3만 명을 거느리고 백제를 침공하여 도읍인 한성을 함락시킨 뒤, 왕을 죽이고 남녀 8천 명을 사로잡았다.
>
> (나) 백제 왕이 관산성을 공격하였다. …(중략)… 신라의 김무력이 군대를 이끌고 나아가 서로 맞붙어 싸웠다. 신라의 장군 도도가 갑자기 공격하여 백제 왕을 죽였다.

① 홍경래가 난을 일으켰다.
② 성왕이 사비로 천도하였다.
③ 정조가 규장각을 정비하였다.
④ 최승로가 시무 28조를 건의하였다.
⑤ 김윤후가 처인성에서 몽골군을 격퇴하였다.

Why? 왜 정답일까?

(가)는 475년 고구려가 백제 수도 한성을 함락한 상황이고, (나)는 554년 관산성 전투에서 신라의 공격으로 백제 성왕이 전사한 상황이다. 성왕은 538년 웅진에서 사비로 천도하였다.

---

05 조선 전기 과학 기술의 발달 · 정답률 41% | 정답 ①

(가)에 들어갈 내용으로 가장 적절한 것은?

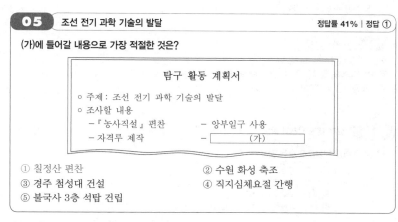

탐구 활동 계획서

ㅇ 주제 : 조선 전기 과학 기술의 발달
ㅇ 조사할 내용
 - 『농사직설』 편찬   - 앙부일구 사용
 - 자격루 제작   - [(가)]

① 칠정산 편찬
② 수원 화성 축조
③ 경주 첨성대 건설
④ 직지심체요절 간행
⑤ 불국사 3층 석탑 건립

Why? 왜 정답일까?

자료는 조선 전기 과학 기술의 발달에 대한 것이다.
조선 전기에 중국과 이슬람의 역법을 참고하여 한양을 기준으로 한 역법서인 『칠정산』이 편찬되었다.

---

06 신라의 통치 제도 · 정답률 48% | 정답 ③

(가)에 들어갈 알파벳으로 옳은 것은? [3점]

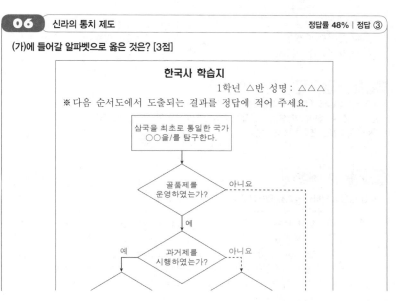

한국사 학습지

1학년 △반 성명 : △△△

※ 다음 순서도에서 도출되는 결과를 정답에 적어 주세요.

삼국을 최초로 통일한 국가 ○○을/를 탐구한다.

골품제를 운영하였는가? 아니요
↓ 예
과거제를 시행하였는가? 예 / 아니요

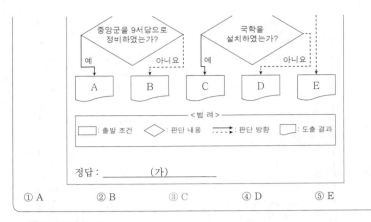

정답 : _____(가)_____

① A   ② B   ③ C   ④ D   ⑤ E

Why? 왜 정답일까?

자료의 학습지는 신라의 통치 제도에 대한 것이다.
신라는 신분제인 골품제를 운영하였다. 통일 후 중앙군을 9서당으로 정비하였고, 국립 교육 기관으로 국학을 설치하였다.

---

07   박제가의 활동   정답률 59% | 정답 ④

(가) 인물에 대한 설명으로 옳은 것은?

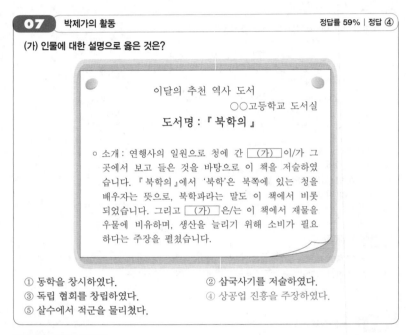

① 동학을 창시하였다.
② 삼국사기를 저술하였다.
③ 독립 협회를 창립하였다.
④ 상공업 진흥을 주장하였다.
⑤ 살수에서 적군을 물리쳤다.

Why? 왜 정답일까?

(가)는 박제가이다.
박제가는 『북학의』를 저술하여 청의 문물을 받아들일 것을 강조하였다. 그는 상공업 진흥과 기술 개발을 통해 부국강병을 이루자고 주장하였다.

---

08   고려 태조 왕건의 활동   정답률 58% | 정답 ②

(가)에 들어갈 내용으로 옳은 것은?

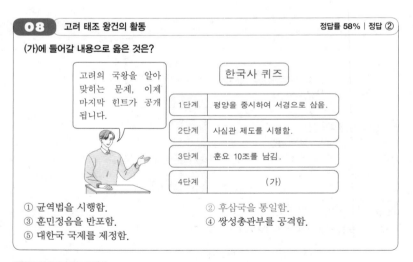

① 균역법을 시행함.
② 후삼국을 통일함.
③ 훈민정음을 반포함.
④ 쌍성총관부를 공격함.
⑤ 대한국 국제를 제정함.

Why? 왜 정답일까?

자료의 국왕은 태조 왕건으로 후삼국을 통일하였다.
그는 평양을 중시하여 서경으로 삼았으며, 사심관 제도와 기인 제도를 시행하였다. 또한 후대 왕이 지켜야 할 정책을 담은 훈요 10조를 남겼다.

---

09   무신 정변의 시기   정답률 53% | 정답 ③

다음 상황이 나타난 시기를 연표에서 옳게 고른 것은? [3점]

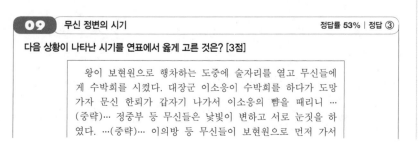

왕이 보현원으로 행차하는 도중에 술자리를 열고 무신들에게 수박희를 시켰다. 대장군 이소응이 수박희를 하다가 도망가자 문신 한뢰가 갑자기 나가서 이소응의 뺨을 때리니 … (중략) … 정중부 등 무신들은 낯빛이 변하고 서로 눈짓을 하였다. …(중략)… 이의방 등 무신들이 보현원으로 먼저 가서

거짓 왕명으로 병사들을 모았고, 보현원 문 앞에서 여러 문신들을 죽였다.

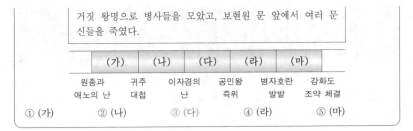

(가)	(나)	(다)	(라)	(마)
원종과 애노의 난	귀주 대첩	이자겸의 난	공민왕 즉위	병자호란 발발	강화도 조약 체결

① (가)   ② (나)   ③ (다)   ④ (라)   ⑤ (마)

Why? 왜 정답일까?

1126년 이자겸은 난을 일으켜 왕권을 위협하였다. 고려는 문신들을 중심으로 정치가 운영되었으며, 이로 인해 무신들의 불만은 커졌다. 결국 정중부 등 무신들은 1170년 정변을 일으켜 문신들을 제거하고 의종을 폐위하였다. 공민왕은 1351년에 즉위하였다.

---

10   발해의 중앙 통치 제도   정답률 63% | 정답 ⑤

(가) 국가에 대한 설명으로 옳은 것은? [3점]

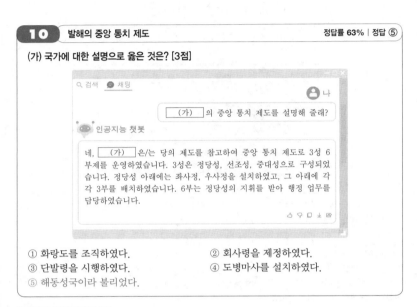

① 화랑도를 조직하였다.
② 회사령을 제정하였다.
③ 단발령을 시행하였다.
④ 도병마사를 설치하였다.
⑤ 해동성국이라 불리었다.

Why? 왜 정답일까?

(가) 국가는 발해이다.
발해는 당의 3성 6부제를 받아들여 중앙 통치 제도를 정비하였다. 발해는 중국으로부터 해동성국이라 불리었다.

---

11   조선의 통치 제도 정비   정답률 50% | 정답 ①

(가)에 들어갈 제도로 옳은 것은?

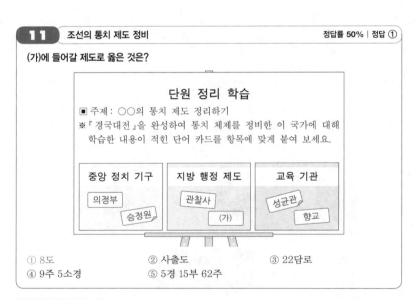

① 8도   ② 사출도   ③ 22담로
④ 9주 5소경   ⑤ 5경 15부 62주

Why? 왜 정답일까?

조선은 『경국대전』을 완성하여 유교적 통치 체제를 정비하였다. 중앙 정치는 의정부와 6조를 중심으로 운영하였으며, 국왕의 비서 역할을 하는 승정원을 두었다. 전국을 8도로 나누고, 각 도에는 수령을 감독하는 관찰사를 파견하였다. 또한 최고 교육 기관으로 성균관을 두었고, 지방에는 향교를 세웠다.

---

12   이성계의 활동   정답률 85% | 정답 ④

(가) 인물에 대한 설명으로 옳은 것은? [3점]

① 동의보감을 편찬하였다.
② 나당 연합을 성사시켰다.
③ 해동 천태종을 창시하였다.
④ 위화도 회군을 단행하였다.
⑤ 왕오천축국전을 저술하였다.

Why? 왜 정답일까?

(가) 인물은 이성계이다.
고려 말 이성계는 홍건적과 왜구를 격퇴하면서 신흥 무인 세력으로 성장하였다. 그는 위화도 회군을 단행하여 정권을 장악하였고, 정도전 등 신진 사대부의 도움을 받아 조선을 건국하였다.

13 임진왜란 · 정답률 54% · 정답 ⑤

밑줄 친 '전쟁' 중에 있었던 사실로 옳은 것은?

> ○월 ○일 선비들이 모여 의병 일으킬 일을 의논하기를, "왜적이 쳐들어와 임금께서 난리를 피해 한양을 떠나시니, 바야흐로 뜻있는 선비가 나라와 군왕을 위해 병기를 베개 삼아 전쟁에 나서서 순국할 날이 됐습니다."라고 하였다.
> …(중략)…
> △월 △일 전라 좌수사 이순신이 견내량에서 적선을 불태우고 부숴 버렸다.

① 별무반이 조직되었다.　　② 척화비가 건립되었다.
③ 천리장성이 축조되었다.　④ 갑오개혁이 추진되었다.
⑤ 조·명 연합군이 결성되었다.

Why? 왜 정답일까?

밑줄 친 '전쟁'은 임진왜란이다. 전쟁이 시작된 지 얼마 되지 않아 선조는 피란을 떠났고, 수도 한양이 점령당하였다. 한편 이순신이 이끄는 수군과 의병들의 활약 및 조·명 연합군의 결성으로 조선이 전세를 바꿀 수 있었다.

14 조광조와 사림의 활동 · 정답률 58% · 정답 ①

밑줄 친 '개혁'의 내용으로 옳은 것은? [3점]

> ### 한국사 신문
>
> #### 기묘년, 사림이 화를 입다
>
> 중종의 총애를 받으며 각종 개혁을 통해 유교적 이상 정치를 실현하려던 조광조와 그를 따르는 사림 세력이 국정을 어지럽혔다는 죄목으로 유배되었다. 이들은 중종반정 이후 공신에 오른 훈구 세력 가운데 공이 없는 신하들을 공신 명단에서 삭제해야 한다고 주장하였다. 이러한 주장은 중종을 난처하게 만들었으며, 훈구 세력의 반발을 초래하였다.

① 현량과를 실시하였다.　　② 영정법을 시행하였다.
③ 별기군을 창설하였다.　　④ 교정도감을 운영하였다.
⑤ 군국기무처를 설치하였다.

Why? 왜 정답일까?

반정으로 왕위에 오른 중종은 조광조를 비롯한 사림을 등용하였다. 그들은 현량과 실시, 소격서 폐지, 위훈 삭제 등 개혁을 추진하였다. 그러나 급진적인 개혁에 부담을 느낀 중종과 훈구 세력의 반발로 조광조와 그를 따르는 사림 세력이 제거되었다(기묘사화).

15 예송의 전개 · 정답률 71% · 정답 ②

(가)에 들어갈 내용으로 가장 적절한 것은?

한국사 극화 수업 - 주제 : (가)

남인: 효종은 둘째 아들이지만 왕위에 올랐으니 장남 대우를 해야 합니다. 따라서 대비께서는 3년 동안 상복을 입으셔야 합니다.

서인: 효종이 비록 왕위에 올랐지만 장남이 아닙니다. 그렇기 때문에 대비께서는 1년 동안 상복을 입으셔야 합니다.

① 녹읍 폐지
② 예송의 전개
③ 탕평책 실시
④ 노비안검법 시행
⑤ 급진 개화파의 개혁

Why? 왜 정답일까?

효종 사후 현종 때 예송이 전개되면서 붕당 간의 대립이 심화되었다. 예송은 효종과 효종비가 죽은 후자의 대비의 상복 입는 기간을 둘러싸고 서인과 남인 등 붕당 사이에 전개된 논쟁이다.

16 조선 후기 신분제의 동요 · 정답률 87% · 정답 ③

자료를 활용한 탐구 주제로 가장 적절한 것은? [3점]

> ○ 비변사에서 보고하기를, "각 도의 납속하는 사람들에 대해 …(중략)… 바치는 곡식의 양에 따라 등급을 매기고, 이에 따라 관직을 내려 널리 곡식을 모으는 길을 마련해야 합니다."라고 하였다.
> ○ 신필현이 아뢰기를, "지방의 좀 넉넉한 민가에서는 곡식을 바치고 공명첩을 얻는 바람에 관직을 받은 사람이 많습니다."라고 하였다.

① 신라 말 호족의 성장　　② 고려 시대 여성의 지위
③ 조선 후기 신분제의 동요　④ 조선 전기 대외 관계의 변화
⑤ 일제 강점기 근대 문물의 수용

Why? 왜 정답일까?

양 난을 전후하여 부유한 사람들은 납속책이나 공명첩 등을 통해 신분을 상승시킬 수 있었다. 이에 조선 후기 양반 중심의 신분 질서가 동요하였다.

17 조선 후기에 유행한 서민 문화 · 정답률 76% · 정답 ③

밑줄 친 '이 시기' 문화에 대한 설명으로 옳은 것은?

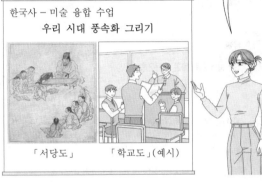

지난 한국사 시간에 여러분은 이 시기에 김홍도의 「서당도」를 비롯한 많은 풍속화가 제작되었으며, 당시 풍속화에는 사람들의 삶의 모습이 생생하게 담겨 있다고 배웠습니다. 오늘 미술 수업에서는 예시와 같이 현재의 생활상을 담은 그림을 그려봅시다.

한국사 - 미술 융합 수업
우리 시대 풍속화 그리기

「서당도」　「학교도」(예시)

① 삼국유사가 편찬되었다.
② 무령왕릉이 축조되었다.
③ 한글 소설이 유행하였다.
④ 충주 고구려비가 건립되었다.
⑤ 부여 정림사지 5층 석탑이 세워졌다.

Why? 왜 정답일까?

밑줄 친 '이 시기'는 조선 후기이다. 조선 후기에는 풍속화가 유행하였으며, 대표적인 화가로는 김홍도, 신윤복 등이 있다. 이 시기에는 한글 소설, 판소리 등 서민 문화가 발달하였다.

18 동학 농민 운동 · 정답률 48% · 정답 ④

(가) 운동에 대한 설명으로 옳은 것은?

(가)

▶ 재생 영상
우금치 전투 패배 이후 전봉준 압송되다.
조회수 ○,○○○회 / ○개월 전

▶ 관련 영상
고부 군수에게 맞서다.
황토현에서 승리하다.

① 고구려 부흥을 내세웠다.
② 서경 천도를 주장하였다.
③ 만민 공동회 개최를 요구하였다.
④ 집강소를 통해 개혁을 추진하였다.
⑤ 대한매일신보 등 언론의 지원을 받았다.

Why? 왜 정답일까?

(가) 운동은 동학 농민 운동이다.
황토현 전투 등에서 승리한 농민군은 전주를 점령하였다. 이후 전주 화약을 맺고 각지에 집강소를 설치하여 개혁을 추진하였다.

(가) 정부에 대한 설명으로 옳은 것은? [3점]

> 자료를 통해 보는 한국사
>
> 유구한 역사와 전통에 빛나는 우리들 대한국민은 기미 3·1 운동으로 대한민국을 건립하여 세계에 선포한 위대한 독립정신을 계승하여 이제 민주독립국가를 재건함에 있어서 …(중략)… 선거된 대표로서 구성된 국회에서 단기 4281년 7월 12일 이 헌법을 제정한다.
>
> — 『관보』 제1호 —
>
> 해설 : 이 자료는 제헌 헌법의 전문(前文)이다. 여기에서 제헌 국회는 대한민국 정부가 3·1 운동을 계기로 상하이에서 수립된 (가) 의 독립 정신을 계승하였음을 밝혔다.

① 장용영을 설치하였다.
② 호패법을 실시하였다.
③ 민주 공화제를 채택하였다.
④ 영고라는 제천 행사를 열었다.
⑤ 망이·망소이의 난을 진압하였다.

Why? 왜 정답일까?

(가) 정부는 대한민국 임시 정부이다. 3·1 운동을 계기로 상하이에서 수립된 대한민국 임시 정부는 삼권 분립에 기초한 민주 공화제를 채택하였다.

20 6월 민주 항쟁   정답률 35% | 정답 ②

(가) 민주화 운동에 대한 설명으로 옳은 것은? [3점]

> 월별로 정리한 (가)
>
> 1987년 1월   박종철, 경찰에 강제 연행되어 남영동 대공분실에서 고문을 받다 사망
>
> 1987년 4월   4·13 호헌 조치 발표
>
> 1987년 5월   천주교 정의 구현 전국 사제단에 의해 박종철 고문치사 은폐·조작 사건 폭로
>
> 1987년 6월   이한열, 시위 도중 최루탄에 피격. 민주 헌법 쟁취 국민운동 본부가 주최한 국민대회 개최

① 신탁 통치를 반대하였다.
② 대통령 직선제를 요구하였다.
③ 을사늑약 체결에 항의하였다.
④ 3·15 부정 선거를 규탄하였다.
⑤ 시민군을 조직하여 계엄군에 맞섰다.

Why? 왜 정답일까?

(가) 민주화 운동은 6월 민주 항쟁이다. 1987년에 일어난 박종철 고문치사 은폐·조작 사건, 4·13 호헌 조치 발표, 이한열 피격 사건은 대통령 직선제 등을 요구하는 시위를 격화시켜 6월 민주 항쟁의 배경이 되었다.

- 정답 -
01 ⑤ 02 ③ 03 ④ 04 ② 05 ① 06 ⑤ 07 ① 08 ① 09 ① 10 ② 11 ① 12 ③ 13 ② 14 ⑤ 15 ④
16 ② 17 ④ 18 ④ 19 ③ 20 ③

01 구석기 시대의 생활 모습   정답률 92% | 정답 ⑤

(가) 시대 사람들의 생활 모습으로 옳은 것은?

> 조사 보고서
>
> **연천 전곡리 유적**
>
> 1학년 ○반 ○모둠
>
> 1978년 주한 미군 그렉 보웬이 경기도 연천의 한탄강변에서 (가) 시대의 대표 유물인 주먹도끼를 발견하였다. 이 주먹도끼는 뾰족하게 날을 세워 찍개보다 정밀하게 가공한 것으로 동아시아에서 처음 발견되어 세계 고고학계의 주목을 받았다. 이후 추가 발굴을 통해 찍개, 찌르개를 비롯한 다양한 종류의 뗀석기가 출토되었다.

▲ 출토된 주먹도끼

① 고인돌을 축조하였다.
② 철제 무기를 사용하였다.
③ 농경과 목축을 시작하였다.
④ 빗살무늬 토기를 제작하였다.
⑤ 주로 동굴이나 바위 그늘에서 살았다.

Why? 왜 정답일까?

(가) 시대는 구석기 시대이다. 자료는 연천 전곡리 유적에서 출토된 주먹도끼에 관한 것으로 주먹도끼는 구석기 시대를 대표하는 유물이다. 구석기 시대 사람들은 주로 동굴이나 바위 그늘에서 살았다.

Why? 왜 오답일까?

① 청동기 시대, ② 철기 시대, ③, ④ 신석기 시대에 해당한다.

02 여러 나라의 성장 과정   정답률 80% | 정답 ③

(가) 나라에 대한 설명으로 옳은 것은?

> 수행평가 활동지
>
> 1학년 ○반 ○번 이름 : ○○○
>
> ■ 활동 1. 철기를 바탕으로 성장한 나라 중 하나를 골라 조사하기
>   - 내가 조사한 나라 : (가)
>   - 풍속 : 족외혼, 책화
>   - 특징 2가지 : 1. 왕이 없음. 2. 고구려의 간섭을 받음.
>
> ■ 활동 2. 조사한 나라의 풍속을 그림으로 표현하기
>
> (가) 의 풍속 - 책화

> 자네가 우리 부족의 경계를 넘어왔으니 노비로 변상하게!
>
> 미안하오. 노비 대신 소나 말로 변상하겠소.

① 경국대전을 완성하였다.
② 수도를 강화도로 옮겼다.
③ 무천이라는 제천 행사를 열었다.
④ 골품제라는 신분 제도를 운영하였다.
⑤ 위만이 왕위를 차지하여 집권하였다.

Why? 왜 정답일까?

(가) 나라는 동예이다. 동예에는 다른 부족의 영역을 침범했을 때 노비나 소, 말로 변상하게 하는 책화라는 풍속이 있었다. 또한 10월에 무천이라는 제천 행사를 열어 하늘에 풍요를 기원하였다.

Why? 왜 오답일까?

① 조선, ② 고려, ④ 신라, ⑤ 고조선에 해당한다.

03 장보고가 활동한 시기의 상황   정답률 30% | 정답 ②

밑줄 친 '그'가 활동한 시기의 상황으로 가장 적절한 것은? [3점]

앞에 보이는 이 섬은 전남 완도군의 장도입니다. 그는 이곳에 청해진을 설치하고 해적을 소탕하여 해상 교역을 주도하였습니다.

① 벽란도가 국제 무역항으로 번성하였다.
② 당에 신라인들의 집단 거주 지역이 존재하였다.
③ 조선이 연행사를 통해 서양 문물을 수용하였다.
④ 부산, 원산 등 개항장을 중심으로 무역이 이루어졌다.
⑤ 고조선이 한과 한반도 남부 사이에서 중계 무역을 하였다.

Why? 왜 정답일까?

밑줄 친 '그'는 9세기에 활동했던 통일 신라의 장보고이다. 장보고는 청해진을 설치하고 해상 교역을 주도하였다. 이 시기에는 당의 산동반도 등에 신라인의 집단 거주 지역인 신라방이 존재하였다.

---

04 백제의 역사 정답률 72% | 정답 ②

(가) 국가에 대한 설명으로 옳은 것은?

> [(가)]의 의자왕이 장군 계백에게 결사대 5,000명을 거느리고 황산으로 나가 신라 군사와 싸우게 하였다. 네 번 싸워서 모두 이겼으나 결국에는 군사가 적고 힘이 모자라서 패하고 계백이 전사하였다.

① 장용영을 설치하였다.   ② 수도를 사비로 옮겼다.
③ 광개토 대왕릉비를 건립하였다.   ④ 군사 행정 구역으로 양계를 두었다.
⑤ 교육 기관으로 국자감을 운영하였다.

Why? 왜 정답일까?

(가) 국가는 백제이다. 백제 장군 계백은 황산벌에서 신라군과 맞서 싸우다 전사하였다. 백제 성왕은 수도를 사비로 옮기고 백제의 중흥을 이끌고자 하였다.

---

05 발해의 문화 정답률 64% | 정답 ①

(가) 국가에 대한 설명으로 옳은 것은? [3점]

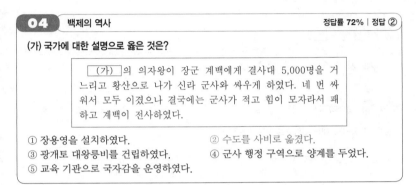

무덤으로 만나는 [(가)] 문화 ▼

| 정효 공주 묘 | 정혜 공주 묘 | 돌사자상 | 영광탑 |

무덤은 돌로 공간을 줄여 나가면서 천장을 쌓는 고구려의 양식과 벽돌로 벽을 쌓는 당의 양식이 결합되어 있어 [(가)]의 문화적 특징을 잘 보여 준다. 또한 내부 벽화에는 무사·시위·내시·악사 등이 나라 사람들의 모습이 잘 그려져 있어 당시 사람들의 모습을 알 수 있게 해 준다.

▲ 정효 공주 묘 내부 벽화

① 해동성국이라 불렸다.   ② 균역법을 실시하였다.
③ 대가야를 병합하였다.   ④ 교정도감을 설치하였다.
⑤ 정림사지 5층 석탑을 건립하였다.

Why? 왜 정답일까?

(가) 국가는 발해이다. 자료의 정효 공주 묘, 정혜 공주 묘, 돌사자상, 영광탑 등은 발해의 무덤과 관련된 문화유산이다. 발해는 전성기에 주변국으로부터 해동성국이라 불렸다.

---

06 고려의 문화유산 정답률 52% | 정답 ⑤

(가)에 들어갈 문화유산으로 가장 적절한 것은?

○○ 왕조의 문화

○○ 왕조의 다양한 문화에 대해 조사해 봅시다.

모둠별 활동 안내
1모둠 : 문화유산 사진 자료 찾기
2모둠 : 학문과 사상의 특징 정리하기

1모둠 - 문화유산	2모둠 - 학문과 사상
(가) 상감 청자	역사 : 김부식, 『삼국사기』 일연, 『삼국유사』 유학 : 원으로부터 성리학 수용

| ① 호우명 그릇 | ② 산수무늬 벽돌 | ③ 측우기 |
| ④ 서당도 | 팔만대장경판 |

Why? 왜 정답일까?

자료는 고려의 문화를 다루고 있다. 고려는 상감 청자, 『삼국사기』, 『삼국유사』 등 다양한 문화유산을 남겼다. 고려는 대몽 항쟁 기간 중 팔만대장경판을 제작하였다.

---

07 고려 태조 왕건의 활동 정답률 68% | 정답 ①

(가) 인물에 대한 설명으로 옳은 것은? [3점]

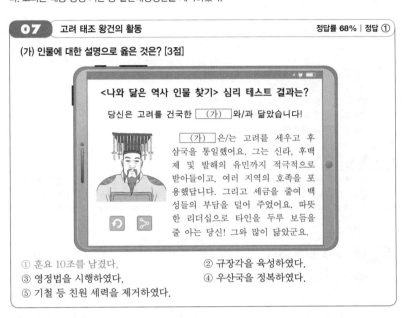

<나와 닮은 역사 인물 찾기> 심리 테스트 결과는?

당신은 고려를 건국한 [(가)]와/과 닮았습니다!

[(가)]은/는 고려를 세우고 후삼국을 통일했어요. 그는 신라, 후백제 및 발해의 유민까지 적극적으로 받아들이고, 여러 지역의 호족을 포용했답니다. 그리고 세금을 줄여 백성들의 부담을 덜어 주었어요. 따뜻한 리더십으로 타인을 두루 보듬을 줄 아는 당신! 그와 많이 닮았군요.

① 훈요 10조를 남겼다.   ② 규장각을 육성하였다.
③ 영정법을 시행하였다.   ④ 우산국을 정복하였다.
⑤ 기철 등 친원 세력을 제거하였다.

Why? 왜 정답일까?

(가) 인물은 고려 태조 왕건이다. 그는 후삼국을 통일하고 민족 통합 정책을 펼쳤다. 태조 왕건은 후대 왕들이 지켜야 할 훈요 10조를 남겼다.

Why? 왜 오답일까?

② 조선 정조, ③ 조선 인조, ④ 신라 지증왕 때 이사부, ⑤ 고려 공민왕에 해당한다.

---

08 조선 정조 재위 시기의 사실 정답률 59% | 정답 ①

밑줄 친 '임금'의 재위 시기에 있었던 사실로 옳은 것은?

> 임금께서 『기기도설』을 내려보내 무거운 물건을 끌어 올리는 방법을 강구하도록 하였기에 나는 거중기 도안을 작성하여 바쳤다. …(중략)… 성 쌓는 일을 끝마쳤을 때 임금께서 "다행히 거중기를 사용하여 수원 화성을 쌓는 데 4만 냥을 절약했다."라고 말씀하셨다.

① 탕평책이 실시되었다.   ② 집현전이 설치되었다.
③ 독립신문이 발행되었다.   ④ 노비안검법이 시행되었다.
⑤ 불국사 3층 석탑이 조성되었다.

Why? 왜 정답일까?

밑줄 친 '임금'은 정조이다. 정조는 정약용이 만든 거중기를 활용하여 수원에 화성을 건설하였다. 그는 정계에서 소외되었던 남인과 소론을 등용하는 등 적극적인 탕평책을 실시하였다.

---

09 고려의 대외 관계 정답률 69% | 정답 ①

(가) 국가에 대한 설명으로 옳은 것은? [3점]

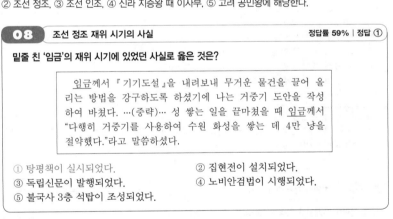

이 그림은 「척경입비도」입니다. 윤관이 여진을 정벌하여 동북 지방에 9성을 쌓은 뒤 [(가)]의 국경이라고 새겨진 비석을 세우는 장면을 묘사한 것입니다.

① 강동 6주 지역을 확보하였다.
② 동진에서 불교를 수용하였다.
③ 에도 막부에 통신사를 파견하였다.
④ 살수에서 수의 군대를 격퇴하였다.
⑤ 일본과 강화도 조약을 체결하였다.

Why? 왜 정답일까?

(가) 국가는 고려이다. 고려는 12세기에 윤관이 별무반을 이끌고 여진을 정벌하여 동북 지방에 9성을 축조하였다. 고려는 거란의 1차 침입 때 서희의 외교 담판을 계기로 강동 6주 지역을 확보하였다.

---

10 12~13세기 고려의 상황 　　　　　정답률 51% | 정답 ②

(가), (나) 시기 사이에 있었던 사실로 옳은 것은? [3점]

> (가) 의종이 보현원 문에 들어서고 신하들이 물러날 무렵에 이의방, 이고 등이 여러 문신을 죽였다. …(중략)… 정중부가 끝내 의종을 거제현으로 추방하고 새로운 왕을 즉위시켰다.
>
> (나) 원종이 도읍을 다시 개경으로 옮겼다. 왕이 장군 김지저를 강화로 보내 삼별초를 혁파하고 그 명단을 가지고 돌아오라 명하였다.

① 대조영이 발해를 건국하였다.
② 노비 만적이 봉기를 모의하였다.
③ 법흥왕이 금관가야를 병합하였다.
④ 조광조가 현량과 실시를 건의하였다.
⑤ 이순신이 명량 해전에서 승리하였다.

Why? 왜 정답일까?

(가)는 1170년 무신 정변 상황이고, (나)는 1270년 개경 환도 이후의 상황이다. 몽골이 고려를 침략하자 고려는 강화도로 수도를 옮겨 저항하였으나, 결국 개경으로 환도하였다. 무신 정변 이후 신분제가 동요하는 가운데 농민과 천민의 봉기가 곳곳에서 일어났으며, 1198년 노비 만적이 봉기를 모의하였다.

---

11 대동법 실시의 영향 　　　　　정답률 17% | 정답 ①

(가) 제도에 대한 탐구 활동으로 가장 적절한 것은? [3점]

> 호조가 아뢰기를, "　(가)　을/를 경기 지방에 시행한 지 20년이 되어 갑니다. 팔도 전체에 통용시키면 모든 백성들이 그 혜택을 받을 수 있을 텐데, 방납으로 이익을 얻는 무리들이 저지하여 확대하지 못한 지 오래입니다. …(중략)… 　(가)　을/를 2~3개 도에 추가로 실시하여 공물을 토지 결수에 따라 쌀로 거두면, 수십만 석을 장만할 수 있습니다." 라고 하였다.

① 공인이 성장한 배경을 조사한다.
② 과전법이 제정된 목적을 찾아본다.
③ 녹읍 폐지가 끼친 영향을 알아본다.
④ 산미 증식 계획의 결과를 분석한다.
⑤ 금융 실명제 도입의 과정을 파악한다.

Why? 왜 정답일까?

(가) 제도는 대동법이다. 공인은 대동법의 시행으로 성장하여 국가에 필요한 물품을 납품함으로써 상품 화폐 경제의 발달에 기여하였다.

---

12 이방원의 권력 장악 시기 　　　　　정답률 73% | 정답 ③

다음 상황이 전개된 시기를 연표에서 옳게 고른 것은? [3점]

> 이성계의 다섯 번째 아들 이방원은 정도전이 재상 중심의 정치를 강조하고 왕권을 제한하려는 것에 불만을 가졌다. 이에 그는 제1차 왕자의 난을 통해 정도전과 남은 및 그들이 지지한 세자 방석을 죽이고 권력을 장악하였다.

	(가)		(나)		(다)		(라)		(마)	
		과거제 도입		귀주 대첩		조선 건국		중종 반정		신미 양요	을미 사변

① (가)　　② (나)　　③ (다)　　④ (라)　　⑤ (마)

Why? 왜 정답일까?

1392년 성리학을 이념으로 삼아 조선을 건국한 이성계는 정도전의 주장에 따라 재상 중심의 정치를 추구하였다. 이에 반발한 이방원은 1398년 제1차 왕자의 난을 통해 정도전, 남은 및 세자 등을 제거하고 권력을 장악하였다. 중종 반정은 1506년에 일어났다.

---

13 조선 후기에 유행한 서민 문화 　　　　　정답률 65% | 정답 ②

밑줄 친 '이 시기'에 볼 수 있는 모습으로 가장 적절한 것은?

> [시조로 배우는 한국사]
>
> 떳떳할 상(常) 평평할 평(平) 통할 통(通) 보배 보(寶) 자
>
> 구멍은 네모지고 사면(四面)이 둥글어 맥대굴 굴러가는 곳마다 사람들이 반기는구나
>
> 어째서 조그만 금(金) 조각을 두 개의 창[戈]이 다투는지 나는 아니 좋더라
>
> <작품 해설>
> 이 작품은 이 시기에 서민들 사이에 유행했던 사설시조의 하나로, 당시 사람들이 갖고자 했던 상평통보를 묘사하고 있습니다. 상평통보는 장시가 전국적으로 확산되었던 이 시기에 주조되어 유통된 화폐로, 세금이나 소작료 납부 등에 사용되었습니다.

① 주자감에서 공부하는 학생
② 판소리 공연을 관람하는 상인
③ 황룡사 9층 목탑을 만드는 목수
④ 무령왕릉 조성에 동원되는 농민
⑤ 석굴암 본존불을 조각하는 장인

Why? 왜 정답일까?

밑줄 친 '이 시기'는 조선 후기이다. 조선 후기에는 장시가 전국적으로 확산되고 상평통보가 유통되었다. 이 시기에는 사설시조, 판소리 등이 유행하였다.

---

14 홍경래의 난이 일어난 배경 　　　　　정답률 73% | 정답 ⑤

밑줄 친 '봉기'에 대한 설명으로 옳은 것은? [3점]

> 지금 봉기를 일으킨 홍경래 등이 정주성을 점거하고 있고 곽산, 용천, 철산 등지에서도 함부로 날뛰면서 산발적으로 노략질을 하고 있습니다. 그러나 그들은 통일된 지휘 계통이 없으니 생각지도 못한 때에 출격하여 그 퇴로를 차단하고 좌우에서 협력하여 공격하면 이 적도들을 없애고 여러 성을 회복할 수 있을 것입니다.

① 백제 부흥을 목표로 하였다.
② 순종의 장례일에 시작되었다.
③ 집강소가 설치되는 계기가 되었다.
④ 대한매일신보 등 언론의 지원을 받았다.
⑤ 평안도 지역에 대한 차별에 반발하여 일어났다.

Why? 왜 정답일까?

밑줄 친 '봉기'는 홍경래의 난이다. 홍경래의 난은 세도 정치 시기의 삼정의 문란과 평안도 지역에 대한 차별 대우 등을 배경으로 일어났다.

---

15 대한민국 임시 정부의 특징 　　　　　정답률 42% | 정답 ④

(가) 정부에 대한 설명으로 옳은 것은?

> 이곳은 3·1 운동을 계기로 1919년 상하이에 수립된 　(가)　의 청사 중 하나입니다. 이 청사는 1926년부터 1932년까지 사용되었습니다.

① 칠정산을 편찬하였다.
② 대한국 국제를 반포하였다.
③ 이자겸의 난을 진압하였다.
④ 민주 공화제를 채택하였다.
⑤ 전민변정도감을 설치하였다.

Why? 왜 정답일까?

(가) 정부는 대한민국 임시 정부이다. 3·1 운동을 계기로 국내외 여러 지역에서 수립된 임시 정부는 1919년 상하이의 대한민국 임시 정부로 통합되었다. 대한민국 임시 정부는 삼권 분립에 기초한 민주 공화제를 채택하였다.

---

16 갑신정변의 주요 인물 　　　　　정답률 47% | 정답 ②

(가)에 들어갈 사건으로 옳은 것은?

한국사 신문

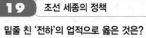

[속보] 김옥균, 파란만장한 삶을 마감하다

3월 28일, 망명 중이던 김옥균이 중국에서 홍종우가 쏜 총에 맞아 현장에서 숨졌다. 그는 급진 개화파로서 10년 전인 1884년 박영효, 홍영식 등과 함께 근대 국가 건설을 목표로 [가] 을/를 일으켰으나, 청군의 개입으로 거사가 실패하자 조선을 떠나 해외에서 도피 생활을 이어가던 중이었다.

① 임오군란　② 갑신정변　③ 갑오개혁　④ 정유재란　⑤ 무오사화

Why? 왜 정답일까?

(가) 사건은 1884년에 일어난 갑신정변이다. 김옥균, 홍영식 등 급진 개화파는 갑신정변을 일으켜 인민 평등권 마련 등의 개혁 정강을 발표하였으나 청군의 개입으로 3일 만에 실패하였다.

---

17 병자호란이 끼친 영향　　정답률 59% | 정답 ④

(가) 전쟁이 끼친 영향으로 가장 적절한 것은? [3점]

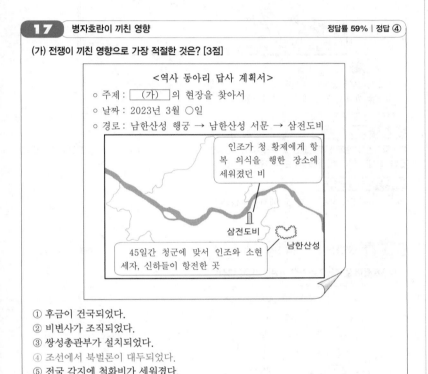

<역사 동아리 답사 계획서>
○ 주제: [가] 의 현장을 찾아서
○ 날짜: 2023년 3월 ○일
○ 경로: 남한산성 행궁 → 남한산성 서문 → 삼전도비

인조가 청 황제에게 항복 의식을 행한 장소에 세워졌던 비 — 삼전도비

45일간 청군에 맞서 인조와 소현 세자, 신하들이 항전한 곳 — 남한산성

① 후금이 건국되었다.
② 비변사가 조직되었다.
③ 쌍성총관부가 설치되었다.
④ 조선에서 북벌론이 대두되었다.
⑤ 전국 각지에 척화비가 세워졌다.

Why? 왜 정답일까?

(가) 전쟁은 병자호란이다. 청군의 침략에 맞서 인조는 남한산성에서 항전하였으나 결국 삼전도에서 항복하였다. 병자호란의 결과 조선은 청과 군신 관계를 맺었다. 이후 오랑캐에게 당한 치욕을 씻고 명에 대한 의리를 지키자는 북벌론이 제기되었다.

---

18 조선의 교육 기관인 서원　　정답률 46% | 정답 ④

(가)에 들어갈 교육 기관으로 옳은 것은?

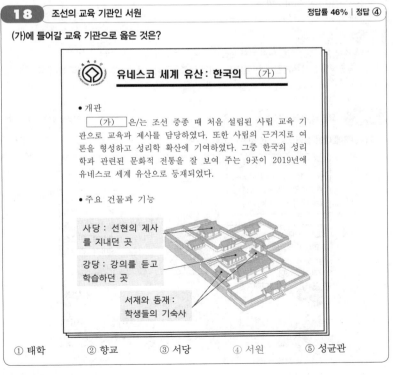

유네스코 세계 유산: 한국의 [가]

● 개관
[가] 은/는 조선 중종 때 처음 설립된 사립 교육 기관으로 교육과 제사를 담당하였다. 또한 사림의 근거지로 여론을 형성하고 성리학 확산에 기여하였다. 그중 한국의 성리학과 관련된 문화적 전통을 잘 보여 주는 9곳이 2019년에 유네스코 세계 유산으로 등재되었다.

● 주요 건물과 기능

사당: 선현의 제사를 지내던 곳
강당: 강의를 듣고 학습하던 곳
서재와 동재: 학생들의 기숙사

① 태학　② 향교　③ 서당　④ 서원　⑤ 성균관

Why? 왜 정답일까?

(가) 교육 기관은 서원이다. 서원은 선현의 제사를 지내고, 성리학을 연구하며 지방 양반의 자제를 가르치는 사립 교육 기관으로 성리학 확산에 기여하였다.

---

19 조선 세종의 정책　　정답률 91% | 정답 ③

밑줄 친 '전하'의 업적으로 옳은 것은?

이 해시계가 전하의 명으로 장영실이 만든 앙부일구란 말이지?

시간을 표시하는 부분을 한자 대신 그림으로 나타내서 글을 모르는 백성도 시각을 쉽게 알 수 있겠군.

① 마한을 병합하였다.
② 동의보감을 편찬하였다.
③ 훈민정음을 창제하였다.
④ 천리장성을 축조하였다.
⑤ 김흠돌의 난을 진압하였다.

Why? 왜 정답일까?

밑줄 친 '전하'는 세종이다. 세종은 장영실 등에 명하여 해시계인 앙부일구를 제작하여 시간을 측정하게 하였다. 세종 대에 훈민정음이 창제되어 반포되었다.

---

20 6·25 전쟁 중 있었던 사실　　정답률 86% | 정답 ③

밑줄 친 '전쟁' 중 있었던 사실로 옳은 것은? [3점]

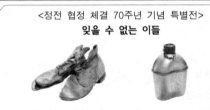

<정전 협정 체결 70주년 기념 특별전>
잊을 수 없는 이들

초대의 글

조국을 위해 목숨을 바친 국군 전사자의 유해를 찾아 가족의 품으로 돌려보내고자 하는 대한민국의 노력이 계속되고 있는 가운데 정전 협정 체결 70주년 기념 특별전이 개최됩니다. 이 전쟁이 치열하게 전개되었던 1951년에 전사한 장○○ 일병의 국군 전투화와 수통을 비롯하여 격전지에서 발굴된 국군, 유엔군, 중국군, 북한군의 유품까지 만날 수 있습니다.

① 4·19 혁명이 일어났다.
② 대한민국 정부가 수립되었다.
③ 인천 상륙 작전이 전개되었다.
④ 7·4 남북 공동 성명이 발표되었다.
⑤ 남북한이 국제 연합에 동시 가입하였다.

Why? 왜 정답일까?

밑줄 친 '전쟁'은 6·25 전쟁이다. 1950년 북한군의 남침으로 6·25 전쟁이 일어났다. 낙동강 지역까지 밀린 국군은 유엔군과 인천 상륙 작전을 전개하여 전세를 역전시켰다. 이후 중국군이 참전하였으며, 정전 회담이 진행되어 1953년 정전 협정이 체결되었다.

• 정답 •
01 ③ 02 ⑤ 03 ① 04 ① 05 ④ 06 ② 07 ④ 08 ⑤ 09 ② 10 ③ 11 ① 12 ③ 13 ⑤ 14 ③ 15 ④
16 ③ 17 ⑤ 18 ④ 19 ⑤ 20 ④

01 구석기 시대의 유물
정답률 95% | 정답 ③

밑줄 친 '유물'로 옳은 것은?

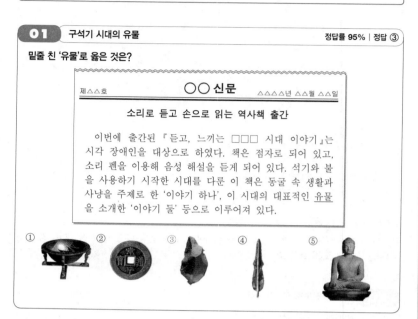

Why? 왜 정답일까?

자료는 구석기 시대에 대한 것이다. 석기와 불이 처음 사용되기 시작한 구석기 시대에는 주먹도끼가 제작되어 사용되었다.

02 고구려의 문화유산
정답률 78% | 정답 ⑤

(가) 국가에 대한 설명으로 옳은 것은?

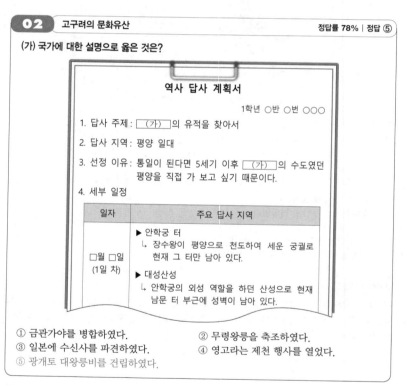

① 금관가야를 병합하였다.
② 무령왕릉을 축조하였다.
③ 일본에 수신사를 파견하였다.
④ 영고라는 제천 행사를 열었다.
⑤ 광개토 대왕릉비를 건립하였다.

Why? 왜 정답일까?

(가) 국가는 고구려이다. 고구려의 장수왕은 5세기에 광개토 대왕릉비를 건립하고, 평양으로 천도하였다.

Why? 왜 오답일까?

① 신라, ② 백제, ③ 조선, ④ 부여에 대한 설명이다.

03 신라의 발전 과정
정답률 57% | 정답 ①

(가), (나) 시기 사이에 있었던 사실로 옳은 것은? [3점]

(가) 지증왕 13년, 우산국이 복속하여 해마다 토산물을 바치기로 하였다.
(나) 신문왕 5년, 거열주를 나누어 청주를 설치하니 비로소 9주가 갖추어졌다.

① 삼국이 통일되었다.
② 칠정산이 편찬되었다.
③ 과거제가 도입되었다.
④ 경국대전이 반포되었다.
⑤ 지방에 12목이 설치되었다.

Why? 왜 정답일까?

(가)는 6세기, (나)는 7세기 후반의 사실이다. (가), (나) 시기 사이에 신라는 삼국을 통일하였다. 신라는 삼국을 통일한 이후 9주 5소경 체제를 갖추었다.

Why? 왜 오답일까?

②, ④ 조선 시대. ③, ⑤ 고려 시대의 사실이다.

04 발해의 발전 과정
정답률 82% | 정답 ①

(가) 국가에 대한 설명으로 옳은 것은?

① 해동성국으로 불렸다.
② 전국을 8도로 나누었다.
③ 22담로에 왕족을 파견하였다.
④ 소도라는 신성 지역을 두었다.
⑤ 골품제라는 신분 제도를 운영하였다.

Why? 왜 정답일까?

(가) 국가는 발해이다. 대조영은 고구려 유민과 말갈인을 이끌고 동모산 부근에 도읍을 정하여 발해를 세웠다. 발해는 9세기에 해동성국으로 불렸다.

Why? 왜 오답일까?

② 조선, ③ 백제, ④ 삼한, ⑤ 신라에 대한 설명이다.

05 공민왕의 반원 개혁 정책
정답률 50% | 정답 ④

(가)에 들어갈 내용으로 가장 적절한 것은? [3점]

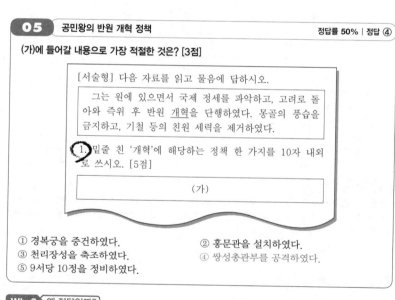

① 경복궁을 중건하였다.
② 홍문관을 설치하였다.
③ 천리장성을 축조하였다.
④ 쌍성총관부를 공격하였다.
⑤ 9서당 10정을 정비하였다.

Why? 왜 정답일까?

몽골의 풍습을 금지하고 기철 등의 친원 세력을 제거한 '그'는 고려 공민왕이다.
(가)에는 공민왕이 실시한 반원 개혁 정책의 하나인 쌍성총관부를 공격하였다는 내용이 들어가야 한다.

06 묘청의 서경 천도 운동
정답률 51% | 정답 ②

(가) 인물에 대한 설명으로 옳은 것은? [3점]

① 목민심서를 저술하였다.
② 금국 정벌을 주장하였다.
③ 대동여지도를 제작하였다.
④ 현량과 실시를 건의하였다.
⑤ 인내천 사상을 강조하였다.

(가) 인물은 묘청이다.
묘청은 서경 천도를 추진하면서 금국 정벌을 주장하였다. 그러나 서경 천도가 실패하자 반란을 일으켰다.

---

07 임진왜란 시기의 상황 　　　　　정답률 71% | 정답 ④

(가) 전쟁 중에 볼 수 있는 모습으로 가장 적절한 것은?

① 청해진을 설치하는 장보고
② 별무반 편성을 건의하는 윤관
③ 황산벌에서 결사 항전하는 계백
④ 왜군에 맞서 의병을 이끄는 곽재우
⑤ 살수에서 적의 군대를 물리치는 을지문덕

Why? 왜 정답일까?

(가) 전쟁은 조선 시대에 일어난 임진왜란이다.
임진왜란 당시 이순신은 옥포 해전, 노량 해전 등에서 왜군을 물리쳤고, 곽재우는 의령에서 의병을 조직하여 왜군에 맞섰다.

Why? 왜 오답일까?

① 통일 신라, ② 고려, ③ 백제, ⑤ 고구려에서 볼 수 있는 모습이다.

---

08 세종의 정책 　　　　　정답률 38% | 정답 ⑤

(가) 왕에 대한 설명으로 옳은 것은?

① 훈요 10조를 남겼다.　　　② 대동법을 실시하였다.
③ 집강소를 설치하였다.　　　④ 순수비를 건립하였다.
⑤ 4군 6진 지역을 개척하였다.

Why? 왜 정답일까?

(가) 왕은 조선 세종이다. 세종은 훈민정음을 창제하였고, 창제 이유와 원리를 담은 『훈민정음 해례본』을 편찬하였다. 또한 4군과 6진 지역을 개척하였다.

---

09 박지원의 실학 사상 　　　　　정답률 70% | 정답 ②

밑줄 친 '그'의 주장으로 가장 적절한 것은? [3점]

> 연행사의 일원으로 청의 수도 연경(베이징)에 다녀온 <u>그</u>는 『열하일기』에 다음과 같이 썼다. "중국에서 풍부한 재물이 한곳에만 집중되지 않고 골고루 유통되는 것은 수레를 사용하기 때문이다. …(중략)… 조선은 청보다 땅이 작음에도 불구하고 영남 아이들은 새우젓을 모르고, 서북 사람들은 감과 감자를 구별하지 못한다."

① 녹읍을 폐지해야 한다.　　　② 상공업을 진흥해야 한다.
③ 민립 대학을 설립해야 한다.　④ 전국에 척화비를 세워야 한다.
⑤ 화랑도를 국가 조직으로 확대해야 한다.

Why? 왜 정답일까?

밑줄 친 '그'는 박지원이다.
연행사의 일원으로 청에 다녀온 박지원은 상공업을 진흥할 것을 주장하였다.

---

10 흥선 대원군의 통상 수교 거부 정책 　　　정답률 74% | 정답 ③

밑줄 친 '거부'로 인해 일어난 사건으로 옳은 것은?

> 두 사람은 부자 관계이면서도 정치적으로 대립하기도 하였습니다. 어린 아들이 왕위에 오른 후 실권을 장악한 아버지는 서양의 통상 요구를 거부하였습니다. 그러나 국왕이 직접 정치를 시작하면서 조선의 외교 정책에도 변화가 나타났습니다.

① 정묘호란　　　② 갑오개혁　　　③ 신미양요
④ 귀주 대첩　　　⑤ 6·10 만세 운동

Why? 왜 정답일까?

밑줄 친 '거부'는 흥선 대원군이 추진한 통상 수교 거부 정책을 가리킨다.
고종 즉위 후 실권을 장악한 흥선 대원군이 서양의 통상 요구를 거부하는 과정에서 신미양요가 일어났다.

---

11 세도 정치 시기에 일어난 봉기 　　　정답률 53% | 정답 ①

다음 자료를 활용한 탐구 활동으로 가장 적절한 것은?

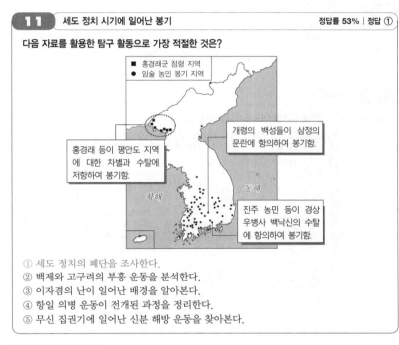

> ■ 홍경래군 점령 지역
> ● 임술 농민 봉기 지역
> 홍경래 등이 평안도 지역에 대한 차별과 수탈에 저항하여 봉기함.
> 개령의 백성들이 삼정의 문란에 항의하여 봉기함.
> 진주 농민 등이 경상 우병사 백낙신의 수탈에 항의하여 봉기함.

① 세도 정치의 폐단을 조사한다.
② 백제와 고구려의 부흥 운동을 분석한다.
③ 이자겸의 난이 일어난 배경을 알아본다.
④ 항일 의병 운동이 전개된 과정을 정리한다.
⑤ 무신 집권기에 일어난 신분 해방 운동을 찾아본다.

Why? 왜 정답일까?

자료에 나타난 홍경래의 난과 임술 농민 봉기는 삼정의 문란, 지배층의 수탈 등이 극심했던 세도 정치 시기에 일어났다.

---

12 갑신정변의 전개 과정 　　　　　정답률 80% | 정답 ②

(가) 사건에 대한 설명으로 옳은 것은?

> ▶ 동영상　　(가)　　🔍
> [관련 영상]
> 우정총국에서 시작하다.
> 3일 천하로 막을 내리다.
> 박영효, 서광범, 서재필, 김옥균, 그들의 선택은?
> 조회수 32,993회 / 2개월 전

① 순종의 인산일에 일어났다.
② 급진 개화파가 주도하였다.
③ 풍수지리설의 영향을 받았다.
④ 새마을 운동이 추진되는 배경이 되었다.
⑤ 강화도 조약이 체결되는 결과를 가져왔다.

Why? 왜 정답일까?

(가) 사건은 갑신정변이다.

갑신정변은 김옥균, 박영효 등 급진 개화파가 우정총국에서 일으켰으나, 3일 만에 실패로 끝났다.

---

13 대한 제국의 개혁 정책 　　　　정답률 72% | 정답 ⑤

(가) 정부가 실시한 정책으로 옳은 것은? [3점]

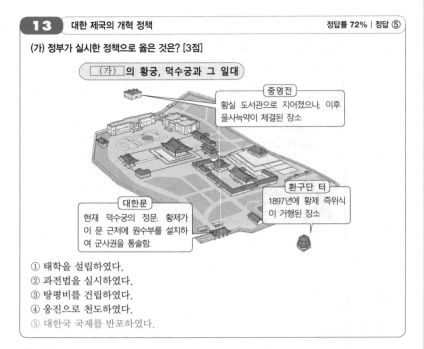

(가) 의 황궁, 덕수궁과 그 일대

중명전
황실 도서관으로 지어졌으나, 이후 을사늑약이 체결된 장소

대한문
현재 덕수궁의 정문. 황제가 이 문 근처에 원수부를 설치하여 군사권을 통솔함.

환구단 터
1897년에 황제 즉위식이 거행된 장소

① 태학을 설립하였다.
② 과전법을 실시하였다.
③ 탕평비를 건립하였다.
④ 웅진으로 천도하였다.
⑤ 대한국 국제를 반포하였다.

Why? 왜 정답일까?

(가) 정부는 대한 제국이다.

러시아 공사관에서 경운궁(덕수궁)으로 돌아온 고종은 환구단에서 황제 즉위식을 거행한 후 대한 제국을 선포하였다. 대한 제국은 국가 운영의 기본 원칙을 담은 대한국 국제를 반포하였다.

---

14 『대한매일신보』의 발행 시기 　　　　정답률 20% | 정답 ③

밑줄 친 '신문'이 발행된 시기를 연표에서 옳게 고른 것은? [3점]

메타버스를 활용한 역사 인물과의 만남 - 애국 계몽 운동 편

베델 선생님, 이곳에서 발행하는 신문은 어떻게 일본의 침략을 비판하는 기사를 실을 수 있나요?

영국은 일본의 동맹국이기 때문에 영국인인 제가 양기탁과 함께 발행하는 우리 신문을 일본이 탄압하기 어려웠거든요.

(가)	(나)	(다)	(라)	(마)
조선 건국	병자호란 발발	운요호 사건	국권 피탈	광주 학생 항일 운동	8·15 광복

① (가)　　② (나)　　③ (다)　　④ (라)　　⑤ (마)

Why? 왜 정답일까?

밑줄 친 '신문'은 『대한매일신보』이다. 『대한매일신보』는 영국인 베델이 발행하여 일본이 탄압하기 어려웠다. 『대한매일신보』는 1905년 을사늑약 체결을 전후로 전개된 애국 계몽 운동에 기여하였다. 운요호 사건은 1875년, 국권 피탈은 1910년에 일어난 사실이다.

---

15 1910년대 일제의 식민 통치 정책 　　　　정답률 62% | 정답 ④

다음 자료의 상황이 나타난 시기에 있었던 사실로 옳은 것은? [3점]

○ 서울 청운동에 사는 최○○은/는 인왕산에서 네 번 솔잎을 긁어간 일로 경찰서에서 태형 20대의 즉결 처분을 받았다.
○ 의주부 석군면에서 화전을 경작하던 10명이 헌병 분대에 불려 가 삼림령 위반으로 각각 태형 20대의 처분을 받았다.

① 도병마사 설치
② 국가 총동원법 공포
③ 경부 고속 국도 개통
④ 토지 조사 사업 실시
⑤ 화폐 정리 사업 단행

Why? 왜 정답일까?

자료는 일제가 조선 태형령을 공포하여 한국인에게만 태형을 실시한 1910년대의 사실이다. 1910년대에는 토지 조사 사업이 실시되었다.

Why? 왜 오답일까?

① 고려, ② 중일 전쟁 발발 이후, ③ 박정희 정부, ⑤ 대한 제국 시기에 있었던 사실이다.

---

16 3·1 운동의 배경 　　　　정답률 69% | 정답 ③

다음 자료에 나타난 민족 운동의 배경으로 가장 적절한 것은?

판결문

주문 : 피고인 심○○을/를 징역 6개월, 집행 유예 3년에 처한다.
이유 : 심○○은/는 손병희 등이 조선 독립을 모의하였음을 듣고 그 취지에 동의하여 동조하려 하였다. 이에 많은 군중과 함께 3월 1일 탑골 공원에서 조선 독립을 선언하였다. 또한 수천 인의 군중과 함께 만세 시위를 벌이면서 경성부 내의 치안을 방해하였다.

① 단발령이 시행되었다.
② 임오군란이 일어났다.
③ 2·8 독립 선언이 발표되었다.
④ 영국이 거문도를 불법으로 점령하였다.
⑤ 모스크바 3국 외상 회의가 개최되었다.

Why? 왜 정답일까?

자료에 나타난 민족 운동은 3·1 운동이다.

1919년 3월 1일 탑골 공원에 모인 학생들과 시민들의 독립 선언으로 만세 시위가 시작되었다. 3·1 운동은 민족자결주의와 도쿄에서 발표된 2·8 독립 선언 등을 배경으로 일어났다.

---

17 대한민국 임시 정부의 활동 　　　　정답률 42% | 정답 ⑤

(가)에 해당하는 조직으로 옳은 것은?

광복군 행진곡

삼 천 만 대중 부르는 소리 에 젊은 가 슴불 은 피 는 펄펄 뛰고
반 만년 역사 씩씩한 정기 에 광복군 의 깃발 높이 휘날 린다

이 노래는 (가) 이/가 충칭에서 창설한 한국광복군이 불렀던 군가의 일부이다. 일제에 맞서 싸워 조국의 광복을 쟁취하려는 의지를 담고 있다. 일제가 태평양 전쟁을 일으키자 (가) 은/는 실제로 한국광복군을 연합군의 일원으로 전쟁에 참여하게 하였다.

① 신간회　　　　② 의열단　　　　③ 독립 협회
④ 조선 건국 동맹　　⑤ 대한민국 임시 정부

Why? 왜 정답일까?

한국광복군을 창설한 (가) 조직은 대한민국 임시 정부이다. 일제가 태평양 전쟁을 일으키자 대한민국 임시 정부는 한국광복군을 연합군의 일원으로 참전하게 하였다.

---

18 6·25 전쟁의 전개 과정 　　　　정답률 91% | 정답 ④

밑줄 친 '전쟁' 중에 있었던 사실로 옳은 것은? [3점]

동포들의 생명과 자유를 적의 수중에 맡긴 채 정부가 수도를 부산으로 옮긴 지도 2개월여가 되었습니다. 전쟁 발발 당시의 불리했던 국면 등을 국군과 유엔군이 극복하였고 …(중략)… 한반도와 극동 평화를 보장하기 위하여 압록강 및 두만강까지 진격할 것입니다.

① 훈련도감이 설치되었다.
② 위화도 회군이 일어났다.
③ 봉오동 전투가 벌어졌다.
④ 인천 상륙 작전이 전개되었다.
⑤ 미소 공동 위원회가 개최되었다.

Why? 왜 정답일까?

밑줄 친 '전쟁'은 6·25 전쟁이다. 북한군의 침략으로 시작된 전쟁 초기에 대한민국 정부는 수도를 부산으로 옮겼다. 그러나 국군과 유엔군이 인천 상륙 작전에 성공하여 전세를 역전시켰다.

Why? 왜 오답일까?

① 조선, ② 고려 말, ③ 일제 강점기, ⑤ 미 군정기에 있었던 사실이다.

---

19 4·19 혁명의 배경 및 영향 　　　　정답률 79% | 정답 ⑤

(가) 민주화 운동에 대한 설명으로 옳은 것은? [3점]

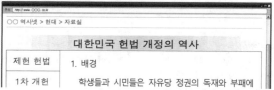

○○ 역사넷 > 현대 > 자료실

대한민국 헌법 개정의 역사

제헌 헌법	1. 배경
1차 개헌	학생들과 시민들은 자유당 정권의 독재와 부패에

맞서 1960년에 [(가)]을/를 일으켰다. 그 결과 이승만 대통령이 사임하고 허정 과도 정부가 수립되면서 개헌이 본격적으로 추진되었다. 이 과정에서 대통령 중심제하에서는 독재를 막기 어려워 내각 책임제로 헌법을 개정해야 한다는 목소리가 힘을 얻었다.

| 2차 개헌 |
| 3차 개헌 |
| 4차 개헌 |
| 5차 개헌 |

더 보기 ▼

① 신탁 통치 결정에 반대하였다.
② 6·10 만세 운동을 촉발시켰다.
③ 단독 정부 수립 반대를 내세웠다.
④ 5·18 민주화 운동을 계승하였다.
⑤ 3·15 부정 선거를 계기로 일어났다.

Why? 왜 정답일까?

(가) 민주화 운동은 4·19 혁명이다.
4·19 혁명은 3·15 부정 선거를 계기로 일어났으며, 내각 책임제로 헌법을 개정한 3차 개헌의 배경이 되었다.

---

20 김대중 정부의 통일 정책 정답률 79% | 정답 ④

다음 연설이 행해진 정부 시기에 있었던 사실로 옳은 것은? [3점]

환 남북 정상 회담, 평화를 연 첫 걸음 영
2000. 6. 15.

우리는 55년의 분단과 적대에 종지부를 찍고 민족사에 새 전기를 열 수 있는 시점에 와 있습니다. 이번에 저는 우리가 화해와 협력, 통일도 할 수 있다는 확신을 가지고 돌아왔습니다. 이제 여러분께 오늘 발표한 남북 공동 선언에 대해 보고 드리겠습니다.

① 교정도감이 설치되었다.
② 홍범 14조가 반포되었다.
③ 남북한 총선거가 결정되었다.
④ 남북한이 개성 공단 조성에 합의하였다.
⑤ 반민족 행위 특별 조사 위원회가 조직되었다.

Why? 왜 정답일까?

자료는 김대중 정부 시기의 사실이다.
김대중 정부는 제1차 남북 정상 회담으로 6·15 남북 공동 선언을 발표하고, 북한과 개성 공단 조성에 합의하였다.

Why? 왜 오답일까?

① 고려, ② 조선, ③ 미 군정기, ⑤ 이승만 정부 시기에 있었던 사실이다.

· 정답 ·

01 ④ 02 ⑤ 03 ② 04 ⑤ 05 ① 06 ④ 07 ④ 08 ③ 09 ① 10 ② 11 ⑤ 12 ③ 13 ① 14 ① 15 ③
16 ⑤ 17 ① 18 ② 19 ⑤ 20 ②

01 구석기 시대의 사회 모습 정답률 88% | 정답 ④

(가) 시대에 볼 수 있는 모습으로 가장 적절한 것은?

전시 중인 이 유물은 [(가)] 시대에 주로 사용된 주먹도끼입니다. 찍는 부분과 자르는 날이 모두 있어 쓰임새가 많았답니다.

[영상으로 만나는 전시] [(가)] 시대 사람들의 도구
게시자 : ○○박물관

① 청동 방울을 지닌 제사장
② 움집에서 불을 피우는 청년
③ 철을 댄 쟁기로 밭을 가는 농민
④ 채집과 사냥을 하며 이동 생활을 하는 무리
⑤ 흉년에 대한 책임을 지고 물러나게 된 국왕

Why? 왜 정답일까?

주먹도끼는 구석기 시대를 대표하는 유물이다.
구석기 시대 사람들은 채집과 사냥 등을 통해 먹을 것을 얻었고, 무리 지어 이동 생활을 하였다.

02 원 간섭기 권문세족의 특징 정답률 67% | 정답 ⑤

(가)에 들어갈 내용으로 가장 적절한 것은? [3점]

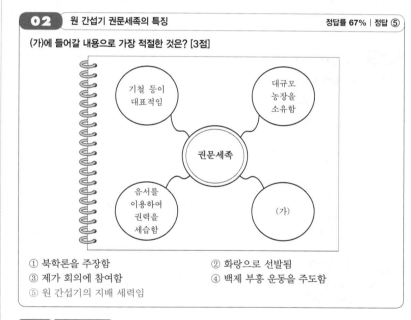

기철 등이 대표적임

대규모 농장을 소유함

권문세족

음서를 이용하여 권력을 세습함

(가)

① 북학론을 주장함 ② 화랑으로 선발됨
③ 제가 회의에 참여함 ④ 백제 부흥 운동을 주도함
⑤ 원 간섭기의 지배 세력임

Why? 왜 정답일까?

원 간섭기의 지배 세력이었던 권문세족은 음서를 이용하여 권력을 세습하였으며, 대규모 농장을 소유하였다. 기철은 대표적인 권문세족이었다.

03 임진왜란 시기의 상황 정답률 73% | 정답 ②

밑줄 친 '전쟁' 중에 있었던 사실로 옳은 것은?

필사적으로 왜군에 맞서 싸우는 조선군

조총으로 부산진을 공격하는 왜군

이 그림은 7년에 걸친 전쟁 초기의 모습을 그린 「부산진 순절도」의 일부입니다.

16회

① 이종무가 대마도를 정벌하였다.
② 이순신이 명량에서 크게 이겼다.
③ 을지문덕이 살수에서 승리하였다.
④ 강감찬이 귀주에서 대승을 거두었다.
⑤ 홍경래가 평안도 지역에서 난을 일으켰다.

Why? 왜 정답일까?

자료는 임진왜란 초기의 상황을 보여 주는 그림이다. 임진왜란 중 장기간의 휴전 협상이 결렬된 후 왜군이 다시 조선을 공격하였는데, 이때 이순신이 이끄는 수군이 명량에서 왜군을 크게 물리쳤다.

---

04 무신 집권기 농민과 천민의 저항   정답률 75% | 정답 ⑤

(가)에 들어갈 내용으로 적절한 것은? [3점]

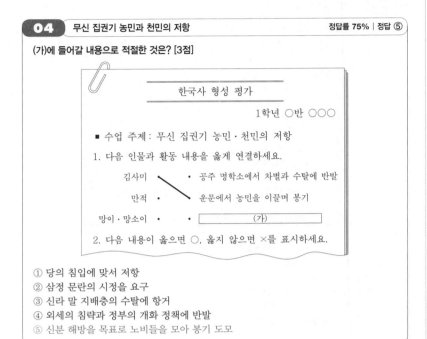

① 당의 침입에 맞서 저항
② 삼정 문란의 시정을 요구
③ 신라 말 지배층의 수탈에 항거
④ 외세의 침략과 정부의 개화 정책에 반발
⑤ 신분 해방을 목표로 노비들을 모아 봉기 도모

Why? 왜 정답일까?

무신 집권기에 경상도의 운문에서는 김사미가 봉기하였고, 망이와 망소이는 공주 명학소에서 차별과 수탈에 반발하여 봉기하였다. 또 사노비였던 만적은 신분 해방을 목표로 노비들을 모아 봉기를 일으키려 하였다.

---

05 삼국 시대 불교의 수용   정답률 91% | 정답 ①

다음 자료를 활용한 탐구 주제로 가장 적절한 것은?

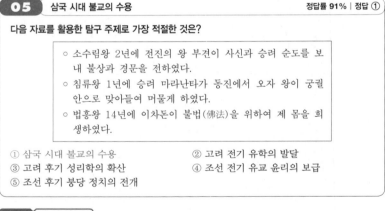

① 삼국 시대 불교의 수용   ② 고려 전기 유학의 발달
③ 고려 후기 성리학의 확산   ④ 조선 전기 유교 윤리의 보급
⑤ 조선 후기 붕당 정치의 전개

Why? 왜 정답일까?

삼국은 영토를 확장하고 지배 체제를 정비하는 과정에서 왕실을 중심으로 불교를 받아들였다. 고구려의 소수림왕, 백제의 침류왕, 신라의 법흥왕 등이 대표적이다.

---

06 신라의 사회 모습   정답률 62% | 정답 ④

다음 제도가 시행된 국가에서 있었던 사실로 옳은 것은?

○ 진골의 방의 길이와 넓이는 24척을 넘지 못한다.
○ 6두품의 방의 길이와 넓이는 21척을, 담장은 8척을 넘지 못한다.
○ 5두품의 방의 길이와 넓이는 18척을, 담장은 7척을 넘지 못한다.
○ 4두품에서 백성까지 방의 길이와 넓이는 15척을, 담장은 6척을 넘지 못한다.

① 별무반이 조직되었다.   ② 과거제가 시행되었다.
③ 수원 화성이 축조되었다.   ④ 화백 회의가 개최되었다.
⑤ 22담로에 왕족이 파견되었다.

Why? 왜 정답일까?

자료는 신라의 골품제에 대한 것이다.
신라의 귀족 등은 골품제로 인해 관직 진출, 혼인, 주거 생활 등에 제약을 받았다. 신라는 화백 회의를 통해 국가의 중대사를 결정하였다.

---

07 조선 태조의 활동   정답률 70% | 정답 ④

다음 명령을 내린 국왕의 재위 시기에 있었던 사실로 옳은 것은? [3점]

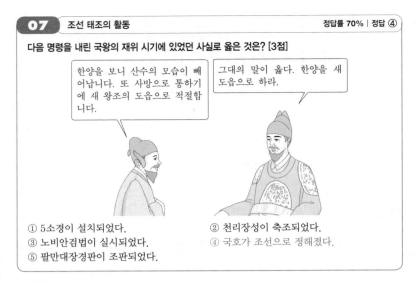

① 5소경이 설치되었다.   ② 천리장성이 축조되었다.
③ 노비안검법이 실시되었다.   ④ 국호가 조선으로 정해졌다.
⑤ 팔만대장경판이 조판되었다.

Why? 왜 정답일까?

자료는 조선 태조 시기의 상황을 나타낸 것이다.
고려 말 위화도 회군을 단행하여 정권을 장악한 이성계는 정도전 등 신진 사대부와 손잡고 조선을 건국하였다. 그리고 도읍을 한양으로 정하였다.

---

08 조선 세종 때 창제된 훈민정음   정답률 96% | 정답 ③

(가)에 들어갈 문화유산으로 옳은 것은?

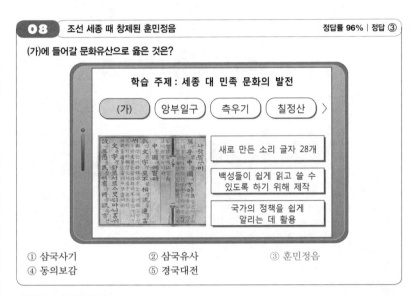

① 삼국사기   ② 삼국유사   ③ 훈민정음
④ 동의보감   ⑤ 경국대전

Why? 왜 정답일까?

세종은 백성들이 쉽게 읽고 쓸 수 있도록 훈민정음을 창제하였다. 이후 조선 정부는 여러 분야의 책을 편찬하여 국가의 정책을 쉽게 알리는 데 활용하였다.

---

09 발해의 역사   정답률 85% | 정답 ①

(가) 국가에 대한 설명으로 옳은 것은?

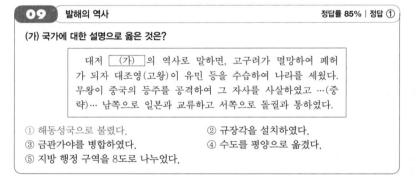

대저 [(가)] 의 역사로 말하면, 고구려가 멸망하여 폐허가 되자 대조영(고왕)이 유민 등을 수습하여 나라를 세웠다. 무왕이 중국의 등주를 공격하여 그 자사를 사살하였고 …(중략)… 남쪽으로 일본과 교류하고 서쪽으로 돌궐과 통하였다.

① 해동성국으로 불렸다.   ② 규장각을 설치하였다.
③ 금관가야를 병합하였다.   ④ 수도를 평양으로 옮겼다.
⑤ 지방 행정 구역을 8도로 나누었다.

Why? 왜 정답일까?

고구려 멸망 후 대조영은 당의 군대를 물리치고 발해를 건국하였다. 발해 무왕은 당의 등주를 공격하였고 일본 및 돌궐과 연결하여 당에 대응하였다. 발해는 9세기에 최대 영토를 확보하였고 주변국으로부터 해동성국이라 불렸다.

Why? 왜 오답일까?

②, ⑤ 조선, ③ 신라, ④ 고구려에 해당한다.

---

10 영조와 정조의 탕평책   정답률 79% | 정답 ②

(가)에 들어갈 내용으로 가장 적절한 것은? [3점]

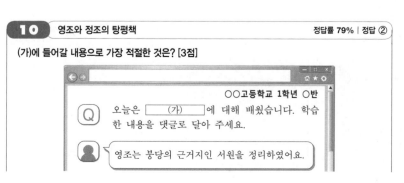

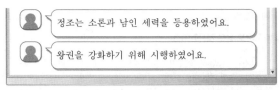

정조는 소론과 남인 세력을 등용하였어요.

왕권을 강화하기 위해 시행하였어요.

① 사화의 발생　　② 탕평책의 추진　　③ 삼국 통일의 완성
④ 세도 정치의 폐단　　⑤ 서경 천도 운동의 전개

Why? 왜 정답일까?

조선 후기 영조와 정조는 탕평책을 실시하여 붕당 정치의 폐해를 극복하고자 하였다.
영조는 붕당의 근거지로 지목된 서원을 정리하였고, 정조는 노론 세력을 견제하면서 소론과 남인 세력을 등용하였다.

---

11 국채 보상 운동의 특징　　정답률 84% | 정답 ⑤

다음 기사의 취지에 따라 전개된 운동에 대한 설명으로 옳은 것은? [3점]

지금의 국채 1,300만 원은 바로 우리
대한 제국의 존망에 직결된 것이다. 갚
아 버리면 나라가 존재하고 갚지 못하
면 나라가 망하는 것은 대세이다.

2천만 인이 3개월 동안 담배를 끊고
1인마다 20전씩 모으면 1,300만 원
이 될 수 있다.

① 서양과의 통상을 반대하였다.
② 수신사의 파견으로 이어졌다.
③ 구식 군인의 주도로 일어났다.
④ 사심관 제도가 시행되는 배경이 되었다.
⑤ 언론의 지원을 받아 전국적으로 확산되었다.

Why? 왜 정답일까?

자료는 1907년부터 전개된 국채 보상 운동에 대한 것이다.
일제에 진 빚을 갚아 경제적 자주성을 되찾기 위한 국채 보상 운동은 대한매일신보 등 언론의 지원 속에 전국적으로 확산되었다.

---

12 전봉준의 활동　　정답률 80% | 정답 ③

다음 자료에서 학생이 선정한 인물에 대한 설명으로 옳은 것은?

수행 평가

1학년 ○반 ○○○

다음에서 한 명의 이름을 선택하고, 해당 인물의 활동을
담은 3행시를 지어 주세요.

김옥균, 박지원, 안중근, 전봉준, 정약용

[학생 답안]

선정 인물	작성한 시
○△□	○주 화약을 체결하고 △기의 뜻을 이루고자 하니 □한 백성의 뜻이 집강소에서 실현되리라.

① 거중기를 설계하였다.　　② 갑신정변을 주도하였다.
③ 동학 농민군을 이끌었다.　　④ 이토 히로부미를 처단하였다.
⑤ 청과의 통상 확대를 주장하였다.

Why? 왜 정답일까?

자료의 학생 답안은 전봉준의 활동에 대한 것이다.
전봉준은 동학 농민군을 이끌었다. 전주 화약 이후 집강소가 설치되고 폐정 개혁이 추진되었다.

Why? 왜 오답일까?

① 정약용 등에 해당한다.　　② 김옥균 등에 해당한다.
④ 안중근 등에 해당한다.　　⑤ 박지원 등에 해당한다.

---

13 광주 학생 항일 운동의 전개 과정　　정답률 60% | 정답 ①

(가) 운동에 대한 설명으로 옳은 것은? [3점]

[연극 동아리 발표회]

11월 3일 '학생 독립운동 기념일'을 맞아 오늘 오후 6시부
터 ___(가)___ 을/를 소재로 한 연극을 온라인으로 중계하오니,
학교 홈페이지에 접속하셔서 시청 바랍니다.

- 구성 -

❋ 제1막 : 나주역 사건, 한·일 학생 간 충돌이 일어나다.
❋ 제2막 : 광주의 학생들, 식민지 노예 교육에 반대하다.
❋ 제3막 : 학생들의 함성, 광주를 넘어 전국으로 뻗어 가다.

① 신간회의 지원을 받았다.　　② 광무개혁의 토대가 되었다.
③ 임술 농민 봉기로 이어졌다.　　④ 고종 강제 퇴위에 반대하였다.
⑤ 영남 지역의 유생들이 주도하였다.

Why? 왜 정답일까?

자료는 1929년에 일어난 광주 학생 항일 운동을 소재로 한 것이다. 광주 학생 항일 운동은 신간회의 지원을 받아 전국적으로 확산되었다.

---

14 독립 협회의 활동　　정답률 60% | 정답 ①

(가) 단체에 대한 설명으로 옳은 것은? [3점]

종로 네거리에서 관민 공동회가 열렸는데, 19세였던 나도
학교의 대표로 참가하였다. 여기서 ___(가)___ 의 회원들은 철
도와 광산을 비롯한 각종 이권을 외국인에게 주지 말 것을
주장하고 헌의 6조를 결의하였다. 이 때 회원들은 관리들이
지켜보는 앞에서 정부의 잘못을 비판하였는데, 그 모습은 꽤
인상적이었다.

① 독립문을 건립하였다.　　② 새마을 운동을 이끌었다.
③ 한국광복군을 창설하였다.　　④ 백운동 서원을 설립하였다.
⑤ 대동법의 시행을 건의하였다.

Why? 왜 정답일까?

독립 협회가 개최한 관민 공동회에서 헌의 6조가 결의되었다. 이에 앞서 독립 협회는 독립문을 건립하여 조선이 자주국임을 대내외에 내세우고자 하였다.

---

15 병인양요, 신미양요가 일어난 장소　　정답률 76% | 정답 ③

(가)에 들어갈 내용으로 가장 적절한 것은?

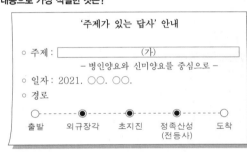

'주제가 있는 답사' 안내

○ 주제 : ___(가)___
　　– 병인양요와 신미양요를 중심으로 –

○ 일자 : 2021. ○○. ○○.

○ 경로

출발 ── 외규장각 ── 초지진 ── 정족산성 ── 도착
　　　　　　　　　　　　　　(전등사)

① 삼별초의 항쟁지, 제주도
② 영국의 불법 점령지, 거문도
③ 외침 방어의 요충지, 강화도
④ 조선 수군의 큰 승리, 한산도
⑤ 장보고의 해상 활동 거점, 완도

Why? 왜 정답일까?

1866년 프랑스는 강화도를 침공하여 병인양요를 일으켰다. 당시 양헌수 부대가 정족산성에서 프랑스군을 물리쳤다. 프랑스군은 철수하면서 외규장각에 보관 중이던 의궤 등을 약탈하였다.
1871년 미국은 강화도를 공격하여 신미양요를 일으켰다. 미군은 초지진 등을 점령하였으나, 광성보 등지에서 조선군이 저항하고 조선 정부가 수교 협상에 응하지 않자 철수하였다.

---

16 1910년대 일제의 식민 통치　　정답률 81% | 정답 ⑤

다음 신문에 나타난 시기에 있었던 사실로 옳은 것은? [3점]

한국사신문

토지 조사 사업, 누구를 위한 사업인가

조선 총독부는 임시 토지 조사국을 설치한 이후 토지 조사
사업을 밀어붙이고 있다. 이 사업으로 조선 총독부의 지세
수입은 증가하고 있다. 반면, 다수의 소작농은 기존에 관습
적으로 인정받던 경작권을 잃게 되는 등 경제적으로 많은
어려움에 처할 것으로 예상된다.

① 비변사가 설치되었다.
② 호포제가 시행되었다.
③ 균역법이 마련되었다.
④ 대한국 국제가 반포되었다.
⑤ 헌병 경찰 제도가 실시되었다.

자료는 일제가 1910년대에 추진한 토지 조사 사업에 대한 것이다. 이 시기 일제는 헌병 경찰 제도를 통해 강압적인 무단 통치를 실시하였다.

---

17 청산리 전투가 일어난 지역   정답률 51% | 정답 ①

밑줄 친 '이 전투'가 있었던 지역을 지도에서 옳게 고른 것은?

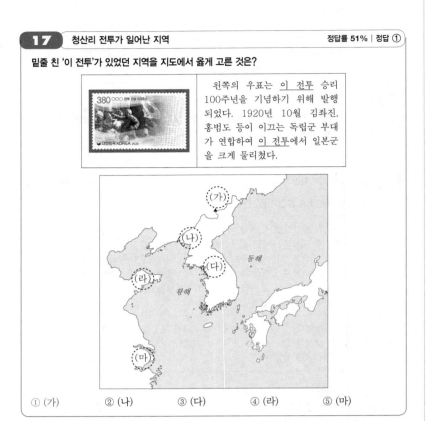

왼쪽의 우표는 이 전투 승리 100주년을 기념하기 위해 발행되었다. 1920년 10월 김좌진, 홍범도 등이 이끄는 독립군 부대가 연합하여 이 전투에서 일본군을 크게 물리쳤다.

① (가)   ② (나)   ③ (다)   ④ (라)   ⑤ (마)

Why? 왜 정답일까?

밑줄 친 '이 전투'는 청산리 전투이다.
1920년 봉오동 전투에서 패배한 일제는 대규모 병력을 동원하여 독립군 부대를 추격하였다. 김좌진, 홍범도 등이 이끄는 독립군 부대들은 만주 지역의 청산리 일대에서 추격해 온 일본군을 크게 물리쳤다.

---

18 을사늑약의 결과   정답률 86% | 정답 ②

밑줄 친 '이 늑약'의 결과로 옳은 것은? [3점]

[용어 사전]

늑약 (勒 억지로 할 늑, 約 약속할 약)

(의미) 억지로 맺은 조약
(예문) 1905년 일제가 강요한 이 늑약으로 인하여 대한 제국이 외교권을 빼앗겼다.

① 척화비가 세워졌다.   ② 통감부가 설치되었다.
③ 개경 환도가 이루어졌다.   ④ 나당 연합군이 결성되었다.
⑤ 4군과 6진 지역이 개척되었다.

Why? 왜 정답일까?

대한 제국은 1905년 일제가 강요한 을사늑약으로 외교권을 상실하였다. 이후 일제는 통감부를 설치하였다.

---

19 6·25 전쟁이 일어난 시기   정답률 59% | 정답 ⑤

다음 결의안이 채택된 시기를 연표에서 옳게 고른 것은?

안전 보장 이사회는 북한군의 무력 침략을 평화를 파괴하는 행위로 규정한다. 전투를 즉각 중지하고 군대를 즉시 38도선 이북으로 철수할 것을 북한에 촉구한다. …(중략)… 안전 보장 이사회는 무력 침략을 격퇴하고 국제 평화와 안전을 회복하는 데 필요한 원조를 대한민국에 제공해 줄 것을 유엔 회원국에 권고하는 바이다.

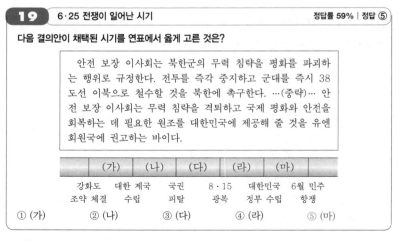

	(가)	(나)	(다)	(라)	(마)	
강화도 조약 체결		대한 제국 수립	국권 피탈	8·15 광복	대한민국 정부 수립	6월 민주 항쟁

① (가)   ② (나)   ③ (다)   ④ (라)   ⑤ (마)

Why? 왜 정답일까?

1948년 대한민국 정부가 수립되었다. 1950년 북한군의 무력 남침으로 6·25 전쟁이 일어났다. 유엔 안전 보장 이사회는 북한의 무력 침략을 평화를 파괴하는 행위로 규정하였고 이후 유엔군이 파병되었다.

---

20 4·19 혁명의 결과   정답률 71% | 정답 ②

(가)에 들어갈 내용으로 옳은 것은? [3점]

(가) (으)로 이승만 대통령이 하야함에 따라 허정 과도 정부가 수립되었다. 허정 과도 정부는 국민의 여론에 따라 내각 책임제와 국회 양원제를 골자로 하는 개헌을 단행하였다. 새 헌법에 따라 실시된 총선거에서 민주당이 승리하였고, 장면 내각이 출범하게 되었다.

① 3·1 운동   ② 4·19 혁명   ③ 위정척사 운동
④ 브나로드 운동   ⑤ 5·18 민주화 운동

Why? 왜 정답일까?

1960년에 일어난 4·19 혁명의 결과 이승만 대통령이 하야 성명을 발표하고 대통령직에서 물러났다. 이후 내각 책임제 개헌이 이루어졌고, 새 헌법에 따른 총선거의 결과로 장면 내각이 출범하였다.

· 정답 ·

01 ⑤ 02 ① 03 ③ 04 ④ 05 ③ 06 ② 07 ⑤ 08 ① 09 ⑤ 10 ② 11 ③ 12 ④ 13 ② 14 ⑤ 15 ③
16 ⑤ 17 ④ 18 ④ 19 ② 20 ①

---

01 정보화 시대에 필요한 도덕적 책임 · 정답률 42% | 정답 ⑤

(가)의 주장을 (나)와 같이 나타낼 때, ㉠에 대한 반론의 근거로 가장 적절한 것은? [3점]

(가)	개인이 생산한 정보를 사회 구성원들이 무상으로 공유하는 것은 개인의 소유권을 침해하므로 옳지 않다.
(나)	○ 도덕 원리 : 개인의 소유권을 침해하는 것은 옳지 않다. ○ 사실 판단 : ㉠ ○ 도덕 판단 : 개인이 생산한 정보를 사회 구성원들이 무상으로 공유하는 것은 옳지 않다.

① 정보의 무상 공유는 양질의 정보 생산을 방해한다.
② 정보 생산자에게 창작에 대한 경제적 보상을 해야 한다.
③ 정보 역시 다른 재화처럼 생산자의 소유권을 인정해야 한다.
④ 정보를 생산하는 데에는 개인의 많은 시간과 노력이 투입된다.
⑤ 정보는 기존 정보들을 토대로 생산되므로 배타적 소유권을 인정받기 어렵다.

Why? 왜 정답일까?

제시문 (가)는 개인이 생산한 정보를 무상으로 공유하는 것은 옳지 않다는 주장이다.
제시문 (나)의 ㉠에는 '개인이 생산한 정보를 사회 구성원들이 무상으로 공유하는 것은 개인의 소유권을 침해하는 것이다.'라는 사실 판단이 들어가야 한다. 따라서 이에 대한 반론의 근거는 정보의 무상 공유가 개인의 소유권을 침해하는 것이 아니라는 내용이어야 한다.

Why? 왜 오답일까?

④ 개인이 특정한 정보를 생산하는 데 많은 시간과 노력을 투입했다는 것은 ㉠에 대한 반론의 근거가 될 수 없다.

---

02 문화 교류와 관련된 입장 · 정답률 54% | 정답 ①

갑, 을의 입장으로 적절한 것만을 <보기>에서 고른 것은?

갑 : 이민자들은 거주국의 문화를 받아들여야 한다. 이민자들의 문화가 거주국의 문화에 동화되면 사회의 단결력을 증진할 수 있기 때문이다.
을 : 이민자들의 문화와 거주국의 문화 각각의 정체성을 동등하게 존중해야 한다. 여러 문화가 존중되고 조화를 이루면 문화적 역동성을 증진할 수 있기 때문이다.

< 보 기 >
ㄱ. 갑 : 거주국 문화에 이민자 문화를 편입시켜야 한다.
ㄴ. 을 : 다양한 문화가 공존하면 문화적 역동성이 증진된다.
ㄷ. 을 : 단일 문화를 형성하여 사회의 단결력을 증진해야 한다.
ㄹ. 갑과 을 : 여러 문화의 정체성은 동등하게 존중되어야 한다.

① ㄱ, ㄴ ② ㄱ, ㄷ ③ ㄴ, ㄷ ④ ㄴ, ㄹ ⑤ ㄷ, ㄹ

Why? 왜 정답일까?

제시문의 갑은 동화주의의 입장이며, 을은 다문화주의의 입장이다.
동화주의는 거주국의 문화에 이민자들의 문화를 편입시킴으로써 사회 통합을 실현하고자 한다. 다문화주의는 다양한 문화 간의 우열을 구분하지 않고 상호 존중하며 공존할 것을 강조한다.

---

03 통일이 필요한 이유 · 정답률 93% | 정답 ③

다음 글의 입장으로 가장 적절한 것은?

남북한의 서로 다른 체제를 통합하는 데 드는 통일 비용으로 인해 통일에 부정적인 사람들이 있다. 그러나 통일 비용은 크게 걱정할 문제가 아니다. 분단이 지속되는 한 국방비 · 외교비와 같은 분단 비용은 계속 발생하지만, 통일 비용은 통일 전후 한시적으로만 발생한다. 장기적으로 볼 때 통일로 인한 이익의 합, 즉 통일 편익이 통일 비용보다 더 크다.

① 통일 비용은 통일 이전에만 한시적으로 발생한다.
② 분단 비용은 통일 이후에도 지속적으로 발생한다.
③ 통일로 얻게 되는 장기적 이익이 통일 비용보다 크다.
④ 통일 편익은 분단 때문에 치러야 하는 소모적 비용이다.
⑤ 분단 비용은 서로 다른 체제를 통합하는 데 드는 비용이다.

Why? 왜 정답일까?

제시문은 통일과 관련된 비용에 대한 설명이다.
통일 비용은 통일 전후에 발생하는 것으로 서로 다른 체제를 통합하는 데 드는 비용이며, 분단 비용은 통일 이전까지 분단을 유지하는 데 소모되는 비용이다. 남북한이 통일된다면 장기적으로 볼 때 통일에 소모되는 비용을 상쇄하고도 남을 통일 편익이 생긴다.

---

04 행복한 삶을 위해 좋은 습관이 필요한 이유 · 정답률 97% | 정답 ④

다음 가상 편지에서 강조하는 내용으로 가장 적절한 것은?

○○에게
요즘 자네가 행복에 이르는 방법에 대해 고민하고 있다고 들었네. 행복은 인간의 영혼 중에서 이성과 관련된 능력을 탁월하게 발휘하는 것을 의미한다네. 따라서 이성을 통해 도덕적 행위가 무엇인지를 파악하고 이를 반복적으로 실천한다면 좋은 품성을 기를 수 있을 걸세. 그러면 인간 행위의 최종 목적인 행복에 다가갈 수 있다네.

① 현실 세계에서는 행복한 삶에 도달할 수 없다.
② 좋은 품성은 한 번의 도덕적 행위만으로 형성된다.
③ 인간이 추구하는 궁극적인 목적은 존재하지 않는다.
④ 도덕적 행위를 습관화하는 것은 행복에 이르는 데 기여한다.
⑤ 인간의 기능을 탁월하게 발휘하는 것은 행복과 관계가 없다.

Why? 왜 정답일까?

가상 편지는 행복에 관한 아리스토텔레스의 입장을 재구성한 글이다.
그는 인간의 이성을 탁월하게 발휘함으로써 현실 속에서 행복한 삶을 이룰 수 있다고 보았다. 그에 따르면 행복이란 인간 행위의 궁극적인 목적이며 이를 실현하기 위해 도덕적 행위를 습관화해야 한다.

Why? 왜 오답일까?

② 좋은 품성은 도덕적 행위를 반복적으로 실천함으로써 얻어질 수 있다.

---

05 준법의 근거에 대한 입장 · 정답률 61% | 정답 ③

갑, 을의 입장으로 적절한 것만을 <보기>에서 있는 대로 고른 것은? [3점]

갑 : 법을 지켜야 하는 근거는 국민의 동의에 있다. 이러한 동의에는 명시적인 것뿐만 아니라 암묵적인 것도 있다. 예를 들어 단지 한 국가에 거주하고 있는 것만으로도 그 나라의 법을 지켜야 할 의무가 발생한다.
을 : 법을 지켜야 하는 근거는 국가가 제공하는 혜택에 있다. 만일 국가가 제공하는 평화, 안전, 공공재와 같은 혜택이 사라진다면 국민이 법을 지켜야 할 의무도 사라진다.

< 보 기 >
ㄱ. 갑 : 명시적 동의만으로는 준법의 의무가 성립할 수 없다.
ㄴ. 갑 : 한 국가에 살고 있는 것만으로 준법의 의무는 발생할 수 있다.
ㄷ. 을 : 국가의 혜택을 누리는 사람은 준법의 의무를 지닌다.
ㄹ. 갑과 을 : 국민은 국가의 법을 무조건 지켜야 한다.

① ㄱ, ㄴ ② ㄱ, ㄹ ③ ㄴ, ㄷ
④ ㄱ, ㄷ, ㄹ ⑤ ㄴ, ㄷ, ㄹ

Why? 왜 정답일까?

제시문의 갑은 동의론, 을은 혜택론의 입장이다.
동의론은 국민의 동의로부터 준법의 의무가 발생한다고 보며, 이러한 동의에는 명시적 동의, 암묵적 동의가 있다. 혜택론은 국가가 제공하는 혜택을 받는다면 준법의 의무가 발생한다고 보며, 이러한 혜택이 사라지면 준법의 의무도 사라진다고 본다.

Why? 왜 오답일까?

ㄱ. 동의론에 따르면 명시적 동의만으로도 준법의 의무가 발생한다.

---

06 생태 중심주의 자연관 · 정답률 96% | 정답 ②

다음 신문 칼럼의 입장으로 적절한 것만을 <보기>에서 고른 것은?

○○신문 ○○○○년 ○○월 ○○일
칼 럼

오늘날 인류는 심각한 환경 위기에 직면해 있다. 자연을 단지 인간의 소유물이자 이익 추구의 수단으로 보고 무분별하게 착취한 결과, 환경이 심각하게 파괴되었고 이로 인해 인류의 삶마저 위협받고 있다. 이제 인간은 자연의 본래적 가치를 존중해야 한다. 인간은 자연의 지배자가 아니며, 자연의 모든 존재는 인간과 평등한 구성원이라는 점을 인정해야만 한다.

—— < 보 기 > ——
ㄱ. 자연의 모든 존재는 평등하다.
ㄴ. 자연은 인간의 소유물로서 존재한다.
ㄷ. 자연은 그 자체로 소중한 가치를 지닌다.
ㄹ. 자연은 인간이 정복하고 지배해야 할 대상이다.

① ㄱ, ㄴ　　② ㄱ, ㄷ　　③ ㄴ, ㄷ　　④ ㄴ, ㄹ　　⑤ ㄷ, ㄹ

Why? 왜 정답일까?

제시된 신문 칼럼에서는 심각한 환경 위기에 처한 인류의 상황을 해결하기 위해 인간 중심주의 자연관 대신 생태 중심주의 자연관을 가져야 함을 주장하고 있다. 생태 중심주의 자연관은 자연을 중심으로 인간과 자연의 관계를 바라보는 관점으로써 자연 자체가 가지고 있는 본래의 가치를 존중하며 인간도 자연의 평등한 구성원으로 함께 살아가야 함을 강조한다.

---

07 죽음을 대하는 바람직한 태도　　정답률 95% | 정답 ⑤

다음은 사상가 갑, 을의 가상 대화이다. 갑, 을의 입장으로 가장 적절한 것은? [3점]

삶도 제대로 모르는데 죽음을 어찌 알겠습니까? 죽음을 아는 것보다는 현실에서 인(仁)을 실천하는 것이 더 중요합니다. 다만 상례(喪禮)에서 슬퍼하는 것은 어진 사람이라면 마땅히 해야 할 도리입니다.
갑

죽음은 우리에게 아무것도 아닙니다. 죽음은 경험할 수 없기 때문입니다. 인간이 죽으면 모든 감각은 없어지므로 쾌락과 고통을 느낄 수 없습니다. 따라서 죽음을 걱정하며 현실에서 고통을 느낄 필요가 없습니다.
을

① 갑 : 도덕적 실천은 살아 있는 사람만을 대상으로 한다.
② 갑 : 죽음은 자연스러운 과정이므로 슬퍼할 필요가 없다.
③ 을 : 인간의 감각은 죽음 이후에도 사라지지 않는다.
④ 을 : 죽음은 인간이 경험하게 되는 가장 큰 고통이다.
⑤ 갑과 을 : 죽음보다 현실의 삶에 더 관심을 기울여야 한다.

Why? 왜 정답일까?

사상가 갑은 공자, 을은 에피쿠로스이다.
공자는 죽음보다 현실의 삶을 중시했으나 상례(喪禮)에서는 죽은 이에 대해 마땅히 슬퍼해야 한다고 주장하였다. 에피쿠로스는 죽음을 경험할 수 없으므로 두려워할 필요가 없다고 보았으며, 현실에서 평정심을 가지고 살아가야 한다고 주장하였다.

---

08 자연재해의 특성　　정답률 88% | 정답 ①

다음 자료는 어느 자연재해 발생 시 행동 요령의 일부이다. (가)에 대한 설명으로 옳은 것만을 <보기>에서 고른 것은?

[가] 발생 시 이렇게 하세요

책상이나 탁자 아래로 들어가 몸을 보호합니다. 흔들림이 멈추면 건물 밖으로 대피합니다.

계단을 이용하여 신속하게 대피합니다. 엘리베이터는 절대 사용하지 않도록 합니다.

밖에서는 가방이나 손으로 머리를 보호하며, 건물에서 멀리 떨어져 주위를 살피며 대피합니다.

넓은 공터로 대피하여 공공 기관에서 방송을 통해 제공하는 정보에 따라 침착하게 행동합니다.

—— < 보 기 > ——
ㄱ. 건물의 내진 설계를 통해 피해를 줄일 수 있다.
ㄴ. 해저에서 발생 시 해안에 해일 피해를 줄 수 있다.
ㄷ. (가) 재해에 대비한 전통 가옥 시설로 우데기가 있다.
ㄹ. 기후적 요인에 의해 발생하는 대표적인 자연재해이다.

① ㄱ, ㄴ　　② ㄱ, ㄷ　　③ ㄴ, ㄷ　　④ ㄴ, ㄹ　　⑤ ㄷ, ㄹ

Why? 왜 정답일까?

흔들림으로 인해 낙하물, 건물 붕괴 등의 위험을 초래하는 자연재해는 지진이다.
해양 지각에서 지진이 발생하면 일시적으로 멀리 빠져나갔던 바닷물이 밀려와 해안에 큰 피해를 주기도 한다.

Why? 왜 오답일까?

ㄷ. 천천히 진행되면서 오랜 시간에 걸쳐 광범위한 지역에 피해를 주는 자연재해는 가뭄이다.
ㄹ. 기후적 요인에 의해 발생하는 자연재해에는 가뭄, 열대성 저기압, 홍수 등이 있다.

---

09 우리나라의 영토인 독도의 특성　　정답률 84% | 정답 ⑤

다음은 우리나라의 섬 (가)의 지명이 변천된 과정을 나타낸 것이다. (가)에 대한 설명으로 옳지 않은 것은?

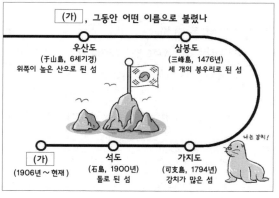
[가], 그동안 어떤 이름으로 불렸나
우산도 (于山島, 6세기경) 위쪽이 높은 산으로 된 섬
삼봉도 (三峰島, 1476년) 세 개의 봉우리로 된 섬
(가) (1906년 ~ 현재)
석도 (石島, 1900년) 돌로 된 섬
가지도 (可支島, 1794년) 강치가 많은 섬
나는 강치!

① 섬 전체가 천연 보호 구역이다.
② 행정구역상 경상북도에 속한다.
③ 맑은 날 울릉도에서 육안으로 볼 수 있다.
④ 우리나라에서 가장 동쪽에 있는 영토이다.
⑤ 조선 시대에 우리나라의 영토로 편입되었다.

Why? 왜 정답일까?

우리나라에서 가장 동쪽에 위치한 영토인 독도는 512년 신라의 영토로 편입된 이래 우산도, 삼봉도, 가지도, 석도 등 여러 가지 명칭으로 불려 왔다. 행정 지명으로서 독도라는 명칭은 1906년 울릉군수 심흥택이 만든 공문서에 처음으로 등장하여 현재까지 사용되고 있다.

---

10 지중해성 기후 지역의 주민 생활　　정답률 59% | 정답 ②

다음 자료는 어느 여행 프로그램을 소개한 것이다. (가)에 공통으로 들어갈 내용으로 가장 적절한 것은? [3점]

세계 지리 기행 – 그리스 편 '눈부신 섬으로의 여행'

(1부) 환상의 섬 산토리니	(가) 이 지역은 하얀 벽과 파란 지붕에 강렬한 햇빛이 내리쬐어 더욱 눈이 부시다. 화산섬에서 새하얀 마을을 산책하고 있노라니 마치 영화 속 장면에 들어온 것 같은 기분이 드는데……
(2부) 올리브 나무의 섬 크레타	올리브는 (가) 이 지역에서 수목 농업으로 재배되는 대표 작물이다. 무려 3,000년 이상의 세월을 견딘 것으로 전해지는 올리브 나무를 구경하고 농장에서 갓 만든 신선한 올리브유를 맛보자!

① 겨울이 춥고 건조한
② 여름이 덥고 건조한
③ 여름이 서늘하고 습한
④ 일 년 내내 스콜이 내리는
⑤ 연중 봄과 같이 온화한

Why? 왜 정답일까?

그리스는 지중해성 기후 지역이다.
지중해성 기후는 여름에 기온이 높고 강수량이 적으며, 겨울에 따뜻하고 강수량이 많다. 지중해성 기후 지역에서는 고온 건조한 여름철에도 잘 견디는 올리브, 오렌지, 코르크 참나무 등을 재배하는 수목 농업이 이루어진다.

---

11 문화 차이로 인해 갈등이 발생하는 사례　　정답률 32% | 정답 ③

다음 자료의 (가) 국가를 지도의 A ~ E에서 고른 것은? [3점]

< [가]의 국장 >
사자 문양의 방패가 왕관과 지팡이, 훈장 등으로 장식되어 있다.

[가]은/는 네덜란드어, 프랑스어, 독일어를 공용어로 사용한다. 국장의 아래쪽에 그려진 리본에는 프랑스어와 네덜란드어로 '단결이 힘이다'라는 문구가 쓰여 있다. 하지만 국장의 문구와는 달리 남부의 프랑스어 권역과 북부의 네덜란드어 권역 간 갈등이 매우 심각하다. 여기에 지역 간 경제 격차까지 커지면서 나라가 남과 북으로 갈라질 위기에 처해 있다.

① A
② B
③ C
④ D
⑤ E

Why? 왜 정답일까?

(가)는 벨기에이다.
벨기에는 프랑스어를 사용하는 남부의 왈로니아 지역과 네덜란드어를 쓰는 북부의 플랑드르 지역 간에 언어 갈등을 겪고 있다. 여기에 남북 간의 경제 격차까지 커지면서 남부 지역과 북부 지역의 갈등이 더욱 심화되고 있다.

Why? 왜 오답일까?

A는 포르투갈, B는 영국, D는 오스트리아, E는 폴란드이다.

---

12 지역화 전략의 사례를 파악한다.　　　정답률 84% | 정답 ④

다음 자료의 (가)에 들어갈 내용으로 가장 적절한 것은?

세계적으로 유명한 커피 생산국 중 하나인 콜롬비아는 자국 커피의 국제 경쟁력을 높이기 위한 ____(가)____ 의 일환으로 '콜롬비아 커피(Café de Colombia)'를 지리적 표시제에 등록하였다. 또한 안데스 산지를 배경으로 커피 농장의 농부와 당나귀의 모습을 담은 마크를 만들었다. 이 마크는 콜롬비아에서 생산된 원두를 100% 사용한 제품에만 표시할 수 있게 함으로써 콜롬비아 커피의 품질에 대한 신뢰도를 높였다.

① 적정 기술　　② 환경 규제　　③ 공간적 분업
④ 지역화 전략　　⑤ 공적 개발 원조

Why? 왜 정답일까?

지역화 전략에는 지역 브랜드, 지리적 표시제, 장소 마케팅 등이 있다.
지리적 표시제는 특정 지역의 고유성이 반영된 농산물에 생산지의 이름을 붙여 상표로 등록함으로써 다른 곳에서 사용할 수 없게 하는 제도이다.

Why? 왜 오답일까?

① 적정 기술은 저개발 지역의 주민들이 일상생활에서 겪는 어려움을 적은 비용으로도 쉽게 해결할 수 있도록 개발된 기술이다.
⑤ 공적 개발 원조는 선진국 정부를 비롯한 공공 기관이 저개발국의 경제 발전과 사회 복지 증진을 목표로 제공하는 원조이다.

---

13 아프리카와 유럽의 인구 특성　　　정답률 79% | 정답 ②

다음은 세계의 인구에 대한 수업 장면이다. 교사의 질문에 옳게 대답한 학생만을 고른 것은? (단, A, B는 각각 아프리카, 유럽 중 하나임.) [3점]

A, B 대륙에 대해 설명해 볼까요?

＜대륙별 인구 변화 및 전망＞
(억 명)
오세아니아 / A / 아시아 / 남아메리카 / 북아메리카 / B
1800　1900　2000　2050(년)

갑: A는 B보다 인구 증가 속도가 빨라요.
을: A는 B보다 합계 출산율이 낮아요.
병: B는 A보다 경제 발전 수준이 높아요.
정: B는 A보다 노인 인구의 비율이 낮아요.

① 갑, 을　② 갑, 병　③ 을, 병　④ 을, 정　⑤ 병, 정

Why? 왜 정답일까?

A는 아프리카, B는 유럽이다.
아프리카는 의료 기술의 발달 등으로 사망률이 감소하는 것에 비해 높은 합계 출산율이 유지되면서 인구가 매우 빠르게 증가하고 있다. 반면 유럽은 경제 발전 수준이 높고 합계 출산율이 낮아 노인 인구 비율이 높으며 점차 인구가 감소할 것으로 전망된다.

---

14 지위와 역할과 사회 집단의 종류　　　정답률 47% | 정답 ⑤

밑줄 친 ㉠ ~ ㉤에 대한 설명으로 옳은 것은?

법조인이 되기를 바랐던 ㉠아버지의 뜻에 따라 로스쿨에서 공부하던 갑은 화가가 되고 싶어 ㉡로스쿨을 그만두었다. 그 후 ㉢지역 미술 동호회에서 그림의 기초를 배우며 재능을 갈고닦아 과감히 국립미술학교 입학시험에 응시했지만 탈락했다. 갑은 이에 굴하지 않고 ㉣박물관, 미술관 등을 다니며 다양한 작품을 보고 꾸준히 연습한 결과 자신만의 독자적인 화풍을 만들어 마침내 ㉤○○ 미술 대상을 받았다.

① ㉠은 귀속 지위이다.　　② ㉡은 갑의 역할 갈등이다.
③ ㉢은 공동 사회에 해당한다.　　④ ㉣은 재사회화에 해당한다.
⑤ ㉤은 갑의 역할 행동에 대한 보상이다.

Why? 왜 정답일까?

개인이 지위에 따른 역할을 구체적으로 수행하는 행동을 역할 행동이라고 한다. 사회가 바라는 방식으로 역할 행동을 하는 사람은 그에 따른 보상을 받는다. ○○ 미술 대상을 받은 것은 갑의 역할 행동에 대한 보상이다.

Why? 왜 오답일까?

① 아버지는 후천적인 노력을 통해 얻는 성취 지위이다.
③ 지역 미술 동호회는 이익 사회에 해당한다.
④ 재사회화는 사회 변화에 따라 새롭게 등장하는 지식과 가치를 다시 배우는 과정이다.

---

15 지방 자치 단체의 구성과 역할　　　정답률 46% | 정답 ③

다음 대화에 대한 설명으로 옳은 것은? [3점]

갑: 이번 ㉠선거에서 당선된 ㉡군수가 교통 취약 계층을 위한 정책을 선거 공약으로 제시했어. 교통 취약 계층이 택시를 한 달에 10회 무료로 이용할 수 있게 하는 이 ㉢정책은 곧 시행되겠지?
을: 그게 군수 마음대로 되겠어? 정책이 시행되려면 A에서 ㉣조례가 제정되어야 해.

① A는 집행 기관에 해당한다.
② ㉠은 국회 의원 선거이다.
③ ㉡은 지방 자치 단체의 장(長)이다.
④ ㉡은 ㉢ 시행에 필요한 예산안을 확정할 수 있다.
⑤ ㉣은 ㉡이 제정할 수 있는 자치 법규이다.

Why? 왜 정답일까?

지역 주민과 지방 정부가 해당 지역의 공공 문제를 자율적으로 처리하는 제도를 지방 자치 제도라고 한다. 우리나라의 지방 자치 단체는 의결 기관인 지방 의회와 집행 기관인 지방 자치 단체장으로 구성된다. 지방 자치 단체장은 주민의 선거로 선출되며, 지방 의회에서 결정한 의결 사항을 집행하고 규칙을 제정할 수 있다. 군수는 군 단위 자치 단체의 장(長)이다.

Why? 왜 오답일까?

④ 예산안 확정은 지방 의회의 권한이다.

---

16 문화의 속성　　　정답률 62% | 정답 ⑤

다음 자료에서 가장 두드러지게 나타난 문화의 속성에 대한 진술로 옳은 것은?

○○ 지역에서 맨손으로 식사하는 문화가 형성된 배경에는 아래와 같은 다양한 요소들이 관련되어 있다.
ㅇ 더운 날씨 때문에 국물을 뜨겁게 먹지 않아 별도의 식사 도구가 필요하지 않음.
ㅇ ○○ 지역의 쌀이 찰기가 없어 손가락으로 밥을 짓이기듯 뭉쳐서 먹어야 편하고 음식의 질감을 더 잘 느끼게 됨.
ㅇ 다섯 손가락이 각각 공간, 공기, 불, 물, 대지를 상징한다고 믿어 맨손으로 식사하면 자연과 연결된다고 생각함.

① 문화는 고정되어 있지 않고 끊임없이 변화한다.
② 새로운 삶의 방식들이 더해지면서 문화가 풍부해진다.
③ 문화는 후천적인 학습에 의해 향유되는 생활 양식이다.
④ 문화는 구성원들의 사고와 행동에 동질성을 갖게 한다.
⑤ 문화 요소들은 서로 밀접한 관계를 맺으며 연결되어 있다.

Why? 왜 정답일까?

문화의 구성 요소가 서로 밀접한 관련을 맺으면서 전체를 이루는 속성을 문화의 전체성(총체성)이라고 한다. 맨손으로 식사하는 문화는 날씨의 특성에 따라 발달한 음식의 종류, 식사 도구의 사용 여부, 음식의 재료, 자연과 인간에 대한 관점 등 다양한 문화 요소가 유기적으로 연결되어 하나의 체계로서 형성되었다.

Why? 왜 오답일까?

①은 변동성, ②는 축적성, ③은 학습성, ④는 공유성에 대한 진술이다.

---

17 비례 대표 국회 의원과 지역구 국회 의원　　　정답률 47% | 정답 ④

A, B에 대한 옳은 설명만을 〈보기〉에서 고른 것은? (단, A, B는 각각 비례 대표 국회 의원, 지역구 국회 의원 중 하나임.) [3점]

현행 우리나라 A의 선출 방식이 가진 문제점은 최다 득표자에게 투표한 표만 의미가 있고, 당선되지 않은 후보자에게 투표한 표는 무시된다는 데에 있다. 반면에 B의 선출 방식에서는 작은 정당이 각 지역에서 얻은 적은 수의 표를 전국 단위에서 합산하므로 작은 정당에 투표한 표가 의석으로 연결될 수도 있다.

─── < 보 기 > ───
ㄱ. A, B의 임기는 5년으로 동일하다.
ㄴ. A는 지역구 국회 의원, B는 비례 대표 국회 의원이다.
ㄷ. A와 달리 B는 '특정 지역의 대표'라는 성격을 가진다.
ㄹ. B를 선출할 때에는 A를 선출할 때와 다른 별도의 투표용지를 활용한다.

① ㄱ, ㄴ   ② ㄱ, ㄷ   ③ ㄴ, ㄷ
④ ㄴ, ㄹ   ⑤ ㄷ, ㄹ

Why? 왜 정답일까?

지역구 국회 의원 선거에서는 각 지역구의 후보자 중 가장 많은 득표를 한 후보자가 지역구 국회 의원으로 당선된다. 비례 대표 국회 의원 선거에서는 정당별 득표율을 바탕으로 비례 대표 국회 의원 의석이 정당별로 배분된다. 지역구 국회 의원 선거와 비례 대표 국회 의원 선거는 각각 별도의 투표용지를 활용한다.

Why? 왜 오답일까?

ㄱ. 국회 의원의 임기는 4년이다.
ㄷ. 지역구 국회 의원은 자신이 선출된 지역구를 대표한다.

---

18 수요 변화로 인한 균형 가격과 균형 거래량의 변화   정답률 75% | 정답 ④

그림은 X재 시장의 변화를 나타낸 것이다. 그 요인으로 옳은 것은? (단, X재는 수요와 공급 법칙을 따르며, 수요와 공급 중 하나만 변동함.) [3점]

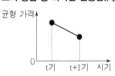
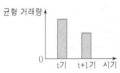

① 인구의 증가
② 생산 기술의 혁신
③ 공급자 수의 증가
④ 소비자의 선호도 감소
⑤ 생산 재료 가격의 상승

Why? 왜 정답일까?

t기에 비해 t+1기에 X재의 균형 가격은 하락하고, 균형 거래량은 감소하였다. 수요와 공급 중 하나만 변동하였으므로 X재의 수요가 감소한 경우에 해당한다. 소비자의 선호도 감소는 수요 감소 요인에 해당한다.

Why? 왜 오답일까?

① 인구의 증가는 수요 증가 요인에 해당한다.
②, ③ 생산 기술의 혁신, 공급자 수의 증가는 공급 증가 요인에 해당한다.
⑤ 생산 재료 가격의 상승은 공급 감소 요인에 해당한다.

---

19 실업의 유형   정답률 77% | 정답 ②

갑, 을이 각각 경험한 실업의 유형으로 옳은 것은?

갑 : 겨울에 스키 강사를 했었는데 봄이 되어 일자리를 잃었어. 그래서 나는 일자리를 찾아보고 있는데, 너는 회사에 잘 다니고 있니?
을 : 아니. 로봇과 인공지능이 산업 전반에 활용되면서 나도 최근에 일자리를 잃었어. 그래서 구직 활동 중이야.

	갑	을
①	계절적 실업	경기적 실업
②	계절적 실업	구조적 실업
③	구조적 실업	경기적 실업
④	구조적 실업	계절적 실업
⑤	경기적 실업	구조적 실업

Why? 왜 정답일까?

농업, 건설업, 관광업 등 계절의 영향을 많이 받는 분야에서 계절에 따라 고용 기회가 줄어들어 발생하는 유형의 실업을 계절적 실업이라고 한다. 새로운 기술의 도입으로 산업 구조가 변화하면 기존의 기술이나 생산 방법은 밀려나게 되는데, 이에 따른 실업의 유형을 구조적 실업이라고 한다.

---

20 국제 사회의 행위 주체   정답률 63% | 정답 ①

<자료 1>은 국제 사회의 행위 주체를 학습하기 위한 십자 말풀이이고, <자료 2>는 <자료 1>을 활용한 수업 장면이다. 갑～무 중 옳지 않은 진술을 한 학생은? [3점]

<자료 1>

				㉠	
				㉡	
		㉢		적	
㉣					
	연				
	합				

[가로 열쇠]
㉡ 영토, 국민, 주권을 가진 국제 사회의 행위 주체
㉣ 개인과 민간단체가 회원으로 가입할 수 있는 국제기구

[세로 열쇠]
㉠   (가)
㉢ 영어 약자로 UN

<자료 2>
교사 : 힌트 하나 줄까요? ㉠은 '다'로 시작합니다.
갑 : ㉠의 예로 그린피스, 국경 없는 의사회를 들 수 있지요.
을 : ㉡은 '국가'입니다.
병 : ㉢은 정부 간 국제기구의 예에 해당해요.
정 : ㉣은 '국제 비정부 기구'이지요.
무 : (가)에는 '세계 여러 나라에서 생산과 판매를 하며 국제적으로 활동하는 기업'이 들어갈 수 있어요.

① 갑   ② 을   ③ 병   ④ 정   ⑤ 무

Why? 왜 정답일까?

㉠은 다국적 기업, ㉡은 국가, ㉢은 국제 연합, ㉣은 국제 비정부 기구이다.
개인과 민간단체가 회원으로 가입할 수 있는 국제 비정부 기구에는 그린피스, 국경 없는 의사회 등이 있다.

- 정답 -

01 ① 02 ④ 03 ③ 04 ③ 05 ② 06 ⑤ 07 ① 08 ② 09 ① 10 ③ 11 ⑤ 12 ⑤ 13 ④ 14 ③ 15 ④
16 ① 17 ⑤ 18 ① 19 ② 20 ④

---

01 의무 의식에서 비롯된 도덕적 행위　　　　정답률 91% | 정답 ①

다음을 주장한 사상가의 입장에서 〈문제 상황〉 속 A에게 제시할 조언으로 가장 적절한 것은?

> 인간은 모든 사람에게 적용될 수 있는 도덕 법칙을 스스로
> 수립한다. 동시에 오로지 의무이기 때문에 도덕 법칙을 준수
> 한다는 점에서 인간은 자신이 자율성을 지닌 존엄한 존재임
> 을 확인할 수 있다.
>
> 〈문제 상황〉
> 고등학생 A는 친구 B의 이어폰을 식당에서 우연히 보았다.
> B와 다투었던 A는 자신에게 이어폰의 위치를 묻는 B에게 사
> 실대로 말해 주어야 할지 고민 중이다.

① 자율적으로 수립한 도덕 법칙에 따라 행동하세요.
② 관련된 모든 사람이 행복을 누릴 수 있도록 행동하세요.
③ 자신의 장기적인 이익 최대화를 목표로 하여 행동하세요.
④ 자연스러운 욕망을 도덕 판단 기준으로 삼아 행동하세요.
⑤ 다른 사람들로부터 좋은 평판을 얻을 수 있도록 행동하세요.

Why? 왜 정답일까?

제시문을 주장한 사상가는 칸트이다.
그는 개인의 욕구나 경향성을 따르는 행위가 아닌, 의무 의식에 따라 옳은 것을 실천하는 행위를 도덕적
행위라고 보았다. 그에 따르면 자연스러운 욕망에 따르는 행위, 관련된 모든 사람이 행복을 누릴 수 있는
행위, 자신의 장기적인 이익 최대화를 목표로 한 행위, 좋은 평판을 얻을 수 있는 행위 등은 도덕적 가치
를 지니지 않는다.

---

02 정의로운 사회를 위한 원칙　　　　정답률 93% | 정답 ④

다음 가상 편지를 쓴 사상가의 입장으로 적절한 것만을 〈보기〉에서 고른 것은? [3점]

> ○○에게
>
> 　자네가 정의의 원칙에 대해 물었기에 나의 생각을 말
> 하겠네. 정의의 원칙은 누구에게도 유리하거나 불리하지
> 않도록 설정된 가상 상황에서 도출될 때 공정성이 보장
> 된다네. 내가 제시하는 정의의 원칙은 다음과 같다네. 첫
> 째, 모든 사람은 기본적 자유를 평등하게 누려야 한다.
> 둘째, 사회적·경제적 불평등은 최소 수혜자에게 최대의
> 이익을 보장하도록, 그리고 공정한 기회균등의 조건 아래
> 모든 사람에게 개방된 직책이나 직위와 결부되도록 편성
> 되어야 한다. 이러한 정의의 원칙이 적용된다면 공정성이
> 확보된 정의로운 사회가 될 것이네.

〈 보 기 〉

ㄱ. 정의로운 사회에서는 경제적 불평등이 존재하지 않는다.
ㄴ. 정의의 원칙은 누구에게도 유리하거나 불리하지 않은 상
　황에서 선택된다.
ㄷ. 정의로운 사회 실현을 위해서는 최소 수혜자의 이익을 고
　려할 필요가 없다.
ㄹ. 정의의 원칙에 의하면 모든 사람의 기본적 자유는 평등하
　게 보장되어야 한다.

① ㄱ, ㄴ　　② ㄱ, ㄷ　　③ ㄴ, ㄷ　　④ ㄴ, ㄹ　　⑤ ㄷ, ㄹ

Why? 왜 정답일까?

가상 편지를 쓴 사상가는 롤스이다. 그는 정의로운 사회에서는 모든 사람이 기본적 자유를 평등하게 누려
야 한다고 보았다. 단, 사회적·경제적 불평등은 최소 수혜자에게 최대의 이익을 보장하도록 편성되어야
한다고 보았다.

---

03 삶의 소중함과 죽음의 의미　　　　정답률 90% | 정답 ③

다음을 주장한 사상가의 입장으로 가장 적절한 것은? [3점]

> 인간의 삶에는 본래 어떤 의미가 주어져 있는 것이 아니라
> 인간 스스로 자기 삶에 의미를 부여하는 것이다. 진정한 자
> 기의 모습으로 살아가고 싶다면 죽음 앞으로 미리 달려가 보
> 아야 한다. 죽음을 회피하지 말고 죽음을 직시하며 죽음 앞
> 에 서 볼 때 인간은 본래적 실존을 회복할 수 있다.

① 참된 자신의 모습을 발견하기 위해 죽음을 회피해야 한다.
② 인간은 자신의 삶과 죽음에 스스로 의미를 부여할 수 없다.
③ 죽음에 대한 성찰은 삶을 보다 의미 있게 만들어 줄 수 있다.
④ 죽음에 대해 사유하는 누구도 삶의 소중함을 발견할 수 없다.
⑤ 죽음에 관한 숙고는 극복할 수 없는 절망에 이르게 할 뿐이다.

Why? 왜 정답일까?

제시문을 주장한 사상가는 하이데거이다.
그는 인간의 삶에는 본래부터 어떤 의미가 주어져 있는 것이 아니라 인간이 스스로 자기 삶에 의미를 부
여하는 것이라고 주장하였다. 또한 그는 참된 자신의 모습을 발견하려면 죽음을 회피하지 말고 죽음을 직
시하며 죽음 앞에 미리 달려가 죽음 앞에 서 볼 것을 강조하였다.

---

04 시민 불복종의 의의　　　　정답률 91% | 정답 ③

그림의 강연자가 지지할 입장으로 가장 적절한 것은?

> 노예 제도를 시행하고 영토 확장을 위
> 해 전쟁을 벌이는 정부는 정의롭지 않
> 기에 나는 이 정부에 세금을 낼 수 없
> 습니다. 세금을 납부하여 정부가 폭력
> 을 행사하게 하는 것은 법을 어기는
> 것보다 더 정의롭지 않습니다. 법에
> 대한 존경심보다 먼저 정의에 대한 존
> 경심을 기르는 것이 바람직합니다.

① 합법적인 절차로 제정된 모든 법을 지켜야 한다.
② 정의롭지 못한 국가의 법에 비판 없이 복종해야 한다.
③ 부정의한 법에 불복종하는 것은 정의 실현에 기여한다.
④ 법을 지키는 것이 정의를 실현하는 것보다 올바른 일이다.
⑤ 국가가 시행하는 정책에 대한 불복종은 정당화될 수 없다.

Why? 왜 정답일까?

그림의 강연자는 소로이다.
그는 부정의한 법에 불복종하여 정의를 실현하라고 주장하였다. 소로는 법에 대한 존경심을 기르는 것보
다 정의에 대한 존경심을 기르는 것이 더 바람직하다고 보았다.

Why? 왜 오답일까?

① 소로는 합법적인 절차로 제정된 법일지라도 부정의하다면 불복종할 수 있다고 보았다.
⑤ 소로는 국가가 시행하는 정책에 대한 불복종은 정당화될 수 있다고 보았다.

---

05 폭력의 의미와 평화 실현의 중요성　　　　정답률 93% | 정답 ②

다음을 주장한 사상가의 입장으로 적절한 것을 〈보기〉에서 고른 것은?

> 　모든 사람의 인간다운 삶을 위해 소극적 평화뿐만 아니라
> 적극적 평화까지 이루어야 한다. 신체적 폭력, 전쟁, 테러 등
> 의 직접적 폭력을 제거할 때 소극적 평화가 실현된다. 또한
> 빈곤, 기아, 차별 등과 같은 잘못된 사회 제도나 구조에 의한
> 간접적 폭력이 존재한다. 간접적 폭력은 의도하지 않아도 발
> 생하며 이 폭력마저 사라져야 적극적 평화를 이룩할 수 있다.

< 보 기 >

ㄱ. 모든 사람은 폭력이 없는 평화로운 삶을 누려야 한다.
ㄴ. 의도 없이 발생한 빈곤이나 차별은 폭력으로 볼 수 없다.
ㄷ. 적극적 평화 실현을 위해 불평등한 제도를 개선해야 한다.
ㄹ. 적극적 평화는 전쟁이 사라지는 것만으로도 실현될 수 있다.

① ㄱ, ㄴ　　② ㄱ, ㄷ　　③ ㄴ, ㄷ　　④ ㄴ, ㄹ　　⑤ ㄷ, ㄹ

Why? 왜 정답일까?

제시문을 주장한 사상가는 갈퉁이다.
그는 소극적 평화뿐만 아니라 적극적 평화까지 이루어 모든 사람이 인간다운 삶을 살도록 해야 한다고 강
조하였다. 신체적 폭력, 전쟁, 테러 등의 직접적 폭력을 제거한 소극적 평화뿐만 아니라 빈곤, 기아, 차별
의 간접적 폭력까지도 모두 사라진 적극적 평화를 이루어야 한다고 주장하였다.

---

06 생태 중심주의의 입장　　　　정답률 97% | 정답 ⑤

다음 신문 칼럼의 입장으로 가장 적절한 것은?

> ○○신문　　　　칼럼　　　　○○○○년 ○○월 ○○일
>
> 　심각해지는 환경 파괴와 이로 인한 기후 변화 문제에 대
> 응하기 위해 우리는 다음 사상가의 말에 귀를 기울일 필요
> 가 있다. "인간은 지구라는 생명 공동체의 정복자가 아니
> 라 단지 구성원이자 시민일 뿐이다. 생명 공동체의 온전함
> 과 안정성 그리고 아름다움의 보존에 이바지하는 것은 옳
> 다. 그렇지 않으면 그르다." 이 사상가의 말처럼 인간은 자
> 연과 조화를 이루는 겸손한 구성원으로 살아가야 한다.

18회

① 인간은 이성을 지니므로 본질적으로 자연보다 우월하다.
② 자연은 인간의 행복과 풍요로움을 위한 수단에 불과하다.
③ 자연은 인간에게 유용성을 가져다줄 때만 가치를 지닌다.
④ 자연이 지닌 가치는 오직 경제적 관점에서 평가되어야 한다.
⑤ 인간과 동식물은 생명 공동체에서 상호 의존하는 구성원들이다.

Why? 왜 정답일까?

신문 칼럼은 환경 파괴 및 기후 변화 문제에 대응하기 위해 생태 중심주의 사상가 레오폴드의 입장을 지지하면서 인간이 자연과 조화를 이루며 겸손한 자세로 살아가야 할 필요가 있다고 본다. 레오폴드는 인간이 지구라는 생명 공동체의 정복자가 아니라 구성원일 뿐이며, 생명 공동체의 온전함, 안정성, 아름다움의 보존에 이바지하는 것이 옳다고 강조하였다.

---

07 툰드라 기후 지역의 기후 특성 　　　정답률 89% | 정답 ①

그림은 세계 어느 지역에서 운전할 때 조심해야 하는 상황이다. 이 지역의 기후 특성에 대한 설명으로 옳은 것은?

<눈이나 얼음 위에서 운전할 때>

<운전 중 순록을 만났을 때>

① 겨울이 춥고 길다.
② 일 년 내내 스콜이 내린다.
③ 상록 활엽수의 밀림이 넓게 분포한다.
④ 열대 저기압의 영향을 빈번하게 받는다.
⑤ 여름에 아열대 고압대의 영향을 많이 받는다.

Why? 왜 정답일까?

고위도에 위치한 툰드라 기후 지역은 2~3개월의 짧은 여름을 제외한 나머지 기간 내내 영하의 기온이 나타난다. 기온이 낮고 강수량이 적기 때문에 툰드라 기후 지역 주민들은 주로 사냥을 하거나 순록을 유목하며 생활한다.

Why? 왜 오답일까?

⑤ 지중해성 기후는 여름에 아열대 고압대의 영향을 받는다.

---

08 다국적 기업의 공간적 분업 　　　정답률 43% | 정답 ②

다음 자료의 (가)에 들어갈 내용으로 가장 적절한 것은? [3점]

그림은 휴대 전화가 세계 여러 국가의 협력 업체에서 생산된 부품으로 만들어진다는 것을 나타내고 있습니다. 이는 (가) 의 사례입니다.

일본 : 카메라
중국 : 배터리
미국 : 소프트웨어
대한민국 : 디스플레이
영국 : 스피커
독일 : 터치스크린

① 플랜테이션
② 공간적 분업
③ 산업 공동화
④ 지역 브랜드
⑤ 탄소 발자국

Why? 왜 정답일까?

다국적 기업은 여러 국가에서 생산과 판매 활동을 하는 기업이다. 다국적 기업은 경영의 효율성을 높이고 기업의 이윤을 극대화하기 위해 세계 여러 국가의 협력 업체로부터 부품을 공급받아 제품을 생산하는데 이를 공간적 분업이라 한다.

---

09 울릉도와 독도의 지리적 특색 　　　정답률 64% | 정답 ①

다음 자료의 ㉠, ㉡에 대한 설명으로 옳지 않은 것은?

포항이나 울진 등에서 배를 세 시간 넘게 타고 가야 하는 ㉠울릉도에 공항이 건설되어 화면과 같은 모습으로 바뀔 예정입니다. 울릉도는 경치가 빼어나고 ㉡독도로 가는 관문이기도 해 매년 수십만 명이 방문하는 관광 명소입니다.

① ㉠은 우리나라 영토의 가장 동쪽에 위치한다.
② ㉡은 영해 설정 시 통상 기선을 적용한다.

③ ㉠은 ㉡보다 면적이 넓다.
④ ㉠, ㉡은 모두 화산섬이다.
⑤ ㉠, ㉡은 모두 행정 구역상 경상북도에 속한다.

Why? 왜 정답일까?

울릉도와 독도는 동해에 위치한 섬으로 화산 활동으로 형성되었다. 두 섬 모두 행정 구역상 경상북도에 속하며 영해 설정 시 통상 기선을 적용한다. 독도는 우리나라의 가장 동쪽 끝에 위치하기 때문에 영역적으로서의 가치가 높다.

---

10 오스트레일리아의 문화적 특징 　　　정답률 82% | 정답 ③

다음 자료의 (가) 국가를 지도의 A ~ E에서 고른 것은?

제가 와 있는 (가) 은/는 국토 면적이 세계에서 여섯 번째로 넓습니다. '애버리지니'라고 불리는 원주민들이 살아왔지만 오늘날 주민들은 대부분 유럽인의 후손으로 영어를 주로 사용합니다. 지금 먹고 있는 피자는 캥거루 고기를 재료로 사용해서 맛이 아주 독특합니다.

① A
② B
③ C
④ D
⑤ E

Why? 왜 정답일까?

오스트레일리아는 오세아니아에 위치한 나라이다. 과거 영국인들이 이주하면서 유럽 문화가 전파되었고, 현재 주민은 대부분 유럽계로 이루어져 있고 주로 영어를 사용한다. 원주민인 '애버리지니'는 소수만이 남아 있으며 이들 중 일부는 내륙에 위치한 보호 구역에서 자신들의 문화를 지키며 살아가고 있다.

Why? 왜 오답일까?

A는 알제리, B는 러시아, D는 미국, E는 브라질이다.

---

11 선진국과 개발 도상국의 인구 특성 　　　정답률 77% | 정답 ⑤

다음 글의 ㉠, ㉡ 국가에 대한 옳은 설명만을 <보기>에서 고른 것은? [3점]

국제 연합(UN)은 2022년 11월 15일 세계 인구가 80억 명을 넘어섰으며, 2080년에 104억 명으로 정점을 찍을 것이라고 예측했다. 인구 정점 시기까지 늘어날 세계 인구 24억 명 가운데 출생아는 대부분 ㉠콩고 민주 공화국, 에티오피아, 나이지리아 등 개발 도상국에서 태어나는 반면 ㉡독일, 일본, 미국 등 선진국에서는 오히려 출생아 수가 꾸준히 감소할 것으로 예상했다.

< 보 기 >

ㄱ. ㉠은 ㉡보다 합계 출산율을 높이기 위한 정책이 필요하다.
ㄴ. ㉠은 ㉡보다 청장년층 인구의 감소로 노동력 부족 문제가 심각하다.
ㄷ. ㉠은 ㉡보다 이촌향도 현상으로 인해 도시 인구가 빠르게 증가한다.
ㄹ. ㉠은 ㉡보다 각 국가의 총인구에서 유소년층 인구가 차지하는 비율이 높다.

① ㄱ, ㄴ
② ㄱ, ㄷ
③ ㄴ, ㄷ
④ ㄴ, ㄹ
⑤ ㄷ, ㄹ

Why? 왜 정답일까?

개발 도상국에서는 의료 기술의 발달, 생활 환경의 개선 등으로 사망률이 낮아지고 있으나 여전히 출생률이 높아 인구가 빠르게 증가하고 있다. 반면 선진국에서는 결혼과 자녀에 대한 가치관의 변화로 출생률이 낮아지고, 의학 기술의 발달로 평균 수명이 길어지면서 저출산과 고령화 현상이 나타나고 있다. 개발 도상국은 식량, 일자리 부족 등의 문제가 발생하고, 선진국은 노동력 부족, 노인층 인구를 부양하기 위한 부담 증가 등의 문제가 발생하고 있다.

Why? 왜 오답일까?

ㄱ. 개발 도상국은 선진국보다 합계 출산율이 높다.

---

12 플라스틱 쓰레기로 인해 발생하는 환경 문제 　　　정답률 97% | 정답 ⑤

다음 자료를 통해 파악할 수 있는 환경 문제를 해결하기 위한 방안으로 가장 적절한 것은? [3점]

국제 연합(UN)의 승인을 받은 새로운 국가!
'쓰레기 섬나라'를 소개합니다!

◇ 국명: 쓰레기 제도(The Trash Isles)
◇ 위치: 북태평양
◇ 면적: 약 160만 km²(한반도의 약 8배)
◇ 특징: 국가 면적이 계속 넓어지고 있음.

① 나무 심기
② 외출 시 전등 끄기
③ 샤워할 때 물 아껴 쓰기
④ 자가용 대신 대중교통 이용하기
⑤ 일회용 플라스틱 제품 사용 줄이기

Why? 왜 정답일까?

환경 문제 중 플라스틱과 비닐로 이루어진 쓰레기 섬 문제를 보여주는 자료이다. 바다로 흘러 들어간 플라스틱과 비닐 쓰레기는 썩지 않은 채 해류를 타고 이동하면서 쓰레기 섬을 만들기도 하며, 바다 생태계를 위협하고 있다. 이러한 문제를 해결하기 위한 캠페인의 일환으로 국제 연합(UN)에서는 쓰레기 섬을 국가로 인정하여 세계의 관심을 촉구하고 있다.

---

13 신·재생 에너지의 개발 사례 정답률 79% | 정답 ④

다음 자료의 (가), (나)에 들어갈 신·재생 에너지로 옳은 것은? [3점]

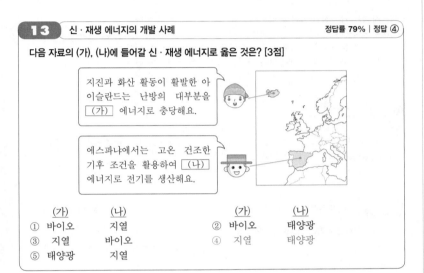

지진과 화산 활동이 활발한 아이슬란드는 난방의 대부분을 (가) 에너지로 충당해요.

에스파냐에서는 고온 건조한 기후 조건을 활용하여 (나) 에너지로 전기를 생산해요.

	(가)	(나)		(가)	(나)
①	바이오	지열	②	바이오	태양광
③	지열	바이오	④	지열	태양광
⑤	태양광	지열			

Why? 왜 정답일까?

아이슬란드는 대서양에서 판이 분리되는 경계에 위치한 섬나라로 지열 에너지가 풍부하여 이를 발전과 난방에 활용하고 있다. 에스파냐는 남부 유럽에 위치한 나라로 지중해성 기후가 나타나기 때문에 일조량이 풍부하여 태양광 에너지를 활용하기에 유리하다.

Why? 왜 오답일까?

바이오 에너지는 식물이나 미생물을 에너지원으로 이용한다.

---

14 합리적 자산 관리의 필요성과 금융 상품의 특징 정답률 82% | 정답 ③

다음 자료에 대한 설명으로 옳은 것은?

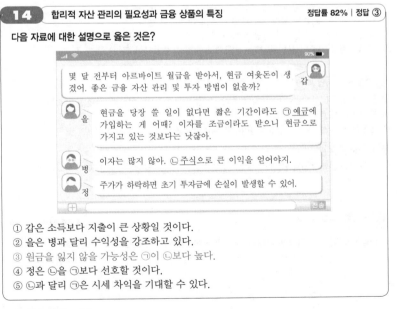

몇 달 전부터 아르바이트 월급을 받아서, 현금 여윳돈이 생겼어. 좋은 금융 자산 관리 및 투자 방법이 없을까? —갑

현금을 당장 쓸 일이 없다면 짧은 기간이라도 ⑤예금에 가입하는 게 어때? 이자를 조금이라도 받으니 현금으로 가지고 있는 것보다는 낫잖아. —을

이자는 많지 않아. ⑥주식으로 큰 이익을 얻어야지. —병

주가가 하락하면 초기 투자금에 손실이 발생할 수 있어. —정

① 갑은 소득보다 지출이 큰 상황일 것이다.
② 을은 병과 달리 수익성을 강조하고 있다.
③ 원금을 잃지 않을 가능성은 ⑤이 ⑥보다 높다.
④ 정은 ⑥을 ⑤보다 선호할 것이다.
⑤ ⑤과 달리 ⑥은 시세 차익을 기대할 수 있다.

Why? 왜 정답일까?

주식은 주가가 하락하는 경우 원금의 손실이 발생할 수 있지만 예금은 원금의 손실이 발생하지 않는다.

Why? 왜 오답일까?

② 수익성은 투자한 원금으로부터 수익이 발생하는 정도를 말한다. 주식은 주가가 많이 상승할 경우 큰 시세 차익을 얻을 수 있어 수익성이 높은 금융 상품에 해당한다.

---

15 대통령제와 의원 내각제의 특징 정답률 40% | 정답 ④

표는 갑국과 을국의 정부 형태를 구분한 것이다. 이에 대한 설명으로 옳은 것은? (단, 갑국, 을국은 각각 전형적인 대통령제, 전형적인 의원 내각제 중 하나를 채택하고 있음.) [3점]

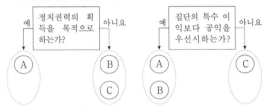

구분	갑국	을국
국민의 선거로 입법부가 구성되는가?	예	⑤
국민의 선거로 행정부가 구성되는가?	아니요	예

① ⑤은 '아니요'이다.
② 갑국의 행정부 수반은 법률안 거부권을 행사할 수 있다.
③ 을국의 행정부는 갑국과 달리 법률안 제출권을 가진다.
④ 을국의 행정부와 입법부는 갑국보다 엄격하게 분리되어 있다.
⑤ 갑국의 행정부 수반은 임기가 보장되어 을국에 비해 안정적으로 정책을 수행할 수 있다.

Why? 왜 정답일까?

을국은 국민의 선거로 행정부가 구성되므로 을국의 정부 형태는 대통령제이다. 대통령제에서는 입법부와 행정부가 별도의 선거로 구성되지만, 의원 내각제에서는 의회 선거로 구성된 입법부에서 행정부의 내각을 구성한다.

Why? 왜 오답일까?

③ 대통령제에서 법률안 제출권은 입법부의 고유한 권한이다.

---

16 정치 주체의 종류와 특징 정답률 68% | 정답 ①

그림은 정치 주체 A ~ C를 구분한 것이다. 이에 대한 설명으로 옳은 것은? (단, A ~ C는 각각 시민 단체, 이익 집단, 정당 중 하나임.) [3점]

예 ← 정치권력의 획득을 목적으로 하는가? → 아니요
A   B/C

예 ← 집단의 특수 이익보다 공익을 우선시하는가? → 아니요
A/B   C

① A는 정치적 책임을 진다.
② B는 공직 선거에 후보자를 공천한다.
③ C는 국가 정책을 수립하고 집행한다.
④ B는 A와 달리 시민의 여론을 수렴하여 법률안을 발의한다.
⑤ C는 B와 달리 시민들이 자발적으로 만든 집단이다.

Why? 왜 정답일까?

A는 정당, B는 시민 단체, C는 이익 집단이다. 정당은 선거에서 국민의 지지를 얻으면 정치권력을 획득하지만, 자신들의 정치 활동이 국민의 지지를 얻지 못하면 획득했던 정치권력을 잃을 수 있다.

Why? 왜 오답일까?

② 정당에서 선거에 출마할 후보자를 공식적으로 추천하는 것을 공천이라 한다.

---

17 기본권 제한의 내용과 한계 정답률 91% | 정답 ⑤

밑줄 친 ⑤ ~ ⑧에 대한 설명으로 옳지 않은 것은?

⑤인권은 모든 인간이 마땅히 누려야 할 권리이다. 이를 확인하고 보장하기 위해 헌법에 기본적인 내용을 규정하고 있고, 이렇게 헌법에 보장된 인권을 ⑥기본권이라고 한다. 기본권은 누구에게나 인정되고 소중한 것이지만 언제 어디서나 보장되는 것은 아니다. 어떤 사람의 기본권 행사가 다른 사람의 기본권 행사를 침해하거나 ⑦공동체의 이익을 해칠 염려가 있으면 국가는 ⑧법률로써 기본권을 제한할 수 있다.

① ⑤은 다른 사람에게 양도할 수 없다.
② 자유권과 평등권은 ⑥에 해당한다.
③ 질서 유지와 공공복리는 ⑦에 해당한다.
④ ⑧의 경우라도 기본권의 본질적인 내용은 침해할 수 없다.
⑤ ⑤은 ⑥과 달리 법률에 규정되어 있어야 보장된다.

Why? 왜 정답일까?

인권은 국가가 보장하기 이전에 이미 인간에게 존재하는 권리이므로 법률에 규정되어 있지 않다는 이유로 경시되지 아니한다.

Why? 왜 오답일까?

기본권은 국가 안보, 질서 유지, 공공복리를 위하여 필요한 경우에 법률로써 제한할 수 있으며, 제한하는 경우에도 본질적인 내용은 침해할 수 없다.

---

18 수요와 공급을 통해 시장 가격의 결정 원리 정답률 57% | 정답 ①

그림은 X재 시장에서 수요, 공급의 변화를 나타낸 것이다. 이에 대한 설명으로 옳은 것은? (단, X재는 수요 법칙, 공급 법칙을 따름.) [3점]

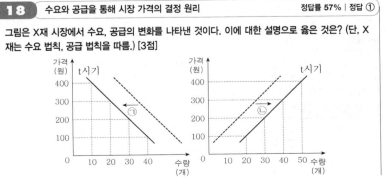

① t시기의 균형 가격은 200원이다.
② t시기의 균형 거래량은 20개이다.
③ 대체재의 가격 상승은 ㉠의 요인이다.
④ 생산 요소의 가격 상승은 ㉡의 요인이다.
⑤ 가격이 300원이면 t시기에 초과 수요가 발생한다.

Why? 왜 정답일까?

왼쪽 그림은 수요, 오른쪽 그림은 공급을 나타낸다. 가격이 200원일 때 수요량과 공급량이 각각 30개로 일치하므로 균형 가격은 200원이다.

Why? 왜 오답일까?

③ 대체재의 가격이 상승하면 X재에 대한 수요가 증가하므로 X재의 수요 곡선은 오른쪽으로 이동한다.
④ 생산 요소의 가격 상승은 공급 감소의 요인에 해당한다.
⑤ 가격이 300원이면 수요량은 20개, 공급량은 40개이므로 초과 공급이 발생한다.

---

19 공법과 사법의 의미와 특징 　　　정답률 73% | 정답 ②

다음 자료의 A, B에 대한 옳은 설명만을 〈보기〉에서 고른 것은? (단, A, B는 각각 공법, 사법 중 하나임.) [3점]

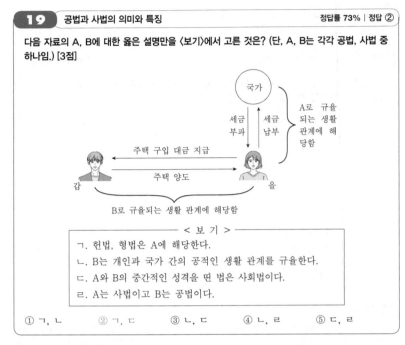

< 보 기 >

ㄱ. 헌법, 형법은 A에 해당한다.
ㄴ. B는 개인과 국가 간의 공적인 생활 관계를 규율한다.
ㄷ. A와 B의 중간적인 성격을 띤 법은 사회법이다.
ㄹ. A는 사법이고 B는 공법이다.

① ㄱ, ㄴ 　② ㄱ, ㄷ 　③ ㄴ, ㄷ 　④ ㄴ, ㄹ 　⑤ ㄷ, ㄹ

Why? 왜 정답일까?

세금 부과와 세금 납부는 국민의 납세 의무와 관련된 것이므로 공적인 생활 관계에 해당한다. 이를 규율하는 법은 공법에 해당한다. 갑, 을 두 사람의 주택 매매는 사적인 생활 관계에 해당한다. 이를 규율하는 법은 사법에 해당한다.
ㄷ. 사회법은 사법 영역에 국가가 개입하여 사회·경제적 약자를 보호하기 위해 등장하였다.

---

20 지위와 역할과 사회 집단의 종류와 특징 　　　정답률 62% | 정답 ④

다음 자료는 갑의 자서전에 등장하는 장면을 나타낸 것이다. 밑줄 친 ㉠ ~ ㉫에 대한 설명으로 옳은 것은?

① ㉠은 구성원의 의지에 따라 인위적으로 형성된 이익 사회에 해당한다.
② ㉫은 갑의 역할 갈등에 해당한다.
③ ㉡은 ㉢과 달리 성취 지위이다.
④ ㉣은 ㉢으로 활동한 갑의 역할 행동에 대한 보상이다.
⑤ ㉤은 ㉠과 달리 구성원 간 친밀한 대면 접촉이 이루어지는 사회 집단에 해당한다.

Why? 왜 정답일까?

국가 대표 선수는 갑이 획득한 성취 지위로서 월드컵에서 국가를 대표하여 축구를 열심히 하는 역할이 기대되는 지위이다. 최우수 선수상은 그 역할을 훌륭하게 수행했을 경우 수여되는 상이므로 최우수 선수상의 수상은 갑의 지위에 따른 역할 행동에 대한 보상이다.

Why? 왜 오답일까?

① 가족은 자신의 결합 의지와 상관없이 자연 발생적으로 만들어진 공동 사회에 해당한다.
⑤ 구성원 간 친밀한 대면 접촉이 이루어지는 사회 집단은 1차 집단이다. 축구 협회는 2차 집단이다.

· 정답 ·

01 ⑤ 02 ① 03 ⑤ 04 ④ 05 ① 06 ④ 07 ② 08 ③ 09 ④ 10 ③ 11 ① 12 ③ 13 ⑤ 14 ③ 15 ①
16 ① 17 ④ 18 ② 19 ② 20 ⑤

---

01 효와 자애 　　　정답률 96% | 정답 ⑤

다음 글의 입장으로 적절하지 않은 것은?

가족 간의 도리로 효(孝)와 자애(慈愛)를 들 수 있다. 우선 효는 자녀의 도리로서, 부모를 정성껏 공경하는 것이다. 경제적 지원만으로 부모님께 효를 다했다고 생각해서는 안 되며 진심 어린 섬김을 실천해야 한다. 다음으로 자애는 부모의 도리로서, 대가를 바라지 않고 자녀에게 아낌없이 사랑을 베푸는 것이다. 부모는 사랑하는 마음으로 헌신하면서 자녀를 올바른 길로 이끌어야 한다.

① 자녀는 가식적인 마음과 행동으로 부모를 섬겨서는 안 된다.
② 부모와 자녀는 서로를 존중하며 각자의 도리를 다해야 한다.
③ 자녀는 물질적 봉양만으로 도리를 다했다고 여겨서는 안 된다.
④ 부모는 자녀를 위해 헌신하며 아낌없는 사랑을 베풀어야 한다.
⑤ 부모는 자녀의 경제적 보답을 기대하며 사랑을 실천해야 한다.

Why? 왜 정답일까?

제시문은 가족 간의 도리인 효와 자애에 대해 설명하고 있다.
제시문에서는 자녀는 부모를 정성껏 공경하며 섬겨야 하고, 부모는 대가를 바라지 않고 자녀를 사랑하는 마음으로 올바른 길로 이끌어야 한다고 강조하고 있다.

---

02 다문화 사회에 대한 다양한 입장 　　　정답률 82% | 정답 ①

갑, 을의 입장으로 가장 적절한 것은? [3점]

 사회 안에서 기존 문화와 이주민 문화가 모두 대등한 지위를 가지고 각자의 특성을 유지할 때 조화로운 사회를 실현할 수 있습니다. 　갑

 사회 안에서 기존 문화와 이주민 문화가 함께 녹아들어 새로운 하나의 문화가 되어야 진정한 사회 통합을 실현할 수 있습니다. 　을

① 갑 : 다양한 문화의 고유한 정체성을 인정해야 한다.
② 갑 : 문화 간의 우열을 구분하여 위계질서를 세워야 한다.
③ 을 : 기존 문화를 버리고 이주민 문화로 대체해야 한다.
④ 을 : 문화의 단일성이 아닌 문화의 다양성을 추구해야 한다.
⑤ 갑, 을 : 이주민 문화를 기존 문화로 흡수하고 통합해야 한다.

Why? 왜 정답일까?

갑은 한 사회 안에서 다양한 문화들이 대등한 지위를 가지고 각자의 문화적 정체성을 유지하는 가운데 조화를 이루어야 한다고 본다.
한편 을은 사회 안에서 다양한 문화들이 함께 섞여 새로운 하나의 문화가 되어야 한다고 본다.

Why? 왜 오답일까?

② 갑은 문화 간의 우열을 구분하지 않고 다양한 문화가 동등한 입장에서 조화되어야 한다고 본다.

---

03 도덕적 행위 　　　정답률 91% | 정답 ⑤

다음을 주장한 사상가의 입장에서 〈사례〉 속 A에게 제시할 조언으로 가장 적절한 것은?

도덕적 행위는 쾌락을 추구하는 경향성이나 욕구를 따르는 행위가 아니며, 단지 불쌍히 여기는 감정에 따라 남을 돕는 행위도 아니다. 도덕적 행위는 의무 의식에 따라 그 자체로 옳은 것을 실천하는 행위이다.

— < 사 례 > —

아침에 급하게 등교하던 고등학생 A는 길에서 혼자 울고 있는 어린 아이를 보고 도와줘야 할지 고민하고 있다.

① 인간의 자연스러운 감정과 본능적 욕구에 따라 행동하세요.
② 충분한 보상과 대가를 받을 수 있는지 계산하고 행동하세요.
③ 자기 자신과 어린 아이의 이익이 최대가 되도록 행동하세요.
④ 주변 사람들로부터 칭찬받을 수 있는지 따져 보고 행동하세요.
⑤ 인간이라면 마땅히 행해야 할 도덕적 의무에 따라 행동하세요.

Why? 왜 정답일까?

제시문을 주장한 사상가는 칸트이다.

그는 경향성이나 욕구에 따르는 행위가 아닌, 의무 의식에 따라 그 자체로 옳은 것을 실천하는 행위를 도덕적 행위라고 보았다. 그에 따르면 개인의 욕구를 충족하는 행위, 사회 전체의 행복을 증진하는 행위, 다른 사람에게 칭찬을 받으려는 행위, 단순한 동정심에 따른 행위 등은 도덕적 가치를 지니지 않는다.

---

04 생명 존중 사상
정답률 96% | 정답 ④

(가)를 주장한 사상가의 입장에서 볼 때, (나)의 ㉠에 들어갈 내용으로 적절한 것만을 〈보기〉에서 고른 것은?

(가)	인간은 도울 수 있는 모든 생명체를 도와주고 어떤 생명체에도 해가 되는 행동을 하지 않을 때 비로소 윤리적이다. 윤리적 인간은 생명체가 인간에게 얼마나 이익이 되는지를 묻지 않는다. 생명은 그 자체가 거룩하기 때문에 나뭇잎 하나를 함부로 따지 않고, 어떤 꽃도 망가뜨리지 않으며, 어떤 곤충도 밟아 죽이지 않도록 항상 주의해야 한다.
(나)	학생 : 생명체를 대할 때 어떤 태도를 지녀야 합니까? 사상가 : ㉠

< 보 기 >
ㄱ. 인간에게 유용한 생명체만을 도와야 합니다.
ㄴ. 동물이나 식물을 함부로 해치지 않아야 합니다.
ㄷ. 도구적 가치를 근거로 하여 생명체를 보호해야 합니다.
ㄹ. 생명의 존엄성을 깨닫고 모든 생명체를 사랑해야 합니다.

① ㄱ, ㄴ ② ㄱ, ㄷ ③ ㄴ, ㄷ ④ ㄴ, ㄹ ⑤ ㄷ, ㄹ

Why? 왜 정답일까?

(가)를 주장한 사상가는 슈바이처이다. 슈바이처는 생명은 그 자체로 소중한 가치를 지니며, 인간은 살아 있는 모든 생명체를 도와주고, 어떤 생명체에도 해가 되지 않는 행동을 해야 한다고 보았다.

---

05 정의로운 사회의 조건
정답률 92% | 정답 ①

그림의 강연자가 지지할 입장으로 가장 적절한 것은? [3점]

정의는 사회 제도의 제1 덕목입니다. 공정한 사회가 되려면 정의의 원칙이 필요합니다. 정의의 원칙에 따르면 우선 모든 사람은 양심의 자유나 종교의 자유와 같은 기본적 자유를 평등하게 누려야 합니다. 다음으로 사회적·경제적 불평등 속에서는 사회적 약자에게 가장 큰 이익이 돌아가야 하고, 모든 구성원은 경쟁에 참여할 공정한 기회를 균등하게 보장받아야 합니다.

① 사회적 약자를 배려하는 제도를 시행해야 한다.
② 소득에 따라 직업에 대한 접근 기회를 제한해야 한다.
③ 특정 계층만이 사회 지도층 자리에 오를 수 있어야 한다.
④ 사회 정의 실현을 위해 빈부 격차가 모두 사라져야 한다.
⑤ 기본적 자유를 개인의 능력에 따라 차등적으로 보장해야 한다.

Why? 왜 정답일까?

그림의 강연자 롤스는 공정한 사회에 적용되는 정의의 원칙이 필요하다고 보았다.
롤스는 정의로운 사회에서는 모든 사람이 표현의 자유, 신체의 자유 등 기본적 자유를 누릴 수 있는 평등한 권리를 가져야 하며, 사회적 지위나 직책을 얻을 수 있는 기회를 공정하게 보장받아야 한다고 보았다. 단, 사회적·경제적 불평등은 사회적 약자의 최대 이익을 보장하는 경우에만 허용된다고 보았다.

Why? 왜 오답일까?

④ 롤스는 사회적·경제적 불평등의 허용을 인정하고 있으므로, 사회 정의 실현을 위해 빈부 격차가 모두 사라져야 한다고 주장하지 않았다.

---

06 과학자의 사회적 책임
정답률 87% | 정답 ④

갑, 을의 입장으로 적절한 것만을 〈보기〉에서 고른 것은? [3점]

갑	과학은 자연을 탐구하여 객관적 진리를 발견하는 것에만 주목해야 한다. 따라서 과학자는 자신의 연구가 사회에 미칠 영향에 대해 책임질 필요가 없다.
을	과학은 자연에 대한 객관적 진리 발견 외에도 인류 복지 증진에 기여해야 한다. 따라서 과학자는 자신의 연구 결과가 사회에 미칠 영향에 대해 책임질 필요가 있다.

< 보 기 >
ㄱ. 갑 : 과학자는 모든 연구 과정에서 사실 판단을 배제해야 한다.
ㄴ. 을 : 과학자의 연구는 인류의 행복 실현에 이바지해야 한다.
ㄷ. 을 : 과학자는 자신의 연구 결과에 대한 책임으로부터 자유로워야 한다.
ㄹ. 갑, 을 : 과학자의 임무에는 자연에 대한 객관적 진리 탐구가 포함된다.

① ㄱ, ㄴ ② ㄱ, ㄷ ③ ㄴ, ㄷ
④ ㄴ, ㄹ ⑤ ㄷ, ㄹ

Why? 왜 정답일까?

갑은 과학자가 자신의 연구가 사회에 미치게 될 영향에 대해 책임질 필요가 없다고 본다. 한편 을은 과학자 자신의 연구 결과가 사회에 미치게 될 영향에 대해 책임져야 한다고 본다. 갑과 을은 공통적으로 자연을 탐구하여 객관적 진리를 발견하는 것이 과학자의 임무라고 본다.

---

07 위도의 차이의 영향
정답률 82% | 정답 ②

다음 자료의 ㉠을 지도의 A ~ E에서 고른 것은? [3점]

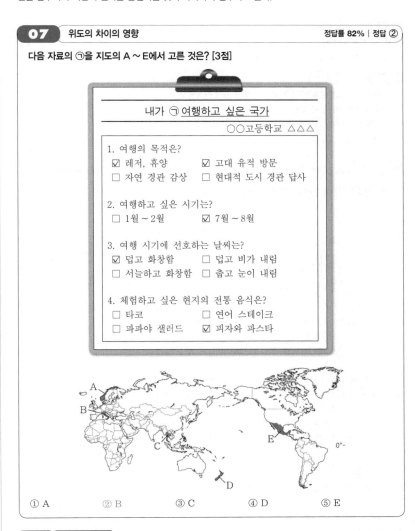

내가 ㉠ 여행하고 싶은 국가
○○고등학교 △△△

1. 여행의 목적은?
☑ 레저, 휴양 ☑ 고대 유적 방문
☐ 자연 경관 감상 ☐ 현대적 도시 경관 답사

2. 여행하고 싶은 시기는?
☐ 1월 ~ 2월 ☑ 7월 ~ 8월

3. 여행 시기에 선호하는 날씨는?
☑ 덥고 화창함 ☐ 덥고 비가 내림
☐ 서늘하고 화창함 ☐ 춥고 눈이 내림

4. 체험하고 싶은 현지의 전통 음식은?
☐ 타코 ☐ 연어 스테이크
☐ 파파야 샐러드 ☑ 피자와 파스타

① A ② B ③ C ④ D ⑤ E

Why? 왜 정답일까?

7월 ~ 8월에 덥고 화창한 날씨가 주로 나타나는 국가는 지중해성 기후 지역에 위치하는 B(이탈리아)이다. 이곳은 고대 로마의 유적이 풍부하고, 전통 음식으로 피자와 파스타 등이 있다.

Why? 왜 오답일까?

7월 ~ 8월에 A(노르웨이)는 서늘한 편이며, D(뉴질랜드)는 남반구에 위치하여 계절이 겨울이다. 파파야 샐러드와 타코는 각각 C(타이)와 T(멕시코)의 전통 음식이다.

---

08 열대 우림 기후 지역의 주민 생활
정답률 73% | 정답 ③

다음 자료의 (가)에 주민 생활 모습을 표현할 경우 가장 적절한 것은?

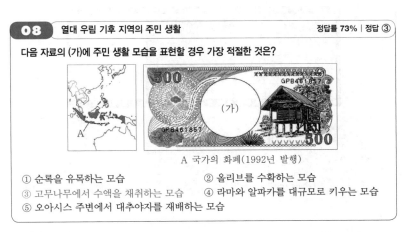

A 국가의 화폐(1992년 발행)

① 순록을 유목하는 모습
② 올리브를 수확하는 모습
③ 고무나무에서 수액을 채취하는 모습
④ 라마와 알파카를 대규모로 키우는 모습
⑤ 오아시스 주변에서 대추야자를 재배하는 모습

Why? 왜 정답일까?

A 국가는 인도네시아로, 적도 근처에 위치해 있는 점과 화폐에 표현된 고상 가옥을 고려할 때 열대 우림 기후 지역에 해당한다. 이 기후는 고온 다습하여 고무나무 재배에 유리하다.

Why? 왜 오답일까?

① 툰드라 기후에 해당한다.
② 지중해성 기후에 해당한다.
④ 라마와 알파카는 고산 기후 지역에 서식한다.
⑤ 건조 기후 지역의 주민 생활 모습에 해당한다.

09 해안 지형의 형성 과정
정답률 54% | 정답 ④

(가), (나) 지형의 형성 과정을 설명할 때, 공통적으로 포함되는 지형 형성 작용으로 옳은 것은?

(가) 시 스택과 시 아치(프랑스)

(나) 해안 절벽(제주도)

① 바람의 퇴적 작용
② 빙하의 침식 작용
③ 조류의 퇴적 작용
④ 파랑의 침식 작용
⑤ 파랑의 퇴적 작용

Why? 왜 정답일까?

(가)의 시 스택과 시 아치는 바다로 돌출한 암석이 파랑의 침식 작용을 받고 단단한 부분만 남아 형성되었다. (나)의 해안 절벽은 용암이 굳어서 형성된 암석이 파랑의 침식 작용으로 깎여 형성되었다.

Why? 왜 오답일까?

② 빙하의 침식 작용으로 빙식곡(U자곡), 호른 등이 형성된다.
③ 조류의 퇴적 작용으로 갯벌이 형성된다.
⑤ 해수욕장으로 이용되는 모래사장은 주로 파랑의 퇴적 작용으로 형성된다.

10 문화 전파로 인한 문화 변용의 사례
정답률 72% | 정답 ③

다음 자료의 (가)에 들어갈 내용으로 가장 적절한 것은? [3점]

북부 아프리카에 위치한 국가인 말리에는 독특한 형태의 모스크가 있다. 모스크의 상징인 돔 지붕과 첨탑 대신 평평한 지붕 위에 진흙 탑이 올려져 있고, 초승달과 별 장식 대신 풍요와 번창을 의미하는 타조알 장식이 있다. 이처럼 문화는 다른 지역으로 전파되면서 원래의 모습이 변형되기도 한다. ____(가)____ 도 그러한 사례 중 하나이다.

① 세계 대부분의 국가에서 청바지를 입는 것
② 라틴 아메리카 대부분의 국가에서 에스파냐어를 사용하는 것
③ 멕시코의 과달루페에 검은 머리, 갈색 피부의 성모상이 있는 것
④ 프랑스가 공공장소에서 히잡 착용을 금지하는 법을 제정한 것
⑤ 인도에서 힌디어를 포함한 20여 개 언어를 공용어로 사용하는 것

Why? 왜 정답일까?

자료는 문화 전파를 통한 문화 변용의 사례이다. 멕시코의 과달루페 성당에 있는 검은 머리와 갈색 피부를 가진 성모상도 유사한 사례이다. 이 성모상은 크리스트교가 라틴 아메리카로 전파되는 과정에서 원주민 여성의 외모를 가진 모습으로 변형된 것이다.

Why? 왜 오답일까?

①은 문화의 획일화, ④는 문화 갈등, ⑤는 문화 공존의 사례로 볼 수 있다.

11 자연재해가 주민 생활에 미치는 영향
정답률 92% | 정답 ①

A를 주제로 다큐멘터리를 제작할 때, (가)에 들어갈 장면으로 가장 적절한 것은?

A의 이동 경로 / A의 위성 사진 / (가)

① 침수된 집과 도로

② 물이 말라 갈라진 호수 바닥

③ 용암이 흘러내리는 분화구

④ 지진으로 갈라진 도로

⑤ 도로에 가득 쌓인 눈

Why? 왜 정답일까?

A는 열대 저기압이다. 열대 저기압은 적도 부근의 바다에서 형성되어 고위도로 이동하는데, 지역에 따라

태풍, 사이클론 등으로 불린다. 열대 저기압은 많은 비와 강한 바람을 동반하기 때문에 홍수로 인한 침수 등의 피해를 가져온다.

Why? 왜 오답일까?

②는 가뭄, ③은 화산 폭발, ④는 지진, ⑤는 폭설과 관련된 장면이다.

12 인구 이동의 요인을 비교
정답률 86% | 정답 ③

다음 자료는 인구 이동의 사례이다. 이에 대한 옳은 설명만을 〈보기〉에서 고른 것은? [3점]

(가) 아프리카 소말리아에 살던 라흐마는 자기 집을 떠나야 했다. ⓐ지속된 가뭄으로 강바닥이 드러나고 가축에게 먹일 풀이 말라 죽었기 때문이다. 난민촌에 거주하고 있는 그는 고향으로 돌아갈 날을 기다리고 있다.

(나) 베트남에 살던 응옥 뚜옌은 돈을 벌기 위해 ⓑ싱가포르로 이주하였다. 그녀는 이곳에서 가사 도우미로 일하며 소득의 대부분을 베트남에 있는 가족에게 송금한다.

―――〈 보 기 〉―――
ㄱ. ⓐ의 주요 발생 원인은 인구 증가이다.
ㄴ. ⓑ은 인구 유입이 인구 유출보다 활발하다.
ㄷ. (가)는 환경적 요인, (나)는 경제적 요인으로 발생하였다.
ㄹ. (가), (나)는 모두 강제적 이동에 해당한다.

① ㄱ, ㄴ   ② ㄱ, ㄷ   ③ ㄴ, ㄷ   ④ ㄴ, ㄹ   ⑤ ㄷ, ㄹ

Why? 왜 정답일까?

(가)는 기후 변화로 가뭄이 지속되면서 가축 사육이 어려워진 주민이 불가피하게 생활 터전을 떠나게 된 사례이다. (나)는 자국에서 일자리를 구하기 어려워 경제적으로 기회가 더 많은 국가로 이주한 사례이다. 따라서 (가)는 환경적 요인으로, (나)는 경제적 요인으로 인구 이동이 발생하였다.

Why? 왜 오답일까?

ㄱ. ⓐ의 주요 발생 원인은 기후 변화로 볼 수 있다.
ㄹ. (나)는 자발적 이동에 해당한다.

13 지구 온난화를 해결하기 위한 노력
정답률 94% | 정답 ⑤

신문 기사 내용과 같은 정책이 필요한 이유로 가장 적절한 것은?

○○신문
2021년 △월 △일

최근 우리나라 정부는 2030년까지 이산화 탄소 포집·저장 및 관련 기술 개발에 대규모로 투자할 계획을 발표했다. 이산화 탄소 포집·저장 기술이란 산업 시설에서 배출된 불순물 중 이산화 탄소만을 분리하여 액화한 후 저장하는 것을 말한다. 우리나라에서는 한국에너지기술연구원이 최초로 이산화 탄소 포집 기술을 개발하여 관련 기업에 기술을 이전해 주고 있다.

① 미세 먼지 감소
② 삼림 파괴 방지
③ 수질 오염 방지
④ 전자 쓰레기 감소
⑤ 지구 온난화 완화

Why? 왜 정답일까?

지구 온난화의 주된 원인은 이산화 탄소를 비롯한 온실가스 배출량의 증가이다. 신문 기사는 배출된 이산화 탄소를 포집하여 저장하기 위한 기술에 정부가 투자를 확대한다는 내용이다. 이러한 정책이 실행되면 대기 중 이산화 탄소의 양이 줄어들어 지구 온난화를 완화하는데 기여할 수 있다.

14 정부 형태의 특징
정답률 36% | 정답 ③

다음은 갑국의 정부 형태의 특징을 정리한 것이다. 이에 대한 설명으로 옳은 것은? (단, 갑국의 정부 형태는 전형적인 대통령제와 전형적인 의원 내각제 중 하나이다.) [3점]

ㅇ 국가 원수는 국가를 대표하는 상징적 존재이다.
ㅇ 행정부 수반인 총리(수상)는 의회 의원 중에서 선출된다.
ㅇ 총리는 내각을 구성하고 행정을 담당한다.

① 미국에서 채택된 정부 형태이다.
② 행정부 수반은 의회를 해산할 수 없다.
③ 의회 의원은 내각의 각료(장관)를 겸직할 수 있다.
④ 국가 원수는 독자적으로 국정을 운영할 권한이 있다.
⑤ 행정부의 내각은 의회 의원 선거 결과와 상관없이 구성된다.

Why? 왜 정답일까?

의회에서 선출된 총리에 의해 행정부의 내각이 구성되므로 갑국의 정부 형태는 의원 내각제이다. 의회 의원 중 총리의 지명을 받은 의원이 각료(장관)가 되므로 의회 의원은 내각의 각료를 겸직할 수 있다.

Why? 왜 오답일까?

② 의원 내각제에서 의회는 내각을 불신임할 수 있고, 총리는 의회를 해산할 수 있다.

④ 의원 내각제에서 국가 원수는 왕 또는 대통령이 하는데, 상징적인 존재로서 국가를 대표할 뿐, 국정 운영에 대한 권한은 없다.

⑤ 의원 내각제에서는 의회 의원 선거에서 어떤 정당이 의회의 다수당이 되느냐에 따라 행정부 내각의 구성이 달라질 수 있다.

---

15 다양한 정치 참여 주체의 성격   정답률 52% | 정답 ①

자료의 ⊙, ⊙에 들어갈 카드로 옳은 것은? [3점]

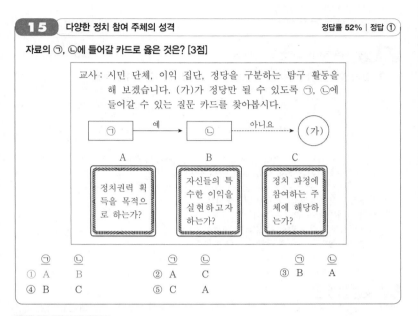

교사 : 시민 단체, 이익 집단, 정당을 구분하는 탐구 활동을 해 보겠습니다. (가)가 정당만 될 수 있도록 ⊙, ⊙에 들어갈 수 있는 질문 카드를 찾아봅시다.

A : 정치권력 획득을 목적으로 하는가?
B : 자신들의 특수한 이익을 실현하고자 하는가?
C : 정치 과정에 참여하는 주체에 해당하는가?

	⊙	⊙
①	A	B
②	A	C
③	B	A
④	B	C
⑤	C	A

Why? 왜 정답일까?

정치권력의 획득을 목적으로 하는 정치 참여 주체는 정당이고, 자신들의 특수한 이익을 실현하고자 하는 정치 참여 주체는 이익 집단이다.

시민 단체, 이익 집단, 정당은 모두 정치 과정에 참여하는 주체에 해당한다. (가)가 정당만 되려면 ⊙에는 A, ⊙에는 B가 들어가야 한다. 참고로 ⊙에 C, ⊙에 B가 들어간다면 (가)는 정당뿐만 아니라 시민 단체도 될 수 있으므로 C, B도 답이 될 수 없다.

---

16 시장 가격의 변동   정답률 65% | 정답 ①

그림은 빵 시장의 변화를 나타낸 것이다. 이에 대한 설명으로 옳은 것은? (단, 떡은 빵의 대체재이다.)

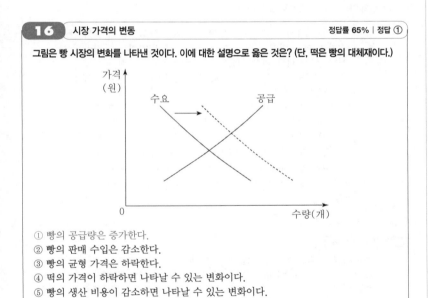

① 빵의 공급량은 증가한다.
② 빵의 판매 수입은 감소한다.
③ 빵의 균형 가격은 하락한다.
④ 떡의 가격이 하락하면 나타날 수 있는 변화이다.
⑤ 빵의 생산 비용이 감소하면 나타날 수 있는 변화이다.

Why? 왜 정답일까?

수요 곡선이 오른쪽으로 이동하므로 그림의 변화는 수요의 증가를 나타낸다.

수요가 증가하면 수요 곡선과 공급 곡선이 만나는 균형점은 공급 곡선을 따라 우상향으로 이동한다. 그러므로 균형 가격과 균형 거래량은 모두 증가한다.

균형 거래량이 증가한다는 것은 빵 시장에서 공급되는 빵의 공급량도 증가한다는 것을 의미한다.

Why? 왜 오답일까?

④ 대체재 가격의 하락은 수요 감소의 요인이다.
⑤ 생산비의 감소는 공급 증가의 요인이다.

---

17 환율 변동의 의미와 영향   정답률 80% | 정답 ④

그림은 원 / 달러 환율의 변동 (가), (나)에 따른 경제 주체 A, B의 유·불리를 나타낸 것이다. 이에 대한 설명으로 옳은 것은? [3점]

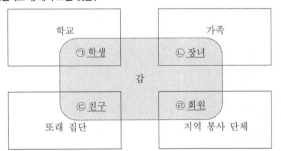

유리 — 1달러 = 1,200원 — 불리
A (가) B
1달러 = 1,100원
(나)
불리 — 1달러 = 1,000원 — 유리

---

① (가)는 원 / 달러 환율 하락을 의미한다.
② (나)는 원화 대비 달러화 가치의 상승을 의미한다.
③ 미국 여행을 가려는 우리나라 사람은 A에 해당한다.
④ 미국산 원료를 수입하려는 우리나라 기업은 B에 해당한다.
⑤ 달러화를 원화로 환전하려는 우리나라 사람은 B에 해당한다.

Why? 왜 정답일까?

(가)는 원 / 달러 환율의 상승, (나)는 원 / 달러 환율의 하락을 의미한다.

미국산 원료를 수입하는 우리나라 기업은 달러화로 수입 대금을 지급하므로 환율이 오르면 수입 대금 부담이 증가하여 불리해진다.

Why? 왜 오답일까?

③ 미국 여행 시 달러화를 사용하므로 환율이 상승하면 여행 비용 부담이 증가한다.

⑤ 환율이 상승하면 달러화를 원화로 환전할 때 더 많은 양의 원화를 얻을 수 있으므로, 달러화를 원화로 환전하려는 사람은 환율이 오르면 유리해진다.

---

18 문화의 속성을 이해   정답률 79% | 정답 ②

다음 사례에서 부각되는 문화의 속성에 대한 옳은 진술만을 〈보기〉에서 고른 것은?

갑국에서 성인들은 얼굴에 강렬한 문신을 한다. 이를 처음 보는 외국 사람들은 매우 낯설게 여기지만 갑국 사람들은 이를 자연스럽게 받아들인다. 갑국의 부모들은 문신의 형태와 의미에 대해 어린 자녀들과 자주 이야기하며 성인이 되면 어떤 문신을 할지 함께 고민한다.

< 보기 >
ㄱ. 한 사회의 구성원들은 그 사회의 문화를 공유한다.
ㄴ. 문화는 고정된 것이 아니라 시대에 따라 변화한다.
ㄷ. 문화는 선천적인 것이 아니라 후천적으로 학습된 것이다.
ㄹ. 문화의 한 요소가 변화하면 다른 요소들도 연쇄적으로 변화한다.

① ㄱ, ㄴ   ② ㄱ, ㄷ   ③ ㄴ, ㄷ   ④ ㄴ, ㄹ   ⑤ ㄷ, ㄹ

Why? 왜 정답일까?

갑국 사람들에게는 자연스럽고, 외국 사람들에게 낯선 것은 문화의 공유성이 부각되는 내용이고, 자녀들이 부모와의 대화를 통해 문신 문화에 익숙해지는 것은 문화의 학습성이 부각되는 내용이다.

Why? 왜 오답일까?

ㄴ은 변동성, ㄹ은 전체성에 해당한다.

---

19 사회적 지위와 역할   정답률 86% | 정답 ②

그림에서 ⊙ ~ ⊜은 갑이 자신의 소속 집단에서 차지하고 있는 지위를 나타낸 것이다. 이에 대한 옳은 설명만을 〈보기〉에서 고른 것은?

학교 — ⊙ 학생   가족 — ⊙ 장녀
갑
또래 집단 — ⊙ 친구   지역 봉사 단체 — ⊜ 회원

— < 보 기 > —
ㄱ. ⊙의 역할 행동에 대한 보상의 예로 모범 학생상 수상을 들 수 있다.
ㄴ. ⊙과 달리 ⊙은 태어날 때부터 자연적으로 주어지는 귀속 지위에 해당한다.
ㄷ. ⊙과 ⊜의 역할을 동시에 수행해야 하는 상황에서 두 역할이 충돌하는 경우는 역할 갈등에 해당한다.
ㄹ. ⊙과 ⊜은 모두 개인의 능력이나 노력으로 얻게 되는 성취 지위에 해당한다.

① ㄱ, ㄴ   ② ㄱ, ㄷ   ③ ㄴ, ㄷ   ④ ㄴ, ㄹ   ⑤ ㄷ, ㄹ

Why? 왜 정답일까?

ㄱ. 사회에서 기대되는 방식으로 역할 행동을 하는 사람은 칭찬이나 보상을 받는다.
ㄷ. 한 사람은 여러 지위를 가지는데 이에 따른 역할이 충돌하는 경우 역할 갈등이 발생할 수 있다.

Why? 왜 오답일까?

ㄹ. ⊙은 귀속 지위이다.

---

20 재판의 종류   정답률 60% | 정답 ⑤

그림에 대한 설명으로 옳은 것은? (단, (가), (나)는 각각 민사 소송, 형사 소송 중 하나이다.) [3점]

19회

< (가)의 과정 >

| 원고의 소장 제출 | ⇨ | 피고에게 소장 전달 | ⇨ | 피고의 답변서 제출 | ⇨ | 원고와 피고의 변론 | ⇨ | ㉠판결 선고 |

< (나)의 과정 >

| ㉡고소 또는 고발 | ⇨ | 수사 | ⇨ | ㉢기소 (공소 제기) | ⇨ | 신문 및 변론 | ⇨ | 판결 선고 |

① ㉠에서 판사는 유·무죄를 판단한다.
② ㉡의 주체가 (나)에서 원고가 된다.
③ ㉢은 범죄 피해자가 할 수 있다.
④ (가)의 재판에는 배심원이 참여할 수 있다.
⑤ (가)는 민사 소송, (나)는 형사 소송이다.

Why? 왜 정답일까?

형사 소송을 통해 죄의 유무와 형벌의 정도가 결정되므로 형사 소송의 과정에는 민사 소송의 과정과는 다르게 수사, 기소 절차가 포함된다. 그러므로 (나)는 형사 소송, (가)는 민사 소송이다.

Why? 왜 오답일까?

② 검사가 법원에 기소함으로써 재판이 시작된다.
③ 기소는 검사가 할 수 있다.
④ 일반 국민이 배심원으로 참여하는 국민 참여 재판 제도는 형사 재판에서만 실시된다.

20회 | 2021학년도 3월 학력평가   [고1 사회]

| 정답과 해설 |

· 정답 ·

01 ⑤ 02 ⑤ 03 ① 04 ① 05 ② 06 ⑤ 07 ③ 08 ② 09 ② 10 ④ 11 ③ 12 ① 13 ⑤ 14 ④ 15 ④ 16 ① 17 ③ 18 ⑤ 19 ③ 20 ②

---

01 의무 의식에서 비롯된 도덕적 행위   정답률 96% | 정답 ⑤

다음 갑 사상가의 입장에서 〈사례〉 속 A에게 제시할 조언으로 가장 적절한 것은?

> 갑 : 행위의 옳고 그름은 행위의 결과에 의해 결정되지 않는다. 선하고 옳은 것을 추구하려는 선의지와 도덕 법칙을 준수하려는 의무 의식에 따른 행위만이 도덕적 가치를 지닌다.
>
> 〈사례〉
> 지하철에서 고등학생 A는 몸이 불편한 사람을 보고 자신의 자리를 양보해야 할지 고민하고 있다.

① 자연적인 욕구를 충실히 따라 행동하세요.
② 사회 전체의 행복 증진을 고려하여 행동하세요.
③ 사람들에게 칭찬을 받을 수 있도록 행동하세요.
④ 다수가 인정하는 사회적 관습에 따라 행동하세요.
⑤ 선한 의지를 바탕으로 도덕적 의무에 따라 행동하세요.

Why? 왜 정답일까?

갑은 다른 목적을 위해서가 아니라 선하고 옳은 것을 추구하려는 의지와 도덕 법칙을 따르고자 하는 의무 의식에서 비롯된 행위만이 도덕적 행위라고 보는 칸트이다.
그에 따르면 개인적 욕구 충족, 사회 전체의 행복 증진, 사회적 관습 준수 등을 목적으로 하는 행위는 도덕적 가치를 지니지 않는다.

---

02 과학 기술자의 윤리적 책임   정답률 93% | 정답 ⑤

다음 글의 입장만을 〈보기〉에서 고른 것은? [3점]

> 과학 기술의 영향력이 점점 더 확대되고 있으므로 과학 기술자는 연구 과제 설정과 연구 결과에 윤리적 책임을 져야 한다. 이에 따라 과학 기술자는 자신의 연구 목적이 인류에 이바지하는 것인지 검토해야 하며, 자신의 연구가 사회에 어떤 영향을 가져올 수 있는지 예측하여 이를 공개해야 한다.

< 보 기 >
ㄱ. 과학 기술자의 연구 결과는 선악 판단의 대상이 아니다.
ㄴ. 과학 기술자는 연구 결과의 부작용을 공개해서는 안 된다.
ㄷ. 과학 기술자는 과학 기술의 사회적 영향력을 고려해야 한다.
ㄹ. 과학 기술자는 연구가 인류 복지에 공헌하는지 검토해야 한다.

① ㄱ, ㄴ   ② ㄱ, ㄷ   ③ ㄴ, ㄷ   ④ ㄴ, ㄹ   ⑤ ㄷ, ㄹ

Why? 왜 정답일까?

제시문은 과학 기술자가 윤리적 책임이 있음을 강조하고 있다.
이에 따르면 과학 기술자는 인류 복지에 공헌하는 연구 목적을 설정하고 연구 결과가 사회와 인류에 미칠 영향을 고려해야 한다.

Why? 왜 오답일까?

ㄱ. 과학 기술자의 연구 결과는 윤리적 판단의 대상이다.
ㄴ. 과학 기술자는 자신이 연구하는 과학 기술이 가져올 수 있는 긍정적·부정적인 영향을 예측하여 이를 공개해야 한다.

---

03 평화적 갈등 해결의 중요성   정답률 96% | 정답 ①

그림의 강연자가 지지할 입장으로 가장 적절한 것은?

> 다양한 사람들과 교류를 하다 보면 갈등이 발생하기 마련입니다. 갈등 상황에 대처할 때, 언어적·물리적 폭력으로 상대에게 상처를 주거나 갈등 자체를 외면하기도 합니다. 하지만 견해가 다르더라도 서로를 존중하면서 의사소통하는 자세가 필요합니다. 이런 평화적 과정을 거쳐야 갈등을 근본적으로 해결할 수 있습니다.

① 평화적인 방법으로 대화하면서 갈등을 해결해야 한다.
② 갈등은 해결 불가능하므로 자신의 입장을 고수해야 한다.
③ 자신과 다른 견해를 가진 사람과는 교류하지 않아야 한다.
④ 강압적 방법을 사용하더라도 갈등을 신속히 해결해야 한다.
⑤ 일상생활에서 발생하는 갈등을 해결하기보다 회피해야 한다.

그림의 강연자는 갈등 상황에서 폭력적인 방법이나 갈등을 회피하는 방법을 사용할 때의 문제점을 지적하고, 갈등을 평화롭게 해결해야 근본적인 갈등 해결이 가능하다는 점을 강조한다.

③ 견해가 다른 사람과도 소통하는 자세가 필요하다.
④ 갈등에 대처할 때 언어적·물리적 폭력을 사용해서는 안 된다.

---

04 생태 중심주의의 입장 · 정답률 96% | 정답 ①

다음 가상 편지를 쓴 사람의 입장만을 〈보기〉에서 고른 것은?

> ○○○ 선생님께
>
>   선생님, 경제 개발을 위해 그린벨트를 해제한다는 기사를 보고 걱정이 앞섭니다. 자연은 모든 존재가 서로 의존하면서 함께 살아가는 거대한 생태계이며, 인간은 자연의 주인이 아니라 자연의 한 구성원일 뿐입니다. 토양, 물, 식물, 동물 등은 원래 그 자체로 소중한 가치를 지니고 있습니다. 따라서 인간의 경제적 이익을 위해 자연을 무분별하게 이용해서는 안 됩니다. …(후략).
>
> < 보 기 >
> ㄱ. 자연 만물은 상호 의존하는 관계에 있다.
> ㄴ. 인간은 자연의 본래적 가치를 존중해야 한다.
> ㄷ. 인간의 삶에 도움을 주는 자연만이 가치를 지닌다.
> ㄹ. 이성을 지닌 존재인 인간이 자연을 지배해야 한다.

① ㄱ, ㄴ   ② ㄱ, ㄷ   ③ ㄴ, ㄷ   ④ ㄴ, ㄹ   ⑤ ㄷ, ㄹ

가상 편지에는 인간이 경제적 이익을 얻기 위해 자연을 무분별하게 이용하는 것에 대해 반대하는 생태 중심주의 입장이 담겨 있다.

ㄷ. 자연은 그 자체로 소중한 가치를 지니고 있다.
ㄹ. 인간은 자연의 지배자가 아니라 자연의 한 구성원이다.

---

05 정의로운 사회의 조건 · 정답률 72% | 정답 ②

다음을 주장한 사상가의 입장으로 적절하지 않은 것은? [3점]

>   정의로운 사회에서 모든 사람들은 표현의 자유, 신체의 자유 등 기본적 자유를 누릴 수 있는 평등한 권리를 가져야 한다. 그리고 사회적 지위나 직책을 얻을 수 있는 기회를 공정하게 보장받아야 한다. 단, 사회적·경제적 불평등은 가장 불리한 여건에 있는 사람들에게 최대 이익이 보장되는 경우에만 허용된다.

① 기본적 자유는 모두가 평등하게 누려야 한다.
② 재화는 모든 사람에게 똑같이 분배되어야 한다.
③ 사회적 약자의 처지를 개선하는 제도가 필요하다.
④ 정의로운 사회에서도 경제적 불평등은 허용될 수 있다.
⑤ 공직자가 될 수 있는 기회는 모두에게 개방되어야 한다.

제시문은 롤스의 정의의 원칙을 설명하고 있다.
롤스는 정의로운 사회에서는 모든 사람이 평등하게 기본적 자유를 누릴 수 있어야 하며, 사회적 지위나 직책을 얻을 기회가 균등하게 보장되어야 한다고 본다. 단, 사회적·경제적 불평등은 사회적 약자의 최대 이익이 보장되는 경우에만 허용된다고 본다.
롤스는 사회적·경제적 불평등의 허용을 인정하고 있으므로, 재화를 모든 사람에게 똑같이 분배해야 한다고 보지 않는다.

---

06 완전한 우정의 조건 · 정답률 94% | 정답 ⑤

다음을 주장한 사상가의 입장만을 〈보기〉에서 고른 것은? [3점]

>   완전한 우정은 덕에 있어 서로 닮은 선한 사람들 사이의 친함이다. 친구를 위하여 좋은 것을 바라는 사람들이야말로 가장 참된 친구이다. 쾌락이나 유용성 때문에 친구가 된 사람들은 쾌락이나 유용성이 사라지면 쉽게 헤어진다. 서로가 상대방 자체를 위해 친구가 될 수 있는 것은 선한 사람들뿐이다.
>
> < 보 기 >
> ㄱ. 완전한 우정은 이익과 쾌락을 근거로 해야 한다.
> ㄴ. 선하지 않은 사람들은 친구 관계를 맺을 수 없다.
> ㄷ. 친구를 위하고 아끼는 마음으로 우정을 나누어야 한다.
> ㄹ. 선한 사람 간에는 지속적인 교우 관계가 유지될 수 있다.

① ㄱ, ㄴ   ② ㄱ, ㄷ   ③ ㄴ, ㄷ   ④ ㄴ, ㄹ   ⑤ ㄷ, ㄹ

제시문은 완전한 우정의 조건을 제시한 아리스토텔레스의 입장을 담고 있다. 아리스토텔레스는 쾌락이나 유용성에 근거한 우정은 쾌락이나 유용성이 사라지면 지속되기 어렵다고 본다. 반면 선한 사람들 사이의 우정은 서로가 상대방을 위해 친구 관계를 맺으므로 지속적이며 진정한 우정이라고 본다.

ㄱ. 이익이나 쾌락에 근거한 우정은 우연한 우정이다.
ㄴ. 진정한 우정이 아니더라도 이익이나 쾌락에 근거하여 친구 관계를 맺을 수 있다.

---

07 다른 문화를 이해하는 바람직한 태도 · 정답률 85% | 정답 ③

다음 신문 칼럼의 입장으로 가장 적절한 것은?

> ○○신문　　　　　　　　　　○○○○년 ○○월 ○○일
> **칼럼**
>
>   다문화 사회에서 조화롭게 살아가기 위해서는 다양한 문화를 이해하고 존중하는 태도가 필요하다. 하지만 명예 살인과 같이 부당하게 생명을 해치거나 인간 존엄성을 훼손하는 문화까지 인정해서는 안 된다. 따라서 다른 문화를 바라볼 때 보편적 도덕 가치에 어긋남이 없는지 살펴야 한다. …(후략).

① 다양한 문화를 하나의 문화로 통합해야 한다.
② 다른 문화에 대한 배타적인 태도를 유지해야 한다.
③ 보편 윤리를 기준으로 다른 문화를 성찰해야 한다.
④ 자기 문화의 관점으로만 다른 문화를 평가해야 한다.
⑤ 어떠한 경우에도 다른 문화를 비판하지 말아야 한다.

신문 칼럼은 다문화 사회에서 조화롭게 살아가기 위해 서로 다른 문화를 이해하고 존중하는 태도가 필요하지만, 각 문화가 보편 윤리에 어긋나지 않는지 성찰해야 한다고 본다.

② 제시문은 다른 문화를 배척하는 것이 아니라 이해하고 존중하는 태도를 유지해야 한다고 본다.
⑤ 제시문은 다른 문화가 보편 윤리에 어긋나지 않는지 비판적으로 성찰해야 한다고 본다.

---

08 위도 차이와 인간 생활 · 정답률 81% | 정답 ②

학생의 대답 (가)에 들어갈 내용으로 옳은 것은? [3점]

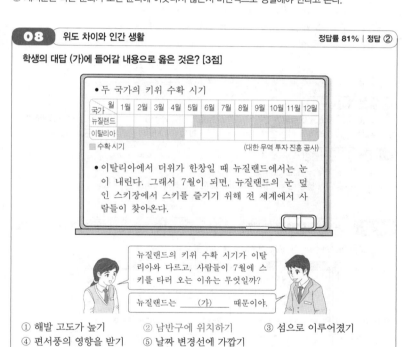

① 해발 고도가 높기   ② 남반구에 위치하기   ③ 섬으로 이루어졌기
④ 편서풍의 영향을 받기   ⑤ 날짜 변경선에 가깝기

지구가 기울어져 공전하기 때문에 북반구와 남반구는 계절이 반대이다.
북반구에 위치하는 이탈리아와 달리 남반구에 위치하는 뉴질랜드는 7월이 겨울이기 때문에 눈 덮인 높은 산지에서 스키를 탈 수 있다.

---

09 건조 기후와 툰드라 기후 지역 · 정답률 76% | 정답 ②

다음 자료는 두 지역의 도로 표지판이다. (가), (나) 지역에 대한 옳은 설명만을 〈보기〉에서 고른 것은? [3점]

낙타 주의 표지판　　　　　　순록 주의 표지판

<보 기>
ㄱ. (가)의 전통 가옥은 벽이 두껍고 지붕이 평평하다.
ㄴ. (나)는 일 년 내내 비가 많이 내린다.
ㄷ. (가)는 (나)보다 연평균 기온이 높다.
ㄹ. (가)는 카카오, (나)는 올리브가 대표적인 작물이다.

① ㄱ, ㄴ   ② ㄱ, ㄷ   ③ ㄴ, ㄷ   ④ ㄴ, ㄹ   ⑤ ㄷ, ㄹ

Why? 왜 정답일까?
낙타를 흔히 볼 수 있는 (가)는 건조 기후 지역이고, 순록을 쉽게 볼 수 있는 (나)는 툰드라 기후 지역이다. (가) 지역은 비가 거의 내리지 않아 지붕을 평평하게 만들며, 뜨거운 열기를 피하기 위해 가옥의 벽을 두껍게 만든다.

Why? 왜 오답일까?
일 년 내내 비가 많이 내리는 열대 우림 기후에서는 카카오를 주로 재배한다. 올리브는 주로 지중해성 기후에서 재배한다.

---

10 문화 전파를 통한 문화 변용의 특징 | 정답률 85% | 정답 ④

다음 자료를 통해 옳게 추론한 내용만을 〈보기〉에서 고른 것은?

'바인 미'는 프랑스의 식민 지배 당시 전해진 빵인 바게트에 속 재료를 넣어 만든 베트남식 샌드위치이다. 밀가루로 만든 바게트에 햄, 치즈, 토마토 등을 넣어 만드는 프랑스식과 달리 바인 미는 밀가루와 쌀가루를 섞어 만든 바게트에 절인 무나 오이, 고수와 각종 고기를 넣어 만든다.

프랑스식 바게트 샌드위치

베트남식 바게트 샌드위치

<보 기>
ㄱ. 서로 다른 문화가 만나면 갈등이 지속된다.
ㄴ. 문화는 한 지역에서 다른 지역으로 전파된다.
ㄷ. 문화는 종교에 따라 지역마다 다르게 나타난다.
ㄹ. 둘 이상의 문화가 만나면 문화 변용이 나타나기도 한다.

① ㄱ, ㄴ   ② ㄱ, ㄷ   ③ ㄴ, ㄷ   ④ ㄴ, ㄹ   ⑤ ㄷ, ㄹ

Why? 왜 정답일까?
'바인 미'는 식민 지배로 베트남에 전파된 프랑스 문화가 쌀을 주식으로 하는 현지의 문화와 융합하여 변화된 문화 변용의 사례이다. 이는 음식 문화가 전파되는 과정에서 지역의 문화가 변화된 사례로 볼 수 있다.

Why? 왜 오답일까?
ㄱ의 사례로는 언어·종교 갈등 등이 있다.
ㄷ의 사례로는 종교에 따른 음식, 건축 양식 등으로 인한 문화의 차이를 들 수 있다.

---

11 높은 산지 지역의 주민 생활 | 정답률 67% | 정답 ③

다음 영상 대화의 ㉠ ~ ㉤ 중 적절하지 않은 내용을 고른 것은? [3점]

안녕하세요. '생생 지리' 동영상 제작자 지오입니다. 오늘은 높은 산에 사는 주민들을 연결하여 현지의 생활에 대해 들어 볼까요.

저는 스위스에 사는 요엘이에요. ㉠신기 습곡 산지인 알프스 산지를 오르내리며 키운 ㉡가축의 젖으로 치즈나 버터를 만드는 낙농업을 해요.

저는 페루에 사는 우말카예요. 산을 개간하여, ㉢고온 다습한 이곳에서 잘 자라는 벼를 주로 재배하지요. 여기는 ㉣기온의 일교차가 크지만 월평균 기온 변화는 작아요. 가축으로 ㉤라마와 알파카를 키우고 있어요.

① ㉠   ② ㉡   ③ ㉢   ④ ㉣   ⑤ ㉤

Why? 왜 정답일까?
알프스 산지에 위치하는 스위스는 평지가 부족하여 가축을 키워 치즈, 버터 등 유제품을 생산하는 낙농업이 발달했다. 페루의 안데스 산지 지역은 해발 고도가 높아 일 년 내내 봄과 같이 온화하여 월평균 기온의 변화가 크지 않다. 벼는 고온 다습한 지역에서 주로 재배하는데, 안데스 산지 지역은 여름 기온이 서늘하여 벼농사에 불리하다.

---

12 다국적 기업의 영향 | 정답률 85% | 정답 ①

㉠ 현상이 중국 후이저우에 미칠 영향으로 옳은 내용만을 〈보기〉에서 고른 것은?

대한민국 기업, 베트남에 대규모 투자

후이저우 / 호찌민

대한민국의 다국적 기업 ○○은/는 중국 후이저우에 공장을 설립하여 2007년부터 스마트폰을 생산해 왔다. 그러나 임금이 상승하고 실적 부진이 계속되자 2019년에 ㉠후이저우의 공장 가동을 중단하고 스마트폰 생산 공장을 베트남으로 이전하였다.
베트남의 경우, 생산된 제품의 품질을 유지하면서도 중국보다 저렴한 임금의 생산직 직원을 대규모로 고용할 수 있기 때문이다. 또한 세금 면제나 감세의 혜택도 기대할 수 있다.
– 「○○신문」, 2019년 ○월 ○일 –

<보 기>
ㄱ. 일자리가 감소하여 실업 문제가 발생할 것이다.
ㄴ. 상인들의 매출 감소로 지역 경제가 침체될 것이다.
ㄷ. 다양한 중소기업들이 들어서면서 인구가 증가할 것이다.
ㄹ. 금융 자본이 집중되어 다른 국가와의 경제 협력이 강화될 것이다.

① ㄱ, ㄴ   ② ㄱ, ㄷ   ③ ㄴ, ㄷ   ④ ㄴ, ㄹ   ⑤ ㄷ, ㄹ

Why? 왜 정답일까?
다국적 기업은 생산비가 저렴하고 기업 활동이 유리한 곳을 찾아 생산 공장을 이전하며, 그곳의 상황이 불리해질 경우 또 다른 지역으로 이전한다.
그 결과 생산 공장이 빠져나간 지역은 일자리가 감소하고 지역 경제가 침체된다.

Why? 왜 오답일까?
ㄷ. 스마트폰 부품을 공급하는 중소기업들까지 이전하기 때문에 인구는 감소할 것이다.
ㄹ. 금융 자본이 유출될 가능성이 커진다.

---

13 독도의 가치와 중요성 | 정답률 70% | 정답 ⑤

다음은 우리나라의 어느 섬에 대한 스무고개 놀이 장면이다. (가)에 들어갈 질문으로 옳은 것은? [3점]

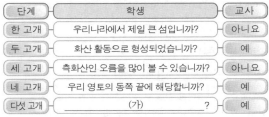

단계	학생	교사
한 고개	우리나라에서 제일 큰 섬입니까?	아니요
두 고개	화산 활동으로 형성되었습니까?	예
세 고개	측화산인 오름을 많이 볼 수 있습니까?	아니요
네 고개	우리 영토의 동쪽 끝에 해당합니까?	예
다섯 고개	(가) ?	예

① 화구호인 백록담이 있습니까
② 행정 구역상 강원도에 속합니까
③ 영해 설정 시 직선 기선이 적용됩니까
④ 종합 해양 과학 기지가 건설되어 있습니까
⑤ 주변 해저에 메탄 하이드레이트가 많이 매장되어 있습니까

Why? 왜 정답일까?
독도는 우리나라 영토의 동쪽 끝에 위치하는 화산섬으로 행정 구역상 경상북도에 속하며, 영해 설정 시 통상 기선을 적용한다.

Why? 왜 오답일까?
우리나라 최대 면적의 섬으로 오름이 발달한 섬은 제주도이다. 이 섬의 한라산 정상에는 화구호인 백록담이 있다. 종합 해양 과학 기지가 건설되어 있는 곳은 이어도이다.

---

14 환경 문제의 지역적 불평등 | 정답률 87% | 정답 ④

다음 자료는 뉴스 보도의 일부이다. (가)에 들어갈 내용으로 적절하지 않은 것은?

NEWS

아프리카 가나의 한 마을이 전자 제품 쓰레기장으로 변했습니다. 구호품 명목으로 선진국에서 들여온 전자 제품들이 대부분 사용할 수 없는 중고품이었기 때문입니다. 주민들은 전선의 구리 등을 얻기 위해 매일 전자 쓰레기를 불태우고 있습니다. 그 결과 _____(가)

① 주민들의 건강이 위협을 받고 있습니다.
② 선진국의 책임을 묻는 여론이 커지고 있습니다.
③ 가나 정부의 환경 비용 부담이 커지고 있습니다.
④ 이산화 탄소 배출량이 감소하고 대기 오염이 완화되고 있습니다.
⑤ 전자 쓰레기의 국가 간 이동 규제에 대한 필요성이 높아지고 있습니다.

Why? 왜 정답일까?
선진국들이 환경 규제가 약한 국가로 공해 유발 산업을 이전하고 중고 전자 제품을 기부하거나 싼 값에 수출하면서 다른 국가에 환경 문제를 유발하고 있다. 가나의 경우 버려진 전자 제품의 부품을 태우는 과정에서 유해 물질이 배출되어 주민들의 건강이 악화되고 있으며 환경오염 피해를 겪고 있다. 전자 제품의 부품을 태우는 과정에서 대기 오염 물질과 이산화 탄소 배출량이 증가한다.

15 생산 요소 정답률 62% | 정답 ④

다음 자료의 밑줄 친 두 시장의 공통점으로 옳은 것은? [3점]

🏢국토교통부 **보 도 자 료**	🏢고용노동부 **보 도 자 료**
전월 토지 시장 동향	전월 노동 시장 동향
토지 거래 가격 3.9% 상승,	서비스업 고용 증가폭 둔화,
토지 거래 8.9% 감소	제조업 고용 감소폭 개선

① 공공재가 거래된다. ② 가계가 수요자이다. ③ 정부가 공급자이다.
④ 생산 요소가 거래된다. ⑤ 정부가 가격을 결정한다.

Why? 왜 정답일까?

자료에 제시된 토지 시장과 노동 시장은 생산 요소 시장에 해당한다. 생산 요소로는 노동, 토지, 자본이 있다.

Why? 왜 오답일까?

② 생산 요소 시장에서 노동, 토지, 자본 등을 구매하는 수요자는 기업이다.
③ 생산 요소 시장에서 공급자는 가계이다.
⑤ 노동, 토지 등 생산 요소의 가격은 시장에서 결정된다.

16 사회법의 특성 정답률 33% | 정답 ①

A에 대한 설명으로 옳은 것은?

> 교 사: 법은 규율하는 생활 영역에 따라 크게 세 가지로 분류됩니다. 법 생활 영역 (A)에 해당하는 법의 종류를 말해보세요.
> 학생1: 근로 기준법, 남녀 고용 평등법이 있어요.
> 학생2: 소비자 기본법도 있어요.
> 교 사: 모두 옳게 잘 말했어요.

① 공법과 사법의 중간적 성격을 지닌다.
② 혼인과 이혼, 상속, 유언 등을 다룬다.
③ 현대 복지 국가에서 중요성이 약화되고 있다.
④ 개인의 자유를 최대한 보장하기 위해 등장했다.
⑤ 국민의 권리와 의무, 정부 구성 원리가 담겨 있다.

Why? 왜 정답일까?

법은 규율하는 생활 영역에 따라 사법, 공법, 사회법으로 분류된다. 근로 기준법, 남녀 고용 평등법, 소비자 기본법 등은 사회법에 해당한다. 사회법은 개인과 개인 간의 사적인 생활 영역을 규정한 사법과 공적인 생활 영역을 다루는 공법의 중간적 성격을 지닌다.

Why? 왜 오답일까?

② 혼인과 이혼, 상속, 유언 등을 다루는 법의 영역은 사법이다.
③ 사회법은 현대 복지 국가에서 중요성이 커지고 있다.

17 현대 사회의 특징 정답률 96% | 정답 ③

그림을 통해 추론할 수 있는 현대 사회의 특징으로 가장 적절한 것은?

> 오늘 뉴스가 궁금해.
> NEWS
> 지하철을 타서 다행이야.
> 폭설로 도로가 정체되고 있으니 지하철을 이용하세요.

① 제조업의 비중이 높다.
② 대면적 인간 관계가 보편적이다.
③ 지식과 정보의 습득이 용이하다.
④ 일터와 가정의 경계가 뚜렷하다.
⑤ 생산자와 소비자의 구분이 명확하다.

Why? 왜 정답일까?

그림은 현대 정보 사회의 모습으로, 스마트폰을 통해 실시간으로 지식과 정보를 획득하는 현대인의 모습을 보여준다. 이를 통해 지식과 정보의 습득이 용이하다는 현대 정보화 사회의 특징을 추론할 수 있다.

18 국내 총생산의 한계 정답률 85% | 정답 ⑤

그림을 통해 공통으로 추론할 수 있는 내용으로 옳은 것은?

> 눈길에 넘어져서 병원에 갔더니 치료비가 많이 나왔어요.

> 동네에 공장이 들어와 일자리가 늘어났지만 공장 출입 차량들 때문에 먼지가 많아졌어요.

① 국내 총생산은 국민의 삶의 질을 반영한다.
② 국내 총생산이 클수록 생활 수준이 높아진다.
③ 국내 총생산의 증가는 행복한 삶의 필요 조건이다.
④ 국내 총생산이 증가하는 과정에서 환경 문제가 발생한다.
⑤ 국내 총생산의 증가와 국민의 행복이 비례하지는 않는다.

Why? 왜 정답일까?

첫 번째 진술은 부상으로 몸이 아프지만 병원 치료비로 인해 국내 총생산은 증가하는 상황을 표현한 것이다. 두 번째 진술은 공장 설립으로 일자리가 늘어나 국내 총생산이 증가하지만, 오염 물질로 환경이 악화되는 상황을 표현한 것이다.
두 진술은 모두 국내 총생산이 증가되는 상황이 행복을 증진시키지는 않음을 보여준다.

19 기본권의 제한 요건 정답률 57% | 정답 ③

다음은 ○○시가 주민 갑에게 통보한 문자 내용이다. ○○시가 밑줄 친 조치를 취할 때 유의해야 할 내용으로 적절하지 않은 것은? [3점]

> 11:00
> **〈자가 격리 안내〉**
> 귀하는 확진자의 밀접 접촉자로 감염병예방법 제42조(감염병에 관한 강제 처분)에 따라 코로나19 예방을 위해 자가 격리가 필요한 대상자입니다. … 현재 밖에 계시면 바로 귀가하시기 바랍니다.

① 법률에 근거해야 한다.
② 질서유지, 공공복리 등을 목적으로 해야 한다.
③ 갑의 권리보다 타인의 권리를 우선시해야 한다.
④ 자유와 권리의 본질적 내용을 침해해서는 안 된다.
⑤ 달성하려고 하는 공익이 침해되는 갑의 이익보다 커야 한다.

Why? 왜 정답일까?

'자가 격리'는 신체의 자유라는 기본권을 제한하는 조치이다. 이러한 기본권 제한은 국가 안전 보장, 질서 유지 또는 공공복리라는 공익을 위한 목적에 한정해야 하고, 국민의 대표가 만든 법률에 따라야 한다. 또한 목적을 이루기 위해 선택한 수단이 적합해야 하고, 기본권을 제한받는 국민의 피해를 최소로 해야 하며, 달성하려고 하는 공익이 침해되는 사람의 사익보다 커야 한다.
기본권을 제한하는 경우에도 자유와 권리의 본질적인 내용까지 침해할 수는 없다.

20 우리나라의 공직 선거 제도 정답률 56% | 정답 ②

표는 우리나라의 주요 공직 선거를 정리한 것이다. 이에 대한 옳은 설명만을 〈보기〉에서 고른 것은? [3점]

종류		공직자
대통령 선거		㉠ 대통령
국회의원 선거		㉡ 지역구 의원
		비례 대표 의원
지방 선거	(가)	시장, 도지사, 구청장, 군수
	지방 의회 의원	㉢ 지역구 의원
		비례 대표 의원
	교육감	

〈 보 기 〉
ㄱ. (가)는 지방 자치 단체장이다.
ㄴ. ㉠의 임기는 4년이다.
ㄷ. ㉡의 지역 선거구는 법률에 의해 정해진다.
ㄹ. ㉢은 간접 선거로 선출된다.

① ㄱ, ㄴ ② ㄱ, ㄷ ③ ㄴ, ㄷ ④ ㄴ, ㄹ ⑤ ㄷ, ㄹ

Why? 왜 정답일까?

우리나라 공직 선거는 크게 대통령 선거, 국회의원 선거, 지방 선거로 분류된다. 지방 선거는 지방 자치 단체장을 뽑는 선거와 지방 의회 의원을 뽑는 선거, 그리고 교육감을 뽑는 선거로 나뉜다.
(가)는 지방 자치 단체장이다. ㉡ '지역 선거구'는 선거구 법정주의에 의해 특정 개인이나 정당에게 유리하지 않도록 법률에 의해 미리 정해진다.

Why? 왜 오답일까?

ㄴ. 대통령의 임기는 5년이다.
ㄹ. 국회의원과 마찬가지로 지방 의회 의원도 직접 선거에 의해 선출된다.

• 정답 •
01 ④ 02 ② 03 ④ 04 ① 05 ⑤ 06 ③ 07 ⑤ 08 ④ 09 ① 10 ⑤ 11 ④ 12 ② 13 ⑤ 14 ③ 15 ①
16 ④ 17 ③ 18 ② 19 ① 20 ⑤

---

01 열의 이동과 비열
정답률 58% | 정답 ④

그림은 프라이팬을 가열하여 달걀 요리를 하면서 세 학생이 대화하는 모습을 나타낸 것이다.

프라이팬 바닥은 비열이 커서 빨리 뜨거워져. — 학생 A

프라이팬에서 달걀로 열이 이동해. — 학생 B

손잡이는 전도에 의한 열의 이동이 잘 일어나지 않는 재질이어야 해. — 학생 C

제시한 내용이 옳은 학생만을 있는 대로 고른 것은?

① A ② B ③ A, C ④ B, C ⑤ A, B, C

Why? 왜 정답일까?

B. 프라이팬을 가열하면 프라이팬의 온도가 높아진다. 열은 온도가 높은 물체에서 온도가 낮은 물체로 이동하므로, 온도가 높은 프라이팬에서 온도가 낮은 달걀로 열이 이동한다.
C. 손잡이는 쉽게 뜨거워지지 않아야 하므로 열의 전도가 잘 일어나지 않는 재질이어야 한다.

Why? 왜 오답일까?

A. 비열이 클수록 온도 변화가 잘 일어나지 않는다. 따라서 프라이팬 바닥이 빨리 뜨거워지려면 비열이 작아야 한다.

---

02 물체의 무게와 부력
정답률 39% | 정답 ②

다음은 부력과 관련된 실험이다.

[실험 과정]

(가) 용수철저울에 질량이 100 g인 추를 매달고 추가 정지한 상태에서 용수철저울의 눈금을 읽는다.

(나) (가)의 추를 물속에 완전히 잠기게 한 후, 추가 정지한 상태에서 용수철저울의 눈금을 읽는다.

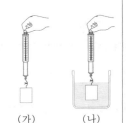

(가)   (나)

(다) 질량이 200 g인 추로 바꾸어 (가), (나) 과정을 반복한다.

[실험 결과]

추의 질량(g)	(가)에서의 측정값(N)	(나)에서의 측정값(N)
100	w	⊙
200	ⓒ	ⓒ

이에 대한 옳은 설명만을 〈보기〉에서 있는 대로 고른 것은?

< 보 기 >

ㄱ. ⊙, ⓒ은 각각의 추에 작용하는 부력의 크기이다.
ㄴ. ⓒ은 w이다.
ㄷ. ⓒ은 ⓒ보다 작다.

① ㄱ ② ㄷ ③ ㄱ, ㄴ ④ ㄱ, ㄷ ⑤ ㄴ, ㄷ

Why? 왜 정답일까?

ㄷ. 물속에 잠긴 물체는 물에 의해 부력을 받는다. ⓒ은 추의 무게에서 추에 작용하는 부력의 크기를 뺀 값이므로 ⓒ보다 작다.

Why? 왜 오답일까?

ㄱ. 추가 물속에 잠겼을 때 용수철저울의 눈금은 추에 작용하는 부력만큼 감소하므로 100 g인 추와 200 g인 추에 작용하는 부력의 크기는 각각 $w-$⊙, ⓒ$-$ⓒ이다.
ㄴ. 무게는 질량에 비례하므로 200 g인 추의 무게는 100 g인 추의 무게의 2배이다.

---

03 볼록 렌즈에 의한 상
정답률 54% | 정답 ③

그림은 렌즈 A 가까이에 물체를 놓았을 때, 물체보다 크고 바로 선 상이 생긴 모습을 나타낸 것이다.

A는 볼록 렌즈와 오목 렌즈 중 하나이다.

A에 대한 옳은 설명만을 〈보기〉에서 있는 대로 고른 것은? [3점]

< 보 기 >

ㄱ. 볼록 렌즈이다.
ㄴ. 빛을 모으는 데 이용할 수 있다.
ㄷ. A를 이용하여 물체보다 작고 바로 선 상도 만들 수 있다.

① ㄱ ② ㄷ ③ ㄱ, ㄴ ④ ㄴ, ㄷ ⑤ ㄱ, ㄴ, ㄷ

Why? 왜 정답일까?

ㄱ. 물체보다 크고 바로 선 상을 만들 수 있는 렌즈는 볼록 렌즈이다.
ㄴ. 볼록 렌즈는 굴절에 의해 빛을 모을 수 있다.

Why? 왜 오답일까?

ㄷ. 볼록 렌즈는 물체와의 거리를 달리 해도 물체보다 작고 바로 선 상을 만들 수 없다.

---

04 전동기의 원리
정답률 52% | 정답 ①

그림은 건전지, 자석, 코일을 이용하여 만든 간이 전동기에서 코일이 자석으로부터 힘을 받아 회전하고 있는 어느 순간의 모습을 나타낸 것이다. P, Q는 코일의 서로 맞은편에 있는 지점이다.

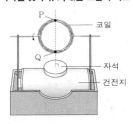

P   코일
Q   자석
건전지

이에 대한 설명으로 옳지 않은 것은?

① P와 Q가 자석으로부터 받는 힘의 방향은 같다.
② 전동기에서는 전기 에너지가 운동 에너지로 전환된다.
③ 자석의 극을 반대로 바꾸면 코일의 회전 방향이 반대로 바뀐다.
④ 전지의 극을 반대로 바꾸면 코일의 회전 방향이 반대로 바뀐다.
⑤ 자석을 세기가 더 강한 것으로 바꾸면 코일이 더 빠르게 회전한다.

Why? 왜 정답일까?

P와 Q에 흐르는 전류의 방향이 서로 반대이므로 자석으로부터 받는 힘의 방향도 서로 반대가 되어 코일이 회전한다.

Why? 왜 오답일까?

전동기는 전류가 흐르는 코일이 자기력을 받아 회전하면서 전기 에너지를 운동 에너지로 전환시킨다. 자석의 극이나 전지의 극을 반대로 바꾸면 힘의 방향도 반대로 바뀌어 회전 방향이 반대로 바뀌며, 자석의 세기가 강하면 힘의 크기가 커져서 코일이 더 빠르게 회전한다.

---

05 자유 낙하하는 물체의 운동
정답률 52% | 정답 ⑤

그림과 같이 지면으로부터 같은 높이에서 테니스공과 야구공을 손으로 잡고 있다가 가만히 놓았다. 질량은 야구공이 테니스공보다 크다.

테니스공   야구공

지면

이에 대한 옳은 설명만을 〈보기〉에서 있는 대로 고른 것은? (단, 공기 저항과 공의 크기는 무시한다.) [3점]

< 보 기 >

ㄱ. 떨어지는 동안 테니스공의 역학적 에너지는 일정하다.
ㄴ. 떨어지는 동안 두 공의 단위 시간당 속력의 변화량은 같다.
ㄷ. 지면에 도달하는 순간, 운동 에너지는 야구공이 테니스공보다 크다.

① ㄱ ② ㄷ ③ ㄱ, ㄷ ④ ㄴ, ㄷ ⑤ ㄱ, ㄴ, ㄷ

Why? 왜 정답일까?

ㄱ. 공기 저항을 무시할 때 중력을 받아 자유 낙하하는 물체의 역학적 에너지는 보존된다.
ㄴ. 떨어지는 동안 단위 시간당 속력의 변화량은 물체의 질량에 관계 없이 일정하다.
ㄷ. 물체의 질량이 m, 속력이 v일 때 물체의 운동 에너지는 $\frac{1}{2}mv^2$이다. 테니스공과 야구공은 지면에

같은 속력으로 도달하고, 질량은 야구공이 테니스공보다 크므로 지면에 도달하는 순간 운동 에너지는 야구공이 테니스공보다 크다.

---

06 화학 반응에서 열에너지의 출입

그림과 같이 삼각 플라스크에 수산화 바륨과 염화 암모늄을 넣고 유리 막대로 섞었더니 플라스크의 바깥쪽 표면에 얼음이 생겼다.

수산화 바륨
+ 염화 암모늄

얼음

수산화 바륨과 염화 암모늄의 반응에 대한 옳은 설명만을 〈보기〉에서 있는 대로 고른 것은?

< 보 기 >
ㄱ. 반응이 일어날 때 주변의 온도가 낮아진다.
ㄴ. 반응이 일어날 때 열에너지를 흡수한다.
ㄷ. 이 반응을 이용하여 손난로를 만들 수 있다.

① ㄱ   ② ㄷ   ③ ㄱ, ㄴ   ④ ㄴ, ㄷ   ⑤ ㄱ, ㄴ, ㄷ

Why? 왜 정답일까?

ㄱ, ㄴ. 플라스크에 수산화 바륨과 염화 암모늄을 넣고 섞으면 수산화 바륨과 염화 암모늄이 반응하면서 열에너지를 흡수하므로 플라스크 바깥쪽 표면에 수증기가 붙어 얼음으로 된다. 반응이 일어날 때 주변에서 열에너지를 흡수하므로 주변의 온도가 낮아진다.

Why? 왜 오답일까?

ㄷ. 이 반응은 열에너지를 흡수하는 반응이므로 손난로를 만드는 데 이용할 수 없다.

---

07 이온 형성 과정

그림은 나트륨 원자가 전자를 잃고 나트륨 이온이 되는 과정을 나타낸 것이다.

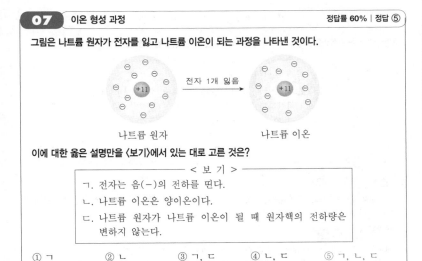

전자 1개 잃음

나트륨 원자   나트륨 이온

이에 대한 옳은 설명만을 〈보기〉에서 있는 대로 고른 것은?

< 보 기 >
ㄱ. 전자는 음(−)의 전하를 띤다.
ㄴ. 나트륨 이온은 양이온이다.
ㄷ. 나트륨 원자가 나트륨 이온이 될 때 원자핵의 전하량은 변하지 않는다.

① ㄱ   ② ㄴ   ③ ㄱ, ㄷ   ④ ㄴ, ㄷ   ⑤ ㄱ, ㄴ, ㄷ

Why? 왜 정답일까?

ㄱ, ㄴ. 나트륨 원자(Na)에서 원자핵의 전하량은 +11이고 음(−)의 전하를 띠는 전자가 11개 있으므로 나트륨 원자는 전기적으로 중성이다. 나트륨 원자가 전자를 1개 잃어 나트륨 이온(Na^+)이 되므로 나트륨 이온은 양이온이다.
ㄷ. 원자가 이온이 될 때 원자핵의 전하량에는 변화가 없다.

---

08 물질의 특성인 밀도

표는 비커 (가) ~ (다)에 들어 있는 액체에 대한 자료이다. ㉠은 물과 에탄올 중 하나이다.

비커	(가)	(나)	(다)
액체	물	에탄올	㉠
부피(mL)	100	100	200
질량(g)	100	78.9	200

이에 대한 옳은 설명만을 〈보기〉에서 있는 대로 고른 것은? (단, 액체의 온도는 모두 같다.)

< 보 기 >
ㄱ. ㉠은 물이다.
ㄴ. 질량은 물질의 특성이다.
ㄷ. 밀도는 물이 에탄올보다 크다.

① ㄴ   ② ㄷ   ③ ㄱ, ㄷ   ④ ㄱ, ㄷ   ⑤ ㄱ, ㄴ, ㄷ

Why? 왜 정답일까?

ㄱ. 밀도$\left(= \dfrac{질량}{부피}\right)$는 물질의 특성이다. 물과 ㉠의 밀도가 1 g/mL로 같으므로 ㉠은 물이다.
ㄷ. 물의 밀도는 1 g/mL이고, 에탄올의 밀도는 0.789 g/mL이므로 밀도는 물이 에탄올보다 크다.

Why? 왜 오답일까?

ㄴ. 물질의 질량 자료만으로 어떤 물질인지 알 수 없으므로 질량은 물질의 특성이 아니다.

---

09 기체의 성질을 파악한다.

그림 (가)는 삼각 플라스크의 입구를 비눗물로 막고 뜨거운 바람으로 가열할 때 비눗물 막이 부푸는 모습을, (나)는 삼각 플라스크에 작은 드라이아이스 조각을 넣고 입구를 비눗물로 막았을 때 비눗물 막이 부푸는 모습을 나타낸 것이다.

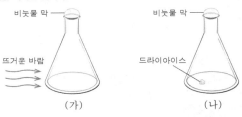

비눗물 막   비눗물 막

뜨거운 바람   드라이아이스

(가)   (나)

비눗물 막이 부푸는 동안 플라스크 속 기체에 대한 옳은 설명만을 〈보기〉에서 있는 대로 고른 것은? [3점]

< 보 기 >
ㄱ. (가)에서 기체 분자의 운동이 활발해진다.
ㄴ. (나)에서 기체 분자의 크기가 커진다.
ㄷ. (가)와 (나)에서 모두 기체 분자의 개수가 많아진다.

① ㄱ   ② ㄴ   ③ ㄷ   ④ ㄱ, ㄴ   ⑤ ㄱ, ㄷ

Why? 왜 정답일까?

ㄱ. (가)에서 플라스크 속 기체(공기)의 온도가 높아지므로 기체 분자의 운동이 활발해짐에 따라 기체의 부피가 커진다.

Why? 왜 오답일까?

ㄴ. (나)에서 드라이아이스가 승화하여 기체 분자의 수가 많아짐에 따라 기체의 부피가 커진다.
ㄷ. (가)에서 기체 분자의 개수는 일정하고 (나)에서 기체 분자의 개수는 많아진다.

---

10 화학 반응의 규칙성

그림은 온도와 압력이 일정할 때 기체 A와 기체 B가 반응하여 기체 C가 생성되는 반응의 부피 관계를 나타낸 것이다.

A 1부피   B 3부피   C 2부피

반응 전 용기 속 입자 모형이 오른쪽 그림과 같을 때, A와 B가 반응하여 C가 생성된 후 용기 속 입자 모형으로 가장 적절한 것은? [3점]

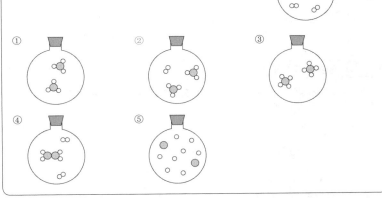

① ② ③ ④ ⑤

Why? 왜 정답일까?

온도와 압력이 일정할 때 기체는 종류에 관계 없이 같은 부피 안에 같은 개수의 분자가 들어 있다. 따라서 기체 반응이 일정한 온도와 압력에서 일어날 때 기체의 부피비는 분자수비와 같다.
기체 A와 기체 B가 반응하여 기체 C가 생성되는 반응에서 부피 관계가 A : B : C = 1 : 3 : 2 이므로, A 1분자와 B 3분자가 반응하여 C 2분자가 생성되는 관계를 도출할 수 있다. 이를 화학 반응식으로 나타내면 A + 3B ⟶ 2C이다.
A의 입자 모형이 ●●, B의 입자 모형이 ∞이므로 생성물 C의 입자 모형은 ⚛이 적절하다. 반응 전 용기 속에 A(●●)가 1개, B(∞)가 4개이므로 반응 후 용기 속에는 C(⚛)가 2개, 반응하지 않고 남은 B(∞)가 1개 있다.

---

11 생물의 분류 체계

표는 생물 ㉠ ~ ㉢의 특징을 나타낸 것이다. ㉠ ~ ㉢은 고사리, 대장균, 침팬지를 순서 없이 나타낸 것이다.

생물	특징
㉠	단세포 생물이다.
㉡	광합성을 한다.
㉢	세포벽이 없는 세포로 구성된다.

이에 대한 옳은 설명만을 〈보기〉에서 있는 대로 고른 것은?

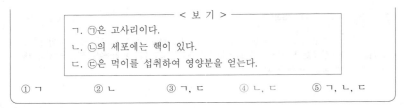

── < 보 기 > ──
ㄱ. ㉠은 고사리이다.
ㄴ. ㉡의 세포에는 핵이 있다.
ㄷ. ㉢은 먹이를 섭취하여 영양분을 얻는다.

① ㄱ   ② ㄴ   ③ ㄱ, ㄷ   ④ ㄴ, ㄷ   ⑤ ㄱ, ㄴ, ㄷ

Why? 왜 정답일까?

㉠은 대장균, ㉡은 고사리, ㉢은 침팬지이다.
ㄴ. 고사리는 식물계에 속하는 생물로 광합성을 하며, 세포에 핵막으로 구분된 핵이 존재한다.
ㄷ. 침팬지는 동물계에 속하는 생물로 세포에 세포벽이 없다. 동물계에 속하는 생물들은 광합성을 하지 않으므로 먹이를 섭취하여 영양분을 얻는다.

Why? 왜 오답일까?

ㄱ. 고사리, 대장균, 침팬지 중 단세포 생물은 대장균(㉠)이다.

---

12 사람의 유전 방식 　　　　정답률 69% | 정답 ②

그림은 어떤 집단의 유전병 (가)에 대한 가계도를 나타낸 것이다. (가)는 우성 대립유전자 A와 열성 대립유전자 a에 의해 결정된다.

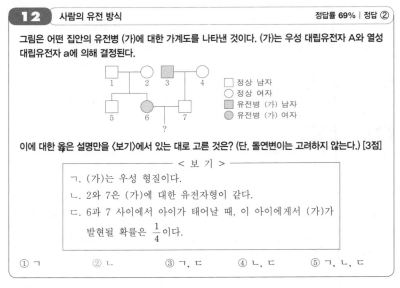

□ 정상 남자
○ 정상 여자
■ 유전병 (가) 남자
● 유전병 (가) 여자

이에 대한 옳은 설명만을 〈보기〉에서 있는 대로 고른 것은? (단, 돌연변이는 고려하지 않는다.) [3점]

── < 보 기 > ──
ㄱ. (가)는 우성 형질이다.
ㄴ. 2와 7은 (가)에 대한 유전자형이 같다.
ㄷ. 6과 7 사이에서 아이가 태어날 때, 이 아이에게서 (가)가 발현될 확률은 $\frac{1}{4}$이다.

① ㄱ   ② ㄴ   ③ ㄱ, ㄷ   ④ ㄴ, ㄷ   ⑤ ㄱ, ㄴ, ㄷ

Why? 왜 정답일까?

ㄴ. 정상 부모인 1과 2 사이에서 유전병 (가) 자녀인 6이 태어났으므로 유전병 (가)는 열성 형질이다. A는 정상 대립유전자이고 a는 유전병 (가) 대립유전자이다. 2와 7의 (가)에 대한 유전자형은 Aa로 같다.

Why? 왜 오답일까?

ㄱ. (가)는 열성 형질이다.
ㄷ. 유전자형이 aa인 6과 유전자형이 Aa인 7 사이에서 아이가 태어날 때, 이 아이에게서 (가)가 발현될 확률은 $\frac{1}{2}$이다.

---

13 혈당량 조절 과정 　　　　정답률 43% | 정답 ⑤

그림은 정상인에서 혈당량이 증가했을 때 일어나는 혈당량 조절 과정의 일부를 나타낸 것이다. ㉠은 글루카곤과 인슐린 중 하나이다.

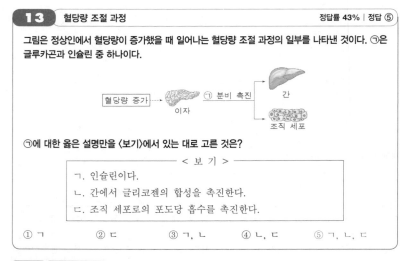

혈당량 증가 → 이자 → ㉠ 분비 촉진 → 간, 조직 세포

㉠에 대한 옳은 설명만을 〈보기〉에서 있는 대로 고른 것은?

── < 보 기 > ──
ㄱ. 인슐린이다.
ㄴ. 간에서 글리코젠의 합성을 촉진한다.
ㄷ. 조직 세포로의 포도당 흡수를 촉진한다.

① ㄱ   ② ㄷ   ③ ㄱ, ㄴ   ④ ㄴ, ㄷ   ⑤ ㄱ, ㄴ, ㄷ

Why? 왜 정답일까?

ㄱ. 혈당량은 호르몬 글루카곤과 인슐린에 의해 조절된다. 글루카곤은 정상보다 혈당량이 감소했을 때 분비되어 혈당량을 높이는 작용에 관여한다. 혈당량이 정상보다 증가했을 때 분비되는 호르몬 ㉠은 인슐린이다.
ㄴ. 인슐린은 간에 작용하여 포도당을 글리코젠으로 합성하는 과정을 촉진한다.
ㄷ. 인슐린은 혈액에서 조직 세포로의 포도당 흡수를 촉진하여 혈당량을 낮춘다.

---

14 소화 과정 　　　　정답률 31% | 정답 ③

그림은 소화계에서 일어나는 영양소의 소화 과정을 나타낸 것이다. ㉠과 ㉡은 각각 라이페이스와 아밀레이스 중 하나이다.

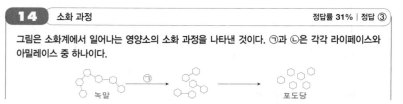

녹말 → ㉠ → 포도당

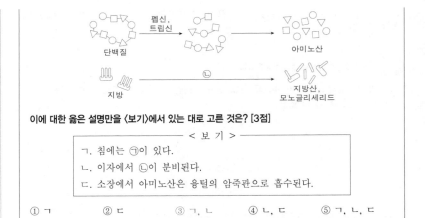

펩신, 트립신
단백질 → 아미노산
지방 → ㉡ → 지방산, 모노글리세리드

이에 대한 옳은 설명만을 〈보기〉에서 있는 대로 고른 것은? [3점]

── < 보 기 > ──
ㄱ. 침에는 ㉠이 있다.
ㄴ. 이자에서 ㉡이 분비된다.
ㄷ. 소장에서 아미노산은 융털의 암죽관으로 흡수된다.

① ㄱ   ② ㄷ   ③ ㄱ, ㄴ   ④ ㄴ, ㄷ   ⑤ ㄱ, ㄴ, ㄷ

Why? 왜 정답일까?

ㄱ, ㄴ. ㉠은 녹말 분해 효소인 아밀레이스로 침에 존재한다. ㉡은 지방 분해 효소인 라이페이스로 이자에서 분비된다.

Why? 왜 오답일까?

ㄷ. 단백질이 소화 효소에 의해 분해되어 생긴 아미노산은 소장에서 융털의 모세 혈관으로 흡수된다. 포도당은 융털의 모세 혈관으로, 지방산과 모노글리세리드는 암죽관으로 흡수된다.

---

15 체세포 분열과 감수 분열 　　　　정답률 33% | 정답 ①

표는 사람에서 일어나는 세포 분열 Ⅰ과 Ⅱ의 특징을, 그림은 사람의 염색체 1쌍을 나타낸 것이다. Ⅰ과 Ⅱ 중 하나는 감수 분열이고, 나머지 하나는 체세포 분열이다.

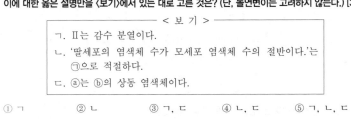

ⓐ ⓑ

세포 분열	특징
Ⅰ	㉠
Ⅱ	2가 염색체가 관찰되는 시기가 있다.

이에 대한 옳은 설명만을 〈보기〉에서 있는 대로 고른 것은? (단, 돌연변이는 고려하지 않는다.) [3점]

── < 보 기 > ──
ㄱ. Ⅱ는 감수 분열이다.
ㄴ. '딸세포의 염색체 수가 모세포 염색체 수의 절반이다.'는 ㉠으로 적절하다.
ㄷ. ⓐ는 ⓑ의 상동 염색체이다.

① ㄱ   ② ㄴ   ③ ㄱ, ㄷ   ④ ㄴ, ㄷ   ⑤ ㄱ, ㄴ, ㄷ

Why? 왜 정답일까?

ㄱ. 2가 염색체는 체세포 분열에서는 관찰되지 않고 감수 분열 과정에서만 관찰되므로 Ⅰ은 체세포 분열, Ⅱ는 감수 분열이다.

Why? 왜 오답일까?

ㄴ. 체세포 분열 결과 형성된 딸세포의 염색체 수는 모세포의 염색체 수와 같다.
ㄷ. 모양과 크기가 같은 한 쌍의 염색체를 상동 염색체라고 한다. ⓐ와 ⓑ는 하나의 염색체를 이루는 염색 분체이다.

---

16 암석의 특징에 따른 암석의 분류 　　　　정답률 40% | 정답 ④

그림은 암석을 분류하는 과정을 나타낸 것이다.

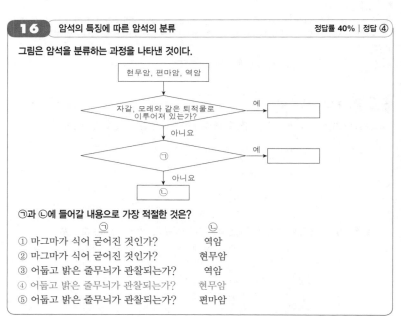

현무암, 편마암, 역암
자갈, 모래와 같은 퇴적물로 이루어져 있는가? — 예
아니요
㉠ — 예
아니요
㉡

㉠과 ㉡에 들어갈 내용으로 가장 적절한 것은?

	㉠	㉡
①	마그마가 식어 굳어진 것인가?	역암
②	마그마가 식어 굳어진 것인가?	현무암
③	어둡고 밝은 줄무늬가 관찰되는가?	역암
④	어둡고 밝은 줄무늬가 관찰되는가?	현무암
⑤	어둡고 밝은 줄무늬가 관찰되는가?	편마암

Why? 왜 정답일까?

자갈, 모래와 같은 퇴적물로 이루어져 있는 암석은 역암이므로 ㉠에서는 현무암과 편마암만을 구분하게 된다. 순서도를 따라 분류할 경우, ㉠에 '마그마가 식어 굳어진 것인가?'가 들어가면 ㉡은 편마암이고, ㉠에 '어둡고 밝은 줄무늬가 관찰되는가?'가 들어가면 ㉡은 현무암이다.

---

17 우리나라 주변 해류의 종류와 특징 　　　　정답률 71% | 정답 ③

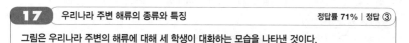

그림은 우리나라 주변의 해류에 대해 세 학생이 대화하는 모습을 나타낸 것이다.

제시한 내용이 옳은 학생만을 있는 대로 고른 것은?

① A ② B ③ A, C ④ B, C ⑤ A, B, C

Why? 왜 정답일까?

A. 동한 난류와 황해 난류는 우리나라 주변을 흐르는 대표적인 난류이다.
C. 동해에는 난류와 한류가 만나는 해역이 존재하여 좋은 어장이 형성된다.

Why? 왜 오답일까?

B. 북한 한류는 고위도에서 저위도로 흐른다.

---

18 연주 시차로 별까지의 거리 정답률 55% | 정답 ②

그림은 지구에서 6개월 간격으로 측정한 별 S의 시차를 나타낸 것이다.

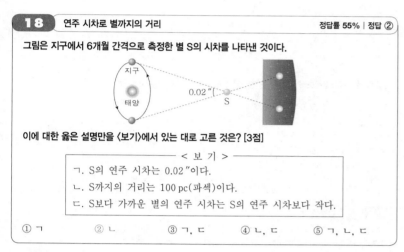

이에 대한 옳은 설명만을 〈보기〉에서 있는 대로 고른 것은? [3점]

< 보 기 >
ㄱ. S의 연주 시차는 0.02″이다.
ㄴ. S까지의 거리는 100 pc(파섹)이다.
ㄷ. S보다 가까운 별의 연주 시차는 S의 연주 시차보다 작다.

① ㄱ ② ㄴ ③ ㄱ, ㄷ ④ ㄴ, ㄷ ⑤ ㄱ, ㄴ, ㄷ

Why? 왜 정답일까?

ㄴ. 별까지의 거리(pc)는 $\frac{1}{연주\ 시차(″)}$ 이다. 별 S의 연주 시차가 0.01″이므로 S까지의 거리는 100 pc(파섹)이다.

Why? 왜 오답일까?

ㄱ. 연주 시차는 6개월 간격으로 측정한 시차의 $\frac{1}{2}$ 이므로 0.01″이다.

ㄷ. 연주 시차와 별까지의 거리는 반비례한다. 따라서 지구와의 거리가 S보다 가까운 별의 경우 S보다 연주 시차가 크다.

---

19 닮음비를 이용한 달의 크기 측정 정답률 66% | 정답 ①

다음은 닮음비를 이용하여 사진 속 달의 크기를 측정하는 탐구이다.

[탐구 과정]
(가) 벽면에 달 사진을 붙이고 3 m 떨어진 곳에 선다.
(나) 종이에 원형의 구멍을 뚫고 구멍의 지름(d)을 측정한다.
(다) 아래 그림과 같이 종이를 달 사진에 평행하게 두고, 종이의 구멍을 통해 달 사진을 본다.
(라) 종이를 앞뒤로 움직여 구멍이 사진 속 달의 크기와 일치할 때, 눈과 종이 사이의 거리(l)를 측정한다.
(마) 비례식 [㉠]을/를 이용하여 사진 속 달의 지름(D)을 구한다.

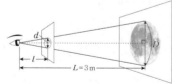

[탐구 결과]

구분	값(cm)
구멍의 지름(d)	1
눈과 종이 사이의 거리(l)	30
사진 속 달의 지름(D)	㉡

이에 대한 옳은 설명만을 〈보기〉에서 있는 대로 고른 것은? [3점]

< 보 기 >
ㄱ. '$l : L = d : D$'는 ㉠으로 적절하다.
ㄴ. ㉡은 20이다.
ㄷ. d를 크게 하면 l은 작아진다.

① ㄱ ② ㄴ ③ ㄱ, ㄷ ④ ㄴ, ㄷ ⑤ ㄱ, ㄴ, ㄷ

Why? 왜 정답일까?

ㄱ. 구멍의 지름(d)과 사진 속 달의 지름(D) 사이에는 '$l : L = d : D$'의 닮음비가 성립한다.

Why? 왜 오답일까?

ㄴ. 단위를 cm로 맞추었을 때 L은 300cm이므로 닮음비에 따라 30 : 300 = 1 : D의 관계가 성립한다. 따라서 ㉡에 들어갈 사진 속 달의 지름(D) 값은 10이다.

ㄷ. 구멍의 지름(d)이 커지면 구멍이 사진 속 달의 크기와 일치할 때 눈과 종이 사이의 거리(l)는 커진다.

---

20 온대 저기압 주변의 날씨 정답률 55% | 정답 ⑤

그림은 우리나라 주변의 전선 배치와 강수 구역을 나타낸 것이다.

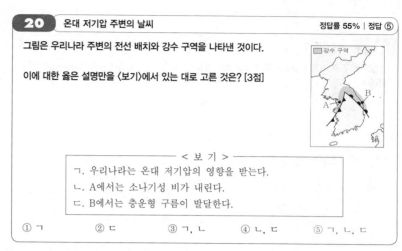

이에 대한 옳은 설명만을 〈보기〉에서 있는 대로 고른 것은? [3점]

< 보 기 >
ㄱ. 우리나라는 온대 저기압의 영향을 받는다.
ㄴ. A에서는 소나기성 비가 내린다.
ㄷ. B에서는 층운형 구름이 발달한다.

① ㄱ ② ㄷ ③ ㄱ, ㄴ ④ ㄴ, ㄷ ⑤ ㄱ, ㄴ, ㄷ

Why? 왜 정답일까?

온대 저기압 한랭 전선의 뒤쪽 좁은 지역에서는 소나기성 비가, 온난 전선의 앞쪽 넓은 지역에서는 지속적인 비가 내린다.

ㄱ. 우리나라는 온난 전선과 한랭 전선을 동반한 온대 저기압의 영향을 받고 있다.
ㄴ. A 지역은 한랭 전선 뒤쪽의 강수 구역에 속하므로 적운형 구름이 발달하고 소나기성 비가 내린다.
ㄷ. B 지역은 온난 전선 앞쪽의 강수 구역에 속하므로 층운형 구름이 발달하고 지속적인 비가 내린다.

21회

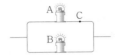

| 정답과 해설 |

· 정답 ·
01 ② 02 ③ 03 ④ 04 ① 05 ⑤ 06 ⑤ 07 ① 08 ④ 09 ③ 10 ② 11 ③ 12 ⑤ 13 ③ 14 ② 15 ④
16 ⑤ 17 ③ 18 ① 19 ④ 20 ⑤

---

01 저항의 연결 　　　　　　　정답률 72% | 정답 ②

그림은 전구 A, B가 연결되어 빛이 나고 있는 모습을 나타낸 것이다. C는 A에 연결된 전선 위의 점이다.

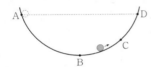

이에 대한 옳은 설명만을 〈보기〉에서 있는 대로 고른 것은?

---〈 보 기 〉---
ㄱ. A와 B의 연결 방법은 직렬연결이다.
ㄴ. C에서 전선이 끊어지면 A와 B가 함께 꺼진다.
ㄷ. A와 B의 연결 방법은 멀티탭에 꽂혀 작동하는 전기 기구들 사이의 연결 방법과 같다.
---

① ㄴ　　② ㄷ　　③ ㄱ, ㄴ　　④ ㄱ, ㄷ　　⑤ ㄴ, ㄷ

Why? 왜 정답일까?
ㄷ. 멀티탭은 여러 전기 기구들을 병렬로 연결하는 장치이다.

Why? 왜 오답일까?
ㄱ. 직렬연결은 전기 기구들을 한 줄로 연결하는 방법이다.
ㄴ. C에서 전선이 끊어져도 B에는 전류가 흐르므로 A만 꺼진다.

---

02 역학적 에너지 전환과 보존 　　　　정답률 81% | 정답 ③

그림과 같이 점 A에 가만히 놓은 물체가 곡면을 따라 높이가 가장 낮은 점 B를 지나 운동하고 있다. 점 C, D는 곡면상의 점이고, A와 D의 높이는 같다.

이에 대한 옳은 설명만을 〈보기〉에서 있는 대로 고른 것은? (단, 물체의 크기, 모든 마찰과 공기 저항은 무시한다.)

---〈 보 기 〉---
ㄱ. D에서 물체의 속력은 0이다.
ㄴ. 물체의 역학적 에너지는 B에서가 C에서보다 크다.
ㄷ. 물체가 A에서 B로 운동하는 동안, 물체의 위치 에너지가 운동 에너지로 전환된다.
---

① ㄱ　　② ㄴ　　③ ㄱ, ㄷ　　④ ㄴ, ㄷ　　⑤ ㄱ, ㄴ, ㄷ

Why? 왜 정답일까?
ㄱ. 마찰과 공기 저항을 무시할 수 있는 경우 역학적 에너지가 보존된다. A와 D의 높이가 같으므로 위치 에너지가 서로 같다. 역학적 에너지가 보존되므로 D에서의 운동 에너지는 A에서와 같이 0이고 속력도 0이다.
ㄷ. 높이가 낮아질 때 물체의 위치 에너지가 운동 에너지로 전환된다.

Why? 왜 오답일까?
ㄴ. B와 C에서의 역학적 에너지는 같다.

---

03 열평형과 물질의 비열 　　　　　정답률 27% | 정답 ④

그림은 질량이 같은 물체 A, B를 접촉시킨 순간부터 A와 B의 온도를 시간에 따라 나타낸 것이다.
이에 대한 옳은 설명만을 〈보기〉에서 있는 대로 고른 것은? (단, 열은 A와 B 사이에서만 이동한다.) [3점]

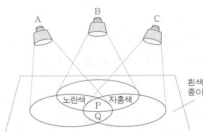

---〈 보 기 〉---
ㄱ. 0부터 t까지 A가 잃은 열량은 B가 얻은 열량보다 작다.
ㄴ. t 이후 A와 B는 열평형 상태에 있다.
ㄷ. A의 비열이 B의 비열보다 크다.
---

① ㄱ　　② ㄴ　　③ ㄱ, ㄴ　　④ ㄴ, ㄷ　　⑤ ㄱ, ㄴ, ㄷ

Why? 왜 정답일까?
ㄴ. 고온의 물체에서 저온의 물체로 열이 이동하여 두 물체의 온도가 같아지는 상태를 열평형이라고 한다.
ㄷ. 질량이 같은 두 물체에 출입한 열량이 같으면 비열이 큰 물체일수록 온도 변화가 작고 비열이 작은 물체일수록 온도 변화가 크다.

Why? 왜 오답일까?
ㄱ. 열이 이동할 때 고온의 물체가 잃은 열량과 저온의 물체가 얻은 열량은 서로 같다.

---

04 부력 　　　　　　　　　　　정답률 54% | 정답 ①

그림 (가)는 용수철저울에 매달린 추가 물에 절반 정도 잠긴 채 정지해 있는 모습을, (나)는 (가)의 추가 물에 완전히 잠긴 채 정지해 있는 모습을 나타낸 것이다.

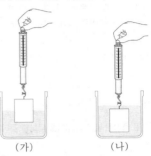

(나)에서가 (가)에서보다 크기가 큰 힘만을 〈보기〉에서 있는 대로 고른 것은? [3점]

---〈 보 기 〉---
ㄱ. 추에 작용하는 중력
ㄴ. 추에 작용하는 부력
ㄷ. 용수철저울로 측정한 힘
---

① ㄴ　　② ㄷ　　③ ㄱ, ㄴ　　④ ㄱ, ㄷ　　⑤ ㄱ, ㄴ, ㄷ

Why? 왜 정답일까?
ㄴ. 부력의 크기는 추에 의해 밀려난 물의 무게와 같다. 추가 물에 많이 잠길수록 추가 밀어내는 물의 부피가 커진다. 따라서 추가 물에 많이 잠길수록 추에 작용하는 부력의 크기가 커진다.

Why? 왜 오답일까?
ㄱ. 추가 물에 잠긴 정도와 관계없이 동일한 추에 작용하는 중력의 크기는 같다.
ㄷ. 용수철 저울로 측정한 힘의 크기는 추에 작용하는 중력의 크기에서 부력의 크기를 뺀 것과 같다. 중력의 크기가 같으므로 부력의 크기가 클수록 용수철저울로 측정한 힘의 크기가 작아진다.

---

05 빛의 합성 　　　　　　　　　정답률 63% | 정답 ⑤

그림은 빛의 삼원색에 해당하는 빛 A, B, C를 흰색 종이에 비추는 모습을 나타낸 것이다. P, Q는 빛이 겹쳐진 영역의 색이다.

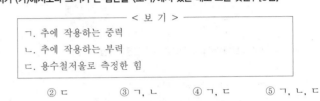

이에 대한 옳은 설명만을 〈보기〉에서 있는 대로 고른 것은? (단, 종이에 도달하는 A, B, C의 세기는 동일하다.) [3점]

---〈 보 기 〉---
ㄱ. B는 빨간색 빛이다.
ㄴ. Q는 청록색이다.
ㄷ. C의 조명만 끄면 P는 노란색으로 바뀐다.
---

① ㄱ　　② ㄴ　　③ ㄱ, ㄴ　　④ ㄴ, ㄷ　　⑤ ㄱ, ㄴ, ㄷ

Why? 왜 정답일까?

초록색 빛	빨간색 빛	파란색 빛	합성된 색
○	○	×	노란색
○	×	○	청록색
×	○	○	자홍색
○	○	○	흰색

※ ○는 빛이 있음, ×는 빛이 없음
ㄱ. 노란색과 자홍색 영역에 공통으로 B가 도달하므로 B는 빨간색 빛이다.
ㄴ. A는 초록색 빛, C는 파란색 빛이므로 Q는 청록색이다.
ㄷ. P는 빛의 삼원색이 모두 도달하는 영역의 색이므로 흰색이었으나, 파란색 빛인 C의 조명만 끄면 P는 노란색으로 바뀐다.

---

06 화학 반응의 열에너지 출입 　　　정답률 76% | 정답 ⑤

다음은 2가지 화학 반응이 일어날 때의 열에너지 출입에 대한 설명이다.

(가) 수산화 바륨과 염화 암모늄이 반응할 때 열에너지를 흡수한다.
(나) 산화 칼슘과 물이 반응할 때 열에너지를 ⑤ 하므로 온도가 높아진다.

이에 대한 옳은 설명만을 〈보기〉에서 있는 대로 고른 것은?

─────── < 보 기 > ───────
ㄱ. (가)에서 반응이 일어날 때 온도가 낮아진다.
ㄴ. '방출'은 ⑤으로 적절하다.
ㄷ. (나)의 반응을 이용하여 즉석 발열 도시락을 만들 수 있다.

① ㄱ   ② ㄴ   ③ ㄱ, ㄷ   ④ ㄴ, ㄷ   ⑤ ㄱ, ㄴ, ㄷ

Why? 왜 정답일까?
ㄱ. 수산화 바륨과 염화 암모늄이 반응할 때 열에너지를 흡수하므로 온도가 낮아진다.
ㄴ. 산화 칼슘과 물이 반응할 때 온도가 높아지므로 산화 칼슘과 물의 반응은 열에너지를 방출하는 반응이다.
ㄷ. 열에너지를 방출하는 산화 칼슘과 물의 반응은 즉석 발열 도시락에 이용된다.

---

07 물질의 특성을 이용한 사례   정답률 92% | 정답 ①

다음은 물질의 특성을 이용한 사례 (가)와 (나)에 대한 설명이다.

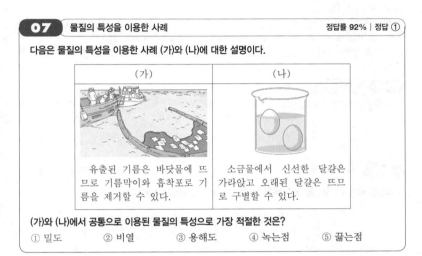

(가)	(나)
유출된 기름은 바닷물에 뜨므로 기름막이와 흡착포로 기름을 제거할 수 있다.	소금물에서 신선한 달걀은 가라앉고 오래된 달걀은 뜨므로 구별할 수 있다.

(가)와 (나)에서 공통으로 이용된 물질의 특성으로 가장 적절한 것은?
① 밀도   ② 비열   ③ 용해도   ④ 녹는점   ⑤ 끓는점

Why? 왜 정답일까?
바다에 유출된 기름은 밀도가 작아 바닷물에 뜨므로 기름막이를 설치하여 유출된 기름을 모으고 흡착포를 이용하여 제거할 수 있다. 신선한 달걀과 오래된 달걀의 밀도가 다르므로 소금물을 이용하여 구별할 수 있다. 그러므로 (가)와 (나)에서 공통으로 이용된 물질의 특성으로 가장 적절한 것은 밀도이다.

---

08 원자의 구조와 이온의 형성   정답률 57% | 정답 ④

그림은 리튬 이온(Li⁺)과 산화 이온(O²⁻)을 각각 모형으로 나타낸 것이다.

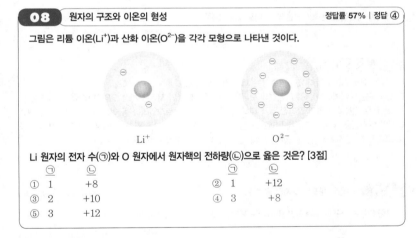

Li^+ O^{2-}

Li 원자의 전자 수(⑤)와 O 원자에서 원자핵의 전하량(ⓒ)으로 옳은 것은? [3점]

	⑤	ⓒ		⑤	ⓒ
①	1	+8	②	1	+12
③	2	+10	④	3	+8
⑤	3	+12			

Why? 왜 정답일까?
리튬 이온(Li⁺)은 리튬(Li) 원자가 전자를 1개 잃은 이온이다. Li⁺의 전자 수가 2이므로 Li 원자의 전자 수(⑤)는 3이다. 산화 이온(O²⁻)은 산소(O) 원자가 전자를 2개 얻은 이온이다. O²⁻의 전자 수가 10이므로 O 원자의 전자 수는 8이다. 원자는 전기적으로 중성이므로 O 원자에서 원자핵의 전하량(ⓒ)은 +8이다.

---

09 기체의 성질   정답률 75% | 정답 ③

그림 (가)는 물이 들어 있는 가는 유리관의 한쪽 끝을 손으로 막은 것을, (나)는 유리관을 손으로 감쌌을 때 물이 빠져나가는 것을 나타낸 것이다.

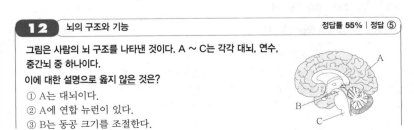

(가)   (나)

(가)에서 (나)로 될 때, 유리관 속 기체에 대한 옳은 설명만을 〈보기〉에서 있는 대로 고른 것은? (단, 물의 증발은 무시한다.)

─────── < 보 기 > ───────
ㄱ. 부피가 증가한다.
ㄴ. 분자 수가 증가한다.
ㄷ. 분자의 운동이 활발해진다.

① ㄱ   ② ㄴ   ③ ㄱ, ㄷ   ④ ㄴ, ㄷ   ⑤ ㄱ, ㄴ, ㄷ

Why? 왜 정답일까?
ㄱ, ㄷ. 물이 들어 있는 가는 유리관의 한쪽 끝을 막고 손으로 감싸면 유리관 속 기체의 온도가 높아지므로 분자 운동이 활발해지고 부피가 증가하여 물이 빠져나간다.

Why? 왜 오답일까?
ㄴ. 유리관 속 기체의 분자 수에는 변화가 없다.

---

10 기체 반응에서 기체의 부피 관계와 분자 모형   정답률 18% | 정답 ②

그림은 기체 반응 (가)와 (나)에서 부피 관계를 각각 모형으로 나타낸 것이다.

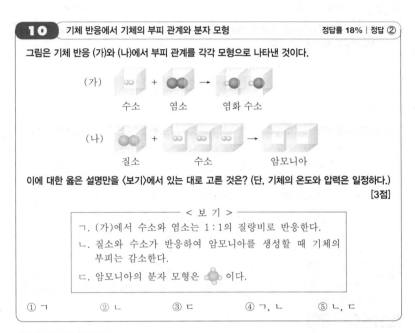

(가)   수소 + 염소 → 염화 수소
(나)   질소 + 수소 → 암모니아

이에 대한 옳은 설명만을 〈보기〉에서 있는 대로 고른 것은? (단, 기체의 온도와 압력은 일정하다.) [3점]

─────── < 보 기 > ───────
ㄱ. (가)에서 수소와 염소는 1 : 1의 질량비로 반응한다.
ㄴ. 질소와 수소가 반응하여 암모니아를 생성할 때 기체의 부피는 감소한다.
ㄷ. 암모니아의 분자 모형은 🔴 이다.

① ㄱ   ② ㄴ   ③ ㄷ   ④ ㄱ, ㄴ   ⑤ ㄴ, ㄷ

Why? 왜 정답일까?
ㄴ. 일정한 온도와 압력에서 질소와 수소가 반응하여 암모니아를 생성할 때 기체의 부피 비는 질소 : 수소 : 암모니아 = 1 : 3 : 2이므로 반응이 일어날 때 기체의 부피는 감소한다.

Why? 왜 오답일까?
ㄱ. (가)에서 수소와 염소는 1 : 1의 부피비로 반응한다.
ㄷ. 암모니아의 분자 모형은 🔴 이다.

---

11 광합성 과정   정답률 63% | 정답 ③

그림은 식물의 잎에서 일어나는 광합성을 나타낸 것이다. A와 B는 각각 산소와 이산화 탄소 중 하나이다.

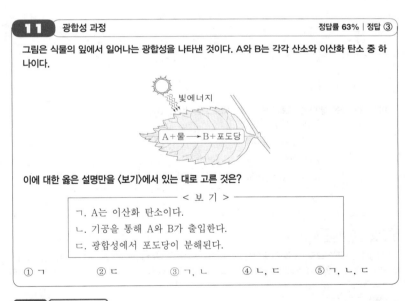

빛에너지
A+물 ──→ B+포도당

이에 대한 옳은 설명만을 〈보기〉에서 있는 대로 고른 것은?

─────── < 보 기 > ───────
ㄱ. A는 이산화 탄소이다.
ㄴ. 기공을 통해 A와 B가 출입한다.
ㄷ. 광합성에서 포도당이 분해된다.

① ㄱ   ② ㄷ   ③ ㄱ, ㄴ   ④ ㄴ, ㄷ   ⑤ ㄱ, ㄴ, ㄷ

Why? 왜 정답일까?
ㄱ. A는 이산화 탄소, B는 산소이다.
ㄴ. 기공은 식물의 잎 표면에 있는 작은 구멍으로, 공변세포로 이루어져 있다. 이산화 탄소와 산소는 기공을 통해 출입한다.

Why? 왜 오답일까?
ㄷ. 광합성은 빛에너지를 이용하여 이산화 탄소와 물이 반응해 포도당과 산소가 생성되는 과정이다.

---

12 뇌의 구조와 기능   정답률 55% | 정답 ⑤

그림은 사람의 뇌 구조를 나타낸 것이다. A ~ C는 각각 대뇌, 연수, 중간뇌 중 하나이다.

이에 대한 설명으로 옳지 않은 것은?
① A는 대뇌이다.
② A에 연합 뉴런이 있다.
③ B는 동공 크기를 조절한다.

22회

④ C는 심장 박동을 조절한다.
⑤ 뇌는 말초 신경계에 속한다.

Why? 왜 정답일까?

A는 대뇌, B는 중간뇌, C는 연수이다. 대뇌는 자극을 해석하고 명령을 내리며, 복잡한 정신 활동을 담당한다. 중간뇌는 동공의 크기를 조절하고, 연수는 심장 박동, 소화 운동, 호흡 운동 등을 조절한다. 연합 뉴런은 감각 뉴런으로부터 전달된 자극을 운동 뉴런으로 전달하며, 중추 신경계에 해당하는 뇌와 척수를 구성한다.
⑤ 뇌는 중추 신경계에 속한다. 말초 신경계는 뇌와 척수를 온몸의 조직이나 기관과 연결하며 몸의 각 부분에 그물처럼 퍼져 있다.

---

13 체세포 분열 과정   정답률 68% | 정답 ③

그림은 어떤 동물에서 체세포 분열이 일어나고 있는 여러 세포를 나타낸 것이다. A와 B는 각각 전기 세포와 중기 세포 중 하나이다.

이에 대한 옳은 설명만을 〈보기〉에서 있는 대로 고른 것은? (단, 돌연변이는 고려하지 않는다.) [3점]

─── 〈 보 기 〉 ───
ㄱ. A는 전기 세포이다.
ㄴ. B에서 염색체가 관찰된다.
ㄷ. 체세포 분열 결과 만들어진 딸세포는 모세포보다 염색체 수가 적다.

① ㄱ   ② ㄷ   ③ ㄱ, ㄴ   ④ ㄴ, ㄷ   ⑤ ㄱ, ㄴ, ㄷ

Why? 왜 정답일까?

ㄱ, ㄴ. A는 염색체가 나타나기 시작하는 체세포 분열 전기 세포이고, B는 체세포 분열 중기 세포로, 염색체가 세포 중앙에 배열되어 염색체를 관찰하기 쉽다.

Why? 왜 오답일까?

ㄷ. 체세포 분열 과정에서 모세포의 핵 속에 있는 유전 물질이 복제되었다가 분리되어 2개의 딸세포에 각각 전달되므로 체세포 분열 결과 만들어진 딸세포는 모세포와 염색체 수가 같다.

---

14 심장의 구조와 폐순환   정답률 31% | 정답 ②

그림은 사람의 심장 구조를 나타낸 것이다. A와 B는 각각 우심실과 좌심방 중 하나이다.

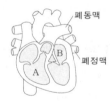

이에 대한 옳은 설명만을 〈보기〉에서 있는 대로 고른 것은? [3점]

─── 〈 보 기 〉 ───
ㄱ. B는 우심실이다.
ㄴ. A가 수축할 때 A와 폐동맥 사이의 판막이 닫힌다.
ㄷ. 혈액의 산소 농도는 폐정맥에서가 폐동맥에서보다 높다.

① ㄱ   ② ㄷ   ③ ㄱ, ㄴ   ④ ㄴ, ㄷ   ⑤ ㄱ, ㄴ, ㄷ

Why? 왜 정답일까?

ㄷ. 심장에서 폐동맥으로 빠져나간 혈액은 폐의 모세 혈관을 지나는 동안 폐포로부터 산소를 받는다. 산소 농도가 높아진 혈액이 폐정맥을 통해 심장으로 들어오므로 혈액의 산소 농도는 폐정맥에서가 폐동맥에서 보다 높다.

Why? 왜 오답일까?

ㄱ. A는 우심실, B는 좌심방이다.
ㄴ. 심방과 심실, 심실과 동맥 사이에는 혈액이 거꾸로 흐르는 것을 막는 판막이 있다. 우심실(A)이 수축할 때 혈액이 우심실(A)에서 폐동맥으로 이동하므로 우심실(A)과 폐동맥 사이의 판막이 열린다.

---

15 영양소 검출 반응 실험   정답률 46% | 정답 ④

다음은 영양소 검출 반응 실험이다.

[실험 과정 및 결과]
(가) 시험관 A~C에 달걀 흰자액을 각각 10 mL씩 넣는다.
(나) A에 증류수, B에 수단Ⅲ 용액, C에 뷰렛 용액(5% 수산화 나트륨 수용액 + 1% 황산 구리 수용액)을 0.5 mL씩 넣는다.

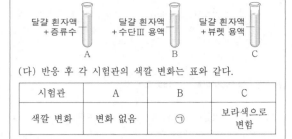

(다) 반응 후 각 시험관의 색깔 변화는 표와 같다.

시험관	A	B	C
색깔 변화	변화 없음	㉠	보라색으로 변함

이에 대한 옳은 설명만을 〈보기〉에서 있는 대로 고른 것은? [3점]

─── 〈 보 기 〉 ───
ㄱ. ㉠은 '청람색으로 변함'이다.
ㄴ. C의 색깔 변화로 달걀 흰자액에 단백질이 있음을 알 수 있다.
ㄷ. 수단Ⅲ 용액은 지방 검출에 이용한다.

① ㄱ   ② ㄷ   ③ ㄱ, ㄴ   ④ ㄴ, ㄷ   ⑤ ㄱ, ㄴ, ㄷ

Why? 왜 정답일까?

ㄴ. 뷰렛 용액은 단백질 검출에 이용하는 영양소 검출 시약이다. C에서 달걀 흰자액과 반응하여 시험관의 용액이 보라색으로 변한 것으로 보아 달걀 흰자액에는 단백질이 있음을 알 수 있다.
ㄷ. 수단Ⅲ 용액은 지방 검출에 이용하는 영양소 검출 시약으로 지방과 반응하면 용액이 선홍색으로 변한다.

Why? 왜 오답일까?

ㄱ. 달걀 흰자액에는 지방이 거의 없으므로 수단Ⅲ 용액을 넣은 B에서는 색깔 변화가 거의 나타나지 않는다.

---

16 대륙 이동설   정답률 47% | 정답 ⑤

다음은 베게너가 주장한 대륙 이동설의 증거에 대한 세 학생의 대화이다.

제시한 의견이 옳은 학생만을 있는 대로 고른 것은?

① A   ② C   ③ A, B   ④ B, C   ⑤ A, B, C

Why? 왜 정답일까?

베게너의 대륙 이동설의 대표적 증거로는 세 가지가 있다.
첫 번째로는 남아메리카 동쪽 해안선의 모양과 아프리카 대륙의 서쪽 해안선 모양이 대체로 유사함을 들 수 있다. 두 번째로는 멀리 떨어진 남극 대륙, 남아메리카, 오스트레일리아 등 여러 대륙에서 같은 종류의 화석이 발견됨을 들 수 있다. 세 번째로는 남극 대륙, 아프리카, 남아메리카 등 서로 떨어진 대륙을 하나로 모으면 각 대륙에서 발견된 빙하 흔적이 남극 대륙을 중심으로 분포함을 들 수 있다.

---

17 수권의 분포와 육지의 물 분포   정답률 77% | 정답 ③

그림 (가)는 지구의 수권 분포를, (나)는 육지의 물 분포를 나타낸 것이다.

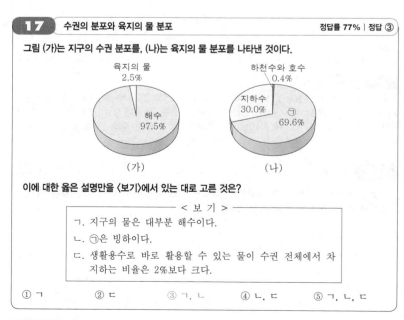

이에 대한 옳은 설명만을 〈보기〉에서 있는 대로 고른 것은?

─── 〈 보 기 〉 ───
ㄱ. 지구의 물은 대부분 해수이다.
ㄴ. ㉠은 빙하이다.
ㄷ. 생활용수로 바로 활용할 수 있는 물이 수권 전체에서 차지하는 비율은 2%보다 크다.

① ㄱ   ② ㄷ   ③ ㄱ, ㄴ   ④ ㄴ, ㄷ   ⑤ ㄱ, ㄴ, ㄷ

Why? 왜 정답일까?

ㄱ. 수권에서 해수가 차지하는 비율은 97.5%이므로 해수는 수권의 대부분을 차지한다.
ㄴ. 육지의 물에서 가장 큰 비율을 차지하는 것은 빙하이다.

ㄷ. 생활용수로 바로 활용할 수 있는 물은 하천수, 호수, 지하수와 같은 육지의 물로 수권 전체의 약 0.76%이다.

18 별의 일주 운동

정답률 46% | 정답 ①

그림은 어느 날 우리나라에서 관측한 별의 일주 운동 모습을 나타낸 것이다.

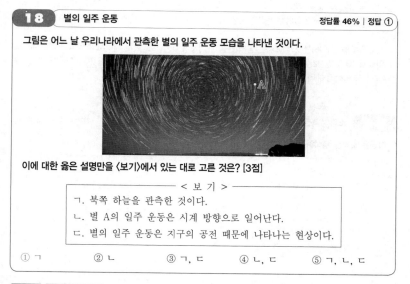

이에 대한 옳은 설명만을 〈보기〉에서 있는 대로 고른 것은? [3점]

< 보 기 >
ㄱ. 북쪽 하늘을 관측한 것이다.
ㄴ. 별 A의 일주 운동은 시계 방향으로 일어난다.
ㄷ. 별의 일주 운동은 지구의 공전 때문에 나타나는 현상이다.

① ㄱ   ② ㄴ   ③ ㄱ, ㄷ   ④ ㄴ, ㄷ   ⑤ ㄱ, ㄴ, ㄷ

Why? 왜 정답일까?

ㄱ. 북쪽 하늘을 관측하면 북두칠성과 같은 별들이 북극성을 중심으로 원을 그리며 시계 반대 방향으로 운동하는 것을 볼 수 있다. 이와 같이 지구 자전에 의해 천체가 하루에 한 바퀴씩 원을 그리면서 도는 운동을 천체의 일주 운동이라 한다. 남쪽 하늘을 보면 천체가 동쪽에서 서쪽으로 시계 방향으로 이동하는 것처럼 보인다.

Why? 왜 오답일까?

ㄴ. 별 A의 일주 운동은 북극성을 중심으로 시계 반대 방향으로 일어난다.
ㄷ. 별의 일주 운동은 지구의 자전 때문에 일어나는 겉보기 현상이다.

19 지구 온난화

정답률 81% | 정답 ④

그림 (가)는 1955년부터 2020년까지 지구의 평균 기온 변화를, (나)는 이 기간 동안 대기 중 이산화 탄소 농도 변화를 나타낸 것이다.

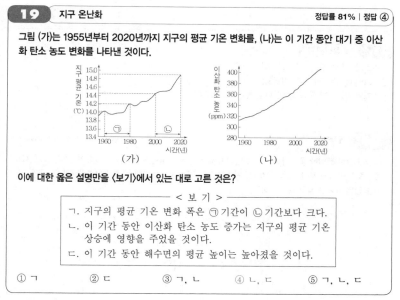

이에 대한 옳은 설명만을 〈보기〉에서 있는 대로 고른 것은?

< 보 기 >
ㄱ. 지구의 평균 기온 변화 폭은 ㉠ 기간이 ㉡ 기간보다 크다.
ㄴ. 이 기간 동안 이산화 탄소 농도 증가는 지구의 평균 기온 상승에 영향을 주었을 것이다.
ㄷ. 이 기간 동안 해수면의 평균 높이는 높아졌을 것이다.

① ㄱ   ② ㄷ   ③ ㄱ, ㄴ   ④ ㄴ, ㄷ   ⑤ ㄱ, ㄴ, ㄷ

Why? 왜 정답일까?

ㄴ. 대기 중에 이산화 탄소와 같은 온실 기체의 양이 증가하면 대기의 온실 효과가 증가하여 지구의 평균 기온이 상승한다.
ㄷ. 지구 온난화의 영향으로 해수면이 상승한다.

Why? 왜 오답일까?

ㄱ. 지구의 평균 기온 변화 폭은 ㉠ 기간이 ㉡ 기간보다 작다.

20 팽창하는 우주

정답률 83% | 정답 ⑤

다음은 우주 팽창에 따른 은하 사이의 거리 변화를 알아보기 위한 모형 실험이다.

[실험 과정]
(가) 풍선을 작게 분 다음 ㉠스티커 A ~ D를 붙인다.
(나) A와 B, A와 C, A와 D 사이의 거리를 각각 줄자로 잰다.
(다) 풍선을 크게 분 다음 (나)의 과정을 반복한다.

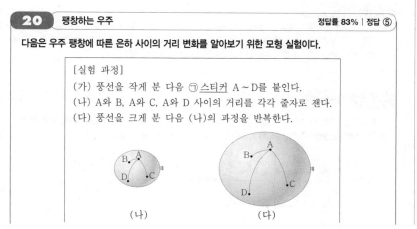

(나)   (다)

[실험 결과]

과정	A와 B 사이의 거리(cm)	A와 C 사이의 거리(cm)	A와 D 사이의 거리(cm)
(나)	4	8	10
(다)	8	16	20

이에 대한 옳은 설명만을 〈보기〉에서 있는 대로 고른 것은? [3점]

< 보 기 >
ㄱ. ㉠은 은하에 해당한다.
ㄴ. B와 C 사이의 거리는 (나)보다 (다)에서 멀다.
ㄷ. 스티커 사이의 거리가 멀수록 풍선의 팽창에 따른 거리 변화값이 크다.

① ㄱ   ② ㄴ   ③ ㄱ, ㄷ   ④ ㄴ, ㄷ   ⑤ ㄱ, ㄴ, ㄷ

Why? 왜 정답일까?

ㄱ, ㄴ, ㄷ. 빅뱅 우주론에 의하면 우주 탄생 이후 우주는 계속 팽창하고 있다. 우주가 팽창함에 따라 은하 사이의 거리가 멀어지고, 은하 사이의 거리가 멀수록 우주 팽창에 따른 은하 사이의 거리 변화값이 더 크다. 이를 풍선의 팽창을 이용하여 실험한 것이 우주 팽창 모형 실험이다. 실험에서 스티커는 은하에 해당하며, 풍선이 팽창함에 따라 스티커 사이의 거리가 서로 멀어진다. 스티커 사이의 거리가 멀수록 풍선의 팽창에 따른 거리 변화값이 크다.

22회

---

01 열의 이동   정답률 72% | 정답 ④

그림은 열의 이동과 관련된 현상 A ~ C를 나타낸 것이다.

A: 촛불 위에서 바람   B: 에어컨의 찬 공기가   C: 난로를 쬐는 손바닥이
개비가 돌아간다.   아래로 내려온다.   손등보다 따뜻하다.

대류에 의한 현상만을 있는 대로 고른 것은?

① A   ② B   ③ C   ④ A, B   ⑤ B, C

Why? 왜 정답일까?

A. 촛불에 의해 뜨거워진 공기가 위로 올라가며 바람개비를 돌아가게 하는 것은 대류에 의한 현상이다.
B. 에어컨의 찬 공기가 주변 공기보다 차가워서 아래로 내려오는 것은 대류에 의한 현상이다.

Why? 왜 오답일까?

C. 난로를 쬐는 손바닥이 손등보다 따뜻한 것은 열이 빛의 형태로 전달되는 복사에 의한 현상이다.

---

02 정전기 유도   정답률 48% | 정답 ④

그림은 대전되지 않은 금속구 A와 대전된 금속구 B가 음(-) 전하로 대전된 막대 P에 의해 각각
끌려오거나 밀려나는 모습을 나타낸 것이다. A와 B는 절연된 실에 매달려 있다.

이에 대한 옳은 설명만을 〈보기〉에서 있는 대로 고른 것은? (단, A, B, P는 서로 접촉하지 않는
다.) [3점]

─── < 보 기 > ───
ㄱ. A에서 전자는 P에 가까운 쪽으로 이동한다.
ㄴ. B는 음(-)전하로 대전되어 있다.
ㄷ. P를 제거하면, A와 B에는 서로 당기는 전기력이 작용한다.

① ㄱ   ② ㄴ   ③ ㄱ, ㄷ   ④ ㄴ, ㄷ   ⑤ ㄱ, ㄴ, ㄷ

Why? 왜 정답일까?

ㄴ. B가 음(-)전하로 대전된 P에 의해 밀려나는 것으로 보아, P와 B는 서로 같은 종류의 전하로 대전되
어 있음을 알 수 있다. 따라서 B는 음(-)전하로 대전되어 있다.
ㄷ. P를 제거하여도 음(-)전하로 대전된 B에 의해 A에 정전기 유도 현상이 발생하여 A에서 B에 가까운
쪽에는 양(+)전하가 유도되기 때문에 A와 B에는 서로 당기는 전기력이 작용한다.

Why? 왜 오답일까?

ㄱ. 정전기 유도에 의해 A에서 전자는 P로부터 먼 쪽으로 이동한다.

---

03 역학적 에너지 보존   정답률 38% | 정답 ①

그림은 두 공 A와 B를 각각 지면으로부터 높이가 $2h$와 h인 지점에서 가만히 놓았을 때, A와 B가
자유 낙하하는 모습을 나타낸 것이다. A와 B의 질량은 각각 m과 $2m$이다.

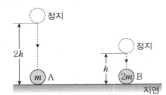

지면에 도달하는 순간, A가 B보다 큰 물리량만을 〈보기〉에서 있는 대로 고른 것은? (단, 지면에서
공의 위치 에너지는 0이고, 공의 크기와 공기 저항은 무시한다.)

─── < 보 기 > ───
ㄱ. 속력   ㄴ. 운동 에너지   ㄷ. 역학적 에너지

① ㄱ   ② ㄷ   ③ ㄱ, ㄴ
④ ㄴ, ㄷ   ⑤ ㄱ, ㄴ, ㄷ

Why? 왜 정답일까?

ㄱ. 지면에 도달할 때까지 걸린 시간이 A가 B보다 길기 때문에 지면에 도달하는 순간의 속력도 A가 B보
다 크다.

Why? 왜 오답일까?

ㄴ. 자유 낙하를 시작하는 지점에서 A와 B의 위치 에너지는 지면을 기준으로 각각 $mg(2h)$와 $(2m)gh$이
므로 서로 같다. 지면에 도달하는 순간의 운동 에너지는 위치 에너지의 감소량과 같으므로 A와 B가 서로
같다.
ㄷ. 자유 낙하를 시작하는 지점에서는 공의 운동 에너지가 0이므로, 위치 에너지와 역학적 에너지가 같
다. 역학적 에너지는 보존되므로 출발점에서 A와 B의 역학적 에너지가 서로 같으면 지면에 도달하는 순
간 A와 B의 역학적 에너지도 서로 같다.

---

04 소리의 특징   정답률 80% | 정답 ⑤

다음은 소리를 분석하는 실험이다.

[실험 과정]
(가) 서로 다른 두 소리굽쇠에서 발생하는 소리를 각각 녹음
한다.
(나) 소리 분석 프로그램을 이용하여 녹음된 소리 A, B를
분석한다.

[실험 결과]

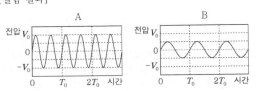

이에 대한 옳은 설명만을 〈보기〉에서 있는 대로 고른 것은?

─── < 보 기 > ───
ㄱ. 소리의 주기는 A가 B보다 짧다.
ㄴ. 소리의 높이는 A가 B보다 높다.
ㄷ. 소리의 크기는 A가 B보다 크다.

① ㄱ   ② ㄴ   ③ ㄱ, ㄷ   ④ ㄴ, ㄷ   ⑤ ㄱ, ㄴ, ㄷ

Why? 왜 정답일까?

ㄱ. 소리의 주기는 B가 A의 2배이다.
ㄴ. 소리의 높이는 진동수에 비례하므로 A가 B의 2배이다.
ㄷ. 소리의 크기는 진폭에 비례하므로 A가 B의 2배이다.

---

05 탄성력   정답률 49% | 정답 ③

그림과 같이 동일한 용수철 A와 B가 연직 아래로 같은 길이만큼 늘어난 채 정지해 있다. A와 B의
탄성력의 크기는 각각 F_A와 F_B이고, 왼손이 A를 직접 당기는 힘과 오른손이 B에 매달린 추를 당
기는 힘의 크기는 각각 f_A와 f_B이다.

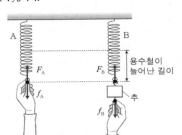

힘의 크기를 옳게 비교한 것은? [3점]

	탄성력의 크기	손이 당기는 힘의 크기		탄성력의 크기	손이 당기는 힘의 크기
①	$F_A > F_B$	$f_A > f_B$	②	$F_A > F_B$	$f_A < f_B$
③	$F_A = F_B$	$f_A > f_B$	④	$F_A = F_B$	$f_A = f_B$
⑤	$F_A < F_B$	$f_A < f_B$			

Why? 왜 정답일까?

탄성력의 크기는 용수철이 늘어난 길이에 비례한다. A와 B의 늘어난 길이가 같으므로 A와 B의 탄성력
의 크기도 같다. 왼손이 A를 직접 당기는 힘의 크기는, 오른손이 B에 매달린 추를 당기는 힘의 크기와 추
의 무게를 합한 것과 같다. 따라서 왼손이 오른손보다 더 큰 힘으로 당긴다.

---

06 기체의 성질   정답률 63% | 정답 ⑤

그림 (가)는 t_1℃에서 실린더에 헬륨(He) 기체가 들어 있는 모습을, (나)는 피스톤 위에 추를 올려
놓았을 때의 모습을, (다)는 온도를 t_2℃로 변화시켰을 때의 모습을 나타낸 것이다.

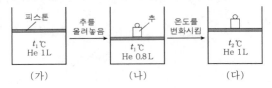

이에 대한 옳은 설명만을 〈보기〉에서 있는 대로 고른 것은? (단, 대기압은 일정하고, 피스톤의 질량과 마찰은 무시한다.)

> ── < 보 기 > ──
> ㄱ. 실린더 속 기체의 압력은 (나)>(가)이다.
> ㄴ. $t_2 > t_1$이다.
> ㄷ. 실린더 속 기체 분자의 운동은 (다)에서가 (나)에서보다 활발하다.

① ㄱ   ② ㄷ   ③ ㄱ, ㄴ   ④ ㄴ, ㄷ   ⑤ ㄱ, ㄴ, ㄷ

Why? 왜 정답일까?

ㄱ. 피스톤 위에 추를 올려놓으면 기체의 부피가 감소하고 실린더 속 기체의 압력이 증가한다.
ㄴ. 일정한 압력에서 기체의 온도가 높아지면 부피가 증가한다. (나) → (다)에서 기체의 온도를 변화시켰을 때 기체의 부피가 증가하므로 $t_2 > t_1$이다.
ㄷ. 기체의 온도가 높아지면 기체 분자의 운동이 활발해진다. 기체의 온도는 (다)에서가 (나)에서보다 높으므로 기체 분자의 운동은 (다)에서가 (나)에서보다 활발하다.

---

07   물질의 상태 변화   정답률 15% | 정답 ③

그림은 고체 물질 X를 일정한 열원으로 가열할 때 시간에 따른 온도를 나타낸 것이다.

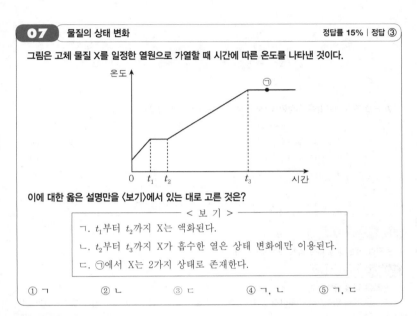

이에 대한 옳은 설명만을 〈보기〉에서 있는 대로 고른 것은?

> ── < 보 기 > ──
> ㄱ. t_1부터 t_2까지 X는 액화된다.
> ㄴ. t_2부터 t_3까지 X가 흡수한 열은 상태 변화에만 이용된다.
> ㄷ. ㉠에서 X는 2가지 상태로 존재한다.

① ㄱ   ② ㄴ   ③ ㄷ   ④ ㄱ, ㄴ   ⑤ ㄱ, ㄷ

Why? 왜 정답일까?

물질을 가열하면 녹는점과 끓는점에서 가해 준 열은 물질의 상태 변화에 이용되므로 온도가 일정하다.
ㄷ. t_1부터 t_2까지 X의 온도는 일정하므로 X는 고체에서 액체로 상태가 변하고, t_3 이후 X의 온도는 일정하므로 X는 액체에서 기체로 상태가 변한다. ㉠에서 X는 액체와 기체 2가지 상태로 존재한다.

Why? 왜 오답일까?

ㄱ. t_1부터 t_2까지 X는 융해된다.
ㄴ. t_2부터 t_3까지 X가 흡수한 열은 X의 온도를 높이는 데 이용된다.

---

08   이온의 형성 과정   정답률 50% | 정답 ①

표는 원자 X ~ Z의 이온에 대한 자료이다.

이온	X^{2+}	Y^-	Z^{2-}
전자 수	10	10	10

이에 대한 옳은 설명만을 〈보기〉에서 있는 대로 고른 것은? (단, X ~ Z는 임의의 원소 기호이다.) [3점]

> ── < 보 기 > ──
> ㄱ. 원자 X가 전자 2개를 잃어 X^{2+}이 된다.
> ㄴ. 원자의 전자 수는 Y > X이다.
> ㄷ. 원자핵의 전하량은 Z^{2-} > Y^-이다.

① ㄱ   ② ㄴ   ③ ㄱ, ㄷ   ④ ㄴ, ㄷ   ⑤ ㄱ, ㄴ, ㄷ

Why? 왜 정답일까?

X^{2+}은 원자 X가 전자 2개를 잃어 생성되므로 X의 전자 수는 10+2=12이고, Y^-은 원자 Y가 전자 1개를 얻어 생성되므로 Y의 전자 수는 10−1=9이며, Z^{2-}은 원자 Z가 전자 2개를 얻어 생성되므로 Z의 전자 수는 10−2=8이다.
원자는 전기적으로 중성이므로 원자핵의 전하량의 크기와 전자의 총전하량의 크기가 같다. 원자핵의 전하량은 X^{2+}>Y^->Z^{2-}이다.

원자	X	Y	Z
전자 수	12	9	8

---

09   혼합물을 분리하는 방법   정답률 96% | 정답 ②

그림은 스타이로폼 공과 쇠공이 함께 들어 있는 비커에 물을 넣었을 때 공이 분리되는 것을 나타낸 것이다.

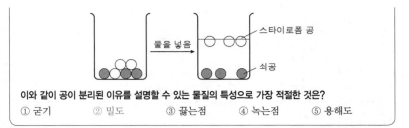

이와 같이 공이 분리된 이유를 설명할 수 있는 물질의 특성으로 가장 적절한 것은?

① 굳기   ② 밀도   ③ 끓는점   ④ 녹는점   ⑤ 용해도

Why? 왜 정답일까?

스타이로폼 공과 쇠공이 함께 들어 있는 비커에 물을 넣으면, 물보다 밀도가 큰 쇠공은 물 밑으로 가라앉고 물보다 밀도가 작은 스타이로폼 공은 물 위로 떠오른다. 스타이로폼 공과 쇠공이 분리된 것은 물질의 특성 중 밀도 차이로 설명할 수 있다.

---

10   화학 반응의 규칙   정답률 44% | 정답 ②

표는 용기에 X와 Y를 넣고 한 가지 물질이 모두 소모될 때까지 반응시킨 실험 Ⅰ과 Ⅱ에 대한 자료이다. X와 Y가 반응하여 Z가 생성되고, Ⅰ에서 반응 후 남은 반응물의 질량은 2g이다.

실험	반응 전		반응 후
	X의 질량(g)	Y의 질량(g)	Z의 질량(g)
Ⅰ	1	6	5
Ⅱ	3	x	10

x는? [3점]

① 7   ② 8   ③ 11   ④ 12   ⑤ 15

Why? 왜 정답일까?

Ⅰ에서 남은 반응물의 질량이 2g이고 반응 전 X의 질량이 1g이므로 남은 반응물은 Y이다. 반응물의 총질량과 생성물의 총질량이 같다는 질량 보존 법칙에 따라 X 1g과 Y 4g이 반응하면 Z 5g이 생성된다.
Ⅱ에서 Z 10g이 생성되었으므로 반응한 X의 질량은 2g이고 Y의 질량은 8g이다. 따라서 x=8이다.

실험	반응 전 질량		반응 후 질량	
	X	Y	남은 반응물	Z
Ⅰ	1g	6g	Y 2g	5g
Ⅱ	3g	8g	X 1g	10g

---

11   생물의 분류 체계   정답률 17% | 정답 ⑤

표는 생물 (가)와 (나)에서 핵막과 세포벽의 유무를 나타낸 것이다. (가)와 (나)는 각각 대장균과 아메바 중 하나이다.

구분	핵막	세포벽
(가)	있음	없음
(나)	없음	있음

이에 대한 옳은 설명만을 〈보기〉에서 있는 대로 고른 것은? [3점]

> ── < 보 기 > ──
> ㄱ. (가)는 아메바이다.
> ㄴ. (나)는 단세포 생물이다.
> ㄷ. (나)는 원핵생물계에 속한다.

① ㄱ   ② ㄴ   ③ ㄱ, ㄷ   ④ ㄴ, ㄷ   ⑤ ㄱ, ㄴ, ㄷ

Why? 왜 정답일까?

핵막이 있고 세포벽이 없는 (가)는 아메바이고, 핵막이 없고 세포벽이 있는 (나)는 대장균이다.
대장균은 한 개의 세포로 이루어진 단세포 생물이다. 원핵생물계는 핵막이 없는 생물의 무리이며, 남세균과 대장균 등이 이에 속한다.

---

12   자극의 전달 경로   정답률 78% | 정답 ④

그림은 뉴런 A ~ C가 연결된 모습을 나타낸 것이다. A ~ C는 각각 연합 뉴런, 운동 뉴런, 감각 뉴런 중 하나이다.

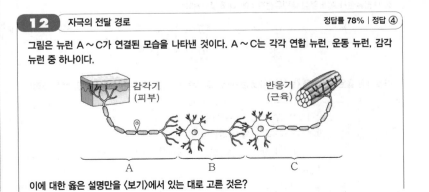

이에 대한 옳은 설명만을 〈보기〉에서 있는 대로 고른 것은?

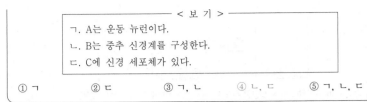

① ㄱ   ② ㄷ   ③ ㄱ, ㄴ   ④ ㄴ, ㄷ   ⑤ ㄱ, ㄴ, ㄷ

Why? 왜 정답일까?

ㄱ. 정상인 부모로부터 유전병 (가)가 나타나는 자녀가 태어났으므로 유전병 (가)는 열성이고 정상은 우성이다. 아버지는 정상이므로 우성 대립유전자 A를 가지며, 자녀에게 열성 대립유전자를 물려주어야 하므로 a도 가진다. 따라서 아버지는 A와 a를 모두 가진다.

ㄴ. 딸과 아들에게서 모두 열성인 유전병 (가)가 나타나므로 이들의 유전자형은 aa이다.

Why? 왜 오답일까?

ㄷ. 유전자형이 Aa인 부모로부터 셋째 아이가 태어날 때, 그 아이에게서 유전병 (가)가 나타나려면 아버지와 어머니로부터 모두 a를 물려받아야 하므로 구하고자 하는 확률은 $\frac{1}{2} \times \frac{1}{2} = \frac{1}{4}$ 이다.

---

13 혈액의 구성 성분   정답률 72% | 정답 ②

그림은 혈액의 구성 성분 A ~ C를 나타낸 것이다. A ~ C는 각각 혈소판, 적혈구, 백혈구 중 하나이다.

이에 대한 설명으로 옳지 <u>않은</u> 것은?

① A는 백혈구이다.   ② B는 식균 작용을 한다.
③ B에 헤모글로빈이 있다.   ④ C는 혈액 응고에 관여한다.
⑤ A ~ C는 모두 혈구에 해당한다.

Why? 왜 정답일까?

A는 백혈구, B는 적혈구, C는 혈소판이다.
백혈구는 혈구 중 크기가 가장 크고 핵을 가지며, 몸속에 침입한 세균 등을 잡아먹는 식균 작용을 한다. 적혈구는 가운데가 오목한 원반 모양이며 붉은 색소인 헤모글로빈을 가진다. 혈소판은 혈구 중 크기가 가장 작고 모양이 일정하지 않으며, 상처 부위의 출혈을 멈추게 하는 혈액 응고 작용에 관여한다.

---

14 광합성에 필요한 물질   정답률 73% | 정답 ⑤

다음은 검정말을 이용한 광합성 실험이다.

[실험 과정 및 결과]

(가) ㉠날숨을 불어넣어 노란색으로 변화시킨 BTB 용액을 시험관 A ~ C에 넣는다.

(나) 그림과 같이 B와 C에만 검정말을 넣고, C는 빛이 통하지 않도록 은박지로 감싼다.

(다) 일정 시간 동안 빛을 비춘 후 A ~ C의 BTB 용액 색깔을 관찰한 결과는 표와 같다. ⓐ는 노란색과 파란색 중 하나이다.

시험관	A	B	C
색깔	노란색	파란색	ⓐ

이에 대한 옳은 설명만을 〈보기〉에서 있는 대로 고른 것은? (단, 제시된 조건 이외의 조건은 같다.) [3점]

< 보 기 >

ㄱ. ㉠에 이산화 탄소가 있다.
ㄴ. (다)의 B에서 광합성이 일어났다.
ㄷ. ⓐ는 노란색이다.

① ㄱ   ② ㄷ   ③ ㄱ, ㄴ   ④ ㄴ, ㄷ   ⑤ ㄱ, ㄴ, ㄷ

Why? 왜 정답일까?

날숨에는 이산화 탄소가 포함되어 있다. 이산화 탄소가 BTB 용액에 녹으면 BTB 용액은 노란색으로 변한다. B에 넣은 검정말은 빛을 받아 광합성을 하는 과정에서 이산화 탄소를 흡수하므로 B의 BTB 용액은 노란색에서 파란색으로 변한다. 은박지로 감싸 빛이 차단된 C에 넣은 검정말은 광합성은 못하고 호흡만 하므로 C의 BTB 용액 색깔은 노란색이다.

---

15 사람의 유전 연구 방법   정답률 69% | 정답 ③

그림은 아버지, 어머니, 딸, 아들로 구성된 어떤 가족의 유전병 (가)에 대한 가계도이다. (가)는 우성 대립유전자 A와 열성 대립유전자 a에 의해 결정된다.

□ 정상 남자
○ 정상 여자
■ 유전병 (가) 남자
● 유전병 (가) 여자

이에 대한 옳은 설명만을 〈보기〉에서 있는 대로 고른 것은? (단, 돌연변이는 고려하지 않는다.) [3점]

< 보 기 >

ㄱ. 아버지는 A와 a를 모두 가진다.
ㄴ. 딸과 아들은 (가)의 유전자형이 같다.
ㄷ. 셋째 아이가 태어날 때, 이 아이에게서 (가)가 나타날 확률은 $\frac{1}{2}$ 이다.

---

16 지구 내부의 층상 구조   정답률 64% | 정답 ①

그림은 지구 내부의 층상 구조를 나타낸 것이다.

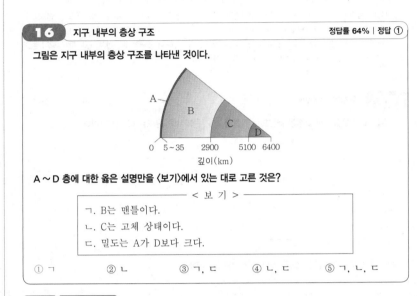

A ~ D 층에 대한 옳은 설명만을 〈보기〉에서 있는 대로 고른 것은?

< 보 기 >

ㄱ. B는 맨틀이다.
ㄴ. C는 고체 상태이다.
ㄷ. 밀도는 A가 D보다 크다.

① ㄱ   ② ㄴ   ③ ㄱ, ㄷ   ④ ㄴ, ㄷ   ⑤ ㄱ, ㄴ, ㄷ

Why? 왜 정답일까?

A는 지각, B는 맨틀, C는 외핵, D는 내핵이다.

Why? 왜 오답일까?

ㄴ. 외핵은 액체 상태이다.
ㄷ. 지각은 주로 암석으로 이루어져 있으며 내핵은 주로 금속 성분으로 이루어져 있다. 밀도는 A가 D보다 작다.

---

17 별의 밝기와 거리의 관계   정답률 77% | 정답 ⑤

그림은 별 S에서 나온 빛이 거리가 멀어짐에 따라 퍼져 나가는 모습을 나타낸 것이다.

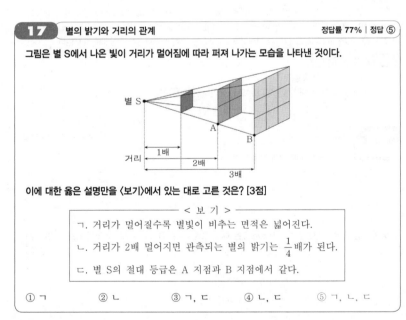

이에 대한 옳은 설명만을 〈보기〉에서 있는 대로 고른 것은? [3점]

< 보 기 >

ㄱ. 거리가 멀어질수록 별빛이 비추는 면적은 넓어진다.
ㄴ. 거리가 2배 멀어지면 관측되는 별의 밝기는 $\frac{1}{4}$ 배가 된다.
ㄷ. 별 S의 절대 등급은 A 지점과 B 지점에서 같다.

① ㄱ   ② ㄴ   ③ ㄱ, ㄷ   ④ ㄴ, ㄷ   ⑤ ㄱ, ㄴ, ㄷ

Why? 왜 정답일까?

ㄱ. 거리가 멀어질수록 별빛이 비추는 면적은 넓어진다. 별 S까지의 거리가 2배, 3배가 되면 별빛이 비추는 면적은 각각 4배, 9배가 된다.
ㄴ. 거리가 2배 멀어지면 별빛이 비추는 면적이 4배가 되므로 어느 한지점에서 관측되는 별의 밝기는 $\frac{1}{4}$ 배가 된다.
ㄷ. 별 S의 절대 등급은 별 S가 10pc에 있다고 가정할 때의 밝기이므로 거리에 관계 없이 항상 일정하다.

---

18 조석 현상   정답률 78% | 정답 ②

그림은 서해안에서 관측한, 조석 현상에 의한 해수면의 높이 변화를 나타낸 것이다.

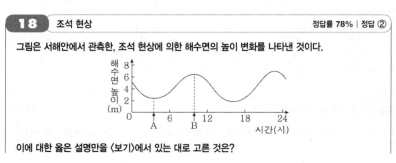

이에 대한 옳은 설명만을 〈보기〉에서 있는 대로 고른 것은?

< 보기 >
ㄱ. A일 때 만조이다.
ㄴ. 6시에는 밀물이 나타난다.
ㄷ. 이날 갯벌이 가장 넓게 드러나는 때는 B이다.

① ㄱ ② ㄴ ③ ㄱ, ㄷ ④ ㄴ, ㄷ ⑤ ㄱ, ㄴ, ㄷ

Why? 왜 정답일까?

ㄴ. 6시에는 해수면의 높이가 높아지고 있으므로 밀물이 나타난다.

Why? 왜 오답일까?

ㄱ. 밀물에 의해 해수면이 가장 높아진 때를 만조, 썰물에 의해 해수면이 가장 낮아진 때를 간조라고 한다. A일 때 간조, B일 때 만조이다.
ㄷ. 갯벌은 A와 같은 간조일 때 넓게 드러난다.

19 지구의 복사 평형의 원리
정답률 83% | 정답 ③

다음은 지구의 복사 평형의 원리를 알아보기 위한 실험이다.

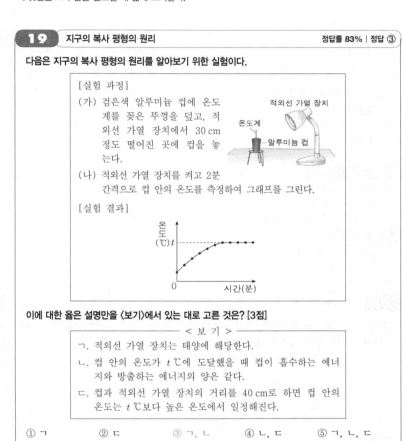

[실험 과정]
(가) 검은색 알루미늄 컵에 온도계를 꽂은 뚜껑을 덮고, 적외선 가열 장치에서 30 cm 정도 떨어진 곳에 컵을 놓는다.
(나) 적외선 가열 장치를 켜고 2분 간격으로 컵 안의 온도를 측정하여 그래프를 그린다.

[실험 결과]

이에 대한 옳은 설명만을 〈보기〉에서 있는 대로 고른 것은? [3점]
< 보기 >
ㄱ. 적외선 가열 장치는 태양에 해당한다.
ㄴ. 컵 안의 온도가 t ℃에 도달했을 때 컵이 흡수하는 에너지와 방출하는 에너지의 양은 같다.
ㄷ. 컵과 적외선 가열 장치의 거리를 40 cm로 하면 컵 안의 온도는 t ℃보다 높은 온도에서 일정해진다.

① ㄱ ② ㄷ ③ ㄱ, ㄴ ④ ㄴ, ㄷ ⑤ ㄱ, ㄴ, ㄷ

Why? 왜 정답일까?

ㄱ. 적외선 가열 장치는 태양, 알루미늄 컵은 지구에 해당한다.
ㄴ. 적외선 가열 장치로 알루미늄 컵을 가열하면 컵 안의 온도는 점점 증가하다가 온도가 t ℃에 도달한 이후 일정하게 유지된다. 컵 안의 온도가 일정한 이유는 컵이 흡수하는 에너지와 방출하는 에너지의 양이 같기 때문이다.

Why? 왜 오답일까?

ㄷ. 컵과 적외선 가열 장치의 거리를 40 cm로 늘리면 컵 안의 온도는 30 cm일 때보다 낮은 온도에서 평형을 이룬다.

20 일식의 원리
정답률 62% | 정답 ④

그림은 어느 날 일식이 일어났을 때 태양, 달, 지구의 상대적인 위치를 나타낸 것이다.

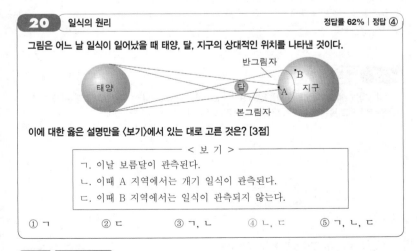

이에 대한 옳은 설명만을 〈보기〉에서 있는 대로 고른 것은? [3점]
< 보기 >
ㄱ. 이날 보름달이 관측된다.
ㄴ. 이때 A 지역에서는 개기 일식이 관측된다.
ㄷ. 이때 B 지역에서는 일식이 관측되지 않는다.

① ㄱ ② ㄷ ③ ㄱ, ㄴ ④ ㄴ, ㄷ ⑤ ㄱ, ㄴ, ㄷ

Why? 왜 정답일까?

ㄴ. A 지역은 달의 본그림자에 위치하므로 달이 태양을 완전히 가리는 개기 일식이 관측되는 지역이다. 본그림자에 위치하는 지역에서는 개기 일식, 반그림자에 위치하는 지역에서는 부분 일식이 관측된다.
ㄷ. B 지역은 반그림자의 바깥에 위치하므로 일식이 관측되지 않는다.

Why? 왜 오답일까?

ㄱ. 지구를 기준으로 태양과 달이 같은 방향에 위치할 때 달의 위상은 삭이다.

• 정답 •
01 ③ 02 ① 03 ④ 04 ④ 05 ① 06 ① 07 ⑤ 08 ④ 09 ② 10 ② 11 ④ 12 ③ 13 ⑤ 14 ② 15 ③
16 ⑤ 17 ③ 18 ① 19 ⑤ 20 ①

01 역학적 에너지 보존
정답률 77% | 정답 ③

다음은 선생님이 제시한 과제와 학생 A, B, C의 답변이다.

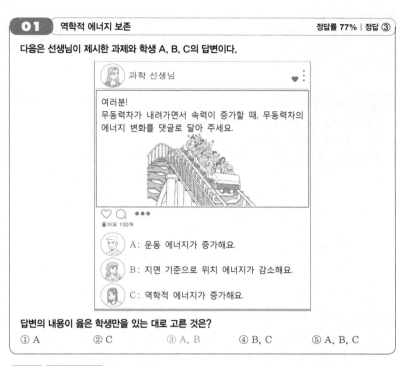

과학 선생님

여러분!
무동력차가 내려가면서 속력이 증가할 때, 무동력차의 에너지 변화를 댓글로 달아 주세요.

좋아요 100개

A: 운동 에너지가 증가해요.
B: 지면 기준으로 위치 에너지가 감소해요.
C: 역학적 에너지가 증가해요.

답변의 내용이 옳은 학생만을 있는 대로 고른 것은?
① A ② C ③ A, B ④ B, C ⑤ A, B, C

Why? 왜 정답일까?

A : 무동력차의 운동 에너지는 속력의 제곱에 비례하여 증가한다.
B : 지면 기준으로 위치 에너지는 높이에 비례하여 증가한다. 무동력차가 내려오면서 높이가 감소하므로 위치 에너지가 감소한다.

Why? 왜 오답일까?

C : 역학적 에너지는 위치 에너지와 운동 에너지의 합이다. 무동력차가 운동할 때, 위치 에너지가 감소하는 만큼 운동 에너지가 증가하여 역학적 에너지가 일정하게 유지된다.

02 저항, 전류, 전압의 관계
정답률 55% | 정답 ①

다음은 전압과 전류의 관계를 알아보는 실험 과정이다.

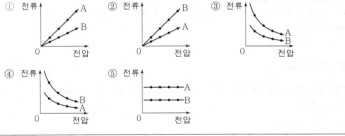

[실험 과정]
(가) 저항값이 100 Ω인 니크롬선 A를 전원 장치에 연결한 회로를 구성한다.
(나) 스위치를 닫고 전원 장치의 전압을 증가시키며 니크롬선에 걸리는 전압과 니크롬선에 흐르는 전류의 세기를 측정한다.
(다) (가)에서 A를 저항값이 200 Ω인 니크롬선 B로 바꾼 후 (나)를 수행한다.

A, B에 흐르는 전류의 세기를 전압에 따라 나타낸 그래프로 가장 적절한 것은? [3점]

Why? 왜 정답일까?

니크롬선의 저항값이 일정할 때, 니크롬선에 흐르는 전류의 세기는 니크롬선에 걸리는 전압에 비례하여 증가한다. 니크롬선에 걸리는 전압이 일정할 때, 니크롬선에 흐르는 전류의 세기는 니크롬선의 저항값에 반비례한다. 따라서 같은 전압에서 전류의 세기는 A에서 B에서보다 크다.

03 빛의 합성
정답률 71% | 정답 ④

그림은 빛의 삼원색에 해당하는 빨강, 초록, 파랑 빛이 나오는 화소로 구성된 화면에서 색을 표현할 때, 화면의 각 지점 A와 B를 확대한 모습을 나타낸 것이다. A에서는 초록빛이, B에서는 빨강 빛이 나오는 화소가 꺼져 있다.

○ : 켜진 화소
● : 꺼진 화소

A와 B에서 표현한 색으로 가장 적절한 것은? (단, 켜진 화소의 밝기는 모두 같다.)

	A	B		A	B		A	B
①	노란색	자홍색	②	노란색	청록색	③	자홍색	노란색
④	자홍색	청록색	⑤	청록색	자홍색			

Why? 왜 정답일까?

영상 장치의 화면은 빛의 삼원색에 해당하는 빨강, 초록, 파랑 빛을 합성하여 다양한 색을 표현한다.
빨강 빛과 파랑 빛이 같은 세기로 합성된 A에서는 자홍색이, 초록빛과 파랑 빛이 같은 세기로 합성된 B에서는 청록색이 표현된다.

---

04 열의 이동과 열평형 정답률 81% | 정답 ④

그림은 물체 A를 액체 B에 넣은 후, A와 B의 온도를 시간에 따라 나타낸 것이다. t일 때 A와 B의 온도가 같아졌다.
이에 대한 옳은 설명만을 〈보기〉에서 있는 대로 고른 것은? (단, 열은 A와 B 사이에서만 이동한다.)

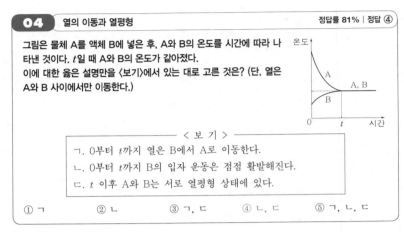

― 〈 보기 〉 ―
ㄱ. 0부터 t까지 열은 B에서 A로 이동한다.
ㄴ. 0부터 t까지 B의 입자 운동은 점점 활발해진다.
ㄷ. t 이후 A와 B는 서로 열평형 상태에 있다.

① ㄱ   ② ㄴ   ③ ㄱ, ㄷ   ④ ㄴ, ㄷ   ⑤ ㄱ, ㄴ, ㄷ

Why? 왜 정답일까?

ㄴ. 온도가 높을수록 입자 운동은 활발하다. 0부터 t까지 B의 온도는 증가하므로 0부터 t까지 B의 입자 운동이 점점 활발해진다.
ㄷ. t 이후 A와 B의 온도가 같은 상태로 일정하게 유지되므로 t 이후 A와 B는 서로 열평형 상태에 있다.

Why? 왜 오답일까?

ㄱ. 열은 고온의 물체에서 저온의 물체로 이동한다. 0부터 t까지 열은 온도가 높은 A에서 온도가 낮은 B로 이동한다.

---

05 여러 가지 힘 정답률 84% | 정답 ①

그림 (가)는 물체 A가 용수철저울에 매달려 정지해 있는 모습을, (나)는 (가)의 A를 물에 넣었을 때 A가 물속에서 정지해 있는 모습을 나타낸 것이다. (가)와 (나)에서 용수철저울로 측정한 힘의 크기는 각각 40 N, 30 N이다.

(나)에서 A에 작용하는 부력의 크기는? [3점]

① 10 N   ② 30 N   ③ 40 N   ④ 50 N   ⑤ 70 N

Why? 왜 정답일까?

용수철저울에 A를 가만히 매달았을 때 용수철저울로 측정한 힘 40N은 A에 작용하는 중력의 크기이다.
물에 넣은 A에는 중력과 반대 방향으로 부력이 작용한다.
(나)에서 용수철저울로 측정한 힘의 크기 30N은 A가 받는 중력에서 A가 받는 부력을 뺀 값과 같으므로 A에 작용하는 부력의 크기는 10N이다.

---

06 기체의 성질 정답률 69% | 정답 ①

그림 (가)는 감압 용기에 풍선을 넣은 모습을, (나)는 (가)의 감압 용기에서 공기를 빼낸 후의 모습을 나타낸 것이다.

감압 용기   공기를 빼냄

(가)   (나)

이에 대한 옳은 설명만을 〈보기〉에서 있는 대로 고른 것은? [3점]

― 〈 보 기 〉 ―
ㄱ. 감압 용기 속 기체의 분자 수는 (가) > (나)이다.
ㄴ. 풍선 속 기체의 압력은 (가)에서와 (나)에서가 같다.
ㄷ. (나)의 감압 용기에 공기를 다시 넣어 주면 풍선의 부피는 증가한다.

---

① ㄱ   ② ㄷ   ③ ㄱ, ㄴ   ④ ㄴ, ㄷ   ⑤ ㄱ, ㄴ, ㄷ

Why? 왜 정답일까?

ㄱ. 감압 용기에서 공기를 빼냈으므로 감압 용기 속 기체의 분자 수는 감소한다.

Why? 왜 오답일까?

ㄴ. 풍선의 부피가 증가하였으므로 풍선 속 기체의 압력은 (가)>(나)이다.
ㄷ. (나)에서 감압 용기에 공기를 다시 넣어주면 풍선에 가해지는 외부 압력이 커지므로 풍선의 부피는 감소한다.

---

07 이온 모형 정답률 74% | 정답 ⑤

그림은 이온 (가) ~ (다)를 모형으로 나타낸 것이다.

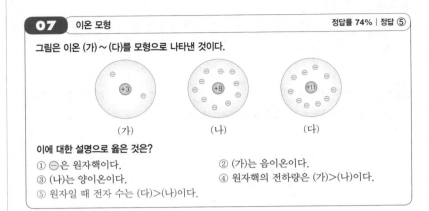

이에 대한 설명으로 옳은 것은?
① ⊖은 원자핵이다.
② (가)는 음이온이다.
③ (나)는 양이온이다.
④ 원자핵의 전하량은 (가)>(나)이다.
⑤ 원자일 때 전자 수는 (다)>(나)이다.

Why? 왜 정답일까?

(가) ~ (다)에서 원자핵의 전하량은 각각 +3, +8, +11이고, 전자 수는 각각 2, 10, 10이므로 (가)와 (다)는 양이온이고, (나)는 음이온이다.
원자는 전기적으로 중성이므로 원자일 때 전자 수는 (나)가 8, (다)가 11이다.

Why? 왜 오답일까?

① ⊖은 원자핵 주위에 있으므로 전자이다.

---

08 앙금 생성 반응 정답률 64% | 정답 ④

그림은 염화 나트륨(NaCl) 수용액 (가)와 질산 은(AgNO₃) 수용액 (나)를 혼합하였을 때, (나)와 혼합 용액에 들어 있는 이온을 모형으로 나타낸 것이다.

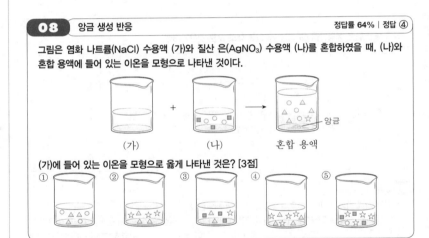

(가)   (나)   혼합 용액

(가)에 들어 있는 이온을 모형으로 옳게 나타낸 것은? [3점]

① ② ③ ④ ⑤

Why? 왜 정답일까?

(가)에 들어 있는 이온은 Na⁺, Cl⁻이고, (나)에 들어 있는 이온은 Ag⁺, NO₃⁻이다.
두 수용액을 혼합하면 Ag⁺과 Cl⁻은 반응하여 염화 은(AgCl) 앙금을 생성한다.
혼합 용액 속 ■은 존재하지 않으므로 ■은 반응에 참여하는 이온인 Ag⁺이고,
○은 NO₃⁻이다. 혼합 용액에서 이온 수는 △ > ☆이므로 ☆은 반응에 참여하는 Cl⁻이고, △은 Na⁺이다. 따라서 (가)에는 △과 ☆이 각각 4개씩 들어 있으므로 수용액에 들어 있는 이온을 모형으로 나타내면 그림과 같다.

---

09 혼합물의 분리 방법 정답률 33% | 정답 ②

그림 (가)는 액체 X와 Y의 혼합물을 가열하여 분리하는 장치를, (나)는 액체 Y와 Z의 혼합물을 분리하는 장치를 나타낸 것이다. (가)에서는 X가, (나)에서는 Y가 먼저 분리된다.

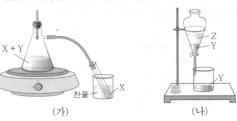

(가)   (나)

이에 대한 옳은 설명만을 〈보기〉에서 있는 대로 고른 것은?

― 〈 보 기 〉 ―
ㄱ. 끓는점은 X가 Y보다 높다.
ㄴ. (나)에서 액체의 밀도는 Y > Z이다.
ㄷ. (나)에서 혼합물이 분리되는 원리를 이용하여 원유에서 휘발유를 분리할 수 있다.

① ㄱ   ② ㄴ   ③ ㄷ   ④ ㄱ, ㄷ   ⑤ ㄴ, ㄷ

(가)는 끓는점 차를 이용한 증류 장치이고, (나)는 서로 섞이지 않는 액체의 밀도 차를 이용하여 혼합물을 분리하는 장치이다.
ㄴ. (나)에서 Y가 아래층에 있으므로 액체의 밀도는 Y>Z이다.

ㄱ. (가)에서는 끓는점이 낮은 물질이 먼저 분리되므로 끓는점은 Y가 X보다 높다.
ㄷ. (가)에서 X가 먼저 분리되는 원리를 이용하여 원유에서 휘발유를 분리할 수 있다.

---

10 화학 반응의 규칙 | 정답률 52% | 정답 ②

다음은 마그네슘(Mg)과 산소(O_2)가 반응하여 산화 마그네슘(MgO)이 생성되는 반응의 화학 반응식이다.

$$aMg + O_2 \rightarrow aMgO \ (a는 반응 계수)$$

표는 반응 용기에 Mg과 O_2의 질량을 달리하여 넣고, 반응물 중 하나가 모두 소모될 때까지 반응시킨 실험 (가)와 (나)에 대한 자료이다.

실험	반응 전 반응물의 질량(g)		반응 후 남은 반응물의 질량(g)
	Mg	O_2	
(가)	3	3	1
(나)	7	4	1

이에 대한 옳은 설명만을 〈보기〉에서 있는 대로 고른 것은? [3점]

〈 보 기 〉
ㄱ. $a = 1$이다.
ㄴ. MgO에서 성분 원소의 질량비는 Mg : O = 3 : 2이다.
ㄷ. 남은 반응물의 종류는 (가)에서와 (나)에서가 같다.

① ㄱ ② ㄴ ③ ㄷ ④ ㄱ, ㄷ ⑤ ㄴ, ㄷ

(가)에서는 Mg 3g과 O_2 2g이 반응하여 MgO 5g이 생성되고 O_2 1g이 남는다. (나)에서는 Mg 6g과 O_2 4g이 반응하여 MgO 10g이 생성되고 Mg 1g이 남는다.
ㄴ. 생성물을 이루는 원소의 질량비는 반응하는 원소의 질량비와 같으므로 MgO에서 성분 원소의 질량비는 Mg : O = 3 : 2이다.

ㄱ. 화학 반응에서 질량 보존 법칙이 성립하므로 반응 전과 후 원자의 종류와 수가 같아야 한다. 반응 전 O 원자 수가 2이므로 Mg 원자 수도 2가 된다. 따라서 화학 반응식은 $2Mg + O_2 \rightarrow 2MgO$이고, $a = 2$이다.

---

11 식물의 광합성과 호흡 | 정답률 83% | 정답 ④

그림은 식물에서 일어나는 반응의 일부를 나타낸 것이다. (가)와 (나)는 각각 광합성과 호흡 중 하나이다.

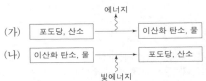

이에 대한 옳은 설명만을 〈보기〉에서 있는 대로 고른 것은? [3점]

〈 보 기 〉
ㄱ. (가)는 호흡이다.
ㄴ. (가)는 빛이 없을 때만 일어난다.
ㄷ. 엽록체에서 (나)가 일어난다.

① ㄱ ② ㄴ ③ ㄷ ④ ㄱ, ㄷ ⑤ ㄴ, ㄷ

ㄱ. 포도당이 산소와 반응하여 이산화 탄소와 물이 생성되고 에너지가 방출되는 (가)는 호흡이다.
ㄷ. 빛에너지를 흡수하여 이산화 탄소와 물이 포도당과 산소로 전환되는 (나)는 광합성이다. 광합성은 엽록체에서 일어난다.

ㄴ. 호흡은 빛이 있을 때와 없을 때 모두 일어난다.

---

12 감각 기관의 특징 | 정답률 81% | 정답 ③

표는 사람의 감각 기관 A ~ C의 특징을 나타낸 것이다. A ~ C는 각각 귀, 눈, 코 중 하나이다.

감각 기관	특징
A	후각 세포가 있어 냄새를 맡을 수 있다.
B	주변의 밝기에 따라 ⊙동공의 크기가 조절된다.
C	공기의 진동을 자극으로 받아들여 소리를 감지한다.

이에 대한 옳은 설명만을 〈보기〉에서 있는 대로 고른 것은? [3점]

〈 보 기 〉
ㄱ. A는 코이다.
ㄴ. 어두운 곳에서 밝은 곳으로 이동하면 ⊙은 커진다.
ㄷ. C에는 달팽이관이 있다.

① ㄱ ② ㄴ ③ ㄱ, ㄷ ④ ㄴ, ㄷ ⑤ ㄱ, ㄴ, ㄷ

ㄱ. A는 후각 세포가 있어 냄새를 맡을 수 있는 코이다.
ㄷ. 공기의 진동을 자극으로 받아들여 소리를 감지하는 C는 귀이다. 귀에는 달팽이관이 있다.

ㄴ. 어두운 곳에서 밝은 곳으로 이동하면 동공의 크기는 작아진다.

---

13 생물의 분류 체계 | 정답률 69% | 정답 ⑤

그림은 고양이의 분류 단계를 나타낸 것이다.

종 → 속 → 과 → 목 → 강 → 문 → 계
고양이 / 고양이속 / 고양잇과 / 식육목 / 포유강 / 척삭동물문 / ⊙

이에 대한 옳은 설명만을 〈보기〉에서 있는 대로 고른 것은?

〈 보 기 〉
ㄱ. ⊙은 동물계이다.
ㄴ. 식육목에 속하는 생물은 척삭동물문에 속한다.
ㄷ. 종은 자연 상태에서 서로 교배하여 생식 능력을 가진 자손을 낳을 수 있는 무리이다.

① ㄱ ② ㄴ ③ ㄱ, ㄷ ④ ㄴ, ㄷ ⑤ ㄱ, ㄴ, ㄷ

ㄱ. 고양이는 동물계에 속하는 생물이므로 ⊙은 동물계이다.
ㄴ. 분류 체계에서 목은 문보다 작은 분류 단계에 해당하므로 식육목에 속하는 생물은 척삭동물문에 속한다.
ㄷ. 종은 자연 상태에서 서로 교배하여 생식 능력을 가진 자손을 낳을 수 있는 무리를 뜻한다.

---

14 소화 기관의 구조와 기능 | 정답률 43% | 정답 ②

그림은 사람의 기관 A ~ D를 나타낸 것이다. A ~ D는 각각 간, 위, 쓸개, 이자 중 하나이다.

이에 대한 설명으로 옳은 것은?
① A는 위이다.
② B에서 단백질이 소화된다.
③ C에서 펩신이 분비된다.
④ D에서 쓸개즙이 생성된다.
⑤ A ~ D는 모두 순환계에 속한다.

B는 펩신이 분비되어 단백질의 소화가 일어나는 위이다.

① A는 쓸개즙을 생성하는 간이다.
③ C는 이자액을 분비하는 이자이다.
④ D는 간에서 생성된 쓸개즙을 저장하였다가 분비하는 쓸개이다.
⑤ A ~ D는 모두 소화 기능을 담당하는 기관이므로 소화계에 속한다.

---

15 가계도 분석 방법 | 정답률 68% | 정답 ③

그림은 어떤 가족의 유전병 (가)에 대한 가계도를 나타낸 것이다. (가)는 1쌍의 대립유전자에 의해 결정되며, 대립유전자에는 우성 대립유전자 A와 열성 대립유전자 a가 있다.

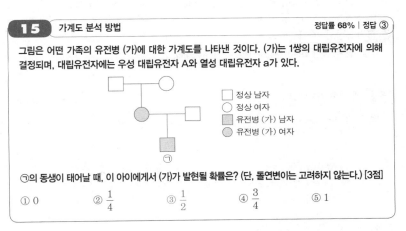

□ 정상 남자
○ 정상 여자
■ 유전병 (가) 남자
● 유전병 (가) 여자

⊙의 동생이 태어날 때, 이 아이에게서 (가)가 발현될 확률은? (단, 돌연변이는 고려하지 않는다.) [3점]

① 0 ② $\frac{1}{4}$ ③ $\frac{1}{2}$ ④ $\frac{3}{4}$ ⑤ 1

정상인 부모 사이에서 (가)가 발현된 딸이 태어났으므로 (가)를 결정하는 유전자는 상염색체에 있으며, (가)는 정상에 대해 열성인 형질이다.

㉠과 ㉡의 어머니에게서 모두 (가)가 발현되었으므로 두 사람의 (가)에 대한 유전자형은 aa이다. ㉠의 아버지에게서 (가)가 발현되지 않았으므로 ㉠의 아버지는 (가)에 대한 유전자형이 Aa이다. 가족 구성원의 (가)에 대한 유전자형을 가계도에 나타내면 그림과 같다.

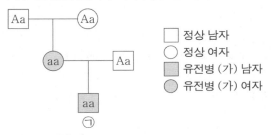

□ 정상 남자
○ 정상 여자
▨ 유전병 (가) 남자
⬤ 유전병 (가) 여자

㉠의 동생이 태어날 때, 이 아이는 아버지로부터 A 또는 a를 물려받을 수 있고, 어머니로부터 a만을 물려받을 수 있다. 따라서 ㉠의 동생이 가질 수 있는 (가)의 유전자형에 따른 비는 Aa : aa = 1 : 1이고, 이 아이에게서 (가)가 발현될 확률은 아버지로부터 a를 물려받을 확률과 같으므로 $\frac{1}{2}$이다.

16 암석의 생성 과정　　정답률 74% | 정답 ⑤

다음은 암석의 생성 과정에 대한 학생 A, B, C의 대화이다.

제시한 내용이 옳은 학생만을 있는 대로 고른 것은?
① A　　② C　　③ A, B　　④ B, C　　⑤ A, B, C

A : 변성암은 기존 암석이 열이나 압력을 받아 변성되어 만들어진다.
B : 화성암은 마그마가 지하나 지표에서 냉각되어 만들어진다.
C : 퇴적암은 암석이 잘게 부서진 퇴적물이 쌓여서 만들어진다.

17 판의 경계에서 일어나는 지각 변동　　정답률 83% | 정답 ③

그림은 전 세계의 지진 및 화산 분포와 판의 경계를 나타낸 것이다.

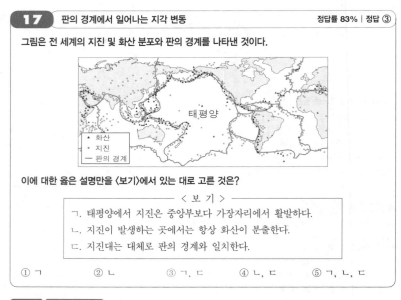

이에 대한 옳은 설명만을 〈보기〉에서 있는 대로 고른 것은?

< 보 기 >
ㄱ. 태평양에서 지진은 중앙부보다 가장자리에서 활발하다.
ㄴ. 지진이 발생하는 곳에서는 항상 화산이 분출한다.
ㄷ. 지진대는 대체로 판의 경계와 일치한다.

① ㄱ　　② ㄴ　　③ ㄱ, ㄷ　　④ ㄴ, ㄷ　　⑤ ㄱ, ㄴ, ㄷ

ㄱ. 태평양 가장자리는 판의 경계에 해당하므로 판의 가운데 부분보다 지진이 활발하게 일어난다.
ㄷ. 판의 경계에서 지진이 주로 발생하므로 지진대와 판의 경계는 대체로 일치한다.

ㄴ. 지진이 발생하지만 화산이 분출하지 않는 곳이 존재한다.

18 전선 부근의 날씨　　정답률 62% | 정답 ①

그림 (가)와 (나)는 온난 전선과 한랭 전선 부근의 모습을 순서 없이 나타낸 것이다.

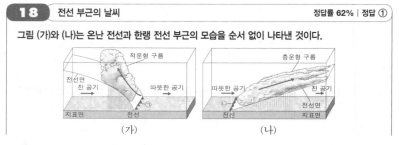

이에 대한 옳은 설명만을 〈보기〉에서 있는 대로 고른 것은? [3점]

< 보 기 >
ㄱ. ㉠은 한랭 전선이다.
ㄴ. (나)에서는 소나기가 내린다.
ㄷ. 전선의 이동 속도는 ㉠이 ㉡보다 느리다.

① ㄱ　　② ㄷ　　③ ㄱ, ㄴ　　④ ㄴ, ㄷ　　⑤ ㄱ, ㄴ, ㄷ

ㄱ. ㉠은 찬 공기가 따뜻한 공기를 파고들어 가면서 형성되는 한랭 전선이며, ㉡은 따뜻한 공기가 찬 공기 위로 이동하면서 형성되는 온난 전선이다.

ㄴ. 온난 전선의 전면에서는 이슬비가 내린다.
ㄷ. 전선의 이동 속도는 한랭 전선이 온난 전선보다 빠르다.

19 해수의 혼합층이 형성되는 원리　　정답률 62% | 정답 ⑤

다음은 해양에서 혼합층이 형성되는 원리를 알아보기 위한 실험이다.

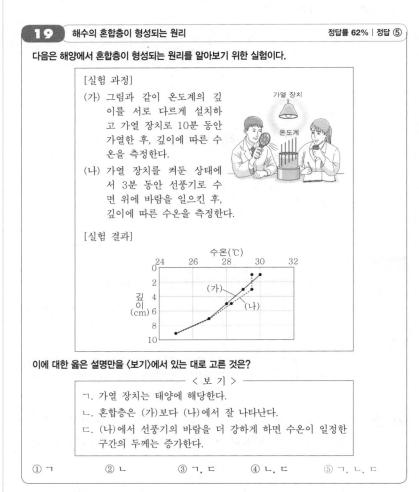

[실험 과정]
(가) 그림과 같이 온도계의 깊이를 서로 다르게 설치하고 가열 장치로 10분 동안 가열한 후, 깊이에 따른 수온을 측정한다.
(나) 가열 장치를 켜둔 상태에서 3분 동안 선풍기로 수면 위에 바람을 일으킨 후, 깊이에 따른 수온을 측정한다.

[실험 결과]

이에 대한 옳은 설명만을 〈보기〉에서 있는 대로 고른 것은?

< 보 기 >
ㄱ. 가열 장치는 태양에 해당한다.
ㄴ. 혼합층은 (가)보다 (나)에서 잘 나타난다.
ㄷ. (나)에서 선풍기의 바람을 더 강하게 하면 수온이 일정한 구간의 두께는 증가한다.

① ㄱ　　② ㄴ　　③ ㄱ, ㄷ　　④ ㄴ, ㄷ　　⑤ ㄱ, ㄴ, ㄷ

ㄱ. 가열 장치는 태양, 선풍기 바람은 바람에 해당한다.
ㄴ. 혼합층은 수심이 깊어질 때 수온이 일정한 층이므로 (가)보다는 (나)에서 잘 나타난다.
ㄷ. 선풍기 바람을 더 강하게 하면 물의 혼합이 활발해져 혼합층의 두께가 두꺼워진다.

20 달의 공전에 따른 위상의 변화　　정답률 32% | 정답 ①

그림 (가), (나), (다)는 우리나라에서 7일 간격으로 관측한 달의 모습을 나타낸 것이다.

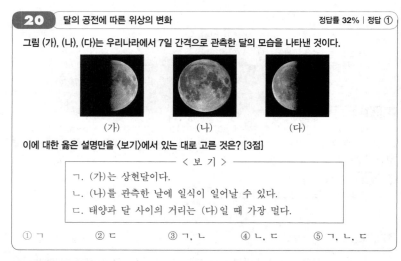

(가)　　　　(나)　　　　(다)

이에 대한 옳은 설명만을 〈보기〉에서 있는 대로 고른 것은? [3점]

< 보 기 >
ㄱ. (가)는 상현달이다.
ㄴ. (나)를 관측한 날에 일식이 일어날 수 있다.
ㄷ. 태양과 달 사이의 거리는 (다)일 때 가장 멀다.

① ㄱ　　② ㄷ　　③ ㄱ, ㄷ　　④ ㄴ, ㄷ　　⑤ ㄱ, ㄴ, ㄷ

ㄱ. (가)는 달의 오른쪽 반이 보이는 상현달이며, (나)는 보름달, (다)는 왼쪽 반이 보이는 하현달이다.

ㄴ. 일식은 태양, 달, 지구 순으로 일직선을 이룰 때 달이 태양을 가리는 현상으로 삭일 때 일어난다.
ㄷ. 보름달은 태양, 지구, 달 순으로 일직선을 이룰 때의 위상이므로 태양과 달 사이의 거리는 보름달일 때 가장 멀다.

• 정답 •

01 ② 02 ④ 03 ② 04 ④ 05 ② 06 ③ 07 ⑤ 08 ③ 09 ④ 10 ⑤ 11 ⑤ 12 ① 13 ① 14 ⑤ 15 ①
16 ② 17 ⑤ 18 ② 19 ② 20 ⑤ 21 ① 22 ③ 23 ⑤ 24 ④ 25 ② 26 ⑤ 27 ③ 28 ④ 29 ⑤ 30 ①
31 ② 32 ③ 33 ② 34 ③ 35 ④ 36 ① 37 ① 38 ④ 39 ③ 40 ③ 41 ④ 42 ⑤ 43 ③ 44 ④ 45 ①

[01~10] 화법과 작문

01 말하기 방식의 이해
정답률 52% | 정답 ②

위 강연자의 말하기를 이해한 내용으로 적절하지 않은 것은?

① 화제와 관련된 수치를 제시하여 청중의 이해를 돕고 있다.
4문단의 '500여 개에 이르는 송수신 탑', '5,000 킬로미터에 달하는 곳' 등에서 화제와 관련된 수치를 제시하고 있다.

✔ ② 청중의 질문에 대답하면서 청중과 상호 작용을 하고 있다.
강연자는 '청중의 대답을 들은 후 고개를 끄덕이며', '청중의 표정을 살피고'에서 청중의 반응을 살펴보고 있지만 청중이 질문하고 강연자가 답변하는 상호작용은 찾아볼 수 없다.

③ 앞부분에 화제를 제시하며 청중의 호기심을 유발하고 있다.
1문단의 '바로 오늘 말씀 드릴 세마포르입니다. 세마포르가 무엇인지 궁금하시죠?'에서 화제를 제시하면서 청중의 호기심을 유도하고 있다.

④ 비언어적 표현을 활용하여 의사 전달의 효과를 높이고 있다.
강연자는 '고개를 끄덕이며', '화면을 가리키며', '손가락 세 개를 펴며' 등 비언어적 표현을 활용하여 의사 전달의 효과를 높이고 있다.

⑤ 다른 대상과 비교하는 방법으로 화제의 특성을 밝히고 있다.
1문단에서 봉화의 제약에 대해 언급한 후, 2문단에서 봉화의 제약에서 벗어난 세마포르의 특성에 대해 자세히 설명한다. 따라서 '봉화'와 비교해 세마포르의 특성을 밝히고 있다.

02 자료의 활용 여부 판단
정답률 90% | 정답 ④

위 강연에서 제시했을 시각 자료로 적절하지 않은 것은?

① 불을 이용한 봉화

○ 장점: 빠른 메시지 전달
○ 단점: 특정 메시지만 전달

② 세마포르 탑의 구조

짧은 널빤지
긴 널빤지
나무 기둥

③ 글자를 나타내는 방식

A   7

④ 세마포르를 대체한 모스 부호

A ●―
B ―●●●
C ―●―●
D ―●●

⑤ 프랑스의 세마포르 통신망
○ 송수신 탑: 500여 개
○ 통신 선로: 약 5,000 Km

① 불을 이용한 봉화
1문단의 '(화면을 가리키며) 화면에 보이는 것처럼 봉화가 ~ 제약이 있었습니다.'에 해당하는 시각 자료이다.

② 세마포르 탑의 구조
2문단의 '(화면을 가리키며) 이 화면은 세마포르에 쓰인 탑의 구조를 나타낸 것입니다.'에 해당하는 시각 자료이다.

③ 글자를 나타내는 방식
3문단의 '(화면을 가리키며) 화면에 보이는 것은 각각 로마자 A와 숫자 7을 의미하는 형태입니다.'라는 내용에서 확인할 수 있다.

✔ ④ 세마포르를 대체한 모스 부호
이 강연에서는 '봉화', '세마포르 탑의 구조', '글자를 나타내는 방식', '프랑스의 세마포르를 활용한 방식'을 시각 자료를 활용하여 제시하고 있지만, 모스 부호와 관련된 사진 자료를 제시하지는 않고 있다.

⑤ 프랑스의 세마포르 통신망
4문단의 '(화면을 가리키며) 화면에서처럼 ~ 전달할 수 있었는데요'에 해당하는 시각자료이다.

03 청자의 듣기 전략 이해
정답률 91% | 정답 ②

위 강연을 들은 학생이 〈보기〉와 같이 반응했다고 할 때, 학생의 듣기 전략에 대한 설명으로 가장 적절한 것은?

─── 〈 보 기 〉 ───
"산꼭대기에서 바라보는 아름다운 경치를 기대하며 정상에 올랐는데 안개 때문에 바로 앞에 있는 산도 잘 안 보여서 아쉬웠던 적이 있었어. 세마포르에 이용된 탑이 수 킬로미터 간격으로 세워졌기 때문에 만약 안개가 꼈다면 잘 안 보였을 것 같아. 가시거리가 확보되지 않은 상황에서 세마포르의 전송 효율이 떨어진다고 한 것이 그런 의미이겠구나."

① 강연 내용 중에서 사실과 다른 부분을 판단하며 비판적으로 평가하고 있다.
〈보기〉에서 학생은 자신의 경험과 관련지어 이해하고 있을 뿐, 강연 내용 중 사실과 다른 부분을 판단하고 있지 않다.

✔ ② 강연에 언급된 내용을 자신이 직접 경험했던 일과 관련지어 이해하고 있다.
〈보기〉에서 학생은 산 정상에 올랐다가 안개로 인해 시야가 제한되었던 자신의 경험을 밝히면서, 세마포르의 한계점과 관련지어 이해하고 있다.

③ 강연의 내용을 구조적으로 파악하여 전체 내용을 간략하게 정리하고 있다.
〈보기〉에서 학생은 강연의 내용을 구조적으로 파악하거나 전체 내용을 간략하게 정리하고 있지 않다.

④ 강연을 듣기 전에 지니고 있었던 의문을 강연 내용을 통해 해소하고 있다.
〈보기〉에서 학생이 강연을 듣기 이전에 가진 의문을 확인할 수 없다.

⑤ 강연의 내용이 강연 목적에 부합하고 있는지를 객관적으로 분석하고 있다.
〈보기〉에서 학생이 강연 내용을 객관적으로 분석하지도 않고 있으며, 강연 목적과 부합하고 있는지도 분석하지 않고 있다.

04 대담 참여자의 말하기 방식 파악
정답률 73% | 정답 ④

(가)의 대담 참여자의 말하기 방식으로 적절하지 않은 것은?

① '진행자'는 대담자의 발언을 정리하고 대담자의 발언에 대해 추가 설명을 요청하고 있다.
'진행자'의 첫 번째 발언인 '정부 위탁을 통해 불법 유기를 줄이자는 것이군요.', 두 번째 발언인 '입양률이 낮은 상황에서 반려동물 인수제 시행은 시기상조라고 생각하시는군요.'를 보면, '진행자'는 대담자의 발언을 정리한다. 그리고 진행자의 두 번째 발언인 '그렇다면 반려동물 인수제의 위탁 절차와 위탁된 동물들은 어떻게 되는지 궁금합니다.', 세 번째 발언인 '그렇다면 반려동물 불법 유기 문제를 어떻게 해결해야 한다고 생각하십니까?'를 보면 대담자의 발언에 대해 추가 설명을 요청하고 있는 것을 알 수 있다.

② '김 과장'은 반려동물 인수제에 대해 소개하면서 제도를 도입해야 할 필요성을 언급하고 있다.
'김 과장'은 첫 번째 발언에서 반려동물을 키울 수 없게 된 사람이 반려동물을 정부에 위탁하는 제도가 반려동물 인수제라고 소개하면서, '사회적 비용 증가와 유기 동물들의 시민 안전 위협 문제'를 들어 제도 도입의 필요성을 제시하고 있다.

③ '김 과장'은 외국의 사례를 바탕으로 반려동물 인수제로 인해 거둘 수 있는 효과를 설명하고 있다.
'김 과장'은 두 번째 발언에서 반려동물 인수제가 시행되고 있는 미국과 영국의 사례를 들면서, 우리나라에서도 입양을 활성화한다면 반려동물 인수제가 효과를 거둘 것이라고 설명하고 있다.

✔ ④ '최 대표'는 통계 자료를 제시하여 반려동물 인수제 실시에 대한 사람들의 거부감을 언급하고 있다.
최 대표는 첫 번째 발언에서, 우리나라에서는 동물 보호소에 있는 동물이 입양되는 비율이 채 30%가 되지 않는다고 통계 자료를 제시하고, 동물 입양 비율이 30%가 되지 않는 것은 우리나라처럼 동물을 쉽게 살 수 있는 환경에서 이미 버려졌던 동물을 입양하는 것을 사람들이 꺼려하기 때문이라 말하고 있다. 이렇게 볼 때, 사람들은 반려동물 인수제 실시에 대한 거부감을 드러내는 것이 아니라 동물을 입양하는 것에 대한 거부감을 드러내고 있으므로 적절하지 않다.

⑤ '최 대표'는 반려동물 인수제의 부작용을 거론하고, 반려동물 불법 유기 문제의 근본적인 해결 방안을 제시하고 있다.
'최 대표'는 첫번째 발언에서 반려동물 인수제는 시기상조이며, 오히려 합법적인 방법으로 동물 보호소에 유기되는 동물들이 늘어나는 부작용을 가져올 수 있다고 언급하고 있다. 그리고 두 번째 발언에서 사회적 분위기 조성과 법적 처벌 강화 등의 반려동물 불법 유기 문제를 해결하기 위한 근본적인 해결 방안을 제시하고 있다.

05 대담 참여자의 공통된 의견 파악
정답률 77% | 정답 ②

(가)에서 '김 과장'과 '최 대표'가 모두 동의하고 있는 의견으로 적절한 것은?

① 반려동물 인수제가 시행되더라도 반려동물의 불법 유기를 줄일 수 없다.
'김 과장'은 불법 유기된 반려동물이 늘어나면서 사회적 문제가 발생하고 있다고 하면서, 이러한 해결 방안으로 반려동물 인수제 도입을 주장한다. 따라서 '김 과장'은 반려동물 인수제가 시행되면 불법 유기 동물이 줄어들 것이라 생각함을 알 수 있다. 하지만 '최 대표'는 반려동물 인수제가 시행되면 오히려 합법적으로 유기되는 동물의 수만 늘어날 것이라고 주장한다.

✔ ② 반려동물 입양이 활성화되면 반려동물 인수제가 효과를 거둘 수 있을 것이다.
'김 과장'은 두 번째 발언에서 동물 보호소의 동물을 입양하는 사람에게 정부가 양육 비용 등을 지원하여 입양을 활성화한다면 반려동물 인수제가 효과를 거둘 수 있을 것이라고 주장하고 있다. 그리고 '최 대표'는 첫 번째 발언에서 반려동물 입양이 활성화되면 반려동물 인수제를 통해 불법 유기 동물 문제가 개선될 수 있을 것이라는 것에 동의한다 말하고 있다. 이렇게 볼 때 '김 과장'과 '최 대표' 모두 반려동물 입양이 활성화되면 반려동물 인수제가 효과를 거둘 수 있을 것이라는 의견에 동의하고 있음을 알 수 있다.

③ 반려동물 인수제가 도입되면 불법 유기된 동물의 입양률이 크게 증가할 것이다.
'최 대표'는 우리나라에서는 버려졌던 동물을 입양하는 것을 꺼려하기 때문에 반려동물 인수제를 시행해 정부가 양육 지원금을 지원하더라도 입양률이 크게 달라지지 않을 것이라고 주장한다.

④ 반려동물 인수제가 정착되려면 반려동물의 양육 포기를 위한 절차가 강화되어야 한다.
'김 과장', '최 대표' 모두 언급하지 않은 내용이므로 적절하지 않다.

⑤ 반려동물 인수제를 통해 입양한 사람에게 양육 비용을 지원하면 입양률이 크게 늘어날 것이다.
'김 과장'은 정부가 양육 비용을 지원하면 입양률이 높아져 반려동물 인수제가 효과를 거둘 수 있을 것이라 말하고 있으므로, 반려동물 인수제를 통해 입양한 사람에게 양육 비용을 지원하면 입양을 활성화할 수 있다고 보고 있다. 그러나 '최 대표'는 정부의 양육 비용 지원만으로는 입양률이 크게 달라지지 않을 것이라고 말하고 있으므로, 입양률이 크게 늘어난다고 본 것이 아님을 알 수 있다.

06 작문 계획과 초고 내용과의 비교
정답률 82% | 정답 ③

(가)를 참고하여 세운 작문 계획 중 (나)에 반영된 내용으로 적절하지 않은 것은?

① 대담에서 언급된, 반려동물 인수제의 개념과 취지를 제시해야겠어.
'초고' 2문단에서는 반려동물 인수제의 개념을 확인할 수 있다. 그리고 1문단에서는 반려동물 인수제의 취지를 확인할 수 있다.

② 대담에서 언급된, 반려동물 인수제 실시에 대한 서로 다른 입장을 소개해야겠어.
'초고' 2문단의 '반려동물 인수제의 도입이 필요하다는 주장'에서 대담자인 '김 과장'의 입장을 확인할 수 있고, 3문단의 '반려동물 인수제의 시행보다는 ~ 사회적 분위기 조성이 선행해야 한다.'에서 대담자인 '최 대표'의 입장을 확인할 수 있다.

✔ 대담에서 언급된, 반려동물 입양의 자격 조건에 대해 구체적으로 설명해야겠어.
(가), (나) 모두 반려동물 입양의 자격 조건을 구체적으로 설명하지 않는다.

④ 대담에서 언급되지 않은, 반려동물 양육 포기 사유를 설문 조사 자료를 활용하여 언급해야겠어.
'초고' 2문단의 '한 설문 조사 결과, 반려동물을 포기하는 이유에는 장기간 부재(25.9%), 경제적 문제(11.6%) 등이 있다고 나타났다.'라는 내용을 제시하고 있는데, 이는 대담에서 언급하지 않은 반려동물 양육 포기 사유에 해당하므로 적절하다.

⑤ 대담에서 언급된, 불법 유기 동물로 인해 사회적 비용이 증가하고 있는 현황을 시각 자료를 활용하여 제시해야겠어.
'초고' 앞부분에서는 시각 자료를 제시하고 있는데, 이 시각 자료를 보면 구조된 유기 동물이 2015년 82,082마리에서 2016년 89,732마리로 증가한 사실과, 유기 동물 보호 센터 운영 비용이 2015년 97억 5천만 원에서 2016년 114억 8천만 원으로 증가한 사실을 알 수 있으므로 적절하다.

07 고쳐쓰기의 적절성 판단   정답률 68% | 정답 ⑤

㉠~㉤을 고쳐 쓰기 위한 방안으로 적절하지 않은 것은?

① ㉠ : 글 전체 흐름에 맞지 않으므로 '뜨거운 논란'으로 고친다.
학생의 '초고' 내용을 보면, '반려동물 인수제'에 대한 서로 다른 입장을 소개하고 있다. 즉 '반려동물 인수제'가 도입되어야 한다는 입장과 반려동물 인수제를 도입하는 것은 시기상조라는 입장이 팽팽히 맞서고 있음을 드러내고 있다. 따라서 양측의 입장이 맞서고 있는 것을 고려하여 '뜨거운 논란, 반려동물 인수제'로 고치는 것이 적절하다.

② ㉡ : 의미가 중복되었으므로 '급증하고'로 고친다.
'급증하다'는 '갑작스럽게 증가하다.'라는 의미로, 앞의 '갑작스럽게'와 의미가 중복되므로, '갑작스럽게'를 삭제해야 한다.

③ ㉢ : 문단의 통일성을 해치고 있으므로 삭제한다.
'초고' 2문단에서는 반려동물을 포기하는 이유와 반려동물 인수제 도입의 필요성에 대해 설명하고 있다. 따라서 '국내 반려동물 시장의 규모'를 언급하는 내용은 문단의 통일성을 해치고 있으므로 삭제해야 한다.

④ ㉣ : 필요한 문장 성분이 빠져 있으므로 '반려동물 주인들에게'를 첨가한다.
㉣ 뒤에 이어지는 내용을 보면 '법적, 양심적 면죄부를 주는 대상이 누구인지 빠져 있다. 따라서 ㉣에 '법적, 양심적 면죄부를 주는 대상에 해당하는 '반려동물 주인들에게'라는 부사어를 첨가해야 한다.

✔ ㉤ : 주어와의 호응이 맞지 않으므로 '안락사시키고'로 고친다.
문맥상 ㉤의 주어는 '동물 보호소의 많은 동물들'에 해당한다. '안락사'는 동물들이 주체적으로 하는 것이 아니라 사람에게 당하는 것이다. 그러므로 '안락사하고', '안락사시키고'는 주어와의 호응 관계가 맞지 않다. '안락사되고'나 '안락사당하고'로 고쳐야 한다.

08 글쓰기 전략의 반영 여부 판단   정답률 94% | 정답 ③

ⓐ~ⓔ 중 '초고'에 반영되지 않은 것은?

① ⓐ
1문단의 '얼마 전 인근 학교 학생이 스마트폰을 사용하면서 길을 건너던 중 오는 차를 보지 못해 교통사고를 크게 당한 적이 있습니다.'에서 인근 학교 학생의 사례를 통해 스몸비 관련 사고의 심각성을 확인할 수 있다.

② ⓑ
2문단의 '스몸비는 '스마트폰'과 '좀비'를 합성하여 만들어진 단어로, 스마트폰에 집중한 채 좀비처럼 걷는 사람들을 일컫는 말입니다.'라는 내용을 통해 스몸비의 개념을 확인할 수 있다. 그리고 2문단의 '스몸비는 보행 속도가 느리고, 외부 자극에 대한 인지 능력이 떨어지는 행동 특성을 보인다'는 내용을 통해 스몸비의 행동 특성을 확인할 수 있다.

✔ ⓒ
학생의 '초고' 내용을 보면, 스몸비 관련 사고의 심각성을 알리면서 스몸비의 개념과 특성, 그리고 이에 대한 예방 캠페인을 소개하고 있다. 그런데 (가)의 글의 내용 구성 방안 중 '스몸비 문제로 인한 세대 갈등'은 '초고'에서 확인할 수 없다.

④ ⓓ
3문단의 '스몸비와 관련된 안전사고를 예방하기 위해'라는 내용을 통해 스몸비 예방 캠페인의 목적을 확인할 수 있다.

⑤ ⓔ
3문단의 스몸비에 대한 보고서 작성 및 배부, '스마트폰 게임하며 공 피하기' 등의 체험 활동 기획하기를 통해 스몸비 예방 캠페인의 실행 방법을 확인할 수 있다.

09 조건에 맞는 글쓰기   정답률 73% | 정답 ④

〈조건〉에 따라 작성한 ㉠의 문구로 가장 적절한 것은?

〈조 건〉
○ 스몸비에 대한 경각심을 환기할 것.
○ 직유법을 활용하여 문구의 표현 효과를 높일 것.

① 좀비, 좀 비켜!
스몸비에 대한 경각심을 환기하는 내용이 드러나 있지 않고, 직유법도 사용하고 있지 않다.

② 안전은 스몸비 앞에서 멈춘다.
스몸비에 대한 경각심을 드러내고 있지만 직유법이 사용되고 있지 않다.

③ 거북이처럼 걷는 당신, 몹시 거북합니다.
'거북이처럼 걷는 당신'에서 직유법을 사용하고 있지만, 스몸비에 대한 경각심을 환기하는 내용은 제시되어 있지 않다.

✔ 스몸비, 닳아 가는 배터리처럼 안전도 방전!
〈보기〉에서는 내용 조건으로 '스몸비에 대한 경각심 환기', 형식 조건으로 '직유법 활용'을 제시하고 있다. '스몸비, 닳아 가는 배터리처럼 안전도 방전!'은 '안전도 방전!'이라는 표현으로 스몸비에 대한 경각심을 불러일으키고 있고, '배터리처럼'에서 직유법이 사용되고 있으므로 적절하다.

⑤ 스몸비 승객 여러분, 이번 역은 병원, 병원입니다.
스몸비와 '병원'이라는 단어를 연결하여 스몸비에 대한 경각심에 대해서는 어느 정도 언급하였다고 볼 수 있지만, 직유법이 사용되고 있지 않다.

---

10 자료 활용 방안의 적절성 판단   정답률 86% | 정답 ⑤

(나)에서 언급된 내용을 바탕으로 ㉤을 작성하고자 한다. 〈보기〉의 자료를 활용하는 방안으로 적절하지 않은 것은? [3점]

〈보 기〉

Ⅰ. 연구 자료
(ㄱ) 스몸비 관련 교통사고(연도별 건수)

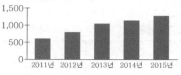

(ㄴ) 보행 중 스마트폰 사용에 따른 인지 거리 변화

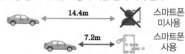

스마트폰 미사용 14.4m
스마트폰 사용 7.2m

Ⅱ. 전문가 인터뷰
"보행 중 스마트폰을 사용하면 평소에 비해 시야 폭이 56%, 전방 주시율을 15% 정도 감소하여 사물을 인지하는 능력이 떨어지게 됩니다. 한 설문 조사에 따르면 전체 응답자 중 84%가 보행을 할 때 스마트폰 사용이 위험하다는 사실을 알고 있다고 응답하였습니다. 그럼에도 불구하고 많은 사람들이 보행 중에 스마트폰을 사용하고 있습니다. 따라서 이런 사람들에 대한 계도가 시급합니다."

Ⅲ. 신문 기사
스몸비로 인한 문제를 해결하기 위해 다른 나라에서는 어떤 방법을 사용할까? A국은 보행 중 스마트폰 사용자에게 벌금을 부과하고 있으며, B국은 바닥의 표지판이나 횡단보도 등의 시설물을 활용하여 보행 중 스마트폰 사용의 위험성을 경고하고 있다. 또한 C국은 보행 중에는 스마트폰 사용이 차단되는 애플리케이션을 개발하여 스마트폰 사용자들이 이를 의무적으로 설치하도록 할 계획이다.

① Ⅰ-(ㄱ)을 첫째 문단과 연결하여, 스몸비 관련 교통사고가 증가하고 있는 추세를 구체적으로 보여 주는 자료로 활용한다.
〈보기〉에 제시된 자료 Ⅰ-(ㄱ)은 연도별로 스몸비 관련 교통사고가 증가하고 있음을 보여 주는 자료로 적절하다.

② Ⅱ를 둘째 문단과 연결하여, 위험성을 알고도 고치지 않는 스몸비에 대한 계도의 필요성을 보여 주는 자료로 활용한다.
〈보기〉에 제시된 자료 Ⅱ는 보행 중 스마트폰 사용이 위험하다는 것을 알면서도 사용하고 있는 사람들이 많다는 것과 그 사람들에 대한 계도가 시급하다는 내용이 제시되어 적절하다.

③ Ⅲ을 셋째 문단과 연결하여, 스몸비 문제 해결을 위한 다양한 방안의 예를 보여 주는 자료로 활용한다.
〈보기〉에 제시된 자료 Ⅲ은 스몸비로 인한 문제를 해결하기 위해 다양한 나라에서 시행되고 있거나 앞으로 시행할 방안을 제시하고 있어 적절하다.

④ Ⅰ-(ㄴ)과 Ⅱ를 둘째 문단과 연결하여, 보행 중 스마트폰을 사용하면 인지 능력이 저하됨을 보여 주는 자료로 활용한다.
〈보기〉에 제시된 자료 Ⅰ-(ㄴ)은 스마트폰 사용에 따른 인지 거리 변화를, 자료 Ⅱ는 보행 중 스마트폰 사용에 따른 시야 폭 감소와 전방 주시율 저하를 보여 주는 자료로 적절하다.

✔ Ⅱ와 Ⅲ을 셋째 문단과 연결하여, 스몸비 문제를 해결하기 위해 기업의 협조가 필수적임을 보여 주는 자료로 활용한다.
〈보기〉의 '신문 기사' 자료는 스몸비로 인한 문제를 해결하기 위해 다양한 나라에서 어떤 방법들을 사용하고 있는지를 보여 주는 자료이다. 하지만 이 '신문 기사' 자료에서 스몸비 문제를 해결하기 위해 기업의 협조가 필수라는 것을 확인할 수 있는 내용은 언급되어 있지 않으므로 적절하지 않다.

[11~15] 문법

11 음운 동화의 이해   정답률 60% | 정답 ⑤

윗글의 내용에 대한 이해로 적절하지 않은 것은?

① 음운의 동화는 인접한 두 음운이 비슷하거나 같은 소리로 바뀌는 현상이다.
1문단의 '음운의 동화는 인접한 두 음운 중 어느 한쪽 또는 양쪽이 서로 비슷하거나 같은 소리로 바뀌는 현상'의 내용으로 알 수 있다.

② 음운의 동화로 조음 위치나 조음 방식이 바뀌면 발음의 경제성이 높아진다.
이 글을 통해 '비음화, 유음화, 구개음화'가 일어나면 인접한 두 음운의 성격이 비슷하거나 같은 소리로 바뀜을 알 수 있다. 그리고 5문단에서 '성격이 비슷하거나 같은 소리가 연속되면 발음할 때 힘이 덜 들게' 된다고 하였으므로 적절하다.

③ 구개음화와 달리 비음화와 유음화가 일어나는 인접한 두 음운은 모두 자음이다.
2문단을 통해 비음화가 '비음이 아닌 'ㅂ, ㄷ, ㄱ'이 'ㅁ, ㄴ' 앞에서' 바뀌는 현상임을 알 수 있고, 유음화가 '비음 'ㄴ'이 유음 'ㄹ'의 앞이나 뒤에서' 바뀌는 현상임을 알 수 있으므로 적절하다.

④ 구개음화는 자음으로 시작되는 조사나 접미사 앞에서는 일어나지 않는다.
3문단에서 구개음화가 '모음 'ㅣ'로 시작되는 조사나 접미사 앞에 'ㄷ, ㅌ'이 인접할 때 일어나는 현상임을 알 수 있으므로, 자음으로 시작하는 조사나 접미사 앞에서는 구개음화가 일어날 수 없다는 것을 알 수 있다.

✔ 구개음화는 동화의 결과로 자음과 모음의 소리가 모두 바뀌는 현상이다.
3문단의 '구개음화는 끝소리 'ㄷ, ㅌ'이 모음 'ㅣ'로 시작되는 조사나 접미사 앞에서 구개음 'ㅈ, ㅊ'으로 발음되는 현상'이라는 내용으로 보아 바뀌는 음운은 'ㄷ, ㅌ'에만 해당함을 알 수 있다. 따라서 구개음화는 모음의 소리는 그대로인 채 자음의 소리만 바뀌는 현상이라고 할 수 있으므로 적절하지 않다.

● 문법 필수 개념

■ 음운 동화
1. 동화는 한 음운이 인접하는 다른 음운의 성질을 닮아 가는 음운 현상임.
2. 동화의 대상에 따라 자음 동화와 모음 동화로 나눌 수 있고, 동화의 정도에 따라 완전 동화와 부분 동화로 나눌 수 있으며, 동화의 방향에 따라 순행 동화와 역행 동화로 나뉘어짐.

(1) **자음 동화(子音同化)** : 음절의 끝 자음이 그 뒤에 오는 자음과 말날 때, 어느 한쪽이 다른 쪽 자음을 닮아서 그와 비슷한 성질을 가진 자음이나 같은 소리로 바뀌기도 하고, 양쪽이 서로 닮아서 두 소리가 다 바뀌기도 하는 현상

역행 동화	신라 → [실라], 천리 → [철리], 논리 → [놀리]
순행 동화	칼날 → [칼랄], 찰나 → [찰라]
복합 단계의 동화	않는 → [안는] → [알른], 끓는 → [끌는] → [끌른]

(2) **모음 동화(母音同化)** : 모음과 모음 사이에서 일어나는 동화 현상

12 음운 동화의 구체적인 사례 이해

정답률 76% | 정답 ①

㉠을 참고할 때, 〈보기〉의 a ~ c에서 일어난 음운 동화에 대한 설명으로 적절한 것은?

〈보 기〉

a. 밥물[밤물]　　b. 신라[실라]　　c. 굳이[구지]

✔ **a : 비음화의 예로, 조음 방식만 바뀐 것이다.**
2문단 하단의 '자음 체계표'를 보면, a는 파열음 'ㅂ'이 비음 'ㅁ'의 영향으로 비음 'ㅁ'으로 바뀌고 있으므로 비음화가 일어나는 사례로 조음 방식만 바뀌었다고 할 수 있다.

② **a : 유음화의 예로, 조음 방식만 바뀐 것이다.**
a는 비음화가 일어난 사례이다.

③ **b : 비음화의 예로, 조음 위치만 바뀐 것이다.**
b는 비음 'ㄴ'이 유음 'ㄹ'의 영향으로 유음 'ㄹ'로 바뀌고 있으므로, 비음화가 아닌 유음화가 일어나는 사례로 조음 방식만 바뀌는 현상이다.

④ **b : 유음화의 예로, 조음 위치만 바뀐 것이다.**
b는 비음 'ㄴ'이 유음 'ㄹ'의 영향으로 유음 'ㄹ'로 바뀌고 있으므로 유음화가 일어나는 사례로 적절한 설명이나, 조음 위치가 아닌 조음 방식만 바뀌는 현상이다.

⑤ **c : 구개음화의 예로, 조음 방식만 바뀐 것이다.**
2문단 하단의 '자음 체계표'를 보면, c는 끝소리 'ㄷ'이 접미사 'ㅣ' 앞에서 'ㅈ'으로 발음되는 구개음화의 사례다. 그리고 잇몸소리이면서 파열음인 'ㄷ'이 센입천장소리이면서 파찰음인 'ㅈ'로 바뀌고 있으므로 조음 위치와 조음 방식이 모두 바뀐 경우에 해당한다.

13 문장 짜임의 이해

정답률 91% | 정답 ①

〈보기〉의 [자료]를 근거로 할 때, [활동]에 대한 답으로 적절한 것은? [3점]

〈보 기〉

[자료]

'구문 도해'는 문장의 짜임을 그림으로 풀이한 것이다. 국어학자 최현배는 아래 그림과 같이 문장의 구문 도해를 나타내었다.

이 구문 도해는 '그가 새 옷을 드디어 입었다.'라는 문장을 나타낸 것이다. 중간에 내리그은 세로줄 왼편에는 주성분인 주어(그가), 목적어(옷을), 서술어(입었다)를, 오른편에는 부속 성분인 관형어(새), 부사어(드디어)를 배치하였다. 그리고 서로 다른 두 성분 사이에는 가로로 외줄을 그었는데, 특히 주어 부분과 그 외의 부분을 구분할 때에는 가로로 쌍줄을 그었다. 또한 조사는 앞말과의 사이에 짧은 세로줄을 그어 표시하였다.

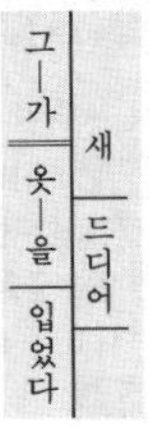

[활동]

다음 문장의 구문 도해를 나타내시오.

나는 그 책도 샀다.

✔ 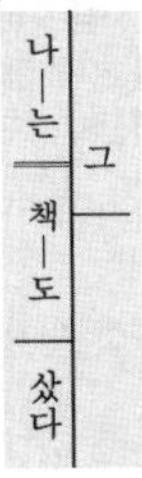

② 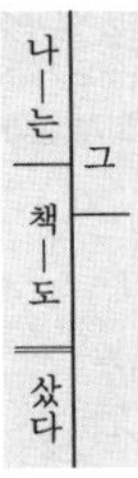

③ 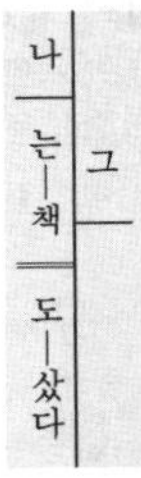

④ 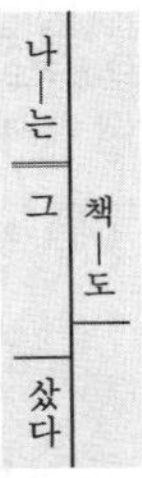

⑤ 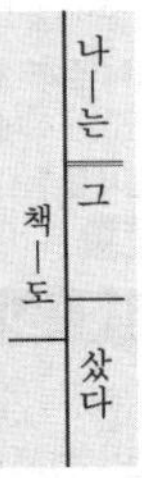

① 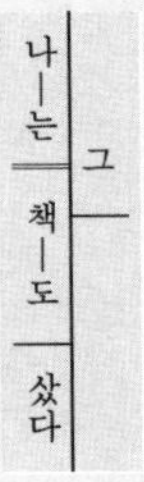

[활동]에 제시된 '나는 그 책도 샀다.'라는 문장은 주어 '나는', 관형어 '그', 목적어 '책도', 서술어 '샀다'로 이루어져 있다.
이러한 문장 짜임을 바탕으로 〈보기〉에 제시된 '구문 도해'와 연계하여 이해하면, 중간에 내리그은 세로줄 왼편에는 주성분인 주어(나는), 목적어(책도), 서술어(샀다)를, 오른편에는 부속 성분인 관형어(그)를 배치해야 한다. 그리고 서로 다른 두 성분 사이에는 가로로 외줄을 그어야 하고, 주어인 '나는'과 그 외의 부분을 구분할 때에는 가로로 쌍줄을 그어야 한다. 또한 '는', '도'와 같은 조사는 앞말과의 사이에 짧은 세로줄을 그어 표시해야 한다. 따라서 가장 잘 나타낸 것은 ①이라 할 수 있다.

14 국어사전의 정보 탐구

정답률 68% | 정답 ⑤

〈보기〉에 제시된 국어사전의 정보를 탐구한 내용으로 적절하지 않은 것은?

〈보 기〉

없다 [업:따] 〔없어, 없으니, 없는〕
　형 사람, 동물, 물체 따위가 실제로 존재하지 않는 상태이다.　¶ 각이 진 원은 없다.
있다 [읻따] 〔있어, 있으니, 있는〕
　(1) 동 【…에】사람이나 동물이 어느 곳에서 떠나거나 벗어나지 아니하고 머물다.　¶ 그는 학교에 있다.
　(2) 형 사람, 동물, 물체 따위가 실제로 존재하는 상태이다. ¶ 날지 못하는 새도 있다.

① **'없다'는 장음 부호(:)를 표시하여 어간이 긴소리로 발음된다는 것을 나타내고 있군.**
〈보기〉에서 '없다'는 '[업:따]'와 같이 장음 부호(:)를 표시하여 어간이 긴소리로 발음된다는 것을 나타내고 있다.

② **'있다'는 하나의 표제어 아래에 두 가지의 뜻을 제시한 것으로 보아 다의어라고 할 수 있군.**
〈보기〉에서 '있다'는 하나의 표제어 아래에 '사람이나 동물이 어느 곳에서 떠나거나 벗어나지 아니하고 머물다.'와 '사람, 동물, 물체 따위가 실제로 존재하는 상태이다.'라는 두 가지 의미를 나타내고 있어 다의어라 할 수 있다.

③ **'있다 (1)'은 주어 외에 필수적으로 갖추어야 하는 문장 성분에 대한 정보를 나타내고 있군.**
〈보기〉에서 '있다 (1)'은 '【…에】'와 같이 주어 외에 필수적으로 갖추어야 하는 문장 성분에 대한 정보를 나타내고 있다.

④ **'없다'와 '있다 (2)'는 품사가 서로 같고, 의미상 반의 관계에 있음을 알 수 있군.**
〈보기〉에서 '없다'는 '사람, 동물, 물체 따위가 실제로 존재하지 않는 상태이다.'라는 의미의 형용사, '있다 (2)'는 '사람, 동물, 물체 따위가 실제로 존재하는 상태이다.'라는 의미의 형용사다. 즉 '없다'와 '있다 (2)'는 품사는 같지만 의미상 반의 관계에 있다.

✔ **'없다'와 '있다'는 모두 활용할 때 어간의 형태가 불규칙적으로 변하는 단어에 해당하는군.**
〈보기〉를 보면, '없다'는 '없어, 없으니, 없는'으로 활용하고 있고, '있다'는 '있어, 있으니, 있는'으로 활용하고 있다. 어간 '없-'과 '있-'의 형태에 변화가 없으므로, '없다'와 '있다' 모두 활용할 때 어간의 형태가 불규칙적으로 변하는 단어가 아니다.

15 중세 국어의 특징 탐구

정답률 56% | 정답 ①

〈보기〉의 ㉠ ~ ㉤에 나타난 중세 국어의 특징을 현대 국어와 비교하여 이해한 내용으로 적절하지 않은 것은?

〈보 기〉

나·랏:말ᄊᆞ·미㉠ 中듕國·귁·에 달·아文문字·ᄍᆞᆼ·와·로서르ᄉᆞᄆᆞᆺ·디 아·니ᄒᆞᆯ·ᄊᆡ·이런 젼·ᄎᆞ·로㉡ 어·린 百·ᄇᆡᆨ姓·셩·이 니르·고 ·져·ᄒᆞᇙ·배이·셔·도ᄆᆞᄎᆞᆷ:내 제㉢ ·ᄠᅳ·들 시·러펴·디:몯ᄒᆞᇙ·노·미하·니·라·내·이·ᄅᆞᆯ爲·윙·ᄒᆞ·야:어엿·비너·겨·새 ·로·스·믈여·듧字·ᄍᆞᆼ·ᄅᆞᆯ ᄆᆡᇰ·ᄀᆞ노·니:사ᄅᆞᆷ:마·다:ᄒᆡ ·ᅇᅧ:수 ·ᄫᅵ 니·겨·날 ·로·ᄡᅮ·메㉣ 便뼌安한·킈ᄒᆞ·고·져ᄒᆞᇙ㉤ ᄯᆞᄅᆞ·미니·라

— 『세종어제훈민정음(世宗御製訓民正音)』 —

[현대어 풀이]

우리나라의 말이 **중국과** 달라 한자와는 서로 통하지 아니하여서 이런 까닭으로 **어리석은** 백성이 말하고자 하는 바가 있어도 마침내 제 **뜻을** 능히 펴지 못하는 사람이 많다. 내가 이를 위하여 가엾게 여겨 새로 스물여덟 자를 만드니, 사람마다 하여금 쉽게 익혀 날마다 쓰는 데 **편하게** 하고자 할 **따름이다.**

✔ **㉠ : 조사 '에'는 앞말이 사건의 원인이 됨을 나타낸다.**
중세 국어인 '中듕國·귁·에'의 현대어 풀이는 '중국과'이다. 즉 '中듕國·귁·에'의 '에'가 비교 부사격 조사로 사용된 것임을 알 수 있다. 그러므로 조사 '에'가 앞말이 사건의 원인이 됨을 나타낸다는 진술은 적절하지 않다.

② **㉡ : 현대 국어의 '어리다'와 단어의 의미가 서로 다르다.**
중세 국어의 '어리다'의 현대어 풀이를 보면, '어리석다'라는 의미로 사용되었다. 따라서 중세 국어의 '어리다'의 의미가 '나이가 적다.'라는 의미로 쓰이는 현대 국어의 '어리다'와 의미가 서로 다름을 알 수 있다.

③ **㉢ : 단어의 초성에 서로 다른 두 자음자를 나란히 적었다.**
중세 국어의 '·ᄠᅳ·들'을 현대 국어의 '뜻을'과 비교해 보면, 단어의 초성에 서로 다른 두 자음자를 나란히 적었음을 알 수 있다.

④ **㉣ : 현대 국어에서 사용되지 않는 자음자가 있었다.**
'便뼌安한·킈'의 'ㆆ'은 중세 국어에서만 찾아볼 수 있다. 즉 중세 국어에서는 현대 국어에서 사용되지 않는 자음자가 있었음을 알 수 있다.

⑤ **㉤ : 한 음절의 종성을 다음 자의 초성에 옮겨 표기하였다.**
중세 국어의 'ᄯᆞᄅᆞ·미니·라'와 현대 국어 '따름이다'를 비교해 보면, 중세 국어에서는 한 음절의 종성 'ㅁ'을 다음 자의 초성에 옮겨 표기하는 방식인 이어 적기 방식이 활용되었음을 알 수 있다.

● 문법 필수 개념

■ 중세 국어의 특징 – 음운과 표기
1. 음절의 종성에는 여덟 개의 초성자인 'ㄱ, ㄴ, ㄷ, ㄹ, ㅁ, ㅂ, ㅅ, ㆁ(8종성법)'만이 사용됨.
2. 오늘날에 쓰이지 않는 'ㅸ, ㆁ, ㆆ, ㅿ'의 자음이 사용됨.
3. 예사 소리, 거센 소리, 된소리의 음운 체계가 확립됨(고대 국어와 달리 된소리가 새로이 등장함.).
4. 음절 첫머리에 둘 이상의 자음이 올 수 있는 어두 자음군(현대 국어에서 대부분 된소리로 바뀜.)이 사용됨.
5. 'ㆍ'는 소리값이 소멸하기 시작하여 16세기에 둘째 음절 위치에서 'ㅡ'나 'ㅗ', 'ㅏ'로 바뀜.
6. 모음 조화가 대체로 잘 지켜지는 편이었음.
7. 소리 나는 대로 표기하는 이어 적기가 일반적임.

[16~45] 독서·문학

16~19 인문

최희봉, 『흄』

해제 이 글에서는 **경험론의 대표적인 철학자인 흄의 철학 이론을 소개**하고 있다. 이 글에서는 먼저 경험론의 대표적인 철학자인 흄이 경험을 중심으로 새로운 철학 이론을 구축하려 하였음을 언급하고 있다. 그런 다음 **흄의 철학 이론을 제시**하고 있는데, 먼저 지식의 근원을 경험으로 보고 경험을 인상과 관념으로 나눈 뒤, **인상이 없는 지식은 과학적 지식이 될 수 없다고 한 그의 주장을 제시**하고 있다. 그리고 흄이 인과 관계를 통해 얻은 과학적 지식이 필연적이라고 볼 수 없다고 비판하고 있음을 언급하면서, **인과 관계란 시공간적으로 인접한 두 사건이 반복해서 발생할 때 갖는 관찰자의 습관적 기대에 불과하다는 그의 생각을 제시**하고 있다. 또한 **흄은 과학적 지식**이라 하더라도 그것이 진리인지를 확인할 수 없다는 **회의적인 태도를 취했음을 언급**하고 있다. 마지막으로 글쓴이는 이와 같은 주장으로 인해 흄은 극단적 회

[문제편 p.197]

의주의자라고 비판을 받기도 했지만, **이성만을 중시했던 당시 철학 사조에 반기를 들고 서양 철학사에 새로운 방향성을 제시했다는 점에서 의의가 있다**고 언급하며 글을 마무리하고 있다.

주제 경험을 중시한 흄의 철학 이론

문단 핵심 내용

1문단	경험을 중심으로 새로운 철학 이론을 구축하려 한 흄
2문단	경험을 인상과 관념으로 구분하여 설명한 흄
3문단	인과 관계에 대해 비판적인 태도를 취한 흄
4문단	진리를 알 수 있는가에 대해 회의적 태도를 취한 흄
5문단	흄의 주장이 지니는 의의

---

16 내용의 사실적 이해   정답률 69% | 정답 ②

윗글을 통해 알 수 있는 내용이 <u>아닌</u> 것은?

① 데카르트는 이성을 중시하는 관점에서 진리를 찾으려고 하였다.
1문단의 '흄은 '모든 지식은 경험에서 나온다.'라고 주장하면서, 이성을 중심으로 진리를 탐구했던 데카르트의 합리론을 비판하고'에서 데카르트는 이성을 중시하는 관점에서 진리를 찾으려고 했음을 알 수 있다.

☑ 전통적 진리관에 따르면 진리 여부를 판단하는 것은 불가능하다.
4문단의 '전통적인 진리관에서는 진술의 내용이 사실(事實)과 일치할 때 진리라고 본다.', '비록 경험을 통해 얻은 과학적 지식이라 하더라도 그것이 진리인지의 여부는 확인할 수 없다는 것이 흄의 입장이다.'를 보면 전통적 진리관에서 진술 내용과 사실(事實)이 일치할 경우를 진리로 본다는 것을 알 수 있다. 또한 진리 여부를 판단하는 것이 불가능하다고 본 입장은 전통적 진리관이 아닌 흄의 입장에 해당함도 알 수 있다.

③ 흄은 지식의 탐구 과정에서 감각을 통해 얻은 경험을 중시하였다.
2문단의 '흄은 지식의 근원을 경험으로 보고'라는 내용과 '인상은 오감(五感)을 통해 얻을 수 있는 감각이나 감정 등을 말하고, 관념은 인상을 머릿속에 떠올리는 것을 말한다.'에서 확인할 수 있다.

④ 흄은 합리론에 반기를 들고 새로운 철학 이론을 구축하려 하였다.
1문단의 '흄은 '모든 지식은 경험에서 나온다.'라고 주장하면서, 이성을 중심으로 진리를 탐구했던 데카르트의 합리론을 비판하고 경험을 중심으로 한 새로운 철학 이론을 구축하려 하였다.'와 5문단의 '이성만 중시했던 당시 철학 사조에 반기를 들고 경험을 중심으로 지식 및 진리의 문제를 탐구했다'에서 확인할 수 있다.

⑤ 흄은 인상을 갖지 않는 관념은 과학적 지식이 될 수 없다고 보았다.
2문단의 '인상이 없는 관념은 과학적 지식이 될 수 없다고 주장하였다.'에서 확인할 수 있다.

---

17 이유의 추리   정답률 71% | 정답 ⑤

[A]를 바탕으로 할 때, ㉠의 이유로 가장 적절한 것은?

① 인상이 없는 지식은 진리가 아니라고 보았기 때문에
흄은 지식의 근원을 경험으로 보고, 이를 인상과 관념으로 구분하여 설명하였다는 부분에서 제시된 내용은 인상을 갖는 경험적 지식을 중시한 말에 해당할 뿐 회의주의적 태도와는 관련이 없음을 알 수 있다.

② 이성만으로는 진리를 탐구할 수 없다고 보았기 때문에
흄은 이성만을 중심으로 진리를 탐구하는 합리론을 비판하고 있으므로 이유로 적절하지 않다.

③ 실재 세계의 모습은 끊임없이 변한다고 보았기 때문에
실재 세계는 인간의 의식에서 독립해서 객관적으로 존재하는 세계를 의미하는 것으로, 실재 세계의 모습이 끊임없이 변한다고 보는 것은 진리를 알 수 없다는 흄의 회의적인 태도와는 관련이 없다.

④ 주관적 판단으로 진리를 찾을 수 있다고 보았기 때문에
흄은 진리를 판단하기 위해서는 객관적 세계가 어떤 모습인지 알아야 하는데, 인간은 감각기관을 통해서만 세상을 인식할 수 있기 때문에 진리의 여부를 확인할 수 없다는 입장이므로 적절하지 않다.

☑ 경험을 통해서도 진리를 확인할 수 없다고 보았기 때문에
[A]의 내용을 보면, 흄이 비록 경험을 통해 얻은 과학적 지식이라 하더라도 그것이 진리인지 여부는 확인할 수 없다고 하여 진리에 대한 회의적인 태도를 보였음을 알 수 있다. 따라서 흄이 서양 근대 철학사에서 진리에 대한 극단적인 회의주의자로 평가받는 이유는, 경험을 통해 얻은 과학적 지식조차도 진리인지를 확인할 수 없다고 주장했기 때문이다.

---

18 내용 이해를 바탕으로 한 자료 이해   정답률 70% | 정답 ②

윗글에서 언급된 '흄'의 관점에서 〈보기〉를 이해한 것으로 적절하지 <u>않은</u> 것은?

〈보 기〉

사과의 맛이 달콤할 것 같아.
이 사과는 빨개.
매일 사과를 먹으니 피부가 고와졌어.

① 사과를 보면서 달콤한 맛을 떠올리는 것은 관념에 해당한다.
2문단의 '관념은 인상을 머릿속에 떠올리는 것을 의미한다.'를 볼 때 적절한 내용이다.

☑ 사과를 보면서 '빨개'라고 느끼는 것은 복합 인상에 해당한다.
2문단을 보면 단순 인상은 단일 감각을 통해 얻은 인상을 의미하고, 복합 인상은 단순 인상들이 결합된 인상을 의미함을 알 수 있다. 따라서 〈보기〉에서 '이 사과는 빨개.'라고 한 것은 시각이라는 단일 감각을 통해 얻은 인상이므로 단순 인상에 해당한다.

③ 사과의 실제 색을 알 수 없으므로 '이 사과는 빨개.'라는 생각은 '내 눈에는 이 사과가 빨갛게 보여.'라는 의미일 뿐이다.
4문단에서 흄은 진술 내용이 사실과 일치하는지의 여부를 판단할 수 없다고 보았고, 감각 기관을 통해서만 세상을 인식할 수 있을 뿐이라 여겼음을 알 수 있다. 즉, 사과의 색깔이 빨갛게 보이는 것은 우리의 감각 기관을 통해 인지한 사과의 색깔이 빨갛다는 의미일 뿐이다.

---

④ 사과를 먹는 것과 피부가 고와지는 것 사이의 인과적 연결 관계를 관찰할 수 없다.
3문단에서 흄은 인과 관계로 판단되는 두 사건의 인과적 연결 관계를 관찰할 수 없다고 주장하였다.

⑤ '매일 사과를 먹으니 피부가 고와졌어.'라는 생각은 반복되는 경험을 통해 형성된 습관적 기대에 불과하다.
3문단에서 흄은 인과 관계란 시공간적으로 인접한 두 사건이 반복해서 발생할 때 갖는 관찰자의 습관적인 기대에 불과하다고 하였으므로 적절하다.

---

19 내용을 바탕으로 한 자료의 해석   정답률 64% | 정답 ②

〈보기〉의 사례를 통해 '흄'의 주장을 반박한다고 할 때, 그 내용으로 가장 적절한 것은? [3점]

〈보 기〉

아래 그림과 같이 무채색을 명도의 변화에 따라 나열한 도표가 있다고 가정하자. 도표의 한 칸을 비워 둔 채 어떤 사람에게 "5번 빈칸에 들어갈 색은 어떤 색인가요?"라고 질문하였다. 그 사람은 빈칸에 들어갈 색을 태어나서 한 번도 본 적이 없지만, 주변 색과 비교하여 그 색이 어떤 색인지 알아맞혔다.

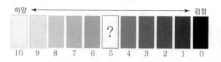

하양 ← → 검정
10 9 8 7 6 [?] 4 3 2 1 0

① 세계는 우리의 감각 기관과 독립하여 존재하지 않는다.
이 글의 내용과 관계없는 해석이다.

☑ 감각적으로 경험하지 않은 단순 관념이 존재할 수 있다.
〈보기〉에 제시된 사례는 눈으로 색을 보지 않고도 그 색을 머릿속으로 떠올릴 수 있음을 드러낸 것이다. 이 글을 바탕으로 할 때, 〈보기〉의 눈을 통해 느끼는 명도표의 색은 단순 인상에 해당하고, 머릿속에 떠올린 것은 단순 관념에 해당한다. 그러므로 〈보기〉에서 가정한 상황은 단순 인상이 존재하지 않더라도 단순 관념이 존재할 수 있음을 보여 주는 것이다. 흄은 '단순 관념은 단순 인상이 없다면 존재하지 않는다.'라고 주장하였으므로, 〈보기〉의 사례는 이러한 흄의 주장을 비판하는 근거가 된다.

③ 관찰과 경험을 통해서 얻은 지식은 필연성을 갖게 된다.
〈보기〉에서 '그 사람은 빈칸에 들어갈 색을 태어나서 한 번도 본 적이 없다'고 했으므로 '관찰과 경험'을 통해서 얻은 지식은 필연성을 갖게 된다는 것은 적절하지 않다.

④ 관념을 단순 관념과 복합 관념으로 구분하는 기준은 없다.
관념을 단순 관념과 복합 관념으로 구분하는 기준에 대한 내용이 아니다.

⑤ 외부 세계가 어떤 모습인지를 객관적으로 확인할 수 있다.
이 글의 내용과 관계없는 해석이다.

20~24 갈래 복합

(가) 조동일, 「한국문학통사」

해제 이 글은 한국 서정 시가의 전통 계승과 특질을 정리한 글이다.
이 글에서는 **한국의 서정 시가는 고대로부터 현대에 이르기까지 형식적 측면에서 3음보나 4음보의 규칙적인 음보율을, 내용적 측면에서 한의 정서, 해학과 풍자, 자연 친화, 이상향의 추구 등을 전통으로 계승**하면서 이를 수용하거나 변용, 창조하고 있음을 '초부가'와 '길'을 사례로 들어 제시하고 있다.
주제 서정 시가의 전통 계승과 특질

(나) 작자 미상, 「초부가」

감상 이 작품은 영남, 강원 등의 산간에서 **나무꾼들이 나무를 할 때 불렀던 민요**로, 아무리 열심히 일해도 좀처럼 나아지지 않는 **나무꾼의 고달픈 신세에 대한 한탄**을 노래하고 있다. 이 노래에는 가난하고 고달프게 남의 집에서 머슴살이를 하면서 살아가는 화자의 고통스러운 삶과 외로움, 신세 한탄 등이 대조적 상황 제시와 4음보의 율격으로 잘 드러나 있다. 또한 감정이 이입되거나 시적 정서와 분위기를 환기하는 소재의 사용, 열거와 대구에 의한 내용의 확장 등을 통해서 힘들게 살아가는 화자 자신의 기구한 신세를 한탄하고 있다.
주제 나무꾼의 고달픈 삶에 대한 한탄

현대어 풀이

나무하러 가자 이히후후 에헤
남이 (세상에) 태어날 때 나도 태어나고 나 태어날 때 남도 태어나고
세상 인간 (살아가는 형편 모두) 같지 않아 이놈 팔자는 무슨 일인가.
지겟다리 면하지 못하고 어떤 사람은 팔자가 좋아
크고도 좋은 높은 집에 (살면서) 사모에 풍경을 매달고
만 석의 녹봉을 누리고 있지만 이런 (나의) 팔자는 어찌하겠는가.
항상 지게도 면하지 못하고 남의 집살이도 면하지 못하고
죽자 하니 청춘이요(청춘이 아깝고) 살아 보려 하니 고생 뿐이라.
세상의 일이 (모두) 사라진들 치마 짧은 계집이나 있겠는가.
더벅머리 자식 있나 폭이 넓은 논이 있는가.
사래 긴 밭이 있나. 버선짝도 짝이 있고
토시짝도 짝이 있고 털먹신도 짝이 있는데
키 같은 내 팔자야 스스로 탄식한들 무엇하겠는가.
한탄한들 무엇하나 푸른 하늘에 떠 있는 저 기러기야.
너도 또한 임을 잃고 임 찾아서 가는 길인가.
더러운 (이) 놈의 팔자구나. 이놈의 팔자구나.
언제나 (남의 집살이) 면하고 오늘도 이 짐을 안 지고 가면
어떤 놈이 밥 한 술 줄 놈이 있겠는가.
가자 이히후후

(다) 김소월, 「길」

감상 이 시는 고향을 잃고 방황하는 나그네의 비애가 잘 드러난 작품으로, 일제 강점기라는 시대적 상황을 고려할 때 **삶의 터전을 상실하고 정처 없이 유랑했던 우리 민족의 슬픈 모습을 형상화**한 작품이라 할 수 있다. 이 시는 **전통적인 율격인 3음보를 새롭게 변용**하여 정처를 잃고 떠도는 **나그네의 비애를 효과적으로 표현**하고 있으며, 다양한 표현 방식을 통해 삶의 터전을 잃고 길 위를 유랑하는 화자의 절망과

안타까움을 효과적으로 드러내고 있다. 특히 갈림길의 한복판에서 방향을 상실한 화자의 모습을 통해 일제 강점기 수탈당한 우리 민족의 비애와 절망감을 상징적으로 드러내고 있다.

주제 유랑하는 삶의 비애와 정한

표현상의 특징

- 각 연을 3행씩 배열하여 통일감을 주고 있음.
- 3음보와 7·5조의 전통 율격을 사용하여 리듬감을 줌.
- 감정 이입과 객관적 상관물을 통해 화자의 정서를 효과적으로 전달함.
- 특정 대상에게 말을 건네는 방식을 사용하여 시상을 전개하고 있음.

---

20 외적 준거에 따른 작품의 감상   정답률 66% | 정답 ⑤

(가)를 바탕으로 (나)와 (다)를 감상한 내용으로 적절하지 <u>않은</u> 것은?

① (나)의 '세상 인간 같지 않아 이놈 팔자 무슨 일고'에서는 4음보의 전통적인 율격을 확인할 수 있군.
'세상 인간 / 같지 않아 / 이놈 팔자 / 무슨 일고'와 같이 4음보로 끊어 읽을 수 있으므로 적절하다.

② (나)의 '지게 목발 못 면하고'를 통해 작품 속의 화자가 나무꾼임을 알 수 있군.
(나)의 '지게 목발'은 지겟다리를 뜻하는 말로 화자가 지게를 지고 나무를 해야 하는 나무꾼임을 알 수 있다.

③ (나)의 '사자 하니 고생이라'에서는 고달픈 삶을 살아가는 화자의 한의 정서를 엿볼 수 있군.
(나)의 '사자 하니 고생이라'에는 가난하고 힘들게 나무를 하면서 사는 삶에 대한 화자의 한탄이 담겨 있으므로 적절하다.

④ (다)의 '어제도 하로밤 / 나그네 집에'에서는 3음보의 전통적 율격이 두 행에 걸쳐 구현되어 있음을 알 수 있군.
'어제도 / 하로밤 / 나그네 집에'라고 읽을 수 있으므로 3음보의 율격을 지녔다고 할 수 있다. 이것을 '어제도 하로밤 / 나그네 집에'와 같이 두 개의 행으로 나누어 배치하고 있는데, 이는 서정 시가의 전통을 새롭게 변용하고 있는 것이라 할 수 있다.

✓ (나)의 '나무하러 가자'와 (다)의 '산으로 올라갈까'에서는 모두 이상향을 추구하는 화자의 태도를 엿볼 수 있군.
(나)의 화자는 나무꾼이므로, '나무하러 가자'는 고달픈 삶 속에서 깊은 산으로 나무를 하러 가야 하는 나무꾼의 한숨이 묻어나는 표현이다. 그리고 (다)에서 화자는 어디로 가야할지 몰라 방황하고 있으므로 '산으로 올라갈까'는 정처를 잃은 화자의 처지를 나타낸 것이라 할 수 있으므로 적절하지 않다.

---

21 표현상 특징의 공통점 파악   정답률 72% | 정답 ①

(나)와 (다)의 공통점으로 가장 적절한 것은?

✓ 말을 건네는 듯한 어투를 통해 정서를 나타내고 있다.
(나)에서 화자는 '저 기럭아'라고 부르면서, 자신처럼 일을 잃고 임 찾아서 가는 길인지 묻고 있다. (다)에서는 화자는 공중에 떠 가는 기러기를 '여보소'라고 부르며 말을 건네고 있으므로 적절하다.

② 선명한 색채 대비를 통해 화자의 심리를 부각하고 있다.
(나), (다) 모두 선명한 색채 대비를 통해 화자의 심리를 부각하는 것은 나타나지 않는다.

③ 수미상응의 시상 전개를 통해 구성상 안정감을 주고 있다.
수미상응은 시가에서 첫 연을 끝 연에 다시 반복하는 문학적 구성법에 해당하는데, (나)의 경우 '가자 이히후후 에헤'를 앞뒤에 배치하고 있어서 수미상응이 사용되었다고 볼 수 있다. 하지만 (다)에서는 이러한 수미상응이 사용되고 있지 않다.

④ 공감각적 이미지를 활용하여 계절의 흐름을 표현하고 있다.
(나), (다) 모두 공감각적 이미지를 활용하여 계절의 흐름을 표현은 나타나지 않는다.

⑤ 반어적 표현을 활용하여 화자가 처한 상황을 강조하고 있다.
(나), (다) 모두 반어적 표현을 활용하여 화자가 처한 상황을 강조하는 것은 나타나지 않는다.

---

22 시어의 의미 파악   정답률 60% | 정답 ③

㉠과 ㉡에 대한 설명으로 가장 적절한 것은?

① ㉠은 ㉡과 달리 화자에게 삶의 깨달음을 주고 있다.
㉠에서 화자에게 삶의 깨달음을 주는 내용은 나타나지 않는다.

② ㉠은 ㉡과 달리 화자가 부러워하는 대상에 해당한다.
화자가 자신의 처지와 동일하게 생각한다는 점에서 ㉠을 부러워한다고 볼 수 없다. 하지만 어디로 갈지 모르는 화자와 달리 길 있어서 잘 가는 ㉡은 화자가 부러워하는 대상이다.

✓ ㉡은 ㉠과 달리 화자의 처지와 대조를 이루고 있다.
(나)의 화자는 ㉠에게 '너도 또한 임을 잃고 임 찾아서 가는 길 가'라고 말하는 것을 보아 임을 잃고 외로워하는 심정을 ㉠에게 의탁하고 있음을 알 수 있다. 반면 (다)의 화자는 공중에는 길이 없음에도 불구하고 길이 있는 것처럼 잘 가는 ㉡에게 '공중에 길 있어서 잘 가는가?'라고 물으며, 열 십자 복판에서 어디로 갈지 몰라 방황하는 자신의 처지를 언급한다. 따라서 화자와 ㉡의 처지는 대조되고 있으므로 적절하다.

④ ㉡은 ㉠과 달리 임에 대한 화자의 그리움을 환기한다.
㉡에서 임에 대한 화자의 그리움을 환기하는 내용은 나타나지 않는다.

⑤ ㉠과 ㉡은 모두 화자의 심정을 위로해 주는 대상이다.
㉠과 ㉡ 모두 화자의 심정을 위로해 주는 대상이라 할 수 없다. 오히려 ㉡은 화자의 심정을 심화시켜 준다고 할 수 있다.

---

23 시상 전개 과정의 이해   정답률 80% | 정답 ⑤

[A] ~ [C]에 대한 설명으로 적절하지 <u>않은</u> 것은?

① [A]는 빈부와 귀천의 불평등한 상황을 제시하여 현실에서 느끼는 괴로움을 토로하고 있다.
[A]에서 화자는 '지게 목발' 신세를 면하지 못하고 힘들고 고달프게 살아가는 반면에, '어떤 사람'은 크고 넓은 집에 살면서 만 석의 녹봉을 받으며 살아감을 알 수 있다. 화자는 자신과 달리 잘 살아가는 사람들이 있는 불평등한 현실에 대해 괴로움을 토로하고 있는 것이다.

② [B]는 유사한 문장 구조를 사용하여 가난하고 외롭게 살아가는 화자의 모습을 강조하고 있다.
[B]의 '항상 지게는 못 면하고 남의 집도 못 면하고', '버선짝도 짝이 있고', '토시짝도 짝이 있고'를 보면, 화자는 유사한 문장을 반복하여 가난하고 외로운 자신의 모습을 강조하고 있다.

③ [C]는 체념적인 어조를 활용하여 고생을 면할 기약이 없는 삶을 한탄하고 있다.
[C]에서 화자는 기구한 자신의 신세를 벗어날 기약은 없고, 다시 나뭇짐을 지고 산을 내려가야 하는 자신의 신세를 한탄하고 있다.

④ [A]와 [C]는 고된 노동을 할 때 내뱉는 한숨 소리를 통해 화자의 심정을 표현하고 있다.
[A], [C]의 '이히후후 에헤', '이히후후'와 같은 한숨 소리로 고된 노동을 하는 자신의 심정을 표현하고 있다.

✓ [A] ~ [C]는 모두 짝이 있는 물건을 열거하며 화자의 애상감을 점층적으로 표현하고 있다.
짝이 있는 물건을 열거하면서 화자의 애상감을 드러내고 있는 부분은 '버선짝', '토시짝', '털먹신' 등이 나타나 있는 [B]이다. [A]와 [C]에서는 화자의 신세에 대한 한탄만 나타날 뿐, 짝이 있는 물건이 나타나 있지 않으므로 적절하지 않다.

---

24 외적 준거에 따른 작품의 감상   정답률 66% | 정답 ④

<보기>를 참고하여 (다)를 감상한 내용으로 적절하지 <u>않은</u> 것은? [3점]

<보 기>
'길'은 목적지를 향한 길일 수도 있고, 원점으로 되돌아오는 길일 수 있으며, 지향점을 상실한 채 방황하는 길일 수도 있다. 김소월의 「길」은 이와 같은 길의 속성을 바탕으로 일제 강점기에 삶의 터전인 고향을 상실한 우리 민족의 비애를 길과 연결된 다양한 공간을 통해 형상화하고 있다.

① '나그네 집'에 '어제도' 머물렀던 것은 목적지를 잃은 화자의 방황이 계속되고 있음을 보여 준다고 할 수 있겠군.
'나그네 집'은 길 위에서 방황하는 화자가 '어제도' 머물렀던 공간이라는 점에서, 화자가 목적지를 잃고 지속적으로 유랑하고 있음을 보여 준다.

② '들'은 삶의 터전인 고향을 잃어 어디로도 갈 수 없는 화자의 비애와 연관 지어 이해할 수 있겠군.
'들'은 삶의 터전인 고향을 잃고 떠도는 화자가 어디로도 갈 수 없는 슬픈 상황에 처해 있음을 보여 주는 공간이다.

③ '정주 곽산'은 지향점이지만 '오라는 곳'이 아니라는 점에서 화자의 슬픔을 심화한다고 볼 수 있겠군.
'정주 곽산'은 화자의 고향으로서 화자가 지향하는 공간이라 할 수 있지만 화자는 어떤 곳도 자신에게 오라하지 않는다고 느끼고 있다. 이로 인해 화자의 슬픔은 심화된다고 볼 수 있다.

✓ '열십자 복판'은 화자가 되돌아가고 싶은 원점으로서 화자의 갈등을 야기하는 공간이라고 할 수 있겠군.
<보기>에서는 (다)의 작품이 일제 강점기에 삶의 터전을 잃고 방황하는 우리 민족의 비애가 '길'과 연결된 다양한 공간을 통해 형상화되어 있음을 드러낸다. 이러한 <보기>의 내용을 참고하여 (다)를 감상하면, 6연의 '열십자 복판'은 길을 잃고 방황하는 화자가 서 있는 공간에 해당하므로 적절하지 않다.

⑤ '갈린 길'은 일제 강점기에 삶의 방향을 잃어버린 우리 민족의 모습을 상징적으로 보여 준다고 할 수 있겠군.
'갈린 길'은 방향성을 상실한 화자가 서 있는 공간이다. 일제 강점기라는 시대적 상황을 고려할 때 화자의 모습은 삶의 방향을 상실하고 유랑하는 우리 민족의 모습을 상징한다.

25~27 현대 소설

김원일, 「연(鳶)」

감상 이 소설은 역마살을 타고나 여기저기 떠도는 아버지의 삶과, 생계를 책임진 채 아버지에 대한 원망과 애정을 안고 살아가는 어머니의 삶을 그리고 있다.
이 소설에서 제목이자 주요 소재인 '연'은 할아버지와 아버지, 그리고 '나'를 이어주는 하나의 연결 고리 역할을 하고 있으며, 아버지의 삶을 비유적으로 형상화한 것으로 볼 수 있다.

주제 아버지의 떠돌이의 삶의 애환

작품 줄거리 '나'의 아버지는 타고난 역마살로 인해 가족들이 있는 집에 정착하지 못하고 정처 없이 떠돌아다니다 가끔씩 집으로 돌아오곤 한다. 이러한 아버지의 방랑벽 기질은 할아버지로부터 내려온 것이라고 할 수 있는데, 할아버지는 방물장수로 여기저기 돌아다니다 어느 겨울 눈밭에서 객사한다. 할아버지는 돌아가시기 얼마 전 아버지에게 연을 만들어 준 적이 있는데, 그 이후 아버지는 '나'에게도 이따금씩 연을 만들어 준다. 아버지는 그렇게 떠돌아다니다가 과부가 된 어머니와 만나 결혼하여 '나'를 비롯한 삼 남매를 낳는다. 가정을 이룬 뒤에도 아버지의 방랑은 계속되고 결국 가족들은 전라도 진도에서 객사했다는 전보를 받는다.

---

25 서술상 특징 파악   정답률 72% | 정답 ②

윗글의 서술상 특징에 대한 설명으로 적절한 것은?

① 장면마다 다른 서술자를 설정하여 사건을 다각도로 제시하고 있다.
처음부터 끝까지 '나'가 아버지의 삶을 이야기하고 있으므로 적절하지 않다.

✓ 사건을 체험한 서술자가 중심인물과 관련된 자신의 생각을 드러내고 있다.
이 소설은 '나'가 소설의 중심인물인 아버지의 삶에 대해 이야기하고 있는, 일인칭 관찰자 시점을 취하고 있다. 따라서 아버지와 관련된 사건을 중심으로 하여 사건을 체험한 '나'의 생각을 서술하고 있는 것이다.

③ 외부 이야기에서 내부 이야기로 장면을 전환하면서 사건을 전개하고 있다.
외부 이야기와 내부 이야기는 액자식 소설의 구성 형식으로, 액자식 소설 구성은 뚜렷하게 외화와 내화로 나누어 사건이 전개된다. 하지만 제시된 부분에서는 외화와 내화로 나누어 사건을 전개하고 있지 않으므로 적절하지 않다.

④ 작품 밖의 서술자가 중심인물의 내적 갈등이 해소되는 과정을 서술하고 있다.
작품 내에 있는 1인칭 서술자가 사건을 서술하고 있으므로 적절하지 않다.

⑤ 동시에 일어나는 두 개의 사건을 병렬적으로 배치하여 긴장감을 조성하고 있다.
시간 순서에 따라 이야기가 진행되고 있으므로 적절하지 않다.

26 대화의 의도 및 의미 이해   정답률 73% | 정답 ⑤

㉠ ~ ㉤에 대한 이해로 적절하지 <u>않은</u> 것은?

① ㉠ : 저수지 근처로 이사를 가자는 아버지의 제안을 못마땅해 하는 어머니의 푸념이 담겨 있다.

㉠에는 생계를 돌보지 않고 그저 새를 좋아하는 아버지가 저수지 근처로 이사 가자는 제안에 대한 어머니의 푸념이 담겨 있다.

② ㉡ : 뜬금없이 많은 연을 만드는 아버지의 행동에 대해 의아해 하는 '나'의 심리가 담겨 있다.

㉡에는 겨울도 아닌 때에 많은 연을 만드는 아버지의 행동을 이해 못하는 '나'의 심리가 담겨 있다.

③ ㉢ : 생계를 위한 경제적 활동에 얽매이고 싶지 않은 아버지의 삶의 태도가 담겨 있다.

㉢은 아버지가 '나'에게 '돈 벌라고 밤낮으로 일만 하는 사람을 보모 사람 사는 목적이 저런가 싶을 때가 있지러'라고 말을 하는 것에서 생계를 위한 경제적 활동에 얽매이고 싶지 않은 아버지의 삶의 태도가 담겨 있음을 알 수 있다.

④ ㉣ : 어려운 가정 형편 속에서 자식들을 걱정하는 어머니의 애정이 담겨 있다.

㉣에는 자식들이 양식이 떨어져 혹시 저녁밥을 굶지 않을까 걱정하는 어머니의 마음이 잘 나타나 있다.

✔ ⑤ ㉤ : 아버지의 끼니를 염려하는 마음에 어머니를 빨리 모셔 가려는 '나'의 의도가 담겨 있다.

앞의 '읍내서 묵고 왔다 캅디더.'라는 대화 내용을 볼 때, ㉤에 '나'가 아버지의 끼니를 염려하는 마음에 어머니를 빨리 모셔가려 했다는 의도를 담고 있다고는 볼 수 없다.

27 외적 준거에 따른 작품의 감상   정답률 60% | 정답 ③

〈보기〉를 참고하여 윗글을 감상한 내용으로 적절하지 <u>않은</u> 것은? [3점]

───〈보 기〉───

이 작품은 역마살을 타고나 여기저기 떠돌아다니는 아버지의 삶과, 생계를 책임진 채 아버지에 대한 원망과 애정을 안고 살아가는 어머니의 삶을 그리고 있다. 작품의 주요 소재인 '연'은 바람이 부는 대로 하늘을 날아다니지만 연줄로 '얼레'에 매여 있어 지상으로 돌아올 수밖에 없다. '연'과 '얼레'의 이러한 속성은 이리저리 떠돌다 가족들이 있는 집으로 돌아오는 아버지의 삶을 형상화하는 데 기여하고 있다.

① '장터를 떠돌며 어물 장사를' 하는 것에서, 가족의 생계를 떠안고 사는 어머니의 삶을 엿볼 수 있어.

'장터를 떠돌며 어물 장사를' 하는 어머니의 모습에서 〈보기〉에서 언급한 가족의 생계를 떠안고 살아가는 어머니의 모습을 발견할 수 있다.

② '목적이 없어도 어떤 때는 연맨크로 그냥 멀리로 떠나 댕기'는 삶에 대해 말한 부분에서, 아버지가 하늘을 나는 연처럼 자유롭게 떠돌며 살기를 원한다는 것을 알 수 있어.

'목적이 없어도 어떤 때는 연맨크로 그냥 멀리로 떠나 댕기'는 꿈에 대해 아버지가 언급한 부분을 보면, 〈보기〉에서 언급한 바람 부는 대로 자유롭게 날아다니는 '연'의 모습과 아버지가 닮았다고 볼 수 있다.

✔ ③ '내 같은 사람이 쓸모없이 보일란지 몰라'라고 말한 부분에서, 아버지가 역마살로 인해 무능할 수밖에 없었던 자신의 삶을 후회하고 있음을 엿볼 수 있어.

〈보기〉에서는, 이 작품의 주요 소재인 '연'과 연관하여, 역마살을 타고나 자유롭게 떠돌아다니는 아버지의 기질과 삶의 방식을 '연'이 자유롭게 하늘을 날아다니는 것과 연관 지어 설명하고 있다. 〈보기〉의 연출에 의해 얼레에 매여 있는 '연'은 한없이 날아다니지 못하고 결국 지상으로 돌아오게 되는데, '연'을 지상에 묶어두는 역할을 하는 얼레를 가족이라고 볼 수 있다.

그런데 ㉢에 이어지는 '돈 벌라고 밤낮으로 일만 하는 사람을 보모 사람 사는 목적이 저런가 싶을 때가 있지러.'라는 말을 볼 때, 아버지가 삶의 목적이 돈이 아니라고 생각하고 있다는 것을 알 수 있으므로 그가 역마살로 인해 무능할 수밖에 없었던 자신의 삶을 후회하고 있다고 보기는 어렵다.

④ '더러 처자슥은 보고 싶은지 집구석이라고 찾아'든다는 말에서, 어머니는 아버지에게 가족들이 얼레와 같은 역할을 하고 있다고 생각하고 있음을 알 수 있어.

〈보기〉의 설명을 바탕으로 아버지에게 있어서 가족들은 연을 지상으로 돌아오게 하는 얼레 역할을 한다고 어머니가 생각하고 있음을 알 수 있다.

⑤ '순환의 법칙을 좇아' 미움도 시간이 흐르면 연민이 되어 '밀물'처럼 마음을 채워준다는 부분에서, 아버지에 대한 원망과 애정을 안고 사는 어머니에 대한 나의 인식을 엿볼 수 있어.

아버지에 대한 어머니의 감정은 원망과 애정을 함께 안고 있는 것이 나의 인식인데, 이는 마지막 부분에서 순환의 법칙에 따른 밀물과 썰물로 비유되어 나타나고 있다.

28~30 예술

박우찬, 『추상, 세상을 뒤집다』

해제 이 글은 사진의 등장으로 재현(再現)이라는 회화적 전통이 무의미해진 시대의 화가들이 어떤 방식으로 회화의 의미를 찾게 되었는가를 인상주의 화가 모네와 후기 인상주의 화가 세잔의 시도를 중심으로 설명하고 있다. 글쓴이는 먼저 **인상주의 화가**들이 대상의 고유한 색은 존재하지 않는다 생각하였음을 밝히면서 **빛에 따른 사물의 색채와 순간적 인상을 표현한 대표적인 작가인 모네의 표현 기법을 소개**하고 있다. 즉, 모네는 빛에 의해 변화하는 대상의 순간적 인상을 표현하고자 그림 전체의 분위기, 빛의 효과 등에 주목하여 색채가 형태를 압도하는 기법을 추구하게 되었음을 밝히고 있다. 그리고 **후기 인상주의 화가인 세잔이 모네를 비판하였음을 제시하면서, 사물의 본질을 표현하기 위해 대상을 기하학적 형태로 단순화하는 시도를 한 세잔의 표현 기법을 소개**한 뒤, 이러한 세잔의 화풍이 이후 입체파 화가들에게 영향을 미치면서 글을 마무리하고 있다.

주제 인상주의 화가인 모네와 후기 인상주의 화가인 세잔의 표현 기법

문단 핵심 내용

1문단	회화의 새로운 경향을 추구한 인상주의와 후기 인상주의
2문단	빛에 따른 사물의 색채와 순간적 인상을 표현한 모네
3문단	전체적인 느낌과 분위기, 빛의 효과에 주목한 모네의 표현 기법

28 내용의 사실적 이해   정답률 82% | 정답 ④

윗글의 내용과 일치하지 <u>않는</u> 것은?

① 사진은 화가들이 회화의 의미를 고민하는 계기가 되었다.

1문단의 '사진이 등장하면서 회화는 대상을 사실적으로 재현(再現)하는 역할을 사진에 넘겨 주게 되었고, 그에 따라 화가들은 회화의 의미에 대해 고민하게 되었다.'에서 확인할 수 있다.

② 전통 회화는 대상을 사실적으로 묘사하는 것을 중시했다.

1문단의 '대상을 사실적으로 재현하는 회화적 전통'에서 알 수 있다.

③ 모네의 작품은 색채 효과가 형태 묘사를 압도하는 듯한 느낌을 주었다.

3문단의 '이로 인해 대상의 윤곽이 뚜렷하지 않아 색채 효과가 형태 묘사를 압도하는 듯한 느낌을 준다.'는 모네 그림에 대한 설명에서 확인할 수 있다.

✔ ④ 모네는 대상의 고유한 색 표현을 위해서 전통적인 원근법을 거부하였다.

2문단에서 인상주의 화가들은 대상의 고유한 색이 존재하지 않는다고 생각했으며 모네는 인상주의 작가라는 것을 확인할 수 있다. 그리고 4, 5문단에서 후기 인상주의인 모네가 전통적인 원근법을 거부하였다는 내용을 확인할 수 있으므로 일치하지 않는다.

⑤ 세잔은 사물이 본질적으로 구, 원통, 원뿔의 형태로 구성되어 있다고 보았다.

6문단에 세잔이 '그 결과 자연을 관찰하고 분석하여 사물은 본질적으로 구, 원통, 원뿔의 단순한 형태로 이루어졌다는 결론에 도달하였다.'에서 확인할 수 있다.

29 내용을 바탕으로 한 자료의 이해   정답률 72% | 정답 ⑤

윗글을 바탕으로 할 때, 〈보기〉의 선생님의 질문에 대한 대답으로 적절하지 <u>않은</u> 것은? [3점]

───〈보 기〉───

선생님 : (가)는 모네의 「사과와 포도가 있는 정물」이고, (나)는 세잔의 「바구니가 있는 정물」입니다. 이 두 작품은 각각 모네와 세잔의 작품 경향이 잘 반영되어 있는 작품으로 평가받고 있습니다. 두 화가의 작품 경향을 바탕으로 (가)와 (나)를 감상해 볼까요?

(가)   (나)

① (가)에서 포도의 형태를 뚜렷하지 않게 그린 것은 빛에 의한 순간적인 인상을 표현한 것이라고 볼 수 있겠군요.

3문단에서 모네가 빛에 의한 대상의 순간적 인상을 포착하여 그림을 그렸음을 알 수 있으므로 적절하다.

② (나)에서는 질서 있게 화면을 구성하기 위해 의도적으로 대상이 선택되고 배치된 것으로 볼 수 있겠군요.

5문단에서 세잔이 질서 있는 화면 구성을 위해 대상의 선택과 배치가 자유로운 정물화를 선호하였음을 알 수 있으므로 적절하다.

③ (가)와 달리 (나)에 있는 정물들의 뚜렷한 윤곽선은 대상의 존재감을 부각시키기 위해 사용한 것으로 볼 수 있겠군요.

3문단에서 모네의 그림이 윤곽이 뚜렷하지 않음을 알 수 있고, 6문단에서 세잔이 대상의 윤곽선을 강조하여 대상의 존재감을 부각하였음을 알 수 있으므로 적절하다.

④ (나)와 달리 (가)의 식탁보의 거친 붓 자국은 대상에서 느껴지는 인상을 빠른 속도로 그려 낸 결과라고 볼 수 있겠군요.

3문단에서 모네가 빛에 의한 대상의 순간적 인상을 포착하여 대상을 빠른 속도로 그려 내다 보니 그의 그림에는 거친 붓 자국과 물감을 덩어리로 찍어 바른 듯한 흔적이 남아 있는 경우가 많음을 알 수 있으므로 적절하다.

✔ ⑤ (가)와 (나) 모두 사물을 단순화해서 표현한 것을 통해 사실적인 재현에서 완전히 벗어났다는 평가를 받을 수 있겠군요.

〈보기〉에 제시된 (가)는 인상주의자인 모네의 작품이고, (나)는 후기 인상주의자인 세잔의 작품이다. 이 글 3문단과 4문단의 내용을 보면, 모네는 사실적 표현에서 완전히 벗어나지 못했고 세잔은 사실적 회화에서 근본적으로 벗어났음을 알 수 있다. 따라서 (가)와 (나) 모두 사실적 재현에서 완전하게 벗어났다는 평가를 받을 수 있다고 한 대답은 적절하지 않다.

30 자료에 따른 이유의 추리   정답률 75% | 정답 ①

〈보기〉를 바탕으로 할 때, 세잔의 화풍을 ㉠과 같이 평가한 이유로 가장 적절한 것은?

───〈보 기〉───

입체파 화가들은 사물의 본질을 표현하고자 대상을 입체적 공간으로 나누어 단순화한 후, 여러 각도로 바라보는 관점으로 사물을 해체하였다가 화폭 위에 재구성하는 방식을 취하였다. 이러한 기법을 통해 관찰자의 위치와 각도에 따라 각기 다르게 보이는 대상의 다양한 모습을 한 화폭에 담아내려 하였다.

✔ ① 대상의 본질을 드러내기 위해 다양한 각도에서 바라보아야 한다는 관점을 제공하였기 때문에

〈보기〉에서는 입체파 화가들이 대상의 단순화, 다양한 시점, 사물의 해체와 재구성을 통해 사물의 본질을 표현하고자 하였다고 설명하고 있다. 그리고 6문단에서 세잔이 대상의 본질을 드러내기 위해 사물을 다양한 각도에서 관찰해야 한다는 관점을 제공하였다고 언급하고 있다. 즉, 세잔의 화풍이 입체파 화가들에게 대상의 본질을 드러내기 위해 다양한 각도에서 바라보아야 한다는 관점을 제공하였기 때문에 직접적인 영향을 미치게 되었다고 추론할 수 있다.

② 대상을 복잡한 형태로 추상화하여 대상의 전체적인 느낌을 부각하는 방법을 시도하였기 때문에

대상을 복잡한 형태로 추상화하여 대상의 전체적인 느낌을 부각하는 방법을 시도한 것은 세잔의 화풍이 아니므로 적절하지 않다.

③ 사물을 최대한 정확하게 묘사하기 위해 전통적 원근법을 독창적인 방법으로 변용시켰기 때문에

사물을 최대한 정확하게 묘사하기 위해 전통적 원근법을 독창적인 방법으로 변용한 것은 세잔의 화풍이 아니므로 적절하지 않다.

④ 시시각각 달라지는 자연을 관찰하고 분석하여 대상의 인상을 그려 내는 화풍을 정립하였기 때문에

시시각각 달라지는 자연을 관찰하고 분석하여 대상의 인상을 그려 내는 화풍을 정립한 것은 세잔이 아니므로 적절하지 않다.

⑤ 지각되는 세계를 있는 그대로 표현하기 위해 사물을 해체하여 재구성하는 기법을 창안하였기 때문에

지각되는 세계를 있는 그대로 표현하기 위해 사물을 해체하여 재구성하는 기법을 창안한 사람은 세잔이 아니므로 적절하지 않다.

31~33 사회

이준구, 「경제학 원론」

해제 이 글은 조세를 부과할 때 고려해야 하는 효율성과 공평성에 대해 설명하고 있다. 글쓴이는 먼저 조세의 개념 및 이로 인한 문제점을 언급하며, 조세를 부과할 때는 조세의 효율성과 공평성을 고려해야 함을 밝히고 있다. 이어지며 **조세의 효율성과 관련하여, 조세 부과로 인해 불가피하게 발생하는 경제적 순손실을 최소화해야 조세의 효율성을 확보할 수 있음**을 드러내고 있다. 그리고 조세의 공평성이 무엇인지 언급하며, 이러한 **조세의 공평성을 편익 원칙과 능력 원칙으로 나누어 제시**하고 있다. **조세의 공평성을 확보하기 위해서는** 사용하는 만큼 세금을 내는 방식인 **편익 원칙을 적용하거나** 개인의 소득이나 재산 등을 고려한 세금 부담 능력에 따라 세금을 내는 방식인 **능력 원칙을 적용**해야 한다. **능력 원칙은 수직적 공평과 수평적 공평을 적용**해야 하는데, 수직적 공평을 확보하기 위한 방법으로 비례나 누진세를 시행하기도 한다. 또한 **실질적인 조세 부담 능력을 제대로 파악하는 것이 중요**한데, 이를 위해 **정부에서는 어쩔 수 없이 들어갈 수밖에 없는 비용을 공제해 주는 방법을 사용**한다.

주제 조세를 부과할 때 조세의 효율성과 공평성을 고려해야 하는 이유

문단 핵심 내용

1문단	조세의 개념 및 조세로 인한 문제점
2문단	조세를 부과할 때 고려해야 할 요건 – 효율성
3문단	조세를 부과할 때 고려해야 할 요건 – 공평성 1 – 편익 원칙
4문단	조세를 부과할 때 고려해야 할 요건 – 공평성 2 – 능력 원칙 ①
5문단	조세를 부과할 때 고려해야 할 요건 – 공평성 1 – 능력 원칙 ②

31 내용 전개 방식의 이해 　정답률 79% | 정답 ②

윗글에 대한 설명으로 가장 적절한 것은?

① 상반된 두 입장을 비교, 분석한 후 이를 절충하고 있다.

조세를 부과할 때 고려해야 할 요건인 효율성과 공평성에 대해 서술하고 있을 뿐, 상반된 두 입장을 언급하지는 않고 있다.

☑ 대상을 기준에 따라 구분한 뒤 그 특성을 설명하고 있다.

이 글은 조세를 부과할 때 고려해야 하는 요건인 효율성과 공평성을 제시한 뒤, 공평성을 편익 원칙과 능력 원칙으로 구분하여 제시하고 있다. 그리고 능력 원칙을 다시 수직적 공평과 수평적 공평으로 구분하여 설명하고 있다. 따라서 이 글은 조세 부과 시 고려해야 할 요건을 기준에 따라 구분한 뒤 그에 대한 특성을 설명하는 전개 방식을 사용하였다고 볼 수 있다.

③ 대상의 개념을 그와 유사한 대상에 빗대어 소개하고 있다.

설명 대상인 조세를 부과할 때 고려해야 할 요건인 효율성과 공평성을 유사한 대상에 빗대어 소개하고 있지 않다.

④ 통념을 반박하며 대상이 가진 속성을 새롭게 조명하고 있다.

조세와 관련한 통념을 제시하지 않으며, 이를 반박하지도 않고 있다. 또한 조세가 지닌 속성을 새롭게 조명하고 있지도 않다.

⑤ 시간의 흐름에 따라 대상이 발달하는 과정을 서술하고 있다.

시간의 흐름에 따라 조세가 어떻게 발달되었는지 제시하지 않고 있다.

32 세부 정보의 이해 　정답률 82% | 정답 ③

㉠과 ㉡에 대한 설명으로 적절하지 않은 것은?

① ㉠은 조세가 경기에 미치는 영향과 관련되어 있다.

2문단의 '소비자와 생산자가 얻는 편익이 줄어드는 것을 경제적 순손실이라고 하는데 조세로 인하여 경제적 순손실이 생기면 경기가 둔화될 수 있다.'에서 효율성은 조세가 경기에 미치는 영향과 관련있는 것을 알 수 있다.

② ㉡은 납세자의 조세 저항을 완화하는 데 도움이 된다.

3문단의 '조세의 공평성이 확보되면 조세 부과의 형평성이 높아져서 조세 저항을 줄일 수 있다.'에서 알 수 있다.

☑ ㉠은 ㉡과 달리 소득 재분배를 목적으로 한다.

2문단에서 조세의 효율성을 높이기 위해서는 경제적 순손실이 최소화하도록 조세를 부과해야 함을 알 수 있다. 그리고 4문단의 '능력 원칙은 ~ 조세를 통해 소득을 재분배하는 효과가 있다.'는 내용에서 조세의 공평성이 소득 재분배의 효과가 있음을 알 수 있다. 따라서 소득 재분배를 목적으로 하는 것은 조세의 공평성이므로 적절하지 않다.

④ ㉡은 ㉠과 달리 조세 부과의 형평성을 실현하는 것이다.

2문단에서 조세의 효율성이 경기가 둔화되지 않게 하기 위해 필요한 것임을, 3문단에서 조세의 공평성이 조세 부과의 형평성을 실현하는 것임을 알 수 있다.

⑤ ㉠과 ㉡은 모두 조세를 부과할 때 고려해야 하는 요건이다.

1문단의 '조세를 부과할 때는 조세의 효율성과 공평성을 고려해야 한다.'에서 알 수 있다.

33 구체적인 상황에의 적용 　정답률 65% | 정답 ②

〈보기〉는 경제 수업의 일부이다. 윗글을 바탕으로 할 때, 선생님의 질문에 적절하게 답한 학생을 모두 골라 바르게 묶은 것은? [3점]

〈보 기〉

선생님 : 여러분, 아래 표는 소득을 기준으로, A, B, C의 세금 공제 내역을 가정한 것입니다. 표를 보고 조세의 공평성이 어떻게 적용되었는지 각자 분석해 볼까요?

구분	소득 (만 원)	세율 (%)	공제액 (만 원)	납부액 (만 원)	공제 항목
A	3,000	5	0	150	공제 없음
B	3,000	5	100	50	부양가족 2인
C	4,000	10	100	300	부양가족 2인

성근 : A와 달리 B에게 공제 혜택을 부여함으로써 조세의 공평성이 약화되고 있어요. ·········· ㄱ
수지 : B가 A와 달리 부양가족 공제를 받은 것은 실질적인 조세 부담 능력을 고려한 것이네요. ··· ㄴ
현욱 : B와 C의 납부액에 차이가 있는 것은 편익 원칙을 적용하여 세금을 징수했기 때문이에요. ··· ㄷ
유미 : B의 세율이 5%이고, C의 세율이 10%인 것은 수직적 공평을 위한 누진세가 적용된 결과겠네요. ·········· ㄹ

① ㄱ, ㄷ　　☑ ㄴ, ㄹ　　③ ㄷ, ㄹ　　④ ㄱ, ㄴ, ㄷ　　⑤ ㄱ, ㄴ, ㄹ

ㄱ 성근 : A와 달리 B에게 공제 혜택을 부여함으로써 조세의 공평성이 약화되고 있어요.

부양가족이 있는 B에게 공제 혜택을 부여한 것은 그만큼 조세 부담 능력에 차이가 생기기 때문에 이를 해결하려는 것이고, 이는 조세의 공평성을 확보하는 것으로 적절하지 않다.

ㄴ 수지 : B가 A와 달리 부양가족 공제를 받은 것은 실질적인 조세 부담 능력을 고려한 것이네요.

B는 부양가족 2인에 대한 공제를 100만 원 받았는데, A는 공제 내역이 없다. 이것은 같은 소득을 받더라도 가족을 부양하는 데 비용이 들어갈 수밖에 없어 그만큼 실질적인 조세 부담 능력에 차이가 생겨 이를 고려해 준 것이다. 따라서 '수지'의 답은 적절하다.

ㄷ 현욱 : B와 C의 납부액에 차이가 있는 것은 편익 원칙을 적용하여 세금을 징수했기 때문이에요.

공공재 사용의 편익이 클수록 더 많은 세금을 부담한다는 것이 편익 원칙인데, 연말 정산에서의 소득세 부과와 공제에 관한 것은 수직적 공평, 수평적 공평이 적용되는 능력 원칙이므로 적절하지 않다.

ㄹ 유미 : B의 세율이 5%이고, C의 세율이 10%인 것은 수직적 공평을 위한 누진세가 적용된 결과겠네요.

B보다 C의 소득이 높고 그만큼 더 높은 세율을 적용한 것은 소득 수준이 올라감에 따라 점점 더 높은 세율을 적용하는 누진세를 적용한 것이므로 '유미'의 답은 적절하다.

34~36 시나리오

정윤철, 윤진호, 송예진, 「말아톤」

감상 이 작품은 자폐증을 가진 초원이 마라톤을 통해 성장하는 과정을 그려 낸 시나리오이다. 이 시나리오는 자폐증 진단을 받은 아들에 대한 어머니의 사랑과 자폐증을 지닌 **초원이 마라톤에 대한 열정을 통해 사회에 대한 적응 과정과 성장하는 모습**을 그려 내고 있다. 이 시나리오는 초원이를 통해 우리 주변에 있는 장애우들에 대한 그릇된 인식을 드러내면서도, **장애우를 어떻게 대해야 하는지 메시지를 전달**하고 있다는 점에서 의의가 있는 작품이라 할 수 있다.

주제 자식에 대한 사랑과 마라톤에 대한 장애우의 열정

작품 줄거리 5살의 지능을 가진 20살 초원이는 달리기만큼은 다른 사람들과 똑같은 재능을 가졌다. 이전부터 초원이의 달리기 가능성에 희망을 가져온 엄마는 마라톤을 가르쳐 주기로 결심하고 음주운전으로 인해 사회봉사 명령을 받은 전직 메달리스트이자 체육 교사인 정욱에게 마라톤을 가르쳐 달라고 호소한다. 우여곡절 끝에 정욱은 이를 승락하고 교육이 시작된다.

정욱은 초원이에게 매일 운동장에서 훈련을 시키지만 초원이를 놔두고 혼자서 사우나에 가서 시간을 보내는 등 성실하게 가르쳐 주지 않는다. 이들은 곧 있을 마라톤 대회에서 3시간의 벽을 넘는 일명 '서브쓰리'를 목표로 삼는다. 처음 초원이에게 마음을 열지 않았던 정욱은 초원이의 순수한 마음과 가능성에 점점 마음을 열고 열심히 가르치게 된다. 그러나 어느 날 초원이를 가르치던 체육교사의 실수로 인해 말다툼을 벌이던 엄마는 자신이 마라톤을 빌미로 초원이를 혹사시키는건 아닌지 고민에 빠지고 결국 마라톤 출전을 포기하기로 마음먹는다. 그러나 마라톤 경주 당일 초원이는 이미 경기장에 가 있었고, 엄마는 출전을 말리려고 경기장으로 향한다.

그러나 초원이는 뛰고 싶어하며 엄마가 항상 되짚던 말을 꺼내고, 초원이의 말에 할 말을 잃은 엄마는 초원이의 손을 놓아 주고 마라톤 경주가 시작된다. 초원이는 정욱의 코치 아래 서브쓰리를 달성한다.

34 연출 계획의 적절성 판단 　정답률 83% | 정답 ③

윗글을 영화로 연출하기 위한 연출자의 주문 사항으로 적절하지 않은 것은?

① S#93에서 경숙이 말할 때, 자책감을 담아낼 수 있는 표정으로 연기해 주세요.

S#93에서 경숙은 자신의 욕심 때문에 초원이 힘들어하고 있는 것은 아닌지 고민하며 자책하고 있으므로 적절하다.

② S#94에서 정욱이 경숙을 설득할 때, 진지한 태도가 드러나는 어조로 대사를 해 주세요.

S#94에서 정욱은 초원의 페이스메이커 역할을 자처하며 진지한 자세로 경숙을 설득하고 있으므로 적절하다.

☑ S#94에서 경숙이 정욱의 제안을 거절할 때, 감정을 억누르려는 차분한 목소리로 연기해 주세요.

S#94에서 정욱은 경숙에게 페이스메이커를 자처하며 초원이를 마라톤에 참가시킬 것을 제안한다. 경숙은 제안을 거절하며 자신의 감정을 숨기지 않고 큰 목소리로 자신의 생각을 표출하고 있다. 이렇게 볼 때, 경숙에게 자신의 감정을 억누르는 차분한 목소리로 연기해 달라고 주문하는 것은 적절하지 않다.

④ S#101에서 마라톤 대회가 시작되는 상황일 때, 생생한 현장감이 부각될 수 있는 효과음을 넣어 주세요.
S#101에서 마라톤 대회가 시작될 때 출발 총성, 함성 소리 등을 통해 대회 현장의 생생함을 느낄 수 있으므로 적절하다.

⑤ S#101에서 초원과 경숙이 대화할 때, 마라토너들은 일시에 그들의 주변을 빠르게 지나쳐 가도록 해 주세요.
S#101에서 경숙과 초원이 실랑이를 벌이고 있을 때 마라톤 대회가 시작되어 마라토너들은 일시에 그들의 곁을 지나쳐가고 있으므로 적절하다.

---

35 외적 준거에 따른 작품의 감상 　　　　　정답률 65% | 정답 ④

〈보기〉를 감독의 인터뷰라고 할 때, 〈보기〉를 바탕으로 S#95의 ㉠ ~ ㉢을 감상한 내용으로 적절하지 않은 것은? [3점]

〈보기〉
"S#95에서 몽타주 기법을 사용한 것은 장면과 장면을 연결해 주면서 사건을 압축적으로 전개하고자 했기 때문입니다. 몽타주 기법을 사용하게 되면 장면들이 서로 연결되면서, 하나의 장면만으로는 보여 줄 수 없었던 사건의 진행 과정과 인물의 심리를 관객들이 짐작할 수 있게 됩니다. 그리고 자칫 느슨해질 수 있는 사건 전개에 속도감을 부여하여 영화에 대한 몰입도를 높일 수 있습니다."

① ㉠은 S#90과 연계된 S#93에서 경숙이 입원한 것과 관련하여 초원의 일상에 변화가 생겼음을 알 수 있게 하는군.
㉠에서 '엄마가 늘 손 흔들어 주던 자리엔 아무도 없'다는 것은 경숙이 병원에 입원해 있는 상황을 드러낸 것으로, S#90과 연계된 S#93의 상황과 관련이 있다.

② ㉡은 S#94에서의 대사와는 달리 초원의 마라톤 대회 참가에 대해 경숙이 미련을 가지고 있었음을 알 수 있게 하는군.
S#94에서 경숙은 정우에게 '이제 마라톤 안 해요!'라고 말하지만, ㉡에서 달력에 적힌 '10월 10일 날짜'를 바라보다가 '미련을 버리려는 듯' 텔레비전으로 시선을 돌리는 모습을 보인다. 이를 통해 여전히 경숙이 초원의 마라톤 대회 참가에 대한 미련이 있음을 알 수 있다.

③ ㉢은 S#101에서 마라톤을 하고 싶어 하는 모습을 보이는 초원과 연결하여 이해할 수 있겠군.
㉢에서 '정욱이 사준 얼룩말 러닝화'를 박스에서 꺼내 보는 행동은 초원이 여전히 마라톤을 하고 싶어 한다는 것을 보여 주므로, S#101에서 보이는 초원의 모습과 연결하여 이해할 수 있다.

✔ ④ ㉡, ㉢을 통해 초원과 경숙의 모습을 대비하여 S#101에서 중원에 의해 두 사람의 갈등이 해소될 것임을 나타내는군.
㉡에서는 경숙이 초원의 마라톤 대회 참가에 대한 미련을 가지고 있음을 보여 주고, ㉢에서는 초원이 마라톤 대회에 참가하고 싶어 하는 바람을 보여 주고 있다. 따라서 두 사람의 모습이 대비된다는 진술은 적절하지 않다. 또한 S#101에서 두 사람의 갈등이 해소되는 이유가 중원 때문이라는 진술도 적절하지 않다.

⑤ ㉠ ~ ㉢을 나열한 것은 초원과 경숙의 일상을 압축적으로 보여 줌으로써 속도감 있게 사건을 전개하기 위한 것이군.
㉠ ~ ㉢에서는 경숙과 초원의 달라진 일상의 단편을 나열하면서 사건의 흐름을 압축적으로 보여 주고 있다. 이를 통해 사건이 속도감 있게 전개되고 있다.

---

36 구절의 의미 파악 　　　　　정답률 72% | 정답 ①

ⓐ와 ⓑ를 연계하여 초원에 대한 경숙의 인식 변화를 이해한 것으로 가장 적절한 것은?

✔ ① 책임을 져야 하는 부담스러운 존재에서 의지를 지닌 주체적인 존재로 인정하게 되었음을 알 수 있다.
ⓐ는 경숙이 초원을 자신이 책임져야 할 부담스러운 존재로 여겼음을 보여 주는 지문으로, 경숙이 희관에게 '도저히, 키울 자신이 없'어 '사람들 틈에 손을 놓았다'고 말하는 내용으로 짐작할 수 있다. 그리고 ⓑ는 경숙이 초원을 의지를 지닌 주체적인 존재로 인정하게 되었음을 보여 주는 지문이다. 스스로 마라톤 대회 현장을 찾은 초원에게 '혼자선 안' 된다고 말하며 초원을 말리던 경숙이 달리고자 하는 초원의 의지를 확인하고 결국 초원이 달릴 수 있도록 손을 놓아주는 것을 통해 알 수 있다.

② 보살핌을 받지 못하던 소외된 존재에서 남을 위해 애쓰는 대견한 존재로 인식하게 되었음을 알 수 있다.
초원이 보살핌을 받지 못하던 소외된 존재에서 남을 위해 애쓰는 대견한 존재로 인식하게 된 내용은 찾을 수 없다.

③ 다가가기 어려운 고독한 존재에서 먼저 마음을 열고 다가오는 살가운 존재로 인식하게 되었음을 알 수 있다.
초원이 다가가기 어려운 고독한 존재에서 먼저 마음을 열고 다가오는 살가운 존재로 인식하게 된 내용은 찾을 수 없다.

④ 가르침에 잘 따르는 순종적인 존재에서 자기 고집만 내세우는 야속한 존재로 받아들이게 되었음을 알 수 있다.
초원이 가르침을 잘 따르는 순종적인 존재에서 자기 고집만 내세우는 야속한 존재로 받아들였다는 내용은 찾을 수 없다.

⑤ 함께하며 위안을 얻는 존재에서 뒤늦게 속마음을 알게 되어 미안함을 느끼는 존재로 생각하게 되었음을 알 수 있다.
초원이 함께하며 위안을 얻는 존재에서 뒤늦게 속마음을 알게 되어 미안함을 느끼는 존재로 생각하게 되었음을 알 수 있는 내용은 찾을 수 없다.

37~41 기술

시공기술연구단, 「초고층빌딩 건축기술」

해제 이 글은 수직 하중과 수평 하중을 견딜 수 있게 하는 초고층 건물의 건축 기법에 대해 설명하고 있다. 글쓴이는 먼저 건물에 작용하는 힘에는 수직 하중과 수평 하중이 있음을 밝히면서 건물의 안전성에 미치는 영향은 수직 하중보다는 수평 하중이 더 큼을 드러내고 있다. 그리고 수직 하중을 견딜 수 있게 하는 구조로는 보기둥 구조가, 수평 하중을 견딜 수 있게 하는 구조로는 코어 구조, 아웃리거-벨트 트러스 구조가 있음을 설명하고 있다. 그런 다음 글쓴이는 현대의 초고층 건물은 특수한 설비를 이용하

여 건물에 작용하는 수평 하중을 견딜 수 있게 하기도 하는데, 대표적인 예로 TLCD의 작동 원리를 소개하면서 글을 마무리 짓고 있다.

주제 초고층 건물의 건축 기법

문단 핵심 내용

1문단	건물에 작용하는 힘 - 수직 하중과 수평 하중
2문단	수직 하중을 견딜 수 있게 하는 보기둥 구조
3문단	초고층 건물의 안전을 위협하는 주요 요인인 수평 하중
4문단	수평 하중을 견디게 하는 코어 구조
5문단	코어 구조를 보완하는 아웃리거-벨트 트러스 구조
6문단	바람으로 인한 건물의 흔들림을 줄이는 TLCD(동조 액체 기둥형 댐퍼)

---

37 내용의 사실적 이해 　　　　　정답률 74% | 정답 ①

윗글의 내용에 대한 이해로 적절하지 않은 것은?

✔ ① 수직 하중은 수평 하중과 달리 사방에서 건물에 가해지는 힘이다.
3문단의 '위에서 아래 방향으로만 작용하는 수직 하중과 달리 수평 하중은 사방에서 작용하는 힘이기 때문에 초고층 건물의 안전에 미치는 영향이 수직 하중보다 훨씬 크다.'를 보아 적절하지 않음을 알 수 있다.

② 건물이 높아질수록 건물에 가해지는 수직 하중은 증가한다.
1문단의 '수직 하중은 건물 자체의 무게로 인해 땅 표면에 수직 방향으로 작용하는 힘이고'에서 건물이 높아지면 건물 자체의 무게가 무거워지므로 수직 하중은 증가할 것임을 알 수 있다.

③ 보기둥 구조에서 보의 두께는 한 층당 높이에 영향을 준다.
2문단의 '보기둥 구조에서는 설치된 보의 두께만큼 건물의 한 층당 높이가 높아지지만'에서 알 수 있다.

④ 넓은 공간에서 좁은 공간으로 바람이 불어오면 풍속이 빨라진다.
3문단의 '건물이 많은 도심에서는 넓은 공간에서 좁은 공간으로 바람이 불어오면서 풍속이 빨라지는 현상이 발생해'에서 알 수 있다.

⑤ 공명 현상은 건물에 가해지는 수평 하중을 증가시키는 요인이 된다.
3문단의 '바람에 의해 공명 현상이 발생하면 건물이 매우 크게 흔들리게 되어 건물의 안전을 위협하게 된다.'와 수평 하중이 바람이나 지진에 의해 건물에 사방으로 작용하는 힘이라는 내용에서 알 수 있다.

---

38 핵심 정보의 파악 　　　　　정답률 64% | 정답 ④

㉠ ~ ㉢을 설명한 내용으로 적절하지 않은 것은?

① ㉠은 기둥과 기둥 사이에 설치한 수평 구조물 위에 바닥판을 놓는 구조이다.
2문단의 '보기둥 구조는 기둥과 기둥 사이를 가로지르는 수평 구조물인 보를 설치하고 그 위에 바닥판을 놓은 구조이다.'에서 알 수 있다.

② ㉠에서 보는 건물에 작용하는 수직 하중이 기둥에 집중되는 것을 예방한다.
2문단의 '보기둥 구조에서는 설치된 보의 두께만큼 건물의 한 층당 높이가 높아지지만, 바닥판에 작용하는 하중이 기둥에 집중되지 않고 보에 의해 분산되기 때문에 수직 하중을 잘 견딜 수 있다.'에서 알 수 있다.

③ ㉡에서 코어는 건물의 높이가 높아짐에 따라 그 크기가 커져야 한다.
4문단의 '초고층 건물은 그 높이가 높아질수록 수평 하중이 커지고 그에 따라 코어의 크기도 커져야 한다.'에서 알 수 있다.

✔ ④ ㉢에서 트러스는 아웃리거와 코어의 결합력을 높여 수평 하중을 덜 받게 한다.
5문단의 '삼각형 구조의 트러스로 외부 기둥들을 연결하면 외부에서 작용하는 힘이 철골 접합부를 통해 전체적으로 분산되기 때문에 코어에 무리한 힘이 가해지는 것을 예방할 수 있다.'에서 '아웃리거-벨트 트러스 구조'의 트러스는 외부에서 작용하는 힘을 전체적으로 분산하는 역할을 한다는 것을 알 수 있다. 그리고 5문단의 내용으로 아웃리거와 코어의 결합력을 높이기 위해서는 아웃리거와 코어의 접합부를 강하게 연결해야 함을 알 수 있지만, 트러스가 아웃리거와 코어의 접합부를 강하게 연결해 주는 것은 아니므로 적절하지 않다.

⑤ ㉡과 ㉢을 함께 사용하면 건물에 작용하는 수평 하중을 견디는 힘이 커진다.
5문단에서 아웃리거-벨트 트러스 구조는 코어 구조를 보완하는 구조이므로 코어 구조만 단독으로 쓸 때보다 코어 구조에 아웃리거-벨트 트러스 구조가 더해졌을 때 수평 하중을 견디는 힘이 더 클 것임을 알 수 있다.

---

39 세부적 내용의 공통점 추론 　　　　　정답률 79% | 정답 ③

문맥을 고려할 때, ㉮와 ㉯의 이유로 가장 적절한 것은?

① 건물의 외부 미관을 살리기 위해서
코어에 시설물을 설치하는 것, 그리고 아웃리거를 특수한 위치에 설치하는 것은 모두 건물 외부의 미관을 살리는 것과는 관련이 없다.

② 건물의 건설 비용을 줄이기 위해서
승강기나 화장실 등을 코어에 설치하지 않아도 결국 다른 공간에 설치해야 하므로 건설 비용과 관련 없고, 아웃리거의 설치 역시 건설 비용과 관련이 없다.

✔ ③ 건물의 공간을 효율적으로 활용하기 위해서
4문단에서 코어 구조에는 가운데가 비어 있으므로 이를 빈 공간으로 두기 보다는 이 공간에 승강기나 화장실 등을 설치하는 것이 공간을 효율적으로 활용하는 것임을 알 수 있다.
그리고 5문단에서 아웃리거를 설비층이나 위층 바닥과 아래층 천장 사이의 공간에 설치하지 않으면 건물 내부를 가로지를 수밖에 없어서 공간의 효율적 이용을 저해하게 됨을 알 수 있다.

④ 건물에 작용하는 외부의 힘을 줄이기 위해서
코어나 아웃리거는 건물에 작용하는 수평 하중을 잘 견딜 수 있게 하는 것이다. 코어의 빈 공간에 승강기나 화장실 등을 설치하면 코어 자체의 무게가 늘어날 수 있기 때문에 건물에 작용하는 외부의 힘에 잘 견딜 수 있으나 아웃리거를 특수한 위치에 설치하는 것이 건물에 작용하는 힘을 약화시키는 것은 아니다.

⑤ 필요에 따라 공간의 용도를 변경하기 위해서
건물 내부 공간의 용도 변경은 코어 구조나 아웃리거와 관련이 없다.

40 내용의 구체적인 사례에의 적용　　정답률 69% | 정답 ③

[A]를 바탕으로 〈보기〉의 'TLCD'를 이해한 내용으로 적절하지 않은 것은? [3점]

〈보 기〉

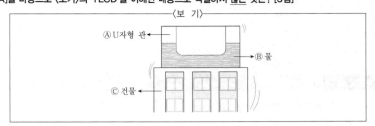
ⓐ U자형 관
ⓑ 물
ⓒ 건물

① ⓐ가 한쪽으로 기울어도 ⓑ는 원래의 자리에 있으려 할 것이다.
ⓒ가 기울어지면 연동하여 U자형 관도 같은 방향으로 기울어지게 될 것이다. 이때 ⓑ는 관성의 법칙에 의해 제자리에 있으려 할 것이다.

② ⓐ가 왼쪽으로 기울면 오른쪽 관에 있는 ⓑ의 높이가 왼쪽보다 높아질 것이다.
U자형 관이 왼쪽으로 기울면 반대쪽인 오른쪽 관의 ⓑ 높이가 왼쪽보다 높아지게 됨을 알 수 있다.

☑ ③ ⓐ 전체의 가로 폭이 넓어질수록 ⓒ가 수평 하중을 견디는 효과가 작아질 것이다.
6문단에서 ⓐ 전체의 가로 폭이 넓어지면 수평 방향의 흔들림을 줄여 주는 효과가 크다는 것을 알 수 있으므로 적절하지 않다.

④ ⓐ 안에 있는 ⓑ의 양이 많을수록 ⓒ에 작용하는 수직 하중이 증가할 것이다.
U자형 관 안의 ⓑ의 양이 많아지면 아래로 작용하는 수직 하중도 증가하게 됨을 알 수 있다.

⑤ ⓐ에 채워진 ⓑ의 무게가 무거울수록 ⓒ의 수평 방향의 흔들림을 줄여 주는 효과가 클 것이다.
U자형 관 안의 ⓑ가 무거우면 아래로 작용하는 중력도 클 것이므로 ⓒ의 수평 방향의 흔들림을 줄여 주는 효과도 커질 것임을 알 수 있다.

41 사전적 의미의 이해　　정답률 71% | 정답 ④

ⓐ~ⓔ의 사전적 의미로 적절하지 않은 것은?

① ⓐ : 어떠한 현상을 일으키거나 영향을 미침.
② ⓑ : 연구하여 새로운 것을 생각해 냄.
③ ⓒ : 갈라져 흩어짐.
☑ ④ ⓓ : 어떤 상태나 현상을 그대로 보존함.
ⓓ의 '지탱'은 '오래 버티거나 배겨 냄.'을 의미하므로 적절하지 않다. '어떤 상태나 현상을 그대로 보존함.'의 의미로 쓰이는 말은 '유지(維持)'이다.

⑤ ⓔ : 굳고 단단함.

42~45 고전 소설

작자 미상, 「배비장전」

감상 이 소설은 조선 후기 작자 미상의 판소리계 소설로, 판소리 창자의 말투와 리듬감 있는 문체적 특징이 잘 드러나 있는 고전 소설이다.
이 소설은 배비장이 기생 애랑에게 반해 망신을 당하는 이야기를 통해 **남성 훼절형 모티프**를 잘 보여 주면서, 이를 통해 **서민 계층에 의한 지배 계층의 허위에 대한 풍자**를 잘 드러내고 있다. 한편 이 작품에 등장하는 **방자**는 배비장의 약점과 위선을 폭로하고 파괴하는 일을 적극적으로 수행하고 있어서 주목된다. 그런 면에서 가면극에 등장하는 말뚝이와 상통한다. 「춘향전」에 나타나는 방자보다도 더 날카로운 **풍자의 기능**을 보이고 있다. 따라서 「배비장전」의 **방자**는 판소리 사설이나 판소리계 소설에서 **작가의 목소리를 개입시키는 장치**로 형상화되는 인물 유형의 하나로 주목될 수 있다.

주제 배비방의 허위 풍자

작품 줄거리 제주 목사로 부임하게 된 한양의 김경(金卿)은 배 비장에게 예방의 소임을 맡긴다. 이에 서울을 떠나게 된 배 비장은 어머니와 부인 앞에서 여자를 가까이하지 않겠다는 맹세를 한다. 제주에 도착한 배 비장은 구관 사또를 모시던 정 비장과 기생 애랑의 이별 장면을 보고, 애랑의 교태에 넘어가 자신의 앞니까지 뽑아 주고 가는 정 비장을 비웃는다. 이후, 기생들과의 술자리를 멀리 하고 홀로 깨끗한 체를 하는 배 비장을 유혹하기 위해서 목사의 지시로 방자와 애랑이 계략을 꾸민다. 어느 날 녹림간 수포동에 억지로 함께 놀러 간 배 비장은 애랑이 목욕하는 모습을 보고는, 배가 아프다며 일행을 먼저 보내고 방자와 실랑이를 벌이며 애랑을 훔쳐 보고 음식 대접도 받는다. 그 뒤 애랑을 못 잊어 병이 난 배 비장은 방자를 시켜 편지를 보내고, 밤에 그녀의 처소로 몰래 오라는 답신을 받는다. 배 비장은 방자가 지정하는 개가죽 두루마기에 노벙거지를 쓰고 애랑의 집을 찾아간다. 배 비장은 애랑의 집 담구멍을 간신히 통과하여 애랑을 만나는데 방자가 애랑의 서방 행세를 하며 들이닥친다. 애랑은 겁을 주며 배 비장을 준비된 자루 속에 들어가게 한다. 서방인 척 들어온 방자가 자루가 수상하다며 두들기자 배 비장은 거문고 소리를 낸다. 방자가 술을 사러 간다고 틈을 내준 사이에 배 비장은 피나무 궤에 들어가서 몸을 숨긴다. 방자는 배 비장이 숨어 들어가 있는 피나무 궤를 불을 질러 버리겠다고 위협을 하다가, 다시 톱으로 켜는 흉내를 하면서 궤 속에 든 배 비장의 혼내 준다. 배 비장이 든 피나무 궤는 목사 및 육방관속 및 군노배가 지켜보는 가운데 동헌으로 운반되고, 바다 위에 던져진 줄 안 배 비장이 궤 속에서 도움을 청하자, 뱃사공으로 가장한 사령들이 궤문을 열어 준다. 배 비장은 알몸으로 허우적거리며 동헌 대청에 머리를 부딪쳐 온갖 망신을 당한다.

42 외적 준거에 따른 작품의 감상　　정답률 51% | 정답 ⑤

〈보기〉를 바탕으로 윗글을 감상할 때, 적절하지 않은 것은? [3점]

〈보 기〉
「배비장전」은 판소리계 소설로, 판소리 창자의 말투가 고스란히 드러나 있고 리듬감이 있는 율문체를 통해 당대 서민들의 삶과 정서를 드러내고 있다. 또한 다른 사람의 책략에 의해 주인공이 금욕적 다짐을 훼손당해 웃음거리가 되는 남성 훼절형 모티프를 바탕으로 하는 서사 구조를 보여 준다. 이를 통해 지배 계층의 허세에 대한 풍자와 조롱을 드러내고 신분 질서가 무너져 가는 당대 시대상 등을 반영하고 있다.

① '가만가만 자취 없이 들어가서 이리 기웃 저리 기웃'에서 글자 수를 규칙적으로 반복하여 인물의 행동을 리듬감 있게 묘사하는 율문체를 확인할 수 있겠군.
'가만가만 / 자취 없이 / 들어가서 / 이리 기웃 / 저리 기웃'은 글자 수가 4자씩 규칙적으로 전개되고 있으므로 〈보기〉에서 언급한 율문체의 문체적 특징을 보여 주는 것이라 할 수 있다.

② '저 여인 거동 보소'라는 표현에서 청중을 향한 판소리 창자의 목소리가 직접 드러나는 판소리계 소설로서의 특징을 확인할 수 있겠군.
'저 여인 거동 보소'에서 '거동 보소'는 판소리 창자가 공연할 때 청중에게 하는 상투적인 말투라는 점에서, 이 글이 판소리계 소설의 특징을 보여 준다고 할 수 있다.

③ 배비장이 방자에 의해 '구록피 두루마기에 노펑거지'까지 쓰면서 훼절한 상황에서 서민 계층에 의해 조롱당하는 지배 계층의 모습을 엿볼 수 있겠군.
배비장은 방자에 의해 서민들이 쓰는 노펑거지를 쓰게 되는데, 이러한 배비장의 모습은 서민 계층에 조롱당하는 지배 계층의 모습이라 할 수 있다.

④ 담 구멍에 걸려 있는 상황에서도 '죽어도 문자는 쓰'는 배비장의 모습을 통해 지배 계층의 허세에 대한 풍자를 엿볼 수 있겠군.
배비장은 애랑을 만나기 위해 담 구멍으로 가다가 오도 가도 못하는 상황에 처하게 되는데, 그 상황에서도 배비장은 한문을 쓰고 있다. 이러한 배비장의 모습은 지배 계층의 허세에 대한 풍자의 모습을 잘 나타낸 것이라 할 수 있다.

☑ ⑤ 배비장이 애랑을 만나자마자 '배 걸덕쇠요.'라고 격식을 차리며 말하는 데서 신분 질서가 무너져 가는 당대의 시대적 현실을 확인할 수 있겠군.
배비장은 애랑의 집을 찾아가 어렵게 애랑을 만나는 상황에서 자신을 '배 걸덕쇠'라고 말하는데, 이는 애랑이 배비장을 지칭해 도적이라고 말한 데 대해 자신을 낮추어 재미있게 표현한 것이므로 적절하지 않다.

43 소설의 재담 구조의 이해　　정답률 54% | 정답 ③

[A]의 재담 구조를 〈보기〉와 같이 도식화할 때, 이에 대한 설명으로 적절하지 않은 것은?

〈보 기〉

| 방자의 제안 | → | 배비장의 주저 | → | 방자의 부추김 | → | 배비장의 수용 |
| ㉠ | | ㉡ | | ㉢ | | ㉣ |

① ㉠에서 방자는 배비장의 권위를 깎아내리는 말을 하고 있다.
㉠에서 방자는 배비장에게 서민들이 입는 옷을 입도록 함으로써 배비장의 권위를 깎아내리고 있다.

② ㉡에서 배비장은 자신의 체면을 생각하며 반응하고 있다.
㉡에서 배비장은 방자가 권유한 옷을 입는 것에 대해 초라하지 않겠느냐며 자신의 체면을 생각해 주저하고 있다.

☑ ③ ㉢에서 방자는 긍정적인 결과를 제시하며 설득하고 있다.
㉢에서 방자는 배비장에게 좋은 옷을 버리고 서민들이 입는 옷을 입도록 하는데, 배비장이 체면을 생각해 주저하자 방자는 그만 두라며 튕기며 부추기고 있다. 즉, ㉢에서 방자가 배비장에게 긍정적인 결과를 제시하며 설득하는 모습은 살펴볼 수 없다.

④ ㉣에서 배비장은 방자의 말에 할 수 없이 호응하고 있다.
㉣에서 배비장은 애랑을 만날 욕심에 방자의 요청을 할 수 없이 수용하는 모습을 나타내고 있다.

⑤ ㉠ ~ ㉣에서 방자가 대화를 주도하며 재담의 구조가 반복되고 있다.
㉠ ~ ㉣는 주로 방자가 배비장에게 자신의 요구를 요청하면서 대화를 주도하는 양상으로 재담의 구조가 반복됨을 나타낸다.

44 인물의 심리 파악　　정답률 60% | 정답 ④

㉠ ~ ㉤에 대한 설명으로 적절하지 않은 것은?

① ㉠ : 애랑의 환심을 사기 위해 노력을 하고 있는 배비장의 모습이 나타나 있다.
㉠은 배비장이 애랑을 만나 군대 예절을 보여 주겠다는 것으로 애랑의 환심을 사기 위한 의도를 드러낸다.

② ㉡ : 방자에게 자신의 행동을 들켰을까 봐 당황하는 배비장의 태도가 나타나 있다.
㉡은 애랑의 환심을 사기 위한 행동을 연습하다가 방자가 갑자기 들이치자 당황해하는 모습이다.

③ ㉢ : 애랑을 만나고 싶어 하는 배비장의 간절한 마음이 나타나 있다.
㉢은 방자를 업고라도 가겠다는 말로 애랑을 빨리 만나고 싶어 하는 배비장의 마음을 나타낸 것이다.

☑ ④ ㉣ : 방자에 대한 불만을 노골적으로 드러내는 배비장의 모습이 나타나 있다.
㉣은 배비장이 어렵게 담 구멍을 지난 뒤 아프다는 말도 제대로 하지 못하고 자기 상황을 변명하거나 합리화하여 하는 말이므로 적절하지 않다.

⑤ ㉤ : 배비장의 정체를 알고도 짐짓 모른 체하는 애랑의 태도가 나타나 있다.
㉤은 삼경에 만나기로 한 배비장이 왔음에도 불구하고 마치 모르는 사람처럼 놀라는 체하는 애랑의 모습을 나타낸 것이다.

45 상황에 맞는 한자 성어의 파악　　정답률 69% | 정답 ①

ⓐ의 상황을 나타내는 한자 성어로 가장 적절한 것은?

☑ ① 진퇴양난(進退兩難)
ⓐ는 배비장이 담 구멍을 지나가다가 오도 가도 못하게 된 난처한 상황에 처하게 되었음을 드러낸 것이다. 따라서 '이러지도 저러지도 못하는 난처한 처지에 놓여 있음.'을 나타내는 '진퇴양난(進退兩難)'이 가장 적절하다.

② 중과부적(衆寡不敵)
'적은 수효로 많은 수효를 대적하지 못함.'을 뜻하는 말이다.

③ 역지사지(易地思之)
'처지를 바꾸어서 생각하여 봄.'을 뜻하는 말이다.

④ 난형난제(難兄難弟)
'두 사물의 낫고 못함을 분간하기 어려움.'을 비유하는 말이다.

⑤ 고장난명(孤掌難鳴)
'혼자서는 일을 이루기가 어려움.'을 뜻하는 말이다.

•정답•

01③ 02③ 03⑤ 04④ 05② 06④ 07① 08③ 09② 10① 11④ 12① 13③ 14⑤ 15①
16④ 17② 18⑤ 19⑤ 20③ 21② 22 48 23 22 24 10 25 5 26 16 27 14 28 15 29 180 30 17

---

01 제곱근의 성질 　　　정답률 92% | 정답 ③

❶ $\sqrt{18} - 4\sqrt{2} + \sqrt{2}$ 의 값은? [2점]

① $-2\sqrt{2}$　② $-\sqrt{2}$　③ 0　④ $\sqrt{2}$　⑤ $2\sqrt{2}$

STEP 01 제곱근의 성질을 이용하여 ❶을 정리하여 값을 구한다.

$$\sqrt{18} - 4\sqrt{2} + \sqrt{2} = \sqrt{3^2 \times 2} - 4\sqrt{2} + \sqrt{2}$$
$$= 3\sqrt{2} - 4\sqrt{2} + \sqrt{2}$$
$$= (3 - 4 + 1) \times \sqrt{2}$$
$$= 0$$

●핵심 공식

▶ $a > 0$, $b > 0$일 때,

제곱근의 곱셈 : $\sqrt{a}\sqrt{b} = \sqrt{ab}$, $\sqrt{a^2 b} = a\sqrt{b}$

제곱근의 나눗셈 : $\dfrac{\sqrt{a}}{\sqrt{b}} = \sqrt{\dfrac{a}{b}}$

분모의 유리화 : $\dfrac{\sqrt{a}}{\sqrt{b}} = \dfrac{\sqrt{a}\sqrt{b}}{\sqrt{b}\sqrt{b}} = \dfrac{\sqrt{ab}}{b}$

▶ $a > 0$, $b > 0$, $c > 0$이고, m, n이 유리수일 때,

• $m\sqrt{a} + n\sqrt{a} = (m+n)\sqrt{a}$　　• $m\sqrt{a} - n\sqrt{a} = (m-n)\sqrt{a}$

• $\sqrt{a}(\sqrt{b} + \sqrt{c}) = \sqrt{ab} + \sqrt{ac}$

---

02 일차부등식 　　　정답률 90% | 정답 ③

일차부등식 ❶ $x - 5 \leq 7$ 의 해 중 자연수의 개수는? [2점]

① 10　② 11　③ 12　④ 13　⑤ 14

STEP 01 ❶의 부등식을 풀어 만족하는 자연수의 개수를 구한다.

$x - 5 \leq 7$ 에서 $x \leq 7 + 5$ 이므로

$x \leq 12$

그러므로 이를 만족하는 자연수는

1, 2, 3, 4, 5, 6, 7, 8, 9, 10, 11, 12 로

개수는 12

---

03 인수분해 　　　정답률 94% | 정답 ⑤

❶ $26^2 - 24^2$ 의 값은? [2점]

① 60　② 70　③ 80　④ 90　⑤ 100

STEP 01 ❶을 인수분해한 후 값을 구한다.

$$26^2 - 24^2 = (26 + 24) \times (26 - 24)$$
$$= 50 \times 2$$
$$= 100$$

●핵심 공식

▶ 인수분해

① $ma + mb = m(a + b)$

② $a^2 + 2ab + b^2 = (a+b)^2$, $a^2 - 2ab + b^2 = (a-b)^2$

③ $a^2 - b^2 = (a+b)(a-b)$

④ $x^2 + (a+b)x + ab = (x+a)(x+b)$

⑤ $acx^2 + (ad+bc)x + bd = (ax+b)(cx+d)$

---

04 다항식의 연산 　　　정답률 93% | 정답 ④

❶ $a = 2x + y$, $b = x - 2y$ 일 때, ❷ $2(a-b) - (a-3b)$ 를 x, y 에 대한 식으로 나타낸 것은? [3점]

① $x - 3y$　② $x - y$　③ $x + y$　④ $3x - y$　⑤ $3x + y$

STEP 01 ❷를 정리한 후 ❶을 대입한 다음 동류항끼리 계산하여 식을 정리한다.

$$2(a-b) - (a-3b) = 2a - 2b - a + 3b$$
$$= a + b$$
$$= (2x+y) + (x-2y)$$
$$= (2+1)x + (1-2)y$$
$$= 3x - y$$

●핵심 공식

▶ 단항식과 다항식의 계산

(1) 계산 방법

　① 계수는 계수끼리, 문자는 문자끼리 곱하여 계산한다.

　② 같은 문자의 곱은 거듭제곱의 지수를 써서 나타낸다.

(2) 다항식의 덧셈과 뺄셈 괄호를 풀고 동류항끼리 모아서 간단히 한다.(※ 동류항 : 문자와 차수가 같은 항)

(3) 사칙 연산의 순서

　① 괄호가 있으면 괄호를 먼저 푼다.

　② 식의 곱셈과 나눗셈을 계산한다.

　③ 동류항끼리 덧셈과 뺄셈을 계산한다.

---

05 최빈값 　　　정답률 92% | 정답 ②

어느 농장에서 나온 달걀 10개의 무게가 다음과 같다.

(단위: g)

45	48	49	47	43
43	42	43	41	45

이 자료의 최빈값은? [3점]

① 41 g　② 43 g　③ 45 g　④ 47 g　⑤ 49 g

STEP 01 주어진 자료에서 가장 많이 나온 값을 구한다.

주어진 자료에서

43 g이 3회, 45 g이 2회, 41 g, 42 g, 47 g, 48 g, 49 g이 각각 1회씩 나타난다.

따라서 43 g이 3회로 가장 많이 나타나므로

최빈값은 43 g

---

06 유한소수의 성질 　　　정답률 88% | 정답 ④

분수 $\dfrac{n}{2^4 \times 7}$ 을 소수로 나타내면 유한소수가 된다. n 의 값이 될 수 있는 두 자리 자연수 중 가장 작은 수는? [3점]

① 11　② 12　③ 13　④ 14　⑤ 15

STEP 01 유한소수가 될 조건을 이용하여 n의 조건을 구한 후 만족하는 가장 작은 두 자리 자연수를 구한다.

$\dfrac{n}{2^4 \times 7}$ 을 소수로 나타낼 때

유한소수가 되기 위해서는 기약분수로 나타내었을 때

분모의 소인수가 2나 5 이외에는 없어야 한다.

$\dfrac{n}{2^4 \times 7}$ 의 분모의 소인수인 7 이 약분되어야 하므로

n 은 반드시 7 을 소인수로 가지고 있어야 한다.

따라서 n 의 값이 될 수 있는 두 자리 자연수 중 가장 작은 수는

$7 \times 2 = 14$

---

07 연립방정식 　　　정답률 85% | 정답 ①

두 일차함수 ❶ $y = x + 3$, $y = 2x - 3$ 의 그래프의 교점의 좌표를 (a, b) 라 할 때, $a + b$ 의 값은? [3점]

① 15　② 16　③ 17　④ 18　⑤ 19

STEP 01 ❶을 연립하여 교점을 구한 후 교점의 좌표의 합을 구한다.

두 일차함수 $y = x + 3$, $y = 2x - 3$ 의 그래프의 교점의 좌표는 연립일차방정식

$$\begin{cases} y = x + 3 & \cdots\cdots \text{㉠} \\ y = 2x - 3 & \cdots\cdots \text{㉡} \end{cases}$$

의 해와 같다.

㉡ - ㉠ 을 하면

$0 = x - 6$

$x = 6$

　　　　　　　　　　　　　　 …… ㉢

㉢을 ㉠에 대입하면

$y = 6 + 3 = 9$

$a = 6$, $b = 9$ 이므로

$a + b = 6 + 9 = 15$

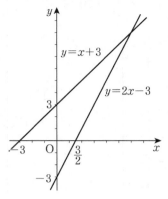

다른 풀이

$y = x + 3$ 을 $y = 2x - 3$ 에 대입하면

$x + 3 = 2x - 3$, $x = 6$ 　　　　　 …… ㉠

㉠을 $y = x + 3$ 에 대입하면

$y = 6 + 3 = 9$

$a = 6$, $b = 9$ 이므로

$a + b = 6 + 9 = 15$

08 　 이차함수의 그래프 　　　　　　 정답률 80% | 정답 ③

이차함수 ❶ $y = x^2 + 2x + a$ 의 꼭짓점의 y좌표가 4 일 때, 상수 a 의 값은?
[3점]

① 3　　 ② 4　　 ③ 5　　 ④ 6　　 ⑤ 7

STEP 01 　 ❶을 표준형으로 바꾼 후 꼭짓점의 y좌표가 4 임을 이용하여 a의 값을 구한다.

$y = x^2 + 2x + a$
$\quad = (x^2 + 2x + 1) - 1 + a$
$\quad = (x + 1)^2 - 1 + a$

그러므로 꼭짓점의 y좌표는 $-1 + a$ 이다.

따라서 $-1 + a = 4$ ∴ $a = 5$

09 　 소인수분해 　　　　　　 정답률 87% | 정답 ②

1 이 아닌 자연수 n 을 소인수분해할 때, 소인수 2 가 곱해진 개수를 $A(n)$, 소인수 3 이 곱해진 개수를 $B(n)$ 이라 하자. 예를 들어, $12 = 2^2 \times 3$ 이므로 $A(12) = 2$, $B(12) = 1$ 이다. $A(180) + B(180)$ 의 값은? [3점]

① 3　　 ② 4　　 ③ 5　　 ④ 6　　 ⑤ 7

STEP 01 　 180을 소인수분해 한 후 $A(180) + B(180)$ 의 값을 구한다.

180 을 소인수분해하면 $180 = 2^2 \times 3^2 \times 5$이므로 소인수 2 가 곱해진 개수는 2 이고, 소인수 3 이 곱해진 개수도 2 이다.

따라서 $A(180) + B(180) = 2 + 2 = 4$

참고

180 을 소인수분해하는 방법은 다음과 같다.

```
2 | 180
2 |  90
3 |  45
3 |  15
        5
```

$180 = 2 \times 2 \times 3 \times 3 \times 5 = 2^2 \times 3^2 \times 5$

10 　 상대도수 　　　　　　 정답률 66% | 정답 ①

A 고등학교 학생 200 명과 B 고등학교 학생 300 명의 하루 평균 수면 시간을 조사한 상대도수의 그래프가 그림과 같다.

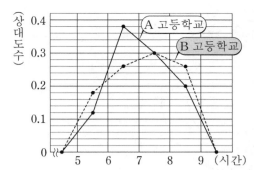

두 고등학교 A, B 에서 조사한 학생들 중 ❶ 하루 평균 수면 시간이 7 시간 이상 8 시간 미만인 학생 수를 각각 a, b 라 할 때, $a - b$ 의 값은? [3점]

① -30　　 ② -15　　 ③ 0　　 ④ 15　　 ⑤ 30

STEP 01 　 각 학교의 조사한 학생 수를 이용하여 ❶을 구한 후 $a - b$ 의 값을 구한다.

하루 평균 수면 시간이 7 시간 이상 8 시간 미만인 계급의 상대도수는
A 고등학교, B 고등학교 모두 0.3 이고 조사한 학생 수는 각각 200, 300 이므로

$a = 200 \times 0.3 = 60$, $b = 300 \times 0.3 = 90$

따라서 $a - b = 60 - 90 = -30$

● 핵심 공식

▶ 상대도수

(1) 상대도수 $= \dfrac{\text{그 계급의 도수}}{\text{도수의 합}}$

(2) 상대도수의 총합은 1이다.

(3) 그 계급의 도수는 상대도수 × 도수의 합이다.

(4) 도수의 합 $= \dfrac{\text{그 계급의 도수}}{\text{상대도수}}$

11 　 회전체 　　　　　　 정답률 74% | 정답 ④

그림과 같이 삼각형 ABC 의 꼭짓점 A, B, C 에서 직선 l 에 내린 수선의 발을 각각 D, E, F 라 할 때, $\overline{AD} = \overline{CF} = 4$, $\overline{BE} = 6$ 이다.
❶ 삼각형 ABC 를 직선 l 을 회전축으로 하여 1 회전시킬 때 생기는 회전체를 ❷ 회전축에 수직인 평면으로 자른 단면의 넓이의 최댓값은? [3점]

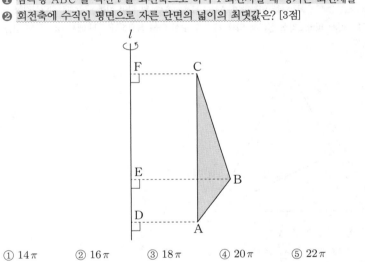

① 14π　　 ② 16π　　 ③ 18π　　 ④ 20π　　 ⑤ 22π

STEP 01 　 ❶의 겨냥도를 그려 ❷을 가지는 단면을 구해 넓이를 구한다.

삼각형 ABC 를 직선 l 을 회전축으로 하여 1 회전시킬 때 생기는 회전체는 [그림 1]과 같다.

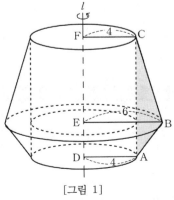

[그림 1]

이를 회전축 l 에 수직인 평면으로 자른 단면 중 넓이가 최대인 것은 [그림 2]와 같다.

26회

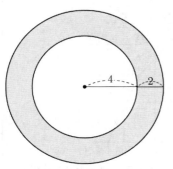

[그림 2]

따라서 회전체를 회전축에 수직인 평면으로 자른 단면의 넓이의 최댓값은
$36\pi - 16\pi = 20\pi$

---

12 삼각비   정답률 72% | 정답 ①

그림과 같이 ❶ $\overline{AB} = \overline{AC}$ 인 이등변삼각형 ABC 의 꼭짓점 C 에서
변 AB 에 내린 수선의 발을 H 라 하자. ❷ $\overline{AH}:\overline{HB}=3:2$ 일 때, 삼각형
BCH 에서 $\tan B$ 의 값은? [3점]

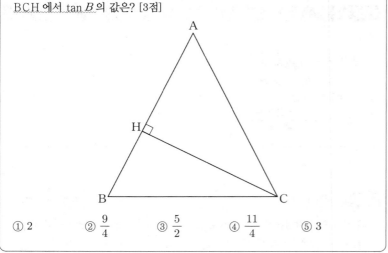

① 2   ② $\dfrac{9}{4}$ ③ $\dfrac{5}{2}$ ④ $\dfrac{11}{4}$ ⑤ 3

STEP 01 ❷, ❶을 이용하여 $\overline{AH}$, $\overline{HB}$, $\overline{AC}$ 의 길이 비를 구한 후 직각삼각형
AHC 에서 피타고라스 정리에 의해 $\overline{HC}$ 를 구한 다음 삼각형 BCH 에서 $\tan B$ 의 값을
구한다.

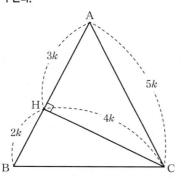

삼각형 ABC 에서 $\overline{AH}:\overline{HB}=3:2$ 이므로
양수 k 에 대하여 $\overline{AH}=3k$, $\overline{HB}=2k$ 라 하면
$\overline{AC}=\overline{AB}=\overline{AH}+\overline{HB}=5k$
직각삼각형 AHC 에서 피타고라스 정리에 의해
$\overline{AC}^2=\overline{AH}^2+\overline{HC}^2$이므로
$(5k)^2=(3k)^2+\overline{HC}^2$
$\overline{HC}^2=(5k)^2-(3k)^2=16k^2$
$\overline{HC}=4k$
따라서 직각삼각형 BCH 에서
$\tan B=\dfrac{\overline{HC}}{\overline{HB}}=\dfrac{4k}{2k}=2$

● 핵심 공식

▶ 삼각비

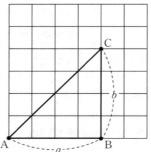

(1) $\sin B=\dfrac{\overline{AC}}{\overline{AB}}=\dfrac{b}{c}$

(2) $\cos B=\dfrac{\overline{BC}}{\overline{AB}}=\dfrac{a}{c}$

(3) $\tan B=\dfrac{\overline{AC}}{\overline{BC}}=\dfrac{b}{a}$

---

13 확률   정답률 67% | 정답 ③

그림과 같이 한 변의 길이가 1 인 여러 개의 정사각형으로 이루어진 도형이
있다. 한 개의 주사위를 두 번 던져 첫 번째 나온 눈의 수의 길이만큼
점 A 에서 오른쪽 방향으로 이동한 점을 B 라 하고, 두 번째 나온 눈의 수의
길이만큼 점 B 에서 위쪽 방향으로 이동한 점을 C 라 하자. ❶ 삼각형
ABC 의 넓이가 15 이상이 될 확률은? [3점]

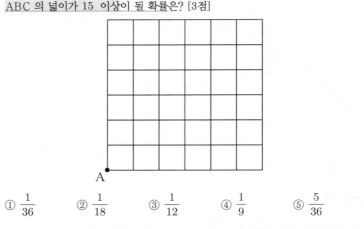

① $\dfrac{1}{36}$ ② $\dfrac{1}{18}$ ③ $\dfrac{1}{12}$ ④ $\dfrac{1}{9}$ ⑤ $\dfrac{5}{36}$

STEP 01 ❶의 경우를 구한 다음 확률을 구한다.

한 개의 주사위를 두 번 던져 첫 번째 나온 눈의 수를 a, 두 번째 나온 눈의 수를
b 라 하면 삼각형 ABC 는 밑변의 길이가 a, 높이가 b 인 직각삼각형이므로

넓이는 $\dfrac{1}{2}\times a\times b=\dfrac{1}{2}ab$

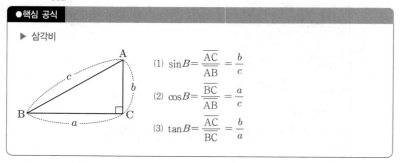

직각삼각형 ABC 의 넓이가 15 이상이기 위해서는 ab 의 값이 30 이상이어야
한다.
ab 의 값이 30 이상인 순서쌍 (a, b) 의 경우는 $(5, 6)$, $(6, 5)$, $(6, 6)$으로
경우의 수는 3
한 개의 주사위를 두 번 던져서 나올 수 있는 모든 경우의 수는
$6\times 6=36$
따라서 구하는 확률은
$\dfrac{3}{36}=\dfrac{1}{12}$

다른 풀이

한 개의 주사위를 두 번 던져 첫 번째 나온 눈의 수를 a, 두 번째 나온 눈의 수를
b 라 할 때, 주사위를 두 번 던져서 나올 수 있는 모든 경우를 순서쌍으로
나타내면 다음 표와 같다.

a＼b	1	2	3	4	5	6
1	(1, 1)	(1, 2)	(1, 3)	(1, 4)	(1, 5)	(1, 6)
2	(2, 1)	(2, 2)	(2, 3)	(2, 4)	(2, 5)	(2, 6)
3	(3, 1)	(3, 2)	(3, 3)	(3, 4)	(3, 5)	(3, 6)
4	(4, 1)	(4, 2)	(4, 3)	(4, 4)	(4, 5)	(4, 6)
5	(5, 1)	(5, 2)	(5, 3)	(5, 4)	(5, 5)	(5, 6)
6	(6, 1)	(6, 2)	(6, 3)	(6, 4)	(6, 5)	(6, 6)

이 중에서 ab 의 값이 30 이상인 경우는 다음과 같다.
(i) $ab=30$ 인 경우
　　$(5, 6)$, $(6, 5)$
(ii) $ab=36$ 인 경우
　　$(6, 6)$
그러므로 구하는 경우의 수는 3
한 개의 주사위를 두 번 던져서 나올 수 있는 모든 경우의 수는
$6\times 6=36$
따라서 구하는 확률은
$\dfrac{3}{36}=\dfrac{1}{12}$

14 원주각   정답률 57% | 정답 ⑤

그림과 같이 원 위의 세 점 A, B, C 와 원 밖의 한 점 P 에 대하여 직선 PC 는 원의 접선이고 세 점 A, B, P 는 한 직선 위에 있다. $\overline{AB}=\overline{AC}$, $\angle APC=42°$ 일 때, $\angle CAB$ 의 크기는? [4점]

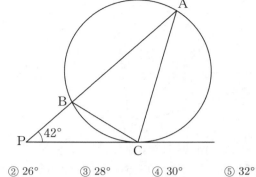

① 24°   ② 26°   ③ 28°   ④ 30°   ⑤ 32°

STEP 01 원주각과 중심각의 성질을 이용하여 $\angle COB$ 를 구한 후 이등변삼각형의 성질을 이용하여 $\angle OCB$, 원의 접선의 성질을 이용하여 $\angle BCP$ 를 차례로 구한다.

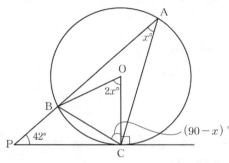

원의 중심을 O, $\angle CAB=x°$ 라 하면 원주각의 성질에 의해
$\angle COB=2\angle CAB=2x°$
삼각형 OBC 는 이등변삼각형이므로
$\angle OBC=\angle OCB=\dfrac{1}{2}(180°-2x°)=90°-x°$

$\overline{PC}$ 가 원의 접선이므로
$\overline{PC}\perp\overline{OC}$
$\angle BCP=90°-\angle OCB$
$=90°-(90°-x°)=x°$

STEP 02 삼각형의 한 외각의 크기의 성질을 이용하여 $\angle ABC$ 를 구한 후 삼각형 ABC 의 내각의 합을 이용하여 x 를 구한다.

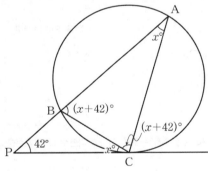

삼각형 BPC 에서 한 외각의 크기는 그와 이웃하지 않는 두 내각의 크기의 합과 같으므로
$\angle ABC=(x+42)°$
삼각형 ABC 는 $\overline{AB}=\overline{AC}$ 인 이등변삼각형이므로
$\angle ACB=\angle ABC=(x+42)°$
삼각형 ABC 의 내각의 크기의 합은 180°이므로
$x°+(x+42)°+(x+42)°=180°$
따라서 $x°=32°$

다른 풀이

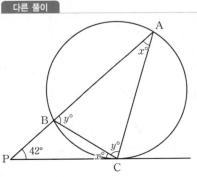

$\angle CAB=x°$, $\angle ABC=y°$ 라 하면 위의 풀이에서
$\angle PCB=\angle CAB=x°$
삼각형 ABC 는 $\overline{AB}=\overline{AC}$ 인 이등변삼각형이므로
$\angle ACB=y°$
삼각형 ABC 의 내각의 크기의 합은 180°이므로
$x°+2y°=180°$ ······ ㉠
삼각형 APC 의 내각의 크기의 합은 180°이므로
$x°+x°+y°+42°=180°$
$2x°+y°=138°$ ······ ㉡
㉡×2−㉠을 하면
$3x°=96°$
따라서 $x°=32°$

●핵심 공식

▶ 원주각

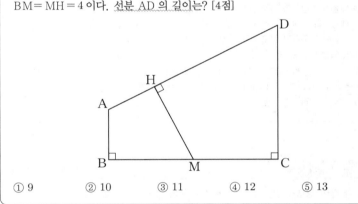

(1) 한 호에 대한 원주각의 크기는 그 호에 대한 중심각의 크기의 $\dfrac{1}{2}$ 이다.
$\angle AOB=2\angle APB$
(2) 원주각의 정리
한 원 또는 합동인 원에서 같은 크기의 호에 대한 원주각의 크기는 모두 같다.
(3) 반원의 원주각의 크기는 90°이다.

---

15 삼각형의 합동   정답률 68% | 정답 ①

그림과 같이 $\angle B=\angle C=90°$ 인 ❶ 사다리꼴 ABCD 의 넓이가 36 이다. 변 BC 의 중점 M 에서 변 AD 에 내린 수선의 발을 H 라 할 때, $\overline{BM}=\overline{MH}=4$ 이다. 선분 AD 의 길이는? [4점]

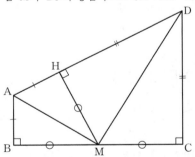

① 9   ② 10   ③ 11   ④ 12   ⑤ 13

STEP 01 보조선을 그어 합동인 삼각형을 찾는다.

점 M이 $\overline{BC}$의 중점이므로 $\overline{CM}=\overline{BM}=\overline{HM}=4$

두 직각삼각형 ABM, AHM 에서
$\angle ABM=\angle AHM=90°$
$\overline{BM}=\overline{HM}$
$\overline{AM}$ 은 공통이므로
$\triangle ABM\equiv\triangle AHM$ (RHS 합동)
두 직각삼각형 MCD, MHD 에서
$\angle MCD=\angle MHD=90°$
$\overline{CM}=\overline{HM}$
$\overline{DM}$ 은 공통이므로
$\triangle MCD\equiv\triangle MHD$ (RHS 합동)

STEP 02 ❶을 삼각형의 넓이를 이용하여 나타내어 $\overline{AD}$ 를 구한다.

$\square ABCD=2\triangle AHM+2\triangle MHD$
$\triangle AHM=\dfrac{1}{2}\times4\times\overline{AH}=2\overline{AH}$
$\triangle MHD=\dfrac{1}{2}\times4\times\overline{HD}=2\overline{HD}$ 이므로

$$\square ABCD = 2\times 2\overline{AH}+2\times 2\overline{HD}$$
$$= 4(\overline{AH}+\overline{HD})$$
$$= 4\overline{AD}=36$$
따라서 $\overline{AD}=9$

다른 풀이

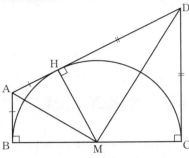

$\overline{BM}=\overline{MH}$, $\overline{AD}\perp\overline{MH}$ 이므로 선분 BC 를 지름으로 하는 반원은 점 H에서 선분 AD 와 접한다.
선분 AB, AD, DC 는 모두 이 반원의 접선이므로
$\overline{AB}=\overline{AH}$, $\overline{DC}=\overline{DH}$
사다리꼴 ABCD 의 넓이는
$$\frac{1}{2}\times(\overline{AB}+\overline{CD})\times\overline{BC}=36$$
$\overline{BC}=8$ 이므로 $\overline{AB}+\overline{CD}=9$
따라서
$$\overline{AD}=\overline{AH}+\overline{HD}=\overline{AB}+\overline{CD}=9$$

●**핵심 공식**

▶ 삼각형의 합동조건
(1) 세 대응변의 길이가 각각 같을 때 (SSS합동)
(2) 두 대응변의 길이가 각각 같고, 그 끼인각의 크기가 같을 때 (SAS합동)
(3) 한 대응변의 길이가 같고, 그 양 끝각의 크기가 각각 같을 때 (ASA합동)
▶ 직각삼각형의 합동조건
(1) 빗변의 길이와 한 예각의 크기가 각각 같다. (RHA합동)
(2) 빗변의 길이와 한 변의 길이가 각각 같다. (RHS합동)
  (S : 변, A : 각, H : 빗변의 길이, R : 직각)

16 도형의 닮음 정답률 59% | 정답 ④

그림과 같이 평행사변형 ABCD 에서 ∠A 의 이등분선이 변 BC 와 만나는 점을 E , 변 DC 의 연장선과 만나는 점을 F 라 하자.

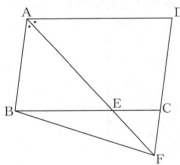

다음은 ❶ $\overline{AB}:\overline{AD}=2:3$ 이고 평행사변형 ABCD 의 넓이가 30 일 때, 삼각형 BFE 의 넓이를 구하는 과정이다.

$\overline{AB}\,/\!/\,\overline{DF}$ 이므로 $\angle DFA=\angle BAF$
그러므로 삼각형 DAF 는 $\overline{DA}=\overline{DF}$ 인 이등변삼각형이다.
$\overline{CF}=\overline{DF}-\overline{DC}=\overline{DA}-\overline{AB}$ 이므로
$\overline{CF}=\boxed{(가)}\times\overline{AB}$
$\triangle ABE \infty \triangle FCE$ 이므로
$\overline{EF}=\boxed{(나)}\times\overline{AF}$
$\overline{AB}\,/\!/\,\overline{DF}$ 이므로 삼각형 ABF 의 넓이는 삼각형 ABD 의 넓이와 같다.
따라서 삼각형 BFE 의 넓이는 $\boxed{(다)}$ 이다.

위의 (가), (나), (다)에 들어갈 알맞은 수를 각각 a , b , c 라 할 때, abc 의 값은? [4점]
① $\dfrac{1}{3}$ ② $\dfrac{1}{2}$ ③ $\dfrac{2}{3}$ ④ $\dfrac{5}{6}$ ⑤ 1

STEP 01 ❶을 이용하여 (가)를 구한다.

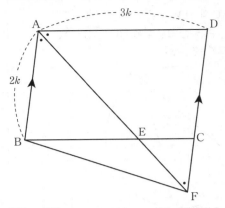

$\overline{AB}\,/\!/\,\overline{DF}$ 이므로 $\angle DFA=\angle BAF$ (엇각)
그러므로 삼각형 DAF 는 $\overline{DA}=\overline{DF}$ 인 이등변삼각형이다.
$\overline{AB}:\overline{AD}=2:3$ 이므로 양수 k 에 대하여
$\overline{AB}=2k$, $\overline{AD}=3k$ 라 하면
$\overline{CF}=\overline{DF}-\overline{DC}=\overline{DA}-\overline{AB}=k$ 이므로
$$\overline{CF}=\boxed{\frac{1}{2}}\times\overline{AB}$$

STEP 02 $\overline{AB}:\overline{FC}$ 의 비를 이용하여 (나)를 구한다.

$\triangle ABE \infty \triangle FCE$ (AA닮음)이고 닮음비는 $\overline{AB}:\overline{FC}=2:1$
즉, $\overline{AE}:\overline{FE}=2:1$
그러므로 $\overline{EF}=\boxed{\dfrac{1}{3}}\times\overline{AF}$

STEP 03 두 삼각형 ABF 와 ABD 의 넓이가 같음을 이용하여 (다)를 구한다.

두 삼각형 ABF 와 ABD 의 밑변 AB 는 공통이고
선분 AB 와 DF 는 평행하므로 높이가 같다.
그러므로 두 삼각형 ABF 와 ABD 의 넓이는 같다.
$$\triangle ABD=\frac{1}{2}\square ABCD=\frac{1}{2}\times 30=15$$
그러므로 $\triangle ABF=15$
$\overline{EF}=\dfrac{1}{3}\overline{AF}$ 이므로 삼각형 BFE 의 넓이는 $\dfrac{1}{3}\times\triangle ABF=\dfrac{1}{3}\times 15=\boxed{5}$ 이다.

STEP 04 a, b, c 를 찾아 abc 의 값을 구한다.

$a=\dfrac{1}{2}$, $b=\dfrac{1}{3}$, $c=5$ 이므로 $abc=\dfrac{5}{6}$

17 제곱근의 성질 정답률 55% | 정답 ②

자연수 n 에 대하여 $\sqrt{na}$ 가 자연수가 되도록 하는 가장 작은 자연수 a 를 $f(n)$ 이라 하자. 예를 들면 $f(3)=3$, $f(4)=1$ 이다.
❶ $f(n)=2$ 인 300 이하의 자연수 n 의 개수는? [4점]
① 10 ② 12 ③ 14 ④ 16 ⑤ 18

STEP 01 ❶을 성립하는 n의 조건을 구하여 만족하는 300 이하의 자연수 n 의 개수를 구한다.

$f(n)=2$ 는 $\sqrt{na}$ 가 자연수가 되도록 하는 가장 작은 자연수 a 가 2 라는 의미이다. 즉, $\sqrt{2n}$ 이 자연수가 되어야 하므로 $2n$ 은 어떤 자연수의 제곱이다.
그러므로 n 은 $2k^2$ (k 는 자연수)로 나타내어지는 수이다.
$k=1$, 2, 3, $\cdots$ 을 대입하여 300 이하의 자연수 n 을 구하면 다음과 같다.
$2=2\times 1^2$
$8=2\times 2^2$
$18=2\times 3^2$
  $\vdots$
$242=2\times 11^2$
$288=2\times 12^2$
따라서 자연수 n 의 개수는 12

다른 풀이

$f(n)=2$ 는 $\sqrt{na}$ 가 자연수가 되도록 하는 가장 작은 자연수 a 가 2 라는 의미이다.
즉, $\sqrt{2n}$ 이 자연수가 되어야 하므로 $2n$ 은 어떤 자연수의 제곱이다.
n 은 $2k^2$ (k 는 자연수)로 나타내어지는 수이고 300 이하의 자연수이므로
k^2 은 150 이하의 자연수이다.

$12^2 = 144$, $13^2 = 169$ 이므로 k^2 이 150 이하의 자연수가 되는 k 는
1, 2, 3, $\cdots$, 11, 12
그러므로 $f(n) = 2$ 인 300 이하의 자연수 n 은
2, 8, 18, $\cdots$, 242, 288
따라서 12 개

---

18 피타고라스 정리   정답률 46% | 정답 ⑤

그림과 같이 $\overline{AB} = 3a$, $\overline{AC} = 2a$ 이고 $\angle C = 90°$ 인 직각삼각형 ABC 가 있다. 점 C 에서 변 AB 에 내린 수선의 발을 D, 점 D 에서 변 BC 에 내린 수선의 발을 E 라 할 때, 선분 DE 의 길이가 자연수가 되도록 하는 자연수 a 의 값 중 가장 작은 수는? [4점]

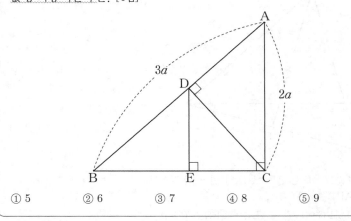

① 5   ② 6   ③ 7   ④ 8   ⑤ 9

STEP 01 삼각형 ABC 에서 피타고라스 정리에 의하여 $\overline{CD}$, $\overline{AD}$, $\overline{BD}$ 를 차례로 구한다.

삼각형 ABC 에서 피타고라스 정리에 의해
$$\overline{BC}^2 = \overline{AB}^2 - \overline{AC}^2 = (3a)^2 - (2a)^2 = 5a^2$$
$$\overline{BC} = \sqrt{5}\,a$$
삼각형 ABC 에서
$$\frac{1}{2} \times \overline{BC} \times \overline{AC} = \frac{1}{2} \times \overline{AB} \times \overline{CD}$$
$$\frac{1}{2} \times \sqrt{5}\,a \times 2a = \frac{1}{2} \times 3a \times \overline{CD}$$
$$\overline{CD} = \frac{2\sqrt{5}}{3}a$$
삼각형 ADC 에서 피타고라스 정리에 의해
$$\overline{AD}^2 = \overline{AC}^2 - \overline{CD}^2 = (2a)^2 - \left(\frac{2\sqrt{5}}{3}a\right)^2 = \frac{16}{9}a^2$$
$$\overline{AD} = \frac{4}{3}a$$
$$\overline{BD} = \overline{AB} - \overline{AD} = 3a - \frac{4}{3}a = \frac{5}{3}a$$

STEP 02 삼각형 BDC 의 넓이를 이용하여 $\overline{DE}$ 를 구한 후 $\overline{DE}$ 가 자연수가 되도록 하는 가장 작은 자연수 a 의 값을 구한다.

삼각형 BDC 에서
$$\frac{1}{2} \times \overline{BD} \times \overline{CD} = \frac{1}{2} \times \overline{BC} \times \overline{DE}$$
$$\frac{1}{2} \times \frac{5}{3}a \times \frac{2\sqrt{5}}{3}a = \frac{1}{2} \times \sqrt{5}\,a \times \overline{DE}, \quad \overline{DE} = \frac{10}{9}a$$
따라서 $\overline{DE} = \dfrac{10}{9}a$ 가 자연수가 되도록 하는 자연수 a 의 값 중 가장 작은 수는 9

다른 풀이 1

위의 풀이에서 $\overline{BC} = \sqrt{5}\,a$

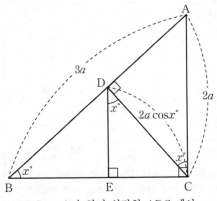

$\angle ABC = x°$ 라 하면 삼각형 ABC 에서

$$\cos x° = \frac{\overline{BC}}{\overline{AB}} = \frac{\sqrt{5}\,a}{3a} = \frac{\sqrt{5}}{3}$$
$\angle ABC + \angle BAC = \angle ACD + \angle CAD = 90°$ 이고
$\angle BAC = \angle CAD$ 이므로
$\angle ACD = \angle ABC = x°$
삼각형 ADC 에서
$\cos x° = \dfrac{\overline{CD}}{\overline{AC}}$ 이므로
$$\overline{CD} = \overline{AC} \times \cos x° = 2a \cos x° = 2a \times \frac{\sqrt{5}}{3} = \frac{2\sqrt{5}}{3}a$$
$\overline{AC} /\!/ \overline{DE}$ 이므로 엇각의 성질에 의해
$\angle CDE = \angle DCA = x°$
삼각형 CDE 에서
$\cos x° = \dfrac{\overline{DE}}{\overline{CD}}$ 이므로
$$\overline{DE} = \overline{CD} \times \cos x° = \frac{2\sqrt{5}}{3}a \times \frac{\sqrt{5}}{3} = \frac{10}{9}a$$
따라서 $\overline{DE} = \dfrac{10}{9}a$ 가 자연수가 되도록 하는
자연수 a 의 값 중 가장 작은 수는 9

다른 풀이 2

두 삼각형 ABC 와 ACD 에서
$\angle BAC = \angle CAD$ 이고 $\angle ACB = \angle ADC = 90°$ 이므로
$\triangle ABC \backsim \triangle ACD$ (AA닮음)
$\overline{AB} : \overline{AC} = 3a : 2a = 3 : 2$ 이고
두 삼각형 ABC 와 ACD 는 닮음이므로
$\overline{BC} : \overline{CD} = \overline{AB} : \overline{AC} = 3 : 2$
위의 풀이에서 $\overline{BC} = \sqrt{5}\,a$ 이므로
$$\overline{CD} = \frac{2}{3}\overline{BC} = \frac{2}{3} \times \sqrt{5}\,a = \frac{2\sqrt{5}}{3}a$$
두 삼각형 ACD 와 CDE 에서
$\angle ACD = \angle CDE$ 이고 $\angle ADC = \angle CED = 90°$ 이므로
$\triangle ACD \backsim \triangle CDE$ (AA닮음)
$\overline{AC} : \overline{CD} = 2a : \dfrac{2\sqrt{5}}{3}a = 3 : \sqrt{5}$ 이고
두 삼각형 ACD 와 CDE 는 닮음이므로
$\overline{CD} : \overline{DE} = \overline{AC} : \overline{CD} = 3 : \sqrt{5}$
그러므로
$$\overline{DE} = \frac{\sqrt{5}}{3}\overline{CD} = \frac{\sqrt{5}}{3} \times \frac{2\sqrt{5}}{3}a = \frac{10}{9}a$$
따라서 $\overline{DE} = \dfrac{10}{9}a$ 가 자연수가 되도록 하는
자연수 a 의 값 중 가장 작은 수는 9

---

19 삼각형의 성질   정답률 43% | 정답 ⑤

그림과 같이 육각형 ABCDEF 에서 ❶ 사각형 BDEF 는 둘레의 길이가 88 인 직사각형이다. 네 변 AB, BC, CD, FA 의 각각의 중점 P, Q, R, S 에 대하여 세 선분 CA, RS, DF 가 다음 조건을 만족시킨다.

> (가) $\overline{CA} /\!/ \overline{RS} /\!/ \overline{DF}$
> (나) $\overline{CA} = 38$, $\overline{DF} = 32$

사각형 PQRS 의 둘레의 길이는? [4점]

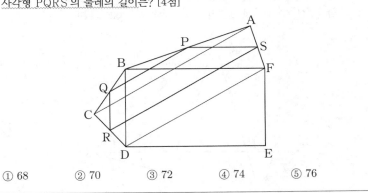

① 68   ② 70   ③ 72   ④ 74   ⑤ 76

STEP 01 삼각형의 닮음과 두 조건 (가), (나)를 이용하여 $\overline{RS}$ 를 구한다.

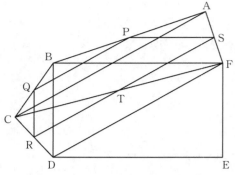

선분 CF 와 선분 RS 의 교점을 T 라 하면,
$\overline{RT} /\!/ \overline{DF}$ 이므로
$\triangle CRT \backsim \triangle CDF$
닮음비는 $\overline{CR} : \overline{CD} = 1 : 2$ 이므로
$\overline{RT} : \overline{DF} = 1 : 2$
$\overline{RT} = \dfrac{1}{2}\overline{DF}$
$\overline{TS} /\!/ \overline{CA}$ 이므로
$\triangle FST \backsim \triangle FAC$
닮음비는 $\overline{FS} : \overline{FA} = 1 : 2$ 이므로
$\overline{TS} : \overline{CA} = 1 : 2$
$\overline{TS} = \dfrac{1}{2}\overline{CA}$ 이므로
$\overline{RS} = \overline{RT} + \overline{TS} = \dfrac{1}{2}(\overline{DF} + \overline{CA}) = \dfrac{1}{2} \times (32 + 38) = 35$

STEP 02 삼각형의 두 변의 중점을 연결한 선분의 성질과 ❶을 이용하여 $\overline{PQ}$, $\overline{QR}$, $\overline{PS}$ 를 차례로 구한 후 사각형 PQRS 의 둘레의 길이를 구한다.

삼각형의 두 변의 중점을 연결한 선분의 성질에 의해 삼각형 ABC 에서
$\overline{AC} = 38$ 이므로 $\overline{PQ} = \dfrac{1}{2}\overline{AC} = 19$
$\overline{BD} = a$, $\overline{BF} = b$ 라 하면 직사각형 BDEF 의 둘레의 길이는
$2(a+b) = 88$, $a + b = 44$
삼각형의 두 변의 중점을 연결한 선분의 성질에 의해 $\overline{QR} = \dfrac{1}{2}\overline{BD} = \dfrac{1}{2}a$
$\overline{PS} = \dfrac{1}{2}\overline{BF} = \dfrac{1}{2}b$
따라서 사각형 PQRS 의 둘레의 길이는
$\overline{PQ} + \overline{QR} + \overline{RS} + \overline{PS} = 19 + \dfrac{1}{2}a + 35 + \dfrac{1}{2}b$
$= 54 + \dfrac{1}{2}(a+b) = 54 + 22 = 76$

● 핵심 공식

▶ 삼각형의 중점연결정리

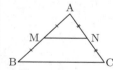

$\overline{BC} /\!/ \overline{MN}$ 이고 $\overline{AM} = \overline{BM}$, $\overline{AN} = \overline{CN}$이면
$\overline{MN} = \dfrac{1}{2}\overline{BC}$

20 삼각형의 닮음 ‖ 정답률 50% | 정답 ③

그림과 같이 삼각형 ABC 에서 ∠A 의 이등분선이 변 BC 와 만나는 점을 D 라 할 때, ❶ $\overline{AB} = \overline{AD}$ 이다. 점 C 에서 선분 AD 의 연장 선에 내린 수선의 발을 E, 선분 CE 의 연장선과 선분 AB 의 연장선이 만나는 점을 F 라 하자. 점 F 를 지나면서 선분 AE 와 평행한 직선이 선분 CB 의 연장선과 만나는 점을 G 라 할 때, 〈보기〉에서 옳은 것만을 있는 대로 고른 것은? [4점]

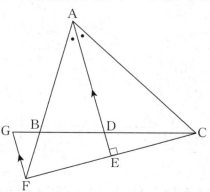

───── 〈보기〉 ─────

ㄱ. $\overline{BF} = \overline{GF}$

ㄴ. $\overline{DE} = \dfrac{3}{5}\overline{BF}$

ㄷ. $\overline{AE} = \dfrac{1}{2}(\overline{AB} + \overline{AC})$

① ㄱ　　② ㄱ, ㄴ　　③ ㄱ, ㄷ　　④ ㄴ, ㄷ　　⑤ ㄱ, ㄴ, ㄷ

STEP 01 ㄱ. ❶과 맞꼭지각과 엇각의 성질을 이용하여 참 거짓을 판별한다.

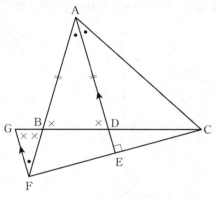

ㄱ. 삼각형 ABD 는 $\overline{AB} = \overline{AD}$ 인 이등변삼각형이므로
∠ABD = ∠ADB
$\overline{AD} /\!/ \overline{FG}$ 이므로 ∠ADB = ∠FGB (엇각),
∠ABD = ∠FBG (맞꼭지각)
즉, ∠FGB = ∠FBG 이므로
삼각형 FBG 는 이등변삼각형이다.
그러므로 $\overline{BF} = \overline{GF}$ ∴ 참

STEP 02 ㄴ. 두 삼각형 AFE, ACE 의 합동과 두 삼각형 CDE 와 CGF 의 닮음을 이용하여 참 거짓을 판별한다.

ㄴ. 두 삼각형 AFE, ACE 에서
∠FAE = ∠CAE (선분 AE 는 ∠A 의 이등분선)
∠AEF = ∠AEC = 90° ($\overline{AE} \perp \overline{CF}$)
$\overline{AE}$ 는 공통
∴ △AFE ≡ △ACE (ASA합동)
그러므로 $\overline{FE} = \overline{CE}$ 이고 두 삼각형 CDE 와 CGF 는
닮음비가 1 : 2 인 닮음이다.
즉, $\overline{DE} = \dfrac{1}{2}\overline{GF}$ 이고 ㄱ에서 $\overline{BF} = \overline{GF}$
그러므로 $\overline{DE} = \dfrac{1}{2}\overline{BF}$ ∴ 거짓

STEP 03 ㄷ. ❶과 ㄱ, ㄴ을 이용하여 참 거짓을 판별한다.

ㄷ. $\overline{DE} = \dfrac{1}{2}\overline{BF}$ 이고,
$\overline{AB} = \overline{AD}$, $\overline{AF} = \overline{AC}$ 이므로
$\overline{AE} = \overline{AD} + \overline{DE} = \overline{AB} + \dfrac{1}{2}\overline{BF}$
$= \dfrac{1}{2}(\overline{AB} + \overline{AB} + \overline{BF})$
$= \dfrac{1}{2}(\overline{AB} + \overline{AF}) = \dfrac{1}{2}(\overline{AB} + \overline{AC})$ ∴ 참

따라서 옳은 것은 ㄱ, ㄷ이다.

● 핵심 공식

▶ 삼각형의 비

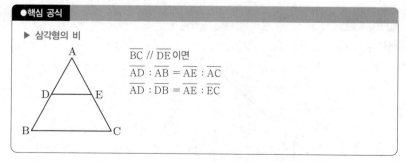

$\overline{BC} /\!/ \overline{DE}$ 이면
$\overline{AD} : \overline{AB} = \overline{AE} : \overline{AC}$
$\overline{AD} : \overline{DB} = \overline{AE} : \overline{EC}$

21 삼각비 ‖ 정답률 41% | 정답 ②

그림과 같이 ❶ 반지름의 길이가 4 이고 중심각의 크기가 90° 인 부채꼴 OAB 의 호 AB 를 삼등분하여, 점 B 에 가까운 점을 P 라 하자. 세 선분 OA, OB, AP 에 모두 접하는 원의 반지름의 길이는? [4점]

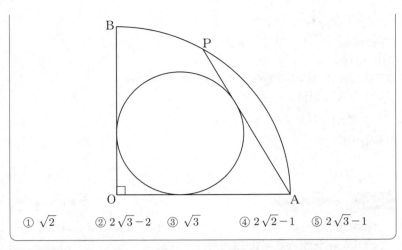

① $\sqrt{2}$ ② $2\sqrt{3}-2$ ③ $\sqrt{3}$ ④ $2\sqrt{2}-1$ ⑤ $2\sqrt{3}-1$

STEP 01 세 선분 OA, OB, AP 에 모두 접하는 원의 중심을 잡아 원의 반지름이 되는 선분을 그려 접선의 성질과 ❶을 이용하여 ∠OAC 를 구하고 반지름의 길이를 미지수로 두고 $\overline{AH}$ 를 구한다.

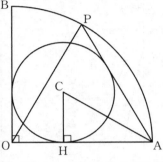

세 선분 OA, OB, AP 에 모두 접하는 원의 중심을 점 C,
점 C 에서 선분 OA 에 내린 수선의 발을 H 라 하자.
점 P 는 호 AB 를 삼등분한 점 중 점 B 에 가까운 점이므로
∠AOP = 60° 이고, $\overline{OA}=\overline{OP}$ 이므로 삼각형 OAP 는 정삼각형이다.
그러므로 ∠OAP = 60°
선분 AO 와 선분 AP 는 점 A 에서 중심이 C 인 원에 그은 접선이므로
선분 AC 는 ∠OAP 의 이등분선이다.
그러므로 $\angle OAC = \dfrac{1}{2} \times \angle OAP = 30°$
한편 원의 반지름의 길이를 x 라 하면
$\overline{OH} = \overline{CH} = x$
$\overline{AH} = \overline{OA} - \overline{OH} = 4 - x$

STEP 02 직각삼각형 CHA 에서 삼각형의 특수각의 성질을 이용하여 반지름의 길이를 구한다.

직각삼각형 CHA 에서
$\overline{CH} : \overline{AH} = x : 4-x = 1 : \sqrt{3}$
$4-x = \sqrt{3}x$, $(1+\sqrt{3})x = 4$
$x = \dfrac{4}{1+\sqrt{3}} = \dfrac{4(\sqrt{3}-1)}{(\sqrt{3}+1)(\sqrt{3}-1)}$
$= 2(\sqrt{3}-1) = 2\sqrt{3}-2$

다른 풀이

선분 OB 의 연장선과 선분 AP 의 연장선이 만나는 점을 D 라 하면 구하는 원은 삼각형 DOA 의 내접원이다.

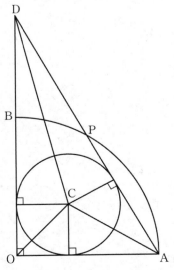

위의 풀이에서 ∠OAP = 60° 이므로 삼각형 DOA 에서

[문제편 p.217]

∠OAD = ∠OAP = 60°
∠DOA = 90°
그러므로 $\overline{DA} : \overline{AO} : \overline{OD} = 2 : 1 : \sqrt{3}$
$\overline{AO} = 4$ 이므로
$\overline{DA} = 8$, $\overline{OD} = 4\sqrt{3}$
$\triangle DOA = \dfrac{1}{2} \times 4 \times 4\sqrt{3} = 8\sqrt{3}$
구하는 원의 중심을 C, 반지름의 길이를 x 라 하면
$\triangle COA = \dfrac{1}{2} \times 4 \times x = 2x$
$\triangle CDO = \dfrac{1}{2} \times 4\sqrt{3} \times x = 2\sqrt{3}x$
$\triangle CAD = \dfrac{1}{2} \times 8 \times x = 4x$
이때, $\triangle COA + \triangle CDO + \triangle CAD = \triangle DOA$ 이므로
$2x + 2\sqrt{3}x + 4x = 8\sqrt{3}$
$(6+2\sqrt{3})x = 8\sqrt{3}$
$(3+\sqrt{3})x = 4\sqrt{3}$
따라서
$x = \dfrac{4\sqrt{3}}{3+\sqrt{3}} = \dfrac{4\sqrt{3}(3-\sqrt{3})}{(3+\sqrt{3})(3-\sqrt{3})}$
$= \dfrac{4\sqrt{3}(3-\sqrt{3})}{9-3} = \dfrac{12\sqrt{3}-12}{6}$
$= 2\sqrt{3}-2$

● **핵심 공식**

▶ 특수각의 삼각비

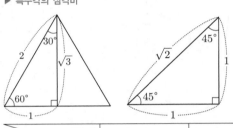

삼각비 \ 각(A)	30°	45°	60°
$\sin A$	$\dfrac{1}{2}$	$\dfrac{\sqrt{2}}{2}$	$\dfrac{\sqrt{3}}{2}$
$\cos A$	$\dfrac{\sqrt{3}}{2}$	$\dfrac{\sqrt{2}}{2}$	$\dfrac{1}{2}$
$\tan A$	$\dfrac{\sqrt{3}}{3}$	1	$\sqrt{3}$

22 지수법칙   정답률 79% | 정답 48

❶ $9^2 \times (2^2)^2 \div 3^3$ 의 값을 구하시오. [3점]

STEP 01 지수법칙을 이용하여 ❶을 정리한 후 값을 구한다.

$9^2 \times (2^2)^2 \div 3^3 = (3^2)^2 \times (2^2)^2 \div 3^3$
$= 3^4 \times 2^4 \div 3^3 = 2^4 \times 3^4 \div 3^3 = 16 \times 3 = 48$

● **핵심 공식**

▶ 지수법칙
m, n 이 자연수일 때,
① $a^m \times a^n = a^{m+n}$
② $(a^m)^n = a^{mn}$
③ $a \neq 0$ 일 때,
 • $m>n$ 이면 $a^m \div a^n = a^{m-n}$ • $m=n$ 이면 $a^m \div a^n = 1$
 • $m<n$ 이면 $a^m \div a^n = \dfrac{1}{a^{n-m}}$
④ $(ab)^m = a^m b^m$, $\left(\dfrac{a}{b}\right)^m = \dfrac{a^m}{b^m}$ $(b \neq 0)$

23 일차함수의 그래프   정답률 76% | 정답 22

❶ 기울기가 4 이고 점 (2, 30) 을 지나는 일차함수 그래프의 y 절편을 구하시오. [3점]

26회

STEP 01 **①**을 구한 후 y 절편을 구한다.

y 절편을 b 라고 하면 기울기가 4 이므로 구하는 일차함수의 식은
$y = 4x + b$ ...... ㉠
㉠의 그래프가 점 $(2, 30)$을 지나므로
㉠에 $x = 2$, $y = 30$을 대입하면
$30 = 4 \times 2 + b$
$b = 22$
따라서 구하는 일차함수 그래프의 y 절편은 22

다른 풀이

기울기가 4 이고 점 $(2, 30)$을 지나는 일차함수는
$y - 30 = 4(x - 2)$
$y = 4x + 22$
따라서 y 절편은 22

---

24 이차방정식   정답률 83% | 정답 **10**

두 밑변의 길이가 각각 x, $x + 4$ 이고 높이가 x 인 사다리꼴의 넓이가 120 일 때, x 의 값을 구하시오. [3점]

STEP 01 사다리꼴의 넓이를 구한 후 넓이가 120임을 이용하여 x의 값을 구한다.

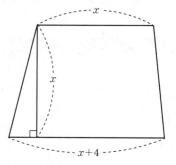

사다리꼴의 넓이는 120 이므로
$\dfrac{1}{2} \times x \times \{x + (x + 4)\} = 120$
$\dfrac{1}{2} \times x \times (2x + 4) = 120$
$x^2 + 2x = 120$
$x^2 + 2x - 120 = 0$
$(x + 12)(x - 10) = 0$
$x = -12$ 또는 $x = 10$
x 는 사다리꼴의 밑변의 길이이므로
$x > 0$
따라서 $x = 10$

---

25 피타고라스 정리   정답률 70% | 정답 **5**

그림과 같이 **①** $\overline{AB} = 4$, $\overline{BC} = 6$ 인 평행사변형 ABCD 의 넓이가 $6\sqrt{11}$ 이다. 점 A 에서 변 BC 에 내린 수선의 발을 H 라 할 때, $\overline{BH}^2$을 구하시오. (단, ∠B 는 예각이다.) [3점]

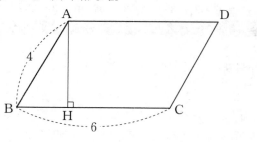

STEP 01 **①**을 이용하여 $\overline{AH}$ 를 구한 후 피타고라스 정리를 이용하여 $\overline{BH}^2$을 구한다.

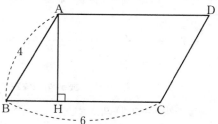

평행사변형 ABCD 의 넓이는 $6\sqrt{11}$ 이므로

$\overline{BC} \times \overline{AH} = 6\sqrt{11}$
$6\overline{AH} = 6\sqrt{11}$
$\overline{AH} = \sqrt{11}$
삼각형 ABH 는 직각삼각형이므로 피타고라스 정리에 의해
$\overline{AB}^2 = \overline{BH}^2 + \overline{AH}^2$
$4^2 = \overline{BH}^2 + (\sqrt{11})^2$
따라서 $\overline{BH}^2 = 5$

---

26 이차함수의 그래프   정답률 72% | 정답 **16**

그림과 같이 세 이차함수 $y = -x^2$, $y = -(x + 2)^2 + 4$, $y = -(x + 4)^2$ 의 그래프로 둘러싸인 부분의 넓이를 구하시오. [4점]

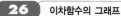
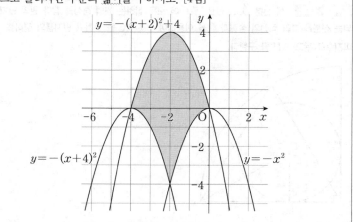

STEP 01 세 이차함수의 최고차항의 계수가 같으므로 x축 아랫부분을 평행이동을 이용하여 옮겨서 넓이를 구한다.

세 이차함수 $y = -x^2$, $y = -(x + 2)^2 + 4$, $y = -(x + 4)^2$은 x^2의 계수가 모두 -1이므로
세 이차함수 그래프의 폭과 모양은 서로 같다.

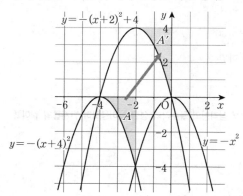

(i) $y = -(x + 2)^2 + 4$ 의 그래프의 꼭짓점의 좌표는 $(-2, 4)$
$y = -(x + 4)^2$ 의 그래프의 꼭짓점의 좌표는 $(-4, 0)$
그러므로 $y = -(x + 2)^2 + 4$ 의 그래프는
$y = -(x + 4)^2$ 의 그래프를 x 축의 방향으로 2 만큼,
y 축의 방향으로 4 만큼 평행이동한 것이다.
그러므로 두 도형 A 와 A' 은 서로 합동이다.

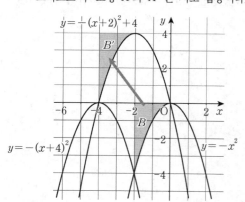

(ii) $y = -x^2$ 의 그래프의 꼭짓점의 좌표는 $(0, 0)$
$y = -(x + 2)^2 + 4$ 의 그래프의 꼭짓점의 좌표는 $(-2, 4)$
그러므로 $y = -(x + 2)^2 + 4$ 의 그래프는
$y = -x^2$ 의 그래프를 x 축의 방향으로 -2 만큼,
y 축의 방향으로 4 만큼 평행이동한 것이다.
그러므로 두 도형 B 와 B' 은 서로 합동이다.

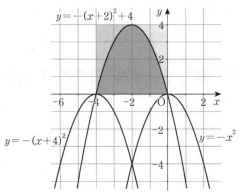

$y = -(x+2)^2 + 4$

$y = -(x+4)^2$

$y = -x^2$

따라서 그림에서 구하는 넓이는 한 변의 길이가 4인 정사각형의 넓이와 같으므로

$4 \times 4 = 16$

---

27 내심의 성질

그림과 같이 ❶ $\overline{AB} = 10$, $\overline{AC} = 24$, $\overline{BC} = 26$인 직각삼각형 ABC의 내심을 I라 하자. 점 I에서 변 BC에 내린 수선의 발을 H, 변 BC의 중점을 M이라 할 때, 삼각형 IHM의 넓이를 구하시오. [4점]

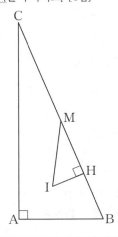

STEP 01 ❶과 내심의 성질을 이용하여 내접원의 반지름의 길이를 구한다.

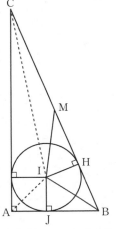

삼각형 ABC의 내접원의 반지름의 길이를 r이라 하면 삼각형 ABC의 넓이는

$\dfrac{1}{2} \times \overline{AB} \times \overline{AC} = \dfrac{1}{2} r(\overline{AB} + \overline{BC} + \overline{CA})$

$\dfrac{1}{2} \times 10 \times 24 = \dfrac{1}{2} r(10 + 26 + 24)$, $r = 4$

STEP 02 두 삼각형 BIH와 BIJ의 합동을 이용하여 $\overline{BH}$를 구한 후 삼각형 IHM의 넓이를 구한다.

점 I에서 변 AB에 내린 수선의 발을 J라 하면 두 삼각형 BIH와 BIJ에서

$\overline{IH} = \overline{IJ}$, $\overline{BI}$는 공통, $\angle H = \angle J = 90°$이므로

$\triangle BIH \equiv \triangle BIJ$ (RHS합동)

$\overline{BH} = \overline{BJ} = \overline{AB} - \overline{AJ} = 10 - 4 = 6$

$\overline{BM} = \dfrac{1}{2}\overline{BC} = 13$

$\overline{MH} = \overline{BM} - \overline{BH} = 13 - 6 = 7$

따라서 삼각형 IHM의 넓이는

$\dfrac{1}{2} \times \overline{MH} \times \overline{IH} = \dfrac{1}{2} \times 7 \times 4 = 14$

다른 풀이 1

위의 풀이에서 $r = 4$이고 $\triangle BIH \equiv \triangle BIJ$

$\overline{JB} = \overline{AB} - \overline{AJ} = 10 - 4 = 6$

그러므로 삼각형 BIJ의 넓이는

$\dfrac{1}{2} \times \overline{JB} \times \overline{IJ} = \dfrac{1}{2} \times 6 \times 4 = 12$

따라서 삼각형 IHM의 넓이는

$\triangle BIM - \triangle BIH = \triangle BIM - \triangle BIJ = \dfrac{1}{2} \times 13 \times 4 - 12 = 14$

다른 풀이 2

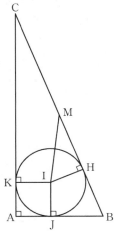

위의 풀이에서 $r = 4$

점 I에서 변 AB, 변 AC에 내린 수선의 발을 각각 J, K라 하고 $\overline{HM} = x$라 하면

$\overline{AJ} = \overline{AK} = 4$이므로

$\overline{CK} = 20$, $\overline{CH} = 13 + x$

$\overline{CK} = \overline{CH}$이므로

$20 = 13 + x$에서 $x = 7$

따라서 삼각형 IHM의 넓이는

$\dfrac{1}{2} \times \overline{MH} \times \overline{IH} = \dfrac{1}{2} \times 7 \times 4 = 14$

---

28 삼각형의 닮음

그림과 같이 삼각형 ABC에서 변 AB의 중점을 D, 선분 BD의 중점을 E, 선분 CD의 중점을 F라 하자. 점 D를 지나고 변 BC에 평행한 직선이 선분 AF와 만나는 점을 G라 하고, 두 선분 EG, DF의 교점을 H라 할 때, 삼각형 DBC의 넓이는 삼각형 DHG의 넓이의 k배이다. k의 값을 구하시오.

[4점]

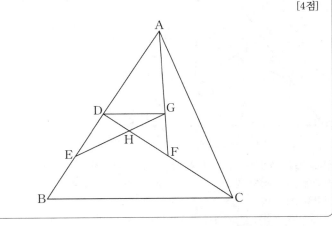

STEP 01 선분 EF를 그어 두 삼각형 $\triangle DBC$, $\triangle DEF$의 닮음을 이용하여 넓이의 비를 구한다.

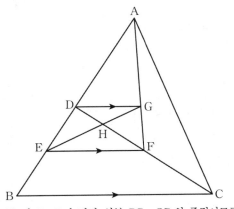

두 점 E, F가 각각 선분 BD, CD의 중점이므로

$\overline{EF} \parallel \overline{BC}$ ...... ㉠

문제의 조건에서 $\overline{DG} \parallel \overline{BC}$ 이고 ㉠이 성립하므로

$\overline{EF} \parallel \overline{DG}$

두 삼각형 DBC, DEF에서

∠DBC = ∠DEF

∠DCB = ∠DFE (동위각)이므로

△DBC ∽ △DEF

$\overline{DB} : \overline{DE} = 2 : 1$이므로

△DBC = 4△DEF ...... ㉡

STEP 02 △DHG, △FHE의 닮음을 이용하여 세 삼각형 △DHG, △FHE, △DEH의 비를 구한다.

두 삼각형 ADG, AEF에서

∠ADG = ∠AEF

∠AGD = ∠AFE (동위각) 이므로

△ADG ∽ △AEF

$\overline{DG} : \overline{EF} = \overline{AD} : \overline{AE} = 2 : 3$

두 삼각형 DHG, FHE에서

∠HDG = ∠HFE

∠HGD = ∠HEF (엇각)이므로

△DHG ∽ △FHE

$\overline{GH} : \overline{EH} = \overline{DG} : \overline{FE} = 2 : 3$

△DHG : △FHE = 4 : 9

△DHG : △DEH = 2 : 3

양수 a에 대하여 △DHG = 4a라 하면

△FHE = 9a, △DEH = 6a

STEP 03 세 삼각형 △DEF, △DBC, △DHG의 비를 이용하여 k의 값을 구한다.

△DEF = △DEH + △FHE = 6a + 9a = 15a

㉡에 의해 △DBC = 4△DEF = 60a

따라서

△DHG = 4a

△DBC = 60a이므로

삼각형 DBC의 넓이는 삼각형 DHG의 넓이의 15 배이다.

∴ $k = 15$

다른 풀이

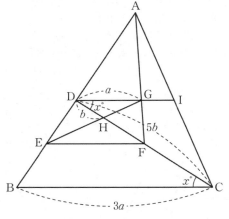

선분 DG의 연장선이 선분 AC와 만나는 점을 I라 하자.

삼각형 ABC에서 점 D, I가 각각 선분 AB, AC의 중점이므로 $\overline{BC} = 2\overline{DI}$

삼각형 ADC에서 선분 DI, AF는 중선이므로

두 중선의 교점인 G는 삼각형 ADC의 무게중심이다.

$\overline{DG} = a$라 하면 $\overline{DI} = \frac{3}{2}\overline{DG} = \frac{3}{2}a$

$\overline{BC} = 2\overline{DI} = 3a$

삼각형 DBC에서 점 E, F가 각각 선분 BD, CD의 중점이므로

$\overline{EF} = \frac{1}{2}\overline{BC} = \frac{3}{2}a$

$\overline{EF} \parallel \overline{BC}$, $\overline{DG} \parallel \overline{BC}$이므로 $\overline{DG} \parallel \overline{EF}$

두 삼각형 DHG, FHE에서

∠HDG = ∠HFE, ∠HGD = ∠HEF (엇각)이므로 △DHG ∽ △FHE

$\overline{DH} : \overline{FH} = \overline{DG} : \overline{FE} = 2 : 3$

$\overline{DH} = b$라 하면 $\overline{FH} = \frac{3}{2}\overline{DH} = \frac{3}{2}b$

$\overline{DF} = \overline{DH} + \overline{FH} = b + \frac{3}{2}b = \frac{5}{2}b$

$\overline{DC} = 2\overline{DF} = 5b$

∠HDG = ∠HCB (엇각)이므로 ∠HDG = $x°$라 하면

△DHG : △DBC = $\frac{1}{2} \times a \times b \times \sin x° : \frac{1}{2} \times 3a \times 5b \times \sin x° = 1 : 15$

따라서 $k = 15$

●핵심 공식

① 닮음비 : 서로 닮은 두 도형에서 대응하는 선분의 길이의 비

② 닮은 두 평면도형의 닮음비가 $m : n$이면 넓이의 비는 $m^2 : n^2$ 이다.

③ 닮은 두 입체도형의 닮음비가 $m : n$이면 부피의 비는 $m^3 : n^3$ 이다.

29 입체도형의 전개도   정답률 14% | 정답 180

그림과 같이 모든 모서리의 길이가 같은 사각뿔 ABCDE 가 있다. 삼각형 ACD 의 무게중심을 G, 삼각형 ADE 의 무게중심을 G′ 이라 하자. 모서리 CD 위의 점 Q와 모서리 DE 위의 점 Q에 대하여 ❶ $\overline{GP} + \overline{PQ} + \overline{QG'}$ 의 최솟값이 $30(3\sqrt{2} + \sqrt{6})$ 일 때, 사각뿔 ABCDE 의 한 모서리의 길이를 구하시오. [4점]

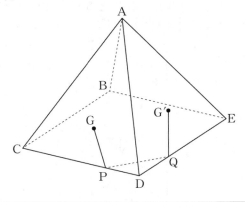

STEP 01 사각뿔의 전개도를 그려 네 점 G, P, Q, G′을 나타내고 $\overline{GP} + \overline{PQ} + \overline{QG'}$의 값이 최소가 되는 경우를 파악한다.

구하려는 사각뿔의 한 모서리의 길이를 x 라 하고, 면 BCDE의 대각선 BD와 대각선 CE의 교점을 O 라 하자.

사각뿔 ABCDE 의 전개도를 그리면 다음과 같다.

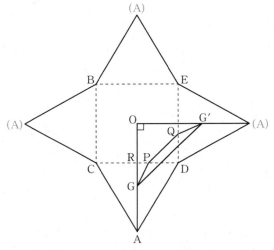

전개도에서 $\overline{GP} + \overline{PQ} + \overline{QG'}$의 값이 최소가 되는 경우는 네 점 G, P, Q, G′이 한 직선 위에 있을 때이다.

STEP 02 점 G 가 무게중심임을 이용하여 $\overline{GR}$ 을 구하고 삼각형 GOG′가 직각이등변삼각형임을 이용하여 빗변의 길이를 구한 후 ❶과 비교하여 x를 구한다.

전개도에서 선분 CD 와 선분 OA의 교점을 R 이라 하자.

$\overline{AR}$ 은 정삼각형 ACD 의 높이이므로 $\frac{\sqrt{3}}{2}x$,

점 G 는 정삼각형 ACD 의 무게중심이므로 $\overline{AG} : \overline{GR} = 2 : 1$, $\overline{GR} = \frac{1}{3}\overline{AR}$

전개도에서

$\overline{OG} = \overline{OR} + \overline{GR} = \overline{OR} + \frac{1}{3}\overline{AR}$

$= \frac{1}{2}x + \frac{1}{3} \times \frac{\sqrt{3}}{2}x = \frac{1}{2}x + \frac{\sqrt{3}}{6}x$

$= \frac{1}{6}(3 + \sqrt{3})x$

삼각형 GOG′ 은 직각이등변삼각형이므로

$\overline{GG'} = \sqrt{2} \times \overline{OG} = \frac{\sqrt{2}}{6}(3 + \sqrt{3})x$

$\overline{GP}+\overline{PQ}+\overline{QG'} \geq \overline{GG'}$ 이므로

$\dfrac{\sqrt{2}}{6}(3+\sqrt{3})x = 30(3\sqrt{2}+\sqrt{6})$

$\dfrac{3\sqrt{2}+\sqrt{6}}{6}x = 30(3\sqrt{2}+\sqrt{6})$

$\dfrac{1}{6}x = 30$

따라서 $x = 180$

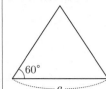
30 일차방정식의 활용 　　　　　　　　　정답률 18% | 정답 17

그림과 같이 1부터 8까지의 자연수가 적혀 있는 3개의 원판을 각각 돌려서 화살표가 가리키는 수를 각각 a, b, c라 할 때, 네 자리의 자연수 $K = a \times 10^3 + b \times 10^2 + 8 \times 10 + c$ 이다. K의 각 자리의 숫자 a, b, 8, c 중 8은 6으로, 2는 8로 바꾸고 나머지 숫자는 바꾸지 않고 만든 네 자리의 자연수를 M이라 하자. $M = 3(K+2)$일 때, $a+b+c$의 값을 구하시오.(단, 화살표는 경계선을 가리키지 않는다.) [4점]

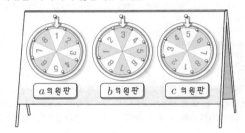

| a의 원판 | b의 원판 | c의 원판 |

STEP 01 자연수 M의 조건으로 a를 구한 후 c가 2인 경우, 8인 경우, 2또는 8이 아닌 경우로 나누어 c를 구한다.

$M = 3(K+2)$에서 네 자리수 M은 $K+2$에 3을 곱해서 만든 수이므로
K의 천의 자리 숫자 $a = 1$ 또는 $a = 2$이다.
그런데 두 자연수 M, K의 천의 자리 숫자가 같을 수 없으므로
$a = 2$
그러므로 $K = 2 \times 10^3 + b \times 10^2 + 8 \times 10 + c$이고
$M = 8\boxed{}6\boxed{}$이다.
(i) $c = 2$인 경우
　$M = 8\boxed{}68$이고
　$3(K+2) = 6 \times 10^3 + 3b \times 10^2 + 24 \times 10 + 12$ 이므로
　$M \neq 3(K+2)$
(ii) $c = 8$인 경우
　$M = 8\boxed{}66$이고
　$3(K+2) = 6 \times 10^3 + 3b \times 10^2 + 24 \times 10 + 30$ 이므로
　$M \neq 3(K+2)$
(iii) $c \neq 2$, $c \neq 8$인 경우
　$3(c+2) = 10k + c$ ($k = 0$, 1, 2)에서
　$2c = 10k - 6$이므로 $c = 7$
(i), (ii), (iii)에 의해 $c = 7$

STEP 02 두 수의 최고자리 숫자를 고려하여 b를 구한다.

$K = 2 \times 10^3 + b \times 10^2 + 8 \times 10 + 7$ 에서
$M = 3(K+2) = 6 \times 10^3 + 3b \times 10^2 + 24 \times 10 + 27 = 6267 + 3b \times 10^2$
$M = 8\boxed{}67$
$M = 3(K+2)$가 성립하려면 $b \geq 7$ 이다.
i) $b = 7$인 경우
　$K = 2787$, $M = 8767$이므로
　$M \neq 3(K+2)$
ii) $b = 8$인 경우
　$K = 2887$, $M = 8667$이므로
　$M = 3(K+2)$
　$\therefore b = 8$
따라서 $a+b+c = 2+8+7 = 17$

다른 풀이 1

$M = 3(K+2)$
즉, M은 $K+2$에 3을 곱해서 만든 수인데
천의 자리 숫자가 같을 수는 없으므로
$a = 2$
(i) $c \neq 2$, $c \neq 8$인 경우
　$K = 2\boxed{}8\boxed{}$
　$M = 8\boxed{}6\boxed{}$
　두 수의 뒤 두 자릿수만 고려하면
　$K = 80 + c$
　$M = 3(K+2) = 3(80+c+2) = 240 + 3c + 6$ 에서 역시 뒤 두 자릿수만
　고려하면
　$M = 40 + 3c + 6 = 60 + c$
　$2c = 14$, $c = 7$
(ii) $c = 2$인 경우
　K의 일의 자리 숫자는 2,
　M의 일의 자리 숫자는 8
　$M = 3(K+2)$이므로 일의 자리 숫자만 고려하면
　$3(2+2) = 12$이므로
　M의 일의 자리 숫자는 $2 \neq 8$
　따라서 $c \neq 2$
(iii) $c = 8$인 경우
　K의 일의 자리 숫자는 8,
　M의 일의 자리 숫자는 6
　$M = 3(K+2)$이므로
　일의 자리 숫자만 고려하면
　$3(8+2) = 30$이므로
　M의 일의 자리 숫자는 $0 \neq 6$
　따라서 $c \neq 8$
(i), (ii), (iii)에 의해 $c = 7$
i) $b \neq 2$, $b \neq 8$인 경우
　$K = 2\boxed{}87$
　$M = 8\boxed{}67$
　$M = 3(K+2) = 3(2087+2) + 300b = 6267 + 300b = 8067 + 100b$
　$200b = 1800$
　$b = 9$ (b는 8이하의 자연수이므로 성립하지 않는다.)
ii) $b = 8$인 경우
　$K = 2887$, $M = 8667$
　$M = 3(2887+2) = 8667$
iii) $b = 2$인 경우
　M의 천의 자리 숫자가 8이므로 $b \geq 7$이어야 하므로 성립하지 않는다.
i), ii), iii)에서 $b = 8$
$\therefore a+b+c = 2+8+7 = 17$

다른 풀이 2

$3(K+2) = 3K + 6$
$\qquad\qquad = 3a \times 10^3 + 3b \times 10^2 + 24 \times 10 + 3c + 6$
$3(K+2)$의 일의 자리의 숫자는 $3c+6$의 일의 자리의 숫자와 같으므로
$3c+6$의 일의 자리의 숫자와 M의 일의 자리의 숫자를 비교해 보면
다음 표에서 $c = 7$임을 알 수 있다.

c	$3c+6$	$3c+6$의 일의 자리의 숫자	M의 일의 자리의 숫자
1	9	9	1
2	12	2	8
3	15	5	3
4	18	8	4
5	21	1	5
6	24	4	6
7	27	7	7
8	30	0	6

$3(K+2) = 3a \times 10^3 + 3b \times 10^2 + 24 \times 10 + 3 \times 7 + 6$
$\qquad\qquad = 3a \times 10^3 + 3b \times 10^2 + 267$
$\qquad\qquad = 3a \times 10^3 + (3b+2) \times 10^2 + 6 \times 10 + 7$
$3(K+2)$의 백의 자리의 숫자는 $3b+2$의 일의 자리의 숫자와 같으므로
$3b+2$의 일의 자리의 숫자와 M의 백의 자리의 숫자를 비교해 보면
다음 표에서 $b = 2$ 또는 $b = 4$ 또는 $b = 8$임을 알 수 있다.

b	$3b+2$	$3b+2$의 일의 자리의 숫자	M의 백의 자리의 숫자
1	5	5	1
2	8	8	8
3	11	1	3
4	14	4	4
5	17	7	5
6	20	0	6
7	23	3	7
8	26	6	6

$3(K+2)$와 M 모두 네 자리의 수이고 천의 자리의 숫자가 같으므로
$a=2$이다.
이때, $b=2$와 $b=4$의 경우 $M \neq 3(K+2)$이고 $b=8$인 경우
$M=3(K+2)$이므로 $b=8$이다.
따라서 $a+b+c=2+8+7=17$

참고

풀이를 좀 더 상세하게 알아보자.
$3(K+2)=3K+6=3a \times 10^3+3b \times 10^2+24 \times 10+3c+6$
$M=3(K+2)$이므로 $3(K+2)$는 네 자리의 자연수이다.
즉, $3a$는 한 자리의 수이므로 $a=1$ 또는 $a=2$ 또는 $a=3$이다.
(i) $a=1$인 경우
    M의 천의 자리의 숫자가 1이고 $3(K+2)$의 천의 자리의 숫자가 3 이상이므로
    $M \neq 3(K+2)$
(ii) $a=2$인 경우
    M은 K의 각 자리의 숫자 중 2를 8로 바꾸었으므로 M의 천의 자리의 숫자는 8이고
    $3(K+2)$의 천의 자리의 숫자는 6 이상이므로 $M=3(K+2)$가 성립할 수 있다.
(iii) $a=3$인 경우
    M의 천의 자리의 숫자가 3이고 $3(K+2)$의 천의 자리의 숫자가 9이므로
    $M \neq 3(K+2)$
(i), (ii), (iii)에 의해 $a=2$이다.
그러므로 $K=2 \times 10^3+b \times 10^2+8 \times 10+c$
한편 $3(K+2)$의 일의 자리의 숫자는 $3c+6$의 일의 자리의 숫자와 같다.
(iv) $c=2$인 경우
    M은 K의 각 자리의 숫자 중 2를 8로 바꾸었으므로 M의 일의 자리의 숫자는 8이고
    $3(K+2)$의 일의 자리의 숫자는 2이므로 $M \neq 3(K+2)$
(v) $c=8$인 경우
    M은 K의 각 자리의 숫자 중 8을 6으로 바꾸었으므로 M의 일의 자리의 숫자는 6이고 $3(K+2)$의 일의 자리의 숫자는 0이므로 $M \neq 3(K+2)$
(vi) $c \neq 2$, $c \neq 8$인 경우
    M의 일의 자리의 숫자는 c이고 $3(K+2)$의 일의 자리의 숫자는 $3c+6$의 일의 자리
    숫자와 같으므로
    $3c+6=c+10k$ $(k=0, 1, 2)$
    $2c=-6+10k$
    즉, $2c$는 1의 자리가 4인 수이다.
    그러므로 $c=2$ 또는 $c=7$
    그런데 $c \neq 2$이므로 $c=7$
(iv), (v), (vi)에 의해 $c=7$
그러므로
$K=2 \times 10^3+b \times 10^2+8 \times 10+7$
$3(K+2)=6 \times 10^3+3b \times 10^2+24 \times 10+27$
$M=8 \times 10^3+b' \times 10^2+6 \times 10+7$
(단, $b=2$인 경우 $b'=8$, $b=8$인 경우 $b'=6$, $b \neq 2$, $b \neq 8$인 경우 $b=b'$)
$M=3(K+2)$이므로
$8 \times 10^3+b' \times 10^2+6 \times 10+7=6 \times 10^3+3b \times 10^2+24 \times 10+27$
$8067+b' \times 10^2=6267+3b \times 10^2$
$1800+b' \times 10^2=3b \times 10^2$
$18+b'=3b$
(vii) $b=2$인 경우
    $b'=8$이므로 $18+b' \neq 3b$
(viii) $b=8$인 경우
    $b'=6$이므로 $18+b'=3b$가 성립한다.
(ix) $b \neq 2$, $b \neq 8$인 경우
    $b=b'$이고 b는 1 이상 8 이하의 자연수이므로
    $18+b=3b$를 만족하는 b는 존재하지 않는다.
(vii), (viii), (ix)에 의해 $b=8$
$a=2$, $b=8$, $c=7$이므로
$a+b+c=2+8+7=17$

| 정답과 해설 |

27회 | 3월 학력평가 대비 실전 모의고사 [고1 영어]

• 정답 •

01 ⑤ 02 ① 03 ⑤ 04 ③ 05 ④ 06 ② 07 ① 08 ④ 09 ③ 10 ③ 11 ③ 12 ③ 13 ① 14 ① 15 ⑤
16 ① 17 ③ 18 ④ 19 ④ 20 ③ 21 ② 22 ④ 23 ② 24 ⑤ 25 ④ 26 ⑤ 27 ⑤ 28 ⑤ 29 ② 30 ⑤
31 ③ 32 ③ 33 ④ 34 ③ 35 ③ 36 ② 37 ④ 38 ① 39 ④ 40 ① 41 ② 42 ① 43 ② 44 ⑤ 45 ⑤

01   화재경보 시스템 테스트 관련 안내   정답률 88% | 정답 ⑤

다음을 듣고, 남자가 하는 말의 목적으로 가장 적절한 것을 고르시오.
① 건물 공사 일정을 공지하려고
② 건물 내 소화기의 위치를 안내하려고
③ 화재 대피 훈련에 대한 협조를 요청하려고
④ 응급 환자 발생 시 대처 요령을 설명하려고
☑ 화재경보 시스템의 시험 가동이 있음을 알리려고

M : Good afternoon.
    안녕하세요.
    I'm your building manager, Brandon Harrison.
    저는 여러분의 건물 관리인 Brandon Harrison입니다.
    I'm sorry to interrupt your working day, but I have an important announcement to make.
    근무시간을 방해해서 죄송하지만, 중요한 안내 말씀이 있습니다.
    We'll be conducting a test of the building's fire-alarm system shortly.
    우리는 곧 건물의 화재경보 시스템의 시험 가동을 실시할 예정입니다.
    This test is essential for your safety in the event of an emergency, so please be patient during the test.
    이 시험 가동은 긴급 상황에서 여러분의 안전을 위해 필수적인 것이므로, 이 시험 가동 중에는 인내심을 가져주세요.
    This is only a test of the system, not a fire drill, so you don't need to leave the building at this time.
    이것은 화재 대비 훈련이 아니라 시스템에 대한 시험 가동이므로, 이번에 여러분은 건물을 떠나실 필요는 없습니다.
    Thank you for your patience.
    여러분의 인내심에 감사드립니다.

Why? 왜 정답일까?

남자는 안내 방송을 통해 곧 건물 내 화재경보 시스템에 대한 시험 가동이 있을 예정임을 말하고 있다 (**We'll be conducting a test of the building's fire-alarm system shortly.**). 따라서 남자가 하는 말의 목적으로 가장 적절한 것은 ⑤ '화재경보 시스템의 시험 가동이 있음을 알리려고'이다.

- **interrupt** ⓥ 방해하다
- **essential** ⓐ 필수적인
- **fire drill** 소방[화재 대피] 훈련
- **conduct** ⓥ 행하다, 실시하다
- **emergency** ⓝ 비상사태, 비상시
- **patience** ⓝ 인내력, 인내심

02   새 옷을 빨아야 하는 이유   정답률 93% | 정답 ①

대화를 듣고, 여자의 의견으로 가장 적절한 것을 고르시오.
☑ 새 옷은 세탁을 한 후에 입어야 한다.
② 옷 손상을 줄이려면 손세탁하는 것이 좋다.
③ 옷을 살 때는 소재를 꼼꼼히 확인해야 한다.
④ 옷의 소재에 따라 세탁 방법을 달리해야 한다.
⑤ 세탁 후 옷에 남은 세제는 알레르기를 유발할 수 있다.

M : Look, mom! I bought a new shirt. What do you think?
    보세요, 엄마! 전 새 셔츠를 샀어요. 어때요?
W : It looks great.
    근사해 보이는구나.
M : I'm going to wear it when I go out for dinner tonight.
    오늘 저녁을 먹으러 나갈 때 이걸 입을 거예요.
W : But you have to wash it first.
    하지만 그걸 먼저 빨아야지.
M : Why? It's new.
    왜요? 새 것인걸요.
W : New clothes have chemicals and other harmful stuff on the surface, and they can cause allergic reactions.
    새 옷은 표면에 화학 물질과 기타 유해물질이 있고, 그것들이 알레르기 반응을 일으킬 수 있어.
M : Really? I didn't know that.
    정말요? 전 그걸 몰랐어요.
W : Don't forget to wash new clothes at least once before wearing them.
    새 옷을 입기 전에 적어도 한 번은 빠는 것을 잊지 마렴.
M : Okay. I'll keep that in mind.
    알겠어요. 명심할게요.

Why? 왜 정답일까?

남자가 새로 산 셔츠를 저녁 때 바로 입으려고 하자 여자는 새 옷 표면에 화학물질 또는 유해물질이 있을 수 있다고 설명하며(**New clothes have chemicals and other harmful stuff on the surface ~**) 적어도 한 번은 빨아 입어야 한다(**Don't forget to wash new clothes at least once before wearing them.**)고 이야기한다. 따라서 여자의 의견으로 가장 적절한 것은 ① '새 옷은 세탁을 한 후에 입어야 한다.'이다.

- **chemical** ⓝ 화학 물질
- **reaction** ⓝ 반응
- **harmful** ⓐ 해로운

03   궁궐 투어   정답률 89% | 정답 ⑤

대화를 듣고, 두 사람의 관계를 가장 잘 나타낸 것을 고르시오.

① 소설가 – 독자　　　　　② 정원사 – 집주인
③ 건축가 – 의뢰인　　　　④ 도서관 사서 – 학생
☑ 고궁 해설사 – 관람객

W : This is the end of today's tour. Thank you very much.
이것이 오늘 투어의 끝입니다. 대단히 감사합니다.
M : Thanks a lot for your helpful explanation, Ms. Kim.
유익한 설명에 매우 감사드려요, Kim 선생님.
W : You're welcome. Is this your first visit to a Korean palace?
천만에요. 이번이 한국 궁궐에 처음 방문하신 건가요?
M : Yes. I like it a lot, especially the architecture.
네, 전 아주 마음에 들어요, 특히 건축이요.
W : It's beautiful, isn't it?
아름답죠, 그렇죠?
M : It surely is. I also like the stories you told us about the kings and queens who lived here.
정말 그래요. 또한 여기 살았던 왕과 왕비에 대해서 말씀해주신 이야기도 좋아요.
W : There're a lot more stories about them, but there wasn't enough time.
그들에 대해서 훨씬 더 많은 이야기가 있는데, 시간이 충분하지 않았어요.
M : Is there another program where I can learn more about the palace?
제가 궁궐에 대해 더 배울 수 있는 다른 프로그램이 있나요?
W : There's a special tour around the royal garden. I'll be guiding it this Saturday.
왕실 정원을 돌아보는 특별 투어가 있어요, 제가 이번 주 토요일에 그것을 안내해요.
M : Sounds great. I'll be sure to come again on that day.
좋은데요. 그날 꼭 다시 올게요.

Why? 왜 정답일까?
대화에 따르면 여자는 궁궐 투어를 안내해주는 고궁 해설사(Thanks a lot for your helpful explanation, ~ / I'll be guiding it this Saturday.)이고, 남자는 한국 궁궐에 처음 방문한 관람객(Is this your first visit to a Korean palace?)이다. 따라서 두 사람의 관계로 가장 적절한 것은 ⑤ '고궁 해설사 – 관람객'이다.

● helpful ⓐ 도움이 되는, 유익한　　● especially ⓐⓓ 특히
● architecture ⓝ 건축

04 놀이공원에서 찍은 사진 보기　　정답률 86% | 정답 ③
대화를 듣고, 그림에서 대화의 내용과 일치하지 않는 것을 고르시오.

W : Jack, have a look at this picture. My family went to the amusement park last Saturday.
Jack, 이 사진을 좀 봐. 우리 가족이 지난 토요일에 놀이공원에 다녀왔어.
M : Wow! 「You're riding a horse on the merry-go-round. I like your sunglasses.」
와! 넌 회전목마에서 말을 타고 있네. 너의 선글라스 마음에 든다.
①의 근거 일치
W : Thanks. 「You know the boy wearing a cap, right?」
고마워. 너 캡 모자를 쓰고 있는 남자애를 알지, 그렇지?
M : Yes, he's your brother Kevin. He's on an airplane.
응, 너의 남동생 Kevin이지. 그는 비행기를 타고 있네.
②의 근거 일치
W : 「Look at this clown. He's balancing on a big ball.」
이 어릿광대를 좀 봐. 그는 큰 공 위에서 균형을 잡고 있어.
③의 근거 불일치
M : Cool! Is there a clown show there?
멋지다! 거기 어릿광대 쇼가 있어?
W : Yes. 「He performs in the circus tent behind him.」
응, 그는 그의 뒤에 있는 서커스 텐트에서 공연을 해.
④의 근거 일치
M : I see. 「Oh, there's Peter Pan on the left side of the picture. He's holding balloons in his hand.」
그렇구나. 오, 사진 왼쪽에는 피터팬이 있네. 그는 손에 풍선들을 들고 있어.
⑤의 근거 일치
W : Yeah. They're for visitors.
응. 그것은 방문객들을 위한 거야.
M : Looks like you had a great time there.
너 거기서 좋은 시간을 보낸 것 같네.

Why? 왜 정답일까?
대화에서 여자는 어릿광대가 커다란 공 위에서 중심을 잡고 있다(He's balancing on a big ball.)고 말하는데, 그림에서 광대는 외발자전거를 타고 있다. 따라서 그림에서 대화의 내용과 일치하지 않는 것은 ③이다.

● perform ⓥ 공연하다　　● hold ⓥ 잡다, 쥐다

05 입학식 사진　　정답률 83% | 정답 ④
대화를 듣고, 남자가 할 일로 가장 적절한 것을 고르시오.
① 동아리 가입 신청서 제출하기　　② 학교 신문 기사 작성하기
③ 입학식 안내장 배부하기　　☑ 입학식 사진 보내 주기
⑤ 사진 편집 도와주기

M : Hi, Theresa. What are you looking at on your smartphone?
안녕, Theresa. 스마트폰으로 뭘 보고 있는 거야?
W : These are the pictures I took at the entrance ceremony.
이건 내가 입학식 때 찍었던 사진들이야.

M : You took a lot of pictures. What are they for?
너 사진을 많이 찍었구나. 무엇 때문에?
W : They're for the school newspaper. I'm writing an article about the entrance ceremony.
학교 신문을 위한 거야. 난 입학식에 대한 기사를 쓰고 있거든.
M : I see.
그렇구나.
W : But I don't think I can use any of these pictures. They don't look good.
하지만 내가 이 사진들 중 뭐라도 쓸 수 있을 것 같지 않아. 좋아보이지가 않네.
M : Maybe I can help you. I also took some pictures at the ceremony.
아마 내가 도와줄 수 있을 것 같아. 나도 입학식에서 사진을 좀 찍었거든.
W : Ah, you're in the school's Photo Club! Do you have them with you now?
아, 너 학교 사진부지! 지금 사진 가지고 있어?
M : No, they're on my computer. I'll send them to you by email.
아니, 그것들은 내 컴퓨터에 있어. 내가 이메일로 그것들을 네게 보내 줄게.
W : That'd be great. Thank you.
아주 좋겠다. 고마워.

Why? 왜 정답일까?
여자는 입학식 관련 기사문에 넣으려던 사진이 마음에 들지 않아 고민하는데, 이때 사진부인 남자가 자신도 사진을 찍었다면서(I also took some pictures at the ceremony.) 컴퓨터에 있는 사진을 여자에게 이메일로 보내주겠다(I'll send them to you by email.)고 제안한다. 따라서 남자가 할 일로 가장 적절한 것은 ④ '입학식 사진 보내 주기'이다.

● entrance ceremony 입학식　　● article ⓝ 기사

06 치킨 및 감자튀김 주문　　정답률 70% | 정답 ②
대화를 듣고, 남자가 지불할 금액을 고르시오. [3점]
① $40　　☑ $45　　③ $47　　④ $50　　⑤ $52

[Telephone rings.]
[전화벨이 울린다.]
W : Thanks for calling Yummy Chicken. How may I help you?
Yummy Chicken에 전화 주셔서 감사합니다. 무엇을 도와드릴까요?
M : Hi, I'd like to order some fried chicken.
안녕하세요, 프라이드치킨을 좀 주문하고 싶어요.
W : It's $20 for one bucket. How many buckets do you want?
한 박스에 20달러입니다. 몇 박스를 원하시죠?
M : Two buckets. And I want French fries, too.
두 박스요. 그리고 감자튀김도 원해요.
W : French fries are $12 a box, but you can get it for $10 with chicken.
감자튀김은 박스당 12달러지만, 치킨과 함께 사시면 10달러에 사실 수 있어요.
M : That's nice. I'll have one box of French fries.
좋네요. 감자튀김 한 박스를 시킬게요.
W : Anything else?
더 필요한 건 없으신가요?
M : That's all. I have a five-dollar discount coupon. Can I use it?
그게 다예요. 전 5달러짜리 할인 쿠폰을 가지고 있어요. 그걸 쓸 수 있나요?
W : Yes, you can. May I have your address?
네, 쓰실 수 있습니다. 주소를 알려주시겠어요?
M : It's 102 York Street.
York 가 102번지요.
W : Okay. It'll be delivered in an hour.
알겠습니다. 한 시간 뒤에 배달될 거예요.
M : Thanks.
감사합니다.

Why? 왜 정답일까?
대화에 따르면 남자는 한 박스에 20달러인 프라이드치킨 두 박스와, 치킨과 함께 구매하면 한 박스에 10달러인 감자튀김 한 박스를 사고, 총 가격에서 5달러를 할인받았다. 그러므로 남자가 지불할 금액은 '(20×2+10)−5=45'에 따라 ② '$45'이다.

● address ⓝ 주소　　● deliver ⓥ 배달하다

07 여자가 하와이 휴가를 취소한 이유　　정답률 90% | 정답 ①
대화를 듣고, 여자가 여행 계획을 취소한 이유를 고르시오.
☑ 저렴한 항공권을 구하지 못해서　　② 항공권이 매진되어서
③ 출장을 가게 되어서　　④ 호텔 예약을 하지 못해서
⑤ 새로운 프로젝트를 시작하게 되어서

M : Jasmine, you said you were going on a holiday in April, right?
Jasmine, 너 이번 4월에 휴가를 갈 거라고 했었지, 그렇지?
W : Yes. I planned to go to Hawaii, but I decided not to.
응, 난 하와이로 여행을 갈 계획이었는데, 안 가기로 결정했어.
M : Why? Are you going to work on a new project?
왜? 새로운 프로젝트에서 일할 거야?
W : No. My next project begins in May. Actually, I couldn't get an airline ticket.
아니, 내 다음 프로젝트는 5월에 시작해. 사실, 난 항공권을 구할 수가 없었어.
M : Were they all sold out?
모두 매진된 거야?
W : Not really. I couldn't find a cheap one. All the available tickets were too expensive.
그런 건 아니고, 저렴한 걸 찾을 수 없었어. 이용 가능한 티켓은 모두 너무 비쌌어.
M : But you booked a hotel already, didn't you?
그렇지만 호텔은 이미 예약했었지, 그렇지 않았어?
W : That's right. So I had to cancel the reservation.
맞아, 그래서 예약을 취소해야 했어.
M : I see. I hope you find better deals for your next holiday.
그렇구나. 다음 휴가에는 더 좋은 상품을 찾길 바라.

Why? 왜 정답일까?
여자는 하와이로 휴가를 갈 계획이었으나, 저렴한 항공권을 구하지 못해(Actually, I couldn't get an

airline ticket. / I couldn't find a cheap one.) 휴가를 취소하였다고 말하고 있다. 따라서 여자가 여행 계획을 취소한 이유로 적절한 것은 ① '저렴한 항공권을 구하지 못해서'이다.

- **go on a holiday** 휴가를 가다
- **available** ⓐ 이용할 수 있는, 구할 수 있는

---

08 주말 계획 이야기하기　　　　　　　　정답률 81% | 정답 ④

대화를 듣고, Haven 천문대에 관해 언급되지 않은 것을 고르시오.
① 위치　　　　② 개관 연도　　　　③ 입장료
✓④ 휴관일　　　⑤ 폐관 시간

W : Paul, do you have any special plans for this weekend?
　Paul, 이번 주말에 특별한 계획이라도 있어?
M : Yeah, my Science Club is going on a field trip to the Haven Observatory on Saturday.
　응, 우리 과학 동아리에서 토요일 날 Haven 천문대로 현장학습을 갈 거야.
W : 『You mean the observatory located in Mount Greenwood?』 Wow! I heard that it's one of the best places to observe stars and planets. 『①의 근거』 일치
　Mount Greenwood에 있는 천문대를 말하는 거지? 와! 그곳은 별과 행성을 관찰하기에 가장 좋은 장소들 중 하나라고 들었어.
M : Yeah, 『it has attracted a lot of visitors since its opening in 1935.』 『②의 근거』 일치
　응, 1935년 오픈한 이래로 많은 방문객을 유치해 왔어.
W : 『Do you have to pay for the entrance?』 『③의 근거』 일치
　입장할 때 돈을 내야 해?
M : 『No, it's free.』 『③의 근거』 일치
　아니, 무료야.
W : That's great. You'll be staying until evening, right?
　그거 좋네. 너 저녁까지 있는 거지, 그렇지? 『⑤의 근거』 일치
M : Sure. 『The closing time is 10 p.m.,』 so we'll be there until 9 p.m.
　물론이지. 폐관 시간이 오후 10시여서, 우리는 오후 9시까지 있을 거야.
W : Sounds good. Have a great time there.
　좋다. 거기서 멋진 시간 보내.

Why? 왜 정답일까?

대화에서 남자와 여자는 Haven 천문대의 위치, 개관 연도, 입장료, 폐관 시간을 언급하였지만, 휴관일은 언급하지 않았다. 따라서 Haven 천문대에 관해 언급되지 않은 것은 ④ '휴관일'이다.

Why? 왜 오답일까?

① 'You mean the observatory located in Mount Greenwood?'에서 '위치'가 언급되었다.
② '~ since its opening in 1935.'에서 '개관 연도'가 언급되었다.
③ 'Do you have to pay for the entrance? / No, it's free.'에서 '입장료'가 언급되었다.
⑤ 'The closing time is 10 p.m. ~'에서 '폐관 시간'이 언급되었다.

- **observe** ⓥ 관찰하다
- **attract** ⓥ (사람을) 유치하다, 끌어들이다

---

09 학교 모금 행사 안내　　　　　　　　정답률 91% | 정답 ③

Welton's Coins for Goats에 관한 다음 내용을 듣고, 일치하지 않는 것을 고르시오. [3점]
① 학생회에서 개최하는 행사이다.
② 모금한 돈은 염소를 사는 데 사용될 것이다.
✓③ 3주 동안 열린다.
④ 참가자는 학교 도서관에 있는 기부함에 동전을 넣으면 된다.
⑤ 목표 모금액은 2,000달러이다.

W : Hello, students!
　안녕하세요, 학생 여러분!
　This is student president Chloe Ashford.
　학생회장 Chloe Ashford입니다.
　『The student council is holding "Welton's Coins for Goats," to help poor people in Africa.』 『①의 근거』 일치
　학생회에서는 아프리카의 불쌍한 사람들을 돕기 위해서 "Welton's Coins for Goats"라는 행사를 개최할 예정입니다.
　We're going to raise money, and 『the money will be used to buy goats for families in Africa.』 『②의 근거』 일치
　우리는 돈을 모금할 것이고, 그 돈은 아프리카의 가정들을 위해 염소를 사는 데 쓰일 것입니다.
　The goats support them by providing milk, cheese, and so on.
　그 염소들은 우유와 치즈 등등을 제공하여 그들을 도울 것입니다.
　『This event will be held for two weeks starting on April 2.』 『③의 근거』 불일치
　이 행사는 4월 2일부터 2주간 열릴 것입니다.
　To participate, 『just put coins in the donation box in the school library.』 『④의 근거』 일치
　참여하기 위해서는, 그냥 학교 도서관에 있는 기부함에 동전을 넣어주세요.
　Each goat costs $50, and 『our goal is to raise $2,000 to buy 40 goats.』 『⑤의 근거』 일치
　각 염소는 50달러의 비용이 들고, 우리의 목표는 염소 40마리를 사기 위해 2천 달러를 모으는 것입니다.
　Let's make it together!
　함께 달성합시다!
　Thank you.
　감사합니다.

Why? 왜 정답일까?

'This event will be held for two weeks starting on April 2.'에서 행사는 2주간 진행될 예정이라고 하였다. 따라서 내용과 일치하지 않는 것은 ③ '3주 동안 열린다.'이다.

Why? 왜 오답일까?

① 'The student council is holding "Welton's Coins for Goats," ~'의 내용과 일치한다.
② '~ the money will be used to buy goats ~'의 내용과 일치한다.
④ '~ just put coins in the donation box in the school library.'의 내용과 일치한다.
⑤ '~ our goal is to raise $2,000 ~'의 내용과 일치한다.

- **raise money** 돈을 모금하다, 자금을 마련하다
- **participate** ⓥ 참여하다

---

10 미세먼지 마스크 구매　　　　　　　　정답률 75% | 정답 ③

다음 표를 보면서 대화를 듣고, 두 사람이 주문할 마스크를 고르시오.

Fine Dust Masks

	Model	Filter-out Rate	Price(per box)	Color
①	A	80%	$30	black
②	B	80%	$35	blue
✓③	C	94%	$40	blue
④	D	94%	$45	white
⑤	E	99%	$55	white

W : Honey, fine dust levels are very high these days. We need to buy fine dust masks.
　여보, 요즘 미세먼지 수치가 아주 높아요. 미세먼지 마스크를 사야겠어요.
M : You're right. Let's order some online. [Clicking sound] This shop sells good ones.
　당신 말이 맞아요. 온라인으로 주문하죠. [클릭하는 소리] 이 가게는 좋은 것들을 파네요.
W : They all look great. Let's choose from these five models.
　모두 훌륭해 보여요. 이 다섯 개 모델 중에 고르죠.
M : 『I think the filter-out rate should be more than 90%.』 『근거1』 Filter-out Rate 조건
　내 생각에 차단율은 90퍼센트 이상이어야 할 것 같아요.
W : I think so, too. How about the price?
　나도 그렇게 생각해요. 가격은요?
M : 『We shouldn't spend more than $50 a box.』 『근거2』 Price 조건
　한 상자에 50달러 이상은 쓰면 안 돼요.
W : Then we have two options left. 『Shall we order the white ones?』
　그럼 두 가지 선택권이 남네요. 하얀 것을 주문해야 할까요?
M : Well, let's choose the other color. 『근거3』 Color 조건
　음, 다른 색깔을 고르죠.
W : Okay. Let's place the order.
　좋아요. 주문을 하죠.

Why? 왜 정답일까?

대화에 따르면 남자와 여자는 차단율이 90퍼센트 이상이면서, 한 박스당 가격이 50달러를 넘지 않고, 색깔은 하얀색이 아닌 마스크를 구매하려고 한다. 따라서 두 사람이 주문할 마스크는 ③ 'C'이다.

- **fine dust** 미세 먼지
- **filter-out rate** 차단율

---

11 수학 문제 풀이 도움 요청　　　　　　정답률 86% | 정답 ③

대화를 듣고, 남자의 마지막 말에 대한 여자의 응답으로 가장 적절한 것을 고르시오.
① Yes. I can help you write the essay. – 그래. 나는 네가 에세이를 쓰는 것을 도와줄 수 있어.
② I'd love to, but I didn't get the answer. – 그러고 싶지만, 나는 답을 구하지 못했어.
✓③ Sure. I'll show you how I solved the problem. – 물론이지. 내가 어떻게 그 문제를 풀었는지 보여줄게.
④ Oh, I didn't know that we had math homework. – 아, 나는 우리에게 수학 숙제가 있는지 몰랐어.
⑤ Okay. It only took me a minute to get the answer. – 알겠어. 난 답을 구하는 데 1분밖에 안 걸렸어.

M : Christine, did you solve this math problem?
　Christine, 이 수학 문제 풀었어?
W : Yes, I got the answer after trying for an hour. How about you?
　응, 한 시간 동안 노력한 끝에 답을 구했어. 넌?
M : Not yet. It's too difficult for me. Can you help me?
　아직. 그건 내겐 너무 어려워. 날 도와줄 수 있니?
W : Sure. I'll show you how I solved the problem.
　물론이지. 내가 어떻게 그 문제를 풀었는지 보여줄게.

Why? 왜 정답일까?

남자는 여자가 수학 문제를 풀었는지 묻고 자신에게는 그 문제가 너무 어렵다며 풀이를 도와줄 수 있는지 묻는다. 따라서 여자의 응답으로 가장 적절한 것은 ③ '물론이지. 내가 어떻게 그 문제를 풀었는지 보여줄게.'이다.

- **solve** ⓥ 풀다, 해결하다

---

12 올림픽 자원봉사 경험　　　　　　　　정답률 80% | 정답 ③

대화를 듣고, 여자의 마지막 말에 대한 남자의 응답으로 가장 적절한 것을 고르시오.
① I couldn't finish the job in time.
　나는 그 일을 시간 내에 끝낼 수 없었어.
② I was happy to win the ski competition.
　나는 스키 대회에서 우승해서 기뻤어.
✓③ I helped visitors in the Lost and Found.
　나는 분실물 보관소에서 방문객을 도왔어.
④ I'll visit Pyeongchang for two weeks in March.
　나는 3월에 2주 동안 평창을 방문할 거야.
⑤ I forgot to apply for that job at the Winter Olympics.
　나는 동계올림픽에서 그 일자리에 지원하는 것을 잊었어.

W : Hi, Hyeonseo. I haven't seen you lately. Where have you been?
　안녕, Hyeonseo. 최근에 널 못 봤네. 어디에 있었어?
M : Oh, hi, Jenny. I've been in Pyeongchang to volunteer at the Winter Olympics.
　오, 안녕, Jenny. 난 동계올림픽에서 자원봉사를 하느라 평창에 있었어.
W : That's cool! What did you do there?
　멋지다! 거기서 뭘 했어?
M : I helped visitors in the Lost and Found.
　나는 분실물 보관소에서 방문객을 도왔어.

Why? 왜 정답일까?

여자는 남자가 올림픽에서 자원봉사를 했다는 이야기를 듣고 그가 무슨 봉사를 했는지 궁금해 하고 있다 (What did you do there?). 따라서 남자의 응답으로 가장 적절한 것은 ③ '나는 분실물 보관소에서 방문객을 도왔어.'이다.

- **lately** ⓐⓓ 최근에
- **volunteer** ⓥ 자원봉사하다

---

13 생일 선물로 강아지 사기　　　　　　정답률 86% | 정답 ①

대화를 듣고, 남자의 마지막 말에 대한 여자의 응답으로 가장 적절한 것을 고르시오.
Woman :

① Okay, I'll get you a puppy. Just keep your word.
좋아, 너에게 강아지를 사 주마. 단, 약속을 지키렴.
② Good. I'm glad you like the robot pet very much.
잘됐네. 네가 로봇 애완동물을 매우 좋아해서 기뻐.
③ If you say so, you can invite your friends to the party.
네가 그렇게 말한다면, 친구들을 파티에 초대해도 돼.
④ Sorry, but I can't walk your puppy right now.
미안하지만, 나는 지금 당장 네 강아지를 산책시킬 수 없어.
⑤ Thank you for helping me wash the puppy.
강아지 목욕을 시키는 것을 도와줘서 고마워.

W : Daniel, what do you want for your birthday?
　　Daniel, 네 생일 선물로 무엇을 원하니?
M : I really want a puppy. Can you get me one?
　　전 강아지를 정말 원해요. 한 마리 사주실 수 있어요?
W : I'd love to, but it takes a lot of time and effort to take care of a pet. Walking, washing, and feeding....
　　나도 사주고 싶은데, 애완동물을 돌보려면 많은 시간과 노력이 필요해. 산책 시키고, 씻기고, 먹이고....
M : I'll do everything, mom. Don't worry.
　　제가 다 할게요, 엄마. 걱정 마세요.
W : Daniel, it's much harder than you think. Hmm. How about getting a robot pet instead?
　　Daniel, 네가 생각하는 것보다 훨씬 어렵단다. 흠. 대신에 애완 로봇을 사면 어떠니?
M : But that's not a real puppy. I can't make friends with a robot.
　　하지만 그건 진짜 강아지가 아니잖아요. 전 로봇이랑 친구가 될 순 없어요.
W : It's a lot easier to keep a robot pet, though. It'll be a better option for you.
　　그래도 애완 로봇을 키우는 건 훨씬 쉽단다. 널 위해 더 나은 선택권이 될 거야.
M : Can't you just get me a real one? I promise I'll take good care of it.
　　그냥 진짜 강아지 하나 사 주시면 안 돼요? 제가 잘 돌보겠다고 약속할게요.
W : Okay, I'll get you a puppy. Just keep your word.
　　좋아, 너에게 강아지를 사 주마. 단, 약속을 지키렴.

Why? 왜 정답일까?

아들인 남자가 생일 선물로 강아지를 갖고 싶다고 말하자, 엄마인 여자는 애완 로봇을 대신 사 주겠다고 제안하는데, 남자는 로봇과는 친구가 될 수 없다면서 진짜 강아지를 사 달라고 거듭 청하고 있다(**Can't you just get me a real one?**). 따라서 이에 대한 여자의 응답으로 가장 적절한 것은 ① '좋아, 너에게 강아지를 사 주마. 단, 약속을 지키렴.'이다.

● effort ⓝ 노력　　　　　　　● feeding ⓝ 먹이 주기

14　캠핑 준비하기　　　　　　　정답률 55% | 정답 ①

대화를 듣고, 여자의 마지막 말에 대한 남자의 응답으로 가장 적절한 것을 고르시오. [3점]
Man: _____
① Exactly. Less stuff makes our camping more enjoyable.
　바로 그거예요. 물건이 더 적으면 우리의 캠핑이 더 즐거워져요.
② Then we can save money by fixing the broken table.
　그렇다면 부서진 테이블을 수리해서 돈을 절약할 수 있어요.
③ But safety is the most important thing in camping.
　하지만 안전이 캠핑에서 가장 중요해요.
④ I'm afraid I can't help you pack for the camping trip.
　캠핑을 위해 짐 싸는 걸 도와줄 수 없을 것 같아요.
⑤ Great. Let's take the old chairs to the recycling center.
　잘됐네요. 낡은 의자를 재활용 센터로 가져갑시다.

W : Honey, are you starting to pack for our camping trip?
　　여보, 우리 캠핑 여행을 위해 짐 싸기를 시작하고 있나요?
M : Yeah. It's just two days away.
　　네, 이제 딱 이틀 남았어요.
W : Did you check the camping table? I think its legs are too weak.
　　캠핑용 식탁은 확인했어요? 식탁 다리가 너무 약한 것 같아요.
M : Yes. It's too old to fix. Let's go buy a new one tomorrow.
　　네. 고치기엔 너무 낡았어요. 내일 새 것을 하나 사러 가요.
W : Okay. How about getting some more chairs, too?
　　알겠어요. 의자도 좀 더 사는 건 어때요?
M : Why? We have enough chairs for our family.
　　왜요? 우리 가족을 위한 의자가 충분하잖아요.
W : The more, the better.
　　많을수록 더 좋죠.
M : Well, I don't think it's a good idea to bring more chairs with us.
　　음, 난 의자를 더 많이 가져가는 게 좋은 생각 같지 않아요.
W : You may be right. We'd spend too much time packing and unpacking.
　　당신 말이 맞을 거예요. 짐을 싸고 푸는 데 너무 많은 시간이 걸릴 거예요.
M : Exactly. Less stuff makes our camping more enjoyable.
　　바로 그거예요. 물건이 더 적으면 우리의 캠핑이 더 즐거워져요.

Why? 왜 정답일까?

여자가 캠핑 의자를 사자고 제안하자 남자는 의자를 많이 갖고 가는 것이 좋은 생각 같지 않다고(I don't think it's a good idea to bring more chairs with us.)고 이야기한다. 이에 여자는 수긍하며 짐을 많이 가져가면 짐을 챙기고 푸는 데 너무 많은 시간이 들 것 같다고(We'd spend too much time packing and unpacking.)고 말하므로, 이에 대한 남자의 응답으로 가장 적절한 것은 ① '바로 그거예요. 물건이 더 적으면 우리의 캠핑이 더 즐거워져요.'이다.

● pack ⓥ (짐을) 싸다, 챙기다　　　● camping table 캠핑용 식탁
● recycling center 재활용센터

15　공항 가는 교통편 정하기　　　정답률 76% | 정답 ⑤

다음 상황 설명을 듣고, Sam이 호텔 직원에게 할 말로 가장 적절한 것을 고르시오.
Sam: _____
① Are there any good restaurants in this area?
　이 지역에 좋은 음식점이 있습니까?
② Can you call a taxi to take me to the airport?
　저를 공항에 데려다 줄 택시를 불러 주실 수 있나요?
③ I'd like to know when the train will arrive at the station.
　기차가 언제 역에 도착하는지 알고 싶습니다.
④ What should I do to enter the Toronto Marathon?
　제가 토론토 마라톤에 참가하려면 어떻게 해야 합니까?
⑤ Please tell me how to get to the subway station.
　어떻게 지하철역에 가는지 제게 알려 주세요.

M : Sam is on his business trip in Toronto, Canada.
　　Sam은 캐나다 토론토에 출장 중이다.
　　He's just checked out of the hotel to leave for the airport.
　　그는 공항으로 떠나기 위해 호텔에서 막 체크아웃했다.
　　He asks the hotel clerk to call a taxi.
　　그는 호텔 직원에게 택시를 불러달라고 요청한다.
　　The hotel clerk says that a taxi might not get him to the airport on time.
　　호텔 직원은 택시가 그를 공항까지 제시간에 데려다주지 못할 수도 있다고 이야기한다.
　　She explains that the Toronto Marathon is being held now and it might cause traffic jams on his way to the airport.
　　그녀는 지금 토론토 마라톤이 열리고 있고, 그것이 그가 공항으로 가는 길에 교통 체증을 야기할 수도 있다고 설명한다.
　　Sam decides to take the subway, and he wants to know the way to the subway station.
　　Sam은 지하철을 타기로 결심하고, 지하철역까지 가는 길을 알고 싶어 한다.
　　In this situation, what would Sam most likely say to the hotel clerk?
　　이 상황에서, Sam은 호텔 직원에게 뭐라고 말할 것인가?
Sam : Please tell me how to get to the subway station.
　　어떻게 지하철역에 가는지 제게 알려 주세요.

Why? 왜 정답일까?

공항에 가려던 Sam은 택시를 타면 교통 체증 때문에 제시간에 공항에 도착하지 못할 수도 있다는 말에 지하철을 타기로 마음먹고, 호텔에서 지하철역까지 가는 길을 알고자 한다(~ he wants to know the way to the subway station.). 따라서 Sam이 호텔 직원에게 할 말로 가장 적절한 것은 ⑤ '어떻게 지하철역에 가는지 제게 알려 주세요.'이다.

● business trip 출장　　　　　　● cause ⓥ 야기하다, 초래하다
● traffic jam 교통 체증

16-17　동물들의 체온 유지 방법

W : Hello, class!
　　안녕하세요, 학생 여러분!
　　Let's continue talking about animals.
　　동물에 대해 계속 이야기를 해 봅시다.
　　An animal's body is made up of tiny cells, which are mostly water.
　　동물의 몸은 아주 작은 세포들로 구성되어 있고, 그 대부분은 물입니다.
　　If the water freezes, it damages the cells.
　　그 물이 얼면, 그것은 세포를 손상시키죠.
　　「So how do animals stay warm in the cold?」 16번의 근거
　　그러면 동물들은 어떻게 추위 속에서 따뜻함을 유지하는 걸까요?
　　Some animals have a material that keeps them warm.
　　일부 동물들은 그들을 따뜻하게 유지시켜주는 물질을 갖고 있습니다.
　　「For example, birds have feathers.」 17번 ①의 근거 일치
　　예를 들면, 조류는 깃털이 있죠.
　　「Most mammals have fur or hair, and sea mammals like whales and seals have a layer of fat under the skin.」 17번 ②의 근거 일치
　　대부분의 포유류는 털이나 머리카락이 있고, 고래와 바다사자 같은 바다 포유류는 피부 밑에 지방층을 가지고 있습니다.
　　「Reptiles like snakes do not have such material, so they stay underground at night or in cold weather.」 17번 ④의 근거 일치
　　뱀 같은 파충류는 그런 물질이 없기에, 밤이나 추운 날씨에는 땅속에 머뭅니다.
　　The temperature below ground does not fall as low as at the surface.
　　땅속의 온도는 지표면만큼 낮게 떨어지지 않습니다.
　　「Insects also have their own way to keep warm.」 17번 ⑤의 근거 일치
　　곤충들도 따뜻함을 유지하는 자기만의 방식이 있습니다.
　　Insects that live in cold places have special proteins in their bodies, called antifreeze proteins.
　　추운 곳에 사는 곤충들은 체내에 특별한 단백질을 지니고 있는데, 이건 부동 단백질이라고 불립니다.
　　These proteins stop ice from forming inside their bodies.
　　이 단백질들은 그들의 몸 안에서 얼음이 형성되는 것을 막습니다.
　　Now let's watch a video clip about the animals we talked about.
　　이제 우리가 이야기했던 동물들에 관한 영상을 봅시다.

● be made up of ~로 이루어지다　　● freeze ⓥ 얼다, 얼리다
● feather ⓝ 깃털　　　　　　● antifreeze protein 부동 단백질

16　주제 파악　　　　　　　정답률 90% | 정답 ①

여자가 하는 말의 주제로 가장 적절한 것은?
① how animals keep warm in the cold - 동물들이 추위 속에서 몸을 따뜻하게 유지하는 방법
② saving animals from natural disasters - 자연재해로부터 동물 구하기
③ materials harmful to animals' health - 동물의 건강에 해로운 물질
④ ways animals find food in the winter - 동물이 겨울에 먹이를 찾는 방법
⑤ differences between animals and humans - 동물과 인간의 차이점

Why? 왜 정답일까?

'So how do animals stay warm in the cold?'에서 동물들이 어떻게 추위 속에서 체온을 유지하는지 질문하고 뒤에서 사례를 열거하며 답을 제시하는 담화이므로, 여자가 하는 말의 주제로 가장 적절한 것은 ① '동물들이 추위 속에서 몸을 따뜻하게 유지하는 방법'이다.

17　언급 유무 파악　　　　　　정답률 84% | 정답 ③

언급된 동물의 종류가 아닌 것은?
① birds - 조류　　② mammals - 포유류　　③ fish - 어류
④ reptiles - 파충류　　⑤ insects - 곤충류

Why? 왜 정답일까?

여자는 동물들의 체온 유지법을 언급하면서 조류, 포유류, 파충류, 곤충류를 예로 들었다. 따라서 언급된 동물의 종류가 아닌 것은 ③ '어류'이다.

Why? 왜 오답일까?

① 'For example, birds have feathers.'에서 '조류'가 언급되었다.

② 'Most mammals have fur or hair, and sea mammals like whales and seals ~'에서 '포유류'가 언급되었다.
④ 'Reptiles like snakes do not have such material ~'에서 '파충류'가 언급되었다.
⑤ 'Insects also have their own way to keep warm.'에서 '곤충류'가 언급되었다.

18 | 매장 개업식 초대 | 정답률 84% | 정답 ④

다음 글의 목적으로 가장 적절한 것은?

① 신제품의 출시를 홍보하려고
② 회사 창립 기념일에 초대하려고
③ 이전한 매장의 위치를 안내하려고
④ ✓신설 매장의 개업식에 초대하려고
⑤ 매장의 영업시간 변경을 안내하려고

Dear Ms. Cross,
Cross 씨께.

We are excited to announce the opening / of the newest Sunshine Stationery Store in Raleigh, North Carolina!
저희는 개점을 알리게 되어 기쁩니다! / 노스캐롤라이나 주 Raleigh에 최신 Sunshine 문구점의

As you know, / the Sunshine Stationery Store / has long been the industry standard / for quality creative paper products of all kinds, / and we couldn't have picked a better location / for our next branch / than the warm and inviting city of Raleigh.
아시다시피, / Sunshine 문구점은 / 오랫동안 업계의 표준이었고, / 모든 종류의 창의적인 고급 종이 제품에 있어서 / 저희가 더 나은 장소를 선택할 수는 없었을 것입니다. / 다음 지점으로 / 온정 있고 매력적인 Raleigh시보다

We are thrilled to welcome you / to the Grand Opening of the Raleigh store / on March 15, 2018.
저희는 귀하를 모시게 되어 매우 기쁩니다. / Raleigh 매장의 개업식에 / 2018년 3월 15일

The opening celebration will be from 9 a.m. to 9 p.m. / — a full 12 hours of fun!
개업 행사는 오전 9시부터 오후 9시까지이며, / 12시간 내내 재미있을 것입니다!

We would love to show you / all the Raleigh store has to offer / and hope to see you there on the 15th!
저희는 보여 드리고 싶고, / Raleigh 매장에서 제공하는 모든 상품을 / 15일에 귀하를 그곳에서 뵙기를 바랍니다!

Sincerely, // Donna Deacon
Donna Deacon 드림

노스캐롤라이나 주 Raleigh에 최신 Sunshine 문구점의 개점을 알리게 되어 기쁩니다! 아시다시피, Sunshine 문구점은 오랫동안 모든 종류의 창의적인 고급 종이 제품에 있어서 업계의 표준이었고, 저희가 다음 지점으로 온정 있고 매력적인 Raleigh시보다 더 나은 장소를 선택할 수는 없었을 것입니다. 2018년 3월 15일 Raleigh 매장의 개업식에 귀하를 모시게 되어 매우 기쁩니다. 개업 행사는 오전 9시부터 오후 9시까지이며, 12시간 내내 재미있을 것입니다! Raleigh 매장에서 제공하는 모든 상품을 보여 드리고 싶고, 15일에 귀하를 그곳에서 뵙기를 바랍니다!

Donna Deacon 드림

Why? 왜 정답일까?

세 번째 문장에서 Raleigh 매장의 개업 행사에 초대한다(We are thrilled to welcome you to the Grand Opening ~)는 내용과 참석하기를 기대한다(~ hope to see you there)는 내용을 말하므로, 글의 목적으로 가장 적절한 것은 ④ '신설 매장의 개업식에 초대하려고'이다.

● announce ⓥ 알리다
● industry ⓝ 업계, 산업
● location ⓝ 장소
● inviting ⓐ 매력적인, 유혹적인
● celebration ⓝ 기념행사, 축하 행사
● stationery store 문구점
● quality ⓐ 고품질의, 양질의 ⓝ 질, 품질
● branch ⓝ 지점
● thrilled ⓐ 매우 기쁜

구문 풀이

4행 As you know, / the Sunshine Stationery Store has long been the industry [주어1] [동사1(현재완료)] standard for quality creative paper products of all kinds, / and we couldn't have [주어2] [동사2 'couldn't + picked a better location for our next branch than the warm and inviting city of have+과거분사:(과거에)~할 수 없었다] [형용사구] Raleigh.

19 | 휴대 전화를 찾아준 경험 | 정답률 80% | 정답 ④

다음 글에 드러난 'I'의 심경으로 가장 적절한 것은?

① angry - 화가 난
② bored - 지루한
③ scared - 겁먹은
④ ✓pleased - 기쁜
⑤ regretful - 후회하는

One day I caught a taxi to work.
어느 날 나는 직장에 가려고 택시를 탔다.

When I got into the back seat, / I saw a brand new cell phone sitting / right next to me.
내가 뒷좌석에 탔을 때, / 나는 새로 출시된 휴대 전화가 놓여 있는 것을 보았다. / 바로 내 옆에

I asked the driver, / "Where did you drop the last person off?" / and showed him the phone.
나는 운전사에게 물으며 / "바로 전에 탔던 사람을 어디에 내려 주셨어요?"라고 / 전화기를 그에게 보여 주었다.

He pointed at a girl walking up the street.
그는 길을 걸어가고 있는 젊은 여자를 가리켰다.

We drove up to her / and I rolled down the window yelling out to her.
우리는 그녀에게로 갔고, / 나는 창문을 내리고 그녀에게 소리쳤다.

She was very thankful / and by the look on her face / I could tell how grateful she was.
그녀는 매우 고마워했고 / 그녀의 얼굴 표정으로 / 나는 그녀가 얼마나 고마워하는지 알 수 있었다.

Her smile made me smile / and feel really good inside.
그녀의 미소는 나를 미소 짓게 만들었고 / 정말 좋은 기분이 들게 했다.

After she got the phone back, / I heard someone walking past her say, / "Today's your lucky day!"
그녀가 전화기를 되찾은 후, / 나는 그녀를 지나치던 어떤 사람이 말하는 것을 들었다. / "오늘 운이 좋은 날이군요!"라고

어느 날 나는 직장에 가려고 택시를 탔다. 내가 뒷좌석에 탔을 때, 바로 내 옆에 새로 출시된 휴대 전화가 놓여 있는 것을 보았다. 나는 운전사에게 "바로 전에 탔던 사람을 어디에 내려

주셨나요?"라고 물으며 전화기를 그에게 보여 주었다. 그는 길을 걸어가고 있는 젊은 여자를 가리켰다. 우리는 그녀에게로 갔고, 나는 창문을 내리고 그녀에게 소리쳤다. 그녀는 매우 고마워했고 그녀의 얼굴 표정으로 나는 그녀가 얼마나 고마워하는지 알 수 있었다. 그녀의 미소는 나를 미소 짓게 만들었고 정말 좋은 기분이 들게 했다. 그녀가 전화기를 되찾은 후, 나는 그녀를 지나치던 어떤 사람이 "오늘 운이 좋은 날이군요!"라고 말하는 것을 들었다.

Why? 왜 정답일까?

택시를 탔던 필자가 바로 전에 탔던 사람이 두고 내린 휴대전화를 찾아주고 나서 감사를 담은 그녀의 미소에 행복감을 느꼈다(Her smile made me smile and feel really good inside.)는 내용의 글이다. 따라서 'I'의 심경으로 가장 적절한 것은 ④ '기쁜'이다.

● get into ~에 타다
● point at ~을 가리키다
● yell out 외치다, 고함치다
● grateful 고마워하는
● drop off ~을 내려 주다
● roll down (손잡이를 돌려서) ~을 열다, 내리다
● thankful 고맙게 생각하는
● get ~ back ~을 되찾다

20 | 연습 도중 알게 된 노력의 중요성 | 정답률 76% | 정답 ③

밑줄 친 부분이 가리키는 대상이 나머지 넷과 다른 것은?

Serene tried to do a pirouette in front of her mother / but fell to the floor.
Serene은 그녀의 어머니 앞에서 피루엣을 하려고 했지만 / 바닥으로 넘어졌다.

Serene's mother helped ① her off the floor.
Serene의 어머니는 그녀가 일어나는 것을 도왔다.

She told her that she had to keep trying / if she wanted to succeed.
그녀는 계속 노력해야 한다고 Serene에게 말했다. / 성공하고 싶으면

However, Serene was almost in tears.
하지만 Serene은 눈물이 날 지경이었다.

② She had been practicing very hard the past week / but she did not seem to improve.
지난주 그녀는 정말 열심히 연습했지만 / 나아지지 않은 것 같았다.

Serene's mother said / that ③ she herself had tried many times / before succeeding at Serene's age.
Serene의 어머니는 말했다. / 그녀 자신이 여러 번 시도했다고 / Serene의 나이였을 때 성공하기 전까지

She had fallen so often / that she sprained her ankle / and had to rest for three months / before she was allowed to dance again.
그녀는 너무 자주 넘어지는 바람에 / 그녀는 발목을 삐어서 / 3개월 동안 쉬어야 했다. / 다시 춤을 출 수 있게 될 때까지

Serene was surprised.
Serene은 놀랐다.

Her mother was a famous ballerina / and to Serene, ④ her mother had never fallen or made a mistake / in any of her performances.
그녀의 어머니는 유명한 발레리나였고, / Serene에게 자신의 어머니는 결코 넘어지거나 실수를 한 적이 없었다. / 어떠한 공연에서도

Listening to her mother made ⑤ her realize / that she had to put in more effort / than what she had been doing so far.
어머니의 말을 듣고 그녀는 깨달았다. / 그녀가 더 많은 노력을 기울여야 한다는 것을 / 그녀가 지금까지 했던 것보다

Serene은 그녀의 어머니 앞에서 피루엣을 하려고 했지만 바닥으로 넘어졌다. Serene의 어머니는 ① 그녀가 일어나는 것을 도왔다. 그녀는 성공하고 싶으면 계속 노력해야 한다고 Serene에게 말했다. 하지만 Serene은 눈물이 날 지경이었다. 지난주 ② 그녀는 정말 열심히 연습했지만 나아지지 않은 것 같았다. Serene의 어머니는 ③ 자신이 Serene의 나이였을 때 성공하기 전까지 여러 번 시도했다고 말했다. 그녀는 너무 자주 넘어지는 바람에 발목을 삐어서 다시 춤을 출 수 있게 될 때까지 3개월 동안 쉬어야 했다. Serene은 놀랐다. 그녀의 어머니는 유명한 발레리나였고, Serene에게 ④ 자신의 어머니는 어떠한 공연에서도 결코 넘어지거나 실수를 한 적이 없었다. 어머니의 말을 듣고 ⑤ 그녀는 지금까지 했던 것보다 더 많은 노력을 기울여야 한다는 것을 깨달았다.

Why? 왜 정답일까?

①, ②, ④, ⑤는 Serene, ③은 Serene's mother를 가리키므로, 밑줄 친 부분이 가리키는 대상이 다른 하나는 ③이다.

● in tears 눈물을 흘리며
● improve ⓥ 나아지다
● sprain ⓥ (손목·발목 등을) 삐다
● put in effort 노력을 기울이다
● practice ⓥ 연습하다
● succeed ⓥ 성공하다
● ankle ⓝ 발목

구문 풀이

11행 Listening to her mother made her realize {that she had to put in more effort [동명사구 주어] [사역동사] [원형부정사 접속사] [노력을 들이다] than what she had been doing so far}. [관계대명사(~것)] [과거완료 진행형] [기간 부사구]

21 | 과거의 실패에 사로잡히지 않을 필요성 | 정답률 88% | 정답 ②

다음 글에서 필자가 주장하는 바로 가장 적절한 것은?

① 꿈을 이루기 위해 다양한 경험을 하라.
② ✓미래를 생각할 때 과거의 실패에 얽매이지 말라.
③ 장래의 성공을 위해 지금의 행복을 포기하지 말라.
④ 자신을 과신하지 말고 실현 가능한 목표부터 세우라.
⑤ 결정을 내릴 때 남의 의견에 지나치게 의존하지 말라.

Many people think of / what might happen in the future / based on past failures / and get trapped by them.
많은 사람은 생각하고 / 미래에 일어날지도 모르는 일들에 대해 / 과거의 실패에 근거하여 / 그것에 사로잡힌다.

For example, / if you have failed in a certain area before, / when faced with the same situation, / you anticipate what might happen in the future, / and thus fear traps you in yesterday.
예를 들어, / 만약 여러분이 전에 특정 분야에서 실패한 적이 있다면, / 같은 상황에 직면할 때 / 여러분은 미래에 무슨 일이 일어날지 예상하게 되고, / 그리하여 두려움이 여러분을 과거에 가두어 버린다.

Do not base your decision on what yesterday was.
과거가 어땠는지에 근거하여 결정을 내리지 말라.

Your future is not your past / and you have a better future.
여러분의 미래는 여러분의 과거가 아니며 / 여러분에게는 더 나은 미래가 있다.

[문제편 p.222]

You must decide to forget / and let go of your past.
여러분은 과거를 잊고 / 놓아주기로 결심해야 한다.
Your past experiences are the thief of today's dreams / only when you allow them to control you.
과거의 경험은 현재의 꿈을 앗아 간다. / 여러분이 그것으로 하여금 여러분을 지배하게 할 때만

많은 사람은 과거의 실패에 근거하여 미래에 일어날지도 모르는 일들에 대해 생각하고 그것에 사로잡힌다. 예를 들어, 만약 여러분이 전에 특정 분야에서 실패한 적이 있다면, 같은 상황에 직면할 때 여러분은 미래에 무슨 일이 일어날지 예상하게 되고, 그리하여 두려움이 여러분을 과거에 가두어 버린다. 과거가 어땠는지에 근거하여 결정을 내리지 말라. 여러분의 미래는 여러분의 과거가 아니며 여러분에게는 더 나은 미래가 있다. 여러분은 과거를 잊고 놓아주기로 결심해야 한다. 과거의 경험이 여러분을 지배하게 할 때만 그것이 현재의 꿈을 앗아 간다.

Why? 왜 정답일까?

'Do not base your decision on what yesterday was.'와 'You must decide to forget and let go of your past.'에서 과거의 실패 여부에 따라 미래에 대한 결정까지 내리지 말라고 이야기하므로, 필자가 주장하는 바로 가장 적절한 것은 ② '미래를 생각할 때 과거의 실패에 얽매이지 말라.'이다.

- based on ~에 근거하여
- trap ⓥ 가두다
- base ⓥ ~에 근거를 두다
- failure ⓝ 실패
- faced with ~에 직면한
- let go of ~을 놓아주다

구문 풀이

[2행] For example, / if you have failed in a certain area before, / when faced with
(조건 접속사(~라면)) (현재완료) (~에 직면했을 때)
the same situation, / you anticipate {what might happen in the future}, and thus
(주어1) (동사1) (: 목적어 병렬)
fear traps you in yesterday.
(주어2) (동사2)

---

22 역사와 스토리텔링의 결합 정답률 68% | 정답 ④

다음 글의 주제로 가장 적절한 것은?

① why students should learn history - 학생들이 역사를 배워야 하는 이유
② essential elements of historical dramas - 사극의 필수 요소
③ advantages of traditional teaching methods - 전통적인 교수법의 장점
✓ benefits of storytelling in teaching history - 역사를 가르칠 때 스토리텔링의 이점
⑤ importance of having balanced views on history - 역사에 대한 균형 잡힌 시각을 가지는 것의 중요성

Storyteller Syd Lieberman suggests / that it is the story in history / that provides the nail to hang facts on.
스토리텔러 Syd Lieberman은 말한다. / 바로 역사 속의 이야기라고 / 사실을 걸기 위한 못을 제공하는 것은
Students remember historical facts / when they are tied to a story.
학생들은 역사적 사실을 기억한다. / 그것이 이야기에 결합되어 있을 때
According to a report, / a high school in Boulder, Colorado, is currently experimenting / with a study of presentation of historical material.
한 보고서에 따르면, / 콜로라도 주 Boulder의 한 고등학교에서 현재 실험하고 있다. / 역사 자료 제시에 대한 연구를
Storytellers present material in dramatic context to the students, / and group discussion follows.
스토리텔러들은 학생들에게 자료를 극적인 맥락에 넣어 제시하고, / 그룹 토의가 잇따른다.
Students are encouraged to read further.
학생들은 (자료를) 더 많이 읽도록 장려된다.
In contrast, another group of students is involved / in traditional research/report techniques.
이와는 대조적으로, 또 다른 집단의 학생들은 참여한다. / 전통적인 조사/보고 기법에
The study indicates / that the material presented by the storytellers / has much more interest and personal impact / than that gained via the traditional method.
이 연구는 보여 준다. / 스토리텔러들에 의해서 제시된 자료가 / 훨씬 더 많은 흥미와 개인적 영향을 지닌다는 것을 / 전통적인 방법을 통해서 얻은 자료보다

스토리텔러 Syd Lieberman은 사실을 걸기 위한 못을 제공하는 것은 바로 역사 속의 이야기라고 말한다. 학생들은 역사적 사실이 이야기에 결합되어 있을 때 그것을 기억한다. 한 보고서에 따르면, 콜로라도 주 Boulder의 한 고등학교에서 역사 자료 제시에 대한 연구를 현재 실험하고 있다. 스토리텔러들은 학생들에게 자료를 극적인 맥락에 넣어 제시하고, 그룹 토의가 잇따른다. 학생들은 (자료를) 더 많이 읽도록 장려된다. 이와는 대조적으로, 또 다른 집단의 학생들은 전통적인 조사/보고 기법에 참여한다. 이 연구는 스토리텔러들에 의해서 제시된 자료가 전통적인 방법을 통해서 얻은 자료보다 훨씬 더 많은 흥미와 개인적인 영향을 지닌다는 것을 보여 준다.

Why? 왜 정답일까?

'Students remember historical facts when they are tied to a story.'에서 학생들은 역사적 사실에 이야기가 결합되어 있을 때 그것을 더 잘 기억한다고 말하므로, 글의 주제로 가장 적절한 것은 ④ '역사를 가르칠 때 스토리텔링의 이점'이다.

- hang ⓥ 걸다
- currently ⓐ 현재
- presentation ⓝ 제시
- be involved in ~에 참여하다
- via prep ~을 통해
- be tied to ~에 연결되다
- experiment ⓝ 실험
- context ⓝ 맥락, 문맥, 환경
- indicate ⓥ 보여 주다, 나타내다

구문 풀이

[9행] The study indicates {that the material [presented by the storytellers] has
(접속사(~것)) (주어) (과거분사)
much more interest and personal impact than that [gained via the traditional
(지시대명사(= the material)) (과거분사) (전치사(~을 통해))
method]}. { } : 목적어

---

23 주변 환경이 운동 여부에 미치는 영향 정답률 70% | 정답 ②

다음 글의 요지로 가장 적절한 것은?

---

① 자연환경을 훼손시키면서까지 운동 시설을 만들어서는 안 된다.
✓ 일상에서의 운동 가능 여부는 주변 여건의 영향을 받는다.
③ 운동을 위한 시간과 공간을 따로 정해 놓을 필요가 있다.
④ 자신의 건강 상태를 고려하여 운동량을 계획해야 한다.
⑤ 짧더라도 규칙적으로 운동하는 것이 건강에 좋다.

Experts advise people / to "take the stairs instead of the elevator" / or "walk or bike to work."
전문가들은 사람들에게 조언한다. / '승강기 대신 계단을 이용하거나, / 직장까지 걷거나 자전거를 타라'라고
These are good strategies: / climbing stairs provides a good workout, / and people who walk or ride a bicycle for transportation / most often meet their needs for physical activity.
이것들은 좋은 전략으로, / 계단을 오르는 것은 좋은 운동이 되고, / 이동 수단으로 걷거나 자전거를 타는 사람들은 / 대개 신체적 활동에 대한 필요를 충족시킨다.
Many people, however, face barriers in their environment / that prevent such choices.
하지만 많은 사람은 자신의 환경에서 장벽에 부딪힌다. / 그러한 선택을 가로막는
Few people would choose to walk or bike on roadways / that lack safe sidewalks or marked bicycle lanes, / where vehicles speed by, / or where the air is polluted.
도로에서 걷거나 자전거를 타는 선택을 하는 사람은 거의 없을 것이다. / 안전한 인도나 표시된 자전거 차선이 없거나, / 차량이 빠르게 지나가거나, / 또는 공기가 오염된
Few would choose to walk up stairs / in inconvenient and unsafe stairwells in modern buildings.
계단을 오르는 것을 선택하는 사람은 거의 없을 것이다. / 현대식 건물에서 불편하고 안전하지 않은 내부 계단 통로 공간에서
In contrast, / people living in neighborhoods with / safe biking and walking lanes, / public parks, / and freely available exercise facilities / use them often / — their surroundings encourage physical activity.
이와는 대조적으로, / 동네에 사는 사람들은 / 안전한 자전거 도로와 산책로, / 공원, / 그리고 자유롭게 이용할 수 있는 운동 시설이 있는 / 자주 그것들을 사용하는데, / 그들의 주변 환경이 신체 활동을 장려한다.

전문가들은 사람들에게 "승강기 대신 계단을 이용하거나, 직장까지 걷거나 자전거를 타라"라고 조언한다. 이것들은 좋은 전략으로, 계단을 오르는 것은 좋은 운동이 되고, 이동 수단으로 걷거나 자전거를 타는 사람들은 대개 신체적 활동에 대한 필요를 충족시킨다. 하지만 많은 사람은 자신의 환경에서 그러한 선택을 가로막는 장벽에 부딪힌다. 안전한 인도나 표시된 자전거 차선이 없거나, 차량이 빠르게 지나가거나, 또는 공기가 오염된 도로에서 걷거나 자전거를 타기로 선택하는 사람은 거의 없을 것이다. 현대식 건물에서 불편하고 안전하지 않은 내부 계단 통로 공간에서 계단을 오르는 것을 선택하는 사람은 거의 없을 것이다. 이와는 대조적으로, 안전한 자전거 도로와 산책로, 공원, 자유롭게 이용할 수 있는 운동 시설이 있는 동네에 사는 사람들은 자주 그것들을 사용하는데, 그들의 주변 환경이 신체 활동을 장려한다.

Why? 왜 정답일까?

일상 속의 신체적 활동은 건강에 도움이 되기는 하지만 환경이 적절하지 않으면 실천하기 매우 어려우며 (Many people, however, face barriers in their environment that prevent such choices.), 안전하고 자유롭게 운동 시설을 이용할 수 있는 사람들은 자주 신체 활동을 한다(~ people living in neighborhoods with ~)는 내용을 다룬 글이다. 따라서 글의 요지로 가장 적절한 것은 ② '일상에서의 운동 가능 여부는 주변 여건의 영향을 받는다.'이다.

- expert ⓝ 전문가
- workout ⓝ 운동
- face ⓥ 직면하다
- prevent ⓥ 막다, 방해하다
- sidewalk ⓝ 인도, 보도
- speed by 빠르게 지나가다
- neighborhood ⓝ 동네, 근처, 이웃
- surroundings ⓝ 주변 환경
- strategy ⓝ 전략
- transportation ⓝ 이동 수단
- environment ⓝ 환경
- lack ⓥ ~이 없다, ~이 부족하다
- marked ⓐ 표시된, 뚜렷한
- inconvenient ⓐ 불편한
- facility ⓝ 시설

구문 풀이

[6행] Few people would choose to walk or (to) bike on roadways [that lack
(생략) (공통 선행사) (주·관·대) (동사)
safe sidewalks or marked bicycle lanes], / [where vehicles speed by], / or [where
(관계부사1) (관계부사2)
the air is polluted].

---

24 기억에 도움이 되는 반복과 범주화 전략 정답률 72% | 정답 ⑤

다음 글의 제목으로 가장 적절한 것은?

① Too Much Repetition Kills Creativity - 지나친 반복은 창의성을 말살한다
② Believe in Your Memos, Not Your Memory - 기억이 아니라 메모를 믿어라
③ A Grocery Store: Where Your Health Begins - 식료품점: 건강이 시작되는 곳
④ Your Memory Can Improve as You Get Older - 기억력은 나이가 들수록 향상될 수 있다
✓ Repetition and Categorization: The Key to Memory - 반복과 범주화: 기억의 핵심

How can we teach our children / to memorize a broad range of information?
우리는 어떻게 우리 아이들에게 가르칠 수 있을까? / 광범위한 정보를 기억하도록
Let me prove to you / that all people are potential geniuses, / with brains designed / to store, control, and remember large amounts of information / through memorization by repetition.
여러분에게 증명하겠다. / 모든 사람은 잠재적인 천재임을 / 만들어진 두뇌를 지닌 / 많은 양의 정보를 저장하고, 관리하고, 기억하도록 / 반복에 의한 암기를 통해
Imagine the grocery store / where you shop the most.
식료품점을 상상해 보라. / 여러분이 가장 많이 쇼핑을 하는
If I asked you to tell me where the eggs are, / would you be able to do so?
내가 여러분에게 달걀이 어디 있는지 말해 달라고 한다면, / 그렇게 할 수 있겠는가?
Of course you could.
당연히 여러분은 그럴 수 있을 것이다.
The average grocery store carries over 10,000 items, / yet you can quickly tell me / where to find most of them.
보통의 식료품점에는 1만 개가 넘는 품목을 취급하지만, / 여러분은 빠르게 말할 수 있다. / 그 물건 대부분을 어디에서 찾아야 하는지
Why? // The store is organized by category, / and you have shopped in the store repeatedly.
왜 그럴까? // 그 가게는 범주별로 정리되어 있으며, / 여러분은 그 가게에서 반복적으로 쇼핑을 했다.
In other words, / you've seen those organized items over and over again, / and the arrangement by category / makes it easy for you to memorize the store's layout.

다시 말해서, / 여러분은 그 정리된 물건을 계속 봤고, / 범주에 의한 배열은 / 여러분이 그 가게의 배치를 기억하기 쉽게 해 준다.
You can categorize 10,000 items from just one store.
여러분은 한 매장에서만 1만 가지 품목을 범주화할 수 있다.

우리는 어떻게 우리 아이들이 광범위한 정보를 기억하도록 가르칠 수 있을까? 여러분에게 모든 사람은 반복에 의한 암기를 통해 많은 양의 정보를 저장하고, 관리하고, 기억하도록 만들어진 두뇌를 지닌 잠재적인 천재임을 증명하겠다. 여러분이 가장 많이 쇼핑을 하는 식료품점을 상상해 보라. 내가 여러분에게 달걀이 어디 있는지 말해 달라고 한다면, 그렇게 할 수 있겠는가? 당연히 여러분은 그럴 수 있을 것이다. 보통의 식료품점에는 1만 개가 넘는 품목을 취급하지만, 여러분은 그 물건 대부분을 어디에서 찾아야 하는지 빠르게 말할 수 있다. 왜 그럴까? 그 가게는 범주별로 정리되어 있으며, 여러분은 그 가게에서 반복적으로 쇼핑을 했다. 다시 말해서, 여러분은 그 정리된 물건을 계속 봤고, 범주에 의한 배열은 여러분이 그 가게의 배치를 기억하기 쉽게 해 준다. 여러분은 한 매장에서만 1만 가지 품목을 범주화할 수 있다.

Why? 왜 정답일까?

'~ all people are potential geniuses, with brains designed to store, control, and remember large amounts of information through memorization by repetition.'에서 사람들은 반복에 의한 암기를 통해 많은 정보를 저장·관리·기억할 수 있다고 말한 데 이어, In other words 이하에서는 범주화된 정보에 반복적으로 노출되는 것이 기억에 긍정적인 영향을 미친다고 설명한다. 따라서 글의 제목으로 가장 적절한 것은 ⑤ '반복과 범주화: 기억의 핵심'이다.

- memorize ⓥ 기억하다, 암기하다
- genius ⓝ 천재
- memorization ⓝ 암기
- grocery store 식료품점
- arrangement ⓝ 배열, 배치, 정리
- categorize ⓥ 범주화하다
- potential ⓐ 잠재적인
- store ⓥ 저장하다 ⓝ 가게
- repetition ⓝ 반복
- average ⓐ 보통의, 평균적인
- layout ⓝ 배치

구문 풀이

5행 If I asked you to tell me {where the eggs are}, would you be able to do so?
「If+주어+과거동사」 { }: 의문사절 주어+조동사 과거+동사원형 : 가정법 과거

---

25 영국 성인이 뉴스를 접하는 방법 정답률 79% | 정답 ④

다음 도표의 내용과 일치하지 <u>않는</u> 것은?

How UK Adults Access the News

The above graph shows / how UK adults accessed the news in 2013 and in 2014.
위 그래프는 보여 준다. / 2013년과 2014년에 영국 성인이 뉴스를 접했던 방법을
① In both years, / TV was the most popular way / to access the news.
두 해 모두, / TV는 가장 인기 있는 방법이었다. / 뉴스를 접하는
② Using websites or apps / was the fourth most popular way in 2013, / but rose to the second most popular way in 2014.
웹 사이트나 앱을 사용하는 것은 / 2013년에 네 번째로 가장 인기 있는 방법이었으나, / 2014년에는 두 번째로 가장 인기 있는 방법으로 상승했다.
③ On the other hand, / listening to the radio was the third most popular way in 2013, / but fell to the fourth most popular way in 2014.
반면 / 2013년에, 라디오 청취는 세 번째로 가장 인기 있는 방법이었지만, / 2014년에는 네 번째로 가장 인기 있는 방법으로 떨어졌다.
④ The percentage of UK adults / using magazines in 2014 / was higher than that in 2013.
영국 성인의 비율은 / 2014년에 잡지를 이용한 / 2013년보다 더 높았다.
⑤ The percentage of UK adults using newspapers in 2014 / remained the same as that in 2013.
2014년에 신문을 이용한 영국 성인의 비율은 / 2013년과 동일했다.

위 그래프는 2013년과 2014년에 영국 성인이 뉴스를 접했던 방법을 보여 준다. ① 두 해 모두, TV는 뉴스를 접하는 가장 인기 있는 방법이었다. ② 2013년에 웹 사이트나 앱을 사용하는 것은 네 번째로 가장 인기 있는 방법이었으나, 2014년에는 두 번째로 가장 인기 있는 방법으로 상승했다. ③ 반면 2013년에, 라디오 청취는 세 번째로 가장 인기 있는 방법이었지만, 2014년에는 네 번째로 가장 인기 있는 방법으로 떨어졌다. ④ <u>2014년에 잡지를 이용한 영국 성인의 비율은 2013년보다 더 높았다.</u> ⑤ 2014년에 신문을 이용한 영국 성인의 비율은 2013년과 동일했다.

Why? 왜 정답일까?

도표에 따르면 2014년에 잡지를 이용한 영국 성인의 비율은 5%로, 2013년(6%)보다 낮았다. 따라서 도표와 일치하지 않는 것은 ④이다.

- access ⓥ 접근하다
- remain ⓥ ~대로이다, 여전히 ~이다

---

26 중고생 대상 캠프 안내 정답률 93% | 정답 ⑤

2018 Eco-Adventure Camp에 관한 다음 안내문의 내용과 일치하지 <u>않는</u> 것은?

① 중·고등학생이 참가할 수 있다.
② 2박 3일 동안 진행된다.
③ 참가비에 식사 비용이 포함된다.

④ 참가자에게 캠프 배낭을 준다.
☑ 등록은 3월 16일에 시작된다.

2018 Eco-Adventure Camp
2018 Eco-Adventure 캠프
Explore the woods in Tennessee!
테네시 주의 숲을 탐험하세요!
「All middle school and high school students are welcome!」 ①의 근거 일치
모든 중학생과 고등학생을 환영합니다!
「Dates: March 23 – 25 (3 days and 2 nights)」 ②의 근거 일치
날짜: 3월 23일 ~ 25일(2박 3일)
「Fee: $150 per person / (All meals are included.)」 ③의 근거 일치
참가비: 1인당 150달러 / (모든 식사가 포함됩니다.)
Activities: Nature Class, Hiking and Climbing, and Treasure Hunt
활동: 자연 교실, 하이킹과 등산, 그리고 보물찾기
「Every participant will receive a camp backpack.」 ④의 근거 일치
모든 참가자는 캠프 배낭을 받게 됩니다.
「Registration starts from March 12 / and ends on March 16 / on our website.」 ⑤의 근거 불일치
등록은 3월 12일에 시작하여 / 3월 16일에 끝납니다. / 저희 웹 사이트에서
For more information, / please visit us at www.ecoadventure.com.
더 많은 정보를 원하시면, / www.ecoadventure.com을 방문하세요.

2018 Eco-Adventure 캠프

테네시 주의 숲을 탐험하세요! 모든 중학생과 고등학생을 환영합니다!

- **날짜**: 3월 23일 ~ 25일(2박 3일)
- **참가비**: 1인당 150달러(모든 식사가 포함됩니다.)
- **활동**: 자연 교실, 하이킹과 등산, 그리고 보물찾기
- 모든 참가자는 캠프 배낭을 받게 됩니다.
- 등록은 저희 웹 사이트에서 3월 12일에 시작하여 3월 16일에 끝납니다.
        더 많은 정보를 원하시면, www.ecoadventure.com을 방문하세요.

Why? 왜 정답일까?

'Registration ~ ends on March 16 on our website.'에서 등록은 3월 16일에 끝난다고 하므로, 안내문의 내용과 일치하지 않는 것은 ⑤ '등록은 3월 16일에 시작된다.'이다.

Why? 왜 오답일까?

① 'All middle school and high school students are welcome!'의 내용과 일치한다.
② '(3 days and 2 nights)'의 내용과 일치한다.
③ '(All meals are included.)'의 내용과 일치한다.
④ 'Every participant will receive a camp backpack.'의 내용과 일치한다.

- explore ⓥ 탐험하다
- participant ⓝ 참가자
- include ⓥ 포함하다
- registration ⓝ 등록

---

27 티셔츠 디자인 대회 정답률 74% | 정답 ⑤

T-shirt Design Contest에 관한 다음 안내문의 내용과 일치하는 것은?
① 온라인 투표를 통해 상위 다섯 개의 디자인을 선택한다.
② 참가자 한 명당 한 개의 작품만 출품할 수 있다.
③ 출품작에 사용되는 색상의 수에는 제한이 없다.
④ Radio Music Festival 로고의 색상을 바꿔서 사용할 수 있다.
☑ 수상자는 자신의 디자인이 인쇄된 티셔츠를 받는다.

T-shirt Design Contest
티셔츠 디자인 콘테스트
We are looking for T-shirt designs / for the Radio Music Festival.
티셔츠 디자인을 찾고 있습니다. / Radio Music Festival을 위한
「The Radio Music Festival team / will select the top five designs.」 ①의 근거 불일치
Radio Music Festival 팀이 / 상위 다섯 개의 디자인을 선택할 것입니다.
The one grand prize winner / will be chosen by online voting.
대상 수상자 한 명은 / 온라인 투표를 통해 선정될 것입니다.
Details
세부 사항
Deadline for submission: May 15, 2018
제출 마감일: 2018년 5월 15일
「Three entries are allowed per participant.」 ②의 근거 불일치
참가자 한 명당 세 개의 출품작이 허용됩니다.
Designs will be printed on white T-shirts.
디자인은 흰색 티셔츠에 인쇄될 것입니다.
「An entry can include up to three colors.」 ③의 근거 불일치
출품작은 세 가지 색상까지 포함할 수 있습니다.
「You can use the Radio Music Festival logo, / but you're not allowed to change its colors in any way.」 ④의 근거 불일치
여러분은 Radio Music Festival 로고를 사용할 수 있지만, / 어떤 식으로든 그것의 색상을 바꿀 수 없습니다.
「The winners will receive two T-shirts / with their design printed on them.」 ⑤의 근거 일치
수상자는 티셔츠 두 장을 받게 됩니다. / 자신의 디자인이 인쇄된
For more information, / please visit our website at www.rmfestival.org.
더 많은 정보를 얻으려면, / 저희 웹 사이트 www.rmfestival.org를 방문하세요.

티셔츠 디자인 콘테스트

Radio Music Festival을 위한 티셔츠 디자인을 찾고 있습니다. Radio Music Festival 팀이 상위 다섯 개의 디자인을 선택할 것입니다. 대상 수상자 한 명은 온라인 투표를 통해 선정될 것입니다.

세부 사항
- 제출 마감일: 2018년 5월 15일
- 참가자 한 명당 세 개의 출품작이 허용됩니다.
- 디자인은 흰색 티셔츠에 인쇄될 것입니다.
- 출품작은 세 가지 색상까지 포함할 수 있습니다.

• Radio Music Festival 로고를 사용할 수 있지만, 어떤 식으로든 그것의 색상을 바꿀 수 없습니다.

수상자는 자신의 디자인이 인쇄된 티셔츠 두 장을 받게 됩니다.
더 많은 정보를 얻으려면, 저희 웹 사이트 www.rmfestival.org를 방문하세요.

Why? 왜 정답일까?
'The winners will receive two T-shirts with their design printed on them.'에서 수상자는 자신의 디자인이 인쇄된 티셔츠를 두 장 받게 된다고 하므로, 안내문의 내용과 일치하는 것은 ⑤ '수상자는 자신의 디자인이 인쇄된 티셔츠를 받는다.'이다.

Why? 왜 오답일까?
① 'The Radio Music Festival team will select the top five designs.'에서 축제 팀이 직접 상위 다섯 개의 디자인을 선택한다는 것을 알 수 있다.
② 'Three entries are allowed per participant.'에서 참가자 한 명당 3개의 출품작이 허용됨을 알 수 있다.
③ 'An entry can include up to three colors.'에서 출품작에는 색상이 3가지까지 사용될 수 있음을 알 수 있다.
④ '~ but you're not allowed to change its colors in any way.'에서 축제 로고의 색상을 바꾸어서는 안 됨을 알 수 있다.

● grand prize 대상
● deadline ⓝ 마감 시간, 최종 기한
● entry ⓝ (대회 등에 내는) 출품작
● voting ⓝ 투표
● submission ⓝ 제출
● allow ⓥ 허락하다

구문 풀이
12행 You can use the Radio Music Festival logo, / but you're not allowed to
　　주어1　동사1 　　　　　　　　　　　　　　　　주어2 동사2(「be allowed to+동사
change its colors in any way.　　　　　　　　　　　　원형: ~하도록 허락받다」)

---

28 Mae C. Jemison의 업적과 생애　　정답률 76% | 정답 ⑤

Mae C. Jemison에 관한 다음 글의 내용과 일치하지 않는 것은?
① 1992년에 우주 왕복선에 탑승했다.
② 1993년에 NASA를 떠났다.
③ Dartmouth 대학의 환경학과 교수였다.
④ 세 살 때 가족과 함께 Chicago로 이주했다.
⑤ Stanford 대학에서 의학 학위를 받았다.

Mae C. Jemison was named / the first black woman astronaut / in 1987.
Mae C. Jemison은 임명되었다. / 최초의 흑인 여성 우주 비행사로 / 1987년에
『On September 12, 1992, / she boarded the space shuttle *Endeavor* / as a science mission specialist / on the historic eight-day flight.』 ①의 근거 일치
1992년 9월 12일, / 그녀는 우주 왕복선 *Endeavor* 호를 타고 나섰다. / 과학 임무 전문가로 / 역사적인 8일 간의 비행에
『Jemison left the National Aeronautic and Space Administration (NASA) in 1993.』 ②의 근거 일치
Jemison은 1993년에 미국 항공 우주국(NASA)을 떠났다.
『She was a professor of Environmental Studies at Dartmouth College / from 1995 to 2002.』 ③의 근거 일치
그녀는 Dartmouth 대학의 환경학과 교수였다. / 1995년부터 2002년까지
Jemison was born in Decatur, Alabama, / 『and moved to Chicago with her family / when she was three years old.』 ④의 근거 일치
Jemison은 앨라배마 주의 Decatur에서 태어났고, / 가족과 함께 Chicago로 이주했다. / 그녀가 세 살 때
She graduated from Stanford University in 1977 / with a degree in chemical engineering and Afro-American studies.
그녀는 1977년에 Stanford 대학을 졸업하였다. / 화학 공학과 아프리카계 미국학 분야의 학위를 받고
『Jemison received her medical degree / from Cornell Medical School in 1981.』 ⑤의 근거 불일치
Jemison은 의학 학위를 받았다. / 1981년 Cornell 의과 대학에서

Mae C. Jemison은 1987년에 최초의 흑인 여성 우주 비행사로 임명되었다. 1992년 9월 12일, 그녀는 과학 임무 전문가로 우주 왕복선 'Endeavor' 호를 타고 역사적인 8일 간의 비행에 나섰다. Jemison은 1993년에 미국 항공 우주국(NASA)을 떠났다. 그녀는 1995년부터 2002년까지 Dartmouth 대학의 환경학과 교수였다. Jemison은 앨라배마 주의 Decatur에서 태어났고, 세 살 때 가족과 함께 Chicago로 이주했다. 그녀는 1977년에 화학 공학과 아프리카계 미국학 분야의 학위를 받고 Stanford 대학을 졸업하였다. Jemison은 1981년 Cornell 의과 대학에서 의학 학위를 받았다.

Why? 왜 정답일까?
마지막 문장 'Jemison received her medical degree from Cornell Medical School in 1981.'에 따르면 Jemison은 의학 학위를 Cornell 의과 대학에서 받았다. 따라서 내용과 일치하지 않는 것은 ⑤ 'Stanford 대학에서 의학 학위를 받았다.'이다.

Why? 왜 오답일까?
① 'On September 12, 1992, she boarded the space shuttle *Endeavor* ~'의 내용과 일치한다.
② 'Jemison left the National Aeronautic and Space Administration (NASA) in 1993 ~'의 내용과 일치한다.
③ 'She was a professor of Environmental Studies at Dartmouth College ~'의 내용과 일치한다.
④ 'Jemison ~ moved to Chicago with her family when she was three years old.'의 내용과 일치한다.

● name ⓥ 임명하다, 지명하다
● board ⓥ 탑승하다
● degree ⓝ 학위
● astronaut ⓝ 우주 비행사
● environmental studies 환경학(과)
● chemical engineering 화학 공학

구문 풀이
1행 Mae C. Jemison was named the first black woman astronaut in 1987.
　　　　　　　　　　「be named+명사: ~로 임명되다, 지명되다」

---

29 수중 사진술의 발달　　정답률 49% | 정답 ②

(A), (B), (C)의 각 네모 안에서 어법에 맞는 표현으로 가장 적절한 것은? [3점]

	(A)	(B)	(C)		(A)	(B)	(C)
①	lowered	where	seen	✓②	lowered	where	been seen
③	lowered	which	seen	④	lowering	where	seen
⑤	lowering	which	been seen				

The first underwater photographs / were taken by an Englishman / named William Thompson.
최초의 수중 사진은 / 영국인에 의해 촬영되었다. / William Thompson이라는
In 1856, he waterproofed a simple box camera, / attached it to a pole, / and (A) lowered it beneath the waves / off the coast of southern England.
1856년에 그는 간단한 상자형 카메라를 방수 처리하고 / 그것을 막대에 부착하여 / 그것을 바닷속으로 내려 보냈다. / 남부 England 연안의
During the 10-minute exposure, / the camera slowly flooded with seawater, / but the picture survived.
10분간의 노출 동안 / 카메라에 서서히 바닷물이 차올랐지만, / 사진은 온전했다.
Underwater photography was born.
수중 사진술이 탄생한 것이다.
Near the surface, / (B) where the water is clear and there is enough light, / it is quite possible / for an amateur photographer / to take great shots with an inexpensive underwater camera.
수면 근처에서는 / 물이 맑고 충분한 빛이 있는 / 가능성이 상당히 높다. / 아마추어 사진작가가 / 저렴한 수중 카메라로 멋진 사진을 찍을
At greater depths — it is dark and cold there — / photography is the principal way / of exploring a mysterious deep-sea world, / 95 percent of which has never (C) been seen before.
더 깊은 곳에서는 / 그곳은 어둡고 차갑다 / 사진술이 주요한 방법인데, / 신비로운 심해의 세계를 탐험하는 / 그곳의 95%는 예전에는 전혀 볼 수 없었다.

최초의 수중 사진은 William Thompson이라는 영국인에 의해 촬영되었다. 1856년에 그는 간단한 상자형 카메라를 방수 처리하고 막대에 부착하여 남부 England 연안의 바닷속으로 내려 보냈다. 10분간의 노출 동안 카메라에 서서히 바닷물이 차올랐지만, 사진은 온전했다. 수중 사진술이 탄생한 것이다. 물이 맑고 충분한 빛이 있는 수면 근처에서는 아마추어 사진작가가 저렴한 수중 카메라로 멋진 사진을 찍을 가능성이 상당히 높다. 더 깊은 곳에서는 — 그곳은 어둡고 차갑다 — 사진술이 신비로운 심해의 세계를 탐험하는 주요한 방법인데, 그곳의 95%는 예전에는 전혀 볼 수 없었다.

Why? 왜 정답일까?
(A) 'waterproofed ~, attached ~, and lowered ~'의 병렬 구조이다. 따라서 과거 동사 lowered가 어법상 맞다.
(B) 'the water is clear and there is enough light'가 완전한 절이므로 앞에 나올 관계사로는 where가 적절하다. which 뒤에는 불완전한 절이 나온다.
(C) '~, 95 percent of which ~'는 선행사 'a mysterious deep-sea world'를 부연하는 계속적 용법의 관계절이다. 여기서 선행사는 '관찰되는' 대상이므로 been seen을 써서 현재완료 수동태를 완성하는 것이 적절하다. 따라서 각 네모 안에서 어법에 맞는 표현으로 가장 적절한 것은 ②이다.

● waterproof ⓥ 방수 처리하다
● lower ⓥ 내리다, 낮추다 ⓐ 더 낮은
● quite ad 꽤, 상당히
● principal ⓐ 주요한
● attach ⓥ 붙이다, 달다
● flooded ⓐ 물에 잠긴
● inexpensive ⓐ 저렴한, 비싸지 않은

구문 풀이
6행 Near the surface, [where the water is clear and there is enough light], / it
　　　　　　　　　　　　　　관계부사　　　　　　　　　　　　　　　　　　가주어
is quite possible for an amateur photographer to take great shots with an
　　　　　　　　　　　의미상 주어　　　　　　　　　　　진주어
inexpensive underwater camera.

---

30 정직의 중요성　　정답률 42% | 정답 ⑤

다음 글의 밑줄 친 부분 중, 문맥상 낱말의 쓰임이 적절하지 않은 것은?

Honesty is a fundamental part of every strong relationship.
정직은 모든 굳건한 관계의 근본적인 부분이다.
Use it to your advantage / by being open with what you feel / and giving a ① truthful opinion when asked.
그것을 여러분에게 유리하게 사용하라. / 자신이 느끼는 바에 대해 솔직하게 말하고, / 질문을 받았을 때 정직한 의견을 줌으로써
This approach can help you escape uncomfortable social situations / and make friends with honest people.
이 접근법은 여러분이 불편한 사회적 상황에서 벗어나도록 도와줄 수 있다. / 그리고 정직한 사람들과 친구가 될 수 있도록
Follow this simple policy in life / — never lie.
삶에서 다음과 같은 분명한 방침을 따르라 / 절대로 거짓말을 하지 말라.
When you ② develop a reputation / for always telling the truth, / you will enjoy strong relationships based on trust.
여러분이 평판을 쌓으면 / 항상 진실만을 말한다는 / 여러분은 신뢰를 바탕으로 굳건한 관계를 누릴 것이다.
It will also be more difficult to manipulate you.
(누군가가) 여러분을 조종하는 것도 더 어려워질 것이다.
People who lie get into trouble / when someone threatens to ③ uncover their lie.
거짓말을 하는 사람은 곤경에 처하게 된다. / 누군가가 거짓말을 폭로하겠다고 위협하면
By living true to yourself, / you'll ④ avoid a lot of headaches.
자신에게 진실하게 삶으로써, / 여러분은 많은 골칫거리를 피할 것이다.
Your relationships / will also be free from the poison of lies and secrets.
또한 여러분의 관계에서는 / 거짓과 비밀이라는 해악이 없을 것이다.
Don't be afraid to be honest with your friends, / no matter how painful the truth is.
친구들에게 정직하게 대하는 것을 두려워하지 말라. / 진실이 아무리 고통스러울지라도
In the long term, / lies with good intentions / ⑤ hurt people much more than telling the truth.
장기적으로 보면, / 선의의 거짓말은 / 진실을 말하는 것보다 사람들에게 훨씬 더 많이 상처를 준다.

27회

정직은 모든 굳건한 관계의 근본적인 부분이다. 자신이 느끼는 바에 대해 솔직하게 말하고, 질문을 받았을 때 ① 정직한 의견을 줌으로써 그것을 여러분에게 유리하게 사용하라. 이 접근법은 여러분이 불편한 사회적 상황에서 벗어나고 정직한 사람들과 친구가 될 수 있도록 도와줄 수 있다. 삶에서 다음과 같은 분명한 방침을 따르라 — 절대로 거짓말을 하지 말라. 항상 진실만을 말한다는 평판이 ② 쌓이면, 여러분은 신뢰를 바탕으로 굳건한 관계를 누릴 것이다. (누군가가) 여러분을 조종하는 것도 더 어려워질 것이다. 거짓말을 하는 사람은 누군가가 거짓말을 ③ 폭로하겠다고 위협하면 곤경에 처하게 된다. 자신에게 진실하게 삶으로써, 여러분은 많은 골칫거리를 ④ 피할 것이다. 또한 여러분의 관계에는 거짓과 비밀이라는 해악이 없을 것이다. 진실이 아무리 고통스러울지라도 친구들에게 정직하게 대하는 것을 두려워하지 말라. 장기적으로 보면, 선의의 거짓말은 진실을 말하는 것보다 사람들에게 훨씬 더 많이 ⑤ 위안을 준다(→ 상처를 준다).

이 글의 주제는 정직함의 중요성(Honesty is a fundamental part of every strong relationship.)이고 ⑤가 포함된 바로 앞 문장에서 진실이 아무리 고통스러워도 정직하게 대하는 것을 두려워하지 말라는 내용으로 볼 때, 거짓말은 결국에는 더 큰 상처가 된다는 뜻을 나타낼 수 있도록 comfort를 hurt로 고치는 것이 적절하다.

- fundamental ⓐ 근본적인
- truthful ⓐ 정직한
- uncomfortable ⓐ 불편한
- reputation ⓝ 평판
- get into trouble 곤경에 처하다
- uncover ⓥ 폭로하다
- no matter how 아무리 ~할지라도
- good intentions 선의
- to one's advantage ~에게 유리하게
- approach ⓝ 접근법
- policy ⓝ 방침, 정책
- manipulate ⓥ 조종하다
- threaten to ~하겠다고 위협하다
- avoid ⓥ 피하다
- in the long term 장기적으로 보면

구문 풀이

3행 This approach can help you escape uncomfortable social situations and
준사역동사 / 원형부정사1
make friends with honest people.
원형부정사2

---

31 지속적인 노력의 중요성 정답률 30% | 정답 ③

다음 빈칸에 들어갈 말로 가장 적절한 것을 고르시오. [3점]

① cooperative – 협동하는
② productive – 생산적인
✓③ fruitless – 결실 없는
④ dangerous – 위험한
⑤ irregular – 불규칙한

Since a great deal of day-to-day academic work / is boring and repetitive, / you need to be well motivated / to keep doing it.
날마다 해야 하는 많은 학업이 / 지루하고 반복적이기 때문에, / 동기부여가 잘 되어야 한다. / 그것을 계속하기 위해서는
A mathematician sharpens her pencils, / works on a proof, / tries a few approaches, / gets nowhere, / and finishes for the day.
어느 수학자는 연필을 깎고, / 어떤 증명을 해내려고 애쓰며, / 몇 가지 접근법을 시도하고, / 아무런 성과를 내지 못하고, / 하루를 끝낸다.
A writer sits down at his desk, / produces a few hundred words, / decides they are no good, / throws them in the bin, / and hopes for better inspiration tomorrow.
어느 작가는 책상에 앉아 / 몇 백 단어의 글을 창작하고, / 그것이 별로라고 판단하며, / 쓰레기통에 그것을 던져 버리고, / 내일 더 나은 영감을 기대한다.
To produce something worthwhile / — if it ever happens — / may require years of such fruitless labor.
가치 있는 것을 만들어 내는 것은, / 행여나 그런 일이 일어난다면, / 여러 해 동안의 그런 결실 없는 노동을 필요로 할지도 모른다.
The Nobel Prize-winning biologist Peter Medawar said / that about four-fifths of his time in science was wasted, / adding sadly that "nearly all scientific research leads nowhere."
노벨상을 수상한 생물학자 Peter Medawar는 말하면서, / 그가 과학에 들인 시간 중 5분의 4 정도가 헛되었고 / "거의 모든 과학적 연구가 성과를 내지 못한다."라고 애석해하며 덧붙였다.
What kept all of these people going / when things were going badly / was their passion for their subject.
이 모든 사람들을 계속하게 했던 것은 / 상황이 악화되고 있을 때 / 자신들의 주제에 대한 열정이었다.
Without such passion, / they would have achieved nothing.
그러한 열정이 없었더라면, / 그들은 아무것도 이루지 못했을 것이다.

날마다 해야 하는 많은 학업이 지루하고 반복적이기 때문에, 그것을 계속하기 위해서는 동기부여가 잘 되어야 한다. 어느 수학자는 연필을 깎고, 어떤 증명을 해내려고 애쓰며, 몇 가지 접근법을 시도하고, 아무런 성과를 내지 못하고, 하루를 끝낸다. 어느 작가는 책상에 앉아 몇 백 단어의 글을 창작하고, 그것이 별로라고 판단하며, 쓰레기통에 그것을 던져 버리고, 내일 더 나은 영감을 기대한다. 가치 있는 것을 만들어 내는 것은, 행여나 그런 일이 일어난다면, 여러 해 동안의 그런 결실 없는 노동을 필요로 할지도 모른다. 노벨상을 수상한 생물학자 Peter Medawar는 그가 과학에 들인 시간 중 5분의 4 정도가 헛되었다고 말하면서, "거의 모든 과학적 연구가 성과를 내지 못한다."라고 애석해하며 덧붙였다. 상황이 악화되고 있을 때 이 모든 사람들을 계속하게 했던 것은 자신들의 주제에 대한 열정이었다. 그러한 열정이 없었더라면, 그들은 아무것도 이루지 못했을 것이다.

'Since a great deal of day-to-day academic work is boring and repetitive, you need to be well motivated to keep doing it.'에서 매일의 과업이 지루하고 반복적일지라도 동기를 갖고 지속하는 것이 중요하다고 말한 데 이어, 마지막 세 문장에서는 실제로 많은 연구가 성과가 없음에도 불구하고("nearly all scientific research leads nowhere.") 주제에 대한 열정을 갖고 연구를 지속하여 성과를 거둔 과학자들에 관해 이야기한다. 따라서 빈칸에 들어갈 말로 가장 적절한 것은 ③ '결실 없는'이다.

- repetitive ⓐ 반복적인
- sharpen ⓥ 날카롭게 하다, 뾰족하게 하다
- approach ⓝ 접근법
- bin ⓝ 쓰레기통
- mathematician ⓝ 수학자
- work on ~을 연구하다, 작업하다
- get nowhere 아무런 성과를 내지 못하다
- inspiration ⓝ 영감

- worthwhile ⓐ 가치 있는
- biologist ⓝ 생물학자
- require ⓥ 필요하다
- passion ⓝ 열정

구문 풀이

7행 To produce something worthwhile / — if it ever happens — / may require
to부정사구 주어 / if ever : 설령 ~한다 할지라도 / 동사
years of such fruitless labor.

---

32 매장 뒷벽을 활용한 판매 증대 전략 정답률 43% | 정답 ③

다음 빈칸에 들어갈 말로 가장 적절한 것을 고르시오. [3점]

① the store looks larger than it is
그 매장이 실제보다 더 커 보인다
② more products can be stored there
더 많은 제품이 그곳에 보관될 수 있다
✓③ people have to walk through the whole store
사람들이 매장 전체를 걸어야 한다
④ the store provides customers with cultural events
상점이 고객에게 문화 행사를 제공한다
⑤ people don't need to spend too much time in the store
사람들이 상점에서 너무 많은 시간을 보낼 필요가 없다

Within a store, / the wall marks the back of the store, / but not the end of the marketing.
상점 안에서, / 벽은 매장의 뒤쪽을 나타내지만, / 마케팅의 끝을 나타내지는 않는다.
Merchandisers often use the back wall as a magnet, / because it means / that people have to walk through the whole store.
상품 판매업자는 종종 뒷벽을 자석처럼 사용하는데, / 이것은 의미하기 때문이다. / 사람들이 매장 전체를 걸어야 한다는 것을
This is a good thing / because distance traveled relates more directly / to sales per entering customer / than any other measurable consumer variable.
이것은 좋은 일인데, / 이동 거리가 더 직접적으로 관련되어 있기 때문이다. / 방문 고객당 판매량과 / 측정 가능한 다른 어떤 소비자 변수보다
Sometimes, the wall's attraction is simply appealing to the senses, / a wall decoration that catches the eye / or a sound that catches the ear.
때로는 벽이 사람의 관심을 끄는 것은 정말로 감각에 호소하는 것이다. / 시선을 끄는 벽의 장식물이나 / 귀를 기울이게 하는 소리가 (그것에 해당한다.)
Sometimes the attraction is specific goods.
때로는 사람의 관심을 끄는 것이 특정 상품이기도 하다.
In supermarkets, the dairy is often at the back, / because people frequently come just for milk.
슈퍼마켓에서 유제품은 흔히 뒤편에 위치하는데, / 사람들이 자주 우유만 사러 오기 때문이다.
At video rental shops, it's the new releases.
비디오 대여점에서는 그것이 새로 출시된 비디오이다.

상점 안에서, 벽은 매장의 뒤쪽을 나타내지만, 마케팅의 끝을 나타내지는 않는다. 상품 판매업자는 종종 뒷벽을 자석처럼 사용하는데, 이것은 사람들이 매장 전체를 걸어야 한다는 것을 의미하기 때문이다. 이것은 좋은 일인데, 측정 가능한 다른 어떤 소비자 변수보다 이동 거리가 방문 고객당 판매량과 더 직접적으로 관련되어 있기 때문이다. 때로는 벽이 사람의 관심을 끄는 것은 정말로 감각에 호소하는 것인데, 시선을 끄는 벽의 장식물이나 귀를 기울이게 하는 소리가 그것에 해당한다. 때로는 사람의 관심을 끄는 것이 특정 상품이기도 하다. 슈퍼마켓에서 유제품은 흔히 뒤편에 위치하는데, 사람들이 자주 우유만 사러 오기 때문이다. 비디오 대여점에서는 그것이 새로 출시된 비디오이다.

빈칸 뒤의 '~ distance traveled relates more directly to sales ~'에서 이동 거리가 매출과 관련이 높은 요인임이 언급되므로, 빈칸 앞에서 '뒷벽이 자석처럼 쓰인다'고 말한 것은 사람들을 상점 뒤편까지 오게 하여 고객의 이동거리를 늘리고 이를 통해 판매를 증대하려는 전략을 설명한 것으로 볼 수 있다. 따라서 빈칸에 들어갈 말로 가장 적절한 것은 ③ '사람들이 매장 전체를 걸어야 한다'이다.

- mark ⓥ 나타내다, 표시하다
- distance ⓝ 거리
- customer ⓝ 고객
- attraction ⓝ 사람의 관심을 끄는 것
- specific ⓐ 특정한
- frequently ⓐⓓ 자주, 흔히
- cultural event 문화 행사
- magnet ⓝ 자석[사람을 끄는 것]
- relate to ~에 관련되다
- measurable ⓐ 측정 가능한
- appealing to ~에 호소하는
- dairy ⓝ 유제품
- release ⓝ 출시, 발매(물)

구문 풀이

4행 This is a good thing / because distance traveled relates more directly to
이유 접속사(~ 때문에) / ~에 관련되다
sales per entering customer than any other measurable consumer variable.
than any other + 단수명사(다른 어떤 ~보다)

---

33 선택과 결과의 연관성 정답률 45% | 정답 ④

다음 빈칸에 들어갈 말로 가장 적절한 것을 고르시오. [3점]

① From saying to doing is a long step
말에서 행동까지의 거리는 멀다
② A good beginning makes a good ending
시작이 좋으면 끝도 좋다
③ One man's trash is another man's treasure
어떤 사람의 쓰레기는 다른 사람의 보물이다
✓④ If you pick up one end of the stick, you pick up the other
막대기의 한쪽 끝을 집으면 다른 쪽 끝도 집어 드는 것이다
⑤ The best means of destroying an enemy is to make him your friend
적을 멸망시키는 최선의 방법은 그를 친구로 만드는 것이다

The good news is, / where you end up ten years from now / is up to you.
좋은 소식은: / 결국 10년 후에 여러분이 있게 될 곳이 / 여러분에게 달려 있다는 것이다.
You are free to choose / what you want to make of your life.
여러분은 자유롭게 선택할 수 있다. / 여러분의 삶을 어떻게 만들어 가고 싶은지
It's called *free will* / and it's your basic right.
그것은 *자유 의지*라고 불리며, / 여러분의 기본적인 권리이다.
What's more, you can turn it on instantly!
게다가 여러분은 그것을 즉시 실행할 수도 있다!
At any moment, / you can choose to start showing more respect for yourself / or stop hanging out with friends / who bring you down.

---

208 예비 고1·3월 전국연합 [리얼 오리지널]
[문제편 p.225]

언제든지 / 여러분은 자신을 더 존중하기 시작하기로 선택할 수 있다. / 혹은 친구들과 어울리는 것을 멈추기로 / 여러분을 힘들게 하는

After all, you choose to be happy or miserable.
결국 여러분은 행복해지기로 선택하거나, 비참해지기로 선택한다.

The reality is / that although you are free to choose, / you can't choose the consequences of your choices.
현실은, / 여러분이 선택할 자유가 있지만, / 여러분이 한 선택의 결과를 선택할 수는 없다는 것이다.

It's a package deal.
그것은 세트로 판매되는 상품이다.

As the old saying goes, / "If you pick up one end of the stick, / you pick up the other."
속담에서 말하듯이, / "여러분이 막대기의 한쪽 끝을 집으면 / 다른 쪽 끝도 집어 드는 것이다."

Choice and consequence go together / like mashed potatoes and gravy.
선택과 결과는 함께한다. / 으깬 감자와 소스처럼

좋은 소식은, 결국 10년 후에 여러분이 있게 될 곳이 여러분에게 달려 있다는 것이다. 여러분은 여러분의 삶을 어떻게 만들어 가고 싶은지 자유롭게 선택할 수 있다. 그것은 *자유 의지*라고 불리며, 여러분의 기본적인 권리이다. 게다가 여러분은 그것을 즉시 실행할 수도 있다! 언제든지 여러분은 자신을 더 존중하기 시작하거나 혹은 여러분을 힘들게 하는 친구들과 어울리는 것을 멈추기로 선택할 수 있다. 결국 여러분은 행복해지기로 선택하거나, 비참해지기로 선택한다. 현실은, 여러분이 선택할 자유가 있지만, 여러분이 한 선택의 결과를 선택할 수는 없다는 것이다. 그것은 세트로 판매되는 상품이다. 속담에서 말하듯이, "막대기의 한쪽 끝을 집으면 다른 쪽 끝도 집어 드는 것이다." 으깬 감자와 소스처럼 선택과 결과는 함께한다.

Why? 왜 정답일까?

'The reality is that ~. you can't choose the consequences of your choices. It's a package deal.'와 'Choice and consequence go together ~'에서 선택과 결과는 서로 분리된 것이 아니라 선택에 결과가 뒤따르는 형태로 함께 연관되어 있음을 이야기하므로, 빈칸에 들어갈 말로 가장 적절한 것은 ④ '막대기의 한쪽 끝을 집으면 다른 쪽 끝도 집어 드는 것이다'이다.

- **end up** (결국) ~하게 되다
- **free will** 자유 의지
- **instantly** [ad] 즉시
- **bring down** ~을 힘들게 하다
- **consequence** [n] 결과
- **saying** [n] 속담, 격언
- **mashed potato** 으깬 감자(삶은 감자에 우유와 버터를 넣고 으깬 음식)
- **treasure** [n] 보물
- **up to** ~에 달린
- **turn on** ~을 실행[작동]시키다
- **hang out with** ~와 어울리다
- **miserable** [a] 비참한
- **package deal** 세트 상품

구문 풀이

7행 The reality is {that (although [양보 접속사(비록 ~일지라도)] you are free to choose), you can't choose
접속사(~것) / 자유롭게 하다 / 주어 / 동사
the consequences of your choices}. [ ]: 보어 역할의 명사절

---

34 수업에 관여하는 수많은 주체 | 정답률 53% | 정답 ②

다음 빈칸에 들어갈 말로 가장 적절한 것을 고르시오. [3점]

① more interesting than playing games – 게임을 하는 것보다 흥미로운
② the product of the efforts of hundreds of people – 수백 명의 사람들의 노력의 산물 ✓
③ the place where students can improve writing skills – 학생들이 쓰기 능력을 향상시킬 수 있는 곳
④ most effective when combined with online learning – 온라인 학습과 결합될 때 가장 효과적인
⑤ the race where everyone is a winner – 모든 사람이 승자인 경주

Just think for a moment of all the people / upon whom your participation in your class depends.
모든 사람들을 잠시만 생각해 보라. / 여러분의 수업 참여를 좌우하는

Clearly, / the class requires a teacher to teach it / and students to take it.
분명히, / 그 수업은 가르칠 교사를 필요로 한다. / 그리고 들을 학생을

However, it also depends / on many other people and organizations.
하지만 그것은 또한 좌우된다 / 많은 다른 사람과 기관에

Someone had to decide / when the class would be held and in what room, / communicate that information to you, / and enroll you in that class.
누군가가 결정하고, / 언제 그리고 어떤 방에서 그 수업이 열릴지 / 그 정보를 여러분에게 전달하고, / 그 수업에 여러분을 등록해 주어야 했다.

Someone also had to write a textbook, / and with the assistance of many other people / — printers, editors, salespeople, and bookstore employees — / it has arrived in your hands.
또한 누군가가 교과서를 집필해야 했고, / 많은 다른 사람들의 도움으로 / 즉 인쇄업자, 편집자, 판매원, 서점 직원들 / 그것이 여러분의 손에 들어왔다.

Thus, a class / that seems to involve just you, your fellow students, and your teacher / is in fact the product / of the efforts of hundreds of people.
따라서 수업은 / 여러분과 학우들, 선생님만 포함하는 것처럼 보이는 / 사실 산물이다. / 수백 명의 사람들의 노력의

여러분의 수업 참여를 좌우하는 모든 사람들을 잠시만 생각해 보라. 분명히 그 수업은 가르칠 교사와 들을 학생을 필요로 한다. 하지만 그것은 또한 많은 다른 사람과 기관에 좌우된다. 누군가가 언제 그리고 어떤 방에서 그 수업이 열릴지 결정하고, 그 정보를 여러분에게 전달하고, 그 수업에 여러분을 등록해 주어야 했다. 또한 누군가가 교과서를 집필해야 했고, 많은 다른 사람들, 즉 인쇄업자, 편집자, 판매원, 서점 직원들의 도움으로 그것이 여러분의 손에 들어왔다. 따라서 여러분과 학우들, 선생님만 포함하는 것처럼 보이는 수업은 사실 수백 명의 사람들의 노력의 산물이다.

Why? 왜 정답일까?

보통 '수업'을 떠올리면 학생과 교사라는 두 주체만 생각하기 쉽지만 사실은 더 많은 존재들이 수업에 영향을 미친다(However, it also depends on many other people and organizations.)는 내용의 글이므로, 빈칸에 들어갈 말로 가장 적절한 것은 ② '수백 명의 사람들의 노력의 산물'이다.

- **require** [v] 필요로 하다, 요구하다
- **organization** [n] 기관
- **enroll** [v] 등록하다
- **editor** [n] 편집자
- **improve** [v] 향상시키다
- **combine** [v] 결합하다
- **participation** [n] 참여
- **communicate** [v] (정보 등을) 전달하다
- **assistance** [n] 도움
- **fellow** [n] 친구, 동료
- **effective** [a] 효과적인

구문 풀이

9행 Thus, / a class [that seems to involve just you, your fellow students, and
주어 / 주격 관계대명사
your teacher] is in fact the product of the efforts of hundreds of people.
동사 / 주격 보어 / 수백의

---

35 신뢰 수준의 차이 | 정답률 65% | 정답 ③

주어진 글 다음에 이어질 글의 순서로 가장 적절한 것을 고르시오.

① (A) – (C) – (B)
② (B) – (A) – (C)
③ (B) – (C) – (A) ✓
④ (C) – (A) – (B)
⑤ (C) – (B) – (A)

Suppose / that you are busy working on a project one day / and you have no time to buy lunch.
가정해 보자. / 여러분이 어느 날 프로젝트를 하느라 바빠서 / 점심 식사를 살 시간이 없다고

All of a sudden your best friend shows up / with your favorite sandwich.
갑자기 가장 친한 친구가 나타난다. / 여러분이 가장 좋아하는 샌드위치를 들고

(B) He tells you that he knows you are busy / and he wants to help you out / by buying you the sandwich.
그는 여러분이 바쁘다는 것을 알고 있으며, / 돕고 싶다고 말한다. / 여러분에게 샌드위치를 사 주어

In this case, / you are very likely to appreciate your friend's help.
이런 경우에, / 여러분은 친구의 도움에 고마워할 가능성이 높다.

(C) However, / if a stranger shows up with the same sandwich / and offers it to you, / you won't appreciate it.
그러나 / 만약 낯선 사람이 같은 샌드위치를 들고 나타나 / 그것을 여러분에게 준다면, / 여러분은 그것을 고마워하지 않을 것이다.

Instead, you would be confused.
대신에, 여러분은 혼란스러울 것이다.

You would likely think / "Who are you, / and how do you know what kind of sandwich I like to eat?"
여러분은 생각하기가 쉽다. / "당신은 누군데, / 제가 어떤 종류의 샌드위치를 먹고 싶은지 어떻게 아세요?"라고

(A) The key difference between these two cases / is the level of trust.
이 두 경우의 주요한 차이점은 / 신뢰 수준이다.

You trust your best friend so much / that you won't worry about him knowing you too well, / but you certainly would not give the same level of trust / to a stranger.
여러분은 가장 친한 친구를 아주 많이 믿어서 / 그 친구가 여러분을 너무 잘 알고 있는 것에 대해 걱정하지 않겠지만, / 여러분은 분명히 같은 수준의 신뢰를 주지 않을 것이다. / 낯선 사람에게는

여러분이 어느 날 프로젝트를 하느라 바빠서 점심 식사를 살 시간이 없다고 가정해 보자. 갑자기 가장 친한 친구가 여러분이 가장 좋아하는 샌드위치를 들고 나타난다.

(B) 그는 여러분이 바쁘다는 것을 알고 있으며, 샌드위치를 사 주어 돕고 싶다고 말한다. 이런 경우에, 여러분은 친구의 도움에 고마워할 가능성이 높다.

(C) 그러나 만약 낯선 사람이 같은 샌드위치를 들고 나타나 그것을 여러분에게 준다면, 여러분은 그것을 고마워하지 않을 것이다. 대신에, 혼란스러울 것이다. 여러분은 "당신은 누군데, 제가 어떤 종류의 샌드위치를 먹고 싶은지 어떻게 아세요?"라고 생각하기가 쉽다.

(A) 이 두 경우의 주요한 차이점은 신뢰 수준이다. 여러분은 가장 친한 친구를 아주 많이 믿어서 그 친구가 여러분을 너무 잘 알고 있다는 것에 대해 걱정하지 않겠지만, 낯선 사람에게는 분명히 같은 수준의 신뢰를 주지 않을 것이다.

Why? 왜 정답일까?

바쁘게 일하고 있는 도중 가장 친한 친구가 샌드위치를 들고 나타나는 경우를 언급한 주어진 글에 이어, (B)에서는 그 친구(He)가 베푼 친절에 고마운 감정을 느낄 가능성이 크다는 점을 이야기한다. (C)에서는 However로 흐름을 반전하며 낯선 사람이 샌드위치를 갖다 주는 경우를 언급하는데, (A)는 두 경우의 차이점(The key difference between these two cases)으로서 상대방에 대한 신뢰 수준을 언급한다. 따라서 글의 순서로 가장 적절한 것은 ③ '(B) – (C) – (A)'이다.

- **all of a sudden** 갑자기
- **certainly** [ad] 틀림없이
- **confused** 혼란스러운
- **show up** 나타나다
- **appreciate** [v] 고마워하다

구문 풀이

5행 You trust your best friend so much that you won't worry about him
so + 형/부 + that : 너무 ~해서 …하다 / 전치사 / 의미상 주어
knowing you too well, / but you certainly would not give the same level of trust to
동명사(about의 목적어)
a stranger.

---

36 문제 해결을 위한 설계 계획의 중요성 | 정답률 49% | 정답 ②

주어진 글 다음에 이어질 글의 순서로 가장 적절한 것을 고르시오. [3점]

① (A) – (C) – (B)
② (B) – (A) – (C) ✓
③ (B) – (C) – (A)
④ (C) – (A) – (B)
⑤ (C) – (B) – (A)

If you start collecting and analyzing data / without first clarifying the question / you are trying to answer, / you're probably doing yourself more harm than good.
만약 여러분이 데이터를 수집하고 분석하기 시작한다면, / 질문을 먼저 분명히 하지 않은 채 / 여러분이 답하고자 하는 / 아마도 자신에게 득보다 실이 많은 일을 하고 있는 것이다.

(B) You'll end up drowning in a flood of information / and realize only later / that most of that research was a waste of time.
여러분은 결국 정보의 홍수에 빠지게 될 것이며, / 나중에야 비로소 깨닫게 될 것이다. / 그 조사의 대부분이 시간 낭비였다는 것을

To avoid this problem, / you should develop a problem-solving design plan / before you start collecting information.
이러한 문제를 피하기 위해서, / 여러분은 문제 해결 설계 계획을 세워야 한다. / 정보를 수집하기 전에

(A) In the design plan, / you clarify the issues you are trying to solve, / state your hypotheses, / and list what is required to prove those hypotheses.
그 설계 계획에서, / 여러분은 여러분이 해결하려는 문제를 분명히 하고, / 여러분의 가설을 진술하고, / 그 가설들을 증명하는 데 필요한 것을 열거한다.

Developing this plan / before you start researching / will greatly increase your problem-solving productivity.
이러한 계획을 세우는 것이 / 조사를 시작하기 전에 / 여러분의 문제 해결의 생산성을 크게 증가시킬 것이다.
(C) In addition, putting your plan down on paper / will not only clarify your thoughts.
게다가, 여러분의 계획을 종이에 적는 것은 / 여러분의 생각을 분명하게 해 주는 것만은 아니다.
If you're working in a group, / this plan will also help your team focus on what to do / and provide the starting point for your group brainstorming.
만약 여러분이 그룹으로 일하는 경우, / 이 계획은 또한 여러분의 팀이 해야 할 일에 집중하도록 도와주고, / 그룹의 브레인스토밍을 위한 시작점을 제공할 것이다.

만약 여러분이 답하고자 하는 질문을 먼저 분명히 하지 않은 채 데이터를 수집하고 분석하기 시작한다면, 아마도 자신에게 득보다 실이 많은 일을 하고 있는 것이다.

(B) 여러분은 결국 정보의 홍수에 빠지게 될 것이고, 나중에야 비로소 그 조사의 대부분이 시간 낭비였다는 것을 깨닫게 될 것이다. 이러한 문제를 피하기 위해서, 여러분은 정보를 수집하기 전에 문제 해결 설계 계획을 세워야 한다.

(A) 그 설계 계획에서, 여러분은 해결하려는 문제를 분명히 하고, 여러분의 가설을 진술하고, 그 가설들을 증명하는 데 필요한 것을 열거한다. 조사를 시작하기 전에 이러한 계획을 세우는 것이 여러분의 문제 해결의 생산성을 크게 증가시킬 것이다.

(C) 게다가, 여러분의 계획을 종이에 적는 것은 여러분의 생각을 분명하게 해 주는 것만은 아니다. 만약 여러분이 그룹으로 일하는 경우, 이 계획은 또한 여러분의 팀이 해야 할 일에 집중하도록 도와주고, 그룹의 브레인스토밍을 위한 시작점을 제공할 것이다.

Why? 왜 정답일까?

주어진 글에서 해결하려는 문제를 사전에 명확히 하지 않은 채 일에 뛰어들면 득보다 실이 많아질 수 있다고 말한 데 이어, (B)에서는 구체적으로 어떤 '실'이 생기는지 예를 들고 있다. 한편 (B)의 마지막 부분에서 '계획을 세워야 한다'는 내용이 언급되고, (A)에서는 이 계획(In the design plan)에 어떤 내용이 포함되어야 하는지 설명한다. (C)에서는 계획의 장점이 추가로 언급되고 있다. 따라서 글의 순서로 가장 적절한 것은 ② '(B) – (A) – (C)'이다.

- analyze ⓥ 분석하다
- do more harm than good 득(得)보다 실(失)이 많다
- state ⓥ 진술하다, 쓰다
- productivity ⓝ 생산성
- flood ⓝ 홍수
- clarify ⓥ 분명하게 하다
- develop ⓥ 개발하다
- drown ⓥ (물에) 빠지다
- put ~ down ~을 적다

구문 풀이

4행 In the design plan, you clarify the issues [you are trying to solve], state your hypotheses, and list {what is required to prove those hypotheses}.
동사1 / 동사2 / 동사3 / ~하기 위해 필요하다 / [ ]: 목적어

---

37 이상 사회를 설명해주는 캠핑 여행의 비유 정답률 31% | 정답 ④

글의 흐름으로 보아, 주어진 문장이 들어가기에 가장 적절한 곳을 고르시오.

The philosopher G. A. Cohen / provides an example of a camping trip / as a metaphor for the ideal society.
철학자 G. A. Cohen은 / 캠핑 여행을 예로 제시한다. / 이상적인 사회에 대한 비유로
① On a camping trip, / he argues, / it is unimaginable / that someone would say something like, / "I cooked the dinner / and therefore you can't eat it / unless you pay me for my superior cooking skills."
캠핑 여행에서, / 그는 주장한다. / 상상할 수 없다고 / 어떤 사람이 말하는 것은 / "내가 저녁 식사를 준비했으니 / 저녁을 먹을 수 없어. / 나의 뛰어난 요리 솜씨에 대해 네가 나에게 돈을 지불하지 않으면"이라고
② Rather, one person cooks dinner, / another sets up the tent, / another purifies the water, and so on, / each in accordance with his or her abilities.
오히려, 한 사람은 저녁 식사를 준비하고, / 다른 사람은 텐트를 치고, / 또 다른 사람은 물을 정화하는 등, / 각자는 자신의 능력에 맞추어 일한다.
③ All these goods are shared / and a spirit of community makes all participants happier.
이 모든 재화들은 공유되며, / 공동체 의식은 모든 참여자들을 더 행복하게 만든다.
✔ A camping trip / where each person attempted to gain the maximum rewards / from the other campers / in exchange for the use of his or her talents / would quickly end in disaster and unhappiness.
캠핑 여행은 / 각자 최대의 보상을 얻으려고 하는 / 다른 야영객으로부터 / 자신의 재능을 사용하는 대가로 / 곧 재앙과 불행으로 끝날 것이다.
Moreover, the experience would be ruined / if people were to behave in such a way.
게다가 캠핑 경험은 망쳐질 것이다. / 사람들이 그런 식으로 행동한다면
⑤ So, we would have a better life / in a more equal and cooperative society.
그래서 우리는 더 나은 삶을 살게 될 것이다. / 더 평등하고 협력하는 사회에서

철학자 G. A. Cohen은 이상적인 사회에 대한 비유로 캠핑 여행을 예로 제시한다. ① 그는 캠핑 여행에서, 어떤 사람이 "내가 저녁 식사를 준비했으니 나의 뛰어난 요리 솜씨에 대해 네가 나에게 돈을 지불하지 않으면 저녁을 먹을 수 없어."라고 말하는 것은 상상할 수 없다고 주장한다. ② 오히려, 한 사람은 저녁 식사를 준비하고, 다른 사람은 텐트를 치고, 또 다른 사람은 물을 정화하는 등, 각자는 자신의 능력에 맞추어 일한다. ③ 이 모든 재화들은 공유되며, 공동체 의식은 모든 참여자들을 더 행복하게 만든다. ④ 각자 자신의 재능을 사용하는 대가로 다른 야영객으로부터 최대의 보상을 얻으려고 하는 캠핑 여행은 곧 재앙과 불행으로 끝날 것이다. 게다가 사람들이 그런 식으로 행동한다면 캠핑 경험은 망쳐질 것이다. ⑤ 그래서 더 평등하고 협력하는 사회에서 우리는 더 나은 삶을 살게 될 것이다.

Why? 왜 정답일까?

모두가 각기 능력에 맞는 역할을 맡아 조화롭게 일하고 자원을 공유하는 캠핑 여행의 예를 들어 협력적인 이상 사회의 모습을 설명한 글이다. ④ 앞의 문장에서 모든 사람들의 공동 재화 및 공동체 의식은 행복한 캠핑을 만든다고 언급한 데 이어, 주어진 문장에서는 만일 여기에 '대가'를 바라는 마음이 끼어든다면 캠핑이 재앙과 불행으로 끝나게 되리라는 점을 지적하고 있다. ④ 뒤에서는 주어진 문장에 이어 '그러한' 경우 캠핑이 망쳐질 수 있다고 이야기한다. 따라서 주어진 문장이 들어가기에 가장 적절한 곳은 ④이다.

- attempt ⓥ 시도하다, 애써 해보다
- philosopher ⓝ 철학자
- unimaginable ⓐ 상상할 수 없는
- in exchange for ~의 대가로
- ideal ⓐ 이상적인
- superior ⓐ 뛰어난

- rather ad 오히려
- in accordance with ~에 맞추어, ~에 따라
- participant ⓝ 참여자, 참가자
- ruin ⓥ 망치다
- purify ⓥ 정화하다
- a spirit of community 공동체 의식
- experience ⓝ 경험
- behave ⓥ 행동하다

구문 풀이

1행 A camping trip [where each person attempted to gain the maximum rewards from the other campers in exchange for the use of his or her talents] would quickly end in disaster and unhappiness.
주어 / 관계부사 / ~하려고 시도하다 / ~의 대가로 / 동사구(~로 끝나다)

---

38 오늘날 이야기의 특징인 열린 결말 정답률 30% | 정답 ①

글의 흐름으로 보아, 주어진 문장이 들어가기에 가장 적절한 곳을 고르시오.

In the classical fairy tale / the conflict is often permanently resolved.
고전 동화에서 / 갈등은 흔히 영구적으로 해결된다.
Without exception, / the hero and heroine live happily ever after.
예외 없이 / 남자 주인공과 여자 주인공은 영원히 행복하게 산다.
✔ By contrast, / many present-day stories have a less definitive ending.
이와 대조적으로, / 많은 오늘날의 이야기들은 덜 확정적인 결말을 가진다.
Often the conflict in those stories / is only partly resolved, / or a new conflict appears / making the audience think further.
흔히 이러한 이야기 속의 갈등은 / 부분적으로만 해결되거나, / 새로운 갈등이 등장하여 / 관객들을 더 생각하도록 이끈다.
② This is particularly true of thriller and horror genres, / where audiences are kept on the edge of their seats throughout.
이것은 스릴러와 공포물 장르에서 특히 그런데, / 이런 장르에서 관객들은 내내 (이야기에) 매료된다.
③ Consider Henrik Ibsen's play, A Doll's House, / where, in the end, Nora leaves her family and marriage.
Henrik Ibsen의 희곡 A Doll's House를 생각해 보라, / 그 작품에서는 결국 Nora가 가정과 결혼 생활을 떠난다.
④ Nora disappears out of the front door / and we are left with many unanswered questions / such as "Where did Nora go?" / and "What will happen to her?"
Nora가 현관 밖으로 사라지고, / 답을 얻지 못한 많은 질문들이 우리에게 남는다. / "Nora는 어디로 갔을까?", / "그녀에게 무슨 일이 일어날까?"와 같이
⑤ An open ending is a powerful tool, / providing food for thought / that forces the audience to think / about what might happen next.
열린 결말은 강력한 도구인데, / 사고의 양식을 제공한다. / 관객에게 생각하게 만드는 / 다음에 무슨 일이 일어날지

흔히 고전 동화에서 갈등은 영구적으로 해결된다. 예외 없이 남자 주인공과 여자 주인공은 영원히 행복하게 산다. ① 이와 대조적으로, 많은 오늘날의 이야기들은 덜 확정적인 결말을 가진다. 흔히 이러한 이야기 속의 갈등은 부분적으로만 해결되거나, 새로운 갈등이 등장하여 관객들을 더 생각하도록 이끈다. ② 이것은 스릴러와 공포물 장르에서 특히 그런데, 이런 장르에서 관객들은 내내 (이야기에) 매료된다. ③ Henrik Ibsen의 희곡 A Doll's House를 생각해 보라, 그 작품에서는 결국 Nora가 가정과 결혼 생활을 떠난다. ④ Nora가 현관 밖으로 사라지고, "Nora는 어디로 갔을까?", "그녀에게 무슨 일이 일어날까?"와 같이 답을 얻지 못한 많은 질문들이 우리에게 남는다. ⑤ 열린 결말은 강력한 도구인데, 관객에게 다음에 무슨 일이 일어날지 생각해보게 만드는 사고의 양식을 제공한다.

Why? 왜 정답일까?

① 앞의 문장에서 확정적인 결말 형태가 많은 고전 동화를 언급한 데 이어, 주어진 문장은 비교적 덜 확정적인 결말 형태(a less definitive ending)를 갖는 오늘날의 이야기들을 언급한다. ① 뒤의 문장에서는 결말이 덜 확정적인 경우의 예로서 갈등이 부분적으로만 해결되거나 새로운 갈등이 등장하는 경우 등을 열거한다. 따라서 주어진 문장이 들어가기에 가장 적절한 곳은 ①이다.

- fairy tale 동화, 옛날이야기
- permanently ad 영구적으로
- exception ⓝ 예외, 이례
- audience ⓝ 관객
- be true of ~에 해당하다
- audience ⓝ 청중
- on the edge of one's seat (이야기 등에) 매료되어
- throughout prep 내내
- food for thought 생각할 거리
- conflict ⓝ 갈등
- resolve ⓥ 해결하다
- definitive ⓐ 확정적인
- particularly ad 특히
- genre ⓝ 장르
- disappear ⓥ 사라지다

구문 풀이

11행 Nora disappears out of the front door / and we are left with
자동사(사라지다) / ~와 함께 남겨지다
many unanswered questions / such as "Where did Nora go?" and "What will happen to her?"
과거분사 / ~와 같은(예시)

13행 An open ending is a powerful tool, / providing food for thought [that forces the audience to think about what might happen next].
분사구문 / 선행사 / 「force + 목적어 + to부정사」: ~가 …하도록 강요하다 / 의문사(무엇)

---

39 온라인 평가의 영향력 정답률 48% | 정답 ④

다음 글에서 전체 흐름과 관계 없는 문장은?

In 2006, / 81% of surveyed American shoppers said / that they considered online customer ratings and reviews important / when planning a purchase.
2006년에, / 조사에 응한 미국 쇼핑객의 81%가 말했다. / 온라인 고객 평점과 후기를 중요하게 고려한다고 / 구매를 계획할 때
Though an online comment — positive or negative — / is not as powerful as a direct interpersonal exchange, / it can be very important for a business.
온라인 평가는 긍정적인 것이든 부정적인 것이든, / 사람 간의 직접적인 의견 교환만큼 강력하지는 않지만 / 그것은 사업에 매우 중요할 수 있다.
① Many people depend on online recommendations.
많은 사람이 온라인 추천에 의존한다.

② And young people rely heavily on them / and are very likely to be influenced by the Internet / when deciding what movie to see / or what album to purchase.
그리고 젊은 사람들은 그것에 크게 의존하고, / 인터넷에 영향을 받을 가능성이 크다. / 어떤 영화를 볼지를 결정할 때 / 혹은 어떤 앨범을 살 것인지

③ These individuals often have wide-reaching social networks / and communicate regularly with dozens of others / — with the potential to reach thousands.
이 사람들은 흔히 폭넓은 사회적 관계망을 보유하고 있으며, / 수십 명의 다른 사람들과 정기적으로 소통하는데, / 수천 명에 영향을 미칠 잠재력이 있다.

✓ Experts suggest / that young people stop wasting their money / on unnecessary things / and start saving it.
전문가들은 권한다. / 젊은 사람들이 돈을 낭비하기를 그만두고 / 불필요한 것에 / 저축을 시작해야 한다고

⑤ It has been reported / that young people aged six to 24 / influence about 50% of all spending in the US.
보고되었다. / 6세에서 24세의 젊은 사람들이 / 미국 전체 지출의 약 50%에 영향을 미치는 것으로

2006년에, 조사에 응한 미국 쇼핑객의 81%가 구매를 계획할 때 온라인 고객 평점과 후기를 중요하게 고려한다고 말했다. 온라인 평가는 긍정적인 것이든 부정적인 것이든, 사람 간의 직접적인 의견 교환만큼 강력하지는 않지만 사업에 매우 중요할 수 있다. ① 많은 사람이 온라인 추천에 의존한다. ② 그리고 젊은 사람들은 그것에 크게 의존하고, 어떤 영화를 볼지, 혹은 어떤 앨범을 살 것인지를 결정할 때 인터넷에 영향을 받을 가능성이 크다. ③ 이 사람들은 흔히 폭넓은 사회적 관계망을 보유하고 있으며, 수십 명의 다른 사람들과 정기적으로 소통하는데, 수천 명에 영향을 미칠 잠재력이 있다. ④ 전문가들은 젊은 사람들이 불필요한 것에 돈을 낭비하기를 그만두고 저축을 시작해야 한다고 권한다. ⑤ 6세에서 24세의 젊은 사람들이 미국 전체 지출의 약 50%에 영향을 미치는 것으로 보고되었다.

Why? 왜 정답일까?
온라인 평가의 영향력을 설명한 글로, ①, ②, ③, ⑤는 특히 젊은 사람들의 경우 온라인 평가를 많이 신뢰하는 경향이 있음을 언급하는데, ④는 저축의 중요성을 강조하여 주제에서 벗어나 있다. 따라서 전체 흐름과 관계없는 문장은 ④이다.

- rating ⓝ 평점, 등급, 평가
- interpersonal ⓐ 사람과 사람 사이의
- heavily ⓐⓓ 크게, 몹시
- individual ⓝ 사람, 개인
- regularly ⓐⓓ 정기적으로
- potential ⓝ 잠재력
- purchase ⓝ 구매 ⓥ 구매하다
- recommendation ⓝ 추천
- influence ⓥ 영향을 주다
- wide-reaching 폭넓은, 광범위한
- dozens of 수십의
- reach ⓥ 영향을 미치다, 도달하다

구문 풀이

6행 And young people rely heavily on them and are very likely to be influenced
　　　　　　　　　동사구1(~을 의지하다)　　　　　동사구2(~할 가능성이 매우 높다)
by the Internet when (they are) deciding {what movie to see} or {what album to
　　　　　　　　　　　생략　　분사구문　　{ }: 「의문사 + to부정사(어떤 ~을 …할지)」
purchase}.

---

40 까마귀가 영리한 이유　　　　　　　　　　정답률 43% | 정답 ①

다음 글의 내용을 한 문장으로 요약하고자 한다. 빈칸 (A), (B)에 들어갈 말로 가장 적절한 것은?　　[3점]

	(A)	(B)		(A)	(B)
✓	intelligent 똑똑한	dependency 의존	②	passive 수동적인	dependency 의존
③	selfish 이기적인	competition 경쟁	④	intelligent 똑똑한	competition 경쟁
⑤	passive 수동적인	hunting 사냥			

Crows are a remarkably clever family of birds.
까마귀는 놀랄 만큼 영리한 조류이다.

They are capable of solving many more complex problems / compared to other birds, such as chickens.
그들은 더 복잡한 많은 문제들을 해결할 수 있다. / 닭과 같은 다른 새들에 비해

After hatching, / chickens peck busily for their own food / much faster than crows, / which rely on the parent bird / to bring them food in the nest.
부화 후에 / 닭은 자신의 먹이를 쪼아 먹고, / 까마귀보다 훨씬 더 분주하게 / 까마귀는 부모 새를 믿는다. / 둥지로 먹이를 가져다줄 것이라고

However, as adults, / chickens have very limited hunting skills / whereas crows are much more flexible / in hunting for food.
하지만, 다 자랐을 때 / 닭은 매우 제한적인 먹이를 찾는 능력을 지닌 반면, / 까마귀는 훨씬 더 유연하다. / 먹이를 찾는 데 있어서

Crows also end up with bigger and more complex brains.
까마귀는 또한 결국 더 크고 더 복잡한 뇌를 가지게 된다.

Their extended period / between hatching and flight from the nest / enables them to develop intelligence.
그들의 긴 기간은 / 부화와 둥지를 떠나는 것 사이에 / 지능을 발달시킬 수 있게 된다.

➡ Crows are more (A) intelligent than chickens / because crows have / a longer period of (B) dependency.
까마귀는 닭보다 더 똑똑하다. / 왜냐하면 까마귀는 가지고 있기 때문에 / 더 긴 의존의 기간을

까마귀는 놀랄 만큼 영리한 조류이다. 그들은 닭과 같은 다른 새들에 비해 더 복잡한 많은 문제들을 해결할 수 있다. 부화 후에 닭은 까마귀보다 훨씬 더 분주하게 자신의 먹이를 쪼아 먹고, 까마귀는 부모 새가 둥지로 먹이를 가져다줄 것이라고 믿는다. 하지만, 다 자랐을 때 닭은 매우 제한적인 먹이를 찾는 능력을 지닌 반면, 까마귀는 먹이를 찾는 데 있어서 훨씬 더 유연하다. 까마귀는 또한 결국 더 크고 더 복잡한 뇌를 가지게 된다. 그들은 부화와 둥지를 떠나는 것 사이에 긴 기간을 두어 지능을 발달시킬 수 있게 된다.

➡ 까마귀는 더 긴 (B) 의존의 기간을 가지고 있기 때문에 닭보다 더 (A) 똑똑하다.

Why? 왜 정답일까?
마지막 문장인 'Their extended period between hatching and flight from the nest enables them to develop intelligence.'에서 까마귀가 닭보다 더 영리한 이유는 둥지에 오래 머물러 지능을 발달시키기 때문이라고 이야기하므로, 요약문의 빈칸 (A), (B)에 들어갈 말로 적절한 것은 ① '(A) intelligent(똑똑한), (B) dependency(의존)'이다.

- remarkably ⓐⓓ 놀랄 만큼
- capable ⓐ ~을 할 수 있는
- hatch ⓥ 부화하다
- whereas ⓐⓓ 반면에
- end up with 결국 ~이다
- clever ⓐ 영리한, 똑똑한
- complex ⓐ 복잡한
- rely on ~ to do ~가 …할 것이라고 믿다
- flexible ⓐ 유연한
- extended ⓐ 장기간에 걸친, (예상보다) 길어진

구문 풀이

3행 After hatching, / chickens peck busily for their own food much faster than crows, / which rely on the parent bird to bring them food in the nest.
선행사　　　계속적 용법「rely on + 대상 + to부정사: ~가 …할 것이라 믿다」

41-42 훌륭한 과학자를 만드는 요인

Think of the most famous scientists you know / — Isaac Newton, Louis Pasteur, Albert Einstein, Thomas Edison, Pierre and Marie Curie, Stephen Hawking, and so on.
여러분이 알고 있는 가장 유명한 과학자들을 생각해 보라. / Isaac Newton, Louis Pasteur, Albert Einstein, Thomas Edison, Pierre와 Marie Curie 부부, Stephen Hawking 등

What do all these people have in common? 41번의 근거
이 모든 사람들의 공통점은 무엇일까?

Well, for one thing, they're all very smart.
우선 한 가지로, 그들은 매우 똑똑하다.

In some cases they even taught themselves / most of what they knew about their particular subject.
어떤 경우에 그들은 독학하기까지 했다. / 자신들의 특정한 주제에 대해 자신들이 알고 있는 것 대부분을

In fact, Sir Isaac Newton / had to invent a new branch of mathematics (calculus) / just to solve the problems / he was trying to do in physics.
사실, Isaac Newton 경은 / 새로운 수학 분야(미적분학)를 만들어 내야 했다. / 오로지 문제들을 해결하고자 / 자신이 물리학에서 풀기 위해 애쓰고 있던

There is something else / they all had in common / that set them apart from the other smart people of their time / — their ability to ask questions.
다른 것이 있는데, / 그들 모두가 공통으로 지닌 / 그들을 당대의 다른 똑똑한 사람들과 구별해 주는, / 질문을 던지는 그들의 능력이다.

Just having a good brain isn't always enough.
단지 좋은 두뇌를 갖는 것이 항상 충분하지는 않다.

To be a great scientist, / you need to be able to look at a problem / that hundreds, maybe even thousands, of people / have already looked at and have been unable to solve, / and ask the question in a new way.
훌륭한 과학자가 되기 위해서 / 여러분은 문제를 보고, / 수백, 어쩌면 심지어 수천 명의 사람들이 / 이미 보고 풀 수 없었던 / 새로운 방식으로 그 질문을 할 수 있어야 한다.

Then you take that question / and come up with a new way to answer it. 42번의 근거
그러면 여러분은 그 질문을 가지고 / 그것에 답하는 새로운 방법을 생각해 내게 된다.

That is what made Newton and the others so famous.
그것이 Newton과 여타 과학자들을 매우 유명하게 만들었던 것이다.

They coupled intelligence with a curiosity / that said, "I want to know the answer to this."
그들은 지성과 더불어 호기심을 결합했다. / "나는 이것에 대한 답을 알고 싶어."라고 말하는

After coming up with the right questions, / they discovered ways of answering those questions / and became famous for their discoveries.
적절한 질문을 생각해 낸 후에 / 그들은 그 질문들에 답하는 방법을 발견했고, / 자신의 발견으로 유명해졌다.

Isaac Newton, Louis Pasteur, Albert Einstein, Thomas Edison, Pierre Curie와 Marie Curie 부부, Stephen Hawking 등 여러분이 알고 있는 가장 유명한 과학자들을 생각해 보라. 이 모든 사람들의 공통점은 무엇일까? 우선 한 가지로, 그들은 매우 똑똑하다. 어떤 경우에 그들은 자신들의 특정한 주제에 대해 자신들이 알고 있는 것 대부분을 독학하기까지 했다. 사실, Isaac Newton 경은 오로지 자신이 물리학에서 풀기 위해 애쓰고 있던 문제들을 해결하고자 새로운 수학 분야(미적분학)를 만들어 내야 했다. 그들을 당대의 다른 똑똑한 사람들과 구별해 주는, 그들 모두가 공통으로 지닌 다른 것이 있는데, 그것은 질문을 던지는 그들의 능력이다. 단지 좋은 두뇌를 갖는 것이 항상 충분하지는 않다. 훌륭한 과학자가 되기 위해서 여러분은 수백, 어쩌면 심지어 수천 명의 사람들이 이미 보고 풀 수 없었던 문제를 보고, 새로운 방식으로 그 질문을 할 수 있어야 한다. 그러면 여러분은 그 질문을 가지고 그것에 답하는 새로운 방법을 생각해 내게 된다. 그것이 Newton과 여타 과학자들을 매우 유명하게 만들었던 것이다. 그들은 지성과 더불어 "나는 이것에 대한 답을 알고 싶어."라고 말하는 호기심을 결합시켰다. 적절한 질문을 생각해 낸 후에 그들은 그 질문들에 답하는 방법을 발견했고, 자신들의 발견으로 유명해졌다.

- have ~ in common ~을 공통으로 가지다
- invent ⓥ 만들어 내다, 발명하다
- physics ⓝ 물리학
- ability ⓝ 능력
- particular ⓐ 특정한
- branch ⓝ 분야
- set A apart from B A를 B와 구별하다
- come up with ~을 생각해 내다

구문 풀이

　　　　　　　　　　　　　　　　　　　　　　　　　목적격 관계대명사
12행 To be a great scientist, / you need to be able to look at a problem [that
　　　　　　　　　　　　　　　~할 수 있어야 한다　　　　동사원형1
hundreds, maybe even thousands, of people have already looked at and
　　　　　　　　　　　　　　　　　　　　　　현재완료1
have been unable to solve], and ask the question in a new way.
현재완료2　　　　　　　　　동사원형2

---

41 제목 파악　　　　　　　　　　정답률 74% | 정답 ②

윗글의 제목으로 가장 적절한 것은?
① Science: Poison or Medicine? - 과학: 독인가 약인가?
✓ What Does It Take to Be a Great Scientist? - 위대한 과학자가 되는 데 무엇이 필요한가?
③ Share Your Talent for a Better Future - 더 나은 미래를 위해 여러분의 재능을 나누라
④ Science in Art, Art in Science - 예술 속의 과학, 과학 속의 예술
⑤ No Emotion, No Intelligence - 감정 없이는 지성도 없다

Why? 왜 정답일까?
'Think of the most famous scientists you know ~. What do all these people have in common?'에서 위대한 과학자들이 지니는 공통점이 무엇인지, 즉 위대한 과학자가 되기 위해서 필

요한 특성이 무엇인지 묻고 이에 대한 답을 뒤에서 제시하는 글이다. 따라서 글의 제목으로 가장 적절한 것은 질문을 다른 말로 바꾼 ② '위대한 과학자가 되는 데 무엇이 필요한가?'이다.

42 빈칸 추론
정답률 28% | 정답 ①

윗글의 빈칸에 들어갈 말로 가장 적절한 것은?

☑ coupled – 결합시켰다   ② replaced – 대체했다   ③ confused – 혼동했다
④ minimized – 최소화했다   ⑤ compared – 비교했다

Why? 왜 정답일까?

'To be a great scientist, you need to be able to look ~, and ask the question in a new way.'에서 위대한 과학자들은 똑똑할 뿐만 아니라, 기존에 인식되지 못했거나 해결되지 못한 문제를 '새롭게' 묻고 답하는 능력을 지녀야 한다고 말하는데, 이는 두 특성이 모두 갖추어져야 위대한 과학자가 될 수 있다는 뜻이다. 따라서 빈칸에 들어갈 말로 가장 적절한 것은 ① '결합시켰다'이다.

43-45 흑인 인종 차별과 관련된 어린 Mary의 일화

(A)

『When Patsy McLeod took freshly washed clothes / to her former master Ben Wilson's house, / her nine-year-old daughter Mary went along.』 45번 ①의 근거 일치
Patsy McLeod가 방금 세탁한 옷을 가져갔을 때, / 그녀의 전 주인인 Ben Wilson의 집으로 / 그녀의 9살 난 딸 Mary가 뒤를 따랐다.

When they arrived at the big house, / the McLeods walked to the rear entrance / used for blacks.
그들이 큰 집에 도착했을 때, / McLeod 모녀는 뒤쪽 출입구로 걸어갔다. 흑인들이 이용하는

In 1884 there was sharp segregation between the races / in Mayesville, South Carolina.
1884년에 인종 분리 정책이 심했다. / 사우스캐롤라이나 주의 Mayesville에서는

While (a) her mother went inside the house, / Mary wandered over to a children's playhouse / and looked inside.
자신의 어머니가 집안으로 들어가 있는 동안, / Mary는 돌아다니다 아이들의 장난감 집으로 가서 / 안을 들여다보았다.

『Two white girls about her age / sat among a lot of dolls.』 45번 ②의 근거 일치
그녀 나이 또래의 백인 소녀 두 명이 / 많은 인형들 사이에 앉아 있었다.

(C)

"Hello, Mary! Do you want to come in?" / one of them called out.
"안녕, Mary! 들어오고 싶니?"라고 / 그들 중 한 명이 외쳤다.

Mary happily went into the playhouse.
Mary는 기쁘게 장난감 집으로 들어갔다.

The white child handed a doll to the black girl, / saying "You can watch the baby while I have tea with my friend."
그 백인 아이는 그 흑인 소녀에게 인형을 건네주었다. / "내가 친구와 차를 마시는 동안 너는 아이를 지켜봐도 돼."라고 말하며

While Mary walked the doll around the room, / her eyes fell upon a book; / (d) she picked it up in awe.
Mary가 방에서 그 인형을 산책시키는 동안 / 그녀의 시선이 책 한 권에 가게 되었고, / 그녀는 경외감을 느끼며 그것을 집어 들었다.

Her parents had a Bible in their cabin, / but no one could read it.
그녀의 부모님은 오두막에 성경을 가지고 있었지만, / 아무도 그것을 읽지 못했다.

Unexpectedly the white girl grabbed the book.
갑자기 그 백인 소녀는 그 책을 잡아챘다.

『"Put that down!" she yelled.
"그것을 내려놔!"라고 그녀가 소리쳤다.

"You don't know how to read."』 45번 ④의 근거 일치
"너는 읽을 줄 모르잖아."

(B)

Feeling shameful, / Mary handed the doll back to the white child / and rejoined her mother.
창피해하면서 / Mary는 그 인형을 그 백인 소녀에게 돌려주고 / 엄마에게 돌아갔다.

On the walk back to their farm, / (b) she wondered / why white people had all kinds of nice things / and why, above all, they could read / while black people couldn't.
걸어서 농장으로 돌아가는 길에 / 그녀는 궁금했다. / 왜 백인들이 온갖 좋은 것들을 가지고 있으며, / 무엇보다도 왜 그들은 읽을 줄 아는데, / 흑인들은 읽을 줄 모르는지

(c) She decided to learn to read.
그녀는 읽는 법을 배우기로 결심했다.

『At home the little girl asked her father / to let her go to school,』 / but he told her calmly, "There isn't any school." 45번 ③의 근거 일치
집에서 그 어린 소녀는 아버지에게 요청했지만, / 학교에 다니게 해 달라고 / 그는 그녀에게 "학교가 없단다."라고 조용히 말했다.

(D)

One day, however, / a black woman in city clothes changed that.
그런데 어느 날, / 도시 사람들이 입는 옷을 입은 한 흑인 여성이 그것을 바꾸어 놓았다.

Emma Wilson came to the McLeod cabin, / explaining that (e) she would open a new school in Mayesville / for black children.
Emma Wilson은 McLeod 가족의 오두막에 와서 / 자신이 학교를 Mayesville에 새로 열 것이라고 설명했다. / 흑인 아이들을 위한

"The school will begin / after the cotton-picking season," she said. / 『Mary's parents nodded in agreement.
"학교는 시작될 것입니다. / 목화를 따는 시기가 끝난 후에"라고 그녀는 말했다. / Mary의 부모님은 동의하며 고개를 끄덕였다.

Mrs. McLeod also nodded toward her daughter.』 45번 ⑤의 근거 불일치
McLeod 부인은 또한 딸을 향해서도 고개를 끄덕였다.

Young Mary was very excited.
어린 Mary는 매우 신이 났다.

"I'm gonna read? Miss Wilson?"
"제가 읽게 될 거라고요? Wilson 선생님?"

She smiled at Mary.
그녀가 Mary를 향해 미소를 지었다.

(A)

Patsy McLeod가 방금 세탁한 옷을 그녀의 전 주인인 Ben Wilson의 집으로 가져갔을 때, 그녀의 9살 난 딸 Mary가 뒤를 따랐다. 그들이 큰 집에 도착했을 때, McLeod 모녀는 흑인들이 이용하는 뒤쪽 출입구로 걸어갔다. 1884년에 사우스캐롤라이나 주의 Mayesville에서는 인종 분리 정책이 심했다. (a) 자신의 어머니가 집안으로 들어가 있는 동안, Mary는 돌아다니다가 아이들의 장난감 집으로 가서 안을 들여다보았다. 그녀 나이 또래의 백인 소녀 두 명이 많은 인형들 사이에 앉아 있었다.

(C)

"안녕, Mary! 들어오고 싶니?"라고 그들 중 한 명이 외쳤다. Mary는 기쁘게 장난감 집으로

들어갔다. 그 백인 아이는 그 흑인 소녀에게 "내가 친구와 차를 마시는 동안 너는 아이를 지켜봐도 돼."라고 말하며 인형을 건네주었다. Mary가 방에서 그 인형을 산책시키는 동안 그녀의 시선이 책 한 권에 가게 되었고, (d) 그녀는 경외감을 느끼며 그것을 집어 들었다. 그녀의 부모님은 오두막에 성경을 가지고 있었지만, 아무도 그것을 읽지 못했다. 갑자기 그 백인 소녀는 그 책을 잡아챘다. "그것을 내려놔!"라고 그녀가 소리쳤다. "너는 읽을 줄 모르잖아."

(B)

창피해하면서 Mary는 그 인형을 그 백인 소녀에게 돌려주고 엄마에게 돌아갔다. 걸어서 농장으로 돌아가는 길에 (b) 그녀는 왜 백인들이 온갖 좋은 것들을 가지고 있으며, 무엇보다도 왜 그들은 읽을 줄 아는데 흑인들은 읽을 줄 모르는지 궁금했다. (c) 그녀는 읽는 법을 배우기로 결심했다. 집에서 그 어린 소녀는 아버지에게 학교에 다니게 해 달라고 요청했지만, 그는 그녀에게 "학교가 없단다."라고 조용히 말했다.

(D)

그런데 어느 날, 도시 사람들이 입는 옷을 입은 한 흑인 여성이 그것을 바꾸어 놓았다. Emma Wilson은 McLeod 가족의 오두막에 와서 (e) 자신이 흑인 아이들을 위한 학교를 Mayesville에 새로 열 것이라고 설명했다. "학교는 목화를 따는 시기가 끝난 후에 시작될 것입니다."라고 그녀는 말했다. Mary의 부모님은 동의하며 고개를 끄덕였다. McLeod 부인은 또한 딸을 향해서도 고개를 끄덕였다. 어린 Mary는 매우 신이 났다. "제가 읽게 될 거라고요? Wilson 선생님?" 그녀가 Mary를 향해 미소를 지었다.

- **freshly** ad 방금, 막, 신선하게
- **rear** a 뒤에 있는, 뒤쪽의
- **wander** v 돌아다니다, 배회하다
- **playhouse** n (아이들이 들어가서 놀 수 있는) 장난감 집
- **in awe** 경외감을 느끼며
- **hand** v 건네주다
- **wonder** v 의아해하다, 궁금해하다
- **happily** ad 즐겁게
- **unexpectedly** ad 갑자기, 예기치 못하게
- **yell** v 고함치다
- **former** a 이전의, 전자의
- **race** n 인종
- **shameful** a 창피한
- **rejoin** v (~에게로) 돌아가다, 다시 합류하다
- **calmly** ad 침착하게
- **fall upon** (시선이) ~에 가다
- **grab** v 잡아채다, 움켜잡다
- **agreement** n 동의, 승낙

구문 풀이

(B) 2행 On the walk back to their farm, / she wondered {why white people had all
~로 다시 걸어가는 길에   의문사1
kinds of nice things} and {why, above all, they could read / while black people
의문사2   ~하는 반면
couldn't}.

43 글의 순서 파악
정답률 59% | 정답 ②

주어진 글 (A)에 이어질 내용을 순서에 맞게 배열한 것으로 가장 적절한 것은?

① (B) – (D) – (C)   ☑ (C) – (B) – (D)
③ (C) – (D) – (B)   ④ (D) – (B) – (C)
⑤ (D) – (C) – (B)

Why? 왜 정답일까?

(A)에서 어머니를 따라 백인인 Ben Wilson의 집에 들어간 Mary는 인형들을 많이 갖고 있는 두 명의 백인 소녀를 보게 되고, (C)에서는 '소녀들 중 한 명'의 부름에 Mary가 그들 쪽으로 갔다가 자신이 글자를 읽지 못한다는 사실을 자각하게 되는 이야기가 이어진다. (B)에서는 창피함을 느낀 Mary가 읽기를 배우겠다고 결심하지만 학교가 없어 학업을 시작할 수 없었다는 내용이 나오고, (D)에서는 '어느 날' 흑인들을 위한 학교가 세워지면서 Mary가 학교에 다닐 수 있게 되었다는 이야기가 제시된다. 따라서 글의 순서로 가장 적절한 것은 ② '(C) – (B) – (D)'이다.

44 지칭 추론
정답률 62% | 정답 ⑤

밑줄 친 (a) ~ (e) 중에서 가리키는 대상이 나머지 넷과 다른 것은?

① (a)   ② (b)   ③ (c)   ④ (d)   ☑ (e)

Why? 왜 정답일까?

(a), (b), (c), (d)는 Mary, (e)는 Emma Wilson을 가리키므로, (a) ~ (e) 중에서 가리키는 대상이 나머지 넷과 다른 것은 ⑤ '(e)'이다.

45 세부 내용 파악
정답률 61% | 정답 ⑤

윗글의 Mary에 관한 내용으로 적절하지 <u>않은</u> 것은?

① 어머니를 따라 Ben Wilson의 집에 갔다.
② 많은 인형 사이에 앉아 있는 백인 소녀 두 명을 봤다.
③ 아버지에게 학교에 다니게 해달라고 요청했다.
④ 책을 내려놓으라는 고함 소리를 들었다.
☑ Emma Wilson이 열 학교에 가는 것을 부모님이 반대했다.

Why? 왜 정답일까?

(D) 'Mary's parents nodded in agreement. Mrs. McLeod also nodded toward her daughter.'에서 부모님은 Mary가 학교에 가는 것을 찬성했음을 알 수 있으므로, 내용과 일치하지 않는 것은 ⑤ 'Emma Wilson이 열 학교에 가는 것을 부모님이 반대했다.'이다.

Why? 왜 오답일까?

① (A) 'When Patsy McLeod took ~ to ~ Ben Wilson's house, her nine-year-old daughter Mary went along.'의 내용과 일치한다.
② (A) 'Two white girls about her age sat among a lot of dolls.'의 내용과 일치한다.
③ (B) 'At home the little girl asked her father to let her go to school, ~'의 내용과 일치한다.
④ (C) '"Put that down!" she yelled. "You don't know how to read."'의 내용과 일치한다.

[문제편 p.228]